明心数学资优生大题典

上册

主编◎刘 嘉　胡志峰
编委◎（按姓氏笔画排序）
王 鑫　邓泽轩　卢韵秋　魏永久

长江出版传媒
湖北科学技术出版社

图书在版编目（CIP）数据

明心数学资优生大题典．上册／刘嘉，胡志峰主编．—武汉：湖北科学技术出版社，2024.3（2025.9 重印）

ISBN 978-7-5706-3152-0

Ⅰ．①明…　Ⅱ．①刘…　②胡…　Ⅲ．①小学数学课—教学参考资料　Ⅳ．① G624.503

中国国家版本馆 CIP 数据核字（2024）第 043020 号

明心数学资优生大题典．上册
MINGXIN SHUXUE ZIYOUSHENG DA TIDIAN SHANGCE

策　　划：彭永东
责任编辑：胡　静　李雨点　梅嘉容
责任校对：陈横宇　　封面设计：喻　杨

出版发行：湖北科学技术出版社
地　　址：武汉市雄楚大街 268 号（湖北出版文化城 B 座 13—14 层）
电　　话：027-87679468　　邮　　编：430070

印　　刷：武汉科源印刷设计有限公司　　邮　　编：430299

889×1194　1/16　19.5 印张　700 千字
2024 年 3 月第 1 版　2025 年 9 月第 4 次印刷
定　　价：135.00 元（全两册）

序言一　一灯能破千年暗，一智能灭万年愚

“一无所知的人什么都不爱，一无所能的人什么都不懂。什么都不懂的人是毫无价值的。但是懂得很多的人，却能爱，有见识，有眼光……对一件事了解得越深，爱的程度也越深。”

一流的教育让孩子用热爱的情感去学习，二流的教育让孩子用竞争的态度去学习，末流的教育让孩子用怨恨的心情去学习。

·1. 什么是奥数？·

奥数是一种数学的学习眼光与思维能力。

对喜欢数学的人而言是奥妙的数学，它美观、美好、美妙、完美；对讨厌数学的人而言是懊恼的数学。

先看一个让人脑洞大开的奥数题：

家喻户晓的斐波那契数列是这样一个数列：

1，1，2，3，5，8，13，21，…

这个数列从第三项开始，每一项都等于前两项之和，$F_{n+2}=F_{n+1}+F_n$。

请证明：$F_1^2+F_2^2+\cdots+F_n^2=F_nF_{n+1}$，其中 $F_1=1,F_2=1$。

乍一看，冰冷、枯燥的数学符号让人对数学望而却步。

犀利的数学眼光，能看出淤泥中种子的生命力，能透过浓雾看到光明的前方。如果你能抓住问题的实质，画一幅奇妙的图（下图）来揭示烦琐算式和枯燥数字中蕴藏的意义，你就会给出一个闪闪发光的证明！

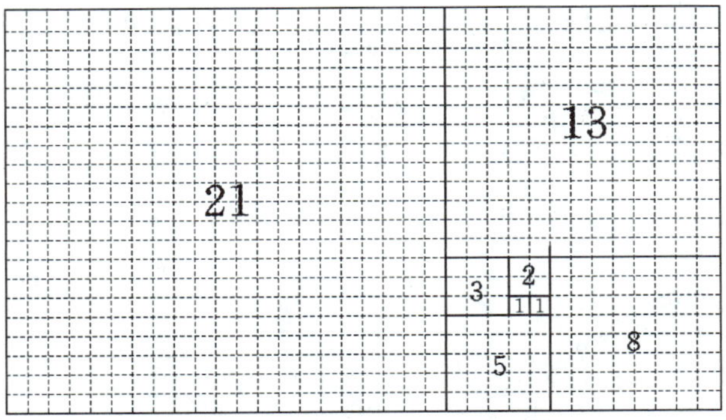

看了上面的证明，你会发觉数学简洁、有趣，甚至很“美”！

“一花一世界，一叶一菩提。”每一道数学题都是数学花园中的一朵小花，每一个数学公式都像一首小诗那样多情。在解题过程中去悟出花中的世界、叶中的菩提，才能感悟到数学之美、思维之妙。

·2."知识同步、能力超前、思维灵活"是奥数的学习目标·

奥数学习，不是"超前学习"，更不是"数学中的杂技"，而是与教学同步，通过提高与升华教材中的知识生长点，拓宽数学视野，开发思维潜能，提升思维品质。

数学的特点在于初级知识包含于高级知识之中，知识点是以螺旋式上升的方式呈现出知识的梯度、广度、深度。所以，有意义、有价值的奥数学习一定要遵循数学的这个发展规律。

我们来看初中数学中无理数计算基本公式"$\sqrt{x}\cdot\sqrt{y}=\sqrt{xy}$"，课本对它的诠释是经验性的，但如果我们能够灵活地运用小学奥数中"用面积比计算面积"的数学技巧，就可以完美诠释这个公式：

如图所示，设正方形 S_1 的面积为 x，正方形 S_2 的面积为 y，长方形的面积为 S。

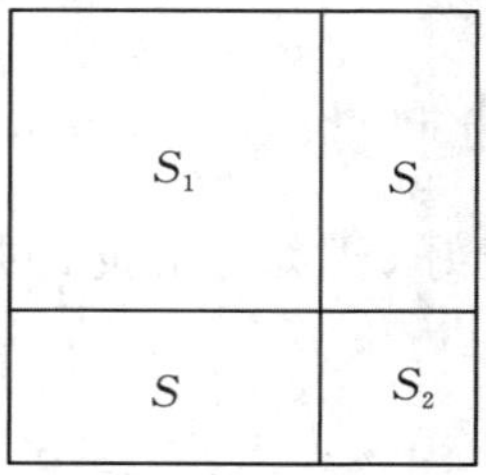

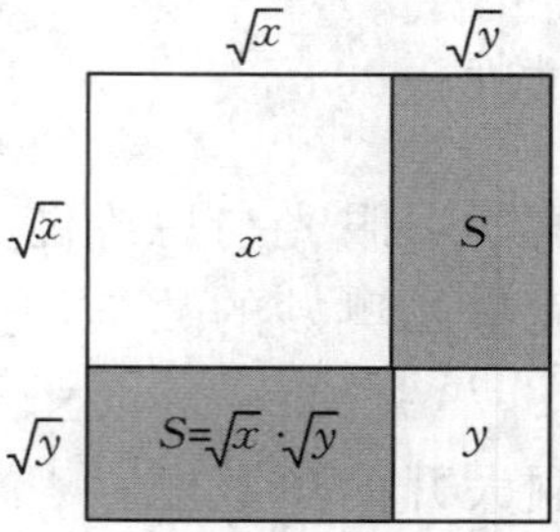

根据"长方形的宽一定，面积与长成正比"可得：

(i)看上左图：$\dfrac{S_1}{S}=\dfrac{S}{S_2}\Rightarrow S^2=S_1\cdot S_2$；

(ii)看上右图：一方面有 $S^2=xy\Rightarrow S=\sqrt{xy}$，另一方面有 $S=\sqrt{x}\cdot\sqrt{y}$。

所以 $\sqrt{x}\cdot\sqrt{y}=\sqrt{xy}$。

古人云："善学者穷于一物，不善学者穷于物物。"读书、做题，眼界一定要开阔，要见大场面，大观则大见，小观则小见。学习要学出灵气来，不要学出腐气，死读书的人是在读死书，读死书的人读书死。

我们再来看一道"华罗庚金杯"少年数学邀请赛的试题：

用一张斜边长为 29 的红色直角三角形纸片，一张斜边长为 49 的蓝色直角三角形纸片，一张白色的正方形纸片，如图拼成一个直角三角形。问：红、蓝两张三角形纸片面积之和是多少？

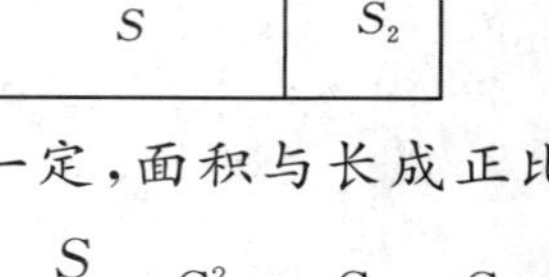

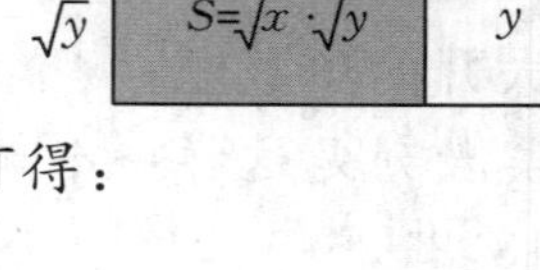

如图所示，运用几何中旋转的技巧，把求"蓝色△+红色△"的面积问题化归成求"蓝色△+绿色△"的面积问题，而"蓝色△+绿色△"构成了一个直角三角形！

其面积为：29×49÷2=710.5。

沿着这个题接下来思考：

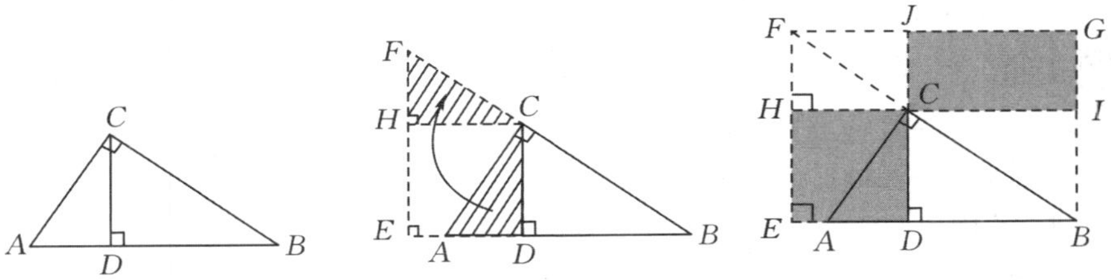

如上图所示，把左图中 $\triangle ACD$ 旋转至中图的 $\triangle FCH$，形成直角 $\triangle BEF$。然后再把直角 $\triangle BEF$ 补成右图中的长方形 $BEFG$。

如上右图所示，$S_{正方形DEHC} = S_{长方形CIGJ}$ 。这说明：$CD^2 = HF \times DB = AD \times DB$ 。

进一步，还可借助小学生喜欢的几何切拼技巧画出著名的外弦图（下左图）与内弦图（下右图）：

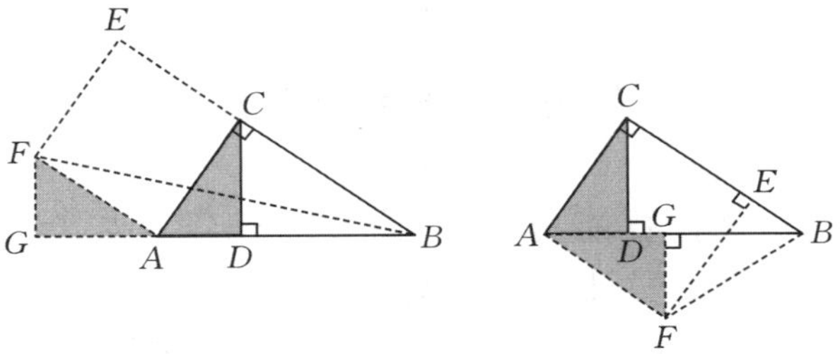

如图，把直角 $\triangle ACD$ 拼补至图中直角 $\triangle FAG$ 处，那么：

$$AC^2 = S_{正方形ACEF} = 2S_{\triangle ABF} = 2 \times \frac{1}{2}AB \times FG = AB \times AD。$$

你看，我们在不超前学习中学知识的情况下就可以得出中学“平面几何”中著名的“射影定理”！

古人云：“善学者小得，善事者大得，善悟者了不得。”在平时的奥数学习中善于“玩味”“感悟”问题，寻觅知识之间的联系，往往就会发现数学中曲径通幽的思维奇观，体验到思维的愉悦，同时能有效提高思维品质、数学素养和解决问题的能力。

· 3. 学习奥数“肇于行，行者无疆；臻于智，智者无涯” ·

“学”字的金文是一个象形字“”，符号“”表示孩子独居屋中，符号“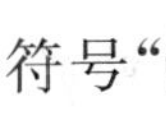”表示双手摆弄、练习算筹。所以“学”的本义是：孩子必须通过反复模仿和操作以获取技能与知识。

20 世纪，数学家哈尔莫斯说过“问题构成数学的心脏”，美国出版的“新数学丛书”序言中对学数学有一句中肯的建议：“学数学最好的方法是做数学。”

学习奥数提倡“通过解题学数学”，把学习数学分解成提出问题、分析问题、解决问题的过程，通过学习者本身的解题实践去形成数学思维能力。

解题俗称“刷题”，是学数学必不可少的经历，但“过犹不及，知止不败”，刷题必须有个度。在刷题过程中，求效不求量，不要把重量当力量，把肥大当强大。

刷题，一刷思路、二刷速度、三刷格式。

刷题，不仅要用力地吃苦，更要用心地吃苦。

所谓用心，就是要通过刷题来培养良好的数学习惯：

1. 审题清晰；

2. 书写规范；

3. 计算细心、耐心、专心；

4. 善于复习与反思；

5. 学会自我纠错；

6. 形成自学能力（在没有外界帮助的情况下自我学习的能力）；

7. 培养治学能力（能够从大量的碎片信息中选择有意义、有价值的信息构建有逻辑关系的知识链）。

数学能力的形成也要经历一个循序渐进、厚积薄发、归纳与感悟的过程。

正如王国维在《人间词话》中说人生奋斗必然要经过三种境界一样，数学学习也要经历三层境界。

第一层境界：“死去活来”地苦练，熟练掌握数学基本功。这是学数学的硬功夫，一个从薄到厚的积累过程。

数学基本功的核心首先是计算能力，计算既要有速度又要有准确度，这种能力是经年累月练出来的。为什么要强调数学计算？因为数学计算是数学思维的出发点，在算的过程中才会迸发出思维的灵光，形成解决问题的策略！其次是书写表达能力，华罗庚教授要求学生在数学表达上要做到“想得清楚、说得明白、写得干净”，书写的规范性体现在层次分明、条理清楚、干净整洁。

正如庄子言：“且夫水之积也不厚，则负大舟也无力……风之积也不厚，则其负大翼也无力。”没有扎实的数学基本功是学不好数学的。

学习没有厚积的过程，临“死”抱佛脚地去上“点睛”班、“冲刺”班，“点睛”只怕是越点眼睛越瞎，“冲刺”只怕是从河里冲到沟里去了，“墙高基下，虽得必失”！

第二层境界：“高屋建瓴”地归纳，达到数学方法的融会贯通。这是学数学的巧功夫，一个从厚到薄的提炼过程。

没有上千小时的飞行经历成不了优秀的飞行员，不在数学题海里遨游一番培养不了数学的思维，体会不到数学的精彩。但跳进“题海”里的人必须跳得进去游得回来！什么样的人游得回来？在做题过程中会反思、纠错、归纳、总结的人。

数学的精髓不是做题的数量而是从做题中去掌握数学的思想，不同类型的数学题体现出不同的数学方法与思想，通过相互对比、借鉴，看出数学问题的“同中之异，异中之同”，归纳总结出其中隐藏的数学思想与方法，把琐碎零散的知识通过数学思想与方法串成一条链，形成系统有序的知识结构，以达到“博见为馈贫之粮，贯一为拯乱之药”（刘勰《文心雕龙·神思》）的学习效果。

第三层境界：“得意忘形”地感悟，在数学思想层次得到新的认识，形成自己的数学思维品质。这是学数学的妙功夫，一个从有形到无形的升华过程。

“学贵心悟，守旧无功。”疲劳驾驶不休息终究要出车祸，疯狂刷题不感悟最终会厌学。

细心理解数学概念；
耐心训练数学技巧；
精心归纳数学方法；
用心感悟数学思想。

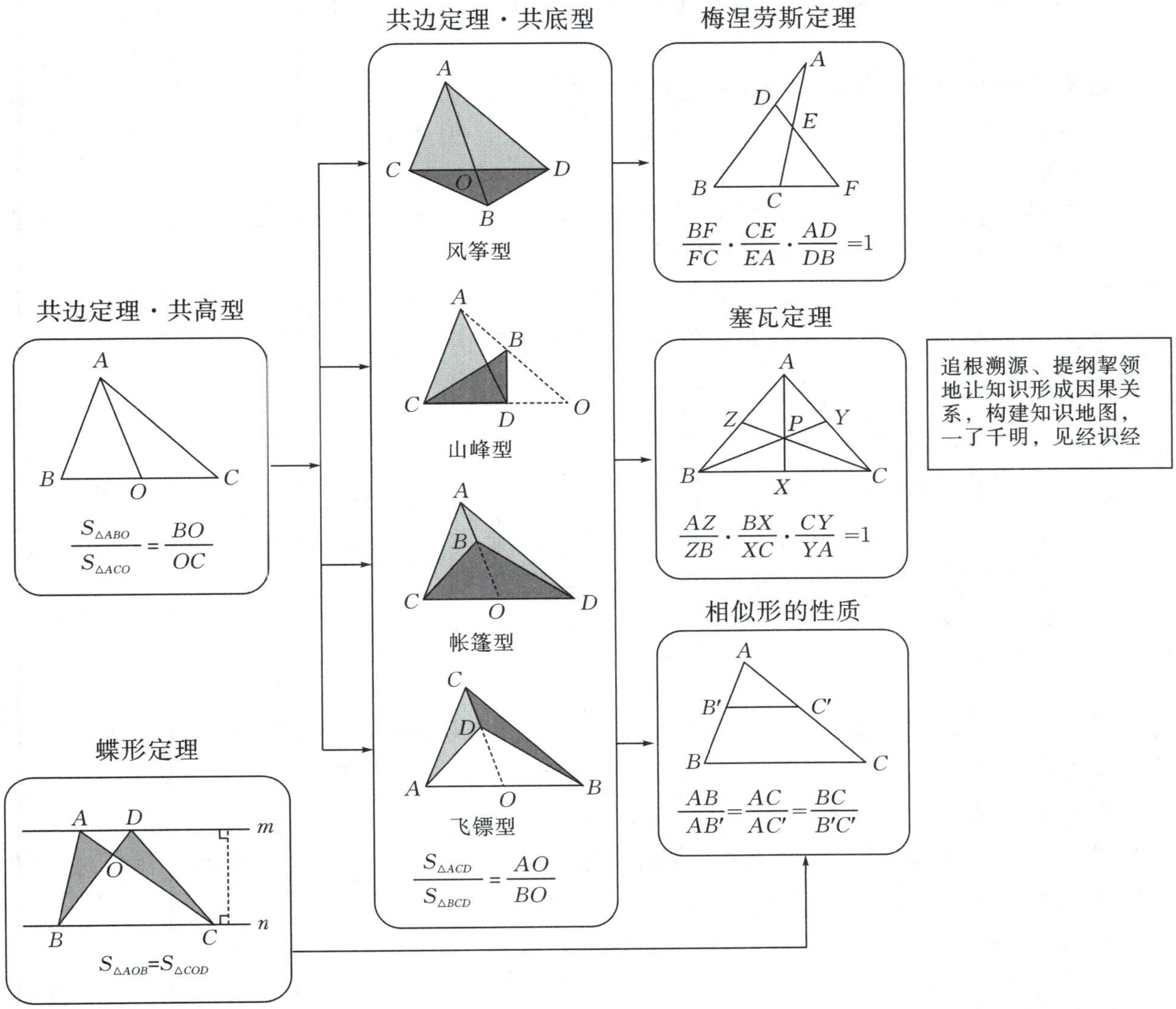

由薄到厚是量的积累，由厚到薄是质的提炼，从无序到有序是规律的体现，从有形到无形是思想的升华。

外修于行，内化于心，只有经历了这样一个学古师贤、穷物究理的学习过程，守得住基础，破得了成规，离得开教条，才能格物致知、求真致远、明心见性，产生数学的智慧。

·4. 奥数教学要“一语天然万古新，豪华落尽见真淳”·

“教”字的甲骨文是一个象形字“”，符号“”表示算筹象征着“变化”，引申为知识与学问，符号“”表示学生，符号“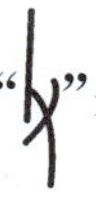”表示老师手持的教鞭。所以“教”字的本义是：孩子在老师的监督与指导下学习知识。

学生通过解题来学习数学，教师则通过讲题启发学生去思考，引导学生去学习从而形成思维能力。

作为一名奥数教师，数学的专业眼界决定了学生眼中的数学世界。

如果教师自身没有解题、学习的体验，那么如何能把问题讲透、讲活？更别谈解惑、授业了。

如果教师自身没有学习的感悟、生命的体验，那么如何传道？只会照本宣科地“以其昏昏使人昏昏”了。

“讲题≠讲课!”

“讲题”是“讲拳法”，是张本继末、擘肌分理地讲解数学解题思路，是解惑、授业，训练学生有聪明的头脑，形成系统的数学认知结构。

“讲课”是“讲心法”，是传道。除看重学生认知发展外，更注重学生在数学解题过程中学习能力的培养，情感发展及人文素养的陶冶，让学生具有健全的人格。

从“讲题”升华到“讲课”：
精研专业，做一个传授知识的经师
勤耕职业，做一个启迪智慧的导师
敬畏事业，做一个点化生命的人师

学习数学不只是智力的提升，数学有多元价值，诸如应用价值、科学价值和文化价值等。在多元价值中，对我们的教育对象而言，什么是最重要的，抓住了这个最重要的价值，也就抓住了奥数教育的根本。

对教师而言，奥数教育既是通过“讲题”增进学生的数学知识，更要“讲课”，在通过讲题传授知识的同时进行智慧的启发。

所谓“智慧的启发”就是：

1. 发展高层次的思维能力：发散思维（想象力、创造力），收敛思维（逻辑推理、解决问题的能力），批判思维（分析、综合与反思）。

2. 学习能力的形成：学生通过教师的指导而掌握科学的学习方法，也就是通常所说的“会学”，学生只有懂得“会学”，才能实现“学会”。培养学生由“迷时师渡法华转”的被动学习到“悟时自渡转华法”的自主学习能力形成。

古人说：“积学以储宝，酌理以富才。”能力比名次重要，经历会让你人生分数更高！名次是一时的快感，能力与经历是人一生的财富。要努力去做有一流能力的学生，不要刻意去追求做第一名的学生。

3. 培养情感与意志：学习需要意志力，而学习也是锻炼意志力的方式之一。

对学生而言，奥数考试难、奥数学习苦；对教师而言，学生在解题过程中产生的困境与逆境，既是培养学生逆境智能与意志品格的最佳机会，也是帮助学生树立正确的情感、态度与价值观的最佳素材。

有意义、有价值的奥数教育应让学生在经历解题这个学习活动的过程中，提升智力的同时去历练他的情感与意志。教师不仅帮助学生构建知识（认知）系统，更培养学生情（情感）与意（意志）的心理品格。

忽略了情感与意志品格培养的解题活动是枯木朽枝！

欲路上事，毋乐其便而姑为染指，一染指便深入万仞；理路上事，毋惮其难而稍为退步，一退步便远隔千山。

功夫自难处做去，如逆风鼓棹，才是一段真精神；学问自苦中得来，似披沙获金，才是一个真消息。

不畏难、不畏苦的意志品格才是助学生登上人生高原、攀上人生高峰的登山鞋与防寒服。

正如斯宾诺莎所言："意志与智慧两者是一个相同的东西。"知识虽然重要，但智慧才是人的灵魂！

·5."黄金无足色，白璧有微瑕"——理性看待奥数教育·

奥数工具化让奥数"为学日益"，强化了奥数的选拔功能，弱化了其本身培养学生兴趣、拓展学生思维的教育功能，违背了奥数本来的教育价值。

奥数商业化让奥数"为道日损"，用狭隘的应试教育手段来训练学生，过分注重应试技巧培养，一味追求"模式化"解题技巧固化学生思维，学生的应试模仿能力增强了，自主学习能力、独立探究能力丧失了。

当奥数异化为"选拔工具"，沦落为"商业资本"的金融手段时，留给我们的只有残酷的应试与市侩的俗气。

奥数教育不只对应试负责，还要对人的发展负责，是以数学为平台，以数学知识为起点，通过教育提升知识到智慧层面的启发。

奥数教育不应该是简单的知识扩充，也不是盲目的题型训练，而是致力于透视数学的本质，追寻数学的来龙去脉，让学生在掌握数学之真的同时也感受到数学之善和数学之美。

奥数更多应该承载的是教育功能……

"心静者胜出，心定者致远。"作为一名身处奥数教育风口的体制外教师，更应勿忘"至纯至善，至简至真"的教育初心，风雨兼程，如履薄冰地砥砺前行，真做教育，做真教育。努力做一个净心、静心、尽心和意诚、意执——"三心二意"的明心见性的"明师"，而不是沽名钓誉的"名师"。

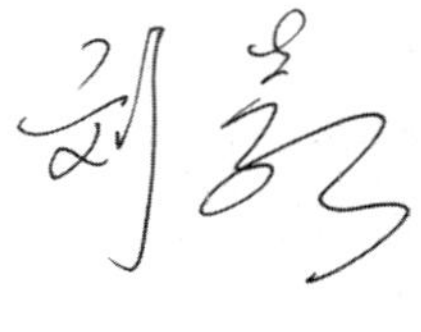

序言二 关于本书

时隔半载，《明心数学资优生大题典》（简称《大题典》）终于在《明心数学问道小升初》的基础上扩充而成了。相较于原书，《大题典》中新增了等差数列、中年级篇应用题、几何中年级篇、计数中年级篇、组合问题、逻辑问题等章节，从而为小学生打造了一方可从中年级开始探索的“数学小世界”，其中，计算谷、应用门、逻辑宫、几何派、数论宗、组合塔六大板块星罗棋布。

题为血肉，意为筋骨，《大题典》不仅是一本按知识点分类的习题集，更是一本为六大板块“舒筋通络”的讲解集，所以笔者为各位读者奉上 2 条阅读建议：

1. 请耐心读完序言一、二以及每个章节开篇的概念讲解部分，它们是整本书、每个章节的卫星导航，是理解知识之根本、解题思路之源泉；

2. 对于例题，请尝试先行独立完成。无论对错与否，伴有自身思考的阅读会更有价值。对，可与解析互相印证解法之优劣；错或无从下手，则可以反省：错在何处？思考的“障碍点”在何处？是知识点的缺失？还是思路的迷茫？

《大题典》虽由我和几位同事编写，但大多素材都源于 2013 年至 2021 年的“数学花园探秘”“华杯赛”“明心资优生测试真题”，它是整个“奥数江湖”的沧海一粟，是吾辈不孤的头脑风暴，绝非我等可贪全功。且因起笔于禁赛之际，成书于“双减”之间，又不禁让本书的字里行间隐透着教育江湖人心中的三昧真火——星星之火、不灭薪火、人间烟火。

·星星之火·

各类学科的教学都要解决三个问题：What（做什么）？How（怎么做）？Why（为什么要这样做）？数学教学当然也不会例外，且作为自然科学的基础，数学必当是最讲究逻辑的学科，于是我们不妨遵循学科习惯给本书下一个定义，那么它将是：

集国内行业顶尖教师近十年心血提供“What?”；

尽最大努力以孩子的角度、数学的逻辑给出“How?”；

以数学文化为背景、分支发展为脉络引导读者思考“Why?”。

如此成书的理由既简单又强烈，因为笔者想将偏向工具性、经验性的小学数学教学最大程度地导向逻辑性。例如：

当孩子们学习乘法竖式时，希望他们能了解是分配律与结合律使得乘法竖式得以运行；

$$\begin{array}{r}56\\ \times\ 23\\ \hline 168\\ 112\ \ \\ \hline 1288\end{array}$$

56×23
=56×(3+20)　　(乘法分配律)
=56×3+56×20　　(乘法分配律)
=(6+50)×3+(6+50)×20　　(乘法分配律)
=6×3+50×3+6×20+50×20　　(乘法分配律)
=(18+150)+(120+1000)　　(加法结合律)
=168+1120
=1288

(表象 → 原理)

当孩子们学习应用题时，希望他们能直观地“看到”自己的思维过程，并掌握基本的方法论：

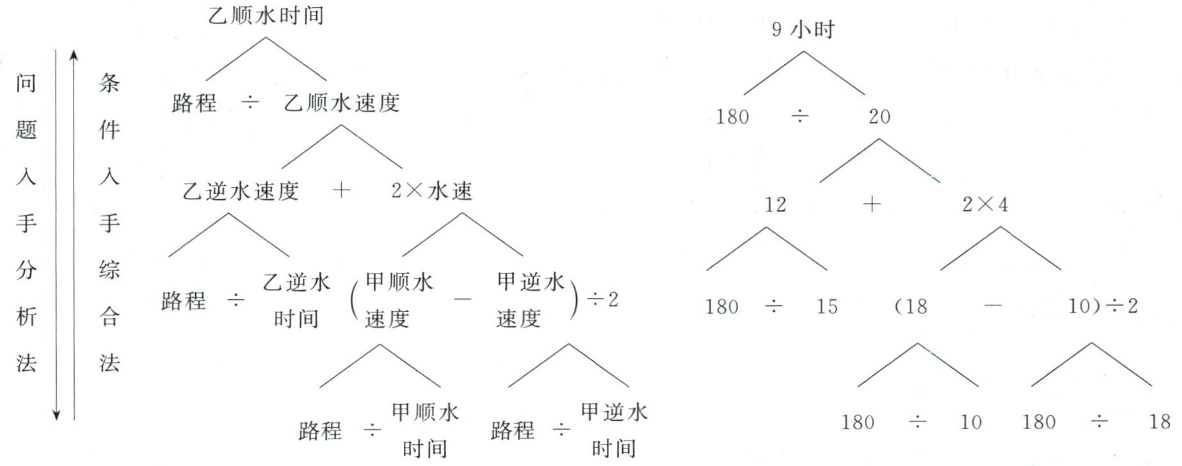

(解题 → 方法)

当孩子们朗声说到“三角形内角和为 180°”时，希望他们能够至少掌握一种适合他们理解的证明：

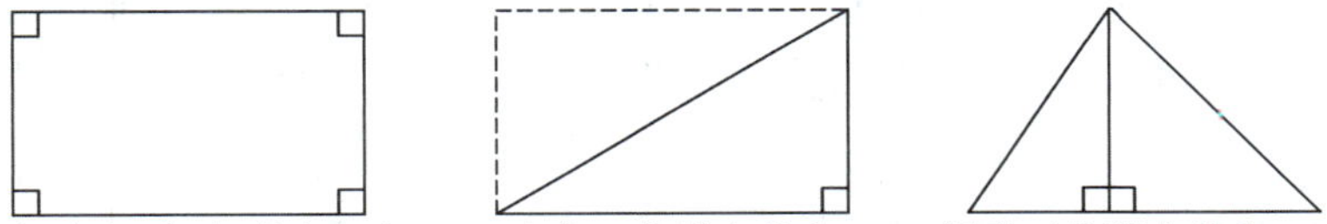

根据定义，长方形内角和为 90°×4=360°　　直角三角形内角和为 360°÷2=180°　　任意三角形内角和 180°×2−90°×2=180°

(结论 → 证明)

当孩子邂逅“希波克拉底月牙”时，希望他们能了解这是曲线图形等积变换为直线图形的第一个成功案例，这是古希腊人对化圆为方问题的孜孜以求；

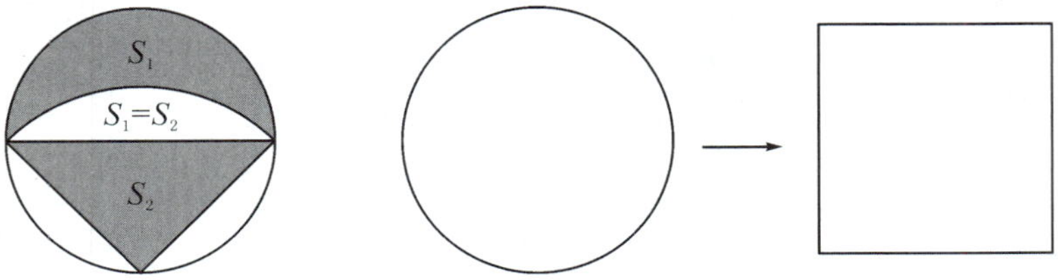

(结论 → 文化)

当孩子了解概念后，希望他们能提出好的问题：

质数有着“不可分割”的性质……那么 1 为什么不是质数呢？

(吸收 → 思考)

对于以上种种尝试，笔者心头笃定，因为这些散落在本书中、对于数学逻辑性教学的探索并非停留在二维平面上，而是都曾出现于三维空间、经历过课堂的洗礼。但，笔者也深知自身水平有限，书中不当之处烦请各位读者、师长、同侪雅正，闻之自欣然无比。

·不灭薪火·

自1993年起，我便在数学学习上受刘嘉老师教诲之恩，虽不才，但自那时起萌发的对数学的欢喜之情延续至今，若非如此，今日之我不会站在三尺讲台上；自2011年至今，人生路上我又蒙刘嘉老师知遇指引之恩，散漫未立之人方至不惑，而此书的诞生也是众多指引之一。若无初时的提议、中途的指导、全程的支持，本书的写作将不会成为一件有创造性的工作。迷时靠师渡，愿我之幸运，能通过本书传递下去。

本书的成形当然离不开另外四位作者、同时也是我的(办公)室友——王鑫、卢韵秋、邓泽轩、魏永久老师的同心协力，若无他们百忙之中的支持，我大概早已淹没在等身资料当中。本书的每个章节都浸透着他们对教育的拳拳之心与日积月累的教学感悟。

同时，还要特别鸣谢“室友＋最佳损友”付谦老师，若无这位“行走的行业顶配ETC”，我将推迟了解自身的不足，进步速率自然也会从“拓海的86下山”降为“阿树的85上山”。

另外，也要感谢明心书院大家庭中的每一位成员，没有诸位共同造就的学校文化，本书的完成及以往的很多工作想来都不会那么顺利。

·人间烟火·

前文提及“本书选题凝结了国内行业顶尖教师近十年心血”，绝非虚言。在逻辑、几何、数论、组合篇中，大部分例题均来自“数学花园探秘”(原“迎春杯”)的比赛真题。如果不是有幸融入陶晓永老师、陈平老师、严红权老师等前辈搭起的“数学花园探秘”组委会大平台，我不会接触那么多构思精巧的趣题，更不会接触那么多良师益友。感谢在这个平台上挥洒过聪明才智的每一位老师，与你们一起为数学传承一棒，即使是最初的一棒亦觉得无上荣光。

纵观数学史，数学家们面对问题如同面对希望，面对错误如同面对新生，即使信仰崩塌也依然“虽千万人，吾往矣”。

如果有一天我们也可以像法国人那样骄傲地说“我们最优秀的人在学习数学，数学是我们传统文化中最优秀的部分”。人间，已然值得；江湖，已成沧海。

有幸，与各位同在江湖。

胡志峰

目　录

上　册

第一篇　计　算　谷

第二篇 应 用 门

中年级卷

目　录

第三篇　逻　辑　宫

下 册

第四篇 几 何 派

第五篇　数论宗

第六篇 组 合 塔

第一篇　计　算　谷

算之得法无题不解，算如剑技唯快不破！今有“速算五式”，总纲如下：

明线：基础运算＋运算律＋分数运算技巧＋数列算法与公式的应用＋计算中的数学思想；

暗线：数系升级。自然数—小数—分数。

基本要旨：所谓“速算巧算”，是建立在“观察、对比”之上，以“凑整、抵消、简化运算步骤、简化运算数据”为目的的计算技巧运用。题乃死物，故算题只攻无守，观察与对比中料题先机，这是基本；而明确凑整、抵消等目的则需要灵活应用，如悟通剑法之剑意，运算时无所（方法）不可施、无题不可破！

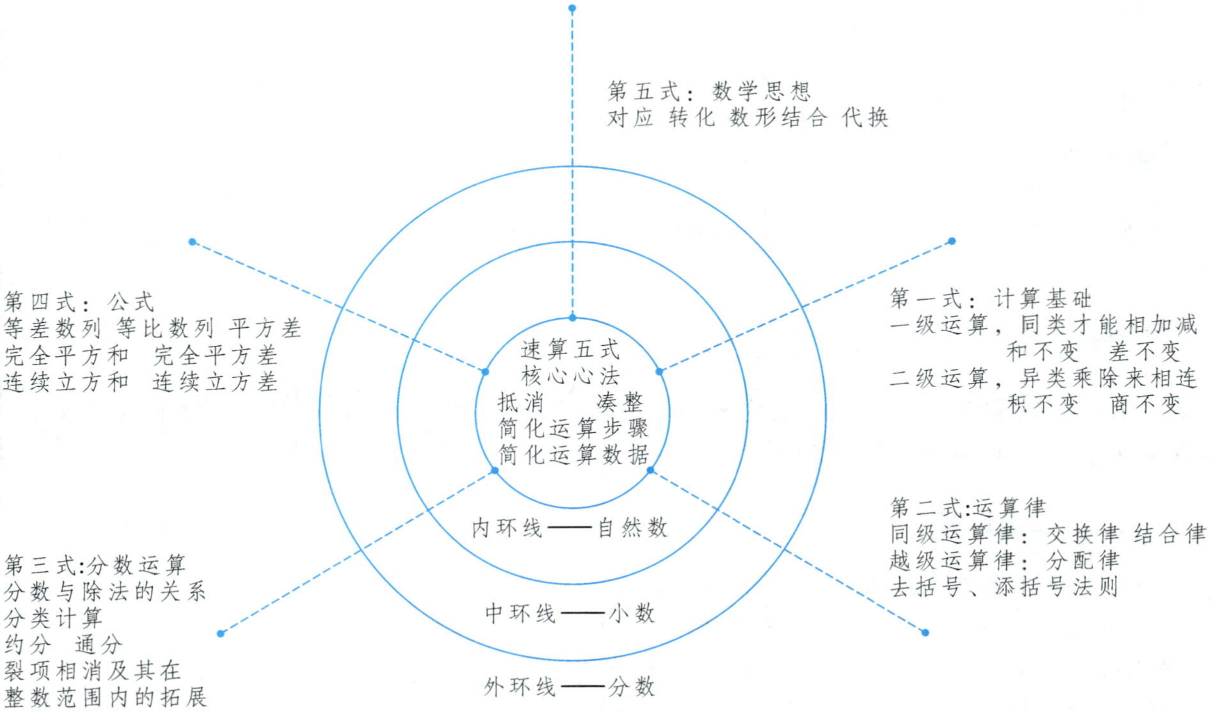

第一章 “五式”之首——计算基础

1.1 加、减、乘、除

1.1.1 一级运算

从计算的角度而言，减法即加法，同为一级运算；同类才能相加减；在有理数计算中，减去一个数等于加上它的相反数。

例 1 桌上有 23 个苹果，地上有 19 筐苹果，每一个筐里有 10 个苹果。问：一共有多少个苹果？右图是小明写的加法竖式，请你判断他写得对不对？如果不对，请帮他改正。

$$\begin{array}{r} 2\ 3 \\ +1\ 9 \\ \hline 4\ 2 \end{array}$$

解析

因为“1 个”和“1 筐”不属于同类，所以不能直接相加减。我们必须统一单位，23 个苹果可以看成 23 个 1，那么 19 筐苹果可以等价代换成 19 个 10，即 190 个苹果，列竖式为

$$\begin{array}{r} 2\ 3 \\ +1\ 9\ 0 \\ \hline 2\ 1\ 3 \end{array}$$，则共有 213 个苹果。

例 2 计算：125＋36。

解析

错误解答：
$$\begin{array}{l} \ \ \ 1\ 2\ 5 \\ +3\ 6 \\ \hline \ \ \ 4\ 8\ 5 \end{array}$$

正确解答：
$$\begin{array}{r} 1\ 2\ 5 \\ +\quad 3\ 6 \\ \hline 1\ 6\ 1 \end{array}$$

类似地，有 $\frac{2}{5}+\frac{3}{7}=\frac{14}{35}+\frac{15}{35}=\frac{29}{35}$；$\frac{1}{2}-\frac{2}{5}=\frac{5}{10}-\frac{4}{10}=\frac{1}{10}$；$a^2+a=a^2+a$；$a+a=2a$。

注解 这些“同类才能相加减”的例子告诉我们：竖式计算中强调数位对齐，分数加减时异分母分数要通分成同分母分数，同类项才能合并。

1.1.2 二级运算

从计算角度而言，除法即乘法，同为二级运算。

二级运算是连接不同类型量之间桥梁，例如：速度×时间＝路程。

在分数计算中，除以一个不为 0 的数等于乘以它的倒数。

混合四则运算中，在没有括号改变运算顺序的情况下，二级运算比一级运算优先进行，即先乘除，后加减。

例 3 计算：(1)125 米/秒×5 秒； (2)$18\div\frac{2}{3}$。

解析

(1)625 米；(2)$18\div\frac{2}{3}=18\times\frac{3}{2}=27$。

1.2 万变不离其宗——计算中那些不变的和、差、积、商

1.2.1 和不变

两数相加，其中一个加数增加，而另一个加数减少相同的数量时，和不变。

等差数列利用配对求和就是利用了和不变的性质，例如：

$$\begin{aligned}1+3+5+7+9+11&=(1+11)+(3+9)+(5+7)\\&=12+12+12\\&=36。\end{aligned}$$

1.2.2 差不变

两数相减，当被减数与减数同时增加或减少相同的数时，差不变。

例 4 如图，长方形 $ABCD$ 的长为 6 厘米，宽为 4 厘米，如果①的面积比②大 6 平方厘米，那么 CE 的长为多少？

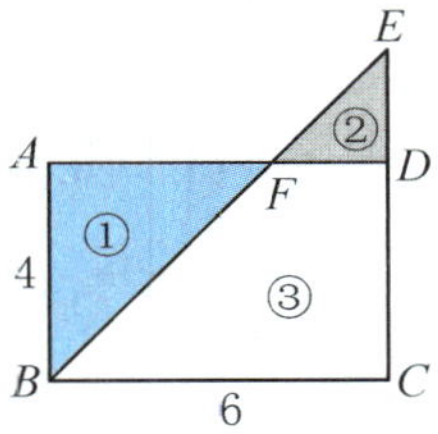

解析

本题是图形中典型差不变性质的运用。因为 $S_{①}-S_{②}=6$ 平方厘米，且当两个阴影三角形的面积同时加上梯形③的面积时，差不变，所以：

$S_{①}-S_{②}=6$；

$(S_{①}+S_{③})-(S_{②}+S_{③})=6$；

$S_{\square ABCD}-S_{\triangle BCE}=6$。

由此可得，$S_{\triangle BCE}=4\times6-6=18$(平方厘米)，

$CE=18\times2\div6=6$(厘米)。

> 和不变与差不变，除了运用在计算中，还经常被运用在几何图形运算、容斥原理中。

1.2.3 积不变

在乘法中，一个因数扩大或缩小若干倍(0 除外)，同时另一个因数缩小或扩大相同的倍数，积不变。

例 5 计算：666×333。

解析

原式 $=(666\div3)\times(333\times3)=222\times999=222\times(1000-1)=222000-222=221778$。

1.2.4 商不变

在除法中，被除数与除数同时扩大或同时缩小相同的倍数(0 除外)，商不变。

注解 更重要的是：积不变是反比例的判定核心；商不变是正比例的判定核心。而正、反比例在小学竞赛应用题中有着“双剑合璧、破题如抽丝”的奇效，它们也是小学应用题核心心法“找不变量”的最佳体现。

由于除法、分数与比三者存在着紧密联系，除法拥有的性质在分数、比中都有对应的性质。

以商不变的性质为例，在分数中演变为分数的基本性质：分子分母同时扩大或缩小相同倍数（0 除外），分数大小不变，这也是约分、通分的依据。

在比中演变成比的基本性质：比的前项与后项同时扩大或缩小相同倍数（0 除外），比值不变。

真题重现

1. 计算：

(1)356＋187＝________；　(2)244＋122＝________；　(3)122＋122＋122＝________；

(4)265－188＝________；　(5)163－84＝________；　(6)163－42－42＝________。

2. 计算：

(1)$13+13.5-12.5$；　(2)$0.625-0.375+\frac{5}{8}$；　(3)$\frac{5}{9}-\frac{1}{3}+\frac{2}{3}$；

(4)$45-16.2+20.2$；　(5)$\frac{5}{8}+\frac{8}{5}+\frac{3}{8}-\frac{3}{5}$；　(6)$1.25\times4\div\frac{1}{2}$；

(7)$0.25\div2\times8$；　(8)$1.2\times27\times2\div6$。

3. $1\frac{7}{8}+6\frac{1}{4}\times\frac{3}{5}+7\div1.6=$________。　（2017 年“数学花园探秘”5 年级）

4. $(98\times76-679\times8)\div(24\times6+25\times25\times3-3)=$________。　（第 21 届“华杯赛”高年级决赛）

5. 利用“和不变”的性质将下列等式补充完整。

(1)(140＋□)＋(231 ◯ 20)＝371，(140 ◯ 30)＋(231－□)＝371；

(2)(140＋□)＋(231 ◯ 20)＝370，(140 ◯ 30)＋(231－□)＝370。

6. 如图，等腰 Rt△ABC 的腰长为 10 厘米。以 A 为圆心，AE 为半径画一个八分之一圆，得到图中两个阴影部分。其中，图形右下角阴影部分的面积比左上角少 3 平方厘米。求扇形所在的圆的面积。

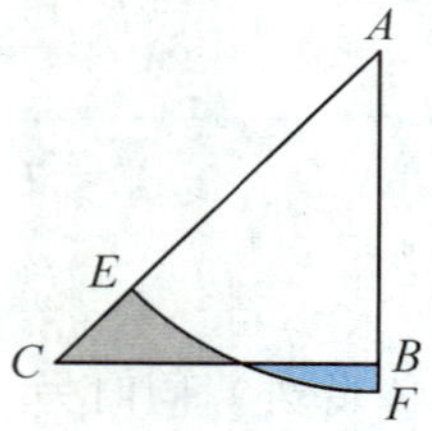

第 6 题图

7. 如图是 A、B 两个房屋的平面图，房屋 A 的外墙是 8 米×8 米，房屋 B 的外墙是 7 米×9 米。如果墙厚 0.25 米，外门宽 1 米，内部房间门宽 0.9 米。王师傅要给这两个房屋的内部铺满木地板，那么两个房屋所铺木地板的面积相差________平方米。

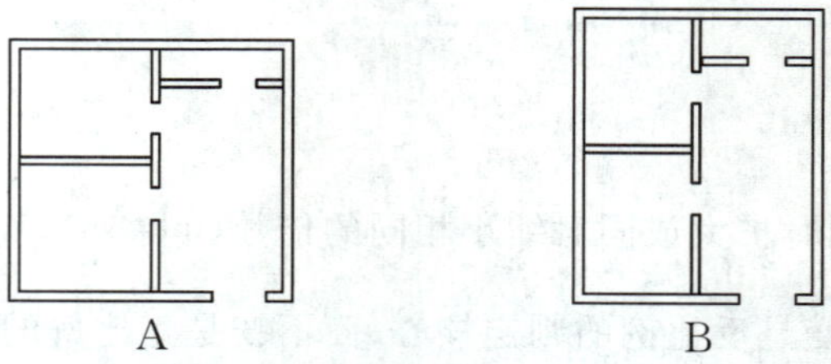

第 7 题图

（2017 年秋 · 明心数学资优生测试 5 年级）

8. $12\times\frac{4}{5}$，如果 12 扩大 4 倍，要使积不变，另一个因数$\frac{4}{5}$应做怎样的变化？

9. 一个数 144，要把它分成两个自然数的乘积形式，一共有多少种分法？（注：1×144 和 144×1 是同一种分法）

10. 计算$\frac{8}{9}\times\frac{33}{14}$，思考过程中哪些地方利用了积不变的性质？

11. 在进行小数乘法运算时，我们会先把小数点进行移位以方便计算。例如：2.5×40=(2.5×10)×(40÷10)=25×4=100。

请用"积不变"的性质计算下列各式。

(1)1.25×80；　(2)4.4×620；　(3)45×1.2；

(4)24×2.5；　(5)0.125×32；　(6)72×6.25。

参考答案

1. 答案：543，366，366，77，79，79。

2. 答案：(1)14；(2)$\frac{7}{8}$；(3)$\frac{8}{9}$；(4)49；(5)2；(6)10；(7)1；(8)10.8。

3. 答案：$\frac{15}{8}+\frac{25}{4}\times\frac{3}{5}+7\div\frac{8}{5}=10$。

4. 答案：原式=(7448−5432)÷(144+1875−3)=2016÷2016=1。

5. 答案：(1)20，−，+，30；

(2)19，−，+，21。

6. 答案：376 平方厘米。

分析：要想求出扇形的面积，根据扇形的面积公式，必须知道扇形的半径。而此处并不知道半径为多少，则运用"差不变"的性质，将三角形左下角阴影面积加上△ABC 空白处的面积，右下角阴影面积加上△ABC 空白处的面积，它俩面积的差不变，仍然为 3 平方厘米。即可求得扇形面积就等于等腰 Rt△ABC 的面积减 3，为 $10\times10\div2-3=47$(平方厘米)，故圆的面积为 $47\div\frac{45^\circ}{360^\circ}=376$(平方厘米)。

7. 答案：1 平方米。

分析：两屋的内墙面积相等，房屋 A、B 的面积差为 8×8−7×9=1(平方米)。由于内墙面积相等，所以被减数和减数同时减去相同的数，差不变。所以房内的地板面积也只相差 1 平方米。

8. 答案：如果 12 扩大 4 倍，要使积不变，$\frac{4}{5}$应缩小到原来的$\frac{1}{4}$。

9. 答案：8 种。144=1×144=2×72=3×48=4×36=6×24=8×18=9×16=12×12，

共有 8 种分法。

10. 答案：$\frac{8}{9}\times\frac{33}{14}=\left(\frac{8}{9}\div2\right)\times\left(\frac{33}{14}\times2\right)=\frac{4}{9}\times\frac{33}{7}=\left(\frac{4}{9}\times3\right)\times\left(\frac{33}{7}\div3\right)=\frac{4}{3}\times\frac{11}{7}=\frac{44}{21}$。

分析：可以看到在约分的过程中利用了积的变化规律，一个因数扩大倍数，另一个因数缩小相同倍数(0 除外)积不变。

11. 答案：(1)100；(2)2728；(3)54；(4)60；(5)4；(6)450。

第二章 “五式”之二——运算律

2.1 同级运算中的运算律

2.1.1 交换律与结合律

加法交换律：

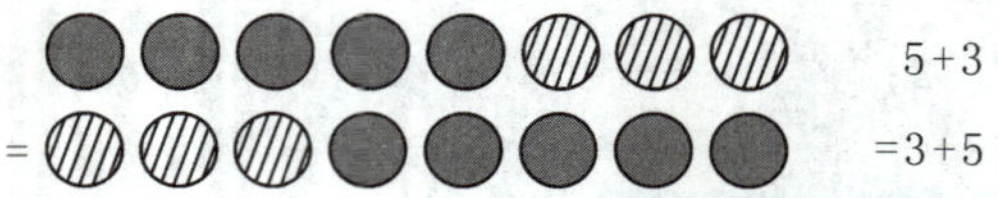

乘法交换律：

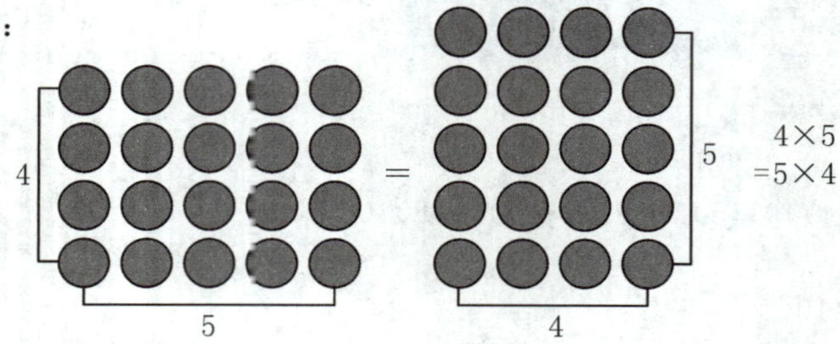

交换律的特征是具有对称性：3＋7＝7＋3，

3×7＝7×3。

> 在计算中，减法可以转化成加法，除法可以转化成乘法，所以同级运算中，带符号搬家其实就是交换律。

例如：7－15＋8＝7＋(－15)＋8＝7＋8＋(－15)＝7＋8－15＝0；

14÷91×13＝14×13－91＝182÷91＝2；

$14\div91\times13=14\times\frac{1}{91}\times13=14\times13\times\frac{1}{91}=2$。

加法结合律：

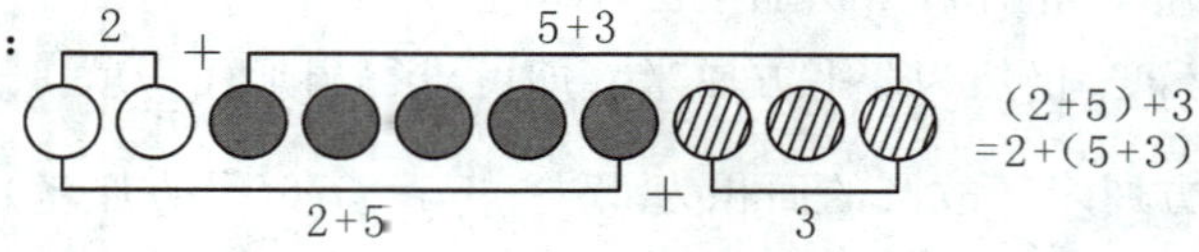

乘法结合律：

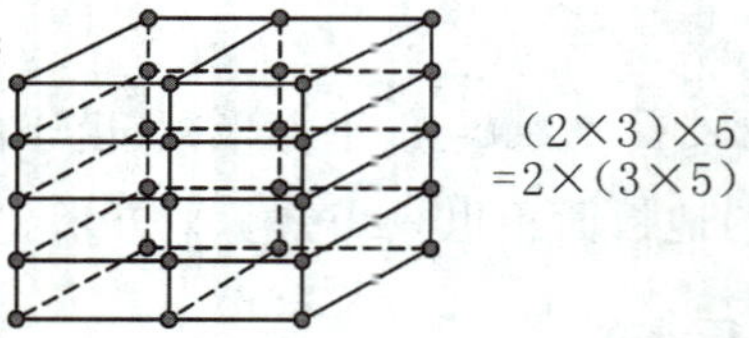

例如：314＋618＋382＝314＋(618＋382)＝314＋1000＝1314；

23×25×4＝23×(25×4)＝23×100＝2300。

速算小绝招

2×5＝10	3×37＝111	41×271＝11111
4×25＝100	7×11×13＝1001	239×4649＝1111111
8×125＝1000	73×137＝10001	12345679×9＝111111111
	3×37×7×13＝10101	

交换律与结合律的基本目的就是凑整、抵消与归类。

凑整：23＋65＋77＝23＋77＋65＝100＋65＝165；

抵消：888－333＋33＝888－(333－33)＝888－300＝588；

归类：$\left(\frac{1}{2}+\frac{1}{3}+\frac{1}{4}+\cdots+\frac{1}{25}\right)+\left(\frac{2}{3}+\frac{2}{4}+\frac{2}{5}+\cdots+\frac{2}{25}\right)+\left(\frac{3}{4}+\frac{3}{5}+\cdots+\frac{3}{25}\right)+\cdots+\left(\frac{23}{24}+\frac{23}{25}\right)+\frac{24}{25}$

$=\frac{1}{2}+\left(\frac{1}{3}+\frac{2}{3}\right)+\left(\frac{1}{4}+\frac{2}{4}+\frac{3}{4}\right)+\cdots+\left(\frac{1}{25}+\frac{2}{25}+\frac{3}{25}+\cdots+\frac{24}{25}\right)$

$=\frac{1}{2}+\frac{2}{2}+\frac{3}{2}+\frac{4}{2}+\cdots+\frac{24}{2}$

＝150。

2.1.2 同级运算中的添括号与去括号法则

一级运算中：

括号前面是加号，去、添括号不变号：

23＋(77＋5)＝23＋77＋5＝100＋5＝105；

123＋(77－32)＝123＋77－32＝200－32＝168。

括号前面是减号，去、添括号变符号：

32－(12＋16)＝32－12－16＝20－16＝4；

32－(32－16)＝32－32＋16＝16。

二级运算中：

括号前面是乘号，去、添括号不变号：

37×(3×9)＝37×3×9＝111×9＝999；

137×(73÷10001)＝137×73÷10001＝1。

括号前面是除号，去、添括号变符号：

888÷(4×37)＝888÷4÷37＝222÷37＝6；

2002÷(1001÷23)＝2002÷1001×23＝46。

2.2 相邻两级运算间的分配律

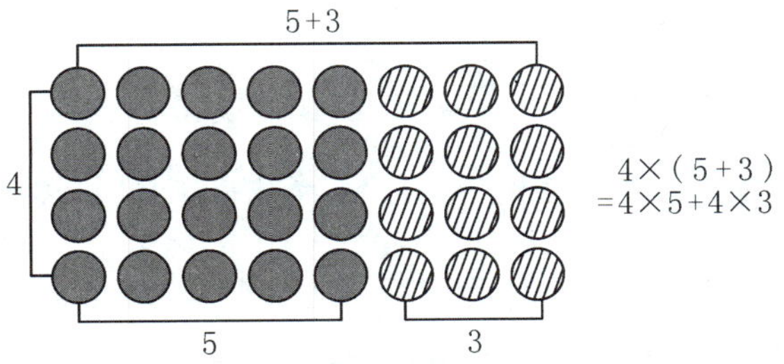

寻找小 的乘法分配律：

将66看作 ，37×66表示妈妈拿了37个 ，66×63表示爸爸拿了63个 ，这样家里就一共有37+63=100（个） 啦！

37×66＋66×63＝66×(37＋63)＝66×100＝6600。

延伸

除法有没有分配律呢？

大多数情况下，不会单独提“除法分配律”这个概念，但实际上分配“被除数”是可行的。例如：

72981÷9＝(72000＋900＋81)÷9

＝72000÷9＋900÷9＋81÷9

＝8000＋100＋9

＝8109。

但分配除数是万万不行的！否则就会出现错误的奇葩算式：

$$\begin{aligned}9\div 3 &= 9\div(1+1+1)\\ &= 9\div 1+9\div 1+9\div 1\\ &= 9+9+9\\ &= 27。\end{aligned}$$

真题重现

1. $\dfrac{6\times 4014+9\times 4016+\frac{1}{2}}{3\times 4014+3\times 6024+\frac{1}{4}}=$________。 （2008 年"华杯赛"高年级决赛）

2. $\dfrac{2008+2007\times 2009}{2008\times 2009-1}+\dfrac{2009+2008\times 2010}{2009\times 2010-1}=$________。 （2009 年"华杯赛"高年级决赛）

3. $1\frac{1}{2}+3\frac{3}{4}+5\frac{5}{6}+7\frac{7}{8}=$________。 （2011 年"华杯赛"高年级决赛）

4. $10-10.5\div[5.2\times 14.6-(9.2\times 5.2+5.4\times 3.7-4.6\times 1.5)]=$________。
（2012 年"华杯赛"高年级决赛）

5. $19\times 0.125+281\times\frac{1}{8}-12.5=$________。 （2013 年"华杯赛"高年级决赛）

6. $1007\times\dfrac{1\frac{3}{4}\div\frac{3}{4}+3\div 2\frac{1}{4}+\frac{1}{3}}{(1+2+3+4+5)\times 5-22}\div 19=$________。 （2014 年"华杯赛"高年级决赛）

7. $57.6\times\frac{8}{5}+28.8\times\frac{184}{5}-14.4\times 80+31\frac{1}{2}=$________。 （2015 年"华杯赛"高年级决赛）

8. $82.54+835.27-20.38\div 2+2\times 6.23-390.81-9\times 1.03=$________。
（2009 年"迎春杯"（现为"数学花园探秘"）5 年级初赛）

9. $\dfrac{\frac{8+9+10}{7}-\frac{9+10+11}{8}+\frac{10+11+12}{9}-\frac{11+12+13}{10}}{\frac{1}{7}-\frac{1}{8}+\frac{1}{9}-\frac{1}{10}}=$________。

（2009 年"迎春杯"（现为"数学花园探秘"）6 年级初赛）

10. $6\times\left(\frac{1}{2}-\frac{1}{3}\right)+12\times\left(\frac{1}{3}+\frac{1}{4}\right)+19-33+21-7+22=$________。

（2010 年"迎春杯"（现为"数学花园探秘"）5 年级初赛）

11. $2012\times\dfrac{3\frac{3}{4}\times 1.3+3\div 2\frac{2}{3}}{(1+3+5+7+9)\times 20+3}=$________。

（2012 年"迎春杯"（现为"数学花园探秘"）高年级复赛）

参考答案

1. 答案：原式$=\dfrac{6\times 4014+3\times 3\times 2\times 2008+2\times\frac{1}{4}}{3\times 4014+3\times 6024+\frac{1}{4}}=\dfrac{6\times 4014+6\times 6024+2\times\frac{1}{4}}{3\times 4014+3\times 6024+\frac{1}{4}}=2$。

2. 答案：原式 $=\frac{2008+2007\times2009}{2007\times2009+2009-1}+\frac{2009+2008\times2010}{2008\times2010+2010-1}$

$=\frac{2008+2007\times2009}{2008+2007\times2009}+\frac{2009+2008\times2010}{2009+2008\times2010}=2$。

3. 答案：原式 $=(1+3+5+7)+\left(\frac{1}{2}+\frac{3}{4}+\frac{5}{6}+\frac{7}{8}\right)=16+2\frac{23}{24}=18\frac{23}{24}$。

4. 答案：原式 $=10-10.5\div(5.2\times14.6-9.2\times5.2-5.4\times3.7+4.6\times1.5)$

$=10-10.5\div[5.2\times(14.6-9.2)-5.4\times3.7+4.6\times1.5]$

$=10-10.5\div(5.2\times5.4-5.4\times3.7+4.6\times1.5)$

$=10-10.5\div[5.4\times(5.2-3.7)+4.6\times1.5]$

$=10-10.5\div(5.4\times1.5+4.6\times1.5)$

$=10-10.5\div1.5\div(5.4+4.6)=10-7\div10=9.3$。

5. 答案：原式 $=19\times\frac{1}{8}+281\times\frac{1}{8}-100\times\frac{1}{8}=(19+281-100)\times\frac{1}{8}=200\times\frac{1}{8}=25$。

6. 答案：原式 $=1007\div19\times\frac{\frac{7}{4}\times\frac{4}{3}+3\times\frac{4}{9}+\frac{1}{3}}{15\times5-22}=53\times\frac{\frac{7}{3}+\frac{4}{3}+\frac{1}{3}}{53}=4$。

7. 答案：原式 $=57.6\times\frac{8}{5}+57.6\times\frac{92}{5}-57.6\times20+31\frac{1}{2}$

$=57.6\times\left(\frac{8}{5}+\frac{92}{5}-20\right)+31\frac{1}{2}=31\frac{1}{2}$。

8. 答案：原式 $=82.54+835.27-10.19+12.46-390.81-9.27$

$=(82.54+12.46)+(835.27-9.27)-(10.19+390.81)$

$=95+826-401$

$=520$。

9. 答案：原式 $=\frac{3\frac{6}{7}-3\frac{6}{8}+3\frac{6}{9}-3\frac{6}{10}}{\frac{1}{7}-\frac{1}{8}+\frac{1}{9}-\frac{1}{10}}=\frac{(3-3+3-3)+\frac{6}{7}-\frac{6}{8}+\frac{6}{9}-\frac{6}{10}}{\frac{1}{7}-\frac{1}{8}+\frac{1}{9}-\frac{1}{10}}$

$=\frac{6\times\left(\frac{1}{7}-\frac{1}{8}+\frac{1}{9}-\frac{1}{10}\right)}{\frac{1}{7}-\frac{1}{8}+\frac{1}{9}-\frac{1}{10}}$

$=6$。

10. 答案：原式 $=6\times\frac{1}{6}+12\times\frac{7}{12}+19-33+21-7+22$

$=1+(7-7)+(19+21)+22-33$

$=1+40+22-33$

$=30$。

11. 答案：原式 $=2012\times\frac{\frac{15}{4}\times\frac{13}{10}+3\times\frac{3}{8}}{25\times20+3}=2012\times\frac{\frac{39}{8}+\frac{9}{8}}{503}=4\times6=24$。

第三章 “五式”之三——分(小)数计算技巧

3.1 小数基础运算的特点:小数点的位置

加、减法运算中,小数点是“固定靶”,它保证了数位对齐。例如:

$$\begin{array}{r} 2.6 \\ +\ 8.33 \\ \hline 10.93 \end{array} \qquad \begin{array}{r} 12.6 \\ -\ \ 8.33 \\ \hline 4.27 \end{array}$$

乘法运算中,小数点是“移动靶”,它由各因数小数点后的位数相加决定。例如:$1.25\times3.8=4.750=4.75$。

$$\begin{array}{r} 1.25 \\ \times\ \ \ 3.8 \\ \hline 1000 \\ 375 \\ \hline 4.750 \end{array}$$

两位小数乘以一位小数,一定会得到一个三位$(2+1=3)$小数,只是因为小数点后末尾的 0 省略,所以 4.750 最后写为 4.75。

小数除法中,我们是利用商不变的性质将除数扩大为不含小数的整数,然后进行计算。变化后被除数小数点的位置决定了商的小数点位置。

$$1\div1.25=100\div125=0.8。$$

$$\begin{array}{r} 0.8 \\ 125\overline{)\,100.0} \\ 100.0 \\ \hline 0 \end{array}$$

3.2 分数基本运算

3.2.1 加法、减法

同分母加减法规则非常简单:分母不变,分子相加减。但注意,结果一定要是最简分数。

异分母加减法,必须通分后进行。

延伸

通分的两层含义。

1.首先要理解,为什么通分以后才能进行加减运算,这个原因我们在前面提到过:因为异分母分数的分数单位不同,不是同类,所以不能相加减。

2.通分的原理是分数的基本性质。

例 1 计算：$\frac{2}{5}+\frac{3}{7}$。

解析

【方法 1】通分计算。原式$=\frac{2}{5}+\frac{3}{7}=\frac{14}{35}+\frac{15}{35}=\frac{29}{35}$。

【方法 2】图解。

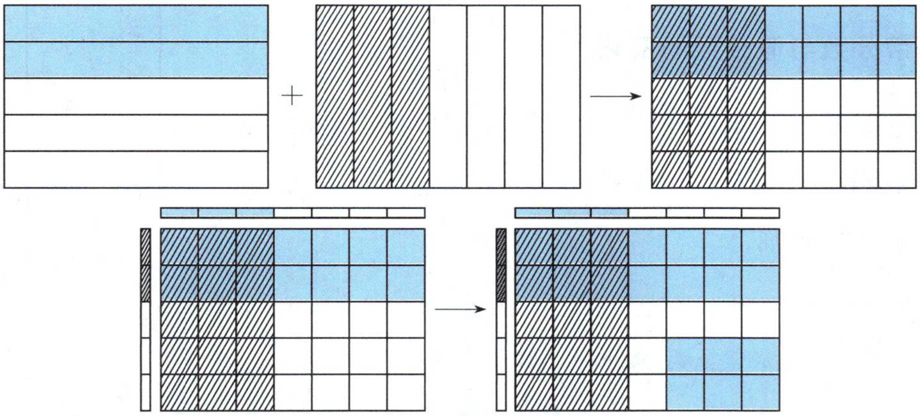

3.2.2 乘法、除法

乘除法看似简单，其实不然。分母我们在这里要重新考虑一个问题：为什么分数相乘时，积的分子等于两因数分子的乘积，分母等于两因数分母的乘积呢？

数学里面没有那么多“本就如此”。

事情还是要回到原点，分数可以看作除法的一种简化形式(例如：$2\div3=\frac{2}{3}$)。不信你将分子分母都涂黑“”，一个大大的除号！发现没，数学家其实是一群非常喜欢偷懒的家伙，哈哈！

回到正题：$\frac{2}{5}\times\frac{3}{7}=\frac{6}{35}$到底是怎么来的？马上揭晓。

$$\begin{aligned}\frac{2}{5}\times\frac{3}{7}&=(2\div5)\times(3\div7)\\&=2\div5\times3\div7\\&=2\times3\div5\div7\\&=\frac{2\times3}{5\times7}。\end{aligned}$$

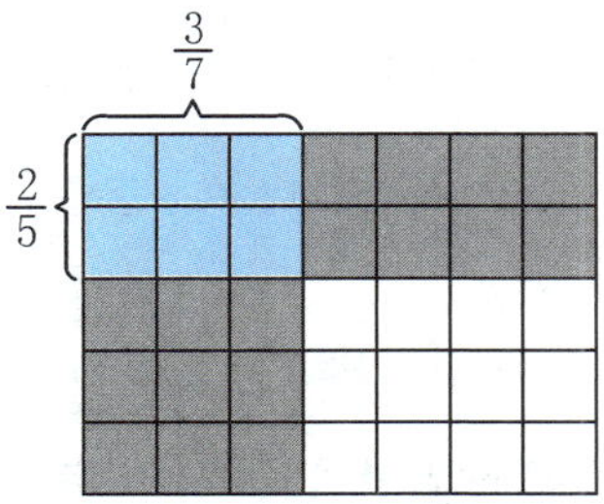

回到除法，一切自然明了！

那么对于更普遍的情况有：$\frac{b}{a}\times\frac{d}{c}=\frac{b\times d}{a\times c}$。

另一个问题：为什么除以一个数等于乘以它的倒数？

同样地，为你揭开分数除法的秘密：

$\frac{2}{5}\div\frac{3}{7}=\frac{2}{5}\div(3\div7)=\frac{2}{5}\div3\times7=\frac{2}{5}\times(7\div3)=\frac{2}{5}\times\frac{7}{3}$。

除了还原成除法，还有另外的解释吗？

在做出另一个解释之前，首先大家可以问自己一个问题：在除法里面，除以几最简单呢？

我想，绝大多数人都会觉得除数为 1 的时候，除法会变得特别简单。那么，对于分数除法也一样。我们可以通过商不变的性质以及倒数的定义，将除数变成 1，例如：$\frac{b}{a}\div\frac{d}{c}=\left(\frac{b}{a}\times\frac{c}{d}\right)\div\left(\frac{d}{c}\times\frac{c}{d}\right)=\left(\frac{b}{a}\times\frac{c}{d}\right)\div1=\frac{b}{a}\times\frac{c}{d}=\frac{b\times c}{a\times d}$。

3.2.3　带分数与假分数的互化

在做分数乘、除法时，一般会将带分数化为假分数后进行运算。例如：$2\frac{3}{7}=2+\frac{3}{7}=\frac{14}{7}+\frac{3}{7}=\frac{17}{7}$。

大家从上面计算的过程中，不难看出，带分数化假分数无非是将原带分数的整数部分化成与分数部分同分母的分数，然后相加。

练一练

请将下列带分数化成假分数，假分数化成带分数。

(1) $5\frac{5}{7}=$______；

(2) $63\frac{3}{32}=$______；

(3) $41\frac{5}{11}=$______；

(4) $17\frac{7}{17}=$______；

(5) $\frac{1003}{7}=$______；

(6) $\frac{1000}{37}=$______；　(7) $\frac{2019}{125}=$______；　(8) $\frac{108}{21}=$______。

> 在小学阶段，可能会出现结果要求写成带分数的情况，这可能是因为带分数形式更容易让这个阶段的学生对这个分数有一个直观的大小认识。例如$\frac{2018}{7}$与$288\frac{2}{7}$，后者更容易让学生感知它的大小，毕竟人对自然数的认识要比分数、小数亲切得多。
>
> 但进入初中后，由于学生进入代数学习阶段，运算过程中“×”被省略，$288\frac{2}{7}$到底是$288+\frac{2}{7}$还是$288\times\frac{2}{7}$会出现歧义，所以大多数情况下，会要求大家写成假分数的形式。

[练一练参考答案]　(1)$\frac{40}{7}$；(2)$\frac{2019}{32}$；(3)$\frac{456}{11}$；(4)$\frac{296}{17}$；(5)$143\frac{2}{7}$；(6)$27\frac{1}{37}$；(7)$16\frac{19}{125}$；(8)$5\frac{1}{7}$。

3.3　约分与通分

约分与通分的原理是分数的基本性质。要想熟练运用需掌握以下两个数论知识：最大公约数与最小公倍数。(关于最大公约数和最小公倍数的内容将在数论章节详细讲解)

约分就是找分子、分母的公约数(通常是最大公约数)，例如：$\frac{74}{111}=\frac{2}{3}$。

我国古代讲解分数约分的内容最早见于《九章算术》：

“约分术曰：可半者半之，不可半者，副置分母、子之数，以少减多，更相减损，求其等也，以等数约之。”

用现在的话说就是：可半者即偶数，分子分母都是偶数，就同时除以 2；不全是偶数，则用分母分子中较大的数减去较小的数，得到结果以后，继续用较大的数减去较小的数，一直这样操作下去，即通过这样的“更相减损术”就得最大公约数(等数)。最后分子分母同时除以最大公约数(等数)，完成约分。

大家有想过为什么要约分吗？$\frac{2}{3}=\frac{4}{6}=\frac{6}{9}=\frac{8}{12}$，结果$\frac{2}{3}$写成$\frac{8}{12}$难道就不行吗？其实结果表示成最简分数的意义在于统一标准，提高信息传递的效率，你写成$\frac{8}{12}$，我写成$\frac{2018}{3027}$，还能不能一起愉快地玩耍了？

约分时请注意，一定要按照分数基本性质来进行，不可随心所欲：由于分数的基本性质讲的是同时除以一个相同的数（0 除外），这就决定了你在约分之前是要将分子分母均看成两个乘法算式才能进行约分的。例如：$\frac{3+6+12+24+48}{5+10+20+40+80}=\frac{3\times\cancel{(1+2+4+8+16)}}{5\times\cancel{(1+2+4+8+16)}}=\frac{3}{5}$。

通分就是找多个分母的公倍数（通常是最小公倍数），使得分母不同（即分数单位不同）的分数变成同分母（即分数单位相同）的分数，然后可以进行加减运算，例如：$\frac{5}{6}+\frac{7}{8}=\frac{20}{24}+\frac{21}{24}=\frac{41}{24}$。

但是，必须要找到最小公倍数吗？

> 请注意，通分的目的只需要让异分母分数变成同分母分数。基于此，我们完全可以直接将不同的分母相乘就能达到目的，只不过在处理结果时需要约分。这样做的好处有两点：
>
> 1.学生不用知道最小公倍数的求解方式也能进行异分母的加减法，例如$\frac{5}{6}+\frac{7}{8}=\frac{5\times8}{6\times8}+\frac{7\times6}{8\times6}=\frac{40}{48}+\frac{42}{48}=\frac{82}{48}=\frac{41}{24}$；
>
> 2.当分母是字母时，很自然地知道该怎么处理，例如$\frac{2}{m}+\frac{3}{n}=\frac{2n}{mn}+\frac{3m}{nm}=\frac{2n+3m}{mn}$。

例 2 化简：$\frac{76}{190}$。

解析

利用“更相减损术”求得 76 与 190 的最大公约数为 38，过程如下：

$(76,190)=(76,190-76)=(76,114)=(76,114-76)=(76,38)=(76-38,38)=(38,38)=(38-38,38)=(0,38)=38$。

所以$\frac{76}{190}=\frac{76\div38}{190\div38}=\frac{2}{5}$。

> “更相减损术”现在叫作“辗转相减法”，从例2我们可以看出，38是190减了2次76得来的，所以38实际上是190除以76的余数。所以“辗转相减法”可以优化为欧几里得算法，即“辗转相除法”，上述求解最大公约数的过程可以简化为$(76,190)=(76,38)=(0,38)=38$。

3.4 数系升级，运算律依然有效

运算对象从自然数变为小数、分数，并不会改变运算法则。这就类似大家吃烧烤的时候，虽然点了不同的食物，但同样的佐料，同样的烤制手法依然有效。这就像昨天与今天吃的面条不同，但你还是一样用筷子。

例 3 计算：$84\frac{4}{19}\times1.375+105\frac{5}{19}\times0.9$。（2015 年“华杯赛”高年级组决赛）

解析

原式$=21\frac{1}{19}\times(4\times1.375+5\times0.9)$ （乘法分配律）

$=21\frac{1}{19}\times10=210\frac{10}{19}$。

例 4 计算：$2016\times\left(\frac{1}{4}-\frac{1}{8}\right)\times\left(\frac{1}{7}-\frac{1}{9}\right)$。（2016 年“数学花园探秘”6 年级 B 卷）

解析

原式$=32\times63\times\frac{1}{8}\times\frac{2}{63}$

$=\left(32\times\frac{1}{8}\right)\times\left(63\times\frac{2}{63}\right)$ （乘法交换律、结合律）

$=8$。

例 5 计算：$2016\times\frac{2014}{2015}+\frac{1}{2015}$。（2016 年“数学花园探秘”高年级 D 卷）

解析

【方法 1】

原式$=\frac{2016\times2014+1}{2015}$

$=\frac{2015\times2014+2014+1}{2015}$ （乘法分配律）

$=\frac{2015\times2014+2015}{2015}$

$=\frac{2015\times(2014+1)}{2015}$ （乘法分配律）

$=2015$。

【方法 2】

原式$=(2015+1)\times\frac{2014}{2015}+\frac{1}{2015}$ （乘法分配律）

$=2015\times\frac{2014}{2015}+\left(\frac{2014}{2015}+\frac{1}{2015}\right)$

$=2014+1$

$=2015$。

【方法 3】

原式$=2014\times\frac{2016}{2015}+\frac{1}{2015}$

$=2014\times\left(1+\frac{1}{2015}\right)+\frac{1}{2015}$ （乘法分配律）

$=2014\times1+2014\times\frac{1}{2015}+\frac{1}{2015}$ （乘法分配律）

$=2014+\frac{1}{2015}\times(2014+1)$ （乘法分配律）

$=2014+1$

$=2015$。

3.5 循环小数与分数的互化

循环小数化分数大体分为两类：纯循环小数化分数、混循环小数化分数。

3.5.1 纯循环小数化分数

例 6 判断：0.999…<1?

解析

问题的难点在于 0.999…有一个无穷无尽的尾巴，这条尾巴如何处理呢？

假设  =0.999…

那么 10  =9.999…

现在我们将上述两个等式的左边减去左边，右边减去右边可得：

10  −  =9.999…−0.999…

9  =9

 =1。

为什么传统的“对位比较法”在这里失效了呢？因为对位比较法只适用于“有限”的比较，而不适用于“无穷”。

由例 6 我们可以看出，数学家们利用整体代换思想在例 6 解析的前两个式子中构造出了一个相同的“尾巴”，在第三个式子中，让两条“尾巴”互相抵消了。

既然“无穷”那么可怕，就让“无穷之矛”与“无穷之盾”互相抵消吧！

例 7 将纯循环小数 $0.\dot{2}3\dot{4}$ 化成分数。

解析

假设  $=0.\dot{2}3\dot{4}$

那么 1000  $=234.\dot{2}3\dot{4}$

1000  −  $=234.\dot{2}3\dot{4}-0.\dot{2}3\dot{4}$

分母←999  =234 →分子

 $=\frac{234}{999}$ →注意约分

 $=\frac{26}{111}$。

练一练

将下列循环小数化为分数。

(1)$0.\dot{3}$=______；　(2)$0.\dot{4}$=______；　(3)$0.\dot{2}\dot{3}$=______；　(4)$0.\dot{5}\dot{4}$=______；

(5)$0.\dot{2}6\dot{3}$=______；　(6)$0.\dot{2}7\dot{3}$=______；　(7)$0.\dot{1}8\dot{5}$=______。

提示：转化成分数后注意不要忘记________。

（参考答案在P21）

【总结】纯循环小数化分数，未化简前，分母全由9组成，9的个数等于循环节的位数；分子为一个循环节的数字，如$0.\dot{1}3\dot{7}=\frac{137}{999}$。

谨记：掌握原理比硬背有用得多。

3.5.2　混循环小数化分数

例8　将混循环小数$0.1\dot{6}$化为分数。

解析

上面我们解决了纯循环小数化分数的问题，那像$0.1\dot{6}$这样的混循环小数如何化成分数呢？

请允许我默念口诀，祭出一式江湖绝学——“转化”！

$0.1\dot{6}$的10倍等于$1.\dot{6}$，$1.\dot{6}$可是个“地地道道”的纯循环小数！问题变成刚才我们已经讨论过的“纯循环小数化分数”了。

假设　$=0.1\dot{6}$

那么　10$=1.\dot{6}$

此时，再利用我们刚才学到的纯循环小数化分数的技巧：

100$=16.\dot{6}$

100-10$=16.\dot{6}-1.\dot{6}$

90$=15$

$=\frac{15}{90}$

$=\frac{1}{6}$。

例 9 将混循环小数 $0.3\dot{4}\dot{5}$ 化为分数。

解析

假设 🍎 $=0.3\dot{4}\dot{5}$

决定了分母中 0 的个数←—10 🍎 $=3.\dot{4}\dot{5}$

1000 🍎 $=345.\dot{4}\dot{5}$

决定了分母中 9 的个数←—1000 🍎 -10 🍎 $=345.\dot{4}\dot{5}-3.\dot{4}\dot{5}$

990 🍎 $=342$

🍎 $=\frac{342}{990}$

🍎 $=\frac{19}{55}$。

练一练

将下列循环小数化为分数。

(1)$0.1\dot{6}=$______；　(2)$0.12\dot{3}=$______；　(3)$0.8\dot{3}=$______；　(4)$0.1\dot{2}\dot{3}=$______。

(参考答案在 P21)

【总结】混循环小数化分数，未化简前，分母是由 9 与 0 组成的多位数，0 全部在末尾，其中 9 的个数等于循环节的位数，0 的个数等于小数部分非循环节的位数；分子为非循环节与一个循环节组成的多位数减去非循环节组成的数。例如：$0.1\dot{3}\dot{7}=\frac{137-1}{990}=\frac{136}{990}$，注意这是未化简前的结果。

谨记：掌握原理比硬背套路有用得多。

例 10 计算：$0.\dot{1}2\dot{3}+0.\dot{4}\dot{5}$。

解析

【方法 1】原式 $=\frac{123}{999}+\frac{45}{99}=\frac{41}{333}+\frac{5}{11}$

$=\frac{2116}{3663}$。

【方法 2】原式 $=0.123123123123\cdots+0.454545454545\cdots$

$=0.577668577668\cdots$

$=0.\dot{5}7766\dot{8}$。

> 我们学了循环小数化分数，但不一定非要用到它，比如本题，很明显小数形式的计算比分数形式的计算要直观简单。但请注意，循环小数在进行加减法时，在相邻循环节交接的地方可能会进位或退位，需谨记！

例 11 计算：$0.\dot{6}7\dot{8}+0.\dot{4}\dot{5}$。

解析

错解：原式 $=0.678678\cdots+0.454545\cdots$

$=1.133223\cdots=1.\dot{1}3322\dot{3}$。

> 由于小数点后第7位进位，所以第6位并不是3，而是4。

正解：原式 $=0.678678678678\cdots+0.454545454545\cdots$

$=1.133224133224\cdots=1.\dot{1}3322\dot{4}$。

例 12 计算：$0.\dot{6}6\dot{0}\times0.1\dot{8}\dot{6}$。

解析

原式 $=\frac{660}{999}\times\frac{186-1}{990}=\frac{660}{999}\times\frac{185}{990}$

$=\frac{2}{27}\times\frac{5}{3}=\frac{10}{81}$。

> 因为循环小数小数点后的数位是无限多的，所以循环小数之间的乘法不可能按照小数形式运算，通常都要化成分数后进行计算。

例 13 $\frac{2018}{2019}$化成小数后其小数点后第 120 位数字与$\frac{1}{2019}$化成小数后其小数点后第 120 位数字的和是多少？

解析

这是一个“神仙题”，死算循环节肯定算到死，但是我们仔细观察，会发现$\frac{2018}{2019}+\frac{1}{2019}=1$，而 $1=0.999\cdots$，所以$\frac{2018}{2019}$与$\frac{1}{2019}$化成小数后进行相加，每个数位上对应的数字和都为 9，所以两个小数点后第 120 位上的数字之和为 9。是不是非常巧妙呢？

但请注意，有质疑精神的同学是不会这么容易相信这个解答的，疑惑会不断地萦绕在他们的脑海中。

疑惑 1：为什么 1 非要写成 $0.999\cdots$ 的形式，而不是 $1.000\cdots$ 呢？如果你能想到这个问题，恭喜你，你拥有很好的数学直觉！

解释：因为 $2019=3\times673$，所以$\frac{2018}{2019}$与$\frac{1}{2019}$必然不是有限小数，而是纯循环小数。

我们虽然不知道$\frac{2018}{2019}$与$\frac{1}{2019}$的循环节是什么，但是我们很容易知道它们小数点后第 1 位分别是 9 和 0，如果最终相加的形式为 $1.000\cdots$，则小数点后第 2 位必然进位。如果小数点后第 2 位数字和为 10，则$\frac{2018}{2019}$与$\frac{1}{2019}$都不会有小数点后第 3 位，这与它们是循环小数的事实相矛盾，所以第 2 位数字和必然不是 10，只能是 9(两个一位数相加最多进 1)；如果小数点后第 3 位数字和为 10，则$\frac{2018}{2019}$与$\frac{1}{2019}$都不会有小数点后第 4 位，这与它们是循环小数的事实相矛盾，所以第 3 位数字和必然不是 10，只能是 9；依此类推，所以$\frac{2018}{2019}$与$\frac{1}{2019}$的小数形式中，对应数位上的数字和都不可能为 10，只能为 9，所以两数之和 1 只能写成 0.999…的形式。

到此，此问题彻底清晰了吗？还没完呢。(你在偷笑还是哭笑不得呢？)

疑惑 2：即使我们已经确定 1=0.999…的形式，为什么不可以是某一对应数位上的数都是 9，且相邻更小数位上进 1，这样不是也能够得到和的数位上是 9 吗？

不可以！如果可以，我们假设这个数位是小数点后第 n 位，则$\frac{2018}{2019}$与$\frac{1}{2019}$的小数形式从第 n 位开始，$n+1$，$n+2$，$n+3$，…的所有数位上的数字都必须是 9，无一例外。请注意，$\frac{2018}{2019}$与$\frac{1}{2019}$是纯循环小数，如果从第 n 位开始往后有无限位是 9，则所有的数位上都应该是 9，显然$\frac{2018}{2019}$与$\frac{1}{2019}$都不等于0.999…，所以疑惑 2 到此也被我们解决了。

现在，我们终于可以放心大胆地说本题的答案是 9 啦！

例 14 纯循环小数 $0.\dot{A}B\dot{C}$化成一个最简分数后，分子与分母的和是 178。A、B、C 各是多少？

解 析

首先，不要看到字母就怕，我们不但要这 3 个字母，还要再加 2 个字母凑成“上山打老虎”，哈哈。

设分母为 M，分子为 N，于是我们得到 $0.\dot{A}B\dot{C}=\frac{\overline{ABC}}{999}=\frac{N}{M}$。

因为$\frac{N}{M}$是最简分数，所以 M 是 999 的约数。

又因为 $0<0.\dot{A}B\dot{C}<0.999\cdots=1$，分子与分母的和是 178 所以 $0<N<M$，且 $89=\frac{178}{2}<M<178$，于是本题演变成在 89～178 之间寻找 999 的约数。

$999=3^3\times37$，在 89～178 之间仅有约数 111，所以 $M=111$，$N=178-111=67$。

故 $0.\dot{A}B\dot{C}=\frac{67}{111}=\frac{603}{999}=0.\dot{6}0\dot{3}$，所以 $A=6$，$B=0$，$C=3$。

例 15 某学生将 $1.2\dot{6}$ 乘以一个数 a 时，把 $1.2\dot{6}$ 看成了 1.26，使得乘积比正确结果减少了 0.3。则正确的结果应该是多少？

解 析

由题意可知，$(1.2\dot{6}-1.26)a=0.3$，即 $0.00\dot{6}a=0.3$，$\frac{1}{150}a=\frac{3}{10}$，$a=45$。

于是，正确的结果为 $1.26\times45+0.3=57$。

例 16 写出一个最大的单位分数(分子为 1 且分母为正整数的分数)，使其所化成的循环小数循环节长度为 4。

解 析

本题深度考察了循环小数化分数的细节。设此分数为$\frac{1}{M}$(M 为正整数)，分数值最大，则 M 最小。

很多同学都能从循环节的长度为 4 立即想到，未化简前分母为 9999，化简后的分母 M 一定是 9999 的约数。但是，不容易想到的是，对于分母 M 还有隐藏的要求，它不可以是 999、99、9 的约数，否则此分数的小数形式的循环节长度为 3、2 或 1 位。

$9999=3^2\times11\times101$，其中不是 9、99、999 的约数的最小约数为 101，所以此单位分数为 $\frac{1}{101}$。

例 17 B 是自然数，A 是一个数字，如果 $\frac{B}{444}=0.\dot{7}A\dot{3}$，那么 B 等于多少？

解析

$\because \frac{B}{444}=0.\dot{7}A\dot{3}=\frac{\overline{7A3}}{999}$，$\therefore B=\overline{7A3}\times\frac{444}{999}=\overline{7A3}\times\frac{4}{9}$。

又 $\because B$ 为自然数，$\therefore 9\mid\overline{7A3}$，$A=8$。于是 $B=783\times\frac{4}{9}=348$。

例 18 有一个真分数的分子、分母都为两位数，它表示成小数时是一个三位循环小数，其形式为 $\frac{\square\square}{\square\square}=0.\dot{\square}3\dot{\square}$，满足条件的真分数有哪些？

解析

先找出满足条件的最简真分数。

设分母为 M，分子为 N，于是 $\frac{N}{M}=0.\dot{\square}3\dot{\square}=\frac{\overline{\square3\square}}{999}$，则 $M\mid999$，而 999 的约数是两位数的只有 27 与 37。

当 $M=27$ 时，$37\times N=\overline{\square3\square}$，$N=9$，但此时 $\frac{N}{M}=\frac{9}{27}=\frac{1}{3}=0.\dot{3}$，不是三位循环小数，不符合题意，舍去；

当 $M=37$ 时，$27\times N=\overline{\square3\square}$，$N$ 可以为 5、16、31，所以满足条件的最简真分数为 $\frac{5}{37}$（舍去）、$\frac{16}{37}$、$\frac{31}{37}$。相应地，$\frac{10}{74}$、$\frac{32}{74}$、$\frac{62}{74}$ 也满足要求。

例 19 在下面的算式中，A、B 是两个自然数，C、D、E、F 代表 0～9 中的 4 个不同的数字，那么 $A+B$ 的最小值是多少？

$$\frac{B}{A}=0.\dot{C}DE\dot{F}$$

解析

$\because \frac{B}{A}=0.\dot{C}DE\dot{F}$ 为四位循环小数，所以分母 A 是 9999 的约数，但不是 999、99、9 的约数（参见例 16），所以 A 最小为 101，其次为 303。

当 $A=101$ 时，$\frac{1}{101}=0.\dot{0}09\dot{9}$，数字重复，不符合要求；$\frac{2}{101}=0.\dot{0}19\dot{8}$，符合题意。此时 $A+B=101+2=103$。

又当 $A=303$ 时，$A+B>103$，所以 $A+B$ 的最小值为 103。

【3.5.1 节练一练参考答案】(1) $\frac{1}{3}$；(2) $\frac{4}{9}$；(3) $\frac{23}{99}$；(4) $\frac{6}{11}$；(5) $\frac{263}{999}$；(6) $\frac{91}{333}$；(7) $\frac{185}{999}$。

【3.5.2 节练一练参考答案】(1) $\frac{1}{6}$；(2) $\frac{37}{300}$；(3) $\frac{5}{6}$；(4) $\frac{61}{495}$。

3.6 裂项相消

裂项相消是最具分数特色的运算技巧，并且这个技巧还会运用到一些整数运算中去。

裂项相消其实是两个词拼凑而成：裂项是技巧，相消是目的，“消”即数学家最爱的“抵消”。

注解 还记得小学阶段第一次、第一次、第一次（重要的事情说三遍）看见下面这个算式的感觉：

$$\frac{1}{2}+\frac{1}{6}+\frac{1}{12}+\frac{1}{20}+\frac{1}{30}+\frac{1}{42}+\frac{1}{56}+\frac{1}{72}+\frac{1}{90}+\frac{1}{110}=$$

乍一看，觉得是一个找规律的题，于是乎，将其写成：

$$\frac{1}{1\times2}+\frac{1}{2\times3}+\frac{1}{3\times4}+\frac{1}{4\times5}+\frac{1}{5\times6}+\frac{1}{6\times7}+\frac{1}{7\times8}+\frac{1}{8\times9}+\frac{1}{9\times10}+\frac{1}{10\times11}。$$

然后……就没有然后了（捂脸苦笑）！当年我们也没有“裂项相消”这个词，也没有学过分数的拆分，所以完全没有思路。大家一脸茫然后，老师在黑板上大笔一挥。于是，原式变为

$$1-\frac{1}{2}+\frac{1}{2}-\frac{1}{3}+\frac{1}{3}-\frac{1}{4}+\frac{1}{4}-\frac{1}{5}+\frac{1}{5}-\frac{1}{6}+\frac{1}{6}-\frac{1}{7}+\frac{1}{7}-\frac{1}{8}+\frac{1}{8}-\frac{1}{9}+\frac{1}{9}-\frac{1}{10}+\frac{1}{10}-\frac{1}{11}。$$

2 秒的寂静，然后……有人爆粗口了！这是我第一次体会到学习可以兴奋到爆粗口的地步。

不知道你记不记得第一次看到这个解答的时候是怎样的心情？如果是独立思考出来，那我真的要对你说一句：“我对你的敬仰犹如滔滔江水连绵不绝……”

3.6.1 分数中的裂项相消

分数是怎样的形式能够裂项呢？怎样的形式裂项之后能够相消呢？

其实从刚才的小故事我们可以看到这类分数裂项相消计算题的一种“猜想”方向，即找到分母的两个因数为分母的单位分数的差（后面还会出现和）与原分数之间的关系。例如：

当看到 $\frac{2}{5\times7}$ 时，我们猜想并寻找 $\frac{1}{5}-\frac{1}{7}$ 与 $\frac{2}{5\times7}$ 的关系；

当看到 $\frac{1}{3\times7}$ 时，我们猜想并寻找 $\frac{1}{3}-\frac{1}{7}$ 与 $\frac{1}{3\times7}$ 的关系；

当看到 $\frac{3}{3\times7}$ 时，我们猜想并寻找 $\frac{1}{3}-\frac{1}{7}$ 与 $\frac{3}{3\times7}$ 的关系；

……

依此思路，下面介绍几种常见的裂项相消形式。

1. 分子＝分母两因数之差：$\frac{n-m}{m\times n}=\frac{1}{m}-\frac{1}{n}$

例 20 计算：$\frac{2}{1\times3}+\frac{2}{3\times5}+\frac{2}{5\times7}+\cdots+\frac{2}{197\times199}$。

解 析

猜想及验证：$\frac{1}{1}-\frac{1}{3}=\frac{3-1}{1\times3}=\frac{2}{1\times3}$，$\frac{1}{3}-\frac{1}{5}=\frac{5-3}{3\times5}=\frac{2}{3\times5}$，…

于是$\frac{2}{1\times3}+\frac{2}{3\times5}+\frac{2}{5\times7}+\cdots+\frac{2}{197\times199}$

$=\left(1-\frac{1}{3}\right)+\left(\frac{1}{3}-\frac{1}{5}\right)+\left(\frac{1}{5}-\frac{1}{7}\right)+\cdots+\left(\frac{1}{197}-\frac{1}{199}\right)=1-\frac{1}{199}=\frac{198}{199}$。

2. 分子=分母两因数之差×固定因数：$\frac{1}{m\times n}=\frac{1}{n-m}\left(\frac{1}{m}-\frac{1}{n}\right)$，$\frac{a}{m\times n}=\frac{a}{n-m}\left(\frac{1}{m}-\frac{1}{n}\right)$

例 21 计算：$\frac{1}{1\times4}+\frac{1}{4\times7}+\frac{1}{7\times10}+\cdots+\frac{1}{397\times400}$。

解析

猜想及验证：

$\because \frac{1}{1}-\frac{1}{4}=\frac{4-1}{1\times4}=\frac{3}{1\times4}$，$\frac{1}{4}-\frac{1}{7}=\frac{7-4}{4\times7}=\frac{3}{4\times7}$，…

$\therefore \frac{1}{1\times4}=\frac{1}{3}\times\left(\frac{1}{1}-\frac{1}{4}\right)$，$\frac{1}{4\times7}=\frac{1}{3}\times\left(\frac{1}{4}-\frac{1}{7}\right)$，…

于是$\frac{1}{1\times4}+\frac{1}{4\times7}+\frac{1}{7\times10}+\cdots+\frac{1}{397\times400}=\frac{1}{3}\times\left(1-\frac{1}{4}+\frac{1}{4}-\frac{1}{7}+\cdots+\frac{1}{397}-\frac{1}{400}\right)$

$=\frac{1}{3}\times\frac{399}{400}=\frac{133}{400}$。

例 22 计算：$\frac{3}{2\times7}+\frac{3}{7\times12}+\frac{3}{12\times17}+\cdots+\frac{3}{97\times102}$。

解析

猜想及验证：

$\because \frac{1}{2}-\frac{1}{7}=\frac{7-2}{2\times7}=\frac{5}{2\times7}$，$\frac{1}{7}-\frac{1}{12}=\frac{12-7}{7\times12}=\frac{5}{7\times12}$，…

$\therefore \frac{3}{2\times7}=\frac{3}{5}\times\left(\frac{1}{2}-\frac{1}{7}\right)$，$\frac{3}{7\times12}=\frac{3}{5}\times\left(\frac{1}{7}-\frac{1}{12}\right)$，…

于是$\frac{3}{2\times7}+\frac{3}{7\times12}+\frac{3}{12\times17}+\cdots+\frac{3}{97\times102}$

$=\frac{3}{5}\times\left(\frac{1}{2}-\frac{1}{7}+\frac{1}{7}-\frac{1}{12}+\frac{1}{12}-\frac{1}{17}+\cdots+\frac{1}{97}-\frac{1}{102}\right)$

$=\frac{3}{5}\times\left(\frac{1}{2}-\frac{1}{102}\right)=\frac{3}{5}\times\frac{25}{51}=\frac{5}{17}$。

3. 分子等于分母两因子的和：$\frac{n+m}{m\times n}=\frac{1}{m}+\frac{1}{n}$

例 23 计算：$\frac{5}{2\times3}-\frac{7}{3\times4}+\frac{9}{4\times5}-\frac{11}{5\times6}+\cdots+\frac{45}{22\times23}-\frac{47}{23\times24}$。

解析

【方法 1】猜想及验证：$\frac{5}{2\times3}=\frac{3+2}{2\times3}=\frac{1}{2}+\frac{1}{3}$，$\frac{7}{3\times4}=\frac{4+3}{3\times4}=\frac{1}{3}+\frac{1}{4}$，…

于是$\frac{5}{2\times3}-\frac{7}{3\times4}+\frac{9}{4\times5}-\frac{11}{5\times6}+\cdots+\frac{45}{22\times23}-\frac{47}{23\times24}$

$=\frac{1}{2}+\frac{1}{3}-\frac{1}{3}-\frac{1}{4}+\cdots+\frac{1}{22}+\frac{1}{23}-\frac{1}{23}-\frac{1}{24}=\frac{1}{2}-\frac{1}{24}=\frac{11}{24}$。

【方法 2】提前透露一个重要公式——平方差公式：$a^2-b^2=(a+b)\times(a-b)$。(注：小学阶段，代数式中还是保留了“×”号)

我们注意到，当 a、b 为相邻的自然数时，$a-b$ 的差为 1，则此时 $a^2-b^2=a+b$。

所以本题还有下面这种解法：

$$\frac{5}{2\times3}-\frac{7}{3\times4}+\frac{9}{4\times5}-\frac{11}{5\times6}+\cdots+\frac{45}{22\times23}-\frac{47}{23\times24}$$

$$=\frac{3\times3-2\times2}{2\times3}-\frac{4\times4-3\times3}{3\times4}+\cdots+\frac{23\times23-22\times22}{22\times23}-\frac{24\times24-23\times23}{23\times24}$$

$$=\frac{3}{2}-\frac{2}{3}-\frac{4}{3}+\frac{3}{4}+\frac{5}{4}-\frac{4}{5}-\frac{6}{5}+\frac{5}{6}+\cdots+\frac{23}{22}-\frac{22}{23}-\frac{24}{23}+\frac{23}{24}$$

$$=\frac{3}{2}-2+2-2+2-2+\cdots+2-2+\frac{23}{24}=\frac{3}{2}+\frac{23}{24}-2=\frac{11}{24}。$$

虽然这种方法看上去没有方法 1 简单，但探索新的思路不仅是数学的乐趣，也可能为解决其他问题提供思路。

4. 分母为多个因数相乘(此类型我们先猜想再总结)

例 24 计算：$\frac{1}{1\times2\times3}+\frac{1}{2\times3\times4}+\frac{1}{3\times4\times5}+\cdots+\frac{1}{14\times15\times16}$。

解析

【思考】面对新问题，绝大多数情况下只能在原有的问题中找灵感，那种完全超出已有认识之外的创新是几乎不存在的。

这道题的分母部分有 3 个因数相乘，这就是它与前面例题的不同之处。

我们来看看前面分母为两个因数相乘的例子：

$$\frac{1}{1\times2}+\frac{1}{2\times3}+\frac{1}{3\times4}+\cdots+\frac{1}{10\times11}=1-\frac{1}{2}+\frac{1}{2}-\frac{1}{3}+\frac{1}{3}-\frac{1}{4}+\cdots+\frac{1}{10}-\frac{1}{11};$$

$$\frac{1}{1\times4}+\frac{1}{4\times7}+\frac{1}{7\times10}+\cdots+\frac{1}{397\times400}=\frac{1}{3}\times\left(1-\frac{1}{4}+\frac{1}{4}-\frac{1}{7}+\cdots+\frac{1}{397}-\frac{1}{400}\right);$$

$$\frac{3}{2\times7}+\frac{3}{7\times12}+\frac{3}{12\times17}+\cdots+\frac{3}{97\times102}=\frac{3}{5}\times\left(\frac{1}{2}-\frac{1}{7}+\frac{1}{7}-\frac{1}{12}+\cdots+\frac{1}{97}-\frac{1}{102}\right)。$$

从上面三个例子我们可以发现，相消的部分是两个分数分母共有的因数部分。于是，我们尝试在 $\frac{1}{1\times2\times3}+\frac{1}{2\times3\times4}+\frac{1}{3\times4\times5}+\cdots+\frac{1}{14\times15\times16}$ 中寻找，公共因数为分母的单位分数与式子中每一项的关系。

猜想及验证：

$$\because \frac{1}{2\times3}-\frac{1}{3\times4}=\frac{4}{2\times3\times4}-\frac{2}{2\times3\times4}=\frac{2}{2\times3\times4},$$

$$\frac{1}{3\times4}-\frac{1}{4\times5}=\frac{5}{3\times4\times5}-\frac{3}{3\times4\times5}=\frac{2}{3\times4\times5},$$

……

$$\therefore \frac{1}{2\times3\times4}=\frac{1}{2}\times\left(\frac{1}{2\times3}-\frac{1}{3\times4}\right),\frac{1}{3\times4\times5}=\frac{1}{2}\times\left(\frac{1}{3\times4}-\frac{1}{4\times5}\right),\cdots$$

于是$\frac{1}{1\times2\times3}+\frac{1}{2\times3\times4}+\frac{1}{3\times4\times5}+\cdots+\frac{1}{14\times15\times16}$

$=\frac{1}{2}\times\left(\frac{1}{1\times2}-\frac{1}{2\times3}+\frac{1}{2\times3}-\frac{1}{3\times4}+\cdots+\frac{1}{14\times15}-\frac{1}{15\times16}\right)$

$=\frac{1}{2}\times\left(\frac{1}{2}-\frac{1}{240}\right)=\frac{1}{2}\times\frac{119}{240}=\frac{119}{480}$。

【总结】$\frac{1}{(n-1)n(n+1)}=\frac{1}{2}\times\left[\frac{1}{(n-1)n}-\frac{1}{n(n+1)}\right]$。

依此思路，同学们也可以尝试猜想、总结分母是4个因子相乘的情况，并完成下题：

$\frac{1}{1\times2\times3\times4}+\frac{1}{2\times3\times4\times5}+\frac{1}{3\times4\times5\times6}+\cdots+\frac{1}{9\times10\times11\times12}=$________。

【总结】$\frac{1}{n(n+1)(n+2)(n+3)}=\frac{1}{\square}\times\left(\frac{1}{\boxed{}}-\frac{1}{\boxed{}}\right)$。

基本类型讲完，我们再看几种典型的变形例题。

例 25 计算：$\frac{1}{2^2-1}+\frac{1}{4^2-1}+\frac{1}{6^2-1}+\cdots+\frac{1}{50^2-1}$。

解析

这道题的分母部分做了一点隐藏工作，破解它的隐藏方式，就能将其还原成常规的裂项相消问题。

$\because 2^2-1=2^2-1^2=(2-1)\times(2+1)=1\times3$，

$4^2-1=4^2-1^2=(4-1)\times(4+1)=3\times5$，

……

于是$\frac{1}{2^2-1}+\frac{1}{4^2-1}+\frac{1}{6^2-1}+\cdots+\frac{1}{50^2-1}=\frac{1}{1\times3}+\frac{1}{3\times5}+\frac{1}{5\times7}+\cdots+\frac{1}{49\times51}$

$=\frac{1}{2}\times\left(1-\frac{1}{51}\right)=\frac{25}{51}$。

例 26 计算：$\frac{1}{1+2}+\frac{1}{1+2+3}+\frac{1}{1+2+3+4}+\cdots+\frac{1}{1+2+3+\cdots+20}$。

解析

这道题对分母部分做了另一种隐藏。分母是很明显的等差数列求和，所以顺着这个思路我们将分母以等差数列求和公式的方式表达出来：

$1+2=(1+2)\times2\div2=2\times3\div2$；$1+2+3=(1+3)\times3\div2=3\times4\div2$；…

又因为“分母÷2”相当于“分子×2”，于是

$\frac{1}{1+2}+\frac{1}{1+2+3}+\frac{1}{1+2+3+4}+\cdots+\frac{1}{1+2+3+\cdots+20}$

$=\frac{2}{2\times3}+\frac{2}{3\times4}+\frac{2}{4\times5}+\cdots+\frac{2}{20\times21}=2\times\left(\frac{1}{2\times3}+\frac{1}{3\times4}+\frac{1}{4\times5}+\cdots+\frac{1}{20\times21}\right)$

$=2\times\left(\frac{1}{2}-\frac{1}{21}\right)=\frac{19}{21}$。

例 27 计算：$\frac{3}{(1+2)\times(1+2+3)}+\frac{4}{(1+2+3)\times(1+2+3+4)}+\cdots+\frac{60}{(1+2+3+\cdots+59)\times(1+2+3+\cdots+60)}$。

解析

注意，这道题虽然对分子、分母都做了变形，但实际上并没有跳脱出基础类型①：分子＝分母两因数之差。

$\frac{1}{1+2}-\frac{1}{1+2+3}=\frac{(1+2+3)-(1+2)}{(1+2)\times(1+2+3)}=\frac{3}{(1+2)\times(1+2+3)}$；

$\frac{1}{1+2+3}-\frac{1}{1+2+3+4}=\frac{(1+2+3+4)-(1+2+3)}{(1+2+3)\times(1+2+3+4)}=\frac{4}{(1+2+3)\times(1+2+3+4)}$；

……

于是$\frac{3}{(1+2)\times(1+2+3)}+\frac{4}{(1+2+3)\times(1+2+3+4)}+\cdots+$

$\frac{60}{(1+2+3+\cdots+59)\times(1+2+3+\cdots+60)}$

$=\frac{1}{1+2}-\frac{1}{1+2+3}+\frac{1}{1+2+3}-\frac{1}{1+2+3+4}+\cdots+\frac{1}{1+2+3+\cdots+59}-\frac{1}{1+2+3+\cdots+60}$

$=\frac{1}{3}-\frac{1}{1830}=\frac{609}{1830}=\frac{203}{610}$。

例 28 计算：$\frac{2^2}{1\times3}+\frac{4^2}{3\times5}+\frac{6^2}{5\times7}+\cdots+\frac{100^2}{99\times101}$。

解析

【方法 1】对平方差公式很熟悉的同学应该一眼就能看出来，每一项的分子都比分母大 1，不熟悉平方差公式也不要紧，算出前三项的分子、分母，从找规律的角度也能发现这种关系。

$\frac{2^2}{1\times3}+\frac{4^2}{3\times5}+\frac{6^2}{5\times7}+\cdots+\frac{100^2}{99\times101}=1\times50+\left(\frac{1}{1\times3}+\frac{1}{3\times5}+\frac{1}{5\times7}+\cdots+\frac{1}{99\times101}\right)$

$=50+\frac{1}{2}\times\left(1-\frac{1}{101}\right)=50\frac{50}{101}$。

【方法 2】如果我们非要整体强“拆”呢？也行！请看下面的解法。

$\frac{2^2}{1\times3}+\frac{4^2}{3\times5}+\frac{6^2}{5\times7}+\cdots+\frac{100^2}{99\times101}$

$=\left(\frac{1}{1}+\frac{1}{3}\right)+\left(\frac{2}{3}+\frac{2}{5}\right)+\left(\frac{3}{5}+\frac{3}{7}\right)+\cdots+\left(\frac{50}{99}+\frac{50}{101}\right)$

$=\frac{1}{1}+\frac{1}{3}+\frac{2}{3}+\frac{2}{5}+\frac{3}{5}+\cdots+\frac{49}{99}+\frac{50}{99}+\frac{50}{101}$

$=\underbrace{1+1+1+\cdots+1}_{50个1}+\frac{50}{101}=50\frac{50}{101}$。

这种方法也许不简单，但可以为你打开另一条解题思路。

3.6.2 整数运算中的裂项相消

例 29 计算：$1\times2+2\times3+\cdots+8\times9$。

解析

所求式子在前面例题的分母上，现在在整数运算中应当如何处理呢？请再次明确：裂项的目的是相消。只有构造出完全一样、符号相反的项，才能达到目的。于是，我们可以这样拆分：

$1\times2=\frac{1}{3}(1\times2\times3-0\times1\times2)$；

$2\times3=\frac{1}{3}(2\times3\times4-1\times2\times3)$；

$3\times4=\frac{1}{3}(3\times4\times5-2\times3\times4)$。

于是 $1\times2+2\times3+\cdots+8\times9$

$=\frac{1}{3}\times(1\times2\times3-0\times1\times2+2\times3\times4-1\times2\times3+\cdots+8\times9\times10-7\times8\times9)$

$=\frac{1}{3}\times8\times9\times10=240$。

类似的变形还有 $3\times5=\frac{1}{6}\times(3\times5\times7-1\times3\times5)$。

例 30 计算：$3\times5+5\times7+7\times9+\cdots+17\times19$。

解析

$3\times5+5\times7+7\times9+\cdots+17\times19$

$=\frac{1}{6}\times(17\times19\times21-15\times17\times19+15\times17\times19-13\times17\times19+\cdots+3\times5\times7-1\times3\times5)$

$=\frac{1}{6}\times(6783-15)=\frac{1}{6}\times6768=1128$。

例 31 计算：$1^2+2^2+3^2+\cdots+10^2$。

解析

题目看似不好下手，但如果变成这个样子呢？

$1^2+2^2+3^2+\cdots+10^2=(0\times1+1\times2+\cdots+9\times10)+(1+2+3+\cdots+10)$。

“转化”又发挥了神奇的作用，问题是不是就迎刃而解了？熟练的读者结合上面的式子马上能得到结果是 385。

推而广之，我们可以得到这样一个公式：

$1^2+2^2+3^2+\cdots+n^2=[0\times1+1\times2+\cdots+(n-1)\times n]+(1+2+3+\cdots+n)$

$=\frac{1}{3}\times(n-1)n\times(n+1)+\frac{1}{2}\times n\times(n+1)$

$$=n\times(n+1)\times\left[\frac{1}{3}(n-1)+\frac{1}{2}\right]$$

$$=n\times(n+1)\times\left[\frac{1}{6}(2n-2)+\frac{3}{6}\right]$$

$$=\frac{1}{6}\times n\times(n+1)\times(2n+1)。$$

此公式我们在后面还会详细介绍。

类似地，$1^2+3^2+5^2+\cdots+21^2$ 如何计算呢？聪明的你试一试吧！

$1^2+3^2+5^2+\cdots+21^2$

$=1+(1\times3+3\times5+\cdots+19\times21)+(3\times2+5\times2+\cdots+21\times2)$

=____________________________________

=____________________________________

=____________________________________。

3.7 繁分数

繁分数计算一般只需要正常计算，从最短的分数线开始计算，分子、分母上含有分数时，可以上下同时乘以最小公倍数去分母。例如 $\dfrac{\frac{1}{2}-\frac{1}{3}}{\frac{1}{2}+\frac{1}{3}}=\dfrac{\frac{1}{6}}{\frac{5}{6}}=\dfrac{1}{5}$。

例 32 计算：(1) $1+\cfrac{1}{1+\cfrac{1}{1+\cfrac{1}{1+\cfrac{1}{1}}}}$； (2) $1+\cfrac{1}{2+\cfrac{1}{3+\cfrac{1}{4+\cfrac{1}{5}}}}$； (3) $9-\cfrac{1}{8-\cfrac{2}{7-\cfrac{3}{6-\cfrac{4}{5}}}}$。

解析

(1) $1+\cfrac{1}{1+\cfrac{1}{1+\cfrac{1}{1+\cfrac{1}{1}}}}=1+\cfrac{1}{1+\cfrac{1}{1+\cfrac{1}{2}}}=1+\cfrac{1}{1+\cfrac{2}{3}}=1+\frac{3}{5}=\frac{8}{5}$。

(2) $1+\cfrac{1}{2+\cfrac{1}{3+\cfrac{1}{4+\cfrac{1}{5}}}}=1+\cfrac{1}{2+\cfrac{1}{3+\cfrac{5}{21}}}=1+\cfrac{1}{2+\cfrac{21}{68}}=1+\frac{68}{157}=1\frac{68}{157}$。

(3) $9-\cfrac{1}{8-\cfrac{2}{7-\cfrac{3}{6-\cfrac{4}{5}}}}=9-\cfrac{1}{8-\cfrac{2}{7-\cfrac{3}{\frac{26}{5}}}}=9-\cfrac{1}{8-\cfrac{2}{7-\cfrac{15}{26}}}=9-\cfrac{1}{8-\cfrac{2}{\frac{167}{26}}}=9-\cfrac{1}{8-\cfrac{52}{167}}=9-\frac{167}{1284}$

$=8\frac{1117}{1284}$。

例 33 若 $\cfrac{1}{1+\cfrac{1}{2+\cfrac{1}{3+\cfrac{1}{4+\cfrac{1}{x}}}}}=\frac{67}{96}$，求 x。

解析

本题利用倒数逆向求解会比较方便。

$$\cfrac{1}{1+\cfrac{1}{2+\cfrac{1}{3+\cfrac{1}{4+\cfrac{1}{x}}}}}=\frac{67}{96}$$

$$1+\cfrac{1}{2+\cfrac{1}{3+\cfrac{1}{4+\cfrac{1}{x}}}}=\frac{96}{67}$$

$$\cfrac{1}{2+\cfrac{1}{3+\cfrac{1}{4+\cfrac{1}{x}}}}=\frac{29}{67}$$

$$2+\cfrac{1}{3+\cfrac{1}{4+\cfrac{1}{x}}}=\frac{67}{29}$$

$$\cfrac{1}{3+\cfrac{1}{4+\cfrac{1}{x}}}=\frac{9}{29}$$

$$\cfrac{1}{4+\cfrac{1}{x}}=\frac{2}{9}$$

$x=2$。

> 需要特别提出的是，有部分繁分数计算中含有循环的相同部分，如：
>
> $$1+\cfrac{1+\cfrac{1+\cfrac{1+\cfrac{1+\cfrac{1+\cfrac{\vdots}{2}}{2}}{2}}{2}}{2}}{2}$$
>
> 可以将原分数的值设为A，由于最长的分数线以上的部分与原式相同，依然可以看作A，那么可以得到关于A的关系式：
>
> $$1+\frac{A}{2}=A。$$
>
> 由此可以很容易得出A的值为2。
>
> 在这里，我们会发现，“无穷”竟然带来了意想不到的便捷之处，所以凡事无绝对，只要找到合适的方法，就能借力打力，扭转乾坤！

真题重现

1. 计算：$\left(1-\frac{1}{2}+\frac{1}{3}-\frac{1}{4}+\frac{1}{5}-\frac{1}{6}\right)\div\left(\frac{1}{4}+\frac{1}{5}+\frac{1}{6}\right)$。 （2015 年“数学花园探秘”高年级组）

2. 计算：$\left(\frac{1}{2}+\frac{43}{62}\right)\times\frac{3}{5}\times\frac{11}{13}$。 （2015 年“陈省身杯”）

3. 计算：$\frac{1-0.75}{1.25+2\frac{1}{4}}+\frac{4\times0.3+0.1}{1.8-\frac{2}{5}}$。 （2015 年“华杯赛”决赛高年级组 C 卷）

4. 计算：$\left[\left(84\times\frac{5}{7}+12\right)\div1\frac{5}{13}-\frac{2}{3}\right]\times\frac{2}{11}$。 （2014 年“我爱数学夏令营”6 年级）

5. 计算：$\frac{1}{1\times2}+\frac{1}{2\times3}+\frac{1}{3\times4}+\cdots+\frac{1}{9\times10}$。 （2014 年“高思杯”5 年级）

6. 计算：$\frac{1}{1\times3}+\frac{1}{3\times5}+\frac{1}{5\times7}+\cdots+\frac{1}{21\times23}$。 (2014 年“高思杯”6 年级)

7. 计算：$\frac{1}{2\times4}+\frac{1}{4\times6}+\frac{1}{6\times8}+\frac{1}{18\times20}$。 (2014 年“高思杯”5 年级)

8. 计算：$\frac{2}{1\times2\times3}+\frac{2}{2\times3\times4}+\cdots+\frac{2}{10\times11\times12}$。 (2014 年“我爱数学夏令营”)

9. 计算：$\left(1+\frac{1}{2014}\right)\times\left(1-\frac{1}{2014}\right)\times\left(1+\frac{1}{2013}\right)\times\left(1-\frac{1}{2013}\right)\times\cdots\times\left(1+\frac{1}{5}\right)\times\left(1-\frac{1}{5}\right)$。

(2014 年“我爱数学夏令营”6 年级)

10. 计算：$1+1\frac{1}{1\times2}+2\frac{1}{2\times3}+3\frac{1}{3\times4}+\cdots+99\frac{1}{99\times100}$。 (2015 年“高思杯”6 年级)

11. 计算：$\frac{4}{15}+\frac{6}{77}-\frac{11}{35}+\frac{14}{143}$。 (2014 年“我爱数学夏令营”)

12. 计算：$10\times11+11\times12+\cdots+19\times20$。 (2014 年“我爱数学夏令营”)

13. 计算：$1\times3+3\times5+\cdots+19\times21$。

14. 计算：$1\times2\times3+2\times3\times4+\cdots+10\times11\times12$。

15. 计算：$\dfrac{1+\dfrac{1}{2+\dfrac{1}{3}}}{4+\dfrac{1}{5+\dfrac{1}{6}}}$。 (2014 年“巨人杯”)

16. 计算：$\dfrac{2015\times2016}{\dfrac{1}{1+\dfrac{1}{2016}}+\dfrac{2}{2+\dfrac{2}{2016}}+\cdots+\dfrac{2015}{2015+\dfrac{2015}{2016}}}$。 (2016 年“数学花园探秘”高年级 A 卷)

17. 计算：求出算式 $1+\dfrac{1}{2+\dfrac{1}{1+\dfrac{1}{2+\dfrac{1}{1+\dfrac{1}{2+\dfrac{1}{\vdots}}}}}}$ 的值。 (2016 年“华杯赛”武汉卷高年级卷)

参考答案

1. 答案：$\left(1-\frac{1}{2}+\frac{1}{3}-\frac{1}{4}+\frac{1}{5}-\frac{1}{6}\right)\div\left(\frac{1}{4}+\frac{1}{5}+\frac{1}{6}\right)=\frac{37}{60}\times\frac{60}{37}=1$。

2. 答案：$\left(\frac{1}{2}+\frac{43}{62}\right)\times\frac{3}{5}\times\frac{11}{13}=\frac{37}{31}\times\frac{3}{5}\times\frac{11}{13}=\frac{1221}{2015}$。

3. 答案：$\dfrac{1-0.75}{1.25+2\frac{1}{4}}+\dfrac{4\times0.3+0.1}{1.8-\frac{2}{5}}=\dfrac{0.25}{1.25+2.25}+\dfrac{1.3}{1.4}=\dfrac{1}{14}+\dfrac{13}{14}=1$。

4. 答案：$\left[\left(84\times\frac{5}{7}+12\right)\div1\frac{5}{13}-\frac{2}{3}\right]\times\frac{2}{11}=\left[(60+12)\times\frac{13}{18}-\frac{2}{3}\right]\times\frac{2}{11}$

$=\frac{154}{3}\times\frac{2}{11}=\frac{28}{3}$。

5. 答案：$\frac{1}{1\times2}+\frac{1}{2\times3}+\frac{1}{3\times4}+\cdots+\frac{1}{9\times10}=1-\frac{1}{2}+\frac{1}{2}-\frac{1}{3}+\cdots+\frac{1}{9}-\frac{1}{10}=\frac{9}{10}$。

6. 答案：$\frac{1}{1\times3}+\frac{1}{3\times5}+\frac{1}{5\times7}+\cdots+\frac{1}{21\times23}=\frac{1}{2}\left(\frac{2}{1\times3}+\frac{2}{3\times5}+\frac{2}{5\times7}+\cdots+\frac{2}{21\times23}\right)$

$=\frac{1}{2}\left(1-\frac{1}{3}+\frac{1}{3}-\frac{1}{5}+\cdots-\frac{1}{21}+\frac{1}{21}-\frac{1}{23}\right)=\frac{11}{23}$。

7. 答案：$\frac{1}{2\times4}+\frac{1}{4\times6}+\frac{1}{6\times8}+\frac{1}{18\times20}=\frac{1}{4}\times\left(\frac{1}{1\times2}+\frac{1}{2\times3}+\frac{1}{3\times4}+\cdots+\frac{1}{9\times10}\right)$

$=\frac{1}{4}\left(1-\frac{1}{2}+\frac{1}{2}-\frac{1}{3}+\cdots-\frac{1}{9}+\frac{1}{9}-\frac{1}{10}\right)=\frac{9}{40}$。

8. 答案：$\frac{2}{1\times2\times3}+\frac{2}{2\times3\times4}+\cdots+\frac{2}{10\times11\times12}=\frac{1}{1\times2}-\frac{1}{2\times3}+\frac{1}{2\times3}-\frac{1}{3\times4}+\cdots+\frac{1}{10\times11}-\frac{1}{11\times12}$

$=\frac{1}{1\times2}-\frac{1}{11\times12}=\frac{65}{132}$。

9. 答案：$\left(1+\frac{1}{2014}\right)\times\left(1-\frac{1}{2014}\right)\times\left(1+\frac{1}{2013}\right)\times\left(1-\frac{1}{2013}\right)\times\cdots\times\left(1+\frac{1}{5}\right)\times\left(1-\frac{1}{5}\right)$

$=\frac{2015}{2014}\times\frac{2013}{2014}\times\frac{2014}{2013}\times\frac{2012}{2013}\times\cdots\times\frac{6}{5}\times\frac{4}{5}=\frac{2015}{2014}\times\frac{4}{5}=\frac{806}{1007}$。

10. 答案：$1+1\frac{1}{1\times2}+2\frac{1}{2\times3}+3\frac{1}{3\times4}+\cdots+99\frac{1}{99\times100}$

$=1+(1+2+\cdots+99)+\frac{1}{1\times2}+\frac{1}{2\times3}+\cdots+\frac{1}{99\times100}$

$=1+4950+1-\frac{1}{100}=4951\frac{99}{100}$。

11. 答案：$\frac{4}{15}+\frac{6}{77}-\frac{11}{35}+\frac{14}{143}$

$=\left(\frac{2}{3}-\frac{2}{5}\right)+\left(\frac{2}{77}+\frac{1}{7}-\frac{1}{11}\right)-\left(\frac{1}{5}+\frac{1}{7}-\frac{1}{35}\right)+\left(\frac{1}{11}+\frac{1}{143}\right)$

$=\frac{2}{3}-\frac{3}{5}+\frac{2}{77}+\frac{1}{35}+\frac{1}{143}=\frac{1}{15}+\frac{1}{35}+\frac{3}{7\times13}$

$=\frac{1}{2}\times\left(\frac{1}{3}-\frac{1}{5}+\frac{1}{5}-\frac{1}{7}+\frac{1}{7}-\frac{1}{13}\right)=\frac{5}{39}$。

12. 答案：$10\times11+11\times12+\cdots+19\times20$

$=\frac{1}{3}\times(10\times11\times12-9\times10\times11+\cdots+19\times20\times21-18\times19\times20)$

$=\frac{1}{3}\times(19\times20\times21-9\times10\times11)=2330$。

13. 答案：$1\times3+3\times5+\cdots+19\times21$

$=3+\frac{1}{6}\times(3\times5\times7-1\times3\times5+5\times7\times9-3\times5\times7+\cdots+19\times21\times23-17\times19\times21)$

$=3+\frac{1}{6}\times(19\times21\times23-1\times3\times5)=1530$。

14. 答案：$1\times2\times3+2\times3\times4+\cdots+10\times11\times12$

$=\frac{1}{4}(1\times2\times3\times4-0\times1\times2\times3+\cdots+10\times11\times12\times13-9\times10\times11\times12)$

$=\frac{1}{4}(10\times11\times12\times13-0\times1\times2\times3)=4290$。

15. 答案：$\dfrac{1+\dfrac{1}{2+\dfrac{1}{3}}}{4+\dfrac{1}{5+\dfrac{1}{6}}}=\dfrac{1+\dfrac{3}{7}}{4+\dfrac{6}{31}}=\dfrac{10}{7}\times\dfrac{31}{130}=\dfrac{31}{91}$。

16. 答案：$\dfrac{2015\times2016}{\dfrac{1}{1+\dfrac{1}{2016}}+\dfrac{2}{2+\dfrac{2}{2016}}+\cdots+\dfrac{2015}{2015+\dfrac{2015}{2016}}}=\dfrac{2015\times2016}{2015\times\left(\dfrac{1}{1+\dfrac{1}{2016}}\right)}=2017$。

17. 答案：记 $A=1+\dfrac{1}{2+\dfrac{1}{1+\dfrac{1}{2+\dfrac{1}{1+\dfrac{1}{2+\vdots}}}}}$，注意到关系式 $1+\dfrac{1}{2+\dfrac{1}{A}}=A$，化简即是 $1+1+\dfrac{A}{2}=A$，易得 $A=4$。

第四章 “五式”之四——数列算法与公式的应用、整体思想与换元

4.1 等差数列

数列，是一列有序的数。数列中的每一个数都叫作这个数列的项。其中，排在第一位的数称为这个数列的第1项（通常也叫作首项），排在第二位的数称为这个数列的第2项……以此类推，排在第 n 位的数称为这个数列的第 n 项，n 称为这一项的序数。如果数列含有的数为有限多个，那么最后一项被称为末项。

特别地，如果一串数列中任意相邻两项（后项－前项）的差都相等，那么我们称这个相等的差为这个数列的公差，称这样的数列为等差数列。

通常情况下，我们会通过分析首项、末项、公差、项数、总和这几个要素来全面了解一个等差数列，所以这几个要素也常常成为解题的关键。

例1 判断下面几个数列是否为等差数列：

(1)1,3,5,7,9,11,… （ ）　　(2)1,3,1,3,1,3,… （ ）

(3)9,8,7,6,5,4,3,2,1 （ ）　　(4)1,2,4,7,11,16,… （ ）

(5)6,6,6,6,6,6,6,… （ ）　　(6)1,2,4,8,16,32,… （ ）

解析

(1) ∵3－1＝5－3＝…＝2，∴本数列是等差数列。

(2) ∵3－1≠1－3，∴本数列不是等差数列。

(3) ∵8－9＝7－8＝…＝－1，∴本数列是等差数列，等差数列也是可以逐渐减小的。

> 判断一个数列是否为等差数列，请紧扣定义。

(4) ∵2－1≠4－2，∴本数列不是等差数列。

(5) ∵6－6＝6－6＝…＝0，∴本数列满足等差数列的一切特性，它是等差数列。（注意：等差数列的公差可以为0）

(6) ∵2－1≠4－2，∴本数列不是等差数列。

4.1.1 等差数列求和公式：总和＝（首项＋末项）×项数÷2

公式重在理解！理解通透如刀刻入石，一知半解如纸上谈兵，拿来即用如春冰不积。

等差数列求和，我们必须要知道首项、末项、项数这三个要素吗？大多数情况下，项数是必须的，但首项与末项不是必须的！

为什么呢？原因就在这个公式的原理上。我们来看看高斯小时候是如何做的这道题：

1＋2＋3＋…＋98＋99＋100＝?

他先将原式来一个“乾坤大挪移”，顺着加一遍，再反过来加一遍：

　1 ＋ 2 ＋ 3 ＋ 4 ＋…＋99＋100＋
100＋99＋98＋97＋…＋ 2 ＋ 1

于是得到：$\underbrace{101+101+101+\cdots+101+101}_{100\text{个}101}=$ 101×100。

可是，原式被算了两遍，所以上面的结果还需要除以 2，最后得到：

1＋2＋3＋…＋98＋99＋100＝101×100÷2＝5050。

因此，公式可理解为“2×总和＝配对的和×项数”，公式中“总和的 2 倍”“配对的和”“项数”三个量之间保留了正、反比例关系，提高了解题的灵活性。

> 请注意：1+100=2+99=3+98=…=100+1=101。
> 所以，关键的不是首项与末项，而是这个配对的“和”，找第二项与倒数第二项也可以求出这个和，第三项和倒数第三项同样也可求出这个和，于是等差数列的求和公式变为：总和=配对的和×项数÷2。
> 将公式变形为2×总和=配对的和×项数，这样公式中总和的2倍、配对的和、项数三个量之间保留了正、反比例关系，这样可以提高解题的灵活性。
> 类似地，长方形的周长公式：周长=（长+宽）×2中，核心也不是长与宽分别是多少，而是长加宽的和！

换个角度，我们也可以通过数形结合的思想来理解等差数列求和公式。

如图 1，若将等差数列的每一项表示成一个个单位长度宽的长方形面积，则要求等差数列的和，也就是求图 1 的面积。将图 1 旋转 180°，与原图拼接到一起，形成一个如图 2 所示的大长方形。

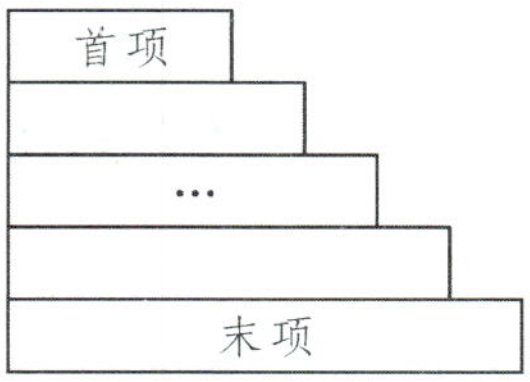

图 1

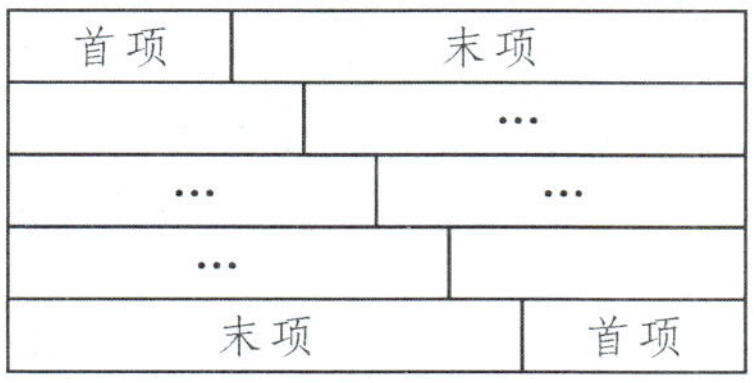

图 2

由图 2 可知：大长方形的长＝首项＋末项，宽＝项数，长方形的面积就是总和的 2 倍。所以等差数列求和公式为

总和＝面积÷2＝长×宽÷2＝(首项＋末项)×项数÷2。

例 2 1＋2＋3＋…＋36＝________。

解析

本题的首项、末项、项数三个要素都非常清楚，所以直接利用公式求和得

1＋2＋3＋…＋36＝(1＋36)×36÷2＝37×36÷2＝666。

例 3 3＋7＋11＋15＋…＋99＝________。

解析

本题清晰地给出了首项、末项，但没有项数，无法直接利用求和公式，于是本题首先要求出“项数”。

要解决这个问题，就必须对等差数列的特征——公差，以及等差数列的核心——序数有所了解。本题中的数列公差为 7－3＝11－7＝15－11＝…＝4，求项数实际上就是求数列中最后一个数的序数。

项数	1	2	3	4	…	?
对应的数	3	7	11	15	…	99

从第 1 项 3 开始，每增加 1 个公差 4，对应序数＋1。于是题目转化为：从 3 增加到 99，增加了几个公差？于是可得，增加了(99－3)÷4＝24(个)公差，所以 99 对应的序数为 1＋24＝25，即整个数列有 25 项。

理解每一项对应序数的求解原理十分重要，比记住一个公式“项数=(末项−首项)÷公差+1”，应用起来更加灵活。例如，通过第 4 项是 15 来计算末项 99 所对应的序数。从 15 到 99 增加了 (99−15)÷4=21(个)公差，所以 99 对应的序数为 4+21=25。

故我们直接利用等差数列求和公式，可得原式=(3+99)×25÷2=1275。

例 4 数列 8,11,14,17,…，共有 50 项，这个数列的总和是多少？

解析

本题有首项与项数，对于等差数列求和来说，少了末项这个条件。但我们可以观察出这个数列的公差为 11−8=14−11=…=3，而通过例 3 的分析，我们知道第 50 项比第 1 项 8 多了 50−1=49(个)公差，所以第 50 项(也就是末项)为 8+3×49=155。所以这个数列的总和为(8+155)×50÷2=163×50÷2=4075。

例 5 一个共有 10 项的等差数列，其首项为 10，总和为 505，那么这个数列的公差是多少？第 5 项是多少？

解析

本题的关键是求公差，题目给出了首项，还给出了项数 10，于是我们可以知道末项与首项相差 10−1=9(个)公差，于是问题转化为求末项。

接下来回顾一下等差数列的求和公式：总和=(首项+末项)×项数÷2。其中有 4 个要素，本题告诉了其中 3 个，那么可以根据逆推思想求解第 4 个要素，末项=总和×2÷项数−首项，即末项为 505×2÷10−10=91，末项与首项相差 91−10=81，于是公差为 81÷9=9。

有了公差，我们可以很轻松地求得数列中的每一项，第 5 项为 10+9×(5−1)=46。

例 6 灯会上，街道两旁挂满了灯笼。在街道一侧，灯笼从 1 开始按顺序编号，直到街尾，转向对面一侧从街尾往回编号，直到编号为 1 的灯笼对面结束。每个灯笼与对面灯笼恰好相对。若编号 36 的灯笼与编号 65 的灯笼相对，那么所有灯笼的号码和为多少？ (2015 年春·明心数学资优生测试 3 年级)

解析

所有灯笼的编号当然是一个从 1 开始、公差为 1 的等差数列。想要求和，我们需要找到末项(即项数)。

在介绍等差数列求和公式的时候，我们已经明确指出，这个公式的关键是“配对的和”，由于每个灯笼与对面灯笼恰好相对，所以第 36 项与第 65 项的和就是配对的和，当然也等于首项 1 与末项的和。

首项	第 2 项	第 3 项	…	第 36 项	…
↕	↕	↕		↕	
末项	倒数第 2 项	倒数第 3 项	…	第 65 项	…

所以配对的和=36+65=101=1+100，于是末项为 100，所有门牌号的和为(1+100)×100÷2=5050。

4.1.2 奇数项等差数列

当等差数列的项数为奇数时，所有项中存在一个处于正中间的项，即“中项”。

如图 1，假设项数为$(2n+1)$，首项为 a，公差为 d，那么末项为 $a+(2n+1-1)d=a+2nd$。由于首项与末项相差 $2n$ 个公差，这 $2n$ 个公差正好可以平均分成相等的两段，于是 $a+n\times d$ 分别到首项、末项的距离相等，因为它在首项的基础上加上了 n 个公差，所以中项就是第$(n+1)$项，也是首项与末项的平均数。

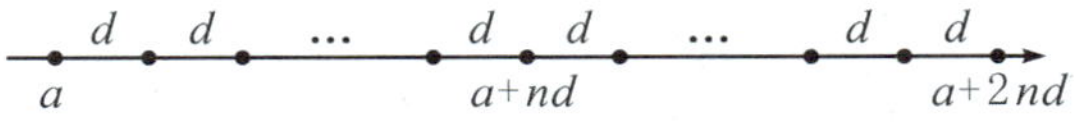

图 1

于是我们发现：中项的序数＝(1＋末项序数)÷2。

又因为中项为首项与末项的平均数，所以中项＝(首项＋末项)÷2，那么奇数项等差数列的求和公式可以表示为：总和＝(首项＋末项)÷2×项数＝中项×项数。

我们也可以借助图 2 描述奇数项等差数列的求和公式：

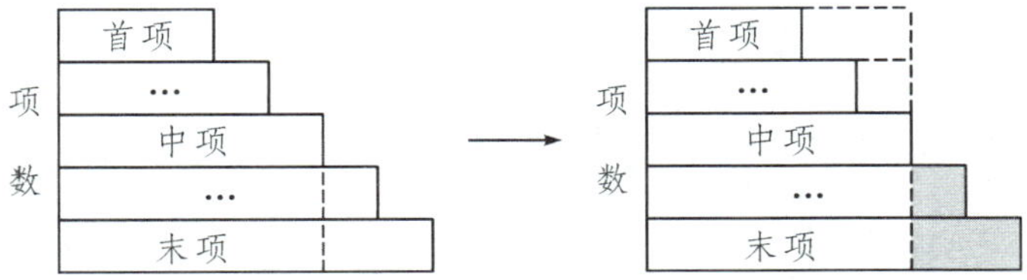

图 2

例 7 12＋17＋22＋27＋32＋37＋42＋47＋52＝________。

解析

本题中的等差数列共有 9 项。中项，也就是第(9＋1)÷2＝5 项是 32，所以原式＝32×9＝288。

例 8 帅帅背了 7 天单词，从第 2 天开始每天都比前一天多背 1 个单词，且前 4 天所背单词个数的和恰好等于后 3 天所背单词个数的和。那么，帅帅这 7 天一共背了________个单词。

(2016 年“数学花园探秘”3 年级初赛 B 卷)

解析

这 7 天背单词的数量是 1 个公差为 1 的等差数列，比较前 4 天和后 3 天，发现第 5 天比第 1 天多背 4 个单词。同理，第 6 天比第 2 天，第 7 天比第 3 天都是多背 4 个单词，后 3 天比前 3 天总计多背 12 个单词。前 4 天和后 3 天背单词的总和相等，则第 4 天背了 12 个单词，正好是项数为 7 的等差数列的中项，所以帅帅 7 天总共背了12×7＝84(个)单词。

4.1.3 特殊公式与数形结合

在展示公式之前，首先看一看从 1 开始的连续奇数形成的等差数列、从 2 开始的连续偶数形成的等差数列与序数之间的关系：

序数	1	2	3	4	5	6	…	n	…
偶数	2	4	6	8	10	12	…	$2n$	…
奇数	1	3	5	7	9	11	…	$2n-1$	…

我们可以清晰地看出，从 2 开始的连续偶数数列，每一项正好是其序数的 2 倍。而与之一一对应的奇数，则为序数的 2 倍减 1。

(1)从 1 开始连续奇数的和：$1+3+5+7+\cdots+(2n-1)=[1+(2n-1)]\times n\div 2=2n\times n\div 2=n^2$。这个公式用文字叙述就是：从 1 开始连续奇数的和恰好等于项数的平方。其几何解释如图 1 所示：

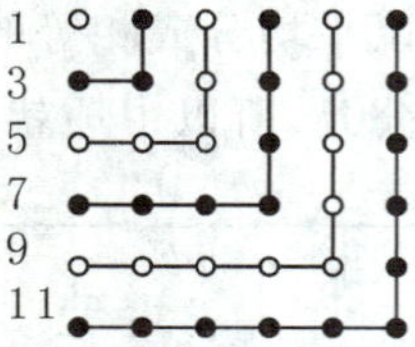

图 1

(2)从 2 开始连续偶数的和：$2+4+6+8+\cdots+2n=(2+2n)\times n\div 2=n\times(n+1)$。这个公式用文字叙述就是：从 2 开始连续偶数的和恰好等于项数与(项数+1)的乘积。其几何解释如图 2 所示：

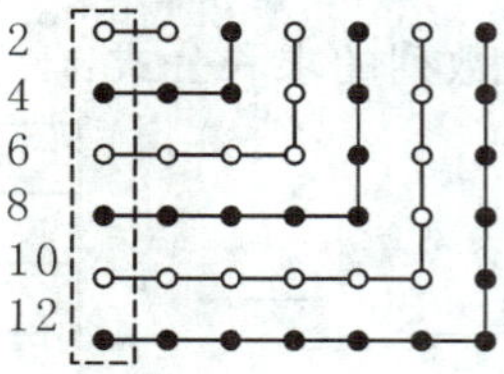

图 2

(3)$1+2+3+\cdots+(n-1)+n+(n-1)+\cdots+3+2+1=n^2$。其几何解释如图 3 所示：

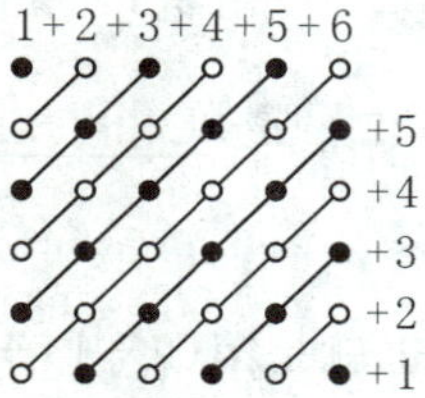

图 3

例 9 $(1+3+5+\cdots+39)\div(1+3+5+\cdots+19)=$________。

解 析

第一个等差数列的项数为$(39+1)\div 2=20$，第二个等差数列的项数为$(19+1)\div 2=10$，所以原式$=20^2\div 10^2=400\div 100=4$。

例 10 $2+4+6+\cdots+80=$________。

解 析

本题中，等差数列的项数为$80\div 2=40$，所以原式$=40\times(40+1)=1640$。

例 11 $(1+2+3+\cdots+19+20+19+\cdots+3+2+1)\div(1+3+5+\cdots+39)=$________。

解 析

【方法 1】原式$=20^2\div 20^2=1$。

【方法 2】第一个括号内的式子可转化为$1+(1+2)+(2+3)+(3+4)+\cdots+(19+20)=1+3+5+7+\cdots+39$，即两个括号内所有数的和是相同的，所以商为 1。

4.1.4 等差数列与估算

例 12 有一棵神奇的树，树上长了 123 个果子。第一天有 1 个果子从树上掉落；从第二天起，每天掉落果子的数量比前一天多 1 个。但如果某天树上的果子数量少于这一天本应该掉落的数量，那么这一天它又重新从掉落 1 个果子开始，按原规律进行新的一轮。如此继续，那么第________天树上的果子会都掉光。

（2016 年“数学花园探秘”4 年级初赛 A 卷）

解析

$1+2+3+4+\cdots+15=120$，即 15 天掉落 120 个果子，此时树上还剩 $123-120=3$（个）果子，不够第 16 天应该掉落的数量，所以第 16 天又重新从 1 开始掉落。而 $123-120=3=1+2$，即还需要 2 天掉光，共计 $15+2=17$（天）。

例 13 像 $1=1,3=1+2,6=1+2+3,10=1+2+3+4,15=1+2+3+4+5,\cdots$ 可以表示成从 1 开始连续自然数和的形式的数被称为“三角形数”。那么从 2001 年起，第一个“三角形数”的年份是________年。

（2016 年“数学花园探秘”3 年级初赛 B 卷）

解析

$1+2+3+\cdots+62=1953$，$1+2+3+\cdots+62+63=2016$，即答案为 2016。

例 14 老师从 1 开始给数学小组的同学每人分配了一个学号，小明发现如果将其他同学的学号都相加后，再减去自己的学号，得到的结果是 116。那么，小明的学号是________。

解析

所有的学号是从 1 开始的连续自然数，116 等于所有号码之和去掉小明的号码后，再减去小明的号码，相当于减少了 2 个小明的号码，所以 116 一定小于所有号码之和。

$1+2+3+\cdots+15=120$，小明的学号可能是 $(120-116)\div2=2$；

$1+2+3+\cdots+15+16=136$，小明的学号还可能是 $(136-116)\div2=10$；

$1+2+3+\cdots+16+17=153$，$(153-116)\div2=18.5>17$，且不是整数，不可能是小明的学号。

综上所述，小明的学号可能是 2 或 10。

例 15 5 个自然数从小到大排成一个等差数列，它们的和为 650。现在规定一次操作如下：在所有相邻的两个数之间再写一个自然数，使得新产生的数列仍然是等差数列。不断重复如上操作，最多能进行________次操作。

（2017 年“数学花园探秘”3 年级初赛 C 卷）

解析

“在所有相邻的两个数之间再写一个自然数，使得新产生的数列仍然是等差数列”实际上是让公差除以 2，为了让操作能更多地进行，则让公差能尽可能多地除以 2。

本数列的中项为 $650\div5=130$，最小数至少为 0，可知公差的 2 倍不超过 130，公差不超过 65，在这个范围内 $64=2\times2\times2\times2\times2\times2$，最多可以操作 6 次，公差应取 64。这 5 个数分别是 2，66，130，194，258。

4.1.5 拓展提高

例 16 一个由 12 个数组成的等差数列，后 9 项之和比前 9 项之和大 108，前 7 项之和等于后 5 项之和。那么，这 12 个数的和是________。（2019 年"数学花园探秘"小中决赛 A 卷）

解析

【方法 1】后 9 项是这个数列的第 4 项至第 12 项，前 9 项是这个数列的第 1 项至第 9 项，所以后 9 项的中项第 8 项比前 9 项的中项第 5 项大 108÷9=12，则公差为 12÷3=4，前两项的和即为第 3～7 项比第 8～12 项少的部分，第 3 项比第 8 项少 5 个公差，5 项共相差(4×5)×5=100，于是前两项的和为 4×5×5=100，于是首项为(100-4)÷2=48，末项为 48+4×(12-1)=92，总和为(48+92)×12÷2=840。

【方法 2】后 9 项是这个数列的第 4 项至第 12 项，前 9 项是这个数列的第 1 项至第 9 项，所以公差为108÷9÷3=4，后 5 项比前 5 项多的其实就是第 6 项与第 7 项(中间两项)的和，也是等差数列首尾配对的和，4×7×5=140，所以这 12 个数的和为 140×(12÷2)=840。

例 17 有两个项数为 11 项的等差数列，第一个等差数列的首项比第二个等差数列的首项小 6，第一个等差数列的末项比第二个等差数列的末项大 4。那么第一个等差数列的和比第二个等差数列的和小________。（2017 年秋 · 明心数学资优生测试 4 年级）

解析

注意到等差数列首、末两项的和即平均数的 2 倍，所以两个数列的平均数(中项)相差(6-4)÷2=1，总和共少 1×11=11。

例 18 有一个从小到大排列的等差数列。如果往后增加一项将会得到等差数列 A，如果往前增加一项将会得到等差数列 B。如果数列 A 的平均数比数列 B 的平均数大 6，那么原数列的公差是________。（2017 年"数学花园探秘"小中年级组决赛 D 卷）

解析

假设原数列的公差为 1 份。

数列 B 的第 1 项是数列 A 的第 2 项，比数列 A 的第 1 项大 1 份；

数列 B 的第 2 项是数列 A 的第 3 项，比数列 A 的第 2 项大 1 份；

……

即数列 B 的第 n 项比数列 A 的第 n 项大 1 份，所以数列 B 的平均数比数列 A 的平均数大 1 份。

所以原数列的公差为 6。

例 19 一个等差数列的总和为 850，如果每相邻两项之间都插入它们的平均数，形成的新等差数列的总和为 1650，原等差数列有________项。（2018 年秋 · 明心数学资优生测试 4 年级）

解析

插入的所有数之和为 1650-850=800，原数列的平均数=新数列的平均数，原数列比插入的数多 1 项。

平均数为 850-800=50，原数列有 850÷50=17(项)。

例 20 一组由两位数组成的偶数项等差数列，所有奇数项的和为 100。若从第 1 项开始，将每个奇数项与它后面相邻的偶数项不改变次序地合并成一个四位数，形成一个新的数列，那么新数列的和与原数列的和相差________。 (2017 年“数学花园探秘”小中决赛 A 卷)

解析

合并后，偶数项仍在十位与个位上，大小不变；奇数项的数移到了千位与百位上，扩大到了 100 倍。所以差为 $100\times(100-1)=9900$。

例 21 一群松鼠准备吃掉一堆松果。如果刚开始它们一起吃，只需 36 小时可将所有松果吃完；如果刚开始只有一只松鼠吃，然后每隔相同的时间又有一只松鼠参与进来吃松果。那么，当所有松鼠都参与进来并吃完松果后，第一只松鼠吃松果的时间是最后一只的 17 倍。如果每只松鼠吃松果的速度相同，那么最后一只松鼠吃了________小时。 (2018 年“数学花园探秘”小中决赛 A 卷)

解析

因为间隔时间相同，所以松鼠吃松果的时间成等差数列，平均每只吃 $(17+1)\div2=9$ 倍时间，即 36 小时，那么最后一只吃了 $36\div9=4$(小时)。

例 22 有 6 堆苹果，它们的个数刚好组成一个等差数列。俊俊选出其中一堆，拿出其中的 150 个分配给其余 5 堆，依次分 10 个、20 个、30 个、40 个和 50 个。分配好之后，俊俊发现，这 5 堆苹果的个数依次是被他选出那一堆的 2 倍、3 倍、4 倍、5 倍、6 倍。那么这六堆苹果一共有________个。

(2015 年“数学花园探秘”小中决赛 B 卷)

解析

将俊俊选出的那堆分配后的数量看作 1 份，其余 5 堆为 A、B、C、D、E。那么 A 原来有 2 份少 10 个，B 原来有 3 份少 20 个，C 原来有 4 份少 30 个，D 原来有 5 份少 40 个，E 原来有 6 份少 50 个，显然成等差数列，所以俊俊选的这一堆不是最多的就是最少的，且原等差数列的公差为“1 份少 10 个”。

如果俊俊选的这一堆是最少的，这堆原来是 1 份，不符合题意。所以俊俊挑的这一堆是最多的。这堆原有 7 份少 60 个，给出去的 150 个对应 $7-1=6$(份)少 60 个，所以这堆现在有 $(150+60)\div6=35$(个)。六堆苹果共有 $35\times(1+2+3+4+5+6)=735$(个)。

例 23 开心小学的老师买来一些树苗。若第一天种 4 棵树苗，之后每天都比前一天多种 3 棵树苗，则最后一天只需要种 30 棵树苗就可以完成任务。若第一天种 10 棵树苗，之后每天都比前一天多种 3 棵树苗，则最后一天只需要种 4 棵树苗就可以完成任务。那么，这批树苗一共有多少棵？

解析

两个等差数列公差相同，都是 3，且情况 1 的第 3 天也种了 $4+3+3=10$(棵树)，也就是说两个数列中有很多相同的项，列表如下：

情况 1	4	7	10	13	16	…	30	
情况 2			10	13	16	…	?	4

上表中，如果情况 1 中的 30 与情况 2 中的 4 在同一列，则情况 1 树苗的总数量一定多于情况 2，与题意矛盾，故 4 一定在 30 后面，那么情况 2 倒数第 2 天种的树苗数一定多于 30 棵。

因为表中情况 1 前面仅多 4+7=11<30,所以情况 2 中的 4 仅能在 30 后面 1 列,即如上表所示。所以情况 2 中倒数第 2 天种了 30+11−4=37(棵)树,树苗共有(10+13+16+…+37)+4=239(棵)。

例 24 欣欣小学给所有班级发奖牌,如果第一个班发 1 个,后面每个班依次比前一个班多发 2 个,发完最后一个班后,还多 10 个;如果第一个班发 10 个,后面每个班依次比前一个班多发 3 个,恰好有 5 个班没有奖牌。那么学校一共准备了________块奖牌。(2017 年"数学花园探秘"小中决赛)

解析

两次发放的奖牌数形成等差数列,如下表:

第一次	1	3	5	7	9	11	13	15	17	19	…
第二次						10	13	16	19	22	…
两次对比	+1	+3	+5	+7	+9	+1	+0	−1	−2	−3	…

因为两个等差数列最后的和相差 10,所以有 10+(1+3+5+7+9+1)=36=1+2+3+4+5+6+7+8,则第二次形成的等差数列一共有 8+2=10(项)。

那么,总奖牌数共有 10+13+16+19+22+25+28+31+34+37=235(块)。

例 25 四位同学一起讨论一个由无数个自然数组成的等差数列。他们每人说了一句话:

小叶:"等差数列的首项是两位数。"

小刚:"215(包括 215)以内的项数是 20 多项。"

小王:"公差小于 5。"

小红:"前两项的平均数是 102。"

这四位同学的话只有一句是错的,那么这个等差数列的第 100 项是________。

解析

若小叶与小红的话都对,则小王与小刚说的话都错,不符合题意,所以小叶与小红中必有一个人说错了。若小叶说的话是对的,则小刚与小王说的话矛盾,四人中至少有 2 人说错了,不符合题意,所以小叶说错了。后面三个人说的话是对的时,只有首项为 100,公差为 4 的等差数列满足条件,第 100 项为 100+4×(100−1)=496。

真题重现

1. 有一串数 4,5,8,13,20,29,…。依此类推,第 7 个数是________。
(2014 年秋·明心数学资优生测试 3 年级)

2. 从 777 开始,一个学生按间隔为 7 倒着数数:777,770,763,…他会数到下列数中的________。
A. 41　　B. 42　　C. 43　　D. 44
(2013 年春·明心数学资优生测试 4 年级)

3. 观察下列各组数的变化规律,35 将会出现________次。

(1,3,8),(2,6,11),(3,9,14),(4,12,17),(5,15,20),…

(2018 年秋·明心数学资优生测试 3 年级)

4. 有一组美妙的算式:

1+2=3

4+5+6=7+8

9+10+11+12=13+14+15

16+17+18+19+20=21+22+23+24

……

则第 20 行算式，等号左边所有数的和是________。 （2016 年春 · 明心数学资优生测试 4 年级）

5. 等差数列 1,3,5,7,…,99 中，后 49 项的总和比前 49 项的总和大________。

（2020 年春 · 明心数学资优生测试 4 年级）

6. A、B、C、D 和 E 是由小到大的 5 个连续自然数。如果 $B+C+D=63$，那么 $A+B+C+D+E=$________。 （2014 年秋 · 明心数学资优生测试 4 年级）

7. 一群狼抓兔子，第 1 匹狼抓了 1 只，第 2 匹狼抓了 4 只，第 3 匹狼抓了 7 只，第 4 匹狼抓了 10 只。依此类推，每一匹狼都比前一匹多抓 3 只兔子。如果将所有抓来的兔子平均分给这群狼，发现每匹狼分到 13 只兔子。那么这群狼共有________匹。 （2015 年春 · 明心数学资优生测试 3 年级）

8. 将 7 个连续自然数按从小到大顺序排列，最小的 3 个数的总和为 33，那么最大的 3 个数的总和是________。 （2013 年秋 · 明心数学资优生测试 4 年级）

9. 小明每年吃生日蛋糕的时候都会吹蜡烛，而且过几岁生日就吹几根蜡烛。如果从小明出生到现在他一共吹过 153 根蜡烛，那么小明今年________岁。 （2013 年“数学花园探秘”3 年级网赛）

10. 12 月 1 日上午 10 点，屋子里有 1 匹狼、22 只猫、400 只老鼠。每天白天 12 点，狼会吃掉 2 只猫；每天夜里 12 点，每只猫会吃掉 1 只老鼠。如此计算，同年的 12 月 22 日 10 点时，屋子里还有________只老鼠。（假设每种动物在这段时间内都不会繁殖且狼不吃老鼠） （2013 年“数学花园探秘”3 年级网赛）

11. 均均、帅帅同一天开始背单词。均均第一天背 10 个，计划以后每天比前一天都多背 1 个；帅帅第一天背 5 个，计划以后每天比前一天都多背 2 个。直至某天两人都按计划背完单词后，发现两人背的单词总数一样多，这时帅帅共背了________个单词。 （2020 年“数学花园探秘”小中决赛 A 卷）

12. 有 7 个连续奇数，它们共有 11 个数字。例如：7 有 1 个数字，13 有 2 个数字，132 有 3 个数字。那么，这 7 个奇数的和是________。 （2013 年“数学花园探秘”4 年级网赛）

13. 豌豆、土豆、憨豆三只小狗测量体长后开始聊天。

豌豆：“我们其中两只的体长之和是另一只的 2 倍。”

土豆：“我不是最长的，也不是最短的。”

憨豆：“我比豌豆长 18 厘米。”

那么，土豆与豌豆的体长相差________厘米。 （2016 年秋 · 明心数学资优生测试 4 年级）

14. 构成等差数列的 16 个自然数从小到大排成一列，其中前 9 个数的和与后 7 个数的和都是 2016。那么这列自然数中，最大的是________。 （2016 年“数学花园探秘”小中决赛 D 卷）

15. 一只兔子沿一条直线从左至右每隔 10 米挖一个洞，一共挖了 30 个洞。开始时，从左至右的第 12 个洞中有 30 颗青菜，兔子计划从这个洞出发每次拿 1 颗青菜放到另外一个洞中，直到每个洞中都有一颗青菜为止。那么这只兔子至少要跑________米。 （2018 年春 · 明心数学资优生测试 4 年级）

16. 如图是用棋子摆成的“巨”字，按规律继续摆下去，一共摆了 16 个“巨”字，那么共需要________个棋子。

（1） （2） （3） （4）

（2014 年秋 · 明心数学资优生测试 4 年级）

17. 有一棵神奇的树，树上长了 63 个果子，第一天有 1 个果子从树上掉落，从第二天起，每天掉落果子的数量比前一天多 1 个。但如果某天树上的果子数量少于这一天本应该掉落的数量，那么这一天它又重新从掉落 1 个果子开始，按原规律进行新的一轮。如此继续，那么第________天树上的果子会都掉光。

（2016 年"数学花园探秘"3 年级初赛 A 卷）

18. 亮亮计算从 1 开始的若干个连续自然数的和，不小心把其中一个数多加了一遍，得到了一个错误的结果 2014。那么他多加的数是________。（2014 年"数学花园探秘"3 年级）

19. 四年级(2)班在一次数学考试中，前 10 名的成绩恰好构成一个等差数列。已知考试满分为 100 分，每个同学的得分都是整数，且第 3、4、5、6 名同学一共得了 354 分。又知小美得了 96 分，那么第 10 名同学得了________分。（2016 年"数学花园探秘"4 年级初赛 B 卷）

20. 书的每张纸有正反两页。小淘气的一本新书掉了一张纸后，剩下所有页码的和为 489，那么这本书最后一页(标有页码)的页码是多少？(请算出所有可能性) （2018 年·明心数学资优生测试 4 年级）

21. 一个数列，它的前 3 项依次是 2018，2016，2014。从第 4 项开始，每一项都满足：任意连续的 4 项，左边 2 项的和恰好等于右边 2 项的和。如果要求这个数列的每一项都是自然数(0 也是自然数)，那么，这个数列最多可以写________项。（2018 年"数学花园探秘"3 年级初赛 B2 卷）

22. A、B、C 为 1～9 中的 3 个不同的整数，且 $A<B<C$。将每条线段两端的数字作差(大减小)，可以得到 3 个差，这 3 个差恰好构成一个等差数列。那么符合要求的填法共有________种。

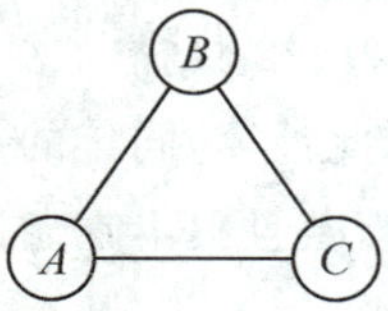

（2020 年"数学花园探秘"3 年级初赛 B 卷）

23. 从 1、2、3、4、5、6 中选出 4 个互不相同的数，使其中任意 3 个数都不能构成等差数列，有________种不同的选法。（2018 年"数学花园探秘"3 年级初赛 B2 卷）

参考答案

1. 答案：40。

分析：找规律填数。

相邻两数之差依次是 1，3，5，7，9…故 $4\xrightarrow{+1}5\xrightarrow{+3}8\xrightarrow{+5}13\xrightarrow{+7}20\xrightarrow{+9}29\xrightarrow{+11}40$。

2. 答案：B。

分析：这一数列全是 7 的倍数，所以选 B。

3. 答案：2。

分析：每组第一个数形成的数列是连续自然数，会出现 35；每组第 2 个数是 3 的倍数，不会出现 35；每组第 3 个数是 3 的倍数加 5，会出现 35。故 35 会出现 2 次。

4. 答案：8610。

分析：第 20 行算式开头第 1 个数为 $20^2=400$，等号左边有 21 个数。

所以第 20 行算式等号左边所有数的和为 $400+401+402+\cdots+420=410\times21=8610$。

5. 答案：98。

分析：一共 50 项，后 49 项与前 49 项重复了 48 项，差即为末项与首项的差，$99-1=98$。

6. 答案：105。

分析：B、C、D 是等差数列，故数列的中项 $C=63\div3=21$。原数列的中项也为 C，所以 $A+B+C+D+E=C\times5=21\times5=105$。

7. 答案：9。

分析：(1＋末项)×狼数÷2÷狼数＝13，所以 1＋末项＝26，末项＝25。狼数为(25－1)÷3＋1＝9(匹)。

8. 答案：45。

分析：7 个连续自然数中，最大的 3 个数依次比最小的三个数大 4。因此，最大 3 个数的和为33＋3×4＝45。

9. 答案：17。

分析：每年吹的蜡烛数构造成了一个从 1 开始、公差为 1 的等差数列。由 1＋2＋3＋…＋17＝153，所以小明今年 17 岁。

10. 答案：290。

分析：猫每天减少 2 只，第一天有 20 只猫吃了 20 只老鼠。然后每天少 2 只猫，就会少吃 2 只老鼠。11 日白天 12 点之后，老鼠就被吃完了，所以猫共吃掉(20＋2)×10÷2＝110(只)老鼠，则屋子里还有 400－110＝290(只)老鼠。

11. 答案：165。

分析：考虑每天所背的单词数，第一天帅帅落后 10－5＝5(个)，每天两人相差个数减少 2－1＝1(个)。再过 5÷1＝5(天)，第 6 天两人背单词数相同。对比所背单词的总个数，以第 6 天(数列的中项)为“对称点”，帅帅前 5 天落后的部分在后 5 天恰好追上，即共用 5＋1＋5＝11(天)。第 6 天两人各背 15 个单词，所以一共背了 15×11＝165(个)单词。

12. 答案：77。

分析：这 7 个连续的奇数是 5，7，9，11，13，15，17。它们的和是 11×7＝77。

13. 答案：9。

分析：由豌豆所说可知，三只小狗的体长是等差数列；由土豆所说可知，土豆是数列的中项。由憨豆所说可知，豌豆的体长＜土豆的体长＜憨豆的体长。

憨豆的体长与豌豆的体长相差 2 个公差，土豆的体长与豌豆的体长相差 1 个公差，所以土豆的体长与豌豆的体长相差 18÷2＝9(厘米)。

14. 答案：312。

分析：前 9 个数的平均数是第 5 个数，后 7 个数的平均数是第 13 个数，则公差为(2016÷7－2016÷9)÷(13－5)＝8，故最大的数(第 16 个数) 是 2016÷7＋(16－13)×8＝312。

15. 答案：4560。

分析：除了最后一个洞不用跑返程，其余所有洞都要跑返程，即距离的 2 倍。所以想要最少，则最后一次放的是 30 号洞。兔子共跑：

(10＋20＋30＋…＋110)×2＋(10＋20＋30＋…＋170)×2＋180

＝1320＋3060＋180＝4560(米)。

16. 答案：1120。

分析：相邻两“巨”字之间相差 8 个棋子，即公差为 8。于是第 16 个“巨”字有 10＋8×(16－1)＝130(个)棋子，所以共需要(10＋130)×16÷2＝1120(个)棋子。

17. 答案：15。

分析：10 天后，一共掉落 55 个果子，还剩 8 个果子；第 11 天树上果子数量少于本该掉落数量，所以只掉 1 个，第 12 天掉 2 个，第 13 天掉 3 个，还剩 2 个(小于 4)所以第 14 天掉 1 个，第 15 天掉落最后 1 个，共 15 天。

18. 答案：61。

分析：1+2+3+…+63=2016>2014，所以亮亮至多加到62。当加到62时，和为1953，重复加的数为2014−1953=61；当加到61时，和为1892，重复加的数为2014−1892=122>61，不符合题意。所以多加的数是61。

19. 答案：72。

分析：第3、4、5、6名一共得354分，第4名与第5名的得分和为354÷2=177，则公差为奇数。

(1)公差是1，第5名、第4名的得分分别为88分、89分，第1名得92分与小美得96分矛盾。

(2)公差是3，第5名、第4名的得分分别为87分、90分，小美得96分恰好为第2名，第1名得99分。

(3)公差是5，第5名、第4名的得分分别为86分、91分，第1名得106分，不符合题意。

综上所述，第1名得99分，公差是3，第10名得99−3×(10−1)=72(分)。

20. 答案：31或32。

分析：首先，所有页码的数字和一定大于489。

因为1+2+3+…+31=496，496−489=7=3+4，3<4<31，所以最后一页的页码为31。

因为1+2+3+…+32=528，528−489=39=19+20，19<20<32，所以最后一页的页码为32。

因为1+2+3+…+32+33=561，561−489=72>32+33，则页码不小于33时，均不可能。

综上所述，所求为31或32。

21. 答案：1010。

分析：多写几项可发现数列的规律。

2018，2016，2014，2020，2010，2024，2006，2028，2002，2032，…

观察发现所有的奇数项组成递减的等差数列：2018，2014，2010，2006，2002，…

观察发现所有的偶数项组成递增的等差数列：2016，2020，2024，2028，2032，…

要满足数列的数都是自然数，那么递减的数列不能小于0，2018÷4=504……2，第1项2018可以减少504个公差4之后还剩下2，则第505个奇数项是2，第505个奇数项是整个数列的第1+(505−1)×2=1009项。第1010项是递增的，仍然可以列举，但是第1011项是递减的，结果必然小于0了，不属于自然数，因此最多可以写1010项。

22. 答案：18。

分析：3个差成等差数列，且最大的差等于另外两个差之和[$C-A=(B-A)+(C-B)$]，所以3个差互不相等。又因为最小的差等于最大的差减去第二大差，即最小的差等于数列的公差，第二大差为公差的2倍，最大差为公差的3倍。所以这3个差从小到大只能为(1、2、3)或(2、4、6)。

最大的差一定是$(C-A)$，但其他两个差可以交换位置。

$(B-A)$、$(C-B)$、$(C-A)$的差分别为(1、2、3)时有6种填法；分别为(2、1、3)时有6种填法；分别为(2、4、6)时有3种填法；分别为(4、2、6)时有3种填法。共6+6+3+3=18(种)填法。

23. 答案：4。

分析：先找出1～6中的3项等差数列。(1、2、3)；(1、3、5)；(2、3、4)；(2、4、6)；(3、4、5)；(4、5、6)。

枚举：(1)先选1、2，那么不能选3。若选4，不能选6，那么只能选5，经验证得到第一组答案1、2、4、5。

(2)先选1、2不能选3，若不选4，需要把5、6都选上，经验证得到第二组答案1、2、5、6。

(3)先选1、3不能选2、5，需要把4、6都选上，经验证得到第三组答案1、3、4、6。

(4)先选1、4只能选5、6而4、5、6是等差数列，舍去。

(5)选2、3不能选4，需要把5、6都选上，经验证得到第四组答案2、3、5、6。

(6)选2、4不能选6，剩下数字不够，舍去。

综上，共4种选法。

4.2　公式法

4.2.1　多项式相乘：$(p+q)(x+y)=px+py+qx+qy$

【释一】　整体思想与乘法分配律，将$(x+y)$看作一个整体，你可以将它想象成一个 ：

$$
\begin{aligned}
&(p+q)(x+y)\\
=&p(x+y)+q(x+y) && \text{（乘法分配律）}\\
=&px+py+qx+qy。 && \text{（乘法分配律）}
\end{aligned}
$$

【释二】　几何证明：将$(p+q)(x+y)$看成一个长为$(x+y)$、宽为$(p+q)$的长方形，公式的原理一目了然。

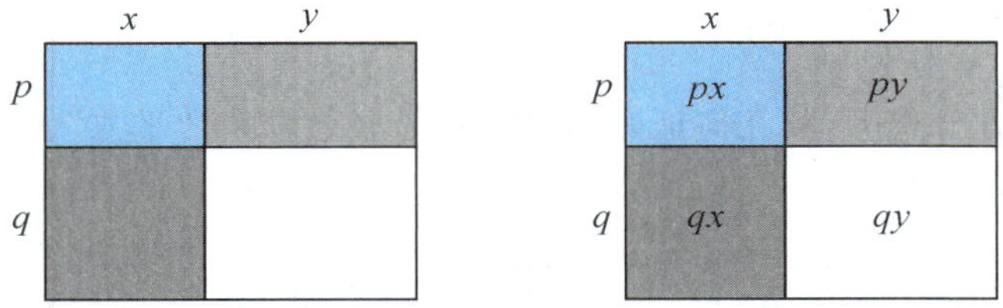

因为大长方形是由四块小长方形拼成的，所以总面积相等，即$(p+q)(x+y)=px+py+qx+qy$。

例 26　计算：$(2017+2)\times(2018+3)-(2017+1)\times(2018+4)$。

解析

$$
\begin{aligned}
&(2017+2)\times(2018+3)-(2017+1)\times(2018+4)\\
=&(2017\times2018+2017\times3+2018\times2+2\times3)-(2017\times2018+2017\times4+2018\times1+1\times4)\\
=&2018\times2-2018\times1+2017\times3-2017\times4+2\times3-1\times4\\
=&2018-2017+6-4\\
=&3。
\end{aligned}
$$

4.2.2　平方差公式：$a^2-b^2=(a+b)(a-b)$

平方差公式有一个特殊情况下的结论值得记忆，不只是对计算，对数论的学习也很有帮助。

当两数之差等于 1，即 $a-b=1$ 时，$a^2-b^2=a+b$。

在自然数范围内就表现为：两个相邻自然数的平方差等于两数之和。

平方差公式的几何意义为：

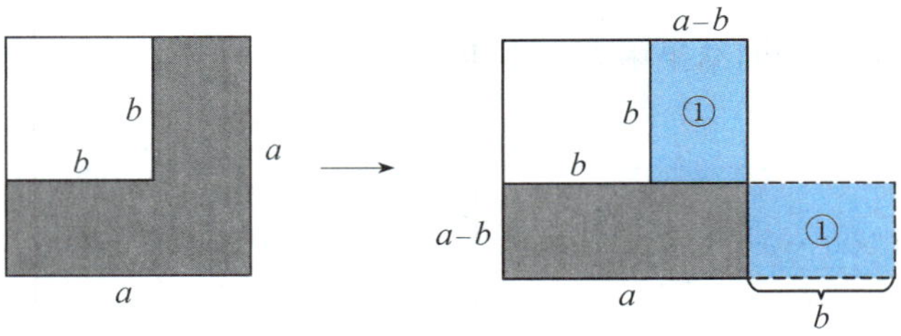

例 27　计算：$2015^2+2016^2-2014\times2016-2015\times2017$。　（2016 年“华杯赛”高年级组 B 卷）

解析

原式$=2015^2+2016^2-(2015^2-1^2)-(2016^2-1^2)=1+1=2$。

例 28 计算：$100^2-99^2+98^2-97^2+\cdots+2^2-1^2$。

解析

$$\begin{aligned}&100^2-99^2+98^2-97^2+\cdots+2^2-1^2\\=&(100+99)\times(100-99)+(98+97)\times(98-97)+\cdots+(2+1)\times(2-1)\\=&100+99+98+97+\cdots+2+1\\=&5050。\end{aligned}$$

4.2.3 完全平方公式

1. $(a+b)^2=a^2+b^2+2ab$

平方差公式、完全平方公式等，其几何证明都比较容易联想，即将“平方”表示成正方形的面积。

由多项式相乘很容易得到

$$(a+b)(a+b)=a^2+ab+ba+b^2=a^2+b^2+2ab。$$

完全平方公式①的几何证明，聪明的你自己试试吧！

2. $(a-b)^2=a^2+b^2-2ab$

由多项式相乘很容易得到

$$(a-b)(a-b)=a^2-ab-ba+b^2=a^2+b^2-2ab。$$

完全平方公式②的几何证明，从等式的左边出发很难入手，但是从等式的右边着手是容易突破的。

图 1 并排的两个正方形的边长分别为 a 和 b，边长 a 的正方形左上角阴影部分是边长为 $a-b$ 的正方形。

如图 2，空白部分被切成了两个大小相同的长方形，这两个长方形的长都是 a，宽都是 b。所以得到：$(a-b)^2=a^2+b^2-2ab$。

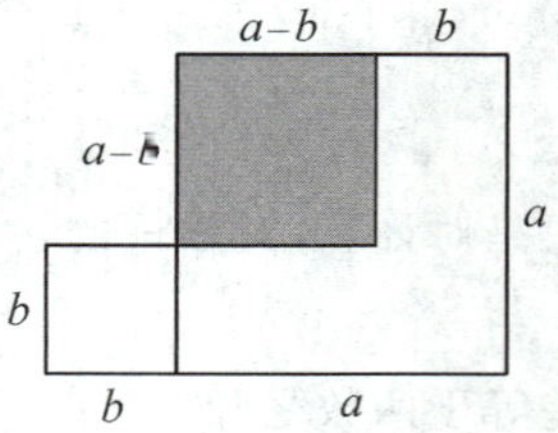

图 1

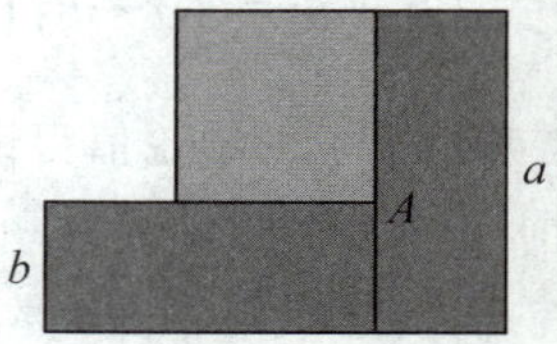

图 2

例 29 算式$\underbrace{999\cdots9}_{2016个9}\times\underbrace{999\cdots9}_{2016个9}$的结果中含有多少个数字 0？（2016 年“华杯赛”高年级组 A 卷）

解析

$$\begin{aligned}&\underbrace{999\cdots9}_{2016个9}\times\underbrace{999\cdots9}_{2016个9}=(1\underbrace{00\cdots0}_{2016个0}-1)^2\\&=1\underbrace{00\cdots0}_{4032个0}-2\times1\underbrace{00\cdots0}_{2016个0}+1\\&=\underbrace{999\cdots9}_{2015个9}8\underbrace{000\cdots0}_{2015个0}1。\end{aligned}$$

所以，结果中含有 2015 个 0。

4.2.4 连续自然数的立方和公式：$1^3+2^3+3^3+\cdots+n^3=(1+2+3\cdots+n)^2=\left[\frac{n\times(n+1)}{2}\right]^2$

这真是一个神奇的公式，它竟然将“立方”与“平方”联系在了一起，真是美得不可思议。如果要把小学阶段接触到的数学公式来一个选美大赛的话，我一定会选它当冠军。

我们以 $1^3+2^3+3^3+4^3$ 为例。如图 1，将 1^3 看作 1 个 1×1 的正方形，2^3 看作 2 个 2×2 的正方形，3^3 看作 3 个 3×3 的正方形，4^3 看作 4 个 4×4 的正方形……从左上角开始，画上 1 个 1×1 的正方形，得到 $1^3=1^2$；又画上 2 个 2×2 的正方形，重叠的部分多算的那一次正好可以补到右下方的空白部分，于是得到 $1^3+2^3=(1+2)^2$；再画上 3 个 3×3 的正方形，得到 $1^3+2^3+3^3=(1+2+3)^2$；紧接着画上 4 个4×4 的正方形，不出所料，将重叠的部分补到与其相邻的空白部分后，正好也能构成一个边长为(1+2+3+4)的大正方形。依此类推，我们就能得到：$1^3+2^3+3^3+\cdots+n^3=(1+2+3+\cdots+n)^2$。

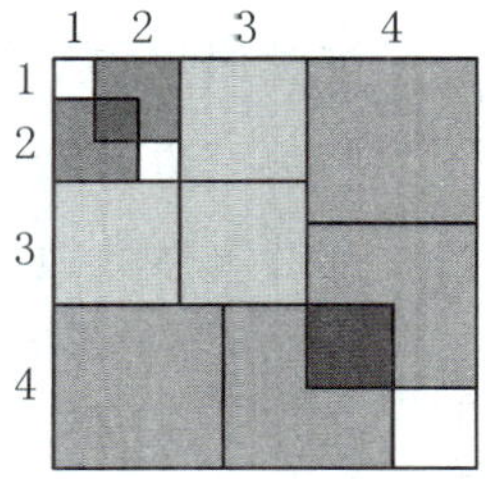

图 1

另外，利用前面我们学过的整数裂项，再给一个代数形式的证明。

因为根据前面提到的平方差公式，可知 $n^2-1=(n-1)(n+1)$，即 $n^2=(n-1)(n+1)+1$，所以 $n^3=n\times n\times n=n\times(n^2-1+1)=n\times[(n-1)(n+1)+1]=(n-1)n(n+1)+n$。

于是

$$
\begin{aligned}
&1^3+2^3+3^3+\cdots+n^3\\
=&(1+2+3+\cdots n)+[0\times1\times2+1\times2\times3+2\times3\times4+\cdots+(n-1)n(n+1)]\\
=&\frac{1}{2}n(n+1)+[1\times2\times3+2\times3\times4+\cdots+(n-1)n(n+1)]\\
=&\frac{1}{2}n(n+1)+\frac{1}{4}[(n-1)n(n+1)(n+2)-0\times1\times2\times3]\\
=&\frac{2}{4}n(n+1)+\frac{1}{4}(n-1)n(n+1)(n+2)\\
=&\frac{1}{4}n(n+1)[(n-1)(n+2)+2]\\
=&\frac{1}{4}n(n+1)(n^2+n)\\
=&\frac{1}{4}n(n+1)n(n+1)\\
=&\left[\frac{1}{2}n(n+1)\right]^2\\
=&(1+2+3+\cdots+n)^2。
\end{aligned}
$$

这最后三步都可以当作公式直接使用哦！

例如：

$$
\begin{aligned}
&1^3+2^3+3^3+\cdots+10^3\\
=&(1+2+3+\cdots+10)^2\\
=&55^2\\
=&3025。
\end{aligned}
$$

连续自然数的立方和我们会算了，那连续偶数的立方和 $2^3+4^3+6^3+\cdots+20^3$ 呢？

这时候，请允许我再次默念口诀，使出“江湖绝学”——转化！因为

$$2^3=1^3\times8,4^3=2^3\times8,6^3=3^3\times8,\cdots,20^3=10^3\times8。$$

所以 $2^3+4^3+6^3+\cdots+20^3$

$=(1^3+2^3+3^3+\cdots+10^3)\times 8$

$=3025\times 8$

$=24200$。

连续偶数的立方和我们也会算了，那连续奇数的立方和 $1^3+3^3+5^3+\cdots+19^3$ 呢？

“转化”再现江湖。

连续自然数的立方和，减掉偶数的立方和不就剩下奇数的立方和了吗？

$1^3+3^3+5^3+\cdots+19^3$

$=(1^3+2^3+3^3+\cdots+20^3)-(2^3+4^3+6^3+\cdots+20^3)$

$=(1+2+3+\cdots+20)^2-24200$

$=210^2-24200$

$=19900$。

4.2.5 连续自然数的平方和公式：$1^2+2^2+3^2+\cdots+n^2=\frac{1}{6}n(n+1)(2n+1)$

为什么会先讲连续自然数的立方和公式而不是连续自然数的平方和公式呢？因为这个公式难记，也难于证明。我们在整数的裂项相消中曾经通过转化给过一个证明，我们再瞧瞧下面几个证明吧！

证明一：三角数阵旋转证明

图 1 中所有数字的和 $S=1^2+2^2+3^2+\cdots+n^2$，将图 1 逆时针旋转 120°得到图 2，再逆时针旋转 120°得到图 3，三张图所有数字的和均为 S。

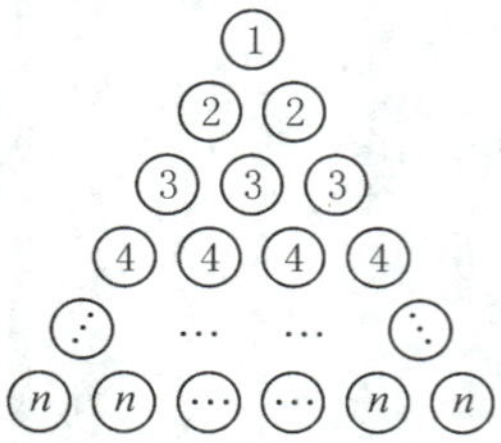

图 1

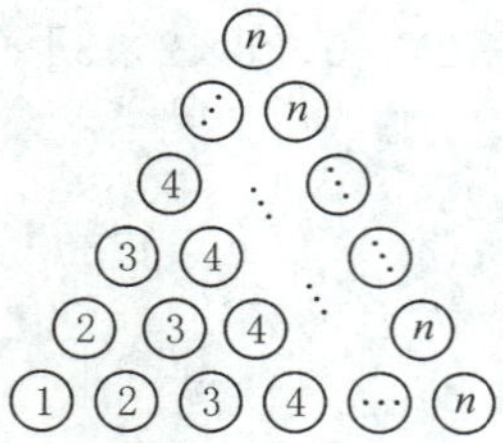

图 2

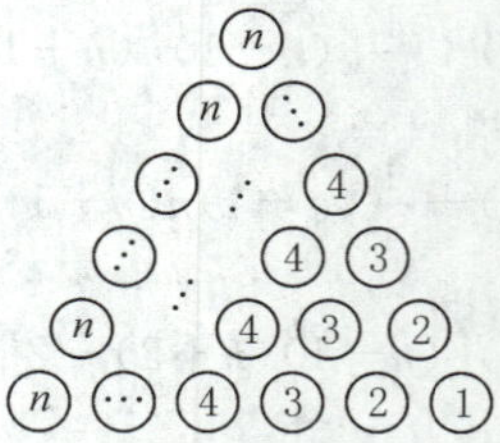

图 3

将图 1、图 2、图 3 三张图重叠合成图 4 后，我们惊奇地发现，每一个位置上的数都变为了 $(2n+1)$，图 4 中共有 $1+2+3+\cdots+n=\frac{1}{2}n(n+1)$ 个 $(2n+1)$。

所以图 4 的总和为 $3S=\frac{1}{2}n(n+1)(2n+1)$，那么，$S=\frac{1}{6}n(n+1)(2n+1)$。

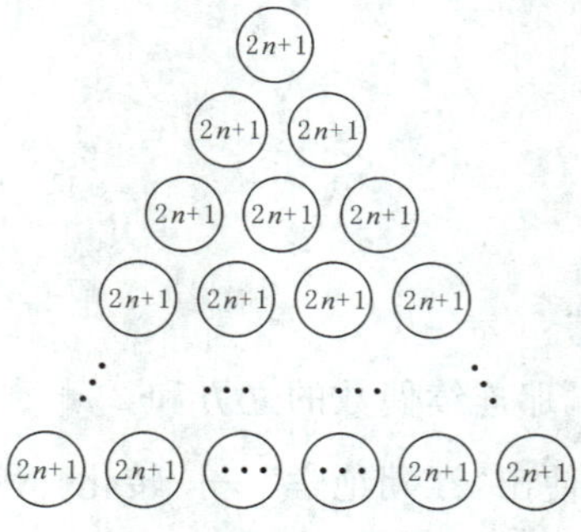

图 4

证明二：立体图形证明

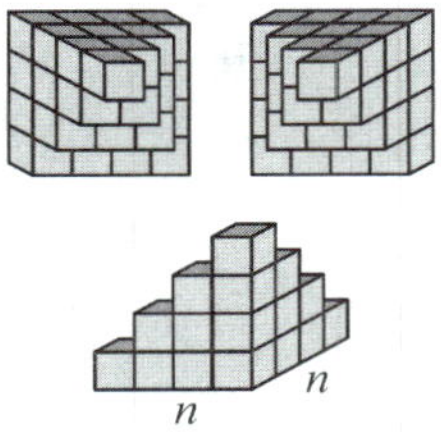

图 5

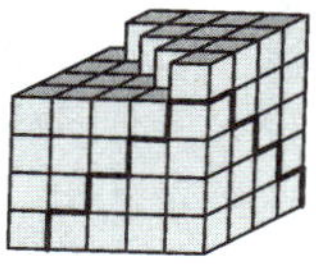

图 6

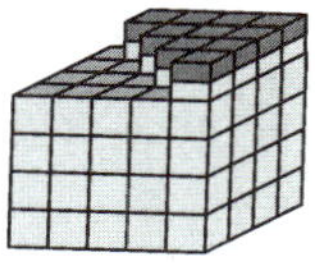

图 7

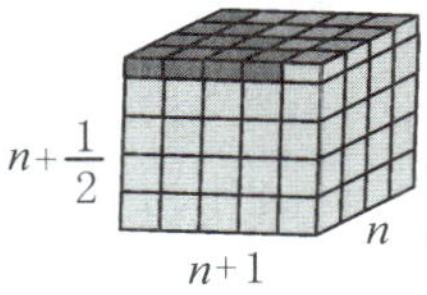

图 8

证明三：平面图形证明

作图 9，既然是求自然数的平方和，自然数的平方都可以用正方形的面积表示。

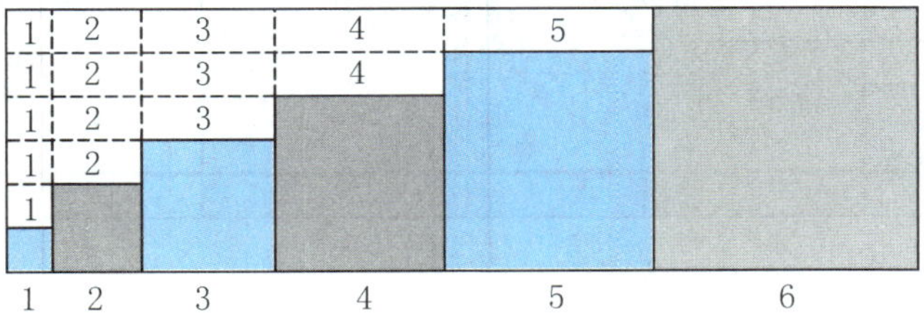

图 9

于是，我们将最大的长方形减去空白部分的面积就可以得到所求结果了。

图 9 的空白部分从下到上每一层长方形的长都能看作一个数列：1；1+2；1+2+3；1+2+3+4；1+2+3+4+5。利用等差数列求和公式可以表示成：1×2÷2，2×3÷2，3×4÷2，4×5÷2，5×6÷2。

这些算式中 1×2、2×3、3×4、4×5、5×6 的部分正好可以用宽比长少 1 的长方形的面积表示，于是我们可以将每个正方形的最下方一层划开，如图 10。

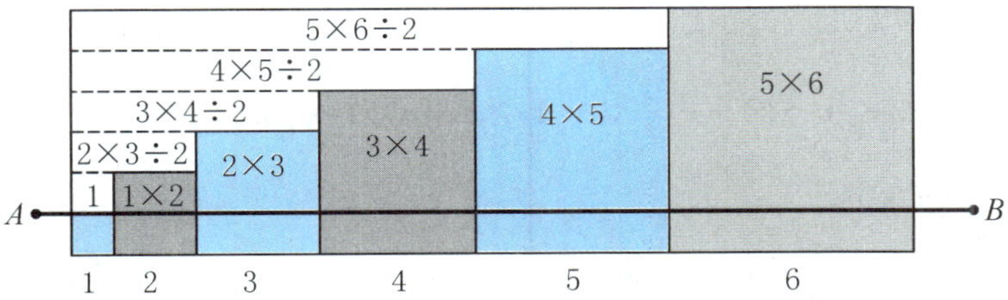

图 10

AB 以上的每一层空白部分的面积分别是 1×2÷2、2×3÷2、3×4÷2、4×5÷2、5×6÷2，而阴影部分（粗线上方）从左到右分别是 1×2；2×3；3×4；4×5；5×6，阴影部分正好是空白部分的 2 倍！AB 上方面积的只有 $\frac{2}{3}$ 属于正方形。那么，所有正方形的面积之和 = AB 下方的面积 + AB 上方面积 × $\frac{2}{3}$。于是：

$$1^2+2^2+3^2+\cdots+6^2=(1+2+3+4+5+6)\times 1+(1+2+3+4+5+6)\times(6-1)\times\frac{2}{3}。$$

如果一直加到 n^2（即 $1^2+2^2+3^2+\cdots+n^2$）呢？

如图 11，那么 AB 下方的面积就是 $(1+2+3+\cdots+n)$，AB 上方的面积就是 $\frac{2}{3}\times(1+2+3+\cdots+n)\times(n-1)$。于是我们可以得到：

$$1^2+2^2+3^2+\cdots+n^2=(1+2+3+\cdots+n)+(1+2+3+\cdots+n)\times(n-1)\times\frac{2}{3}$$

$$=\frac{1}{2}n(n+1)+\frac{1}{2}n(n+1)(n-1)\times\frac{2}{3}$$

$$=\frac{1}{2}n(n+1)\left[1+(n-1)\times\frac{2}{3}\right]$$

$$=\frac{1}{2}n(n+1)\times\frac{1}{3}(2n+1)$$

$$=\frac{1}{6}n(n+1)(2n+1)。$$

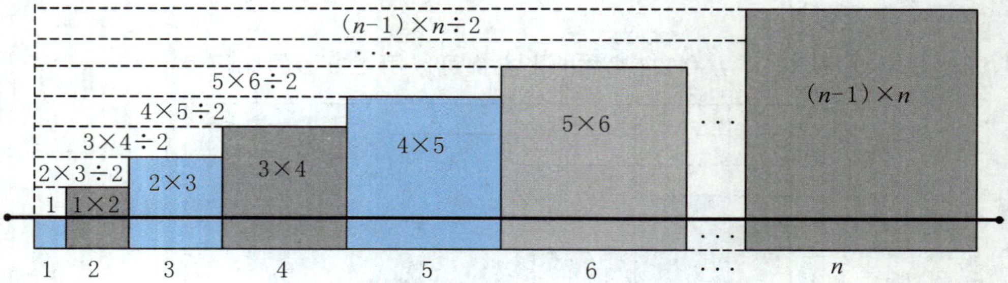

图 11

深吸一口气，各位辛苦了！但大家的辛苦是值得的，这个证明，其实还证明了另外 2 个公式，感兴趣的同学可以在“延伸”部分看一看。

延伸

另外 2 个公式的证明：

$1+(1+2)+(1+2+3)+\cdots(1+2+3+\cdots+a)=\frac{1}{6}a(a+1)(a+2)$。　　(＊)

$1\times a+2\times(a-1)+3\times(a-2)+\cdots+(a-1)\times2+a\times1=\frac{1}{6}a(a+1)(a+2)$。　　(＊＊)

我们接下来证明式(＊)：

看看占 AB 上方面积 $\frac{1}{3}$ 的空白部分的面积 $=1+(1+2)+(1+2+3)+\cdots+[1+2+3+\cdots+(n-1)]$。

如果我们将 $n-1$ 看作 a，则 $n=a+1$，于是有

$$1+(1+2)+(1+2+3)+\cdots+(1+2+3+\cdots+a)$$

$$=\frac{1}{3}\times[1+2+3+\cdots+a+(a+1)]\times(a+1-1)$$

$$=\frac{1}{3}\times\frac{1}{2}\times(a+2)\times(a+1)\times a$$

$$=\frac{1}{6}a(a+1)(a+2)。$$

那式(＊＊)在哪里？如何证明呢？

$1+(1+2)+(1+2+3)+\cdots+(1+2+3+\cdots+a)$ 中有 a 个 1，$(a-2)$ 个 3，…，1 个 a，故式(＊)可以表示成 $1\times a+2\times(a-1)+3\times(a-2)+\cdots+(a-1)\times2+a\times1$。

于是 $1\times a+2\times(a-1)+3\times(a-2)+\cdots+(a-1)\times2+a\times1=\frac{1}{6}a(a+1)(a+2)$。　　（＊＊）

如果大家对组合计算不陌生的话，应该能想到 $C_{a+2}^{3}=\frac{a(a+1)(a+2)}{3\times2\times1}=\frac{1}{6}a(a+1)(a+2)$。

诶？这个计算题怎么扯到组合上面去了？

其实，早在17世纪，莱布尼茨通过研究帕斯卡三角（中国称贾宪三角或杨辉三角）创立微积分的时候，就发现连续三角形数（1，1+2=3，1+2+3=6，1+2+3+4=10，…）的和在帕斯卡三角中有直接的体现。

如图，帕斯卡三角的斜向第3列的数，都是三角形数。

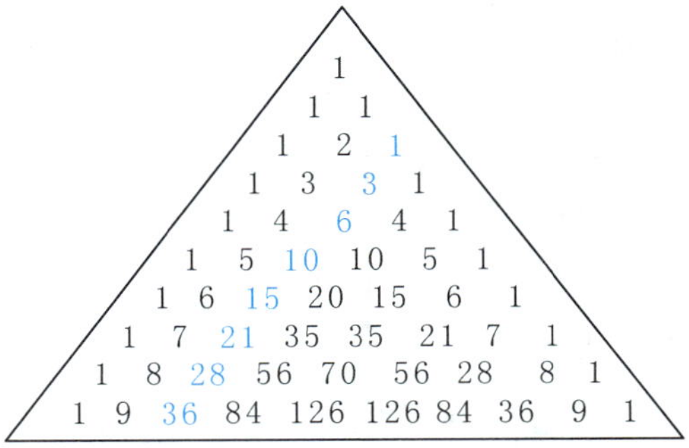

由于帕斯卡三角的构造方式，我们发现将斜向第3列起始的1换成它右下角的1后，从1开始连续三角形数的和正好等于最后一个三角形数右下方的那个数，以图上所示为例，列成算式为：

$1+(1+2)+(1+2+3)+\cdots+(1+2+3+4+5+6+7)$

$=1+3+6+10+15+21+28$

$=84$。

而帕斯卡三角本身又是组合数的一种排列：

$C_1^0\quad C_1^1$

$C_2^0\quad C_2^1\quad C_2^2$

$C_3^0\quad C_3^1\quad C_3^2\quad C_3^3$

$C_4^0\quad C_4^1\quad C_4^2\quad C_4^3\quad C_4^4$

$C_5^0\quad C_5^1\quad C_5^2\quad C_5^3\quad C_5^4\quad C_5^5$

$C_6^0\quad C_6^1\quad C_6^2\quad C_6^3\quad C_6^4\quad C_6^5\quad C_6^6$

$\cdots$

$C_n^0\quad C_n^1\quad C_n^2\quad \cdots\quad C_n^r\quad \cdots\quad C_n^{n-1}\quad C_n^n$

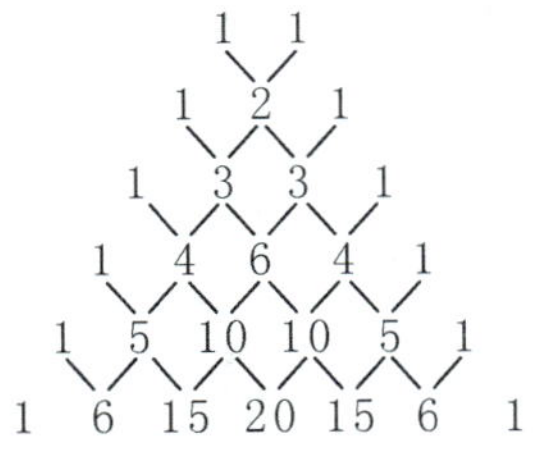

所以84其实就是 C_9^3。于是，通过帕斯卡三角我们可以看到这样一个规律：

$$1+(1+2)+(1+2+3)+\cdots+(1+2+3+\cdots+a)=C_{a+2}^{3}。$$

可是怎么证明它呢？我们来看得到的公式（＊＊）：

$1\times a+2\times(a-1)+3\times(a-2)+\cdots+(a-2)\times3+(a-1)\times2+a\times1=\frac{1}{6}a(a+1)(a+2)$。

我们发现公式（＊＊）的左边每一项，两个因数的和是固定的，为 $a+1$。每一项一次左边+1、右边−1，是不是感觉有什么东西在中间移动呢？

于是，我们可以想象一共有 $a+2$ 个从左至右依次编号为1，2，3，…，$a+2$ 的小球，我们要取出其中3个。假设取出的3个小球的编号从小到大依次是 $x<y<z$，于是中间的那个小球，它的编号 y 的范围是从2到 $a+1$。

当 $y=2$ 时，利用乘法原理，我们知道 x、z 的取法有 $1\times a$ 种；

当 $y=3$ 时，利用乘法原理，我们知道 x、z 的取法有 $2\times(a-1)$ 种；

当 $y=4$ 时，利用乘法原理，我们知道 x、z 的取法有 $3\times(a-2)$ 种；

…

当 $y=a+1$ 时，利用乘法原理，我们知道 x、z 的取法有 $a\times 1$ 种。

于是总共的取法就是公式（＊＊）的左边，而从 $a+2$ 个球中取出 3 个球就是典型的组合计算，为 C_{a+2}^{3}。因为同样的问题从不同方面计算了两次，结果应该是一样的（这其实就是数学中的算两次思想）。

所以 $1\times a+2\times(a-1)+3\times(a-2)+\cdots+(a-2)\times 3+(a-1)\times 2+a\times 1=C_{a+2}^{3}$。

同样的，式（＊＊）也可以变形为：

$1+(1+2)+(1+2+3)+\cdots+(1+2+3+\cdots+a)=C_{a+2}^{3}$。

奇妙的计算，奇妙的组合，奇妙的数学！

例 30 计算：$1^2+2^2+3^2+\cdots+20^2$。

解析

$1^2+2^2+3^2+\cdots+20^2=\frac{1}{6}\times 20\times 21\times 41=2870$。

例 31 计算：$2^2+4^2+6^2+\cdots+20^2$。

解析

$2^2+4^2+6^2+\cdots+20^2=4\times(1^2+2^2+3^2+\cdots+10^2)$

$=4\times\frac{1}{6}\times 10\times 11\times 21=1540$。

例 32 计算：$1^2+3^2+5^2+\cdots+19^2$。

解析

利用转化偷个懒，由例 6 和例 7，我们可以直接得出

$1^2+3^2+5^2+\cdots+19^2=2870-1540=1330$。

4.3 换元法与等比数列

4.3.1 基本技巧

在计算时，有时我们会遇到一些很烦琐的式子，其中某些部分作为一个整体，在式子中反复出现，我们用一个新字母来代替它，即换元。于是，原来的复杂算式变得简单明了，数与数之间的逻辑关系也变得清晰，这就是换元法。

例 33 计算：$\frac{1}{19961997\times19971996-19961996\times19971997}$。

解析

令 $A=19961996$，$B=19971996$，

则原式$=\frac{1}{(A+1)\times B-A\times(B+1)}=\frac{1}{AB+B-(AB+A)}=\frac{1}{B-A}=\frac{1}{10000}$。

例 34 计算：$\left(1+\frac{1}{2}+\frac{1}{3}+\cdots+\frac{1}{2003}\right)\times\left(\frac{1}{2}+\frac{1}{3}+\cdots+\frac{1}{2004}\right)-\left(1+\frac{1}{2}+\frac{1}{3}+\cdots+\frac{1}{2004}\right)\times\left(\frac{1}{2}+\frac{1}{3}+\cdots+\frac{1}{2003}\right)$。

解析

令 $A=\frac{1}{2}+\frac{1}{3}+\cdots+\frac{1}{2003}$，$B=\frac{1}{2}+\frac{1}{3}+\cdots+\frac{1}{2003}+\frac{1}{2004}$。

原式$=(A+1)\times B-(B+1)\times A=A\times B+B-(B\times A+A)=B-A=\frac{1}{2004}$。

例 35 求 $1+\cfrac{1}{2+\cfrac{1}{1+\cfrac{1}{2+\vdots}}}$ 的值。 （2016 年“华杯赛”高年级组第 9 题）

解析

令 $x=1+\cfrac{1}{2+\cfrac{1}{1+\cfrac{1}{2+\vdots}}}$，则 $x=1+\cfrac{1}{2+\cfrac{1}{x}}$，移项得 $2(x-1)=2+x$，解得 $x=4$。

4.3.2 等比数列求和公式：$a+ax+ax^2+\cdots+ax^{n-1}=\frac{ax^n-a}{x-1}(x\neq1)$

通过换元，我们还能找到另一类数列——等比数列求和的计算方法。

令 $S=a+ax+ax^2+ax^{n-1}(x\neq1)$，则 $x\cdot S=ax+ax^2+\cdots+ax^{n-1}+ax^n$。

两式相减，可得$(x-1)\cdot S=ax^n-a$，所以 $S=\frac{ax^n-a}{x-1}$。

例 36 计算：$\frac{1}{3}+\frac{1}{9}+\frac{1}{27}+\cdots+\frac{1}{729}+\frac{1}{2187}$。

解析

设 $S=\frac{1}{3}+\frac{1}{9}+\frac{1}{27}+\cdots+\frac{1}{729}+\frac{1}{2187}$。

则 $3S=1+\frac{1}{3}+\frac{1}{9}+\frac{1}{27}+\cdots+\frac{1}{729}$

$3S-S=1-\frac{1}{2187}$

$2S=\frac{2186}{2187}$

$S=\frac{1093}{2187}$。

例 37 计算：$\frac{1}{5}+\frac{1}{25}+\frac{1}{125}+\frac{1}{625}+\frac{1}{3125}$。

解析

设 $S=\frac{1}{5}+\frac{1}{25}+\frac{1}{125}+\frac{1}{625}+\frac{1}{3125}$，

则 $5S=1+\frac{1}{5}+\frac{1}{25}+\frac{1}{125}+\frac{1}{625}$

$5S-S=1-\frac{1}{3125}$

$4S=\frac{3124}{3125}$

$S=\frac{781}{3125}$。

例 38 计算：$1\frac{1}{1024}+2\frac{1}{512}+4\frac{1}{256}+\cdots+256\frac{1}{4}+512\frac{1}{2}$。

（2016 年秋 · 明心数学资优生测试 6 年级）

解析

原式 $=\frac{1}{1024}+\frac{1}{512}+\cdots+\frac{1}{4}+\frac{1}{2}+1+2+\cdots+256+512$

$=\left(1024-\frac{1}{1024}\right)\div(2-1)=1023\frac{1023}{1024}$。

例 39 $\frac{1}{2}+\frac{1}{2^2}+\frac{1}{2^3}+\cdots+\frac{1}{2^n}+\cdots=$______。

解析

设 $S=\frac{1}{2}+\frac{1}{2^2}+\frac{1}{2^3}+\cdots+\frac{1}{2^n}+\cdots$，

则 $2S=1+\frac{1}{2}+\frac{1}{2^2}+\frac{1}{2^3}+\cdots+\frac{1}{2^n}+\cdots$，

$2S-S=1$

$S=1$。

即 $\frac{1}{2}+\frac{1}{2^2}+\frac{1}{2^3}+\cdots+\frac{1}{2^n}+\cdots=1$。

> 此题与循环小数化分数类似，算式末尾无穷无尽的“尾巴”看似带来了大麻烦，但实际上，在“抵消”的过程中，正因为无穷无尽而让我们少了后顾之忧(不用考虑最后的项)。

例 40 甲、乙两人同时从相距 50 千米的两地出发，相向而行。甲每小时走 3 千米，乙每小时走 2 千米，甲带着一只小狗，狗每小时跑 5 千米。这只狗同时和甲一起出发，当它碰到乙后，便回头跑向甲；碰到甲后又掉头跑向乙。如此下去，直到两人相遇，小狗一共跑了多少千米？

解析

本题是广为人知的“苏步青名题”。通常的做法是紧扣行程问题基本公式，解法详见章节 17.2 引文，在这里我们来看看它与等比数列的关系。

①乙与狗相遇时，合走 50 千米，小狗跑了$\frac{5}{2+5}\times 50=\frac{250}{7}$(千米)，此时甲与狗相距$\frac{250}{7}\times\frac{5-3}{5}=\frac{100}{7}$(千米)，甲与狗相遇时狗又走了$\frac{100}{7}\times\frac{5}{5+3}=\frac{125}{14}$(千米)；上述过程中狗一共走了$\frac{250}{7}+\frac{125}{14}=\frac{625}{14}$(千米)。

②此时乙与狗相距$\frac{125}{14}\times\frac{5-2}{5}=\frac{75}{14}$(千米)，将上面的过程看作第一轮。

③这个时候甲、乙、狗三者重复上面的过程，只是“舞台”变小了，从刚开始相距 50 千米缩小到了相距$\frac{75}{14}$千米，缩小比例为$\frac{75}{14}:50=3:28$，因为三者的速度不变，所以相邻两轮狗所走的路程都按 3∶28 这个比例缩小，于是狗所走的路程可表示为：

$$\frac{625}{14}+\frac{625}{14}\times\frac{3}{28}+\frac{625}{14}\times\left(\frac{3}{28}\right)^2+\frac{625}{14}\times\left(\frac{3}{28}\right)^3+\cdots$$

利用等比数列求和可得：

$$\frac{625}{14}+\frac{625}{14}\times\frac{3}{28}+\frac{625}{14}\times\left(\frac{3}{28}\right)^2+\frac{625}{14}\times\left(\frac{3}{28}\right)^3+\cdots$$

$$=\frac{625}{14}\times\left[1+\frac{3}{28}+\left(\frac{3}{28}\right)^2+\left(\frac{3}{28}\right)^3+\cdots\right]=\frac{625}{14}\times\frac{1}{1-\frac{3}{28}}=\frac{625}{14}\times\frac{28}{25}=50(\text{千米})。$$

4.3.3 经典题型

例 41 计算：$\dfrac{1-\frac{1}{2}+\frac{1}{3}-\frac{1}{4}+\cdots+\frac{1}{1993}-\frac{1}{1994}}{\frac{1}{1+1995}+\frac{1}{2+1996}+\cdots+\frac{1}{997+2991}}$。

解析

$$\text{原式}=\frac{1+\frac{1}{2}+\frac{1}{3}+\cdots+\frac{1}{1994}-2\left(\frac{1}{2}+\frac{1}{4}+\cdots+\frac{1}{1994}\right)}{\frac{1}{1996}+\frac{1}{1998}+\frac{1}{2000}+\cdots+\frac{1}{3988}}$$

$$=\frac{\left(1+\frac{1}{2}+\frac{1}{3}+\cdots+\frac{1}{1994}\right)-\left(1+\frac{1}{2}+\cdots+\frac{1}{997}\right)}{\frac{1}{2}\times\left(\frac{1}{998}+\frac{1}{999}+\cdots+\frac{1}{1994}\right)}=\frac{\frac{1}{998}+\frac{1}{999}+\cdots+\frac{1}{1994}}{\frac{1}{2}\times\left(\frac{1}{998}+\frac{1}{999}+\cdots+\frac{1}{1994}\right)}=2。$$

真题重现

1. 计算：1+2+4+5+7+8+10+11+13+14+16+17+19+20。

(2016 年“华杯赛”中年级组 B 卷)

2. 计算：$\left(\frac{1}{2}+\frac{1}{3}+\cdots+\frac{1}{2016}\right)+\left(\frac{2}{3}+\frac{2}{4}+\cdots+\frac{2}{2016}\right)+\left(\frac{3}{4}+\frac{3}{5}+\cdots+\frac{3}{2016}\right)+\cdots+\left(\frac{2014}{2015}+\frac{2014}{2016}\right)+\frac{2015}{2016}$。

(2016 年“华杯赛”高年级组 B 卷)

3. 计算：$3^3+4^3+5^3+6^3+7^3+8^3+9^3$。 （2016年“数学花园探秘”中年级组A卷）

4. 计算：$99\times101-98\times100+97\times101-96\times100$。 （2016年“优才杯”6年级）

5. 计算：$(2+1)\times(2^2+1)\times(2^4+1)\times(2^8+1)+1$。

6. 计算：如果 $97\times98\times99\times100+1=a^2$，求 a 的值。 （2016年“优才杯”6年级）

7. 计算：$\dfrac{(7^4+64)\times(15^4+64)\times(23^4+64)}{(3^4+64)\times(11^4+64)\times(19^4+64)}$ （2016年“优才杯”6年级）

8. 计算：$\left(1+\dfrac{1}{2}+\dfrac{1}{3}+\cdots+\dfrac{1}{2017}\right)\times\left(\dfrac{1}{2}+\dfrac{1}{3}+\cdots+\dfrac{1}{2017}+\dfrac{1}{2018}\right)-\left(1+\dfrac{1}{2}+\dfrac{1}{3}+\cdots+\dfrac{1}{2017}+\dfrac{1}{2018}\right)\times\left(\dfrac{1}{2}+\dfrac{1}{3}+\cdots+\dfrac{1}{2017}\right)$。

9. 计算：$\cfrac{1}{1+\cfrac{1}{2+\cfrac{1}{3+\cfrac{1}{4+\cfrac{1}{5+\cfrac{1}{\cdots\,98+\cfrac{1}{99+\cfrac{1}{100}}}}}}}}+\cfrac{1}{3+\cfrac{1}{3+\cfrac{1}{4+\cfrac{1}{5+\cfrac{1}{\cdots\,98+\cfrac{1}{99+\cfrac{1}{100}}}}}}}$。

10. 计算：$\dfrac{1}{2}+\dfrac{1}{4}+\dfrac{2}{8}+\dfrac{3}{16}+\dfrac{5}{32}+\dfrac{8}{64}+\dfrac{13}{128}+\dfrac{21}{256}+\dfrac{34}{512}+\dfrac{55}{1024}$。

参考答案

1. 答案：原式 $=(1+4+7+10+13+16+19)+(2+5+8+11+14+17+20)$

$=\dfrac{(1+19)\times7}{2}+\dfrac{(2+20)\times7}{2}$

$=147$。

2. 答案：原式 $=\dfrac{1}{2}+\dfrac{1+2}{3}+\dfrac{1+2+3}{4}+\cdots+\dfrac{1+2+3+\cdots+2015}{2016}$

$=\dfrac{1\times2\div2}{2}+\dfrac{3\times2\div2}{3}+\dfrac{4\times3\div2}{4}+\cdots+\dfrac{2016\times2015\div2}{2016}$

$=\dfrac{1}{2}+\dfrac{2}{2}+\dfrac{3}{2}+\cdots+\dfrac{2015}{2}=\left(\dfrac{1}{2}+\dfrac{2015}{2}\right)\times2015\div2=1015560$。

3. 答案：原式 $=(1^3+2^3+3^3+4^3+5^3+6^3+7^3+8^3+9^3)-(1^3+2^3)$

$=\left[\dfrac{1}{2}\times9\times(9+1)\right]^2-\left[\dfrac{1}{2}\times2\times(2+1)\right]^2$

$=2016$。

4. 答案：原式 $=(100^2-1^2)-(99^2-1^2)+(99^2-2^2)-(98^2-2^2)$

$=100^2-99^2+99^2-98^2=100^2-98^2=198\times2=396$。

5. 答案：原式 $=(2-1)\times(2+1)\times(2^2+1)\times(2^4+1)\times(2^8+1)+1$

$=(2^2-1)\times(2^2+1)\times(2^4+1)\times(2^8+1)+1=(2^4-1)\times(2^4+1)\times(2^8+1)+1$

$=2^{16}$

$=65536$。

6. 答案：原式 $=97\times98\times99\times100+1=(100-3)\times(100-2)\times(100-1)\times100+1$

$=(100^2-3\times100)\times(100^2-3\times100+2)+1=(100^2-3\times100)^2+2\times(100^2-3\times100)+1$

$=(100^2-3\times100+1)^2$，

所以 $a=100^2-3\times100+1=9701$。

7. 答案：因为 $x^4+64=(x^2+8)^2-16x^2=(x^2+4x+8)(x^2-4x+8)$

$=[(x+2)^2+4][(x-2)^2+4]$，

所以原式 $=\dfrac{(5^2+4)\times(9^2+4)\times(13^2+4)\times(17^2+4)\times(21^2+4)\times(25^2+4)}{(1^2+4)\times(5^2+4)\times(9^2+4)\times(13^2+4)\times(17^2+4)\times(21^2+4)}=\dfrac{25^2+4}{1^2+4}=\dfrac{629}{5}$。

8. 答案：令 $x=\dfrac{1}{2}+\dfrac{1}{3}+\cdots+\dfrac{1}{2017}$，则

原式 $=(1+x)\cdot\left(x+\dfrac{1}{2018}\right)-\left(1+x+\dfrac{1}{2018}\right)\cdot x=\left(x+x^2+\dfrac{1}{2018}+\dfrac{1}{2018}\cdot x\right)-\left(x+x^2+\dfrac{1}{2018}\cdot x\right)$

$=\dfrac{1}{2018}$。

9. 答案：令 $x=\cfrac{1}{3+\cfrac{1}{4+\cfrac{1}{5+\cfrac{1}{\ddots\, 98+\cfrac{1}{99+\cfrac{1}{100}}}}}}$，则原式 $=\cfrac{1}{1+\cfrac{1}{2+x}}+\dfrac{1}{3+x}$

$=\dfrac{2+x}{3+x}+\dfrac{1}{3+x}$

$=1$。

10. 答案：令 $S=\dfrac{1}{2}+\dfrac{1}{4}+\dfrac{2}{8}+\dfrac{3}{16}+\dfrac{5}{32}+\dfrac{8}{64}+\dfrac{13}{128}+\dfrac{21}{256}+\dfrac{34}{512}+\dfrac{55}{1024}$，则

$2S=1+\dfrac{1}{2}+\dfrac{2}{4}+\dfrac{3}{8}+\dfrac{5}{16}+\dfrac{8}{32}+\dfrac{13}{64}+\dfrac{21}{128}+\dfrac{34}{256}+\dfrac{55}{512}$，

$4S=2+1+\dfrac{2}{2}+\dfrac{3}{4}+\dfrac{5}{8}+\dfrac{8}{16}+\dfrac{13}{32}+\dfrac{21}{64}+\dfrac{34}{128}+\dfrac{55}{256}$，

$4S-2S-S=2-\dfrac{55}{512}-\dfrac{34}{512}-\dfrac{55}{1024}$，即 $S=1\dfrac{791}{1024}$。

第五章 “五式”之五——计算中的数学思想

如果说武侠小说中的剑招之上“剑意”还有些虚无缥缈的话，那么数学世界中的“剑意”则是实实在在的，那就是数学技巧之上的“数学思想”。

在前面四个章节中，大家其实已经领略到了很多数学思想，比如等差数列求和中的首尾对应；各类运算律、公式的数形结合；循环小数化分数、等比数列、繁分数中的代换；更有处处留香的转化思想供各位寻觅。

能够细细读到此处的各位，已将根骨精奇的资质转化为计算的实力，离“无所不可施、无题不可破”的境界亦不远矣。此节并不想再将大家拖入题的江湖，所以，在此仅以一题为计算板块结尾，烦请各位沏得一杯清茶，与题共品。

例 下面一串数是著名的斐波拉契数列：0，1，1，2，3，5，8，13，21，34，55，89，144，…它的特征是：从第3个数开始，每个数都是它前面两个数之和。将这串数的平方数组成一个算式：$1^2+1^2+2^2+3^2+5^2+8^2+13^2+21^2+34^2+55^2+89^2$，则它的计算结果为________。

解析

由平方联想到正方形，由图可知：

$1^2+1^2=1\times2$；

$1^2+1^2+2^2=2\times3$；

$1^2+1^2+2^2+3^2=3\times5$；

$1^2+1^2+2^2+3^2+5^2=5\times8$；

$1^2+1^2+2^2+3^2+5^2+8^2=8\times13$；

……

依此类推，原式$=89\times144=12816$。

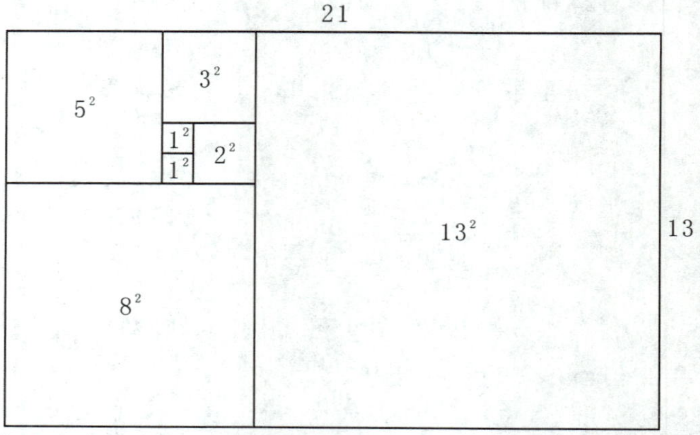

结　　语

题若美，人亦醉，算法五式敌尽退。

抵消代换如赤菟，转化数形胜楚骓。

第二篇 应 用 门

《水调歌头 · 应用几扇门》

才过计算谷，又入应用门。
不知门有几扇，花明又几村？
分配归一平均，调整盈亏鸡兔，牛吃草还存。
图悟和差倍，分率自明真。
配浓度，析利润，定工程。
行程若出，相遇追及易沉沦？
外含分率比例，内蕴数值关系，三角合与分。
条件牵结果，不变定乾坤。

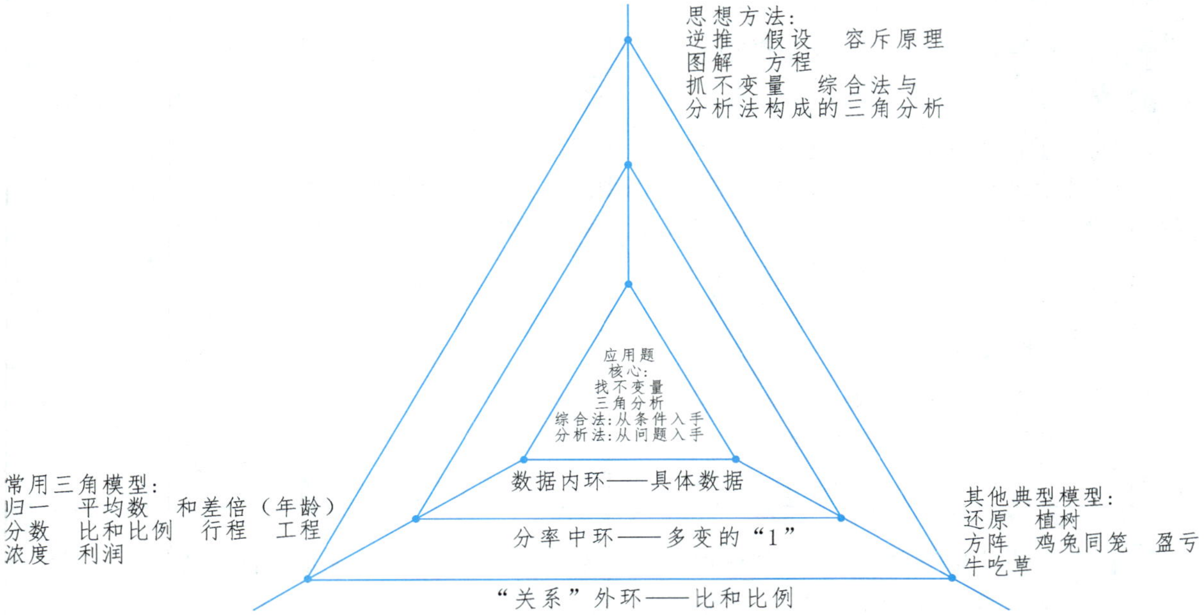

欢迎来到应用门，这里是应用题的宗门。应用题，顾名思义重视实际应用的“应用”之题。在纯数学追求“无用之用”背景下，具体化的应用题无疑是“奇葩”的，但也正因如此，应用题成了习惯具体事物（数字）的同学们理解数学的重要媒介。

本篇分为中年级卷与高年级卷两个部分，下面简述其特点：

①在中年级卷，我们尝试利用“三角模型”让读者能够“看到”自己的思维过程，从而在面对新题、难题时，不至迷茫，能利用综合法（从条件入手）或分析法（从问题入手）有方向地思考，从而找到应对思路。

②而在高年级卷的开篇章节 7.1 中，将详细梳理小中至小高，孩子们的思维方式，或者说题目条件之间的关联方式做出了哪些跃迁，请不要错过。

③整个应用门篇都较少涉及方程解法，其原因是：如果将大脑比作身体，问题比作鱼，那么算术方法相当于下河捕鱼，需要学会游泳、抓鱼等技能才能完成，虽辛苦，但个中逻辑都把握真切，对思考能力的锻炼较强；而方程解法相当于岸边垂钓，以等量关系为线、为钩连接已知量与未知量，但逻辑关系在解方程的过程当中会被隐去，导致对思考能力的锻炼较弱。

方程是伟大的数学工具，但为了更好地使用方程，无论从发现等量关系，还是简化等量关系的角度来讲，都要先好好锻炼“身体（大脑）”，锤炼出强大的逻辑思考能力为宜。

中年级卷

第六章　中年级应用题概述

6.1　思维模型

小时候经常会听到家长们这样描述难题：这道题好多“弯”啊！那这个“弯”究竟是什么呢？能不能说清楚准确是几道“弯”呢？下面，我们利用两道行程问题介绍一种厘清我们思考过程的利器——像神经元一样连接的“三角模型”。

例 1　一只船顺水行 25 千米，用了 5 小时，水流的速度是 1 千米/时。此船在静水中的速度是多少？

解析

这是一道流水行船的基础题，它的思维过程如图 1。

图 1 中有 2 个三角分叉，每次分叉都是由两个条件得到一个结果，通过已知条件（图中打“√”的条件），我们可以打通整个思维路径得到结果 4 千米/时，如图 2。

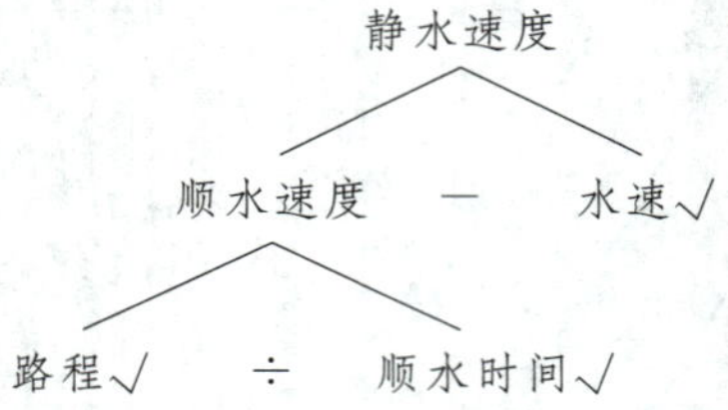

图 1

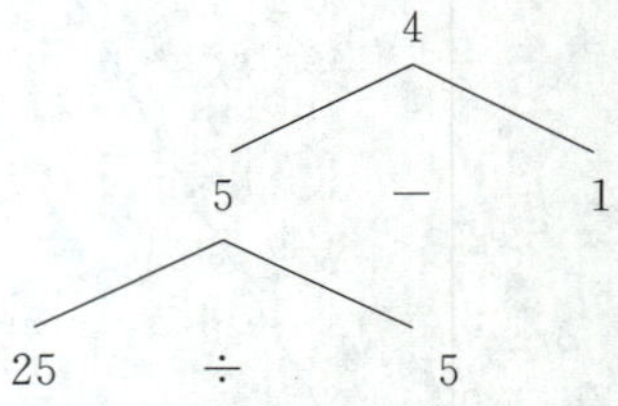

图 2

例 2　A、B 两港相距 180 千米。甲船逆水行完全程需要 18 小时，乙船逆水行完全程需要 15 小时，甲船顺水行完全程需要 10 小时。那么，乙船顺水行完全程需要几小时？

解析

思维过程如图 1。图 1 中有 6 个三角分叉，每个分叉都是由两个条件得到一个结果。通过已知条件（图中打“√”的条件），我们可以打通整个思维路径得到结果 9 小时，如图 2。

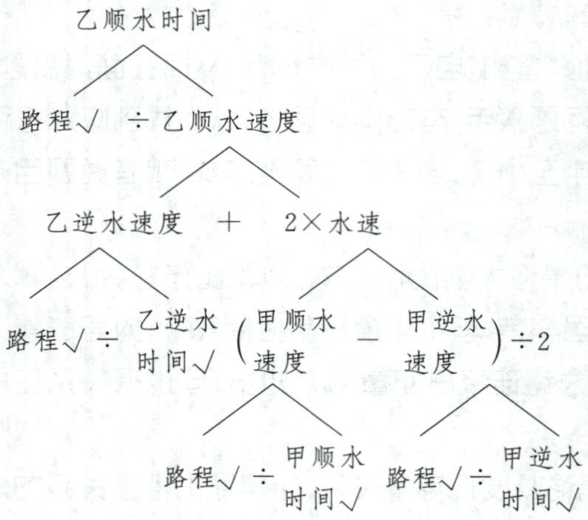

图 1

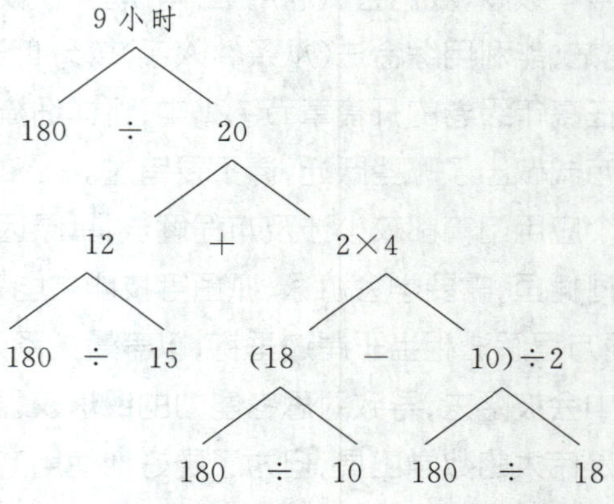

图 2

注解　由上面两个例子，大家现在知道“弯”是什么了吗？对，就是图中的“三角分叉”，每一个分叉就是你要通过的每一个“弯”，绝大部分题目的复杂程度很大程度上取决于“弯”的多少。从这种三角形的思维分叉图中，大家可以清晰地看到例 1 有 2 道“弯”，例 2 有 6 道“弯”。

6.2　常用三角模型介绍

下面，我们沿着三角模型的思路去看看应用题家族的其他成员。

归一问题：

总数：每份数 × 份数

每份数：总数 ÷ 份数

份数：总数 ÷ 每份数

平均数问题：

总数：平均数 × 总份数

平均数：总数 ÷ 总份数

总份数：总数 ÷ 平均数

分数应用题：

比较量：标准量 × 分率

标准量：比较量 ÷ 分率

分率：比较量 ÷ 标准量

行程问题：

路程：速度 × 时间

速度：路程 ÷ 时间

时间：路程 ÷ 速度

工程问题：

工作量：工作效率 × 时间

工作效率：工作量 ÷ 时间

时间：工作量 ÷ 工作效率

浓度问题：

溶质：溶液 × 浓度

溶液：溶质 ÷ 浓度

浓度：溶质 ÷ 溶液

利润问题：

利润：成本 × 利润率

成本：利润 ÷ 利润率

利润率：利润 ÷ 成本

实际售价：定价 × 折扣

定价：实际售价 ÷ 折扣

折扣：实际售价 ÷ 定价

除此之外，还有一些固定模式的三角模型。

和差倍问题可看作倍数和为 2 的和倍问题：

和倍问题及其进阶：

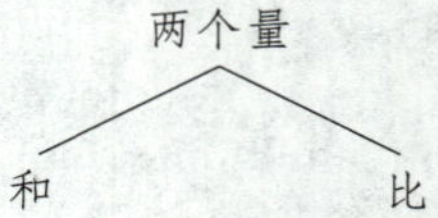

差倍问题及其进阶：

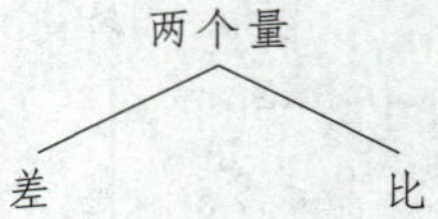

第七章　归一问题

何为“一”？“一”是标准，是单位，是清晰的比较对象。

在日常生活中，我们不会直接比较“7 千克卖 91 元的奶糖”与“13 千克卖 143 元的水果糖”哪一种更贵，而会将其换算成“1 千克奶糖卖 13 元”与“1 千克水果糖卖 11 元”，然后比较出奶糖单价更高的事实。这种将“7 千克××元”换算成“1 千克××元”的过程，就是“归一”。归一之后，由于单位相同，即标准相同，使比较、换算都更加清晰。

另外，归一问题中必有一种不变的量，如单价不变、汽车的速度不变等。应用题中，常常用“照这样计算”“用同样的……”等词句来表达题目中某些量是不变的。

下面介绍一下归一问题的基本关系。

7.1　基础题型

例 1　胡老师编辑文档时，3 分钟可以输入 120 个字。照这样计算，胡老师 8 分钟能够输入多少个字？

解析

【方法 1】如图 1，利用综合法，从条件入手分析。首先我们要将其“归一”，求得 1 分钟可以输入 120÷3＝40(个)字，接下来就可以得到胡老师 8 分钟可输入 40×8＝320(个)字。

【方法 2】如图 2，利用分析法，我们同样能得到上面的结果。

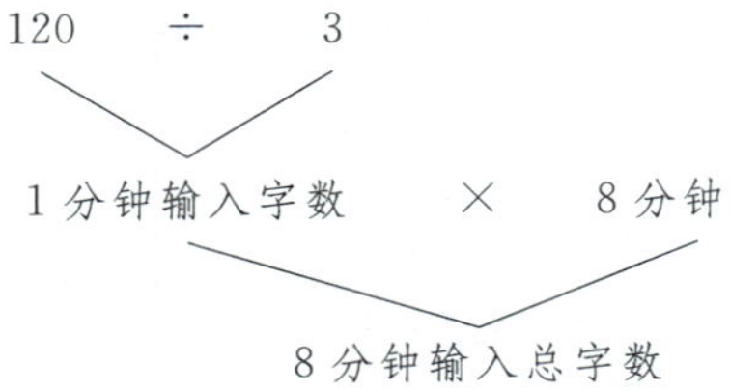

图 1

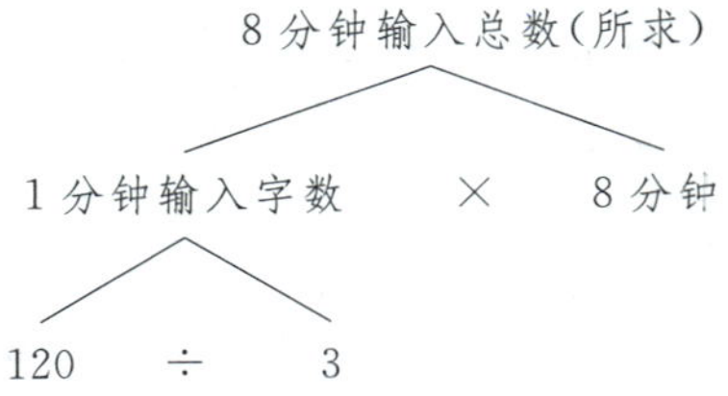

图 2

注解　一般而言，无论是综合法还是分析法，其实都是连通“条件”与“问题”的过程，区别在于方向不同，综合法是从“条件⟶问题”，分析法是从“问题⟶条件”。

当问题变得复杂时，很可能需要从两个方向同时出发，当条件与问题的友谊之手“握手言和”时，路径就连通了，问题也就解决了。例如下图，注意图中的箭头。

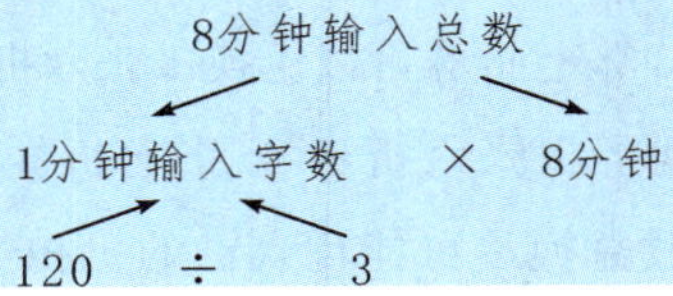

例 2 胡老师编辑文档时，3 分钟可以输入 120 个字。照这样计算，360 个字胡老师需要编辑多少分钟？

解析

本题正好是例 1 的变形，从求总数变成了求份数(时间)，但实际上思路依然逃不出“三角形模型”。依照图我们可以列出综合算式 360÷(120÷3)=9(分钟)。

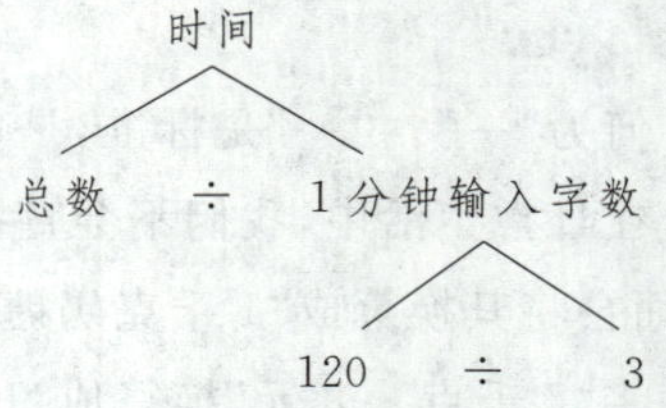

例 3 1 只大象的质量=2 只犀牛的质量，3 头犀牛的质量=4 只河马的质量，5 只河马的质量=6 条鳄鱼的质量。若 1 只大象重 3200 千克，那么 1 条鳄鱼重______千克。

(2015 年秋 • 明心数学资优生测试 4 年级)

解析

如图，从条件入手我们可以对除大象外的其他动物依次“归一”，得到：

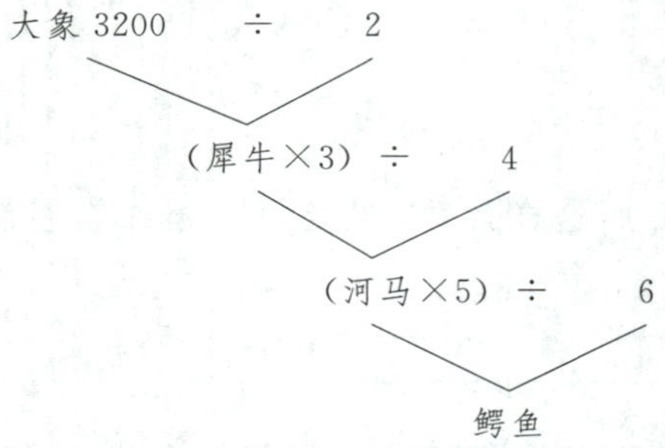

1 头犀牛的体重为 3200÷2=1600(千克)；

1 只河马的体重为 1600×3÷4=1200(千克)；

1 条鳄鱼的体重为 1200×5÷6=1000(千克)。

7.2 份数类型

例 4 山谷中藏有一缸蜂蜜，可供 18 只猴子吃 30 天。照这样计算，这缸蜂蜜够 20 只猴子吃______天。

解析

这类问题实际上默认了“一”的存在，即将“1 只猴子 1 天吃的蜂蜜”看作“1 份”。再通过图分析可知，这缸蜂蜜可以看作 18×30=540(份)，所以够 20 只后猴子吃 540÷20=27(天)。

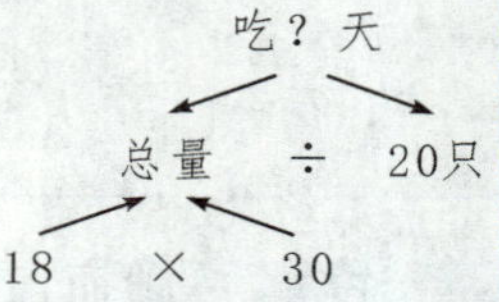

例 5 随着互联网的快速发展，网上购物已经成了大众生活的一种习惯。

京西商城在“双 12 狂欢节”的促销中设置了八折、七折、六折、五折四种折扣券和一系列的折扣券兑换机制：2 张八折券可以兑换 1 张七折券，3 张七折券可以兑换 1 张六折券，4 张六折券可以兑换 1 张五折券。

小明参与了两次活动，第一次得到了 1 张六折券、2 张七折券、3 张八折券，第二次得到了 2 张六折券、2 张七折券、1 张八折券，小明想通过兑换尽可能让自己的折扣券数量最少，那么小明最少可以兑换成______张折扣券。

(2019 年“ACM—ICPC 青少年程序设计科普邀请活动”B1 组)

解析

本题没有明显的“1 份”量，但我们可以将价值最低的八折券看作 1 份，那么七折券、六折券、五折券分别为 2 份、6 份、24 份。此时，问题转化为“小明的打折券一共值多少份，兑换成价值最大的折扣券最少是几张？”

小明一共有 3 张六折券、4 张七折券、4 张八折券，共 30 份，于是他至少可以换得“1 张五折券与 1 张六折券”，所以答案是 2。

7.3　利用运算律、倍数关系解决问题

例 6　在音乐记谱中，速度每分钟 144 拍，表示将一分钟平均分成 144 份，每拍占其中 1 份，那么按此速度 36 拍共占________秒。

（2016 年秋·明心数学资优生测试 3 年级）

解析

【方法 1】按基本“归一”思路，如图：

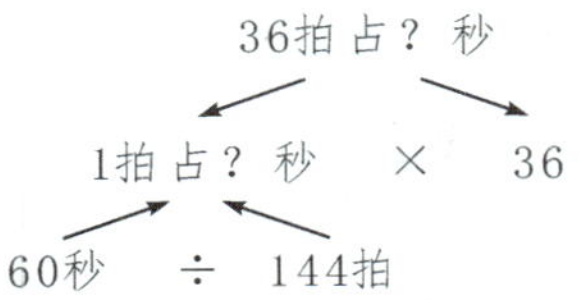

我们会尝试先算出 1 拍对应(60÷144)秒，虽然低年级同学在计算这个算式时会出现障碍，但我们可以“列而不求”，直接利用运算律或添括号法则解决这个问题。

60÷144×36＝60×36÷144＝2160÷144＝15(秒)；

60÷144×36＝60÷(144÷36)＝15(秒)。

【方法 2】也可以换个思路，利用表格观察条件之间的关系。

	拍数/拍	时间/秒
	144	60
	36	?
倍数关系	144÷36＝4	4

表格中，我们发现 144 拍正好是 36 拍的 4 倍，并且每一拍的时间是相同的，那么 60 秒也是所求“? 秒”的 4 倍，所以 36 拍所需时间为 60÷(144÷36)＝15(秒)。

总结：观察同类之间的倍数关系也是一个重要的思路，思维路径如右图。

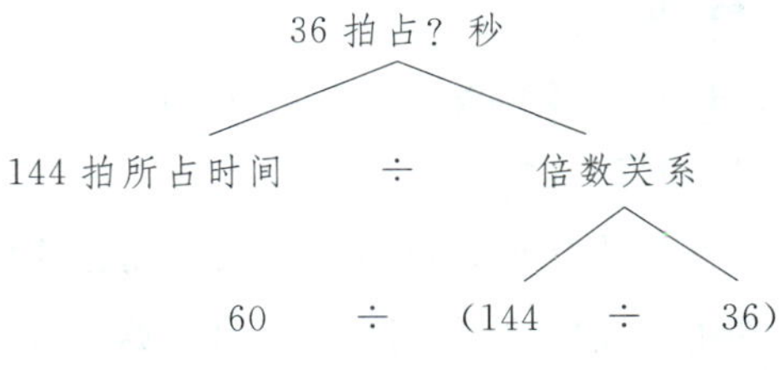

例 7　警察局正在抓捕体重 120 克的逃犯土豆先生。土豆先生为了躲避追捕将自己炸成了薯条，番茄侦探得到消息后马上计算出每 30 克土豆可以炸成 8 根薯条。那么________才是逃犯。

A. 20 根

B. 24 根

C. 28 根

D. 32 根

（2015 年秋·明心数学资优生测试 3 年级）

解析

本题利用常规“归一”思路可能会出现结果为小数的情况，每根薯条的质量为(30÷8)克。于是我们可以考虑一下倍数关系，如下表：

	质量/克	薯条的数量/根
	30	8
	120	?
倍数关系	120÷30＝4	4

所以 120 克的土豆先生会变成 8×(120÷30)＝32(根)薯条。答案为 D。

7.4 复归一问题

例 8 5 只猴 3 个月酿了 300 克的猴儿酒，照这样计算，20 只猴 1 年能酿________克猴儿酒。

解析

影响总量的因素从 1 个变成了 2 个，这类归一问题我们称为复归一问题，其思路便没有什么变化，只是将同一件事重复做而已。

我们首先将时间“归一”，得到 5 只猴 1 个月可以酿 300÷3＝100(克)猴儿酒，再将数量“归一”，得到 1 只猴 1 个月可以酿 100÷5＝20(克)猴儿酒，接下来我们再乘上影响酿酒的因素(猴子的只数、时间)即可。因为1 年有 12 个月，所以结果为 20×20×12＝4800(克)。

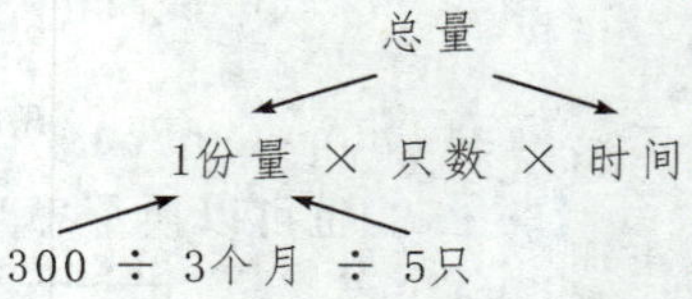

例 9 6 个水手 6 天吃了 6 千克菠菜，照这样计算，36 千克菠菜够 36 个水手吃________天。

(2019 年春·明心数学资优生测试 3 年级)

解析

【方法 1】本题虽然也是典型的复归一问题，但是问题的角度发生了一点变化，问的是影响因素中的“时间”。

我们当然还是可以用复归一问题的思路，求出 1 个水手 1 天吃(6÷6÷6)千克菠菜。但这里又出现了计算障碍，我们可以通过多算一步来避免这个问题，直接求出 36 个水手 1 天吃 6÷6÷6×36＝6(千克)菠菜，所以 36 千克菠菜够 36 个水手吃 36÷6＝6(天)。

【方法 2】列表如下：

水手的数量/个	时间/天	菠菜的质量/千克
6	6	6
36	?	36

我们发现，水手的数量扩大到原来的 6 倍，菠菜的质量也扩大到原来的 6 倍，即菠菜质量的扩大完全是由人数扩大造成的，所以天数不变，依然是 6 天。

【方法 3】题目也可以理解为：6 个人 6 天吃的菠菜与 36 个人 1 天吃的菠菜是一样多的，仍然是 6 千克，所以需要36÷6＝6(天)。

例 10 3 只狗熊 4 小时吃 5 条鱼，照这样计算，8 只狗熊 9 小时能吃________条鱼。

（2020 年秋·明心数学资优生测试 3 年级）

解析

【方法 1】如图，先进行“复归一”，1 只狗熊 1 小时吃(5÷4÷3)条鱼。依然可以“列而不求”，放到综合算式中得到 8 只狗熊 9 小时能吃(5÷4÷3)×8×9＝30(条)鱼。

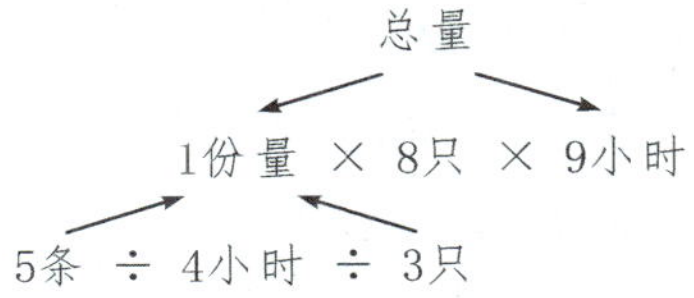

【方法 2】列表观察倍数关系。

狗熊的数量/只	时间/小时	鱼的数量/条
3	4	5
8	9	?

→

狗熊的数量×时间	数量
3×4＝12	5
8×9＝72	?

因为 72÷12＝6，所以 8 只狗熊 9 小时能吃 5×6＝30(条)鱼。

真题重现

1. 琪琪 5 分钟做了 15 道题，照此速度，她 8 分钟可以做________道题。

（2016 年“数学花园探秘”3 年级初试 D 卷）

2. 仓库里有一批草料，可供 20 只羊吃 20 天。那么这批草料够 25 只羊吃________天。

（2020 年春·明心数学资优生测试 3 年级）

3. 某机器人每小时可以翻译 360 个单词，那么它 100 秒钟能翻译________个单词。

（2015 年春·明心数学资优生测试 4 年级）

4. 一个手电筒每 6 小时耗费 3 个电池。电池以每包 4 个销售，那么要使用手电筒 30 小时至少需要购买________包电池。

（2013 年秋·明心数学资优生测试 3 年级）

5. 1 个成人 2 天喝 3 升水。若每个成人每天喝的水一样多，那么 4 个成人 5 天喝________升水。

（2017 年春·明心数学资优生测试 3 年级）

6. 魔法学校运来很多魔法球，总质量达 5 吨。一颗魔法球重 4 千克，现在有 10 名学员使用魔法给这些魔法球涂色，每人每 6 分钟可以给 5 颗魔法球涂色，那么他们最少要用________分钟涂完所有的魔法球。

（2013 年“数学花园探秘”3 年级初赛）

7. 小华的手机如果一直开着而不通话，电池可维持 24 小时；如果她连续使用手机通话，电池只能维持 3 小时。从她最后一次充满电算起，她的手机已经持续开机 9 小时，在这段时间，她用了 60 分钟来通话。如果她不再使用手机通话，而让手机持续开着，那么电池还能再维持________小时。

（2017 年“数学花园探秘”4 年级初赛 C 卷）

8. 僵尸正在走来，火龙草负责防卫。一阶火龙草总是吐红色火焰；二阶火龙草一半时间吐红色火焰，一半时间吐蓝色火焰；三阶火龙草总是吐蓝色火焰。如果二阶火龙草的攻击能力是一阶火龙草的 2 倍，那么三阶火龙草的攻击能力是一阶火龙草的________倍。

（2015 年“数学花园探秘”3 年级网赛）

参考答案

1. 答案:24。

分析:琪琪每分钟做 15÷5=3(道)题,8 分钟共做 3×8=24(道)题。

2. 答案:16。

分析:将 1 只羊 1 天吃的草料看作 1 份,总共有 20×20=400(份)草料,所以够 25 只羊吃 400÷25=16(天)。

3. 答案:10。

分析:100÷(3600÷360)=10(个)。

4. 答案:4。

分析:共需电池 30÷6×3=15(个),由 15÷4=3(包)……3(个),需买 3 包又 3 个电池,因此至少需要购买 4 包电池。

5. 答案:30。

分析:1 个成人 2 天喝 1×2=2(份),4 个成人 5 天喝 4×5=20(份)。

20÷2=10 倍,3×10=30(升)。

6. 答案:150。

分析:本题的主要关系是人的工作效率、人数、时间、球的数量之间的关系,而次要关系是魔法球的总质量、单个质量、数量之间的关系。

首先将次要关系的干扰排除开,求出魔法球的数量,有 5000÷4=1250(个)。

接下来,我们再处理主要关系。

人数	时间/分	魔法球的个数
1	6	5
10	6	50
10	?	1250

第 6 题图

由题意可以得知 10 个人每 6 分钟可以给 5×10=50(颗)魔法球涂色,所以一共需要 1250÷50=25(个)6 分钟,即一共需要 25×6=150(分钟)。

7. 答案:8。

分析:将不通话时手机的耗电速度看作 1 份,则通话时手机的耗电速度为 1×24÷3=8(份),电池的总电量充满时为 24 份。因为已经开机 9 小时,其中 1 小时通话和 8 小时不通话共消耗 1×8+8×1=16(份)电量,所以还剩下 24−16=8(份),即不通话的情况下还能维持 8 小时。

8. 答案:3。

分析:假设红色火焰每分钟的攻击力为 1 份,则一阶火龙草 2 分钟的攻击力为 2 份;二阶火龙草攻击能力是一阶的 2 倍,则 2 分钟的攻击力应为 2×2=4(份),其中前 1 分钟红色火焰的攻击力为 1 份,后 1 分钟蓝色火焰的攻击力应为 4−1=3(份),所以蓝色火焰的攻击力是红色火焰的 3 倍,所以三阶火龙草的攻击能力是一阶火龙草的 3 倍。

第八章　平均数问题

8.1　(算术)平均数的定义

在一组数据中，所有数据之和(总数)除以数据的个数(总份数)所得到的数称为这组数据的平均数。总数、总份数与平均数的基本关系见下图：

总数 = 平均数 × 总份数

平均数 = 总数 ÷ 总份数

总份数 = 总数 ÷ 平均数

为什么要求平均数呢？我们假设一个场景来看看这个问题。

张校医询问王老师班上和李老师班上同学身高的大致情况 。

王老师："我们班张三高 1.32 米，李四高 1.5 米。王二高 1.28 米，小强高 1.44 米。大熊特别高大威猛，高 1.66 米……张医生你别走啊！"

李老师："我们班女生的平均身高是 1.52 米，男生的平均身高是 1.55 米。"

同学们觉得哪位老师的回答更合适呢？张医生为什么听不下去王老师的详细述说呢？

显然，在大多数情况下，李老师的回答更为适合。因为平均数简洁地说明了班上同学身高的大致情况，所以我们可以看出，平均数是一种高效的用来了解整体情况的数据。

另外，平均数也是一种标准，用好这个标准，有时候还可以避免灾难哟！

小胖拿着一张 56 分的试卷回家，心情惴惴不安，想到家里墙上的那张"比武契约"，不禁悲从中来，但又抱有一丝希望：老师的那句话到底灵不灵呢？

比武契约

80 分以下　女子单打

70 分以下　男子单打

60 分以下　混合双打

刚一进门，就传来妈妈的声音："小胖回来了，你先喝点牛奶，顺便把昨天考试的试卷给我看看。"

爸爸："小胖，你昨天考试了呀，多少分呀？"

小胖低着头，有点迟疑地拿出了试卷。老爸一看小胖的表情，立刻抽走试卷，才打开一半眼睛就瞪起来了。妈妈刚放下牛奶，看爸爸表情不对，也凑了过来看了眼试卷，本来还想劝劝，结果也是气都不打一处来……

眼看"武侠片"就要上演了，小胖心想：豁出去了，就按老师的说："这次考试的平均分是 32 分，32 分……"

爸爸妈妈就像关上了开关的机器人，一下子定住了，转身给老师打了个电话。不一会儿，妈妈挂断电话，眼睛里仿佛有蜜似的："哎哟，小胖啊，老师说了，这次考试实际上是一个比赛，56 分已经是第 2 名了，干得不错哟！"听完，爸爸也跟学了四川绝活变脸似的，说道："原来如此啊！ 走，小胖，出去吃大餐去……"

小胖心想：唉呀，真是峰回路转呐，原来平均数还可以救命啦。

同学们，你们理解平均数作为"标准"的意义了吗？

8.2 公式类型

平均数＝总数÷总份数

平均数增量＝总数增量÷总份数

例 1 7 个葫芦娃去年的平均身高为 80 厘米，今年大娃到六娃分别长高了 1 厘米、1 厘米、2 厘米、3 厘米、5 厘米、8 厘米。最小的七娃因为没长高感到伤心，于是测量前把头顶撞了个包，测量后大家的平均身高比去年增加 3 厘米。那么七娃头顶的包高________厘米。

解析

思路如图：

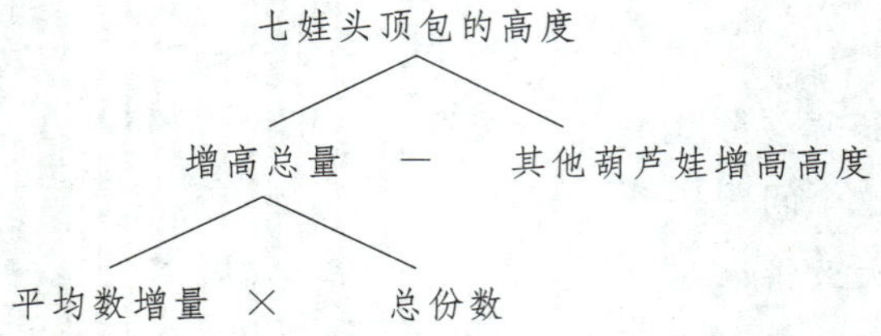

$3\times7-(1+1+2+3+5+8)=1$(厘米)。

例 2 菲菲从一班转到了二班，蕾蕾从二班转到了一班。于是一班学生的平均身高增加了 2 厘米，二班学生的平均身高减少了 3 厘米。如果蕾蕾的身高为 158 厘米，菲菲的身高为 140 厘米，那么两个班共有学生________人。

（2016 年“数学花园探秘”中年级组决赛）

解析

交换之后，两个班人数未变，总体思路如图：

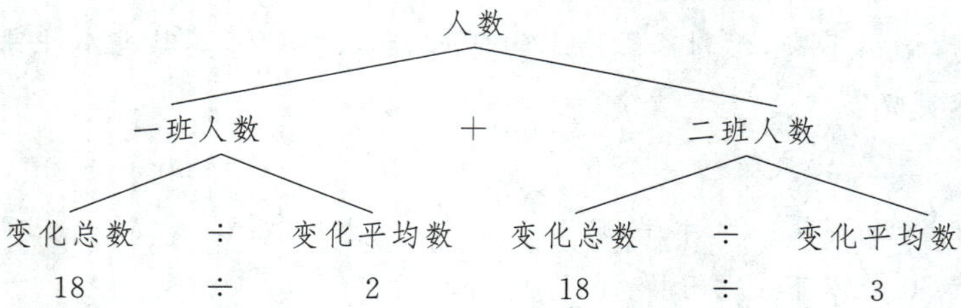

一班总身高增加 $158-140=18$(厘米)，而一班平均身高增加了 2 厘米，所以一班有 $18\div2=9$(人)；二班总身高减少 18 厘米，平均身高减少了 3 厘米，所以二班有 $18\div3=6$(人)。

两个班一共有 $9+6=15$(人)。

例 3 大白、米其林、熊二第一次相遇时，米其林的年龄正好是大白与熊二年龄的平均数。见面后，大白与米其林乘坐光速飞行器出去旅行，回来后又与熊二相遇，发现熊二的年龄增加了 27 岁，而大白与米其林的年龄却几乎没变(他们仅度过了几小时)，这时大白的年龄正好是米其林与熊二年龄的平均数。那么大白与米其林的年龄相差________岁。

解析

第一次相遇，米其林的年龄是大白与熊二年龄和的平均数，同时也是三人年龄和的平均数。

第二次相遇，大白的年龄是米其林与熊二年龄和的平均数，同时也是三人年龄和的平均数。

理解了上面两点，接下来我们只用牢牢抓住公式不放即可。

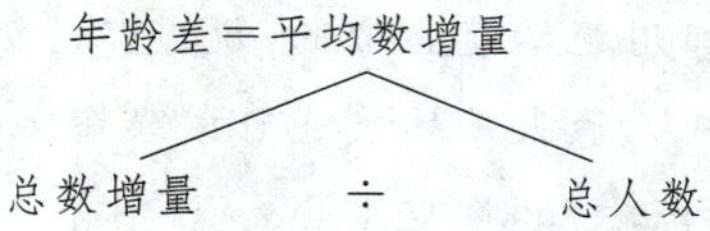

总年龄第二次相遇增加 27 岁，所以平均数增加 $27\div3=9$(岁)，即大白比米其林大 9 岁。

8.3　移多补少

例 4　10 名同学的语文考试成绩按分数排列名次，前 4 名的平均分为 92 分，后 6 名的平均分比 10 名同学的平均分少 8 分，这 10 名同学的平均分是________分。

（2013 年秋 · 明心数学资优生测试 4 年级）

解析

如图，后 6 名同学比 10 名同学的平均分少的分数要靠前 4 名同学多出来的分数补，后 6 名同学一共少 8×6＝48（分），于是前 4 名同学的平均分比 10 人的平均分高 48÷4＝12（分），所以 10 名同学的平均分为 92－12＝80（分）。

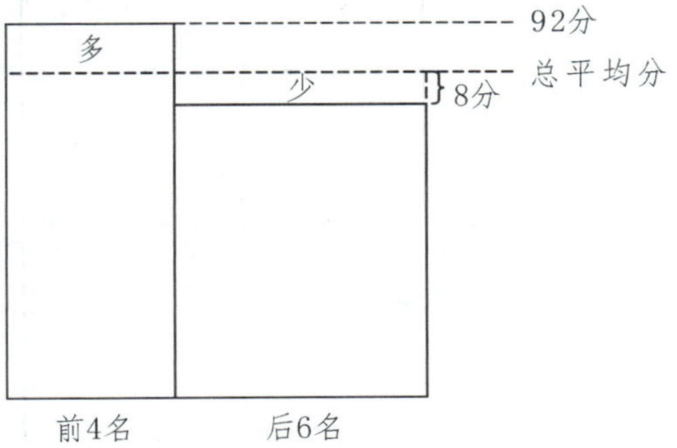

最后，帮大家理一下思路。

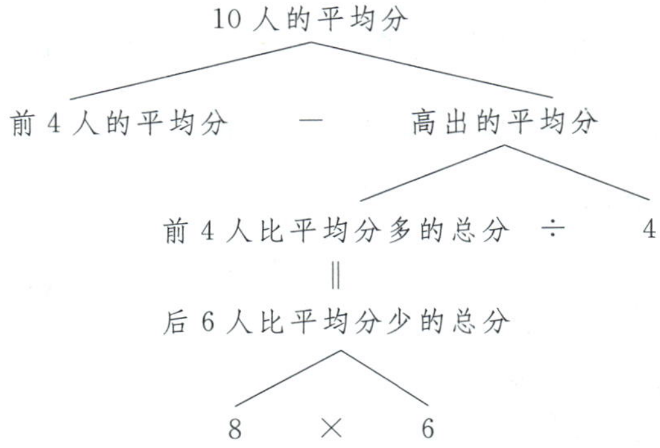

例 5　亮亮参加了 5 门满分都是 100 分的考试，之后成绩一个一个地被公布。公布第 2 门成绩后，他的平均成绩提高了 1 分；公布第 3 门成绩后，他的平均成绩又提高了 2 分；公布第 4 门成绩后，他的平均成绩又提高了 3 分；公布第 5 门成绩后，他的平均成绩又提高了 4 分。则第 1 门公布的成绩和最后 1 门公布的成绩差________分。

（2020 年春 · 明心数学资优生测试 4 年级）

解析

第 1 门的成绩就是前 1 门的平均成绩，所以第 1 门成绩可以直接和前 4 门的平均成绩联系上，前 4 门平均成绩比第 1 门高 1＋2＋3＝6（分）。

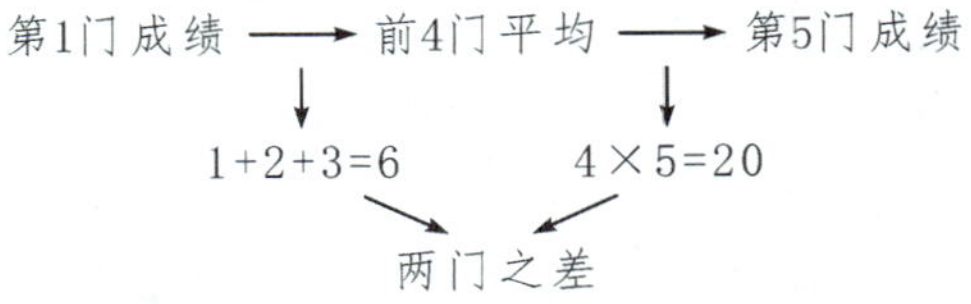

而第 5 门也能跟前 4 门的平均成绩直接联系上，由移多补少的思想可知，第 5 门成绩比前 4 门平均成绩高 4×5＝20（分），所以第 5 门成绩比第 1 门高6＋20＝26（分）。

例 6　小明、小心、小舒、小苑四人拿出相同的钱在网上合买了一批练习本。练习本到货后，由于每人需求不同，分练习本时，小心、小舒、小苑分别比小明多拿了 6 本、7 本、11 本。为了保证公平，三人共给小明 48 元。那么，每本练习本值________元。

（2018 年秋 · 明心数学资优生测试 4 年级）

解析

本题的关键是弄清楚给小明的 48 元到底对应几本练习本。

四个人出的钱相同，所以一开始出的钱对应的是练习本的平均数。将小明拿到的练习本当作保底数量，则其他三人比他共多买 6＋7＋11＝24（本），将这多出的 24 本平均分给 4 人，每人分到 24÷4＝6（本）练习本，即平均数比小明拿到的练习本多 6 本，三人给小明的 48 元钱也就对应小明少拿的 6 本练习本，所以每本练习本值 48÷6＝8（元）。

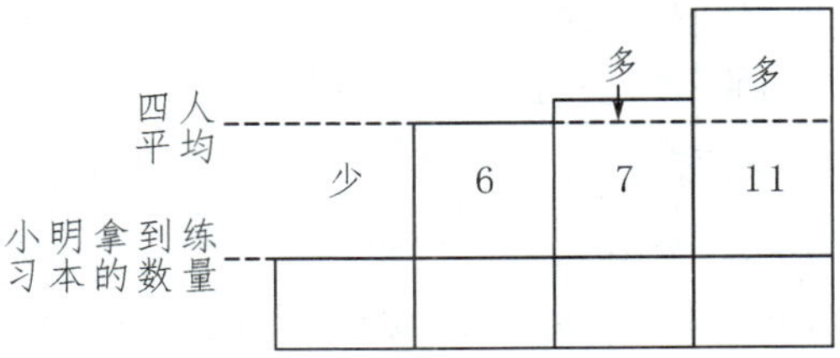

例 7 16 张卡片上各写着一个偶数。这 16 个偶数各不相同，最小的是 2，最大的是 32。小明取走了其中 5 张，小红取走了其中 10 张。如果小明取走余下的 1 张，则小明取走的卡片上各数的平均数减少 1；如果小红取走余下的 1 张，则小红取走的卡片上各数的平均数会增加 1。那么余下的这张卡片上写的数是________。（2018 年"数学花园探秘"4 年级初赛 A 卷）

解析

根据移多补少的思想，小明 5 张卡片的平均数减少 1，则余下卡片上的数比小明手上 5 张卡片的平均数小 $1\times5+1=6$。

同理可知，余下卡片上的数比小红 10 张卡片的平均数大 $1\times10+1=11$。

下面利用假设法，假设将每一张卡片上的数都变成余下的那一张，那么 16 张卡片的总和会增加 $11\times10-6\times5=80$，即此时 16 张卡片的总和变成 $(2+4+6+\cdots+32)+80=352$，所以余下的卡片上写的数是 $352\div16=22$。

例 8 老师上课时拿出了正三角形、正方形和正六边形三种纸片共 140 张，这些纸片共有 560 条边。老师把每张正六边形纸片都剪成 6 个正三角形纸片后发现，三角形纸片的数量是正方形纸片的 2 倍。那么，正方形纸片有________张。（2017 年"数学花园探秘"小中决赛 B 卷）

解析

开始时，平均每张纸片有 $560\div140=4$(条)边，而正方形纸片恰好是 4 条边，说明所有的正六边形纸片和正三角形纸片平均每张有 4 条边。所以，根据移多补少的思想可知，正三角形纸片的数量是正六边形纸片的 $(6-4)\div(4-3)=2$ 倍。

将原来正六边形纸片的数量看作 1 份，则正三角形纸片的数量为 2 份，那么把每张正六边形纸片剪成了 6 个正三角形纸片后，正三角形纸片的数量为 $2+1\times6=8$(份)，所以原来正方形纸片的数量为 $8\div2=4$(份)。

于是，正方形纸片有 $140\div(1+2+4)\times4=80$(张)。

8.4 平均数与容斥原理

例 9 有一天，7 个小矮人在雪地里排队玩耍，依次编号 1～7。已知 1、2、3 号小矮人的平均身高比 5、6、7 号的平均身高少 3 厘米，而 2、3、4 号小矮人的平均身高比 4、5、6 号小矮人的平均身高多 1 厘米，那么，1 号和 7 号两个小矮人的身高相差________厘米。（2017 年"数学花园探秘"4 年级网赛）

解析

由题意可知，1、2、3 号的总身高比 5、6、7 号的总身高少 $3\times3=9$(厘米)。又因为第二次比较身高的时候，4 号重复，2、3 号的身高之和比 5、6 号的身高之和多 $1\times3=3$(厘米)。所以，1 号比 7 号矮 $9+3=12$(厘米)。

例 10 某班共有 40 名学生。数学考试后，老师发现前 26 名的平均分比后 26 名的平均分高 7 分，那么前 14 名的平均分比后 14 名的平均分高________分。（2017 年秋·明心数学资优生测试 5 年级）

解析

因为前 26 名与后 26 名重复了第 15 名至第 26 名，所以前 14 名总分比后 14 名总分高的分数就是前 26 名总分比后 26 名总分高的分数，即 $26\times7=182$(分)，因此前 14 名平均分比后 14 名平均分高 $182\div14=13$(分)。

8.5　平均数与极端思想

例 11　10 名学生参加了 4 次考试，将每名学生 4 次考试的成绩相加记作该学生的总成绩。每次考试中，得到 1，2，3，…，10 分的学生恰好各有一人。如果小周 4 次考试的成绩都是 7 分，那么最多有________名学生的总成绩比小周高。　（2020 年"数学花园探秘"3 年级网赛）

解析

小周 4 次考试共得了 4×7＝28(分)，而前 7 名的平均分不超过(4＋5＋6＋7＋8＋9＋10)×4÷7＝28(分)，所以前 7 名中若有比小周总分高的，那么至少有 1 名同学比小周的总分低，所以比小周总分高的同学不超过7－1－1＝5(人)。

构造 5 人的成绩情况：(10，10，5，5)，(5，5，10，10)，(9，9，6，6)，(6，6，9，9)，(8，8，8，8)。

8.6　平均数与逻辑推理

例 12　甲班的小迎同学和乙班的小春同学在谈论初试成绩。

小迎说："你知道吗？这次考试咱们两个班的总分是一样的！"

小春说："当然知道，而且我还算了一下，如果我是你们班的学生，两个班的平均分就一样啦！"

小迎说："这么巧？我也算了一下，如果我是你们班的学生，两个班的人数就一样啦！"

这时老师走过来说："小迎同学，你的成绩比两个班的总平均分低了整整 12 分。小春同学的成绩，比你高了整整 54 分！"

如果他们的话都是对的，那么小迎考了________分。　（2020 年"数学花园探秘"中年级组决赛 A 卷）

解析

小春的分数比两个班的总平均分高 54－12＝42(分)，甲班比乙班多 1×2＝2(人)。

考查两班的总分。小春在乙班时，两班的总分相同，则小春到甲班后，甲班总分就比乙班总分多了小春分数的 2 倍。

将两个班的总平均分看作 1 倍，小春到甲班后两班平均分一样，且这时甲班比乙班多 2＋1×2＝4(人)，从而甲班总分就比乙班总分多了 4 倍的平均分，这说明小春的得分就是平均分的 4÷2＝2 倍，于是平均分为 42÷(2－1)＝42(分)，所以小迎考了 42－12＝30(分)。

真题重现

1. 一位篮球运动员在前 9 场比赛中总共得到 266 分，他在第 10 场比赛至少得________分，才能使这 10 场比赛的平均分达到 31 分。　（2019 年春·明心数学资优生测试 3 年级）

2. 8 个人下两副象棋，8 人轮流下。他们从早上 8 点，一直下到当天下午 6 点，则平均每个人下了________小时。　（2016 年"数学花园探秘"4 年级组初赛 B 卷）

3. 在一个 6 人小组中，有 2 个人重 40 千克，另外 3 人的质量都是 40 千克的 2 倍。要使全组的平均质量为 62 千克，最后 1 个人应重________千克。　（2014 年春·明心数学资优生测试 3 年级）

4. 宁宁、蕾蕾、凡凡三人为组织数学沙龙，租用了一个会议室。他们与物业达成如下协议：

(1)每次沙龙参与人数不得超过 5 人；　(2)会议室使用费为 240 元/次，由参与者共同平摊；

(3)一次性付清 10 次使用费。

沙龙举行2次后，菲菲也被批准加入。因为物业已经一次性收足了10次会议室使用费，菲菲无须再向物业支付这项费用，但她应向数学沙龙的其他成员每人返还________元会议室使用费。

(2013年“数学花园探秘”3年级网赛)

5. 海滩上有一些海龟蛋。科学家统计后发现，某一周共孵化出100只小海龟，并且后四天平均孵化的数量比前三天平均孵化的数量多4只；后三天平均孵化的数量比前四天平均孵化的数量多3只。那么，第四天有________只小海龟孵化出来。 (2018年“数学花园探秘”中年级组决赛D卷)

6. 大年初一，刘先生用微信发了两轮红包，第一轮发了35元的红包A个，第二轮发了25元的红包B个。若两轮下来平均每个红包为33元，那么A是B的________倍。

(2015年春·明心数学资优生测试3年级)

7. 某班20名学生参加一场考试，成绩互不相同。小红考了60分，恰好是全班同学的平均分。已知比小红分数高的同学的平均分是76分，比小红分数低的同学的平均分是38分。那么，在这次考试中，小红的分数是全班第________名。 (2019年“数学花园探秘”总决赛4年级二试)

8. 某班五十几名同学参加一场考试，成绩互不相同。小刚考了60分，恰好是全班同学的平均分。已知比小刚分数高的同学的平均分是96分，比小刚分数低的同学的平均分是57分。那么在这次考试中，小刚的分数是全班第几名？ (2020年春·明心数学资优生测试3年级)

9. 孙悟空与猪八戒一起去摘果子，孙悟空比猪八戒多摘了12个。回来后，唐僧将所有的果子平均分给了师徒4人，沙僧分到的果子比猪八戒摘的果子少11个，那么孙悟空摘了几个果子？

(2016年秋·明心数学资优生测试3年级)

10. “他竟然用我的充电宝给他的充电宝充电!”这句话中，不同的汉字分别表示0～9中的不同数字，相同的汉字表示相同的数字。如果整句话中17个汉字所代表的17个数的平均数是一个整数，那么，这个平均数最大是________。 (2017年“数学花园探秘”4年级初赛B卷)

11. 老师买了同样数量的铅笔、圆珠笔和钢笔，发给数学小组每个同学7支铅笔、5支圆珠笔和3支钢笔。如果发完后铅笔和钢笔共剩了28支，那么圆珠笔还剩________支。

(2013年“数学花园探秘”3年级网赛)

12. 蕾蕾买了一些山羊和绵羊。如果她多买2只山羊，那么每只羊的平均价格会增加60元；如果她少买2只山羊，那么每只羊的平均价格会减少90元。蕾蕾一共买了________只羊。

(2017年“数学花园探秘”小中年级决赛A卷)

参考答案

1. 答案：44。

分析：$31\times10-266=44$(分)。

2. 答案：5。

分析：下午6点转化成24时计时法是18点，$18-8=10$(小时)。每次4人同时下棋，所以每个人平均可下$10\times4\div8=5$(小时)。

3. 答案：52。

分析：3个人重$40\times2=80$(千克)，最后一人重$62\times6-2\times40-3\times80=52$(千克)。

4. 答案：160。

分析：菲菲每次需要承担的会议室使用费为$240\div4=60$(元)。其他成员每人每次分得$60\div3=20$(元)。8次每人分得$20\times8=160$(元)。

5. 答案：16。

分析：前三天小海龟的平均数量为(100－4×4)÷7＝12(只)，前四天小海龟的平均数量为(100－3×3)÷7＝13(只)。所以第四天有 13×4－12×3＝16(只)小海龟。

6. 答案：4。

分析：(33－25)÷(35－33)＝4 倍。

7. 答案：12。

分析：因为小红的分数和平均分相同，所以除去小红后，其他 19 个人的平均分依然是 60 分。这 19 人可分为“高分组”和“低分组”，高分组的平均分为 76 分，低分组的平均分为 38 分，总平均分为 60 分。

根据以上信息画矩形图：

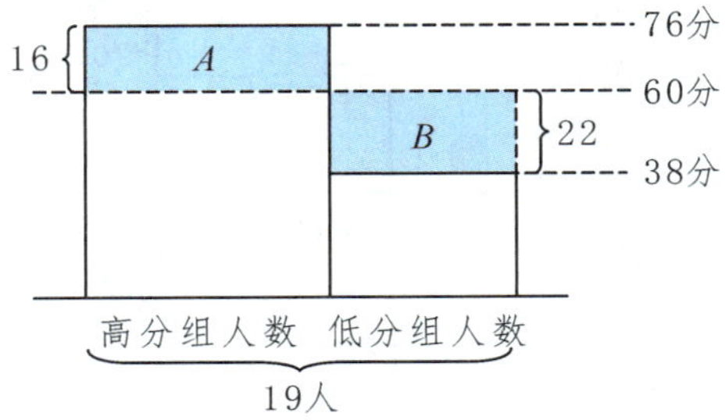

第 7 题图

根据移多补少的思想，两个长方形 A 和 B 的面积相同，它们的宽分别是 16 和 22。于是高分学生人数×16＝低分学生人数×22，等式两边同时除以 2 后得高分学生人数×8＝低分学生人数×11，于是最简单的填空方式为(11)×8＝(8)×11，即若将高分组人数看作 8 倍，则低分组人数为 11 倍，两组共 19 倍对应 19 人，1 倍对应 1 人，所以高分组有 11 人。

因此，小红本次考试排名是全班第 12 名。

8. 答案：5。

分析：(96－60)÷(60－57)＝12，说明 1 名比小刚分数高的同学的成绩可以“补”12 名比小刚分数低的同学的成绩，所以除小刚外，这个班的学生人数一定是 13 的倍数且在 50～59 之间，只有 13×4＋1＝53(人)满足要求，所以小刚前面有 4 人，他是第 5 名。

9. 答案：40。

分析：猪八戒摘的果子比平均数多 11 个，孙悟空摘的果子比平均数多 11＋12＝23(个)。

多的果子分给唐僧和沙僧，所以每人分得(11＋23)÷2＝17(个)。

所以孙悟空摘了 17＋23＝40(个)果子。

10. 答案：5。

分析：17 个汉字中，共有 2 个“他”、2 个“的”、3 个“充”、3 个“电”、2 个“宝”，“竟”“然”“用”“我”“给”各 1 个。平均数最大，则总数最大。总数最大不超过 3×(9＋8)＋2×(7＋6＋5)＋1×(4＋3＋2＋1＋0)＝51＋36＋10＝97，并满足总数是 17 的倍数，那么最大的总数可能是 85，平均数是 85÷17＝5。

构造：“充”“电”分别是 9、8，“他”“的”“宝”分别是 1、2、3，其他分别是 7、6、5、4、0。

11. 答案：14。

分析 1：方法 1　因为三种笔的总数量一样多，发放的数量从大到小成等差数列，所以三种笔剩下的数量从小到大也成等差数列。圆珠笔的数量是中项，即平均数，所以圆珠笔剩 28÷2＝14(支)。

方法 2　假设发给每个同学 5 只铅笔、5 只圆珠笔、5 只钢笔，那么：

(1)剩余的三种笔一样多；

(2)剩余铅笔和钢笔的总数不变，圆珠笔所剩数量是它们所剩数量的平均数。

所以，圆珠笔还剩 28÷2＝14(支)。

12. 答案:10。

分析:题目条件可以理解为,蕾蕾买了(总数−2)只羊,然后她又买了 2 只山羊,这时每只羊的平均价格增加 90 元;接着她又买了 2 只山羊,这时每只羊的平均价格又增加 60 元。

根据题意画出矩形图:图中阴影 B 区域是减少的 2 只羊平均分给原有羊的部分,每只羊的平均价格增加了 90 元;图中阴影 A 区域是增加的 2 只羊平均分给原有羊的部分,每只羊的平均价格增加了 60 元。

A 区域比 B 区域少的面积对应 $(90+60)\times2=300$(元),即空白 C 区域。少的这 300 元使每只羊少增加了 $90-60=30$(元),所以蕾蕾买了 $300\div30=10$(只)羊。

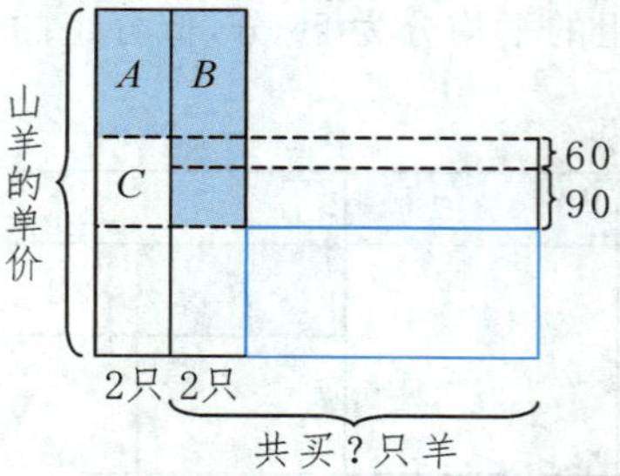

第 12 题图

第九章　周期问题

什么是周期问题？或许从唐代诗人刘希夷的《代悲白头翁》中可窥得一二：

①年年岁岁花相似，②岁岁年年人不同。

那么，其中第________句的描述具有周期性。

为了说清楚这个问题，我们先来了解一下周期需要具备的 3 个特征：第一，要有某种意义上的顺序，如时间顺序、位置排序、人为定义的顺序（如字母顺序）等；第二，一定要重复出现，没有重复出现就没有“周而复始”；第三，必须要出现“相同（或相似）”的事物。

相信大家现在已经有了自己的答案，①、②两个短句都含有时间顺序，但第①句“花相似”具有第二、三点特征，第②句中的“人不同”则不具备第二、三点特征，所以具有周期性的句子是①。

很明显，研究周期问题是人类寻找规律的一种方式。例如，以月亮的阴晴圆缺为标准制定的阴历，以地球围绕太阳的公转为标准制定的阳历，都是为了了解自然规律，使人类多一些安全感的努力。

9.1　除法与带余除法的区别

周期问题中，常常要用到带余除法，没有余数的除法可以看作余数为 0 的带余除法。

在除法中，由 $24\div8=3$，$21\div7=3$ 可以得到 $24\div8=21\div7$。

而在带余除法中，由 $23\div5=4\cdots\cdots3$，$43\div10=4\cdots\cdots3$ 可以得到 $23\div5=43\div10$ 吗？显然不可以。

所以，带余除法与除法有本质的区别，不是一回事，不能混为一谈。

9.2　周期问题基本关系及基本题型

所求对象的序号÷周期（长度）＝周期数……余数⟶对象的具体特征

下面举例，帮助大家理解公式的含义。

例 1　如图，小犬、小安、小贝、小劲、阿三 5 只小狗围成一圈趴在一个冰窟窿旁盯着一条鱼。为决定谁第一个吃鱼，它们按顺时针顺序数数。小贝开始数“34”，小劲数“33”……最后数到“1”时，鱼游走了。数到“1”的狗还被渔夫揍了，被揍的是________（填小狗的名字）。　（2014 年秋·明心数学资优生测试 3 年级）

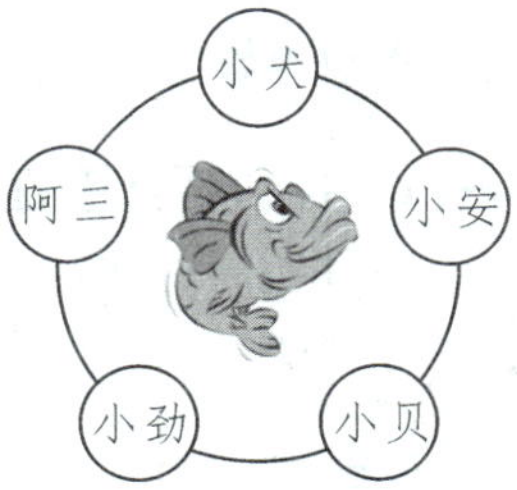

解析

周期问题最重要的元素是周期，5 只小狗依次报数周期显然是 5，而总共报 34 个数，所以所求对象的序号即为 34，$34\div5=6\cdots\cdots4$，即这 5 只小狗报满了 6 个周期后还报了 4 个数，对应第 1 个周期内的第 4 个，即被揍的是小犬。

余数为1对应周期中的第1个，余数为2对应周期中的第2个……那余数为0对应周期中的第几个呢？余数为0，说明刚好一个周期结束，所以周期问题中余数为0对应周期中的最后1个。

例 2　如图，钢琴键盘上，从任意一个 C 键开始从左至右依次是 C—♯C—D—♯D—E—F—♯F—G—♯G—A—♯A—B—C—♯C…有一款世界名琴共有 97 个键，它的最左边为 C 键。那么，它的最右边是________键。

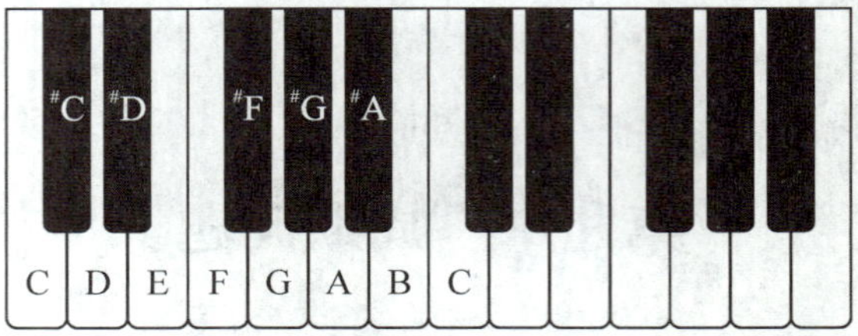

解析

钢琴键盘上，连续 12 个琴键为一个周期，$97\div12=8\cdots\cdots1$，所以最右边也是 C 键。

例 3 一份文件由 60 张 A4 纸正反打印组成，页码依次为 1～120。如果把页码中有 3 的倍数或者 5 的倍数的纸张抽去，那么这份文件还剩下________张。（2017 年“数学花园探秘”小中决赛 B 卷）

解析

本题的难点是寻找合适的周期，1 张纸是 2 页，3 的倍数每 3 页为一个周期，5 的倍数每 5 页为一个周期，所以公倍数为 $3\times5=15$(页)。由于 1 张纸是 2 页，所以应以 30 页为一周期，如图，第一个周期中，只有 [1,2] [7,8] [13,14] 这 3 张纸能被留下，所以 4 个周期共剩下 $3\times4=12$(张)。

1,2	~~3~~,4	~~5~~,~~6~~	7,8	~~9~~,~~10~~	11,~~12~~	13,14	~~15~~,16
17,~~18~~	19,~~20~~	~~21~~,22	23,~~24~~	~~25~~,26	~~27~~,28	29,~~30~~	

例 4 根据摩尔定律的描述：个人电脑的计算速度每一年半会提高 1 倍。那么，现在(2019 年 1 月)个人电脑的计算速度是 2010 年 1 月个人电脑计算速度的________倍。

（2019 年“数学花园探秘”小中决赛 D 卷）

解析

找到更合适的周期，“一年半提高 1 倍”说明每 3 年速度扩大到原来的 $2\times2=4$ 倍，而 9 年包含 3 个 3 年，所以速度扩大到原来的 $4\times4\times4=64$ 倍。

例 5 新年快要到了，乐乐想要通过自己的努力攒钱给妈妈买礼物。于是他打算每天存 2 元，每攒 10 天就要休息 1 天不存钱，并且在休息的这一天花 4 元给自己买一只棒棒糖作为奖励。那么乐乐攒够 80 元最少需要________天。（2020 年“数学花园探秘”3 年级初赛 A 卷）

解析

每个周期时间为 $10+1=11$(天)，攒 $2\times10-4=16$(元)，所以攒满 80 元需要 $80\div16=5$(个)周期。

请注意，这个题最后有点像“青蛙爬井”题。5 个周期是乐乐花掉 4 元后得到的，所以之前乐乐攒的钱已经超过了 80 元，所以这并不是乐乐第一次攒下 80 元。前 4 个周期攒够 $16\times4=64$(元)，还需要 $80-64=16$(元)，$16\div2=8$(天)，所以乐乐攒够 80 元最少需要 $11\times4+8=52$(天)。

9.3　日历上的周期问题

例 6　小刚在下半年某月 1 日说："在刚刚过去的 2 个月中，星期六的天数比星期五的天数少 1 天，比星期日的天数也少 1 天"。那么，这天是________月 1 日。　（2017 年秋·明心数学资优生测试 3 年级）

解析

由小刚说的话可知，前 2 个月共有 $7\times9-1=62$(天)，只可能是 7、8 月或 12、1 月。所以，下半年只有 9 月 1 日满足题意。

【问】如果是上半年的话，可以是几月1日呢？

例 7　某年 12 月的日历上，第一个星期一与最后一个星期一的日期数相加等于 33。那么，这个月第一个星期五与最后一个星期五的日期数相加等于________。（2020 年春·明心数学资优生测试 3 年级）

解析

33 为奇数，所以第一个星期一与最后一个星期一的日期数相差 21，则第一个星期一是 $(33-21)\div2=6$ 号。那么第一个星期五为 3 号，最后一个星期五为 31 号，和为 34。

例 8　小朋友从左至右排成一排，甲老师从左至右发饼干，依次发了 1 块，2 块，3 块，4 块，……，乙老师从右至左发饼干，依次发了 3 块，6 块，9 块，12 块，……。若从左至右第 10 名小朋友的饼干数比从右至左第 11 名小朋友饼干数少 12 块，那么，共有________个小朋友。

（2017 年春·明心数学资优生测试 3 年级）

解析

从左至右，第一次发饼干依次加 1，第二次发饼干依次减 3。

所以从左至右，每人拿到的所有饼干数依次减少 2 块，左起第 10 名到右起第 11 名共有 $12\div2+1=7$(人)，这 7 人被多算了一次，所以共有 $10+11-7=14$(个)小朋友。

例 9　小明在黑板上写了两个数 12、45。接下来，小明每次任意选择黑板上的两个数计算出它们的差(大减小)。如果差没有在黑板上出现，则将差写到黑板上；如果差已在黑板上出现，则另外选数。例如，第一次操作后黑板上出现的数为 12、45、33。那么，当黑板上再也写不出新的数时，黑板上所有数的和是________。　（2019 年"数学花园探秘"小中决赛 D 卷）

解析

数列依次可能是 12，45，33，21，24，3…由于数列中的数都是 3 的倍数，并且出现数 3，那么数列只能出现 3 至 45 中所有 3 的倍数，和为 $3+6+9+12+\cdots+45=360$。

例 10 将 1 个 1，2 个 2，3 个 3，4 个 4，…，50 个 50 从左到右排成一排：1，2，2，3，3，3…. 小明对这些数进行如下操作：每次操作时比较排头的数与排尾的数，如果排头的数与排尾的数不同，则将排头的数移到排尾，本次操作结束；如果排头的数与排尾的数相同，则将这两个数同时划掉，本次操作结束。那么，2019 次操作结束时，排头的数是________。（2019 年“数学花园探秘”小中决赛 D 卷）

解析

1 个 1 操作 1 次后，被放到排尾；2 个 2 操作 2 次后，被全部划掉；3 个 3 操作 3 次后，剩 1 个 3 放到排尾；4 个 4 操作 4 次后，被全部划掉……依此类推，操作 1＋2＋3＋…＋50＝1275(次)后，数列变为 1，3，5，7，…，49，以后操作不会再划掉数，周期为 25 次。

(2019－1275)÷25＝29……19，操作 19 次后，排头为 39。

例 11 有连续 101 个格子，给每个格子涂上红色或蓝色。任意连续 20 个格子中，红色格子的数量都是相同的。任意连续 8 个格子中，红色格子的数量也是相同的。如果前 5 个格子里面有 4 个是红色的，那么一共有________个格子是红色的。（2020 年“数学花园探秘”小中决赛 A 卷）

解析

因为任意连续 20 个格子中，红色格子的数量都是相同的，于是第 n～n＋19 格(n 取正整数)所含红色格子的数量与第 n＋1～n＋20 格所含红色格子的数量相同，所以编号相差 20 的格子 n 与 n＋20 同色。同理，编号相差 8 的格子也同色。

那么，第 1 格⟶第 21 格⟶第 13 格⟶第 5 格同色，即第 1 格与第 5 格同色。同理，第 2 格与第 6 格同色，第 3 格与第 7 格同色……即涂色的周期为 4。

因为前 5 个格子有 4 个是红色的，且第 1 格与第 5 格同色，则第 1 格与第 5 格只能都是红色的，所以每 4 个格子必有 3 个是红色的，且每个周期的第一个格子一定是红色的。

101÷4＝25……1，所以 101 个格子中3×25＋1＝76(个)是红色的。

真题重现

1. 七名同学在老师的指导下玩击鼓传花游戏：开始时花在 1 号手中，之后老师每敲一下，同学就将花传给顺时针方向的下一位同学，例如 1 号会将花传给 2 号，2 号传给 3 号，…，7 号传给 1 号。那么，当老师敲第 50 下，同学完成第 50 次传递后，花在________号手中。（2016 年“数学花园探秘”3 年级初赛 B 卷）

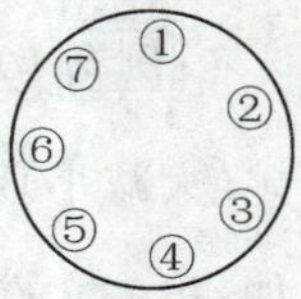

第 1 题图

2. 王老师在一个特殊的学校上课，他每上 3 天课可以休息一天。已知本学期他第一次休息在星期二，那么他第五次休息是星期________。（2016 年“数学花园探秘”3 年级初赛 D 卷）

3. 某年 2 月有 5 个星期天，那么该年 5 月有________个星期天。（2017 年“数学花园探秘”3 年级初赛 C 卷）

4. 小明家养了三只母鸡，第一只母鸡每天下一个蛋，第二只母鸡两天下一个蛋，第三只母鸡三天下一个蛋。已知 1 月 1 日三只母鸡都下了蛋，那么 1 月的 31 天内，这三只母鸡一共下了________个鸡蛋。

（2015 年“数学花园探秘”3 年级初赛 A 卷）

5. 今天是星期一，小欧决定从今天开始努力学习。他准备周一至周五每天做 2 页数学题，周六周日每天做 3 页数学题。如果小欧做够 100 页，妈妈就会奖励小欧。那么，小欧第________天做完题后，就可以获得妈妈的奖励。

（2017 年“数学花园探秘”4 年级初赛 D 卷）

6. 小明与小强从 2018 年 1 月 1 日开始跑步锻炼身体。小明每隔 2 天跑 3 千米，小强每隔 1 天跑 2 千米。如果他们 2018 年 1 月 1 日都进行了锻炼，截至 2018 年 3 月 3 日，他们俩一共跑了多少千米？

（2018 年春 · 明心数学资优生测试 3 年级）

7. 一个由 2020 个数组成的数列，任意相邻 5 个数之和都相等，任意相邻 7 个数之和也相等。如果第 1 个数是 6，那么这 2020 个数的和是________。

（2020 年“数学花园探秘”小中决赛 C 卷）

8. 今天是 1 月 30 日，我们先写下 130。后面写数的规则是：如果刚写下的数是偶数就把它除以 2 再加上 2 写在后面，如果刚写下的数是奇数就把它乘以 2 再减去 2 写在后面。于是得到 130，67，132，68…那么这列数中第 2016 个数是________。

（2016 年“数学花园探秘”小中决赛 A 卷）

9. 数列 1，3，3，4，11，13，13…，是从 1 开始，依次加 2、加 0、加 1、加 7 并循环往复所形成。那么，当这个数列中第一次出现恰好由 2、0、1、7 这四个数字（不一定按顺序）所组成的四位数时，这个数列已经写了________个数。

（2017 年“数学花园探秘”4 年级初赛 A 卷）

参考答案

1. 答案：2。

分析：传 7 次是一个周期，50÷7=7……1，所以相当于传 7 圈后再传 1 次，即 1 号传给 2 号，最后球在 2 号手中。

2. 答案：四。

分析：方法 1　简单周期问题。枚举可知，第二次休息在星期六，第三次休息在星期三，第四次休息在星期日，第五次休息在星期四。

方法 2　第一次休息到第五次休息过了(3+1)×4=16(天)，而 16÷7=2……2，所以星期二向后数 2 天，是星期四。

3. 答案：5。

分析：5 个星期天至少需要 4 个整星期加 1 个星期天，即至少 7×4+1=29(天)，而 2 月最多有 29 天，故知这个 2 月正好有 29 天，第 1 天和最后 1 天都是星期天。从 2 月 29 日算起，到 5 月 1 日需要经过 31+30+1=62(天)，62÷7=8……6，故 5 月 1 日是星期六。那么这个 5 月的 2、9、16、23、30 日都是星期天，答案是 5。

4. 答案：58。

分析：第一只下了 31 个蛋；31÷2=15……1，第二只下了 15+1=16(个)蛋；31÷3=10……1，第三只下了 10+1=11(个)蛋。共计 31+16+11=58(个)蛋。

5. 答案：44。

分析：小欧一周可以做 2×5+3×2=16(页)，100÷16=6……4，第 7 周小欧需要再做 4÷2=2(天)，

所以共需 7×6+2=44(天)。

6. 答案:125。

分析:共 31+28+3=62(天),每 6 天一个周期,一个周期跑 3×2+2×3=12(千米)。62÷6=10……2,最后 2 天跑了 3+2=5(千米)。两人共跑了 12×10+5=125(千米)。

7. 答案:12120。

分析:由“任意相邻 5 个数之和都相等”可知第 1、6、11、16 个数都相等;由“任意相邻 7 个数之和也相等”可知第 16、9、2 个数都相等,即第 1 个数与第 2 个数相等。依此类推,这 2020 个数全都相等,所以这 2020 个数的和是 6×2020=12120。

8. 答案:6。

分析:按照规则往下写,数列依次是 130,67,132,68,36,20,12,8,6,5,8,6,5,…。即除去前 7 个数外,后面每 3 个数为 1 个周期,(2016−7)÷3=669……2,余 2 对应的数是 6。

9. 答案:829。

分析:根据操作,每加四次后数值加 10,个位不变,所以这列数的个位只会出现前四个数的个位,即 1、3、4。所以最小满足要求的数是 2071,共写满了(2071−1)÷10=207(个)周期,于是 2071 是第 4×207+1=829(个)数。

第十章　植树问题

10.1　讨论对象

本章节讨论的植树问题并不是学习如何浇水施肥种树，也不是“种9棵树，如果要求每行恰有3棵树，如何布局能够让满足要求的行数越多？”（答案：10行，如下图）

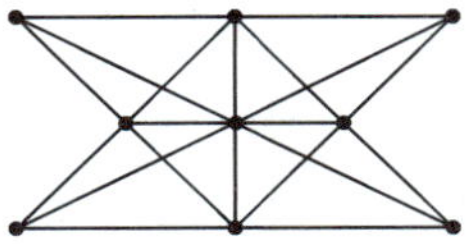

我们主要讨论的是：在封闭的图形或非封闭的图形上等距离种树，其“树的棵数”与“线的段数”之间的关系，以及“段数”“段长”与“总长”之间的关系。

10.2　基本类型

10.2.1　封闭图形上的植树问题

如图，点代表树，每棵树与其顺时针方向紧邻的线段可以形成一一对应的关系。所以在封闭图形中，棵数＝段数，段长×段数＝总长。

10.2.2　非封闭图形上的植树问题

1. 一端种树，一端不种

如图，将封闭图形沿其中一棵树（点）剪开，当然这棵树不会变成两棵，也不会消失。而是变成了非封闭一端种树一端不种的类型。

由于树的数量和段数都没有发生变化，所以依然有棵数＝段数，段长×段数＝总长。

2. 两端都种树

如图，与一端种树的类型比较，两端都种树很明显多了一棵树（B），所以两端都种树的题型里，棵数＝段数＋1，段长×段数＝总长。

3. 两端都不种树

如图，与一端种树的题型比较，两端都不种树很明显少了一棵树（A），所以两端都不种树的题型里，棵数＝段数－1，段长×段数＝总长。

注解 基础类型中，段长×段数＝总长的关系是不变的，而其中“段数”又与“棵数”直接联系，所以在植树问题中“段数”才是核心。

10.3 基础题型

解答植树问题首要判断问题的类型，是封闭的还是非封闭的？非封闭中，是一端种树还是两端种树，还是两端都不种树？

例 1 小强在一条小路上沿一条直线种树，他从起点开始每隔 5 米种 1 棵树，直到终点。如果小路长 100 米，那么小强一共种了几棵树？

解析

判断：“一条直线”──→非封闭，“从起点……直到终点”──→两端都种。

结论：棵数＝段数＋1。

段数不受类型影响，有 100÷5＝20(段)。因为是两端都种的类型，所以小强一共种了 20＋1＝21(棵)树。思维路径如图：

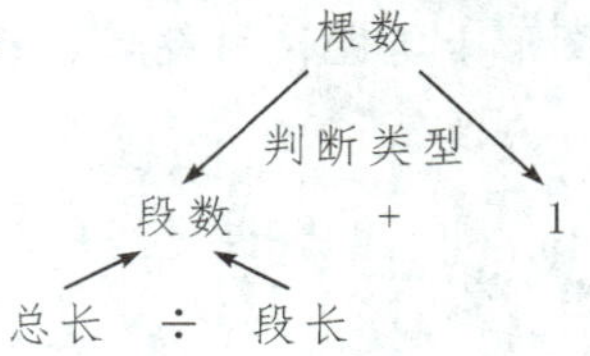

例 2 园林师傅沿着一条湖岸线每隔 8 米栽一棵树，共栽了 100 棵杨树、200 棵柳树。那么这条湖岸线长多少米？

解析

判断：“一条湖岸线”──→封闭。

结论：棵数＝段数。

段数＝棵数＝100＋200＝300，湖岸线长 8×300＝2400(米)。

思维路径如图：

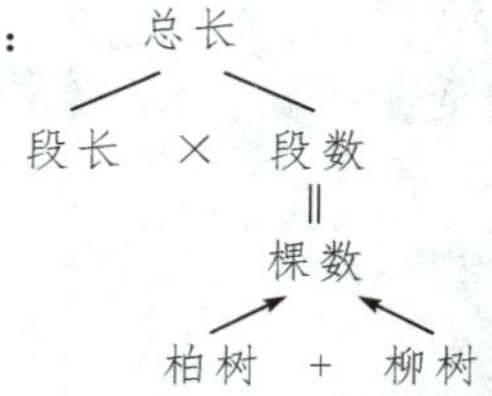

例 3 猪八戒在瓜田里摘了一些西瓜就往回走，回程的路上一边吃西瓜一边扔瓜皮，他每走 50 米就扔掉一块。如果猪八戒身边的“小蜜蜂”发现，当猪八戒回到师父身边时，正好扔下第 20 块西瓜皮，那么猪八戒回程走了多少米？

解析

判断：“一条线”──→非封闭，“摘了一些西瓜就走”“回到……正好扔下”──→一端种树。

结论：棵数＝段数。

段数＝棵数＝20，猪八戒走了 50×20＝1000(米)。

思维路径如图：

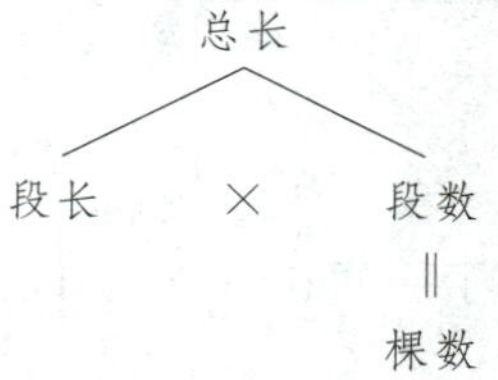

例 4 一段 30 千米的越野比赛，起点与终点不在一处，也没有重复的路段。除了起点与终点外，组委会在中途还等距离地设置了 9 个观察点。那么，相邻两个观察点相距几千米？

解析

判断："一条线"——→非封闭，"中途设置"——→两端都不种。

结论：棵数＝段数－1。

段数＝棵数＋1＝9＋1＝10，相邻两个观察点的距离为 30÷10＝3(千米)。

思维路径如图：

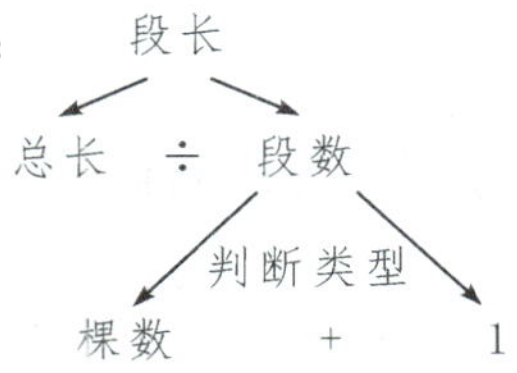

10.4　"树"的本质

见过了植树问题的基本题型，我们发现：除了杨树、柳树以外，观察点也可以看作"树"，"丢西瓜皮的地点"也可以看作"树"。那到底什么样的事物可以被看作植树问题中的"树"呢？

其实，前面的图(见 P83"1. 一端种树，一端不种")早就给出了答案。植树问题中的"树"其实是"点"的具体表现，它代表了一类有离(分)散特征的概念；而"树与树之间的间距"则是"线"的具体表现，它代表了一类有连续特征的概念。

其实"点"类型的概念与"线"类型的概念大家天天都在接触，都在使用。例如，数"数"、计算两数之差。

99 比 2 大多少？从 2 数到 99 一共数了多少个数？

第一问的答案大家肯定不会有疑问，99－2＝97。那第二问的答案也是 97 吗？不是，是 97＋1＝98。为什么会有这样的差别呢？看图：

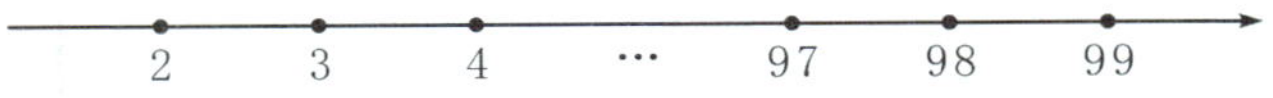

我们的"数"在数轴上其实对应的都是一个一个的点，就相当于"树"，于是数的个数对应的就是树的"棵数"；而数与数的差对应的是点到另一个点经过了几段，即"段数"。

所以对应植树问题，99 与 2 的差的求解方式为：总长(差)＝99－2＝97。

而数数起始于"点"，结束于"点"，显然属于非封闭两端都种的情况"棵数＝段数＋1"。因为段长为 1，所以段数为 97÷1＝97，所以从 2 数到 99 共数了 97＋1＝98(个)数。

另外，为什么面对"从 1 数到 99 共数了几个数？"的问题时，几乎没人回答错呢？那是因为绝大多数情况下这个问题引起的思维方式是"一一对应"，而不是植树问题的思考方式。所以，了解自己面对不同问题所采用的思维方式，也是得到正确结果的必要一环。

如果将"点"与"点"的距离调整成不为 1 的长度，则植树问题会与等差数列联系起来。例如，一个等差数列从小到大依次是 3，7，11，15，…，99，那么它一共有多少项？

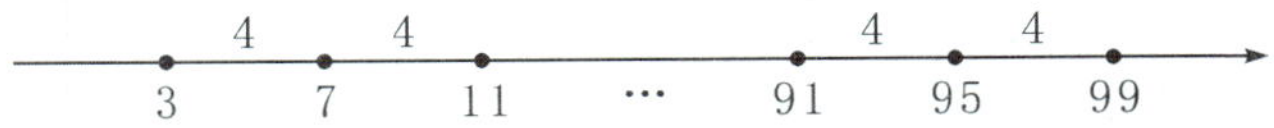

这是一个典型的等差数列求项数的问题，当然也是一个典型的植树问题。由图可知，它属于"非封闭图形两端都种树"的类型，"棵数＝段数＋1"，求"项数"即求"棵数"，我们先利用总长(首项与末项的差)与段长(公差)求出段数(99－3)÷4＝24(即从首项开始经过 24 个公差到达了末项)，于是棵数(项数)即为 24＋1＝25，共有 25 项。

整体翻译成等差数列的语境就是：从首项，即第①项开始，“走过”1 个公差将会到达第②项，“走过”2 个公差将会到达第③项，……，“走过”第 n 个公差将会到达第 $n+1$ 项。于是我们通过首项与末项的差除以公差就得到了从“首项到末项共‘走过’了几个公差”，于是将结果+1 便得到了项数。

经过了上述这一轮讨论，抓住了“树”的本质特点，大家是不是可以“看树不是树”了呢？所以，下次当有人问你“现在几点钟？”的时候，你会多想一层，他问的是一个时刻，一个________（填“点”或“线”）类型的概念；当有人问你“这部电影有多长？”的时候，你会明白他问的是一个________（填“点”或“线”）类型的概念。

10.5 拓展提高

例 5 小明家有一个奇怪的钟，1 点时敲 1 下，2 点时敲 2 下，……，12 点时敲 12 下，半点时都恰好敲 1 下。从早上 7 点敲第 1 下开始算，当小明家的钟敲第 51 下时是几点几分？

解析

本题中，整点的时刻是分开的，所以它们相当于“树”，经过的时间是连续的，所以时间是“段”。

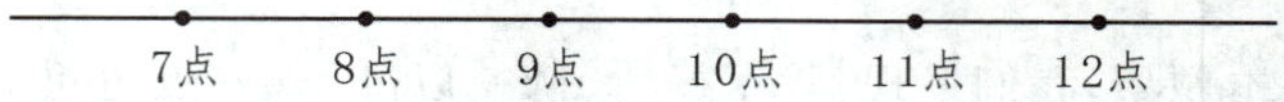

7 点到 8 点前，钟共敲 $7+1=8$（下）；

8 点到 9 点前，钟共敲 $8+1=9$（下）；

……

以此类推，12 点前，钟共敲了 $8+9+10+11+12=50$（下），即 12 点前共敲 50 下。

那么第 51 下当然就是 12 点整的时候敲响，即 12:00。

例 6 “长亭外，古道边，芳草碧连天。”如图，两个长亭之间的古道一边种桃树，一边种李树。桃树每隔 3 米种一棵，共种 24 棵。李树每隔 5 米种一棵，共种________棵。

（2016 年秋 · 明心数学资优生测试 3 年级）

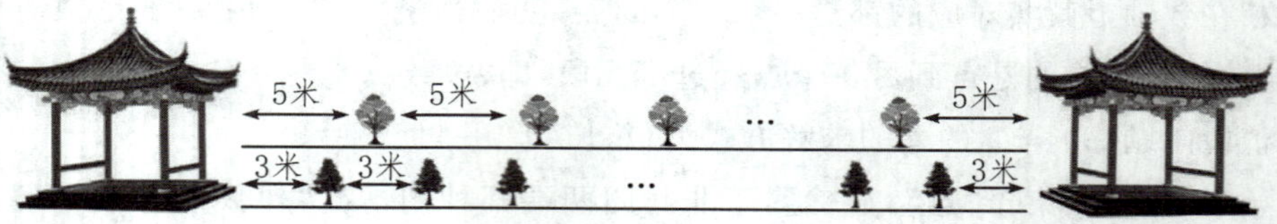

解析

如图，这是一个“非封闭图形两端都不种树”类型的题。

通过桃树，我们可以知道古道总长为 $3\times(24+1)=75$（米），所以李树共种了 $75\div5-1=14$（棵）。

思维路径如下：

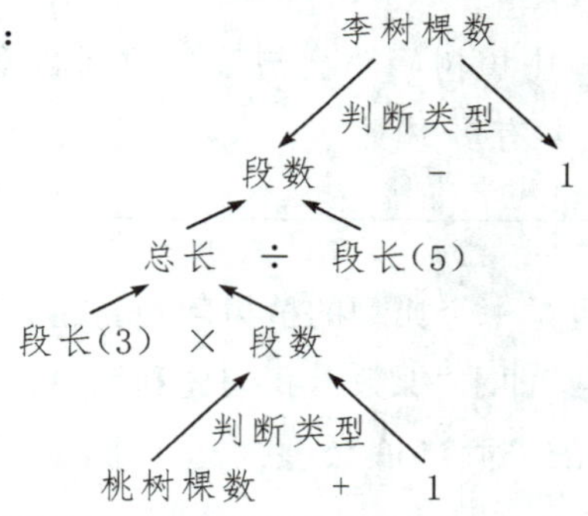

例 7 有一座佛塔有 16 层，第 1 层 1 丈高，第 2 层 2 丈高，第 3 层 3 丈高，依此类推。有个小和尚匀速登塔，如果他到达第 6 层刚好用了 3 分钟，那么，他共需________分钟到达第 16 层。

解析

第几层是“树”，第 m 层到第 n 层的路径是“段”，爬到 16 层共经过了 16－1＝15(段)，“非封闭图形两端都种树”的类型。

因为每层佛塔的高度发生了变化，所以佛塔的实际高度才是我们的判断标准。到达 16 层，小和尚需要上 15 层，共 1＋2＋3＋…＋15＝120(丈)，而前 6 层共 1＋2＋3＋4＋5＝15(丈)，120÷15＝8，所以到达 16 层需要 3×8＝24(分钟)。

思维路径如图：

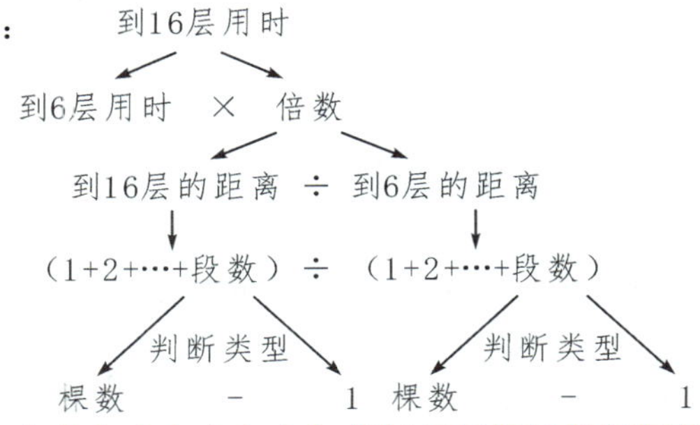

例 8 小明与小刚分别从某幢大楼的第 1 层与第 36 层同时出发，沿楼梯上下楼。小明向上走到第 2 层用了 20 秒，小刚向下走到第 34 层用了 30 秒。如果大楼的每层层高相同，小明与小刚上下楼的速度各自保持不变，那么他们俩将在第________层相遇。（2019 年秋·明心数学资优生测试 4 年级）

解析

与例 7 相同，上楼梯的楼层是“树”，上楼的过程是“段”，属于“非封闭图形两端都种树”的类型。

小明 20 秒向上走 1 层，小刚 30÷(36－34)＝15(秒)向下走 1 层，即小明向上走 3 层，小刚恰好向下走 4 层。

因为(36－1)÷(3＋4)＝5，即相遇时小明向上走了 5 个 3 层，达到第 1＋3×5＝16 层。

例 9 一只兔子沿一条直线从左至右每隔 10 米挖一个洞，一共挖了 30 个洞。开始时，从左至右的第 12 个洞中有 30 颗青菜，兔子计划从这个洞出发每次拿 1 颗青菜放到另外一个洞中，直到每个洞中都有一颗青菜为止。那么这只兔子至少要跑________米。（2018 年春·明心数学资优生测试 4 年级）

解析

求兔子跑了多少米实际上是在求跑了多少“段”10 米。除了最后一个洞不用跑返程，其余所有洞都要跑返程，所以想要跑最少，则最后放 30 号洞。于是兔子至少跑了：

(10＋20＋30＋…＋110)×2＋(10＋20＋30＋…＋170)×2＋180

＝1320＋3060＋180

＝4560(米)。

例 10 （特殊场景）古罗马第一位皇帝奥古斯都出生于公元前 63 年，逝世于公元 14 年，那么他一共活到了多少岁？

解 析

这是一个有历法背景的知识。现行的格里历中没有公元 0 年，即公元 1 年的前一年就是公元前 1 年，如图：

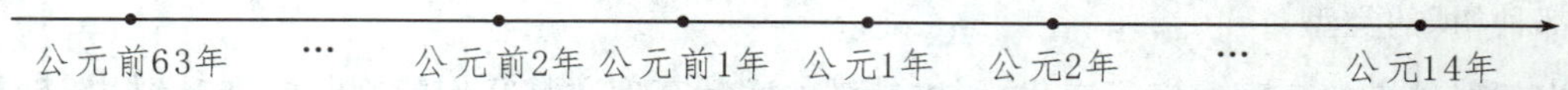

求岁数实际上求的是段长，本题属于“非封闭图形两端都种树”的类型，段数＝棵数－1。图中共有 63＋14＝77（个）点，所以有 77－1＝76（段），1 段是 1 年，所以奥古斯都活到了 76 岁。

“公元前m年到公元n年”的年龄计算可简化为：年龄$=m+n-1$。

真题重现

1. 2018 年 8 月，在印尼雅加达举行了第 18 届亚洲运动会（简称亚运会）。已知亚运会每 4 年举行一次，那么在北京举办的第 11 届亚运会是在________年。（2019 年“数学花园探秘”小中决赛 A 卷）

2. 2020 年东京奥运会是第 32 届夏季奥林匹克运动会，简称“奥运会”。已知奥运会每 4 年举办一次，那么 2008 年中国举办的是第________届奥运会。（2020 年“数学花园探秘”三年级初赛 A 卷）

3. 一场演出共有 10 个节目，每个节目长 3 分钟。如果相邻节目之间相隔 1 分钟，那么第一个节目开始到最后一个节目结束共需________分钟。（2020 年“数学花园探秘”小中决赛 C 卷）

4. 一只树懒爬一棵高 12 米的树，每爬 10 分钟上升 4 米，但接下来需要休息 5 分钟。那么，这只树懒________分钟能从地面爬到树顶。（2017 年春·明心数学资优生测试 3 年级）

5. 熊大将一根竹竿掰成两段需要 20 秒，熊二将一根竹竿掰成三段需要 30 秒。照这样计算，熊大将一根竹竿掰成四段比熊二将一根竹竿掰成五段慢________秒。（每次操作，只能掰一根，不能同时掰两根）（2020 年春·明心数学资优生测试 3 年级）

6. 有足够多的长度都为 10 厘米的纸条，为了保证牢固，两个纸条粘在一起时连接部分不少于 1 厘米。如果想用这些纸条粘贴出一个长为 100 厘米的纸条，那么至少需要________张。（每张 10 厘米的纸条不可以剪开或撕开）（2020 年秋·明心数学资优生测试 3 年级）

7. 一幢大楼在地上有 100 层，在地下有 15 层，地下都是停车场。这个大楼每月电梯使用费的支付方式是：电梯从停车场楼层到居住楼层经过的楼层数乘以 10 元。若大楼第 15 层某住户将车停在停车场地下 15 层，那么每月他的电梯使用费是________元。（该摩天大楼没有 0 层，地下一层上面是地上一层）（2015 春·明心四年级资优生测试）

8. 公园内有一个人工湖，环湖一周长 3000 米。沿湖岸种树，每 2 棵柳树中间有 1 棵桃树，每 2 棵桃树之间有 2 棵杨树，且每相邻 2 棵树之间的距离为 10 米。请问柳树有多少棵？（2017 年春·明心数学资优生测试 3 年级）

9. 清风、明月两个小朋友登宝塔，宝塔每层一样高，两人登塔的速度不变。他们同时从第一层出发，当清风到第 6 层时，明月到了第 3 层。当清风到第 16 层时，明月到了第________层。（2018 年秋·明心数学资优生测试 3 年级）

10. 一条规划中的公交线路从起点站到终点站全长 40 千米，以行人每分钟走 80 米为标准，为了让线路上的行人沿该线路走到最近的公交站都不超过 10 分钟。那么，该公交线路至少需设置________站（包含起点站和终点站）。（2017 年春·明心数学资优生测试 4 年级）

参考答案

1. 答案:1990。

分析:11 届到 18 届共经过 7 届,所以第 11 届是在 2018－4×7＝1990 年举办的。

2. 答案:29。

分析:32－(2020－2008)÷4＝29(届)。

3. 答案:39。

分析:共需 3×10＋1×(10－1)＝39(分钟)。

4. 答案:40。

分析:10×3＋5×2＝40(分钟)。

5. 答案:0。

分析:熊大掰一次需要 20 秒,熊二掰一次需要 15 秒。熊大将竹竿掰成四段需要 20×3＝60(秒),熊二将竹竿掰成五段需要 15×4＝60(秒),所以慢 0 秒。

6. 答案:11。

分析:除了第 1 张增加长度为 10 厘米以外,以后每张纸条增加 10－1＝9(厘米)的长度,所以共需(100－10)÷9＋1＝11(张)。

7. 答案:290 元。

分析:从地下 15 层到居住楼 15 层时,只移动 29 层就可以。这是因为所有的建筑物里没有 0 层,地下一层上面是地上一层。所以第 15 层住户要付 29×10＝290(元)。

8. 答案:75。

分析:由题意可知,柳树与桃树一样多,杨树的数量是桃树的 2 倍,且湖岸为封闭图形,所以柳树有 3000÷10÷(2＋1＋1)＝75(棵)。

9. 答案:7。

分析:(16－1)÷(6－1)＝3 倍,明月爬了(3－1)×3＝6(层),到了第 1＋6＝7 层。

10. 答案:26。

分析:行人正好在相邻两站中点时步行时间最长,所以相邻两站最远为 80×10×2＝1600(米),至少共需要设置 40000÷1600＋1＝26(站)。

第十一章　还原问题(逆推思想)

11.1　蜘蛛的启示

“滴答，滴答……”敌人岗哨的换班时间就快到了。蜀军的斥候(侦察兵)008 正紧盯着近在眼前的吊桥入口——魏军营地的唯一入口，眉头紧锁：“敌人的岗哨换班会有 5 息的空档，而我通过吊桥至少需要 7 息，面对这个不准出也不准进的禁区，我该怎么进去呢?”

“滴答，滴答……”夜幕即将降临，008 的窘境连蜘蛛都有所察觉。他的余光里不知不觉就多了几只龇牙咧嘴的蜘蛛，仿佛是在嘲笑他。008 恶狠狠地瞪了蜘蛛们一眼，哪知道这一瞪，蜘蛛们还看懂了，只见它们“嗖”的一下顺着尾部的丝儿“倒”了回去。

008 眼睛一亮，心想：有了!

魏军岗哨换班的时间到了，只见 008 箭一般地窜上了吊桥，快到 5 息时，他已近冲过了吊桥的 $\frac{5}{7}$，而此时岗哨的士兵也要到了。

只见 008 一个急停、转身，悠哉游哉地往回走，还没走两步就听见背后传来呵斥声：“回来，你是哪个营房的? 不知道将军的命令吗，谁都不准出去!”

008 再次转身，一脸赔笑地说道：“这位大哥，兄弟我馋虫犯了，就是想出去找点吃的。”

哨兵继续道：“滚回来，这种时刻还敢外出，不要命了?”

008 说道：“咳咳～大哥说的是，我这就回去……”就这样，008 顺着剩下的吊桥走进了目的地——魏军营地。

故事讲完了，蕴含其中的逆推思想很神秘吗? 其实，大家对它一点都不陌生。

一年级学习减法时，老师就会告诉你“加法与减法互为逆运算”，由 $2+3=5$ 这个加法算式可以得到两个减法算式 $5-3=2$、$5-2=3$；二年级学习乘除法，老师就会告诉你“乘法与除法互为逆运算”，由 $2\times3=6$ 这个乘法算式可以得到两个除法算式 $6\div3=2$、$6\div2=3$。

不限于计算，逆推思想还蕴含在所有公式的学习上。长方形的面积公式为面积＝长×宽，但当我们看见这个公式不能只知道如何求面积，还应该知道长＝面积÷宽，宽＝面积÷长。

不限于解决问题，逆推思想还可以帮助你提出问题，例如，当你看到问题“边长相等的两个正方形面积相等吗?”你可以提出“面积相等的两个正方形边长相等吗?”；当你看到问题“长、宽都相等的两个长方形面积相等吗?”你可以提出“面积相等的两个长方形长与宽也相等吗?”

……

“逆”是一种角度，是思考时的另一双眼睛；“逆”还可以让你从被动的做题者变成主动的提问者，解决实际生活中的难题。但“逆”不是我们大脑的习惯，所以我们需要进行一些训练让我们获得“逆”的能力。

这一章，我们逆流而上!

11.2　基础题型

例 1　我们吃花椒会感觉到“麻”，但麻并不是味觉，而是触觉，它是让我们的舌头每秒振动一定的次数产生的。若将舌头振动次数扩大到原来的 2 倍，加 10 再扩大到现在的 4 倍就可以得到国际标准音 a，即每秒钟振动 440 次。那么，“麻”这种感觉是让我们的舌头每秒振动________次。

(2017 年秋 · 明心数学资优生测试 4 年级)

解析

由题意知，“麻”$\xrightarrow{\times 2}\square\xrightarrow{+10}\square\xrightarrow{\times 4}440$，于是我们逆推回去便是 $440\xrightarrow{\div 4}110\xrightarrow{-10}100\xrightarrow{\div 2}50$，所以“麻”让我们舌头的振动频率是 50 次/秒。

例 2　菩提老祖教孙悟空七十二变密码术。例如，将三位数 365 中的每一位数字先乘 9，再加 8，得到的新数取其个位数字，方法如下：

$$3\rightarrow 3\times 9+8=35\rightarrow 5$$

$$6\rightarrow 6\times 9+8=62\rightarrow 2$$

$$5\rightarrow 5\times 9+8=53\rightarrow 3$$

所以 365 变为明码 523。若孙悟空将一个三位数按此密码术变为明码 903，那么原三位数是________。

(2015 年秋 · 明心数学资优生测试 3 年级)

解析

因为 9－8 的尾数为 1，逆推除以 9 的商一定是 9，所以百位为 9；
因为 0－8 的尾数为 2，逆推除以 9 的商一定是 8，所以十位为 8；
因为 3－8 的尾数为 5，逆推除以 9 的商一定是 5，所以个位为 5。
所以原三位数为 985。

例 3　孙悟空到东海龙宫借兵器，看到了定海神针后满心欢喜。第一次说“变”，定海神针缩短了一半多一米；第二次说“变”，定海神针缩短了一半少一米；第三次说“变”，定海神针缩短了一半多一米；第四次说“变”，定海神针缩短了一半少一米；第五次说“变”，定海神针缩短了一半多一米。这时，定海神针恰好还剩下一米。那么，开始的时候定海神针长几米？

(2016 年春 · 明心数学资优生测试 3 年级)

解析

做这类题实际上是做翻译工作：
“缩短了一半多一米”⟶“剩下了一半少一米”；
“缩短了一半少一米”⟶“剩下了一半多一米”。
有了上面的铺垫，我们就可以很快知道：
第五次变化前剩下：(1＋1)×2＝4(米)；
第四次变化前剩下：(4－1)×2＝6(米)；
第三次变化前剩下：(6＋1)×2＝14(米)；
第二次变化前剩下：(14－1)×2＝26(米)；
第一次变化前剩下：(26＋1)×2＝54(米)。
所以开始时，定海神针长 54 米。

11.3 拓展提高

例 4 甲、乙、丙三人各有一些糖。如果甲的糖变为原来的一半，乙给丙 18 颗，那么三人的糖数一样多；如果丙的糖数变为原来的 2 倍，甲给乙一些糖，三人的糖数也能一样多。那么甲给了乙______颗糖。
（2018 年"数学花园探秘"3 年级初赛 C 卷）

解析

丙比甲的一半少 18 颗，当丙的糖数变为原来的 2 倍时，甲要跟丙一样多，须减少 $18\times2=36$(颗)糖，即给乙 36 颗糖。

例 5 明月当空照，猴子抓不到。6 只猴子在一根树枝上倒挂成一串向井里捞月亮。除最下面的那只猴子外，其余每只猴子拉住的质量恰好等于自身体重，且每只猴子的体重均为整数千克，那么 6 只猴子的总体重至少为______千克。
（2016 年春 · 明心数学资优生测试 3 年级）

解析

从简单的情况入手逆推。

若有 2 只猴子：至少为 $1+1=2$(千克)；

若有 3 只猴子：至少为 $1+1+2=4$(千克)；

若有 4 只猴子：至少为 $1+1+2+4=8$(千克)；

若有 5 只猴子：至少为 $1+1+2+4+8=16$(千克)；

若有 6 只猴子：至少为 $1+1+2+4+8+16=32$(千克)。

例 6 小女巫有一个魔法罐，当往罐子里输入一个数，这个数会先扩大到原来的 2 倍，然后将结果的数字顺序颠倒，接着再加 2 后输出结果。若输入一个 10 到 99 之间的数，那么输出的结果可能是______。(填选项前的字母)

A. 57　　B. 61　　C. 62　　D. 67

（2015 年秋 · 明心数学资优生测试 4 年级）

解析

因为第一步运算是乘 2，所以结果一定是两位偶数，则调换顺序后十位一定偶数，所以我们逆推一步"减 2"，检验每一个选项的十位是否为偶数，个位是否不小于 2 即可。

$57-2=55$　　$61-2=59$　　$62-2=60$　　$67-2=65$

只有选项 D 满足要求，所以选 D。

11.4 操作题

例 7 甲、乙、丙、丁四位小朋友手里有若干块糖果，每次操作都是糖果最多的小朋友把手里的糖果平均分给其他三位小朋友。那么，经过 2013 次操作后，甲、乙、丙、丁四人手里的糖果分别是 2、0、1、3 块，那么最初甲手里有______块糖果。
（2013 年"数学花园探秘"3 年级网赛）

解析

糖果总数不会变,既然最后乙有 0 块糖,则第 2013 次操作分糖的一定是乙。又因为丙只有 1 块,所以乙给其他人的糖果的数量就是 1 块,所以第 2013 次操作前,即 2012 次操作后乙有 $0+1\times3=3$(块),其他每人减 1,结果如表所示。

同理可逆推得到 2011 次后、2010 次后、2009 次后甲乙丙丁的糖果数量。我们发现每 4 次操作一循环,则甲最初手里的糖果数与 2012 次后一样,有 1 块。

次数/次	甲手里糖果的数量/块	乙手里糖果的数量/块	丙手里糖果的数量/块	丁手里糖果的数量/块
2009	2	0	1	3
2010	3	1	2	0
2011	0	2	3	1
2012	1	3	0	2
2013	2	0	1	3

例 8 甲、乙、丙各有一些卡牌。第一次,甲拿出一些卡牌让乙、丙的卡牌数量各自增加了 3 倍;第二次,乙拿出一些卡牌让甲、丙的卡牌数量各自增加了 2 倍;第三次,丙拿出 24 张卡牌让甲、乙的卡牌数量各自增加了 1 倍。如果此时三人的卡牌数量相等,那么开始时,丙有________张卡牌。

(2020 年春・明心数学资优生测试 3 年级)

解析

最后时,甲、乙的卡牌数量各自增加 1 倍后相等,说明两人之前的卡牌数量也相等,且拿到的一样多,即拿到 $24\div2=12$(张),所以甲、乙最后有 $12\times2=24$(张)卡牌。又因为三人的卡牌数量相等,所以丙的卡牌数量最后也是 24 张。又因为卡牌在三人之间互相给,所以总和不变,共有 $24\times3=72$(张)。

接下来继续逆推:

甲、乙第三次前有 $24\div2=12$(张),丙有 $24+24=48$(张);

甲第二次前有 $12\div(1+2)=4$(张),丙第二次前有 $48\div(1+2)=16$(张),于是乙第二次前有 $72-4-16=52$(张);

丙开始时,有 $16\div(1+3)=4$(张),甲与乙可按上述方式逆推算出,如表所示。

项目	甲的卡牌数量/张	乙的卡牌数量/张	丙的卡牌数量/张
最后	24	24	24
第三次前	12	12	48
第二次前	4	52	16
开始	55	13	4

例 9 欢欢、迎迎和妮妮手中共有 2712 张卡片,桌子上还有一些卡片。他们三人进行了如下操作:第一次,欢欢从迎迎和妮妮手中各拿了 1 张卡片。第二次,妮妮从桌子上拿了 2 张卡片,并让欢欢和迎迎两人中卡片数较少的人从卡片数较多的人手中拿走 1 张卡片。第三次,迎迎从桌子上拿了 4 张卡片,如果她手中的卡片数是偶数,则将手中的一半卡片交给欢欢和妮妮中卡片数较少的那个人;如果是奇数,则游戏终止。我们把上述三次操作称为“一轮操作”。如果他们顺利地进行了 50 轮操作,而没有出现游戏终止的情况。此时他们手中卡片数按妮妮、欢欢、迎迎的顺序成等差数列。那么,欢欢原来有________张卡片。

(2013 年“数学花园探秘”小中决赛)

解析

迎迎每次操作为“拿 4 张+给出一半”,即先“+4”再“÷2”。那么即使最初卡片全部在迎迎手中,经过 11 轮后他手中的卡片数量一定只有个位数,而成为最少卡片的人之后,在每一轮的前两次操作中他的卡片数量变化分别为−1、+1,数量不变,而经过若干次第三次操作,迎迎的卡片数量一定会变为奇数张而无法使游戏继续进行。若要游戏可以经过 50 轮,则迎迎最初的卡片数量就是最少的,并且初始为 4 张,这样第一轮−1,第二轮+1,第三轮不变,游戏可以循环进行,所以,迎迎初始和最后的卡片数量均为 4 张。

每经过 1 轮操作，卡片总数增加 2＋4＝6(张)，所以经过 50 轮后，卡片总数为 2712＋(2＋4)×50＝3012(张)。中间一个人的卡片数量是 3012÷3＝1004(张)，迎迎有 4 张，所以妮妮有 2004 张，正好成等差数列。

列表倒推：

项目	妮妮手中的卡片数量/张	欢欢手中的卡片数量/张	迎迎手中的卡片数量/张
最后	2004	1004	4
第三次操作前	2004	1000	4
第二次操作前	2002	1001	3
第一次操作前	2003	999	4

观察表格发现，每倒推“一轮操作”，迎迎手中的卡片数量不变，欢欢少 5 张，妮妮少 1 张。所以欢欢原有 1004－5×50＝754(张)卡片。

例 10 一张白纸被裁剪成正方形，然后平均分割成 64 个方格。从左至右，从上至下，依次写上1～64。现在进行如下操作：

将正方形纸张平铺在桌面上，将下半部分向上对折，再将右半部分向左对折，再将下半部分向上对折，再将右半部分向左对折，再将下半部分向上对折，再将右半部分向左对折，最后变成 64 层，每层纸片上都恰有一个数。从上往下数，第 47 层纸片上的数是________。

(2019 年“数学花园探秘”4 年级网赛)

1	2	3	4	5	6	7	8
9	10	11	12	13	14	15	16
17	18	19	20	21	22	23	24
25	26	27	28	29	30	31	32
33	34	35	36	37	38	39	40
41	42	43	44	45	46	47	48
49	50	51	52	53	54	55	56
57	58	59	60	61	62	63	64

解析

从上往下数，第 47 层纸片称为“目标纸片”。我们将折叠后的纸片重新展开，每次展开后如图所示。阴影部分代表目标纸片所在的位置，标的数代表从上往下数所在的层数。最后得到第 6 幅图，目标所在位置是第 7 行第 4 个，那么所写的数为 6×8＋4＝52。

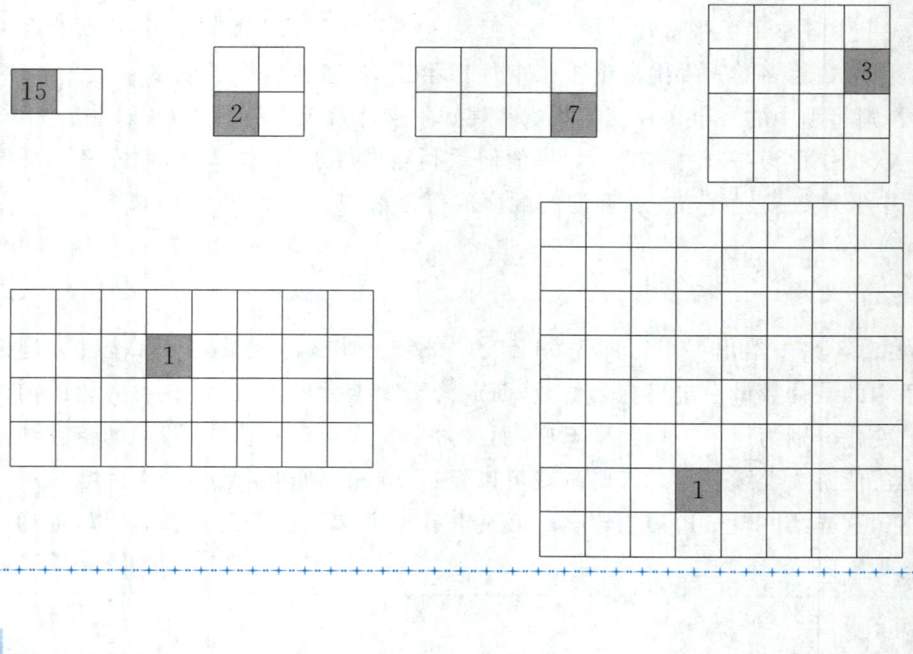

真题重现

1. 将某数加 2、乘 3、减 4、除以 5 后，结果为 7，那么这个数是________。

（2016 年秋 · 明心数学资优生测试 3 年级）

2. 有一种特殊的计算器，当输入一个数后，这种计算器会把这个数乘以 2，然后将乘积的数字顺序颠倒，接着再加 2 后显示最后的结果。如果输入一个两位数，最后显示的结果是 27，那么，最开始输入的是________。

（2015 年"数学花园探秘"3 年级初赛 A 卷）

3. 菜场上悬挂一条"开业酬宾，五折优惠"的横幅，妈妈买了半斤肉花了 3 元钱。那么不打折时，每斤肉的价格是________元。

（2015 年春 · 明心数学资优生测试 3 年级）

4. 商店进了一批篮球，每周卖 6 个，卖了 3 周后剩下全部的一半少 2 个。商店进了________个篮球。

（2020 秋 · 明心数学资优生测试 3 年级）

5. 小红花了所有钱的一半少 12 元买了一个足球，剩下的钱恰好能买 3 个价值 20 元的排球。那么，小红原有________元。

（2019 年春 · 明心数学资优生测试 3 年级）

6. 有砖 30 块，兄弟二人争着去挑。弟弟抢在前面，刚摆好砖，哥哥赶到了。哥哥看弟弟挑的太多，就抢过一半。弟弟不肯，又从哥哥那儿抢走一半。哥哥不服，弟弟只好给哥哥 6 块砖，这时哥哥比弟弟多挑 2 块。最初弟弟准备挑________块砖。

（2013 年春 · 明心数学资优生测试 3 年级）

7. 在一个罐子中有红、绿、蓝三种颜色的小球。已知除去红球共有 6 个，除去绿球共有 8 个，除去蓝球共有 4 个，则此罐子中共有________个小球。

（2014 年春 · 明心数学资优生测试 3 年级）

8. 有一个八位数由两个 1、两个 2、两个 3、两个 4 组成。开始时，两个数字 1 之间有一个数，第一次小明将数中的一个 2 与其中一个 1 交换位置，使得两个 2 之间恰有两个数字；第二次小明将数中的一个 3 与其中一个 2 交换位置，使得两个 3 之间恰有三个数字；第三次小明将数中的一个 4 与其中一个 3 交换位置，使得数为 43221413，两个 4 之间有四个数字。那么，原来的八位数是________。

（2019 年春 · 明心数学资优生测试 3 年级）

9. 甲、乙、丙三人各有一些书。第一次甲分给乙、丙一些书，使乙的书数量增加了 1 倍，丙的书数量增加了 2 倍；第二次乙分给甲、丙一些书，使丙的书数量增加了 1 倍，甲的书数量增加了 2 倍；第三次丙分给甲、乙一些书，使甲的书数量增加了 1 倍，乙的书数量增加了 2 倍。此时三人书的数量都为 72 本。原来三人各有书多少本？

（2018 年秋 · 明心数学资优生测试 3 年级）

10. 十几个同学面向里围成一圈做游戏。他们从班长开始，沿顺时针方向从 1 开始连续报数，报到 8 的同学表演一个节目。然后从这个同学起，重新从 1 开始，沿顺时针方向连续报数。直到所有同学都表演过节目为止。已知第一个表演节目的是小明，倒数第二个表演节目的是小明右边和他相邻的小红。那么，做游戏的同学一共有________名。

（2018 年"数学花园探秘"4 年级初赛 C 卷）

参考答案

1. 答案：11。

分析：$7\times5=35$，$35+4=39$，$39\div3=13$，$13-2=11$。原数为 11。

2. 答案：26。

分析：$27-2=25$，颠倒顺序后为 52，$52\div2=26$。

3. 答案:12。

分析:由题意,半斤肉五折后是 3 元,则一斤肉五折是 6 元。故每斤肉的不打折价格是 12 元。

4. 答案:32。

分析:买了 6×3=18(个)为全部的一半多 2 个,所以全部有(18-2)×2=32(个)。

5. 答案:96。

分析:3 个排球的价值为一半多 12 元,所以小红原有(20×3-12)×2=96(元)。

6. 答案:20。

分析:最后的时候,哥哥与弟弟挑砖的数量的差为 2 块,和为 30 块,典型的和差问题,哥哥有(30+2)÷2=16(块),弟弟有 16-2=14(块)。

倒推第一步,哥哥还给弟弟 6 块:哥哥挑 16-6=10(块),弟弟挑 14+6=20(块);

倒推第二步,弟弟把抢走的一半还给哥哥:抢走了一半,那么剩下的就是另一半,所以哥哥就应该挑 10+10=20(块),弟弟挑 20-10=10(块);

哥哥把抢走的一半还给弟弟:那么弟弟原来就挑 10+10=20(块)。

7. 答案:9。

分析:这也是个小小翻译题,用逆向思维翻译得“蓝、绿色的球共有 6 个,红、蓝色的球共有 8 个,红、绿色的球共有 4 个”,所以总数为(6+8+4)÷2=9(个)球。

8. 答案:43131224。

分析:由 43221413 开始逆推依次得到 43221314、43231214、43131224。

9. 答案:甲 127 本,乙 63 本,丙 26 本。

分析:

项目	书的数量/本		
	甲	乙	丙
最后	72	72	72
第三次前	36	24	156
第二次前	12	126	78
第一次前	127	63	26

第 9 题图

10. 答案:13。

分析:因为所有同学都表演过,所以再轮到小明表演时已经是第 2 轮开始,于是班长必然是最后一名表演节目的人。将班长看成是 1 号,可得题图。从班长顺时针数到小明有 8 人,从班长逆时针数到小红有 8 人,这三个人被算了两遍,所以共有 8+8-3=13(人)。

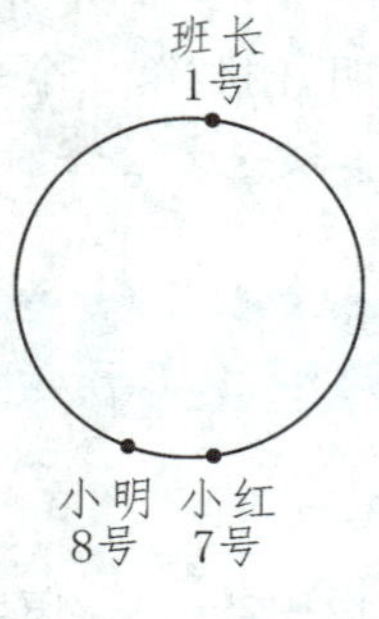

第 10 题图

第十二章　和差倍问题

12.1　概述

和差倍问题是和倍问题、和差问题、差倍问题的总称，它是归一问题的延续，也是分数应用题、比和比例应用题在整倍数范围内的雏形。

$$\text{归一问题}\xrightarrow[\text{份数}\Rightarrow\text{倍数}]{\text{每份数}\Rightarrow 1\text{ 倍量}}\text{和差倍问题}$$

$$\text{和差倍问题}\xrightarrow[\text{倍数}\Rightarrow\text{分率}]{1\text{ 倍量}\Rightarrow\text{标准量}}\text{分数应用题}$$

$$\text{和差倍问题}\xrightarrow[\text{倍数}\Rightarrow\text{份数}]{1\text{ 倍量}\Rightarrow 1\text{ 份量}}\text{比和比例应用题}$$

了解和差倍问题在小学数学应用题中承上启下的定位，对理解这类问题有促进作用。

另外，和差倍问题与归一问题相比较，有以下区别：①讨论的对象从单独一个量变为两(多)个量的和、差，并且“和”“差”有变化；②倍数产生了“加”或“减”的关系，并在此基础上变化。

12.2　从和倍问题讲起

例 1　(和倍问题)牛头人酋长与牛魔王比赛吃饺子，比赛结束后统计发现，他俩一共吃了 666 个饺子，并且牛魔王吃的饺子数量是牛头人酋长的 2 倍。那么，他俩各吃了几个饺子？

解析

求解和倍问题的关键是求解“1 倍量”，本题中“牛魔王吃的饺子数量是牛头人酋长的 2 倍”，提示我们将牛头人酋长吃的饺子数量看作“1 倍量”是一个不错的选择，因为这样牛魔王吃的饺子数量很自然地就可以看作 2 倍；而如果反之将牛魔王吃的饺子数量看作 1 倍，则牛头人酋长吃的饺子数量应当看作$\frac{1}{2}$，从数值上造成麻烦。

所以，在中低年级阶段，我们常取较小的量作为“1 倍量”。

明确了“1 倍量”，接下来建议学生们画线段图直观地表述题意，即使题目很简单，如下所示：

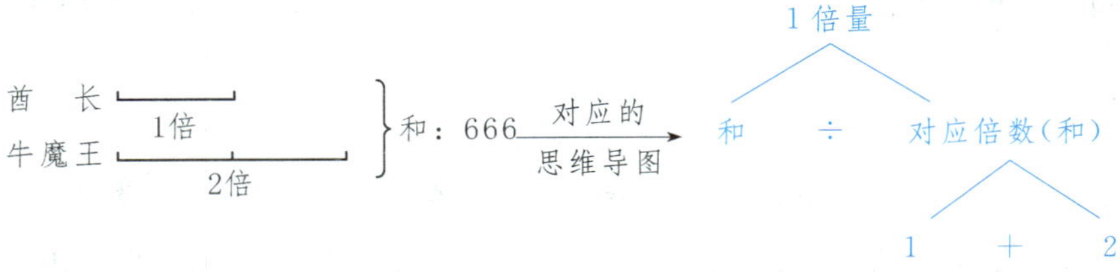

从线段图我们可以看出，666 对应 1＋2＝3 倍，于是“1 倍量”为 666÷3＝222(个)，即牛头人酋长吃了 222 个饺子，那么牛魔王就吃了 222×2＝444(个)饺子。

验算：222＋444＝666。

和倍问题的核心思想是：将“不同”都以“相同”的1倍量来看待。

例 2 （和差问题）牛头人酋长与牛魔王比赛吃饺子，比赛结束后统计发现，他俩一共吃了 666 个饺子，并且牛魔王比牛头人酋长多吃了 66 个饺子。那么，他俩各吃了几个饺子？

解析

【方法 1】先画图：

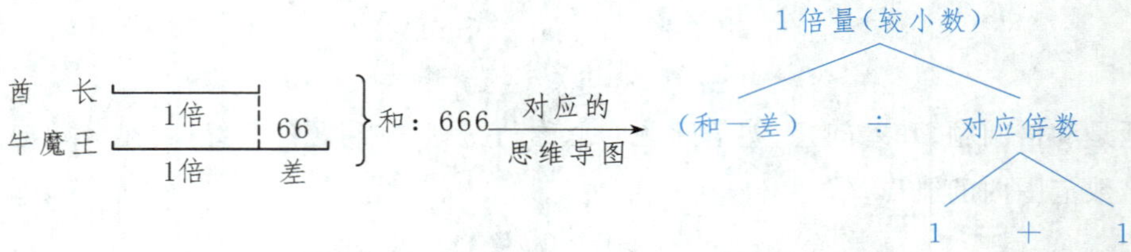

由图可知，如果将牛魔王所吃饺子数量减去差，即减去 66 个，那么他与牛头人酋长吃的饺子一样多。于是，此时牛头人酋长所吃饺子的数量被看作“1 倍量”，牛魔王所吃饺子的数量也调整为了“1 倍量”，于是“1 倍量”为(666－66)÷(1＋1)＝300(个)，即牛头人酋长吃了 300 个饺子，而牛魔王吃了 300＋66＝366(个)饺子。

【方法 2】方法 1 是将两个量都变成较小的量，我们当然也可以将两个量都变成较大的量。先求出牛魔王所吃饺子的数量，如图：

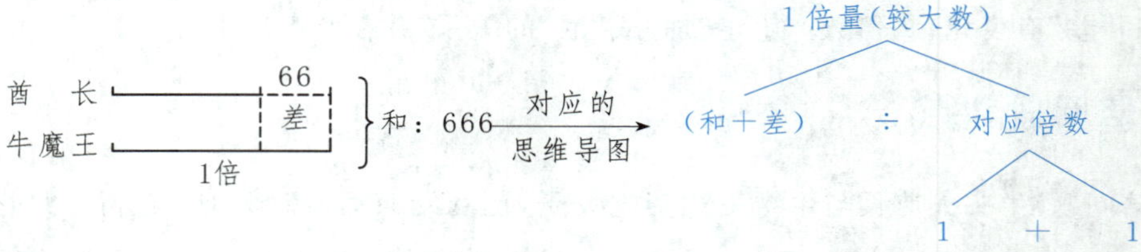

将牛头人酋长所吃饺子数量加上差，即加上 66 个，那么他与牛魔王吃的饺子一样多。于是，我们将牛魔王所吃饺子的数量看作“1 倍量”，此时牛头人酋长所吃饺子的数量也调整为了“1 倍量”，于是“1 倍量”为(666＋66)÷(1＋1)＝366(个)，即牛魔王吃了 366 个饺子，而牛头人酋长吃了 366－66＝300(个)饺子。

验算：366＋300＝666。

总结：“和差问题”只是倍数和为“1＋1”时的“和倍问题”，也因为对应倍数固定，所以我们可以得到两个公式：

(和－差)÷2＝较小数　　(和＋差)÷2＝较大数

背公式固然可以提高效率，但遇到“和”“差”两个方面有所调整，或者多个量的和差问题时，这两个公式就失效了。所以，了解背后的原理才是正确解题的唯一钥匙。

> 和差问题的核心思想：将“不同”转化为“相同”。

例 3 （差倍问题）牛头人酋长与牛魔王比赛吃饺子，比赛结束后统计发现，牛魔王比牛头人酋长多吃了 666 个饺子，并且牛魔王吃的饺子数量是牛头人酋长的 3 倍。那么，他俩各吃了几个饺子？

解析

差倍问题与和倍问题的区别：已知条件中的“和”换成了“差”。

由题目条件可知，将牛头人酋长吃的饺子数量看作“1 倍量”是一个不错的选择，于是牛魔王所吃饺子数量为 3 倍量。如图：

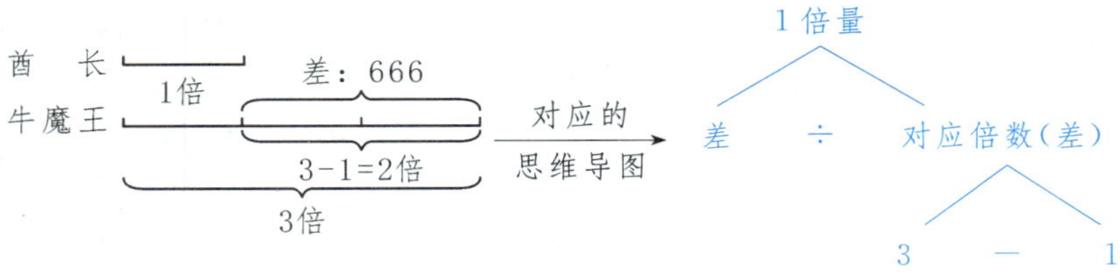

从线段图上我们可以看出，差 666 对应 3－1＝2 倍，于是“1 倍量”为 666÷2＝333(个)，即牛头人酋长吃了 333 个饺子，那么牛魔王就吃了 333×3＝999(个)饺子。

> 差倍问题的核心思想依然是：将“不同”都以“相同”的1倍量来看待。

验算：999－333＝666。

12.3　和倍典型例题

例 4　小狮是名副其实的“懒骨头”，每天睡觉时间的一半比不睡觉时间的 2 倍还多 2 小时，小狮每天睡________小时。　（2015 年秋・明心数学资优生测试 3 年级）

解析

将小狮不睡觉的时间看作“1 倍量”，则睡觉时间为“4 倍量”多 4 小时。题目有一个隐含条件，即每天不睡觉的时间与睡觉时间的“和”即为一天(24 小时)，如图：

因为多出的 4 小时并没有对应的倍数，所以我们将其“退”掉，这样剩下的 24－4＝20(小时)就有了对应倍数 4＋1＝5，于是不睡觉的时间为 20÷5＝4(小时)，睡觉时间为 24－4＝20(小时)。

> 题目中将倍数之外多余部分减去，即为“多退少补”原则中的“多退”，其目的是得到与倍数对应的“几倍量”。

验算：4×4＋4＝20。

例 5　菲菲养了一些山羊和绵羊，山羊的数量比绵羊数量的 2 倍少 1 只。如果两种羊共有 26 只，那么其中山羊有________只。　（2017 年“数学花园探秘”小中决赛 D 卷）

解析

假设绵羊的数量是“1 倍”，则山羊的只数为“2 倍少 1 只”，总数对应 1＋2＝3 倍少 1 只，如图：

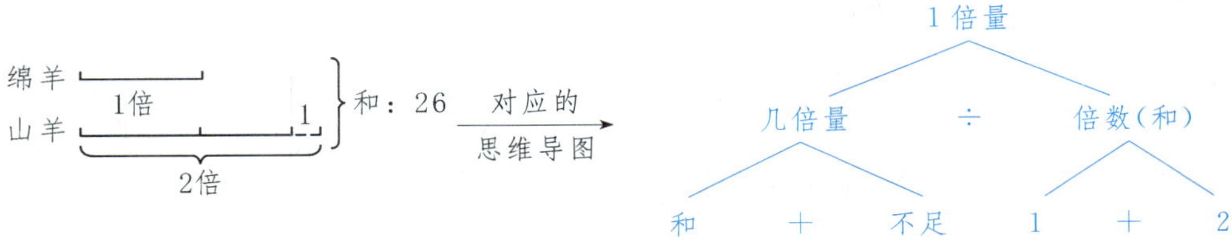

因为总数比 3 倍少 1 只，所以只有补 1 只之后才对应 3 倍，于是绵羊有(26＋1)÷3＝9(只)，山羊有 26－9＝17(只)。

验算：9×2－1＝17。

题目中将“不足”的部分补上，即为“多退少补”原则中的“少补”，其目的还是得到与倍数对应的“几倍量”。

例 6 144 只小猴与 144 头小牛正在芭蕉洞外厮杀。牛魔王每吹一次牛，会将其中 6 只小猴变成 3 头小牛；孙悟空每吹一次牛，会将其中的 9 头小牛变成 3 只小猴。如果孙悟空和牛魔王一共吹了 24 次牛后，芭蕉洞外仍然有 144 只小猴，那么这时芭蕉洞外有________头小牛。(孙悟空不算小猴，牛魔王也不算小牛)

(2020 年秋 · 明心数学资优生测试 3 年级)

解析

想要弄清楚最后小牛的数量，就必须要知道 24 次吹牛中，牛魔王与孙悟空各吹了几次。因为小猴的数量要保持不变，所以孙悟空的吹牛次数应该是牛魔王吹牛次数的 6÷3＝2 倍。有和、有倍数，典型的和倍关系，于是牛魔王吹牛 24÷(2＋1)＝8(次)，孙悟空吹牛 8×2＝16(次)。所以，此时芭蕉洞外有 144＋3×8－9×16＝24(头)小牛。

12.4 和差典型例题

例 7 熊大与熊二共有 66 根玉米，熊大给了熊二 6 根玉米后，它们的玉米一样多。那么，它俩原来各有玉米多少根？

解析

【方法 1】66 根即两熊玉米数量之和，由“熊大给熊二 6 根后一样多”我们可以确定的是差。如图：

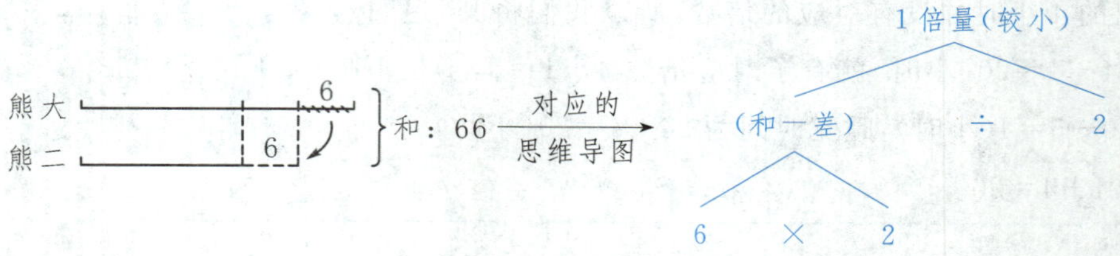

由线段图可知，熊大“减 6”与熊二“加 6”后相等，说明两熊原来相差 6×2＝12(根)玉米。再通过将“不同”转化成“相同”的思路可知，熊二原有(66－12)÷2＝27(根)玉米，熊大原有 27＋12＝39(根)玉米。

【方法 2】互相给的这类和差问题也可以用逆推思想解决，思维路径如下：

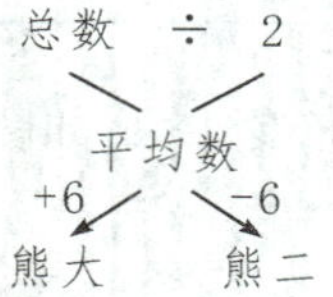

最后的状态是两熊玉米数相等，即两熊都有 66÷2＝33(根)玉米，逆推还原可知熊大原有 33＋6＝39(根)玉米，熊二原有 33－6＝27(根)玉米。

总结：互相给的数量需要“×2”。

例 8 熊大与熊二共有 66 根玉米，熊大给了熊二 6 根玉米后，熊大还比熊二多 6 根玉米。那么，它俩原来各有玉米多少根？

解析

【方法 1】和为 66，待确定的依然是差，画图：

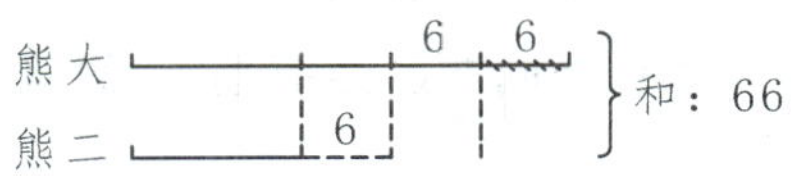

由线段图可知，熊大“减 6”与熊二“加 6”后依然相差 6，说明两熊原来相差 6×2+6=18(根)玉米。于是，熊二原有(66－18)÷2=24(根)玉米，熊大原有 24+18=42(根)玉米。

> 本题与例7的思路一致，细微的区别在于“差”。

【方法 2】本题依然可以用逆推思想解决，思维路径如下：

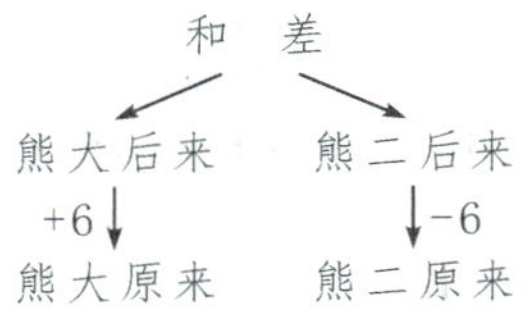

最后的状态是两熊玉米数相差 6，与和 66 根联系起来，大家发现了吗？这是不是就是一个最基本的和差模型。所以熊大给了熊二 6 根玉米以后，熊二有(66－6)÷2=30(根)，熊大有 30+6=36(根)。再逆推还原一步可知熊二原有 30－6=24(根)玉米，熊大原有 36+6=42(根)玉米。

例 9　熊大与熊二共有 66 根玉米，熊大给了熊二 6 根玉米后，熊大比熊二少 2 根玉米。那么，它俩原来各有玉米多少根？

解析

【方法 1】和为 66，待确定的依然是差，画图：

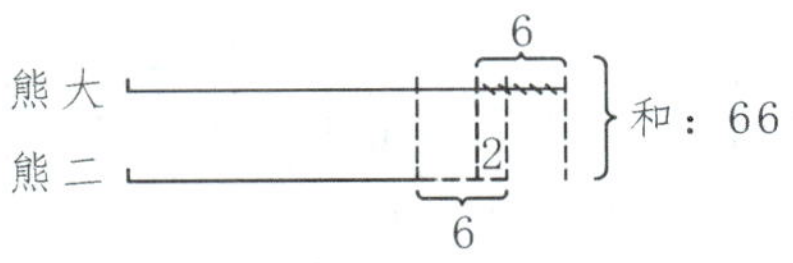

由线段图可知，熊大“减 6”比熊二“加 6”后少 2，说明两熊原来差 6×2－2=10(根)玉米。于是，熊二原有(66－10)÷2=28(根)玉米，熊大原有 28+10=38(根)玉米。

> 本题与例8的思路一致，细微的区别依然在于“差”。

【方法 2】本题当然还是可以用逆推思想解决，思维路径如图：

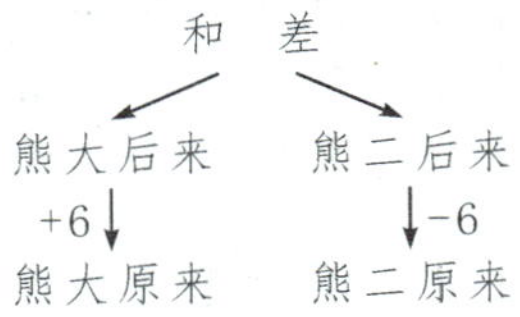

最后的状态是熊大比熊二少 2 根，与和 66 根联系起来，依然是最基本的和差模型。所以熊大给了熊二 6 根以后，熊二有(66+2)÷2=34(根)，熊大有 34－2=32(根)。再逆推还原一步可知熊二原有 34－6=28(根)玉米，熊大原有 32+6=38(根)玉米。

注解　例 7～例 9 展示了“差”的一系列变化，它们不仅存在于和差问题中，当然也会存在于和倍、差倍问题中，其解决方案相同。

例 10　小布与小飞正在角逐“大胃王”大赛的冠军。赛后统计，他俩平均吃了 30 个馒头，且小飞最终以 2 个馒头的优势赢得冠军，那么，他俩各吃了几个馒头？

解析

本题的“差”很清楚——2，“和”则由平均数 30 可以推知为 30×2=60(个)，再由和差模型可得小飞吃了(60+2)÷2=31(个)馒头，小布吃了 31－2=29(个)馒头。

例 11 长方形的长比宽多 4 厘米，周长为 40 厘米。那么长方形的面积是________平方厘米。

（2014 年秋·明心数学资优生测试 4 年级）

解析

先分析思路：本题的“和”隐藏在周长当中，另外还给出了长与宽的差，所以由和差模型可以求出长与宽。而题目最终的问题是求面积，需要的条件就是长与宽，则条件与问题已经衔接上，思维路径如图：

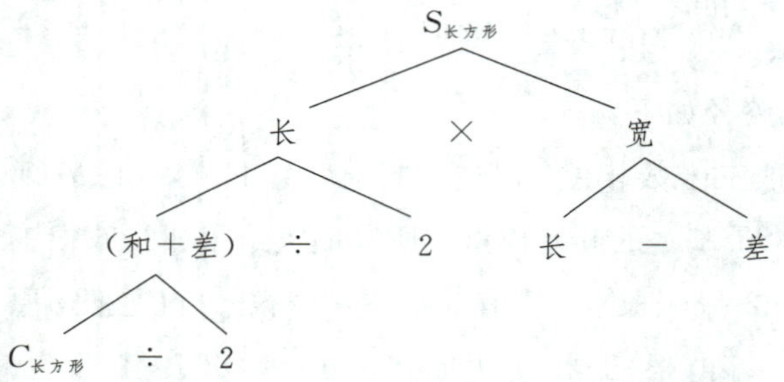

∵长－宽＝4(厘米)，

长＋宽＝40÷2＝20(厘米)，

∴长＝(4＋20)÷2＝12(厘米)，宽＝12－4＝8(厘米)，于是 $S_{长方形}$＝12×8＝96(平方厘米)。

注解 例 10、例 11 展示了“和”的一些变化，同样，它们不仅存在于和差问题中，也会存在于和倍、差倍问题中。

例 12 在□中填入“＋”或“－”，使等式成立。那么，至少要填入________个“－”。

1□2□3□4□5□6□7□8□9＝3

（2017 年春·明心数学资优生测试 3 年级）

解析

本题既隐藏了“和”，也隐藏了“差”，需要挖掘一些潜藏的信息才能找到对应的“和”与“差“。首先需要思考的是，本题中除了已显示的 10 个数以外，有没有什么是不变的？

不妨以“尝试＋调整”的思路，先填出一种方式，最常见的莫过于全做加法，这样可以得到“1＋2＋3＋4＋5＋6＋7＋8＋9＝45”，而想要结果变为 3，则我们需要将其中一些“＋”变成“－”。于是，我们发现如果将“＋3”变成“－3”，则最后的结果会少“两个 3”，而不是一个 3，于是需要将前面的“＋”变成“－”的数之和为(45－3)÷2＝21，而 21 至少被分成 3 个数“9＋8＋4”或“9＋7＋5”等，所以结果为 3。

有了上面的铺垫，我们可以更进一步，将所有前面为“＋”的数之和看作一个整体“甲”(放在开头的 1 隐藏了符号“＋”)，将所有前面为“－”的数之和也看作一个整体“乙”，于是：

甲＋乙＝所有数之和＝1＋2＋3＋…＋9＝45，

甲－乙＝3，

形成一个典型的和差问题，所以乙＝(45－3)÷2＝21。

而 21＞9＋8，21＝9＋8＋4，所以至少填入 3 个“－”，即 1＋2＋3－4＋5＋6＋7－8－9＝3。

至少要填入 3 个“－”。

例 13 杰克、吉米、汤姆和桑吉共分 280 个金币。杰克说：“我分到的金币比吉米少 11 个，比汤姆多 15 个，比桑吉少 20 个。”那么，桑吉分到了________个金币。 （2013 年“数学花园探秘”三年级初赛）

解析

杰克说的话表述了杰克金币数与其他三人金币数的关系，所以我们以杰克的金币数为标准，即"1倍量"。遵循将不同转化为相同的思路，比杰克多的人就要"退"掉其"多的部分"，比杰克少的人就要"补"上其"少的部分"，即"多退少补"。

于是，四个人的金币总数 280 对应为 4 倍还多 11＋20－15＝16(个)，所以"1 倍量"为(280－16)÷4＝66(个)，桑吉有 66＋20＝86(个)金币。

例 14 2020 年中，有________天其月份数与日期数的和比差(大减小)多 4。

(2020 年秋・明心数学资优生测试 3 年级)

解析

因为和比差大 4，所以月份数与日期数均不能为 1，且月份数或者日期数中必有 2。

当月份数为 2，有 28 天满足条件；当日期数为 2 时，除了 1 月 2 日、2 月 2 日外还有 10 天。

共有 28＋10＝38(天)。

> 当题目所涉及的是人数、个数等数值只能为自然数时，其和与差相差两个"较小的数"，即相差偶数，则一定奇偶性相同。

12.5　差倍典型例题

例 15 医生 A："正常人肌肉的数量是骨骼数量的 3 倍还多 21 块。"

医生 B："正常人肌肉的数量比骨骼的数量多 433 块。"

由两位医生的对话可知，正常人有________块骨骼、________块肌肉。

(2016 年春・明心数学资优生测试 3 年级)

解析

线段图与思维路径如下：

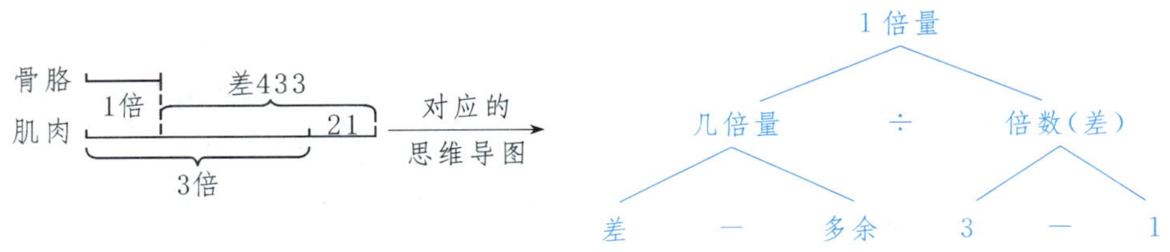

由图可知，(433－21)对应(3－1)倍。

那么骨骼有(433－21)÷(3－1)＝412÷2＝206(块)，肌肉有 206＋433＝639(块)。

例 16 甲、乙两数相除(甲÷乙)的商是 9，余数是 9，这两个数的差是 177，那么这两个数的和是________。

(2018 年春・明心数学资优生测试 3 年级)

解析

本题重点考察了带余除法。

因为甲÷乙＝9……9，所以甲＝乙×9＋9，即甲比乙的 9 倍多 9，线段图与思维导图如下：

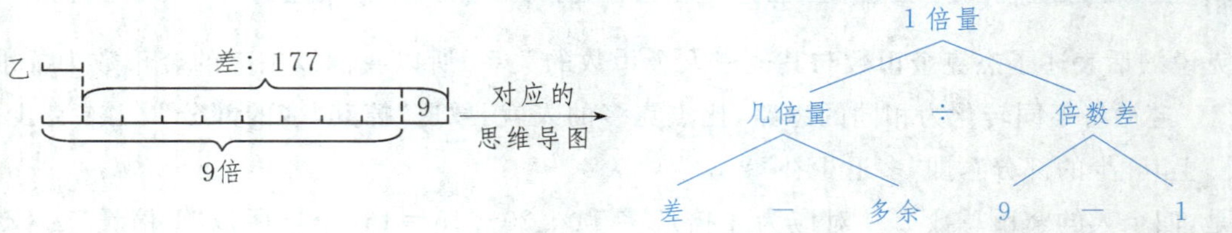

于是乙数为(177－9)÷(9－1)＝21，和为 21＋(177＋21)＝219。

例 17 红萝卜邀白萝卜一起泡澡，白萝卜泡澡后满脸通红会变成红萝卜。泡澡之前，白萝卜的数量是红萝卜的 4 倍，泡澡后，有 8 个白萝卜变成了红萝卜，这时白萝卜的数量是红萝卜的 2 倍，那么刚开始有______个红萝卜。

(2016 年秋·明心数学资优生测试 3 年级)

解析

如图，AE 表示原有的红萝卜数量，CG 表示原有的白萝卜数量。

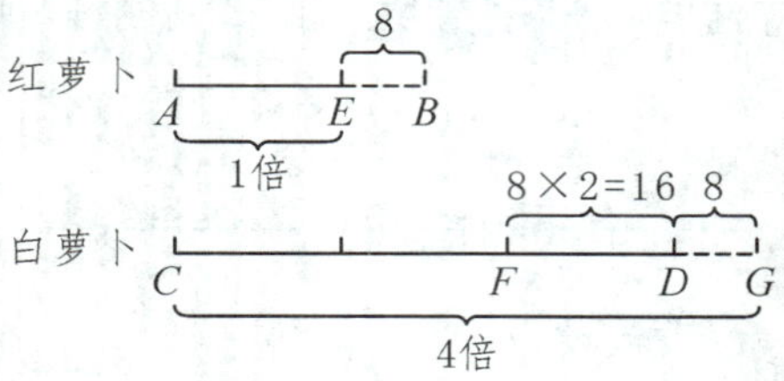

因为泡澡之后白萝卜是红萝卜的 2 倍，所以线段 CD 是线段 AB 的 2 倍，线段 CF 是线段 AE 的 2 倍，于是线段 FD 是 EB 的 2 倍，即 8×2＝16(个)。而 FG 对应原来红萝卜的 4－2＝2 倍，所以红萝卜原有(8×2＋8)÷2＝12(个)。

12.6 倍数对比

例 18 熊猫团团要做一个小桌子，它准备将一根长 72 厘米的木条锯成同样长的 4 段当桌腿。可是团团把木条锯成了相差同样多的 4 段，并且最长一根的长度正好是最短一根的 2 倍，那么这 4 段分别长多少厘米？

(2015 年秋·明心数学资优生测试 3 年级)

解析

如图：

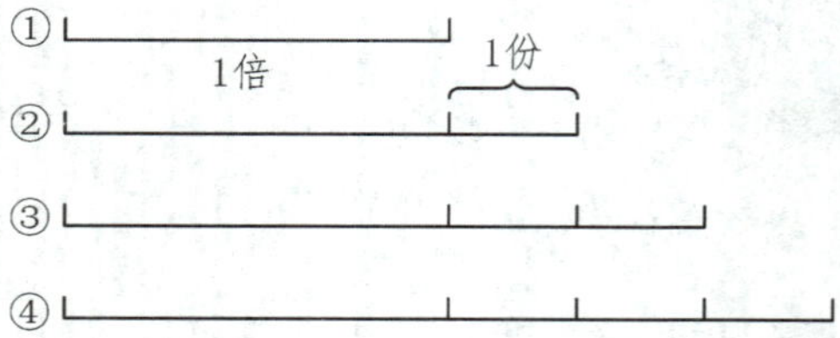

④的长度是①的 2 倍，即“1 倍”被分成 3 份，所以 4 段分别为 3 份、4 份、5 份、6 份。

1 份：72÷(3＋4＋5＋6)＝4(厘米)。

所以 4 段木条分别长 12 厘米、16 厘米、20 厘米、24 厘米。

例 19 盒子里有红、黄、蓝三种颜色的球。如果将红球的数量增加到原来的 7 倍，总球数增加 1 倍；如果将黄球的数量增加到原来的 3 倍，总球数也增加 1 倍。那么，蓝球的数量是红球的______倍。

解析

由题意可知，总数是红球数量的 7－1＝6 倍，是黄球数量的 3－1＝2 倍。将总数看作 6 份，则红球为 1 份，黄球为 3 份，蓝球为 6－1－3＝2(份)，所以蓝球是红球的 2 倍。

12.7　和差倍综合

例 20 “有馅一族”与“饭团世家”发生大战，战场上各有 120 人。“有馅一族”每个成员的战斗力是 2，“饭团世家”每个成员的战斗力是 1，战斗力总和高的一方获胜。由于“有馅一族”中藏有“饭团世家”的卧底——“粽子”（战斗力为 1），它们在战斗开始时临阵倒戈，使得“饭团世家”取得了最后的胜利，那么至少有________个“粽子”。

（2016 年春·明心数学资优生测试 3 年级）

解析

总人数＝120×2＝240（人），因为每个“有馅一族”成员的战斗力是每个“饭团世家”成员的 2 倍，所以平局时“饭团世家”的成员数量是“有馅一族”成员数量的 2 倍，“有馅一族”成员只能有 240÷(2＋1)＝80（人）。

所以至少有 120－80＋1＝41（个）“粽子”。

例 21 兄弟三人要合买一辆价格为 900 元的自行车。老大付的钱是老二的 2 倍，老三付的钱是老大和老二的平均值。那么老二付了________元钱。

（2013 年秋·明心数学资优生测试 4 年级）

解析

若将老二付的钱看作 2 份，那么老大付了 2×2＝4（份），老三付了(2＋4)÷2＝3（份），所以老二付了 900÷(4＋2＋3)×2＝200（元）。

例 22 某玩偶商店出售三种玩偶。下班时，营业员小静发现，三种玩偶分别售出了 37、22、31 个，且每一种玩偶同一个人最多买 1 个。营业员小萱发现，恰买了 2 个玩偶的人数是买了 3 个玩偶人数的 2 倍，恰买了 1 个玩偶的人数是买了 3 个玩偶人数的 3 倍。那么来这家商店买了玩偶的共有多少人？

（2019 年春·明心数学资优生测试 3 年级）

解析

商店这一天一共卖了 37＋22＋31＝90（个）玩偶。将买了 3 个玩偶的人数看作 1 倍，那么买了 2 个玩偶的人数为 2 倍，买了 1 个玩偶的人数为 3 倍。那么，卖出的玩偶数为 1×3＋2×2＋3×1＝10 倍，1 倍为 90÷10＝9，总人数为 9×(1＋2＋3)＝54（人）。

例 23 小兔与蜘蛛共 50 名学员参加踢踏舞训练营。一段时间后，小兔学员走了一半，蜘蛛学员增加了一倍，但老师发现学员的脚既没有增加也没有减少，那么原有小兔________只。（注：蜘蛛有 8 只脚）

（2017 年“数学花园探秘”小中决赛 A 卷）

解析

一只蜘蛛的脚数是一只小兔脚数的 2 倍，而原来所有小兔一半的脚数＝原来所有蜘蛛 1 倍的脚数，所以原来小兔的数量是原来蜘蛛的 4 倍。所以原有小兔 50÷(4＋1)×4＝40（只）。

例 24 一堆糖果有 50 块，小明和小亮玩游戏。小明每赢一次拿 5 块糖，然后吃掉 4 块，将剩下的 1 块放到自己的口袋里；小亮每赢一次也拿 5 块糖，然后吃掉 3 块，将剩下的 2 块放到自己的口袋里。游戏结束时，糖刚好被拿完，这时小亮口袋里的糖数恰好是小明口袋里糖数的 3 倍，那么两人一共吃掉了________块糖。 （2013 年“数学花园探秘”3 年级初赛）

解析

要使小亮口袋里的糖数是小明口袋里的糖数的 3 倍，意味着小明每赢 2 次，小亮就要赢 3 次，即将小明赢得次数看作 2 倍，则小亮赢得次数就是 3 倍，两人共玩了 50÷5=10(次)，1 倍为 10÷(2+3)=2(次)，所以小明赢了 4 次，小亮赢了 6 次。

那么两人一共吃掉了 4×4+3×6=34(块)糖。

例 25 树上有甲、乙、丙三只猴子在聊天。

甲：“我与乙的年龄差是乙与丙年龄差的 2 倍。”

乙：“我们仨一共 39 岁。”

丙：“甲的年龄是我的 2 倍。”

那么，猴子乙是多少岁？ （2016 年春·明心数学资优生测试 3 年级）

解析

若乙最小，则由甲、丙的话得出乙 0 岁，不符合题意，则甲比乙大，乙比丙大。由图可知，甲与丙差 3 份，且甲是丙的 2 倍，所以丙 3 份，甲 6 份，乙 4 份。那么乙的年龄为 39÷(6+4+3)×4=12(岁)。

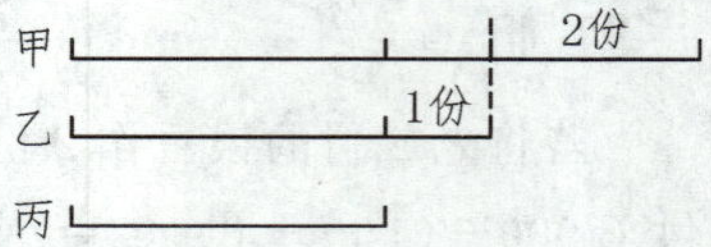

例 26 在一次舞会上来了 20 个小朋友，他们分别被老师蒙着眼睛打扮成了“小黄人”“蓝精灵”“绿巨人”。每个小朋友都看不见自己的打扮。打扮完毕后：

有一个“小黄人”说：“‘蓝精灵’的人数是‘小黄人’的两倍。”

有一个“蓝精灵”说：“‘蓝精灵’的人数和‘绿巨人’一样多。”

那么，“绿巨人”有多少？ （2014 年秋·明心数学资优生测试 3 年级）

解析

【方法 1】根据题意可知蓝精灵比绿巨人多 1 个，小黄人是蓝精灵的一半多 1 个。列表枚举得：

“小黄人”的人数	“蓝精灵”的人数	“绿巨人”的人数	总人数
2	2	1	5
3	4	3	10
4	6	5	16
5	8	7	20

【方法 2】看作和倍问题。将“蓝精灵”看作 2 倍，则“小黄人”是 1 倍多 1 人，“绿巨人”是 2 倍少 1 人，所以 20 人对应 2+2+1=5 倍。所以“蓝精灵”有 20÷5×2=8(人)，“绿巨人”有 8−1=7(人)。

例 27 甲、乙、丙、丁四人共有 251 张邮票。已知甲的邮票数比乙的 2 倍多 2 张，比丙的 3 倍多 6 张，比丁的 4 倍少 16 张，那么丁有________张邮票。 （2013 年“数学花园探秘”小中决赛）

解 析

将甲的邮票数看作 12 倍，那么乙的邮票数是“6 倍少 1”，丙的邮票数是“4 倍少 2”，丁的邮票数是“3 倍多 4”，四个人邮票的总和对应“12＋6＋4＋3＝25 倍多 1”，所以 1 倍是(251－1)÷25＝10(张)，丁有 10×3＋4＝34(张)邮票。

例 28 汤姆猫比加菲猫小 5 岁，机器猫比汤姆猫和加菲猫岁数的总和小 10 岁。若三只猫的岁数总和是 80 岁，则加菲猫是________岁。（2014 年秋 • 明心数学资优生测试 4 年级）

解 析

本题的解题思路蕴含整体思想，首先将汤姆猫与加菲猫看作一个整体，那么“汤姆猫＋加菲猫”＝(80＋10)÷2＝45(岁)。再根据条件“汤姆猫与加菲猫小 5 岁”，求得加菲猫的年龄为(45＋5)÷2＝25(岁)。

例 29 《诗》《书》《礼》《易》《春秋》这 5 本书的页数各不相同：《诗》和《书》相差 24 页，《书》和《礼》相差 17 页，《礼》和《易》相差 27 页，《易》和《春秋》相差 19 页，《春秋》和《诗》相差 15 页。那么，这 5 本书中，页数最多的和页数最少的相差________页。（2013 年“数学花园探秘”小中决赛）

解 析

《诗》和《诗》相差 0 页。问题转化成在“□”内填“＋”或“－”，使等式 24□17□27□19□15＝0 成立。放在开头的 24 附带的符号是“＋”，将所有符号为“＋”的数之和看作“甲”，所有符号为“－”的数之和看作“乙”，由题意可知：

甲＋乙＝24＋17＋27＋19＋15＝102；

甲－乙＝0。

于是，题目转化为一个和差问题，甲＝(102＋0)÷2＝51。要凑出 51 只有 24＋27＝51 一种办法，所以只有 24－17＋27－19－15＝0 一种填法。根据题意，还原五本书之间的差，线段图如下：

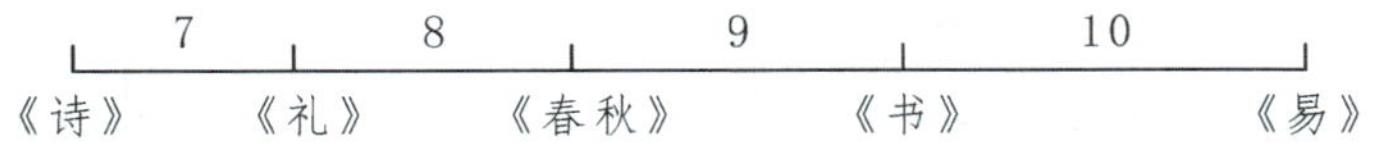

所以，页数最多的和页数最少的相差 7＋8＋9＋10＝34(页)。

例 30 在 A、B、C 三个连通的小水池中各放入若干条金鱼。若有 12 条金鱼从 A 池游到 C 池中，则 C 池内的金鱼将是 A 池的 2 倍。若有 5 条金鱼从 B 池游到 A 池中，则 A 池与 B 池的金鱼数相等。此外，若有 3 条金鱼从 B 池游到 C 池中，则 B 池与 C 池中的金鱼数也会相等。那么 A 水池中原来有________条金鱼。（2016 年“数学花园探秘”小中决赛 A 卷）

解 析

由题意可知，A 池比 B 池少 5×2＝10(条)金鱼，C 池比 B 池少 3×2＝6(条)金鱼，于是 C 池比 A 池多 10－6＝4(条)金鱼。

当 A 池 12 条金鱼游到 C 池中，C 池比 A 池多 12×2＋4＝28(条)金鱼，28 对应 2－1＝1 倍，则 A 池原有 28＋12＝40(条)金鱼。

例 31 土豆先生与玉米女士去烫发，由于烫发的过程中温度升高，土豆先生头顶部分会逐渐变成薯条，每分钟身高会增加 2 厘米；玉米女士会逐渐变成爆米花，每分钟身高会增加 6 厘米。3 分钟后两人身高相同，再过 15 分钟，玉米女士的身高是土豆先生的 2 倍。那么，烫发前土豆先生的身高是玉米女士的________倍。

（2017 年“数学花园探秘”小中决赛 D 卷）

解析

后 15 分钟，玉米女士比土豆先生多增加(6－2)×15＝60(厘米)，所以最后土豆先生的身高为 60÷(2－1)＝60(厘米)。烫发前，土豆先生的身高为 60－2×(3＋15)＝24(厘米)。玉米女士最后的身高为60×2＝120(厘米)，烫发前身高为 120－6×(3＋15)＝12(厘米)，24÷12＝2 倍。

例 32 甲、乙两个小朋友共有 480 个纪念币，纪念币分为金币和银币。两人的银币总数均为金币总数的 3 倍；若两人将金币互换，则甲的纪念币总数为乙的 2 倍。那么，甲有________个纪念币。

（2019 年“数学花园探秘”小中决赛 A 卷）

解析

共有金币 480÷(3＋1)＝120(个)，银币 120×3＝360(个)。

交换后，乙有纪念币 480÷(2＋1)＝160(个)，甲有纪念币 160×2＝320(个)。将甲原有的金币数量看作 1 倍，则甲原有 3 倍数量的银币，总共 4 倍数量的纪念币。

交换后，甲拥有 3 倍数量的银币与乙原来所有的金币，将其中 1 倍数量的银币看作金币，则甲此时拥有全部的金币 120 枚与 2 倍数量的银币，所以 1 倍量为(320－120)÷(3－1)＝100(个)，甲原有纪念币共 100×4＝400(个)。

例 33 希希老师买来同样数量的铅笔、圆珠笔和橡皮发给班上学生。发给每位学生 2 支铅笔、3 支圆珠笔和 4 块橡皮后，发现圆珠笔还剩下 48 支，剩下铅笔的数量恰好是剩下橡皮数量的 2 倍，那么希希老师班上一共有________名学生。

（2015 年“数学花园探秘”小中决赛 A 卷）

解析

因为三种物品的总数量相同，且发给同学们的数量分别为人数的 2 倍、3 倍、4 倍，成等差数列，所以剩下铅笔数量、圆珠笔数量、橡皮数量由大到小也成等差数列。

剩下的铅笔与橡皮的总数量为 48×2＝96，由于剩下铅笔数量是剩下橡皮数量的 2 倍，典型的和倍问题，剩下的橡皮数量为 96÷(1＋2)＝32(块)，于是：

发放的橡皮数量－发放的圆珠笔数量＝剩下的圆珠笔数量－剩下的橡皮数量＝48－32＝16，即人数的 4 倍比 3 倍多 16，典型的差倍问题，班上共有 16÷(4－3)＝16(名)学生。

真题重现

1. 有 6 瓶矿泉水，熊大和熊二一起把矿泉水都喝光了，其中熊二喝的矿泉水比熊大喝的矿泉水多一倍，那么熊大喝了________瓶矿泉水。

（2013 年秋 · 明心数学资优生测试 3 年级）

2. 一筐水果中，恰好有一半是苹果。如果吃掉苹果数量的一半，筐中只剩下 60 个水果。那么，这时筐子中还有________个苹果。

（2017 年“数学花园探秘”4 年级初赛 A 卷）

3. 从整数 1～9 中选出 5 个不同的数，使得选出的 5 个数之和恰好是没有选出的 4 个数之和的一半，选出的数的和是________。（2016 年“数学花园探秘”4 年级网赛）

4. 动物园的龟鹤共有 66 条腿，且龟的总腿数比鹤的总腿数多 6 条，那么龟有________只。（每只龟有 4 条腿，每只鹤有 2 条腿）（2017 年秋 · 明心数学资优生测试 3 年级）

5. 甲、乙两个小朋友到宠物店看到有灰兔和白兔若干只。

甲说：“如果灰兔的数量减少一半，灰兔就和白兔的数量一样多。”

乙说：“如果白兔的数量扩大 3 倍，那么灰兔与白兔一共有 10 只。”

那么宠物店里灰兔有________只。（2017 年秋 · 明心数学资优生测试 3 年级）

6. 1 个大和尚的饭量相当于 2 个小和尚的饭量。现有 2 个大和尚与 1 个小和尚 3 天共吃了 60 个馒头。那么，小和尚一天吃________个馒头。（2017 年春 · 明心数学资优生测试 4 年级）

7. 1 个大和尚吃 3 个馒头，3 个小和尚吃 1 个大饼，2 个大饼的质量等于 3 个馒头的质量。已知 1 个大和尚加 1 个小和尚所吃食物的总质量为 700 克，那么一个大饼重________克。

（2016 年秋 · 明心数学资优生测试 4 年级）

8. 一个农夫在一块长方形的土地上一排一排地栽树。若每排栽种树的棵数是总排数的 3 倍，并且一共栽种了 972 棵树，那么每排有________棵树。（2014 年春 · 明心数学资优生测试 3 年级）

9. 雾霾天，狐狸、兔子和狗熊去卖口罩。

狐狸说：“狗熊卖 1 元一个，我就卖 4 元一个；狗熊卖 2 元一个，我就卖 8 元一个；狗熊卖 3 元一个，我就卖 12 元一个……”

兔子说：“我卖的价格是狐狸的一半。”

结果他们卖了相同数量的口罩，共卖了 210 元。那么狐狸卖口罩得到了________元。

（2014 年“数学花园探秘”4 年级网赛）

10. 某次联欢会有男、女同学共 85 名参加。第一个到会的女同学与所有男同学都握过手；第二个到会的女同学只差 1 个男同学没有握过手；第三个到会的女同学只差 2 个男同学没有握过手……依此类推。结果发现，最后一个到会的女同学握过手的男同学人数是她没握过手的男同学人数的 2 倍。那么，参加联欢会的男同学共有________名。（2020 年“数学花园探秘”小中决赛 C 卷）

11. 妈妈给了哥哥和妹妹一些糖，妹妹比哥哥多 2 颗糖。第一天，哥哥偷吃了妹妹的 2 颗糖；第二天，妹妹偷吃了哥哥的 2 颗糖，这时妹妹的糖数是哥哥的 2 倍。那么，现在哥哥有________颗糖。

（2017 年“数学花园探秘”3 年级网赛）

12. 如图，小鱼老师在为圣诞树准备装饰物，每个树顶需要放一颗幸运星，每一层树的两侧需要各放 1 个许愿球，一共 3 层。小鱼老师数了数，许愿球比幸运星多 40 个。那么，小鱼老师装饰了________棵圣诞树。（2017 年“数学花园探秘”3 年级初赛 A 卷）

第 12 题图

13. 一次画展参展的作品中，不是画家 A 的作品有 32 幅，不是画家 B 的作品有 44 幅。如果画家 A 的参展作品数量是画家 B 的参展作品数量的 3 倍，那么其他画家的作品有________幅。

（2020 年春 · 明心数学资优生测试 3 年级）

14. 老师给孩子们发水果。苹果的数量是梨的 2 倍多 5 个，桃子的数量是苹果的 3 倍，是梨的 7 倍。那么苹果、梨、桃子共有________个。（2016 年“数学花园探秘”小中决赛 D 卷）

15. 男生戴红帽，女生戴黄帽，老师戴蓝帽。每人看不到自己的帽子。小强（男生）看到的红帽比黄帽多 2 顶，小花（女生）看到的黄帽是蓝帽的 2 倍，李老师看到的蓝帽比红帽少 11 顶。那么其中有________名女生。（2016 年“数学花园探秘”4 年级初赛 B 卷）

16. 在一个加法算式中，其中一个加数是三位数，但小明计算时将这个三位数十位上的数字"2"看掉了（看成了一个两位数），计算结果比正确答案少560。那么这个三位数百位上的数字是________。

（2016年秋·明心数学资优生测试4年级）

17. 嘉爷爷养了一些鸡和兔，鸡的只数和兔的只数相同。卖掉20只兔子，买进20只鸡后，嘉爷爷发现鸡和兔的腿数相同了。嘉爷爷原来养了________只鸡。（2017年"数学花园探秘"小中决赛B卷）

18. 2016年奥运会上，各国健儿尽显英姿。乐乐观察发现：金牌数量上，美国队是英国队的2倍少8块；银牌数量上，英国队比美国队少14块；铜牌数量上，美国队是英国队的2倍多4块；奖牌总数上，美国队比英国队的2倍少13块。那么英国队获得了________块银牌。

（2017年"数学花园探秘"4年级初赛B卷）

19. 有不等长的甲、乙两竹竿及长5米的丙竹竿。若将甲接在丙的顶端，则总长为乙的3倍；若将乙接在丙的顶端，则总长为甲的7倍。那么甲长________米，乙长________米。

（2013年春·明心数学资优生测试3年级）

20. 一首乐曲分为三个乐章。第二乐章需要演奏4分钟，第三乐章的演奏时间等于第一乐章的一半加上第二乐章的演奏时间，第一乐章的演奏时间等于第二乐章演奏时间的一半加上第三乐章的演奏时间。那么整首乐曲的演奏时间为多少分钟？（2017年秋·明心数学资优生测试3年级）

21. 阿土伯养了一些鸡、兔与鹤。其中鹤白天双足站立，夜间单足站立；鸡晚上睡觉则把头藏起来。细心的孙小美发现，不论白天晚上，足数和头数的差不变。如果晚上数出25个头，那么白天可以数出________条腿。（2016年春·明心数学资优生测试4年级）

22. 蕾蕾和菲菲玩一种纸牌游戏。开始时两人各有一些纸牌，第一轮蕾蕾赢了菲菲30张纸牌，这时蕾蕾的纸牌比菲菲的2倍少30张。第二轮菲菲赢了蕾蕾30张纸牌，这时菲菲的纸牌比蕾蕾的2倍少30张。那么两人共有________张纸牌。（2017年"数学花园探秘"3年级初赛B卷）

23. 新年到了，小悦和大悦一共准备了不到20颗糖果。大悦将自己的糖果先分给小悦一些，这时小悦的糖果数是大悦的3倍。后来小悦又把大悦给他糖果数的3倍返还，这时大悦的糖果数是小悦的3倍。那么，小悦和大悦原来共有________颗糖果。（2020年"数学花园探秘"4年级初赛A卷）

参考答案

1. 答案：2。

分析：6÷(1+2)=2(瓶)。

2. 答案：20。

分析：最初苹果和其他水果各占一半，苹果被吃掉一半后，将剩下的苹果看作1倍，则其他水果为2倍，则60个水果对应1+2=3倍，所以剩下的1倍苹果为60÷3=20(个)。

3. 答案：15。

分析：这9个数的总和为45，选出的数的总和是45÷(1+2)=15。选出的数为1、2、3、4、5。

4. 答案：9。

分析：龟的腿有(66+6)÷2=36(条)，龟有36÷4=9(只)。

5. 答案：4。

分析：由甲的话知灰兔数量是白兔数量的2倍。

白兔有10÷(3+2)=2(只)，灰兔有2×2=4(只)。

6. 答案：4。

分析：60÷3÷(2+2+1)=4(个)。

7. 答案：300。

分析：3个馒头=2个大饼，那么可将大和尚吃的3个馒头换成2个大饼。由此可知，1个大和尚的食量是1个小和尚的2×3=6倍，那么小和尚吃的食物重700÷(6+1)=100(克)，1个大饼重100×3=300(克)。

8. 答案：54。

分析：可以将这块土地理解为一个由3个正方形拼接而成的长方形，且长是宽的3倍。于是每个正方形中种了972÷3=324(棵)树，此时排数与每排的棵数相同。而$324=18^2$，所以共有18排，每排有18×3=54(棵)树。

9. 答案：120。

分析：将狗熊卖口罩得到的钱数看作1倍量，则狐狸得到的钱数是4倍量，兔子得到的钱数是2倍量，所以狐狸卖口罩得到了210÷(1+2+4)×4=120(元)。

10. 答案：63。

分析：根据最后一个女同学的握手情况可知，女同学人数=没握过的男同学人数+1。将该女同学没握过的男同学人数看作1倍，则女同学人数是1倍多1人，男同学的总人数是3倍。所以男同学有(85−1)÷(3+1)×3=63(名)。

11. 答案：2。

分析：妹妹和哥哥互相各吃了2颗糖，同时减少2颗糖，两个人糖数的差"2"没有变，这时妹妹的糖数是哥哥的2倍，差2对应的是2−1=1倍，所以现在哥哥有2颗糖。

12. 答案：8。

分析：方法1　每棵圣诞树有许愿球2×3=6(个)，幸运星1个，即许愿球是幸运星的6倍，于是40对应6−1=5倍，所以，小鱼共装了40÷5=8(个)幸运星，即装饰了8棵圣诞树。

方法2　每棵圣诞树上许愿球比幸运星多2×3−1=5(个)，共多40个，所以装饰了40÷5=8(棵)圣诞树。

13. 答案：26。

分析：A的作品数量比B的作品数量多44−32=12(幅)，所以B有作品12÷(3−1)=6(幅)，其他画家有32−6=26(幅)作品。

14. 答案：155。

分析：根据题意有，桃子的数量是梨的6倍多15个，恰好又是梨的7倍，所以15个正好对应7倍与6倍的差，1倍量梨有15÷(7−6)=15(个)，所以三种水果共有15×(1+7+2)+5=155(个)。

15. 答案：13。

分析：由小强看到的可知，男生比女生多3人；由小花看到的可知，女生人数比老师人数的2倍多1人；由李老师看到的可知，老师人数比男生人数少10人。将老师人数看作1倍，则女生人数是2倍多1人，男生人数即是1倍多10人，也是2倍多1+3=4(人)，所以1倍量老师的人数是(10−4)÷(2−1)=6(人)，则女生有6×2+1=13(人)。

16. 答案：6。

分析：十位2去掉，减少20；百位数字移到十位，缩小了10倍。

(560−20)÷(10−1)=60，即600看成了60，百位为6。

17. 答案：60。

分析：鸡和兔腿数相同时，鸡的只数是兔的只数的 2 倍。因为鸡和兔原来数量相同，所以他们现在的数量相差 40 只。所以，现在鸡有 80 只，兔有 40÷(2－1)＝40(只)，原来鸡与兔都为 40＋20＝60(只)。

18. 答案：23。

分析：通过总数比较，可得美国队的银牌数是英国队的 2 倍少 13－8＋4＝9(块)，可得英国的银牌数是(9＋14)÷(2－1)＝23(块)。

19. 答案：1；2。

分析：由条件可知，甲、乙、丙的总长为乙的 3＋1＝4 倍；甲、乙、丙的总长为甲的 7＋1＝8 倍。

那么乙的长为甲长的 2 倍，丙的长为甲的 8－2－1＝5 倍。

因此，1 倍量甲长为 5÷5＝1(米)，乙长为 1×2＝2(米)。

20. 答案：26。

分析：由题意可知，第三乐章的演奏时间比第一乐章的一半多 4 分钟，比第一乐章的全部少 2 分钟，如图。

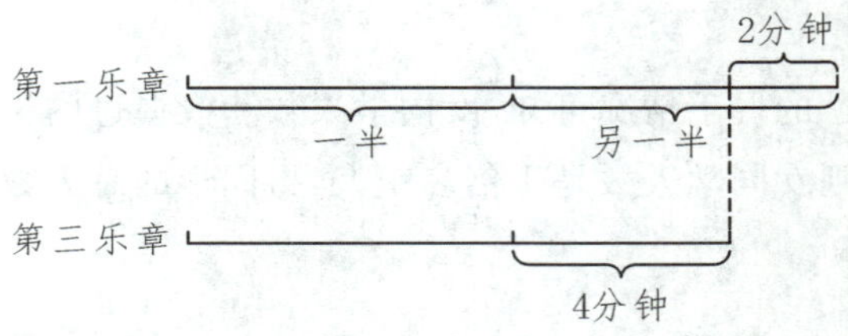

第 20 题图

第一乐章的一半为 4＋2＝6(分钟)，全部为 6×2＝12(分钟)。

第三乐章为 12÷2＋4＝10(分钟)。

整首乐曲：12＋4＋10＝26(分钟)。

21. 答案：100。

分析：本题貌似“鸡兔同笼”，实则不然。

突破口：足数与头数之差不变，则鹤与鸡的数量相等，兔子不论白天还是晚上头足不变。兔子白天的足数是晚上头数的 4 倍，而鹤与鸡白天足 4 份，晚上头 1 份，也是 4 倍关系。所以三种动物白天的足数是晚上头数的 4 倍，所以白天可以数出 25×4＝100(条)腿。

22. 答案：150。

分析：

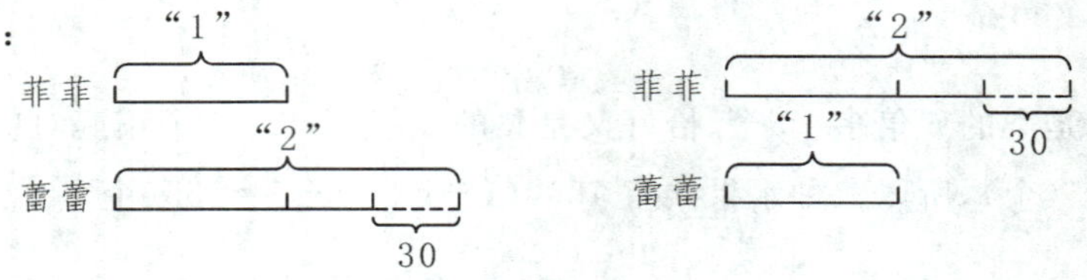

第 22 题图

取对手相同的纸牌，形成相同的倍数关系，说明两人就相差 30 张纸牌。将第一轮后菲菲的纸牌数看作 1 倍，那么 1 倍量为(30＋30)÷(2－1)＝60(张)，两人共有 60×(2＋1)－30＝150(张)纸牌。

23. 答案：12。

分析：首先总糖果数为 3＋1＝4 的倍数。第一次大悦给小悦后，大悦记为 1 份，小悦为 3 份，而两个人的差是 2 份；而小悦给大悦后，2 人仍然是 3 倍关系，而和不变，所以小悦应给大悦 2 份，此时大悦变为 3 份，小悦变为 1 份，说明 2 份数应该是 3 的倍数。那么，由于总数 4 份不能多于 20，1 份只能是 3，此时总数 4 份是 12。

第十三章　年龄问题

13.1　概述

年龄问题是和差倍问题的一种集中展现，又因为有“年龄差不变”的特征，所以常以和差问题或差倍问题的形式出现。然时至今日，随着人们知识水平的普遍提高，如“双生子佯谬”这样的场景也时常出现在命题之中，可见年龄问题不仅与日俱增，更与时俱进，常见常新。

13.2　年龄差

例 1　欧洲“文艺复兴后三杰”分别是达·芬奇、米开朗琪罗、拉斐尔。米开朗琪罗 16 岁时，他的年龄是拉斐尔的 2 倍。7 年后，达·芬奇的年龄是米开朗琪罗的 2 倍。那么，达·芬奇比拉斐尔大________岁。

（2016 年秋·明心数学资优生测试 3 年级）

解析

7 年后与现在相比，三人中每两人的年龄差都不会变，于是：

米开朗琪罗比拉斐尔大 16－16÷2＝8(岁)；

达·芬奇比米开朗琪罗大(16＋7)×(2－1)＝23(岁)；

所以达·芬奇比拉斐尔大 23＋8＝31(岁)。

例 2　2012 年，小明的年龄是爸爸与妈妈年龄差的 2 倍；2017 年，小明的年龄是爸爸与妈妈年龄差的 3 倍。那么，________年，小明的年龄是爸爸与妈妈年龄差的 5 倍。

（2017 年春·明心数学资优生测试 4 年级）

解析

因为爸爸与妈妈的年龄差不变，所以年龄差为(2017－2012)÷(3－2)＝5(岁)，小明的年龄还需增长年龄差的 5－3＝2 倍才能达到 5 倍，所以还需要经过 5×2＝10(年)，即 2017＋10＝2027(年)。

例 3　兄弟三人中的老大与老三有这样一番对话。

老大：“当我是老二现在年龄的时候，老三你只有 5 岁。”

老三：“当我是老二现在年龄的时候，老大你已经 29 岁了。”

那么，老大比老三大________岁。

（2017 年秋·明心数学资优生测试 4 年级）

解析

如图，以线段图作为辅助来思考，a 为老大与老二的年龄差，b 为老二与老三的年龄差。

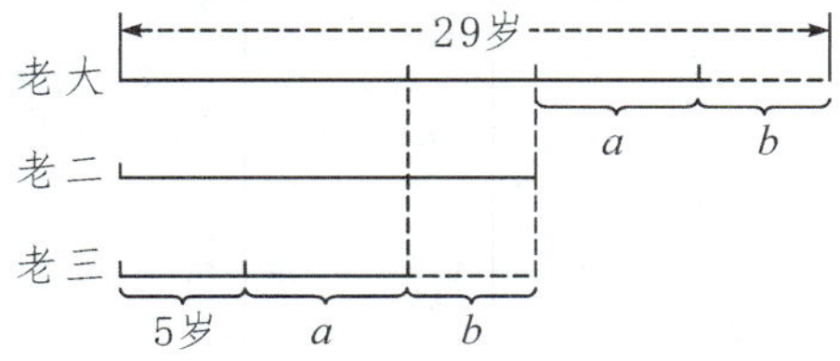

由图可知，29 岁与 5 岁的差距对应两个老大与老三的年龄差，所以老大比老三大(29－5)÷2＝12(岁)。

例 4 今年，菲菲的年龄比蕾蕾的年龄的一半多 12 岁；明年，菲菲的年龄比蕾蕾的年龄的两倍少 34 岁。今年，两人的年龄之和是________岁。（2016 年"数学花园探秘"4 年级网赛）

解 析

【方法 1】假设今年蕾蕾的年龄为 2 倍，则菲菲的年龄为 1 倍多 12 岁，两人的年龄和为 3 倍多 12 岁；明年蕾蕾的年龄为 2 倍多 1 岁，菲菲的年龄为 4 倍少 32 岁，两人的年龄和共 6 倍少 31 岁，则反推今年的年龄和为 6 倍少 33 岁。

于是，33＋12＝45(岁)对应 6－3＝3 倍，1 倍为 45÷3＝15(岁)，所以今年两人的年龄和为 15×3＋12＝57(岁)。

【方法 2】假设今年蕾蕾年龄的一半为 1 倍，则菲菲的年龄为 1 倍多 12 岁；明年蕾蕾年龄的 2 倍为 4 倍多 2 岁，菲菲的年龄为 4 倍少 32 岁。又因为菲菲的年龄还可以表示为 1 倍多 13 岁，所以 3 倍对应 32＋13＝45(岁)，1 倍为 45÷3＝15(岁)，所以今年两人的年龄和为 15×3＋12＝57(岁)。

例 5 豆豆全家有 4 口人。今年哥哥比豆豆大 3 岁，妈妈比爸爸小 2 岁。5 年前，全家年龄和为 59 岁，5 年后，全家年龄和为 97 岁。妈妈今年________岁。（2015 年"数学花园探秘"4 年级初赛 B 卷）

解 析

突破口是豆豆的年龄。

4 口人，5 年后的年龄总和比 5 年前大 97－59＝38(岁)＜(5＋5)×4＝40(岁)，为什么差 2 岁呢？一个人一旦出生，计算年龄时无论生死每年都会加 1 岁，没有加的原因只能是还没有出生，显然 10 年中，只可能是最小的豆豆少长了 2 岁，即 5 年后豆豆 10－2＝8(岁)。故豆豆今年 3 岁，哥哥今年 3＋3＝6(岁)，全家今年年龄和为 97－5×4＝77(岁)，爸爸妈妈的年龄和为 77－3－6＝68(岁)。又因为爸爸妈妈的年龄差为 2 岁，所以今年妈妈的年龄为(68－2)÷2＝33(岁)。

13.3 关于闰年

例 6 爸爸生日是 5 月 1 日，而春春生日是 7 月 1 日。从 2012 年 12 月 26 日算起(第 1 天)，直到第 2013 天，爸爸和春春总共过了________个生日。（2013 年"数学花园探秘"4 年级初赛）

解 析

2012 年 12 月 31 日是第 31－25＝6 天。2013 年 7 月 1 日是第 6＋31＋28＋31＋30＋31＋30＋1＝188 天。剩余的 2013－188＝1825(天)，如果每年都是 365 天，那么这 1825 天恰好为 1825÷365＝5(年)。但考虑到这 5 年中的 2016 年为闰年，有 366 天，于是第 2013 天恰为 7 月 1 日的前一天。所以，爸爸过了 6 个生日，春春过了 5 个生日，一共过了 6＋5＝11(个)生日。

例 7 再过 12 天就到 2016 年了。昊昊感慨地说："我到目前只经过 2 个闰年，并且我出生的年份是 9 的倍数。"那么 2016 年昊昊是________岁。（2016 年"数学花园探秘"3 年级初赛 A 卷）

解 析

昊昊只经过了 2 个闰年，则他的出生年份在 2005 年至 2008 年之间，其中仅有 2007 是 9 的倍数，所以昊昊 2007 年出生，到 2016 年时是 9 岁。

13.4　隐藏的不变量

例 8　李老师今年 56 岁，小明前年 6 岁，小刚 13 岁的时候李老师的年龄是小明的 4 倍。那么几年后李老师的年龄是小明、小刚年龄和的 2 倍？

（2020 年秋·明心数学资优生测试 3 年级）

解析

李老师比小明大 56－2－6＝48（岁），当李老师的年龄是小明的 4 倍的时候，小明 48÷（4－1）＝16（岁），李老师 64 岁，小刚 13 岁。假设有两个李老师，则两个李老师的年龄和是小明、小刚年龄和的 4 倍，且差不变为 64×2－16－13＝99（岁），此时小明、小刚的年龄和为 99÷（4－1）＝33（岁），则此时李老师的年龄应该为 33×2＝66（岁），故答案为 66－56＝10（年）后。

例 9　2013 年，张三、李四、王五、赵六四人的年龄和为 129 岁。当张三 9 岁的时候，赵六的年龄是李四的 5 倍，李四的年龄是王五的一半，则王五 40 岁时是________年。

（2013 年"数学花园探秘"4 年级网赛）

解析

假设张三晚出生 9 年，那么：

（1）张三 0 岁的时候，张三、李四、赵六的年龄总和是王五的 3 倍；

（2）以后每过一年，张三、李四、赵六的年龄和都增加 3，王五的年龄都增加 1；

（3）2013 年时，四人年龄和为 120 岁。

条件（1）和（2）意味着，无论哪一年，张三、李四、赵六的年龄和都是王五的 3 倍。故再根据条件（3），王五的年龄为 120÷4＝30（岁），所以，王五 40 岁时是 2023 年。

例 10　小权、小叶、小红、小文四个人是好朋友，当小权 41 岁时，小叶的年龄恰好是小文的 3 倍，那时小红 27 岁。如果小文今年的年龄是 23 岁，那么，这 4 人今年的平均年龄是多少岁？

（2017 年"数学花园探秘"4 年级总决赛一试）

解析

【方法 1】若小权、小红当年都是 0 岁，则当年小权、小叶、小红三人的年龄和是小文的 3 倍，以后每年也依然是 3 倍。于是今年小权、小叶、小红三人的年龄和为 23×3＋41＋27＝137（岁），四人的年龄和为 137＋23＝160（岁），平均年龄为 160÷4＝40（岁）。

【方法 2】将小文的年龄看作 1 倍，则小叶的年龄是 3 倍，此时将小叶调整成与小文一样大，并将多的 2 倍给小权与小红各 1 倍，则小权永远比小文大 41 岁，小红永远比小文大 27 岁。所以，当小文 23 岁时，小叶也是 23 岁，小权 23＋41＝64（岁），小红 23＋27＝50（岁），合计 160 岁，4 人平均 40 岁。

例 11　大毛对三毛说："爸爸 36 岁时，我的年龄是你的 4 倍，二毛的年龄是你的 3 倍。"

二毛说："是啊，那时候我们三人的年龄加起来恰好是爸爸现在年龄的一半。"

三毛说："现在我们父子 4 人的年龄和已经有 108 岁了。"

那么三毛今年________岁。

（2016 年"数学花园探秘"4 年级初赛 B 卷）

解析

当爸爸 36 岁时，将三毛的年龄看作 1 倍，则二毛的年龄是 3 倍，大毛的年龄是 4 倍，于是爸爸今年的年龄是 16 倍。

如果爸爸当年 0 岁，那么爸爸与大毛的年龄和始终等于二毛与三毛的年龄和，那么今年二毛与三毛的年龄和为(108－36)÷2＝36(岁)，大毛与爸爸的年龄和为 36＋36＝72(岁)。

于是爸爸今年的年龄大于 36 岁，小于 72 岁，且为 16 的倍数。

若爸爸今年 64 岁，则过去了 64－36＝28(年)，28×4＞108，不符合题意；

若爸爸今年 48 岁，则过去了 48－36＝12(年)，大毛今年 72－48＝24(岁)，12 年前大毛 12 岁，三毛 3 岁，二毛 9 岁，三人年龄和正好是爸爸今年年龄的一半，符合题意。所以三毛今年 3＋12＝15(岁)。

13.5 与平均数相伴

例 12 5 年前，甲、乙的年龄和是丙年龄的 2 倍；5 年后，甲、乙、丙的年龄和是丁年龄的 3 倍。如果甲比乙大 6 岁，那么乙比丁小________岁。

(2020 年春·明心数学资优生测试 3 年级)

解析

丙的年龄是甲、乙年龄的平均数，甲、乙的年龄和永远是丙的 2 倍。5 年后，甲、乙、丙的年龄和就是丙的 3 倍，所以丁与丙的年龄相同。甲比乙大 6 岁，即乙比丙小 6÷2＝3(岁)，所以乙比丁也小 3 岁。

例 13 兄弟三人，老三说："二哥像我现在这么大的时候，大哥 31 岁。"

老二说："我到大哥现在这么大的时候，三弟也是 31 岁。"

老大说："我们三人今年一共 75 岁了。"

那么，今年老二________岁。

(2016 年"数学花园探秘"4 年级总决赛一试)

解析

三人今年平均 75÷3＝25(岁)，由老三所说，老大减了老二、老三的年龄差后为 31＞25，所以老二的年龄小于三人年龄的平均数，即"老二－老三＜老大－老二"，将三人的年龄画成矩形图。

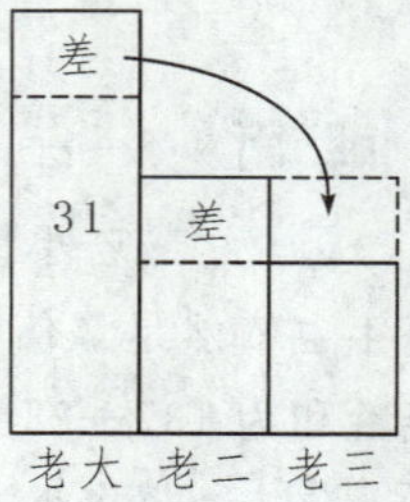

如图，将老二与老三的年龄差记为"差"，则当老大去掉"差"以后为 31 岁，在总年龄和中去掉这 31 岁后，恰好可以补成老二年龄的 2 倍，所以今年老二的年龄为(75－31)÷2＝22(岁)。

13.6 神话、科幻以及逻辑推理

例 14 根据《西游记》描述，唐僧第一次见到孙悟空是在五行山下。以此时为标准，如果一年前孙悟空的年龄是唐僧的 50 倍，三年后孙悟空的年龄是唐僧的 43 倍，那么他俩第一次见面时，唐僧________岁，孙悟空________岁。

(2015 年春·明心数学资优生测试 3 年级)

解析

年龄差不变：一年前为 49 倍，三年后为 42 倍，相差 1＋3＝4(年)。

一年前唐僧的年龄为 4×42÷(49－42)＝24(岁)，于是唐僧今年 24＋1＝25(岁)，孙悟空 24×50＋1＝1201(岁)。

例 15 影片《返老还童》中，本杰明·巴顿 1919 年出生时是一个 80 岁的小老头，但巴顿每过 1 年就年轻 1 岁。1930 年，巴顿遇到了 6 岁的小女孩黛西，黛西每过 1 年长大 1 岁。影片的最后，0 岁的巴顿在黛西怀里睡去。那么，这个时候黛西________岁。（2017 年"数学花园探秘"3 年级初赛 B 卷）

解析

巴顿与黛西的"年龄"之和为 80－(1930－1919)＋6＝75(岁)，始终保持不变，因此当巴顿 0 岁时，黛西 75 岁。

例 16 某天，小鱼、小牧、小哼三人分别进行了一场时空旅行。小哼进入时空隧道的时间流速与地球一致，小牧进入时空隧道的时间流速是地球的 2 倍(即地球上每经过 1 年，小牧的时空隧道内经过了 2 年)，小鱼进入时空隧道的时间流速是地球的 3 倍。若干年后，3 人同时回到地球。

小鱼说："如果按照咱们俩各自所在的时空隧道时间计算，今年我们一共 105 岁啦。"

小牧说："小鱼，出发的时候我比你大 5 岁，但是如果按照咱们俩各自所在时空隧道时间计算，现在咱们俩一样大。"

小哼说："如果一开始大家都在我的时空隧道旅行，那么当小鱼像小牧出发时那样大的时候，小牧像我出发时那样大。"

那么按照地球时间的流速，今年小鱼________岁。（2020 年"数学花园探秘"初赛 A 卷）

解析

假设按照小哼的时间流速过了"1 份"时间，那么小牧过了"2 份"时间，小鱼过了"3 份"时间。

出发时小牧比小鱼大 5 岁，回来时小牧和小鱼一样大，可以推出"1 份"时间是 5 年，所以小鱼过了 15 年，小牧过了 10 年，小哼过了 5 年。

再根据小哼说的话可以推出，开始小哼比小牧大 5 岁，小牧比小鱼大 5 岁。所以当他们回到地球时，按照各自的时间流速，3 人的年龄一样，故每个人是 105÷3＝35(岁)。

反推可知，按照地球的流速，今年小鱼 35－5×3＋5＝25(岁)。

例 17 20 世纪的某一天，弟弟对哥哥说："哥哥，你看，把你出生年份中的四个数字加起来，就是我的年龄。"哥哥接着说道："亲爱的弟弟，你说得对！对我来说也是一样的，把你出生年份的四个数字加起来就是我的年龄。另外如果把我们各自年龄的两个数字对调一下就能得到对方的年龄。"已知兄弟俩出生的年份不同，那么这段对话发生在________年。（2015 年"数学花园探秘"小中决赛 A 卷）

解析

哥哥弟弟的年龄差为 9 的倍数，即出生年份也相差 9 的倍数，这就意味着出生年份的数字和也相差 9 的倍数。若数字和相差≥18，则兄弟二人至少相差 99 岁，这是不可能的，所以兄弟二人出生年份的数字和只能相差 9。

又因为说话时，弟弟的年龄为两位数且对调后变大，则弟弟至少 12 岁，哥哥至少 21 岁。又因为哥哥最大不会超过 1＋9＋9＋9＝28(岁)，所以哥哥只能是 21 岁，调换数字后比原来小，弟弟也只能是 12 岁，兄弟俩相差 9 岁，那么哥哥出生年份加 9 后，数字和也加 9，则哥哥出生年份的末位数字是 0。又因为弟弟只有 12 岁，哥哥只有 21 岁，所以他不可能在 1900 年以前出生，所以哥哥的出生年份为 1920 年，说话的时间是 1920＋21＝1941(年)。

真题重现

1. 去年，学学和奇奇的年龄之和是 15 岁。明年，学学和奇奇的年龄之和是________岁。

(2017 年"数学花园探秘"小中决赛 D 卷)

2. 父亲今年 44 岁，儿子今年 16 岁。当父亲的年龄是儿子的 8 倍时，父子的年龄和是________岁。

(2013 年春 · 明心数学资优生测试 3 年级)

3. 瑶瑶在和爸爸讨论 2016 年。瑶瑶说："我发现 2016 这个数很有趣，最后一个数字 6 正好是前面 2、0、1 这三个数字的和的 2 倍。"爸爸说："那咱们就把符合这种条件的年份定义为'幸运 2 倍年'。"瑶瑶马上计算了一下说："2016 年过后，等到下一个'幸运 2 倍年'，我就已经 17 岁了。"那么，2016 年瑶瑶________岁。

(2016 年"数学花园探秘"3 年级初赛 B 卷)

4. 当小明的年龄是小红的 2 倍时，小刚的年龄正好是小明的 3 倍。那么，当小刚的年龄是小明的 2 倍时，小红的年龄是现在年龄的________倍。

(2018 年秋 · 明心数学资优生测试 3 年级)

5. 上一次狗年，爷爷的年龄是旺旺的 10 倍。今年又是狗年，爷爷的年龄是旺旺的 4 倍，爷爷今年________岁。

(2018 年春 · 明心数学资优生测试 3 年级)

6. 今年，甲、乙年龄之和等于丙的年龄；3 年后，甲、丙年龄之和是乙年龄的 2 倍；3 年前，三人的年龄和为 27 岁。那么，丙比甲大________岁。

(2018 年"数学花园探秘"3 年级初赛 C 卷)

7. 奶奶对小明说："奶奶在你妈妈这个岁数的时候，你妈妈和你现在一样大；当你长到你爸爸现在这么大的时候，你爸爸将变成你爷爷现在这么大。"小明说："今年爸爸比妈妈大 3 岁。"那么爷爷比奶奶大________岁。

(2018 年秋 · 明心数学资优生测试 4 年级)

8. 哥哥比弟弟大 3 岁。2 年前，妈妈的年龄是弟弟的 6 倍。1 年后，妈妈的年龄是哥哥的 3 倍。那么，妈妈今年________岁。

(2019 年"数学花园探秘"小中决赛 A 卷)

9. 小空与小灵今年的年龄和是 80 岁；2 年前，小灵与小通的年龄和是 80 岁；3 年后，小空与小通的年龄和还是 80 岁。那么，今年三人各多少岁？

(2019 年秋 · 明心数学资优生测试 3 年级)

10. 某日，小杰与爸爸聊天。

小杰说："我特别期待 2013 年的到来。"

爸爸问："为什么呢？"

小杰说："你看，2013 的 4 个数字互不相同，我长这么大，还是头一次过这样的年份呢。"

爸爸笑道："是呀，我们可以把这种各位数字都不相同的年份叫作幸运年，这样算来，明年爸爸就过第 13 个幸运年了。"

小杰想了想说："当我像爸爸现在这么大的时候，我刚好也过第 13 个幸运年。"

那么，小明明年________岁。

(2013 年"数学花园探秘"4 年级网赛)

11. 根据相对论，接近光速飞行的宇宙飞船上，时间会变慢。弟弟乘坐飞船出发时，弟弟 24 岁，哥哥 30 岁；当弟弟返回地球时，哥哥的年龄是弟弟的 3 倍。如果飞船上的 1 年相当于地球上的 10 年，那么哥哥现在________岁。

(2018 年"数学花园探秘"3 年级初赛 A 卷)

参考答案

1. 答案：19。

分析：每过一年两人的年龄和增加 2 岁，明年两人年龄之和为 15＋2＋2＝19(岁)。

2. 答案：36。

分析：父亲与儿子的年龄差是 44－16＝28(岁)。当父亲的年龄是儿子的 8 倍时，儿子是 28÷(8－1)＝4(岁)，父子的年龄和是 4＋4＋28＝36(岁)。

3. 答案：5。

分析：从 2016 开始枚举，由于(2＋0＋1)×2＝6，所以 201 开头的年份都不正确。考虑 202 开头的年份，(2＋0＋2)×2＝8，所以，2028 年是下一个“幸运 2 倍年”，2028－2016＝12，17－12＝5(岁)。

4. 答案：3。

分析：如图，将现在小红的年龄视为 1 份，则小明的年龄为 2 份，小刚的年龄为 2×3＝6(份)。

由于年龄差不变，所以当小刚的年龄是小明的 2 倍时，小明的年龄为(6－2)÷(2－1)＝4(份)，时间过了4－2＝2(份)，即小红年龄变为 1＋2＝3(份)，即 3 倍。

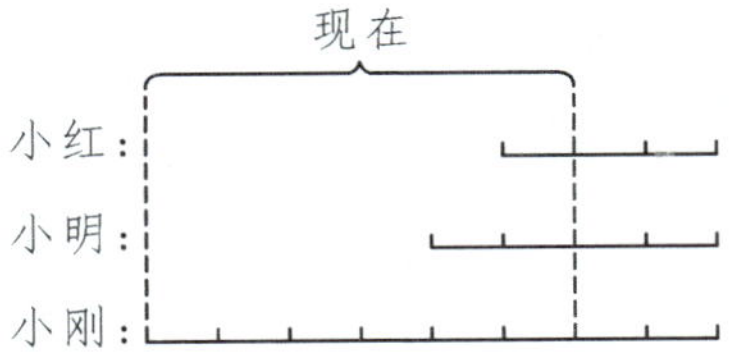

第 5 题图

5. 答案：72。

分析：相邻两次狗年相距 12 年，爷爷与旺旺的年龄差不变。

上一次狗年，年龄差对应 9 份；这一次狗年，年龄差对应 3 倍，所以今年的 1 倍是 12 年前的 3 份，即旺旺的年龄从 1 份变成了 3 份，经过了 12 年。

于是，旺旺今年 12÷(3－1)×3＝18(岁)，爷爷今年 18×4＝72(岁)。

6. 答案：12。

分析：由 3 年后可知，甲、乙、丙三人的年龄数是等差数列，且乙在中间；今年三人的年龄和为 27＋3×3＝36(岁)，此时丙的年龄为三人总和的一半，即 36÷2＝18(岁)，乙为平均数 36÷3＝12(岁)，甲为 36－18－12＝6(岁)，所以丙比甲大 18－6＝12(岁)。

7. 答案：6。

分析：小明、妈妈、奶奶的年龄数成等差数列，小明、爸爸、爷爷的年龄数也成等差数列。因为爸爸比妈妈大 3 岁，所以两个等差数列的公差相差 3，于是爷爷比奶奶大 3×2＝6(岁)。

8. 答案：32。

分析：方法 1　1 年后，妈妈的年龄是弟弟的 3 倍多 9 岁，是 2 年前弟弟年龄的 3 倍多 3×3＝9(岁)再多 9 岁，所以是 2 年前弟弟年龄的 3 倍多 18 岁，妈妈 2 年前的年龄是弟弟 2 年前年龄的 3 倍多 15 岁，所以 2 年前弟弟的年龄为 15÷(6－3)＝5(岁)。妈妈今年 5×6＋2＝32(岁)。

方法 2　妈妈与弟弟的年龄差不变。2 年前，年龄差是弟弟年龄的 5 倍，1 年后年龄差是哥哥的 2 倍，即为弟弟年龄的 2 倍多 3×3＝9(岁)，即比 2 年前弟弟年龄的 2 倍多 9＋(2＋1)×2＝15(岁)，弟弟 2 年前的年龄为 15÷(5－2)＝5(岁)，妈妈今年 5×6＋2＝32(岁)。

9. 答案：小空 35 岁，小灵 45 岁，小通 39 岁。

分析：方法 1　小灵与小通今年的年龄和为 80＋2×2＝84(岁)，说明小通比小空大 84－80＝4(岁)。小空与小通的年龄和为 80－3×2＝74(岁)。所以小空的年龄为(74－4)÷2＝35(岁)，小通的年龄为 35＋4＝39(岁)，小灵的年龄为 80－35＝45(岁)。

方法 2　今年：

小空的年龄＋小灵的年龄＝80；

小灵的年龄＋小通的年龄＝84；

小空的年龄＋小通的年龄＝74。

所以，三人年龄之和=(80+84+74)÷2=119(岁)。

小空：119－84=35(岁)，小灵：119－74=45(岁)，小通：119－80=39(岁)。

10. 答案：14。

分析：从 2013 年起，往前推或者往后推，幸运年依次如下表。

序号	1	2	3	4	5	6	7	8	9	10	11	12	13
往前推幸运年	2013	1987	1986	1985	1984	1983	1982	1980	1978	1976	1975	1974	1973
往后推幸运年	2013	2014	2015	2016	2017	2018	2019	2031	2034	2035	2036	2037	2038

因为 1972 年也是幸运年，所以爸爸只能出生在 1973 年，今年(2012 年)爸爸 39 岁，所以 2038 年时小杰 39 岁，出生在 1999 年，明年(2013 年)14 岁。

11. 答案：90。

分析：方法 1　列表如下。

哥哥的年龄/岁	30	40	50	60	70	80	90
弟弟的年龄/岁	24	25	26	27	28	29	30
兄弟二人年龄的倍数关系							3

所以哥哥现在 90 岁。

方法 2　30 是 10 的 3 倍，假设弟弟只有 10 岁，飞船上 1 年相当于地球 3 年，那么哥哥的年龄将一直是弟弟年龄的 3 倍；真实的情况是弟弟多了 24－10=14(岁)，飞船上一年是地球上 10 年，多了 10－3=7(岁)，那么 14 岁的 3 倍就是后来的每年多 7 岁补出来的，于是弟弟在飞船上过了(14×3)÷(10－3)=6(年)，哥哥现在 30+6×10=90(岁)。

第十四章　鸡非鸡，兔非兔

鸡非鸡，兔非兔。
平均数，转浓度。
若问鸡兔何相聚，
线性代数在前途。

14.1　鸡兔为何同笼

看到标题，想必你已经知道本章要讲哪一类应用题了，没错！就是“鸡兔同笼”问题。

“鸡兔同笼”问题最早出现在南北朝时期的一本重要数学著作——《孙子算经》中。传本的《孙子算经》共有 3 卷，其中卷下第 31 题，即是“鸡兔同笼”问题的鼻祖，传至日本后，还演变成“鹤龟算”。

书中记载：“今有雉兔同笼，上有三十五头，下有九十四足，问雉兔各几何？”

译文：有若干只鸡兔同在一个笼子里，从上面数，有 35 个头；从下面数，有 94 只脚。笼子中鸡与兔各有几只？

相信很多人遇到“鸡兔同笼”问题时，都曾产生过这样一个疑问：为什么要研究将鸡与兔放在一个笼子里的问题？对学习的对象发出质疑是符合人的本性——好奇心是非常值得鼓励的。对于学习任何阶段的知识点，这样的追问都值得赞扬，但需要注意的是：在弄清楚之前不要妄下结论。

现在留存的很多知识、技巧、方法都有它的历史背景，在曾经的某一时空中，它们一定绽放异彩解决了人类实际生活中的一类问题，有些方法所解决的问题在人类进步的历程中消失在了历史长河中，这是人类的光荣，但也是令人学习中的一丝遗憾——我们无法与解决问题的先贤产生共鸣。教学中，教师还常常要“再造”一种环境，为学生构建知识与实际的联系，从而让人与知识产生共鸣。

回到“鸡兔同笼”问题，其方法所解决的问题我们今天依然随处可见。让我们先来了解“鸡兔同笼”问题在讨论什么。

鸡、兔是两种不同的动物，混合放在一起后，我们能不能通过它们共同的特征——都有头、足，以及这些特征的数据将混合前的状态（数量）还原出来呢？这就是“鸡兔同笼”要解决的问题，与之类似的场景有：不同个人的身高“混合”成平均身高，不同个人的分数“混合”成平均分，不同物品的单价“混合”成平均价格，不同浓度的溶液“混合”成一种溶液……

现在大家明白了吗？所谓“鸡”“兔”，不过是用最基本也是最重要的修辞手法——比喻，描述了上述这些问题，即“鸡非鸡，兔非兔”。于是，大家还需要讨论“古人是否真将鸡兔放在笼子里？”这样的问题吗？

“鸡兔同笼”不仅代表了一类问题，其解法更衍生出了现代数学一个重要分支——线性代数的雏形，它实际上就是一个简单的线性方程组求解问题。比《孙子算经》成书更早的数学著作《九章算术 · 方程》章中，就有对线性方程较为完整的叙述，其中所述方法实质上相当于现代的对方程组的增广矩阵的行施行初等变换，消去未知量的方法。

“鸡兔同笼”历时 1500 载依然鲜活，这本身就是一件很有趣的事，也侧面证明了它并不是奇葩问题。我们今天学习它，除了学习古人想到的方法，还能尝试用古人没有想到的新思维、新方法、新技巧去解决它，例如，假设法、列表求解法、化整（大事大问题）为零（小事小问题）的拆分思想……

此章，只为你能看清生活中各式各样的“鸡兔”同笼。

14.2 典型例题的典型解法

还是以“鸡兔同笼”问题的老祖宗为例吧。

例 1 今有雉兔同笼，上有三十五头，下有九十四足，问雉兔各几何？

解析

【方法 1】曾流传过一种“抬脚法”，场景还颇为有趣，用其方式“还原”《孙子算经》中的算法，如下：

35个头

47条腿

鸡、兔子共 35 只一起上体育课，只听体育老师喊口令：“抬起一半的腿。”

显然，每只鸡抬起 1 条腿，每只兔子抬起 2 条腿，共剩下 $94\div2=47$(条)腿站在地面上。

还没等鸡、兔子站稳，体育老师又喊道：“再抬起一只脚！”

35个头

12条腿

这下“炸锅”了，鸡本来就只有一条腿站立，现在都一屁股坐到地上去了。但注意，现在站在地面上还有 $47-35=12$(条)腿，并且每只兔子只剩 1 条腿站着，所以 12 条腿就对应了 12 只兔子，故小鸡有 $35-12=23$(只)。

> 《孙子算经》中的算法当真称得上一个“巧”，但数学中大多数“巧”方法其使用范围非常窄，而数学的一个目标是解决普遍问题，所以也往往寻求普适性的方法，下面请看假设法。

【方法 2】(1)假设全是鸡，则共有 $2\times35=70$(条)腿。

(2)与实际相差 $94-70=24$(条)腿。

(3)为什么会出现这个差距呢？因为笼子里不全是鸡，还有兔子。而为了弥补差距，我们需要用兔子“换”鸡，为什么不能直接“加”鸡呢？如果直接加鸡的话，动物的总只数就变了，所以只能“换”，一只兔子“换”一只鸡会多出 $4-2=2$(条)腿。

(4)所以需要“换”$24\div2=12$(只)兔子，即有 12 只兔子。

(5)鸡有 $35-12=23$(只)。

【方法 3】网上流传甚广的段子其实就是根据“方法 2”所编。

体育老师喊口令：“抬起 2 条腿。”鸡猝不及防都一屁股坐地上了。

所有的小动物共抬起 $2\times35=70$(条)腿，地面上还剩 $94-70=24$(条)腿，每只兔子还剩 $4-2=2$(条)腿站立，于是，兔子有 $24\div2=12$(只)，鸡有 $35-12=23$(只)。

> 同学们注意了，做题的时候最好不要用“几只脚”来描述，这样在运算时单位是“只”，这与动物有几“只”容易混淆，让你不知道所求数所对应的量。

但是不是所有的数学题都能编成好玩的故事呢？很难！所以大家还是要掌握好假设法这种最基本的方法。

【方法 4】除了假设全是鸡，当然也可以假设全是兔子。

(1)假设全是兔子，共有 $4\times35=140$(条)腿；

(2)与实际相差 $140-94=46$(条)腿；

(3)用一只鸡“换”一只兔子，少 $4-2=2$(条)腿；

(4)共“换”(有)$46\div2=23$(只)鸡；

(5)有 $35-23=12$(只)兔子。

【方法 5】下面介绍另一种同样具有普适性的方法——统计表。

如果大家认为前面几种方法的逻辑关系不容易想到，那么“利用统计图表找规律，再调整”的方式不失为一种大智若愚的方法。

鸡的数量/只	兔的数量/只	鸡腿＋兔腿	总腿数/条
35	0	2×35＋4×0	70
34	1	2×34＋4×1	72
33	2	2×33＋4×2	74
32	3	2×32＋4×3	76
31	4	2×31＋4×4	78
…	…	…	…
?	?	?	94

由列表尝试计算后发现：每增加 1 只兔子，总腿数增加 2 条。0 只兔子时，腿数为 70 条，要调整到 94 条腿，需要(94－70)÷2＝12(只)兔子。

大家发现没有，上面 5 种方法中，有些方法的算式是完全相同的，但意思不一样，如下表：

算式	方法 2	方法 3	方法 5
2×35＝70(条)	假设有 35 只鸡，共有 70 条腿	共抬起 70 条腿	35 只鸡有 70 条腿
94－70＝24(条)	与实际相差 24 条腿	还有 24 条腿在地上	与目标相差 24 条腿
4－2＝2(条)	每用兔子换一只鸡，会增加 2 条腿	每只小兔还剩 2 条腿站立	每调整一次，增加 2 条腿
24÷2＝12(只)	有 12 只兔子	有 12 只兔子	有 12 只兔子

这其实是数学带给我们的另一种认识——世界是多元的，同样的算式可能有不同的解释，同样的事物也可能意味着不同的原因、经过、结果。

如果题目中不是鸡和兔子“混合”，又该怎么办呢？

《孙子算经》下卷第 27 题就给出了这样一个例子(见例 2)。

例 2 今有兽，六首四足；禽，四首二足，上有七十六首，下有四十六足。问禽、兽各几何？答曰：八兽、七禽。

术曰：倍足以减首，余半之，即兽；以四乘兽，减足，余半之，即禽。

解析

【算法胡诌 1】既然都是奇葩的神兽，那遇到神仙也就不足为奇了。

来了一个神仙，拂尘一扫，所有神兽腿的数量都变成原来的 2 倍，于是每只神禽的腿数与头的数量变得一样多，每只神兽的腿比头多 4×2－6＝2，此时共有 46×2＝92(条)腿。腿比头多 92－76＝16，这个差是由神兽产生的，所以神兽有 16÷2＝8(只)，神禽有(76－6×8)÷4＝7(只)。

【算法胡诌 2】假设全是神禽，则 46 条腿应该对应 46×2＝92(个)头，这样就比实际多了 92－76＝16(个)头。于是为了保证腿的数量不变，我们用 1 只神兽去换 2 只神禽，少掉 4×2－6＝2(个)头，所以神兽有16÷2＝8(只)，神禽有(46－4×8)÷2＝7(只)。

既然“鸡兔同笼”问题其实是讨论两种不同事物的“混合”，且变化极多，后面的例题还会变得极为复杂，那有没有一种“mile stone”(里程碑)似的东西帮我们建立信心呢？当然有。

例 1 和例 2 都可以归结为下面的表格。若表格能够填完，我们就可以自信地告诉自己：这样的题是可以求解的。

项目	头的数量/个	足的数量/个
鸡	1	2
兔	1	4
合计	35	94

例 1 表格

项目	头的数量/个	足的数量/个
神兽	6	4
神禽	4	2
合计	76	46

例 2 表格

下面我们尝试列表求解。

例 3 小兔子采到三叶草和四叶草共 100 株，共有 306 片叶子。那么小兔子采到的三叶草与四叶草各有多少株？

解析

首先，将条件如下列表：

项目	株数	叶子的数量/片
三叶草	1	3
四叶草	1	4
合计	100	306

假设都是三叶草，则与实际相差 $306-3\times100=6$(片)叶子。每将 1 株三叶草换成 1 株四叶草会多出 $4-3=1$(片)叶子，于是四叶草有 $6\div1=6$(株)，三叶草有 $100-6=94$(株)。

例 4 小明买草稿本与笔记本，草稿本 2 元一本，笔记本 5 元一本。如果他共花了 36 元买了 9 个本子，那么他买的草稿本和笔记本各有多少本？

解析

首先，将条件如下列表：

项目	数量/本	单价/元
草稿本	1	2
笔记本	1	5
合计	9	36

假设全是笔记本，则比实际多花 $5\times9-36=9$(元)。每将 1 本笔记本换成 1 本草稿本会减少 $5-2=3$(元)，于是草稿本有 $9\div3=3$(本)，笔记本有 $9-3=6$(本)。

想要让统计表发挥 100%的作用，我们还要解决另一种原型的题：盈亏型“鸡兔同笼”。

例 5 小明参加一次有 10 道题的测试，对一道题得 10 分，错一道题或者不答题扣 2 分。如果小明一共得了 76 分，那么他对了几道题？

解析

【方法 1】依然先将条件列表，注意得分记为“＋10”，扣分记为“－2”，如下：

项目	题目的数量/道	得分/分
对	1	＋10
错或不答	1	－2
合计	10	76

假设 10 道题全对，则共得 10×10＝100(分)；与实际差 100－76＝24(分)；每将 1 道对题换成 1 道错题会减少 10＋2＝12(分)。注意，这里是“＋”号，因为不仅 10 分没有了，还要再少 2 分；于是错了 24÷12＝2(道)题，对了 10－2＝8(道)题。

【方法 2】统计列表找规律。

对的题数/道	错的题数/道	得分－扣分/分	总分/分
10	0	10×10	100
9	1	10×9－2×1	88
8	2	10×8－2×2	76
…	…	…	…

显然，76 分是个比较好的成绩，所以我们从对 10 道题开始尝试计算，运气不错喔，第三行就得到了目标分数 76，即对了 8 道题。

【方法 3】盈亏型“鸡兔同笼”还可以这样处理：老师大发慈悲，每道题送 2 分。则

项目	题目的数量/道	得分/分
对	1	＋12
错或不答	1	0
合计	10	76＋2×10＝96

题目变成了对 1 题得 12 分，答错或不答得 0 分，共得 96 分，于是小明对了 96÷12＝8(道)题。

例 6 大、小和尚一起喝粥，大和尚 1 人喝 3 碗粥，小和尚 3 人喝 1 碗粥。如果 100 名和尚恰好喝了 100 碗粥，那么其中有大、小和尚各几名？

解析

【方法 1】首先列表梳理条件。

项目	人数	碗的数量/个
大和尚	1	3
小和尚	1	$\frac{1}{3}$
合计	100	100

从形式上来讲，这道题与普通的“鸡兔同笼”问题没有任何区别，对于学过分数计算的高年级同学而言就是一道普通的“鸡兔同笼”问题，但对于中低年级的同学来说，分数$\frac{1}{3}$就是一个障碍。

用分数欺负低年级学生，怎么能让这种事得逞。有请“转化思想”出场……

既然小和尚 3 人喝 1 碗粥，大多数情况下他们不会挤在 1 个碗里喝，分成 3 小份是很自然的操作。那么，我们完全可以将 1 碗粥看成 3 小份，于是条件转换为：

项目	人数	份数
大和尚	1	3×3＝9
小和尚	1	1
合计	100	100×3＝300

现在，它是不是变成一道很普通的“鸡兔同笼”问题了？

若全是小和尚，则粥与实际差 300－1×100＝200(份)，每将 1 个小和尚换成 1 个大和尚会多出 9－1＝8(份)粥，于是大和尚有 200÷8＝25(人)，小和尚有 100－25＝75(人)。

【方法 2】针对本题，有一种较为特殊的解法——分组法。由于和尚的总人数 100 等于粥的总碗数 100，且我们惊奇地发现：1 个大和尚＋3 个小和尚正好喝了 3 碗粥＋1 碗粥，即 4 个和尚喝了 4 碗粥，刚好也相等。于是，我们将 1 个大和尚与 3 个小和尚看作 1 组，则共有 100÷(1＋3)＝25(组)，那么大和尚当然就是 25 人，小和尚有 100－25＝75(人)。

延伸

分组法

例 6 中的分组法真令人惊叹，但请注意，在不了解如何找到这样的"惊奇"时，这个方法只能模仿与拼凑，而无法推广运用，除了运气好或者说感觉好以外有没有方法让我们总能找到这样的分组呢？

针对例 6，我们将方法 1 转化成表格看看究竟。

项目	人数	小碗粥的数量/份
大和尚	1	3×3＝9
小和尚	1	1
合计	100	100×3＝300

100 人喝了 300 份，用平均数来衡量它就是每人平均喝 3 份，而每个大和尚比平均数多喝 9－3＝6(份)，每个小和尚比平均数少喝 3－1＝2(份)，于是 1 个大和尚多喝的部分需要 6÷2＝3(个)小和尚来补，所以"1 个大和尚＋3 个小和尚"平均喝的碗数正好与原平均数相符。

明白了吗，其实这是用平均数问题以及"移多补少"的思想构造的"惊奇"。

清楚了背后的原理，当然就可以推而广之。

回看例 4：小明买草稿本与笔记本，草稿本 2 元一本，笔记本 5 元一本。如果他共花了 36 元买了 9 个本子，那么他买的草稿本和笔记本各有多少本？

项目	数量/本	单价/元	平均数
草稿本	1	2	2
笔记本	1	5	5
合计	9	36	4

多了一个关注的量——平均数。由于平均数为每本 4 元，所以草稿本每本差 4－2＝2(元)，笔记本每本多 5－4＝1(元)，于是需要用 2÷1＝2(本)笔记本去补 1 本草稿本，所以笔记本的数量是草稿本的 2 倍，于是草稿本有 9÷(1＋2)＝3(本)，笔记本有 3×2＝6(本)。

后面我们又将分组看作了和倍问题，其实它们是相通的。

其实，无论是将其看作分组还是将其看作和倍问题，都说明一个问题，应用题的分类是为了我们容易掌握，而实际上很多类型都是相通的，加入平均数这个参考量之后，鸡兔同笼问题可以转化为平均数问题，以后会发展成混合比问题、浓度问题、利润问题……

这种方法中低年级用得少是因为平均数常常是小数或分数，如例 1 中每只小动物的平均足数为 $\frac{94}{35}$，这样会造成计算上的障碍，等同学们学习了小数分数的四则运算后就能扫清这些障碍，从而掌握这种推广性很强的方法。

"回望"也是学习中的一个重要方法，用"新技巧"解决"老问题"，不仅让解决后者的思路更宽广，也能让前者掌握得更纯熟。

14.3　有三种量的“鸡兔同笼”问题

例 7　一只蜘蛛有 8 条腿没有翅膀，一只蜻蜓有 6 条腿、2 对翅膀，一只蝉有 6 条腿、1 对翅膀。现在有三种动物共 18 只，腿有 118 条，翅膀有 20 对，那么三种动物各有多少只？

解析

本题有三种不同的动物混合在一起，先列表看看条件。

动物	头的数量/个	腿的数量/条	翅膀的数量/对
蜘蛛	1	8	0
蜻蜓	1	6	2
蝉	1	6	1
合计	18	118	20

有三个量的表格挺麻烦的呀，要是能转化成和前面一样两个量的表格该多好呀，可不可以呢？当然可以！仔细观察，我们会发现蜻蜓与蝉有个共同的特点，它们都有 6 条腿，暂且只看头与腿的数量，那么蜻蜓与蝉完全可以看作一类动物，于是表格简化为：

动物	头的数量/个	腿的数量/条
A 类（蜘蛛）	1	8
B 类（蜻蜓＋蝉）	1	6
合计	18	118

于是我们得到了“里程碑”，用前面学过的知识，求出 A 类，即蜘蛛有(118－6×18)÷(8－6)＝5(只)，蜻蜓与蝉一共有 18－5＝13(只)。那怎么求出蜻蜓与蝉各有几只呢？那就要看它们有区别的“翅膀数量”了，于是将头与翅膀的信息再次列表，得到：

动物	头的数量/个	翅膀的数量/对
蜻蜓	1	2
蝉	1	1
合计	13	20

这又是一个“里程碑”，于是蜻蜓有(20－1×13)÷(2－1)＝7(只)，蝉有 13－7＝6(只)。

本题解答完毕，大家可以感觉到具体的步骤与前面例题其实并无差别，关键是学习如何通过条件将一个复杂的问题拆解成小问题的思维方式，思维路径如下：

动物	头的数量/个	腿的数量/条	翅膀的数量/对
蜘蛛	1	8	0
蜻蜓	1	6	2
蝉	1	6	1
合计	18	118	20

→

动物	头的数量/个	腿的数量/条
A 类（蜘蛛）	1	8
B 类（蜻蜓＋蝉）	1	6
合计	18	118

→

动物	头的数量/个	翅膀的数量/对
蜻蜓	1	2
蝉	1	1
合计	13	20

将复杂问题拆解成简单问题，这是一种非常优秀的能力。

例 8　小明有值 1 元、2 元、5 元的邮票共 100 张，总价值为 240 元。如果其中值 1 元的邮票与值 5 元的邮票一样多，那么三种邮票小明各有多少张？

解析

【方法 1】本题与例 7 比较有所区别，每张邮票的信息只有 2 种，即张数与面值，与例 7 中头、腿、翅膀比较，少一种，但额外多了一个条件“值 1 元的邮票与值 5 元的邮票一样多”，它就成了我们拆解问题的关键。我们将值 1 元、2 元、5 元的邮票分别记作 A、B、C 类，列表如下：

类别	邮票的数量/张	价值/元
A	1	1
B	1	2
C	1	5
合计	100	240

因为值 1 元的邮票和值 5 元的邮票一样多，于是我们可以将 1 张值 1 元的邮票与 1 张值 5 元的邮票平均成 1 张值 3 元的邮票，于是表格转化为最基本的表格：

类别	邮票的数量/张	价值/元
D(A+C)	1	3
B	1	2
合计	100	240

于是 B 类邮票有(3×100−240)÷(3−2)=60(张)，则值 1 元的邮票和值 5 元的邮票各有(100−60)÷2=30(张)。

另外，为了避免出现平均数为小数或分数，我们还可以将 1 张值 1 元的邮票与 1 张值 5 元的邮票看作 1 组，将 2 张值 2 元的邮票看作 1 组，同样可以求解，但总组数也有可能出现小数或分数。大家可以利用右表自行求解。

类别	组	元
A 类(1 元+5 元)	1	6
B 类(2 元+2 元)	1	4
合计	100÷2=50	240

【方法 2】那怎样可以避免上面解法中出现小数或分数的情况呢？学习小数、分数的基本运算当然是一个一劳永逸的方法，另外我们还可以利用统计图表找规律的方式求解。

由表的规律可知，值 1 元、5 元的邮票都增加 1 张，总价值增加 2 元，于是 240 元时，值 1 元、5 元的邮票各有(240−200)÷2=20(张)，于是值 2 元的邮票有 100−20×2=60(张)。

值 1 元邮票的数量/张	值 5 元邮票的数量/张	值 2 元邮票的数量/张	总价值/元
0	0	100	200
1	1	98	202
2	2	96	204
3	3	94	206
…	…	…	…
?	?	?	240
…	…	…	…

例 9 桃园里的桃子熟了，现在来了 116 只猴子。已知 3 只小猴能搬走 1 个桃子，1 只成年母猴能搬走 2 个桃子，1 只成年公猴能搬走 3 个桃子，且成年公猴的数量比成年母猴的一半少 10 只。已知它们共搬走了 210 个桃子，那么成年公猴、成年母猴、小猴各有多少只？

(2017 年秋 · 明心数学资优生测试 4 年级)

解析

【方法 1】补 10 只成年公猴和 3×10=30(个)桃，即共有 126 只猴、240 个桃。此时成年母猴的数量是成年公猴的 2 倍，于是我们可以利用分组法将 2 只成年母猴和 1 只成年公猴配成一组，每组可搬走 2×2+3=7(个)桃。若没有小猴，则 126 只猴可搬走 126÷3×7=294(个)桃，比实际多 294−240=54(个)桃。

每 3 只小猴去换 2 只成年母猴和 1 只成年公猴，可减少 7−1=6(个)桃，需换 54÷6=9(次)。故小猴有 3×9=27(只)，此时成年母猴和成年公猴共有 126−27=99(只)。

成年母猴有 99÷(2+1)×2=66(只)，成年公猴有 116−27−66=23(只)。

【方法 2】如果觉得方法 1 太难想到，那么还是可以用统计表来解题。

因为每只小猴搬的桃子数是个分数，且 116 不是 3 的倍数，所以我们先假设小猴为 0 只，再将成年母猴数量的一半看作 1 倍，于是成年母猴为 2 倍，成年公猴为 1 倍少 10，1 倍为 $(116+10)\div(1+2)=42$（只），于是成年母猴有 $42\times2=84$（只），成年公猴有 $42-10=32$（只），填入下表的第二行，再以成年公猴数量递减 1 找规律：

小猴的数量/只	成年母猴的数量/只	成年公猴的数量/只	桃子的总数/个
0	84	32	264
3	82	31	258
6	80	30	252
9	78	29	246
…	…	…	…
?	?	?	210
…	…	…	…

列表可知，成年公猴每减少 1 只，桃子总数减少 6 个。于是，桃子总数调整为 210 个时，成年公猴有 $32-(264-210)\div6=23$（只），那么成年母猴有 $(23+10)\times2=66$（只），小猴有 $116-23-66=27$（只）。

例 10 图书馆用 4500 元购进《老子》《庄子》《论语》《孟子》《孙子》五种图书共计 300 本。它们的单价（指一本的价格）分别为 28 元、10 元、20 元、15 元、12 元。其中《庄子》和《论语》的数量一样多，《孙子》的数量比《老子》的 4 倍还多 15 本。这批图书中，《孙子》共有________本。

（2015 年“数学花园探秘”4 年级初赛 A 卷）

解析

本题更加复杂，竟然出现了 5 种不同的数，但它也给出了“《庄子》和《论语》的数量一样多”以及“《孙子》的数量比《老子》的 4 倍还多 15 本”这样的条件，显然是可以帮我们减少分类的。除此之外，我们还可以借鉴平均数问题中“移多补少”的思想。

(1)所有图书的平均单价为 $4500\div300=15$（元）；

(2)《庄子》和《论语》的数量一样多，则这两种书可以看作平均单价为 $(10+20)\div2=15$（元）；

(3)《孟子》的单价为 15 元，所以《孙子》与《老子》两种图书的平均单价也应该是 15 元；

(4)将 4 本《孙子》与 1 本《老子》看作 1 组，每组比平均单价售卖贵 $(28+12\times4)-15\times5=1$（元），额外的每本《孙子》比平均单价少 $15-12=3$（元），所以 1 本《孙子》需要 $3\div1=3$（组）书（4 本《孙子》+1 本《老子》）来补，于是共有 $3\times15=45$（组），《孙子》共有 $4\times45+15=195$（本）。

14.4　不变解万变

例 11 当仙女每次挥动魔法棒时，可能出现 100 个金币和 100 个银币，或 101 个金币和 97 个银币，或 103 个金币和 91 个银币。儿童节时，仙女挥动了若干次魔法棒，一共出现了 2019 个金币。那么，共出现了________个银币。

（2019 年“数学花园探秘”小中决赛 D 卷）

解析

出现了 2019 个金币，而 $103\times19<2019<100\times21$，所以一定挥动了 20 次魔法棒。

> 本题的关键是发掘条件中隐含的“不变量”。

对比三种可能的情况，我们发现，多 1 个金币就会少 3 个银币。于是可以假设一个金币值 3 元，一个银币值 1 元，那么每次挥动魔法棒得到钱币的价值都是 400 元，20 次总价值为 $400\times20=8000$（元），故出现银币的数量为 $[8000-3\times2019]\div1=1943$（个）。

例 12 童话森林里住着 4 种精灵。北方精灵有 1 对翅膀和 4 只耳朵，南方精灵拥有 3 对翅膀和 3 只耳朵。每只东方精灵翅膀的数量是西方精灵翅膀的 2 倍，但每只西方精灵耳朵的数量是东方精灵耳朵的 2 倍。已知北方精灵耳朵的数量比其他三种精灵的耳朵都多，南方精灵的翅膀比其他三种精灵的翅膀都多。东、西方精灵的数量相等，且森林里的精灵总共有 2018 对翅膀、5624 只耳朵，那么北方精灵有______只。（每种精灵都有翅膀和耳朵）（2018 年"数学花园探秘"4 年级初赛 B1 卷）

解析

因为北方精灵的耳朵最多，南方精灵的翅膀最多，说明东、西方精灵耳朵的数量小于 4，翅膀的数量小于 3。又要存在 2 倍的关系，则东、西方精灵一定是 1 耳 2 翅与 2 耳 1 翅。因为东、西方精灵的数量相等，则说明东、西方精灵的耳朵和翅膀的总和相等。南方精灵 3 耳 3 翅，则东、西、南方精灵的耳朵和翅膀的总和都相等。因此多出来的耳朵一定都是北方精灵的，则北方精灵有(5624－2018)÷(4－1)＝1202(只)。

例 13 一群三眼巨人、暴龙和冰鲁怪正在大混战。已知三眼巨人有 3 只眼睛、2 条腿，没有尾巴；暴龙有 2 只眼睛、4 条腿、1 条尾巴；冰鲁怪有 2 只眼睛、2 条腿、1 条尾巴。战场上共有 200 只眼睛、188 条腿、40 条尾巴。那么，战场上有______个冰鲁怪。（2020 年"数学花园探秘"小中决赛 C 卷）

解析

无论是哪一种生物，眼睛和尾巴的数量相加之和都是 3。所有眼睛和尾巴的数量相加一共有 200＋40＝240，所以战场上共有 240÷3＝80(个)生物。

三眼巨人与冰鲁怪都是 2 条腿，所以暴龙有(188－2×80)÷(4－2)＝14(只)。

因为有 40 条尾巴，所以暴龙与冰鲁怪共有 40÷1＝40(个)，于是冰鲁怪有 40－14＝26(个)。

14.5 看我七十二变

例 14 院子里有一些独腿鸡、双腿兔和正常兔，它们一共有 49 条腿。后来卡莉娅路过院子时，撒了一些药水，让所有的独腿鸡和双腿兔都恢复了正常（鸡 2 条腿、兔 4 条腿），但是也造成了一些副作用，原来那些正常的兔子都变成了 5 条腿。如果此时一共有 77 条腿，那么原来有______只正常的兔子。

（2013 年"数学花园探秘"4 年级网赛）

解析

如果撒了药水后，原来的正常兔变成了 8 条腿，那么撒了药水后，腿的总数将是原来的 2 倍，也就是 49×2＝98(条)。所以，原来的正常兔有(98－77)÷(8－5)＝7(只)。

例 15 小欧有一袋糖，共 120 块。他第一天吃了 1 块糖，之后每天都比前一天多吃 2 块或 3 块糖，第 10 天恰好吃完。那么，在这 10 天中，他至少有______天是比前一天多吃 2 块糖的。

（2017 年"数学花园探秘"初赛 C 卷）

解析

假设都是多吃 3 块糖，则一共吃了 1＋4＋7＋…＋28＝145(块)，所以需要通过替换减少 145－120＝25(块)糖。由于某天替换成吃 2 块糖后，从这天开始之后的每一天都会比假设的少 1 块，因为 25＝9＋8＋7＋1，所以至少需要 4 天。

例 16 仙山上只有九头鸟和九尾狐这两种传说中的神兽。九头鸟有九头一尾，九尾狐有九尾一头。一只九头鸟发现，仙山上除它自己之外的其他神兽所有尾巴的总数是头的 4 倍；一只九尾狐发现，仙山上除它自己之外的其他神兽所有尾巴的总数是头的 3 倍。那么仙山上共有________只九尾狐。

（2016 年"数学花园探秘"小中决赛 C 卷）

解析

【方法 1】以常规的头、尾为对象。

由题意知，第一次观察少了 9 个头、1 条尾巴，第二次观察少了 1 个头、9 条尾巴。

两次观察相较之下，第二次比第一次多了 8 个头，少了 8 条尾巴。若还想保持尾巴的数量是头的 4 倍的关系，第二次应该增加 32 条尾巴，但实际上少了 8 条尾巴，所以"3 倍"与"4 倍"相差 8＋32＝40(条)尾巴。故第二次有 40÷(4－3)＝40(个)头，40×3＝120(条)尾巴；第一次有 40－8＝32(个)头，120＋8＝128(条)尾巴。如果把所有九尾狐与九头鸟都算上，有 41 个头、129 条尾巴。

假设头都是 9 尾狐的头，则有 9×41＝369(条)尾巴。而每 9 只九尾狐的头换成 1 只九头鸟的头，则少了 9×9－1＝80(条)尾巴，于是九头鸟有(369－129)÷80＝3(只)，九尾狐有 41－3×9＝14(只)。

【方法 2】利用九头鸟和九尾狐的一些特性解题。

从九头鸟观察变为九尾狐观察，有以下变化：

(1)看到的尾巴的数量减少了 8，头的数量多了 8；

(2)尾巴和头的数量关系从 4 倍变为 3 倍。

故九头鸟看到的头有 8×3＋2＝32(个)，尾巴有 32×4＝128(条)。由于不论是九头鸟还是九尾狐，头与尾巴的数量和都为 10，所以共有(32＋128)÷(9＋1)＝16(只)神兽。假设都是九头鸟，则只有 16 条尾巴，所以九尾狐有(128－16)÷(9－1)＝14(只)。

例 17 有两种卡片各 10 张，其中一种卡片正反两面分别写着 1 和 3，另外一种卡片正反两面分别写着 2 和 5。佳佳、俊俊每人随机拿走了 10 张卡片，并把它们随机摆放，且各自计算了自己 10 张卡片向上的数字之和，最后佳佳算出的数的和比俊俊的大 1。两人又将各自所有卡片翻转，再次计算各自 10 张卡片向上的数字之和，发现佳佳算出的数的和变小了 10，而俊俊算出的数的和变小了 14。那么，翻转之后，俊俊有________张卡片是数字 2 朝上的。

（2017 年"数学花园探秘"初赛 C 卷）

解析

20 张卡片正反两面总和＝(1＋3＋2＋5)×10＝110，佳佳手中卡片正反两面的和比俊俊的大 1＋(14－10＋1)＝6，这是个典型的和差问题，于是佳佳 10 张卡片正反两面的和为(110＋6)÷2＝58，俊俊 10 张卡片正反两面的和为 58－6＝52，俊俊比佳佳少 6÷(2＋5－1－3)＝2(张)"2＋5"卡片，即他有(10－2)÷2＝4(张)"2＋5"卡片，10－4＝6(张)"1＋3"卡片。

又因为翻转卡片后，俊俊的和减少了 14，所以此时俊俊卡片上的数之和为(52－14)÷2＝19。3－1＝2，5－2＝3。假设翻转卡片时都减少，则俊俊卡片上的数之和共减少 2×6＋3×4＝24，而"1 变 3"与"3 变 1"相差 4，"2 变 5"与"5 变 2"相差 6，且 24－14＝10＝4＋6，于是俊俊手上"1 变 3""2 变 5"各有 1 张，剩下 4－1＝3(张)"5 变 2"，即有 3 张卡片是数字 2 朝上的。

真题重现

1. 一条微信朋友圈最多可以发 9 张图。健健想把自己为班级集体活动准备的 21 件礼品全部发朋友圈展示，但礼品过多，所以他把礼品分为两类：1 件“特别礼品”照 1 张照片，3 件“普通礼品”为 1 组照 1 张照片。结果发现：“普通礼品”恰好没有剩余，总共也恰好需要 9 张照片。那么，“特别礼品”共有______件。

（2018 年“数学花园探秘”3 年级初赛 A 卷）

2. 箱子中放有三角形瓷砖和正方形瓷砖共 35 块，共 120 条边，则箱子中有______块正方形瓷砖。

（2018 年春 · 明心数学资优生测试 4 年级）

3. 光头强每天将他的零钱（5 角和 1 元的硬币）放入储蓄罐中。这个周末他决定数一下储蓄金，发现有 72 个硬币，总面值为 49.5 元。那么储蓄罐中有______个 1 元的硬币。

（2014 年秋 · 明心数学资优生测试 4 年级）

4. 小猪佩奇和小猪乔治住在双层的大房子里，猪妈妈准备给家里布一些网线，让楼上、楼下的每个屋子都能接通互联网。猪爸爸买了一些网线回来，其中有一些是 3 米线，有一些是 2 米线，一共买了 20 根。这些网线首尾相连加起来正好是 47 米。那么 2 米线一共有______根。

（2019 年“数学花园探秘”3 年级初赛 B1 卷）

5. 一群鸭子对一群狗说：“我们比你们多 2 只。”

狗对鸭子说：“我们比你们多 10 条腿。”

那么鸭子和狗共有______只。（2015 年“数学花园探秘”三年级初赛 B 卷）

6. 蝌蚪没有腿，壁虎 4 条腿，蜻蜓 6 条腿。现有蝌蚪、壁虎、蜻蜓共 62 只。如果将其中一半的蝌蚪换成壁虎，那么壁虎的数量与蜻蜓一样多，且这时所有动物共有 220 条腿。原有壁虎______只。

（2018 年秋 · 明心数学资优生测试 4 年级）

7. 蝌蚪没有腿，青蛙 4 条腿，蜻蜓 6 条腿，它们共 46 只，一共有 192 条腿。一段时间后，一半蝌蚪变成了青蛙，这时腿的总数增加了 24 条，那么此时有______只青蛙。

（2017 年“数学花园探秘”3 年级初赛 C 卷）

8. 羊圈里有若干只鸡和羊。第一天，它们全在羊圈时，羊腿的总数恰好是鸡的 3 倍；第二天，有一半的羊被赶到山上了，鸡都还在羊圈里，羊圈里剩余的羊与鸡的腿一共有 120 条。那么，现在羊圈里一共有______只羊。（2016 年“数学花园探秘”3 年级网赛）

9. 羊圈里有若干只鸡和羊。如果一半的鸡被赶出羊圈，则羊圈里剩余鸡和羊的腿的总数恰好是羊圈里鸡的腿的总数的 2 倍；如果有 4 只羊被赶出羊圈，则羊圈里剩余鸡和羊的腿的总数恰好是羊圈里羊的腿的总数的 4 倍。那么一共有______只羊。（2016 年“数学花园探秘”4 年级初赛 B 卷）

10. 笼子里有 21 只蛐蛐和 30 只蝈蝈。红毛魔术师每变一次魔术，会把其中 2 只蝈蝈变成 1 只蛐蛐；绿毛魔术师每变一次魔术，会把其中 5 只蛐蛐变成 2 只蝈蝈。如果两个魔术师一共变了 15 次魔术后，笼子里只有蝈蝈没有蛐蛐了，那么这时笼子里有______只蝈蝈。（2013 年“数学花园探秘”3 年级初赛）

11. 笼子里有 30 只蛐蛐和 30 只蝈蝈。红毛魔术师每变一次魔术会把其中的 4 只蝈蝈变成 1 只蛐蛐；绿毛魔术师每变一次魔术会把其中的 5 只蛐蛐变成 2 只蝈蝈。两个魔术师一共变了 18 次魔术后，笼子里只有蝈蝈没有蛐蛐了，那么这时蝈蝈有______只。（2013 年“数学花园探秘”4 年级初赛）

12. 红色礼盒 5 元 1 个，内有陀螺 3 个；黄色礼盒 9 元 1 个，内有陀螺 5 个。蕾蕾用 600 元恰好买了 72 个礼盒，这些礼盒打开后，可以得到______个陀螺。（2013 年“数学花园探秘”小中决赛）

13. 在使用计算机程序语言编程时，会用到三类不同的计算，每种计算分别需要新申请的内存空间为 0 字节（原地计算）、1 字节（低开销计算）、4 字节（高开销计算）。由于计算的特殊性，原地计算的次数和低开销计算的次数一定相同。某个程序做了 23 次计算，一共申请了 36 字节内存空间，那么，原址计算有________次。（2019 年“数学花园探秘”4 年级初赛 B1 卷）

14. 一次运动会，奖牌实行积分算法：金牌积 10 分，银牌积 5 分，铜牌积 2 分。某国共获得 42 枚奖牌，积 164 分，并且银牌总积分是金牌总积分的 2 倍。那么该国获得金、银、铜牌各几枚？

（2016 年春 · 明心数学资优生测试 4 年级）

15. 蛇在森林中摆摊卖鼓，每面鼓卖 20 元。老虎大王看见后，制定了一个怪异的销售规则：

客户	牛	熊	豹
单价/元	24	18	12

结果蛇一天卖给牛、熊、豹共 48 位顾客各 1 面鼓，比按原价卖少赚 48 元，且顾客中熊的数量是豹子的 2 倍。那么，顾客中牛、熊、豹各有多少？（2015 年秋 · 明心数学资优生测试 4 年级）

16. 1 千克大豆可以制成 3 千克豆腐，制成 1 千克豆油则需要 6 千克大豆。已知大豆 2 元 1 千克，豆腐 3 元 1 千克，豆油 15 元 1 千克。一批大豆的进价为 920 元，大豆制成豆腐或豆油销售后得到 1800 元，这批大豆中有________千克被制成了豆油。（2016 年“数学花园探秘”3 年级初赛 A 卷）

17. 11 月 24 日是感恩节，西餐厅提供火鸡套餐，到店的每位小朋友都可以领到一个气球。来店的都是爸爸妈妈带着孩子，其中有独生子、双胞胎还有三兄弟。已知独生子的家庭比三兄弟的家庭多 3 组，一共发了 2017 个气球，那么共来了________组家庭。（2017 年“数学花园探秘”3 年级初赛 B 卷）

18. 花园里盛开着三瓣花、四瓣花和六瓣花。其中三瓣花和六瓣花共有 99 片花瓣，四瓣花比六瓣花少 3 朵。花园里共有________朵花。（2018 年“数学花园探秘”4 年级初赛 A 卷）

19. 王伯伯养了一些鸡、兔和鹤。其中鹤白天双足站立，夜间则单足站立；鸡晚上睡觉时则把头藏起来。细心的悦悦发现：不论白天还是晚上，腿和头的数量差都一样。那么，如果白天悦悦可以数出 56 条腿，晚上会数出________个头。（2015 年“数学花园探秘”4 年级初赛 A 卷）

20. 校运动会有 200 个同学参加“3 人 4 足”和“8 人 9 足”项目，每人都只参加其中一个项目，所有队伍同时进行比赛，一共有 240“足”。那么，一共有________个参赛队伍。

（2016 年“数学花园探秘”3 年级初赛 B 卷）

参考答案

1. 答案：3。

分析：假设 9 张照片全是“普通礼品”，则共包含 3×9＝27(件)礼品。但礼品只有 21 件，所以“特别礼品”的照片有(27－21)÷(3－1)＝3(张)，即有 3 件“特别礼品”。

2. 答案：15。

分析：(120－3×35)÷(4－3)＝15(块)。

3. 答案：27。

分析：因为求 1 元的硬币的数量，所以先假设全是 5 角的硬币，则共有 0.5×72＝36(元)，于是 1 元的硬币有(49.5－36)÷(1－0.5)＝27(个)。

4. 答案：13。

分析：假设所有网线都是 3 米线，那么总长＝20×3＝60(米)，与实际情况相差 60－47＝13(米)，将其中一些改为 2 米线，每进行一次修改，会使总长减少 1 米，所以会有 13÷1＝13(根)2 米线。

5. 答案：16。

分析：如果鸭子的数量不比狗多，则狗比鸭子多 10＋2×2＝14(条)腿，所以狗有 14÷(4－2)＝

7(只),鸭子有 7+2=9(只),共 7+9=16(只)。

6. 答案:4。

分析:当壁虎与蜻蜓一样多时,一只壁虎与一只蜻蜓共有 6+4=10(条)腿,则此时壁虎与蜻蜓各有 220÷10=22(只)。

故蝌蚪现有 62-22×2=18(只),原有 18×2=36(只),壁虎原有 22-18=4(只)。

7. 答案:12。

分析:一段时间后,增加了 24÷4=6(只)青蛙,说明蝌蚪原来有 6×2=12(只)。去掉这 12 只蝌蚪,青蛙、蜻蜓原共有 46-12=34(只),腿 192 条。假设 34 只动物全是蜻蜓,应有腿 6×34=204(条),与实际相差 204-192=12(条),说明青蛙原有 12÷(6-4)=6(只),故后来有 6+6=12(只)青蛙。

8. 答案:15。

分析:第一天,腿的总数是鸡的 3 倍,说明羊的腿的数量是鸡的 2 倍(羊的数量与鸡的数量相同)。第二天,羊的数量变为原来的一半,则羊的腿的数量等于鸡的腿的数量,此时羊有 120÷2=60(条)腿,羊有 60÷4=15(只)。

9. 答案:12。

分析:由假设 1 可知,赶出一半鸡后,羊的腿的数量等于鸡的腿的数量,鸡的数量是羊的 2 倍,那么原来鸡的数量就是羊的 4 倍;由假设 2 可知,羊少 4 只后,鸡的腿的数量是羊的腿的数量的 3 倍,即此时鸡的数量是羊的 6 倍。即 2 倍对应 4×4=16(只),16÷2=8(只),原有羊 8+4=12(只)。

10. 答案:24。

分析:假设 15 次魔术全部是红毛魔术师来变,那么结果是笼子里只有 36 个蛐蛐。如果绿毛魔术师多变 1 次魔术,蛐蛐会减少 6 只,所以算出绿毛魔术师变了 6 次魔术,红毛魔术师变了 9 次魔术。最后蝈蝈剩 30-2×9+2×6=24(只)。

11. 答案:6。

分析:不管红毛魔术师还是绿毛魔术师,每次变魔术都减少 3 只昆虫。变 18 次魔术后,一共减少了 18×3=54(只)昆虫,所以还剩 30+30-54=6(只)昆虫,这 6 只昆虫都是蝈蝈。

12. 答案:336。

分析:方法 1　常规解法,假设都买 5 元的礼盒,则还剩下 600-5×72=240(元),于是 9 元的礼盒买了240÷(9-5)=60(个),共有 3×72+(5-3)×60=336(个)陀螺。

方法 2　假设每个礼盒都多付 1 元,那么平均每个陀螺值(5+1+9+1)÷(3+5)=2(元)。礼盒打开后,可以得到(600+72)÷2=336(个)陀螺。

13. 答案:8。

分析:假设都是高开销计算,需要 4×23=92(个)字节;用 1 次原地计算、1 次低开销计算换 2 次高开销计算,可以少用 4+4-1=7(个)字节,所以需要换(92-36)÷7=8(次),即有 8 次原地计算。

14. 答案:金牌有 4 枚,银牌有 16 枚,铜牌有 22 枚。

分析:因为银牌总积分是金牌总积分的 2 倍,所以银牌的数量则是金牌的 4 倍。可将 1 枚金牌与 4 枚银牌看作 1 组(记作 A 类),1 组 5 枚奖牌共计 30 分。也就是平均 1 枚奖牌计 6 分。列表如下:

类别	奖牌的数量/枚	积分/分
A 类	1	6
B 类(铜牌)	1	2
合计	42	164

假设全是 A 类奖牌:

(6×42-164)÷(6-2)=88÷4=22(枚)……铜牌的数量;

42－22＝20(枚)……金牌＋银牌的数量；

20÷(4＋1)＝4(枚)……金牌的数量；

4×4＝16(枚)……银牌的数量。

15. 答案：牛 18 头；熊 20 只；豹 10 只。

分析：2 熊 1 豹分为 1 组，平均 1 面鼓少赚[(20×3)－(18×2＋12)]÷3＝4(元)。

若全是牛买鼓，48 面鼓多赚(24－20)×48＝192(元)，与实际相差 192＋48＝240(元)，所以熊、豹一共有 240÷(4＋4)＝30(只)。

所以豹有 30÷(2＋1)＝10(只)，熊有 10×2＝20(只)，牛有 48－30＝18(头)。

16. 答案：360。

分析：进价为 920 元，则购进大豆 920÷2＝460(千克)。

假设大豆全部用于制作豆腐，可获得 460×3×3＝4140(元)，但实际只获得 1800 元。若每次将 6 千克大豆用于制作豆腐改为制作豆油，获得的收入从 3×(3×6)＝54(元)降到 15 元，说明共有(4140－1800)÷(54－15)＝60(千克)豆油，用于制作豆油的大豆共 6×60＝360(千克)。

17. 答案：1010。

分析：去掉三个独生子家庭，剩下的独生子家庭和三兄弟家庭一样多，故平均每个家庭都领到了(1＋2＋3)÷3＝2(个)气球，因此共来了(2017－3)÷2＋3＝1010(组)家庭。

18. 答案：30。

分析：多 1 朵六瓣花，则会少 2 朵三瓣花，四瓣花多 1 朵，这样花的总数量不变，所以六瓣花的数量不影响花的总数量。假设有 3 朵六瓣花，则有 0 朵四瓣花，共有 3＋(99－6×3)÷3＝30(朵)花。

19. 答案：14。

分析：鹤晚上减少 1 条腿，鸡晚上减少 1 个头，白天、晚上的腿和头的差不变说明鹤与鸡一样多。也就是说，1 只鹤 1 只鸡在白天共有 4 条腿，晚上共有 1 个头，兔子也是如此。所以白天腿的数量是晚上头数量的 4 倍，晚上会数出 56÷4＝14(个)头。

20. 答案：40。

分析：不论是“3 人 4 足”项目，还是“8 人 9 足”项目，都是“足”数比人数多 1，所以只要有 1 个参赛队伍，“足”数就会比人数多 1，实际相差 240－200＝40，所以“足”数比人数多 40，即有 40 个参赛队伍。

第十五章　盈亏问题

15.1　盈不足术

盈亏问题的最早论述出现在《九章算术·盈不足》中，即"借有余、不足以求隐含之数"，本为《周礼》九数之一。"盈不足"算法需要给出两次假设，然后分别验算其盈余和不足的数量，通过类似的方式很多算术问题都可以改造成一个盈亏问题来解，上一章中用表格统计数据再进行调整的方式解"鸡兔同笼"问题与"盈亏"问题有异曲同工之妙。

盈不足术是中国数学史上解应用问题的一种别开生面的创造，在我国古代算法中占有相当重要的地位。此术还经过丝绸之路西传中亚阿拉伯国家，受到特别重视，被称为"契丹算法"，后又传入欧洲，见于斐波那契的著作《计算之书》中。

15.2　典型例题

盈亏问题虽然被人为地分成了盈不足(一盈一亏)、两盈、两亏、盈适足、不足适足这五个类型，但其实它们的处理方式是相同的。

例 1　今有共买物，人出八，盈三；人出七，不足四。问：人数、物价各几何？

【译文】几人共同出钱买一件东西，若每人出 8 元，则多 3 元；若每人出 7 元，则少 4 元。请问：人数和这件东西的价格各是多少？

解析

如图，两个方案的总差为 $3+4=7$(元)，每人相差 $8-7=1$(元)，所以人数为 $7\div1=7$(人)，物价为 $7\times7+4=53$(元)。

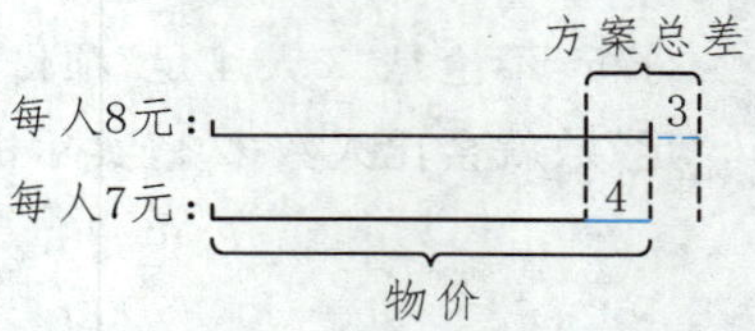

例 2　今有共买牛，七家共出一百九十，不足三百三十；九家共出二百七十，盈三十。问：家数、牛价各几何？

【译文】几家人一起买牛，若每七家人一起出 190 元，则差 330 元；若每九家人一起出 270 元，则多 30 元。请问：共有多少家人，牛的价格是多少元？

解析

如果学习过分数计算，则本题与例 1 并无不同，但如果没有学，就得想办法避开$\frac{190}{7}$这个麻烦；本题的另一个麻烦是方案一中的"每七家"与方案二中的"每九家"并不相同，所以最好统一成 $7\times9=63$(家)，如此本题转化为：

每 63 家人一起出 1710 元，则差 330 元；每 63 家人一起出 1890 元，则多 30 元。请问：共有多少家人，牛的价格是多少元？

于是可画图：

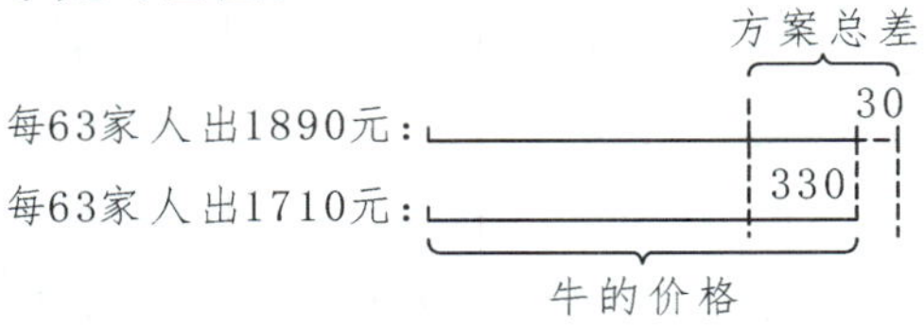

由图可知，两个方案的总差为 330＋30＝360(元)，每 63 家相差：1890－1710＝180(元)，所以有 360÷180＝2(组)63 家人，即共有 63×2＝126(家)人，牛的价格为 270×(126÷9)－30＝3750(元)。

注解　以上两道例题都属于盈不足(一盈一亏)类型，通过解析可以发现，它们的思路都是找到方案总差与单个个体的差，相除求出对应个体数量，然后再求出物品总价。这个思路同样适用于两盈、两亏、盈适足、不足适足这四种类型。

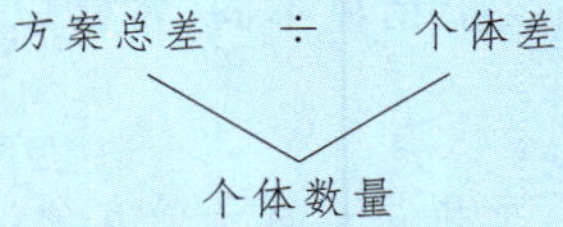

另外，画线段图是一个很好的辅助方式。

例 3　今有共买金，人出四百，盈三千四百；人出二百，盈两百。问：人数、金价各几何？

【译文】几个人一起买一锭金子，每人出 400 元，则多出 3400 元；每人出 200 元，则多出 200 元。请问：人数和这锭金子的价格各是多少？

解析

本题属于两盈类型的问题。

如图，两个方案的总差为 3400－200＝3200(元)，每人相差 400－200＝200(元)，所以人数为 3200÷200＝16(人)，金子的价格为 200×16－200＝3000(元)。

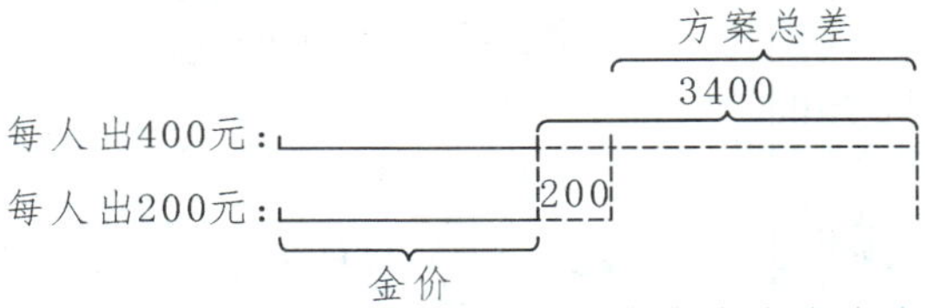

例 4　今有共买羊，人出五，不足四十五；人出七，不足三。问：人数、羊价各几何？

【译文】几个人一起买一只羊，每人出 5 钱，则少 45 钱；每人出 7 钱，则少 3 钱。请问：人数与羊的价格各是多少？

解析

本题属于两亏类型的问题。

如图，两个方案的总差为 45－3＝42(钱)，每人相差 7－5＝2(钱)，所以人数为 42÷2＝21(人)，羊的价格为 7×21＋3＝150(钱)。

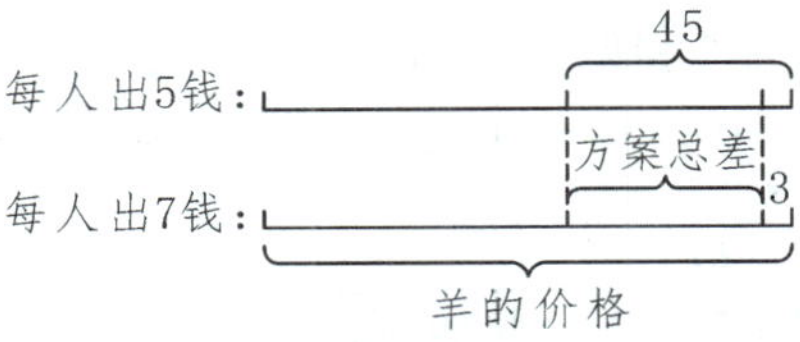

例 5　今有共买犬，人出五，不足九十；人出五十，适足。问：人数、犬价各几何？

【译文】几个人一起买一只狗，每人出 5 钱，则少 90 钱；每人出 50 钱，则刚好买下这只狗。请问：人数与狗的价格各是多少？

解析

本题属于不足适足类型的问题。

如图，两个方案的总差就是 90 钱，每人相差：50－5＝45(钱)，所以人数为 90÷45＝2(人)，狗的价格为 50×2＝100(钱)。

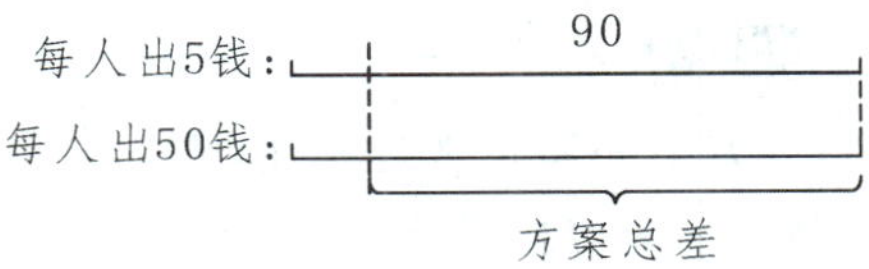

例 6 今有共买豕，人出一百，盈一百；人出九十，适足。问：人数、豕价各几何？

【译文】几个人一起买一头猪，每人出 100 钱，则多 100 钱；每人出 90 钱，则刚好买下这只猪。请问：人数与这头猪的价格各是多少？

解 析

本题属于盈适足类型的问题。

如图，两个方案的总差就是 100 钱，每人相差 100－90＝10(钱)，所以人数为 100÷10＝10(人)，猪的价格为 90×10＝900(钱)。

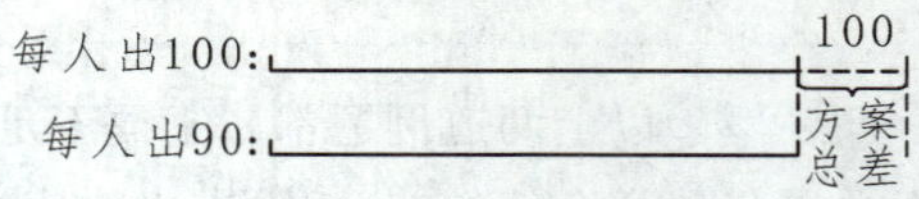

现在流行的大多数题与古文中的题行文上稍显不同，常常以分发的形式出现，而不是共同购买的形式，解法其实相同。请看后面例题。

例 7 将一棵桃树上的桃子分给猴子，如果每只猴子分 6 个，则差 2 个；如果每只猴子分 5 个，则还多出 3 个。那么，猴子有几只？树上的桃子有几个？

解 析

例题将一个物品的总价转化成了树上桃子的总数，购买变成了分发，但解题思路不变，依然是比较两种方案的差别。

如图，两个方案的总差就是 2＋3＝5(个)桃子，每只猴相差 6－5＝1(个)桃子，所以猴子的数量为 5÷1＝5(只)，树上的桃子共有 6×5－2＝28(个)。

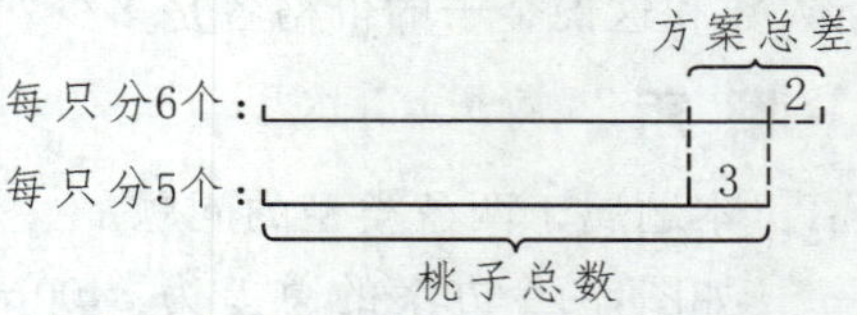

例 8 商家售卖一批同样的服装，如果每件卖出 300 元，则可盈利 1200 元；如果每件卖出 240 元，则可盈利 240 元。那么，这批服装共有多少件？总成本为多少元？

解 析

买东西变成了卖东西，每人分担的付款变成了售价，但其原理依然相同。

如图，两个方案的总差为 1200－240＝960(元)，每件相差 300－240＝60(元)，所以这批服装共有 960÷60＝16(件)，总成本为 300×16－1200＝3600(元)。

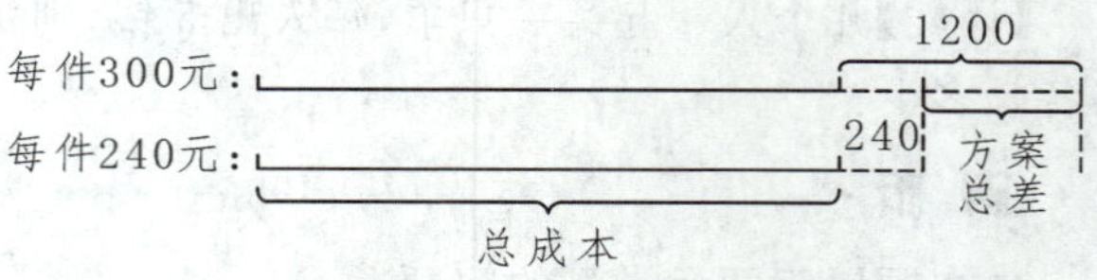

15.3 拓展提高

盈亏问题的变化多在盈多少、亏多少的表述以及份数的变化等方面，我们很多时候要做的工作就是将这些变化通过“翻译”消除掉，即利用转化思想将问题转化为前面的典型例题。

例 9 一次国际博览会上，组委会给一个代表团安排了几名翻译。如果每 10 人安排一名翻译，则有 4 位代表团成员没有翻译陪同；如果每 12 人安排一名翻译，则恰有 1 名翻译无须陪同任何代表团成员。那么，组委会为这个代表团安排了几名翻译？代表团共有几位成员？

解 析

方案一属于常规表述，方案二有所变化，有 1 名翻译无须陪同可以理解为：如果他也陪同，可以多陪同 12 位成员。

转化完成，于是两个方案的总差为 12+4=16(名)，每名翻译陪同人数差为 12−10=2(名)，所以共有 16÷2=8(名)翻译，代表团共有 12×(8−1)=84(位)成员。

例 10 商贩用小棍串糖葫芦，如果每根小棍串 3 颗果子，则少 1 根棍子；如果每根小棍串 5 颗果子，则多 1 根棍子。那么，小棍有几根？果子有几颗？

解析

两个方案都不是常规表述，翻译如下：如果每根小棍串 3 颗果子，则多出 3 颗果子；如果每根小棍串 5 颗果子，则还差 5 颗果子。

转化完成，于是两个方案的总差为 3+5=8(颗)果子，每根小棍上的果子相差 5−3=2(颗)，所以小棍有 8÷2=4(根)，共有 3×(4+1)=15(颗)果子。

例 11 一个数除以 5 余 3，除以 8 余 6。已知两次计算的商相差 6，那么这个数是________。

（2016 年秋・明心数学资优生测试 4 年级）

解析

乍看起来，本题似乎与盈亏问题，甚至是应用题都无关，但将商看作“猴子”，将被除数看作“桃子”，问题可以转化为：将一批桃子分给一群猴子，若每只猴子分 5 个，则余下 3 个；若有 6 只猴子有事没来，其余每只猴子分 8 个，还余下 6 个。那么，共有几只猴子，几个桃子？

问题转化了，条件还需转化，方案二可翻译为：如果每只猴子都分 8 个桃子，则差 8×6−6=42(个)。

于是，两个方案的总差为 3+42=45(个)，共有 45÷(8−5)=15(只)猴子，桃子总数为 5×15+3=78(个)，即被除数为 78。

验证：78÷5=15……3，78÷8=9……6，15−9=6。

例 12 某校学生参加队列比赛，参加比赛的男生人数是女生人数的 2 倍。如果男生每 16 人组成一个方阵，女生每 9 人组成一个方阵，则男生方阵正好比女生方阵多 1 个。那么，参加比赛的男女生共有多少人？共组成了几个方阵？

解析

因为男生人数是女生人数的 2 倍，所以条件可以翻译成：如果女生每 8 人组成一个小方阵则比每 9 人组成一个方阵多出 1 个方阵，即多 8 人，于是两个方案的总差就为 8 人，女生的方阵数为 8÷(9−8)=8(个)，男生的方阵数为 8+1=9(个)，共组成了 8+9=17(个)方阵，总人数为 9×8×(1+2)=216(人)。

真题重现

1. 今有共买鸡，人出九，盈一十一；人出六，不足十六。问：人数、鸡价各几何？　（《九章算术》卷七）

【译文】几个人合买一只鸡，每人出 9 元，则多出 11 元，每人出 6 元，则少 16 元。请问：人数与鸡的价格各是多少？

2. 老师给同学们分玩具。如果每 2 人分 3 个，则多 2 个；如果每 3 人分 5 个，则少 4 个。那么，总共有________个玩具。

（2013 年“数学花园探秘”3 年级网赛）

3. 汽车人与霸天虎要决战了！擎天柱大哥出发时发现，若 2 个汽车人骑一个机器恐龙，则有 10 个汽车人得自己跑；若 3 个汽车人骑一只机器恐龙，则有 5 个机器恐龙没有载汽车人。那么汽车人和机器恐龙共有________个。

（2014 年秋·明心数学资优生测试 4 年级）

4. 春节期间动物园的饲养员给小羊发胡萝卜和小白菜，胡萝卜的数量是小白菜的 3 倍。如果每只小羊分得 10 根胡萝卜和 3 棵小白菜，则胡萝卜少 4 根，小白菜多 2 棵，那么一共有________只小羊。

（2015 年春·明心数学资优生测试 4 年级）

5. 快到圣诞节了，白雪公主家来了很多客人，白雪公主给客人们发放糖果。如果每位客人发放 5 颗糖果，则会剩余 30 颗糖果。如果 7 个小矮人也想要吃糖果，白雪公主给客人和 7 个小矮人每个人都发 6 颗糖果，则会有 3 个人没有糖果，还有 1 个人只发到 4 颗糖果。那么白雪公主家里来了________位客人。

（2018 年"数学花园探秘"3 年级初赛 B2 卷）

6. 学校举行拔河比赛，如果将 2 名男老师和 4 名女老师编成一个队，将会多出 6 名女老师，如果将 4 名男老师和 9 名女老师编成一个队，将会多出 2 名女老师，那么女老师一共有________名。

（2018 年"数学花园探秘"4 年级初赛 B1 卷）

7. 小鸡们举行了一场骑椅子大赛，刚开始，12 只鸡骑一把椅子，结果缺 3 把椅子。小鸡们又去搬了原来数量一半的椅子后，正好每 10 只小鸡骑一把椅子，那么参加大赛的小鸡有多少只？

（2015 年秋·明心数学资优生测试 4 年级）

参考答案

1. 答案：9 人；70 元。

分析：两个方案的总差为 11＋16＝27(元)，每人相差 9－6＝3(元)，所以人数为 27÷3＝9(人)，鸡的价格为 9×9－11＝70(元)。

2. 答案：56。

分析：每 6 人分 9 个，多 2 个；每 6 人分 10 个，少 4 个，所以有(2＋4)÷(10－9)＝6(人)，玩具有 6×9＋2＝56(个)。

3. 答案：85。

分析：盈亏问题，关键点：将"5 个机器恐龙没有载汽车人"看作还剩 3×5＝15(个)空位。机器恐龙有(10＋5×3)÷(3－2)＝25(个)；汽车人有 2×25＋10＝60(个)。

共：25＋60＝85(个)。

4. 答案：10。

分析：假设分到的小白菜×3 与胡萝卜一样多，则每只小羊可分得 3×3＝9(根)胡萝卜和 3 棵小白菜，胡萝卜应该还多 2×3＝6(根)。因为每只小羊少分了 1 个胡萝卜，就差了 6＋4＝10(个)，所以小羊一共有(6＋4)÷(10－9)＝10(只)。

5. 答案：8。

分析：由题意可知，不给小矮人发糖果时，每人 5 颗糖果，还剩 30 颗；每人 6 颗糖果，还剩 6×(7－3－1)＋4＝22(颗)糖果。因此白雪公主家共来了(30－22)÷(6－5)＝8(位)客人。

6. 答案：38。

分析：如果将 4 名男老师和 8 名女老师编成一个队，也会多出 6 名女老师，总差为 6－2＝4(人)，于是方案二有(6－2)÷(9－8)＝4(队)，女老师共有 9×4＋2＝38(名)。

7. 答案：180。

分析：方案二可以转化成椅子数量不变，每把椅子坐 10÷2×3＝15(只)小鸡；方案一中缺 3 把椅子可以看作多了 12×3＝36(只)小鸡，于是原来椅子有 36÷(15－12)＝12(把)，小鸡有 15×12＝180(只)。

第十六章　牛吃草问题

在著名科学家牛顿所著的《普通算术》一书中有这样一道题：12 头牛 4 周将 $3\frac{1}{3}$ 格尔（一种面积单位）草场的牧草吃完；同样的草场，21 头牛 9 周将 10 格尔草场的牧草吃完。请问，24 格尔草场的牧草可供多少头牛恰好吃 18 周？

后人将上述这类问题称之为牛吃草问题。

牛吃草问题主要涉及三个关系量：草的数量，牛的数量，时间。较为复杂的牛吃草问题，还涉及草场面积，此问题将作为“例 12”为大家详细介绍。

牛吃草问题的核心特点是：草会随着时间的变化而变化。

16.1　不是所有的“牛吃草”都是“牛吃草问题”

【引题】仓库中有一批草料，可供 10 头牛吃 20 天，可供 8 头牛吃几天？

分析：将 1 头牛 1 天吃的草量看作“1 份”（后同），则仓库中有 $10\times20=200$（份）草，可供 8 头牛吃 $200\div8=25$（天）。

注解　本题也含有“牛吃草”的场景，但由于仓库中的“草”并不能生长，所以它并不属于“牛吃草问题”。

16.2　基础题型

牛吃草问题在中年级阶段与高年级阶段有不同的算数解法，高年级阶段利用“反比例关系”的解法详见章节 7.2。

例 1　一片匀速生长的草场，可供 10 头牛吃 20 天，可供 8 头牛吃 30 天。那么，这片草场可供 12 头牛吃几天？

解析

首先将条件与问题制作成一张表格。

项目	牛的数量/头	时间/天
情况一	10	20
情况二	8	30
问　题	12	?

类似鸡兔同笼问题，只要能填出这张表条件部分的两行，就相当于立了一块“里程碑”给自己树立信心，问题一定能够解决。

（1）情况一中，牛一共吃了 $10\times20=200$（份）草；情况二中，牛一共吃了 $8\times30=240$（份）草。为什么总草量会不一样呢？因为这不是仓库中的草，而是一片草场中可以生长的草，所以“时间因素”可以影响草量的多少。

情况一中草长了 20 天，情况二中草长了 30 天，由于有了 $30-20=10$（天）的时间差，造成了 $240-200=40$（份）的总量差，所以草的生长速度为 $40\div10=4$（份/天）。

注意，这是牛吃草问题的核心因素之一。

(2)接下来我们需要厘清另外一个问题才知道我们寻找什么条件，这个问题就是——草什么时候被吃完呢？如果是仓库中的草，吃干抹净就结束了，什么时候吃完很清晰，不存在问题，但草场上的草一直在长啊，那到底什么事件标志着草被吃完呢？

①如果草长的速度比牛吃的速度还要快，那么草就永远也吃不完；

②如果草长的速度比牛吃的速度慢，那么这片草场每天的总量就会减少，而这个“总量”最开始就是这片草地的“原有草”，我们再将第一天起生长出来的草称为“嫩草”，由于“嫩草”生长速度不及牛吃草的速度，于是牛必须一边开心地吃“嫩草”一边将就着吃“原有草”才能吃饱，所以，当“原有草”吃完，“嫩草”不足以喂饱牛的那一刻，草场上的草就供不应求了，于是牛必须离开另觅草场，这片草场就算吃完了。

即：“原有草”吃完＝草被吃完。所以，我们求出“原有草”。

为了更好地理解，我们做一个违背牛性的假设，因为每天长 4 份“嫩草”，于是我们向其中 4 头牛颁发“嫩草勋章”，奖励这 4 头幸运牛专吃“嫩草”，而其余的牛吃“原有草”，这样草增长的部分就被 4 头戴有“嫩草勋章”的牛抵消了，吃“原有草”的牛与原有草形成了“在仓库吃”的局面，于是我们可以知道情况一中有 10－4＝6(头)牛吃“原有草”，“原有草”共有 6×20＝120(份)。利用情况二验证，情况二中有 8－4＝4(头)牛吃“原有草”，“原有草”共有 4×30＝120(份)，与情况一吻合。

至此，我们对这片草场的情况有了一个全面的认识，知道了“原有草”与“生长速度”。接下来，就可以针对具体问题做出相应的解答。

(3)将问题转化：“可供 12 头牛吃几天”⟶“12 头牛几天将草吃完”⟶“12 头牛几天将‘原有草’吃完”。如此，我们需要知道 12 头牛中有几头牛在吃“原有草”，因为有 4 块“嫩草勋章”，所以剩下 12－4＝8(头)牛吃“原有草”，可吃 120÷8＝15(天)，即可供 12 头牛吃 15 天。

注解 例 1 中，我们花了很大的工夫厘清牛吃草典型问题的逻辑脉络，诸如“为什么要求‘原有草’？”“什么事件标志着草被吃完？”，解题关键环节总结如下：

①从“两种情况的差异”中求出“草的生长速度”，准备颁发“嫩草勋章”；

②了解了“草被吃完＝原有草被吃完”，求出“原有草”；

了解以上两点即是对这片草场的全面认识。

③针对具体问题进行解答。

例 2 一片匀速生长的草场，可供 15 头牛吃 21 天，可供 10 头牛吃 36 天。那么，这片草场可供几头牛吃 12 天？

解析

列表如下：

项目	牛的数量/头	时间/天
情况一	15	21
情况二	10	36
问　题	?	12

(1)两种情况中，草的总量差为 10×36－15×21＝45(份)，时间差为 36－21＝15(天)，所以草的生长速度为 45÷15＝3(份/天)，要颁发 3 枚“嫩草勋章”。

(2)这片草场的“原有草”有(15－3)×21＝252(份)。

(3)针对本题，12 吃完＝12 天“原有草”被吃完 ，于是每天有 252÷12＝21(头)牛吃“原有草”，但别忘了那 3 头有着“嫩草勋章”的幸运牛，所以可供 21＋3＝24(头)牛吃 12 天。

例 3 一片匀速生长的草场，可供 20 头牛吃 30 天，可供 30 头牛吃 18 天。那么，为了让草永远不被吃完，这片草场至多可供养几头牛？

解析

本题的关键在于理解问题，“永远不被吃完”意味着什么？“原有草”即使每天只消耗 1 份，总有被吃完的时候，所以想要不被吃完则意味着吃草的速度不能超过草的生长速度，所以问题的实质就是求解草的生长速度，列表：

项目	牛的数量/头	时间/天
情况一	20	30
情况二	30	18

草长的速度为(20×30－30×18)÷(30－18)＝5(份)，即最多可供养 5 头牛。

例 4 由于天气逐渐变冷，牧场上的草每天以均匀的速度减少。经计算，牧场上的草可供 20 头牛吃 6 天，或可供 14 头牛吃 8 天。那么，牧场上的草可供 12 头牛吃几天？

解析

列表如下：

项目	牛的数量/头	时间/天
情况一	20	6
情况二	14	8
问　题	12	?

情况一：共吃草 20×6＝120(份)。情况二：共吃草 14×8＝112(份)。

(1)两种情况相差 120－112＝8(份)，牧场上的草多减少了 8－6＝2(天)，所以每天会减少 8÷2＝4(份)。

(2)可以将每天减少 4 份想象成每天有 4 头“隐形牛”在偷吃草，所以情况一中，相当于有 20＋4＝24(头)牛在吃草，6 天共吃 24×6＝144(份)，即原有 144 份草。

利用情况二进行验算，情况二中，相当于有 14＋4＝18(头)牛吃草，8 天共吃 18×8＝144(份)草，验算吻合。

(3)针对题目问题，共 144 份草，每天相当于有 12＋4＝16(头)牛在吃草，所以可吃 144÷6＝9(天)。

例 5 由于天气逐渐变冷，牧场上的草每天匀速减少。经计算，牧场上的草可供 15 头牛吃 20 天，或可供 12 头牛吃 24 天。那么，牧场上的草可供几头牛吃 15 天？

解析

列表如下：

项目	牛的数量/头	时间/天
情况一	15	20
情况二	12	24
问　题	?	15

(1)两种情况相差 15×20－12×24＝12(份)，时间相差 24－20＝4(天)，所以每天会减少 12÷4＝3(份)。

(2)可以将每天减少 3 份想象成每天有 3 头“隐形牛”在偷吃草，所以共有(15＋3)×20＝360(份)原有草。

利用情况二进行验算，原有(12＋3)×24＝360(份)草，验算吻合。

(3)针对题目问题，360 份草吃 15 天，每天消耗 360÷15＝24(份)草，但请注意，里面潜伏着 3 头牛，所以可供 24－3＝21(头)牛吃 15 天。

16.3 小小翻译家

例 6 一艘小船正在漏水。若用 8 台抽水机抽水，则 6 小时可把水抽干；若用 6 台抽水机抽水，则 9 小时才能把水抽干。现在要求 2 小时内把水抽干，那么至少需要几台抽水机？

解析

"正在漏水"——→"草正在长"，"把水抽干"——→"将草吃完"，于是"抽水机"相当于"牛"，"水"相当于"草"。列表如下：

项目	抽水机/台	时间/小时
情况一	8	6
情况二	6	9
问　题	?	2

将 1 台抽水机 1 小时抽的水看作 1 份。

(1)漏水的速度为(6×9－8×6)÷(9－6)＝2(份/时)；

(2)原有水(8－2)×6＝36(份)；

(3)想要 2 小时抽完，抽原有水的抽水机应有36÷2＝18(台)，加上抽新漏水的 2 台，共计 18＋2＝20(台)。

例 7 游乐场 10:00 点开门，但有游客提前赶来排队准备入场，且每分钟新来的游客一样多。如果启用 5 个入场口，则开门 15 分钟后就不再有人排队；如果启用 6 个入场口，则开门 10 分钟后就不再有人排队。那么，第一个游客几点几分到达游乐场门口？

解析

"每分钟新来的游客一样多"——→"每天草生长的速度相同"，"不再有人排队"——→"牛将草吃完"。有了这样的类比后我们可以尝试"翻译"："入场口"相当于"牛"，"游客"相当于"草"，于是"入场口接收游客"转化成了"牛吃草"问题，题目条件相当于"一片草场可供 5 头牛吃 15 天，6 头牛吃 10 天"。列表：

项目	入场口/个	时间/分
情况一	5	15
情况二	6	10

厘清了题意与条件，我们再来看看题目的问题到底在问什么。与"牛吃草"类似，我们可以将 1 个入场口 1 分钟接收的游客看作 1 份，要求"第一个游客几点几分到达游乐场门口"，首先我们要知道开门时有多少游客，即"原有草"，这些游客是由新来的游客 1 分钟 1 分钟积攒起来的，所以还需要知道 1 分钟来多少游客，这样就能知道积攒这些游客经过了多少分钟，也就能知道第一个游客几点几分到达游乐场。

(1)游客增加的速度为(5×15－6×10)÷(15－10)＝3(份/分)；

(2)原有游客(6－3)×10＝30(份)；

(3)积攒这些游客经过了 30÷3＝10(分钟)，所以第一位游客 9:50 到达。

例 8 假设地球上新生成的资源的增长速度是一定的，照此计算，地球上的资源可供 110 亿人生活 90 年，或供 90 亿人生活 210 年。那么，为了人类在地球上能够持续发展，人口应该控制在多少亿人以内？

解析

本题中“人”相当于“牛”，“资源”相当于“草”，与例 3 类似，想要可持续发展，则消耗资源的速度不能超过资源增长的速度。于是，本题的目标就是求“资源的增长速度”。将条件列表如下：

项目	人口/亿	时间/年
情况一	110	90
情况二	90	210

将 1 亿人 1 年消耗的资源看作 1 份。

资源的增长速度为(90×210－110×90)÷(210－90)＝75(份/年)，即人口应该控制在 75 亿人以内。

例 9 快、中、慢三车同时从 A 地出发沿同一公路开往 B 地，有一骑车人也在这条公路上同方向匀速行进，快、中、慢三辆车分别用 21 分钟、24 分钟、42 分钟追上骑车人。如果快车每分钟行 1200 米，慢车每分钟行 900 米，那么中速车的速度是多少？

解析

“骑车人匀速向前骑行”可以看作“草在匀速生长”，“三辆车追上骑车人使距离缩短至 0”可以看作“将草吃完”，接下来我们将“骑车人与三辆车起始距离”看成“原有草量”，而“速度越快”相当于“吃草的牛越多”，“速度”看作“牛的数量”，列表如下：

车型	速度/(米/分)	时间/分
快车	1200	21
慢车	900	42
中车	?	24

(1)骑车人速度为(900×42－1200×21)÷(42－21)＝600(米/分)；

(2)三辆车与骑车人的起始距离为(1200－600)×21＝12600(米)；

(3)中速车 24 分钟追上骑车人，所以速度差为 12600÷24＝525(米/分)，中速车的速度为 600＋525＝1125(米/分)。

16.4　代换类型

例 10 一块匀速生长的草地，可供 16 头牛吃 20 天或者供 100 只羊吃 12 天。如果一头牛一天吃草量等于 5 只羊一天的吃草量，那么这块草地可供 10 头牛和 75 只羊一起吃多少天？

解析

这类题型与原题型唯一区别就是“又有牛又有羊”，但它也明确给了我们一个转化的条件，因为“一头牛一天吃草量等于 5 只羊一天的吃草量”，所以我们可以将其统一成“牛”或统一成“羊”。

统一成“牛”的好处：数据相对较小，便于计算。

统一成“羊”的好处：数据扩大倍数不会出现除不尽的状况。

鉴于 100 与 75 都是 5 的倍数，所以我们将题目中的两种动物都统一成“牛”，条件转化如下表：

项目	牛的数量/头	时间/天
情况一	16	20
情况二	100÷5=20	12
问　题	10+75÷5=25	?

因为统一成了牛，所以将 1 头牛 1 天的吃草量看作 1 份。

(1)草长的速度为(16×20−20×12)÷(20−12)=10(份/天)；

(2)(16−10)×20=120(份)；

(3)可供 25 头牛吃 120÷(25−10)=8(天)。

例 11 一片匀速生长的草场，如果让马群与牛群去吃，15 天将会吃完；如果让马群与羊群去吃，30 天将会吃完；如果让牛群与羊群去吃，20 天将会吃完。已知马群与羊群每天的吃草量的和等于牛群每天的吃草量，那么这片草场可供牛群、马群、羊群一起吃几天？

解析

因为本题中的牛、马、羊都没有具体数量，所以不妨先设草每天的生长速度为 1 倍。

因为马群与羊群每天的吃草量的和等于牛群每天的吃草量，所以牛群单独吃可吃 30 天，即 30 牛=原有草+30 倍；

由情况一可知 15 牛+15 马=原有草+15 倍，于是 30 牛+30 马=原有草×2+30 倍，与 30 牛=原有草+30 倍比较可知，马 30 天吃完原有草；

由情况三可知 20 牛+20 羊=原有草+20 倍，于是 60 牛+60 羊=原有草×3+60 倍，与 30 牛×2=原有草×2+30 倍×2 比较，羊 60 天吃完原有草。

所以，马群吃 1 天相当于羊群吃 60÷30=2(天)，牛群吃 1 天相当于羊群吃 1+2=3(天)。

将羊群吃 1 天的草量看作 1 份，则本题转化为“牛吃草”基础题型，有如下关系：

(1)草的生长速度为(3×30−5×15)÷(30−15)=1(份/天)，即上文中的 1 倍与 1 份是相同的；

(2)原有草(5−1)×15=(3−1)×30=(4−1)×20=60(份)(已包含验算)；

(3)可供牛群、马群、羊群一起吃 60÷(6−1)=12(天)。

项目	吃草速度	时间/天
情况一	2+3=5	15
情况二	1+2=3	30
情况三	1+3=4	20
问　题	1+2+3=6	?

16.5 面积变化

例 12 牛顿的“牛吃草”问题：12 头牛 4 周将 $3\frac{1}{3}$格尔(格尔是一种面积单位)草场的牧草吃完；同样的草场，21 头牛 9 周将 10 格尔草场的牧草吃完。那么 24 格尔草场的牧草可供多少头牛恰好吃 18 周？

解析

此类型多了“面积”这个因素，面积会怎样影响数量关系呢？假设有 2 块草地 A 与 B，B 的面积是 A 的 2 倍，列表展示其中关系：

项目	A	B
原有草	1倍	2倍
草的生长速度	1份	2份

我们可以看出，面积的倍数关系决定了原有草的倍数关系与草生长速度的倍数关系。

回到原题，由于10格尔恰好是$3\frac{1}{3}$格尔的3倍，我们可以将第一块草地的面积乘以3，牛的头数也乘以3，变为10格尔草地可供36头牛吃4周（注意！时间不能变），再与第二块草地比较，10格尔草地可供21头牛吃9周，这就还原成了在“同等面积”下的牛吃草问题。条件列表如下：

项目	牛的数量/头	时间/周
情况一	36	4
情况二	21	9

为了避免计算中出现的小数，可以将24格尔草地18周共有的草（含新长的草）算出来，为(108+9×18)÷10×24=648（份），可供养648÷18=36(头)牛。

将1头牛1周吃的草量看作1份。

(1)10格尔草地上草的生长速度为(21×9－36×4)÷(9－4)＝9(份/周)；

(2)10格尔草地上原有草为(36－9)×4＝108(份)；

(3)24格尔草地上，草的生长速度为9÷10×24＝21.6(份/周)，即21.6枚“嫩草勋章”；原有草为108÷10×24＝259.2(份)；原有草18周吃完需要259.2÷18＝14.4(头)牛，加上戴有嫩草勋章的牛，共有14.4＋21.6＝36(头)牛。

例13 有3块草地，面积分别为3公顷、15公顷和24公顷。刚开始草地上的草一样厚，且单位面积上的草长得一样快。如果第一块草地可供6头牛吃30天，第二块草地可供28头牛吃45天，那么第三块草地可供42头牛吃几天？

解析

与上题相似，将第一块草地的面积扩大5倍，则可以得到，15公顷的草地可供30头牛吃30天，与情况二比较，列表如下：

项目	牛的数量/头	时间/天
情况一	30	30
情况二	28	45

(1)15公顷草地上草的生长速度为(28×45－30×30)÷(45－30)＝24(份/天)；

(2)15公顷草地上原有草为(30－24)×30＝180(份)；

(3)24公顷草地上原有草为180÷15×24＝288(份)，草的生长速度为24÷15×24＝38.4(份/天)，即38.4枚“嫩草勋章”，42头牛中吃原有草的有42－38.4＝3.6(头)，所以42头牛可吃288÷3.6＝80(天)。

例14 同一片匀速生长的草场被分成了A、B两块区域，B的面积是A的2倍。刚开始16只羊在A区吃草，11头牛在B区吃草，则A区的草恰好50天吃完，B区的草恰好25天吃完。如果一开始就从A区牵1只羊到B区，则A区的草可多吃10天。那么，1头牛每天吃的草是1只羊每天吃草量的几倍？

（2018年春·明心数学资优生测试4年级）

解析

令1只羊1天吃1份草。

对于A区来说，16只羊50天吃完或15只羊60天吃完，所以A区草的生长速度为(60×15－50×16)÷(60－50)＝10(份/天)。则A区原有草(15－10)×60＝300(份)。

B 区草的生长速度为 $10\times2=20$(份/天),原有草为 $300\times2=600$(份)。B 区 25 天共有草 $600+20\times25=1100$(份)。

所以牛每天的吃草量是羊的 $1100\div25\div11=4$ 倍。

16.6 草变牛也变

例 15 一片匀速生长的草场,可供 15 头牛吃 21 天,可供 10 头牛吃 36 天。有一群牛来此吃草,6 天后,又来了 2 头牛,前后一共 12 天将草吃完,那么,刚开始有几头牛?

解析

前两组情况正常,我们仍然可以依此求出"草的生长速度"与"原有草"。

(1)草的生长速度为 $(10\times36-15\times21)\div(36-21)=3$(份/天),即 3 枚"嫩草勋章";

(2)原有草为 $(15-3)\times21=252$(份);

(3)针对问题做出相应调整,如果 6 天后没有 2 头牛加入,则所有的牛 12 天一共吃了 $252+3\times12-2\times6=276$(份)草,于是刚开始有 $276\div12=23$(头)牛。

例 16 一片草场上的草匀速生长。如果牧民第 1 天让 10 头牛在这片草场吃草,第 2 天让 20 头牛吃草,第 3 天让 10 头牛吃草,第 4 天让 20 头牛吃草,……,照这样下去,24 天后这片草场上的草将被吃光。如果牧民第 1 天让 30 头牛在这片草场吃草,第 2 天让 20 头牛吃草,第 3 天让 30 头牛吃草,第 4 天让 20 头牛吃草,……,照这样下去,12 天后这片草场上的草将被吃光。如果牧民第 1 天让 20 头牛在这片草场吃草,第 2 天让 15 头牛吃草,第 3 天让 20 头牛吃草,第 4 天让 15 头牛吃草……照这样下去,经过______天这片草场上的草将被吃完。 (2020 年春·明心数学资优生测试 4 年级)

解析

(1)第一种情况,24 天共吃草 $(10+20)\times12=360$(份);第二种情况,12 天共吃草 $(30+20)\times6=300$(份)。所以草的生长速度为 $(360-300)\div(24-12)=5$(份/天)。

(2)原有草为 $300-5\times12=240$(份)。$240\div(20-5+15-5)=9\cdots\cdots15$,余下的 15 份原有草和 1 天新长的 5 份新草正好够 20 头牛吃一天,所以共吃 $2\times9+1=19$(天)。

真题重现

1. 一片匀速生长的草场,可供 10 头牛吃 20 天,可供 15 头牛吃 10 天。那么,可供 25 头牛吃几天?

2. 一片匀速生长的草场,可供 10 头牛吃 20 天,可供 15 头牛吃 10 天。那么,可供几头牛吃 25 天?

3. 由于天气逐渐冷起来,牧场上的草不仅不长,反而以固定的速度减少。如果某块草地上的草可供 25 头牛吃 4 天,或可供 16 头牛吃 6 天,那么可供多少头牛吃 18 天?

4. 一片牧草,每天生长的速度相同。现在这片牧草可供 20 头牛吃 12 天,或可供 60 只羊吃 24 天。如果 1 头牛的吃草量等于 4 只羊的吃草量,那么 9 头牛与 100 只羊一起吃可以吃几天?

5. 一牧场上的草每天都均匀生长。这片草可供 16 头牛吃 60 天,或者可供 18 头牛吃 50 天。如果将这片草全部割下制成干草以备冬天的草料,但制成干草后使用要比直接使用青草损失 $\frac{1}{6}$ 的营养。那么,由这些割下来的草所制成的干草可供 25 头牛吃______天。 (2003·浙江省小学数学活动课夏令营)

6. 一片牧场，草每天匀速生长，若放 24 头牛，6 天吃完这片草；若放 21 头牛，8 天吃完这片草。若每头牛每天吃草量相等，16 头牛________天吃完这片草；若要使这片草永远吃不完，最多养________头牛。

（2004·甘肃省第十二届小学数学冬令营第二试）

7. 奥拉星球正在遭受一只八岐大蛇的攻击。这只怪物现在有 2017 点血量，它每分钟还会增长 40 点血量，并且 20 分钟后将会摧毁整个星球。但是，奥拉星球的亚比英雄们也正在前线进行反击，每个亚比英雄每分钟可以打击怪物 10 点血量。那么，为了保证星球不被摧毁，至少需要________个亚比英雄。

（2017 年"数学花园探秘"4 年级初赛 D 卷）

8. 某超市平均每小时有 60 人排队付款，每 1 个收银台每小时能应付 80 人。某天某时间段内，该超市只有 1 个收银台工作，付款开始 4 小时就没有顾客排队了。如果当时有 2 个收银台工作，那么付款开始________小时就没有人排队了。（2010 年"希望杯"6 年级初赛）

9. 某人骑摩托车去追拖拉机。如果以 30 千米/时的速度去追，那么需 30 分钟追上，如果以 36 千米/时的速度去追，那么需 20 分钟追上。如果以 54 千米/时的速度去追，那么需要多少分钟追上？

（2013 年春·明心数学资优生测试 5 年级）

10. 同一片草地被分为甲、乙两块区域，甲草地的面积是乙草地面积的 3 倍。如果 30 头牛 12 天能吃完甲草地上的草，20 头牛 4 天能吃完乙草地上的草，那么几头牛 20 天能同时吃完两块草地上的草？

11. 一个农夫有面积为 2 公顷、4 公顷和 8 公顷的 3 块牧场。3 块牧场上的草长得一样密，而且单位面积上的草长得一样快。农夫将 8 头牛赶到 2 公顷的牧场，牛 5 天吃完了草；如果农夫将 8 头牛赶到 4 公顷的牧场，牛 15 天可吃完草。问：若农夫将 10 头牛赶到 8 公顷的牧场，这块牧场可供这些牛吃几天？

参考答案

1. 答案：5。

分析：列表。

项目	牛的数量/头	时间/天
情况一	10	20
情况二	15	10
问　题	25	?

(1)草的生长速度为(10×20－15×10)÷(20－10)＝5(份/天)，即 5 枚"嫩草勋章"；

(2)原有草为(15－5)×10＝100(份)；

(3)25 头牛可吃 100÷(25－5)＝5(天)。

2. 答案：9。

分析：题干条件与上题完全相同，所以草的生长速度依然为 5 份/天，原有草为 100 份；

针对问题，吃 25 天即原有草吃 25 天，所以可供养 100÷25＋5＝9(头)牛。

3. 答案：4。

分析：列表。

项目	牛的数量/头	时间/天
情况一	25	4
情况二	16	6
问　题	?	18

(1)草减少的速度为(25×4－16×6)÷(6－4)＝2(份/天)，即 2 头"隐形牛"；

(2)原有草为(25＋2)×4＝108(份)；

(3)每天消耗 108÷18＝6(份)草，去掉"隐形牛"，可供养 6－2＝4(头)牛。

4. 答案：5 天。

分析：因为 60 与 100 都是 4 的倍数，所以本题统一成"牛"较为方便，列表如下。

项目	牛的数量/头	时间/天
情况一	20	12
情况二	60÷4=15	24
问　题	9+100÷4=34	?

(1)草的生长速度为(15×24－20×12)÷(24－12)=10(份/天)，即 10 枚“嫩草勋章”；

(2)原有草为(15－10)×24=120(份)；

(3)可供 34 头牛吃 120÷(34－10)=5(天)。

5. 答案:20。

分析:列表。

项目	牛的数量/头	时间/天
情况一	16	60
情况二	18	50

(1)草生长的速度为(16×60－18×50)÷(60－50)=6(份)；

(2)原有草为(16－6)×60=600(份)；

(3)针对本题问题，将这 600 份草割下来制成干草后，其营养要损失$\frac{1}{6}$，则只值 500 份草的营养，可供 25 头牛吃 500÷25=20(天)。

6. 答案:18 天；12 头牛。

分析:列表。

项目	牛的数量/头	时间/天
情况一	24	6
情况二	21	8
问　题	16	?

(1)草的生长速度为(168－144)÷(8－6)=12(份/天)；即要使这片草永远吃不完，最多养 12 头牛；

(2)原有草为 144－12×6=72(份)；

(3)可供 16 头牛吃 72÷(16－12)=18(天)。

7. 答案:15。

分析:调用 40÷10=4(个)英雄专门去打每分钟怪兽增长的血量。剩下的英雄花 20 分钟打怪兽现有的 2017 点血量。所以需要 2017÷(10×20)=10……17，于是至少需要 10+1+4=15(个)英雄。

8. 答案:0.8 小时。

分析:人相当于“草”，收银台相当于“牛”。本题已经明确地告诉了“草”的生长速度为 60 人/时，所以直接算出“原有草”为(80－60)×4=80(人)；如果有 2 个收银台，每小时可以减少 80×2－60=100(人)，所以付款开始后 80÷100=0.8(小时)就没有人排队了。

9. 答案:10 分钟。

分析:拖拉机匀速向前骑行可以看作“草在匀速生长”，摩托车追上拖拉机可以看作“将草吃完”，接下来我们将拖拉机与某人出发点的起始距离看成“原有草量”，而速度越快相当于“吃草的牛越多”，将速度看作“牛的数量”。另外，本题还需要统一单位，30 千米/时=500 米/分，36 千米/时=600 米/分，54 千米/时=900 米/分，条件已经梳理清楚，列表如下：

项目	速度/(米/分)	时间/分
情况一	500	30
情况二	600	20
问　题	900	?

(1)拖拉机的速度为(500×30－600×20)÷(30－20)=300(米/分)；

(2)刚开始的起始距离为(500－300)×30=6000(米)；

(4)当摩托车以 54 千米/时的速度去追时，需 6000÷(900－300)=10(分钟)。

10. 答案:32。

分析:设 1 头牛 1 天的吃草量为 1 份，由于甲草地的面积是乙草地面积的 3 倍，把甲草地分成面积相等的 3 块，那么每块都与乙草地的面积相等。由于 30 头牛 12 天能吃完甲草地上的草，相当于 10 头牛 12 天吃完乙草地上的草，那么条件转换为“10 头牛 12 天能吃完乙草地上的草，20 头牛 4 天也能吃完乙草地上的草”，于是：

(1)乙草地上草的生长速度为(10×12－20×4)÷(12－4)＝5(份/天)，于是甲、乙两块草地上草的生长速度为 5×(1＋3)＝20(份/天)；

(2)乙草地原有草量为(20－5)×4＝60(份)，则甲、乙两块草地的原有草量为 60×(1＋3)＝240(份)。

(3)要 20 天同时吃完两块草地上的草，需要 240÷20＋20＝32(头)牛。

11. 答案：60。

分析：设 1 头牛 1 天的吃草量为 1 份，可以将不同的公顷数统一转化为单位量“1 公顷”来解决。把 2 公顷牧场分割成 2 块，每块 1 公顷，每块可供 4 头牛吃 5 天；把 4 公顷牧场分割成 4 块，每块 1 公顷，每块可供 2 头牛吃 15 天。

那么 1 公顷牧场草的生长速度为(2×15－4×5)÷(15－5)＝1(份/天)，1 公顷牧场原有草量为(4－1)×5＝15(份)。

于是，8 公顷牧场草的生长速度为 1×8＝8(份/天)，原有草量为 15×8＝120(份)，可供 10 头牛吃 120÷(10－8)＝60(天)。

第十七章　行程问题初步

运动，似乎是存在的证明。

曾经，人类借助运动捕猎，借助运动逃命；曾经，人类造出了在水里运动的船，造出了在空中运动的飞机；后来，人类又造出了前往太空的火箭。人类似乎总想在更广阔的空间更自由地运动。

生命运动，非生命也运动。

我们发现，曾经以为不动的地球，在绕着太阳运动；后来以为不动的太阳在绕着银河系中心运动；而银河系也以更高的速度运动，甚至整个宇宙也在不断膨胀中。

我们发现，微观粒子也在不断运动中，所表现出来的就是温度，那么我们将物质冷却到绝对零度就不动了吗？其实也不能，因为我们不能通过有限的循环降低到绝对零度。

从宏观到微观，所有的物体都在不断运动中。原来，宇宙中没有绝对静止的物体，原来，运动是绕不过的“宿命”。了解运动，从行程问题开始。

17.1　行程问题基本关系

行程问题：

路程
速度　×　时间

速度
路程　÷　时间

时间
路程　÷　速度

行程问题中，我们一般会用 s 表示路程，v 表示速度，t 表示时间，所以关系图也可写为：

s
v　×　t

v
s　÷　t

t
s　÷　v

17.2　基础题型

写在面对变化最为丰富的行程问题之前。

做题，不要“眼高手低”，而要“眼高手低”。

前一个“眼高手低”是指眼高于顶，遇到基础题觉得简单不愿意动笔，结果遇到难题动不了笔；后一个“眼高手低”是指经过对一个知识点的学习后，能够明白它与其他类型知识点的区别与联系，找到思维上的共通点，从而能够“俯瞰”该知识点，遇到基础题型依然愿意有条有理地写出过程。

基础题型问题的基石，也是同学们厘清思路、建立思路导航的关键，绝大多数复杂问题会带来两种困惑——“条件太多”“条件太少”。两种情况都会制造“条件迷宫”，导致“迷路”，那如何走出“迷宫”呢？简而言之就是通过明确问题属性来“定位”，通过基本关系“导航”，最后通过“转化思想”让复杂问题化为基础题型。

以苏步青名题为例：

甲、乙两人同时从两地出发，相向而行，距离是 50 千米。甲每小时走 3 千米，乙每小时走 2 千米，甲带着一只小狗，狗每小时跑 5 千米。这只狗同时和甲一起出发，当它碰到乙后，便回头跑向甲；碰到甲后又掉头跑向乙。如此下去，直到两人相遇吗，小狗一共跑了多少千米？

乍看本题发现，小狗一会儿跑向乙，一会儿跑向甲，又一会儿跑向乙，又一会儿跑向甲……周而复始。

但是！如果我们用问题来“定位”呢？问题要求什么？小狗跑了多少千米，即问的是路程——定位，那我们需要找什么？当然是找速度与时间(图 1)——导航，而题目条件中已经给出小狗的速度，唯缺“时间”尔——精准导航。那小狗跑的时间在题目中可以找到吗？当然！小狗与甲、乙二人同时出发，同时结束，它跑动的时间就是甲、乙二人的相遇时间(图 2)，于是 $t_{狗}=t_{甲乙}=50\div(3+2)=10$(小时)．所以$5\times10=50$(千米)。

高年级可利用等比数列求和求解此题，从而打开数学更高层次的“窗”(详见计算篇等比数列章节)。笨、困难、麻烦的方法可不一定是“坏”方法。

图 1

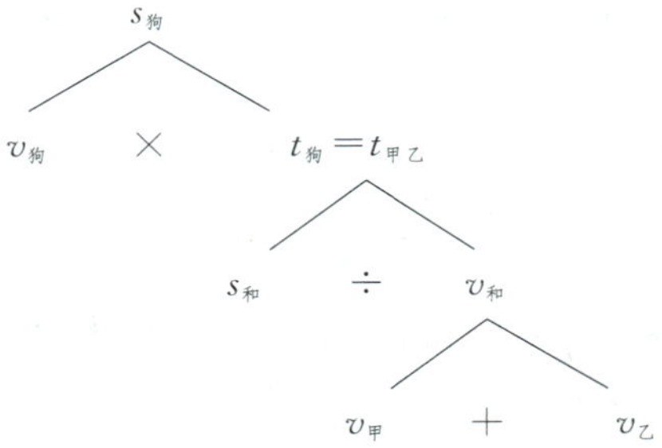

图 2

综上所述，请一定不要忽略基础题型，它们将是你的思维导航。

例 1 如果一只优秀的千里马一个月可以跑 15 天，每天最多跑 1000 华里(古代长度单位，1 华里≈300 米)，那么一匹千里马一个月最多可以跑________千米。 (2017 年“数学花园探秘”3 年级初赛 C 卷)

解析

首先明确问题的类型：“一个月最多可以跑多少”——求路程，于是我们寻找的条件是速度与时间，如图所示。

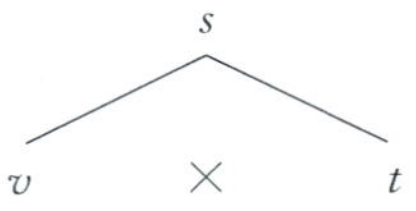

题目中两个条件都已具备，速度为 $300\times1000=300000$(米/天)$=300$(千米/天)，每个月最多能跑 15 天，所以一个月最多跑 $300\times15=4500$(千米)。

例 2 一辆汽车以每小时 110 千米的速度从 A 地开往 B 地，如果 A、B 两地相距 660 千米，那么这辆车走完全程需要几小时？

解析

问题很明确，求时间，如图所示。

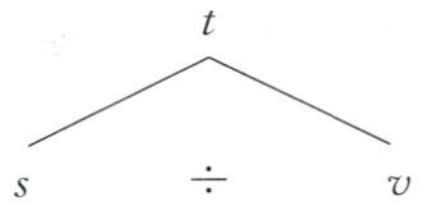

找路程与速度，于是 $660\div110=6$(小时)。

例 3 太阳距地球的平均距离被称作 1 个“天文单位”，1976 年国际天文学联合会把它确定为 149597870 千米，并从 1984 年起用。如果太阳光到达地球表面只需 8 分 19 秒，那么按此计算，光速约为多少？(结果保留至百位)

解析

求速度，找路程与时间，如图所示。

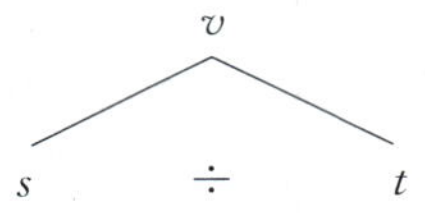

8 分 19 秒＝499 秒，所以光速大约为 $149597870\div499\approx299800$(千米/秒)。

例 4 某卫星以 7.8 千米/秒的速度绕地飞行，那么它飞行 5 分钟的距离是多少？

解析

注意，条件中的速度单位是每秒 7.8 千米，而给定的时间是 5 分钟，所以一定要注意统一单位。5 分钟＝300 秒，所以卫星 5 分钟的飞行距离为 $7.8\times300=2340$（千米）。

17.3 相遇问题

相遇问题与追及问题是涉及两个或多个运动对象的典型问题。相遇问题中，常常要考虑速度和、路程和、相遇时间（共同运动的时间），值得注意的是，不要狭隘地认为只有两个人相向而行才是相遇问题，如果将“速度和”作为是否是相遇问题的判断标准，会更显灵活。

例 5 甲、乙两人分别从相距 6000 米的 A、B 两地同时出发相向而行。甲每分钟行 70 米，乙每分钟行 50 米，多少分钟后两人相遇？

解析

依然“咬”住问题不放松，问题是相遇时间，所以我们要找路程和与速度和。

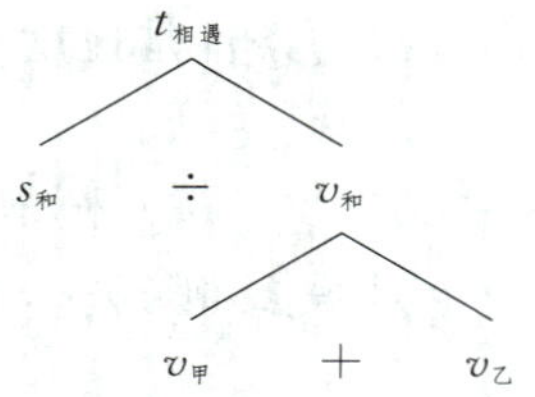

由思维路径图可知，相遇时间为 $6000\div(70+50)=50$（分钟）。

例 6 A、B 两地相距 6000 米，甲、乙两人同时从 A 地出发走向 B 地。甲每分钟行 70 米，乙每分钟行 50 米，甲走到 B 地后立即调头返回 A 地，那么，两人多少分钟后相遇？相遇地点距 B 地有多远？

解析

与例 5 不同，甲、乙两人都从 A 地出发，并且甲到达 B 地后还有折返运动，所以为了清楚地了解整个运动过程，建议大家借用线段图直观地感受运动过程，如图所示。

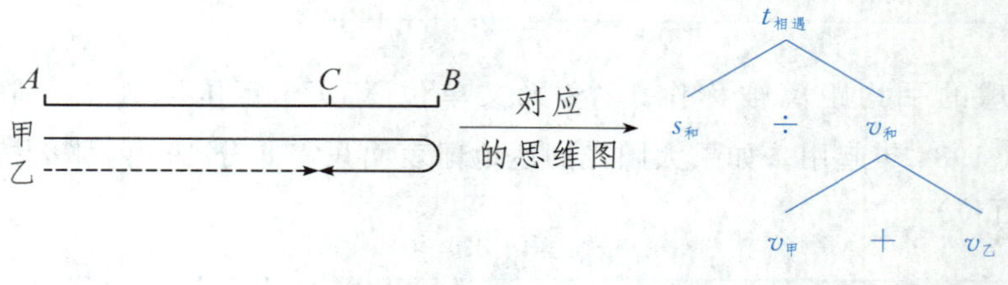

思维路径图并没有改变，但由线段图可以清晰地看出路程和发生了改变，并不是 1 个全程，而是 2 个全程 $6000\times2=12000$（米）。于是，本题的相遇时间为 $12000\div(70+50)=100$（分钟）。

第二问“顺水推舟”，由全程减去乙所走的路程 AC 即可得到，$BC=AB-AC=6000-50\times100=1000$（米）。

例 7 甲、乙两人分别从相距 700 米的 A、B 两地同时出发相向而行，50 秒后他们相遇。如果甲的速度为 6 米/秒，那么乙的速度是多少？

解析

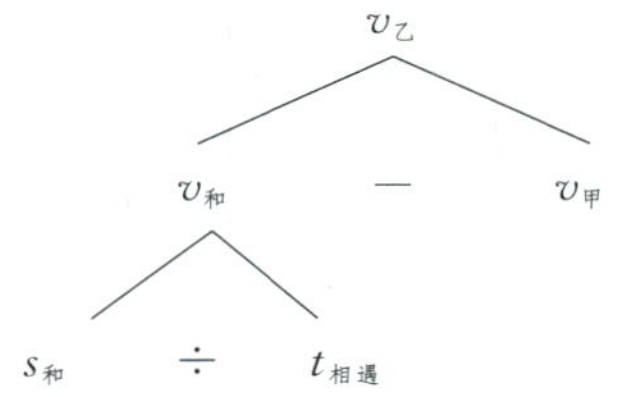

由思维路径图可知，乙的速度为 $700\div50-6=8$（米/秒）

例 8 聪聪与明明两人同时从环形跑道上的点 A 出发，背向而行。如果聪聪的速度为 3 米/秒，明明的速度为 5 米/秒，他们两人 50 秒后第一次相遇，那么这个环形跑道有多长？

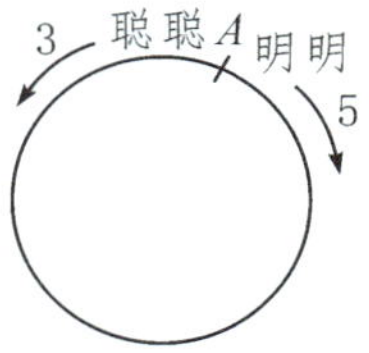

解析

本题与前面例题的区别在于路线变成了封闭的，两人第一次相遇即合走了 1 个全程，全程就是路程和。

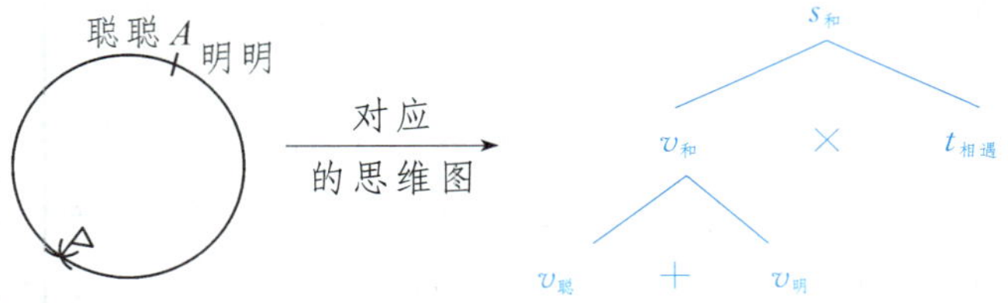

由图可知，环形跑道的总长为 $(3+5)\times50=400$（米）。

例 9 如图所示，甲、乙两人从相距 108 千米的 A、B 两地同时出发相向而行。已知甲每小时行 15 千米，乙每小时行 9 千米，那么多少小时后，两人相距 12 千米？

解析

警告！“相距 12 千米”是一个坑，大家可以自己先揣摩一下为什么说它是一个坑。

揭晓答案：“相距 12 千米”可没有说“依然相距 12 千米”，所以这个“相距 12 千米”可能发生在他们相遇前，也可能发生在他们相遇后。

甲、乙的速度和为 $15+9=24$（千米/时）。

情况 1：相遇前。

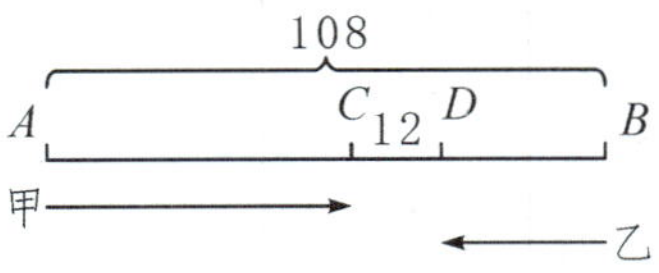

如图所示，甲、乙的路程和为 $108-12=96$（千米），所以相遇时间为 $96\div24=4$（小时）。

情况 2：相遇后。

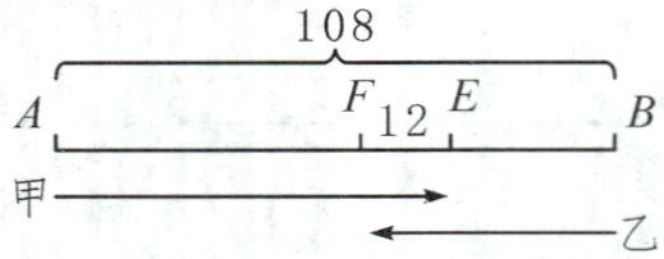

如图所示，甲、乙的路程和为 108＋12＝120(千米)，所以相遇时间为 120÷24＝5(小时)。

例 10 哥哥早上 6:00 从家出发去养蜂场，速度是 120 米/分。弟弟早上 6:14 从养蜂场出发回家。哥哥到达养蜂场后立即沿原路返回，恰好在 6:56 与弟弟同时到家。那么两人第一次相遇时离家________米。

解析

本题稍微复杂了一些，正好以此为例，说说如何在条件多且杂的情况下梳理条件。

题目在条件的陈述上以时间为顺序，客观上造成了注意力的转移，如果以人为线索重新梳理条件会发生什么呢？

将属于哥哥的条件分类放在一起：

①哥哥 6:00 从家出发去养蜂场，到达后立即原路返回，6:56 点回家；②速度 120 米/分。

由此我们可以发现，哥哥往返一共走了 56 分钟，在已知速度的情况下完全可以求出从家到养蜂场的距离为 120×56÷2＝3360(米)。

将弟弟的条件放在一起：①6:14 出发；②6:56 到达。于是可以知道弟弟的速度为 3360÷(56－14)＝80(米/分)。

上述处理条件的方式可以用在很多应用题中，大家可以多多尝试。

6:14 时，哥哥已离开家 120×14＝1680(米)，两人相距 3360－1680＝1680(米)，于是，哥哥与弟弟还需要 1680÷(120＋80)＝8.4(分钟)相遇，此时哥哥离家 1680＋120×8.4＝2688(米)，即相遇点离家 2688 米。

例 11 某行军队伍以 120 米/分的速度匀速前进，排头的正班长与排尾的副班长以相同的速度同时出发，相向而行，结果两人在离队伍中点 600 米的地方相遇。如果行军队伍长 3000 米，那么正副班长的速度是多少？

解析

两人的速度相同，单人速度乘以 2 即为速度和，那求速度和当然需要找路程和与时间，如图所示。

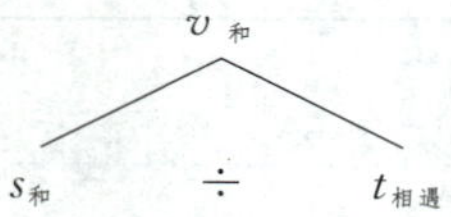

本题的路程和非常明确，就是 3000 米，但相遇时间在哪儿呢？这就是本题的“题眼”了。正、副班长动，队伍也动，困惑；正、副班长动，队伍不动呢？那不是明摆着吗，两人应该在队伍的中点相遇！诶，实际的相遇点离队伍中点 600 米，说明队伍移动了 600 米呀，于是条件中队伍的速度也可以用上了。

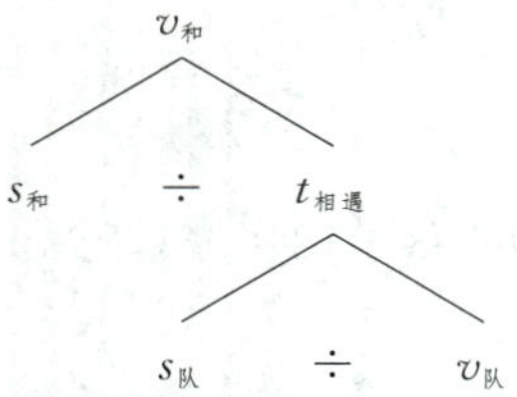

如图所示，相遇时间为 600÷120＝5(分钟)，两人的速度和为 3000÷5＝600(米/分)，一个人的速度为 600÷2＝300(米/分)。

例 12 甲、乙两人从 A、B 两地同时出发相向而行。若甲退后 960 米出发，则两人可同时到达 A、B 的中点 O；若乙前移 480 米出发，两人也可同时到达 A、B 的中点 O。那么，A、B 两地间的距离为多少米？

解析

如图所示，综合两种情况可知：在第一种情况中，因为两人在中点 O 相遇，所以甲走 960 米到 A 地时，乙恰好向前走了 480 米到 D 地，所以甲的速度是乙的 $960\div480=2$ 倍。

那么，甲走 CO，即"960 米＋一半路程"也正好是乙走一半路程 BO 的 2 倍，所以 CO 的长度就等于全程的长度，即 960 米为全程的一半，全程为 $960\times2=1920$(米)。

17.4　追及问题

追及问题中，常常要考虑速度差、路程差、追及时间(共同运动的时间)，与相遇问题类似，同样不要狭隘地认为只有两个人同向而行且从后向前追才是追及问题，将"速度差"作为是否是追及问题的判断标准，更加适宜。

例 13 如图所示，甲、乙两人分别从相距 600 米的 A、B 两地同时出发向 C 地方向行进。甲每分钟行 70 米，乙每分钟行 50 米，多少分钟后甲追上乙？

解析

要求追及时间，我们需要找到路程差与速度差两个条件，思维路径如图所示：

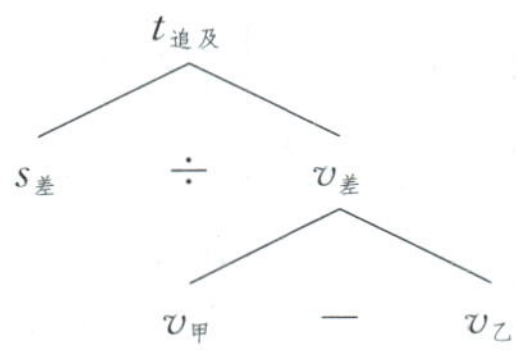

很明显，在题目中已明确给出思维路径最末端的三个条件，所以追及时间为 $600\div(70-50)=30$(分钟)。

例 14 如图所示，甲、乙两人分别从相距 600 米的 A、B 两地同时出发向 C 地方向行进。甲每分钟行 70 米，乙每分钟行 50 米，多少分钟后甲、乙相距 100 米？

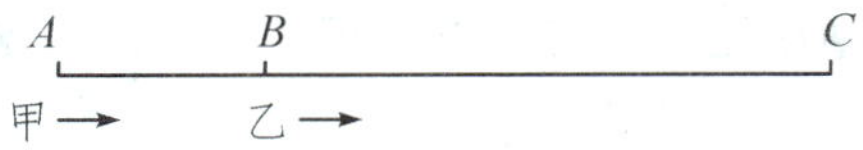

解析

本题同样要求追及时间，于是思维路径图不变，但是，"相距 100 米"这个坑大家还记得吗？是的，与例 9 相同，"相距 100 米"，有可能发生在甲追上乙之前，也可能发生在甲追上乙之后。

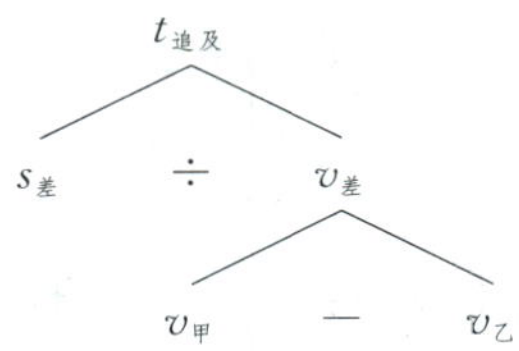

所以，本题的路程差其实有两种情况：甲追上乙之前，追及路程为 $600-100=500$(米)；甲追上乙之后，追及路程为 $600+100=700$(米)。

两人的速度差始终不变，为 $70-50=20$(米/分)，所以两个追及时间分别为 $500\div20=25$(分钟)，$700\div20=35$(分钟)。

例 15 如图所示，聪聪与明明两人同时从环形跑道上的点 A 出发，同向而行。如果聪聪的速度为 3 米/秒，明明的速度为 5 米/秒，他们两人 50 秒后第一次相遇，那么这个环形跑道有多长？

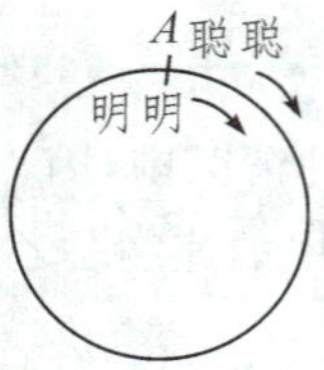

解析

本题与前面例题的区别在于路线变成了封闭的，两人第一次相遇即明明比聪聪多走 1 圈，1 圈就是路程差。

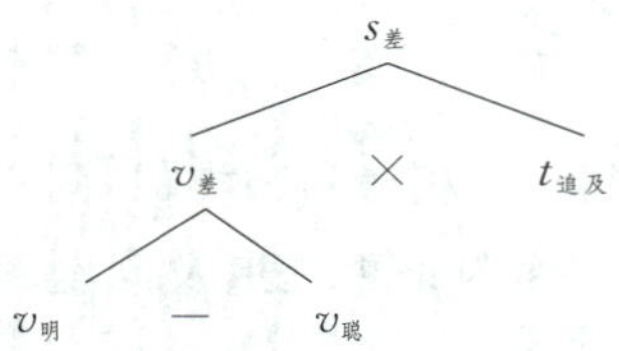

由思维路径图可知，环形跑道的总长为$(5-3)\times50=100$(米)。

例 16 上学期的每个上学日，小明以 120 米/分的速度从家跑到学校；这学期，小明学会了骑自行车，速度提高到 300 米/分。如果这学期小明花在路上的时间比上学期少用 6 分钟，那么，小明家离学校有多远？

解析

本题虽然描述的是一个人的速度变化，但我们完全可以将其看作两个人的运动，于是我们可以将题目“翻译”为：小明与小明分身同时从家出发去学校，小明的速度为 120 米/分，分身的速度为 300 米/分，结果分身比小明早到 6 分钟，小明的家离学校有多远？

如图所示，首先，明确一下问题是路程，这样可以明确我们需要找的条件——速度与时间，题目已经明确给出速度，所以关键在于时间，小明分身的时间与小明的时间相差 6 分钟，所以求出其一，可知其二。

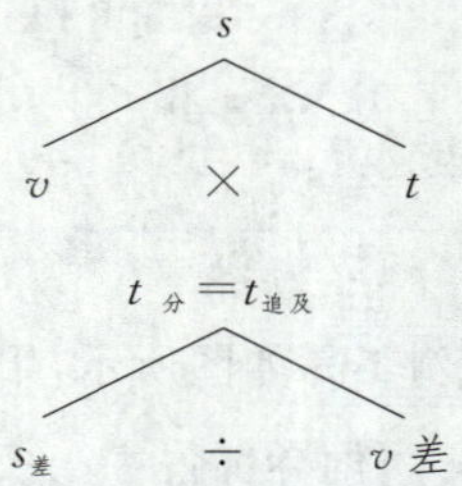

接下来，我们继续“翻译”条件，分身早到 6 分钟说明什么？说明分身到学校的时候，小明离学校还有 $120\times6=720$(米)，这个 720 米不就是路程差吗？即在分身走到学校的这段时间内，分身与小明的路程差。

于是，分身所花的时间可以利用追及问题的方式求解，为 $720\div(300-120)=4$(分钟)，即分身骑车去学校需要 4 分钟，全程为 $300\times4=1200$(米)。

> 大家通过本题可以意识到，路程差可不一定是从后面追上的距离，甩开的距离也是路程差。另外当速度变化时，不妨将一个人转换成两个人来思考。

例 17 如图所示，$ABCD$ 是边长为 60 米的正方形，甲从 A、乙从 D 同时开始按逆时针方向沿着正方形的边行走，甲的速度为 8 米/秒，乙的速度为 5 米/秒，多少秒后甲第一次追上乙？多少秒后甲第一次看见乙？

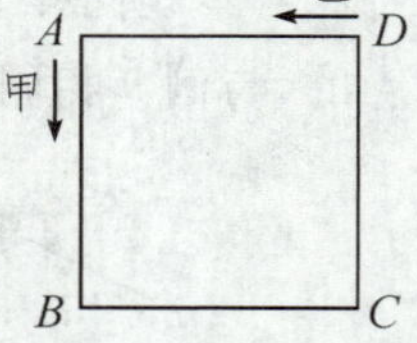

解析

第一问：追及路程为 3 条边长，即 $60\times3=180$(米)，所以追及时间为 $180\div(8-5)=60$(秒)。

第二问：甲只需要与乙在同一条边上就能看见乙，甲第一次看到乙的时间一定发生在甲刚刚到达某顶点处，所以根据第一问进行逆推可以得到结果，大家可自行尝试，我们在此处介绍另一种方法。

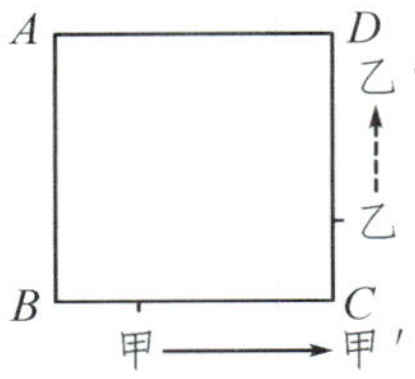

如图所示，因为甲的速度比乙快，所以当甲追上乙 2 个边长后：①如果此时甲在顶点处，则乙刚好在下一个顶点处；②若甲此时不在顶点处，则乙也不在顶点处，两人到下一个顶点的距离相等，由于甲比乙快，所以甲到下一个顶点时，乙还未到达下一个顶点，甲一定看见乙。

本题中，甲追上乙 2 个边长需要 $60\times2\div(8-5)=40$（秒），40 秒时，甲走了 $8\times40=320$（米），$320\div60=5\cdots\cdots20$，离下一个定点还有 $60-20=40$（米），所以还需要 $40\div8=5$（秒），甲就能看到乙，即总共 $40+5=45$（秒）。

例 18 如图所示，$ABCD$ 是边长为 60 米的正方形，甲从 A、乙从 D 同时开始按逆时针方向沿着正方形的边行走，甲的速度为 8 米/秒，乙的速度为 5 米/秒，至少多少秒后甲、乙相距（直线距离）最远？

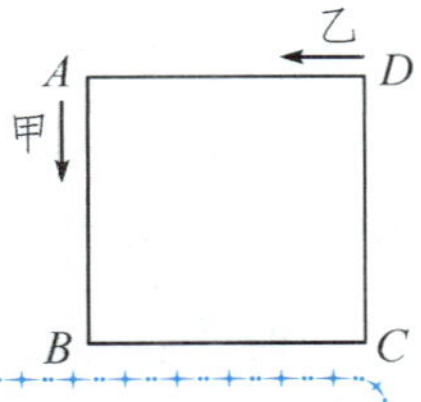

解析

甲、乙只有分别在 A、C 或 B、D 两点时，直线距离才能最远。

出发时，甲比乙领先 1 个边长，最远时，甲一定比乙多走了奇数条边长。甲比乙多走 1 条边长，需要 $60\div(8-5)=20$（秒），多走 4 条边长则需要 80 秒，所以我们只需要验证甲在 20 秒、100 秒、180 秒……是否在顶点即可。

20 秒时，甲走了 $8\times20=160$（米），不是 60 的倍数，不在顶点；

100 秒时，甲走了 $8\times100=800$（米），不是 60 的倍数，不在顶点；

180 秒时，甲走了 $8\times180=1440$（米），1440 是 60 的倍数，在顶点。

综上所述，至少 180 秒后甲、乙相距最远。

例 19 便衣警察接到任务，在街上以 2 米/秒的步行速度接近前方 100 米处的逃犯。逃犯的步行速度是 1 米/秒。两人走了一会儿后，逃犯发觉有人跟踪，以原来速度的 3 倍向前跑去，同时警察也立即以 3 倍的速度向前追去。最终警察抓住了逃犯，整个任务用时 1 分钟。那么，从警察开始跟踪到逃犯发现有人跟踪的这段时间内，逃犯走了________米。（2014 年“数学花园探秘”中年级组决赛题）

解析

行程问题因其灵活性，常常与其他类型的应用题产生联系，本题就是一例。

速度差开始时为 1 米/秒，发现后两人速度都是原来的 3 倍，所以速度差也变成 3 倍，即 3 米/秒，总共花 60 秒追了 100 米，题目转化为一个鸡兔同笼问题，如下表。

项目	时间/秒	速度差/(米/秒)
前一段	1	追 1 米
后一段	1	追 3 米
共	60	追 100 米

假设全程速度差都是 3 米/秒不变，则能追 $3\times60=180$（米），与实际相差 $180-100=80$（米），于是发现时已经过了 $80\div(3-1)=40$（秒），逃犯走了 $1\times40=40$（米）。

例 20 接到攻打狼堡的通知后，小羊们陆续出发。7 点时小灰灰登高一望，发现有 5 只羊到狼堡的距离恰好是一个公差为 20（单位：米）的等差数列，从前到后，这 5 只羊分别为 A、B、C、D、E；8 点时，小灰灰登高一望，发现这 5 只羊到狼堡的距离仍然是一个公差为 30(单位：米)的等差数列，但从前到后的顺序变成了 B、E、C、A、D。那么，这 5 只羊中跑得最快的羊比跑得最慢的羊每小时多跑______米。

(2013 年"数学花园探秘"4 年级初赛)

解 析

本题与等差数列联系甚密，画图。

假设 7 点和 8 点时这 5 只羊分别在图示位置：

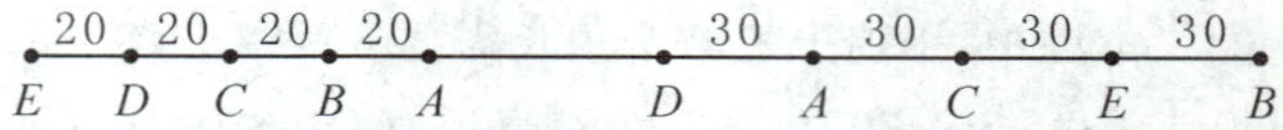

比较可得，跑得最快的羊是 E，跑得最慢的羊是 A；E 比 A 在 1 个小时多跑 $20\times4+30\times2=140$(米)。

17.5 路程和与路程差

运动过程常常是相遇问题与追及问题共存的，所以我们需要锻炼出开阔的视野、敏锐的视线，在错综复杂的条件中抽离出部分条件，转化成基础问题。

例 21 如图所示，甲、乙两人分别从 A、B 两地同时出发，相向而行。甲每分钟行 52 米，乙每分钟行 48 米，如果他们二人在离中点 100 米的 C 地相遇，那么 A、B 两地相距多少米？

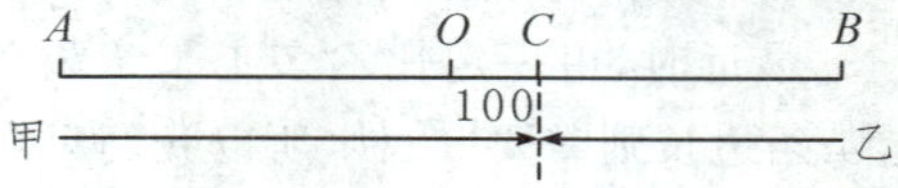

解 析

本题要求总路程，即路程和，且题目条件很明确地给出了两人的速度，所以我们需要去找相遇时间。画出思维导图：

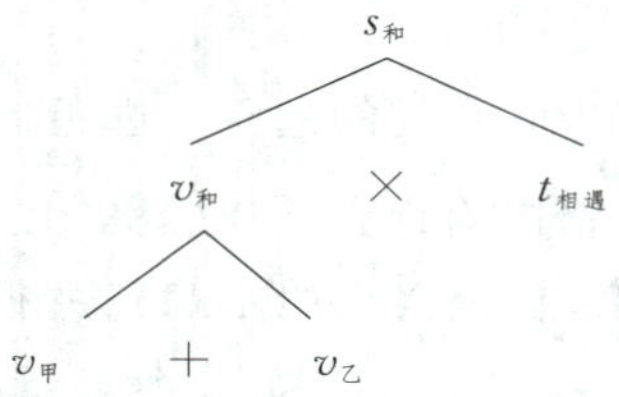

可是这个相遇时间就像一团迷雾，暂时无法看清，于是我们看看其他条件能得出怎样的新结论。除了速度以外，唯一的条件就是"他们二人在离中点 100 米的 C 地相遇"，这个条件能说明什么呢？很显然它印证了甲的速度比乙快这个条件，于是我们联想到"速度差"，而与之相对应的就是"路程差"，但路程差就是 100 米吗？再仔细看图，相遇时，甲走了一半多 100 米，乙走了一半少 100 米，他俩相差多少呢？$100\times2=200$(米)，并不是 100 米，我们还可以将中点 O 当作一面镜子，将 C 的对称点 C' 画出来。

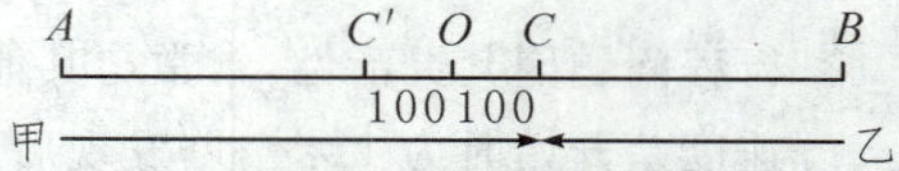

如右图，此时 $AC'=BC$，甲比乙多走的部分一目了然，为 $C'C=100+100=200$(米)，有了路程差，又很容易得到速度差，于是我们可以得到一个追及时间 t(尽管甲、乙的运动过程并不像追及问题)，注意，关键的转换出现了——原来，甲、乙在合走全程的同时，甲比乙多走 200 米，所以这个追及时间 t 就是甲、乙的相遇时间，自此，思维路径被打通了，如下图：

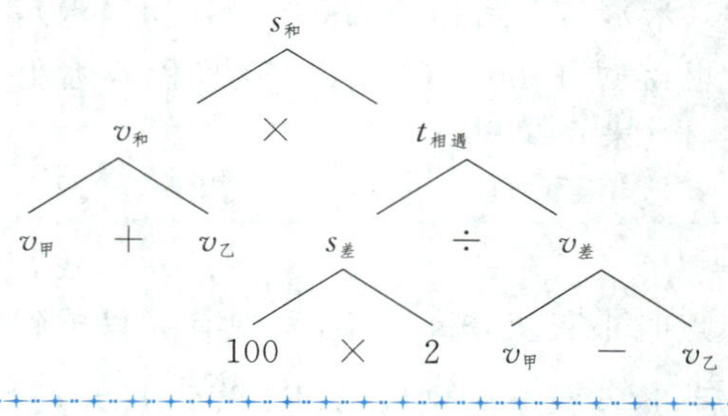

$t_{相遇}=t_{追及}=200\div(52-48)=50$(秒)，于是 A、B 两地相距 $(52+48)\times50=5000$(米)。

例 22 甲、乙两人同时从长 400 米的跑道点 A 出发，如果两人背向而行，40 秒后两人第一次相遇；如果两人同向而行，200 秒后甲第一次追上乙。那么，甲、乙两人的速度各是多少？

解析

本题如果从问题出发寻找单人的路程与时间不太容易，所以我们尝试从条件入手。

如图所示，环形跑道上，两人背向意味着甲、乙在做相遇运动，合走 1 圈；两人同向而行意味着甲、乙在做追及运动，甲比乙多走 1 圈。于是，我们可以求出两人的速度和为 400÷40＝10(米/秒)，速度差为 400÷200＝2(米/秒)。

看到“和”“差”二字，是不是觉得有点峰回路转的味道，虽然我们从题目条件中找不到单人的路程，却将问题转换成了“和差问题”，最终形成了一条行程问题公式之外的新思路。

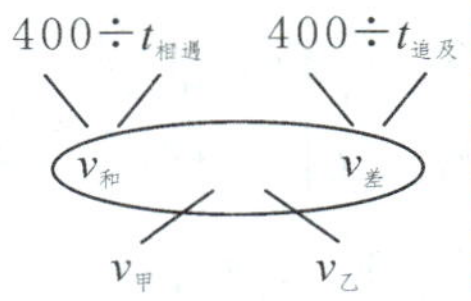

甲的速度为(10＋2)÷2＝6(米/秒)，乙的速度为 6－2＝4(米/秒)。

例 23 如图所示，有一个十字路口。上午 9:00，甲从路口南面 720 米处的点 A 出发向北行进；同时，乙从路口点 O 出发向东行进。9:03 时，两人到点 O 的距离相等；9:30 时，两人到点 O 的距离又相等。那么，两人的速度分别是多少？

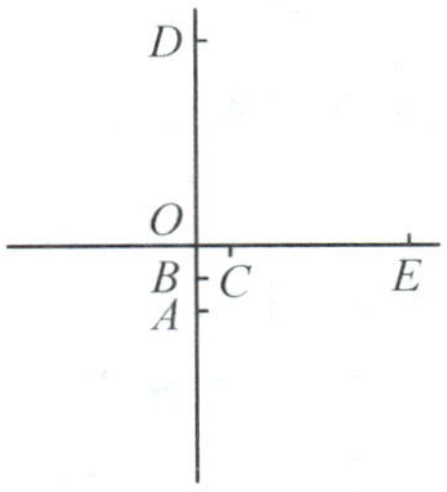

解析

第一次距离相等时，甲到达点 B，乙到达点 C。因为 $OB=OC$，所以，甲、乙合走的距离 $AB+OC=AB+OB=AO=720$(米)，于是我们可以得到两人的速度和为 720÷3＝240(米/分)。

第二次距离相等时，甲已经过路口到达点 D，乙到达点 E。因为 $OD=OE$，所以此时甲比乙多走 $AD-OE=AD-OD=AO=720$(米)，于是我可以得到两人的速度差为 720÷30＝24(米/分)。

不同的路线，相同的“和差问题”，于是甲的速度为(240＋24)÷2＝132(米/分)，乙的速度为 132－24＝108(米/分)。

17.6　倍比关系

除了路程＝速度×时间，“和差问题”之外，我们接下来要从思维上整体做一次跃迁，试着跳出“具体数据”的约束，从“关系”的角度重新认识一下几个量之间的三角形关系。

如果一辆汽车的速度不变，那么它 3 小时走的路程是 1 小时所走路程的(　　)倍；

如果一辆汽车的速度不变，那么它 4 小时走的路程是 2 小时所走路程的(　　)倍；

如果一辆汽车的速度不变，那么它走 30 千米所需时间是走 10 千米所需时间的(　　)倍；

如果一辆汽车的速度不变，那么它走 60 千米所需时间是走 30 千米所需时间的(　　)倍。

因为速度是路程与时间的商，根据除法“商不变”的性质，我们可以发现：在“速度不变(或相同)”的情况下，时间的倍数就等于路程的倍数，就好似下面这道填空题：

> 注意：这是在没有具体速度数据下得到的结论。

3＝15÷(　　)＝30÷(　　)＝(　　)÷2＝(　　)÷7。

甲、乙两车同时出发，同时停车，如果甲车的速度是乙车速度的 2 倍，那么甲车所走路程是乙车所走路程的(　　)倍；

甲、乙两车同时出发，同时停车，如果甲车的速度是乙车速度的 3 倍，那么甲车所走路程是乙车所走路程的(　　)倍；

甲、乙两车同时出发，同时停车，如果甲车所走路程是乙车所走路程的 4 倍，那么甲车速度是乙车速度的(　　)倍；

甲、乙两车同时出发，同时停车，如果甲车所走路程是乙车所走路程的 1.5 倍，那么甲车速度是乙车速度的(　　)倍。

因为时间是路程与速度的商，根据除法“商不变”的性质，我们可以发现：在“时间不变(或相同)”的情况下，速度的倍数就等于路程的倍数。

注意：这是在没有具体时间数据下得到的结论。

甲、乙两车都从 A 地前往 B 地，如果甲车 2 小时走完全程，乙车 6 小时走完全程，那么甲车的速度是乙车速度的(　　)倍；

甲、乙两车都从 A 地前往 B 地，如果甲车 5 小时走完全程，乙车 10 小时走完全程，那么甲车的速度是乙车速度的(　　)倍；

甲、乙两车都从 A 地前往 B 地，如果甲车的速度为 20 千米/时，乙车的速度为 60 千米/时，那么走完全程，甲车所需时间是乙车所需时间的(　　)倍；

甲、乙两车都从 A 地前往 B 地，如果甲车的速度为 50 千米/时，乙车的速度为 100 千米/时，那么走完全程，甲车所需时间是乙车所需时间的(　　)倍。

因为路程是速度与时间的乘积，所以由乘法“积不变”的性质可知，在“路程不变(或相同)”的情况下，速度的倍数与时间的倍数刚好相反，就好似下面这道填空题：5×(　　)＝3×(　　)，在不填“0”的情况下，最简单的填法莫过于 5×(3)＝3×(5)。

注意：这是在没有具体路程数据下得到的结论。

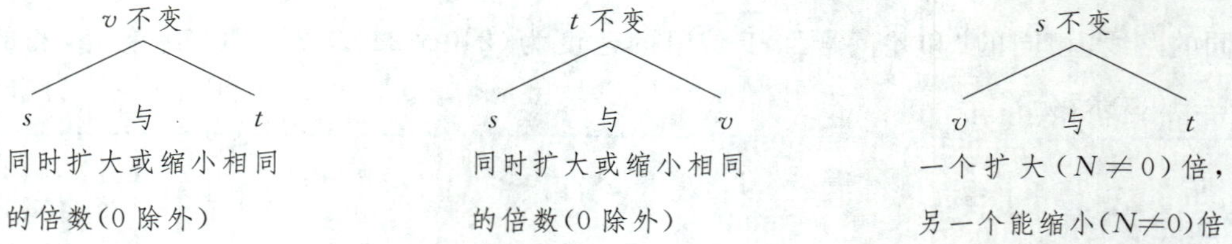

例 24 大、小两只小虫分别从树干底部、树干顶部同时出发，以不变的速度相向而行。如果大虫从底部爬到顶部需要 30 分钟，小虫从顶部爬到底部需要 60 分钟，那么两只虫子多少分钟后相遇？

解析

本题只有时间，没有距离，也没有速度，显然就不能纯粹套公式了。

但值得注意的是，从底部爬到顶部与从顶部爬到底部的路程相等，且小虫所需时间是大虫所需时间的 60÷3＝2 倍。由乘法“积不变”的性质可知，大虫的速度是小虫速度的 2 倍；又因为相遇时，两虫爬行的时间相同，由除法“商不变”的性质可知，相遇时大虫所走路程也是小虫所走路程的 2 倍，于是整个路程是相遇时小虫所走路程的 1＋2＝3 倍；又因为小虫的速度不变，所以小虫走全程的时间也是相遇时间的 3 倍，相遇时间为 60÷3＝20(分钟)。

例 25 小怪兽、奥特曼、葫芦娃三人从毁灭谷出发前往欢乐谷。小怪兽 9:00 出发，奥特曼 9:30 出发，葫芦娃 9:40 出发，他们行进的速度相同。葫芦娃出发 10 分钟后，小怪兽到欢乐谷的距离恰好是奥特曼到欢乐谷距离的一半。这时葫芦娃距欢乐谷 84 千米。那么毁灭谷与欢乐谷相距多少千米？

解析

三人速度相同且不变，路程的倍数关系与时间的倍数关系相同，所以我们可以“用时间表示路程”，将 1 分钟走的路程看作 1 份。如图所示：

9:50 时，三人依次在点 C、D、E，葫芦娃走了 10 分钟，所以 AC 为 10 份；因为速度相同，所以小怪兽与奥特曼的距离始终是 30 份，即 DE 为 30 份，奥特曼与葫芦娃的距离也始终是 10 份，即 CD 为 10 份。

又因为 EB 是 DB 的一半，所以 $EB=DE=30$ 份，于是全程为 $10+10+30+30=80$(份)，葫芦娃距欢乐谷还有 $80-10=70$(份)，所以全程为 $84\div70\times80=96$(千米)。

例 26 兄弟两人同时在家门口坐同一辆公交车去上学。哥哥下车后步行 9 分钟到达学校；弟弟多坐了 1 站后下车往回骑自行车，6 分钟后与哥哥同时到达学校。如果弟弟的骑行速度是哥哥步行速度的 4 倍，那么公交车的速度是哥哥步行速度的________倍。

解析

车走 1 站用时 $9-6=3$(分钟)。

将哥哥的步行速度看作 1 份，那么 2 站之间共有 $1\times9+4\times6=33$(份)，所以公交车的速度是哥哥步行速度的 $33\div3=11$ 倍。

例 27 一天，葫芦娃与奥特曼同时从欢乐谷出发前往怪兽山谷。葫芦娃一半时间跑步，一半时间溜达；奥特曼一半路程跑步，一半路程溜达。如果他俩溜达的速度相同，跑步的速度也相同，且跑步的速度比溜达快，那么先到怪兽山谷的是谁？

解析

不妨假设葫芦娃前一半时间都在跑步，路程为 AC，奥特曼前一半路程都在跑步，路程为 AO，如图所示：

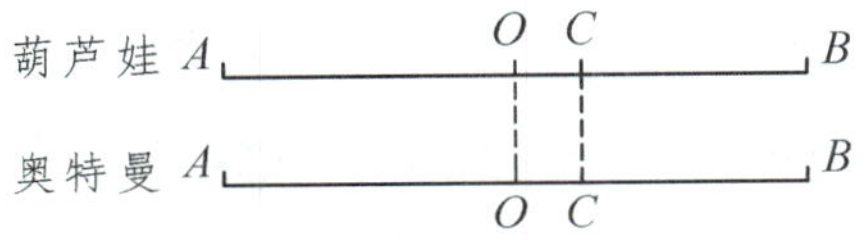

因为葫芦娃跑步的时间与溜达的时间相同，且跑步的速度比溜达快，所以葫芦娃跑步的路程 AC 大于溜达的路程 BC，于是 AC 大于全程的一半 AO，葫芦娃用较快的速度所行的路程更远，所以葫芦娃先到。更严格地说，AO，BC 这两段，他俩所用的时间相同，而 OC 这一段，葫芦娃在跑，奥特曼在溜达，所以葫芦娃用的时间少，总时间也少，先到。

例 28 狮子跑 3 步的距离与角马跑 5 步的距离相同，狮子跑 6 步的同时角马能跑 5 步。如果开始时狮子与角马相距 50 米，那么狮子需要跑多少米才能追上角马？

解析

因为狮子跑 3 步的距离与角马跑 5 步的距离相同，根据乘法“积不变”的性质，我们可以认为狮子 1 步长为 5 个长度单位，而角马 1 步长为 3 个长度单位；因为狮子跑 6 步的同时角马能跑 5 步，所以我们可以认为“在 1 个时间单位下”，狮子跑 6 步，角马跑 5 步。

> 1个时间单位下的步数可以给它一个名称，叫作“步频”，由本题可以总结出一个公式：步长×步频=速度。

于是，在“1 个时间单位”下，狮子可以移动了 5×6＝30(长度单位)，角马移动了 3×5＝15(长度单位)，因为时间相同，都为 1 个时间单位，所以狮子的速度是角马的 30÷15＝2 倍。

狮子要追 50 米，且在追及的整个过程中，狮子与角马跑动的时间相同，所以狮子的路程也是角马路程的 2 倍，于是 50 米对应 2－1＝1 倍，狮子需要跑 50×2＝100(米)。

延伸

本题可以让大家重新理解一下“单位”。

速度是一个组合单位，它是由“长度单位÷时间单位”得到的，一般有米/秒、米/分、千米/时……

但是，长度单位、时间单位在物理学家统一国际 7 种标准单位之前，是很任性的。以长度单位为例：古埃及人将手肘到中指之间的距离定为“1 腕尺”，然而以谁的身体尺寸作为标准并不统一，于是古埃及人发展了 2 种不同规格的腕尺，一种是皇家钦定的腕尺(约等于 52.3 厘米)，另一种是民间的短腕尺(约等于 45.0 厘米)；而古罗马时期，还以拉动马车的两匹马马屁股之间的距离作长度单位；在中国，秦始皇统一度量衡的举动也说明，在战国时期，七国的长度单位并不完全相同。

至于时间的单位，更是千奇百怪，一息、一弹指、一刹那、一炷香……都曾是时间单位。再想想用这些奇怪的长度单位除以时间单位所得到的速度单位组合，是不是“大开眼界”？

但是，只要“单位统一”，这些千奇百怪的单位并不妨碍我们比较两件事物的速度，而最神奇的是，在解决特定问题时，我们完全可以根据实际需要“自创单位”。

例 29 同样走 50 米，小猫要走 120 步，大狗要走 60 步。如果小猫和大狗同时从同一地点、同方向出发，且它们每走一步所用的时间相同，那么大狗走出 300 米后往回走，还要走________步才能遇到小猫。

解析

如图所示，同样的距离，小猫走 120 步，即 120 个时间单位，大狗走 60 步，即 60 个时间单位，即小猫所需时间是大狗所需时间的 120÷60＝2 倍，所以由乘法“积不变”的性质可知，大狗的速度是小猫速度的 2 倍。

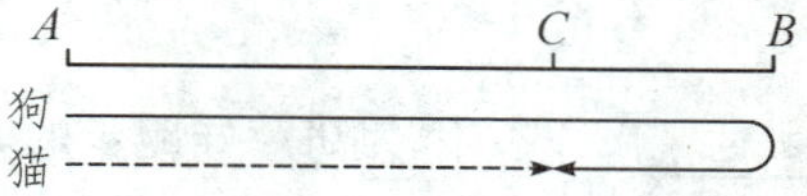

大狗走 300 米返回与小猫相遇，则它们合走了 300×2＝600(米)，于是在相同的相遇时间下，大狗所走路程 $AB+BC$ 也是小猫所走路程 AC 的 2 倍，于是大狗相遇时共走了 600÷(1+2)×2＝400(米)，即回头走的 BC 长为 400－300＝100(米)，50 米大狗要走 60 步，所以 100 米大狗走 60×(100÷50)＝120(步)。

17.7 多人、多次相遇

例 30 一天早上，甲、乙同时从 A 地出发前往 B 地。同时，丙从 B 地出发前往 A 地。甲的速度为 70 米/分，乙的速度为 80 米/分，丙的速度为 60 米/分，如果乙、丙相遇 1 分钟后，甲、丙也相遇了，那么 A、B 两地相距多少米？

解析

【方法 1】问题要求 A、B 两地的路程，3 个人的速度皆明确给出，很显然我们要找的是时间，且 2 次描述都是相遇，所以这个时间很可能是相遇时间。目标确定，我们来分析条件，如图所示：

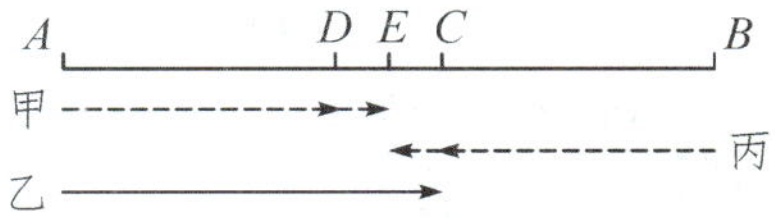

乙、丙首先经过时间 t 后在点 C 相遇，此时甲在点 D；1 分钟后甲、丙在点 E 相遇。于是问题的关键出现，CD 即乙、丙在时间 t 内的路程差，也是 1 分钟内甲、丙的路程和，$CD=(70+60)\times 1=130$（米），时间 t 为 $130\div(80-70)=13$（分钟），即乙、丙的相遇时间为 13 分钟。总路程为 $(80+60)\times 13=1820$（米）。

【方法 2】3 个人太复杂，可以将其转化为 2 个人的行程问题。假设有 1 个人是丁，其速度为乙、丙两人的速度和 $80+60=140$（米/分），还有 1 个人是戊，其速度为甲、丙的速度和 $70+60=130$（米/分），问题转化为：以 140 米/分走完全程比以 130 米/分走完全程少用 1 分钟，全程是多少？

于是，丁走完全程时领先乙 $130\times 1=130$（米），即路程差，所以丁走完全程需要 $130\div(140-130)=13$（分钟），全程为 $140\times 13=1820$（米）。

例 31 甲、乙两人分别从 A、B 两地同时出发，各自以不变的速度相向而行。两人第一次相遇点离 A 地 800 米，甲到达 B 地、乙到达 A 地后立即返回，第二次相遇点离 B 地 500 米。那么，A、B 两地相距多少米？

解析

如图所示：

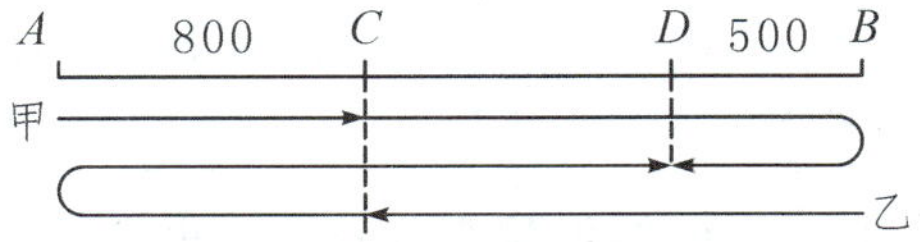

第一次相遇时，甲、乙合走 1 个全程，假设用去 1 份时间；

第二次相遇时，甲、乙合走（　　）个全程，用去（　　）份时间。

很显然，将甲、乙合走的所有路程首尾相连可以看出，他们第二次相遇时合走了 3 个全程，因为速度和不变，所以用去 3 份时间。

第一次相遇时，甲 1 份时间走 AC，为 800 米；第二次相遇时，甲 3 份时间应走 3 个 800 米，即 $AB+BD=800\times 3=2400$（米）。因为 $BD=500$ 米，所以全程 AB 为 $2400-500=1900$（米）。

例 32 甲、乙两人分别从 A、B 两地同时出发，各自以不变的速度相向而行。两人第一次相遇点离 A 地 800 米，甲到达 B 地、乙到达 A 地后立即返回，第二次相遇点离 A 地 500 米。那么，A、B 两地相距多少米？

解 析

注意，这题与上题题干上只有一个字母的区别，第二次相遇点离“A 地 500 米”，但结果大相径庭。

依然需要从图上找信息，如图所示：

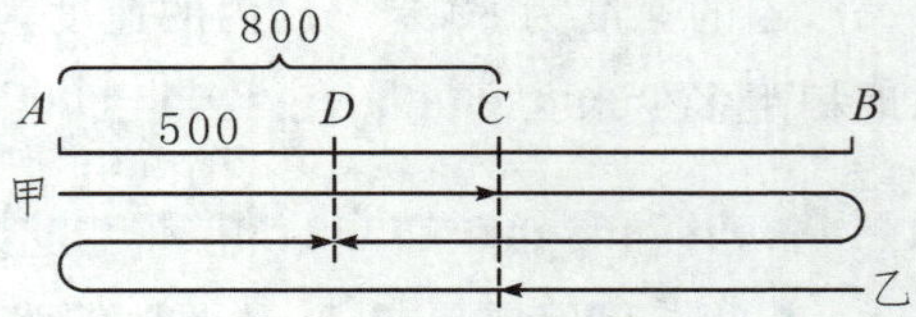

与上题相同的是：第一次相遇时，甲、乙合走 1 个全程，假设用去 1 份时间；

第二次相遇时，甲、乙合走 3 个全程，用去 3 份时间。

所以第一次相遇时，甲 1 份时间走 AC，为 800 米，第二次相遇时，甲 3 份时间应走 3 个 800 米，即 $AB+BD=800\times3=2400$（米）。

不同的是，这次题目条件是 $AD=500$ 米，本题不知道 BD 的长度，所以不能切掉 BD 得到全程，那么我们就换个角度——补，我们发现 $AB+BD+AD=2AB$，即甲走 2400 米后，离返回点 A 还差 500 米，所以全程 AB 为 $(2400+500)\div2=1450$（米）。

例 33 甲、乙两车同时从 A、B 两地出发，相向而行。两车第一次相遇点距离中点 17 千米，甲到 B，乙到 A 后立即返回；第二次相遇点距 A 地 43 千米。A、B 两地相距多少千米？

（2017 年秋 · 明心数学资优生测试 4 年级）

解 析

两车第一次迎面相遇合走 1 个全程，用时 1 份时间；

两车第二次迎面相遇合走 3 个全程，用时 3 份时间。

若甲比乙慢，则第 1 次相遇点靠近 A，如图所示：

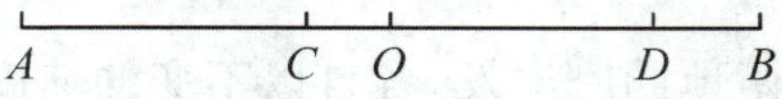

第二次相遇点 D 距离中点 O：$17\times3=51$（千米）。

而题目条件中 D 到点 A 的距离只有 43 千米，$51>43$，这是不可能的，不符合题意。

若甲比乙快，则第一次相遇点靠近 B，如图所示：

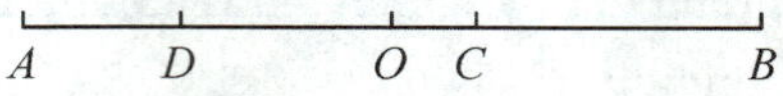

第二次相遇点 D 距离中点 O 有 $17\times3=51$（千米）。

于是，半程 AO 的距离为 $51+43=94$（千米），全程 AB 为 $94\times2=188$（千米）。

例 34 一只狗与一只蜗牛分别从一条路的 A、B 两端同时出发，各自以不变的速度在 A、B 之间不停往返运动。如果蜗牛爬了 5 米时，狗第一次从它身后追上它，那么狗第二次从蜗牛身后追上它时，蜗牛爬了多少米？

解 析

如图所示：

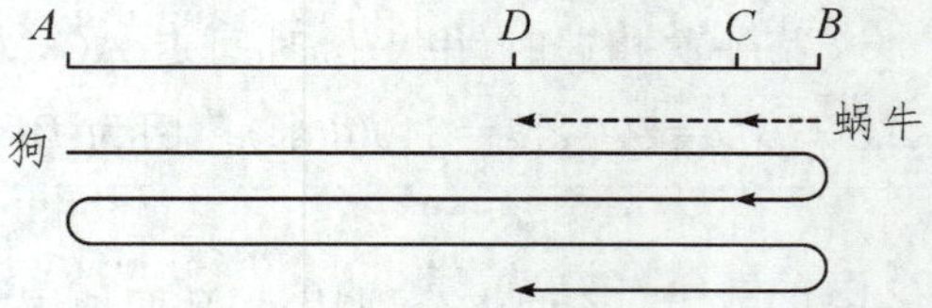

由图可知，狗第 1 次从身后追上蜗牛时，它比蜗牛多走了 1 个全程，假设用去 1 份时间；狗第 2 次从身后追上蜗牛时，它比蜗牛多走了 3 个全程，所以用去了 3 份时间。

所以蜗牛在速度不变的情况下，所爬路程也是原来的 3 倍，$5\times3=15$（米）。

假设蜗牛已经到达过点 A，也不影响结果，狗第 2 次从身后追上蜗牛时，狗比蜗牛依然多走 3 个全程，如下图所示：

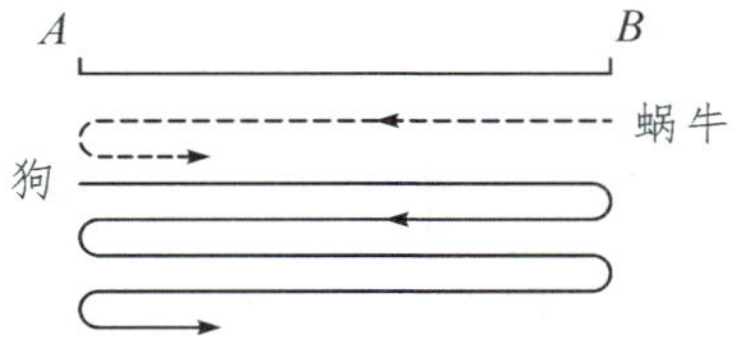

注解　有了上面几道例题的铺垫，我们可以进行如下总结。

封闭路线中(一般取“顺时针”与“逆时针”两个方向)：

方向相反时，两人的运动是相遇问题，两次相遇之间合走 1 个全程；

方向相同时，两人的运动是追及问题，两次相遇之间速度快的人比速度慢的人多走 1 个全程。

非封闭路线中：

两次迎面相遇之间合走 2 个全程；

两次追及相遇之间速度快的人比速度慢的人多走 2 个全程。

如果要解决既含有迎面相遇又含有追及相遇的多次相遇问题，在有理数范围内，可以用“柳卡图”找到完整的周期，从而解决问题，详见附录：两根数轴中的运行图部分。

例 35　甲、乙两人往返于 A、B 两地，甲从 A 地、乙从 B 地同时出发，相向而行。两人第一次在距 A 地 3 千米处相遇，第二次在距 A 地 6 千米处相遇(追上也算作相遇)，则 A、B 两地相距多少千米？

解析

由于两人同时出发，相向而行，所以第一次相遇一定是迎面相遇；由于本题中追上也算相遇，所以两人第二次相遇可能为迎面相遇，也可能为追及相遇。

如果第二次相遇为迎面相遇，第一次相遇时两人合走 1 个全程，用 1 份时间；第二次相遇时，两人合走 3 个全程，用 3 份时间，所以一共走了 $3\times3=9$(千米)，补上 6 千米后，即 2 个全程，于是 A、B 两地相距 $(9+6)\div2=7.5$(千米)。

如图所示，如果第二次相遇为追及相遇，若甲追上乙，乙至少走了“1 个全程+6 千米”，甲走了“2 个全程+6 千米”，那么两人的路程和大于 3 个全程，它们在这次追及相遇之前一定会有 2 次迎面相遇，矛盾。所以一定是乙追上甲。

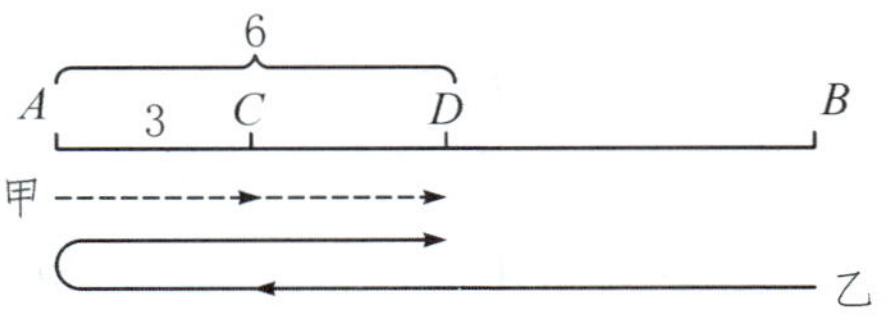

于是，在第一次迎面相遇与第二次追及相遇之间，甲走了 CD，为 $6-3=3$(千米)，则 $CD=AC$。由于甲的速度不变，所以第一次相遇时间 t_1 与第一次到第二次相遇之间的时间 t_2 也相等，在时间 t_2 内，乙走了 $CA+AD=3+6=9$(千米)，所以在时间 t_1 内走的 BC 也为 9 千米，所以全程 AB 为 $3+9=12$(千米)。

例 36 甲、乙从 A 地，丙从 B 地同时出发，在 A、B 两地之间不停往返行进。6 小时后，甲、丙第 1 次相遇；再经过 2 小时后，乙、丙第 1 次相遇，又经过 4 小时甲第一次追上丙。从出发开始，经过______小时______分钟甲、乙第一次相遇。 (2018 年秋·明心数学资优测试 4 年级)

解析

如图所示，甲、丙第 1 次相遇为迎面相遇，合走 1 个全程，用时 6 小时；甲、丙第 2 次相遇用时 $6+2+4=12$(小时)，因为 12 小时恰好是 6 小时的 2 倍，所以此时甲、丙合走了 2 个全程。又因为甲追上丙时，甲比丙多走 1 个全程，所以甲走了 $(2+1)\div2=1.5$(个)全程，丙走了 $(2-1)\div2=0.5$(个)全程。所以甲的速度是丙速度的 $1.5\div0.5=3$ 倍。

将丙的速度看作 1 份，则全程为 $(3+1)\times6=24$(份)，乙的速度为 $24\div(6+2)-1=2$(份)。

甲、乙第 1 次相遇，合走 2 个全程，总用时为 $(24\times2)\div(3+2)=9.6$(小时)$=9$(小时)36(分)。

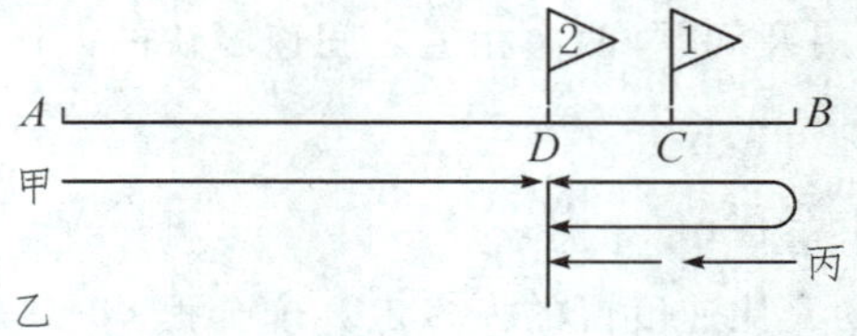

例 37 在一条长 12 米的下水道里，黄虫子在 8:20 从右端以 15 厘米/分的速度向左端爬行；8:30 红虫子和蜗牛从左端分别以 13 厘米/分和 11 厘米/分的速度向右端爬行，红虫子从出发开始过了______分钟后恰好跑到蜗牛和黄虫子的正中央。 (2020 年"数学花园探秘"4 年级初赛 B 卷)

解析

假设有一只隐形虫，它和红虫子、蜗牛从同一地点同时出发，速度为 $13\times2-11=15$(厘米/分)，则红虫子速度是隐形虫和蜗牛的平均速度，所以红虫子一直处于隐形虫和蜗牛的中点处。

> 本类型在"行程问题高级篇"例 18中有详细介绍。

因此，隐形虫与黄虫子相遇时即为题目所求的状态。此时为红虫子出发后 $(1200-15\times10)\div(15+15)=35$(分钟)。

17.8 车长桥长，路程为王

考虑了车长与桥长的行程问题是更加严谨的行程问题。

在很多行程问题中，常常因为物体本身的长度相对于整个运动的长度而言"非常短"，故而被忽略不计。

例如，在计算火车从武汉到上海长距离的运动时，火车的长度相对于整个路程而言非常短，不足千分之一，于是，此时不计算火车长度。

但是，火车穿过一座桥，或一座隧道，或者火车与火车做短距离相遇、追及运动时，我们就要考虑火车本身的长度。

还有一个例子更能说明问题：火车与人做相对运动时，火车的长度需要考虑，而人的(侧面横向)长度不予考虑。

综上所述，我们可以看出，车长与桥长类型的行程问题与基础类型的行程问题相比，时间、速度这两个因素上并没有变化，唯一的区别在于"路程"的确定，所以确定"路程"便是车长与桥长问题的核心。

延伸

确定路程的步骤:①观察对象不变;②画图,寻找相对路程。

以火车过桥为例,如图所示:

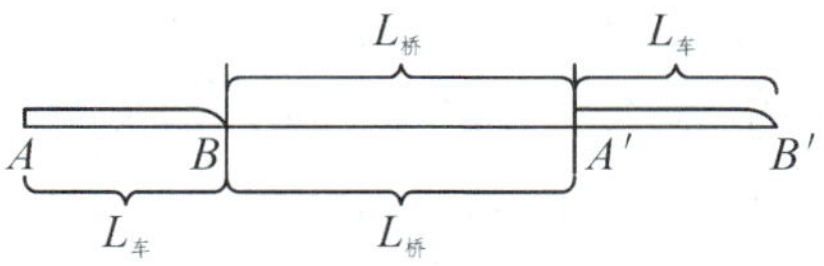

以车尾点 A 为观察对象,我们可以得出结论,从火车开始上桥到火车完全离开桥面,点 A 移动的路程为 $L_{车}+L_{桥}$,以车头点 B 为观察对象,我们可以得出同样的结论。

如果观察对象不统一,就可能同时得出"①火车移动了 $L_{车}+L_{桥}+L_{车}$(从 A 到 B′)"与"②火车移动了 $L_{桥}$(从 B 到 A′)"两个互相矛盾的结论。所以,一定要固定观察对象。

另外,两个物体都为动态时,我们要找的常常是两个物体的路程和或者路程差,即两个物体之间的相对路程。

严格执行上述步骤,我们不难得到下列结论:

(1)车与人交错而过,无论是相遇还是追及,其相对路程 $s=AA'=BB'=L_{车}$,如图所示。

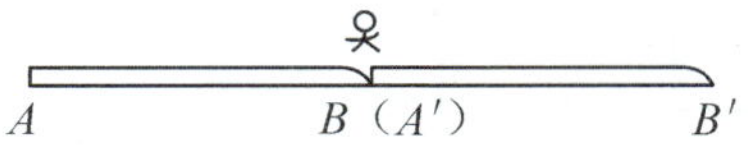

(2)车与车相遇,其相对路程 $s_{和}=AA'=L_1+L_2$,如图所示。

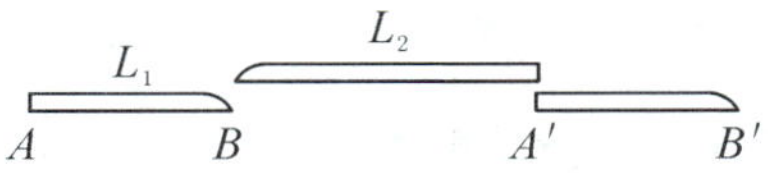

但请注意,车上乘客的感受并不是这样,坐在 L_1 上的乘客因为没有与 L_1 发生相对运动,所以他是感受不到 L_1 的,所以对 L_1 上的乘客而言,车辆交错时,他感受到的相对路程只有 L_2。如图所示,以坐在车头点 B 的驾驶员为观察对象就可验证相对路程 $s_{和}=BB'=L_2$。

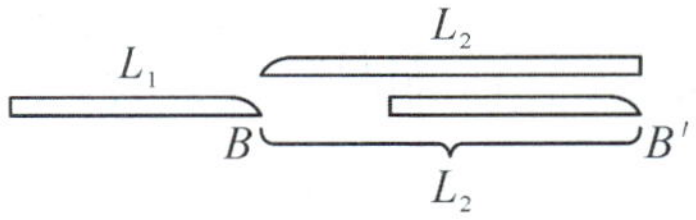

同理,对于 L_2 上的乘客而言,车辆交错时,他感受到的相对路程只有 L_1,简而言之,乘客不动的话,他感受到的都是对面车辆的长度。

对于乘客的感受,还可以理解为:一个拥有了火车速度的人与另一列火车做相对运动。

(3)车与车追及,其路程差分为以下几类。

①头尾对齐到完全超过,相对路程 $s_{差}=AA'=BB'=L_1+L_2$,如图所示。

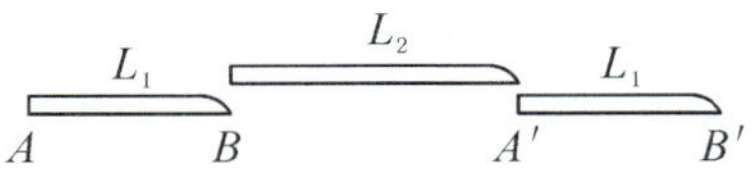

②头头对齐到完全超过,相对路程 $s_{差}=AA'=BB'=L_1$,如图所示。

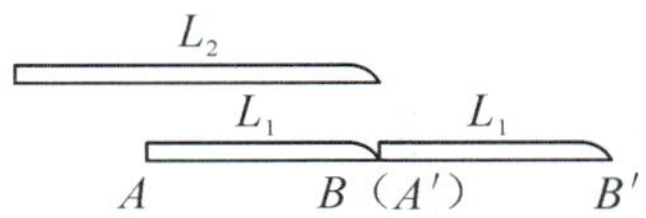

③尾尾对齐到完全超过，相对路程 $s_{差}=AA'=L_2$，如图所示。

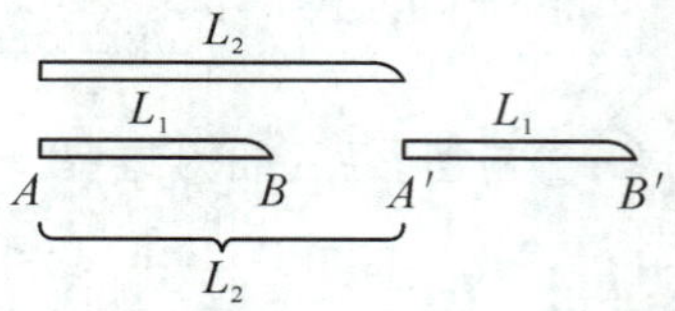

也请注意，与两车相遇情况相同，乘客感受到的相对路程总是另一辆车的长度。

对于乘客的感受，同样可以理解为：一个拥有了火车速度的人与另一列火车做相对运动。

另外，车与桥、车与人、车与车这三大类型之间可以互相转化，如图所示：

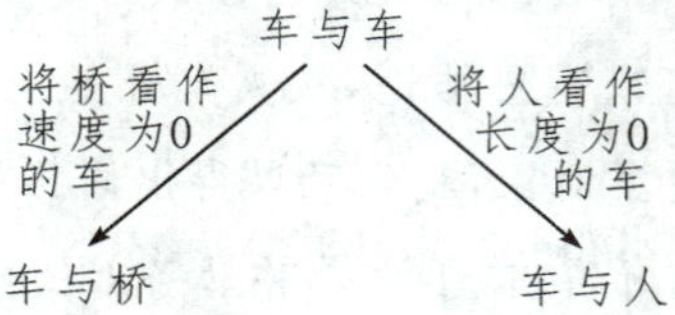

例 38 一辆长 350 米的火车通过一座长 550 米的大桥，整个通行过程用了 15 秒，那么火车的速度是多少？

解析

如图所示，路程为 350＋550＝900(米)，所以火车的速度为 900÷15＝60(米/秒)。

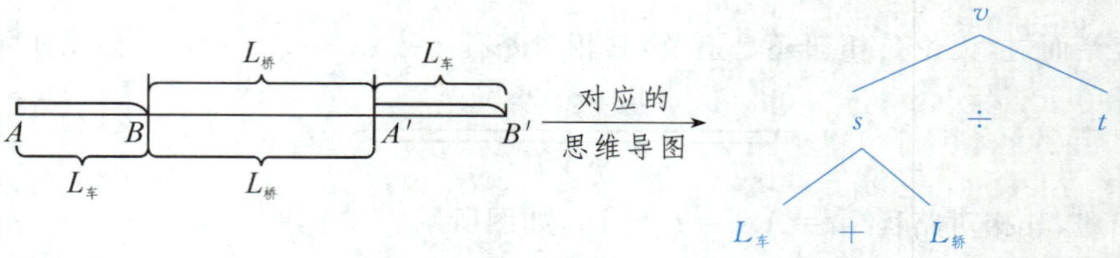

例 39 老王以 1 米/秒的速度沿着一条与铁路平行的林荫小道散步。

(1)如果迎面开来一列速度为 19 米/秒的火车，且从火车头与老王相遇到火车尾离开他共用了 36 秒，那么这列火车长多少米？

(2)如果从后面开来一列长度与速度都相同的火车，那么从火车头追上老王到火车尾离开共需多少秒？

解析

(1)如图所示，车与人做相遇运动，车长即为路程和，所以车长为(1＋19)×36＝720(米)。

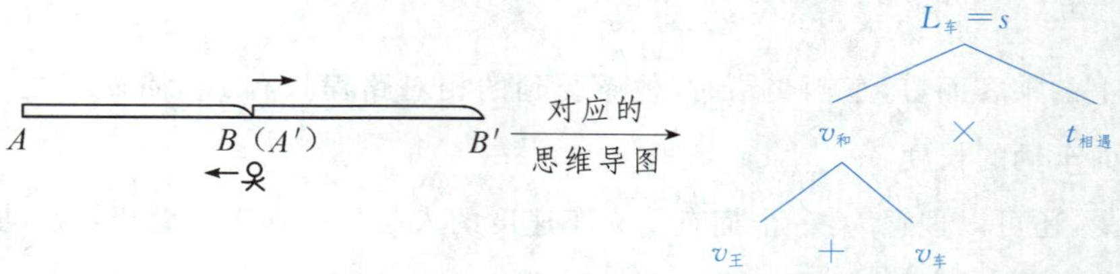

(2)如图所示，其他条件不变，相遇变成了追及，车长从路程和转变为路程差。

时间为 720÷(19－1)＝40(秒)。

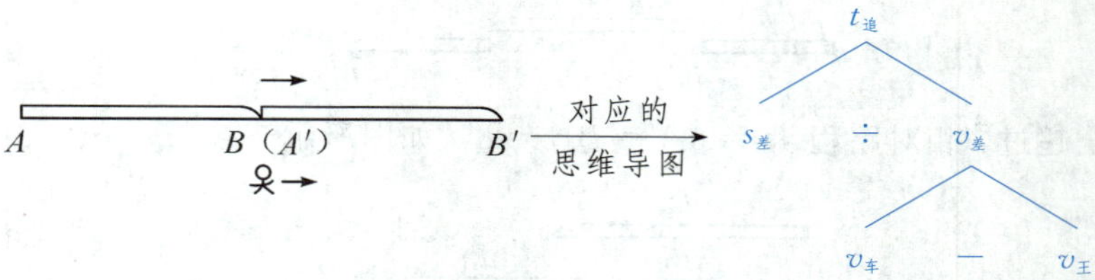

例 40 铁路旁的一条平行小路上，有一行人与一骑车人正在同向行进，行人速度为 3.6 千米/时，骑车人速度为 18 千米/时。这时，有一列火车从他们身后开过来，如果火车通过行人用了 20 秒，通过骑车人用了 22 秒。这列火车的长度是多少？

解析

由单位换算可知：行人速度为 1 米/秒，骑车人速度为 5 米/秒。

假设开始时，人、自行车、车头处于同一条直线上，那么 20 秒后，火车车尾与行人并齐，自行车在前方$(5-1)\times20=80$(米)，于是火车车尾还需要 $22-20=2$(秒)与骑车人并齐，于是火车与骑车人的速度差为 $80\div2=40$(米/秒)，所以火车长度为 $40\times22=880$(米)。

例 41 两列火车，快车的速度为 60 米/秒，慢车的速度为 48 米/秒。如果两列火车同方向齐头并进，36 秒后快车超过慢车；如果两列火车同方向齐尾并进，30 秒后快车超过慢车。那么，从快车车头追上慢车车尾到快车车尾离开慢车车头共需要多长时间？

解析

【方法 1】齐头并进，路程差为快车车长，所以 $L_{快}=(60-48)\times36=432$(米)；

齐尾并进，路程差为慢车车长，所以 $L_{慢}=(60-48)\times30=360$(米)。

所以从快车车头追上慢车车尾到快车车尾离开慢车车头的路程差为 $L_{快}+L_{慢}=432+360=792$(米)，追及时间为 $792\div(60-48)=66$(秒)。

【方法 2】假设慢车的车长扩大到原来的两倍(如图所示)。

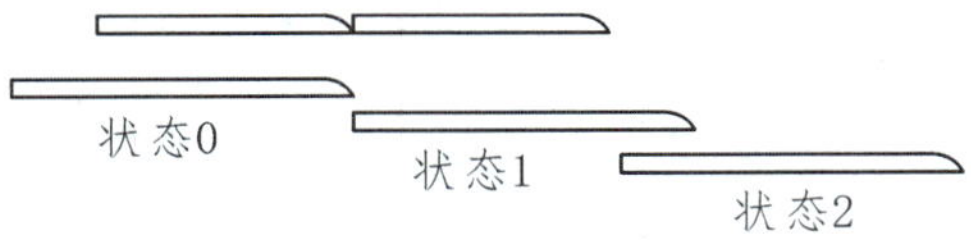

快慢车谁长谁短并不影响相对路程。

开始时快车的车头正好在这列车的中点，与后半截齐头并进，依题意，从状态 0 到状态 1 用时 36 秒；状态 1 时，快车与前半截齐尾并进，依题意，从状态 1 到状态 2 用时 30 秒。而状态 0 时快车车头正好与慢车车尾对齐，状态 2 时快车车尾与慢车车头对齐，正好为题目所求，所以时间为 $36+30=66$(秒)。

例 42 甲、乙两列火车相向而行，铁轨旁的唐僧发现两车从车头相遇至车尾分离共用 23 秒，坐在甲车上的孙悟空看见乙车经过窗前用了 9 秒钟。已知甲车每秒行驶 30 米，乙车每秒行驶 25 米，那么甲车的车长为________米。 (2015 年春・明心数学资优生测试 4 年级)

解析

思维导图如图所示，因为乘客孙悟空感受到的是乙车的车长，所以乙车车长为速度和走 9 秒的长度，而唐僧看见两车相遇共用去 23 秒，甲车时间为速度和走 $23-9=14$(秒)，所以甲车车长为$(30+25)\times14=770$(米)。

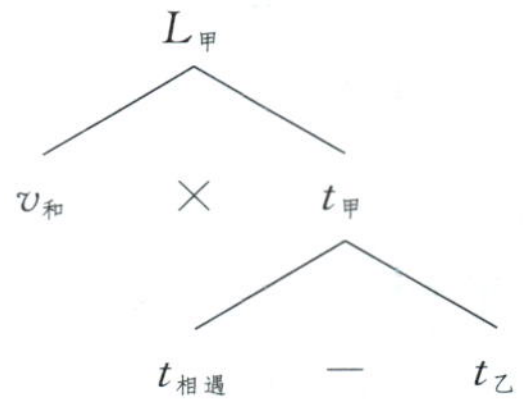

例 43 甲、乙两列长度相同的火车相向而行。如图所示，两车车头相遇时，小林也在同一地点与乙车相对而行，从此刻算起，甲车超过小林用了 60 秒，乙车与小林分开用了 30 秒，那么两车从相遇到分开用了多长时间？

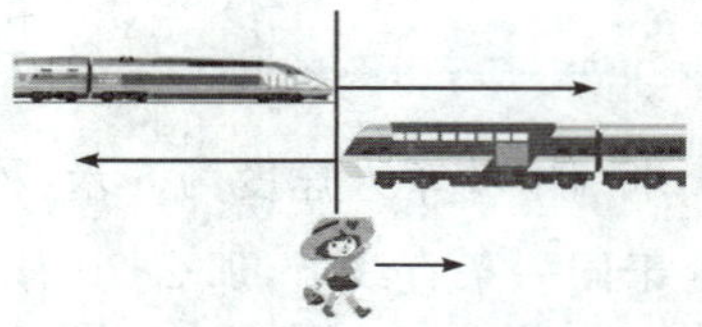

（2016 年春·明心数学资优生测试 4 年级）

解析

【方法 1】乙车和小林 30 秒合走一个车长，甲车行驶 60 秒比小林多走一个车长。

将甲车与小林的速度差看作“1 份”，则一辆车的车长为 1×60＝60(份)，乙车与小林的速度和为 60÷30＝2(份)，那么甲、乙两车的速度和为 1＋2＝3(份)(此处类似于流水行船问题中“速度和与水速无关”，将小林的速度看作“水速”)。

甲、乙相对开出的总路程为两辆车长，即 60×2＝120(份)，所求时间为 120÷3＝40(秒)。

【方法 2】因为甲车需要 60 秒才能超过小林，所以 30 秒后小林处在甲车的中点，假设车辆长度的一半为 1 倍，则车辆长度为 2 倍，如图所示。

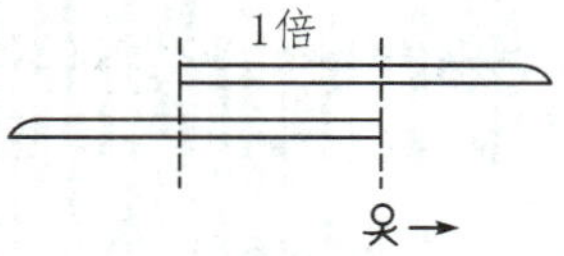

开始时，两车从相遇到分开的路程和为 2 个车长，即 4 倍，30 秒后，两车还需要合走半个车长，即 1 倍，所以 30 秒走了 4－1＝3 倍，走 1 倍需要 30÷3＝10(秒)，所以两车从相遇到分开共需 30＋10＝40(秒)。

17.9 流水行船，速度为尊

流水行船问题的特点体现在“水速 $v_{水}$”“静水中的船速 $v_{船}$”“顺水速度 $v_{顺}$”“逆水速度 $v_{逆}$”这四个速度的关系上。因为通常我们观察船的行驶状态时，我们体会到的就是静水中的船速 $v_{船}$ 与水速 $v_{水}$ 共同作用下表现出来的顺水速度 $v_{顺}$ 与逆水速度 $v_{逆}$。

其中 $v_{顺}=v_{船}+v_{水}$，$v_{逆}=v_{船}-v_{水}$，不难看出，这是一个典型的和差模型，于是 $v_{水}(v_{顺}-v_{逆})\div 2$，$v_{船}=(v_{顺}+v_{逆})\div 2$。

另外，$v_{顺}$ 与 $v_{逆}$ 相差 2 个 $v_{水}$ 也是常用的隐藏条件。

例 44 一艘船以 24 千米/时的顺水速度从 A 码头行驶至 B 码头，返航时用了 3 小时。那么，船的静水速度与水速各是多少？

解析

由题意可知，船的逆水速度 $v_{逆}=24\times 2\div 3=16$(千米/时)，于是，我们有了顺水速度与逆水速度，根据和差模型可知，$v_{船}=(24+16)\div 2=20$(千米/时)，$v_{水}=20-16=4$(千米/时)。

例 45 一艘小船在静水中的速度为 16 千米/时，相距 120 千米的 A、B 两港分别处于一条河的上游与下游。如果小船从 B 港逆水上行至 A 港用了 10 小时，那么，它从 A 港返回 B 港需要几小时？

解析

流水行船问题特别适合用“三角模型”厘清思路，本题的思维路径图如下：

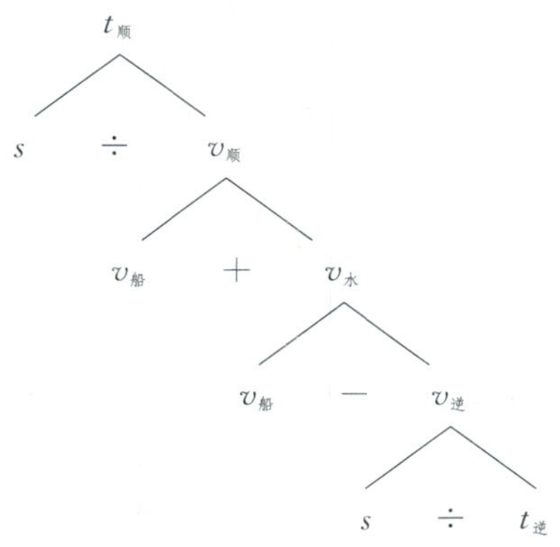

首先明确所求对象，从 A 港返回 B 港是顺流而下，于是所求为顺水时间 $t_{顺}$。

求顺水时间，找路程 s 与顺水速度 $v_{顺}$，路程 s 已有，于是问题转化为求顺水速度 $v_{顺}$；$v_{顺}=v_{船}+v_{水}$，$v_{船}$ 已有，问题转化为求 $v_{水}$，当然也可以利用 $v_{顺}=v_{逆}+2v_{水}$ 求 $v_{顺}$，问题还是转化为求 $v_{水}$；题目给出了逆流的时间，所以水速由 $v_{水}=v_{船}-v_{逆}$ 求解，转化为求 $v_{逆}$，$v_{逆}=S\div t_{逆}$，所需条件都已具备，思路通关！

所以 $v_{水}=16-120\div10=4$（千米/时），$t_{顺}=120\div(16+4)=6$（小时）。

例 46 A、B 两港相距 180 千米，一艘轮船在两港间往返一次需要 32 小时，且逆水时间比顺水时间多 8 小时。另有一艘快艇，其静水速度为 33 千米/时，那么这艘快艇在两港间往返一次需要多少小时？

解析

由图 1，我们发现关键问题在于求解 $v_{水}$，而通过图 2，我们可以利用和差模型求出轮船的顺水速度、轮船的逆水速度，再用一次和差模型即可求出水速。

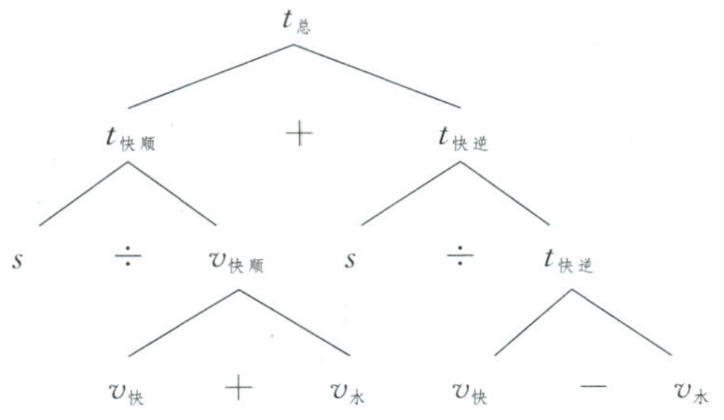

图 1

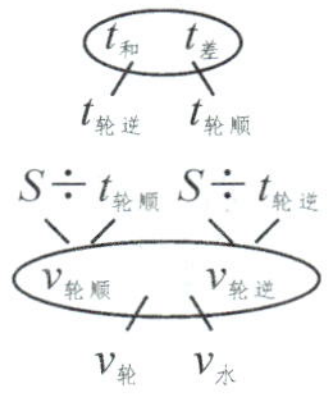

图 2

轮船的逆水时间 $t_{轮逆}=(32+8)\div2=20$（小时），顺水时间 $t_{轮顺}=20-8=12$（小时）；

轮船的顺水速度 $v_{轮顺}=180\div12=15$（千米/时），逆水速度 $v_{轮逆}=180\div20=9$（千米/时）；进而求出水速 $v_{水}=(15-9)\div2=3$（千米/时）。

于是快艇的顺水速度 $v_{快顺}=33+3=36$（千米/时），逆水速度 $v_{快逆}=33-3=30$（千米/时），往返时间为 $180\div36+180\div30=11$（小时）。

例 47 一只轮船往返于 A、B 两个码头之间，顺流而下行完全程用 6 小时，逆流而上行完全程用 8 小时。如果水流速度是 3 千米/时，那么 A、B 两码头之间的距离是多少千米？

解析

因为有顺水时间与逆水时间，所以知顺水速度或逆水速度其一，便可求 A、B 两码头之间的距离。

因为 $v_{顺}-v_{逆}=3\times2=6$(千米/时),所以可将题目转化为一个追及问题,6 小时顺水比逆水多走的路程差即为逆水 $8-6=2$(小时)所行距离。

于是 $v_{逆}=6\times6\div(8-6)=18$(千米/时),总路程为 $18\times8=144$(千米)。

例 48 A、B 两个码头相距 15 千米,一艘游船从 A 码头出发抵达 B 码头后立即返回,共用 3 小时。如果第 1 小时比第 3 小时多行 12 千米,那么这艘游船的静水速度为每小时多少千米?

解析

第 3 小时船一定都在逆水而上。

(1)如果第 1 小时游船没有达到 B 码头,则第 1 小时所走路程小于 15 千米,于是第 3 小时所行路程小于 $15-12=3$(千米),逆水从 B 码头到 A 码头多于 $15\div3=5$(小时),与往返 3 小时矛盾。

(2)如果第 1 小时游船到达了 B 码头,则第 2、第 3 小时都在逆行,于是逆行的速度 $v_{速}=(15\times2-12)\div3=6$(千米/时),第 1 小时中逆行的距离为 $15-6\times2=3$(千米),用去 $3\div6=0.5$(小时),于是顺水 15 千米也用去 0.5 小时,顺水的速度 $v_{顺}=15\div0.5=30$(千米/时)。

那么,船的静水速度 $v_{船}=(30+6)\div2=18$(千米/时)。

延伸

流水行船背景下的相遇与追及

相遇问题:因为两船不在同一点时,一定有一艘在上游,一艘在下游,于是它们的速度和 $v_{和}=v_1+v_2+v_{水}-v_{水}=v_1+v_2$,所以速度和其实与水速无关。

追及问题:

(1)如果两条船都为顺水而下,则 $v_{差}=(v_1+v_{水})-(v_2+v_{水})=v_1+v_{水}-v_2-v_{水}=v_1-v_2$;

(2)如果两条船都为逆水而上,则 $v_{差}=(v_1-v_{水})-(v_2-v_{水})=v_1-v_{水}-v_2+v_{水}=v_1-v_2$。

综上,速度差也与水速无关。

但还是请注意,水速会影响单独一条船的速度与路程。

例 49 一叶扁舟沿河道逆流而上,行至赤壁石边时掉落一只空酒壶,船上老叟又向上游划了 10 分钟后,发现酒壶遗失,于是立即顺流而下,在离赤壁石 500 米处追上酒壶。那么,他顺流追上酒壶用了多少分钟?这条河的水速是多少?

解析

酒壶顺水而下,速度即为水速。

因为船逆流而上时船与酒壶的速度和 $v_{和}=(v_{船}-v_{水})+v_{水}=v_{船}$,船顺流而下时船与酒壶的速度差 $v_{差}=(v_{船}+v_{水})-v_{水}=v_{船}$,且调转船头前的路程和就是调转船头后的路程差,所以船与酒壶分开多长时间就要用相同的时间追上它,所以还是 10 分钟。

> 本题中,关于速度和与速度差的计算中,还可以认为"酒壶"是一个静水速度为0的船,所以速度和就是"$v_{船}+0=v_{船}$",速度差就是"$v_{船}-0=v_{船}$"。

酒壶在水中共漂流了 $10+10=20$(分钟),所以这条河的水速 $v_{水}=500\div20=25$(米/分)。

例 50 河面上，一艘静水速度为 6 千米/时的游船正向上游缓缓而行。行至途中，船上的一个救生圈不慎掉入水中，当船员发现并调转船头时，救生圈已离船 3 千米。那么，当游船追上救生圈时，救生圈已落水几小时？

解析

由例 49 的分析可知，船与救生圈分开的时间与船追及救生圈的时间相等，所以计算前者即可。

救生圈落水后，船与救生圈的速度和 $v_{和}=(v_{船}-v_{水})+v_{水}=v_{船}$（或 $v_{船}+0=v_{船}$），所以船员发现救生圈不见的时候，救生圈已落水 3÷6＝0.5（小时），所以当游船追上救生圈时，救生圈已落水 0.5×2＝1（小时）。

例 51 处在上游的 A 码头与处在下游的 B 码头相距 24 千米。甲船与乙船分别从 A 码头与 B 码头同时出发向下游行驶，8 小时后甲船追上乙船。又行驶 1 小时，甲船上有一救生圈掉入江中，10 分钟后甲船上的人发现后便立即掉转船头，追上救生圈时恰好又与乙船相遇。那么，甲船的静水速度为多少？

解析

【方法 1】由题意可知，两船的速度差为 24÷8＝3（千米/时）。

因为甲船与救生圈分开 10 分钟后调转船头，所以还需 10 分钟与救生圈相遇。

再以甲、乙两船为观察对象。甲船第一次与乙相遇 60＋10＝70（分钟）后调转船头，10 分钟后与乙船相遇，所以速度差 70 分钟产生的路程差，速度和用 10 分钟走完。于是，由乘法“积不变”的性质可知，两船的速度和是速度差的 70÷10＝7 倍，速度和 $v_{和}=3\times7=21$（千米/时）。于是由和差模型可知，$v_{甲}=(21+3)\div2=12$（千米/时）。

【方法 2】由题意可知，两船的速度差 $v_{差}=24\div8=3$（千米/时）。

因为甲船与救生圈分开 10 分钟后调转船头，所以还需 10 分钟与救生圈相遇。

从乙船的角度看，救生圈落水时，乙船距救生圈 3×1＝3（千米），它用了 10＋10＝20（分钟）追上救生圈。又因为乙船与救生圈的速度差就是乙船的静水速度，所以乙船的静水速度为 3×(60÷20)＝9（千米/时），于是甲船的静水速度为 9＋3＝12（千米/时）。

例 52 如图所示，A、B 为两个码头。若甲船从 A 码头出发，乙船从 B 码头出发，同时相向而行。经过 9 小时，两船会在 A、B 的中点 O 相遇；若甲船从 B 码头出发，乙船从 A 码头出发，同时相向而行，两船会在与中点 O 相距 36 千米的 C 处相遇。若河道中的水速不变，那么水速是________千米/时。

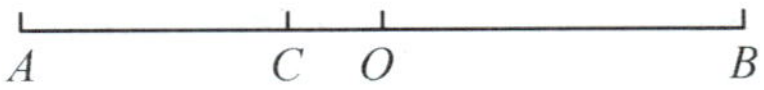

解析

因为速度和不因水速发生改变，所以第二种情况的相遇时间仍为 9 小时。

乙船从 B 码头出发相遇时走 BO，从 A 码头出发相遇时走 AC，且 $BO>AC$，所以 B 码头在上游，A 码头在下游。

第一种情况中，两船在中点相遇，说明两船的船速相差水速的 2 倍。

而甲 9 小时从 A 码头走到中点 O，乙 9 小时从 A 码头走到 C 处，那么速度差为 36÷9＝4（千米/时），则水速为 4÷2＝2（千米/时）。

例 53 在某一条河流中有甲、乙两船，甲的逆水速度、乙的逆水速度、甲的顺水速度、乙的顺水速度从慢到快依次成等差数列，水速为 6 千米/时。如果甲从上游的 A 港、乙从下游的 B 港同时出发，相向而行，那么相遇时甲比乙多走 168 千米;已知甲从 B 港行至 A 港需要 84 小时,那么 A、B 两港相距多少千米?

(2020 年春·明心数学资优生测试 4 年级)

解析

因为同一艘船的顺水速度与逆水速度相差 2 倍的水速,所以 4 个速度的公差就是水速 6 千米/时。甲、乙相对而行,相遇时甲比乙多走 168 千米,说明相遇时间为 168÷6=28(小时)。下面介绍两种方法。

方法一:因为单程距离不变,且 84÷28=3 倍,所以($v_{乙逆}+v_{顺}$)=3×$v_{甲逆}$。

于是乙的逆水速度比甲的逆水速度多 6 千米/小时,甲的顺水速度比甲的逆水速度多 6×2=12(千米/时),所以 $v_{甲逆}$=(6+12)÷(3−2)=18(千米/时)。全程为 18×84=1512(千米)。

方法二:甲顺水 28 小时走半程多 168÷2=84(千米),则乙逆水 28 小时走半程少 84 千米,甲逆水 28 小时走半程少 84+6×28=252(千米)。那么甲逆水 56 小时走全程少 504 千米,所以甲逆水行驶 504 千米需要 84−56=28(小时),于是 $v_{甲逆}$=504÷28=18(千米/时)。全程为 18×84=1512(千米)。

17.10 竞赛题赏析

例 54 甲、乙两人分别从 A、B 两地同时出发,相向而行。相遇时,甲刚好走过 A、B 两地中点 12 千米。如果甲晚 4 小时出发,相遇时,他还差 4 千米到达 A、B 两地的中点。相遇后两人继续行走,当甲到达 B 地时,乙距 A 地还剩 10 千米。

请问:(1)A、B 两地的距离是多少千米?

(2)甲的速度是多少?

(2015 年"数学花园探秘"4 年级总决赛二试)

解析

【方法 1】(1)方案一:甲走全程一半多 12 千米,乙走全程一半少 12 千米。

方案二:相遇后的相同时间内,甲走全程一半多 4 千米,乙走全程一半少 4+10=14(千米)。

对比两个方案发现,乙多走 14−12=2(千米)时,甲可以多走 12−4=8(千米),所以甲的速度是乙的 8÷2=4 倍。

方案一中甲、乙相遇时,甲比乙多走 12×2=24(千米),对应 4−1=3 倍,全程为 4+1=5 倍,所以全程为 24÷3×5=40(千米)。

(2)方案二中甲出发后,甲走了 40÷2−4=16(千米),与此同时乙走了 16÷4=4(千米),所以甲出发前乙走了 40−16−4=20(千米),乙的速度为 20÷4=5(千米/时),甲的速度为 5×4=20(千米/时)。

【方法 2】(1)方案一:甲与乙合走全程,甲比乙多走 12×2=24(千米)。

方案二:相遇后的相同时间内,甲走全程一半多 4 千米,乙走全程一半少 4+10=14(千米),甲与乙合走全程少 14−4=10(千米),多走 4+14=18(千米)。

由于速度差不变,所以可将方案一中的相遇时间看作 24 份,将方案二中两人都在运动的时间看作 18 份,于是 24−18=6(份)时间两人合走 10 千米,总路程为 10×(24÷6)=40(千米)。

(2) 方案二中,甲相遇后走了 40÷2+4=24(千米),乙相遇后走了 24−18=6(千米),所以甲的速度是乙速度的 24÷6=4 倍。相遇前甲走了 40−24=16(千米),于是乙在甲出发后到相遇前走了 16÷4=4(千米),乙在前 4 小时走了 40−16−4=20(千米),速度为 20÷4=5(千米/时),甲的速度为 5×4=20(千米/时)。

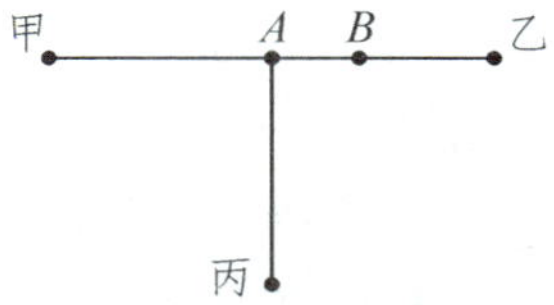

例 55 如图所示，通常情况下，甲、乙、丙三人同时出发，在 A 处同时相遇。有一天，甲比乙早出发了 15 分钟，丙比乙早出发了 12 分钟，结果三人同时在距 A 处 336 米的 B 处相遇。如果丙的速度是甲的 3 倍，那么，乙的速度是每分钟多少米？

（2016 年"数学花园探秘"4 年级总决赛二试）

解析

丙到达 A 处的时候，甲已经走过 A 15－12＝3(分钟)，由于丙的速度是甲速度的 3 倍，所以甲走 AB 用的时间是丙走 AB 的 3 倍，多走的 3 分钟对应 3－1＝2 倍，于是丙走 AB 用时 3÷2＝1.5(分钟)，丙的速度为 336÷1.5＝224(米/分)。

丙到 A 处时，乙距 A 处有 12 分钟的路程，即乙、丙两人 1.5 分钟合走了乙独自一人 12 分钟的路程，所以丙 1.5 分钟走了乙 12－1.5＝10.5(分钟)的路程，于是丙的速度是乙速度的 10.5÷1.5＝7 倍，乙的速度为 224÷7＝32(米/分)。

例 56 行走速度相同的甲、乙、丙同时从 A 地出发前往 B 地。甲每走 5 分钟会原地休息 2 分钟；乙每走 130 米会原地休息 1 分钟；丙每走 8 分钟会原地休息 3 分钟。在 A、B 的中点 C 地发生了很多事：

①三人一起在 C 地碰过面；

②三人到达 C 地之前的最后一处休息地点，与 C 地的距离刚好成一个等差数列；

③在 C 地之后、B 地之前，甲和丙再也没有碰过面。

那么，根据上述信息：

(1)从出发到三人在 C 地碰面，经过了多少分钟？

(2)三人的速度是多少？

(3)三人到达 B 地时，分别用了多少分钟？

（2019 年"数学花园探秘"3 年级总决赛二试）

解析

(1)按每走 40 分钟统一，甲休息 8×2＝16(分钟)，丙休息 3×5＝15(分钟)，所以丙走得快些，如果两人再没碰面，一定是甲落后于丙。

因为甲、丙走路与休息都是整数分钟，所以甲、丙最后一次碰面，应该是甲到达某处后准备休息，而丙刚在这里休息好准备出发，此时应该丙完整休息完，而甲少休息 2 分钟，所以甲行走了 40×2＝80(分钟)时，休息了(8×2－1)×2＝30(分钟)，而丙休息了 3×2×5＝30(分钟)，共经历了 80＋30＝110(分钟)。

(2)C 地之前甲的最近休息处距离 C 有 5 分钟的行走距离，而丙的休息处距离 C 是 8 分钟的行走距离，乙到达 C 地时也是休息 30 分钟行走 80 分钟，乙休息了 30 次，次数最多，所以相邻两个休息地距离最近，所以乙的最近一次休息地距离 C 地应是 3 人中最近的，即距离 C 地是 2 分钟的行走距离。如果乙在 C 地休息，则他每走 2 分钟休息一次，至少休息了 39 次，矛盾，所以乙到达 C 地前的一个休息点时，行走了 78 分钟，路程是 30 段，即 130×30＝3900(米)，所以每个人的速度都是 3900÷78＝50(米/分)。

(3)全程行走时间：80×2＝160(分钟)，路程为 50×160＝8000(米)。

甲：160÷5＝32(次)，总时间为 160＋31×2＝222(分钟)；

乙：8000÷130＝61(次)……70，总时间为 160＋61×1＝221(分钟)；

丙：160÷8＝20(次)，总时间为 160＋19×3＝217(分钟)。

真题重现

1. 史努比上午 10 点在离家 60 千米的地方有一个约会。他行驶的速度是 90 千米/时，但他迟到了 20 分钟。那么他是上午________点________分离开家的。（2013 年春·明心数学资优生测试 4 年级）

2. 如图所示，有一个正六角形的湖，湖的周围有巴士，湖面上有往返于 A、B 两地的游览船，为游人提供方便。巴士绕湖一周需要 6 小时，游览船的速度是巴士的一半。那么游览船沿图中虚线从 A 地行驶到 B 地需要________小时。

（2016 年“数学花园探秘”3 年级网赛）

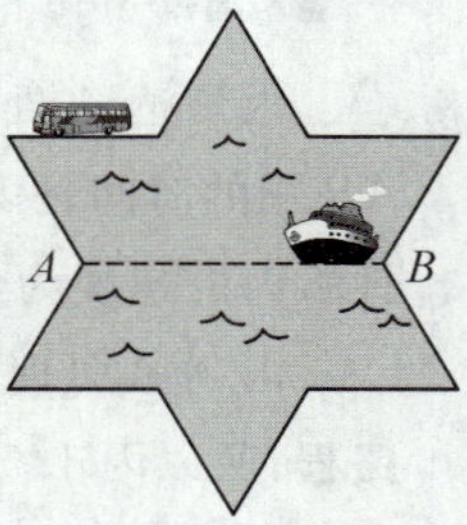

第 2 题图

3. 甲、乙两人从相距 54 千米的 A、B 两地同时出发，相向而行。已知甲每小时行 12 千米，乙每小时行 6 千米，那么 2 小时后，两人相距________千米。

（2015 年春·明心数学资优生测试 4 年级）

4. 如图所示，小张早上 8 点从甲地出发去乙地，速度是 60 千米/时。小王早上 9 点从乙地出发去甲地。小张到达乙地后立即沿原路返回，恰好在 12 点与小王同时到达甲地。那么两人第一次迎面相遇时距离甲地________千米。（2013 年“数学花园探秘”4 年级初赛）

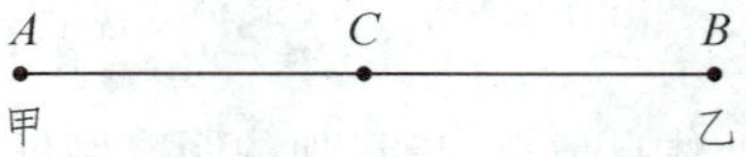

第 4 题图

5. 某地举行长跑活动。长跑队伍以 200 米/分的速度匀速前进，两只小狗分别从排头和排尾以相同的速度同时出发，相向而行。在离队伍中点 1200 米的地方相遇。若队伍长 5400 米，则小狗每分钟跑________米。（2015 年春·明心数学资优生测试 4 年级题）

6. 甲、乙两人从 A、B 两地同时出发，相向而行。若甲退后 1440 米出发，则两人可同时到达 A、B 的中点 O；若乙前移 720 米出发，两人也可同时到达 A、B 的中点 O。那么，两人实际的相遇点距中点 O 有多远？（2017 年春·明心数学资优生测试 4 年级）

7. 如图所示，$ABCD$ 是边长为 10 米的正方形，甲从 A、乙从 D 同时开始按逆时针方向沿着正方形的边行走，甲的速度是乙速度的 4 倍，当甲、乙两人第一次距离（直线距离）最远时，甲行走的路程是________米。

（2013 年春·明心数学资优生测试 4 年级）

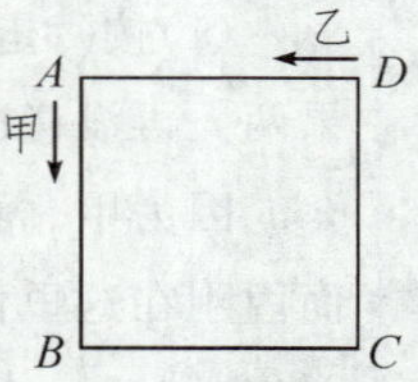

第 7 题图

8. 丁丁搭乘一座自动扶梯下楼。如果他向下走 17 阶，需要 32 秒由扶梯顶部到达底部；如果他向下走 34 阶，需要 21 秒由扶梯顶部到达底部。如果丁丁不走，那么由扶梯顶部到达底部需________秒。（2015 年春·明心数学资优生测试 4 年级）

9. 如图所示，有一个十字路口，甲在离路口南面 600 米处出发，以 120 米/分的速度向北行进，同时，乙从路口 O 以 80 米/分的速度向东行进。那么，________分钟后两人与路口的距离相等。

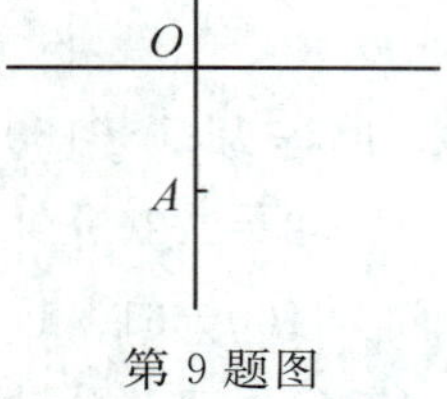

第 9 题图

（2016 年春·明心数学资优生测试 4 年级）

10. 甲、乙两只小狗分别 A、B 两地同时出发，以不变的速度相向而行。如果甲跑完全程需要 12 分钟，乙跑完全程需要 36 分钟，那么两只小狗多少分钟后相遇？（2015MO 竞赛年鉴）

11. 兄弟两人同时在家门口坐同一辆公交车去上学。哥哥下车后步行 7 分钟到达学校；弟弟多坐了 1 站后下车往回骑自行车，5 分钟后与哥哥同时到达学校。如果弟弟的骑行速度是哥哥步行速度的 5 倍，那么公交车的速度是哥哥步行速度的________倍。（2018 年春·明心数学资优生测试 4 年级）

12. 甲、乙、丙三人从 A 地出发前往 B 地。甲 8:00 出发，乙 8:20 出发，丙 8:30 出发。他们行进的速度相同。丙出发 10 分钟后，甲到 B 地的距离恰好是乙到 B 地距离的一半。这时丙距 B 地 2015 米。那么 A、B 两地相距________米。（2015 年"数学花园探秘"3 年级初赛 B 卷）

13. 一辆货车从甲地往乙地运货，然后空车返回，再继续运货。已知装满货物每小时行 30 千米，空车时的速度是装满货物时的 3 倍。不计装卸货物时间，20 小时可往返 5 次。求甲、乙两地的距离。

（2015 年春·明心数学资优生测试 4 年级题）

14. 同样走 120 米，小明要走 300 步，父亲要走 100 步。父子俩同时、同方向从同一地点出发，如果他们每走一步所用的时间相同，那么父亲走出 300 米后往回走，还要走________步才能遇到小明。

（2014 年春·明心数学资优生测试 4 年级）

15. 在公路上，汽车 A、B、C 分别以 80 千米/时、70 千米/时、50 千米/时的速度匀速行驶，若汽车 A 从甲站开往乙站的同时，汽车 B、C 从乙站开往甲站，并且在途中，汽车 A 在与汽车 B 相遇后的 2 小时又与汽车 C 相遇，那么甲、乙两站相距多少千米？（2009 年北京四中入学测试题）

16. 4 辆汽车分别停在一个十字路口的 4 条岔道上，它们与路口的距离都是 18 千米。4 辆车的最大时速分别为 40 千米、50 千米、60 千米和 70 千米。现在 4 辆汽车同时出发沿着公路行驶，那么最少要经过多少分钟，它们才能设法相聚在同一地点？

17. 甲、乙两车同时从 A、B 两地相对开出，两车第一次在距 A 地 32 千米处相遇，相遇后继续行驶，各自达到 B、A 两地后，立即沿原路返回，第二次在距 A 地 64 千米处相遇，则 A、B 两地间的距离是________千米。（2007 年"希望杯"6 年级二试）

18. 甲与乙分别从相距 420 千米的 A、B 两地相向而行，到达对方出发点后立即返回。乙的速度是每小时 20 千米，甲的速度是 15 千米/时。若第一次相遇点与第二次相遇点相同，那么甲提前了几小时出发？（2016 年秋·明心数学资优生测试 4 年级）

19. 一列火车通过一座长 430 米的大桥用了 30 秒，它通过一条长 2180 米的隧道时，速度提高了一倍，结果只用了 50 秒，这列火车长________米。（2007 年湖北省"创新杯"）

20. 如图所示，在高速公路上，一辆长 3 米、速度为 30 米/秒的汽车打算超越一辆长 17 米、速度为 26 米/秒同向行驶的卡车。那么汽车从开始追及，到超越卡车总共用了________秒。

（2013 年秋·明心数学资优生测试 4 年级）

第 20 题图

21. 甲、乙两人骑车分别从桥头和桥尾同时出发，相向而行。与此同时，一列火车车头正好到达桥头，准备上桥，60 秒后，火车车尾恰好超过甲，且火车车头恰好与乙相遇；又过了 60 秒，火车车尾恰好离开桥尾，此时甲、乙恰好相遇。

（1）桥长是车长的几倍？

（2）从火车车尾上桥到火车车头到达桥尾共用多少时间？

（2019 年"数学花园探秘"4 年级总决赛一试）

22. A、B 两景点相距 10 千米，一艘观光游船从 A 景点出发抵达 B 景点后立即返回，共用 3 小时。已知第 1 小时比第 3 小时多行 8 千米，那么水速为________千米/时。（2008 年"华杯赛"）

23. 如图所示，A、B 为两个码头。若甲船从 A 码头出发，乙船从 B 码头出发，同时出发，相向而行。经过 6 小时，两船会在 A、B 的中点 O 相遇；若甲船从 B 码头出发，乙船从 A 码头同时出发，相向而行，两船会在与中点 O 相距 72 千米的 C 点相遇。若河道中的水速不变，那么水速为________千米/时。

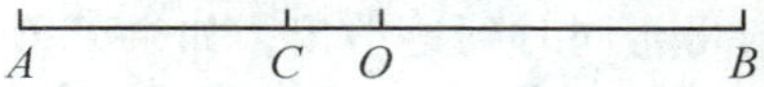

第 23 题图

（2017 年秋 · 明心数学资优生测试 4 年级）

参考答案

1. 答案：9:40。

分析：最终的问题是“出发时间”，它依赖于求解史努比行驶 60 千米路上所花的时间。本题有速度、有路程，对于中低年级学生而言多了一个单位转换的过程，90 千米/时＝1500 米/分，60 千米＝60000 米，所以 60000÷1500＝40（分钟），因为史努比 10:20 到，所以它 9:40 离开家。

2. 答案：2。

分析：本题结合了图形方面的知识，内核依然是一个求解时间的基础行程问题。求时间，找路程与速度。

巴士绕湖一周需要走 12 段，所以巴士的速度为 12÷6＝2（段/时），而游览船的速度是巴士的一半，所以游览船的速度为 1 段/时。由图可知，沿虚线从 A 到 B 恰好走 2 段的长度，即需要 2÷1＝2（小时）。

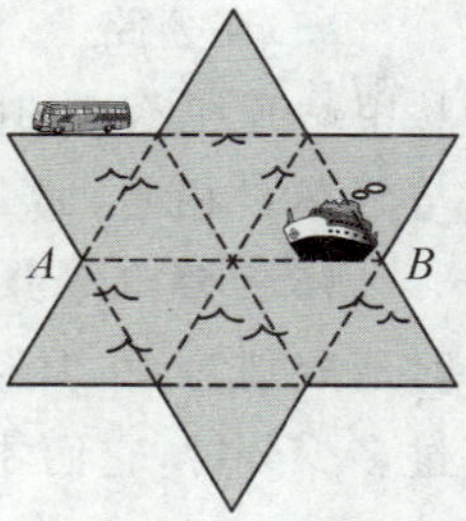

第 2 题图

3. 答案：18。

分析：两小时后，两人相距 54－(12＋6)×2＝18（千米）。

4. 答案：96。

分析：小张 4 小时（8 点到 12 点）走了 2 个全程，所以全程是 4×60÷2＝120（千米）；小王的速度是 120÷(12－9)＝40（千米/时）。

小张 1 小时（8 点到 9 点）走到 C 点 60×1＝60（千米），当小张和小王相遇时小张又走了 60÷(60＋40)×60＝36（千米），此时距甲地 60＋36＝96（千米）。

5. 答案：450。

分析：若队伍不动，则刚好在中点相遇。队伍行走时间为 1200÷200＝6（分钟），5400÷2÷6＝450（米/分）。

6. 答案：480 米。

分析：如图所示，因为走半程甲比乙少花的时间等于乙比甲多花的时间，甲这段时间可走 1440 米，乙这段时间可走 720 米，所以甲的速度是乙的 2 倍。

第 6 题图

所以 AB 全长为 1440×2＝2880（米），一半为 1440 米。

两人实际相遇时，乙走 1 倍，甲走 2 倍，所以相遇点距中点 1440－2880÷3＝480（米）。

7. 答案：120。

分析：甲、乙分别在 A、C 或 B、D 两点时，直线距离最远，而乙每次达到顶点时，甲必然在点 A，所以只有当乙到达点 C 时，两人距离最远，此时乙走了 10×3＝30（米），甲走了 30×4＝120（米）。

8. 答案：43。

分析：扶梯下楼需要过的总阶数不变，总阶数－17 阶＝扶梯走 32 秒。总阶数－34 阶＝扶梯走 21

秒。即扶梯 11 秒走 17 阶。32＋11＝43(秒)。

9. 答案:3 或 15。

分析:第一次距离相等时,甲未走到路口,此时甲、乙合走 600 米。600÷(120＋80)＝3(分钟)。

第二次距离相等时,甲已经过路口,此时甲比乙多走 600 米。600÷(120－80)＝15(分钟)。

10. 答案:9 分钟。

分析:因为全程相等,且乙跑完全程的时间是甲跑完全程的 3 倍,所以甲的速度是乙速度的 3 倍;因为相遇时,相遇时间相同,所以甲所走的路程是乙所走路程的 3 倍;于是全程是乙所走路程的 1＋3＝4 倍;又因为乙的速度始终不变,所以走全程的时间是相遇时间的 4 倍,相遇时间为 36÷4＝9(分钟)。

11. 答案:16。

分析:车走 1 站用时 7－5＝2(分钟)。将哥哥的速度看作 1 份,那么 2 站之间共有 1×7＋5×5＝32(份),所以公交车的速度是哥哥步行速度的 32÷2＝16 倍。

12. 答案:2418。

分析:假设三人每分钟走 1 份,则甲、乙总是相差 20 份,乙、丙总是相差 10 份,甲、丙总是相差 30 份。丙出发 10 分钟后,即 8:40,甲到 B 地的距离恰好是乙到 B 地距离的一半,说明甲到 B 地的距离等于甲与乙的距离,即 20 份,所以 A、B 两地的距离为 40＋20＝60(份)。丙距 B 地还有 60－10＝50(份),所以 A、B 两地的距离为 2015÷50×60＝2418(米)。

13. 答案:90 千米。

分析:一次往返需 20÷5＝4(小时)。

因为全程不变,空车时的速度是满货时速度的 3 倍,所以满货时的时间是空车返回时的 3 倍。

所以返回时间为 4÷(1＋3)＝1(小时)。所以甲、乙两地的距离是 30×3×1＝90(千米)。

14. 答案:125。

分析:父亲的速度是小明的 300÷100＝3 倍。若两人共走 300×2＝600(米),那么父亲将走 600÷(3＋1)×3＝450(米)。父亲往回走 450－300＝150(米)遇到小明,父亲走 150 米需 150÷(120÷100)＝125(步)。

15. 答案:13 小时;1950 千米。

分析:方法 1　汽车 A 与汽车 B 经过时间 t 相遇,汽车 A 与汽车 C 的距离为(80＋50)×2＝260(千米),这同时也是汽车 B 与汽车 C 在时间 t 内的距离,所以 A、B 的相遇时间 t 为 260÷(70－50)＝13(小时),于是甲、乙两站的路程为(80＋70)×13＝1950(千米)。

方法 2　将其转化为 2 辆车的行程问题。假设有一个人是 D,其速度为 A、B 两车的速度和 80＋70＝150(千米/时),还有一辆车 E,其速度为 A、C 的速度和 80＋50＝130(千米/时)。问题转化为:以 150 千米/时走完全程比 130 千米/时走完全程少用 2 小时,全程是多少?

于是,D 走完全程时领先 E 的距离为 130×2＝260(千米),即路程差,所以 D 走完全程需要 260÷(150－130)＝13(小时),全程为 150×13＝1950(千米)。

16. 答案:24 分钟。

分析:为使 4 辆汽车相遇,首先要保证速度较慢的 2 辆汽车能够相遇;而另外两车更快,所以它们一定能够到达较慢两车的相遇点。

任何两车沿公路计算里程均相距 18＋18＝36(千米),较慢两车的速度之和为 40＋50＝90(千米/时),所以它们相遇需要 36÷90＝0.4(小时)＝24(分钟),即 4 辆汽车相聚于同一点所需的最短时间为 24 分钟。

17. 答案:80。

分析:方法 1　第一次相遇时甲走了 32 千米,第二次相遇时甲、乙合走了 3 个全程。

所以乙从第一次相遇到第二次相遇所走的路程为第一次相遇时所走路程的 2 倍。

乙从第一次相遇到第二次相遇所走的路程为 32+64=96(千米),即乙第一次相遇时所走的路程为 96÷2=48(千米)。

全程为 48+32=80(千米)。

方法 2　甲共走 32×3=96(千米),2 个全程为 96+64=160(千米),全程为 160÷2=80(千米)。

18. 答案:7 小时。

分析:如图所示。

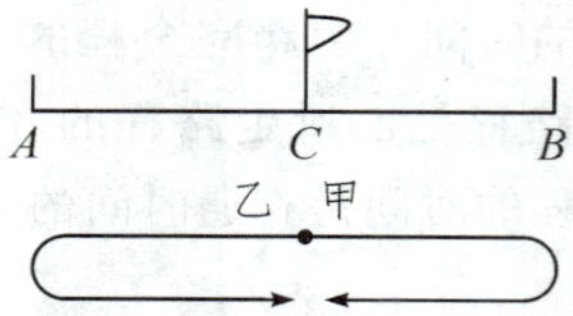

第 18 题图

因为两次相遇都在点 C,两次相遇之间两人合走 2 个全程。所以第一次相遇到第二次相遇共用 420×2÷(20+15)=24(小时)。

甲走 BC 用了 24÷2=12(小时),BC 长 15×12=180(千米),AC 长 420−180=240(千米)

第一次相遇前:

甲走 AC 需要 240÷15=16(小时);

乙走 BC 需要 180÷20=9(小时);

所以甲提前了 16−9=7(小时)。

19. 答案:320。

分析:如果通过隧道时速度没有提高,那么将需要 50×2=100(秒),所以火车原来的速度为(2180−430)÷(100−30)=25(米/秒)。火车的长度为 25×30−430=320(米)。

20. 答案:5。

分析:路程差为两车的车长,所以追及时间为(3+17)÷(30−26)=5(秒)。

21. 答案:2;40 秒。

分析:(1)120 秒时,两人相遇,所以 60 秒时两人的距离相当于半个桥长。因此桥长恰好是车长的 2 倍。

(2)120 秒时,火车恰好走了一个车长和桥长,即 3 个车长。

从火车车尾上桥到火车车头到达桥尾,火车恰好走了一个桥长减去车长,即 1 个车长。所以共用了 120÷3=40(秒)。

22. 答案:8。

分析:第 3 小时船一定都在逆水而上。

如果第 1 小时游船没有达到 B 景点,则第 1 小时所行路程小于 10 千米,于是第 3 小时所行路程小于 10−8=2(千米),逆水从 B 景点到 A 景点多于 10÷2=5(小时),与往返 3 小时矛盾。

如果第 1 小时到达了 B 景点,则第 2、第 3 小时都在逆行,于是逆行的速度为(10×2−8)÷3=4(千米/时),第 1 小时逆行的距离为 10−4×2=2(千米),用去 2÷4=0.5(小时),于是顺水行驶 10 千米也用去 0.5 小时,顺水的速度为 10÷0.5=20(千米/时)。水速为(20−4)÷2=8(千米/时)。

23. 答案:6。

分析:流水中的相遇问题,速度和不因水速发生改变,所以第二种情况的相遇时间仍为 6 小时。

乙船从 B 码头出发,相遇时走 BO,从 A 码头出发,相遇时走 AC,且 $BO>AC$,所以 B 码头在上游,A 码头在下游。

第一种情况中,两船在中点相遇,说明两船的船速相差水速的 2 倍。

而甲 6 小时从 A 走到 O,乙 6 小时从 A 走到 C,那么速度差为 72÷6=12(千米/时)。则水速为 12÷2=6(千米/时)。

高年级卷

第十八章　高年级应用题概述

18.1　从数据到关系

我们对事物的了解是分层的，例如，对周遭时空的认识：用牛顿经典力学描述日常尺度，用爱因斯坦的相对论描述更大的宏观尺度，用普朗克、波尔等创立量子力学描述微观尺度。

我们分析小学阶段的应用题也是一样：中、低年级阶段，我们用运算规律讨论自然数、小数，高年级阶段，我们则从用运算规律讨论分数，然后进阶成为用“比和比例”讨论“量之间的关系”。

提前适应分层、分类考虑问题的方法，对你的生活益处多多，同时也可避免思维单一化。

数学是研究概念之间的“关系”的，当我们步入正比例、反比例关系的学习，我们才真正开始接触数学的思维，数学思维≠计算能力。

我们以同一道题为例，看看不同时期的你思维方式发生了怎样的变化。

例 1　一辆汽车从甲地开往乙地，若每小时行 45 千米，则将比原计划迟到 1 小时；若每小时行 60 千米，则将比原计划早到 1 小时。那么，甲、乙两地的距离是________千米。

三年级的你：数据思维

解析

可以把题中的两种方案看作是两辆车同时出发，慢车比快车多用 1＋1＝2(小时)到达乙地，即多走 45×2＝90(千米)，这 90 千米就是快车达到乙地时，甩开慢车的距离。这样通过距离差与速度差就可以知道追及时间——快车从甲地到乙地的时间了，90÷(60－45)＝6(小时)。

另外，这也是一个典型的盈亏问题，解答方式如下：

计划

计划：45　45　…　45　45　45

60　60　…　60

45×2÷(60－45)＝6(小时)；

60×6＝360(千米)。

> 这一阶段的特点：对具体数据的依赖性特别大。

五年级的你：具体数据抽象为“单位 1”

解析

每行驶 1 千米，计划 1 比计划 2 多用$\frac{1}{45}-\frac{1}{60}=\frac{1}{180}$(小时)，多少千米才会多用 1＋1＝2(小时)呢？$2\div\frac{1}{180}$＝360(千米)。

> 这一阶段的特点：我们的思维开始抽象化，但依然属于数据计算。

六年级的你：从数据转化为正反比关系

解析

因为甲、乙两地距离不变，所以速度与时间成反比。速度比为 45∶60＝3∶4，则时间比为 4∶3，相差 1 份对应 2 小时，所以计划 2 用时 2×3＝6(小时)，60×6＝360(千米)。

这一阶段的特点：我们开始着重考察数据之间的关系。

18.2 正、反比例

18.2.1 从“不变量”到“正、反比例”

了解了应用题从数据到关系的演变，那我们能不能找到它内在的不变呢？若找到“不变”，我们又如何以“不变”应“万变”呢？

以行程问题为例，路程、速度、时间三个量中，有一个量不变，则另外两个的关系就已经明了。也就是说，利用正、反比例，我们在缺少一个具体数据的情况下可以得到其他两个量的关系，如下图：

路程不变：速度 与 时间 成反比

速度不变：路程 与 时间 成正比

时间不变：路程 与 速度 成正比

例 2 甲、乙两地相距 100 千米。一辆汽车和一台拖拉机都从甲地开往乙地，汽车出发时，拖拉机已经开出 15 千米；当汽车到达乙地时，拖拉机距乙地还有 10 千米。那么，汽车在距乙地多少千米的地方追上拖拉机？

解析

本题如果想通过公式法解题，就必须寻找汽车与拖拉机行驶的速度与时间，可这道题显然不能确定这些数据。但从比(关系)的角度考虑，是可以突破的。

如图所示，设 $AC=15$ 千米，$BE=10$ 千米，两车在点 D 相遇，两辆车都从 A(甲)出发。在相同的时间内，汽车行全程 100 千米，拖拉机行 100－15－10＝75(千米)，则两车的速度比为100∶75＝4∶3。

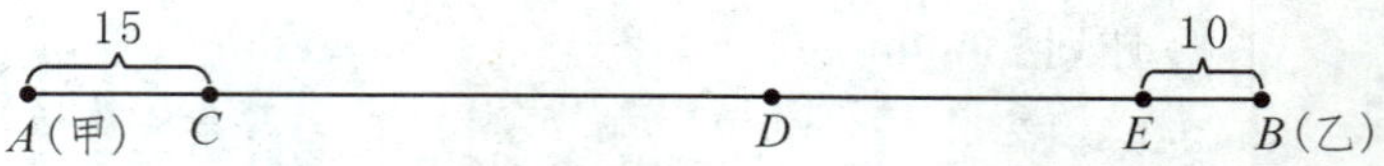

汽车和拖拉机在点 D 相遇后，所走的时间相同，所以路程与速度成正比，即 $DB:DE=4:3$。因为 EB 为 10 千米，所以相遇点 D 距 B(乙)$10\times\frac{4}{4-3}=40$(千米)。

例 3 某人匀速上下一自动扶梯(一步一级)，上电梯时上了 150 步，下电梯时下了 50 步，问该自动扶梯共有多少级？

解析

本题同样是一个没有具体速度与具体时间的问题。

自动扶梯从下到上总距离不变，则时间与速度成反比。此题中，步数即代表时间，上、下电梯时间比为 3∶1，故速度比为 1∶3，即人与电梯速度和与速度差的比为 1∶3。此时问题变为典型的和差问题。故人速与电梯速度比为 2∶1，扶梯有 $150\times\frac{2-1}{2}=75$(级)。验证：$50\div\frac{2}{2+1}=75$(级)，符合题意。

有同学会想：正、反比例这么重要，为什么我们要到六年级才学，早点学不好吗？
这个问题有两个答案：
1.自然数—小数—分数—比，这是一个绕不过去的思维成长过程；
2.正、反比例的思维其实隐藏了好久……

18.2.2　正比例

在小学应用题中，正比例关系实在太普遍了，从前面给出的关于行程问题的三个量的那些三角形中可以看出，一组 3 个三角形，有 1 个成反比例关系，有 2 个成正比例关系。

当条件中给出单价、数量、平均数、份数、速度、时间、标准量、分率……，其实我们都是可以利用正比例去求解其他的量。

例 4　3 只猫 3 天吃了 3 条鱼，9 只猫 9 天吃了________条鱼。

解析

因为 1 只猫 1 天吃的鱼数量不变，所以当猫的数量、时间都扩大 3 倍时，鱼的数量也相应地扩大了 3^2 倍，即 $3\times3\times3=27$(条)。

18.2.3　反比例

反比例关系在六年级以前的哪些应用题中出现过呢？

1. 牛吃草问题

例 5　有一片牧场上的草均匀生长。如果 24 头牛 16 天可以把牧场上的草吃完；20 头牛 24 天也可以把牧场上的草吃完。那么，18 头牛________天可以把牧场上的草吃完。

解析

【方法 1】先看看基本解法。

假设 1 头牛 1 天要吃 1 份草，则 24 头牛 16 天吃了 $24\times16=384$(份)草，20 头牛 24 天吃了 $20\times24=480$(份)草，多出的 $480-384=96$(份)草是在 $24-16=8$(天)里长出来的，所以牧场上每天长出 $96\div8=12$(份)草，牧场上原有 $(24-12)\times16=192$(份)草。故牧场上的草可供 18 头牛吃 $192\div(18-12)=32$(天)。

【方法 2】反比例关系在哪呢？牛吃草最大的特点是“草会长”，但其中仍有一个“不变量”——“原有草”。

既然“原有草”不变，则“吃原有草的牛”与天数成反比！天数比为 16∶24，则吃“原有草”的牛数比为 3∶2，由于吃增量草的牛数是固定的，则总头数的差就是吃原有草牛数的差，即 3 份与 2 份差 $(24-20)$ 头牛，即 1 份表示 4 头牛。所以第一次有 12 头牛吃“原有草”，草长的速度可以供 $24-12=12$(头)牛吃，那么 18 头牛只有 6 头牛吃“原有草”，12∶6＝2∶1，所以 18 头牛与 24 头牛比较，天数比为1∶2，即 18 头牛可以吃 $16\times2=32$(天)。

例 6 一片均匀生长的草地被平均分成三块。一群牛在第一块草地吃了 8 天将草吃光，紧接着这群牛又到第二块草地吃了 12 天将草吃光。此时如果这群牛再到第三块草地，那么________天后可以将第三块草地上的草吃光。

解析

这道题“原有草”变了呀！怎么办？

牛没变呀！牛没变＝吃原有草的牛没变啊，所以这题有正比例关系，“原有草”与时间成正比。第一块草地牛吃了 8 天，第二块草地牛吃了 12 天，说明“原有草”的比为 8∶12，为什么会多呢？因为第二块草地多长了 8 天，8 天长了 12－8＝4(份)草，那第三块草地 12 天就会再长 6 份草，所以第三块草地牛需 12＋6＝18(天)吃完。

通过上面两道牛吃草问题，我希望大家能够明白：学习不仅要向前展望，还要向后回望，这样做不仅可以让老问题有了新方法，还能让新方法牢牢地扎根在老问题之上。

2. 平均数—矩形图—反比例—混合比，且看这一条龙如何飞上天

例 7 一班、二班共有 100 名学生。一次测验，一班的平均分为 83 分，二班的平均分为 88 分，两个班的平均分为 85 分，一班、二班各有几人？

解析

如图是一个矩形图，横向表示人数，纵向表示分数。

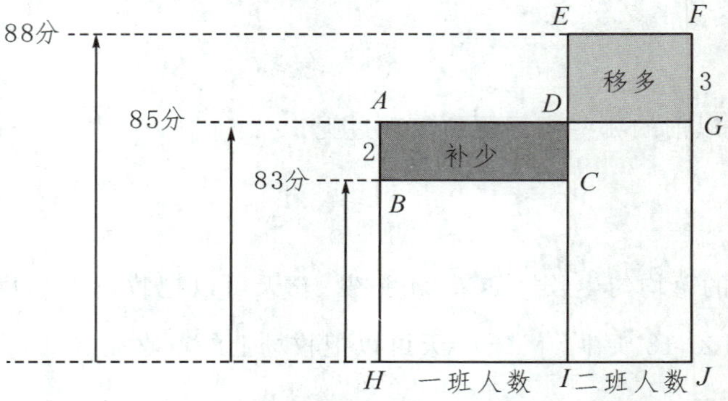

$S_{矩形BCIH}$代表一班的总分，$S_{矩形EFJI}$代表二班的总分，$S_{矩形AGJH}$代表两个班的总分，因此 $S_{矩形BCIH}+S_{矩形EFJI}=S_{矩形AGJH}$，则二班比平均分多的部分应该补给一班，即 $S_{矩形ADCB}=S_{矩形EFGD}$，即“移多补少”。由于 $S_{矩形ADCB}=S_{矩形EFGD}$，那么长与宽成反比，即“两个班的平均分与总平均分的差”与“两个班的人数”成反比！分数差比为 2∶3，所以一班人数∶二班人数＝3∶2，总人数共 5 份对应 100 人，所以 1 份表示 20 人，故一班有 20×3＝60(人)，二班有 20×2＝40(人)。

例 8 一班有 52 人，二班有 48 人，某次考试两个班的总平均分为 85 分。已知一班的平均分比二班高 5 分，那么，一班、二班的平均分各是多少？

解析

由例 7 我们知道，分数差与班级人数成反比。因为 52∶48＝13∶12，所以两个班的平均分与总平均分的分差比为 12∶13，即一班的平均分比总平均分高 12 份，二班的平均分比总平均分低 13 份。相差 25 份对应 5 分，1 份为 0.2 分。所以一班的平均分为 85＋0.2×12＝87.4(分)，二班的平均分为 87.4－5＝82.4(分)。

3. 浓度配比即为混合比

打通思考:平均数问题如何变成浓度问题?

回看例7:一班、二班共有100名学生。一次测验,一班的平均分为83分,二班的平均分为88分,两个班的平均分为85分,一班、二班各有几人?

例7变身:浓度为83%的酒精溶液与浓度为88%的酒精溶液混合成85%的酒精溶液100毫升,混合前两种溶液各有多少毫升?

看懂了吗?这两道题其实是一道题.浓度差(分数差)与溶液的量(人数)成反比。

例9 有两个瓶子分别装满含甲、乙两种药物的混合液。A瓶中,甲、乙两种药物的质量比是3∶5;B瓶中,甲、乙两种药物的质量比是3∶7。现在要从两个瓶中各取出一些药物组成混合溶液,使得在这种混合溶液中含甲种药物6克、乙种药物12克。那么需要从A、B两个瓶中各取多少克溶液?

解析

这道题的"坑"在于溶液中有甲、乙两种药物,我们只需要做一件事就能变成一个常见题——将"乙"看作水,我们只考察"甲"的浓度。

A瓶中,甲的浓度为$\frac{3}{8}$;B瓶中,甲的浓度为$\frac{3}{10}$。两瓶溶液混合后,甲的浓度为$\frac{6}{12+6}=\frac{1}{3}$。因为浓度差与溶液的量成反比,所以A瓶取的溶液∶B瓶取的溶液$=\left(\frac{1}{3}-\frac{3}{10}\right):\left(\frac{3}{8}-\frac{1}{3}\right)=\frac{1}{30}:\frac{1}{24}=$ 4∶5。

混合后溶液的总质量为18克,对应4+5=9(份),故1份对应2克,所以A瓶取8克,B瓶取10克。

4. 鸡兔同笼也是混合比

例10 今有鸡兔同笼,共有100个头、320条腿,鸡、兔各有多少只?

解析

将"头"看作标准量,则鸡的足首比为2,兔的足首比为4,100只动物平均足首比为3.2,则鸡的数量∶兔的数量=(4−3.2)∶(3.2−2)=2∶3。所以将100动物看作5份,每份有20只。鸡占其中2份有40只,兔占其中3份有60只。

其实,类似两种(或多种)物体或两种(或多种)情况混合在一起的情况,都可以用混合比去理解。例如,两种金属的合金、两种商品的利润以及行程问题中较难的"变速问题"。

例11 一块金银合金重770克,金放在水中质量减轻$\frac{1}{19}$,银放在水中质量减轻$\frac{1}{10}$。这块合金放在水中质量一共减轻了50克,那么这块合金中金、银各含多少克?

解析

常规方式是利用假设法或者列方程来求解。而用混合比我们可以得到:金的质量∶银的质量$=\left(\frac{1}{10}-\frac{5}{77}\right):\left(\frac{5}{77}-\frac{1}{19}\right)=\frac{27}{77\times10}:\frac{18}{77\times19}=\frac{3}{10}:\frac{2}{19}=57:20$,即这块合金含金570克,含银200克。

例 12 A、B 两件商品的成本共 2000 元，A 的利润率为 50%，B 的利润率为 30%。两件商品售出后的利润为 840 元，那么 A、B 的成本各是多少元？

解析

平均利润率为 840÷2000＝42%，利用混合比可知，A 与 B 的成本之比为(42%－30%)∶(50%－42%)＝3∶2，即将总成本看作 5 份，每份 400 元。A 占其中 3 份，即成本为 1200 元；B 占其中 2 份，即成本为 800 元。

例 13 变形金刚擎天柱以机器人的形态从 A 地出发向 B 地，可按时到达 B 地。如果擎天柱一开始就变形为汽车，速度比机器人形态提高 20%，可以提前 1 小时到达 B 地；如果以机器人的形态行驶 100 千米后到达 C 地，再变形为汽车，并且速度比机器人形态提高 30%，仍然可以提前 1 小时到达 B 地。那么，A、B 两地相距多少千米？

解析

以原速为标准(非常重要，因为原速是不变的)，原速走 1 千米所花时间为 1 份，则速度提高 30%走 1 千米所花时间为 $1\div(1+30\%)=\frac{10}{13}$(份)，提高 20%走 1 千米所花时间为 $1\div(1+20\%)=\frac{5}{6}$(份)。题目条件相当于第二种方案的两种速度混合后，效果与第一种方案相同，即 1 与$\frac{10}{13}$混合后变成$\frac{5}{6}$，所以，$AC:BC=\left(\frac{5}{6}-\frac{10}{13}\right):\left(1-\frac{5}{6}\right)=5:13$，所以 100 千米对应 5 份，1 份为 20 千米，全程共 18 份，即 360 千米。

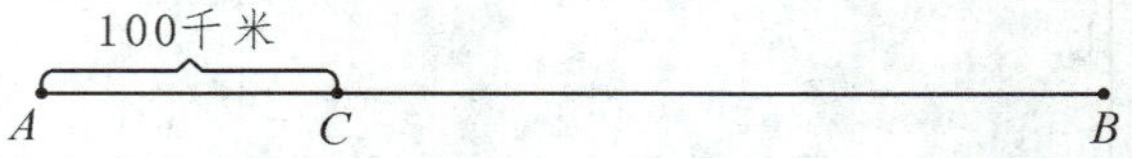

我们简略地回顾了一下小学阶段我们处理应用题的思维进程以及其中几条能够打通不同类型应用题的暗线，算是开胃菜。下面，进入大餐时间！

“能知道什么?”与“要知道什么?”——综合法与分析法

艺术家总要问自己两个问题:“做什么?”与“怎么做?”。

同样的,我们在解决数学题时,也要不停地问自己“通过条件我能知道什么?”(这就是从条件入手的综合法),“根据问题我们需要知道什么?”(这就是从问题入手的分析法)。下面,就让我们带着这两个问题走进一扇扇“应用门”。

第十九章　分数应用题

19.1　基础类型

由问题出发分类:求分率、求比较量、求标准量。这三个类型的基础应用题,是校内教学的重点。

比较量

标准量　×　分率

标准量

比较量　÷　分率

分率

比较量　÷　标准量

下面,我们通过几个对照组看看分数应用题从何而来。

对照组 1

(1)小明有 72 张邮票,且小明的邮票数是小刚的 3 倍,那么小刚有几张邮票?

【解析】72÷3=24(张)。

(2)小明有 72 张邮票,且小明的邮票数是小刚的 $1\frac{3}{5}$ 倍,那么小刚有几张邮票?

【解析】$72\div1\frac{3}{5}=72\times\frac{5}{8}=45$(张)。

> 一个数的几倍量是多少,求这个数?
> 一个数的几分之几是多少,求这个数?
> 区别仅仅是:整倍数变成了分数倍数(分率),求1倍量称为求标准量。

对照组 2

(3)小明有 72 张邮票,且小刚的邮票数是小明的 3 倍,那么小刚有几张邮票?

【解析】72×3=216(张)。

(4)小明有 72 张邮票,且小刚的邮票数是小明的 $\frac{3}{8}$ 倍,那么小刚有几张邮票?

【解析】$72\times\frac{3}{8}=27$(张)。

> 一个数的几倍量是多少?
> 一个数的几分之几是多少?
> 区别仅仅是:整倍数变成了分数倍数(分率),求几倍量称为求比较量。

对照组 3

(5)小明有 72 张邮票,且小刚有 144 张邮票,那么小刚的邮票数量是小明的几倍?

【解析】144÷72=2。

(6)小明有 72 张邮票，且小刚有 48 张邮票，那么小刚的邮票数量是小明的几分之几？

【解析】$48\div72=\frac{2}{3}$。

> 一个数是另一个数的几倍量？一个数是另一个数的几分之几？区别仅仅是：整倍数变成了分数倍数（分率），求倍数称为求比较量的分率。

对照组 4 和倍类型的应用题

(7)小明的邮票数量是小刚的 3 倍，他们共有 52 张邮票，小明与小刚各有几张邮票？

【解析】小刚有 $52\div(1+3)=13$(张)邮票，小明有 $13\times3=39$(张)邮票。

(8)小明的邮票数量是小刚的 $1\frac{3}{5}$倍，他们共有 52 张邮票，小明与小刚各有几张邮票？

【解析】小刚有 $52\div\left(1+1\frac{3}{5}\right)=52\times\frac{5}{13}=20$(张)邮票，小明有 $20\times1\frac{3}{5}=20\times\frac{8}{5}=32$(张)邮票。

> 区别仅仅是：整倍数变成了分数倍数（分率）。

对照组 5 差倍类型的应用题

(9)小明的邮票数量是小刚的 3 倍，小明比小刚多 52 张邮票，小明与小刚各有几张邮票？

【解析】小刚有 $52\div(3-1)=26$(张)邮票，小明有 $26\times3=78$(张)邮票。

(10)小明的邮票数量是小刚的 $1\frac{4}{5}$倍，小明比小刚多 52 张邮票，小明与小刚各有几张邮票？

【解析】小刚有 $52\div\left(1\frac{4}{5}-1\right)=52\div\frac{4}{5}=52\times\frac{5}{4}=65$(张)邮票，小明有 $65+52=117$(张)邮票。

> 区别仅仅是：整倍数变成了分数倍数（分率）。

综上可以看出，分数应用题仅仅是数据上从整数扩展到了分数，而题目的基本逻辑与小学中、低年级所学的应用题并无不同。

例 1 现在张叔叔和李叔叔两人的年龄和是 56 岁，当张叔叔是李叔叔现在年龄的一半时，李叔叔当时的年龄是张叔叔现在的年龄。那么张叔叔现在是________岁。 （2015 年“华杯赛”中年级组初赛）

解析

定性，由“当张叔叔是李叔叔现在年龄的一半”，我们可知“李叔叔”是本题的标准量。本题是一道典型的分数应用题，那么标准量即是本题的关键所在。

从条件出发综合分析，本题仅有一个比较量——两人年龄和是 56 岁，所以我们一定要找到它所对应的分率。

从问题出发，要知道张叔叔的年龄，我们需要寻找标准量李叔叔的年龄，以及年龄和的对应分率。

有了上述准备，我们再来仔细揣摩题目条件：当张叔叔是李叔叔现在年龄的一半时，李叔叔当时的年龄是张叔叔现在的年龄。说明张叔叔现在的年龄是张叔叔当时年龄和李叔叔现在年龄的平均数，即为李叔叔现在年龄的$\frac{3}{4}$，所以李叔叔现在的年龄为 $56\div\left(\frac{3}{4}+1\right)=32$(岁)，张叔叔现在的年龄为 $56-32=24$(岁)。

> 分数应用题并非无源之水，它的原型其实是“和倍”与“差倍”问题，只不过“倍数”从自然数变成了分数，这道题就是典型的“和倍问题”。张叔叔与李叔叔的年龄和为56，对应的倍数和为$\left(\frac{3}{4}+1\right)$，从而我们可以求出“标准量”（即和倍问题中的1倍量）。

李叔叔 32 岁

56 ÷ 7/4

1 + 3/4

对应的
思维导图

标准量（李叔叔的年龄）

比较量 ÷ 对应分率

1 + 3/4（本题难点，分析得出）

19.2　分率转化

高难度的分率应用题常常会出现不同的标准量，这种情况下，为了厘清条件之间的关系，“统一标准量”势在必行。那么，各位必然要手握利器——“分率转化”。

另外，因为图的直观性更容易让人理解，所以线段图成了常用的解题工具。下面，我们就用一道例题来介绍一种画线段图的方式。

19.2.1　“线段图”的作法

“线段图”分三步作图：

1. 分率写在线段下方，量写在线段上方；
2. 分率、量分开，分别集中；
3. 寻找一段上有“量”、下有“分率”的线段，将“线段图”当作“分数线”，即得出标准量。

例 2　红旗粮食加工厂生产了一批面粉，分三次运完。第一次运出的数量比总数的$\frac{1}{4}$还多 100 袋，第二次运出的数量是第一次的$\frac{3}{4}$，第三次运出 95 袋。这批面粉共有多少袋？

解析

通过几个“分率”的描述，我们很容易判定这一题属于分数应用题。而由于两次分率指向的标准量并不相同，所以我们需要利用“分率转化”统一标准量。

标准量（总袋数）

有对应分率的比较量 ÷ 对应分率

第二次运出的数量是第一次的$\frac{3}{4}$，所以第二次运出的面粉数是总数的$\frac{1}{4}\times\frac{3}{4}=\frac{3}{16}$多$100\times\frac{3}{4}=75$（袋）。接下来线段图是“大招”！

遵循画图规则，从图 1 我们可以轻易地找到线段 DB，其上标明了比较量为 270，其下有明确的分率$\left(1-\frac{1}{4}-\frac{3}{16}\right)=\frac{9}{16}$。此时，我们只用将线段 DB 看作分数线，则可得出标准量：

$\left(100+100\times\frac{3}{4}+95\right)\div\frac{9}{16}=480$（袋），即这批面粉共有 480 袋。

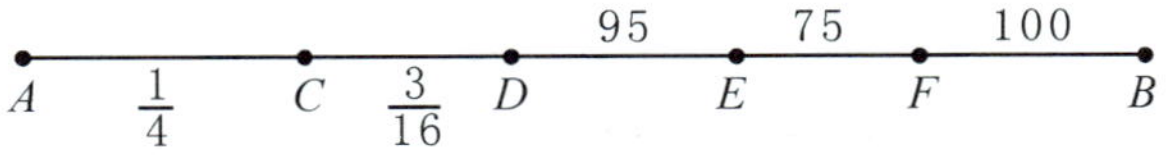

图 1

如果不按规则画线段图，分率与量没有分别集中，三个量之和对应的分率就不是那么显而易见了，如图 2：

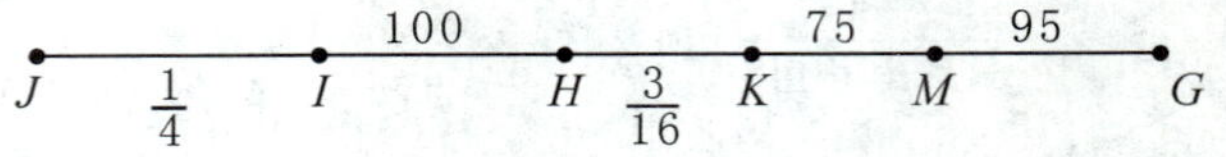

图 2

19.2.2 常见的五种分率转化

1. 甲数是乙数的$\frac{N}{M}$，转化为乙数是甲数的$\frac{M}{N}$。

2. 甲数比乙数少(多)乙数的$\frac{B}{A}$，转化为乙数比甲数多甲数的$\frac{B}{A-B}$(少甲数的$\frac{B}{A+B}$)。

3. 甲数是乙数的$\frac{B}{A}$，转化为甲数是甲、乙两数和的$\frac{B}{A+B}$。

4. 将一个数的$\frac{B}{A}$的$\frac{D}{C}$，转化为这个数的$\frac{B\times D}{A\times C}$。

5. 甲数的$\frac{B}{A}$等于乙数的$\frac{D}{C}$，转化为甲数是乙数的$\frac{D}{C}\div\frac{B}{A}$，或乙数是甲数的$\frac{B}{A}\div\frac{D}{C}$。

第一、第二这两种类型在校内学习中就比较常见，这里就不再赘述。我们主要来看看第三、第四、第五这三种类型。

1. 类型 3：甲数是乙数的$\frac{B}{A}$，转化为甲数是甲、乙两数和的$\frac{B}{A+B}$

例 3 四人共同分担餐款。第一个人付的钱是其他人付钱总数的一半，第二个人付的钱是其他人付钱总数的三分之一，第三个人付的钱是其他人付钱总数的四分之一，第四个人付了 39 元。那么他们一共付了多少元？

解析

本题中的三个分率，一半(即二分之一)、三分之一、四分之一所对应的标准量均不同，所以我们需要将它们统一。统一的标准是谁呢？题中每次取的标准量都是从“总和”中去掉一个，才导致各不相同，所以我们就取标准量为“总和”，就能统一了。

第一个人付的钱占全部的$\frac{1}{1+2}=\frac{1}{3}$，第二个人付的钱占全部的$\frac{1}{1+3}=\frac{1}{4}$，第三个人付的钱占全部的$\frac{1}{1+4}=\frac{1}{5}$。最后我们来画全部四人的图，又可以用上面讲到的画线段图规则画线段图，如图所示：

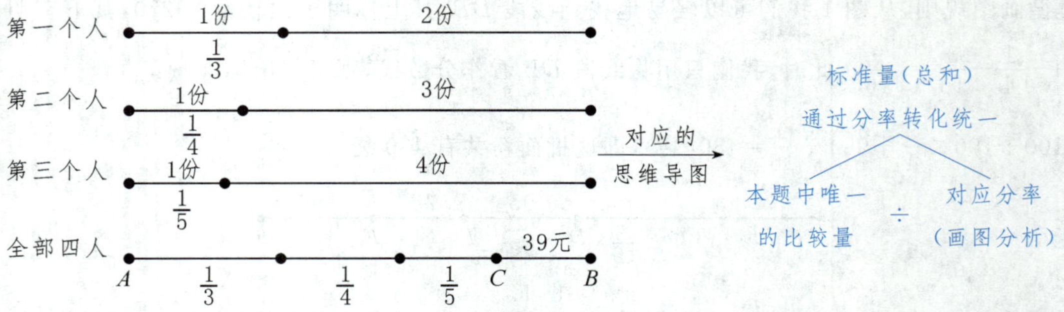

很容易看出来，CB 这一段上有“量”，下有“分率”，将 CB 看作“分数线”，即得

$$39\div\left(1-\frac{1}{3}-\frac{1}{4}-\frac{1}{5}\right)=180(\text{元})。$$

2. 类型 4：将一个数的 $\frac{B}{A}$ 的 $\frac{D}{C}$，转化为这个数的 $\frac{B\times D}{A\times C}$

例 4 甲数是乙数的 $\frac{5}{6}$，乙数是丙数的 $\frac{4}{5}$，甲数是丙数的几分之几？

解析

【方法 1】列表格。

甲数	乙数	丙数
$\frac{5}{6}\times\frac{4}{5}=\frac{2}{3}$	$\frac{4}{5}$	“1”

【方法 2】图解法。

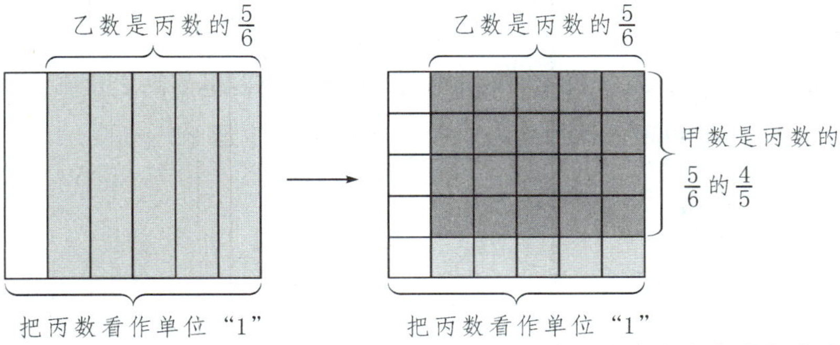

$\frac{5}{6}\times\frac{4}{5}=\frac{2}{3}$。

3. 类型 5：甲数的 $\frac{B}{A}$ 等于乙数的 $\frac{D}{C}$，转化为甲数是乙数的 $\frac{D}{C}\div\frac{B}{A}$，或乙数是甲数的 $\frac{B}{A}\div\frac{D}{C}$

例 5 甲数的 $\frac{3}{5}$ 等于乙数的 $\frac{9}{10}$，甲数是乙数的几分之几？乙数是甲数的几分之几？

解析

两个数之间的关系特别简单，第一问：$\frac{9}{10}\div\frac{3}{5}=\frac{9}{10}\times\frac{5}{3}=\frac{3}{2}$，即甲是乙的 $\frac{3}{2}$；第二问仅仅是比较量标准量互换，所以乙是甲的 $\frac{2}{3}$。

如果遇到多个量之间比较怎么办呢？这里给大家一个“一劳永逸”的办法，即使是 4 个、5 个、6 个量也可以一次到位！

例 6 甲、乙、丙、丁比赛吃比萨。比赛结束后大家发现，甲所吃比萨数量的 $\frac{6}{7}$，与乙所吃数量的 $\frac{2}{9}$、丙所吃数量的 $\frac{3}{5}$、丁所吃数量的 $\frac{1}{4}$ 都相等。求这四个人所吃比萨数量的比。

解析

“甲”表示甲吃比萨的数量，其余也同此表示。根据题意我们可得

$$\frac{6}{7}\times“甲”=\frac{2}{9}\times“乙”=\frac{3}{5}\times“丙”=\frac{1}{4}\times“丁”。$$

此时我们来做一件不常见的事——通分子，得到$\frac{6}{7}$×“甲”=$\frac{6}{27}$×“乙”=$\frac{6}{10}$×“丙”=$\frac{6}{24}$×“丁”，分子都是 6 份且相等，所以每 1 份也相等。于是通过分母可知，甲共吃了 7 份、乙共吃了 27 份、丙共吃了 10 份、丁共吃了 24 份比萨，他们所吃比萨数量的最简比即为此时分母的比 7∶27∶10∶24。

19.3　分数应用题的应用及其他技巧

19.3.1　几何中的分数应用题

例 7　甲、乙两个圆柱形容器的底面半径分别是 2 厘米和 3 厘米。已知甲容器装满水，乙容器是空的。现将甲容器中的水全部倒入乙容器，则乙容器水面的高比甲容器高的$\frac{2}{3}$少 6 厘米。故甲容器的高是________厘米。

解析

高度上唯一的比较量为 6 厘米，所以我们要找到这个 6 厘米的对应分率，由“甲容器高的$\frac{2}{3}$”判断出标准量是甲。

甲、乙两个容器的底面积之比为 4∶9，体积相同的水在甲、乙两个容器里的高之比则为 9∶4，即乙容器中水面的高应为甲容器的$\frac{4}{9}$，所以甲容器的高为$6\div\left(\frac{2}{3}-\frac{4}{9}\right)=27$(厘米)。

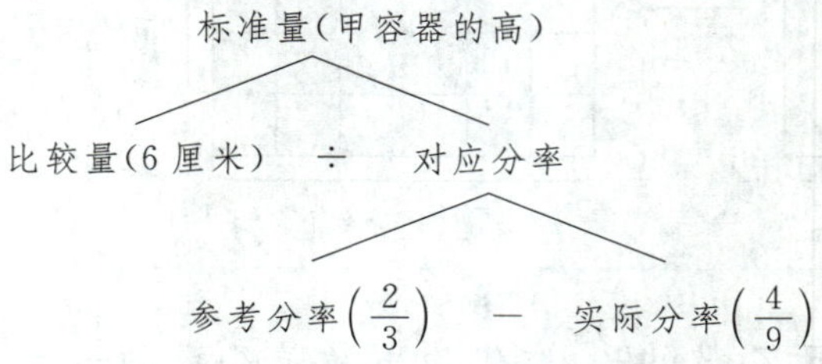

19.3.2　逆推法

例 8　部落里的 5 个人捕回一船鱼。5 个人的功劳各不相同，他们想公平地分这些鱼，于是就找来了酋长。酋长把总数的一半加 1 条给了第 1 个人，接着把剩下总数的一半加 2 条给了第 2 个人……依此类推，直到第 5 个人全部分完，没有人得到半条鱼。请问船里有几条鱼？

解析

第 5 个人分得一半多 5 条，且分完了，说明 5 条就是剩下的一半，则

第 5 个人分之前有$5\div\left(1-\frac{1}{2}\right)=10$(条)鱼；

第 4 个人分之前有$(10+4)\div\left(1-\frac{1}{2}\right)=28$(条)鱼；

第 3 个人分之前有$(28+3)\div\left(1-\frac{1}{2}\right)=62$(条)鱼；

第 2 个人分之前有$(62+2)\div\left(1-\frac{1}{2}\right)=128$(条)鱼；

第 1 个人分之前有$(128+1)\div\left(1-\frac{1}{2}\right)=258$(条)鱼。

即开始时船里共有 258 条鱼。

例 9　有 n 个海盗分金币。第 1 个海盗先拿 1 枚金币，再拿剩下金币的 1%；然后，第 2 个海盗先拿 2

枚金币，再拿剩下金币的 1%；接着，第 3 个海盗先拿 3 枚金币，再拿剩下金币的 1%；……最后，第 n 个海盗先拿 n 枚金币，再拿剩下金币的 1%。结果金币全被分完，且每个海盗拿的金币都一样多。那么一共有________枚金币。 （2013 年“数学花园探秘”小高决赛）

解析

“最后，第 n 个海盗先拿 n 枚金币，再拿剩下金币的 1%，结果金币全被分完”说明剩下的金币为 0 枚，第 n 个海盗实际拿 n 枚金币。

“第 $(n-1)$ 个海盗先拿 $(n-1)$ 枚金币，再拿剩下金币的 1%”，由于“每个海盗拿的金币一样多”，所以此时“剩下金币的 1%”是 1 枚金币。那么第 $(n-1)$ 个海盗拿走 $(n-1)$ 枚金币后还剩下 $1\div1\%=100$（枚）金币，第 $(n-1)$ 个海盗再拿走 1 枚金币，还剩下 $100-1=99$（枚）金币由第 n 个海盗全拿完，即 $n=99$。

因为“每个海盗拿的金币一样多”，所以共有 $99^2=9801$（枚）金币。

19.3.3 整数化

例 10 一次数学测验按甲、乙、丙、丁四个等级评定。某班学生人数不超过 60 人，得甲等的人数占全班的 $\frac{1}{7}$，得乙等的人数占全班的 $\frac{1}{2}$，得丙等的人数占全班的 $\frac{1}{3}$，那么得丁等的有________人。

解析

由题可知，这个班的总人数同时是 7、2、3 的倍数，即人数至少为 $[7,2,3]=42$，而 $42\times2>60$，所以这个班恰有 42 人，得丁等的有 $42\times\left(1-\frac{1}{7}-\frac{1}{2}-\frac{1}{3}\right)=1$（人）。

例 11 甲、乙、丙三人共有棋子若干。甲先拿出自己棋子数量的一半平分给乙、丙，然后乙拿出自己现在棋子数量的三分之一平分给甲、丙，最后丙把自己现在棋子数量的四分之一平分给甲、乙，这时三人的棋子数相同。他们三人至少共有多少个棋子？

解析

设最后三人各有 a 个棋子，再从后向前列表计算。

变动次数	第三次后	第二次后	第一次后	初始情况
甲的棋子数/个	a	$\frac{5}{6}a$	$\frac{5}{8}a$	$\frac{5}{4}a$
乙的棋子数/个	a	$\frac{5}{6}a$	$\frac{5}{4}a$	$\frac{15}{16}a$
丙的棋子数/个	a	$\frac{4}{3}a$	$\frac{9}{8}a$	$\frac{13}{16}a$

因为棋子数是整数，所以 a 应当是表中所有分数的分母的公倍数，即 a 最小是 $[6,3,8,4,16]=48$，三人至少共有 $3\times48=144$（个）棋子。

19.3.4 假设法

例 12 六年级两个班共有 94 名学生，其中女生有 39 人。已知一班女生的人数占一班的$\frac{2}{5}$，二班女生的人数占二班的$\frac{3}{7}$。两班各有多少人？

解析

假设 94 名学生都在一班，则有 $94\times\frac{2}{5}=\frac{188}{5}$(名)女生，与实际差 $39-\frac{188}{5}=\frac{7}{5}$(名)，当 1 名一班学生调到二班，则二班学生增加 $\frac{3}{7}-\frac{2}{5}=\frac{1}{35}$(名)，所以二班有 $\frac{7}{5}\div\frac{1}{35}=49$(名)学生，一班有 $94-49=45$(名)学生。

真题重现

1. 足球友谊比赛的票价是 50 元，因赛前一小时还有余票，举办方于是决定降价。结果售出的票增加三分之一，而票房收入增加了四分之一，那么每张票价降了(　　)元。

A. 10　　B. $\frac{25}{2}$　　C. $\frac{50}{3}$　　D. 25

(2015 年"华杯赛"初赛高年级组 A 卷)

2. 甲、乙、丙、丁四人共植树 60 棵。已知甲植树的棵数是其余三人的二分之一，乙植树的棵数是其余三人的三分之一，丙植树的棵数是其余三人的四分之一，那么丁植________棵树。

(2015 年"华杯赛"决赛高年级组 B 卷)

3. 小江带着一些钱去买某种贺年卡，到商店后发现这种贺年卡降价了 20%，结果他带的钱恰好可以比原来多买 20 张。那么降价前小江带的这些钱可以买________张贺年卡。

(2015 年"我爱数学夏令营"6 年级组)

4. 食堂买来一批大米，第一天吃了全部的$\frac{3}{10}$，第二天吃了剩下的$\frac{2}{5}$，这时还剩下 210 千克。这批大米一共有________千克。 (2016 年"希望杯"6 年级组第一试)

5. 某校去年参加各种体育兴趣小组的同学中，女生占总数的$\frac{1}{5}$。今年全校的学生数与去年一样，为迎接 2008 年奥运会，全校今年参加各种体育兴趣小组的学生增加了 20%，其中女生占总数的$\frac{1}{4}$。那么今年女生参加各种体育兴趣小组的人数比去年增加________%。 (2003 年小学数学奥林匹克预赛 B 卷)

6. 复活赛上，甲、乙两人根据投票结果决出最后一个参加决赛的名额。投票人数固定，每票必须投给甲、乙两人之一。最后，乙的得票数为甲的得票数的$\frac{20}{21}$，甲胜出。但是，若乙得票数至少增加 4 票，则可胜甲。那么甲得________票，乙得________票。 (2016 年"华杯赛"决赛高年级组 A 卷)

7. 有一批机器共 500 台，每台使用了同一种类型的零件 6 个。这种一周内报废的零件必须在本周末换新零件。所有新零件在第一个周末有 10%报废，第二个周末有 30%报废，最后的 60%会在第三个周末报废，没有零件能使用到第四个周末。那么，在第三个周末需要换新的零件数是________个。

（2015 年“数学花园探秘”初赛 6 年级）

8. 甲、乙两座次品钟，均分别按各自固定的速度匀速运转。时钟甲比正常时间快 10%，时钟乙比正常时间快 50%。某一时刻，两时钟均显示为 2:00。当两时钟再次显示同一时刻时，表盘上显示的时刻是__________。

（2016 年“华杯赛”武汉卷）

9. 在电影《大圣归来》中，有一幕是孙悟空大战山妖。有一部分山妖被打倒，打倒的比站着的多三分之一；过了一会儿又有 2 个山妖被打倒，但是又有 10 个山妖站起来了，此时站着的比打倒的多四分之一。那么现在站着的山妖有________个。

（2016 年“数学花园探秘”小高决赛 A 卷）

参考答案

1. 答案：B。

分析：售票增加$\frac{1}{3}$，票房增加$\frac{1}{4}$，说明票价变为原来的$\frac{1}{4}\div\frac{1}{3}=\frac{3}{4}$。故票价降价了 $50\times\left(1-\frac{3}{4}\right)=\frac{25}{2}$（元）。

2. 答案：13。

分析：甲植树的棵数是其余三人的$\frac{1}{2}$，则甲植树的棵数是总数的$\frac{1}{3}$；同理，乙植树的棵数是总数的$\frac{1}{4}$，丙植树的棵数是总数的$\frac{1}{5}$。故丁植树的棵数为 $60\times\left(1-\frac{1}{3}-\frac{1}{4}-\frac{1}{5}\right)=13$（棵）。

3. 答案：80。

分析：方法 1　降价后，价格变为原价的 $1-20\%=\frac{4}{5}$，可购买贺年卡的数量是原来的$\frac{5}{4}$，降价前这些钱可以买贺年卡的数量为 $20\div\left(\frac{5}{4}-1\right)=80$（张）。

方法 2　节约的钱占所有钱的 20%，买原来卡的钱占 80%，80%÷20%=4。所以原来的卡是多买 20 张的 4 倍，所以降价前可买 20×4=80（张）。

4. 答案：500。

分析：这批大米一共有 $210\div\left[\left(1-\frac{3}{10}\right)\times\left(1-\frac{2}{5}\right)\right]=500$（千克）。

5. 答案：50。

分析：以去年全校参加体育兴趣小组的总人数为单位 1，则去年女生人数为$\frac{1}{5}$。而今年全校参加体育兴趣小组的总人数为（1+20%），其中女生人数为$(1+20\%)\times\frac{1}{4}$，所以今年女生参加各种体育兴趣小组的人数比去年增加$\left[(1+20\%)\times\frac{1}{4}-\frac{1}{5}\right]\div\frac{1}{5}\times100\%=50\%$。

6. 答案：甲得 120 票，乙得 126 票；或甲得 140 票，乙得 147 票。

分析：乙得票数至少需增加 4 票才可胜甲，说明甲、乙所得票数的差为 6 或 7 票。若甲、乙所得票数的差为 6 票，则甲已得 6×20=120（票），乙已得 6×21=126（票）。若甲、乙所得票数的差为 7 票，则甲有 7×20=140（票），乙有 7×21=147（票）。

7. 答案：1983。

分析：500 台机器共需要使用 500×6=3000（个）零件。最开始用的零件在三周后需要更换 3000×

60%＝1800(个)；第一个周末新换的零件在两周后需要更换 3000×10%×30%＝90(个)；第二个周末新换的零件在两周后需要更换(3000×30%＋3000×10%×10%)×10%＝93(个)。共计需要换新的零件 1800＋90＋93＝1983(个)。

8. 答案：11：00。

分析：两时钟再次显示同一时刻时，经历了 12÷[(1＋50%)－(1＋10%)]＝30(小时)。此时，时钟显示的时刻为 2＋30×(1＋10%)－24＝11(时)，即 11：00。

9. 答案：35。

分析：打倒的山妖比站着的多$\frac{1}{3}$，则站着的山妖占山妖总数的 $1\div\left(1+1+\frac{1}{3}\right)=\frac{3}{7}$。过了一会儿，站着的山妖比打倒的多$\frac{1}{4}$，则站着的山妖占山妖总数的$\left(1+\frac{1}{4}\right)\div\left(1+1+\frac{1}{4}\right)=\frac{5}{9}$。所以山妖总数为 $(10-2)\div\left(\frac{5}{9}-\frac{3}{7}\right)=63$(个)，现在站着的山妖有 $63\times\frac{5}{9}=35$(个)。

第二十章　比和比例

由第十八章我们知道，比和比例是小学应用题思维的最后一层。我们从整数除法到小数，再到分数，最后又用整数化的方式（份数）去理解分数，上升到量与量关系的层面，没有中间的过程我们只在“看山是山，看水是水”的层次，而经历了中间小数、分数“看山不是山，看水不是水”的过程，我们便能在比和比例中去体会“看山还是山，看水还是水”的境界了。

20.1　比的定义

比的定义：两个量 a，b，如果以 b 为单位衡量 a，称 a 和 b 之间有倍数关系，读作 a 比 b，记作 $a:b$。其中，a 称为前项，b 称为后项，$a\div b=k$ 中的商 k 称为比值。

用语文缩句的方法可知：比是“关系”。如果说“两个数相除又叫作两个数的比”，那么“1∶2∶3”又如何自处？所以比不仅是两个数相除。

20.1.1　狭义的比

同类量简单比：6∶3；6 厘米∶3厘米。

同类量复杂比：如图所示，同一时间、同一地点，人的高度与影子的比。

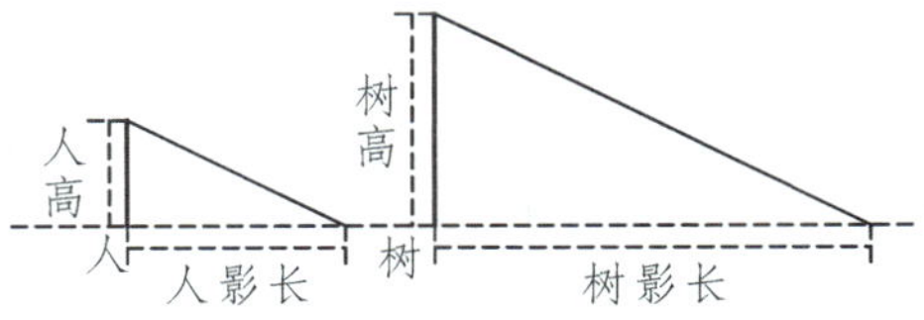

20.1.2　广义的比

异类量比：距离与时间 12 千米∶3小时；牛奶中蛋白质含量 3.3 g∶100 mL。

抽象数的比：消费满 20 元送 5 个鸡蛋；一局篮球比赛有 10 个场上队员。

20.1.3　绝对的数量与相对的比

我们在认识事物时，常常有两种方式，一种是用绝对的角度看待，一种是用相对的角度看待。以地球、太阳的大小及位置关系为例。

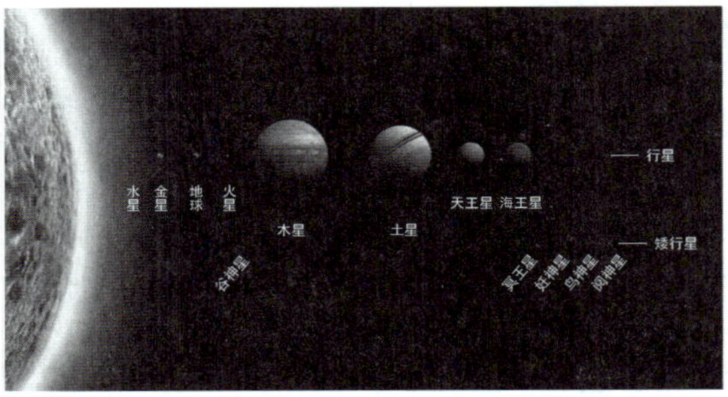

示意图

绝对角度：太阳的直径大约是 1392000 千米，地球直径大约是 12756 千米。另外，日地之间的平均距离取 1 个天文单位(149597870.7 千米,该长度取值由 2012 年举办的国际天文学联合会定义)。

其实对于人的思维习惯而言,我们对太大的数是没有概念的,即使对这三个数中我们最熟悉的地球直径亦是如此,否则也不会出现“取 1 亿粒米作为家庭作业”这样的新闻。

相对角度:太阳与地球直径的比为 1392000∶12756≈109∶1,1 个天文单位与地球直径的比为 149597870.7∶12756≈11728∶1。

有了这两个比,我们试着想象这样一个场景:在漆黑的夜晚,校园操场的一端放置着一个直径为 1 厘米(0.01 米)发着蓝光的小球,在 117.28 米外操场的另一端放置着一个直径为 1.09 米发着红光的大球,蓝色的是地球,红色的自然就是太阳。大家“看”到了吗?这才是地球与太阳在宇宙空间中真实的大小、位置的直观比例。

绝对与相对都是不可或缺的认识角度,各有各的优势,从上面的例子我们可以看出,“比”更侧重于相对的角度。

20.2 比、分数与除法间的联系

<table>
<tr><td rowspan="3">比、分数与除法的联系</td><td>比</td><td>前项</td><td>:(比号)</td><td>后项</td><td>比值</td></tr>
<tr><td>分数</td><td>分子</td><td>——(分数线)</td><td>分母</td><td>分数值</td></tr>
<tr><td>除法</td><td>被除数</td><td>÷(除号)</td><td>除数</td><td>商</td></tr>
</table>

比的基本性质:与除法商不变的性质、分数基本性质相类似,比的前项和后项同时乘或除以相同的数(0 除外),比值不变。

20.3 比例

<table>
<tr><td>比例</td><td colspan="3">表示两个相等的式子叫作比例。若两个比的比值相等,则可以组成比例,反之,则不能组成比例</td><td>判断两个比能否组成比例的方法是看两个比的比值是否相等</td></tr>
<tr><td rowspan="2">比例的结构</td><td>项</td><td>外项</td><td>内项</td><td rowspan="2">2.4:1.6 = 60:40
内项(1.6、60)
外项(2.4、40)</td></tr>
<tr><td>组成比例的 4 个数</td><td>在比例中两端的项</td><td>中间的两项</td></tr>
<tr><td>比例的基本性质</td><td colspan="3">比例中两个内项的积等于外项的积</td><td>$A:B=C:D \Rightarrow A\times D=B\times C$</td></tr>
</table>

20.4 连比

例 1 某工厂一车间人数与二车间人数的比是 9∶5,二车间人数与三车间人数的比是 4∶3,写出三个车间人数的最简整数连比。

解析

一、三车间都在与二车间比较,所以将二车间当作一、三车间关系的“桥梁”。二车间既能够被看作 5 份,又能够被看作 4 份,所以二车间的人数能够被看作[5,4]=20 份,于是一车间人数占 36 份,二车间人数占 15 份,所以三个车间人数的连比为 36∶20∶15。

例 2 甲、乙、丙三个数的和是 210。甲数和乙数的比是 2∶3,乙数和丙数的比是 4∶5。甲、乙、丙三个数各是多少?

解析

题目告诉了甲、乙、丙三个数的和是210,没有直接告诉甲、乙、丙三个数的比,所以先求甲、乙、丙三个数的比,再按比例分配,其实就是“和倍问题”。

(1)甲、乙、丙三个数的比:

甲:乙=2:3=8:12;乙:丙=4:5=12:15;甲:乙:丙=8:12:15。

(2)总份数:8+12+15=35。

(3)甲:$210\times\frac{8}{35}=48$;乙:$210\times\frac{12}{35}=72$;丙:$210\times\frac{15}{35}=90$。

20.5 比例与分率

例3 “今有女子善织,日自倍,五日织五尺。问日织几何?” ——《九章算术》

译文:今有一位善于织布的女子,每日所织布的数量都是前一日的两倍,5日共织布5尺。那么,她这5日各织了多少尺布? (注:衰分,亦称衰分术,即按比例分配)

解析

因为相邻两日之间所织布匹的数量比为1:2,所以5日所织布匹的数量比为1:2:4:8:16,共1+2+4+8+16=31(份)。1份为$5\div31=\frac{5}{31}$(尺),2份为$\frac{5}{31}\times2=\frac{10}{31}$(尺),4份为$\frac{5}{31}\times4=\frac{20}{31}$(尺),8份为$\frac{5}{31}\times8=\frac{40}{31}$(尺),16份为$\frac{5}{31}\times16=\frac{80}{31}$(尺)。

例4 一个男子去世时留给家人110万元的遗产。他的遗嘱写道:“如果我的妻子生下的是男孩,则妻子所得遗产是男孩的3倍;如果我的妻子生下的是女孩,则妻子所得遗产是女孩的2倍。”结果他的妻子生下了一对龙凤胎。那么遗产该如何分配?

解析

这也是一道典型的按比例分配问题。男孩与女孩都与母亲有直接的倍数关系,分别是1:3,1:2,所以我们可以以妻子为“桥梁”,[2,3]=6,得到男孩、妻子、女孩分配遗产的连比2:6:3,则1份量为110÷(2+6+3)=10(万元),妻子应得10×6=60(万元),女孩应得10×3=30(万元),男孩应得10×2=20(万元)。

例5 甲坛中的酒与水的质量比是7:3,乙坛中的酒与水的质量比是9:5,今将甲、乙两坛按5:7混合,求混合液中的酒与水的质量比。

解析

甲坛中酒占混合液的$\frac{7}{7+3}=\frac{7}{10}$,乙坛中酒占混合液的$\frac{9}{9+5}=\frac{9}{14}$。今甲、乙两坛按5:7混合,则新的混合液中所含的酒应为新混合液的$\frac{7}{10}\times\frac{5}{5+7}+\frac{9}{14}\times\frac{7}{5+7}=\frac{2}{3}$。故新的混合液中酒与水的质量比应为$\frac{2}{3}:\left(1-\frac{2}{3}\right)=2:1$。

例 6 三个容积相同的瓶子里装满了酒精溶液，这三个瓶子中酒精与水的质量之比分别是 1∶2、2∶3、3∶4。把三瓶酒精溶液混合后，混合溶液中酒精与水的质量之比是多少？

解析

2＋1＝3，2＋3＝5，3＋4＝7，[3，5，7]＝105。

将三个瓶子各自平均分成 105 份，酒精与水的质量之比分别是 35∶70、42∶63、45∶60。

混合后，酒精与水的比是(35＋42＋45)∶(70＋63＋60)＝122∶193。

20.6 比的变化技巧

例 7 甲、乙各有若干元。如果甲再得 1 元，则甲、乙的钱数之比为 4∶3。此时如果乙再给甲 1 元，则甲、乙的钱数之比为 3∶2。甲、乙原各有钱多少元？

解析

【方法 1】在甲增 1 元的情况下，乙钱数是甲的$\frac{3}{4}$。此时如果甲再增 1 元，乙同时再增$\frac{3}{4}$元，则乙钱数仍是甲的$\frac{3}{4}$。现乙钱数未增，反而减少 1 元，差为$\left(\frac{3}{4}+1\right)$元，故乙的钱数是甲现在钱数的$\frac{2}{3}$，所以甲现有钱是$\left(\frac{3}{4}+1\right)\div\left(\frac{3}{4}-\frac{2}{3}\right)=\frac{7}{4}\div\frac{1}{12}=21$(元)。

甲原有 21－1－1＝19(元)，乙原有 $21\times\frac{2}{3}+1=15$(元)。

【方法 2】甲再得 1 元后两人的钱的总和不变，由 4∶3＝20∶15，3∶2＝21∶14，则 1÷(21－20)＝1(元)。甲：1×20－1＝19(元)；乙：1×15＝15(元)。

例 8 熊大、熊二、翠花三只熊在一起玩传玉米游戏。刚开始，三只熊所拥有的玉米数之比是 5∶3∶2，结束时三只熊所拥有的玉米数之比是 3∶1∶1。如果整个过程中玉米的数量既没有增多也没有减少，且熊大的玉米增加 5 根，那么总共有多少根玉米？

解析

【方法 1】总数不变即为题目中的“不变量”。5＋3＋2＝10，3＋1＋1＝5，[10，5]＝10，结束时三只熊拥有的玉米数之比为 6∶2∶2，所以熊大多了 6－5＝1(份)，对应 5 根玉米，所以共有 5×10＝50(根)玉米。

【方法 2】翠花开始时拥有的玉米数量占全部的$\frac{2}{5+3+2}=\frac{1}{5}$，结束时也占全部的$\frac{1}{3+1+1}=\frac{1}{5}$，所以翠花的玉米数量也是不变量，以翠花为“桥梁”也能将结束时三只熊的玉米数量之比转化为 6∶2∶2，后续分析同方法 1，求得总数为 50 根玉米。

例 9 甲、乙、丙三人的彩球数比为 9∶4∶2之后，甲给了丙 30 个彩球，乙也给了丙几个彩球，三人的彩球数比变为 2∶1∶1。乙给了丙多少个彩球？

解析

因为球的总数不变，注意，还是不变量！以总数作为纽带。

9＋4＋2＝15，2＋1＋1＝4。[15，4]＝60

将 9∶4∶2的各项都乘以 4，得到 36∶16∶8；

将 2∶1∶1的各项都乘以 15，得到 30∶15∶15。

36＋16＋8＝30＋15＋15＝60。

如果将总球数分为 60 份，那么甲给了丙 6 份，乙给了丙 1 份。乙给了丙 30÷6×1＝5(个)彩球。

20.7 比和比例的综合运用

例 10 某校毕业生分为 9 个班，每班人数相等。已知一班的男生人数比二、三班两个班的女生总数多 1 人，四、五、六班三个班的女生总数比七、八、九班三个班的男生总数多 1 人。那么该校毕业生中男、女生人数的比是________。

解析

【方法 1】由题意知，一至三班的男生总数比两个班的人数多 1 人，四至九班的男生总数比三个班的人数少 1 人，所以一至九班的男生总数恰好等于五个班的人数，女生总数恰好等于四个班的人数。男、女生人数的比是 5∶4。

【方法 2】为便于分析，我们先列一个简表：

一班		二班		三班	
男	女	男	女	男	女

题目中“一班的男生人数比二班、三班两个班的女生总数多 1 人”结合上表看，三个班男生总数＝一班男生数＋二、三班男生数＝二、三班女生数＋1＋二、三班男生数＝二、三班总人数＋1，即一至三班男生数等于两个班人数加 1。

同理，由“四、五、六班三个班的女生总数比七、八、九班三个班的男生总数多 1 人”推得，四至九班男生总数等于三个班总人数少 1，这样，一至九班男生总数等于五个班的总人数，共九个班，所以女生人数应该是相当于四个班的总人数。从而，男生人数∶女生人数＝5∶4。

例 11 甲赶群羊逐草茂，乙携肥羊一只随其后。戏问甲及一百否？甲云所说无差谬。若得这般一群凑，再添半群小半群，得你一只来方凑，玄机奥妙谁参透？

——《算法统宗》

这是一个在民间流传很广的智力训练题。题目的意思是说，牧童甲在草原上放羊，乙牵着一只羊来，并问甲：“你的羊群有 100 只吗？”甲答：“你说的不错。如果在这群羊里加上同样的一群，再加上半群，四分之一群，再加上你的一只，就是 100 只。”问牧童甲赶着多少只羊？

解析

【方法 1】一元一次方程

设牧童甲放 x 只羊，依题意有 $\left(1+1+\frac{1}{2}+\frac{1}{4}\right)x+1=100$，即 $\frac{11}{4}x=99$，$x=36$。

所以甲在牧场里放了 36 只羊。

【方法 2】古代算法

在我国古代，人们还不会用一元一次方程来解这样的应用题，他们常常假定一个数字作为甲的羊群数。例如假设甲的羊数是 12，那么，“若得这般一群凑，再添半群小半群”就是 12＋12＋6＋3＝33。

大家好好体会一下我国古代数学家研究问题的思维方法。这种方法叫“一次假设法”，不用草稿，用心算就行了。读者可以给甲的羊数重新假设一数，再试算一次，看看哪一个数字最简便？

今有术：根据已知数即比率关系推求未知数的算法，也就是今天所用的四项比例算法。

这样本题就可以转化用“今有术”来解了。即：如果甲有 12 只羊，按照题设的条件进行计算应是 33 只羊。现在已知的羊群数量达到 100－1＝99(只)，就可以用比例来算了。

$x:12=99:33$，解得 $x=36$。

例 12 莲花若干朵，以其三分之一、五分之一、六分之一、四分之一分献诸神，还余 6 朵。问：原有莲花多少朵？

解析

随便选择一个数，为了避免产生分数，我们取 3、5、6、4 的最小公倍数 60。

设有莲花 60 朵，那么献神共需 $60\times\left(\frac{1}{3}+\frac{1}{5}+\frac{1}{6}+\frac{1}{4}\right)=57$(朵)。还余 3 朵花，而题设余 6 朵花。按照“今有术”，若莲花有 x 朵，则 $x:60=6:3$，所以，$x=\frac{6\times60}{3}=120$(朵)。

20.8 正比例与反比例

	正比例	反比例
相同点	1. 都有两种相关联的量 2. 一种量随着另一种量的变化而变化	
不同点	相关联的量变化方向相同，一种量扩大或缩小，另一种量也扩大或缩小	相关联的量变化方向相反，一种量扩大(缩小)，另一种反而缩小(扩大)
	相对应的两个数的比值(商)是一定的	相对应的两个数的乘积是一定的
	关系式：$\frac{y}{x}=k$(一定)	关系式：$x\times y=k$(一定)

例 13 有一辆车，其前轮的周长为 $5\frac{7}{12}$米，后轮的周长为 $6\frac{1}{2}$米，则前进______米，才能使前轮转的圈数比后轮转的圈数多 99 圈。

解析

$5\frac{7}{12}:6\frac{1}{2}=\frac{67}{12}:\frac{13}{3}=67:78$。

前轮转 78 圈，则后轮转 67 圈，前轮比后轮多转 $78-67=11$(圈)。

要多转 99 圈，需前进 $5\frac{7}{12}\times78\times(99\div11)=\frac{7839}{2}$(米)。

例 14 有三个梯形甲、乙、丙，它们的高之比是 $1:2:3$，上底之比是 $6:9:4$，下底之比是 $12:15:10$。已知梯形甲的面积是 30 平方厘米，那么梯形乙与丙的面积之和是多少平方厘米？

解析

由“梯形面积＝$\frac{1}{2}$×(上底＋下底)×高”知，对于梯形乙，如果把它的高缩小为原来的$\frac{1}{2}$，而上底和下底各扩大一倍，面积不会改变。梯形乙经过这样变化后，与梯形甲相比，高之比为 $1:1$，上底之比为 $(2\times9):6=18:6$，下底之比为 $(3\times10):12=30:12$。

我们对梯形丙也进行类似的变化，把梯形丙的高缩小到原来的$\frac{1}{3}$，上底和下底都扩大到3倍，再与梯形甲相比，高之比为1∶1，上底之比为$(3\times4)∶6=12∶6$，下底之比为$(3\times10)∶12=30∶12$。

此处应特别注意，算任何一个梯形面积份数时，例如甲，并不能直接用$\frac{1}{2}\times(6+12)\times1=9$得到！错在上底与下底的“1份量”并不相同，不能直接相加，切记！

再把两个经过改变的梯形乙和丙合在一起与梯形甲相比，则

$$\frac{两个梯形的上底之和}{梯形甲的上底}=\frac{12+18}{6}=5，\frac{两个梯形的下底之和}{梯形甲的下底}=\frac{30+30}{12}=5，$$

两个比值相同，均为5。因此，梯形乙和丙的面积之和是$30\times5=150$(平方厘米)。

例15 一位菜贩有一架动过手脚的天平。这架天平的两臂不等长，当他向农民们购买产品时，就把产品放在天平臂较短的一侧，这样称起来较轻，他可以少付一些钱；当他销售货物时，就把货物放在天平臂较长的一侧，这样称起来较重，他可以收较多的钱。用上述手法，有一次他向农民购买6袋番茄和1袋花生，称出总质量为25千克；而他到市场贩卖时，6袋番茄称出的总质量为24千克，1袋花生称出的质量为12千克。请问1袋花生真实的质量为多少千克？

解析

如图所示，设这架天平的两臂长分别为a和b，6袋番茄、1袋花生的真实总质量为x千克。

因为天平平衡，所以$\frac{x}{25}=\frac{b}{a}$，$\frac{36}{x}=\frac{b}{a}$。

由$\frac{x}{25}=\frac{36}{x}$，解得$x^2=25\times36=(5\times6)^2$，$x=30$。

真实质量是贩出质量的$\frac{30}{24+12}=\frac{5}{6}$，一袋花生的真实质量是$12\times\frac{5}{6}=10$(千克)。

20.9 复合比

比可乘、可除。仅在“1份量”相同时可加可减，其余情况均不可加、不可减！

例16 狗追兔，兔行4步时狗行3步，狗2步的长等于兔3步的长。求狗与兔子的速度之比。

解析

这里我们要重新理解一下速度这个概念：速度是单位时间内移动的距离。时间是1秒、1分钟还是1小时并不重要，只需相同即可。于是我们可以给出一个公式：速度=步长×步频。

在时间相同时，狗与兔子的速度之比与它们的步数之比成正比；距离相同时，速度之比与步数之比为反比。故狗与兔子的速度之比是$(3\times3)∶(2\times4)=9∶8$。

例17 车过河交渡费8元，马过河交渡费3元，人过河交渡费2元。某天过河的车和马数目之比为3∶5，马和人数之比为2∶7，共收渡费740元。求这天过河的车、马和人的数量。

解析

$[5,2]=10$，车、马、人的数量比为6∶10∶35，收费比为$(8\times6)∶(3\times10)∶(2\times35)=24∶15∶35$。

故有车$740\times\frac{24}{24+15+35}\div8=30$(辆)；有马$30\times\frac{5}{3}=50$(匹)；有人$50\times\frac{7}{2}=175$(人)。

例 18 某工地用三种型号的卡车运送土方。已知甲、乙、丙三种卡车的载重量之比为 10:8:7，速度之比为3:4:6，运送土方的路程之比为 12:16:9，数量之比为 5:4:6，工作时间之比为 4:2:1。那么甲种车完成的工作量与工作总量之比为________。

解析

本题首先要面临的问题就是条件太多，我们要梳理清楚载重量、速度、路程、数量与工作总量的关系。

项目	甲	乙	丙
载重量(与工作总量成正比)	10	8	7
速度(与工作总量成正比)	3	4	6
路程(与工作总量成反比)	12	16	9
数量(与工作总量成正比)	5	4	6
工作时间(与工作总量成正比)	4	2	1

甲、乙、丙三种车完成的工作量之比为$\frac{10\times3\times5\times4}{12}:\frac{8\times4\times4\times2}{16}:\frac{7\times6\times6\times1}{9}=50:16:28=25:8:14$。

所以甲种车完成的工作量与工作总量之比是 $25:(25+8+14)=25:47$。

20.10 混合比

例 19 甲、乙两根长度均为 1 米的绳子，各自减掉一段。它们减掉的长度比为 2:1，剩下的长度比为 3:4。甲减掉了多少米？

解析

逆向思考："减掉的 2:1混合剩下的 3:4，变为总长度 1:1。"

于是以甲为标准，乙减掉的长度是甲的$\frac{1}{2}$，剩下的长度是甲的$\frac{4}{3}$，混合后，乙的长度是甲的$\frac{1}{1}$，所以甲减掉部分与剩下部分的长度比为$\left(\frac{4}{3}-1\right):\left(1-\frac{1}{2}\right)=2:3$，所以甲减掉了 $1\times\frac{2}{2+3}=\frac{2}{5}$(米)。

例 20 甲、乙两根长度相同且粗细均匀的蜡烛，甲 7 小时燃尽，乙 5 小时燃尽。两支蜡烛同时点燃后多少小时，甲的长度是乙的 2 倍？

解析

逆向思考："燃烧的 5:7混合剩下的 2:1，变为原长度 1:1。"

于是以甲为标准，乙烧掉的长度是甲的$\frac{7}{5}$，剩下的长度是甲的$\frac{1}{2}$。混合后，乙的长度是甲的$\frac{1}{1}$，所以甲烧掉部分与剩下部分的长度比为$\left(1-\frac{1}{2}\right):\left(\frac{7}{5}-1\right)=5:4$，所以甲、乙燃烧了 $7\times\frac{5}{5+4}=\frac{35}{9}$(小时)。

例 21 李老师与张老师五月的收入比是 7:9，李老师五月支出 6800 元，张老师五月支出 6000 元。如果李老师与张老师五月的结余比为 1:3，那么李老师五月的收入为多少元？

解析

结余比1:3混合支出比17:15，混合成收入比7:9。以李老师为标准，可知李老师的结余和支出比为$\left(\frac{9}{7}-\frac{15}{17}\right):\left(\frac{3}{1}-\frac{9}{7}\right)=\frac{48}{119}:\frac{12}{7}=4:17$，所以李老师五月的结余为$6800\times\frac{4}{17}=1600$(元)，收入为$1600+6800=8400$(元)。

例 22 甲、乙两项工程分别由一队、二队完成。在晴天，一队完成甲工程需要30天，二队完成乙工程需要40天；在雨天，一队的工作效率要下降50%，二队的工作效率要下降$\frac{1}{6}$。结果两队同时完成这两项工程，那么在施工的日子里，雨天有________天。

解析

一队在雨天的工作效率为$\frac{1}{30}\times(1-50\%)=\frac{1}{60}$；二队在雨天的工作效率为$\frac{1}{40}\times\left(1-\frac{1}{6}\right)=\frac{1}{48}$。这里，我们把甲、乙两项工程分别看作各自的单位1。

在晴天里，一队每天比二队多做$\frac{1}{30}-\frac{1}{40}=\frac{1}{120}$；在雨天里，二队每天比一队多做$\frac{1}{48}-\frac{1}{60}=\frac{1}{240}$。从而晴天与雨天的天数之比为$\frac{1}{240}:\frac{1}{120}=1:2$。这样，雨天有$1\div\left(\frac{1}{30}\times1+\frac{1}{60}\times2\right)\times2=30$(天)。

问：甲、乙两个工程总量并不相同，为什么甲、乙两队的工作效率可以相减呢？
答：本题中甲、乙两个工程的工作总量确实不相同，但我们可以将两个工程的工作总量看作"单位1（100%）"的进度条（电脑上下载或上传时显示的进度条），此时一队、二队的工作效率实际上被看作了进度条的完成度，所以他们的单位是统一的，可以相加减。

真题重现

1. 甲、乙两个长方形，它们的周长相等，甲的长与宽之比是2:1，乙的长与宽之比是3:2，甲与乙的面积之比为________。

2. 甲、乙、丙三人去旅游，甲负责买车票，乙负责买食物，丙负责买饮料。结果乙花的钱是甲的$\frac{15}{16}$，丙花的钱是乙的$\frac{1}{3}$。根据费用均摊的原则，丙又拿出70元给甲和乙。那么，甲应得________元，乙应得________元。

3. 孙悟空有仙桃，猪八戒有西瓜，沙和尚有豆沙包。他们按下面比例互换：

仙桃:西瓜=2:5，仙桃:豆沙包=1:8，西瓜:豆沙包=3:10。

现在孙悟空拿出50个仙桃与猪八戒换了西瓜，猪八戒共拿出188个西瓜与其他两人互换。那么沙和尚拿出互换的豆沙包共________个。

4. 一位富豪有390万元的遗产，在临终前，他对怀孕的妻子写下这样的一份遗嘱：如果生下来是男孩，就把遗产的四分之三给儿子，母亲拿四分之一；如果生下来是女孩，就把遗产的四分之一给女儿，四分之三给母亲。结果他的妻子生了一男一女的双胞胎，按遗嘱的要求，母亲可以得到________万元。

5. 有两堆棋子，A堆有黑子400个和白子500个，B堆有黑子270个和白子100个。为了使A堆中黑子占 A 堆的$\frac{1}{2}$，B 堆中黑子占 B 堆的$\frac{2}{3}$。要从 B 堆中拿到 A 堆黑子、白子各多少个？

6. A 盒中放有黑球和白球共 210 个，其中黑球占 30%。B 盒中放有黑球和白球共 180 个，其中黑球占 80%。现在将 B 盒中的一部分球移到 A 盒中，使得 A 盒中的黑球占 50%，B 盒中的黑球占 80%。B 盒中还剩黑球、白球各几个？

7. 横向剪四刀，纵向剪六刀，可以把一张正方形纸裁成尽可能大的形状大小一样的 35 张长方形纸片。再把这样的一张长方形纸片裁成尽可能大的面积相等的小正方形纸片。如果小正方形纸片的边长是 2 厘米，那么长方形纸片的面积应是多少平方厘米？请说明你的理由。

8. 某人上班时，车速降低了 50%，那么路上时间增加了________%。

9. 大雄行走的路程比小静多$\frac{1}{5}$，而小静行走的时间却比大雄多$\frac{1}{10}$，大雄与小静的速度比为________。

10. 有两个分数，它们的分子之比是 3∶5，分母之比是 5∶8，求这两个分数之比。

11. 骆驼和马背负重物的能力的比是 7∶2，赶路速度的比是 3∶5。将一批货物运送 90 千米，如果使用 5 只骆驼和 5 匹马，需要搬运 24 小时。如果使用 10 只骆驼和 41 匹马，将同样的一批货物运送 150 千米，需要搬运________小时。

参考答案

1. 答案：25∶27。

分析：

长方形	长	宽	面积
甲	$\frac{2}{3}$	$\frac{1}{3}$	$\frac{2}{9}$
乙	$\frac{3}{5}$	$\frac{2}{5}$	$\frac{6}{25}$

甲的面积∶乙的面积$=\frac{2}{9}:\frac{6}{25}=25:27$。

2. 答案：40，30。

分析：甲、乙、丙花的钱数之比是 16∶15∶5，平均每人应付钱(16+15+5)÷3=12(份)。甲、乙应得钱数之比为(16−12)∶(15−12)=4∶3，甲应得$70\times\frac{4}{4+3}=40$(元)，乙应得 70−40=30(元)。

3. 答案：210。

分析：50 个仙桃可换$50\times\frac{5}{2}=125$(个)西瓜，猪八戒还有 188−125=63(个)西瓜换豆沙包，共换了$63\times\frac{10}{3}=210$(个)豆沙包。

4. 答案：90。

分析：男孩、母亲、女孩分得的遗产的比是 9∶3∶1，共 13 份，则母亲可以得到$390\times\frac{3}{9+3+1}=90$(万元)。

5. 答案：B 堆分别拿黑子 130 个、白子 30 个到 A 堆。

分析：最终要求 A 堆中黑子占$\frac{1}{2}$，即数量上黑、白子相等，于是我们可以先从 B 堆中拿出 500−400=100(个)黑子放进 A 堆中，B 堆中剩下 170 个黑子与 100 个白子。为了保持 A 堆中黑、白子数量相等，

B 堆再拿过去的黑、白子也相等，于是差不变，为 170－100＝70(个)棋子，对应 2－(3－2)＝1(份)，于是 B 堆中最终剩下 70 个白子，70×2＝140 (个)黑子。所以，从 B 堆中拿了 270－140＝130(个)黑子、100－70＝30(个)白子到 A 堆。

6. 答案：白球 8 个，黑球 32 个。

分析：因为 B 盒中黑球的比例没变，所以从 B 盒转入 A 盒的黑球占移入总数的 80%。

设移入 A 盒 $5x$ 个球，其中 $4x$ 个是黑球。

$210\times30\%+4x=(210+5x)\times50\%$，解得 $x=28$。

B 盒中还剩白球 180×(1－80%)－28＝8(个)，剩黑球 8×4＝32(个)。

7. 答案：140 平方厘米。

分析：每张长方形纸片的长、宽之比为(6＋1)∶(4＋1)＝7∶5，所以 7×5 的长方形纸片最少可分成7×5＝35(张)面积相等的小正方形纸片。因为每个小正方形纸片的面积为 2×2＝4(平方厘米)，所以长方形纸片的面积是 4×35＝140(平方厘米)。

8. 答案：100。

分析：$\frac{1}{1-50\%}-1=100\%$。

9. 答案：33∶25。

分析：大雄与小静行走的路程比为 $1\frac{1}{5}:1=6:5$，时间比为 $1:1\frac{1}{10}=10:11$。

所以大雄与小静的速度比为$\frac{6}{10}:\frac{5}{11}=33:25$。

10. 答案：24∶25。

分析：两个分数之比为$\frac{3}{5}:\frac{5}{8}=24:25$。

11. 答案：10。

分析：骆驼与马的效率比为(7×3)∶(2×5)＝21∶10，所以两种情况运输能力比为[(21＋10)×5]∶(21×10＋10×41)＝1∶4。又因为货物相同，所以工作量与路程成正比，为 90∶150＝3∶5，时间比为$\frac{3}{1}:\frac{5}{4}=12:5$，后一种情况需要 $24\times\frac{5}{12}=10$(小时)。

第二十一章　工程问题

因为常常将工作总量看作“单位 1”，所以工程问题实际上是最典型的分数应用题。

<table>
<tr><td colspan="2">工程问题反映的是工作效率、工作时间和工作总量三种数量之间的关系。解题的关键是要把工作总量看作“单位 1”，并用工作时间的倒数，即单位时间内能完成工作总量的几分之几来表示工作效率，然后根据题目的具体情况，按基本公式计算。</td></tr>
<tr><td>工程问题的类型</td><td>(1)给出工作总量或工作效率的具体数值；
(2)未给出具体数值的工作总量和工作效率，这时通常把工作总量看作“单位 1”，工作效率用工作时间的倒数表示</td></tr>
<tr><td>基本数量关系</td><td>工作量＝工作效率×工作时间
工作效率＝工作量÷工作时间
工作时间＝工作量÷工作效率</td></tr>
<tr><td>工程问题中涉及的数学思想与方法</td><td>假设、盈亏、逆推、代换、分率转化、比例思想</td></tr>
</table>

21.1　基本公式

工作量：工作效率 × 时间

工作效率：工作量 ÷ 时间

时间：工作量 ÷ 工作效率

因为我们已经掌握了正、反比例关系，所以我们还可以得到：

工作量不变：工作效率 与 工作时间 成反比

工作效率不变：工作量 与 工作时间 成正比

工作时间不变：工作量 与 工作效率 成正比

21.2　基础题型

例 1　一项工程，甲独做 84 天完工，乙独做 42 天完工，两人合作需要几天完工？

解析

设整个工程量为“单位 1”，则甲每天的工作效率为$\frac{1}{84}$，乙每天的工作效率为$\frac{1}{42}$，则两人合作每天的工作效率为$\frac{1}{84}+\frac{1}{42}=\frac{1}{28}$。故两人合作需要$1\div\frac{1}{28}=28$(天)完工。

例 2　一项工程，甲队独做 84 天完成，乙队独做 42 天完成。现在甲、乙合作 8 天后，剩下的工程由丙队 15 天完成。如果这项工程由丙队独做，需几天完成？

解析

甲、乙合作 8 天的工作量为$\left(\frac{1}{84}+\frac{1}{42}\right)\times 8=\frac{2}{7}$，丙的工作效率为$\left(1-\frac{2}{7}\right)\div 15=\frac{1}{21}$，所以丙队独做这项工程需要 21 天完成。

21.2.1　量率对应技巧

量率对应即分数应用题中比较量除以对应的分率求标准量的技巧，而绝大多数情况下工程问题的标准量（看作“单位 1”）都是工作总量。

例 3　有一片玉米地，熊大单独摘完所有玉米需要 10 小时，光头强单独摘完所有玉米需要 15 小时。现在熊大与光头强一起摘玉米，由于相互有些干扰，每小时两者各自少摘 50 根玉米，结果用 8 小时才摘完。那么这片玉米地共有________根玉米。

解析

如果互不干扰，两者的工作效率和为$\frac{1}{10}+\frac{1}{15}=\frac{1}{6}$，但两者的工作效率和实际为$\frac{1}{8}$。

两者一起采摘时，每小时少摘玉米 50＋50＝100（根），因此共有玉米 $100\div\left(\frac{1}{6}-\frac{1}{8}\right)=2400$（根）。

例 4　同样的轮胎若安装在三轮车的前轮，行驶 3000 千米后报废；若安装在后轮，行驶 2000 千米后报废。为了行驶尽可能多的路程，采用当三轮车行驶一定路程后将前、后轮胎调换的方法，那么安装在三轮车上的一组 3 个轮胎最多可行驶多少千米？

解析

三轮车行驶 1 千米，前、后轮胎分别磨损了$\frac{1}{3000}$和$\frac{1}{2000}$。而最重要的，本题的工作总量是什么呢？磨坏 3 个轮胎！所以总工作量是“3”，而不是“1”。

一组 3 个轮胎最多可行驶 $3\div\left(\frac{1}{3000}+\frac{1}{2000}\times 2\right)=3\div\frac{1}{750}=2250$（千米）。

21.2.2　假设法

例 5　一项工程，甲队单独做 30 天完成，乙队单独做 60 天完成。现在他们两队一起做，期间甲队休息了 3 天，乙队休息了若干天，且两队没有同时休息过。如果从开始到完成共用了 24 天，那么乙队休息了多少天？

解析

如果 24 天两队都不休息，可以完成的工作量是 $24\times\left(\frac{1}{30}+\frac{1}{60}\right)=\frac{6}{5}$。

由于两队休息期间未做的工作量之和是$\frac{6}{5}-1=\frac{1}{5}$，则乙队休息期间未做的工作量是$\frac{1}{5}-\frac{1}{30}\times 3=\frac{1}{10}$，乙队休息的天数是$\frac{1}{10}\div\frac{1}{60}=6$（天）。故乙队休息了 6 天。

21.2.3 其他实际应用

例 6 某项工程，甲、乙两队承包，$2\frac{2}{5}$天可以完成，需支付工程款 3600 元；乙、丙两队承包，$3\frac{3}{4}$天可以完成，需支付工程款 3000 元；甲、丙两队承包，$2\frac{6}{7}$天可以完成，需支付工程款 3200 元。现在决定将该工程承包给某一个队，确保该工程在一个星期(7 天)内完成的前提下，支付的工程款最少。那么所支付的工程款是________元。

解析

先看完工时间，甲、乙两队工作效率之和是 $1\div2\frac{2}{5}=\frac{5}{12}$，乙、丙工作效率之和是 $1\div3\frac{3}{4}=\frac{4}{15}$，甲、丙工作效率之和是 $1\div2\frac{6}{7}=\frac{7}{20}$。单独完成此项工程，甲队需 $1\div\left[\left(\frac{5}{12}+\frac{7}{20}-\frac{4}{15}\right)\div2\right]=4$(天)，乙队需 $1\div\left(\frac{5}{12}-\frac{1}{4}\right)=6$(天)，丙队需 $1\div\left(\frac{7}{20}-\frac{1}{4}\right)=10$(天)。甲、乙两队都可在一个星期内完工。

再比较甲、乙两队完工需要的工程款。甲队工作一天的工程款是 $\left(3600\div2\frac{2}{5}+3200\div2\frac{6}{7}-3000\div3\frac{3}{4}\right)\div2=910$(元)，甲队完工需要的总工程款是 $910\times4=3640$(元)；乙队工作一天的工程款是 $\left(3600-910\times2\frac{2}{5}\right)\div2\frac{2}{5}=590$(元)，乙队完工需要的总工程款是 $590\times6=3540$(元)。

由于 $3640>3540$，故应把工程承包给乙队，支付工程款 3540 元。

21.3 代换思想

21.3.1 基本题型

例 7 一件手工艺品，甲、乙、丙三人合作需要 30 分钟完成，甲、乙合作需要 40 分钟完成，甲、丙合作需要 48 分钟完成。问：甲独做需要多少时间完成？

解析

设工作量为“单位 1”，则：

甲的工作效率＋乙的工作效率＋丙的工作效率$=\frac{1}{30}$； ①

甲的工作效率＋乙的工作效率$=\frac{1}{40}$； ②

甲的工作效率＋丙的工作效率$=\frac{1}{48}$。 ③

由②＋③－①得，甲的工作效率$=\frac{1}{40}+\frac{1}{48}-\frac{1}{30}=\frac{1}{80}$，所以甲独做需要 $1\div\frac{1}{80}=80$(分钟)。

例 8 对同一波僵尸，豌豆与西瓜合作 18 秒可将其消灭干净；西瓜与玉米合作 24 秒可将其消灭干净；玉米与豌豆合作 36 秒可将其消灭干净。那么，豌豆单独消灭这波僵尸需要多少时间？(消灭过程中植物未被僵尸吃掉)

解析

豌豆的效率＋西瓜的效率　　　　　　$=\frac{1}{18}$；

西瓜的效率＋玉米的效率$=\frac{1}{24}$；

豌豆的效率＋　　　　　　玉米的效率$=\frac{1}{36}$。

将上面三个等式左右两边分别相加得

2×(豌豆的效率＋西瓜的效率＋玉米的效率)$=\frac{1}{8}$

豌豆的效率＋西瓜的效率＋玉米的效率　$=\frac{1}{16}$。

所以豌豆的效率为$\frac{1}{16}-\frac{1}{24}=\frac{1}{48}$，豌豆单独消灭这波僵尸需要$1\div\frac{1}{48}=48$(秒)。

21.3.2　周期性工程问题

例 9　一个水池安装了甲、丙两个进水管和乙、丁两个排水管。甲水管 5 小时可将空池灌满，丙水管 6 小时可将空池灌满。乙水管 8 小时可将满池抽干，丁水管 9 小时可将满池抽干。如果按甲、乙、丙、丁的顺序四个水管轮流开 1 小时，多少小时后可将空池灌满？

解析

类似“青蛙爬井”的问题，我们需要处理好收尾工作。

因为丙的效率高于乙，所以一个周期内水量最多的时候是在丙开了 1 小时时，即一个周期最多可以增水$\frac{1}{5}-\frac{1}{8}+\frac{1}{6}=\frac{29}{120}$，而$\left(1-\frac{29}{120}\right)\div\left(\frac{1}{5}-\frac{1}{8}+\frac{1}{6}-\frac{1}{9}\right)=5\frac{38}{47}>5$，所以完整的周期至少有 6 个。

$1-\left(\frac{1}{5}-\frac{1}{8}+\frac{1}{6}-\frac{1}{9}\right)\times6=\frac{13}{60}$，因为$\frac{13}{60}>\frac{1}{5}$，所以甲 1 小时无法灌满水池，再经过乙 1 小时后，丙还需要灌$\left(\frac{13}{60}-\frac{1}{5}+\frac{1}{8}\right)\div\frac{1}{6}=\frac{17}{20}$(小时)，前后共需$4\times6+1+1+\frac{17}{20}=26.85$(小时)。

21.4　整数化思想

反其道而行之，分数问题整数化处理其实是通向“比”的道路。

例 10　一本练习册，机器猫单独做需 12 天完成，小静单独做需 18 天完成，大雄单独做需 24 天完成。现在由机器猫先单独做若干天，再由小静接着单独做若干天，最后由大雄单独做完这本练习册。已知机器猫、小静、大雄各自单独完成的天数之比为 1∶3∶6，那么做完这本练习册共用了________天。

解析

将这项工作的工作总量看作[12，18，24]＝72(份)，那么机器猫每天可完成 6 份，小静每天可完成 4 份，大雄每天可完成 3 份。将机器猫做 1 天、小静做 3 天、大雄做 6 天看作 1 组，则 1 组可以完成$6\times1+4\times3+3\times6=36$(份)工作量。

要完成这项工作需要$72\div36=2$(组)，即机器猫做 2 天、小静做 6 天、大雄做 12 天，共用了 20 天。

例 11 一项工程，甲先做若干天，后由乙接替继续做，且丙在工程已完成$\frac{1}{2}$时前来帮忙，待工程完成$\frac{4}{5}$时离去，结果恰按计划完成任务，其中乙做了工程总量的一半。如果没有丙的参与，仅由乙接替甲后一直做下去，那么将比计划推迟 4 天完成；如果全由甲单独做，则可比计划提前 8 天完成。已知乙的工作效率是丙的 2 倍，问：计划规定的工期是多少天？

解析

【方法 1】因为乙做了工程总量的一半，丙中间有参与过，所以甲的工作量不到一半，则丙参与时甲已退出，乙、丙在合作。

乙、丙合作期间共做了工程总量的$\frac{4}{5}-\frac{1}{2}=\frac{3}{10}$，由于乙的工作效率是丙的 2 倍，所以乙、丙合作的时间与乙单独做的时间之比为$\left(\frac{3}{10}\times\frac{2}{3}\right):\left(\frac{1}{2}-\frac{3}{10}\times\frac{2}{3}\right)=2:3$，所以两人合作了$4\div(3-2)\times2=8$(天)。乙、丙的工作效率之和为$\left(\frac{4}{5}-\frac{1}{2}\right)\div8=\frac{3}{80}$，丙的工作效率为$\frac{3}{80}\times\frac{1}{3}=\frac{1}{80}$，乙的工作效率为$\frac{1}{80}\times2=\frac{1}{40}$。乙、丙总共做了工程总量的$\frac{1}{2}+\frac{1}{80}\times8=\frac{3}{5}$，乙接替甲做了$\frac{1}{2}\div\frac{1}{40}=20$(天)。如果由甲继续独自完成工程总量的$\frac{3}{5}$需要$20-8=12$(天)，所以甲独自完成整个工程需要$12\div\frac{3}{5}=20$(天)，计划工期为$20+8=28$(天)。

【方法 2】将丙每天完成的工作量看作“单位 1”。没有丙的参与，乙将多做 4 天，这说明丙实际上工作了$4\times2\div1=8$(天)。

乙完成了工程总量的一半，所以甲做的不到一半，故丙工作的 8 天均是与乙合作的。

在这 8 天中，乙、丙共做了$(2+1)\times8=24$，从而工程总量是$24\div\left(\frac{4}{5}-\frac{1}{2}\right)=80$。

乙完成了工程总量的一半，是$80\div2=40$，则乙工作了$40\div2=20$(天)。

在这 20 天中，乙、丙实际共完成工作量$40+8=48$。

依题意，这比由甲独做要多用 8 天，故甲每天可做$48\div(20-8)=4$。

因此，甲实际上工作了$(80-48)\div4=8$(天)，计划规定的工期是$8+20=28$(天)。

例 12 一壶酒，曹操独饮 50 分钟能喝完，刘备独饮 60 分钟能喝完。如果两人“煮酒论英雄”，他们喝酒的效率就要降低，曹操减慢$\frac{1}{6}$，刘备减慢$\frac{1}{5}$。可是马上有敌军要杀过来，两人只有 40 分钟的时间喝酒，那么两人至少有多少分钟在一起喝酒，才能既保证自己安全又将酒喝完？

解析

将这壶酒看作$[50,60]=300$份，曹操单独喝每分钟喝$300\div50=6$(份)酒，刘备单独喝每分钟喝$300\div60=5$(份)酒。两人一起喝时，曹操每分钟喝$6\times\left(1-\frac{1}{6}\right)=5$(份)酒，刘备每分钟喝$5\times\left(1-\frac{1}{5}\right)=4$(份)酒，两人合起来为$5+4=9$(份)。

想要两人一起喝酒的时间少，则尽量让效率高的曹操多喝。因为要在 40 分钟内喝完，所以两人一起喝酒的时间至少为$(300-6\times40)\div(9-6)=20$(分钟)。

很明显，此题最后转化成了“鸡兔同笼”问题。

21.5 用比例技巧解题

例 13 王师傅要加工一批零件，若每小时多加工 16 个零件，则所用的时间比原计划少$\frac{1}{9}$；若每小时少加工 32 个零件，则所用的时间比原来多$\frac{2}{3}$小时。这批零件有多少个？

解析

工作总量一定，时间与效率成反比。

	计划		现在
时间	9	:	8
效率	8	:	9

效率相差 1 份，对应 16 个零件。原计划每小时加工零件：16×8=128(个)。

	计划		现在
效率	128	:	96
即	4	:	3
时间	3	:	4

现在每小时加工的零件数减少 32 个，故现在每小时加工 128−32=96(个)零件。时间相差 1 份，对应$\frac{2}{3}$小时，则原计划时间为 $3\times\frac{2}{3}=2$(小时)。

故这批零件有 128×2=256(个)。

例 14 光头强洗心革面，在熊大的带领下开始植树。现有一批树苗，光头强独自植完要比熊大单独植完多用$\frac{2}{7}$的时间；如果他们俩一起植树，完成任务时熊大比光头强多植树 24 棵。那么这批树苗一共有多少棵？

解析

	光头强		熊大
时间	9	:	7
效率	7	:	9

两者一起植树时，工作时间相同，工作量与效率成正比，于是熊大与光头强所植树苗的棵数之比为 9∶7，相差的 2 份对应 24 棵，工作总量为(7+9)份，共有 $24\div\frac{2}{7+9}=192$(棵)树苗。

例 15 一项工程安排若干人去做，32 天完成了一半。为了加快进度，增加了 24 个工人，剩余工作用了 24 天完成。最初安排了多少人？

解析

前后两阶段的工程量都是总工程的一半，在工作量相等时，人数与天数成反比例，时间比为 32∶24=4∶3，则人数比为 3∶4，所以最初有 24÷(4−3)×3=72(人)。

例 16 粗心的爸爸在超市买完米后，骑自行车从超市回家。米袋上若有 1 个洞，则到家时一袋米只剩下$\frac{5}{7}$；若有4 个洞，则在离家 60 米时米就会全漏光。如果所有的洞都以相同的速度在漏米，那么超市离家有多少米？

解析

设这袋米有 7 份。所有洞漏米的效率相同，1 个洞全程漏 7−5=2(份)，4 个洞全程漏 2×4=8(份)，实际离家 60 米处只漏了 7 份，所以此时走了全程的$\frac{7}{8}$，所以超市离家 $60\div\left(1-\frac{7}{8}\right)=480$(米)。

例 17 一项工作由甲、乙两人合作，恰可以在规定的时间内完成。如果合作时甲的工作效率提高$\frac{1}{6}$，那么只需用规定时间的$\frac{11}{12}$即可做完；如果合作时乙的工作效率降低$\frac{1}{5}$，那么就要推迟 1 小时才能做完。则规定的时间是________小时。

解析

【方法 1】甲的工作效率提高$\frac{1}{6}$先后对比：

	先		后
时间	12	:	11
甲、乙的工作效率和	11	:	12
甲的工作效率	6	:	7

从上可以看出，甲的工作效率提高 1 份，甲、乙的工作效率和也提高 1 份，则原来甲的工作效率为 6 份，所以乙的工作效率为 $11-6=5$(份)。

乙的工作效率降低$\frac{1}{5}$后，为 $5\times\frac{4}{5}=4$(份)。

甲、乙的工作效率和从 11 份降至 10 份，所以时间从 10 份增至 11 份，相差 1 份对应 1 小时，所以原规定的时间为 $1\times10=10$(小时)。

【方法 2】设甲、乙实际的工作效率之和为“单位 1”。

依题意，设甲的工作效率提高$\frac{1}{6}$后，两人的总工作效率则为 $1\div\frac{11}{12}=\frac{12}{11}$。于是甲工作效率的$\frac{1}{6}$为$\frac{12}{11}-1=\frac{1}{11}$，即甲的工作效率为$\frac{1}{11}\div\frac{1}{6}=\frac{6}{11}$，进而乙的工作效率为 $1-\frac{6}{11}=\frac{5}{11}$。乙的工作效率降低$\frac{1}{5}$后，总的工作效率为$\frac{6}{11}+\frac{5}{11}\times\left(1-\frac{1}{5}\right)=\frac{10}{11}$，故需要规定时间的 $1\div\frac{10}{11}=\frac{11}{10}$倍才能完成。因此 1 小时相当于规定时间的$\frac{11}{10}-1=\frac{1}{10}$，所以原规定时间为 $1\div\frac{1}{10}=10$(小时)。

例 18 有一项工程，由甲、乙两人去做。今甲先做，所做时间为乙一人完成这项工程所需时间的$\frac{1}{6}$，剩下的工程由乙完成，且甲完成的工程量是乙完成的$\frac{1}{4}$。由甲开始到乙最后完成所需的时间，比两人合作完成这项工程的时间多 $9\frac{12}{55}$小时，求两人单独完成这项工程所需的时间。

解析

甲先完成一部分，剩下部分由乙完成，而甲完成的是乙的$\frac{1}{4}$，故知甲完成这项工程的$\frac{1}{1+4}=\frac{1}{5}$，乙完成这项工程的$\frac{4}{5}$。因为甲完成工程$\frac{1}{5}$的时间乙只能完成$\frac{1}{6}$，所以甲、乙两人的工作效率比为$\frac{1}{5}:\frac{1}{6}=6:5$，则甲、乙两人单独完成工程的时间比为 5∶6。工作总量看作“1”，甲效率为$\frac{1}{5}$，乙效率为$\frac{1}{6}$。两人交替去做，实际完成的时间为$\frac{1}{5}\div\frac{1}{5}+\frac{4}{5}\div\frac{1}{6}=5.8$(份)；若两人合作，完成的时间为 $1\div\left(\frac{1}{5}+\frac{1}{6}\right)=\frac{30}{11}$(份)，所以 1 份时间为$9\frac{12}{55}\div\left(5.8-\frac{30}{11}\right)=3$(小时)，则甲单独完成这项工程需要 $3\times5=15$(小时)，乙单独完成这项工程需要 $3\times6=18$(小时)。

例 19 师徒四人吃果子，开始时唐僧、孙悟空、猪八戒吃果子，沙和尚警戒，警戒时间为沙和尚单独吃完这批果子所需时间的$\frac{1}{12}$；然后唐僧、孙悟空、沙和尚吃果子，猪八戒警戒，警戒时间为猪八戒单独吃完这批果子所需时间的$\frac{1}{12}$；接着唐僧、猪八戒、沙和尚吃果子，孙悟空警戒，警戒时间为孙悟空单独吃完这批果子所需时间的$\frac{1}{12}$；最后唐僧吃饱了，只留孙悟空、猪八戒、沙和尚吃果子，所吃时间为唐僧单独吃完这批果子所用时间的$\frac{1}{12}$。这时果子恰好被吃完，前后共用时 60 分钟。如果四人一起吃果子，多长时间可以吃完？

解析

将所有果子看作"单位 1"，如果四个阶段所有人都在吃，则会比原来多吃了$\frac{1}{12}\times4=\frac{1}{3}$，共吃了$1+\frac{1}{3}=\frac{4}{3}$。即四人一起吃，60 分钟会吃掉这批果子的$\frac{4}{3}$，所以四人一起吃完这批果子，只需$60\div\frac{4}{3}=45$（分钟）。

真题重现

1. 某水池有甲、乙两个进水阀。只打开甲，10 小时可将空水池注满；只打开乙，15 小时可将空水池注满。现要求 7 小时将水池注满，可以先只打开甲注水若干小时，接着只打开乙注水若干整数小时，最后同时打开甲、乙注水。那么，同时打开甲、乙的时间至少是多少小时？　（2016 年"华杯赛"决赛高年级组）

2. 一项工作，甲、乙两人合作需 8 天完成，乙、丙两人合作需 9 天完成，丙、甲两人合作需 18 天完成。那么丙一个人来做，完成这项工作需要________天。　（1999 年小学数学奥林匹克决赛）

3. 老刘和小李一起完成一份工作，要 12 天完成。如果让老刘先做 8 天，剩下的工作由小李单独做，还要 14 天才能做完。小李单独做这件工作需要几天完成？　（1997 年第八届《小学数学报》数学竞赛）

4. 甲、乙、丙三名搬运工分别到三个条件和工作量完全相同的仓库工作。搬完货物甲用 10 小时，乙用 12 小时，丙用 15 小时。第二天，三人又到两个较大的仓库搬运货物，这两个仓库的工作量也相同。甲在 A 仓库，乙在 B 仓库，丙先帮甲后帮乙，结果干了 16 小时后同时搬运完毕。问：丙在 A 仓库做了多长时间？　（1996 年小学数学夏令营数学竞赛）

5. 某工程如果由第一、二、三小队合干需 12 天才能完成，如果由第一、三、五小队合干需要 7 天才能完成，如果由第二、四、五小队合干需要 4 天才能完成，如果由第一、三、四小队合干需要 42 天才能完成。那么这 5 个小队一起合干需要________天才能完成这项工程。　（1989 年小学数学奥林匹克初赛）

6. 一批工人到甲、乙两个工地进行清理工作。甲工地的工作量是乙工地的$1\frac{1}{2}$倍。上午去甲工地的工人人数是去乙工地的 3 倍，下午这批工人中的$\frac{7}{12}$去甲工地，其他工人到乙工地。到傍晚时，甲工地的工作已做完，乙工地的工作还需要 4 名工人再做 1 天。那么，这批工人共有________人。

（1992 年小学数学奥林匹克初赛）

7. 甲、乙两个运输队要向地震灾区运送一批救灾物资，甲队每天能运送 64.4 吨，比乙队每天多运 75%；如果甲、乙两队同时运送，则当甲队运了全部救灾物资的$\frac{1}{2}$时，就比乙队多运了 138 吨。这批救灾物资一共有多少吨？　（1998 年"数学花园探秘"决赛）

参考答案

1. 答案:至少同时打开 5 小时。

分析:设注满水池的水量为单位“1”,则甲的注水速度为每小时$\frac{1}{10}$,乙的注水速度为每小时$\frac{1}{15}$,那么甲、乙同时打开的注水速度为每小时$\frac{1}{10}+\frac{1}{15}=\frac{1}{6}$。要使同时打开甲、乙的时间尽可能少,因为甲的注水速度大于乙的注水速度,所以只打开乙的时间尽可能短,至少为 1 小时,只打开甲的时间尽可能长。假设为 $7-1=6$(小时),则 7 个小时共注满水池的$\frac{1}{15}+\frac{1}{10}\times 6=\frac{2}{3}$。故需替换成甲、乙同时打开的时间至少为$\left(1-\frac{2}{3}\right)\div\frac{1}{15}=5$(小时)。

2. 答案:48。

分析:甲、乙两人合作,一天完成这项工作的$\frac{1}{8}$;乙、丙两人合作,一天完成这项工作的$\frac{1}{9}$;甲、丙两人合作,一天完成这项工作的$\frac{1}{18}$。甲、乙、丙三人合作,一天完成这项工作的$\left(\frac{1}{8}+\frac{1}{9}+\frac{1}{18}\right)\div 2=\frac{21}{144}=\frac{7}{48}$。丙一人做,完成这项工作需要$1\div\left(\frac{7}{48}-\frac{1}{8}\right)=1\div\frac{1}{48}=48$(天)。

3. 答案:18 天。

分析:把“老刘先做 8 天,剩下的工作小李还要独做 14 天”转化为“老刘与小李合作 8 天,小李再做 6 天”。根据题意,小李 6 天做了这份工作的$\left(1-\frac{1}{12}\times 8\right)$,所以小李单独做需要$1\div\left[\left(1-\frac{1}{12}\times 8\right)\div(14-8)\right]=18$(天)。

4. 答案:6 小时。

分析:工作 16 小时期间,甲、乙、丙各工作了 16 小时,故工作总量为$\left(\frac{1}{10}+\frac{1}{12}+\frac{1}{15}\right)\times 16=4$,则 A 仓库的工作量为 $4\div 2=2$。丙在 A 仓库工作了$2-\frac{1}{10}\times 16=\frac{2}{5}$,所用时间为$\frac{2}{5}\div\frac{1}{15}=6$(小时)。

5. 答案:4。

分析:“一队”表示一队的工作效率,其余同理表示。

“一队”+“二队”+“三队”$=\frac{1}{12}$,①

“一队”+“三队”+“五队”$=\frac{1}{7}$,②

“二队”+“四队”+“五队”$=\frac{1}{4}$,③

“一队”+“三队”+“四队”$=\frac{1}{12}$。④

由①+②+③×2+④可求出 5 个小队合作需要$1\div\left[\left(\frac{1}{12}+\frac{1}{7}+\frac{1}{4}\times 2+\frac{1}{42}\right)\div 3\right]=4$(天)完成这项工程。

(注:第二、四、五三个小队合作也只需要 4 天。所以在本题中第一、三这 2 个小队实际上没有人干活。这是不符合实际的。)

6. 答案：36。

分析：上午在甲工地工作的人数是全部工人的$\frac{3}{4}$，下午是全部工人的$\frac{7}{12}$，甲工地的工作量需要全部工人的$\frac{3}{4}+\frac{7}{12}=\frac{4}{3}$干半天。推知乙工地的工作量需要全部工人的$\frac{4}{3}\div 1\frac{1}{2}=\frac{8}{9}$干半天。而$2-\frac{4}{3}=\frac{2}{3}$，即乙工地已经有全部工人的$\frac{2}{3}$干了半天，剩下的工作还需全部工人的$\frac{8}{9}-\frac{2}{3}=\frac{2}{9}$干半天，或全部工人的$\frac{1}{9}$干1天。所以全部工人有$4\div\frac{1}{9}=36$(人)。

7. 答案：644吨。

分析：甲、乙两队工作效率的比是$(1+75\%):1=7:4$，甲、乙两队同时运送，则当甲队运了全部救灾物资的$\frac{1}{2}$时，乙队运了全部救灾物资的$\frac{1}{2}\times\frac{4}{7}=\frac{2}{7}$，所以甲队比乙队多运了138吨，相当于全部救灾物资的$\left(\frac{1}{2}-\frac{2}{7}\right)$。所以这批救灾物资一共有$138\div\left(\frac{1}{2}-\frac{2}{7}\right)=138\times\frac{14}{3}=644$(吨)。

第二十二章　浓度问题

在应用门总纲里我们提到了“平均数问题”是如何转化成“浓度问题”的，也讲了绝大多数浓度问题其实是“混合比”的代表，所以大家通过学习浓度问题最终要建立的是对“混合”的理解。

浓度公式	浓度$=\frac{溶质}{溶液}\times100\%$	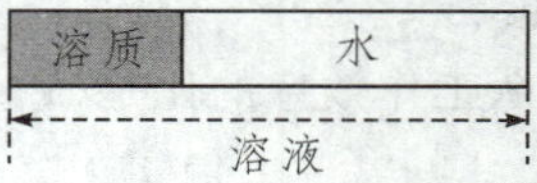

提前作一个比较：在公式定义上，利润问题与浓度问题的区别在于标准量不一样。

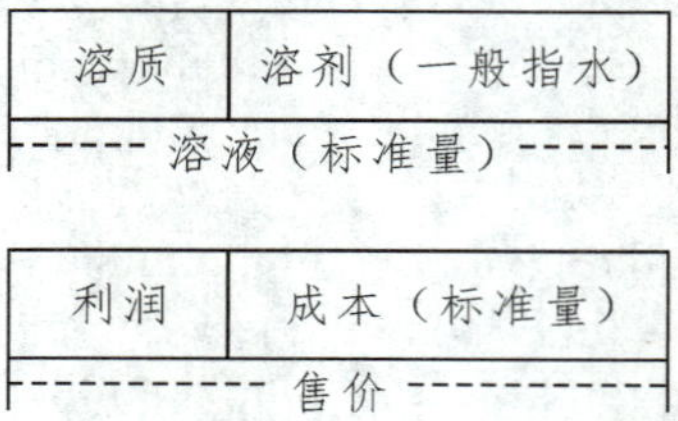

这个区别的产生是很自然的。

在混合好的溶液里，溶质与溶剂的分离是我们想象出来的，我们直观看到的就是溶液，所以我们将溶液看作标准量。

在实际生产活动中，商人关注的是“钱”生“钱”，第一个“钱”是指他的投入，即“成本”，后一个“钱”是指利润。成本相对于售价既清晰又更早出现，所以在利润问题中更适合将“成本”看作标准量。

22.1　基本公式

三角模型：

正、反比例关系：

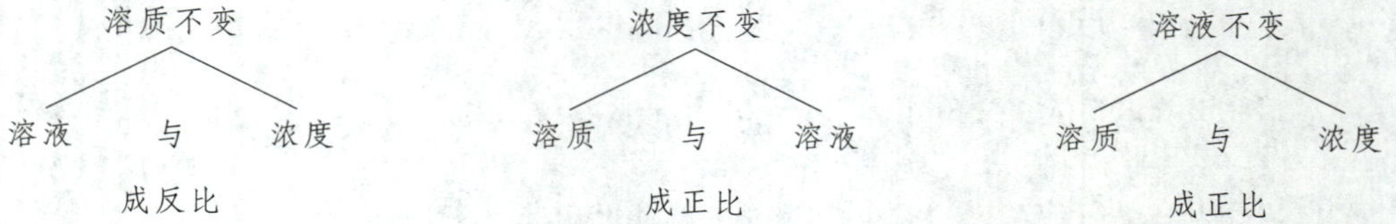

22.2　基础题型：纯稀释与提纯

例 1　要从含盐 10%的 100 千克盐水中蒸去水分，制成含盐 20%的盐水，应当蒸去多少水？

解析

由溶质不变可先求出盐的质量为 100×10%＝10(千克)，则新盐水中溶液的质量为 10÷20%＝50(千克)。所以要蒸去 100－50＝50(千克)水。

例1、例2中的不变量为溶质，溶液与浓度成反比例，所以大家在掌握基本公式后，可利用反比例重新思考这类纯稀释（或提纯）问题。

例 2　50 吨葡萄在新疆测得含水量为 99%，运抵南京后测得含水量是 98%。问：葡萄运抵南京后还剩几吨？（途中霉烂及其他损失不计）

解析

葡萄可以看作水为溶剂，其余部分为溶质。运输过程中溶质不变，为 50×(1－99%)＝0.5(吨)，到达后总质量还剩 0.5÷(1－98%)＝25(吨)。

例 3　同一时间，仓库里运进来一批含水量 99%的葡萄和一批含水量 98%的阳桃，葡萄与阳桃的水分每天会分别以固定的量蒸发。几天后，葡萄的含水量变为 97%，阳桃的含水量变为 96%；又过了几天，葡萄的含水量变为了 91%，此时阳桃的含水量变为________%。

解析

由葡萄含水量的变化可知，葡萄在三个时间点上的质量比为 $\frac{1}{1-99\%}:\frac{1}{1-97\%}:\frac{1}{1-91\%}=9:3:1$，减少的分别是 6 份与 2 份，即前后两段时间之比为 6∶2＝3∶1。

对于阳桃而言，前两个时间点的质量比为 $\frac{1}{1-98\%}:\frac{1}{1-96\%}=2:1$，第 1 段时间蒸发掉了 1 份水，于是第 2 段时间会蒸发掉 $\frac{1}{3}$ 份水，质量变为 $1-\frac{1}{3}=\frac{2}{3}$ 份。此时阳桃果肉的含量为 $(1-96\%)\div\left(1-\frac{1}{3}\right)=6\%$，含水量为 1－6%＝94%。

22.3　运用比和比例技巧解题

例 4　猪猪侠有一瓶浓缩果汁。在该果汁中加入一定量的水后，果汁的浓度降到了 30%。又加入同样多的水后，果汁的浓度又降到了 20%。如果再加入同样多的水后，果汁的浓度会下降到多少？

解析

每次加入水，溶质没有发生变化，所以溶液的质量与浓度成反比。

因为浓度 30%∶20%＝3∶2，所以第二次加水前后溶液的质量比为 2∶3。故再加一次水后溶液的质量变成了 4 份，此时果汁的浓度会变成 $20\%\times\frac{3}{4}=15\%$。

22.4 混合:浓度配比

小学阶段的浓度问题,特别是混合类型,有一个非常固定的等量关系:

混合前所有溶质=混合后所有溶质。

例5 蓝精灵聪聪将22%的蘑菇汁与10%的蘑菇汁混合,想要配成18%的蘑菇汁900克。那么,22%与10%的蘑菇汁各需要多少克?

解析

【方法1】设22%的溶液有x克,则10%的溶液有$(900-x)$克。根据等量关系"混合前所有溶质=混合后所有溶质"可列方程得

$$22\%x+10\%(900-x)=18\%\times900,$$
$$x=600。$$

于是22%的溶液有600克,10%的溶液有900−600=300(克)。

【方法2】浓度配比。每克22%浓度的蘑菇汁含有0.22克溶质,比要求多0.22−0.18=0.04(克);而每克10%的蘑菇汁含有0.1克的溶质,比要求少0.18−0.1=0.08(克)的溶质。根据"移多补少"可知,0.04×(22%溶液质量)=0.08×(10%溶液质量)。

因为0.04∶0.08=1∶2,所以原式可以看作"1×(　)=2×(　)",而这个填空题除了"0"以外的最简答案就是1×(2)=2×(1),即两种溶液的量之比为2∶1。于是22%的溶液有$900\times\frac{2}{2+1}=600$(克),10%的溶液有$900\times\frac{1}{2+1}=300$(克)。

常说的浓度配比为:两种溶液的量与浓度差成反比。

例6 两个杯子中分别装有浓度为50%与25%的酒精溶液,倒在一起混合的酒精浓度为35%。若再加入300克20%的酒精溶液,则浓度变成25%。那么原有50%的酒精溶液多少克?

解析

第二次配比时多了一个"溶液质量增加300克"的条件,所以采取逆推法较为合适。

第二次配比,35%与20%的酒精溶液质量比为(25%−20%)∶(35%−25%)=1∶2,所以35%的酒精溶液有$300\times\frac{1}{2}=150$(克)。

第一次配比,50%与25%的溶液质量比为(35%−25%)∶(50%−35%)=2∶3,所以原有50%的酒精溶液$150\times\frac{2}{2+3}=60$(克)。

例7 甲种溶液中酒精的浓度为82%,乙种溶液中酒精的浓度为58%,混合后酒精的浓度为66%。如果每种溶液取的量比原来都多取30升,混合后的酒精浓度为68%。问:第一次混合时,甲、乙两种溶液各取多少升?

解析

第一次配比,甲、乙溶液的比为(66%−58%)∶(82%−66%)=1∶2,差1份。

第二次配比,甲、乙溶液的比为(68%−58%)∶(82%−68%)=5∶7,差2份。

两种溶液都增加 30 升！大家有没有立刻发现当中有不变量？当然有，差不变，所以差就变成了前后两个不同比的桥梁。见下表：

次数	甲	乙	差(不变)
第一次	1	2	1
第二次	5	7	2
第一次	2	4	统一成“2 份”

> 把复杂的问题往简单的问题转化是解决问题的基本思想，在数学中叫化归思想。本题的转化过程是:浓度问题 利用不变量 化归 → 差倍问题。

由表中可看出，甲、乙两种溶液都增加了 5－2＝7－4＝3(份)，对应 30 升，所以 1 份为 30÷3＝10(升)。于是第一次混合时，甲种溶液有 10×2＝20(升)，乙种溶液有 10×4＝40(升)。

例 8 格格巫把浓度为 20％、30％和 40％的三种三叶草溶液混合在一起，得到浓度为 34％的三叶草溶液 60 升。已知浓度为 20％的三叶草溶液的用量是浓度为 30％的三叶草溶液的用量的 4 倍。原来每种浓度的三叶草溶液各用了多少升？

解析

【方法 1】可以设想分两步来配制浓度为 34％的三叶草溶液。

第 1 步，先把浓度为 20％的三叶草溶液与浓度为 30％的三叶草溶液按 4∶1进行配比，得到浓度为 $\frac{20\%\times4+30\%\times1}{4+1}=22\%$ 的三叶草溶液。

第 2 步，再将配好的 22％三叶草溶液与浓度为 40％的三叶草溶液配成浓度为 34％的三叶草溶液，则这两种溶液的用量比为(40％－34％)∶(34％－22％)＝1∶2。

将 30％的三叶草溶液看作 1 份，则 20％的三叶草溶液有 4 份，40％的三叶草溶液有(1＋4)×2＝10(份)，共 15 份对应 60 升，1 份为 60÷15＝4(升)。

所以浓度为 20％的三叶草溶液有 4×4＝16(升)；

浓度为 30％的三叶草溶液有 4 升；

浓度为 40％的三叶草溶液有 4×10＝40(升)。

【方法 2】如果三种三叶草溶液直接混合，按三种三叶草溶液的混合比可列表如下：

平均数	实际数	损或益	混合比		指定配比	实际的混合比	
34％	20％	－0.14		3	4	3×4	12
	40％	＋0.06	2	7		7×4＋2	30
	30％	－0.04	3		1	3	3

在表中，40％“移多补少”20％，比为 7∶3；40％“移多补少”30％，比为 2∶3。又因为题目要求浓度为 20％的三叶草溶液是浓度为 30％的三叶草溶液用量的 4 倍，所以必须将 20％的三叶草溶液与 40％的三叶草溶液用量比 7∶3同时扩大 4 倍，所以三种溶液的用量比为(3×4)∶(7×4＋2)∶3＝12∶30∶3＝4∶10∶1。

> 对比这两种解法，可以发现“浓度的配比技巧”与“混合比的技巧”在本质上都是运用了反比例关系作为解题手段，只是两种方法的表现形式不一样。在学习的过程中要充分注意方法的“异中之同”与“同中之异”，这样更能从源头上来掌握数学方法。

根据上面的数据就可分别求得三种三叶草溶液的用量：

浓度为 20％的三叶草溶液有 4×4＝16(升)；

浓度为 30％的三叶草溶液有 4 升；

浓度为 40％的三叶草溶液有 4×10＝40(升)。

22.5 假设与逆推

例 9 A、B、C 三个试管中分别盛有 100 克、200 克、400 克的水。把 100 克某种浓度的盐水倒入 A 中，混合后取出 100 克倒入 B 中，混合后又从 B 中取出 100 克倒入 C 中。现在 C 中的盐水浓度是 2%，最早倒入 A 中的盐水浓度是多少？

解析

本题如果采用顺向思维的方式去分析，无疑要遇到很大的障碍，但是如果采用逆推思想去分析，就会“豁然开朗”。

因为 A、B、C 原来盛有的都是水，所以对于盐水来说就是纯稀释的过程，即

$$原浓度\div(1+1)\div(1+2)\div(1+4)=2\%,$$

所以最早 A 中的盐水浓度为 $2\%\times5\times3\times2=60\%$。

例 10 A 容器中装有幸运草溶液。独角兽妈妈让小独角兽往 A 容器中再倒入 10% 的幸运草溶液 600 克，以配成浓度为 25% 的溶液。但小独角兽错误地倒入了 600 克水，独角兽妈妈发现后说：“不要紧，你再将 B 容器中的 300 克幸运草溶液倒入 A 容器，还是可以得到 25% 的幸运草溶液。”那么 B 容器中幸运草溶液的浓度是多少？

解析

本题需要做出一个调整的小技巧。

小独角兽前后共倒了两次，不妨将 B 容器 300 克溶液中的 60 克溶质与 600 克水中的 60 克水置换，这样第一次倒入的溶液就是满足要求的 600 克 10% 的溶液。倒入容器后，A 容器中的溶液浓度已为 25%；再将置换后的 300 克溶液倒入，浓度依然不变，这说明现在的这 300 克溶液浓度本身就是 25%。所以这 300 克溶液中原有溶质 $300\times25\%+60=135$(克)，于是 B 容器中幸运草溶液的浓度为 $135\div300=45\%$。

例 11 实验室里有 A 种盐水 10 升，B 种盐水 30 升，C 种盐水若干升。已知将 A、C 完全混合得到的盐水浓度和将 B、C 完全混合得到的盐水浓度相同。如果 A 种盐水浓度为 10%，B 种盐水浓度为 20%，C 种盐水浓度为 30%，那么 C 种盐水有________升。 （2020 年“数学花园探秘”小高决赛 A 卷）

解析

与例 10 的处理方式类似：

将 30 升 B 种盐水中抽出 10 升 A 种盐水，剩下的即为混合后的盐水，所以混合后的盐水浓度为 $(30\times20\%-10\times10\%)\div(30-10)=25\%$，所以 B、C 两种盐水的质量比为 $(30\%-25\%):(25\%-20\%)=1:1$，即 C 种盐水有 30 升。

例 12 甲容器中有纯酒精 10 升，乙容器中有水 12 升，第一次将甲容器中的一部分纯酒精倒入乙容器，使酒精与水混合。第二次将乙容器中的一部分混合液倒入甲容器。这样，甲容器中纯酒精含量为 60%，乙容器中纯酒精含量为 20%。第二次从乙容器倒入甲容器的混合液是多少升？

解析

本题是典型的逆推问题，还有一个隐藏的关键点：倒出一方的浓度是不变的！所以乙容器的浓度在第一次混合后就是 20%，则第一次甲容器倒入乙容器 $12\div(1-20\%)-12=3$(升)纯酒精，甲容器中还剩下 $10-3=7$(升)纯酒精。

那么，第二次混合前，甲容器有浓度为100%的酒精7升，乙容器酒精浓度为20%，混合成浓度为60%的酒精，显然甲、乙容器两种溶液的用量之比为(60%－20%)∶(100%－60%)＝1∶1，所以第二次从乙容器倒入甲容器的混合液为7升。

22.6　浓度调节类型

例13　甲容器中有7%的食盐水600克，乙容器中有9%的食盐水360克。从甲、乙容器中同时取出等质量的盐水，然后分别倒入乙、甲容器中，这时两个容器的食盐水浓度一样。各取出的盐水质量是多少？

解析

最后甲、乙容器盐水浓度一样，可以看作将两容器溶液混合后，再分装到两容器中。即最后的溶液中，7%的盐水与9%的盐水总是以600∶360＝5∶3的比配出。那么我们把甲、乙容器中溶液各分为8份，甲拿出3份，乙拿出5份，进行互换即可达到目的。那么各取出的盐水质量为$600\times\frac{3}{8}=225$(克)。

例14　甲容器中有16%的酒精150克，乙容器中有12.5%的酒精240克。往甲、乙两个容器分别倒入等量的水，使两个容器的酒精浓度一样。问：倒入多少克水？

解析

浓度相同，则溶液的质量与溶质的质量成正比。

甲含酒精：150×16%＝24(克)；乙含酒精：240×12.5%＝30(克)。

所以最终溶液质量比也应该是24∶30＝4∶5。因为加入同样多的水，所以质量差不变，于是每份表示(240－150)÷(5－4)＝90(克)，所以倒入90×4－150＝210(克)水。

22.7　实际应用

例15　我做了20次“投篮”游戏，平均命中率为40%。为了在尽可能短的时间内把我的命中率提高到60%，接下来我必须连续命中几次投篮？

解析

本题可转化为浓度问题：

把已投的20次当作浓度为40%的溶液，把连续命中的投篮的当作浓度为100%的溶液，两者需要配成60%的溶液。所以已投与未投的次数比为(100%－60%)∶(60%－40%)＝2∶1，所以必须连续命中20÷2＝10(次)。

例16　猪猪侠在商店里购买A、B两种棒棒糖共119根，A标价6元/根，B标价8元/根。由于买的数量较多，商店就给予优惠，A按定价的90%付钱，B按定价的80%付钱。如果猪猪侠最后付的总钱数比按定价付少了16%，那么他买了多少根A种棒棒糖？

解析

A按90%优惠，B按80%优惠，结果少付16%，相当于按84%优惠，即90%与80%混合成84%。请注意，优惠的对象是钱数，而不是棒棒糖的数量。

于是购买A、B两种棒棒糖所花的钱数比为(84%－80%)∶(90%－84%)＝2∶3。接下来利用复合比可知A、B两种棒棒糖的数量比为$\frac{2}{6}:\frac{3}{8}=8:9$，所以猪猪侠买了$119\times\frac{8}{8+9}=56$(根)A种棒棒糖。

真题重现

1. 院子里有一些鸡和狗，这些动物平均每只有 2.3 条腿，那么院子里至少共有________只动物。

(2018 年春·武汉明心数学资优生测试)

2. 老师要小马虎用 8 升水和 32 颗药片配制药水，但小马虎只加入了 16 颗药片。当老师用掉了药水的$\frac{1}{4}$后才发现这个失误，于是老师再加入 2 升水和若干颗药片。那么老师还需再加入________颗药片才能配制成符合要求的药水。(2018 年春·武汉明心数学资优生测试)

3. 今有 60 克深度为 5%的甲盐水、60 克浓度为 8%的乙盐水、47 克浓度为 9%的丙盐水。现要配制 100 克浓度为 7%的盐水，则甲种盐水最多要用________克，最少要用________克。

(2015 年"陈省身杯"高年级组)

4. 哈利制作加强型魔法药剂"生死水"(这是一种效力很强的安眠药，由水仙根粉末和艾草浸液配成，"生死水"的浓度是指水仙根粉末占整个药剂的百分比)。他首先在普通型"生死水"中加入一定量的艾草浸液，使"生死水"的浓度变为 9%；如果再加入同等量的水仙根粉末，这时"生死水"的浓度变为 23%。那么普通型"生死水"的浓度为________%。(2015 年"数学花园探秘"决赛)

5. 甲、乙、丙三瓶酒精溶液的质量比为 1∶2∶3，如果将甲瓶的溶液完全倒入乙瓶，那么乙瓶溶液的浓度将变为原来的 2 倍；接着将乙瓶中混合后的溶液完全倒入丙瓶，那么丙瓶溶液的浓度将为原来的 3 倍。如果一开始将甲瓶中的溶液完全倒入丙瓶，丙瓶溶液的浓度将变为 20.8%。那么，一开始乙瓶中溶液的酒精浓度为________。(2017 年"数学花园探秘"总决赛)

6. 有三杯质量相等的溶液，它们的浓度依次是 10%、20%、45%。如果依次将三个杯子中的溶液质量的$\frac{1}{2}$、$\frac{1}{4}$、$\frac{1}{5}$倒入第四个空杯子中，则第四个杯子中溶液的浓度是________%。(2017 年"希望杯"6 年级)

7. 甲容器中有浓度为 15%的糖水 700 克，乙容器中有浓度为 25%的糖水 300 克，分别从甲和乙中取出相同质量的糖水，把从甲中取出的糖水倒入乙中，把从乙中取出的糖水倒入甲中，现在甲、乙两个容器中糖水浓度相同。那么甲容器现在的糖水浓度是________。(2017 年南京书人教育数学竞赛)

8. 有甲、乙、丙三瓶糖水，浓度依次为 63%、42%、28%，其中甲瓶有 11 千克。先将甲、乙两瓶中的糖水混合，浓度变为 49%；然后把丙瓶中的糖水全部倒入混合液中，得到浓度为 35%的糖水。问：原来丙瓶中有多少千克糖水？

(2017 年春·新东方万人测)

9. 将 100 克浓度为 40%的糖水倒入 a 克浓度为 20%的糖水中，得到浓度为 25%的糖水，则$a=$________。

(2017 年"希望杯"6 年级)

10. 有一满杯浓度为 32%的酒精溶液。第一次倒掉$\frac{1}{2}$，用水加满；第二次倒掉$\frac{1}{3}$，用纯酒精加满；第三次倒掉$\frac{1}{4}$，用水加满。最后得到的酒精溶液的浓度是________%。

(2020 年"数学花园探秘"小高决赛 C 卷)

11. 有 1 大瓶水和 10 小瓶装有相同浓度的盐水。如果把大瓶水平均分到 10 个小瓶中，那么每个小瓶盐水的浓度就是 10%；如果把 5 个小瓶的盐水全部倒入大瓶水中，那么混合后大瓶盐水的浓度是 6.25%。那么小瓶盐水最初的浓度是________%。(2014 年"数学花园探秘"6 年级网赛)

参考答案

1. 答案：20。

分析：鸡和狗的数量比为(4－2.3)∶(2.3－2)＝1.7∶0.3＝17∶3，所以至少有3＋17＝20(只)动物。

2. 答案：20。

分析：正常浓度比为“32颗∶8升”，还剩“$\left(16\times\frac{3}{4}\right)$颗∶$\left(8\times\frac{3}{4}\right)$升＝12颗∶6升”。

要达到“4颗∶1升”的比例，还需要加入2升水和4×(6＋2)－12＝20(颗)药片。

3. 答案：49，35。

分析：甲盐水的浓度低于7%，为使甲盐水尽可能多用，则9%的盐水需尽可能多用。47克9%的盐水与47克5%的盐水，可配成浓度7%的盐水94克；再用2克5%的盐水和4克8%的盐水可配成7%的盐水6克。故甲种盐水最多用49克。

同理，为使甲种盐水尽可能少用，则8%的盐水尽可能多用。所以60克8%的盐水与30克5%的盐水，配成7%的盐水90克；再用5克9%的盐水与5克5%的盐水，配成7%的盐水10克。故甲种盐水最少用30＋5＝35(克)。

4. 答案：11。

分析：可以看作9%的溶液加上100%的溶液变成23%的溶液。那么9%溶液与100%溶液的质量比为77∶14＝11∶2，即一开始加的0%的溶液也为2份量，所以一开始的溶液质量和0%溶液的质量比为9∶2，即原溶液浓度为9%×11÷9＝11%。

5. 答案：16%。

分析：因为甲、乙溶液的质量比为1∶2，所以浓度差的比为2∶1。又因为甲、乙混合后浓度变为乙原来的2倍，所以甲、乙溶液的浓度比为(2＋2)∶1＝4∶1，甲∶乙∶甲乙混合＝4∶1∶2。

同理，混合后乙与丙溶液的质量比为1∶1，所以浓度差也为1∶1。又因为全部混合后浓度变为丙原来的3倍，所以混合前甲、乙混合溶液与丙溶液的浓度比为[3＋(3－1)]∶1＝5∶1。

以甲、乙混合溶液为桥梁做连比，得到甲∶乙∶甲乙混合∶丙＝20∶5∶10∶2，所以甲、乙、丙三种溶液的浓度比为20∶5∶2.于是甲、丙混合溶液浓度为$\frac{20\times1+2\times3}{1+3}=6.5$(份)，对应20.8%，所以乙的浓度为$20.8\%\times\frac{5}{6.5}=16\%$。

6. 答案：20。

分析：将三个杯子中的溶液均看成1份，则第四个杯子中溶液的浓度为

$$\frac{10\%\times\frac{1}{2}\times1+20\%\times\frac{1}{4}\times1+45\%\times\frac{1}{5}\times1}{\frac{1}{2}+\frac{1}{4}+\frac{1}{5}}\times100\%=20\%。$$

7. 答案：18%。

分析：(700×15%＋300×25%)÷(700＋300)＝18%。

8. 答案：66千克。

分析：63%的溶液质量∶42%的溶液质量＝(49%－42%)∶(63%－49%)＝1∶2。

同理，28%的溶液质量∶49%的溶液质量＝2∶1。

11÷1×(1＋2)＝33(千克)，33÷1×2＝66(千克)。

9. 答案:300。

分析:$100\div(25\%-20\%)\times(40\%-25\%)=300$(克)。

10. 答案:33。

分析:刚开始时,设酒精有32份,水有68份。

第一次:倒掉$\frac{1}{2}$,酒精剩$32\times\frac{1}{2}=16$(份),用水加满后,酒精仍是16份,水有$100-16=84$(份)。

第二次:倒掉$\frac{1}{3}$,水剩$84\times\frac{2}{3}=56$(份),用酒精加满后,水仍然是56份,酒精有$100-56=44$(份)。

第三次:倒掉$\frac{1}{4}$,酒精剩$44\times\frac{3}{4}=33$(份),用水加满后,酒精仍然是33份。

所以最后的酒精溶液的浓度为33%。

11. 答案:25。

分析:第一种情况相当于将10小瓶盐水都倒入大瓶水中;第二种情况与第一种情况相比,溶质为原来的一半,如果再加入5小瓶水,浓度应该为5%。与实际情况对比,由"溶质不变,溶液与浓度成反比"可知,$\frac{1\text{大瓶水}+5\text{小瓶盐水}}{1\text{大瓶水}+10\text{小瓶盐水}}=\frac{5\%}{6.25\%}=\frac{4}{5}$,于是1份对应$10-5=5$(小瓶)水,1大瓶$=5\times4-5=15$(小瓶)水,所以小瓶盐水最初的浓度为$10\%\div\frac{10}{10+15}=25\%$。

第二十三章　利润问题

“一本万利”“本小利微”和“薄利多销”都是我们耳熟能详的成语，这些成语里面包含了丰富的数学知识，它们都涉及一个数学问题——利润问题。下面我们用数学知识来分析这几个成语。

利润的定义	$利润率=\frac{售价-成本}{成本}\times100\%$ $=\left(\frac{售价}{成本}-1\right)\times100\%$ 售价＝成本×(1＋利润率) 成本＝售价÷(1＋利润率)	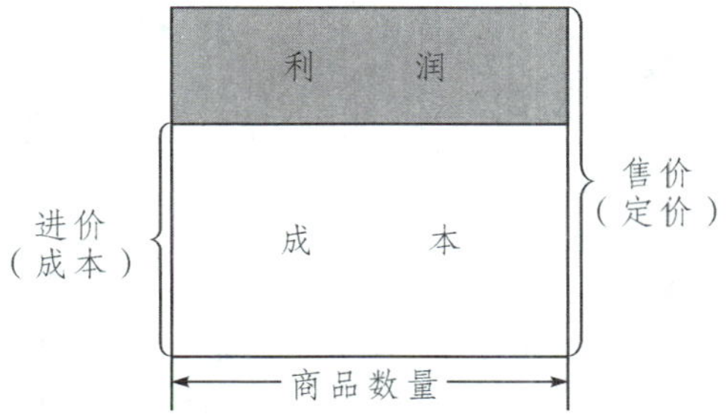
打折	$折扣=\frac{实际售价}{定价}\times100\%$ 实际售价＝定价×折扣 定价＝实际售价÷折扣	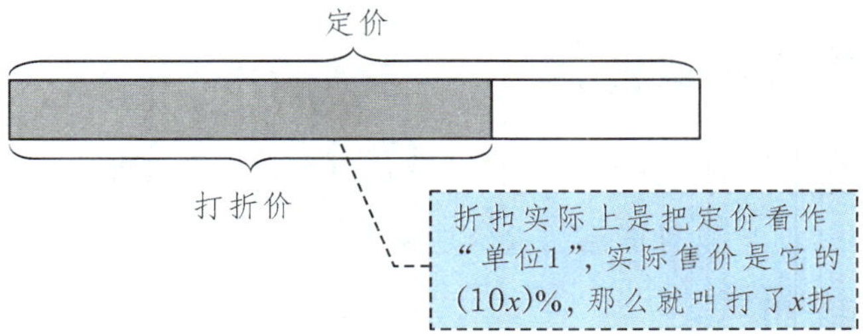

设商品总个数为 n，单个商品的成本为 x，单个商品的利润率为 $y\%$。

“一本万利”，把成本 x 看作“1”，利润率 $y\%$ 极高，所以单个商品的利润很高，此成语用来形容本钱小，利润大。

“本小利微”，成本 x 很小，利润率 $y\%$ 很低，所以单个商品的利润很低，此成语用来指买卖很小，得利不多。

“薄利多销”，指通过打折(降低利润率 $y\%$)来增加销量，由于销量增加而增加的利润大于因售价降低而减少的利润，从而使总利润增加的情况，此成语用来指低价低利扩大销售的策略。类比于乘法算式中一个因数扩大的倍数大于另一个因数缩小的倍数，从而使乘积扩大的情况。

通过以上例子可以看出，用数学语言去描述事物既精确，又能清晰表达出其内在联系。

利润问题与浓度问题很相似，但由于现实中的经济活动较为丰富与复杂，例如商场打折这类活动又牵扯出了定价、售价与折扣的关系，所以一般情况下，利润问题比浓度问题更为复杂一些。

另外，注意将折扣的习惯说法转换成数学语言：“八折”＝“×80%”，“七五折”＝“×75%”……

23.1　基本公式

利润问题同样有其“三角模型”，公式中的“×100%”只是一个百分率的形式转换，并不影响成本、利润、利润率之间的关系。

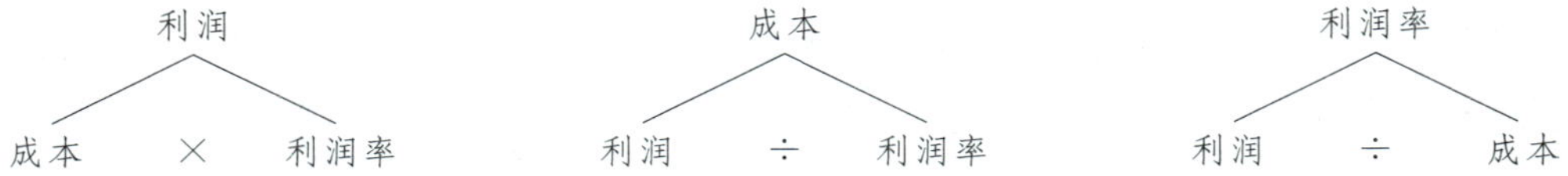

正、反比例关系：

利润不变：成本 与 利润率 成反比

成本不变：利润 与 利润率 成正比

利润率不变：利润 与 成本 成正比

如果我们将利润率、利润、成本、售价、定价、折扣等基本概念融合在一张图里(见下图)，你就能一眼看出，利润问题对于前面几类问题，在基础模型上就更复杂一些。

利润率 = 利润 ÷ 成本

利润 = 售价 − 成本

售价 = 定价 × 折扣

23.2 基础类型

例 1 一件商品随季节变化降价出售。如果按现价降价 10%，仍可获利 160 元；如果降价 30%就要亏损 160 元。这件商品的进价是多少元？

解析

该商品的定价为(160+160)÷(30%−10%)=1600(元)，

进价为 1600×(1−10%)−160=1280(元)。

例 2 某家商店决定将一批苹果的价格降到原价的 75%卖出，这样所得利润就只有原计划的$\frac{1}{6}$。已知这批苹果的进价是 7 元/千克，原计划可获利润 3000 元，那么这批苹果共有多少千克？

解析

苹果售出的价格减少了 25%，这一部分产生的利润占原来的 $1-\frac{1}{6}=\frac{5}{6}$，所以原来的利润占原价的 $25\%\div\frac{5}{6}=30\%$，成本占原价的 1−30%=70%，则降价前每千克苹果的利润为 $7\times\frac{30\%}{70\%}=3$(元)，苹果共有 3000÷3=1000(千克)。

例 3 商店以每件 60 元的价格购进一批衬衫，售价为 90 元。当卖到只剩下 20 件衬衫的时候，剩余的衬衫商店以售价的六折售出，最后商店一共获利 1200 元。那么商店一共购进了多少件衬衫？

解析

若剩余衬衫没有降价，全部按售价卖出，还能多赚 90×(1−60%)×20=720(元)。打折前每件衬衫获利 90−60=30(元)，所以一共购进了(1200+720)÷(90−60)=64(件)衬衫。

例 4 过年时，某商品打八折销售；过完年，此商品提价________%才可恢复到原来的价格。

解析

打八折即降价 20%，是否提高 20%就能恢复原价呢？当然不是！问题的关键在于打折销售前后标准量发生了变化，刚开始的标准量（原来的售价）为 1，而新的标准量（过完年后的售价）为 80%，虽然减少的与增加的在数值上都是 20%，但提价时因标准量不同，对应的分率变为 $\frac{20\%}{80\%}\times 100\%=25\%$。

> 本题明确指出了经济活动中，风险控制的重要性。100元亏损50%变为50元，而50元变回100元则需要增长100%。

23.3 利润率即分率

例 5 一种鸡蛋，在甲超市出售，每 7 个售价 10 元；在乙超市出售，每 14 个售价 23 元。如果每个鸡蛋的进价（成本）相同，且甲超市的利润率为 25%，那么乙超市的利润率为多少？

解析

甲超市每个鸡蛋的售价为 $10\div 7=\frac{10}{7}$（元），每个鸡蛋的成本为 $\frac{10}{7}\div(1+25\%)=\frac{10}{7}\times\frac{4}{5}=\frac{8}{7}$（元），则乙超市每个鸡蛋的利润率为 $\left(\frac{23}{14}-\frac{8}{7}\right)\div\frac{8}{7}=\frac{7}{16}=43.75\%$。

例 6 猪八戒卖西瓜，$\frac{1}{5}$ 的西瓜在路上掉了，$\frac{1}{2}$ 的西瓜在路上被他吃了，剩下的西瓜全部卖出后，还获利 20%。那么猪八戒原定的利润率是多少？

解析

设西瓜的进价为“1”，则卖完后可得货款 $1\times(1+20\%)=1.2$。而这些卖出的西瓜只占原来总数的 $1-\frac{1}{5}-\frac{1}{2}=\frac{3}{10}$，所以售价占成本的 $1.2\div\frac{3}{10}=400\%$，利润率为 $400\%-1=300\%$。

例 7 有 A、B、C 三种玩偶，出售时按获取各种商品成本的 20%的利润率定价。A 有 8 个，B 有 20 个，C 有 35 个。儿童节做活动，所有玩偶打九折销售，这一天共获得 5400 元的营业额。如果单个定价，B 的定价是 C 的 2.5 倍，A 的定价是 B 的 2 倍。那么单个 A 玩偶的成本是多少元？

解析

实际售价占成本的 $(1+20\%)\times 90\%=108\%$，所以总成本为 $5400\div 108\%=5000$（元）。1 个 B 玩偶相当于 $\frac{1}{2}$ 个 A 玩偶，一个 C 玩偶相当于 $\frac{1}{2\times 2.5}=\frac{1}{5}$（个）A 玩偶，所以所有商品相当于有 $8+20\times\frac{1}{2}+35\times\frac{1}{5}=25$（个）A 玩偶，所以单个 A 玩偶的成本为 $5000\div 25=200$（元）。

23.4 混合比问题与假设法

例 8 甲、乙两种商品，成本共 3200 元。甲按 30%的利润定价，乙按 20%的利润定价。后来甲、乙都按定价的 90%打折出售，结果仍获利 436 元。甲的成本是________元。

解析

甲按(1+30%)×90%−1=17%的利润率销售；

乙按(1+20%)×90%−1=8%的利润率销售。

假设 3200 元都是乙的成本，那么可获利 3200×8%=256(元)，而实际获利 436 元，所以甲的成本是(436−256)÷(17%−8%)=2000(元)。

例 9 甲、乙两种商品，成本共 500 元。甲按 50%的利润定价，乙按 40%的利润定价。后来甲、乙都按定价的 80%打折出售，结果仍获利 84 元。甲的成本是________元。

解析

本题与例 8 的表意完全相同，我们换一种思路解题。

打折后甲的利润率为(1+50%)×80%−1=20%，乙的利润率为(1+40%)×80%−1=12%，两种商品的平均利润率为 84÷500=16.8%。根据浓度问题的配比思想(其实就是混合比)，我们可以知道甲、乙的成本之比为(16.8%−12%)∶(20%−16.8%)=3∶2，所以甲的成本是 $500\times\frac{3}{3+2}=300$(元)。

例 10 一批商品，按期望获得 60%的利润来定价，结果只卖掉 80%的商品。为尽早卖掉剩下的商品，商店决定按定价打折销售。如果这样所获得的全部利润是原来期望利润的 84%，那么打了几折?

解析

本题实际上是前“80%”(量)商品与后“20%”(量)商品的混合，平均获利为期望值的 84%，于是后 20%商品获得的实际利润率为 $\frac{60\%\times(84\%-80\%)}{20\%}=12\%$，所以折扣为 $\frac{1+12\%}{1+60\%}=70\%$，即七折。

例 11 一批商品，按期望获得 50%的利润来定价，结果只卖掉 70%的商品。为尽早卖掉剩下的商品，商店决定按定价打折销售。如果这样所获得的全部利润是原来期望利润的 64%，那么打了几折?

解析

实际的利润率为 50%×64%=32%，前 70%的商品获利 70%×50%=35%，则后 30%的商品亏了35%−32%=3%，于是后 30%的商品的售价是成本的 $\frac{30\%-3\%}{30\%}=90\%$，所以折扣为 $\frac{90\%}{1+50\%}=60\%$，即六折。

例 12 一批同一型号的手机，按高于进价 30% 的价格定价。由于其中 10 部手机的外表有磨损，这 10 部按定价打八折卖出，因此实际总获利只有预计获利的 $\frac{14}{15}$。那么这批手机共有多少部？

解析

打八折后的利润率为 $(1+30\%)\times 80\%-1=4\%$，即预计获利的 $\frac{2}{15}$。根据混合配比（参见浓度配比）可知，完好手机的数量∶有瑕疵手机的数量 $=\left(\frac{14}{15}-\frac{2}{15}\right):\left(1-\frac{14}{15}\right)=12:1$，所以这批手机有 $10\times(12+1)=130$（部）。

23.5　比和比例技巧

例 13 A 商店中的某件商品按定价卖，总共卖得 9000 元。B 商店中同样的商品按定价的九折卖，比 A 商店多卖出 5 个，营业额（总售价）与 A 商店相同。请问：

（1）在 B 商店，此商品每个卖多少钱？（2）A 商店到底卖出多少个这种商品？

解析

（1）多卖的 5 个正好补齐因为打折而减少的营业额的 10%，所以 B 商店每个商品卖 $9000\times(1-90\%)\div 5=180$（元）。

（2）A 商店此商品每个售价为 $180\div 90\%=200$（元），卖出商品 $9000\div 200=45$（个）。

问题（2）还可以直接用反比例解决。A、B两个商店的手机相同，所以单价与数量成反比。单价比为10∶9，则数量比为9∶10，所以A商店卖了 $5\times\frac{9}{10-9}=45$（个）。

例 14 某商品“按每个 15 元的利润”卖出 12 个的总收入与“按每个 25 元的利润”卖出 9 个的总收入一样多，这种商品每个成本是多少元？

解析

因为成本不变，所以利润差＝总售价差，即两个商品的售价相差 $25-15=10$（元）。

因为总收入一样多，所以单价与数量成反比，数量比为 $12:9=4:3$，则单价比为 $3:4$，所以利润为 15 元时，售价为 $10\times\frac{3}{4-3}=30$（元），成本为 $30-15=15$（元）。

利润的增减＝总售价的增减；成本不变的情况下，利润差＝售价差。

23.6　利润率的增减

例 15 秋去冬来，武大郎做每个烧饼的成本因烧柴增多增加了 4%，但武大郎仍保持原价售卖，因此每个烧饼的利润下降了 $\frac{2}{15}$。那么，武大郎冬天卖烧饼的利润率比秋季降低了多少？

解析

将秋季做饼的成本看作“单位 1”。秋季的利润率为 $4\%\div\frac{2}{15}=30\%$，冬季的利润率为 $\frac{1+30\%}{1+4\%}-1=25\%$，所以利润率降低了 $30\%-25\%=5\%$。

23.7 代数技巧

例 16 如果某种商品的进货价降低了 15%，而售价不变，最后利润率提高了 21%。那么该商品现在的利润率为多少？

解析

【方法 1】现在商品的成本为 1－15%＝85%，成本降低 15%使利润率提高了$\frac{15\%}{85\%}=\frac{3}{17}$(这里是指利润率提高的量)，原来的利润率因为成本降低提高了$\frac{1}{85\%}-1=\frac{3}{17}$(这里是指利润率提高对应的分率)，实际利润率由这一部分贡献了 $21\%-\frac{3}{17}=\frac{357-300}{1700}=\frac{57}{1700}$，原来的利润率为$\frac{57}{1700}\div\frac{3}{17}=19\%$，所以现在的利润率为 19%＋21%＝40%。

【方法 2】设原来的进货价为 1 元，则现在的进货价为 0.85 元。

设售价为 a 元，则现在的利润率为$\frac{a}{0.85}-1$，原来的利润率为 $a-1$。

> 大家可能会感觉到方程解这类题比算术方法在思维上更直接、更简单，但笔者还是希望大家能弄清算术方法，因为它的逻辑技巧性更强，更能锻炼学员的思维能力。而方程确实是伟大的数学工具，伟大到将很多思维过程“强拆”成了解方程的过程。但是，如果思维能力不够，在以后的学习中，可能会遇到找不到“等量关系”列方程的窘境！

根据利润率提高了 21%，可列方程：

$$\left(\frac{a}{0.85}-1\right)-(a-1)=21\%。$$

$$a=1.19。$$

所以现在的利润率为$\frac{1.19}{0.85}-1=40\%$。

【方法 3】此类型问题的“快捷方式”。

$21\%\div15\%-1=\frac{21}{15}-1=40\%$。为什么两个看起来毫不相干的数据能够相除得到问题的答案呢？下面我们用代数技巧来证明。

将成本看作 1，原利润率为 $x\%$，当进货价降低了 $a\%$，利润率增加了 $b\%$。(注意：我们要求的是 $x\%+b\%$。)

由题意可知，

$$x\%+b\%=\frac{x\%+a\%}{1-a\%}$$

$$\Rightarrow x\%-a\%x\%+b\%-a\%b\%=x\%+a\%$$

$$\Rightarrow b\%-a\%-a\%b\%=a\%x\%$$

$$\Rightarrow x\%=\frac{b\%-a\%-a\%b\%}{a\%}$$

$$\Rightarrow x\%=\frac{b\%}{a\%}-1-b\%。$$

所以 $x\%+b\%=\frac{b\%}{a\%}-1=\frac{b}{a}-1$。

> 对于任何类型题目的“快捷方式”，请大家保持谨慎的态度。首先，一定要理解它的原理；其次，要了解它的适用范围；最后，请不要停留在“快捷方式”上，那将局限你的认知。

例 17 制鞋厂生产的皮鞋按质量共分 10 个档次，最低档次（即第 1 档次）的皮鞋每双利润为 60 元。如果每提高一个档次，每双皮鞋的利润增加 10 元。最低档次的皮鞋每天可生产 240 双，每提高一个档次，每天将少生产 15 双皮鞋。每天生产第几档次的皮鞋所获利润最大？最大利润是多少元？

解析

【方法 1】由题意，生产第 $n(n=1,2,\cdots,10)$ 档次的皮鞋，每天可生产 $255-15n=15\times(17-n)$ 双，每双皮鞋的利润为 $50+10n=10\times(5+n)$ 元，所以每天获利：

$$[10\times(5+n)]\times[15\times(17-n)]=150\times(5+n)\times(17-n)\text{元。}$$

上式中，无论 n 等于几，$5+n$ 与 $17-n$ 的和都是 22！

而当两个数的和一定时，这两个数的差越小，则这两个数的乘积越大。

所以当 $5+n=17-n$ 时，乘积 $(5+n)\times(17-n)$ 最大。此时 $n=6$，$5+n=17-n=11$。

即每天生产第 6 档次的皮鞋所获利润最大，最大利润为 $150\times(5+6)\times(17-6)=18150$（元）。

【方法 2】实际上，从下表就可以看出利润的增减情况：

档次	1 档	2 档	3 档	4 档	5 档	6 档	7 档	8 档	9 档	10 档
每双皮鞋的利润/元	60	70	80	90	100	110	120	130	140	150
皮鞋的数量/双	240	225	210	195	180	165	150	135	120	105
总利润/元	14400	15750	16800	17550	18000	18150	18000	17550	16800	15750

采用上面的枚举法当然可以求出最大利润值，但是当数量增大时，比如不是 10 个档次，而是 90 个档次时，这个方法就显得很笨拙了。代数分析法就克服了这个缺点，它更具有一般性。

【方法 3】有没有算术解法呢？有！

每双皮鞋利润的变化：$60\times\frac{7}{6}\times\frac{8}{7}\times\frac{9}{8}\times\frac{10}{9}\times\frac{11}{10}\times\frac{12}{11}\times\frac{13}{12}\times\frac{14}{13}\times\cdots$

每双皮鞋数量的变化：$240\times\frac{15}{16}\times\frac{14}{15}\times\frac{13}{14}\times\frac{12}{13}\times\frac{11}{12}\times\frac{10}{11}\times\cdots$

而总利润＝单双皮鞋的利润×数量。

我们观察到，总利润在前 6 档时，一直在变大；在第 6 档到第 7 档时变化为 $\frac{12}{11}\times\frac{10}{11}<1$，第一次变小。所以第 6 档时总利润最大，第 6 档的单件利润为 110 元，皮鞋的数量为 165 双，总利润为 18150 元。

真题重现

1. 甲、乙、丙三件商品，甲的价格比乙的价格少 20%，甲的价格比丙的价格多 20%。那么，乙的价格比丙的价格多________%。 （2008 年“数学花园探秘”6 年级初赛）

2. 如果甲商品价格的 25%比乙商品价格的 25%多 25%，那么，乙的价格比甲的价格少________%。 （2009 年“数学花园探秘”6 年级初赛）

3. 小明带着一些钱去买签字笔，到商店后发现这种笔降价了 12.5%。如果他带的钱恰好可以比原来多买 13 支，那么降价前这些钱可以买________支签字笔。 （2010 年“数学花园探秘”5 年级初赛）

4. 下表是某银行人民币的存款基准利率表。小明现在有 10000 元人民币，如果他按照三年期整存整取的方式存款，三年后他连本带利一共能从银行拿到________元人民币。

整存整取	三个月	半年	一年	三年	五年
年利率/%	1.71	1.98	2.25	3.33	3.60

（2010 年“数学花园探秘”高年级复赛）

5. 从 1999 年到 2010 年的 12 年中，物价涨幅为 150%（即 1999 年用 100 元能购买的物品，2010 年要比原来多花 150 元才能购买）。若某个企业的一线员工这 12 年来工资都没有变，按购买力计算，相当于工资下降了________%。（2011 年“数学花园探秘”高年级复赛）

6. 张老师带着一些钱去买签字笔，到商店后发现这种笔降价了 25%，结果他带的钱恰好可以比原来多买 25 支，那么降价前这些钱可以买________支签字笔。（2011 年“数学花园探秘”6 年级初赛）

7. 甲用 1000 元购买了一只股票，随即他将这只股票转卖给乙，获利 10%。而后来乙又将这只股票转给了甲，但乙损失了 10%，最后甲按乙卖给甲的价格的九折将这只股票卖给了乙。甲在上述股票交易中赚了________元。（2016 年“优才杯”5 年级）

8. 国家规定个人稿费纳税的办法为：不超过 800 元，不纳税；超过 800 元而不超过 4000 元，按超过部分的 14%纳税；超过 4000 元，按稿酬的 11.2%纳税。李老师出版了一本书，共纳税 560 元，则他缴纳税后实际得到________元。（2016 年“优才杯”6 年级）

9. 某商店做了一次钢笔促销活动，促销办法是：顾客买的钢笔中，每 2 支送 1 只小熊玩具，不足 2 支不送。卖出 1 支钢笔的利润是 7 元，1 只小熊玩具的进价是 2 元，这次促销活动商店共赚了 2011 元。该商店此次促销最多共卖出多少支钢笔？（2016 年“华杯赛”中年级组决赛 B 卷）

10. 商店春节促销，顾客每次购物支付现金时，每支付 100 元可得一张价值 50 元的代金券。这些代金券不能兑成现金，但可以用来购买商品，规则是：当次购物得到的代金券不能当次使用；每次购物支付的现金不少于购买商品价值的一半。李阿姨只有不超过 1550 元的现金，她能买到价值 2300 元的商品吗？如果能，给她设计一个购物方案；如果不能，请说明理由。（2016 年“华杯赛”高年级组决赛 B 卷）

参考答案

1. 答案：50。

分析：乙是甲的 $1\div(1-20\%)=\frac{5}{4}$，丙是甲的 $1\div(1+20\%)=\frac{5}{6}$，乙比丙多 $\left(\frac{5}{4}-\frac{5}{6}\right)\div\frac{5}{6}=50\%$。

2. 答案：20。

分析：乙是甲的 $1\div(1+25\%)=80\%$，乙比甲少 $(1-80\%)\div1=20\%$。

3. 答案：91。

分析：现在可以买原来支数的 $1\div(1-12.5\%)=\frac{8}{7}$，原来可以买 $13\div\left(\frac{8}{7}-1\right)=91$（支）。

4. 答案：10999。

分析：$10000\times(1+3.33\%\times3)=10999$（元）。

5. 答案：60。

分析：$[1-1\div(1+150\%)]\times100\%=60\%$。

6. 答案：75。

分析：现在可以买原来支数的 $1\div(1-25\%)=\frac{4}{3}$，原来可以买 $25\div\left(\frac{4}{3}-1\right)=75$（支）。

7. 答案：1。

分析：甲第一次卖给乙 $1000\times(1+10\%)=1100$（元）；

乙第一次卖给甲 $1100\times(1-10\%)=990$（元）；

甲第二次卖给乙 $990\times90\%=891$（元）。

故甲前后共赚了 $1100-1000+891-990=1$（元）。

8. 答案：4440。

分析：若刚好 4000 元，则需交税 $(4000-800)\times14\%=448$（元），而 $448<560$，所以稿酬超过 4000 元。税前稿酬为 $560\div11.2\%=5000$（元），李老师税后拿到 $5000-560=4440$（元）。

9. 答案：335。

分析：每两支为一组，一组赚 $7\times2-2=12$（元）。按组卖，平均每支钢笔的利润更少，卖出的钢笔更多。而 $2011\div12=167\cdots\cdots7$，所以最多卖出钢笔 $167\times2+7\div7=335$（支）。

10. 答案：见分析。

分析：能，分五次购物，第一次用 800 元现金，第二次用 400 元现金和 400 元代金券，第三次用 200 元现金和 200 元代金券，第四次用 100 元现金和 100 元代金券，第五次用 50 元现金和 50 元代金券，共计买到 2300 元的商品。

第二十四章　行程问题进阶

24.1　基础篇提要

24.1.1　基本公式的运用

速度＝路程÷时间

时间＝路程÷速度

路程＝速度×时间

前面所讲的综合法与分析法，可以比较有效地解决这一类从公式出发的基本行程问题。

24.1.2　相遇问题与追及问题

考察对象是速度和就是相遇问题，考察对象是速度差就是追及问题，不以运动方向来判断问题类型。因此这两类问题叫作“速度和问题”与“速度差问题”更为贴切。

相遇问题与追及问题在高年级的试题中，往往出现往返多次相遇的问题。

封闭路线：一般取“顺时针”与“逆时针”两个方向。

同时同地出发，方向相反时，两人的运动是相遇问题。每相遇一次两人合走1圈；

同时同地出发，方向相同时，两人的运动是追及问题。每追上一次，速度快的人比速度慢的人多走1圈。

非封闭路线：例如两人在两城市间往返。

同时同地出发，背向而行，每相遇一次，两人合走2个两城距离；

同时同地出发，同向而行，每追上一次，速度快的人比速度慢的人多走2个两城距离。

24.1.3　车长、桥长问题

车长、桥长问题的关键是确定“路程”，这类题目中注意加减车长、桥长。

24.1.4　流水行船问题

流水行船问题的关键是确定“速度”，对单一的对象来说，“逆水速度”还是“顺水速度”很重要。值得注意的是，因为水速互相抵消，在流水行船问题中两船“反向的速度和”“同向的速度差”只与静水中的船速有关，与水速无关。

24.2　比例技巧

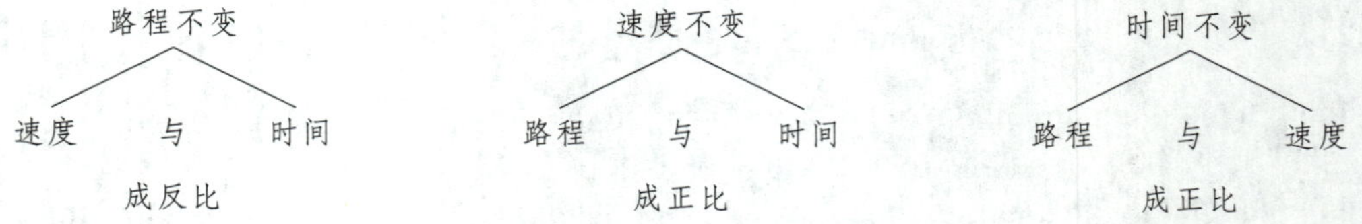

例 1　如图，一条山路 AB，小明与樵夫的下山速度都是各自上山速度的 2 倍。上午某一时刻，小明从山脚下的 A 处开始上山，与此同时樵夫从 C 处下山。樵夫到达山脚 A 后又立即上山，在山腰 E 追上小明。下午某一时刻小明从山顶 B 开始下山，与此同时樵夫从 D 处上山，到达山顶 B 后又立即下山，恰巧又在山腰 E 追上小明。如果 $AC=BD$，ED 比 EC 多 480 米，那么这条山路 AB 的长为多少米？

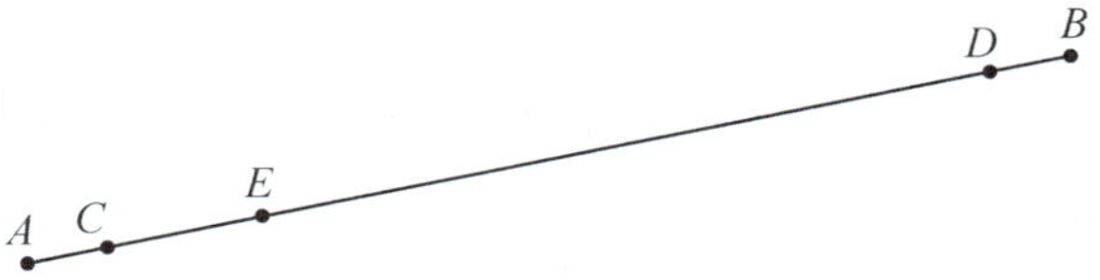

解析

不妨将题图水平放置。设点 M 是上午樵夫下山到 A 时小明所在的位置，点 N 是下午樵夫上山到 B 时小明所在的位置。如图所示。

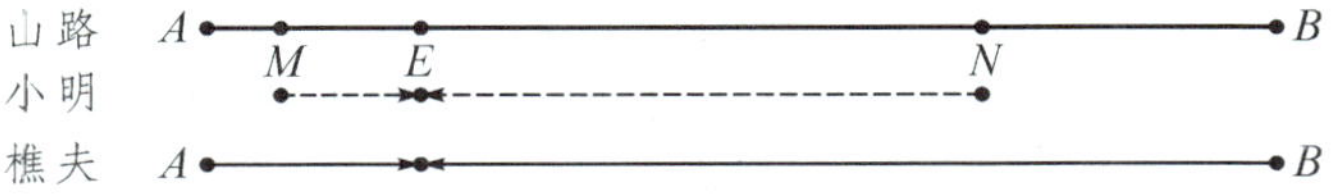

由题可知，$AC=BD$，且樵夫下山和上山的速度比为 $2:1$，故樵夫下山走 CA 与上山走 DB 的时间比为 $1:2$。相应地，小明上山走 AM 和下山走 BN 所用的时间比也为 $1:2$。又因为小明走这两段路程的速度比为 $1:2$，所以 $AM:BN=(1\times1):(2\times2)=1:4$。

上午樵夫到达 A 时，此时两人的距离为 AM；下午樵夫到达 B 时，此时两人的距离为 BN。又因为两人下山的速度差也是上山速度差的 2 倍，故上午樵夫从 A 追上小明和下午樵夫从 B 追上小明的追及时间比为 $\frac{1}{1}:\frac{4}{2}=1:2$，即樵夫上山走 AE 和下山走 BE 的时间比为 $1:2$，而樵夫下山的速度是上山速度的 2 倍，于是 $AE:BE=(1\times1):(2\times2)=1:4$。

又因为 $AC=BD$，$ED-EC=480$，所以 $BE-AE=480$，于是山路 AB 的长度为 $480\div(4-1)\times(4+1)=800$（米）。

例 2　熊大与熊二要到离家 72 千米的冰洞去探望亲戚北极熊，它们有一只狗拉雪橇，不过一次只能拉一只熊。为了尽快到达冰洞，两熊商定，由熊大先坐雪橇，熊二先步行，同时出发。熊大中途改为步行去冰洞，狗拉雪橇立即返回接在途中步行的熊二。熊二遇到狗后，乘坐雪橇去冰洞。已知熊大、熊二的步行速度相同，狗拉雪橇的速度是它们俩步行速度的 9 倍，那么雪橇应在距冰洞多少千米处返回接熊二，才能使熊大、熊二同时到达冰洞？

解析

如图。因为两熊的速度相同，狗拉雪橇的速度不变，想要同时到达，则步行距离也应相等，即 $AB=CD$。

当雪橇把熊大送到点 C 后，立刻从点 C 返回到点 B 再到点 D。同样的时间内，熊二刚好从点 C 走到点 D，因为雪橇的速度是步行速度的 9 倍，所以 $CD:(CB+BC+CD)=1:9$，则 $CD:BC=1:[(9-1)\div2]=1:4$，于是 CD 的长为 $72\div(1+4+1)=12$（千米）。

例 3　某校两个班的学生从学校出发去 25 千米外的公园。一班的学生早上 8:25 步行出发，二班的学生 9:00 乘坐大巴车出发，中途下车步行；大巴车立即回头接一班学生送往公园，结果两个班的学生恰好同时抵达公园。已知两个班的步行速度均为 4 千米/时，大巴车的速度为 60 千米/时，求两个班学生到达公园的时刻。（大巴车每次恰可运送一个班的学生）

解析

如图，一班比二班提前$\frac{7}{12}$小时（35 分钟）出发，大巴车出发 $4\times\frac{7}{12}\div(60-4)=\frac{1}{24}$（小时）后追上一班，此时两个班均已行 $60\times\frac{1}{24}=2.5$（千米），即图中线段 OA 的长。还剩 $25-2.5=22.5$（千米），即 AD 的长。接下来，本题转化为例 2。

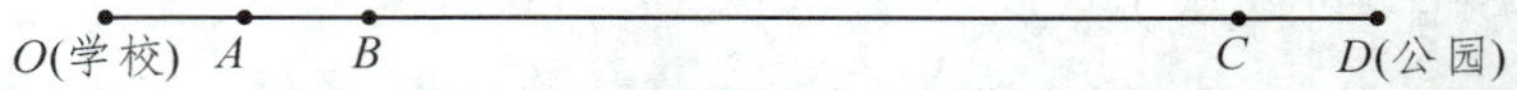

剩下的路程 AD，两个班步行的距离相等，即 $AB=CD$，因为学生步行与大巴车的速度比为 $4:60=1:15$，所以 $AB:(AB+BC+CB)=1:15$，则 $AB:BC=1:[(15-1)\div2]=1:7$，22.5 千米被分成 $1+7+1=9$（份），两个班均步行其中 1 份距离，步行 $22.5\div9=2.5$（千米），乘车 $22.5-2.5=20$（千米）。那么，二班出发后经过$\frac{1}{24}+\frac{20}{60}+\frac{2.5}{4}=1$（小时）到达公园，即两个班的学生 10:00 到达公园。

例 4 A、B 两地相距 62 千米，甲、乙、丙三人同时从 A 地出发前往 B 地，甲、乙、丙三人步行的速度分别为4 千米/时、6 千米/时、8 千米/时。他们各有一个滑板，三人滑行的速度均为 24 千米/时。如图，甲先滑行到 C 地，然后步行至 B 地；乙步行至 D 地，然后滑行至 B 地；丙步行至 C 地，然后滑行至 D 地，再步行至 B 地，三人同时到达 B 地。三人从 A 到 B 地用了________小时。

解析

如图，因为三人同时到达，且他们利用滑板车滑行的速度相等，则甲在 CB 段、乙在 AD 段、丙在 $AC+DB$ 上相对于用滑板车行进，消耗的时间是一样多的。

甲每步行 1 千米，比用滑板车多用$\frac{1}{4}-\frac{1}{24}=\frac{5}{24}$（小时）；

乙每步行 1 千米，比用滑板车多用$\frac{1}{6}-\frac{1}{24}=\frac{1}{8}$（小时）；

丙每步行 1 千米，比用滑板车多用$\frac{1}{8}-\frac{1}{24}=\frac{1}{12}$（小时）。

因为$\frac{5}{24}:\frac{1}{8}:\frac{1}{12}=5:3:2$，所以甲、乙、丙三人步行的距离之比为$\frac{1}{5}:\frac{1}{3}:\frac{1}{2}=6:10:15$，即 $CB:AD:(AC+DB)=6:10:15$。由此可知，CD 所占的份数为 $(6+10-15)\div2=0.5$（份），则 $AC:CD:DB=9.5:0.5:5.5=19:1:11$。所以全程被分成 31 份，1 份长度为 2 千米，AC 长 38 千米，CB 长 24 千米。甲走全程的时间为$\frac{38}{24}+\frac{24}{4}=7\frac{7}{12}$（小时）。

24.3 变速问题

①单体变速

例 5 一只小怪兽每天都用同样的速度从 A 地跑到 B 地。如果小怪兽将自己的速度提高$\frac{1}{3}$，则可以少用 1 小时到达 B 地。如果小怪兽按原速走 12 千米后再将自己的速度提高$\frac{1}{2}$，也可以比平常少用 1 小时到达 B 地。那么，A、B 两地相距多少千米？

解析

【方法 1】如图，因为路程 AB 相同，则速度与时间成反比，速度 $1:1\frac{1}{3}=3:4$，所以时间比为 $4:3$，则按原速走 AB 需 $1\div\frac{4-3}{4}=4$(小时)。

同理，因为路程 CB 相同，速度比为 $1:1\frac{1}{2}=2:3$，所以时间比为 $3:2$，则原速走 CB 需 $1\div\frac{3-2}{3}=3$(小时)。

于是，小怪兽走 AC 需 $4-3=1$(小时)，全程 AB 为 $12\div1\times4=48$(千米)。

【方法 2】变速问题也可看作混合比问题。以原速为标准，本题相当于 AC 用原来的 1 倍时间，CB 用原来的 $1\div1\frac{1}{2}=\frac{2}{3}$倍时间，混合成 AB 用原来的 $1\div1\frac{1}{3}=\frac{3}{4}$倍时间。于是，

$$AC:CB=\left(\frac{3}{4}-\frac{2}{3}\right):\left(1-\frac{3}{4}\right)=1:3，AB=(1+3)AC=4\times12=48(千米)。$$

例 6　一只小怪兽要从 A 地到 B 地，原计划需要 7 小时，可是当行了全程的$\frac{2}{7}$时，发现附近有奥特曼巡逻，于是小怪兽将自己的速度调整为原速的$\frac{1}{3}$。又走了 12 千米后，小怪兽发现自己脱离了奥特曼的巡逻区域，于是又将自己的速度调整为原速的$\frac{5}{3}$倍疯狂向目的地进发，结果还是比原计划晚了 1 小时。那么，A、B 两地相距多少千米？

解析

全程被分为 3 段，第一段为全程的$\frac{2}{7}$，第二段为 12 千米，剩下的路程是第三段。

小怪兽行驶全程的$\frac{2}{7}$后，若以正常速度走，还需 $7\times\left(1-\frac{2}{7}\right)=5$(小时)到达目的地，而它实际用了 $5+1=6$(小时)，即后面$\frac{5}{7}$的全程实际用时是计划用时的 $6\div5=\frac{6}{5}$倍。

第二段 12 千米所用时间为原速走这一段的 $1\div\frac{1}{3}=3$ 倍，后面的路程所用时间为原速走这一段的 $1\div\frac{5}{3}=\frac{3}{5}$倍。这就相当于，“3 倍”与“$\frac{3}{5}$倍”混合成“$\frac{6}{5}$倍”，典型的混合比问题。所以小怪兽若在第二段路程和第三段路程以原速走，其所用时间比为 $\left(\frac{6}{5}-\frac{3}{5}\right):\left(3-\frac{6}{5}\right)=1:3$，路程比也为 $1:3$，所以最后一段的距离为 $12\times3=36$(千米)，于是全程为 $(12+36)\div\left(1-\frac{2}{7}\right)=67.2$(千米)。

②相遇中的变速

例 7　A、B 两地相距 7200 米，甲、乙分别从 A、B 两地同时出发，相向而行，结果在距 B 地 2400 米处相遇。如果乙的速度提高到原来的 3 倍，那么两人可提前 10 分钟相遇。那么，甲每分钟行多少米？

解析

原来甲、乙的速度比是(7200－2400)∶2400＝2∶1。

乙提速后，甲、乙两人的速度比变为2∶3。因为甲的速度没变，所以乙提速前、后的两人速度和之比为$\frac{2+1}{2+3}=\frac{3}{5}$，即乙提速后两人相遇所需时间是乙提速前两人相遇所需时间的$\frac{3}{5}$，所以乙提速前两人相遇需$10\div\left(1-\frac{3}{5}\right)=25$(分钟)。甲的速度为(7200－2400)÷25＝192(米/分)。

③变速问题中的另一种处理方式

例8 甲、乙两车分别从A、B两地同时出发，相向而行。两车在距离B地6千米处相遇，相遇后甲车立即将速度提高到原来的2倍。当甲车到B地时立即调头去追乙车，结果追上乙车时，乙车距离A地还有3千米。那么A、B两地间的距离是________千米。 (2015年浙江"我爱数学夏令营"6年级)

解析

将变速问题转化为不变速的问题。

假设甲一开始就是2倍速，且从C关于A的对称点C'出发。看图可知，整个过程中甲走的路程是乙的3倍，所以甲、乙的原速之比为$\frac{3}{2}$∶1＝3∶2，所以A、B两地相距6÷2×(2＋3)＝15(千米)。

例9 某城市早7:00到8:00是高峰时段，所有车辆的行驶速度变为原来的一半。每天早上6:50，甲、乙两人从这城市的A、B两地同时出发，相向而行，在距离A地24千米的地方相遇。如果甲晚20分钟出发，两人恰好在A、B的中点相遇；如果乙早20分钟出发，两人将在距离A地20千米的地方相遇。那么，A、B两地相距________千米。 (2016年"数学花园探秘"6年级初赛A卷)

解析

以不变应万变。本题难点在于7:00至8:00会降速，使用一个小小的技巧会使题目清晰很多。假设高峰时段外所有时间、速度都为原速的一半，时间变为原来的2倍，则变速问题转化为不变速。画出示意图：

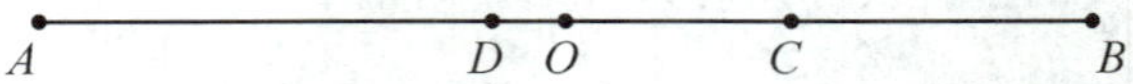

也就是说，本题条件变为

甲、乙6:40出发，在距点A 24千米的点C相遇。

甲7:10出发，乙6:40出发，在中点O相遇，乙多走30分钟。

甲6:40出发，乙6:00出发，在距点A 20千米的点D相遇，乙多走40分钟。

CD相距4千米，而CO∶CD＝30分钟∶40分钟＝3∶4。这是本题又一个难点，CD并不是乙40分钟走的路程，CO也不是乙30分钟走的路程，为什么它们也是30∶40呢？

我们可以这样想：假设乙单独走1分钟的路程变成甲、乙合走的路程，其中甲走了路程a，乙走了路程b，那么乙每单独走1分钟就相当于多走了甲的这一部分a，2分钟就相当于多走$2a$。以此类推，CO即为乙多走的$30a$，CD为乙多走的$40a$，所以CO∶CD＝30∶40＝3∶4，那么$DO=4\times\frac{4-3}{4}=1$(千米)。

全程AB＝(20＋1)×2＝42(千米)。

④多人相遇问题中的变速

例 10　甲、乙两人同时从 A 地出发，向 B 地匀速行驶。与此同时，丙从 B 地出发向 A 地匀速行驶。当丙行了 30 千米时，丙与甲相遇，相遇后甲立即调头，并且将速度提高到原来的 2 倍；当甲、乙两人相遇时，丙行驶了 40 千米；当乙、丙两人相遇时，甲恰好回到 A 地。那么 A、B 两地的距离是________千米。

（2014 年“数学花园探秘”总决赛高年级组）

解析

由题意，设 C 为甲、丙的相遇点，F 为甲、乙的相遇点，E 为乙、丙的相遇点，D 为甲、乙相遇时丙所在的地点，画出如下示意图。

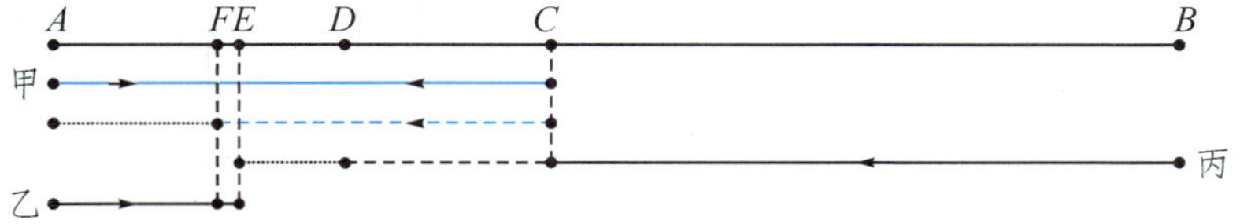

相同时间用相同的线表示，是一种很实用的线段图表述方式。

我们将从出发到甲、丙相遇称为①阶段，甲、丙相遇之后到甲、乙相遇称为②阶段，甲、乙相遇到乙、丙相遇称为③阶段。

甲从点 C 返回点 A 时，速度变为原来的 2 倍，所以所用时间变为原来的一半，则丙在这段时间内应走 $CE=30\div2=15$（千米）。又因为 $CD=40-30=10$（千米），所以 $DE=15-10=5$（千米）。由此可以知道①、②、③三个阶段的时间比为 $30:10:5=6:2:1$。

在③阶段中，甲走 FA，乙走 FE，甲变速后的速度与乙的速度比为 $(6+2):1=8:1$，①阶段与②、③阶段时间和的比为 $6:(2+1)=2:1$。而在②③两个阶段中，将甲走 CA 看作 $8\times1=8$（份），则乙在三个阶段一共走了 $1\times(1+2)=3$（份），于是丙在②、③阶段走了 $8-3=5$（份），所以甲变速后的速度与丙的速度之比为 $8:5$，则甲原来速度与丙的速度之比为 $4:5$。

又因为甲、丙在点 C 相遇，时间相同，所以路程 $AC:BC=4:5$，则 $AC=30\div5\times4=24$（千米），$AB=24+30=54$（千米）。

24.4　走停问题

①固定距离休息一次

例 11　如图，在 400 米环形跑道上，A、B 两点相距 100 米。甲、乙两人分别从 A、B 两点同时出发，按逆时针方向跑步。甲每秒跑 5 米，乙每秒跑 4 米，他们每跑 100 米，都要休息 10 秒钟。那么，甲追上乙需要多少秒？

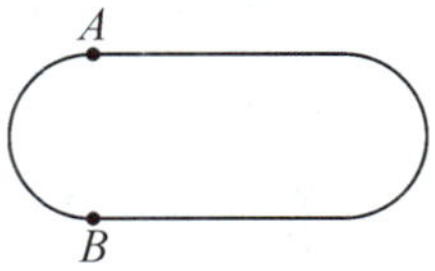

解析

甲跑 100 米需要 $100\div5=20$（秒），乙跑 100 米需要 $100\div4=25$（秒）。

最佳情况为甲在刚跑完 100 米的时候追上乙，因为只用追 100 米，所以在此情况下，甲与乙的休息时间相同。即甲在跑的过程中只用追 100 米，则需要跑 $100\div(5-4)=100$（秒），正好是 20 秒的倍数，与最佳情况的假设相符。所以甲休息了 $100\div20-1=4$（次），即停留 40 秒，共用时 $100+40=140$（秒）。

例 12　如图，在 400 米环形跑道上，A、B 两点相距 100 米。甲、乙两人分别从 A、B 两点同时出发，按逆时针方向跑步。甲每秒跑 7 米，乙每秒跑 5 米，他们每跑 100 米都要休息 5 秒。那么，甲追上乙需要多少秒？

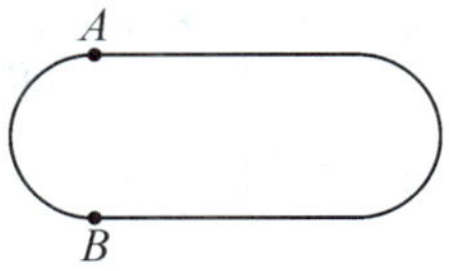

解析

甲跑 100 米需要 $100\div7=\frac{100}{7}$(秒),乙跑 100 米需要 $100\div5=20$(秒)。

> 注意本例题与例11的区别,当实际情况与最佳假设不相符的时候,要做出调整。

最佳情况为甲在刚跑完 100 米的时候追上乙,因为只用追100 米,所以在此情况下,甲与乙的休息时间相同。即甲在跑的过程中只用追 100 米,则需要跑 $100\div(7-5)=50$(秒),并不是$\frac{100}{7}$秒的倍数,与最佳情况的假设不相符。所以甲比乙多休息了一次,甲实际要追 $100+5\times5=125$(米),所以甲需要跑$125\div(7-5)=62.5$(秒),$62.5\div\frac{100}{7}=4\frac{3}{8}$,即甲需要停 4 次,共 20 秒,所以甲追上乙需要$62.5+20=82.5$(秒)。

②固定时间休息一次

例 13 一条沿湖公路绕湖一周,其全长为 24 千米。甲、乙两人从湖边某一地点同时出发反向而行。甲以每小时 4 千米的速度每走 1 小时后休息 5 分钟,乙以每小时 6 千米的速度每走 50 分钟休息 10 分钟。求:

(1)两人出发多长时间后第一次相遇?

(2)多长时间后两人第五次相遇?

解析

这类周期性的走停问题需要一个估算过程。

(1)甲 65 分钟走 4 千米,乙 60 分钟走 5 千米。因为$(4+5)\times3=27>24$,所以两人不可能同时完成 3 个周期。又因为甲一个周期的时间长,所以先算甲走完 2 个周期的时候,甲、乙相距多少,此时甲、乙共走 $4\times2+5\times2+6\times\frac{1}{6}=19$(千米),还剩 $24-19=5$(千米)的距离。此时距乙休息还有 40 分钟,而两人相遇还需要 $5\div(4+6)\times60=30$(分钟)<40 分钟,所以两人第一次相遇用时 $130+30=160$(分钟)。

(2)对于第二个问题,我们就需要另一个小技巧。假设甲、乙不休息,将他们的速度平均到他们休息的时间上去。则甲的速度为 $4\times\frac{60}{65}=\frac{48}{13}$(千米/时),乙的速度为 $6\times\frac{50}{60}=5$(千米/时)。5 个周期一共有 120 千米,用时 $120\div\left(\frac{48}{13}+5\right)=120\times\frac{13}{113}=13\frac{91}{113}$(小时),13 个小时的时候甲走了 12 个周期共 48 千米,乙走了 13 个周期共 65 千米,两人还相距 7 千米。此时距甲下次休息还有 60 分钟,距乙下次休息还有 50 分钟,7 千米两人合走 $7\div(4+6)\times60=42$(分钟),小于 50 分钟,所以两人从出发到第五次相遇共用 13 小时 42 分钟。

例 14 甲、乙两人从 A 地步行去 B 地。乙早上 6:00 出发,匀速步行前往;甲早上 8:00 才出发,也是匀速步行。已知甲的速度是乙的 2.5 倍,但甲每行进半小时都需要休息半小时。甲出发后经过________分钟才能追上乙。

(2013 年"数学花园探秘"5 年级初赛)

解析

假设乙 1 分钟走 1 份距离，则甲 1 分钟走 2.5 份距离。

乙先出发 2 小时，所以追及距离为 120 份。甲乙同时走 30 分钟，甲可追乙 $(2.5-1)\times30=45$（份）距离。所以在甲追上乙的最后一次行走 30 分钟之前，甲至少已经追了 $120-45=75$（份）距离。

甲一个周期的时间为 $30+30=60$（分钟），60 分钟走 $2.5\times30=75$（份）距离，一个周期追 $75-60=15$（份）距离。所以追 75 份距离需要 $60\times(75\div15)=300$（分钟），共计 $300+30=330$（分钟）。

24.5 不变量与假设法

例 15 如图，A、B 两港分别在河道的上、下游。甲船的静水速度为 45 千米/时，乙船的静水速度为 33 千米/时。如果甲、乙两船分别从 A、B 两港同时出发，相向而行，则他们在点 C 相遇；如果甲、乙两船分别从 B、A 两港同时出发，相向而行，则他们在点 D 相遇。已知 C、D 相距 84 千米，那么 A、B 两港相距________千米。

解析

因为速度和不变，所以相遇时间也不变。在相遇时间内，如果两船都从 A 出发，则甲船比乙船多走 DC，即多走 84 千米。又因为水速不影响速度差，所以相遇时间为 $84\div(45-33)=7$（小时）。而水速也不影响速度和，于是 $AB=(45+33)\times7=546$（千米）。

例 16 A 地位于河流上游，B 地位于河流下游。每天早上，甲、乙两船分别从 A、B 两地同时出发，相向而行。9 月 2 日开始，两船都装上了新发动机，在静水中的速度均变为原来的 1.25 倍，这使得两船的相遇点与原相遇点相距 1 千米。9 月 3 日，由于天气原因，水速变为平时的 2.5 倍，那么 9 月 3 日两船的相遇点与 9 月 2 日的相遇点相距多少千米？

解析

【方法 1】如图，假设原相遇点为 C，由于相遇点只与两船的速度比有关，与具体速度无关，所以当 9 月 2 日，船速变为原来的 1.25 倍，而水速依然为原速时，位于上游的甲船顺水速度不足原来的 1.25 倍，而位于下游的乙船逆水速度超过原来的 1.25 倍，所以 9 月 2 日的相遇点 D 在点 C 的左侧。同理，9 月 3 日的相遇点 E 在点 C 的右侧。

因为相遇时间只与两船在静水中的速度和有关，与水速无关，所以更换发动机前后的相遇时间比与速度和之比成反比，为 $1.25:1=5:4$。以甲船为考察对象，因为更换发动机前后船速比为 $1:1.25=4:5$，所以更换发动机前后依靠船速所走的路程比为 $(4\times5):(5\times4)=1:1$，即不变，假设这个距离为 AF。

那么 FC 为 1 倍水速走 5 份时间，FD 为 1 倍水速走 4 份时间，FE 是 2.5 倍的水速走 4 份时间，所以 $FC:FD:FE=(1\times5):(1\times4):(2.5\times4)=5:4:10$，即长为 1 千米的 CD 对应 $5-4=1$（份），则 DE 对应 $10-4=6$（份），所以 $DE=1\times6=6$（千米）。

【方法 2】在理解第一种方法的基础上，我们可以更加简化，不用考虑点 F。画出示意图：

假设 9 月 4 日水速为原水速的 1.25 倍，船速为换了发动机后的 1.25 倍，这样甲乙的速度比与换发动机之前一致，所以相遇点也为点 C。由于速度和相同，所以 9 月 2 日、3 日、4 日的相遇时间 t 都相同，又因为 9 月 2 日、3 日、4 日的水速依次为 1 倍、2.5 倍、1.25 倍，所以 DC 对应水速在相遇时间 t

内所走路程的 1.25－1＝0.25 倍，DE 对应路程的 2.5－1＝1.5 倍，于是 $DE=1\times\frac{1.5}{0.25}=6$(千米)。

例 17 如图，甲、乙两人以不变的速度同时从 A、B 两地出发，相向而行，相遇点距 B 地 1200 米。如果甲提前 6 分钟出发，两人在距 B 地 900 米处相遇；如果乙提前 6 分钟出发，两人在距 A 地 1000 米处相遇。那么，A、B 两地相距多少米？

解析

【方法 1】假设乙有分身术，三个乙分别在 0 分钟、6 分钟、12 分钟时以相同的速度向 A 地走去，甲于 6 分钟时出发向 B 地走去。由于甲的速度不变，三个乙的速度也不变，所以三个乙与甲相遇的时间间隔相同，相遇点间距也相同，均为 1200－900＝300(米)，所以第一个乙与甲相遇时，乙走了 1200＋300＝1500(米)，全程为 1500＋1000＝2500(米)。

【方法 2】将三种情况定义为事件 1、事件 2、事件 3。

事件 2＋事件 3：两人同时出发相向而行，共行两个全程，用时为事件 1 的两倍。其中乙行了一个全程少 1000－900＝100(米)，所以在事件 1 中，乙行了全程的一半少 100÷2＝50(米)。

全程为(1200＋50)×2＝2500(米)。

例 18 A、B 两地相距 720 米，甲、乙从 A 地，丙从 B 地，同时出发匀速相向而行。已知甲的速度为 7 米/秒，乙的速度为 5 米/秒，丙的速度为 6 米/秒。那么，

(1)出发后多少秒，甲在乙、丙的正中间？

(2)出发后多少秒，乙在甲、丙的正中间？

(3)出发后多少秒，丙在甲、乙的正中间？

解析

(1)甲在乙、丙正中间必然发生在甲、丙相遇之前。甲比乙每秒多行 7－5＝2(米)，假设有一名隐形人丁，与丙同时从 B 地出发向 A 地行进，且也比丙每秒多行 2 米，速度为 6＋2＝8(米/秒)，则甲、乙的距离总是等于丁、丙的距离。当甲、丁相遇时，甲处在乙、丙的正中间，时间为出发后 720÷(7＋8)＝48(秒)。

(2)乙在甲、丙正中间必然发生在乙、丙相遇以后。甲比乙每秒多行 7－5＝2(米)，假设有一名隐形人戊，与乙同时从 A 地出发向 B 地行进，且比乙每秒还少行 2 米，速度为 5－2＝3(米/秒)，则戊、乙的距离总是等于甲、乙的距离。当戊、丙相遇时，乙处在甲、丙的正中间，时间为出发后 720÷(6＋3)＝80(秒)。

(3)丙在甲、乙正中间必然发生在甲、丙相遇之后，乙、丙相遇以前。假设有一名隐形人己，与甲、乙同时从 A 地出发向 B 地行进，且速度正好是甲、乙速度的平均数，即(7＋5)÷2＝6(米/秒)，则己、乙的距离总是等于己、甲的距离。当己、丙相遇时，丙即处在甲、乙的正中间，时间为出发后 720÷(6＋6)＝60(秒)。

注：十个天干包括甲、乙、丙、丁、戊、己、庚、辛、壬、癸。

例 19 如图，甲、丙从 A 地往 B 地走，乙从 B 地同时出发，匀速相向而行。某一时刻，三人分别来到了 C、D、E 三点，且 $CD=DE$。

此时，三人停下来在手机上进行了一次语音聊天。

甲说："如果一开始我的速度提高 36%，那么现在我应该在你们二人的中点。"

乙说："如果我提前 36 分钟出发，那么现在我也应该在你们二人的中点。"

丙说："如果开始时我跟乙交换位置，那么现在我也应该在你们二人的中点。"

如果甲、乙、丙三人说的话都是对的，那么乙从 B 到 A 需要走多少分钟？

解析

由甲、乙二人的话可知，此时甲、乙均不在点 D，在点 D 的是丙，且甲比丙慢，于是甲在点 C，乙在点 E。

由甲的话可知，甲、丙的速度比为 $1:\left(1+36\%\times\frac{2}{3}\right)=100:124$。

由于时间相同，路程与速度成正比，可以将 A、C 的距离看作 100 份，A、D 的距离看作 124 份，则 $CD=DE=124-100=24$(份)。

由乙说的话可知，乙 36 分钟刚好走了 $24+24\times\frac{1}{2}=36$(份)距离，即 1 分钟走 1 份距离。

由丙说的话可知，因为丙、乙调换了位置，他们两人依然相距 24 份距离，所以乙此时所行的路程为 $100-24-24=52$(份)，即 BE 为 52 份，那么全程 AB 为 $124+24+52=200$(份)，即乙走全程需要 200 分钟。

例 20 甲、乙从 A 地往 B 地走，丙从 B 地同时出发，相向而行。每当有两人相遇时，三人中速度最慢的人速度将提高到原来的 2 倍，其他人的速度保持不变。甲、丙相遇 2 分钟后，乙、丙在 A、B 的中点 O 相遇；甲到达 B 地的同时，丙也到达 A 地，此时乙距 B 地还差 168 米。请根据以上条件回答下列问题：

(1)开始时，谁的速度最快？谁的速度最慢？请说明理由。

(2)三人出发几分钟甲、丙两人相遇？

(3)开始时，乙每分钟走多少米？

(4)A、B 两地之间的距离是多少米？

解析

(1)甲、丙相遇后，乙、丙才到达中点，所以甲比乙快，也比丙快，所以甲从始至终都没有变速；而乙、丙在中点相遇后，丙走全程的一半，而乙未走完全程的一半，甲走的不到全程的一半，所以乙、丙相遇后丙的速度比乙快，也比甲快，那么丙一定变过速；如果两次变速都是丙，则乙、丙相遇前丙的速度一直比乙慢，这与两人相遇时路程相同矛盾，所以丙不可能两次变速；因为乙、丙相遇后都已变速，且乙走的路程比丙少，所以此时乙的速度比丙慢，即开始时乙的速度也比丙慢。

所以开始时，甲的速度最快，乙的速度最慢。

(2)因为开始时丙比乙快，所以丙到中点 O 时才加速。将全程平均分成 4 份，如果丙不加速，则甲走 4 份的同时，丙只能走 3 份，即甲走 3 分钟的路程，丙需要走 4 分钟。丙在点 C 与甲相遇后走了 2 分钟才能到达中点，则需要再多走 2 分钟才能和甲走的路程相同，即丙走 AC 比甲走 AC 多用 4 分钟，所以甲走 AC 用了 $3\times[4\div(4-3)]=12$(分钟)，即三人出发 12 分钟后，甲、丙两人相遇。

(3)乙、丙的速度都变为原来的 2 倍后，丙比乙走完全程的一半领先 168 米，则在乙不变速的情况下，丙走到中点 O 时，乙离中点也是 168 米，这就是乙速度变为原来 2 倍后 2 分钟多走的路程。多走 1 倍，即 168 米就是乙原来 2 分钟所走的路程，所以乙的原速为 $168\div2=84$（米/分）。

(4)丙原速走到中点需要 $12+2=14$（分钟），乙原速走到中点需要 $14+2=16$（分钟），所以 A、B 两地之间的距离是 $84\times(16\times2)=2688$（米）。

例 21 如图，OA、OB、OC 是三段公路，其中 $AD=OD=OB=OC$。每辆汽车都有自己固定的最高速度，在每段公路上，如果汽车的最高速度不超过该路段的限速，汽车会按照最高速度行驶；如果汽车的最高速度超过该路段的限速，汽车会按照该路段限速行驶。OA 路段限速是 100 千米/时，OB 路段限速是 60 千米/时，OC 路段限速是 80 千米/时。有甲、乙、丙三辆最高速度不一定相同的汽车，甲从 A、乙从 B、丙从 C 同时出发，甲向 O 行驶，乙、丙分别经过 O 向 A 行驶，三车刚好同时在点 D 相遇；相遇后甲车继续向 O 行驶，乙车继续向 A 行驶，到达 A 后立即掉头向 O 行驶，丙车在点 D 立即掉头并经过 O 向 B 行驶，结果当甲车到达 O 时，乙车刚好到达 O、D 的中点，而丙车距 B 还有 36 千米。请问：

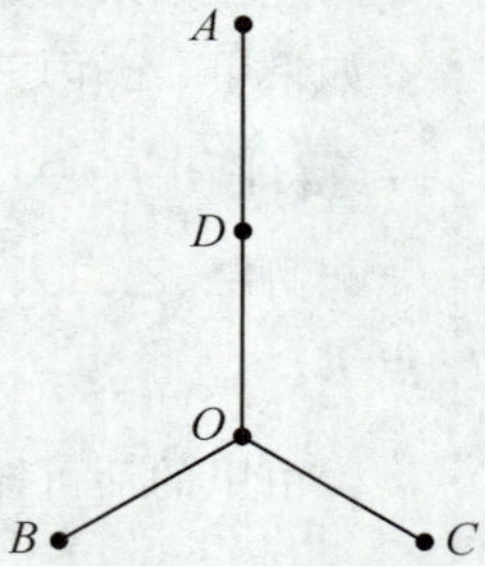

(1)三车在点 D 相遇之前，哪辆或哪几辆车曾经按照路段限速行驶过？

(2)三辆车的最高速度分别是多少？

(3)OA 段的距离是多少千米？

（2018 年“数学花园探秘”4 年级总决赛第二试）

解析

(1)、(2)两问的关键都是求出甲、乙、丙三辆车的最高速度。设 E 为 OD 的中点，三车相遇的时刻为前、后两段时间的分隔点。

如图，由于甲前、后两段走的距离一样，且没有变速，所以前、后两段时间 $t_1=t_2$。乙在前、后两段时间分别走了 $BO+OD$ 与 $DA+AE$，其中 $BO=OD=DA$，则 $AE=1.5BO$，所以乙前一段走 BO 的时间在后一段走了 AE，所以速度提高了 1.5 倍，即乙在 BO 被限速为 60 千米/时，乙的最高速度为 $60\times1.5=90$（千米/时）。

甲从头至尾都在 AO 上运动，所以甲未变速，由后一段时间可知，乙的速度是甲的 2.5 倍，所以甲的最高速度为 $90\div2.5=36$（千米/时）。

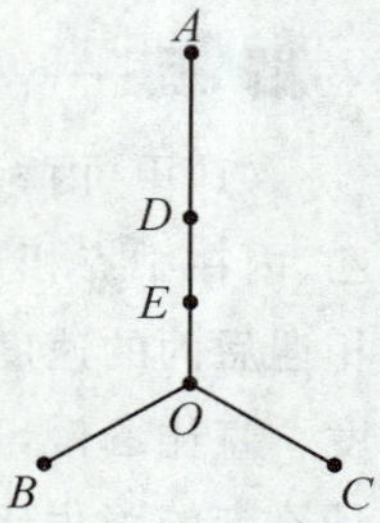

再观察前一段时间 t_1 内乙和丙的运动状况：这段时间内乙、丙所走的总距离相等。因为 $60\times t_{BO}=90\times t_{OD}$，所以可将 t_{BO}、t_{OD} 分别看作 3 份和 2 份，那么 $BO+OD=CO+OD=60\times3\times2=360$（份）。若丙的速度 $\geqslant80$ 千米/时，则丙至少行进 $80\times(3+2)=400$（份）>360 份，矛盾。所以丙一定没有被限速，丙的速度为 $60\times3\times2\div(3+2)=72$（千米/时）。

所以三车在点 D 相遇前，仅有乙在 BO 上被限速，甲、乙、丙三车的速度依次为 36 千米/时、90 千米/时、72 千米/时。

(3)$OB=OC$，丙车两次在 OD 段用时相等，所以在 OB 和 OC 段用时也相等。OC 段用 72 千米/时的速度行走，OB 段用 60 千米/时的速度行走，路程差是 36 千米，所以 OB 段对应的路程是 $36\div(72-60)\times72=216$（千米），$OA=216\times2=432$（千米）。

24.6　数论与行程

例 22　A、B 两地相距 291 千米。甲、乙两人同时从 A 地出发匀速前往 B 地，与此同时，丙从 B 地出发匀速前往 A 地。当乙走了 p 千米与丙相遇时，甲走了 q 千米；又过了一段时间，当甲、丙相遇时，乙共走了 r 千米。如果 p、q、r 均是质数，那么，p、q、r 的和是________。（2014 年"华杯赛"高年级组）

解析

当乙走了 p 千米时，甲和丙共走了 $(291-p+q)$ 千米。

当乙走了 r 千米时，甲和丙共走了 291 千米。

故 $\frac{p}{291-p+q}=\frac{r}{291}$，化简得 $291p=r(291-p+q)$。

因为 $p<r$，p、r 均是质数，所以 $(p,r)=1$，所以 $r|291$，所以 $r=3$ 或 97。

当 $r=3$ 时，因为质数 $q<p<r$，所以 $p=2$，$q=1$，不符合题意，所以 $r=97$。

把 $r=97$ 代入 $291p=r(291-p+q)$，得 $4p=291+q$。

因为 $4p>293$，$p>73$，又 $p<r=97$ 且 p 的尾数不能是 9（否则 q 尾数是 5），所以 $p=83$，代入后可得 $q=41$。

综上所述，p、q、r 的和是 $83+41+97=221$。

例 23　如图是一种电脑射击游戏的示意图。线段 CD、EF 和 GH 的长度都是 20 厘米，O、P、Q 分别是它们的中点，并且位于同一条线段 AB 上，$AO=45$ 厘米，$OP=PQ=20$ 厘米。已知 CD 上的小圆环的速度是 5 厘米/秒，EF 上小圆环的速度是 9 厘米/秒，GH 上小圆环的速度是 27 厘米/秒。零时刻，CD、EF、GH 上各有一个小圆环从左端点同时开始在线段上匀速往返运动。问：此时，从点 A 向 B 发射一颗匀速运动的子弹，要想穿过三个圆环，子弹的速度最大为多少？

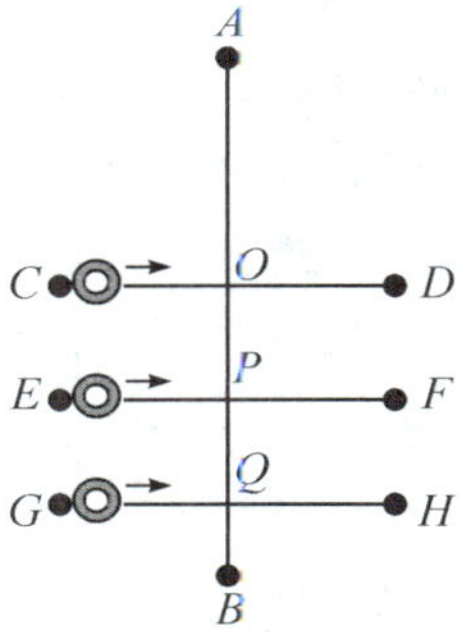

（2007 年"华杯赛"总决赛）

解析

将 CD 上的小圆环命名为甲，EF 上的小圆环命名为乙，GH 上的小圆环命名为丙。

因为子弹的速度不变，所以子弹走 AO、AP、AQ 三段的时间与路程成正比，即

$$t_{AO}:t_{AP}:t_{AQ}=45:(45+20):(45+20+20)=9:13:17。$$

这同时也是甲、乙、丙三个小圆环与子弹相遇的时间比。那么甲、乙、丙三个小圆环各自与子弹相遇时所移动的路程比为 $(5\times9):(9\times13):(27\times17)=5:13:51$。

而甲、乙、丙三个小圆环必须到线段中点才能与子弹相遇，那么三个小圆环的移动路程都应该是 10 的奇数倍。又因为要想子弹的速度最大，则小圆环的移动距离越短越好。而 $5:13:51=50:130:510$，即甲至少移动了 50 厘米。此时，甲与子弹均移动了 $50\div5=10$（秒），所以子弹的最大速度为 $45\div10=4.5$（厘米/秒）。

结　　语

只身似箭穿困阵，千题万选不留痕。

三角模型正反比，心法已悟渐精深。

真题重现

1. 甲参加铁人三项比赛，先是游泳 1.5 千米，接着骑自行车 40 千米，最后跑了 10 千米。甲跑步的速度是游泳的 5 倍，骑车的速度是跑步的 2.5 倍。甲游泳和跑步的时间和比骑车的时间多 6 分钟，那么甲完成整个比赛的时间为________分钟。

（2014 年“华杯赛”高年级组第二试）

2. 甲、乙二人分别从相距 10 千米的 A、B 两地出发，相向而行。若同时出发，他们将在距 A、B 中点 1 千米处相遇。若甲晚 5 分钟出发，则他们将在 A、B 的中点处相遇，此时甲行了________分钟。

（2014 年“希望杯”6 年级第二试）

3. 如图，设 AB，CD 为相距 15 厘米的两条平行线。已知直角三角形沿着直线 AB 以 1 厘米/秒的速度向右运动，长方形沿直线 CD 以 3 厘米/秒的速度向左运动。那么，在运动过程中，直角三角形与长方形有重叠部分的时间有________秒，其中重叠部分的面积保持不变的时间有________秒。

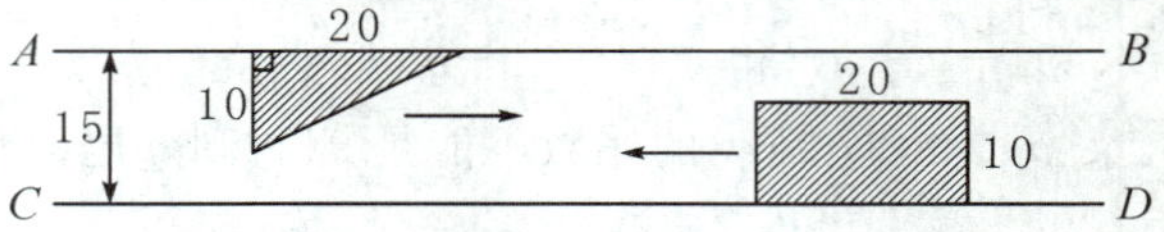

第 3 题图

（《2014 小学数学 MO 竞赛通鉴》）

4. 大兔子、二兔子一起和乌龟赛跑，两只兔子的出发点 A 落后乌龟的出发点 B 一段距离。三只动物同时出发，大兔子比较快，先追上乌龟，当大兔子追上乌龟的时候，二兔子还落后它们 30 千米，接着三只动物继续向前跑。当二兔子追上乌龟的时候，大兔子已经超过它们 40 千米了。二兔子看到后，心里不高兴了，说：“重来！”于是三只动物回到出发点，但是这一次二兔子站到了点 B，大兔子和乌龟的出发位置不变，如果三只动物的速度不变，还是同时同向出发，那么当大兔子追上二兔子的时候，乌龟落后它们________千米。

（2015 年“高思杯”四年级）

5. 甲、乙、丙三人分别站在一个 720 米的环形跑道上的 A、B、C 三个点上，准备起跑，方向为顺时针。甲先出发，10 秒后，乙、丙同时出发，结果当甲在点 C 追上乙时(这是甲第一次到达点 C)，丙刚好跑了 240 米到达点 A，然后三人不停顿地接着跑，结果甲又在点 C 追上丙(这是甲第二次到达点 C)，这时乙刚好到达点 A，那么乙每分钟跑________米。

（2015 年“高思杯”5 年级）

6. 一艘轮船顺流航行 210 千米、逆流航行 120 千米，共用 12 小时；顺流航行 180 千米、逆流航行 216 千米，共用 15 小时。两个码头相距 240 千米。该船往返一次需要多少时间？

（2015 年“创新杯”5 年级复试）

7. 六一儿童节，同学们乘车去动物园。如果汽车行驶 1 小时后，将车速提高$\frac{1}{5}$，就可以比预定时间提前 20 分钟赶到；如果该车先按原速行驶 72 千米，再将速度提高$\frac{1}{3}$，就可以比预定时间提前 30 分钟赶到。那么，从学校到动物园有多少千米？

（2014 年“华杯赛”高年级组决赛 A 卷）

8. 如图，$\triangle ABC$ 是边长为 108 厘米的等边三角形。虫子甲和乙分别从点 A 和点 C 同时出发，沿 $\triangle ABC$ 的边爬行。甲顺时针爬行，乙逆时针爬行，速度比是 4∶5。相遇后，甲在相遇点休息 10 秒钟，然后继续以原来的速度沿原方向爬行；乙不休息，速度提高 20%，仍沿原方向爬行，第二次恰好在 BC 的中点相遇。求开始时甲和乙的爬行速度。

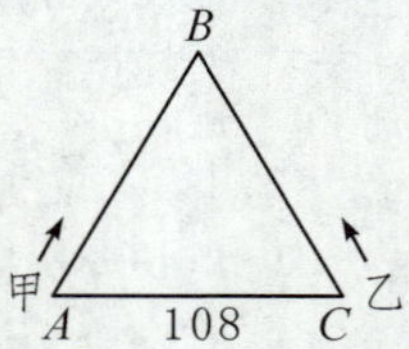

第 8 题图

（《2014 小学数学 MO 竞赛通鉴》）

9. 每天早上8点，小高和小思分别从A、B两地去学校（B地在A地与学校之间）。小高骑车，小思步行，当小高追上小思后与小思一起步行，最终两人9点准时到校。某一天，两人的出发地点换了一下，小高从B出发骑车到学校后发现小思还没到，于是立即返回去接从A地出发的小思，当小高遇到小思后载着小思又赶往学校，两人正好赶在9点准时到校。已知两种情况走路速度不变，骑车速度也不变，忽略转向时间，且骑车速度一直是步行速度的5倍。如果从A地到学校的距离是13.65千米，那么从B地到学校的距离是________千米。　　（2014年“高思杯”6年级第二试）

10. A、B两地相距48千米，C地是A、B两地的中点，所有车辆经过C地之后都要减速$\frac{1}{4}$。甲、乙两车分别从A、B两地同时出发，相向而行，在甲车经过C地的时候，丙车从A地出发前往B地。随后，甲、乙两车在距离C地3000米处相遇。又过了一段时间，乙、丙两车在距离C地9750米处相遇。如果甲车到达B地后立即返回A地，则甲、丙两车会在距C地________米处相遇。　　（2014年“巨人杯”5年级）

11. A地、B地、C地、D地依次分布在同一条公路上，甲、乙、丙三人分别从A地、B地、C地同时出发，匀速向D地行进。当甲在C地追上乙时，甲的速度减少40%；当甲追上丙时，甲的速度再次减少40%；甲追上丙9分钟后，乙也追上了丙，这时乙的速度减少25%；乙追上丙后再行50米，三人同时到D地。已知乙出发时的速度是每分钟60米，那么甲出发时的速度是每分钟________米，A、D两地间的路程是________米。　　（2015年“华杯赛”高年级C卷）

12. 一艘轮船从A港出发顺流而下到B港，再逆流而上返回A港，共用3.2小时。如果第1小时、第2小时、第3小时轮船分别所行路程依次成等差数列，且水流速度为每小时2千米。那么，轮船往返A、B两港共行________千米。　　（2015年“数学花园探秘”小高决赛）

13. 环形跑道的长为2013米，A、B是直径的两端。甲、乙顺时针，丙逆时针同时从点A出发，甲每经过一次点B，速度就变为原来的2倍。已知乙、丙第一次相遇时，甲恰好第一次回到点A；乙第一次回到点A时，甲恰好第二次回到点A。那么，当甲和丙第一次相遇时，丙走了________米。

（2013年“数学花园探秘”6年级网赛）

14. 甲、乙两车分别从A、B两地同时出发，相向匀速而行。当甲行驶过A、B的中点12千米时，两车相遇。若甲比乙晚10分钟出发，则两车恰好在A、B的中点相遇，且甲到B地时，乙距离A地还有20千米。A、B两地间的路程是________千米。　　（2013年“数学花园探秘”6年级初赛）

15. 甲、乙两人分别从A、B两地同时出发，相向匀速而行。当甲、乙在途中C地相遇时，丙从B地出发，匀速去A地；当甲与丙在D地相遇时，甲立即调头且速度降为原来的80%；当甲、丙同时到A地时，乙离A地还有720米。如果C、D间的路程是900米，那么A、B间的路程是________米。

（2013年“数学花园探秘”小高决赛）

16. 如图，A、B为圆形轨道一条直径的两个端点。甲、乙、丙三个微型机器人在圆形轨道上同时出发，做匀速圆周运动。甲、乙从A出发，丙从B出发；乙顺时针运动，甲、丙逆时针运动。出发后12秒钟甲到达B，再过9秒钟甲第一次追上丙时恰好也和乙第一次相遇；那么当丙第一次到达A后，再过________秒钟，乙才第一次到达B。

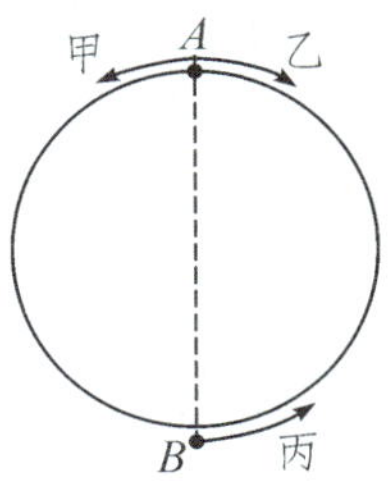

第16题图

（2015年“数学花园探秘”5年级初赛A卷）

17. 甲、乙两人从A地，丙从B地同时出发，相向而行。甲、丙在C地相遇，相遇后，甲立即掉头并与

乙在 A、B 两地的中点相遇，此时丙走了 2015 米。当甲回到 A 地时，乙刚好走到 C 地。那么，A、B 两地的距离是多少米？

（2015 年"数学花园探秘"5 年级总决赛第二试）

18. 甲从 A 地出发匀速去 B 地，在 A、B 中点 C 地被从 A 地晚 10 分钟出发的乙追上；乙又行了 280 米，立即掉头，再行一段与甲迎面相遇，这时甲已离开 C 地 6 分钟；结果当甲到 B 地时，乙恰好回到 A 地。如果乙的速度也始终未变，那么 A、B 两地间的路程为________米。

（2016 年"数学花园探秘"5 年级网赛）

参考答案

1. 答案：134。

分析：方法 1　典型的复合比问题。由题意可知，游泳、骑自行车、跑步三项比赛的路程比为 3∶80∶20，速度比为 2∶25∶10，所以其时间比为 $\frac{3}{2}:\frac{80}{25}:\frac{20}{10}=15:32:20$。设游泳和跑步一共用了 35 份时间，骑自行车为 32 份时间，每一份时间为 6÷(35−32)=2(分钟)。完成整个比赛用时 2×(15+32+20)=134(分钟)。

方法 2　设骑车的时间为 t 分钟，则跑步的时间为 $10\times2.5\times\frac{t}{40}$，即 $\frac{5t}{8}$；游泳的时间为 $1.5\times5\times\left(\frac{5t}{8}\div10\right)=\frac{75t}{160}$。

列出方程：$\frac{5t}{8}+\frac{5t}{160}-t=6$，解得 $t=64$。所以完成整个比赛的时间为 $2t+6=134$(分钟)。

2. 答案：10。

分析：如图，第 1 次相遇甲、乙行驶的时间相同，路程与速度成正比。因为甲、乙的路程比为 6∶4=3∶2，所以甲、乙的速度比为 3∶2。第 2 次相遇两人所行路程相等，时间与速度成反比，所以时间比为 2∶3。相差 1 份对应为 5 分钟，所以在中点相遇时甲走了 5×2=10(分钟)。

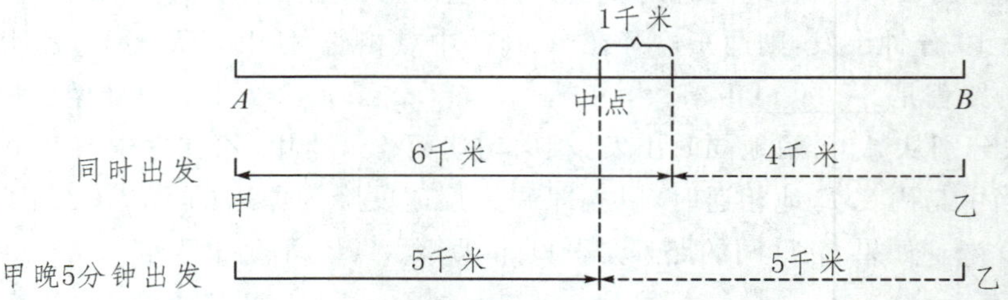

第 2 题图

3. 答案：7.5；2.5。

分析：直角三角形与长方形有重叠部分的过程由图 1 状态变为图 2 状态的过程，三角形与长方形共移动了 10+20=30(厘米)，用时 30÷(1+3)=7.5(秒)。

直角三角形与长方形在移动过程中有重叠部分的面积不变的过程由图 3 状态变为图 4 状态的过程，三角形与长方形共移动了 10 厘米，用时 10÷(1+3)=2.5(秒)。

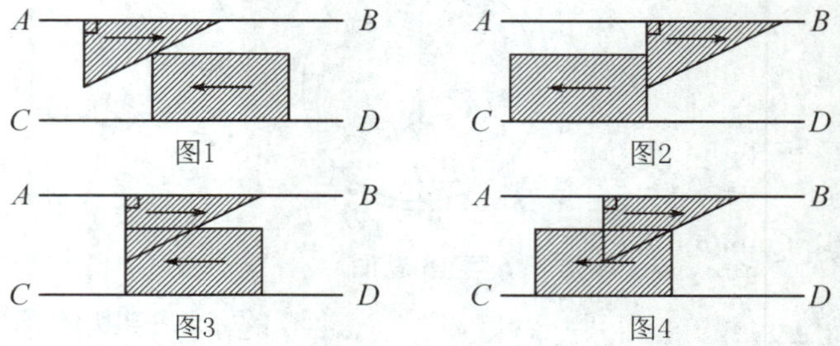

第 3 题图

4. 答案：360。

分析：三只动物速度不变，所以速度差也不变。

第一次赛跑，大兔子、二兔子追上乌龟时，两只兔子的间距分别为 30 千米、40 千米，说明时间比为 3∶4，后 1 份时间大兔子甩开乌龟 40 千米，那么刚开始时，兔子与乌龟相距 $40\times3=120$（千米）。

第二次赛跑，大兔子 1 份时间甩开二兔子 $40-30=10$（千米），所以将大兔子追上二兔子需要 $120\div10=12$（份）时间，二兔子 1 份时间甩开乌龟 $40-10=30$（千米），所以当大兔子追上二兔子时，二兔子与乌龟相距 $30\times12=360$（千米）。

5. 答案：240。

易知 A、B、C 三点在环形跑道上也是顺时针排列的，如右图所示。否则甲在点 C 追上乙就不是第一次到点 C 了。

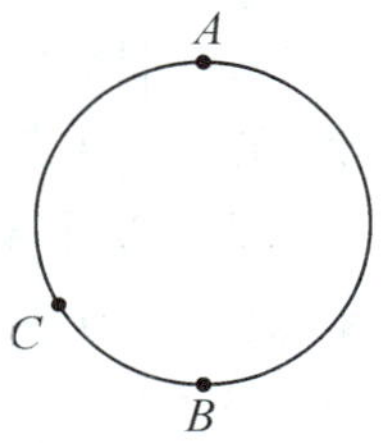

第 5 题图

甲在点 C 追到乙到甲又在点 C 追到丙的这段时间内，甲走了 720 米，乙走了 240 米，丙走了 $720-240=480$（米），那么三人的速度比为 $720:240:480=3:1:2$。于是乙、丙同时出发后，乙从点 B 走到点 C 的距离为 $240\div2=120$（米），甲这段时间走了 $120\times3=360$（米）。于是，甲 10 分钟走了 $480-360=120$（米），甲的速度为 $120\div10=12$（米/秒），则乙的速度为 $12\div3=4$（米/秒），即每分钟跑 240 米。

6. 答案：18 小时。

分析：方法 1　这艘轮船的静水航速和水流的速度不变，那么顺流航行 1050 千米、逆流航行 600 千米和顺流航行 720 千米、逆流航行 864 千米，都需用 60 小时。

第一次和第二次对比：顺流航行多 330 千米与逆流航行少 264 千米所用时间相同。

时间相同，速度比等于路程比，则顺流航行速度是逆流航行速度的 $330\div264=1.25$ 倍。

把第一次航行看成都是顺流航行，航行 60 小时，速度为 $(1050+600\times1.25)\div60=30$（千米/时）。

于是，逆流航行速度为 $30\div1.25=24$（千米/时）。

从而，该船往返一次需要时间为 $240\div30+240\div24=18$（小时）。

方法 2　设船的顺水速度为 v_1，逆水速度为 v_2，则

$$\begin{cases}\dfrac{210}{v_1}+\dfrac{120}{v_2}=12\cdots\cdots①\\[2ex]\dfrac{180}{v_1}+\dfrac{216}{v_2}=15\cdots\cdots②\end{cases}$$

①×2+②×5，得 $\dfrac{1320}{v_1}+\dfrac{1320}{v_2}=99$，即 $\dfrac{240}{v_1}+\dfrac{240}{v_2}=18$。

因此，该船往返一次需 18 小时。

7. 答案：216。

分析：将车速提高 $\frac{1}{5}$，车速变为原来的 $\frac{6}{5}$，时间变为原来的 $\frac{5}{6}$，所以预定时间为 $1+\frac{20}{60}\div\left(1-\frac{5}{6}\right)=3$（小时）。

将车速提高 $\frac{1}{3}$，车速变为原来的 $\frac{4}{3}$，时间变为原来的 $\frac{3}{4}$，那么提速行驶的这段路程原计划用 $\frac{30}{60}\div\left(1-\frac{3}{4}\right)=2$（小时），所以前面行驶的 72 千米用时 $3-2=1$（小时），因此从学校到动物园有 $72\times3=216$（千米）。

8. 答案：甲的速度为 10.6 厘米/秒；乙的速度为 13.25 厘米/秒。

分析：开始时虫子甲、乙的爬行速度之比是 4∶5，所以第一次相遇时，甲、乙爬行的路程之比是 4∶5，则第一次相遇时，甲爬行的路程是 $108\times2\times\frac{4}{9}=96$（厘米），乙爬行的路程是 $108\times2\times\frac{5}{9}=120$（厘米）。

由第二次恰好在 BC 的中点相遇，知从第一次相遇到第二次相遇，甲爬行的路程是 $(108-96)+$

108÷2=66(厘米)。第一次相遇时，甲、乙的爬行速度之比为 4:[5×(1+20%)]=2:3。所以从第一次相遇后，甲爬行 66 厘米所用的时间内，乙爬行的路程是 66÷2×3=99(厘米)。由此可知，第一次相遇后，乙 10 秒爬行的路程是 108×3−66−99=159(厘米)，即第一次相遇后，乙的爬行速度是 159÷10=15.9(厘米/秒)。由此得，开始时甲的爬行速度是 15.9÷3×2=10.6(厘米/秒)，乙的爬行速度是 10.6÷4×5=13.25(厘米/秒)。

9. 答案:5.25。

分析:如图，从 B 到 C 走路需要 60 分钟，而骑车速度是步行速度的 5 倍，可知 BC 这段路程骑车需要 12 分钟。那么更换出发地点之后，小高先用 12 分钟到达 C，然后返回与小思在 D 相遇，然后掉头前往学校，在 9 点钟到达学校。小高全程都骑车，共用 60 分钟，可知 CD 段骑车花费(60−12)÷2=24(分钟)。那么小高从出发到与小思相遇共用了 36 分钟，即小思步行从 A 到 D 要用 36 分钟。而小高从 C 到 D 骑车用时 24 分钟，那么步行就需要 24×5=120(分钟)。这样从 A 步行到 C 就需要 36+120=156(分钟)，即 2.6 小时。可求出步行速度为 13.65÷2.6=5.25(千米/时)。从 B 步行到 C 需要 1 小时，说明 BC 之间的距离就是 5.25 千米。

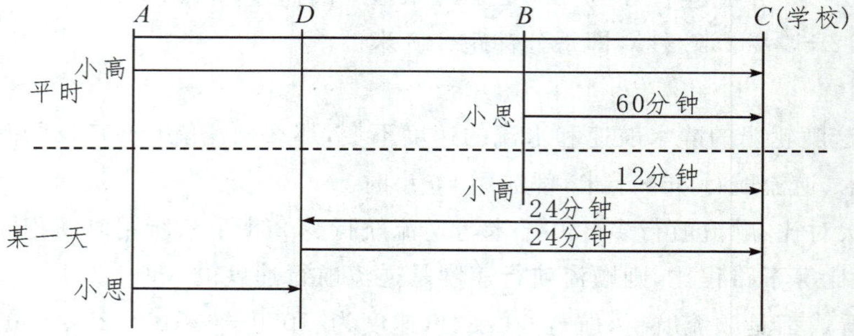

第 9 题图

10. 答案:5760。

分析:变速问题一般有两种处理方式，一种是正、反比例，另一种就是假设法，假设速度不变。

本题的时间段是交错的，所以一定要注意确定好“相同的时间”。

如图(单位:千米)，画出行程示意图。

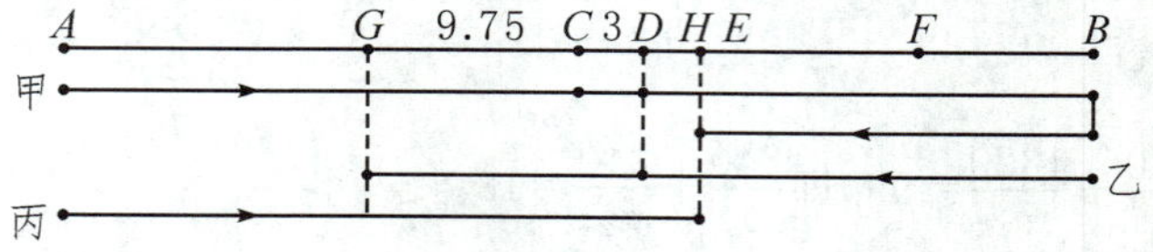

第 10 题图

甲、乙从出发到相遇的这段时间:假设甲到点 C 的时候速度不变，则甲在与乙相遇时甲走了 $24+3\div\frac{3}{4}=28$(千米)，所以甲、乙的初始速度比为 28:21=4:3。且甲过中点后速度与乙相同，所以甲到中点 C 时，乙在点 E，$EC=3\times2=6$(千米)，即丙出发时，乙在点 E。

从丙出发到乙、丙相遇的这段时间:若乙过点 C 也不变速，则乙、丙相遇时乙走了 $6+9.75\div\frac{3}{4}=19$(千米)，丙走了 24−9.75=14.25(千米)，所以乙、丙的初始速度比为 19:14.25=4:3。

于是，甲、乙、丙三人的初始速度之比为 16:12:9，甲变速后与丙的速度之比为 4:3。所以当丙走到点 C 时，甲过点 C 走了 $24\div\frac{3}{4}=32$(千米)，甲到达点 F，$CF=24\times2-32=16$(千米)。丙变速后，甲、丙的速度比又恢复成 16:9，所以甲丙相遇时，相遇点离中点 C 的距离即为丙走的距离，为 $16\times\frac{9}{16+9}=5.76$(千米)，即 5760 米。

11. 答案：125；1880。

分析：因为三人同时到 D 地，所以甲、乙的最后速度和丙相同，

所以丙的速度为 $60\times(1-25\%)=45$（米/分）；

甲减速一次后的速度为 $45\div(1-40\%)=75$（米/分）；

甲出发时的速度为 $75\div(1-40\%)=125$（米/分）。

如图，设甲在 E 地追上丙，乙在 F 地追上丙。

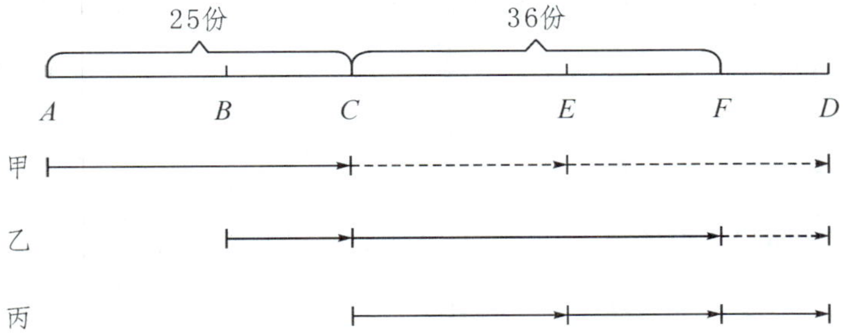

第 11 题图

因为甲、乙出发时的速度比为 $125:60=25:12$，所以 $AC:BC=25:12$。

设 AC 为 25 份，则 BC 为 12 份。

因为乙、丙出发时的速度比为 $60:45=4:3$，所以 $BF:CF=4:3$。

而 CF 为 $12\div(4-3)\times3=36$（份），AF 为 $25+36=61$（份）。

因为甲减速一次后与丙的速度之比为 $75:45=5:3$，

而甲原速行 AC 这 25 份时，相当于以 75 米/分的速度行 $25\times60\%=15$（份），所以 $CE=15\div(5-3)\times3=22.5$（份），从而 $EF=36-22.5=13.5$（份）。

而 EF 是丙 9 分钟所行的路程，为 $45\times9=405$（米），所以每份是 $405\div13.5=30$（米）。从而 $AF=30\times61=1830$（米），所以 $AD=1830+50=1880$（米）。

12. 答案：102。

分析：因为第 1、2、3 小时的路程依次成等差数列，所以第 2 小时一定是半小时顺流、半小时逆流。故全部顺流时间为 1.5 小时，逆流时间为 $3.2-1.5=1.7$（小时），顺流速度与逆流速度之比为 $17:15$，而顺流速度与逆流速度相差 $2\times2=4$（千米/时），所以顺流速度为 $4\times\frac{17}{17-15}=34$（千米/时），往返距离为 $34\times1.5\times2=102$（千米）。

13. 答案：549。

分析：由于甲每次经过点 B 时速度都加倍，所以第二次回到点 A 所用的时间为第一次的 1.5 倍，所以乙、丙第一次相遇时，乙应走了全程的 $\frac{2}{3}$，则丙走了全程的 $\frac{1}{3}$。如果甲不变速，乙、丙相遇时甲会走全程的 $\frac{1}{2}+\frac{1}{2}\times\frac{1}{2}=\frac{3}{4}$，所以甲、乙、丙三人出发时的速度比为 $\frac{3}{4}:\frac{2}{3}:\frac{1}{3}=9:8:4$。

甲、丙第一次相遇时，甲已经过点 B，相当于甲用 2 倍速与丙合走了 $\frac{3}{2}$ 个全程，甲的 2 倍速与丙的速度之比为 $9:2$，于是甲、丙第一次相遇时，丙走了全程的 $\frac{3}{2}\times\frac{2}{9+2}=\frac{3}{11}$，即 $2013\times\frac{3}{11}=549$（米）。

14. 答案：120。

分析：方法 1　两车在 AB 的中点相遇，甲到 B 地时，乙距离 A 地还有 20 千米，说明相同的时间里，甲走后一半的路程，乙走前一半路程少 20 千米。

则在第一次相遇之前，甲到中点 C 时，乙在距中点还有 20 千米的点 D。接着甲、乙两车继续走直到

相遇，即甲走了 12 千米，乙走了 $20-12=8$（千米），所以两车速度比为 $12:8=3:2$。

相同时间甲比乙多走 24 千米，所以全程为 $24\times\frac{3+2}{3-2}=120$（千米）。也可以通过 12 千米的对应分率得到全程为 $12\div\left(\frac{3}{3+2}-\frac{1}{2}\right)=120$（千米）。

方法 2　相遇时甲比乙多走 $12\times2=24$（千米），甲走半程比乙多走 20 千米。因为速度不变时，两车所走的路程与时间成正比，两车的路程差也与时间成正比，所以两车所走的路程与路程差也成正比。路程差之比为 $24:20=6:5$，路程比也为 $6:5$，于是（半程+12）:半程:全程 $=6:5:10$，全程为 $12\div\frac{6-5}{10}=120$（千米）。

15. 答案：5265。

分析：甲速度降为原来的 80%，与丙同时到 A 地，则甲、丙的速度比为 $5:4$，因此甲从 C 地到 D 地走了 900 米，则丙从 B 地到 D 地走了 $900\times\frac{4}{5}=720$（米）。

甲从 A 地回到 A 地走了 2 个（全程 -720）米，同样时间内乙走了 1 个（全程 -720）米，甲走的第 2 个（全程 -720）米是用 80% 的速度走的，所以相当于用原速走了 $\frac{9}{4}$ 个（全程 -720）米，所以甲、乙的速度比为 $9:4$。

甲、乙相遇时乙从 B 地到 C 地走了 $900+720=1620$（米），所以全程为 $1620\times\frac{4+9}{4}=5265$（米）。

16. 答案：56。

分析：将半圈看作单位“1”，则甲每秒钟移动 $\frac{1}{12}$，甲第一次与丙、乙相遇的位置位于点 B 逆时针方向 $\frac{9}{12}=\frac{3}{4}$ 处，所以丙的速度为 $\frac{3}{4}\div21=\frac{1}{28}$，乙的速度为 $\left(1-\frac{3}{4}\right)\div21=\frac{1}{84}$，所以丙第一次到达 A 后，再过 $84-28=56$（秒），乙才第一次到达 B。

17. 答案：6045。

分析：当甲回到 A 时，甲走了 2 个 AC，乙走了 1 个 AC，所以甲与乙的速度之比为 $2:1$。那么，甲与丙的相遇点离 A 有 $\left(1+\frac{1}{2}\right)\div2=\frac{3}{4}$（个）全程，即甲走 $\frac{3}{4}$ 的同时丙走 $\frac{1}{4}$，所以甲与丙的速度之比为 $3:1$。于是当乙走到 A、B 的中点时，甲走了 1 个全程，是丙此时走的 2015 米的 3 倍，所以 A、B 两地相距 $2015\times3=6045$（米）。

18. 答案：2240。

分析：如图，甲、乙在中点 C 相遇后，6 分钟合走 2 个 CD，即 $280\times2=560$（米）。

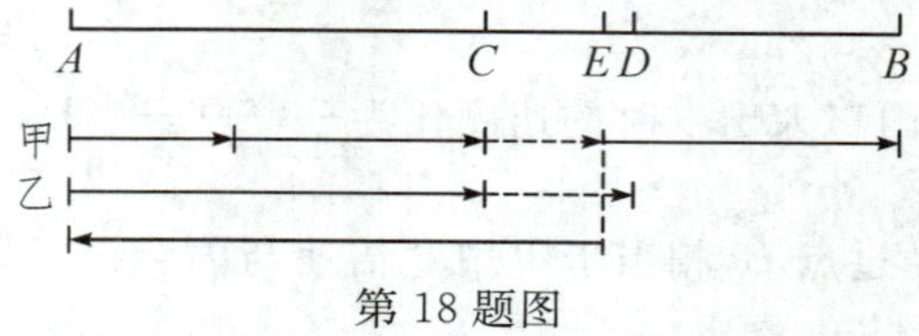

第 18 题图

当甲走全程一半，乙走（$2CD+\frac{1}{2}$ 全程），所以乙 10 分钟走 $2CD$，即 560 米，乙的速度为 $560\div10=56$（米/分）。那么甲走 6 分钟等于乙走 $10-6=4$（分钟），甲、乙的速度比为 $4:6=2:3$。

于是，乙走半程为 $10\div\frac{3-2}{2}=20$（分钟），全程 40 分钟，所以全程长 $56\times40=2240$（米）。

第三篇 逻 辑 宫

"万物皆有逻各斯，但它喜欢隐藏。"——赫拉克利特

逻各斯即逻辑。

我们听到一个人说话颠三倒四、自相矛盾，就会说这个人说话不合逻辑。但你有没有想过"逻辑"这个词到底是什么意思呢？你或许会说逻辑就是说话有条理，你讲的让我明白，你就有逻辑。你讲的前后矛盾，逻辑就混乱。没错，这种想法基本上是对的。

其实，"逻辑"这个在生活上广泛使用的词本身是一个标准的哲学词汇。在大学里面，特别是哲学系里，它还是一门成熟的课程体系，称为逻辑学或是理则学，它是探讨思维及推导的正确方法的。所以我们如果给"逻辑"下个定义，逻辑就是思维的规则。

你知道逻辑有多重要吗？举个例子，很多学科都以逻辑作为它英文单词的尾缀，表示这个学科是用理性的方法去研究特定领域的知识的。比如心理学是 Psychology，生物学是 Biology，社会学就是 Sociology，那"逻辑"这个词是怎么来的？英语中"逻辑"的字根在古希腊时代就已经出现了，古希腊文叫作 logos，我们一般就用音译叫作"逻各斯"。那在数学中逻辑扮演什么角色呢？

在几何篇中，我们见到了"公理"，即一些由无定义概念出发所构成的不证自得的描述，如"等量加等量，其和相等""两点决定一条唯一的直线"。

亚里士多德在《后分析篇》中指出"我们必须以这些公理作为推导的基础"。于是，我们知道——公理就是推导的基础，而推导的方法是什么呢？这个方法就是逻辑了。

曾经有归纳法、类比、演绎等多种方法成为候选者，事实证明，仅有演绎法能够证明结论的有效性。（注：高中阶段会学习到的数学归纳法不属于方法论中的归纳法，而属于演绎法。就好似蜗牛不是牛。）

"由 10000 只天鹅是白色推导出：所有的天鹅都是白色"的就是归纳法，但它不一定靠谱，17 世纪欧洲人在澳洲看到了第一只黑天鹅。

"某某同学因为生病，在家自学成才，所以因为生病在家自学后小明也能自学成才。"用的是类比，牛顿当年是成才了，但不是每个人都能成为牛顿，所以类比也不靠谱。

再来看看亚里士多德那个著名的断言："人终有一死——苏格拉底是人——苏格拉底也会死。"第一句是"人类"这个集合的共同特性，第二句表示个体苏格拉底属于这个集合，由这两句即可推出个体苏格拉底会符合这个集合的特性。这种逻辑推导被称为三段式演绎法，除此之外，亚里士多德还从一位数学家所应用的推理方法中抽象出了归谬法与排中律。

逻辑学演化至今天，以下面三大定律作为基石：

同一律：在同一思维过程中，每一思想的自身必须是同一的。就是说，在同一思维过程中，所使用的每一概念或判断都有其确定的内容，而不能任意变换。例如：蜗牛是牛这个判断中，第一个"牛"是"蜗牛"这个名称的一部分，而第二个"牛"是一个物种的名称，并不是同一概念。

矛盾律：在同一思维过程中，对同一对象的两个互相矛盾的判断，至少有一个是错误的。例如，"这个数是质数"与"这个数是合数"是两个互相矛盾的判断，其中至少有一个是错的，甚至两个都是错的。

排中律：在同一思维过程中，对同一对象的两个恰好相反的判断必有一个是对的，它们不能同时都错。例如"这个数大于 0"和"这个数不大于 0"是两个恰好相反的判断，其中必有一个是对的，一个是错的。

> 它衍生出了名震四海的推理方法——反证法！

以上三条定律，就是我们走出逻辑迷宫的指南针，带上它，出发！

第二十五章　逻辑推理

25.1　梳理条件的常见工具

25.1.1　表格

例 1　五年级 4 个班举行数学竞赛，甲猜想比赛结果是(3)班第一、(1)班第二，(2)班第三、(4)班第四；乙猜想的名次排列是(2)班第一、(3)班第二、(4)班第三、(1)班第四；结果只有乙猜对(3)班是第二名。这次竞赛的名次是怎样排列的？

解析

由题意列表如下：

名次	(1)班	(2)班	(3)班	(4)班
第一名		×	×	
第二名	×		√	
第三名		×		×
第四名	×			×

“√”所在的行与列其余格都由排中律排除，是×，于是得到下表：

名次	(1)班	(2)班	(3)班	(4)班
第一名		×	×	
第二名	×	×	√	×
第三名		×	×	×
第四名	×		×	×

此时，显而易见(4)班是第一名，(2)班是第四名，剩下(1)班是第三名。

例 2　甲、乙、丙、丁分别来自 A、B、C、D 地。甲和 A 地人是工人，乙和 B 地人是军人，丙和 C 地人的职业不同，丁不是军人，乙是________地人。

解析

将地区与人分别列于下表中的第一行与第一列，由题目条件可知甲不是 A 地人，乙不是 B 地人，丙不是 C 地人，丁不是 B 地人，甲是工人所以也不是 B 地人，乙是军人所以也不是 A 地人，如左下表。

由左下表，得到 B 地人只能是丙，于是丙所在的行、列其他格中都应该是“×”，如右下表。于是，A 地人只能是丁，因为丙是 B 地人，B 地人是军人，丙和 C 地人的职业不同，所以 C 地人不是军人。再由乙是军人，得乙不是 C 地人，乙是 D 地人。

人员	A 地	B 地	C 地	D 地
甲	×	×		
乙	×	×		
丙			×	
丁		×		

人员	A 地	B 地	C 地	D 地
甲	×	×		
乙	×	×		
丙	×	√	×	×
丁	√	×	×	×

例 3　宝宝、贝贝、聪聪每人有两个外号，人们有时以“数学博士”“短跑健将”“跳高冠军”“小画家”“大作家”“歌唱家”称呼他们，此外：

①数学博士夸跳高冠军跳得高；　②跳高冠军和大作家常与宝宝一起看电影；

③短跑健将请小画家画贺年卡；　④数学博士和小画家的关系很好；

⑤贝贝向大作家借过书；　⑥聪聪下象棋常赢贝贝和小画家。

问：宝宝、贝贝、聪聪各有哪两个外号？

解析

将“数学博士”“短跑健将”“跳高冠军”“小画家”“大作家”“歌唱家”六个称呼分别编号 1、2、3、4、5、6。

由①知数学博士不是跳高冠军；由②知，宝宝不是跳高冠军和大作家，且大作家与跳高冠军不是同一人；由③知短跑健将不是小画家；由④知数学博士不是小画家；由⑤知贝贝不是大作家；由⑥知贝贝、聪聪都不是小画家。故

称呼	1(非 3、非 4)	2(非 4)	3(非 1、非 5)	4(非 2、非 1)	5(非 3)	6
宝宝	×	×	×	√	×	
贝贝				×	×	
聪聪			×	×	√	

由上表可知宝宝是小画家，还是歌唱家；跳高冠军只能是贝贝，于是得到下表。

称呼	1(非 3、非 4)	2(非 4)	3(非 1、非 5)	4(非 2、非 1)	5(非 3)	6
宝宝	×	×	×	√	×	√
贝贝			√	×	×	×
聪聪			×	×	√	×

由于跳高冠军与数学博士不是同一人，所以贝贝还是短跑健将，剩下数学博士是聪聪，如下表：

称呼	1(非 3、非 4)	2(非 4)	3(非 1、非 5)	4(非 2、非 1)	5(非 3)	6
宝宝	×	×	×	√	×	√
贝贝	×	√	√	×	×	×
聪聪	√		×	×	√	×

综上，宝宝是小画家和歌唱家，贝贝是短跑健将和跳高冠军，聪聪是数学博士和大作家。

例 4　A、B、C 三名学生参加一次考试，试题共 10 道，每道都是判断题，每题 10 分，答对得 10 分，答错得零分，满分为 100 分。正确的打“√”，错误的打“×”，他们的答卷如下表：

学生	1	2	3	4	5	6	7	8	9	10
A	×	√	√	√	×	√	×	×	√	×
B	×	×	√	√	√	×	√	√	×	×
C	√	×	√	×	√	√	√	×	√	√

考试成绩公布后，三人都是 70 分，1～10 题的正确答案分别是＿＿＿＿＿＿＿＿＿＿。

（2005 年小学数学奥林匹克预赛）

解析

三人共错 9 题，所以至少有 1 题三人都对，表中只有第 3 题三人答案一致，所以第 3 题的正确答案是“√”。因为只有 1 道题三人答案一致，所以其他 9 道题每道只有一人错，各题的正确答案就是有两人相同的那种，如下表所示：

学生	1	2	3	4	5	6	7	8	9	10
A	×	√	√	√	×	√	×	×	√	×
B	×	×	√	√	√	×	√	√	×	×
C	√	×	√	×	√	√	√	×	√	√
答案	×	×	√	√	√	√	√	×	√	×

25.1.2 关系图

例 5 甲、乙、丙、丁与小明进行象棋比赛，每两人之间至多比赛一场。到目前为止，甲赛了 4 盘、乙赛了 3 盘、丙赛了 2 盘、丁赛了 1 盘。那么，小明赛了________盘。

解析

关系图中，我们约定“$A—B$”表示“A 与 B 之间进行了一场比赛”。

由“两人之间至多比赛一场”可知，每个人至多赛 5－1＝4(场)比赛。

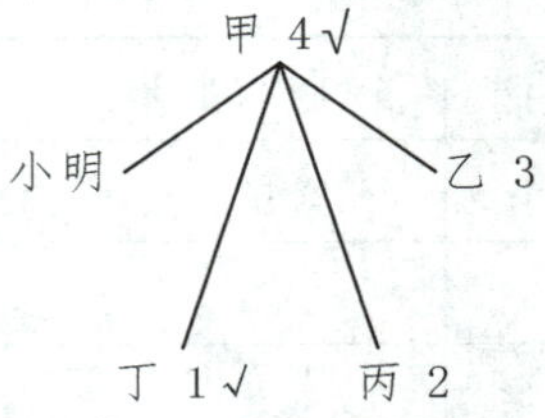

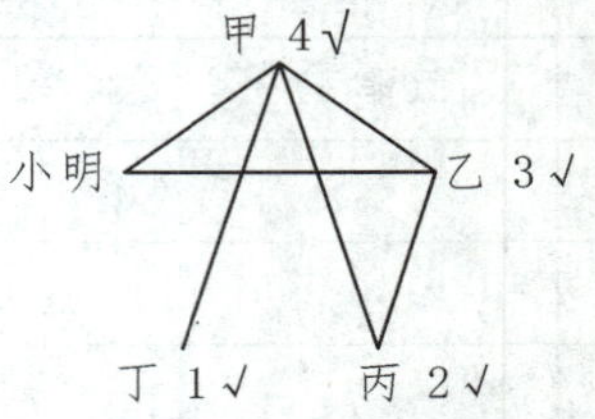

再看个人，一般情况下我们会从最多的、最少的、或者最平均的个例入手分析。甲赛了 4 场，说明他与其他人都已赛完，如左图，此时发现丁的 1 场也已经确定，他没有进行其他比赛。

于是，乙的 3 场比赛对象只能是甲、丙、小明，如右图。此时我们发现甲、乙、丙、丁的所有比赛对手都已确定，小明再无其他比赛对象，所以小明赛了 2 场。

例 6 A、B、C、D、E 五人进行了分胜负的乒乓球单循环比赛，结果是：

(1)A 胜 3 场。　　(2)E 胜 1 场。

(3)B、C、D 各胜了 2 场，且他们三人中有 1 人胜了其他两人。

(4)除 B 外，其他四人相互之间均有胜有负。　　(5)C 胜 E。

他们五人之间的胜负关系是：A 胜________，B 胜________，C 胜________，D 胜________，E 胜________。

解析

关系图中，我们约定用“甲⟶乙”表示“甲胜乙”。

因为“(5)C 胜 E”，所以(3)中胜了其他二人的一定不是 C。

又因为(4)可知 A 输掉的一场一定不是 B，所以 A 胜 B，E 胜的 1 场绝对不是 B，所以 B 胜 E，关系如图 1。

此时我们发现,B、C、D 三人中只有 D 可能胜其他二人,所以 D 胜 B,D 胜 C,于是 A 胜 D,E 胜 D,如图 2。

E 胜的 1 场已经明确,于是 A 胜 E,此时 A 胜的 3 场也明确,所以 C 胜 A,最后剩下 B 胜 C,如图 3。

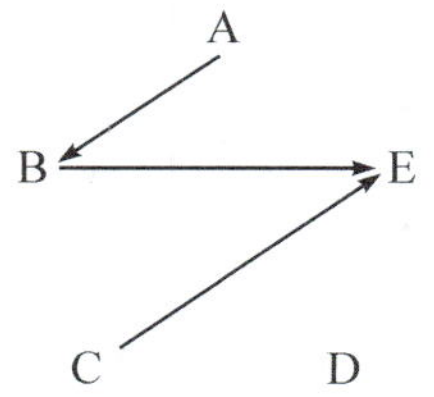

图 1

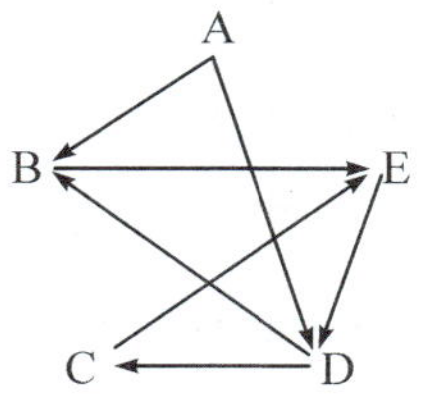

图 2

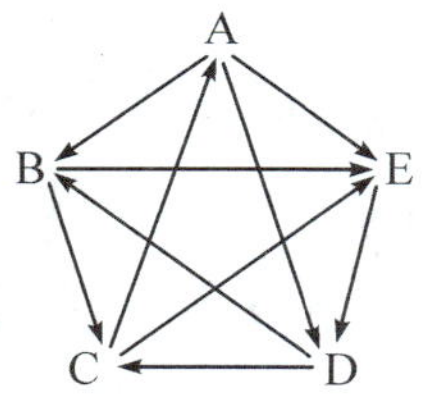

图 3

综上,A 胜 B、D、E,B 胜 C、E,C 胜 A、E,D 胜 B、C,E 胜 D。

例 7 A、B、C、D、E、F 六个国家正处于战争状态,它们之间的关系有同盟、敌对和中立 3 种。已知:

(1)A、B、C 互相都是同盟关系,D、E、F 互相都是中立关系。

(2)C 和其他国家都不是中立关系。

(3)有 3 个国家 3 种关系都有。

(4)A 和 D 都只有 1 个敌对国,C 和 F 各有 2 个敌对国,B 和 E 各有 3 个敌对国。

如果用数字 1 代表同盟关系,数字 2 代表敌对关系,数字 3 代表中立关系,那么 A↔D↔C↔F↔E↔B 之间关系构成的五位数是________。 (2017 年"数学花园探秘"小高决赛 D 卷)

解析

由 B 和 E 各有 3 个敌对国知,B 与 D、E、F 均敌对;E 与 A、B、C 均敌对,如图 1。

由 A 和 D 只有 1 个敌对国知,A 与 D、F 不是敌对,D 与 A、C 不是敌对,又因为 C 和 F 各有 2 个敌对国,所以 C 与 F 敌对。

由于 C 和其他国都不是中立关系,知 C 与 D 是同盟关系。

因为 B、C、E 均只有 2 种关系,所以 A、D、F 三种关系都有。所以 A 与 F 是同盟关系,A 与 D 是中立关系,如图 2。

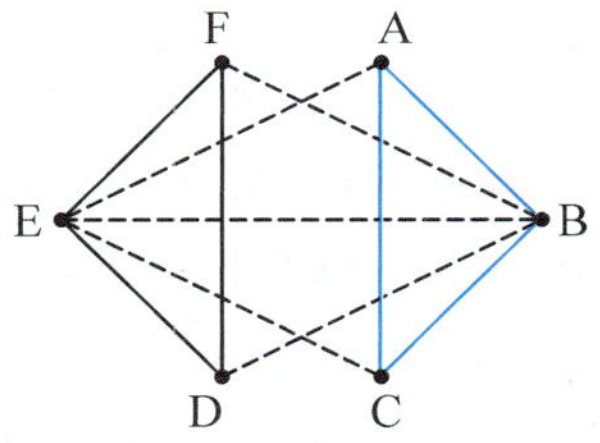

图 1

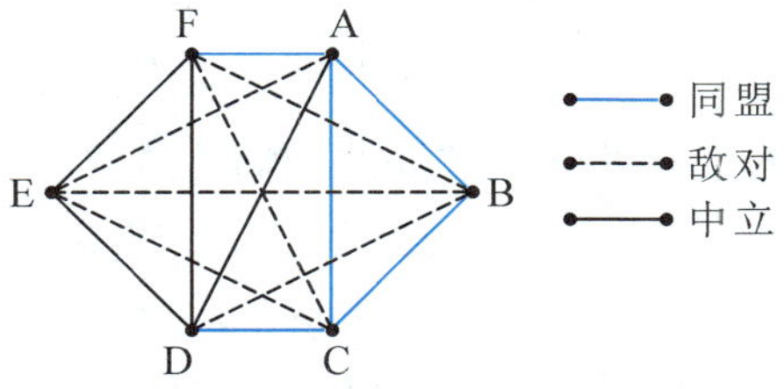

图 2

故答案为 31232。

25.2 常见的分析方法

见过了常见的梳理条件的工具,我们再来看看常见的分析方法。

25.2.1 排中律之假设法

例 8 A、B、C、D 四个贪吃豆在"贪吃大赛"中取得了前四名(无并列排名),赛后它们对成绩做了如下描述:

A:“我不是四人中最差的。”　　B:“我的排名在 D 的后面,但不是第 4 名。”

C:“四人中我吃的最少,排名最后。”　　D:“我是第 1 名。”

若 4 个贪吃豆中只有一个说错了,那么前四名依次为________。(填字母,第一名排第一位)

(2017 年秋·明心数学资优生测试 3 年级)

解析

若 A 错,则 C 也错,不符合题意。所以 A 对,A 不是第 4 名。

若 B 的前半句错,则 D 也错;若 B 的后半句错,则 C 也错,均不符合题意。所以 B 对,B 不是第 1 名,也不是第 4 名。

若 C 错,则无人是第 4 名,所以 C 对,D 错。

所以 C 第 4,B 第 3,D 第 2,A 第 1,前四名依次为 A、D、B、C。

例 9　库克的帽子落在大门前,上面脏兮兮的,原来有人从窗户扔出了垃圾。事故发生的时候只有 5 个男孩在家,当然这 5 个男孩谁也不愿意承认是自己干的。他们发生如下对话:

巴斯特:“不是我,库克大叫的时候我才知道发生了什么。”

奥　克:“不是我,马尔科可以为我作证,我什么也没扔。”

马尔科:“不是奥克,不是从上面扔下去的。”

科诺比:“但是我看到了,上面有人扔了东西。”

马尔夫:“是的,有人从上面扔了东西,从我头顶飞过,紧贴着我的头皮。”

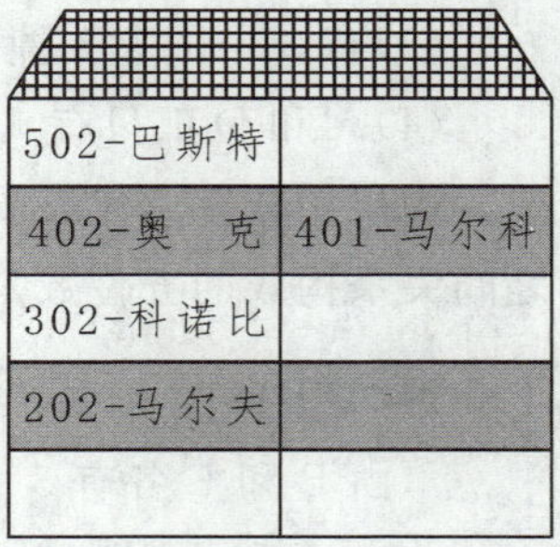

现在其中 4 个男孩说的都是真话,只有 1 个男孩说谎,说谎的人就是扔垃圾的。那么说谎者的房间号是________。

(2016 年“数学花园探秘”3 年级初赛 A 卷改编题)

解析

【方法 1】假设说谎的人是巴斯特,那么马尔科也说谎了,和题目“只有一人说谎”矛盾,所以巴斯特说的必定是实话。

假设说谎的人是奥克,那么马尔科的话也为谎话,和题目矛盾,所以奥克说的也必定是实话;

假设说谎的人是马尔科,那么奥克说的话为谎话,和题目矛盾,所以马尔科说的也必定是实话;

假设说谎的人是科诺比,带入检验后,其余人说的都为实话,符合题目要求;

假如说谎的人是马尔夫,科诺比和马尔科的话相互矛盾了,所以马尔夫说的也必定是实话。

【方法 2】因为马尔科的话与巴斯特同真同假,与奥克同真同假,而题设中“只有一人说谎”,所以他们三人只能同真。

若马尔夫为假,则导致科诺比也为假,也与题设中“只有一人说谎”矛盾,所以马尔夫所说为真。

剩下科诺比所说为假,房间号为 302。

25.2.2　排中律之一真一假

例 10　某日,A、B、C、D 和 E 一起去吃饭,吃完后,五人商议一个人去结账。在决定人选时有以下对话:

A 说:“或者是我去,或者是 C 去。”　　B 说:“D 不去。”

C 说:“如果不是 D 去,那么就是 B 去。”　　D 说:“既不是我去,也不是 B 去。”

E 说："既不是 C 去，也不是 A 去。"

最终决定人选后，发现他们 5 个人中只有 2 个人说对了，那么，最后是________去结账。

（2013 年"数学花园探秘"6 年级网赛）

解析

A、E 的断言恰好相反，由排中律可知两人所说必然一真一假。同理，因为 C、D 的断言恰好相反，所以也必然一真一假。

于是，两真在 A、C、D、E 中，那么 B 一定错了，所以结账的是 D。

例 11 大白、二黄、三黑和小花四人在一起比年龄。

大白说："小花比我大 2 岁，我的年龄恰好等于咱们 4 人的平均年龄。"

二黄说："我比三黑大 4 岁，我们之中最大的比最小的大 7 岁。"

三黑说："大白比二黄小 3 岁，比我大 1 岁。"

小花说："三黑比我小 6 岁，大白比三黑大 4 岁。"

他们年龄互不相同，最小的今年 10 岁，且每人都说了一半真话，一半假话。那么今年小花的年龄是________岁。

（2017 年"数学花园探秘"小中决赛 B 卷）

解析

二黄说："我比三黑大 4 岁。"三黑说："大白比二黄小 3 岁，比我大 1 岁。"这 3 句错 1 到 2 句。如果有 2 句是对的，则第 3 句一定对，所以一定 1 对 2 错。于是二黄说"我们之中最大的比最小的大 7 岁"必是对的。

同理，大白说："小花比我大 2 岁。" 小花说："三黑比我小 6 岁，大白比三黑大 4 岁。"这 3 句中也是 1 对 2 错。大白说"我的年龄恰好等于咱们 4 人的平均年龄"必是对的。

由此得出，最小 10 岁，最大 17 岁，4 人总和最少为 10＋11＋12＋17＝50（岁），最多为 10＋15＋16＋17＝58（岁），那么 4 人平均年龄只能为 13 或 14 岁。于是，4 人年龄由小到大可能为 10、12、13、17 或 10、14、15、17。不论哪种情况，都没有两人年龄相差 6 岁。所以，小花说"三黑比我小 6 岁"是错的，"大白比三黑大 4 岁"是对的。

三黑说"大白比我大 1 岁"是错的。"大白比二黄小 3 岁"是对的。二黄比三黑大 7 岁，所以三黑 10 岁，二黄 17 岁，大白 14 岁，小花 15 岁。

25.2.3　矛盾律之真真假假

例 12 A、B、C、D、E 五个人有下面一段对话：

A 说："B 是骗子。"　　B 说："C 是骗子。"　　C 说："D 是骗子。"

D 说："E 是骗子。"　　E 说："我是老实人。"

若老实人说真话，骗子说假话。那么，5 个人中最多有________个老实人。

（2015 年春・明心数学资优生测试 3 年级）

解析

E 如果是老实人，D 就是骗子。C 就是老实人，B 就是骗子，A 就是老实人。

同理，若 E 为骗子，则 D 为老实人，C 为骗子，B 为老实人，A 为骗子。所以最多有 3 个老实人。

例 13 一位数学家将写有 1、2、3、4、5、6、7、8、9 的 9 张牌发给 A、B、C、D、E、F、G、H、I 这 9 个人。这 9 个人中有 4 人是骗子，只说谎话；其余 5 人都是老实人，只说真话。发完牌后，数学家问 9 个人各自手中的牌是奇数还是偶数，8 个人回答完后得到的结果是 6 个奇数 2 个偶数。那么，最后 1 个人的回答肯定是________（填“奇数”或“偶数”）。（2015 年春 · 明心数学资优生测试 4 年级）

解析

每次说话，奇数的个数加 1 或者减 1，4 个人说谎，改变偶数次，则奇数个数的奇偶性不变。

1～9 中有 5 个奇数，则 9 个人回答后奇数应该有奇数个，所以最后 1 个人回答为奇数。

例 14 有 2015 个人，每个人不是天使，就是恶魔。天使总说真话，恶魔有时说真话，有时说假话。

第 1 个人说：“我们之中恰有 1 个天使。”　第 2 个人说：“我们之中恰有 2 个恶魔。”

第 3 个人说：“我们之中恰有 3 个天使。”　第 4 个人说：“我们之中恰有 4 个恶魔。”

……

第 2013 个人说：“我们之中恰有 2013 个天使。”　第 2014 个人说：“我们之中恰有 2014 个恶魔。”

最后一个人说：“你们真无聊。”

那么这 2015 个人中，至多有________个天使。（2015 年“数学花园探秘”小高决赛 B 卷）

解析

第 1 个人与第 2014 个人所说的话同真同假；第 2 个人与第 2013 个人所说的话同真同假；第 3 个人与第 2012 个人所说的话同真同假……这 1007 对只可能有 1 对是真的，即前 2014 个人中至多有 2 个天使，最后一个也是天使的话，则天使最多有 3 个。他们分别是第 3 位，第 2012 位和最后一位。

例 15 有两个神奇的小岛，真理岛上的人只说真话，魔鬼岛上的人只说假话。有一天，有 7 个分别来自真理岛上和魔鬼岛的人结伴乘船出游。船夫问：“你们谁来自真理岛，谁来自魔鬼岛？”

1 号说：“2、3、4 号都是魔鬼岛来的。”　2 号说：“3 号是魔鬼岛的人。”

3 号说：“2 号和我都不是魔鬼岛的人。”　4 号说：“5 号和 6 号都是真理岛上的人。”

5 号说：“4 号是来自魔鬼岛的。”　6 号说：“7 号不是真理岛上的人。”

7 号说：“我来自真理岛。”

那么，所有来自魔鬼岛的人的编号，从小到大依次排列，所组成的数是________。

解析

3 号所说若为真，则与 2 号所说矛盾，所以 3 号所说为假，来自魔鬼岛，2 号所说为真，来自真理岛，于是 1 号所说为假，来自魔鬼岛。

4 号 5 号的说话结构与 2 号 3 号的说话包含相同的结构，于是 4 号来自魔鬼岛，5 号来自真理岛，那么，4 号所说的错误在于对 6 号的判定，于是 6 号来自魔鬼岛。

根据 6 号所说可知 7 号来自真理岛。所以魔鬼岛人为 1、3、4、6 号。

综上，答案为 1346。

例 16 100 只老虎和 100 只狐狸分为 100 组，每组 2 只动物。老虎总说真话，狐狸总说假话。当问及“组内另一只动物是狐狸吗？”结果这 200 只动物中恰有 128 只回答“是”，其他的都回答“不是”。那么

同组动物都是狐狸的共有________组。　　（2016 年“数学花园探秘”4 年级初赛 A 卷）

解析

共有 3 种分组：（虎，虎）、（狐，狐）、（虎，狐）。

对于提问，有以下回答：（虎，虎）有 2 个“不是”；（狐，狐）有 2 个“不是”；（虎，狐）有 2 个“是”。

只有（虎，狐）的分组有回答“是”，（虎，狐）有 $128\div2=64$（组），所以（狐，狐）的分组有 $(100-64)\div2=18$（组）。

例 17 某班有两类学生，一类学生总是说谎，一类学生从来不说谎，每名学生都知道其他学生分别是什么类型。在今天的一次聚会上，每名学生都要说出其他学生分别是什么类型，全部学生总共说了 216 次“说谎者”；后来又来了一名学生，于是全部学生重新说了一次，共说了 240 次“说谎者”。那么，最终参加今天聚会的学生总共有________名。　　（2015 年“数学花园探秘”小高总决赛）

解析

假设最终说真话的有 a 人，说假话的有 b 人。

说出“说谎者”的人有两种情况：①说真话的学生描述说假话的学生；②说假话的学生描述说真话的学生。那么两种情况都会说出 $a\times b$ 次，共 $2\times a\times b$ 次，即 $2\times a\times b=240$，$a\times b=120$。

再考察增加的 $240-216=24$（次）是怎么产生的。

若增加的 1 人是说谎话，那么所有说真话的同学都会说他是“说谎者”，增加 a 次，他也会描述所有的说真话同学为“说谎者”，又增加 a 次，共增加 $2a$ 次。于是说真话的有 $24\div2=12$（人），说谎话的有 $120\div12=10$（人），共 22 人。

若增加的 1 人是说真话，那么所有说谎话的同学都会说他是“说谎者”，增加 b 次，他也会描述所有的说谎话同学为“说谎者”，又增加 b 次，共增加 $2b$ 次。于是说谎话的有 $24\div2=12$（人），说真话的有 $120\div12=10$（人），共 22 人。

综上所述，共 22 人。

25.2.4　说谎者悖论及其推论

说谎者悖论：这是一个被亚里士多德与许多后来者（逻辑学家、数学家）讨论过的悖论，其中一个常见的形式为：“我在说谎。”若这个断言为真，则依据它的陈述，它又是假的，矛盾；若这个断言为假，则它的陈述又是真的，矛盾。

这个悖论还有很多变体，其中，20 世纪最伟大的逻辑学家哥德尔是这样叙述的：“A 在 1934 年 5 月 4 日所说的每一句话都是假的。”

由于这个悖论的存在，我们可以得到这样一个推论：骗子是不会说自己是骗子；相对的，诚实的人也不会说自己是骗子。

例 18 小明碰到了 3 个人，一位是牧师、一位是骗子、一位是疯子。牧师只说真话，骗子只说假话，疯子有时说真话，有时说假话。

第一个人说：“我是疯子。”　　第二个人说：“你胡说，你才不是疯子呢！”

第三个人说：“别吵了，我是疯子。”

那么，这 3 个人中第________位是疯子。　　（2013 年“数学花园探秘”小中决赛）

解析

牧师不会说自己是疯子，所以第一个人、第三个人都不是牧师，那只能是第二个人是牧师，根据牧师说的话，第一个人不是疯子，是骗子，那么第三个人是疯子。

例 19 亚瑟王一共有 3 名骑士，这 3 名骑士分别是真话骑士、假话骑士和随意骑士。每名骑士拥有 1～3 位随从，且这 3 名骑士的随从数各不相同。真话骑士永远说真话，假话骑士永远说假话，随意骑士有时说真话，有时说假话。而他们的随从完全继承了所属骑士的说话风格。有一天，3 名骑士之间进行了如下对话：

骑士洛特说："我有 2 位随从，他们分别帮我拿着盔甲和剑。"

骑士高文说："我的随从人数是最多的，加雷是真话骑士。"

骑士加雷说："我的随从永远说假话。"

那么，加雷有________位随从。（2017 年"数学花园探秘"4 年级初赛 D 卷）

解析

3 名骑士所说的话有 2 名牵扯了加雷，所以我们尝试对骑士加雷入手讨论。

由于随从继承了所属骑士的说话风格，所以加雷说的话可以等价于"我说假话"或者"我在说谎"，所以加雷既不是真话骑士又不是假话骑士，他只能是随意骑士。

于是，高文说的话不正确，他是假话骑士，因此洛特是真话骑士。因为洛特的随从分别帮我拿着盔甲和剑，说明他有 2 位随从。从而高文的随从不是最多的，只能有 1 位随从，剩下的骑士加雷，有 3 位随从。

例 20 3 只老虎、3 只狐狸、3 只猴子分别住在图中编号分别为 1～9 的房间里，每个房间住 1 只动物，它们都说"与我相邻（有公共边）的房间里住的都是同一种动物"。如果老虎说真话，狐狸说假话，猴子可能说真话可能说假话，那么 3 只猴子所住房间编号的和最大是________。

1	2	3
4	5	6
7	8	9

解析

老虎的话不确定性最小，所以我们首先分析老虎。

若有两只老虎相邻，则两只老虎中的一只必不能满足周围所有动物都相同，所以没有相邻的老虎。

再看老虎的具体位置。如果有 1 只老虎在中心或 3 只老虎都在角上，那么 2、4、6、8 位置的动物都应该相同，所以至少有 1 只老虎在 2、4、6、8 之一。根据对称性，不妨分析老虎在 2，那么 1、3、5 的动物是同种，不论是猴子或狐狸，1、3、5 类的动物都不能再多，所以另外两只老虎只可能在 7、9，而 4、6、8 这 3 只动物是同种。

经验证，1、3、5 是狐狸或 4、6、8 为狐狸均可。那么，按照对称性，猴子的 3 间房编号最大是 5＋7＋9＝21。

例 21 老虎、狐狸、猴子各 3 只站在 3×3 的方格表里，每个格子里站一只动物。老虎总是说真话，狐狸总是说假话，猴子有时候说真话有时候说假话。

动物管理员问了这 9 只动物 3 个问题："与你相邻的有老虎吗？与你相邻的有狐狸吗？与你相邻的有猴子吗？"每一个问题都恰好有 7 只动物说有，2 只动物说没有。那么一共有

________种可能的排列方式。(有公共边视为相邻,方格表不可旋转或对称)

解析

猴子说话的确定性最小,所以先看老虎与狐狸。

由第 2 个问题可知,3 只狐狸中最多只能有 2 只相邻,否则 3 只狐狸都会回答“没有”。

(1)若 3 只老虎相邻,并呈直线型排布,有如下两种布局:

虎	虎	虎

布局一

虎	虎	虎

布局二

布局一中无论如何安排,都至少有 3 只动物说没有猴子;布局二中无论如何安排,3 只狐狸都会说没有老虎。

(2) 若 3 只老虎相邻,并呈直角型排布,有如下 3 种布局:

虎	虎	
虎		

布局三

虎	虎	
	虎	

布局四

	虎	
虎	虎	

布局五

布局三中无论如何安排,都至少有 3 只动物说没有猴子;布局四中,由于 3 只狐狸不能连在一起,此时至少有 3 只动物说没有猴子。根据布局五,我们可以得到布局六:

狐	虎	猴
虎	虎	猴
猴	狐	狐

布局六

(3)若有 2 只老虎相邻,另一只老虎不与其他老虎相邻,此时最多有一只狐狸与老虎相邻,只有如下 3 种布局:

	虎	
	虎	
虎		

布局七

虎	虎	狐
		虎
狐	狐	

布局八

虎	虎	
狐		狐
虎		狐

布局九

布局七中无论如何安排,都至少有 3 只动物说没有老虎;布局八,已有 1 只老虎会说没有老虎,为了只有 2 只动物说没有老虎,所以必有 2 只狐狸排在左下相邻两个位置中,而 3 只狐狸又不能都相邻,所以最后 1 只狐狸只能排在右上角,此时必有 3 只动物说没有狐狸;布局九与布局八类似,无论如何安排,都至少有 3 只动物说没有狐狸。

所以,只有布局五满足要求,根据正方形的对称性,一共有 8 种不同的安排方式。

25.2.5 真假谁可定

例 22 甲、乙、丙、丁共有糖果 17 颗,且每人的糖果数都不超过 9 颗。他们有如下的对话:

甲对乙说:“如果我给你 1 颗糖,我们的糖果数就相同了。”

乙对甲说:“如果你给我 2 颗糖,我的糖果数就是你的 3 倍了。”

丙对甲说:“如果我给你 3 颗糖,你的糖果数就是我的 3 倍了。”

丁对甲说:“如果你给我 4 颗糖,我的糖果数就是你的 4 倍了。”

结果发现:糖果数是奇数的人说的都是对的,而糖果数是偶数的人说的都是错的。

设甲、乙、丙、丁依次拥有 A、B、C、D 颗糖,那么,四位数$\overline{ABCD}$是________。

(2017 年“数学花园探秘”4 年级网赛)

解析

共 17 颗糖果,3 人中要么 1 人拿到奇数颗,要么 3 人拿到奇数颗。

(1)若丁为奇数,则丁说真话,他获得 4 颗后仍为奇数,则与他为甲的 4 倍矛盾。所以丁为偶数,说假话。

(2)若甲为偶数,由乙说的可知乙也为偶,由丙说的可知丙也为偶,则 4 人总数为偶数,与 17 颗矛盾,所以甲为奇数。

(3)由甲说的话可知乙也为奇数,所以乙说真话,那么一定有 3 人说真话,即丙也说真话。

(4)由甲、乙说真话,通过他们的话可得乙比甲多 2 颗,乙给甲 2 颗后,甲比乙多 2 颗,不难得出甲原来 3 颗,乙原来 1 颗;由丙的话可求丙原来 5 颗,那么,丁有 $17-1-3-5=8$(颗)。

四位数$\overline{ABCD}$是 3158。

例 23 快乐星球的人有一个奇怪的习惯,他们对比自己年龄小的人就说假话,对比自己年龄大的人就说真话。一天,来自快乐星球的 A、B、C、D 四位好朋友谈话如下:

D 对 A 说:“你的年龄最小。” C 对 D 说:“你的年龄不是最大的。”

B 对 C 说:“你的年龄不是最小的。” A 对 B 说:“你的年龄最大。”

若 4 人年龄由大到小编号分别为 1、2、3、4,那么 A、B、C、D 四人编号组成的四位数$\overline{ABCD}$是________。

(2017 年“数学花园探秘”3 年级初赛 C 卷)

解析

如果 D 所说的话“A 的年龄最小”是真话,则 D 比 A 大,故 D 说假话,矛盾,故知此句只能为假,D 比 A 大,A 不是最小的。

如果 C 所说的话“D 的年龄不是最大”是假话,则 D 年龄最大,进而 C 会对 D 说真话,矛盾。故知此句只能为真,D 比 C 大,D 不是最大的。

综上可知,D 第二大,A 第三大,C 最小,B 最大。代入后两句话检验正确。答案是 3142。

例 24 小花、小园、小探、小秘四位小朋友一起预测考试成绩。

小花对小园说:“别担心,你的成绩不是最差的。”

小园对小探说:“你的成绩最好。”

赛后发现,4 人的成绩均不相同并取得了前 4 名,且成绩好的人对成绩差的人所说的话正确,成绩差的人对成绩好的人所说的话错误。

那么,小花、小园、小探、小秘的名次从左至右依次排列组成的四位数是________。

解析

由题目条件可知“你的成绩最好”这句话不可能为真,所以小园比小探成绩差,小探不是第 1 名;

由题目条件又可知“你的成绩不是最差的”这句话不可能为假,若为假,则说话对象成绩最差,而说话人比说话对象成绩更差,矛盾。于是,小花比小园成绩好,小园不是第4名。

综上,小园只能是第3名,小探第2名,小花第1名,剩下的小秘第4名。依次排列组成的四位数是1324。

例 25 草原上有2只说假话的狼和2只说真话的羊,狼被羊咬了后会改说真话,羊被狼咬了后会改说假话,但被同类咬了不会改变。某天这4只动物相遇了,一场混战后,有3只动物各被其他动物咬了1次,有1只没被咬;有3只动物各咬了其他动物1次,有1只没有咬其他动物。

大灰狼:“我被小红狼咬了。”

小红狼:“我被大白羊咬了,不过我咬了小黑羊。”

大白羊:“我咬了大灰狼。”

小黑羊:“我被大灰狼咬了。”

没有咬其他动物的动物是________。 (2018年“数学花园探秘”4年级初赛A卷)

解析

【方法1】大灰狼要是被小红狼咬了,则还是说假话,所以它不可能说被小红狼咬,所以他说的是假话,且并没有被羊咬,即它没有被咬,其他3只动物都被咬过;

大白羊说“我咬了大灰狼”一定是假的,说明它被狼咬了;

小黑羊说“我被大灰狼咬了”若是真,则它应该说假话,矛盾,所以小黑羊说了假话,被咬了,但没有被大灰狼咬,只能被小红狼咬了;

于是大白羊被大灰狼咬了,小红狼一定被羊咬了,说真话,它被大白羊咬了。

于是,没咬其他动物的是小黑羊。

【方法2】“A ⟶ B”表示A咬了B。

通过分类讨论可知,所有说被狼咬了的都在说谎,即大灰狼和小黑羊都在说谎。小黑羊说谎了,说明它被狼咬了,同时它被大灰狼咬了是在说谎,所以小黑羊被小红狼咬了。

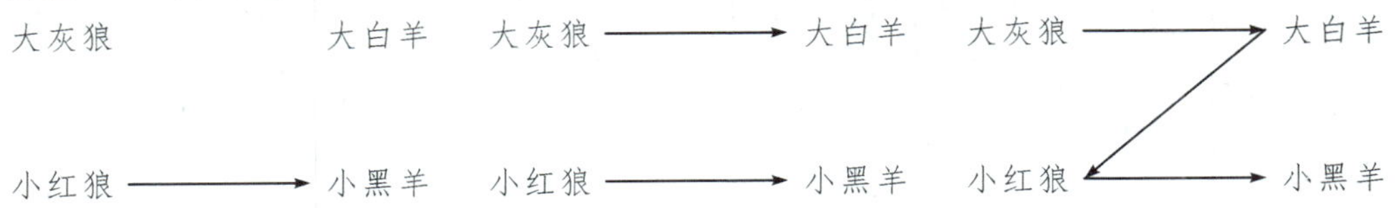

大灰狼在说谎,说明它没有被羊咬,而大白羊说自己咬了大灰狼,所以大白羊在说谎,那么它必然是被狼咬了,只能是大灰狼咬了大白羊。

大灰狼在说谎,它没有被羊咬,那么此时只能是小红狼被羊咬了,它说真话,所以它是被大白羊咬了。

所以没有咬其他动物的是小黑羊。

25.3 你中有我,我中有你

例 26 一张卡片上写了这样一句话:“本句出现的所有数中,有( )个数小于4,( )个数小于5,( )个数小于6。”每个括号中均为一个数,因为沾有污渍而看不清。但老师说这张卡片上的话是正确的,那么3个括号中的数的乘积为________。 (2018年秋·明心数学资优生测试3年级)

解析

这 3 个括号中的数必然依次增大。

因为 6 不小于 6，所以最后一空最大填 5，则前面 5 个数必然都小于 6，那么最后一空只能填 5；

此时第二空中至多填 3，所以必有 3 个数小于 5，于是只能填 3；

此时第一空必然小于 4，那么就有 2 个数小于 4，所以第一空填 2。

3 个数的积为 $2\times3\times5=30$。

例 27 小峰说："我们几人的话中共有 A 个 2。" 小光说："我们几人的话中共有 B 个 0。" 小叶说："我们几人的话中共有 C 个 1。" 小健说："我们几人的话中共有 D 个 4。"

现在分别用 0～9 中的数字替换 A、B、C、D（A、B、C、D 可以相同），使得他们说的话都是真话，那么 $\overline{ABCD}=$________。

（2014 年"数学花园探秘"中年级组决赛）

解析

现已有 2、0、1、4 各一个，所以 A、B、C、D 都大于等于 1，于是 $B=1$。

一共 8 个数字，所以 $A+C+D\leqslant7$，则 D 只能等于 1。因为只有 1 个 4，现在已经有 3 个 1 了，而 A、$C\leqslant3$，所以 C 只能为 3；则 A 不为 1，$A=2$。该四位数为 2131。

例 28 有号码为 1、2、3、4 的 4 名运动员，在一次比赛中获得了前四名（无并列）。结果发现：

(1)每名运动员的名次都与自己的号码不相符。

(2)3 号运动员不是第一名。

(3)第四名运动员的号码是某个运动员的名次，而这名运动员的号码又是 2 号运动员的名次。

那么，他们 4 人各是第几名？

解析

根据条件(1)、(2)，列表如下：

号码	第一名	第二名	第三名	第四名
1 号	×			
2 号		×		
3 号	×		×	
4 号				×

将获得第 a 名号码为 b 的号运动员记为(a,b)。则由条件③假设，第四名运动员的号码为 x，记为$(4,x)$，名次为 x 的运动员号码为 y，记为(x,y)名次为 y 的运动员号码为 2，记为$(y,2)$。

若 x 为 2，则 y 为 4，即第二名是 4 号，第四名是 2 号，第一名无人，矛盾；于是，第四名不是 2 号，第二名也不是 4 号，如下表：

号码	第一名	第二名	第三名	第四名
1 号	×			
2 号		×		×
3 号	×		×	
4 号		×		×

此时$(4,x)$，(x,y)，$(y,2)$必然代表3名运动员，又因为剩下的运动员名次不等于号码，所以三个括号中应该出现所有4个数字，于是x、y一定分别代表1或3。

由于3号不是第一名，所以(x,y)不能是(1,3)，只能是(3,1)，$x=3$，$y=1$；于是有(4,3)，(3,1)，(1,2)，剩下最后一个(2,4)，即1号第三名，2号第一名，3号第四名，4号第二名。

例 29 某场考试共有7道题，每题所问的问题都只与这7道题的答案有关，且答案只能是1、2、3、4中的一个。已知题目如下：

(1)有几道题的答案是4？

(2)有几道题的答案不是2也不是3？

(3)第(5)题和第(6)题的答案的平均数是多少？

(4)第(1)题和第(2)题的答案的差是多少？

(5)第(1)题和第(7)题的答案的和是多少？

(6)第几题是第一个答案为2的？

(7)有几种答案只是一道题的答案？

那么，7道题的答案的总和是________。

解析

假设这7道题的答案。

由(3)可知，(5)与(6)的答案同奇同偶；

由(4)可知，其答案至多为3，(1)的答案比(2)的答案小，至多为3，且差为答案是1的题的个数；

由(5)可知，第(1)题与第(7)题的答案之和不超过4；

由(6)可知，前四题中一定有答案为2的；

若(5)、(6)答案为偶数。

(1)当(5)的答案为2，则(1)、(7)的答案都为1，于是答案为1、2、3的题都有2道，那么(2)的答案就应该是3，(4)的答案应该是$3-1=2$；此时，(6)的答案只能为4，(3)的答案为3，即下面表格中的第二列，符合题意。

(1)有几道题的答案是4？	1	1	≥3	2	
(2)有几道题的答案不是2也不是3？	3	2	矛盾		
(3)第(5)题和第(6)题的答案的平均数是多少？	3	3	4	2	2≠3
(4)第(1)题和第(2)题的答案的差是多少？	2	矛盾	2		
(5)第(1)题和第(7)题的答案的和是多少？	2	4	4	3	3
(6)第几题是第一个答案为2的？	4	2	4	1	3
(7)有几种答案只是一道题的答案？	1	3		1	

(2)当(5)的答案为4，则(1)、(7)的答案同奇同偶，(6)的答案只能是2或4，对应(3)的答案是3或4；

若为前者，则表格第三列中，因为(6)答案为2，所以(2)的答案为2；由于(2)的答案比(1)的答案大，所以此时(1)的只能是1，对应(7)的答案是3，矛盾；

若为后者，则表格第四列中，因为(6)答案为4，所以(4)的答案为2，于是答案为1的题有2道；而此时(1)的答案至少为3，导致(2)的答案为$3+2=5$，矛盾。

(3)当(5)的答案为奇数，则只能为3，于是(6)的答案为1或3，当(6)为3时，(3)的答案应为2，而(5)(6)的平均数又为3，矛盾；当(6)的答案为1时，(3)为2、(1)也为2，紧接着(7)的答案为$3-2=1$，(2)(4)中填1与3，或2与4时，都与问题(7)矛盾。

综上，只有第一列一种填法，和为$(1+2+3)\times2+4=16$。

25.4 数字推理

例 30 A、B、C、D、E 五位同学面向内围成了一圈，每个人报了一个 1～5 中的数字，且互不相同。

A 说："与我相邻的两位同学所报数字的差是 1。"

B 说："与我相邻的两位同学所报数字的差是 2。"

C 说："与我相邻的两位同学所报数字的差是 3。"

D 说："与我相邻的两位同学所报数字的差是 4。"

E 说："我右边与我相邻的同学报的数字是 5。"

如果他们说的都是对的，那么 A、B、C、D、E 所报数字顺次组成的五位数是________。

解析

由 D、E 所说可知，D 的两侧是 5 和 1，而 5 的顺时针是 E，所以"1、D、5、E、空"顺时针依次排列，如图 1。

相差 3 只能由"5－2"或"4－1"得到，而 5 不与 C 相邻，所以只能由"4－1"得到，于是 E 报的数字为 4，C 在"空"位，如图 2。

若 C 报 2，D 报 3，则没有人会说相邻两人相差 2，不符合题意；所以 C 报 3，D 报 2，则报 1 的是 A，报 5 的是 B，符合题意，如图 3。

答案为 15324。

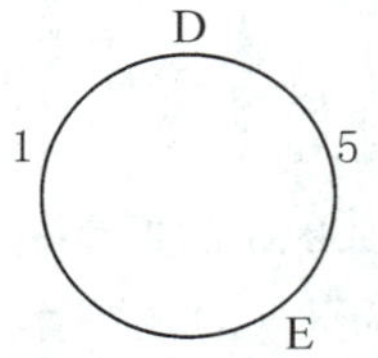

图 1

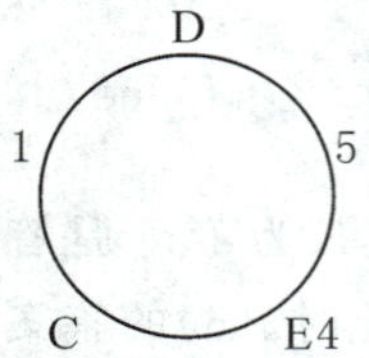

图 2

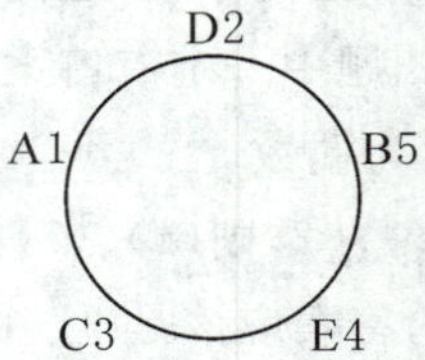

图 3

例 31 2020 这个四位数十分特殊，这个四位数中正好有 2 个 0、0 个 1、2 个 2、0 个 3。把这个四位数中出现 0 到 3 的次数从左到右排列出来刚好是 2020，这样的数我们称为"迎春数"。请你再写出一个四位"迎春数"：________。

（2020 年"数学花园探秘"4 年级初赛 A 卷）

解析

四位迎春数的特点：因为每个位置表示这个四位数中各个数字出现的次数，所以显然这个四位数不存在 4 以上的数字。对于四位数而言，0～3 出现的次数和一定是 4，所以 4 个数字的和一定等于 4。又因为首位不为 0，所以 4 个数字中必有 0。

满足条件的组合有(3,1,0,0)，(2,2,0,0)，(2,1,1,0)。

(3,1,0,0)组合中有 2 个 0、1 个 1、0 个 2、1 个 3，写出来为 2101，与 3100 矛盾，排除；

(2,2,0,0)组合，因为这 4 个数字中有 2 个 2、2 个 0，所以一定是 2020；

(2,1,1,0)组合，因为这 4 个数字中出现 1 个 0、2 个 1、1 个 2，所以一定是 1210。所以另一个"迎春数"为 1210。

例 32 猪妈妈给小猪佩奇和小猪乔治各买了一个人工智能陪伴机器人。陪伴机器人有一个语音交互猜数字的游戏，佩奇和乔治把两个陪伴机器人放到了一起，并分别输入一个数字(0～9)，输入条件"你和对方的数字之和大于 10"，开启游戏，发生了如下对话。

佩奇的机器人："我不知道你的数是多少。"

乔治的机器人："不用你说这句话，我就知道你刚才猜不出我的数。"

佩奇的机器人："我还是不知道你的数是多少。"

乔治的机器人："不用你说这句话，我就知道你还是猜不出我的数。"

佩奇的机器人："我依旧不知道你的数是多少。"

乔治的机器人："不用你说这句话，我就知道你依旧猜不出我的数。"

佩奇的机器人："这样我就知道你的数是多少了。"

那么，两数的乘积是________。

解析

将佩奇的机器人记作甲，乔治的机器人记作乙。

(1)两数和大于 10，所以甲、乙均不能有 1，因为 1 与任意一个一位数和最大为 10。

(2)甲说不知道乙的数，因此甲不为 2，否则甲马上知道乙为 9；而听完甲说，乙不用甲说，也知道甲不知道自己是多少，因此乙不为 9，否则甲为 2 时，是可以知道乙的数的。

(3)同理，后两轮依次排除了：甲 3 乙 8 和甲 4 乙 7。

(4)第四轮中，甲知道乙拿的是多少，因此甲拿的只能是 5，乙拿的是 6。

所以甲、乙分别拿的数的乘积是 30。

例 33 甲、乙、丙三人在玩一种卡牌游戏。游戏规则如下：老师手中共有 6 张牌，牌面分别为 1、2、3、4、5、6，然后发给每人两张，3 人分别把各自两张牌上的数字加起来，结果大者获胜，但 3 人都有各自的技能，帮助自己把结果变大。

甲的技能：把手中较小的那个数换成较大的那个数。

乙的技能：可将手中较大的那个数换成 8。

丙的技能：可将手中较小的那个数乘 2。

拿到两张牌后，3 人都使用了自己的技能，并报出了自己最终的结果，此时 3 人结果的总和是 33，并且甲获得了游戏的胜利；那么使用技能前，乙拿到的两张牌上两个数的乘积是________。

(2017 年"数学花园探秘"3 年级初赛 B 卷)

解析

(1)甲使用技能后，和一定为偶数，最大为 $6+6=12$；而 $33\div3=11$，所以甲至少为 12 才能获胜，所以甲最后的和就是 12，即他拿到了 6。

(2)此时乙＋丙的和为 $33-12=21$，且他们都小于甲，即小于 12，所以一个是 11，一个是 10。

(3)若乙为 11 丙为 10，则乙拿到较小数 3，丙的较大数一定为偶数，所以丙为 $4+3\times2=10$，与乙拿到 3 矛盾；若乙为 10 丙为 11，则乙拿较小数 2，丙的较大数为奇数，所以丙为 $5+3\times2=11$，剩下只有 4 大于 2，所以乙拿到 2 与 4，乘积为 8。

例 34 一次考试有 3 道题，4 个好朋友考完后核对答案，发现 4 人分别对了 3、2、1、0 道题。这时老师问："你们考得怎么样啊？"他们每人说了 3 句话。

甲："我对了两道题，而且比乙对的多，丙考的不如丁。"

乙："我全对了，丙全错了，甲考的不如丁。"

丙："我对了一道，丁对了两道，乙考的不如甲。"

丁:“我全对了,丙考的不如我,甲考的不如乙。”

如果每人都是对了几道题就说几句真话。设甲、乙、丙、丁依次对了 A、B、C、D 道题,那么四位数 $\overline{ABCD}$=________。

解析

全对的肯定说自己全对,所以全对的只能是乙或丁。

当乙全对时,则丙对 0 题,甲对 1 题,丁对 2 题;此时丙说的话应该全错,但丙的第二句是对的,矛盾,所以乙不是全对;

当丁全对时,$A<B<3$,甲最多对 1 句话,所以甲第一句错,第二句错,第三句对,确实对了 1 句话,所以乙对了 2 句话,剩下丙对了 0 句话,所以四位数 $\overline{ABCD}$ 为 1203。

例 35 老师将写有 1～5 的 5 张卡片分别交给①～⑤号同学,每位同学聪明且诚实,拿到的卡片上的数字和自己的编号不同。如果 A 告诉 B 自己的卡片数字后,B 一定能够推出所有人的卡片数字,则称 A 是 B 的“线人”。老师悄悄告诉①号谁拿了卡片 1 后,5 位同学进行了如下交谈:

①号同学说:“现在②号同学是我唯一的线人。”

②号同学说:“这样说来,现在③号同学是我唯一的线人。”

③号和④号同学异口同声地说:“那我不需要线人就已经知道你们所有人的数了。”

那么,①～⑤号同学拿到的卡片数字顺次组成的五位数是________。

解析

一个人至少知道 3 张卡牌的归属才能知道全部卡牌的归属,且 3 张卡牌的数字必须与 3 位同学的编号至少有两个相同才能判断。如图 1,第一个表格可以判断,第二个表格则不能判断。

①	②	③		
	2	3	4	

①	②	③		
		3	4	5

图 1

由①号同学所说可知,当他知道②号同学的卡牌时,他一定知道了 3 张卡牌,所以卡片 1 肯定不在②号同学手中。

假设①号同学手中卡片的数字为 a,而卡片 1 在 b 同学手中,现在有 1 对数字 1 是相同的。此时②号是①号唯一的线人说明当①号同学知道②号同学卡牌数字时一定能保证出现两对重复数字,所以①号手中的卡片数字一定是 2。

此时②号只知道数字 2 在①号手中,有 1 对相同数字,又说③号是他唯一的线人,所以②号手中一定是 3。

此时③号④号都知道上表中的情况,说明它们两人通过自己的数字能够判断出两对相同数字,那么他们当中一定有个手中有 1,另外一个只能是 3。所以,手中有 1 的一定是④号,由于 5 不在⑤号手中,所以 5 在③号手中,⑤号手中的只能是 4。

①	b			
a	1			

↓

①	②	b		
2	c	1		

↓

①	②	b		
2	3	1		

↓

①	②	③	④	⑤
2	3	5	1	4

综上所述,组成的五位数是 23514。

例 36 老师选了两个不同的一位数，这两个一位数的乘积是一个两位数。老师将这两个数的和写在一张黄色卡片上，将两数乘积的十位写在一张红色卡片上，将两数乘积的个位数写在一张蓝色卡片上。小红拿了红色卡片，小权拿了蓝色卡片，小严拿了黄色卡片。小红、小严依次有如下对话：

小红说："我不知道小权手中卡片上的数是几，但小权也一定不知道我手中卡片上的数是几。"

小严说："我还是不知道另外两张卡片上的数是几。"

小红说："那我现在知道你们手中卡片上的数都是几了。"

如果小严和小红交谈过程中说的都是对的，那么这两个一位数的乘积是________。

（2018 年"数学花园探秘"小中决赛 A 卷）

解析

列表如下：

十位上的数字	个位上的数字									
	0	1	2	3	4	5	6	7	8	9
1	10		12		14	15	16		⑱	
2	~~20~~	~~21~~			~~24~~			~~27~~	~~28~~	
3	㉚		32			35	㊱			
4	㊵		㊷			45			48	
5					54		56			
6				~~63~~						
7			~~72~~							

（1）由小红说的前半句可知她手中卡牌作为十位的两位数表示为两个一位数的乘积时不唯一，所以排除 72、63；由后半句可知小权拿到的数作为个位时，也不具有唯一性，所以排除 21、27，于是小红手上不是 2，去除了小权手中是 2 的可能，进而排除 20、24、28（表中用"\"划掉的数）。

（2）由小严的话我们可以知道其他两张卡片他一张都不知道，所以小严手中的和拆分后相乘有可能十位不一样，所以和只能为 11 或 13，此时只剩下（表中用"○"圈中的数）。由小红说的第二句可知此时她手中数字作为十位时是唯一的，所以这两个一位数之积为 18。

例 37 如图所示，要在正方体的每一条棱上分别标上不同的 12 个数（不代表长度），使相交于每一个顶点的 3 条棱上（AA_1、AB、AD…）所标的 3 个数的和都相等；并且使每个面的 4 条边上（AB、BC、CD、DA…）所标的数的和也相等。如果这 12 个数要求是 1～20 中的整数，而且所要求的两种和都是最小的，那么这 12 个数分别是多少？请在图中按要求标出这 12 个数。

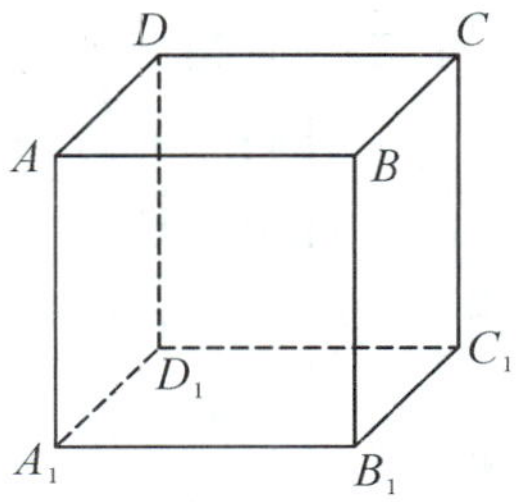

解析

设每一顶点的 3 条棱上所标的 3 个数的和为 N，则 8 个顶点的和为 $8N$，每条棱上的数字被两个顶点求过和，所以 $8N$ 等于这 12 个数之和的 2 倍，即这 12 个数之和等于 $4N$，是 4 的倍数。

同理,设每个面的 4 条边上所标的 4 个数的和为 M,则 6 个面的和为 $6M$,每条棱 E 的数字被两个面求过和,所以 $6M$ 等于这 12 个数之和的 2 倍,即这 12 个数之和等于 $3M$,是 3 的倍数。

这 12 个数的和既是 4 的倍数,又是 3 的倍数,则一定是 12 的倍数,不小于 $1+2+3+\cdots+12=78$ 的 12 的倍数最小是 84。此时,$N=21,M=28$。

如图 1,设 3 条棱上所标的数是 a、b、c,根据 $N=21$ 和 $M=28$,可依次算出其他几条棱所标的数。

由图 1 可以看出,因为 a 与 $14-a$ 都是自然数,所以 $1\leqslant a\leqslant 13$,因为 a 可以是这 12 个数中的任何一个数,所以这 12 个数都在 1～13 中。

1～13 中选出 12 个数,需要去掉 1 个数,去掉的数为$(1+2+3+\cdots+13)-84=7$。

因为每一顶点的 3 条棱上所标的 3 个数的和为 21,所以在图 2 中,(a,b)与(c,d)只可能是$(2,6)$、$(3,5)$。经试验,可得图 3 所示的解答。

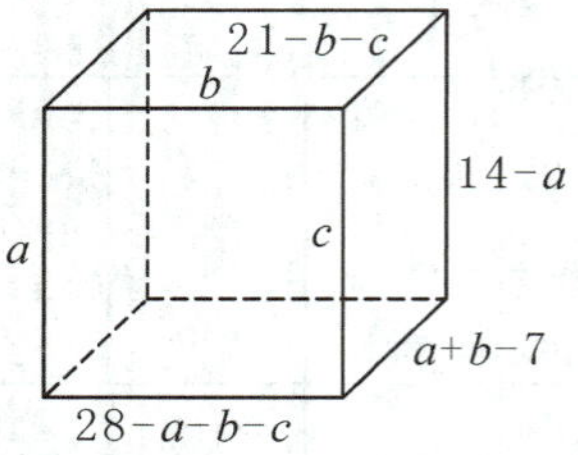

图 1

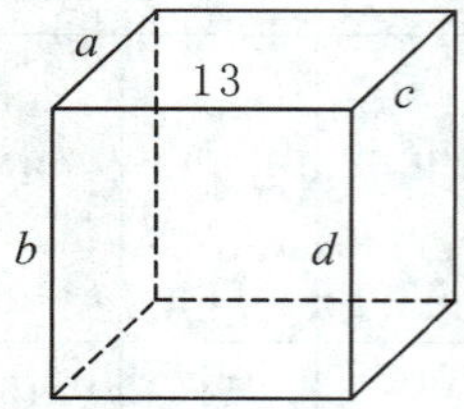

图 2

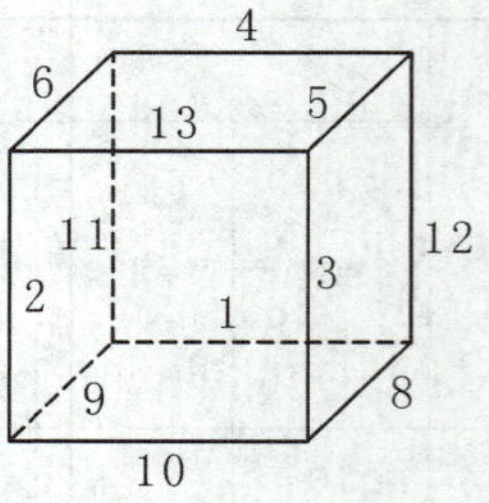

图 3

25.5 大小关系

例 38 如图,小花将有黑桃、红心、方块、梅花四种花色的 16 张扑克牌排列成 4 行,其中 A(A 为 1 点)、2、3、4 各有 4 张。每行的排列规则如下:

(1)每张牌的点数不大于其右侧牌的点数。

(2)相同点数的牌,从左到右排列次序为梅花、方块、红心、黑桃。

那么第一行 4 张牌的点数由左至右依次为______。

(2016 年"数学花园探秘"4 年级总决赛)

解析

根据条件(2),四行点数从左至右的关系简化为图 1。于是第二行一定是 1、2、3、4。

考察红心可知,第三行第二列一定是 3,第一行第四列一定是 4。

第三行第三列一定是方 4,所以紧接着第 4 列一定是黑 4,于是第四行两个方块从左至右依次是 1、2,于是第一列的梅花一定是 1。

此时第一行的梅花只能是 2、3,所以第三列的黑桃只能是 3,所以第四行的黑桃只能是 2。

综上所述,第一行 4 张牌的点数由左至右依次为 2334,如图 2。

梅__	<	梅__	⩽	黑__	<	心__
心__	<	心__	<	方__	<	梅__
黑__	<	心__	<	方__	⩽	黑__
梅__	⩽	方__	<	方__	⩽	黑__

图 1

梅2	<	梅3	⩽	黑3	<	心4
心1	<	心2	<	方3	<	梅4
黑1	<	心3	<	方4	⩽	黑4
梅1	⩽	方1	<	方2	⩽	黑2

图 2

例 39 有 6 个外观一模一样的球，编号为①～⑥，且重量恰好也是 1、2、3、4、5、6 克。若球的号码数与重量克数相同，我们说这个球是“好球”；若球的号码数与重量克数不同，则称它是“坏球”。现在我们知道其中有 2 个“坏球”，且放在天平上进行了 2 次称重。那么，两个“坏球”的序号之积为________。

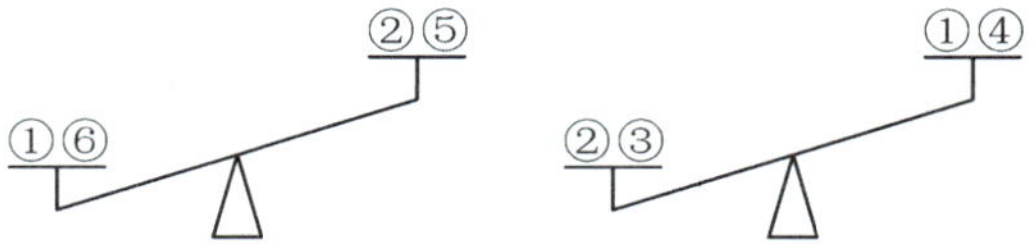

(1)　　(2)

（2017 年春·明心数学资优生测试 3 年级）

解析

因为只有 2 个“坏球”，所以这两个“坏球”的重量一定互换。

由图(1)可知，因为 1＋6＝2＋5，而图中⑥号所在的一边重，所以⑥一定是“好球”。

由图(2)可知，因为 2＋3＝1＋4，而图中①号所在的一边轻，所以①一定是“好球”。

由图(1)可知，②若是坏球，则只能与①互换重量，而①是“好球”，所以②也只能是“好球”，则⑤必为“坏球”，它变轻了，与它交换的球一定变重了。

由图(2)可知，变重的是③号。

所以“坏球”是③与⑤，乘积为 3×5＝15。

例 40 甲、乙、丙、丁四个人各有一些糖，他们之间对话如下：

甲：“如果把我的糖数变成和丙一样多，我们 4 人的平均数会减少 2。”

乙：“如果把我的糖数变成和丁一样多，我们 4 人的平均数会减半。”

丙：“如果我的糖数变为原来 2 倍，而甲的糖数减半，我们 4 人的平均数会增加 2。

丁：“如果我的糖数变为原来 2 倍，而乙的糖数减半，我们 4 人的平均数恰好会是一个整十数。”

事实证明，他们 4 人中只有糖数最少的人说了假话，并且糖最多的人的糖数恰好是糖最少人的糖数的 3 倍。那么，他们 4 人一共有________颗糖。（2017 年“数学花园探秘”3 年级网赛）

解析

将全部的糖数看作 $6a$，由乙的话推得乙的糖数超过了全部的一半，即超过 $3a$。而其余 3 人中必有 1 人拿不到 a 颗糖，乙超过了他的 3 倍，不符合题意，所以乙在说谎，他拿的糖最少。

由甲、丙的话可得，甲比丙多 2×4＝8(颗)糖，丙比甲的一半多 2×4＝8(颗)糖，所以甲比甲的一半多 8＋8＝16(颗)糖，即甲有 32 颗糖，丙有 24 颗糖。

因为甲的糖数不是 3 的倍数，所以甲不是糖最多的人，只能丁是糖最多的人。故丁的糖数是乙的 3 倍。

由丁说的话，设乙原来的糖数是 2 份，丁的是 6 份。丁的糖数变为 2 倍后是 12 份，乙减半后是 1 份。甲、乙、丙、丁的糖总数是(56 颗＋13 份)，这是一个整十数，所以 1 份量的个位只能是 8。由乙原来的糖数是 2 份，且是最少的，那么，只能 1 份＝8 颗糖，故乙有 16 颗糖，丁有 48 颗糖。

他们 4 人一共有 32＋16＋24＋48＝120(颗)糖。

25.6 顺序与位置中的逻辑推理

例 41 A、B、C、D、E 五人面对同一方向站成一排，他们的身高各不相同且对话如下：

A 说：“我比身边的两人都高。”　　B 说：“我比身边的两人都矮。”

C 说："我左边有人且都比我矮。"　　D 说："我右边有人且都比我高。"

E 说："我的左边比右边多 2 人。"

已知他们说的都是真话，那么从高到矮排第 4 名的是______。

（2017 年春·明心数学资优生测试 4 年级）

解析

根据对话，列出下表：

位置	①	②	③	④	⑤
人	D		B	E	C
排名	5		4		1

由 E 的话可知 E 在④号位，由 A、B 的话可知，A、B 不在两边，所以 C 在最右且最高，D 在最左且最矮，由 B 的话可知 B 不与 D 相邻，所以只能在③号位，从高到矮排第 4 名。

例 42 如图，某路公共汽车共有 8 站，运行时不一定每站都停。

公共汽车第一趟从起点站出发时，中途依次在 1、2、3、4 四个站停靠，直到终点站；然后从终点站返回时，中途依次在 4、5、2、6 四个站停靠，最后回到起点站。

公共汽车第二趟又从起点站出发，但这次依次在 6、1、5、3 四个站停靠，最后到达终点站。

根据以上行驶路线，请你推测出各站的顺序，并写出五位数$\overline{ABCDE}$。

起点—A—B—C—D—E—F—终点

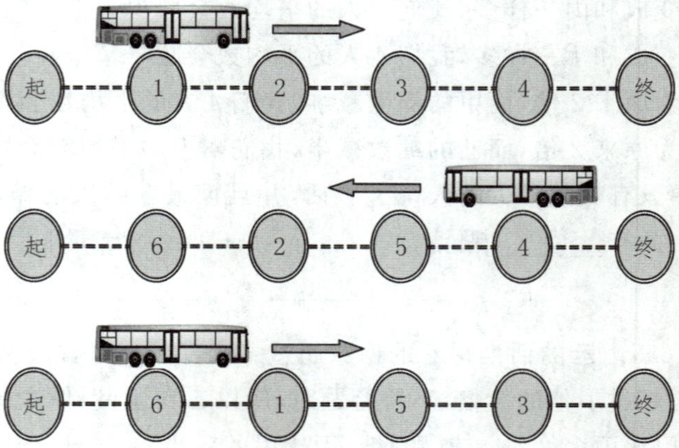

（2016 年"数学花园探秘"3 年级网赛）

解析

由公共汽车第一趟的行驶路线得，1、2、3、4 是从左至右的顺序。由公共汽车第二趟的行驶路线知，6 在 1 的左边，所以车站顺序是 6、1、2、3、4。故现在只需考虑 5 的位置，由公共汽车第二趟的行驶路线得，5 在 3 的左边。由公共汽车第一趟的行驶路线知，5 在 2 的右边，所以车站顺序是 6、1、2、5、3、4，答案 61253。

例 43 甲、乙、丙、丁四对夫妇要去参加一个不到 100 人的聚会。6 点时，一对夫妇到达后，人们正好分成 5 人一组交谈；7 点时，又一对夫妇到达，改为了 4 人一组交谈；8 点时，又来了一对夫妇，改为了 3 人一组交谈；9 点时，最后一对夫妇到达，就改为了 2 人一组交谈。会后 4 位妻子聚在一起聊天，对聚会情况进行了描述：

甲："从 6 点开始只有我们 4 对夫妇陆续到达。"

乙:“如果那时只有我自己来,将无法平均分成若干组交谈。”

丙:“我们到后还可以分成 7 人一组交谈。”

丁:“我们到的时间比甲晚。”

那么,甲、乙、丙、丁四对夫妇到达时间组成的四位数为________。

(2015 年“数学花园探秘”5 年级总决赛)

解析

假设初始人数为 A。

(1)由甲所说可知,$A+2$ 是 5 的倍数。

(2)$A+4$ 是 4 的倍数,则 A 也是 4 的倍数,A 是偶数,根据(1)可知 A 的尾数是 8。

(3)$A+6$ 是 3 的倍数,则 A 是 3 的倍数,综合(2),A 是 12 的倍数,A 是 48。

(4)初始 48 人,其后依次是 50、52、54、56 人。

(5)由乙所说可知,乙 8 点到,若单独来总人数是 53。

(6)由丙所说可知,丙 9 点到。

(7)由丁所说可知,甲 6 点到,丁 7 点到。

综上,所求四位数为 6897。

例 44 彩票中心每周会举行一次彩票抽奖活动,开奖方式分两步:第一步,从一个箱子(有红、黄、蓝的小球各若干个)中,抽出一个小球,决定中奖颜色;第二步,从另一个箱子中(有 1、2、3 号小球各若干个),抽出一个小球,决定中奖号码。买彩票则可以买“红 1”“红 2”或者“黄 3”等这样颜色与数字的组合,与开奖情况一致即可中奖。

甲、乙、丙、丁每周都会按固定的方式去买彩票。已知:

甲:除了“蓝 3”以外的,所有带有“2”和“3”的组合。

乙:除了“红 1”以外的,所有带有“1”和“2”的组合。

丙:除了“红 3”以外的,所有带有“红”和“黄”的组合。

丁:“黄 1”“红 2”“黄 2”“红 3”“蓝 3”。

眼看就要开奖了,在某个夜晚,有一个人偷偷进入开奖的房间,把颜色箱子中的某一种颜色的小球全部拿走,同时也把数字箱子中的某一种数字的小球全部拿走,整个过程无人发现。

接下来的 4 周照常进行开奖活动,这时候大家对每周的结果产生了怀疑,请警察来进行调查,最后嫌疑人锁定在甲、乙、丙、丁四人当中。经调查,警察发现了如下 3 个规律:

(1)每周的开奖,这 4 人中都有人中奖。

(2)这 4 周,这 4 人中的中奖人数恰好是 1、2、3、4。

(3)这 4 周中奖次数最多的人即是犯罪嫌疑人。

那么,________是犯罪嫌疑人,他拿走的颜色是________,拿走的数字是________。

解析

甲、乙、丙、丁四人购买彩票的情况如下表:

颜色	1	2	3
红	丙	甲、乙、丙、丁	甲、丁
黄	乙、丙、丁	甲、乙、丙、丁	甲、丙
蓝	乙	甲、乙	丁

4 人中奖的那一次只能是“红 2”或者“黄 2”,所以 2 号一定没有被拿走;

3 人中奖的那一次只能是“黄 1”，所以黄色与 1 号没有被拿走，所以拿走的数字是 3。

颜色	1	2
红	丙	甲、乙、丙、丁
黄	乙、丙、丁	甲、乙、丙、丁
蓝	乙	甲、乙

此时可以看出，2 人中奖的那一次只能是“蓝 2”，所以蓝色没有被拿走，拿走的只能是红色。

颜色	1	2
黄	乙、丙、丁	甲、乙、丙、丁
蓝	乙	甲、乙

故乙四次都中奖，所以乙是犯罪嫌疑人。

例 45 甲、乙、丙、丁四人参加一个团建项目，内容为持接力棒让 4 人都通过桥。接力棒只有 1 根，桥上每次最多只允许 2 人同时通过。每次过桥时必须持有接力棒，如果两人同时过桥，则需同时握住接力棒，过桥时间以慢的人为准。

甲、乙、丙、丁都仅从教练处得知了其余 3 人单独过一次桥分别所需的时间，教练还告诉他们，4 人单独过桥的时间都是整数分钟，并且有：$t_{甲}<t_{乙}<t_{丙}<t_{丁}$。

现有如下两种过桥方案：

方案一：甲持接力棒来回送乙、丙、丁过桥。

方案二：甲、乙先过桥，甲回来后，丙、丁再过桥，乙回来后，甲、乙再过桥。

然后有如下对话：

甲：“虽然我不知道我过桥的时间，但我能肯定方案二比方案一快。”

乙：“听了甲的话，我现在就知道我过桥需要几分钟了。”

丙：“我也是在甲说完之后，就知道我过桥需要几分钟了。”

丁：“如果乙每次过桥比现在多花一分钟，方案一就比方案二快了。”

如果他们说的都是正确的，那么甲、乙、丙、丁按照最快方案都通过桥需要________分钟（交接棒时间不计）。

（2020 年“数学花园探秘”6 年级初赛 A 卷）

解析

设甲、乙、丙、丁过桥时间分别为 a、b、c、d，按照方案一过桥，总时间为 $2a+b+c+d$；按照方案二过桥，总时间为 $a+3b+d$。

方案一比方案二快，则 $a+c<2b$；方案二比方案一快，则 $a+c>2b$。

(1)甲不知道自己的过桥时间，所以 $b\geqslant3$；他能判断方案二比方案一快，则 $c\geqslant2b$。

(2)乙能知道自己的时间一定是因为他通过丙判断出自己的时间只有唯一值，所以丙是 6 分钟或 7 分钟，而乙是 3 分钟。

(3)丙能在甲说完后就知道自己的时间是因为，他通过丁判断出自己的时间只有唯一值，丁比他大，所以丁为 7 分钟，丙为 6 分钟。

(4)由丁所说可知 $a+c<2(b+1)$，即 $a+6<2\times4$，$a=1$。

所以，方案最快的总时间为 $1+3\times3+7=17$(分钟)。

本题可以跳过乙、丙所说先分析丁的叙述更快得到甲的时间，但这样可能会忽略掉乙、丙的判断逻辑。

例 46　现有 A、B、C、D、E 五名诚实的安保在 2016 年 12 月 1 日～5 日各值班 3 天，每天恰有 3 位安保值班，每位安保值班安排 5 天一循环。今天（2017 年 1 月 1 日周日），关于他们在上个月的值班情况，5 人进行了如下对话：

A："我和 B 在周末（周六、周日）值班的日子比其他 3 人都多。"

B："我与其余 4 人在这个月都一起值过班。"

C："12 月 3 日本来我休息，但那天恰逢数学花园探秘初赛，于是我也来帮忙了，可惜不算值班。"

D："E 每次都和我安排在一起。"

E："圣诞节（12 月 25 日）那天我和 A 都值班了。"

如果他们说的都是对的，那么安保 A 在 12 月份中第 2 次、第 6 次、第 10 次值班日期顺次排列组成的五位数是________。（如 A 第 2、6、10 次值班分别在 12 月 3、12、17 日，则答案为 31217）

（2017 年"数学花园探秘"4 年级初赛 D 卷）

解析

每位安保的值班表 5 天一循环，即 5 位安保的值班表也是 5 天一循环。

右表是 5 位安保 1 日～5 日的值班安排。

人员	1 日	2 日	3 日	4 日	5 日
A	√	×	×	√	√
B	√	×	√	√	×
C	√	√	×	√	×
D	×	√	√	×	√
E	×	√	√	×	√

因为 D 与 E 一起值班，且 25 号 E 与 A 也在一起值班，所以 5 日那一天 A、D、E 一起值班；

因为 C 在 12 月 3 日不该值班，且每人在 1 日～5 日需要值班 3 天，所以 C 必须在 1、2、4 日 3 天值班；

12 月中，3 日、10 日、17 日、24 日、31 日是周六，4 日、11 日、18 日、25 日是周日，其中，除以 5 余 0 的有 2 天、余 1 的有 2 天、余 2 的仅有 1 天（17 日）、余 3 的有 2 天、余 4 的有 2 天。

而 A 说"我和 B 在周末值班的日子比其他 3 人都多"，所以 17 日那一天 A 与 B 不当班，即 C、D、E3 人值班，也就是 2 日也是他们 3 人值班。

此时可以看出 B 只能安排在 1 日、3 日、4 日值班，那么 D 与 E 就不可能在 1 日、4 日一起值班，所以 1 日与 4 日的值班人员都是 A、B、C 三人。则在前 5 天中 A 的值班日期为 1 日、4 日与 5 日，由此，我们可以知道安保 A 在 2016 年 12 月份所有的值班日期为：1 日、4 日、5 日、6 日、9 日、10 日、11 日、14 日、15 日、16 日、19 日、20 日、21 日、24 日、25 日、26 日、29 日、30 日、31 日。

那么 A 在 12 月份中第 2 次、第 6 次、第 10 次值班日期顺次排列组成的五位数是 41016。

例 47　A、B、C、D、E 五人之中要选出一个组长。每个人心里都已经有了一个排名，在推出的候选人中，每个人一定会投票给自己心里排名最高的候选人。比如：假设 A 心里的排名由高到低是 A、D、E、B、C，如果候选人是 C 和 D，那么 A 就会投票给 D。某位候选人的得票数最高（不能并列）就会当选。现有以下情况：

（1）每个人心中自己排名最高。

（2）每个人在不同人心中的名次都互不相同（比如 A 在 B 心中排第二，A 在别人心中就不是第二）。

（3）如果候选人是 B、C、D，那么 C 会当选组长。

（4）如果候选人是 A、D、E，那么 D 会当选组长。

（5）如果候选人是 B、C、E，那么 E 会当选组长。

（6）在 A 心中，D 比 B 更适合当组长。

如果 E 在 A、B、C、D、E 心中的排名依次是 a、b、c、d、e，那么 $\overline{abcde}=$________。

（2020 年"数学花园探秘"5 年级初赛 A 卷）

解析

因为每个人心中自己都排第一，所以在有 3 个候选人时，这 3 个候选人都会投自己。最终能有人当选组长，必然是剩下两个人都投了那个当选之人。

表格中分别用 1～5 表示名次，比如 1 表示第一名。

由(2)得，表格中每行、每列的字母各不相同；　　由(3)得，在 A、E 心中，C 的排名高于 B 和 D；

由(4)得，在 B、C 心中，D 的排名高于 A 和 E；　　由(5)得，在 A、D 心中，E 的排名高于 B 和 C；

由(6)得，在 A 心中，D 的排名高于 B。

首先确定 A 心中的排名。

E 的心中，C 排 2 或 3，由于 A 的排名，所以 C 只能排 2；E 位于 2 或 3，高于 B、C。同时，A 的心中 E 为 2，所以 D 的心中 A 排 2、E 排 3。

人员	1	2	3	4	5
A	A	E	C	D	B
B	B				
C	C				
D	D				
E	E				

人员	1	2	3	4	5
A	A	E	C	D	B
B	B				
C	C				
D	D	A	E		
E	E	C			

由于每一列的字母各不相同，所以第二名由上至下只能为 E、D、B、A、C。由于 B 心中第三名不能是 C，也不能是 E，所以只能是 A，于是第三名这一列只能是 C、A、D、E、B。

接下来由条件(2)填出 D、B 剩下的位置，进而补完表格。

因此，本题的答案为 25431。

人员	1	2	3	4	5
A	A	E	C	D	B
B	B	D	A		
C	C	B	D		
D	D	A	E		
E	E	C	B		

人员	1	2	3	4	5
A	A	E	C	D	B
B	B	D	A	C	E
C	C	B	D	E	A
D	D	A	E	B	C
E	E	C	B	A	D

例 48 A 至 G 这 7 个房间中，每个房间都有一个小精灵看守。现在有个小淘气，第 1 天在这 7 个房间中任选一个房间住一天，之后的每一天都沿着实线挪到相邻的房间住下，刚好 7 天把所有房间都住过一次。

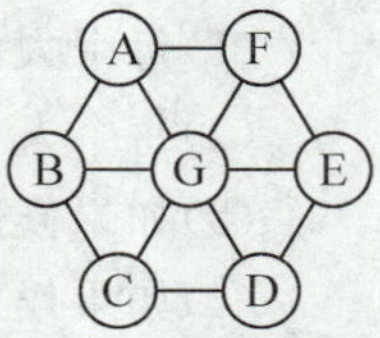

第 1 天，B、C、E、F 房间的小精灵表示小淘气住在自己房间里，其余小精灵说小淘气不住在自己房间里；

第 2 天，A、E、F 房间的小精灵表示小淘气住在自己房间里，其余小精灵说小淘气不住在自己房间里；

第 5 天，只有 E、F 房间的小精灵表示小淘气住在自己房间里，其余小精灵说小淘气不住在自己房间里。

已知这些小精灵中有 4 个小精灵始终说真话，2 个小精灵始终说假话，剩下的 1 个小精灵时而说真话时而说假话。若小淘气是在第 a、b、c、d 天分别住进 A、B、C、D 号房间的，则四位数 $\overline{abcd}$ 为________。

解析

【方法 1】第一天：不可能同时有 4 个小精灵说假话，所以小淘气一定住在 B、C、E、F 中的一个房间，此房间的小精灵说了真话，而说假话的小精灵与真假不定的小精灵也在 B、C、E、F 中，于是剩下的 A、G、D 的小精灵一定说真话。

第二天：因为 A 说真话，所以小淘气一定住在 A 处，E、F 说假话，B、C 说真话，则 E、F 为说假话的精灵，B、C 中有一个是真假不定的精灵；又因为 E、F 第一天也不可能说假话，所以小精灵第一天只能住在与 A 相邻的 B 中，B 中的小精灵始终说真话，C 是真假不定的精灵。

第五天：小淘气一定不住在 A、B、D、G4 个始终说真话的小精灵房间里，E、F 始终说假话，所以小淘气也不在 E、F 房间中，小淘气只能在 C 的房间里。七天的路线只能为 BAFGCDE，四位数$\overline{abcd}$为 2156。

综上所述，四位数$\overline{abcd}$为 2156。

【方法 2】我们还可以从另一个角度入手。

当小淘气住在只说真话的小精灵的房间里时，至少有 3 个小精灵表示她住在自己房间里，至少有 3 个小精灵表示她不住在自己房间里；

当小淘气住在只说假话的小精灵的房间里时，至少有 1 个小精灵表示她住在自己房间里，至少有 5 个小精灵表示她不住在自己房间里；

当小淘气住在随意说话的小精灵的房间里时，至少有 2 个小精灵表示她住在自己房间里，至少有 4 个小精灵表示她不住在自己房间里。

由此可求出四位数$\overline{abcd}$为 2156。

例 49　如图，编号为 1、2、3、4、5、6 的六人围坐在一张六边形桌边。他们中有一部分是只说真话的老实人，其余的都是只说假话的骗子。他们进行了如下对话：

1 号说：“在我正对位和相邻位的三人中恰有 0 个老实人。”

2 号说：“在我正对位和相邻位的三人中恰有 1 个老实人。”

3 号说：“在我正对位和相邻位的三人中恰有 1 个老实人。”

4 号说：“在我正对位和相邻位的三人中恰有 2 个老实人。”

5 号说：“在我正对位和相邻位的三人中恰有 2 个老实人。”

6 号说：“在我正对位和相邻位的三人中恰有 3 个老实人。”

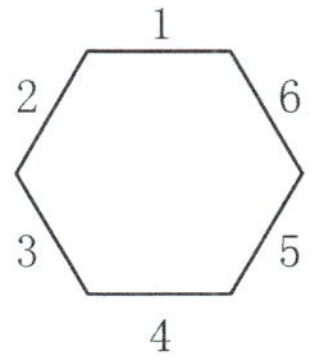

那么，老实人的编号从小到大顺次组成的多位数是________。

（2020 年“数学花园探秘”小高决赛 A 卷）

解析

注意到 1、3、5 号话语中的三人都是 2、4、6 号，所以 1、3、5 号中至少有 2 个人说错了，是骗子。同理，2、4、6 号中也至少有 2 个骗子。

那么，1、3 中必然一对一错，即 1、3、5 中有一个老实人，于是 2 号说对了，2 号是老实人，那么 3 号也说对了，3 号是老实人。所以答案是 23。

真题重现

1. 万圣节奇妙夜，小鱼走到一个广场，看到有三类身穿奇装异服的人正在进行庆祝活动，他们分别装扮为幽灵、僵尸和吸血鬼。其中，幽灵能看见任何人，其他装扮的人看不见他们；僵尸看不见任何人，但其他装扮的人看得见他们；吸血鬼能看见自己的同类和僵尸，幽灵也看得见他们。

小鱼走近他们，分别问了 3 种装扮的人同一个问题："除你以外，你能看见几个装扮过的人？"

一个幽灵回答："99 个人。"

一个僵尸回答："33 个人。"

一个吸血鬼回答："66 个人。"

如果 3 个人中，有一人说了假话，那么，装扮成幽灵的有________个人。

(2017 年"数学花园探秘"3 年级网赛)

2. 老虎、狐狸和兔子赛跑。赛完后，老虎说："我第一。"狐狸说："我第二。"兔子说："我不是第一。"他们之中仅有一个说了谎，那么第二名是________。 (2006 年"数学花园探秘")

3. A、B、C 三个人，一个是经理，一个是会计，一个是司机。已知 C 比会计年龄大，A 与司机的年龄不同，司机的年龄比 B 小。那么 A 的职务是________，B 的职务是________，C 的职务是________。

(1999 年江苏南京市第三届"兴趣杯"少年数学邀请赛决赛)

4. 甲、乙、丙、丁四个人的职业是教师、医生、律师、警察。已知：

①教师不知道甲的职业； ②医生曾给乙治过病； ③律师是丙的法律顾问(经常见面)；

④丁不是律师； ⑤乙和丙从未见过面。

那么甲、乙、丙的职业依次是：________、________、________。

5. 某工厂为了表扬好人好事，厂方找了 A、B、C、D4 个人来核实 4 人中谁做了好事(只有一人做了好事)。

A 说："是 B 做的。"

B 说："是 D 做的。"

C 说："不是我做的。"

D 说："B 说的不对。"

这 4 人中只有一人说了实话。这件好事是________做的。

(1993 年第四届《小学生数学报》数学邀请赛决赛)

6. A、B、C 三人在猜 1～99 中的某一个自然数。

A："它是偶数。它比 6 小。"

B："它比 7 小。它是个两位数。"

C："A 的前一句是对的。A 的后一句是错的。"

如果这 3 人当中有一人说了两句真话，有一人说了两句假话，有一人说话一真一假。那么，这个数是________。 (2013 年"数学花园探秘"4 年级初赛)

7. 张先生夫妻、王先生夫妻、李先生夫妻在图书馆借了 6 本编号分别为 1～6 的书看，6 个人都是每天看一本，而且每天看的书都不一样。6 天后，6 个人把 6 本书都看完了。已知：

(1)同一对夫妻，丈夫前 3 天看的 3 本都恰好是妻子后 3 天看的。

(2)张先生 6 天按顺序依次看了第 1、2、3、4、5、6 本，恰和李太太顺序完全相反。

(3)1 号书第 3 天在王太太手里，第 5 天在张太太手里。

(4)王先生最后一天看了 4 号书。

那么，李先生前 5 天看的书按顺序组成的五位数是________。(2014 年“数学花园探秘”6 年级网赛)

8. 现共有 150 组机器人，每组 2 个。这些机器人中，有 100 个只说真话，其余的只说假话。

小明对所有机器人问了同一个问题：“请问和你同组的机器人说的是假话吗？”结果有 120 个机器人回答“是”。

那么 2 个机器人均说假话的组有________组。(2019 年秋 · 明心数学资优生测试 3 年级)

9. 某精灵部落里共有 2017 个精灵，他们不是老实人就是骗子，老实人总是说真话，骗子总是说谎话。有一天，这些精灵排成一列，各说了一句话，前 2016 个精灵都说：“站在我后面的那个精灵是骗子。”第 2017 个精灵说：“我是个骗子。”

已知这一天竟然有一个老实人说了谎话。那么这 2017 个精灵中有________个骗子。

(2017 年“数学花园探秘”小高决赛 D 卷)

10. 一个人路过一个小镇，此时天色已晚，于是他便去投宿。当他来到一个十字路口时，他知道肯定仅有一条路是通向宾馆的，可是路口却没有任何标记，每个路口分别有一个小木牌。第一个木牌上写着：“这条路上有宾馆。”第二个木牌上写着：“这条路上没有宾馆。”第三个木牌上写着：“那两个木牌有一个写的是事实，另一个是假的。相信我，我的话不会有错。”假设你是这个投宿的人，以第三个木牌的话为依据，你能确定哪条路上有宾馆？

11. 现有 4 张卡片，分别写有 2、0、1、5，甲、乙、丙、丁四人各拿了一张卡片。

甲说：“你们三人拿的数字中没有和我拿的数字差 1 的。”

乙说：“你们三人拿的数字中必有和我拿的数字差 1 的。”

丙说：“我拿的数字不能作四位数的首位数字。”

丁说：“我拿的数字不能作四位数的个位数字。”

结果发现，凡是拿偶数数字的人都说假话，而拿奇数数字的人都说真话。那么甲、乙、丙、丁四人所拿数字依次组成的四位数是________。

12. 快乐星球的人有一个奇怪的习惯，他们对比自己年龄小的人都说假话，对比自己年龄大的人都说真话。A、B、C、D 四个人的年龄和身高都各不相同，下面是 A、B、C、D 针对他们 4 个人的年龄与身高展开的讨论：

A 对 D 说：“你是年龄最大的，但是比我矮。”

B 对 A 说：“你是年龄最小的，身高也没有我高。”

C 对 B 说：“你不是年龄最大的，你在我们四人中第二高。”

D 对 C 说：“你的年龄第二大，但你不是最矮的。”

那么 A、B、C、D 的身高排名(从高到低)序号依次连在一起组成的四位数是________。

(2017 年“数学花园探秘”小高决赛 B 卷)

13. 下列选项中有且只有一项是正确的，那么________(填写选项所对应的字母)是正确的。

A. 以下全错　　B. 以下全错　　C. 以下全对

D. 以上某一个对　　E. 以上全错　　F. 以上全错

(2022 年春 · 明心数学资优生测试 3 年级)

14. 甲、乙、丙、丁四人面向内依次围坐一圈，手中各拿了 1～9 中的一个整数，且各不相同。他们每人都对自己右手边的人说了一句话："我的数比你的数的 2 倍小 1。"如果只有一人说的话是错的，那么，这四人所拿数的总和是________。（2019 年"数学花园探秘"小中卷 D 卷）

15. 老师将 3 个不同的质数分别给甲、乙、丙 3 个同学。甲、乙、丙 3 个人都非常聪明，每人只知道自己的数。

老师说："你们手中的 3 个数都是比 30 小的质数，且互不相同。"

甲说："那我们一定不能组成一个加法等式。"

乙说："不用你说，我也知道它们不能组成加法等式。"

丙说："我们 3 个数刚好构成一个等差数列。"

那么甲、乙、丙三人手中的数之和是________。（2020 年"数学花园探秘"5 年级网赛）

16. 老师将写有 1～9 的 9 张卡片发给甲、乙、丙 3 个学生，每人 3 张。

甲说："我的 3 张卡片上的数字恰好是等差数列。"

乙说："我的也是。"

丙说："就我的不是等差数列。"

如果他们说的都是对的，那么丙手中拿的 3 张卡片数字之和最小是________。

（2013 年"数学花园探秘"小高决赛）

17. 老师将 4 个连续的两位数分别写在了 4 张卡片上，甲、乙、丙、丁 4 个同学每人随机抽取了一张，看了自己的卡片后，老师问是否知道这 4 个数之和是多少。

甲说："我不知道，但我知道有一个数是 11 的倍数。"

乙说："我也不知道，但我知道有另一个数是 14 的倍数。"

丙说："我还是不知道。"

丁说："听了丙的话，我终于知道了。"

那么这 4 个数之和是________。（2021 年"数学花园探秘"6 年级初赛）

18. 有 4 名候选人甲、乙、丙、丁参加学生会选举，已知候选人丁得票比乙得票多，候选人甲、乙得票之和超过丙、丁得票之和，候选人甲、丙得票之和与乙、丁得票之和相等。则四人得票数由高到低的排列次序是下列选项中的________。

A. 甲、丁、丙、乙　　B. 丁、乙、甲、丙　　C. 丁、甲、乙、丙　　D. 甲、丁、乙、丙

（2014 年春・明心数学资优生测试 3 年级）

19. 甲、乙、丙、丁四人站成一排，从左至右依次编号是 1、2、3、4 号，他们发生如下对话。

甲："我左右两边的人都比我高。"

乙："我左右两边的人都比我矮。"

丙："我是最高的。"

丁："我右边没有人。"

如果他们四人都是诚实的好孩子，那么甲、乙、丙、丁的编号从左至右按顺序组成的四位数是________。（2016 年"数学花园探秘"3 年级初赛 B 卷）

20. 有 9 名同学站成一排，他们的编号顺次为 1～9。其中 A、B、C、D、E5 名同学的对话如下。

A 说："我左右两边相邻的同学的编号都是质数。"

B 说："我左右两边相邻的同学的编号都是合数。"

C 说："我们 5 人中，恰有某两个人相邻。"

D 说："我和 E 的编号之和是质数。"

E 说："我和 C 相邻。"

如果每个人说的都是正确的，那么 C 的编号是________。

21. 甲、乙、丙、丁、戊 5 人在参加数学测评前，预测如下。

甲说："如果戊进了前三名，那我就能得第二。"

乙说："如果甲得了第二，那我就能得第一。"

丙说："第一名肯定是我。"

丁说："估计戊的名次高于我。"

戊说："我想这次测评应能如期进行。"

结果这 5 人恰好获得了这次测评的前 5 名（无并列），且他们的预测全都正确。如果甲、乙、丙、丁、戊获得的名次依次是 A、B、C、D、E，那么五位数 $\overline{ABCDE}$ 是________。

22. 甲、乙、丙、丁、戊五位同学在某次数学竞赛中获得了前 5 名（无并列），照相时站成一排，他们如下各说了一句话。

甲说："与我相邻的 2 位同学的名次都比我靠后。"

乙说："与我相邻的 2 位同学的名次都与我的名次相邻。"

丙说："我右边的所有同学（至少 1 位）的名次都比我靠前。"

丁说："我左边的所有同学（至少 1 位）的名次都比我靠后。"

戊说："我站在右数第 2 位。"

已知他们说的都是对的，甲、乙、丙、丁、戊的名次依次为 A、B、C、D、E，那么五位数 $\overline{ABCDE}$ 是________。

（2016 年"数学花园探秘"4 年级初赛 C 卷）

23. 如图，有编号 1～9 的 9 个小正方形狗舍，每个狗舍至多住 1 只小狗；原有 3 只小狗，它们所在的狗舍互不相邻（相邻的小正方形有公共边）；当有新的小狗入住时，与之相邻的小狗就会吠一声表示欢迎；现在又先后依次新入住 5 只小狗，每只小狗入住时都恰好有 2 只小狗吠一声；已知第 1 只新入住的小狗住 2 号狗舍，第 2 只新入住的小狗吠了 2 声，第 4 只新入住的小狗住 4 号狗舍，它没吠过。设这 5 只先后新入住小狗所住狗舍号依次为 A、B、C、D、E，那么五位数 $\overline{ABCDE}$ ＝________。

1	2	3
4	5	6
7	8	9

第 23 题图

（2016 年"数学花园探秘"小中决赛 C 卷）

参考答案

1. 答案：33。

分析：僵尸看不见任何人，则他说的是假话，另外两个人说的是真话。幽灵能看到幽灵、僵尸和吸血鬼，共 99 人，所以总人数为 99＋1＝100（人）；吸血鬼能看到僵尸和吸血鬼，看不见幽灵，所以僵尸和吸血鬼的总数是 66＋1＝67（人）。所以幽灵有 100－67＝33（人）。

2. 答案：兔子。

分析：如果老虎说谎了，那么狐狸和兔子说的是真话，推知狐狸第二，兔子第三，老虎第一，这与老虎说谎矛盾，所以老虎说的是真话。

如果狐狸说谎了，那么老虎和兔子说的是真话，推知老虎第一，狐狸第三，兔子第二，与题意相符。

如果兔子说谎了，那么兔子第一，与老虎说的是真话矛盾。

综上所述，说谎话的是狐狸，得第二名的是兔子。

3. 答案：会计；经理；司机。

分析：A 与司机年龄不同，故 A 不是司机，司机年龄比 B 小，故 B 不是司机，于是 C 是司机。由于 C 是司机，但司机年龄比 B 小，故 C 的年龄比 B 小，但 C 比会计年龄大，故 B 不是会计，于是 B 是经理，这样，A 就是会计。

4. 答案：律师；教师；警察。

分析：方法 1　由③可以知道丙不是律师，但是他见过律师，再由⑤知乙不是律师，又由④可知甲是律师。于是由①和③知丙不是教师，由②和⑤知丙不是医生，从而丙是警察。再由②知乙是教师，丁是医生。

方法 2　列表法。

人员	教师	医生	律师	警察
甲	否(条件①)	否	是	否
乙	是	否(条件②)	否(条件⑤)	否
丙	否(条件①、③)	否(条件②、⑤)	否(条件③)	是
丁	否	是	否(条件④)	否

5. 答案：C。

分析：由于 B、D 说的话相互矛盾，故其中有一人说了真话，因此 C 说了假话。故好事是 C 做的。

6. 答案：8。

分析 1：若这个数是两位数，则 B 一对一错，A 必须全错，则 C 也是一对一错，矛盾；所以此数是一位数。因为此数是一位数，所以 B 不可能全对。若 B 一对一错，则此数不比 7 小，A 不可能全对，只能全错，此时 C 也是一对一错，矛盾。于是，B 只能全错，此时 A 一对一错，C 全对，由此推导出此数是 8。

分析 2：B 两句话互相矛盾，不可能全对；若 C 全对，则 A 一对一错，B 全错，这个数只能是 8；若 C 一对一错，则全对的是 A，此时 B 也是一对一错，矛盾。综上，这个数是 8。

7. 答案：31264。

分析：按题目条件列表如下：

人员	第 1 天	第 2 天	第 3 天	第 4 天	第 5 天	第 6 天
张先生	1	2	3	4	5	6
张太太					1	
王先生			1			4
王太太						
李先生						
李太太	6	5	4	3	2	1

李先生后 3 天看 4、5、6 号书籍。

4 号书籍第 4 天与第 6 天已有归属，所以李先生第 5 天看 4 号书，又因为 6 号书第 6 天在张先生手上，所以李先生第 4 天看 6 号书，剩下第 6 天看 5 号书；

人员	第 1 天	第 2 天	第 3 天	第 4 天	第 5 天	第 6 天
张先生	1	2	3	4	5	6
张太太					1	
王先生			1			4
王太太						
李先生				6	4	5
李太太	6	5	4	3	2	1

李先生前 3 天看 1、2、3 号书籍，1 号书籍第 1 天与第 3 天已有归属，所以他只能第二天看 1 号书，3 号书籍第 3 天在张先生手里，所以李先生只能第 1 天看 3 号书，剩下第 3 天看 2 号书籍。

人员	第 1 天	第 2 天	第 3 天	第 4 天	第 5 天	第 6 天
张先生	1	2	3	4	5	6
张太太					1	
王先生			1			4
王太太						
李先生	3	1	2	6	4	5
李太太	6	5	4	3	2	1

所以李先生前 5 天看的书按顺序组成的五位数是 31264。

8. 答案：70。

分析：回答“是”的机器人只能出现在“一真一假”的组中，所以这样的组 120÷2＝60(组)，于是剩下 300－100－1×60＝140(个)说假话的机器人两个一组，共有 140÷2＝70(组)。

9. 答案：1008。

分析：说真话的老实人和说谎话的骗子都不会说“自己是骗子”。所以第 2017 个精灵一定是说了谎话的老实人。依次往前推，可知第 2016 个精灵是骗子，第 2015 个精灵是老实人……依次进行下去，奇数位置上都是老实人，偶数位置上都是骗子。所以这 2017 个精灵中有 1008 个骗子。

10. 答案：第三条。

分析 1：假设第一个木牌是正确的，那么第一个小木牌所在的路上就有宾馆，第二条路上就没有宾馆，第二句话就该是真的，结果就有两句真话了；假设第二句话是正确的，那么第一句话就是假的，第一、二条路上都没有宾馆，所以走第三条路，并且符合第三句所说，(第)一句是错误的，(第)二句是正确的。

分析 2：如果宾馆在第一条路上，则前两句话全对，矛盾；如果宾馆在第二条路上，则前两句话全错；如果宾馆在第三条路上，符合题意。

11. 答案：5120。

分析：由丙说的话可知，他拿到的不可能是 0，也不可能是 1、5，所以丙拿到 2；再由丁说的话可知，他一定说谎，于是他拿到的是 0。从而甲、乙说的都是真话，甲为 5，乙为 1，甲、乙、丙、丁依次组成的五位数是 5120。

12. 答案:1243。

分析:年龄大的人不可能对年龄小的人说"你的年龄比我小"或"你的年龄是最小的",所以B对A说假话,即B年龄比A大,A不是最小的,从大到小排年龄,A排第二或第三,B排第一或第二。A身高比B高。

若B年龄第一大,则C对B说真话,其中"你不是年龄最大的"与假设矛盾,所以B只能是第二大的;于是C说的还是真话,B年龄比C大,B身高第二高,A身高第一高;

因为C年龄比A、B小,所以D对C说的是假话,C是最矮的。

所以所求四位数是1243。

13. 答案:E。

分析:如果A、B、C中有一个是对的,则D也是对的,不符合题意,所以A、B、C都是错的。于是D也是错的,E是对的,F是错的,即

选项	正误	选项	正误	选项	正误
A. 以下全错	×	B. 以下全错	×	C. 以下全对	×
D. 以上某一个对	×	E. 以上全错	√	F. 以上全错	×

14. 答案:19。

分析:因为4人围坐一圈,必有连续3人说的话是对的,那么4个数只能为2、3、5、9,和为19。

15. 答案:69。

分析:列出30以内的所有质数,分别是2、3、5、7、11、13、17、19、23、29。组成加法等式必含2,可能的情况有(2,3,5),(2,5,7),(2,11,13)和(2,17,19)。由此可知,甲、乙手中的数只能是23或29,根据丙说的"等差数列"条件可以推测知丙手中的数为17,其和为17+23+29=69。

16. 答案:9。

分析:甲、乙的3张卡片都是等差数列,其和一定是3的倍数;9张卡片的和为1+2+…+9=45,也是3的倍数,所以丙的和一定是3的倍数。丙最小不能取6(1+2+3),所以至少为9。经试验9是可以的,甲、乙分别为(9,8,7)和(5,4,3),丙为(1,2,6)。

17. 答案:222。

分析:(1)通过甲的前半句可知,甲手中不是99,否则4个数是99、98、97、96;也不是10,否则是10、11、12、13;通过后半句可知甲手中就是11的倍数。

(2)乙通过自己的数已经知道了甲手中的数,又知道另一个数是14的倍数,有两种情况。

情况一:乙手中就是14的倍数,甲55,乙56。

情况二:14的倍数一定在乙手中的数与甲手中11的倍数的中间,且中间只有这一个数,否则乙会知道所有4个数进而知道和;他不知道的最后一个数要么最大、要么最小;11的倍数与14的倍数相邻,只能是55与56,即甲55,乙57。

(3)丙知道上述情况后依然不知道。如果是情况一,则可能是甲55、乙56、丙57或54。

如果是情况二,丙手中只能是中间的56。

(4)丁听了丙的话才知道。

如果是情况二,丁手中的牌一定最大或最小,丙不说话他也能知道,所以不是情况二。

如果是情况一,丁不可能是53或58,否则他也提早知道,所以丙、丁分享了57和54。

综上所述,4 个数之和为 54+55+56+57=222。

18. 答案:D。

分析:如图,用扇形图表示。

因为候选人甲、丙得票之和与乙、丁得票之和相等,所以,作一直径分圆为两半.上部为乙、丁,下部为甲、丙。

已知候选人丁得票比乙得票多,画得扇形丁的面积大于扇形乙的面积;由候选人甲、乙得票之和超过丙、丁得票之和,画扇形甲与乙的面积之和大于半圆的面积。

从而,得票数由高到低的排列次序应选 D。

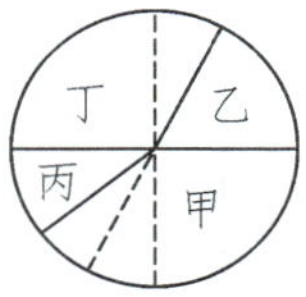

第 18 题图

19. 答案:2314。

分析:丁一定在最右边,甲、乙一定在中间,所以丙在最左边,考虑丙最高,所以丙旁边只能是甲,四人顺序就是丙、甲、乙、丁,答案是 2314。

20. 答案:1。

分析:(1)A 的编号只可能是 4 或 6;B 的编号只可能是 5 或 7。由 E 所说可知 A、B 不相邻,只可能 A 是 4 号,B 是 7 号。

(2)如下图,"×"号表示五人中任何一人不在此位置。因为 C、E 相邻,所以 D 是 9 号;

1	2	3	4	5	6	7	8	9
		×	A	×	×	B	×	

(3)因为 D+E 是质数,所以 E 是 2 号。

(4)所以 C 是 1 号。

21. 答案:32154。

分析:丙是第一,所以乙没有得第一,甲也不是第二,进而戊没有进前三;由丁所说可知,丁第五,戊第四,于是甲第三,乙第二。

五位数$\overline{ABCDE}$是 32154。

22. 答案:23514。

分析:先确定戊的位置,如图。

名次					
位置				戊	

甲和乙都有两个人相邻,不能站在两边,所以站在两边的是丙和丁,通过丙、丁的对话,得到:

名次	5				1
位置	丙			戊	丁

甲、乙的位置有两种情况:

(1)左乙右甲,丙、乙、甲是 3 个连续的自然数,乙第 4,依次如图,但甲比戊靠后,矛盾。

名次	5	4	3	2	1
位置	丙	乙	甲	戊	丁

(2)左甲右乙,甲、乙、戊是三个连续的自然数,乙第 3,甲比乙靠前,甲第 2,戊第 4,得解。

名次	5	2	3	4	1
位置	丙	甲	乙	戊	丁

所以五位数$\overline{ABCDE}$是 23514。

23. 答案:25649。

分析:第一只小狗入住 2 号,则 2 号周围的 1、3、5 号中已有两只小狗。

第 2 只新住的小狗吠了 2 声,欢迎它的也有 2 只小狗,说明它所住的狗舍有 4 个相邻的狗舍,所以它一定住 5 号,则刚开始的 3 只小狗中的 2 只住 1 号与 3 号,而 1 号、3 号都不会欢迎住到 5 号的小狗,所以第 3 只原有的小狗一定住在 8 号,如下图。

原	①	原
	②	
	原	

第 23 题图

由于第 4 只新入住的小狗住 4 号狗舍,所以第 3 只新入住的小狗只能住 6 号狗舍它才能得到两声庆贺;又因为 4 号狗舍的狗没有吠过,所以第 5 只新入住的小狗一定住 9 号狗舍。

所以,五位数$\overline{ABCDE}$为 25649。

明心数学
资优生大题典

下册

主编◎刘 嘉　胡志峰
编委◎（按姓氏笔画排序）
王 鑫　邓泽轩　卢韵秋　魏永久

長江出版傳媒
湖北科学技术出版社

图书在版编目（CIP）数据

明心数学资优生大题典．下册／刘嘉，胡志峰主编．—武汉：湖北科学技术出版社，2024.3（2025.9 重印）

ISBN 978-7-5706-3152-0

Ⅰ．①明…　Ⅱ．①刘…　②胡…　Ⅲ．①小学数学课—教学参考资料　Ⅳ．① G624.503

中国国家版本馆 CIP 数据核字（2024）第 043679 号

明心数学资优生大题典．下册
MINGXIN SHUXUE ZIYOUSHENG DA TIDIAN XIACE

策　　划：彭永东
责任编辑：胡　静　李雨点　梅嘉容
责任校对：陈横宇　　封面设计：喻　杨

出版发行：湖北科学技术出版社
地　　址：武汉市雄楚大街 268 号（湖北出版文化城 B 座 13—14 层）
电　　话：027-87679468　　邮　　编：430070

印　　刷：武汉科源印刷设计有限公司　　邮　　编：430299

889×1194　1/16　　25.5 印张　　800 千字
2024 年 3 月第 1 版　　2025 年 9 月第 4 次印刷
定　　价：135.00 元（全两册）

目　　录

下　册

第四篇　几　何　派

第五篇　数论宗

第四篇　几　何　派

欢迎来到几何派，欢迎来到数学腾飞的起点。

公元前 300 年左右，出现了一本影响人类文明进程的典籍——《几何原本》。欧几里得第一次用公理化的方式建立了一套完整的逻辑演绎体系，从此人类开拓知识疆域的方法从被告知、经验得知跨越到了逻辑推知。

哥白尼、伽利略、笛卡儿、斯宾诺莎、牛顿、爱因斯坦等学者都曾学习过《几何原本》，从中汲取了丰富的营养，从而做出了许多伟大的成就。另外，我们也可以从《自然哲学的数学原理》《物种起源》《独立宣言》等后世巨著中看到《几何原本》的影子。

我们今天学习几何时接触的点、线、面等概念，甚至“几何——研究图形之学”这个含义都是明朝大科学家徐光启与意大利传教士利玛窦翻译《几何原本》时引入的。

想要建立自己的逻辑推理能力，就从游历几何派开始吧！

在本篇几何派的旅程中，我们将根据两条逻辑线前行：

1. 定义—公式—运用；

2. 从低维到高维：点—线—面—体。

欧几里得曾说：“在几何学里，没有专为国王铺设的大道。”但，这并不妨碍你成为几何里的“国王”，祝旅行愉快！

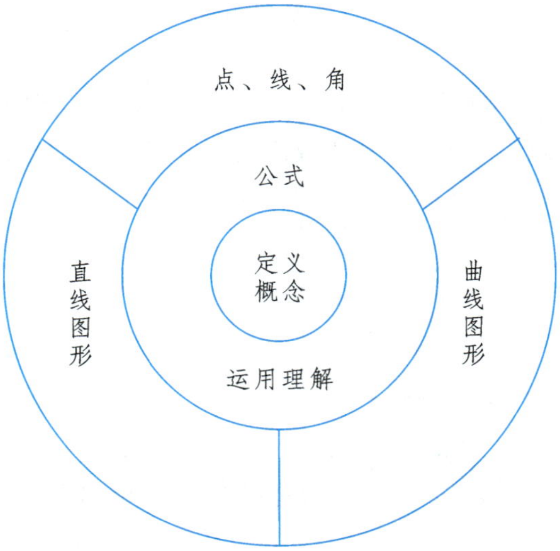

第二十六章　直线图形基础

26.1　公理

公理 1. 等于同量的量彼此相等。

公理 2. 等量加等量，其和相等。

公理 3. 等量减等量，其差相等。

公理 4. 彼此能完全重合的物体是全等的。

公理 5. 有限范围内，整体大于部分。

26.2　点与线的定义及相关公理与定理

点：不可分割为部分。

直线：无端点，可以向两端无限延长，不可度量。

射线：1 个端点，只能向一端无限延长，不可度量。

线段：2 个端点，不可向两端延伸，可度量。

线段的中点：把一条线段分成相等两部分的点，叫作线段的中点。

公理：两点之间，线段最短。

定理：三角形任意两个边长之和大于第三边。

【定理的证明】如图所示，在△ABC 中，

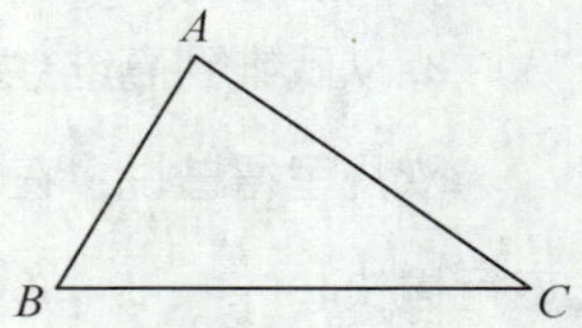

∵ BC 为点 B 到点 C 之间的线段，为两点之间的最短距离，

∴ BC 的长度一定小于由 BA、AC 组成的折线段，即 $BC<BA+AC$。

同理，$CA<CB+BA$，$AB<BC+CA$。

26.3　角的定义

角：从一点引出两条射线所组成的图形叫作角，如图 1。记法：$\angle AOB$ 或者 $\angle\alpha$。

角平分线：由一个角的顶点引出的将这个角分成两个相等的角的射线叫作角的平分线，如图 2，OC 为 $\angle AOB$ 的角平分线。

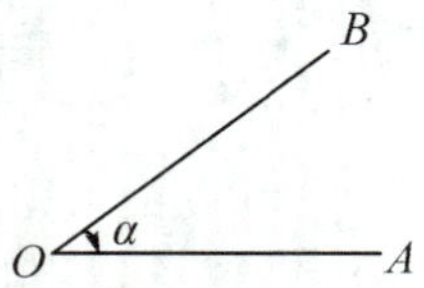

图 1

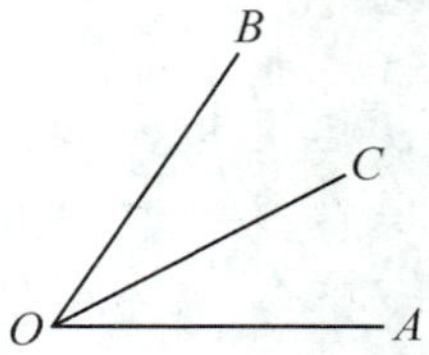

图 2

> 角关注的是两条射线之间张开度的大小，与两条射线（无限长）画出的长度无关。
> 第一种记法一定要将角的顶点字母放在三个字母中间。

直角：当一条直线和另一条直线交成的邻角彼此相等时，这些角的每一个角叫作直角，而且称这一条直线垂直于另一条直线。

平角：两个直角之和。

钝角：大于直角，小于平角的角。

锐角：小于直角的角。

延伸

很多时候同学们把90°作为直角的定义，这就把这两个概念的前后顺序弄反了。是先有直角的定义，然后才有度数的定义。

古巴比伦人发展出60进位的记数法则，并套用在角度的单位换算上：将圆周分割成360等份，每一份弧所对应的圆心角记作1°，这样的习惯沿用至今。

因此周角为360°，平角为180°，直角为90°。

360°为什么打破了后世十进制的垄断，至今依然保留呢？

与一天24小时、一小时60分钟、一分钟60秒一样，360°满足了人的一种需求——平均分配。

360可以平均分成2份、3份、4份、5份、6份、8份、9份……，这是十进制中整十、整百、整千的数所不能满足的。法国大革命期间，曾有一批激进分子想要将1小时改成100分钟、1分钟改成100秒，但很快被否决了。

定理：对顶角相等。

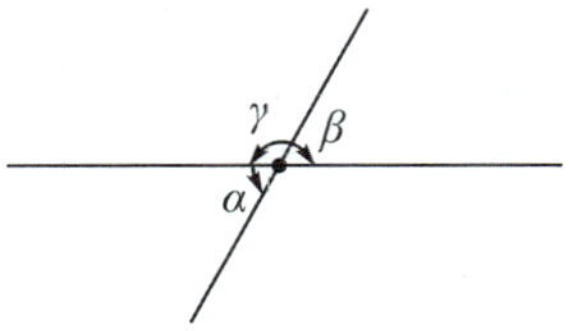

$\because \angle\alpha+\angle\gamma=180°=\angle\beta+\angle\gamma$，

$\therefore \angle\alpha+\angle\gamma=\angle\beta+\angle\gamma$（公理1），$\angle\alpha=\angle\beta$（公理3）。

【思考1】“相等的角是对顶角”这句话正确吗？

分析：对顶角与位置有关！所以“相等的角是对顶角”这句话不正确。

余角：若$\angle\alpha+\angle\beta=90°$，则称$\angle\alpha$与$\angle\beta$互为余角。

补角：若$\angle\alpha+\angle\beta=180°$，则称$\angle\alpha$与$\angle\beta$互为补角。

> 余角、补角是两个角的“关系”，不是某一个角。

【思考2】如果$\angle\alpha$与$\angle\gamma$互为余角，$\angle\alpha$与$\angle\beta$也互为余角，那么$\angle\gamma$与$\angle\beta$（　　）。

A. 相等　　B. 不等　　C. 无法判断

分析：$\because \angle\alpha+\angle\gamma=90°=\angle\alpha+\angle\beta$，

$\therefore \angle\alpha+\angle\gamma=\angle\alpha+\angle\beta$（公理1），$\angle\gamma=\angle\beta$（公理3）。

> 注意，余角仅与角度的大小有关，与位置无关。

【思考3】如果$\angle\alpha$与$\angle\gamma$互为补角，$\angle\alpha$与$\angle\beta$也互为补角，那么$\angle\gamma$与$\angle\beta$（　　）。

A. 相等　　B. 不等　　C. 无法判断

分析：$\because \angle\alpha+\angle\gamma=180°=\angle\alpha+\angle\beta$，

$\therefore \angle\alpha+\angle\gamma=\angle\alpha+\angle\beta$（公理1），$\angle\gamma=\angle\beta$（公理3）。

> 注意，补角仅与角度的大小有关，与位置无关。

26.4　角的相关定理

26.4.1　三角形内角和定理：三角形内角和＝180°

学校里在讲述三角形内角和的时候会给出以下操作：

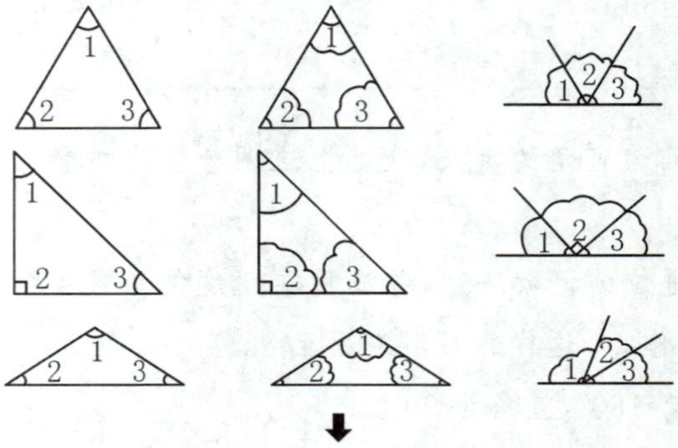

∠1、∠2 和∠3 正好组成一个平角，平角等于 180°，所以三角形的内角和一定是 180°。

从这个角度让大家认知三角形的内角和为 180°，这其实是数学中“归纳思想”的体现。

在研究一般性问题之前，先研究几个简单的、个别的、特殊的情况，从而归纳出一般的规律和性质，即上面我们看到的“从验证等边三角形、再到直角三角形、最后验证任意三角形的内角和”，这种从特殊到一般的思维方式称为归纳思想。

除了以上方式，有没有纯数学的方式来证明呢？很幸运，法国大数学家帕斯卡在 12 岁左右的时候独立给出了一个漂亮的、能让小学生看得懂的证明，让我们一起来看看帕斯卡的神操作吧！

帕斯卡的证明

(1)根据长方形的定义，我们知道长方形的四个角都是直角，所以长方形的内角和为 90°×4=360°；

(2)两个同样的(全等的)直角三角形一定能够拼成一个长方形，所以直角三角形的内角和为 360°÷2=180°；

(3)一个任意三角形，一定可以在它的最长边上作一条高，将其分成两个直角三角形，这两个直角三角形的内角总和为 180°+180°=360°，而高在底边上形成的两个直角不属于原三角形的内角，故应去掉，所以任意三角形的内角和为 360°−90°−90°=180°。

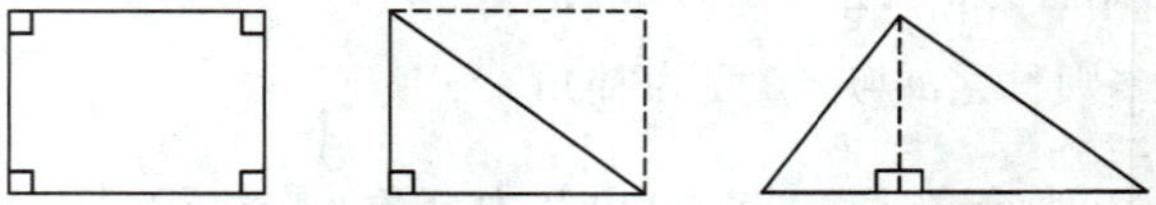

26.4.2 三角形外角定理：三角形的一个外角等于不相邻两内角之和

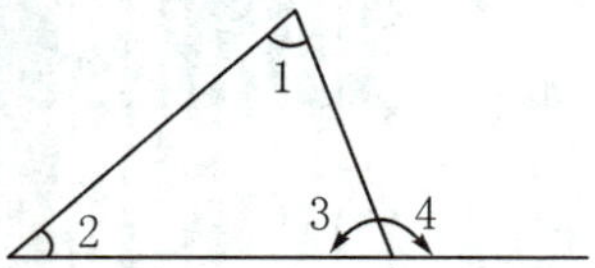

【证明】∵∠1+∠2+∠3=180°，∠4+∠3=180°，

∴∠1+∠2+∠3=∠4+∠3(公理 1)，

∴∠1+∠2=∠4(公理 3)。

26.4.3 多边形外角和定理：n 边形内角和=180°×(n−2)

我们知道了三角形内角和为 180°，多边形的内角和就迎刃而解了。

【证明 1】

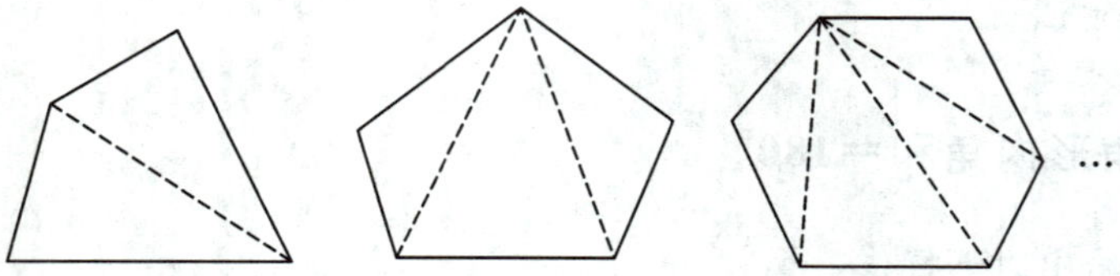

n 边形中，由一个顶点可以引出 (n−3)条对角线，则此 n 边形被切割为由顶点构成的(n−2)个三角形，所以 n 边形的内角和为 180°×(n−2)。

【证明 2】

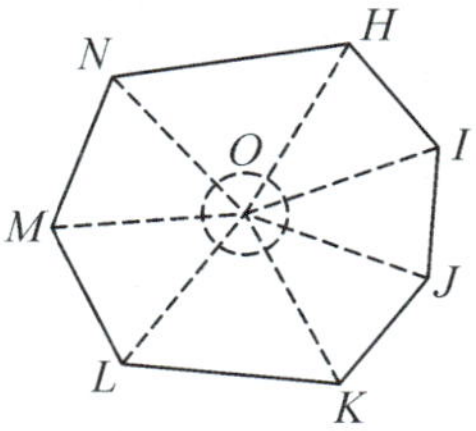

如左图所示，取 n 边形内部任一点 O，连接 n 边形所有顶点，可构成 n 个三角形，所有这些三角形的内角和减去不属于该 n 边形内角的中间一个周角，即 $180°\times n-360°=180°\times(n-2)$，同样可以证明多边形内角和公式。

这种解释有向量的雏形，使静止的平面几何产生动态感。你能想象出神射手站在点 O 处旋转一周百发百中的潇洒自若吗？

26.4.4　美丽的多边形外角和定理：任意多边形的一组外角和＝360°

如图所示，每个外角与相邻的内角之和都为 180°，n 边形一组外角与内角的总和为 $180°\times n$，去掉所有的内角，即去掉内角和得到 n 边形的外角和为 $180°\times n-180°\times(n-2)=180°\times 2=360°$。

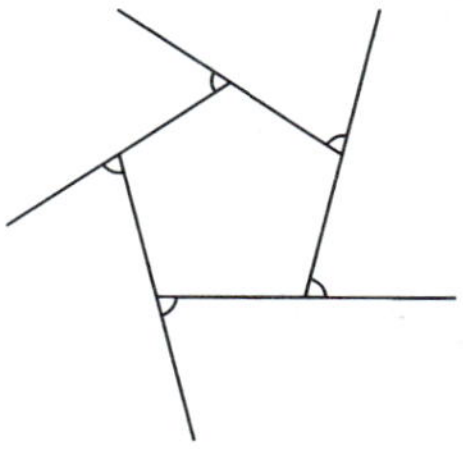

请同学想一想，为什么是一组外角呢？

延伸

数学的品位

1980 年，世界顶级数学大师陈省身先生在北京大学的一次讲学中说过这样一段话："人们常说，三角形的内角和等于 180°。但是，这是不对的！"

大家愕然。怎么回事？三角形的内角和是 180°，这不是数学常识吗？

接着，陈先生对大家的疑问做了精辟的解答：

说"三角形的内角和为 180°"不对，不是说这个事实不对，而是说这种看问题的方法不对，应当说"三角形的外角和是 360°"！

把眼光盯住内角，只能看到：

三角形的内角和是 180°；

四边形的内角和是 360°；

五边形的内角和是 540°；

……

n 边形的内角和是 $(n-2)\times 180°$。

这就找到了一个计算内角和的公式。公式里出现了边数 n。

如果看外角呢？

三角形的外角和是 360°；

四边形的外角和是 360°；

五边形的外角和是 360°；

……

任意 n 边形的外角和都是 360°。

这就把多种情形用一个十分简单的结论概括起来了。用一个与 n 无关的常数代替了与 n 有关的公式，找到了更一般的规律。

陈先生这段话告诉了我们一个很重要的事实：数学追求简洁。我们可以从更简单的例子看到这样的数学美：为什么 3＋2 的结果写成 2＋3 就不对呢？3＋2 的结果为什么必须写成 5，考试的时候老师才给分呢？因为数学的旨趣就是要把复杂的东西变得简洁，5 比 2+3 简单，所以 5 是更美的结果。类似的在表达结果的时候，分数需要化成最简分数，比需要化成最简比。

不简洁会发生什么事呢？让我们用数学的方式假想一下鲁智深如何找镇关西的麻烦。

鲁智深："郑屠，给我来$\frac{1009}{2018}$斤瘦肉，再配$\frac{2018}{4036}$斤肥肉……"

镇关西："$\frac{1009}{2018}$？$\frac{2018}{4036}$？这都是什么鬼？你莫不是特地消遣我？"

……

你看，根本就不用三次，一次郑屠就"炸"了！说成半斤肯定不会出事儿，为啥？因为半斤最简洁。

26.5 平面直线图形基础概念与公式

26.5.1 基本概念

三角形：由三条线段围成的封闭图形称为三角形。

四边形：由四条线段围成的封闭图形称为四边形。

梯形：仅有一组对边平行的四边形称为梯形。

平行四边形：两组对边平行的四边形称为平行四边形。

菱形：四条边均相等的四边形称为菱形。

矩形（长方形）：四个角均为直角的四边形称为矩形。

正方形：四个角均为直角、四条边均相等的四边形称为正方形。

多边形：由四条以上线段围成的封闭图形称为多边形。

平行线：在同一个平面内向两端无限延长不能相交的两条直线称为平行线。

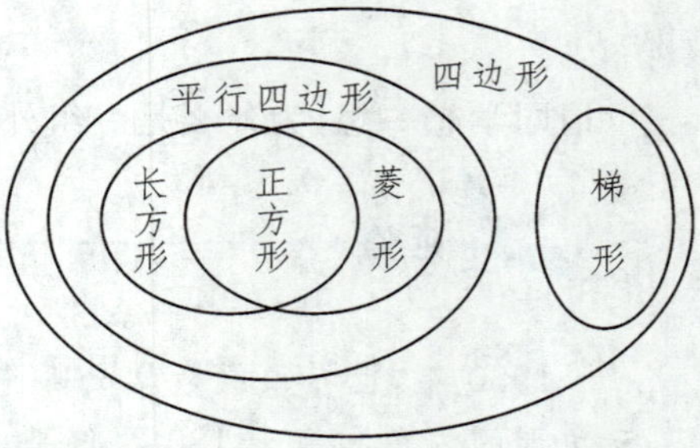

26.5.2 面积公式的由来

正方形：古埃及人因为测量土地的需要首先定义了边长为 1 个长度单位的正方形面积为 $1\times1=1$（个）面积单位。于是，边长为 a 的正方形面积为：$S_{正}=a\times a$。

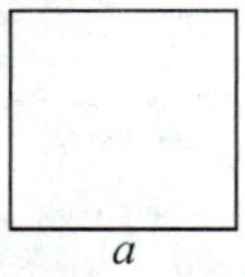

长方形：接下来，我们可以将长方形分割成正方形，于是我们可以得到长方形的面积为长（一排有几个正方形）乘宽（有几排正方形），即 $S_{长}=a\times b$。

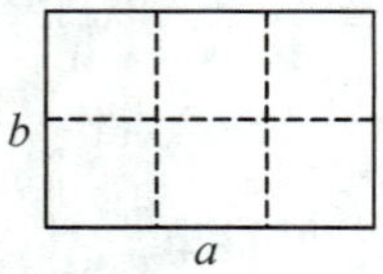

平行四边形：一刀就能变成长方形。平行四边形的底等于平移后长方形的长，平行四边形的高等于平移后长方形的宽，所以 $S_{\square}=底\times高$。

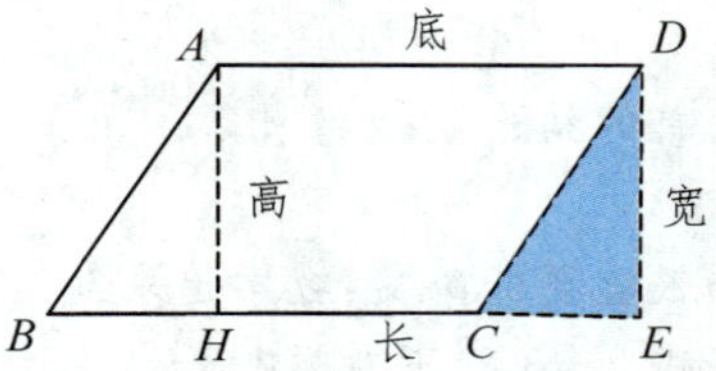

得到了求平行四边形面积的方法，我们就可以解决另外两种常用图形。

三角形：两个形状大小相同的三角形可以拼成一个同底等高的平行四边形，所以 $S_{\triangle}=\frac{1}{2}\times$底$\times$高。

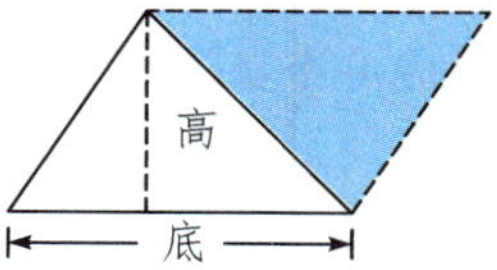

梯形：两个形状大小相同的梯形也可以拼成一个平行四边形，平行四边形的底等于梯形上底与下底的和，平行四边形的高等于梯形的高。所以 $S_{梯形}=\frac{1}{2}\times$(上底+下底)$\times$高。

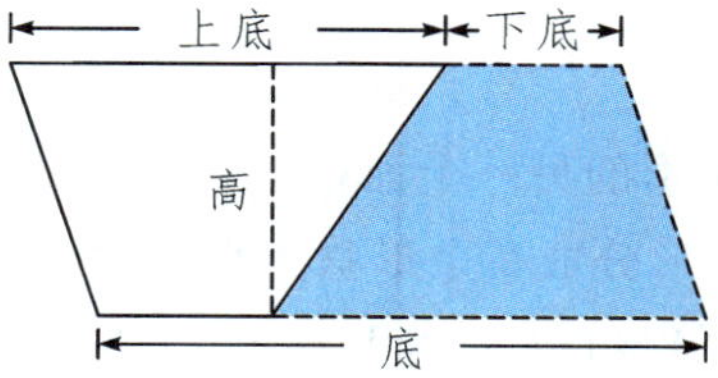

26.5.3　中位线及其引出的面积公式

$\triangle ABC$ 中，三条边都有其对应的中位线。

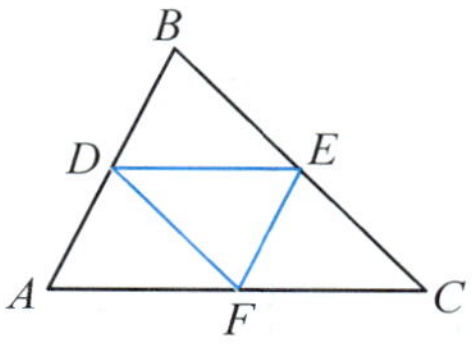

D、E 分别为 AB 与 BC 的中点，我们称 DE 为$\triangle ABC$ 的中位线。由左下图可知，AC 的长度是 DE 的 2 倍，即中位线是其对应(与之平行)底边的一半。

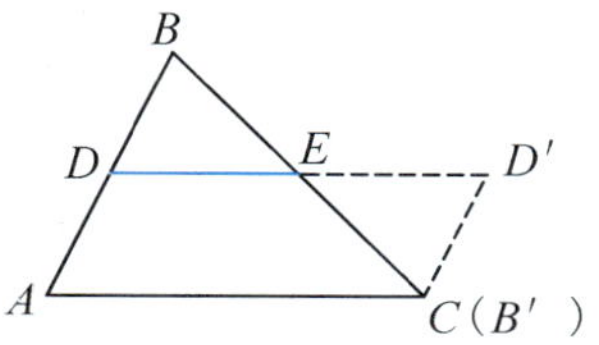

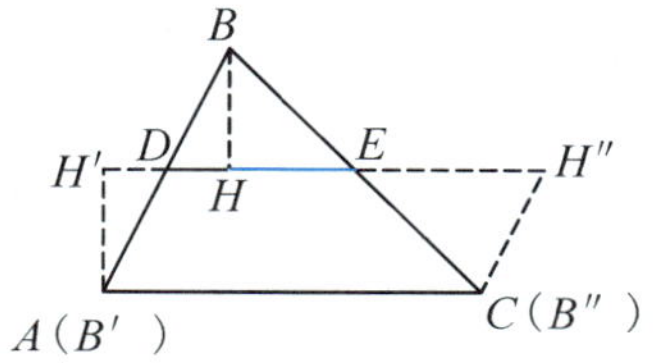

于是，三角形的面积公式可表示为：$S_{\triangle}=\frac{1}{2}\times$底$\times$高$=$中位线$\times$高。

梯形只有一条中位线。

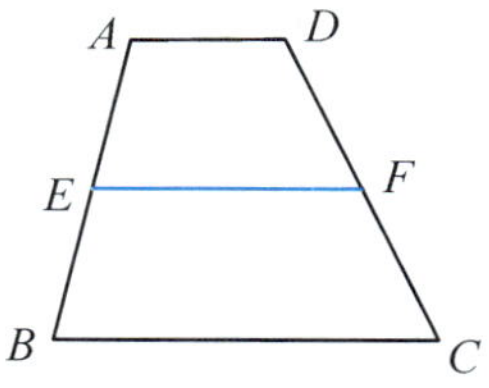

E、F 分别为 AB 与 CD 的中点，我们称 EF 为梯形 $ABCD$ 的中位线，由图可知 EF 长度的两倍等于上底 AD 与下底 BC 之和，即梯形中位线的长度是上底与下底之和的一半。

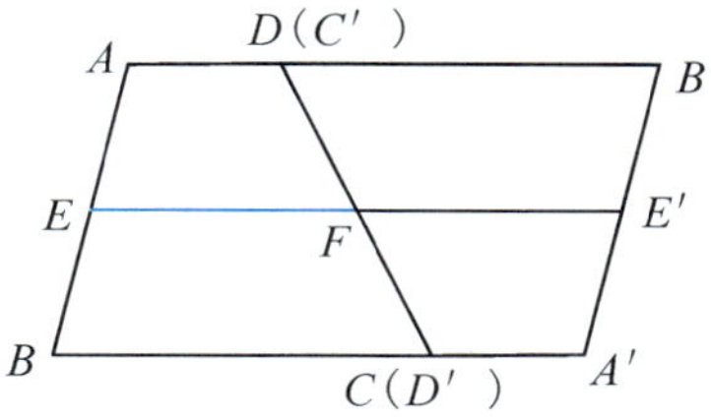

于是，梯形的面积公式可表示为：$S_{梯形}=\frac{1}{2}\times$(上底+下底)$\times$高$=$中位线$\times$高。

26.5.4 特殊图形的特殊公式

四个大小相同的等腰直角三角形可以拼成一个正方形，即等腰直角三角形的面积等于斜边平方的四分之一。

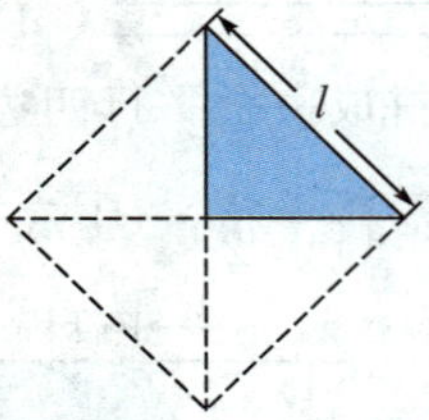

于是，我们可以得到等腰直角三角形的另一个面积公式：$S_{等腰Rt\triangle}=l^2\div 4$

类似地，正方形的对角线 l 将正方形分成 2 个形状大小相同的等腰直角三角形，而以对角线 l 为边长的正方形可以被分为 4 个同样大小的等腰直角三角形，即正方形的面积等于对角线平方的一半。

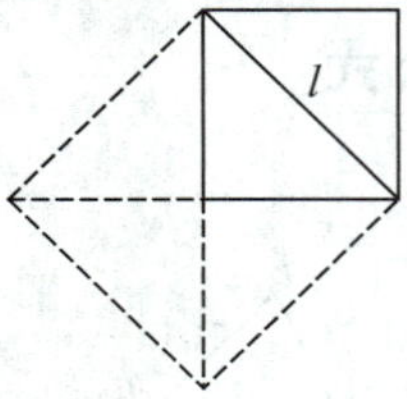

于是，我们得到：$S_{正}=l^2\div 2$。

本章内容属于整个小学阶段几何部分基础中的基础，将高频次地出现在后面章节的例题中，所以暂未单独设置例题与习题。

而对概念的注释以及对定理公式的证明是读者需要关注的重点，自行尝试重新证明定理及公式对掌握本章内容是非常有益且必要的。

第二十七章　平面直线图形(中年级卷)

图形问题的核心能力——观察。

观察什么呢？相同的、相等的、特殊的、有联系的……

27.1　周长问题

环绕有限面积的区域边缘的长度，叫作周长，也就是图形一周的长度，即多边形所有边的和，通常用字母 C 表示。

27.1.1　常见图形周长公式

正方形的周长公式：如果正方形的边长为 a，那么其周长 $C_{正}=4a$。

长方形的周长公式：如果长方形的长为 a，宽为 b，那么其周长 $C_{长}=2\times(a+b)$。

注解　对于长方形相邻两边的描述中，中文的“长”与“宽”实际上附加了一个“长比宽长”的多余信息，对于理解长方形及长方形周长的公式来说，最好忘掉这个附加信息。

另外，还要注意的是，长方形的周长公式并不是非要知道长、宽的长度，找到“长与宽的和”才是关键。

27.1.2　比较与对应

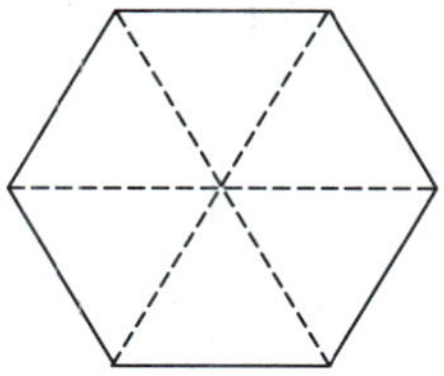

例 1　如图是一个正六边形(每条边都相等，每个内角也相等的六边形)，它的周长是 30 厘米。如果将它沿虚线剪成 6 个一样的正三角形。那么这 6 个正三角形的周长之和是多少？
(2017 年秋· 明心数学资优生测试 3 年级)

解析

【方法 1】正六边形的周长对应 6 条边，所以边长为 $30\div6=5$(厘米)，而 6 个正三角形对应 $3\times6=18$(条)边，所以 6 个正三角形的周长和是 $5\times18=90$(厘米)。

【方法 2】“——”变成“ 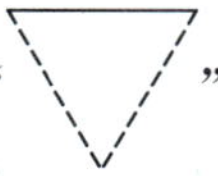 ”，周长扩大 3 倍，$30\times3=90$(厘米)。

例 2　如图，六边形被分成了 2 个三角形和 1 个长方形，长方形和每个三角形的周长都是 30 厘米，长方形的长是宽的 2 倍。那么，整个六边形的周长是________厘米。
(2019 年“数学花园探秘”3 年级初赛 D 卷)

解析

【方法 1】长方形的长与宽的和为 $30\div2=15$(厘米)，又知道长是宽的 2 倍，典型的和倍问题，于是我们可以求出宽为 $15\div(1+2)=5$(厘米)，那么长方形的长为 $5\times2=10$(厘米)，三角形的另外两边之和为 $30-5=25$(厘米)，所以六边形的周长为 $25\times2+10\times2=70$(厘米)。

【方法 2】求出长方形的宽为 5 厘米之后，可以用拼接的角度理解这个组合图形，拼接了 2 次，每次有 2 条 5 厘米的边从周长转化到图形内部，所以六边形的周长为 $30\times3-5\times4=70$(厘米)。

例 3 如图，A、B、C、D 是互不重叠的长方形，且按图中的方式恰可拼成一个大长方形。已知 A 的周长为 8 厘米，B 的周长比 A 多 10 厘米，C 的周长比 A 多 12 厘米，那么 D 的周长是________厘米。

(2016 年春·明心数学资优生测试 3 年级)

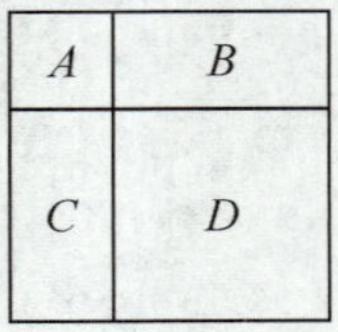

解 析

横向 D 与 B 一样，纵向 D 与 C 一样，所以 B 比 A 多的就是横向 D 比 A 多的，C 比 A 多的就是纵向 D 比 A 多的。那么，D 的周长为 $8+10+12=30$(厘米)。

例 4 如图，②号长方形的周长是①号正方形的 2 倍，③号长方形的周长是①号正方形的 3 倍。那么，④号长方形的周长是①号正方形的________倍。

(2017 年“数学花园探秘”3 年级初赛 C 卷)

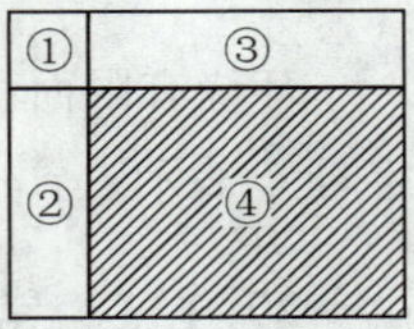

解 析

设①的边长为 1，则②的周长是 8，长是 $(8-2)\div 2=3$；③的周长是 12，长是 $(12-2)\div 2=5$。故④的周长是 $(3+5)\times 2=16$，是①的 $16\div 4=4$ 倍。

27.1.3 平移

基本思路：如下图。

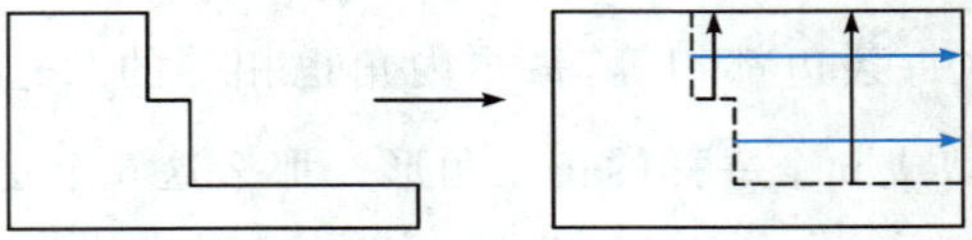

例 5 2 个边长为 2 厘米、2 个边长为 3 厘米和 1 个边长为 4 厘米的正方形如图对称摆放。摆放后的图形周长为________厘米。

(2020 年春·明心数学资优生测试 3 年级)

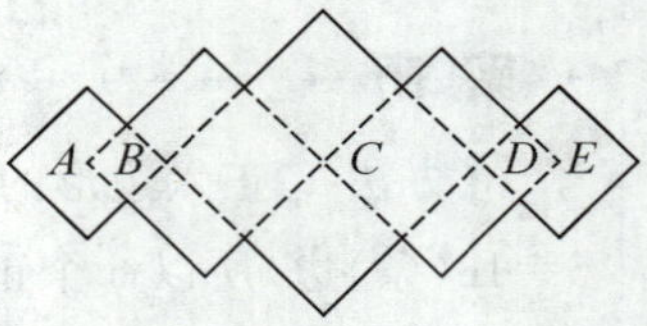

解 析

如图，原图形的周长可以通过平移转化为正方形 $FGHI$ 的周长，其边长为 $2+2+2+1+1=8$(厘米)，所以周长为 $8\times 4=32$(厘米)。

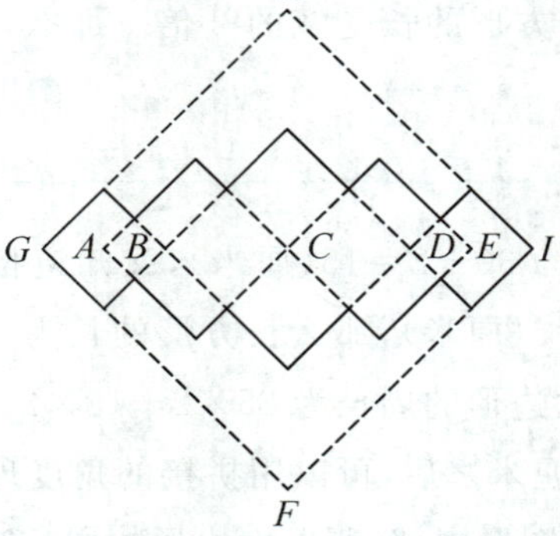

例 6 图中所有的角均为直角,各线段长如图所示(单位:厘米)。在不测量的前提下,$x=$________厘米。

(2014 年春・明心数学资优生测试 3 年级)

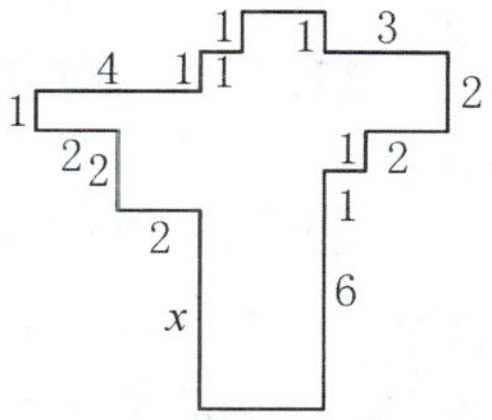

解析

此类图形容易让考生眼花缭乱,解决的办法是将此类问题分解成纵向、横向两个角度,问题马上就简化了,且隐含了坐标思维,为考生埋下一枚解析的种子。

由于本图是一个封闭图形,所以左边的纵向线段总和与右边纵向线段总和相等,通过这个等量关系可得到 $1+1+1+2+x=1+2+1+6$,解得 $x=5$。

例 7 如图是一段马路的示意图,这段马路宽 5 米,马路正中间有一条蓝色的线。若道路边缘的长度分别为 40 米、10 米、20 米和 30 米,那么蓝线有多长?

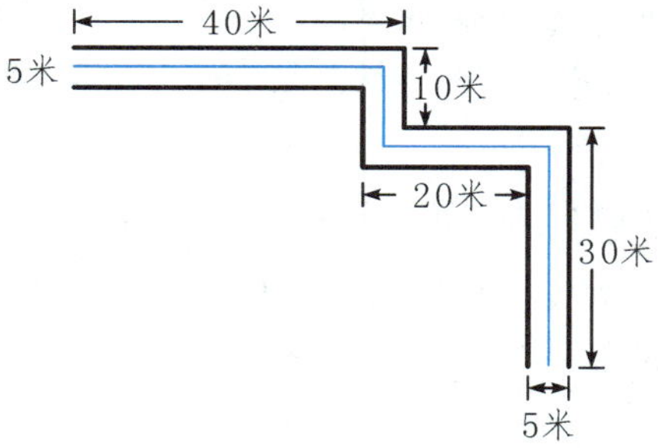

(2013 年秋・明心数学资优生测试 3 年级)

解析

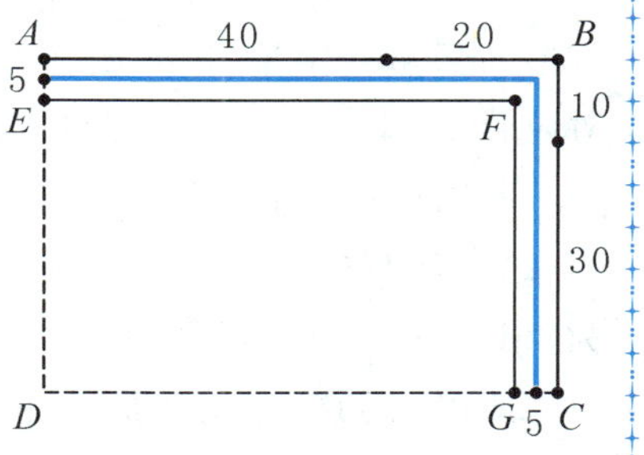

【方法 1】将道路的两条边缘与中间的蓝线平移至如图所示的位置,$AB+BC=(40+20)+(10+30)=100$(米),蓝线离边缘 $5\div2=2.5$(米),所以蓝线的长度为 $100-2.5-2.5=95$(米)。

【方法 2】马路中间的蓝线是两侧边缘长度的平均数,$AB+BC=(40+20)+(10+30)=100$(米),$EF+FG=ED+DG=100-5-5=90$(米),所以蓝线的长度为 $(100+90)\div2=95$(米)。

例 8 如图,将一个大长方形分割成 9 个小长方形。图上已标出部分小长方形的周长(单位:厘米),那么阴影部分的周长是________厘米。

(2017 年春・明心数学资优生测试 4 年级)

14	18	
A	(阴影)	32
26		40

解析

【方法 1】小长方形 A 的周长为 $26+32-40=18$(厘米),阴影部分的周长为 $18+18-14=22$(厘米)。

【方法 2】通过平移的思考方式,我们知道:周长为 26、18、32 的 3 个小长方形的周长之和是大方形的周长,周长为 14、40 的小长方形与阴影部分的周长之和也是大长方形的周长。所以,阴影部分的周长等于 $26+18+32-14-40=22$(厘米)。

27.1.4 剪切与拼接

例 9 如图，大正三角形与大正五边形的周长相等。在大正三角形的各边向内挖走 1 个周长为 15 厘米的小正三角形；在大正五边形的各边向内挖走 1 个周长为 15 厘米的小正五边形，那么 2 个图形剩余部分的周长相差________厘米。

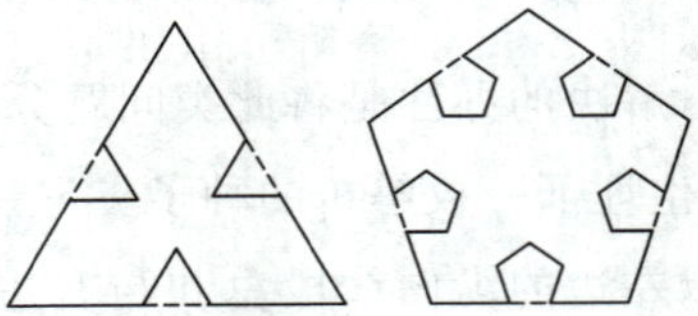

（2017 年“数学花园探秘”小中决赛 B 卷）

解析

挖去的小正三角形边长为 15÷3=5(厘米)，每挖去 1 个，减少 1 条边，增加 2 条边，大正三角形挖去 3 个小正三角形后，周长实际增加 5×(2−1)×3=15(厘米)；挖去的小正五边形边长为 15÷5=3(厘米)，每挖去 1 个，减少 1 条边，增加 4 条边，大正五边形挖去 5 个小正五边形后，周长实际增加 3×(4−1)×5=45(厘米)。所以 2 个图形剩余部分的周长差是 45−15=30(厘米)。

例 10 如图，将一个边长为 18 厘米的大正方形切成 12 个相同的长方形和 1 个小正方形。若这 13 个图形的周长总和是原大正方形周长的 5 倍，那么，图中阴影长方形的面积是________平方厘米，中间小正方形的周长是________厘米。

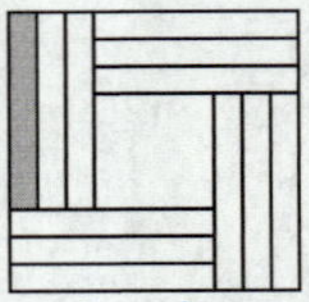

（2015 年秋・明心数学资优生测试 4 年级）

解析

共切 12 刀，增加了 24 个小长方形的长，即 24 个小长方形的长对应着 5−1=4 倍大正方形周长。

所以小长方形的长为 18×4×4÷24=12(厘米)，小长方形的宽为(18−12)÷3=2(厘米)。

所以，阴影长方形的面积为 12×2=24(平方厘米)，中间小正方形的周长为(12−2×3)×4=24(厘米)。

在本题中，大家需要总结出的要点是：切1刀，切口的两侧都是增加出来的长度，即“切1刀，增加2条边”。相反，拼接时，拼接口两侧的长度都从边长变成了图形内部，减少了2倍的拼接长度，“拼接1次，减少2条边”。如图所示：

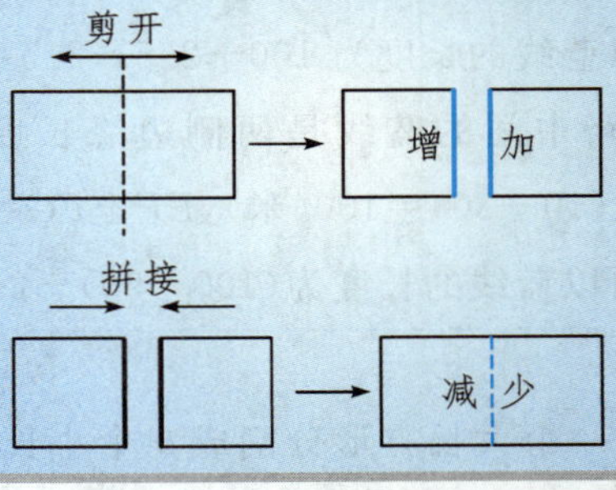

例 11 题图由 1 个边长为 8 厘米的正三角形和 2 个边长为 6 厘米的正方形组合成的 1 个山羊头像。那么图中 3 块阴影部分的周长总和是多少？

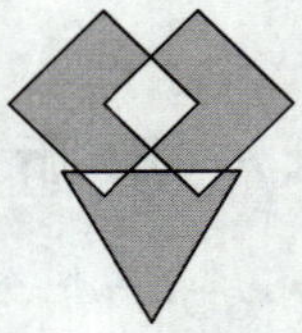

（2015 年春・明心数学资优生测试 3 年级）

解析

注意！阴影部分的周长和即 2 个正方形与一个正三角形的周长和。

所以阴影部分的周长为 6×4×2+8×3=72(厘米)。

例 12　图中正五边形 $ABCDE$ 边长为 10 厘米。那么,图中空白部分的周长和比阴影部分的周长和大________厘米。

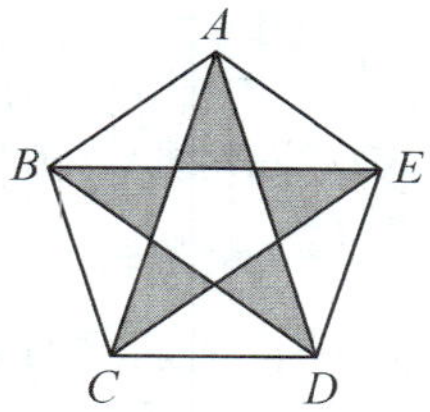

(2019 年"数学花园探秘"小中决赛 A 卷)

解析

注意到空白部分的周长和实际比阴影部分的周长和多的部分恰好是正五边形的周长,所以大 10×5=50(厘米)。

例 13　随着人工智能的飞速发展,机器人可以帮助我们解决各种各样的重复劳动,其中一个便是智能园艺修剪。

某地有 2 种花坛设计方案,如图所示,每个方案中的花坛都由 6 个相同的直角三角形模块组成,每个模块的最短边长为 4 米,最短边长度是最长边的一半。智能园艺修剪机器人要对组合后的花坛进行修剪。由于它跳不起来,它只能对外边缘进行修剪而无法进入封闭的区域。已知机器人每修剪 1 米需要用电 1 千瓦·时,2 号方案比 1 号方案会少用电________千瓦·时。

1 号方案

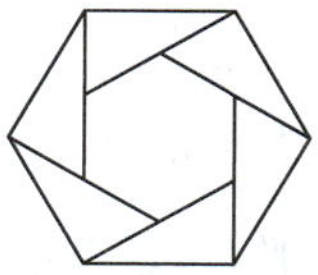
2 号方案

解析

通过观察不难发现,2 张图里都有 6 个直角三角形的较长直角边,总和对应相等,所以 1 号方案比 2 号方案的周长多出的部分就是 6 条最长边比 6 条最短边多的部分,即 4×2×6−4×6=24(米)。所以 2 号方案比 1 号方案会少用电 1×24=24(千瓦·时)。

例 14　如图,大正方形中摆放了 A、B、C 三个阴影正方形。如果空白部分的周长和比阴影部分的周长和多 120 厘米,那么正方形 B 的面积是________平方厘米。

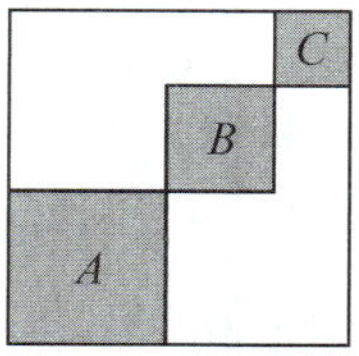

(2020 年"数学花园探秘"小中初赛 C 卷)

解析

如图,将阴影部分的边长与空白部分的边长互相抵消后,空白部分剩下 4 段,正好是正方形 B 的 4 条边。所以正方形 B 的边长为 120÷4=30(厘米),面积为 30×30=900(平方厘米)。

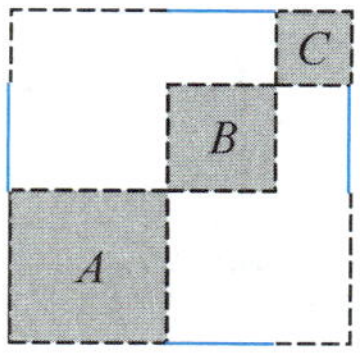

例 15 一次旅游，小鱼看到一套“组合式沙发凳”后，觉得很漂亮，于是把这 10 块沙发所组成的图形画了下来，如图所示。其中 4、5、6、8 号都是等边三角形，边长都是 2 厘米；1、4、5、8、10 号，2、5、6、8、9 号和 3、4、5、6、7 号所组成的 3 个长方形完全一样，长都是 6 厘米。小鱼想把这个图形沿线剪成 10 块纸片，并将这 10 块纸片无重叠地拼成一个大长方形；如果拼好后的大长方形的宽与原来 1 个长方形的宽相等，那么，拼好后的大长方形的长是________厘米。（纸片可翻转）

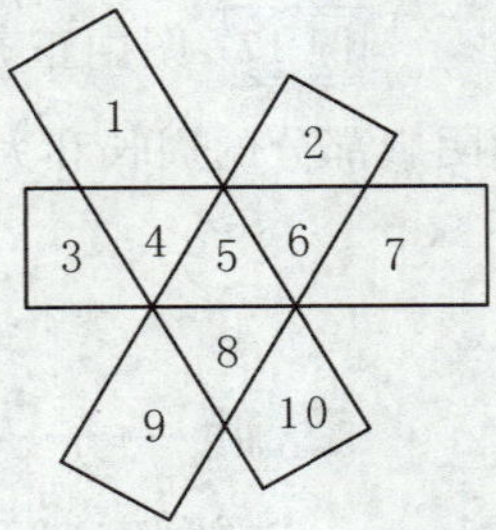

解 析

如图，保持 3、4、5、6、7 不动，现将 1、8、10 拼好，它们可以拼成 1 个长是 6－2＝4(厘米)的长方形，再将 2、9 拼好，它们 2 个方向的长度之和是 6＋6－2－4＝6(厘米)，所以把 2 或 9 翻转后可以拼成一个长是 6÷2＝3(厘米)的长方形，所以总长是 6＋4＋3＝13(厘米)。(拼好后图形如图)

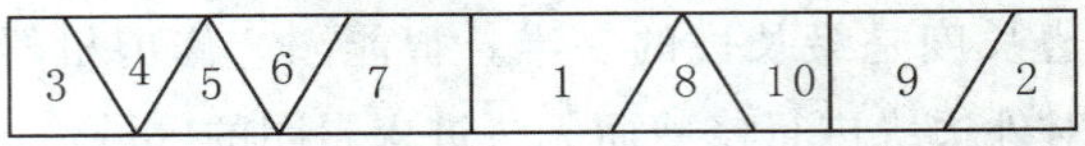

27.1.5 等量代换

例 16 如图是小佳画的一个戴帽子的小人儿。这个帽子由 6 个完全一样的长方形拼成。如果这 6 个长方形的长都是 6，那么，这个帽子图形的周长是________。

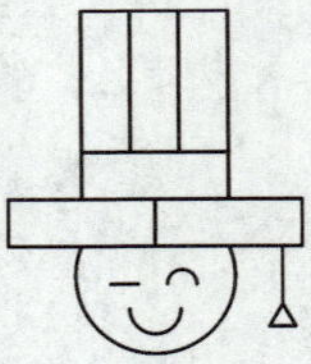

（2017 年“数学花园探秘”3 年级初赛 A 卷）

解 析

如图，由线段 AB 可知，小长方形的长是宽的 3 倍，所以宽为 6÷3＝2。整个帽子图形经过平移可成为一个长＝6＋6＝12，宽＝6＋2＋2＝10 的长方形，它的周长是(12＋10)×2＝44。

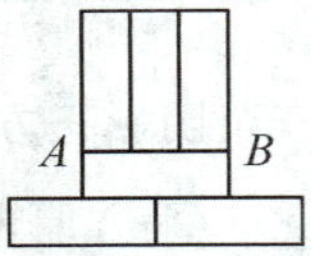

例 17 小鱼老家有 2 组一样的可活动的八仙桌，由 5 块桌子组成；一组拼成正方形样的大方桌，如图 1；另一组通过移动桌子组成了八边形，如图 2。现在小鱼想同时给正方形和八边形的桌子外周一圈包上防撞条，以防有小孩在桌边磕碰；如果小鱼只知道其中一块五边形桌子的周长是 3 米，如图 3，那么，小鱼需要准备________米的防撞条刚好包上这两组桌子边。

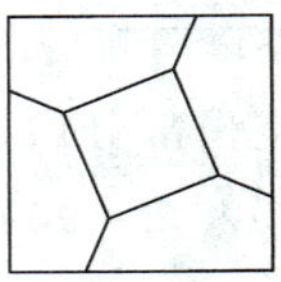
图 1

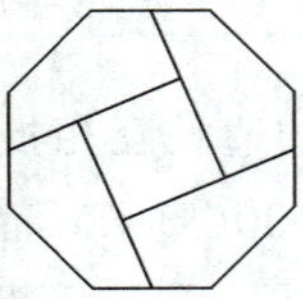
图 2

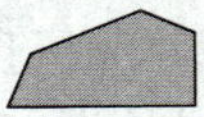
图 3

解 析

2 张桌子的周长加起来正好将五边形的五条边各算了 4 次，所以需要准备 3×4＝12(米)的防撞条。

27.1.6　极值问题

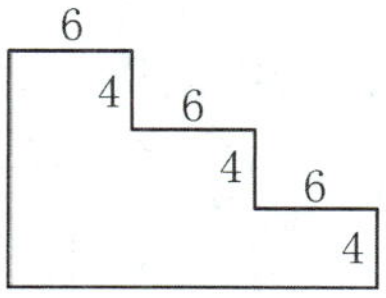

例 18 有 2 张相同的纸片，形状如图所示。将 2 张纸片不重叠地拼在一起，所拼成的图形中，周长最短是________。

(2018 年春·明心数学资优生测试 3 年级)

解析

因为周长减少的部分是拼接处的 2 倍，所以最短即拼接处越长越好。

如图，周长最短是(16+18)×2=68。

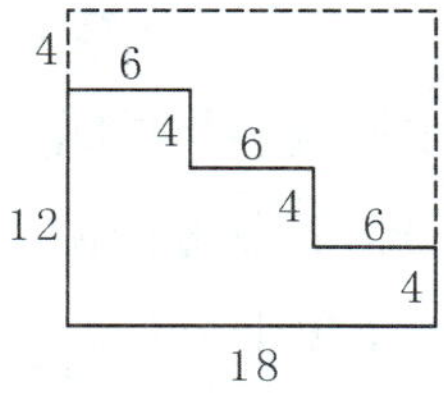

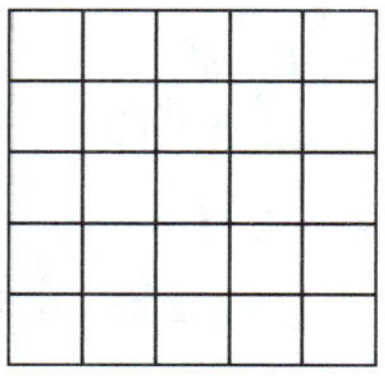

例 19 如图，在一张 5×5 的方格纸中沿格线剪下 8 个小正方形(每个小正方形的边长是 1)，使得剩下的图形是一整块。那么，剩余的图形周长最大为________。

(2020 年“数学花园探秘”4 年级初赛 A 卷)

解析

从 25 个正方形中去掉 8 个正方形后还剩 17 个正方形，这 17 个正方形至少有 16 条连接边。故周长总数的理论最大值为 17×4−16×2=36。构造如下：

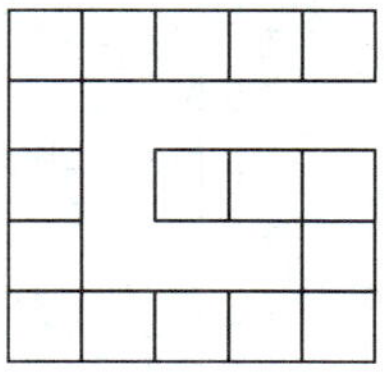

真题重现

1. 如图，超市里新上市的 10 块 L 型巧克力被摆成了一个大长方形，如果大长方形的周长是 88 厘米，那么每块“L”形巧克力的周长为________厘米。　　(2015 年“数学花园探秘”4 年级初赛 B 卷)

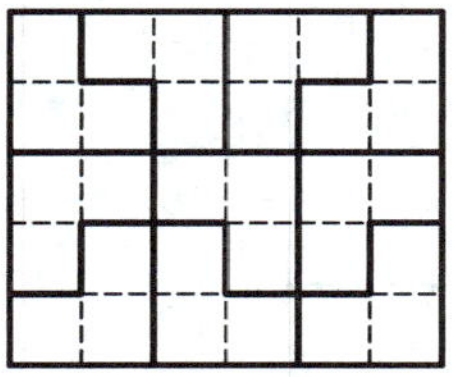

第 1 题图

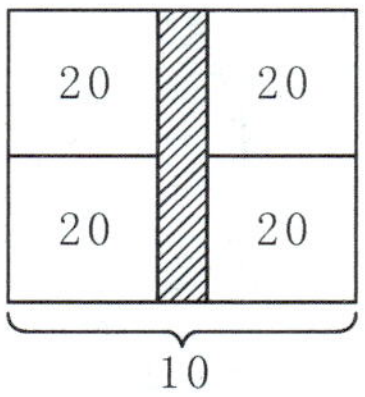

第 2 题图

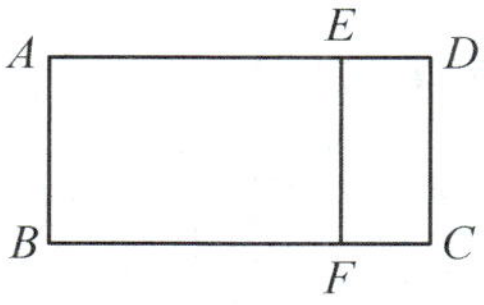

第 3 题图

2. 如图，蕾蕾家的菜园是 1 个由 4 块正方形的菜地和 1 个小长方形的水池组成的大长方形。如果每块菜地的面积都是 20 平方米且菜园的长为 10 米，那么菜园中水池(图中阴影部分)的周长是________米。

3. 图中长方形 $ABCD$ 的长是宽的 2 倍，而长方形 $CDEF$ 的周长正好是长方形 $ABCD$ 周长的一半，那么长方形 $ABCD$ 的面积是长方形 $CDEF$ 面积的________倍。

(2017 年秋·明心数学资优生测试 4 年级)

4. 一个大正方形内有两个面积为 25 平方厘米及 4 平方厘米的小正方形，两个小正方形互不重叠，如图。则阴影部分的周长为________厘米。（2013 年秋·明心数学资优生测试 4 年级）

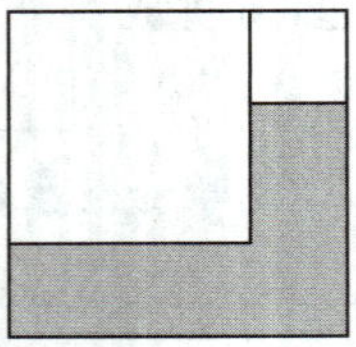

第 4 题图

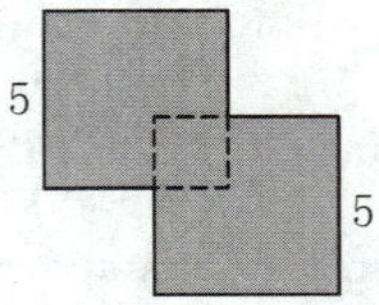

第 5 题图

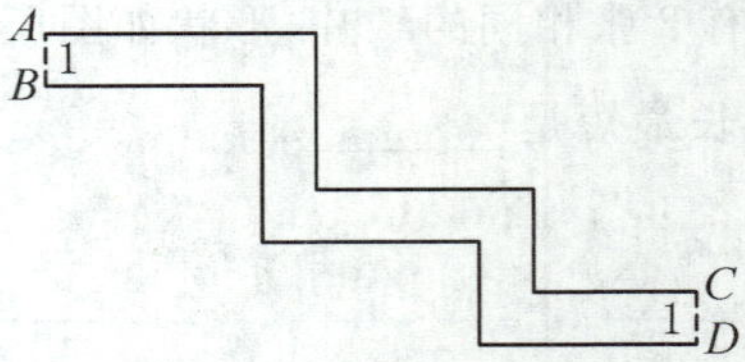

第 6 题图

5. 如图，两个边长均为 5 厘米的正方形有部分重叠，重叠的部分也是一个正方形，并且面积为 4 平方厘米。那么整个阴影图形的周长是________厘米。（2014 年春·明心数学资优生测试 4 年级）

6. 如图（单位：米），甲、乙两只小蚂蚁分别沿一条宽度始终为 1 米的小路两边爬行。甲沿图中上方实线从 A 爬到 C，乙沿图中下方实线从 B 爬到 D。那么甲比乙多爬________米。

（2020 年秋·明心数学资优生测试 3 年级）

7. 将两个面积都为 25 平方厘米的正方形拼成一个长方形。则长方形的周长是________厘米。

（2014 年秋·明心数学资优生测试 4 年级）

8. 如图（单位：厘米），沿长方形 $ABCD$ 中的虚线将长方形剪成两部分，会发现两部分形如汉字“凹凸”。已知长方形长 $AD=10$ 厘米，宽 $AB=6$ 厘米，$EF=GH=2$ 厘米。那么剪成的“凹凸”两部分的周长和为________厘米。

（2016 年“数学花园探秘”小中决赛 C 卷）

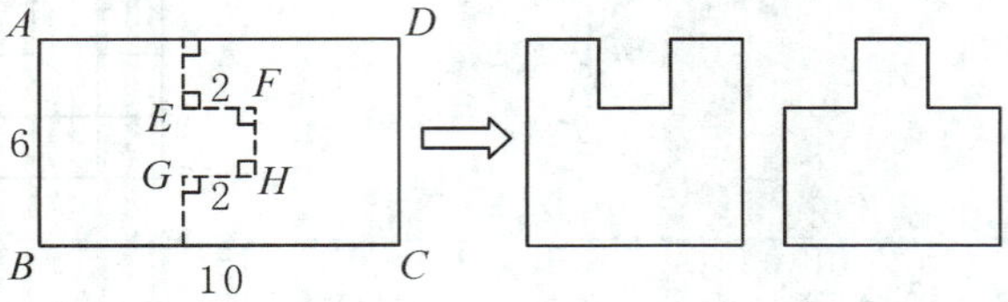

第 8 题图

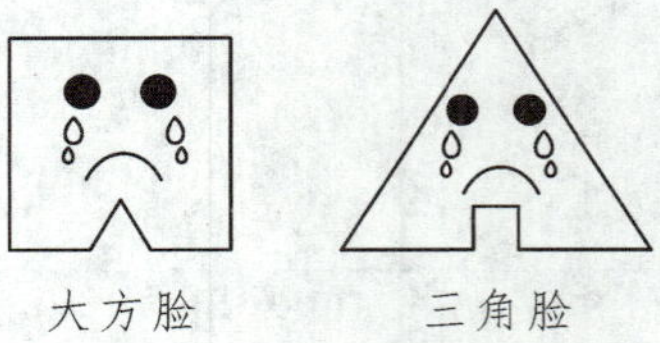

第 9 题图

9. 擂台上正举行拳击比赛，比赛双方分别是“大方脸”与“三角脸”。比赛中间休息时，发现“大方脸”与“三角脸”均受伤。“大方脸”下巴被打缺了一个边长为 4 厘米的正三角形，“三角脸”下巴被打缺了一个边长为 3 厘米的正方形，如图。

若两位选手刚开始整个脸部的周长一样，那么现在脸部周长更长的是________，比对手长________厘米。（2015 年秋·明心数学资优生测试 3 年级）

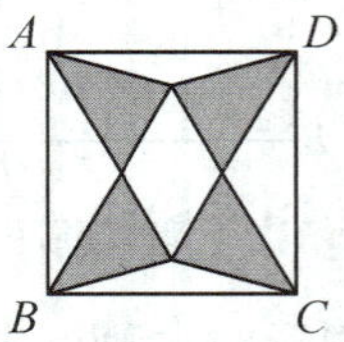

第 10 题图

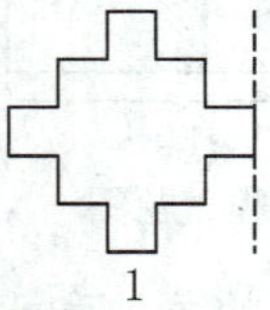

第 11 题图

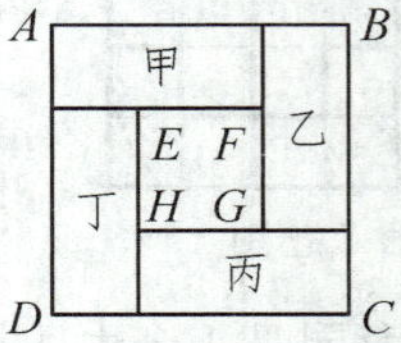

第 12 题图

10. 图中空白部分的周长总和比阴影部分的周长总和大 48 厘米。那么，正方形 $ABCD$ 的边长为________厘米。（2019 年“数学花园探秘”小中决赛 D 卷）

11. 如图是一个图形沿虚线对折完全重合后的样子，其中每条线段均长 1 厘米，那么这个图形不对折时的周长是________厘米。（2016 年秋·明心数学资优生测试 3 年级）

12. 如图是由 4 个形状、大小均相同的长方形甲、乙、丙、丁拼接而成的。其中,$ABCD$ 与 $EFGH$ 均为正方形。若长方形甲的周长为 20,那么正方形 $ABCD$ 的周长为________。

(2018 年秋 · 明心数学资优生测试 4 年级)

13. 有一块长方形的牧场,它的周长为 700 米。将它分隔为 6 块完全相同的小长方形的牧场,如图所示,求每一块小长方形牧场的周长是多少米?

(2013 年秋 · 明心数学资优生测试 4 年级)

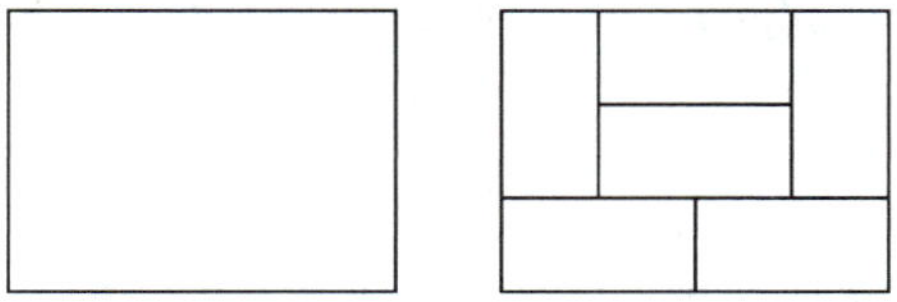

第 13 题图

参考答案

1. 答案:32。

分析:将图中最小正方形的边长看作 1 段,则大长方形的周长由$(6+5)\times2=22$(段)组成,每段的长度为 $88\div22=4$(厘米),一块"L"形巧克力的周长由 8 段组成,周长为 $4\times8=32$(厘米)。

2. 答案:20。

分析:如图,阴影部分长为 $2a$,宽为 b,长与宽的和为 $2a+b$,即与长方形的长相等,为 10 米,所以阴影部分的周长是 $10\times2=20$(米)。

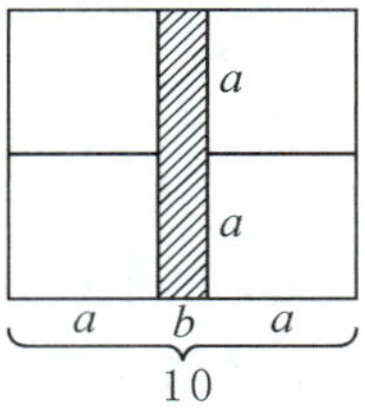

第 2 题图

3. 答案:4。

分析:将 AB 的长看作 1 份,则 AD 的长为 2 份,长方形 $ABCD$ 的周长为$(2+1)\times2=6$(份),则长方形 $CDEF$ 的周长为 $6\div2=3$(份),DE 的长为 $3\div2-1=0.5$(份),则 $AD=4ED$,所以长方形 $ABCD$ 的面积是长方形 $CDEF$ 面积的 4 倍。

4. 答案:24。

分析:因为 $25=5^2$,$4=2^2$,所以阴影部分的周长为$(5+2+5)\times2=24$(厘米)。

5. 答案:32。

分析:如图,重叠部分正方形的面积为 4 平方厘米,即边长为 2 厘米,那么 $a=5-2=3$(厘米)。要求整个图形的周长,可将其平移成一个边长 $5+3=8$(厘米)的正方形,所以周长为 $8\times4=32$(厘米)。

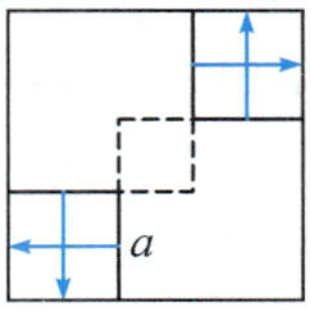

第 5 题图

6. 答案:0。

分析:如图,将两条路线平移后发现,从 A 到 C 的横向距离与从 B 到 D 的横向距离相等;从 A 到 C 的横向距离与从 B 到 D 的纵向距离也相等,所以两只蚂蚁爬行的距离相等,甲比乙多爬 0 米。

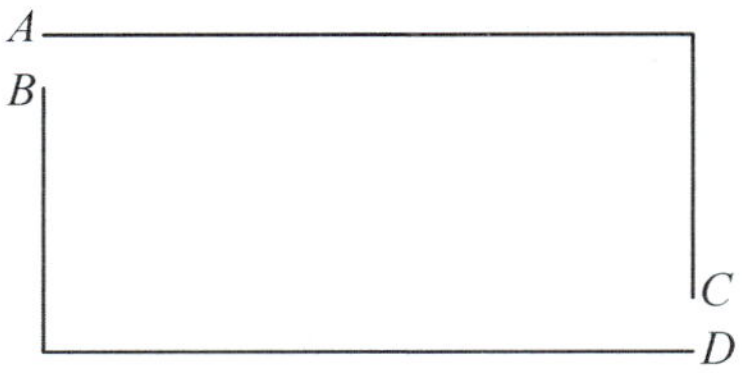

第 6 题图

7. 答案:30。

分析:方法 1　正方形的面积为 $25=5^2$,所以边长为 5 厘米。于是拼接后长方形的长为 $5\times2=10$(厘米),宽为 5 厘米,周长为 $(10+5)\times2=30$(厘米)。

方法 2　正方形的面积为 $25=5^2$,所以边长为 5 厘米,周长为 $5\times4=20$(厘米)。拼接一次减少两条边,于是拼接后的周长为 $20+20-5\times2=30$(厘米)。

8. 答案:52。

分析:相较于原长方形,增多的部分即为剪开的部分的 2 倍,所以剪开后的周长总和为 $(10+6)\times2+(2+2+6)\times2=52$(厘米)。

9. 答案:三角脸;2。

分析:"大方脸"的周长比原来增加了 $4\times2-4=4$(厘米);"三角脸"的周长比原来增加了 $3\times3-3=6$(厘米),所以比赛后"三角脸"的周长更长,长 $6-4=2$(厘米)。

10. 答案:12。

分析:空白部分比阴影部分多正方形的 4 条边。正方形的边长为 $48\div4=12$(厘米)。

11. 答案:38。

分析:原图如下,共有 38 小段,即周长为 38 厘米。

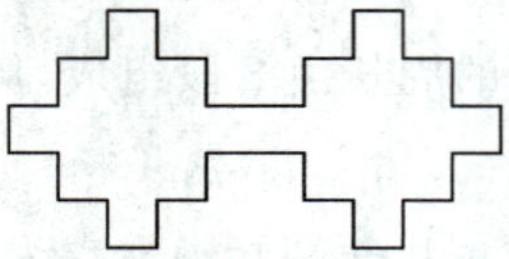

第 11 题图

12. 答案:40。

分析:因为一个小长方形甲周长的一半恰好等于大正方形的边长,所以正方形 $ABCD$ 的周长为 $20\div2\times4=40$。

13. 答案:300。

分析:如图,由线段 AB 可知长+长=长+宽+宽,所以长为宽的 2 倍。

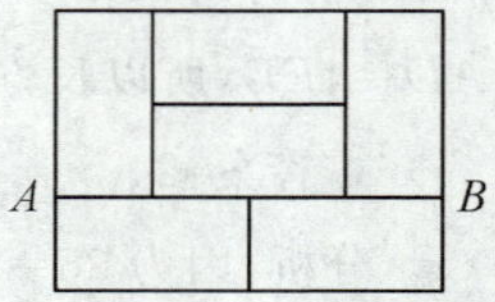

第 13 题图

将宽看作 1 份,那么大长方形的长为 $2+2=4$(份),宽为 $2+1=3$(份),周长为 $(4+3)\times2=14$(份),1 份为 $700\div14=50$(米),那么小长方形的周长为 $50\times(1+2)\times2=300$(米)。

27.2　巧求面积

27.2.1　正方形与长方形

例 20 大正方形的周长是小正方形周长的 4 倍。那么大正方形的面积是小正方形面积的________倍。

(2013 年春·明心数学资优生测试 4 年级)

解析

大正方形的周长是小正方形周长的 4 倍，即大正方形的边长是小正方形边长的 4 倍，所以大正方形的面积是小正方形面积的 $4^2=16$ 倍。

例 21 如图，大、小正方形的面积相差 63 平方厘米，边长相差 3 厘米，那么小正方形的面积为多少？

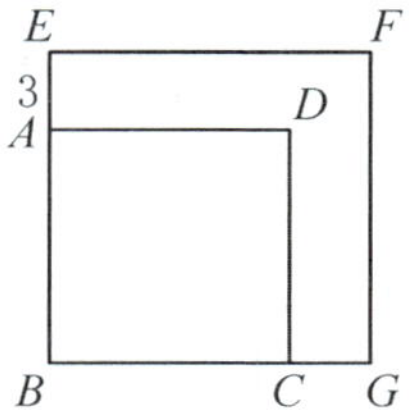

解析

图形问题，将图中能找到的信息都标出来是一种基本功。

如图，我们可以发现面积差 63 即为原图中的“L”拐角，而“L”可分为 3 个部分，右上角是一个 3×3 的正方形，而左上角与右下角的两个长方形长与宽相等，且它们的长即为小正方形的边长。

一个长方形的面积为 $(63-3\times3)\div2=27$(平方厘米)，长方形的长，也就是正方形的边长为 $27\div3=9$(厘米)，于是小正方形的面积为 $9\times9=81$(平方厘米)。

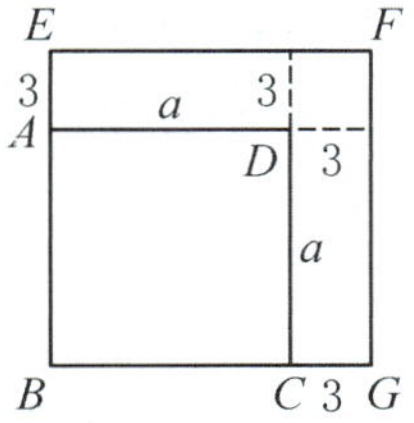

注意，理解同一个量的多重身份常常是破解问题的关键，例如本图中的 AD，既是上方长方形的长，又是下方小正方形的边长。

例 22 如图，正方形的广场中央有一个正方形的花坛。如果围绕花坛的小路宽 1 米，面积为 64 平方米，那么花坛的面积为多少平方米？

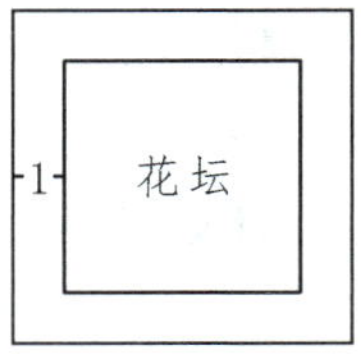

解析

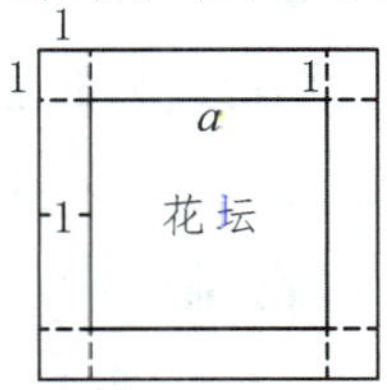

【方法 1】延续例 1 的解题思路，现将能够知道的信息都在图上表示出来。

如图，将小路分割成角上的 4 个正方形与边上的 4 个长方形，由题意可知，4 个正方形的面积都为 1×1，4 个长方形的面积都为 $a\times1$。于是，长方形的面积为 $(64-1\times1\times4)\div4=15$(平方米)，边长 a 为 $15\div1=15$(米)，花坛的面积为 $15\times15=225$(平方米)。

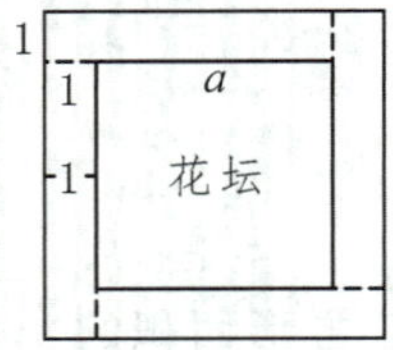

【方法2】另一种非常有效且常用的分割方法——弦图，如下。

如图，小路被分为4个相同的长方形，面积为64÷4=16，每个长方形的宽为1，长为a+1，所以花坛的边长a=16÷1−1=15(米)，所以花坛的面积为15×15=225(平方米)。

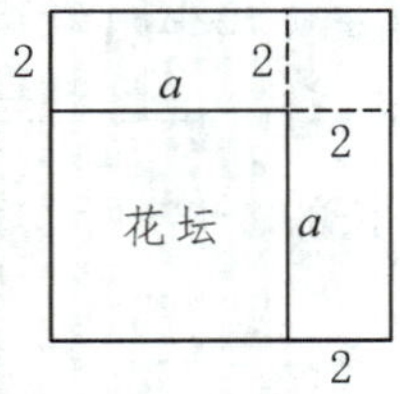

【方法3】转化，请来一位“高手”，将花坛推至左下角。

如图，问题转化为与例1相同结构的问题。

一个长方形的面积为(64−2×2)÷2=30(平方米)，长方形的长，也就是正方形的边长为30÷2=15(米)，于是小正方形的面积为15×15=225(平方米)。

例 23 两个正方形如图放置，如果两个正方形的面积相差24，周长相差8，那么大、小两个正方形的面积各是多少？

解析

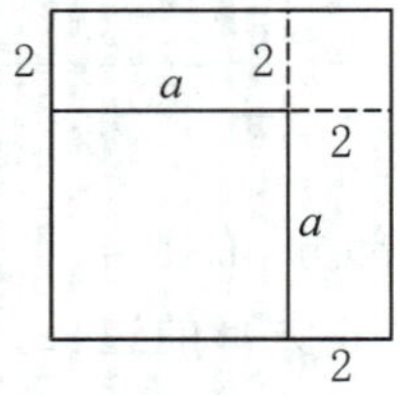

“面积相差24”的条件是不是与上面两题很像？“周长相差8”你能推出什么新的条件？边长相差8÷4=2，于是再次请出“高手”，将中间小正方形推到左下角(任意一个角都行)，题目又转化为例1。

图中一个长方形的面积为(24−2×2)÷2=10，其长为10÷2=5，所以小正方形的面积为5×5=25，大正方形的面积为25+24=49，恰为$(5+2)^2$。

例 24 如图，一个大正方形内有3个边长成等差数列的小正方形A、B、C。已知小正方形B的面积是36平方厘米，那么阴影长方形的面积是________平方厘米。

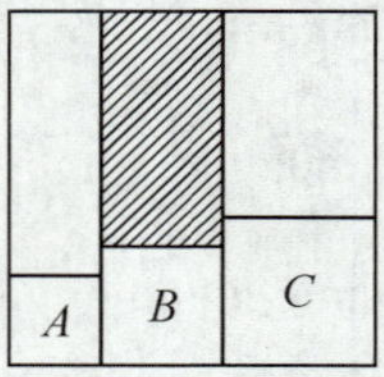

解析

本题的特点是“等差数列”的参与，其实特点鲜明的题目，其特点往往也是解题的“抓手”。

$36=6^2$，于是小正方形B的边长为6。

从横向看，由于3个正方形的边长成等差数列，所以B的边长为3个边长的平均数，故大正方形的边长为6×3=18。

从纵向看，阴影长方形的长为18−6=12，所以其面积为6×12=72。

例 25 如图所示，2个相同的小正方形和3个长方形拼成一个大正方形。如果每个小正方形的面积都是9平方厘米，阴影长方形的面积是55平方厘米。那么，大正方形的面积是________平方厘米。

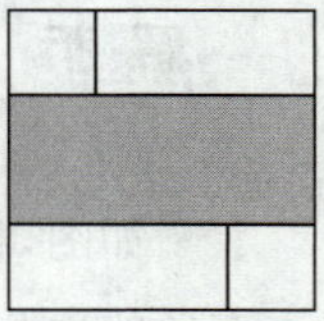

解析

将原图进行分割，如图所示。图中的4个正方形A的面积相等，4个长方形B的面积相等。

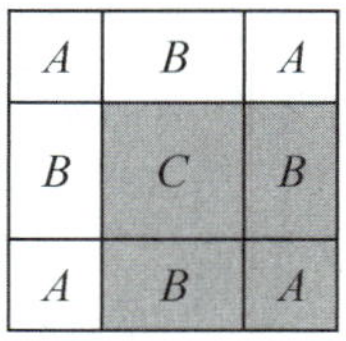

将原阴影部分左侧的 B 区域移至下方，则右下方 4 块区域组成的阴影正方形面积为 $9+55=64=8^2$，故右下方阴影正方形的边长为 8，大正方形的边长为 $8+3=11$，面积为 $11\times11=121$。

例 26 在长方形 $KJIF$ 中，四边形 $ABCD$、$CGFE$、$AJIH$ 是 3 个正方形。已知长方形 $ADEK$ 的面积为 30 平方厘米，长方形 $CGHD$ 的面积为 42 平方厘米，那么长方形 $KJIF$ 的面积是________平方厘米。

（2018 年“数学花园探秘”小中 A 卷）

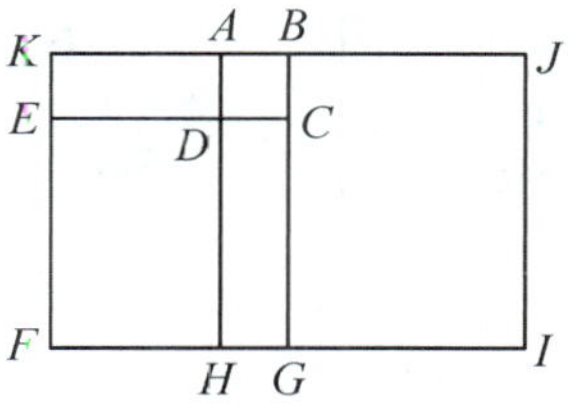

解析

因为长方形 $BCEK$ 与长方形 $CGHD$ 长、宽都相等，所以正方形 $ABCD$ 的面积为 $42-30=12$（平方厘米），那么长方形 $DEFH$ 的面积为 $42\times30\div12=105$（平方厘米）。

由 $BJ=AJ-AB=AH-AD=DH=CG=FG$ 可知，长方形 $BJIG$ 的面积与长方形 $BGFK$ 的面积相等，则长方形 $KJIF$ 的面积为 $(12+30+42+105)\times2=378$（平方厘米）。

例 27 如图，长方形 $ABCD$ 的长 AB 为 20 厘米，宽 BC 为 16 厘米；长方形内放着 2 个重叠的正方形 $DEFG$ 和 $BHIJ$。已知 3 个阴影长方形的周长相等，那么长方形 $INFM$ 的面积为________平方厘米。

（2016 年“数学花园探秘”小中决赛 A 卷）

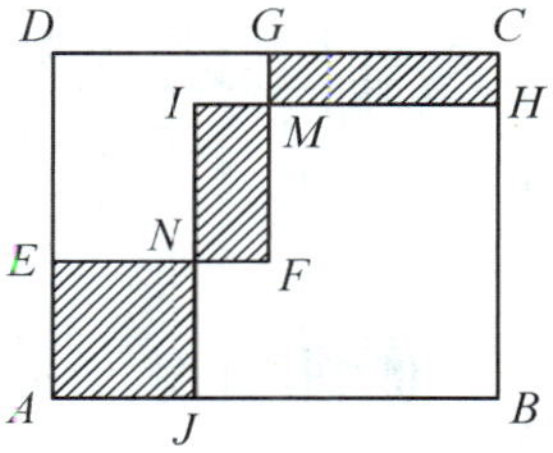

解析

通过平移可知，3 个阴影部分的周长和与大长方形 $ABCD$ 的周长相等，所以每个阴影部分的周长为 $(20+16)\times2\div3=24$（厘米），而 2 个正方形的周长和比大长方形 $ABCD$ 多了中间长方形 $INFM$ 的周长，所以 2 个正方形的周长和为 $72+24=96$（厘米），于是边长和为 $96\div4=24$（厘米）。

那么，IM 为 $24-20=4$（厘米），IN 为 $24-16=8$（厘米），面积为 $8\times4=32$（平方厘米）。

27.2.2　特殊面积公式（见 P152）

$S_{正}=l^2\div2$：

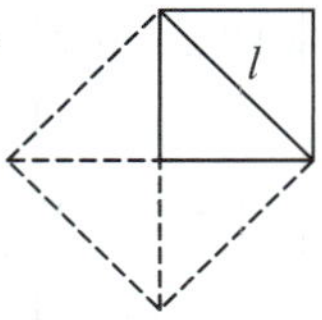

$S_{等腰直角三角形}=l^2\div4$：

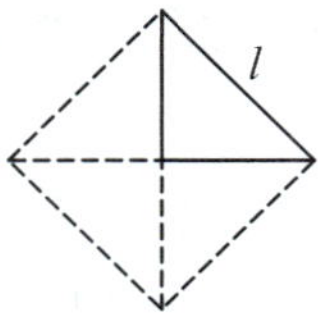

例 28 如图所示，正方形中斜着摆放了 2 个长方形。已知其中 3 个等腰直角三角形的面积分别是 32、25、18。那么中间阴影长方形的面积是多少？

（2016 年春·明心数学资优生测试 4 年级）

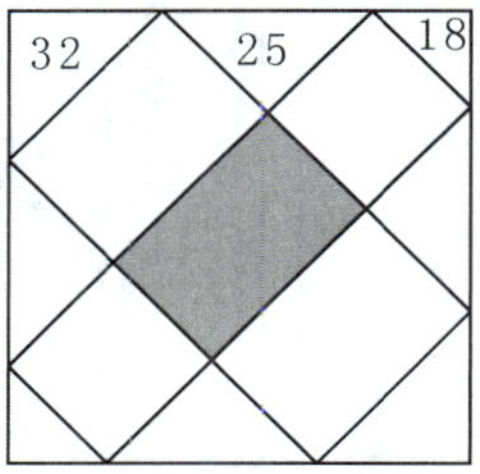

解析

【方法 1】如图 1，$AF^2=32\times2\longrightarrow AF=8$；$ED^2=18\times2\longrightarrow ED=6$；$FE^2=25\times4\longrightarrow FE=10$。大正方形 $ABCD$ 的边长为 $8+10+6=24$。

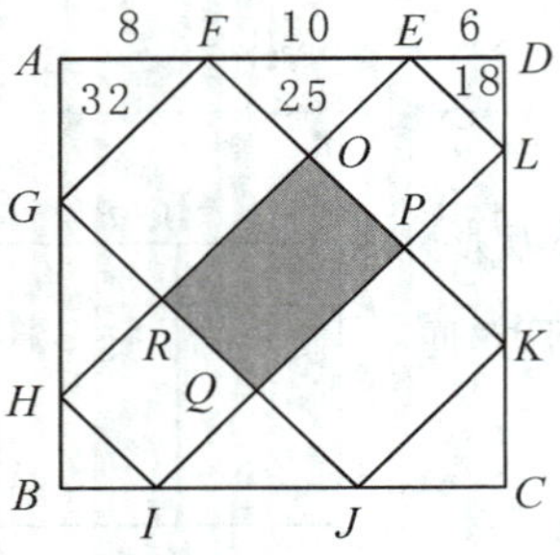

图 1

$S_{正方形ABCD}=24\times24=576$，$S_{\triangle AEH}+S_{\triangle CLI}=(10+8)^2=324$，$S_{\triangle DFK}+S_{\triangle BGJ}=(10+6)^2=256$。

以上 4 个三角形重复了 4 个面积为 25 的等腰直角三角形。

即 4 个三角形覆盖的总面积为 $324+256-25\times4=480$。

那么，$S_{长方形PORQ}=576-480=96$。

【方法 2】如图 2。

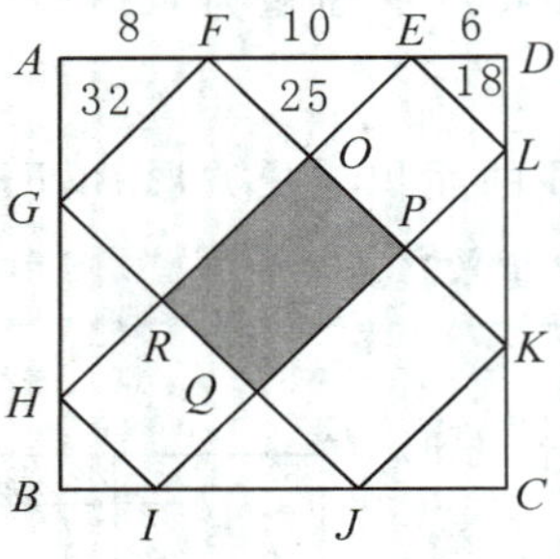

图 2

因为 $OP^2=18\times4=72$，$PQ^2=32\times4=128$，所以 $OP\cdot PQ=96$，即 $S_{长方形PORQ}=96$。

例 29 如图，四边形 $ABCD$ 为正方形，$\triangle EBH$、$\triangle FDG$ 均为等腰直角三角形。其中 $AC=2$，$FG=8$，$EH=12$，求图中阴影部分面积之和。

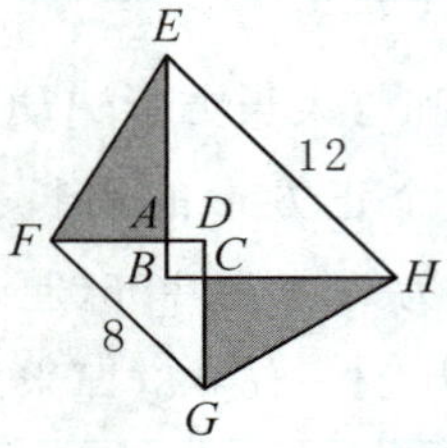

（2018 年春·明心数学资优生测试 4 年级）

解析

【方法 1】如图 1，因为$\triangle EBH$、$\triangle FDG$ 均为等腰直角三角形，所以四边形 $EBHW$、$FYGD$、$XYZW$ 均为正方形。

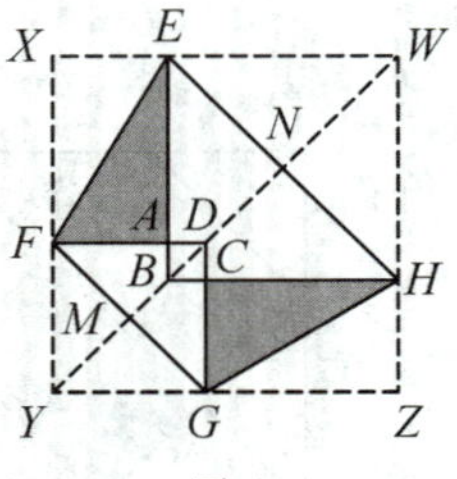

图 1

正方形 $ABCD$ 的对角线为 2，面积为 $2\times2\div2=2$。

正方形 $EBHW$ 的对角线为 12，面积为 $12\times12\div2=72$。

正方形 $FYGD$ 的对角线为 8，面积为 $8\times8\div2=32$。

正方形 $XYZW$ 的对角线 $YW=12+8-2=18$，面积为 $18\times18\div2=162$。

所以，阴影部分面积之和为 $(162-72-32+2)\div2=30$。

【方法 2】如图 2,过 B、D 作直线 MN,交 FG 于点 M,交 EH 于点 N。

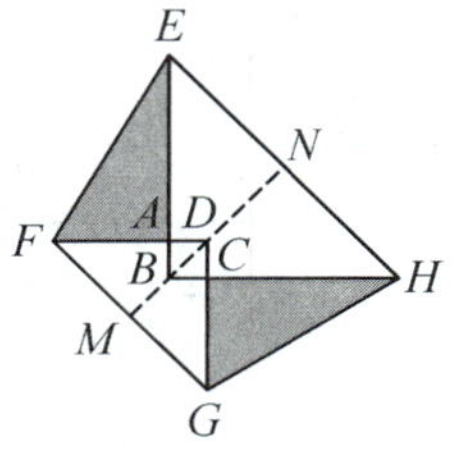

图 2

等腰梯形 $EFGH$ 关于 MN 对称,MN 是等腰梯形 $EFGH$ 的高。

$BD=2$,$MD=8\div2=4$,$BN=12\div2=6$,$MN=4+6-2=8$。

$S_{梯形EFGH}=(12+8)\times8\div2=80$,

$S_{空白}=S_{\triangle EBH}+S_{\triangle GDF}-S_{正方形ABCD}$

$=12\times6\div2+8\times4\div2-2\times2\div2$

$=36+12-2$

$=50$。

$S_{阴影}=80-50=30$。

27.2.3　两类经典题

类型 1

例 30 如图,在 $Rt\triangle ABC$ 中有一个长方形 $DBEF$。如果 $AD=5$,$EC=8$,那么长方形 $DBEF$ 的面积是多少?

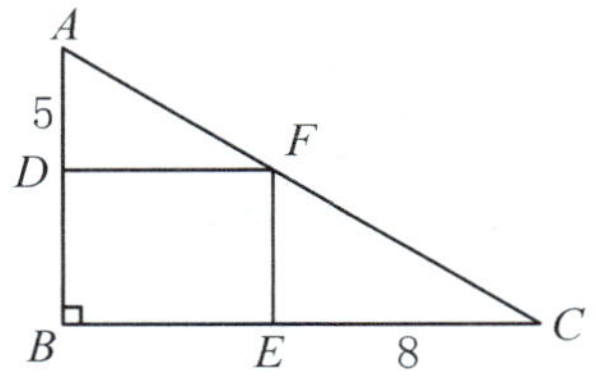

解析

本题充分利用了长方形被其对角线平分成两个形状、大小完全相同的三角形的性质。

如图,将原图补成一个大长方形。

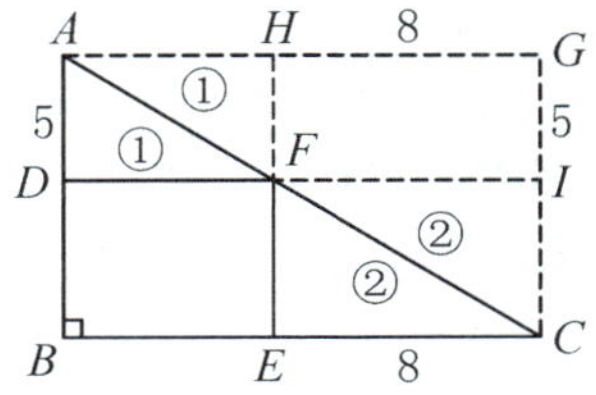

于是对角线两边的三角形面积相等,即 $S_{\triangle ABC}=S_{\triangle CGA}$。同理,图中两个①号三角形面积相等,两个②号三角形面积相等,于是有

$$S_{\triangle ABC}-①-②=S_{\triangle CGA}-①-②;$$

$$S_{长DBEF}=S_{长HFIG}。$$

即 $HG=EC=8$,$GI=AD=5$,所以 $S_{长DBEF}=S_{长HFIG}=8\times5=40$。

例 31 如图,已知三块长方形的面积分别为 16、4、8,则 $\triangle ABC$ 的面积为________。

(2020 年"数学花园探秘"4 年级初赛 A 卷)

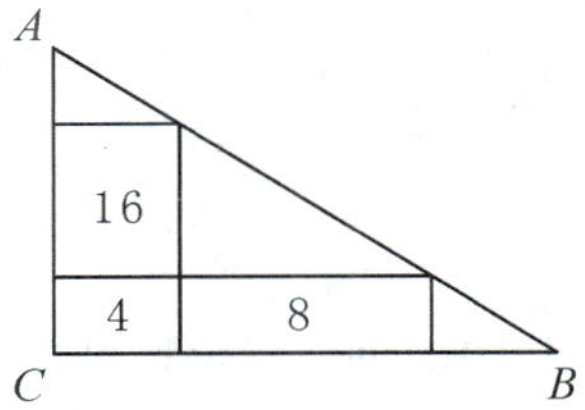

解 析

本题明显是例 30 这类题型的变形。将△ABC 补成图 1 所示的长方形，并对图中未知区域进行编号。

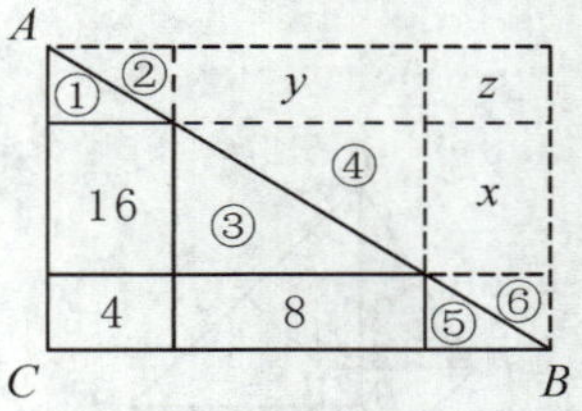

图 1

观察图 2。

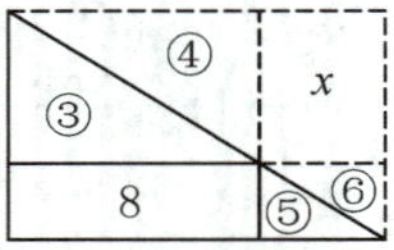

图 2

③和④为同一个长方形被对角线分割而成的两个三角形，所以面积相等。同理，$S_{⑤}=S_{⑥}$。由例 30 的结论可推导出 x 的面积为 8，y 的面积为 16，z 的面积为 4。

观察图 3。

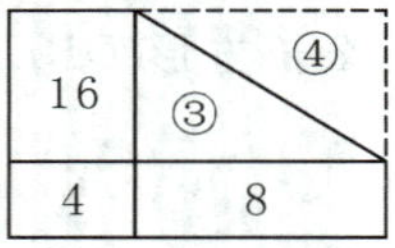

图 3

发现面积分别为 8 与 4 的长方形其面积为 2 倍关系，因为共用了纵向的高，所以其横向的线段长度也为 2 倍关系。③、④拼成的长方形面积也为 16 的 2 倍。即 16×2=32。即③的面积为 16。同理可得，①的面积为 4，⑤的面积为 1。

综上所述，△ABC 的面积为 16+4+8+16+4+1=49。

类型 2

例 32 如图，在直角△ABC 中挖掉一个正方形，如果 $AF=6$，$FC=9$，那么剩下的两个直角三角形的面积和为多少？

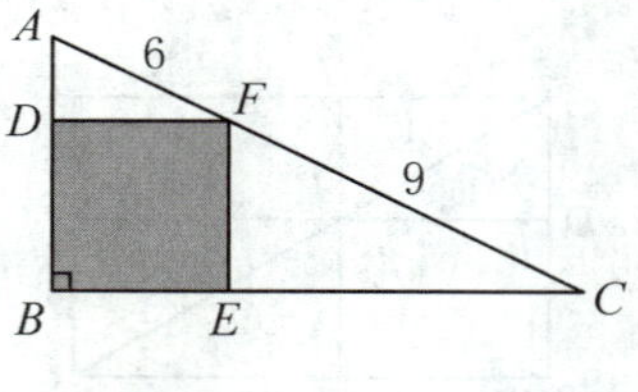

解 析

两个直角三角形的直角边在小学阶段不易被直接求出，所以暂时放弃直接利用公式求出两个直角三角形的面积的思路。另外，我们要求的并不是每个三角形的面积，而是两个三角形的面积和。

观察图 1，注意到，正方形的边长相等，$DF=EF$，去掉∠DFE 后，∠AFD+∠CFE=180°−90°=90°，且∠ADF+∠CEF=90°+90°=180°。于是，我们尝试将△ADF 绕点 F 逆时针旋转 90°，得到图 2。

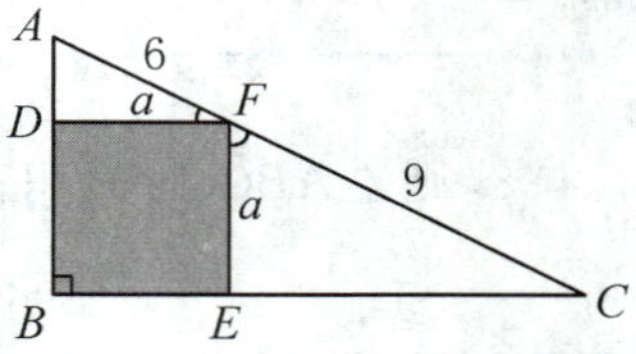

图 1

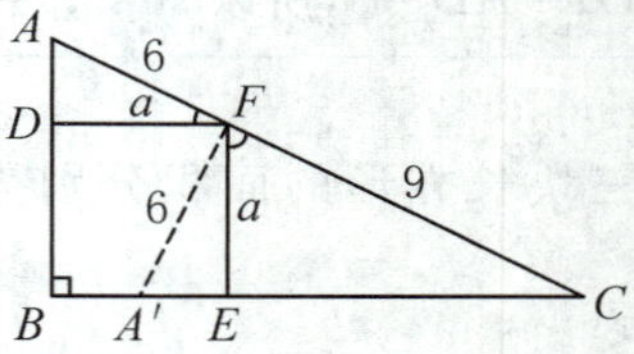

图 2

两个三角形拼成了新的直角∠$A'FC$，其直角边分别是 6 和 9，所以面积为 6×9÷2=27。

例 33 如图,点 F、H 在面积为 480 平方厘米的长方形 $ABCD$ 的对角线 BD 上。$AEFG$、$HICJ$ 均是面积为 90 平方厘米的正方形。已知 HD 的长为 10 厘米,求 FH 的长。

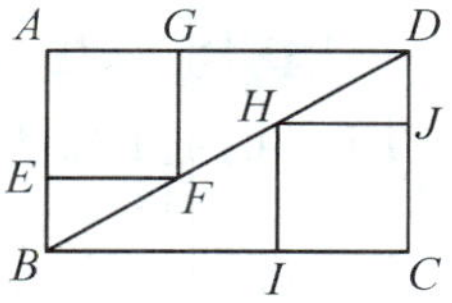

解析

【方法 1】对角线 BD 两边的图形即为例 32 中讨论的类型,旋转平移后可完全重合,所以 $S_{\triangle DJH}+S_{\triangle HIB}=(480-90\times2)\div2=150$(平方厘米)。

如图 1,将$\triangle DJH$ 以点 H 为轴顺时针旋转 90°后得到直角$\triangle BHD'$,其面积为 150(平方厘米),其中一条直角边 HD'的长为 10 厘米,则另一条直角边 BH 的长为 $150\times2\div10=30$(厘米)。

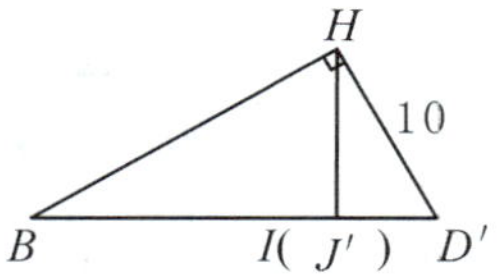

图 1

又因为 $BF=HD=10$ 厘米,所以 $FH=30-10=20$(厘米)。

【方法 2】如图 2,$\triangle BEF$、$\triangle FGD$、$\triangle DJH$、$\triangle HIB$ 可拼成一个长方形,其面积为 $480-90\times2=300$(平方厘米),于是长 $BH=300\div10=30$(厘米)。

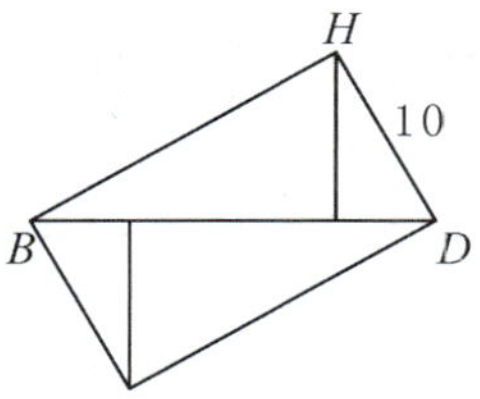

图 2

又因为 $BF=HD=10$ 厘米,所以 $FH=30-10=20$(厘米)。

27.2.4　了解一半,事半功倍

平行四边形中的一半模型

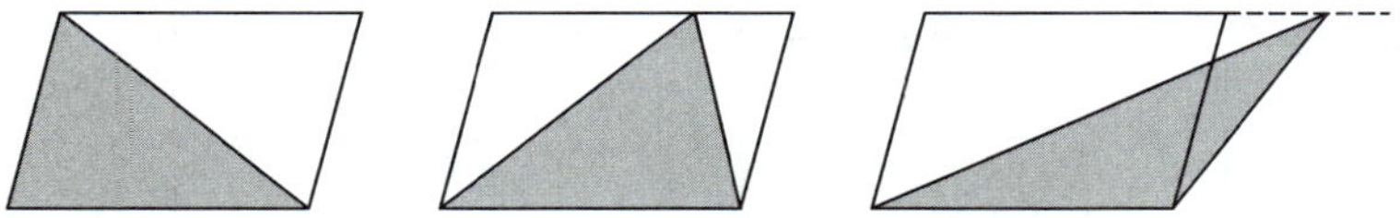

上面几幅图中,阴影部分三角形与平行四边形同底等高,所以面积是平行四边形的一半。注意,菱形、长方形、正方形都是平行四边形。

例 34 图中有 2 个小正方形和一个大正方形。其中大正方形的边长是小正方形边长的 2 倍,阴影部分三角形的面积为 240。那么,3 个正方形的面积和是_________。

(2013 年"数学花园探秘"四年级初赛)

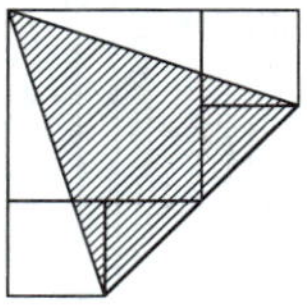

解析

将原图想象成一只在 3×3 的网格中的"螃蟹钳"。进行如下等积变换后,"螃蟹钳"张开,占 4 个网格。而题中的 3 个正方形占了 6 个网格,所以 3 个正方形的面积和为 $240\div4\times6=360$。

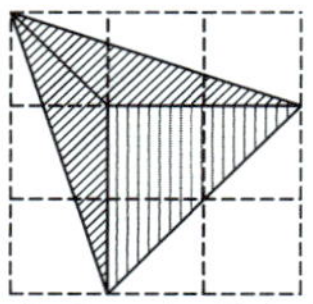
没有张开的螃蟹钳

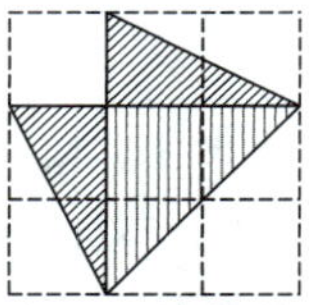
张开的螃蟹钳

例 35 两个长方形如图摆放，如果长方形 $ABCD$ 的长与宽分别是 8 与 5，长方形 $EFDG$ 的宽 DG 为 4，那么它的长 EG 为多少？

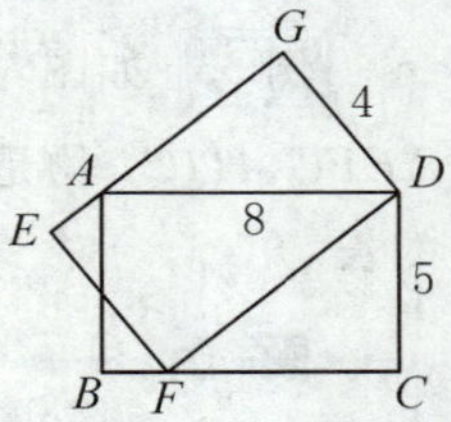

解析

如图，连接 AF，由一半模型可知△AFD 既是长方形 $ABCD$ 的面积一半，也是长方形 $EFDG$ 的一半，所以长方形 $ABCD$ 与长方形 $EFDG$ 面积相等，于是 EG 的长为 $8\times5\div4=10$。

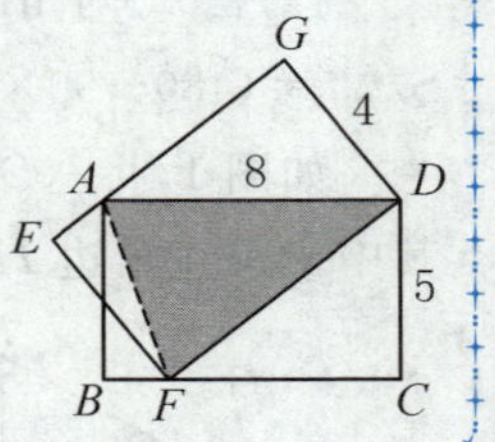

例 36 某设计师为国际海豚保护组织设计的标志如图所示，该图案是依托于 3 个相邻的长方形设计而成的。已知表示海豚左右鱼鳍部分的阴影面积分别为 63 平方厘米和 25 平方厘米，表示下方尾鳍部分的阴影面积为 18 平方厘米，那么表示海豚头部的阴影 A 的面积为________平方厘米。

（2017 年"数学花园探秘"四年级初试 C 卷）

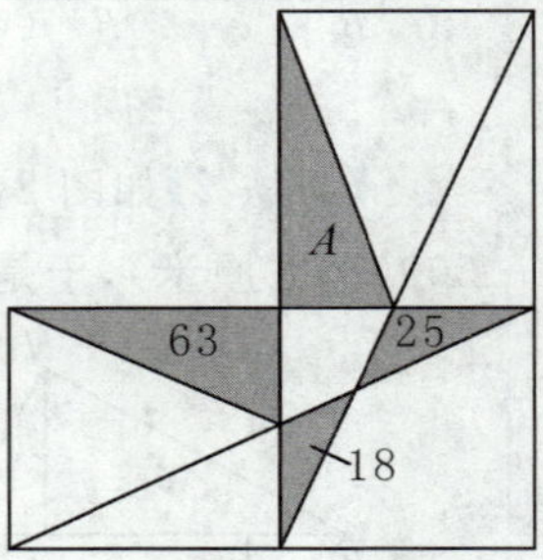

解析

如图 1，将△CIG、△MNF、△CIH 分别记为①、②、③。

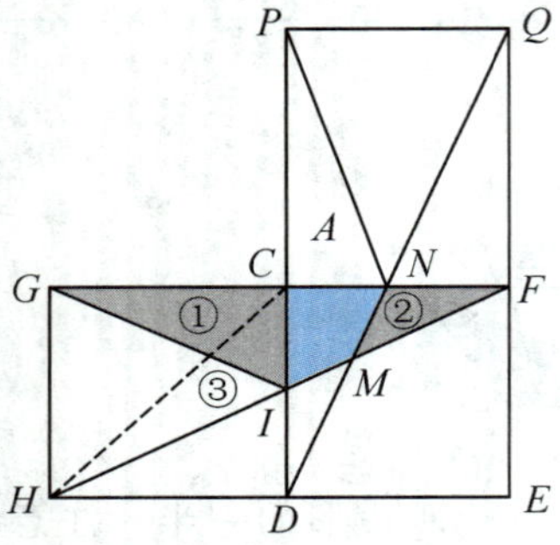

图 1

因为①和③同底等高，所以 $S_{①}=S_{③}$，所以

$$S_{①}+S_{四边形CIMN}+S_{②}=S_{③}+S_{四边形CIMN}+S_{②}=S_{\triangle CFH}=\frac{1}{2}S_{长方形CDEF}。$$

如图 2，将△DIM、△CNQ 分别记为④、⑤。

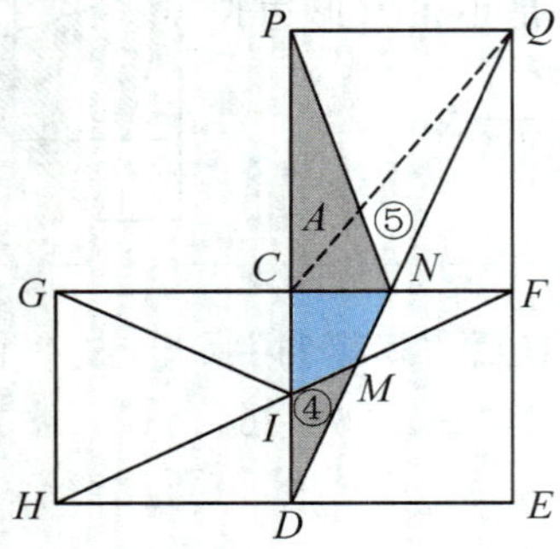

图 2

因为△CPN 和⑤同底等高，所以 $S_A=S_{⑤}$，所以

$$S_A+S_{四边形CIMN}+S_{④}=S_{⑤}+S_{四边形CIMN}+S_{④}=S_{\triangle CDQ}=\frac{1}{2}S_{长方形CDEF}。$$

由上可得，$S_{①}+S_{四边形CIMN}+S_{②}=S_A+S_{四边形CIMN}+S_{④}$，故 $S_A=S_{①}+S_{②}-S_{④}=63+25-18=70$（平方厘米）。

例 37 如图，一个边长为 18 厘米的正方形折纸按以下步骤折叠：①对折一次，找到中央折线；②将折纸的一个角折到中央折线上；③打开，得到一条折痕；④按照同样的方式得到 4 条折痕。这 4 条折痕围成的正方形的面积是________平方厘米。

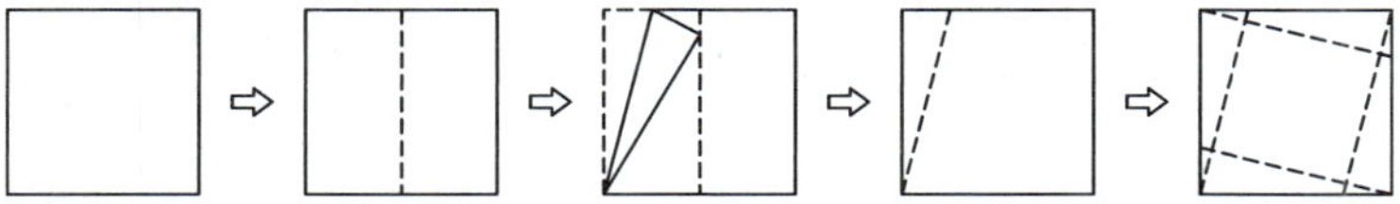

（2017 年“数学花园探秘”总决赛 4 年级组一试）

解析

图 3 中蓝色三角形为正方形左侧一半的一半，面积是 18×9÷2＝81。于是图 5 中三条蓝色线段所围成的三角形面积是 81÷2＝40.5。

在大正方形中去掉 4 个同样的三角形即为中心正方形，它的面积为 18×18－40.5×4＝162(平方厘米)。

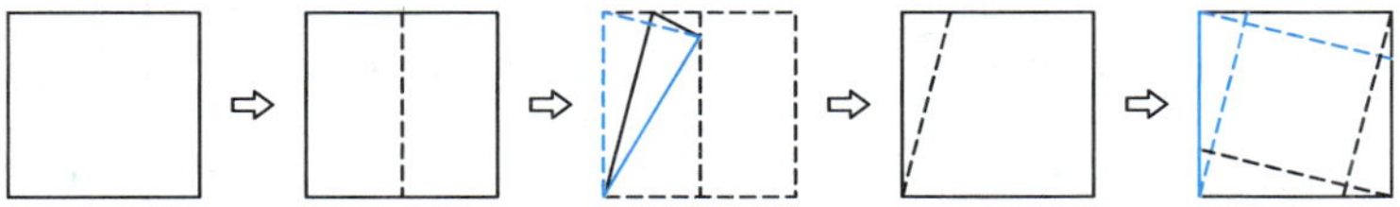

图 1　图 2　图 3　图 4　图 5

真题重现

1. 如图，一个周长为 24 厘米的小正方形与 4 个形状、大小相同且周长为 32 厘米的长方形拼成一个大正方形。那么，一个长方形的面积是________平方厘米。（2013 年“数学花园探秘”4 年级网赛）

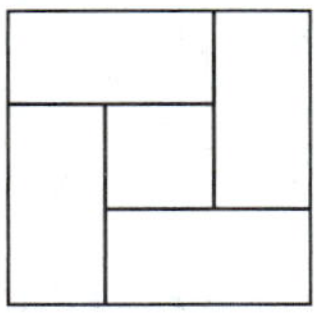

第 1 题图

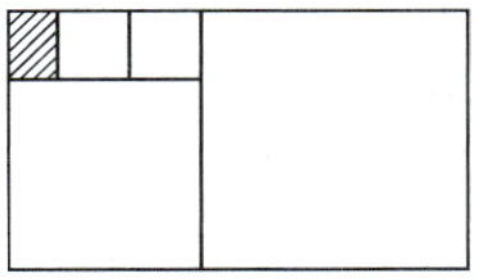

第 2 题图

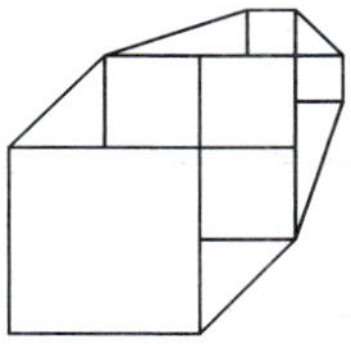

第 3 题图

2. 如图，在一个长、宽分别为 19 厘米和 11 厘米的大长方形内放了 4 个正方形，那么没有被正方形覆盖的小长方形(图中阴影部分)的面积是________平方厘米。（2016 年“数学花园探秘”4 年级初赛 A 卷）

3. 图中有边长为 2 厘米、4 厘米、8 厘米的 3 种大小不同的正方形，那么整个图形的面积是________平方厘米。（2016 年“数学花园探秘”4 年级初赛 D 卷）

4. 如图，一个大正方形内有 3 个边长成等差数列的小正方形 A、B、C。已知小正方形 B 的面积是 100 平方厘米，那么阴影长方形的面积是________平方厘米。（2017 年“数学花园探秘”3 年级初赛 B 卷）

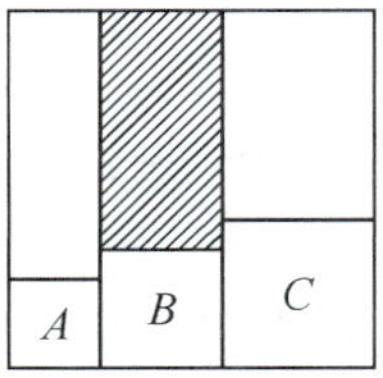

第 4 题图

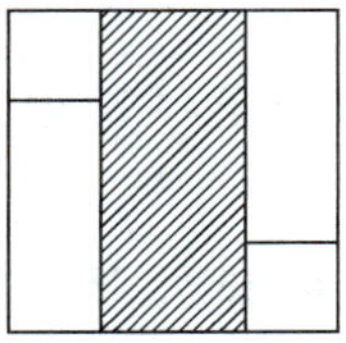

第 5 题图

5. 如图，2 个相同的小正方形和 3 个长方形拼成一个大正方形。如果每个小正方形的面积都是 16

平方厘米，阴影长方形的面积是 84 平方厘米。那么，大正方形的面积是________平方厘米。

（2018 年“数学花园探秘”4 年级初赛 C 卷）

6. 如图，四边形 $ABCD$、$IFJD$、$EFGH$ 均为正方形。如果长方形 $ABKI$、$EKCL$、$LJGH$ 的周长分别为 62 厘米、60 厘米、38 厘米。那么，正方形 $IFJD$ 的面积为________平方厘米。

（2019 年春 · 明心数学资优生测试 4 年级）

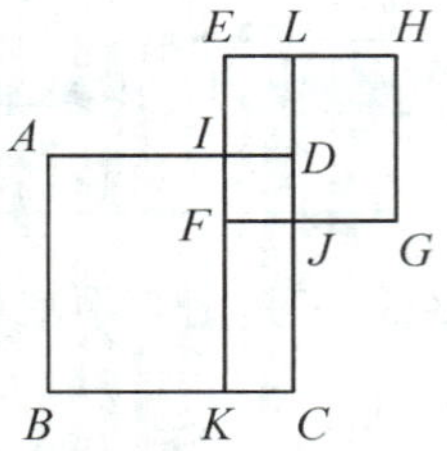

第 6 题图

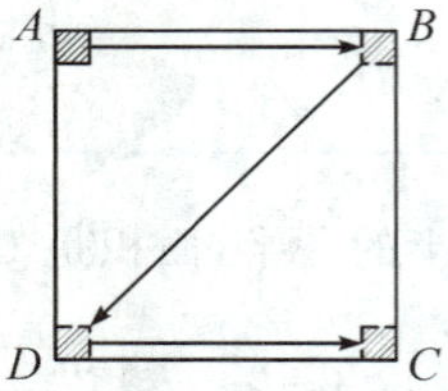

第 7 题图

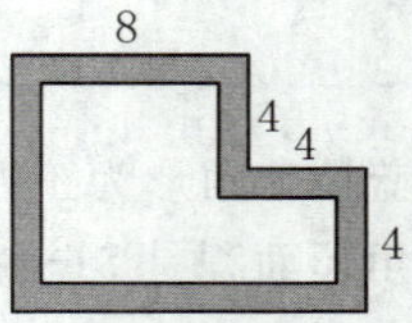

第 8 题图

7. 大正方形 $ABCD$ 的边长为 10 厘米，小正方形的边长为 1 厘米。如图，小正方形沿着大正方形的 AB 边从点 A 滑动到点 B，再从点 B 沿着对角线 BD 滑动到点 D，再从点 D 沿着 DC 边滑动到点 C。小正方形扫过的面积是________平方厘米。（2016 年“数学花园探秘”小中决赛 C 卷）

8. 图中阴影部分的宽度为 1 厘米，则空白部分的面积与阴影部分的面积相差多少平方厘米？

（2014 年春 · 明心数学资优生测试 4 年级）

9. 如图，大长方形中摆放了 4 个小正方形。如果每个小正方形的边长都是 6 厘米，那么图中阴影部分的面积是________平方厘米。

（2015 年“数学花园探秘”小中卷赛 B 卷）

第 9 题图

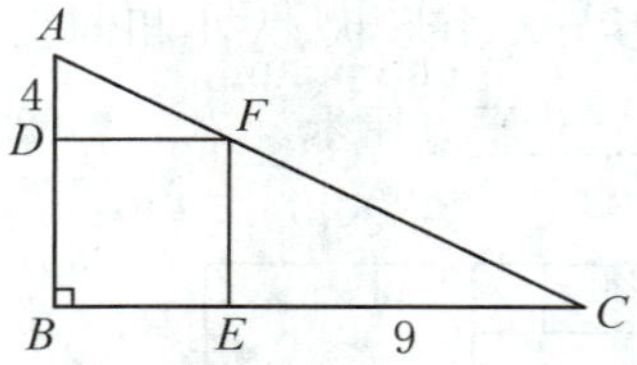

第 10 题图

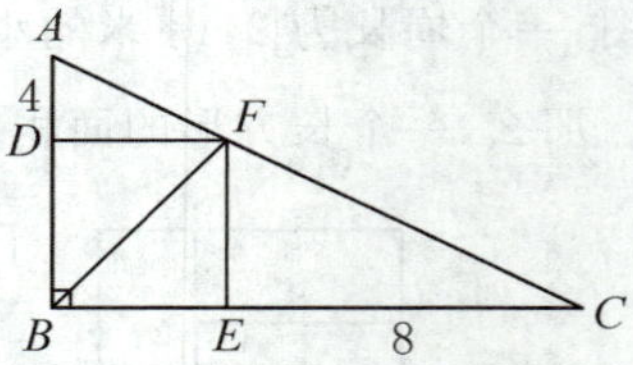

第 11 题图

10. 如图，在 Rt△ABC 中有一个正方形 $DBEF$，$AD=4$，$EC=9$，那么：正方形的边长 DB 为多少？

11. 如图，在 Rt△ABC 中有一个正方形 $DBEF$，如果 $AD=4$，$EC=8$，那么 BF 的长为多少？

12. 如图，图中正方形的边长依次是 2，4，6，8，10，那么阴影部分的面积是________。

（2016 年“数学花园探秘”4 年级初赛 A 卷）

第 12 题图

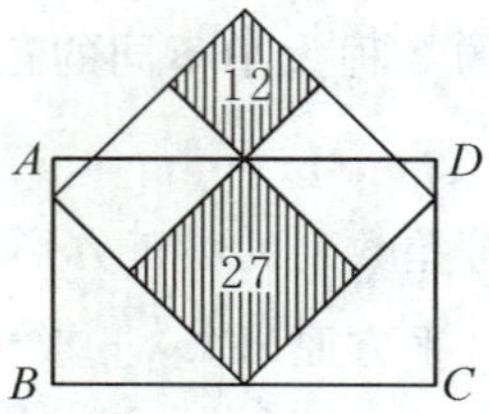

第 13 题图

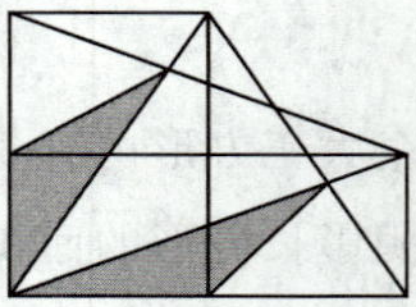
第 14 题图

13. 如图是一个左右对称的图形。图中的两个阴影部分都是正方形，它们的面积分别是 12 和 27。那么，长方形 $ABCD$ 的面积是________。（2018 年“数学花园探秘”总决赛 4 年级二试）

14. 如图由三个面积相同的长方形组成，其中阴影面积之和为 100，那么每个长方形的面积为________。

（2018 年“数学花园探秘”4 年级初赛 B1 卷）

参考答案

1. 答案:55。

分析:方法 1　内部小正方形的边长为 24÷4=6(厘米);

外部大正方形的边长=长方形的宽+长方形的长=32÷2=16(厘米)。

所以长方形的面积=(大正方形面积−小正方形面积)÷4=(256−36)÷4=55(平方厘米)。

方法 2　内部小正方形的边长=24÷4=6(厘米)=长方形的长−长方形的宽;

长方形的宽+长方形的宽=32÷2=16(厘米)。于是形成了一个“和差问题”。

长方形的长为(16+6)÷2=11(厘米),宽为 11−6=5(厘米),面积为 11×5=55(平方厘米)。

2. 答案:6。

分析:大、中正方形的边长分别是 11 厘米和 8 厘米,小正方形的边长是 11−8=3(厘米),即阴影长方形的长是 3 厘米,宽是 8−2×3=2(厘米),所以面积是 3×2=6(平方厘米)。

3. 答案:150。

分析:图中 3 种三角形的面积分别是 2×2÷2=2(平方厘米),(8−2)×2÷2=6(平方厘米),4×4÷2=8(平方厘米)。所以整个图形的面积是 2×2×2+4×4×3+8×8+2+6×2+8×2=150(平方厘米)。

4. 答案:200。

分析:小正方形 B 的边长为 10 平方厘米,故大正方形的边长为 10×3=30(平方厘米)。阴影长方形的面积为 10×(30−10)=200(平方厘米)。

5. 答案:196。

分析:将原图进行右图中的分割,图中的 4 个正方形 A 的面积相等,4 个长方形 B 的面积相等,显然右下角的阴影为正方形,且面积为 84+16=100(平方厘米),故右下角阴影正方形的边长为 10 厘米,大正方形的边长为 14 厘米,面积为 196(平方厘米)。

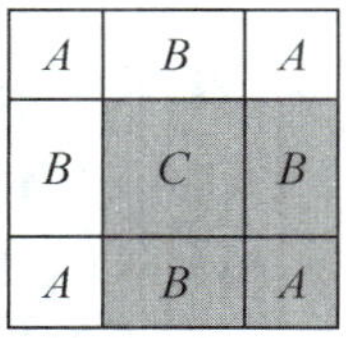

第 5 题图

6. 答案:25。

分析:将 $IFJD$ 的边长看作 1 份。

$ABKI$ 的周长比正方形 $ABCD$ 少 2 份,$LJGH$ 的周长比正方形 $EFGH$ 少 2 份,长方形 $EKCL$ 的长宽和=$EL+EK=EF+IK+EL-IF=EF+IK$,即正方形 $ABCD$ 与正方形 $EFGH$ 的边长和,所以长方形 $EKCL$ 周长的 2 倍正好是 2 个正方形的周长和,比长方形 $ABKI$、$LJGH$ 的周长和多 4 份,所以 IF 为 [60×2−(62+38)]÷4=5(厘米),正方形 $IFJD$ 的面积为 5×5=25(平方厘米)。

7. 答案:36。

分析:如图,小正方形没有扫过的区域恰为 2 个直角边为 10−1−1=8(厘米)的等腰直角三角形,可拼成一个边长为 8 的正方形,所以阴影部分的面积为 $10^2-8^2=36$(平方厘米)。

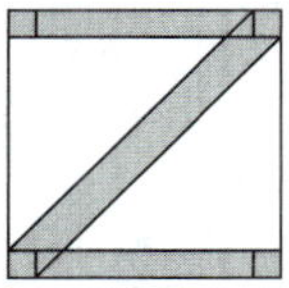
第 7 题图

8. 答案:8。

分析:$S_{空}=6\times4+(6+4)\times2=44$(平方厘米),$S_{阴}=8\times4+(8+4)\times4-44=80-44=36$(平方厘米),$S_{空}-S_{阴}=44-36=8$(平方厘米)。

9. 答案:126。

分析:6 块阴影部分均为等腰直角三角形。

左上与右下的三角形斜边长为 6+6=12(厘米),面积为 $12^2\div4=36$(平方厘米);

右上与左下的三角形斜边长为 6 厘米,面积为 $6^2\div4=9$(平方厘米);

上中与下中的三角形直角边长为 6,面积为 6×6÷2=18(平方厘米);

第 9 题图

所以图中所有阴影部分的面积为(36+9+18)×2=126(平方厘米)。

10. 答案:6。

分析:本题充分利用了长方形被其对角线平分成两个形状、大小完全相同的三角形的性质。

如图,将原图补成一个大长方形,图为对角线两边的三角形面积相等,所以 $S_{\triangle ABC}=S_{\triangle CGA}$。同理,图中两个①号三角形面积相等,两个②号三角形面积相等,于是有

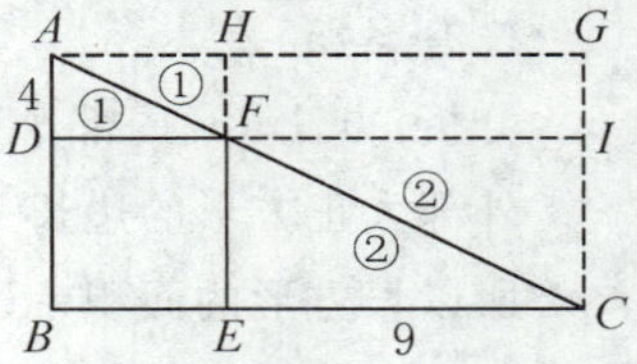

第 10 题图

$$S_{\triangle ABC}-S_{①}-S_{②}=S_{\triangle CGA}-S_{①}-S_{②};$$

$$S_{正DBEF}=S_{长HFIG}。$$

即 $HG=EC=9$,$GI=AD=4$。所以 $S_{正DBEF}=S_{长HFIG}=9\times4=36=6^2$,于是 $DB=6$。

11. 答案:8。

分析:如图,将原图补成一个大长方形,因为对角线两边的三角形面积相等,所以 $S_{\triangle ABC}=S_{\triangle CGA}$;同理,图中两个①号三角形面积相等,两个②号三角形面积相等,于是有

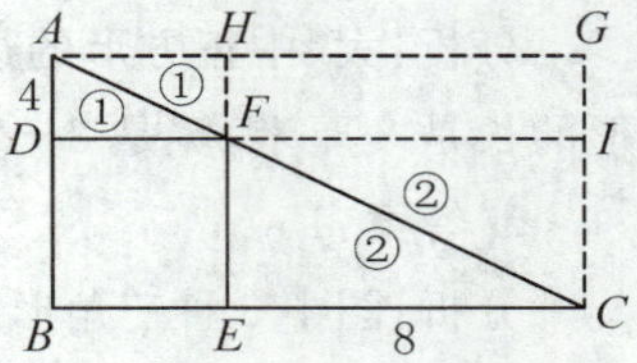

第 11 题图

$$S_{\triangle ABC}-①-②=S_{\triangle CGA}-①-②;$$

$$S_{正DBEF}=S_{长HFIG}。$$

即 $HG=EC=8$,$GI=AD=4$。所以 $S_{正DBEF}=S_{长HFIG}=8\times4=32$。

又因为 $BF^2=2S_{正DBEF}=32\times2=64$,所以 $BF=8$。

12. 答案:40。

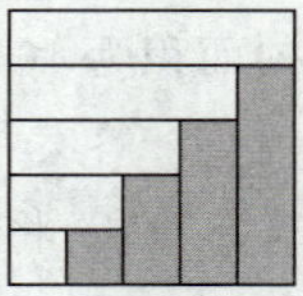
第 12 题图

分析:空白部分的三角形恰好可以两两配对成长方形,如图所示。

空白部分相当于 5 个长方形的面积:2×2+4×2+6×2+8×2+10×2=60。

阴影部分的面积:10×10-60=40。

13. 答案:90。

分析:图 1 中阴影的面积是图 2 中阴影面积的一半,也是图 3 中阴影面积的一半。因为 12×27=18×18,故图 2 中阴影的面积是 18+27=45,那么图 3 中的阴影部分面积也为 45。于是长方形 $ABCD$ 的面积是 45×2=90。

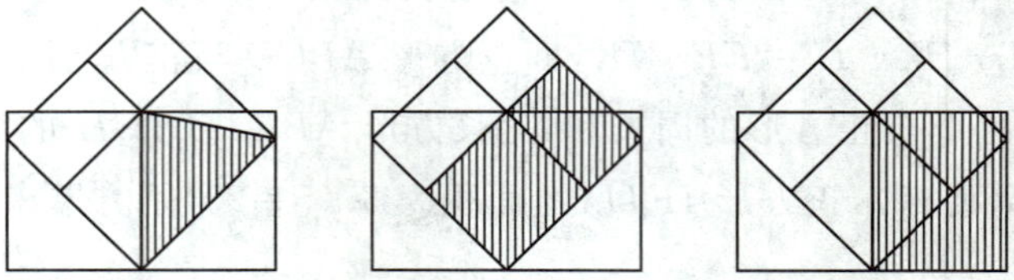
图 1　图 2　图 3

第 13 题图

14. 答案:125。

分析:如图,由对称性可知,两个阴影部分的面积相等。因为 $\triangle BCF$ 与 $\triangle CDF$ 加上 $\triangle HCD$ 后,都为长方形 $HBFD$ 的一半,所以 $\triangle BCF$ 的面积等于 $\triangle CDF$ 的面积,同理,$\triangle ABC$ 与 $\triangle CDF$ 面积也相等。

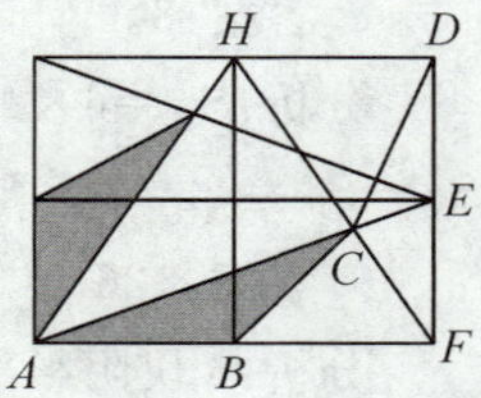

第 14 题图

另外,因为 $\triangle CDF$ 的面积是 $\triangle CEF$ 面积的 2 倍(底是 2 倍,高相等),所以 $\triangle ABC$ 的面积是 $\triangle CEF$ 面积的 2 倍,$\triangle ACF$ 的面积是 $\triangle CEF$ 面积的 2×2=4 倍,$\triangle AEF$ 的面积是 $\triangle CEF$ 面积的 4+1=5 倍。

又因为每个长方形的面积都等于 $\triangle AEF$ 的面积,所以长方形的面积为 100÷4×5=125。

27.3　图形切拼初步

眼，似火眼金睛。
切，如庖丁解牛。
拼，若羚羊挂角。

27.3.1　格点给出标准，剩下的交给切拼

生活中我们常借助一些工具来解决问题，如鱼竿、渔网之于捕鱼，方程之于应用问题……而对于平面几何图形，我们也人为地创造了一类工具——格点，如图。

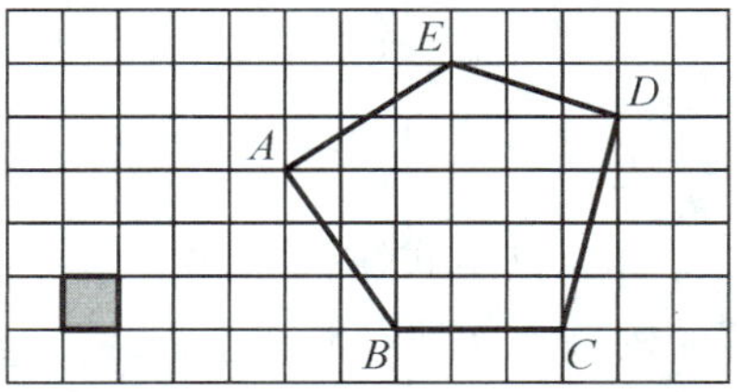

这是一张由水平线和垂直线组成的方格纸，我们把水平线和垂直线的交点称为“格点”，水平线和垂直线围成的每个小正方形称为“面积单位”。图中带阴影的小方格就是一个面积单位。

另外，我们将顶点都在格点上的多边形称为“格点多边形”，注意，“边”已经隐含了“直线”的意思，也就是每条边都是直线段。

那如何借助格点求解图形的面积呢？一是直接将不规则的图形切割成规则图形，然后通过计算有多少个面积单位来求图形面积，这种方式有两种思考方向，一种是由内而外，一种是由外而内，或是综合运用；二是利用格点数量来求解，也就是著名的毕克定理。

例 38 如图，在水平方向上相邻两点的距离为 1 的点阵中有一个△ABC，它的面积是多少？

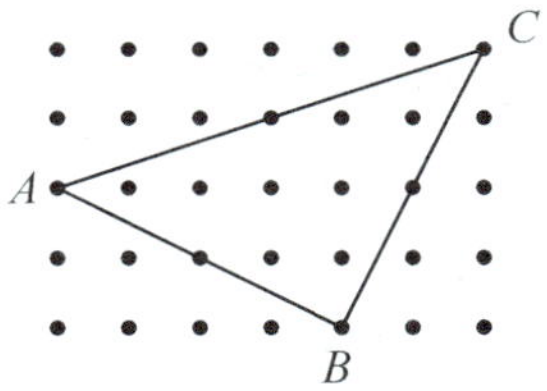

解析

【方法 1】庖丁为文惠君解牛，手之所触，肩之所倚，足之所履，膝之所踦，砉然响然，奏刀騞然，莫不中音。文惠君赞叹其技艺之妙。庖丁释刀云：“平生宰牛数千头，而今宰牛时全以神运，目‘未尝见全牛’，刀入牛身若‘无厚入有间’而游刃有余。因此牛刀虽已用了十九年，而其锋利仍‘若新发于硎’。”

将所求图形看作“全牛”，我们发现此牛虽然是一个规则图形——三角形，但在小学阶段，它的底边与高都不是很容易知道。于是我们尝试“解牛”。

那“解牛”的依据是什么呢？首先，切出来的每一个部分最好是规则图形，且很容易找到公式所需要的条件；其次，分割出来的区域越少越好。

如图，连接格点 A、D，于是我们将△ABC 分割成了△ACD 与△ABD，这两个三角形都可以将 AD 看作底，长度为 5，而它们的高分别是 CE、BF，均为 2，求解面积的条件全都到位，所以 $S_{\triangle ABC}=S_{\triangle ACD}+S_{\triangle ABD}=5\times2\div2+5\times2\div2=10$。

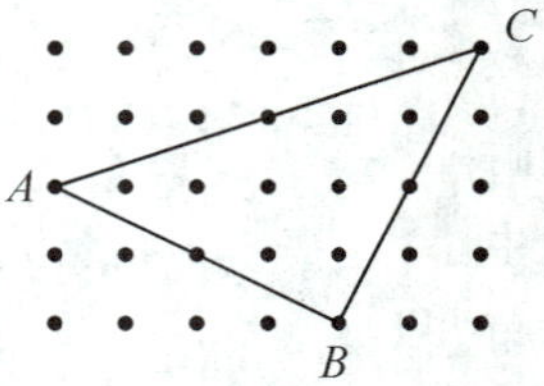

图 1

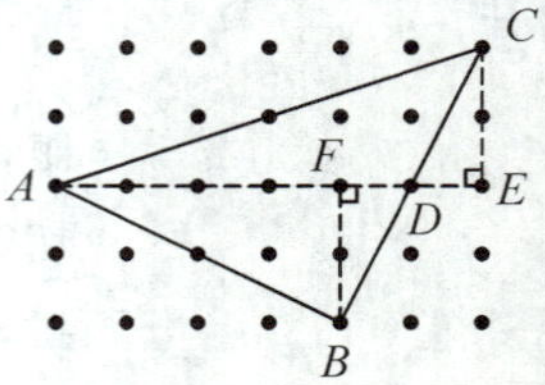

图 2

值得注意的是，“看”到钝角三角形不在三角形内部的高是一个大家需要形成条件反射的习惯。

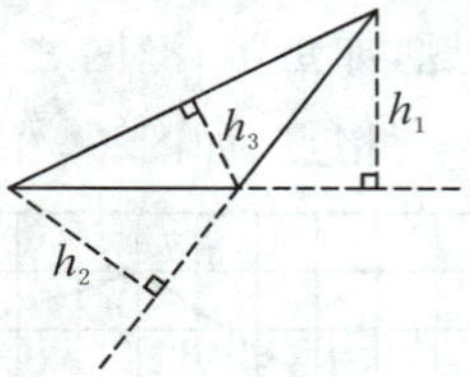

图 3

【方法 2】解放军常常在包围了一座被敌方占领的重要战略目标后，再分出一些主力部队去击破敌人支援的部队，达到“一石二鸟”的效果。这种经典战术被称为“围城打援”。

这种处理方式不仅仅出现在战场上，也常常出现在解题过程中。

将最终的目标$\triangle ABC$看作“城”，因为其顶点都在格点上，所以我们一定能将其限制在一个长方形中，如图 5。从而，我们可以在长方形的基础上打掉周围的“援兵”S_1、S_2、S_3 即可得到“城”——$\triangle ABC$的面积。

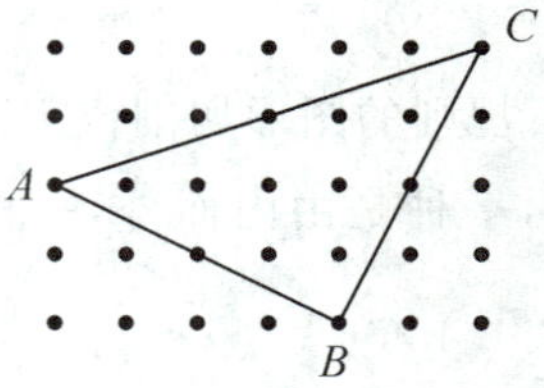

图 4

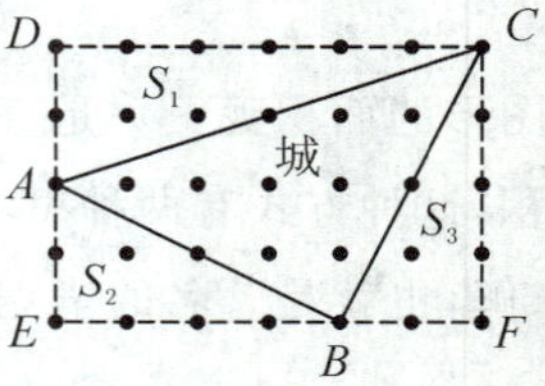

图 5

显然，“援兵”S_1、S_2、S_3 都是直角三角形，其底与高都很清晰。

$S_{长}=6\times4=24$；$S_1=6\times2\div2=6$；$S_2=4\times2\div2=4$；$S_3=2\times4\div2=4$。

于是，$S_{\triangle ABC}=S_{长}-S_1-S_2-S_3=24-6-4-4=10$。

例 39 如图，在水平方向上相邻两点距离为 2 的点阵中有如下两个多边形，它们的面积分别是多少？

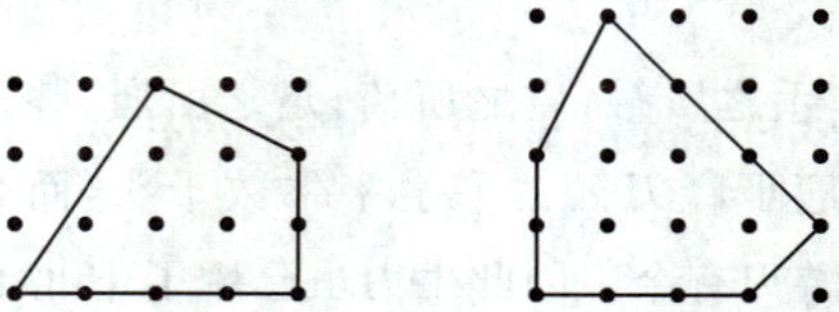

解 析

注意，现在水平方向上相邻两点的距离是 2 而不是 1。

左图的拆解方式有但不限于以下几种：

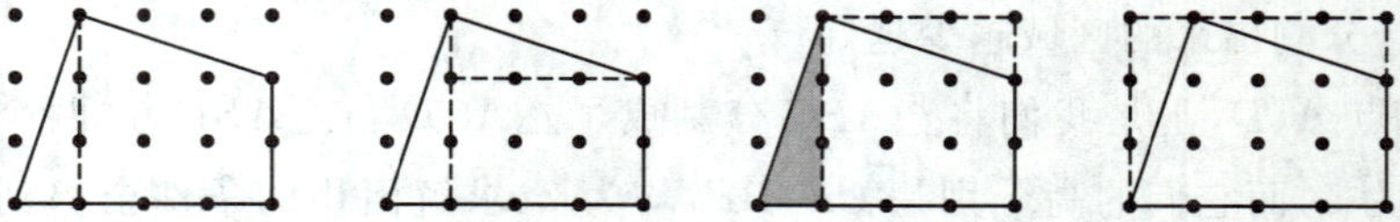
图 1　　图 2　　图 3　　图 4

(1)图 1 被切成一个直角三角形与一个直角梯形,面积为 $2\times6\div2+(4+6)\times6\div2=36$。

(2)图 2 被切成两个直角三角形与一个长方形,面积为 $2\times6\div2\times2+6\times4=36$。

(3)图 3 被切成一个直角三角形与一个长方形,并可以将切割的部分补在图形的右上角,形成一个边长为 6 的正方形,面积为 $6\times6=36$。

(4)图 4 被补成了一个长方形,利用"围城打援"的思路求得面积为 $8\times6-2\times6\div2\times2=36$。

右图的分割方式更多,以下提供几种形式:

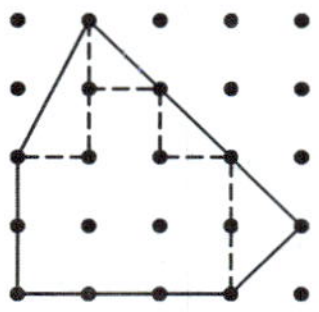
图 5

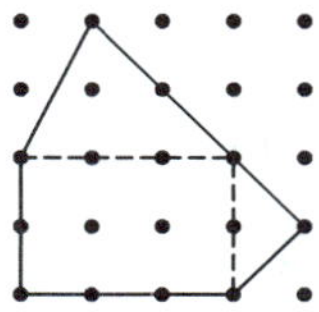
图 6

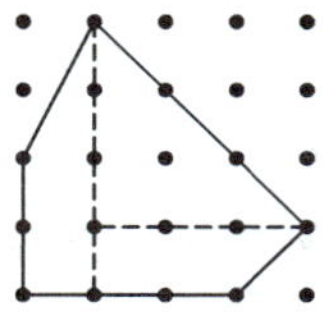
图 7

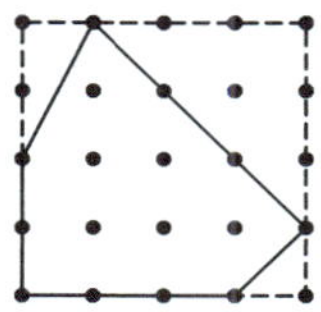
图 8

答案为 40,大家可以利用上述几种方式求解,也可以用自己的切割拼补方式求解。

例 40 图中单位正方形的边长为 1,那么,图中封闭图形的面积是多少?

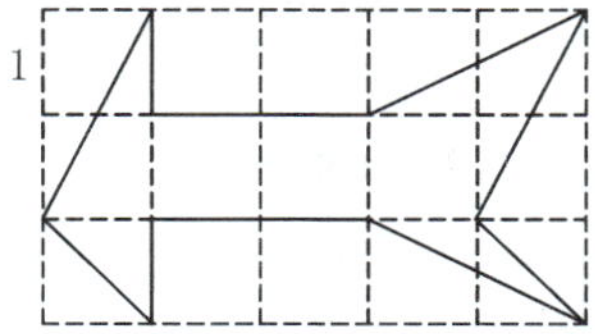

解析

此封闭图形像一根不对称的箭矢,对右侧尾部区域进行切割对同学们的要求较高,其重点是对钝角三角形的认识。

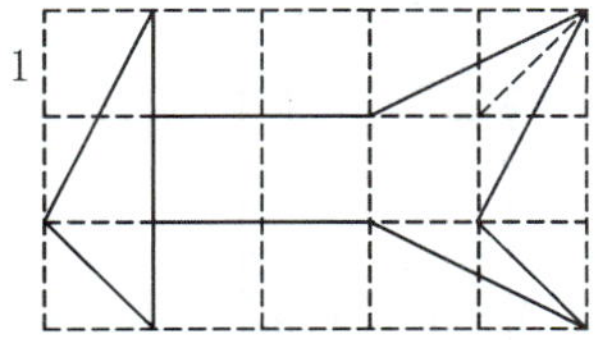

如图,尾部含有三个底为 1,高也为 1 的钝角三角形,左侧是一个底为 3,高为 1 的三角形,中间是一个长为 3,宽为 1 的长方形。所以整个图形的面积为 $3\times1\div2+3\times1+(1\times1\div2)\times3=6$。

针对本题,"围城打援"的方式更为简单,大家可自行尝试。

27.3.2　毕克定理

常见的点阵有两种,一种是以平行四边形为单位面积,一种是以三角形为单位面积。

以平行四边形为单位面积的点阵,如下图:

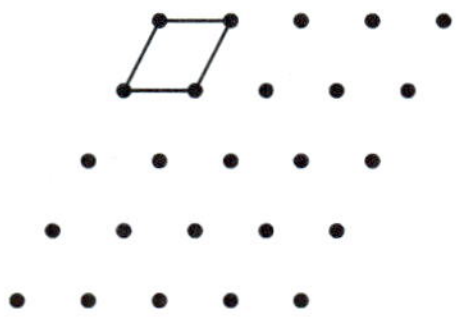

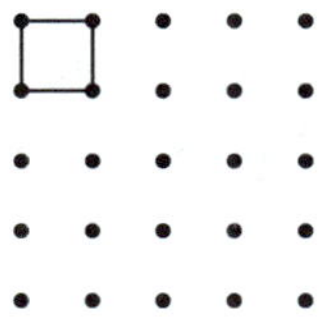

以三角形为单位面积的点阵,如下图:

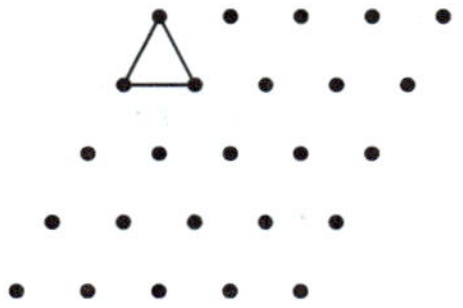

毕克定理堪称神奇,它将格点多边形的面积与格点的数量联系在了一起。

以平行四边形为单位面积的点阵中，毕克定理表述为：

以格点为顶点的多边形所占的单位面积格数＝内部的格点数＋$\frac{边界上的格点数}{2}$－1。

例如：

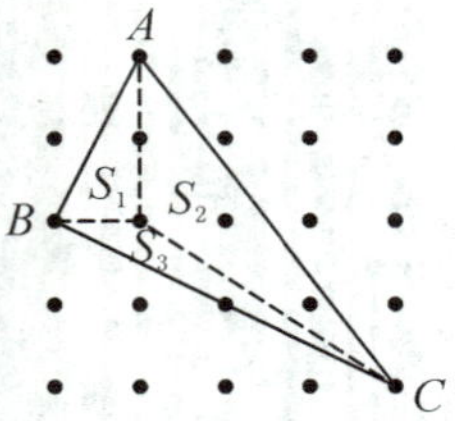

图中三角形内部有 4 个格点，边界上有 4 个格点，由毕克定理的公式可得，它所占的格数为 $4+4\div2-1=5$。

用前面所学“庖丁解牛”的方式也可得到 $S_{\triangle ABC}=S_1+S_2+S_3=1\times2\div2+2\times3\div2+1\times2\div2=5$，吻合。

这里还可以通过一个故事帮助大家记忆毕克定理。

一天，孔子正在讲课。颜回忽然问孔子：“老师，您有多少学生（对应面积的大小）呀？”

孔子答曰：“教室里坐着的都是我学生（对应内部的格点数），扒在窗边听我讲课的算我半个学生吧（对应边界上的格点数）。当然，还得将我自己去掉（对应公式最后的‘－1’）。”

延伸

在平行四边形点阵中，毕克定理是如何发挥它的作用的呢？（以下内容建议在学完计算谷篇第四章内容后学习。）

在水平（竖直）方向相邻两点间的距离为 1 的点阵中：

（1）如图 1，相邻两边边长分别为 a 与 m 的长方形，面积为 $m\times a$。

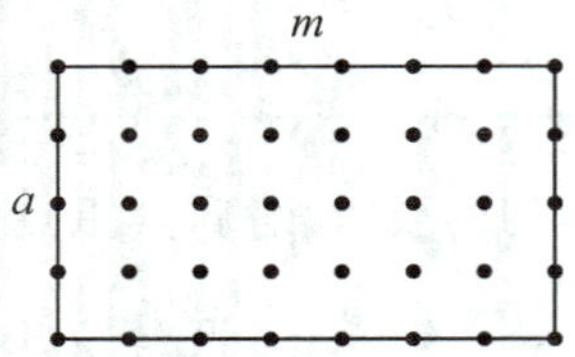

图 1

根据“植树问题”的知识可知：端点在格点上，长为 m 的线段上有 $(m+1)$ 个格点，长为 a 的线段上有 $(a+1)$ 个格点，于是，这个长方形内部有 $(m-1)\times(a-1)$ 个格点，边界上有 $2\times(m+a)$ 个格点。$(m-1)(a-1)+\frac{2\times(m+a)}{2}-1=ma$。（毕克定理成立）

（2）如图 2，一个长方形可以被对角线分割成两个形状、大小相同的直角三角形。

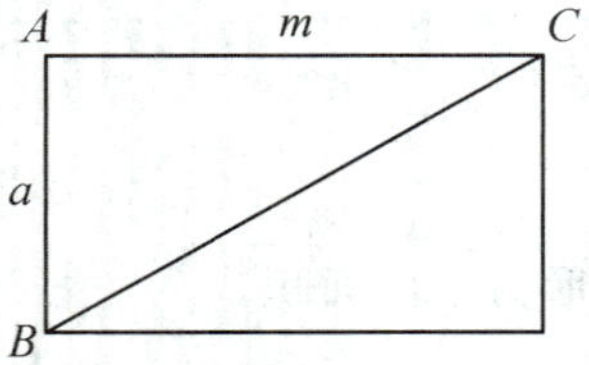

图 2

很显然，Rt△ABC 的面积为 $\frac{m\times a}{2}$。在 Rt△ABC 中，AC 与 AB 上共有 $(m+a+1)$ 个格点，假设 BC 上有 x 个格点，那么△ABC 的边界上有 $(m+a+1+x)$ 个格点，内部有 $\frac{(m-1)\times(a-1)-x}{2}$ 个格点。

$\frac{(m-1)\times(a-1)-x}{2}+\frac{(m+a+1+x)}{2}-1=\frac{ma}{2}$。（毕克定理成立）

（3）对于顶点在格点上、各条边长都是有限的任意△ABC，一定能将其放置在一个有限的长方形中，按△ABC 是锐角三角形或钝角三角形分类（图 3）。

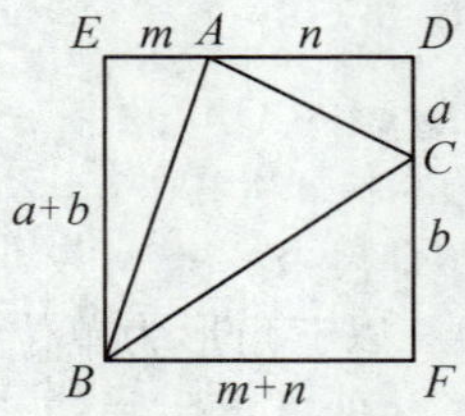

图 3

锐角三角形

如图 3。一方面，△ABC 的面积为：$(m+n)\times(a+b)-\frac{m\times(a+b)}{2}-\frac{(m+n)\times b}{2}-\frac{n\times a}{2}=\frac{m\times a+n\times a+n\times b}{2}$。另一方面，假设△$ABC$ 的线段 AB 上除端点外还有 x 个格点，线段 BC 上除端点外还有 y 个格点，线段 CA 上除端点外还有 z 个格点。那么，△ABC 的边界上有 $(x+y+z+3)$ 个格点。

而长方形 $EBFD$ 的内部有 $(m+n-1)\times(a+b-1)$ 个格点，Rt△AEB 的内部有 $\frac{(m-1)\times(a+b-1)-x}{2}$ 个格点，Rt△BFC 的内部有 $\frac{(m+n-1)\times(b-1)-y}{2}$ 个格点，Rt△ADC 的内部有 $\frac{(n-1)\times(a-1)-z}{2}$ 个格点。于是，△ABC 的内部有 $(m+n-1)\times(a+b-1)-\frac{(m-1)\times(a+b-1)-x}{2}-\frac{(m+n-1)\times(b-1)-y}{2}-\frac{(n-1)\times(a-1)-z}{2}-(x+y+z+3)=\frac{m\times a+n\times a+n\times b-x-y-z-1}{2}$ 个格点。

$\frac{m\times a+n\times a+n\times b-x-y-z-1}{2}+\frac{(x+y+z+3)}{2}-1=\frac{m\times a+n\times a+n\times b}{2}$，于是毕克定理对锐角三角形成立。

钝角三角形

如图 4。一方面，△ABC 的面积为：$\frac{(m+n)\times(a+b)}{2}-m\times a-\frac{m\times b}{2}-\frac{n\times a}{2}=\frac{n\times b-m\times a}{2}$；另一方面，假设三角形线段 AB 上除端点外还有 x 个格点，线段 BC 上除端点外还有 y 个格点，线段 CA 上除端点外还有 z 个格点。那么，△ABC 的边界上有 $(x+y+z+3)$ 个格点。

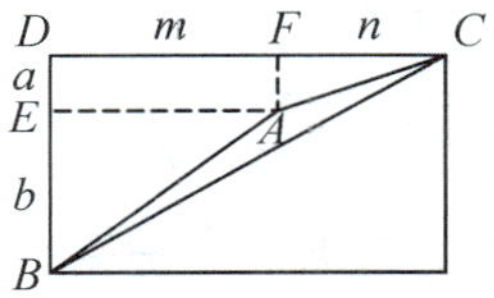

图 4

而 Rt△DBC 内部有 $\frac{(m+n-1)\times(a+b-1)-y}{2}$ 个格点，Rt△EBA 的内部有 $\frac{(m-1)\times(b-1)-x}{2}$ 个格点，Rt△FAC 的内部有 $\frac{(n-1)\times(a-1)-z}{2}$ 个格点，长方形 $DEAF$ 除掉线段 DE、DF 上的格点，再除掉点 A 后有 $\frac{m\times a-1}{2}$ 个格点。于是，△ABC 的内部有 $\frac{(m+n-1)\times(a+b-1)-y}{2}-\frac{(m-1)\times(b-1)-x}{2}-\frac{(n-1)\times(a-1)-z}{2}-\frac{m\times a-1}{2}-x-z-1=\frac{n\times b-m\times a-x-y-z-1}{2}$ 个格点。

$\frac{n\times b-m\times a-x-y-z-1}{2}+\frac{x+y+z+3}{2}-1=\frac{n\times b-m\times a}{2}$，于是毕克定理对钝角三角形有效。

综上，毕克定理对所有三角形有效。

(4)不妨将内部点数为 0，边界上除 3 个顶点在格点上没有任何格点的三角形称为“最简三角形”，由毕克定理可知，其面积为 $0+3\div2-1=0.5$。于是，顶点都在格点上的任意封闭 n 边形的面积即对应用其包含的所有格点之间的连线(在图形内部不产生新的交点)，将其分割成“最简三角形”的个数。

(5)一个顶点都在格点上的任意封闭 n 边形，利用对角线可以将其分成 $(n-2)$ 个三角形，如图 5。

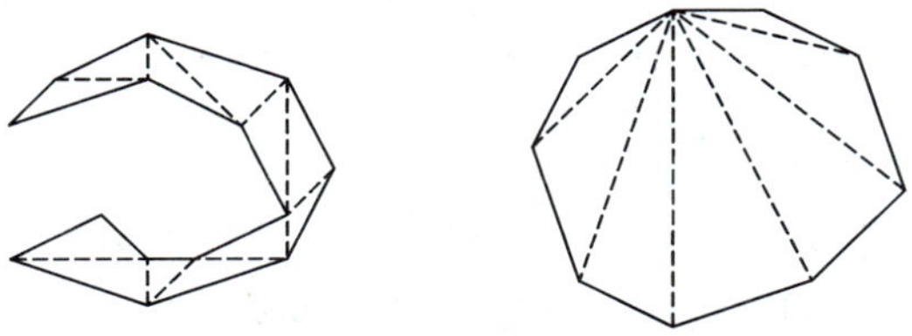
图 5

如果边界上还有其他格点，边界上每增加1个格点，都可以将自己所在的三角形一分为二，变成两个三角形，即边界上每增加1个格点对应增加1个三角形，如图6。

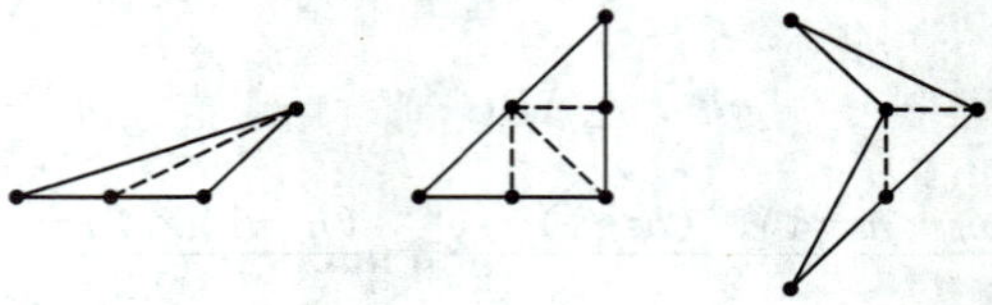

图6

如果内部有点，内部每增加1个点：①在已有三角形内部，则可以将自己所在的三角形一分为三，变成3个三角形；②当三角形处于n边形内部的边上，它可以连出两条线段，将两侧的三角形都一分为二。所以，内部每增加1个点都对应增加2个三角形，如图7。

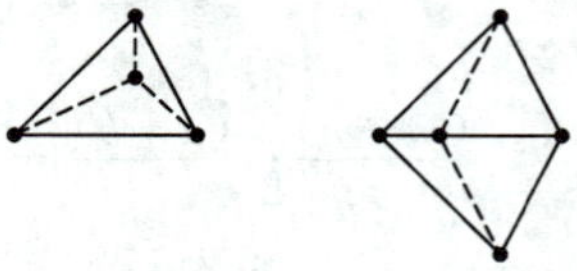

图7

也就是说，由n边形边界上的格点与内部的格点连接分割成以这些格点为顶点且互不重叠的三角形，最多能分割成[(顶点个数−2)+边界上除顶点外的格点+内部格点×2]个三角形，而"顶点的个数+边界上除顶点外的格点"就等于"边界上的点"，所以，三角形的个数即为(内部的格点数×2+边界上的格点数−2)。另外，由于数量最多时，每个三角形的边界上除顶点外没有其他格点，内部也没有格点，所以它们都是"最简三角形"，面积为0.5，所以任意n边形的面积即为：

$$(\text{内部的格点数}\times2+\text{边界上的格点数}-2)\times0.5=\text{内部的格点数}+\frac{\text{边界上的格点数}}{2}-1。$$

于是，毕克定理对任意封闭的n边形都有效。

三角形点阵中的毕克定理

又因为，1个平行四边形的单位网格可以平分成2个三角形单位网格，所以三角形点阵中的毕克定理就是在平行四边形点阵毕克定理的基础上乘以2，即

$$\left(\text{内部的格点数}+\frac{\text{边界上的格点数}}{2}-1\right)\times2=\text{内部的格点数}\times2+\text{边界上的格点数}-2。$$

例41 如图，在下面的点阵中，每个单位正方形小格的面积为2。那么图中"小屋"的面积是多少？

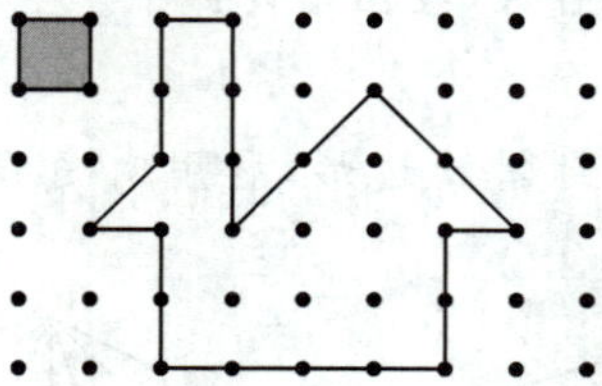

解析

图形内部的格点数为6，图形边界上的格点数为21，根据毕克定理，可知"小屋"占6+21÷2−1=15.5(格)，所以"小屋"的面积为2×15.5=31。

注意，并不是每道题的单位正方形面积都为1，所以直接用毕克定理求解时得到的是"格数"。

例 42 在如图的三角形点阵中，如果相邻三点形成“∵”或“∴”的面积为 1，那么△ABC 的面积为多少？

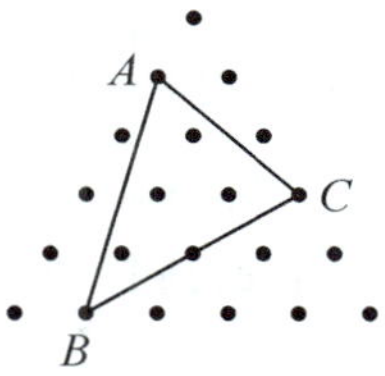

解析

【方法 1】三角形点阵中，△ABC 内部的格点数为 4，边界上的格点数为 4，共占(4＋4÷2－1)×2＝10(格)，即面积为 10。

毕克定理虽然很简便，但希望读者不要过于依赖。首先，利用毕克定理解题对图形分析能力的锻炼有限；另外，利用毕克定理解题还存在一个实际操作上的困难——当格点之间的间距特别小，而图形特别大的时候，有可能很难分辨格点是否在边界上，也有可能数点本身变成一件特别头疼的事，如下图：

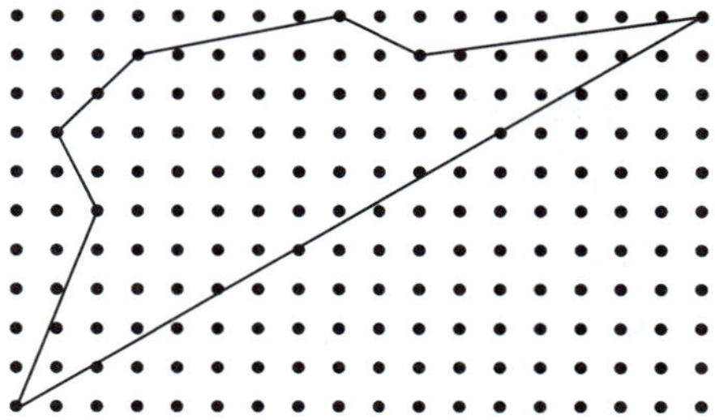

【方法 2】庖丁解牛。

如图，将△ABC 分割成 3 个三角形，中间△DEF 就是一个单位三角形，面积为 1。另外 3 个三角形可以直接利用三角形面积公式求解，但需要做出一点调整。

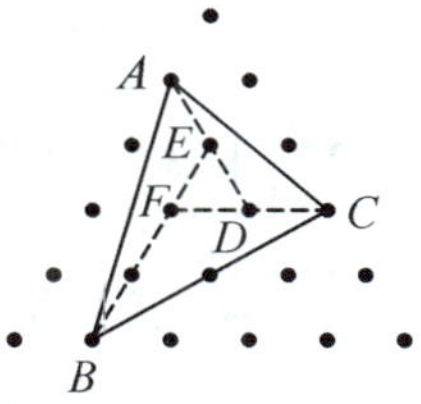

调整什么呢？因为平常的三角形公式是在“以正方形作为面积单位”的背景下确定的，所以公式为 S＝底×高÷2；而现在是“以三角形作为面积单位”的背景下，所以公式中就没有除以 2，S＝底×高。

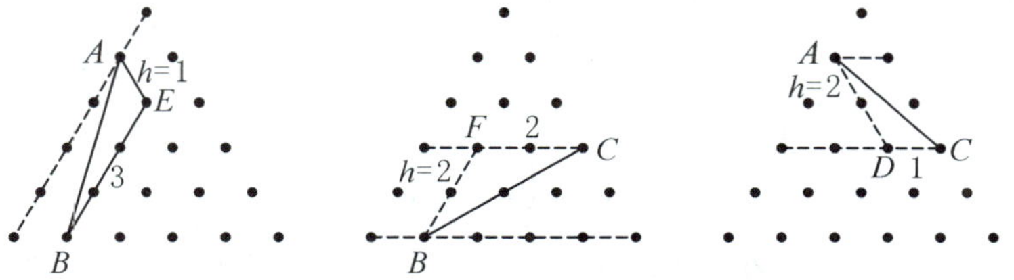

于是，$S_{\triangle AEB}=3\times1=3$，$S_{\triangle FBC}=2\times2=4$，$S_{\triangle ACD}=1\times2=2$，所以 $S_{\triangle ABC}=1+2+3+4=10$(格)，面积为 10。

【方法 3】如图，作辅助线可知：▱$ARBE$ 中有 6 个小正三角形，而△ABE 的面积是▱$ARBE$ 面积的一半，即 $S_{\triangle AEB}=3$，▱$ADCH$ 中有 4 个小正三角形，而△ADC 的面积是▱$ADCH$ 面积的一半，即 $S_{\triangle ACD}=2$。▱$FBGC$ 中有 8 个小正三角形，而△FBC 的面积是▱$FBGC$ 的一半，即 $S_{\triangle FBC}=4$。所以 $S_{\triangle ABC}=1+2+3+4=10$。

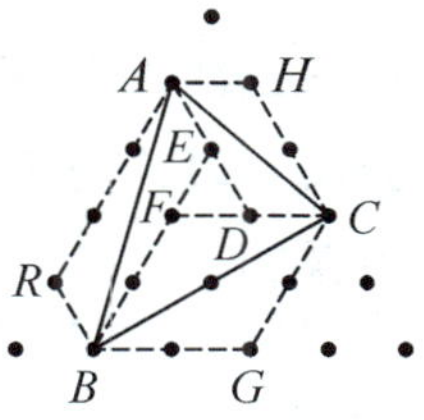

方法 3 的做法进一步体现了公式的相对性和局限性，在“以三角形作为面积单位”的背景下，平行四边形 $ARBE$ 的面积并不等于底乘高(3×1)，而要在底乘高的基础上再乘以 2，得到 6。

当然，在没有格点和特殊说明的情况下，常用的图形面积基本公式都是建立在“以正方形作为面积单位”的基础之上的，所以还是以常用公式为准。

方法 2 与方法 3 中的讨论是想在读者的思维土壤中埋下两枚种子——“前置条件”与“适用范围”。也就是说，当你听到一句话、看到一个公式，希望你不是一味地相信，而是小心求证，进而明白它的前置条件与适用范围。

例 43 如图是一个漂亮礼盒的平面图，已知水平方向相邻两个格点距离为 1，那么这个礼盒平面图的面积是多少？

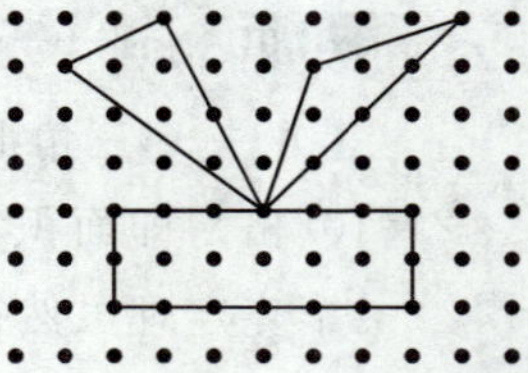

解析

讲解本题的目的是提醒读者：使用毕克定理必须要保证所求的图形是“一个”封闭图形，而不是“几个”封闭图形拼接在一起的组合图形。

本题的题图由 3 个封闭图形组合而成，所以计算面积时，需要用毕克定理对 3 个图形分别计算。

左上三角形的面积为 $4+4\div2-1=5$；

右上三角形的面积为 $2+6\div2-1=4$；

下方长方形的面积为 $5+16\div2-1=12$；或不用毕克定理，直接用长乘宽 $6\times2=12$ 求解更为方便。

于是，礼盒平面图的总面积为 $5+4+12=21$。

> 如果错误地运用毕克定理，将组合图形当作一个图形计算，会数得内部格点数为11，边界格点数为24，求得错误的面积 $11+24\div2-1=22$。

27.3.3 格点网格化的运用

例 44 正六边形 $ABCDEF$ 的面积是 24 平方厘米。M 是 AB 的中点，N 是 CD 的中点，P 是 EF 的中点。那么，$\triangle MNP$ 的面积是多少？

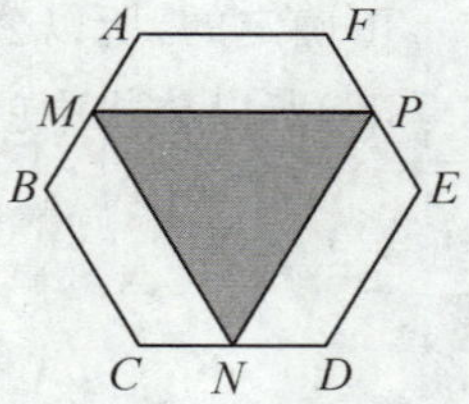

解析

点阵实际上是一种看待图形的标准，所以为某些图形加上这套标准，有时能带来意想不到的效果。

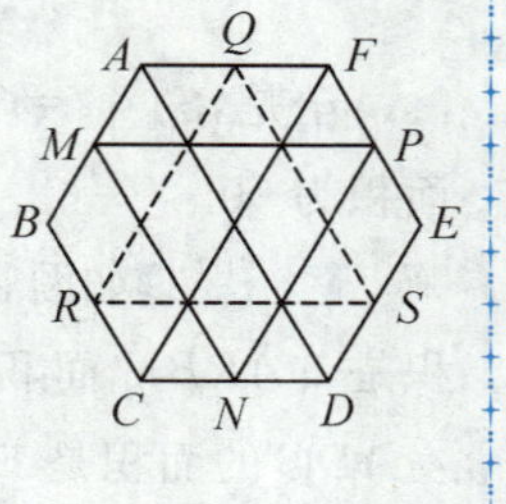

如图，将正六边形分成 6 个面积为 $24\div6=4$(平方厘米)的正三角形，再取它们各边的中点将每个正三角形分为 4 个小正三角形。于是正六边形 $ABCDEF$ 被分成了 24 个小正三角形，每一个小正三角形的面积是 $24\div24=1$(平方厘米)，而图中$\triangle MNP$ 由 9 个小正三角形所组成，所以 $S_{\triangle MNP}=1\times9=9$(平方厘米)。

例 45 如图，正六边形 $ABCDEF$ 的面积是 120 平方厘米，以点 G、H、I 为中心的 3 个小正六边形边长是正六边形 $ABCDEF$ 边长的一半。那么$\triangle GHI$ 的面积是________平方厘米。

（2017 年“数学花园探秘”4 年级初试 C 卷）

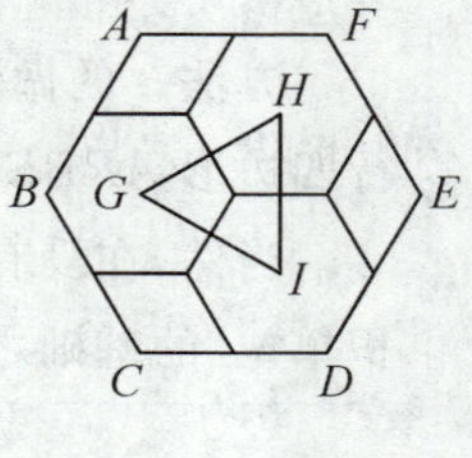

解析

如图,将正六边形分成 24 个小三角形,$\triangle GHI$ 的面积相当于 3 个小三角形的面积,为 $120\div8=15$(平方厘米)。

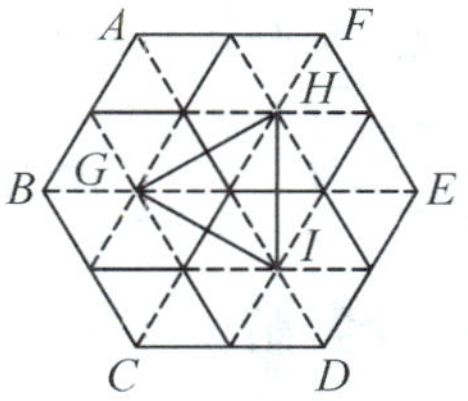

例 46 如图,每个小正三角形的面积是 12 平方厘米,那么大正三角形的面积为________平方厘米。

(2017 年“数学花园探秘”小中年级组决赛 A 卷)

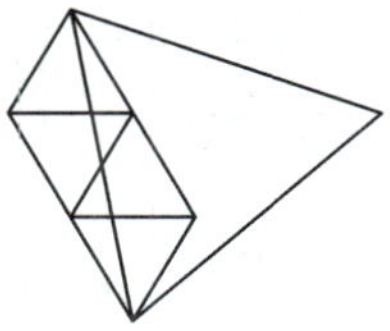

解析

如图,将原图网格化:

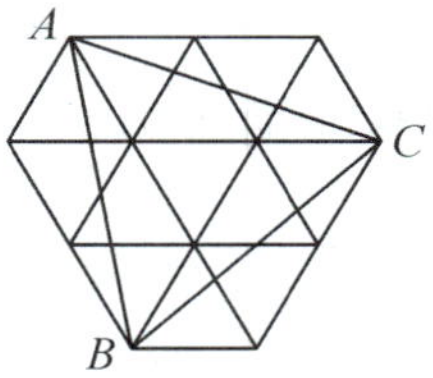

由图可知,大正$\triangle ABC$ 的面积是小正三角形面积的 $1+2+2+2=7$ 倍,所以大正三角形的面积为 $12\times7=84$(平方厘米)。

27.3.4　切

例 47 小明用 11 个完全一样的白色小长方形拼成了如图所示的“20”图案。已知图案“0”中的阴影部分面积比图案“2”中的阴影部分面积大 16 平方厘米。那么,一个白色小长方形的面积是________平方厘米。

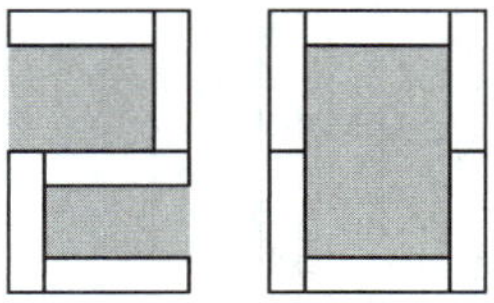

解析

经切割发现,图 2 中从上往下第一个阴影部分的面积和图 1 中阴影部分 A 的面积相同。图 2 中从上往下第 3 个阴影部分面的积与图 1 中阴影部分 B 的面积相同,所以多出的面积为图 2 中从上往下第 2 个阴影部分的面积,恰与一个白色小长方形相等。故白色小长方形面积为 16 平方厘米。

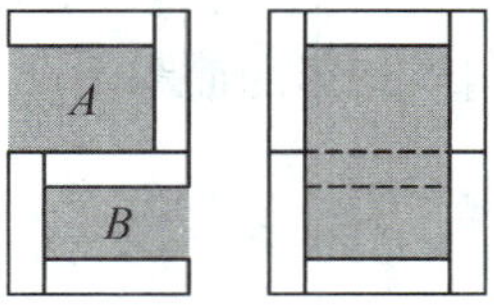

图 1　　图 2

例 48 如图,将 1 个 4×4 正方形网格沿格线切成几个形状不同的长方形(正方形也属于长方形)且无剩余,最多可以切出________个长方形。若按最多个长方形的切法,其中最大的长方形含有________个 1×1 的正方形。(2020 年秋·明心数学资优生测试 3 年级)

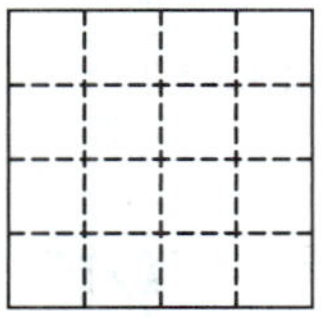

解析

将长方形按从小到大的顺序排列:1×1,1×2,1×3,1×4,2×2,1×5,1×6,2×3,…

因为网格边长为 4,所以 1×5、1×6 不可能存在,而最小的 6 个长方形所占的大小已经超过 16 格,所以最多切出 5 个不同的小长方形,而 $1\times1+1\times2+1\times3+1\times4+2\times2=14$,剩余 2 个小方格,所以最大的一个只能选择 2×3,所以最大的一个长方形含有 6 个 1×1 的小方格。

例 49 如图所示的“风车状”正四角星中，8 条边的长度都是 27 厘米，8 个内角中，4 个锐角都是 45°，4 个优角（大于 180°的角）都是 225°。那么，整个正四角星的面积是多少平方厘米？

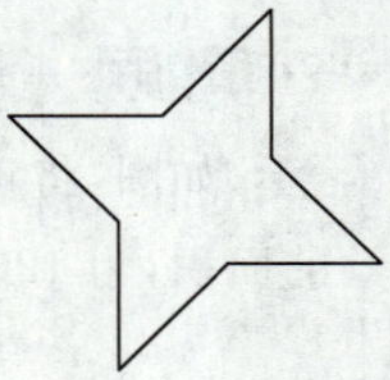

解析

如图，作出 4 条垂线，则总面积等于 4 个等腰直角三角形的面积加上中心正方形的面积。正方形的边长 $BD=BC+CD=BC+AB=AC=27$（厘米），故所求总面积为$(27\times27\div4)\times4+27\times27=1458$（平方厘米）。

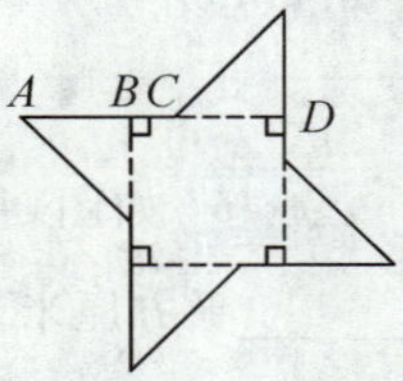

27.3.5 拼

例 50 如图 1，“L”形的宽度为 3 厘米。将 4 个这样的“L”形贴放在九宫格的 4 个角上，形成的图形如图 2。如果 4 个“L”形的面积之和恰好等于图 2 中阴影部分的面积，那么，1 个“L”形的面积是________平方厘米。

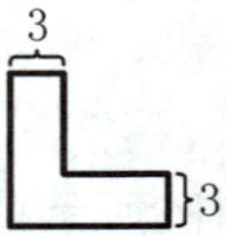

图 1

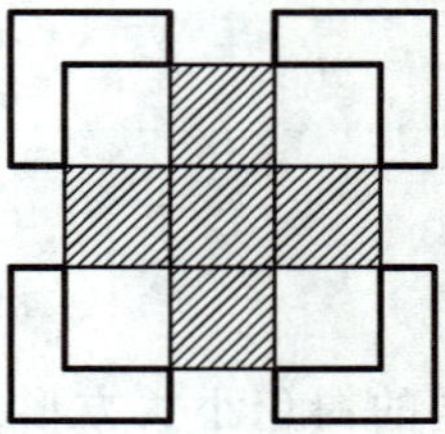
图 2

（2013 年“数学花园探秘”小中决赛）

解析

如图，将 4 个“L”形拼到中间去，可知小正方形的边长为 $3+3=6$（厘米），于是 1 个“L”形的面积为$(6+3)^2-6^2=45$（平方厘米）。

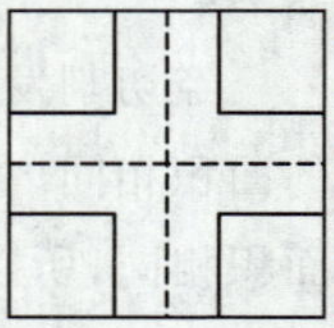

例 51 图中阴影部分的面积是________。

（2014 年春·明心数学资优生测试 4 年级）

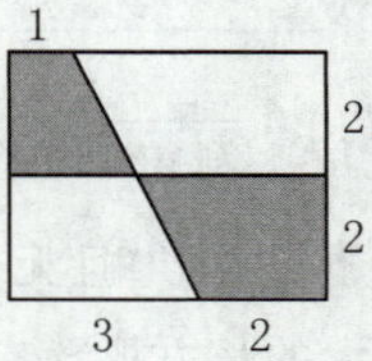

解析

如图，因为 EF 是长方形 $ABCD$ 的对称轴，所以 $GM=HN=(3-1)\div2=1$。将阴影部分切割拼补后形成两个边长 2 的正方形，所以 $S_{阴}=(2\times2)\times2=8$。

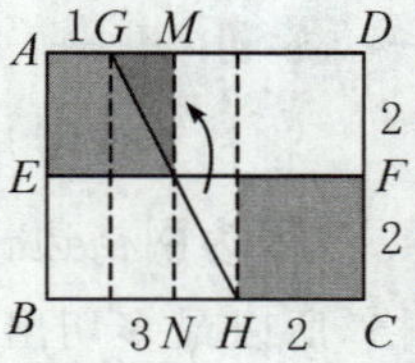

例 52 如图,将一个长方形拼接在一个固定的正方形旁(有公共点或公共边,但不重叠),可以拼接出________个不同的轴对称图形。

(2016 年秋·明心数学资优生测试 4 年级)

解析

共 16 种,如图:

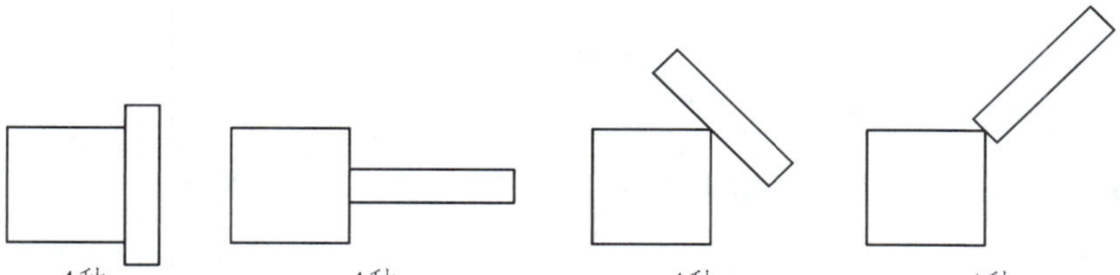

27.3.6 切拼综合

例 53 某大楼的平面设计图初稿如图所示。图中 $ABCDEF$ 是面积为 60 的正六边形,G、H、I、J 分别是 AB、CD、DE、FA 边上的中点,那么阴影部分的面积是________。

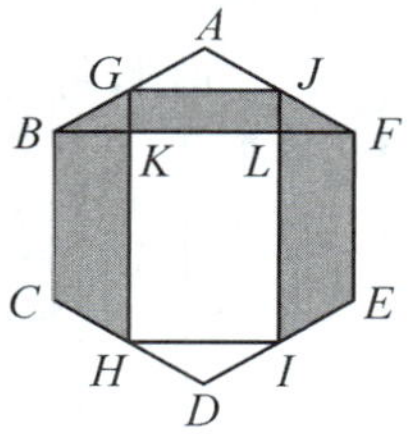

解析

因为长方形 $GJLK$ 与$\triangle AGJ$ 同底等高,所以面积是其两倍,于是可将长方形 $GKLJ$ 转化成图中的上下两个阴影三角形。可以看出,阴影部分与空白部分面积相等,所以阴影部分的面积为 $60\div2=30$。

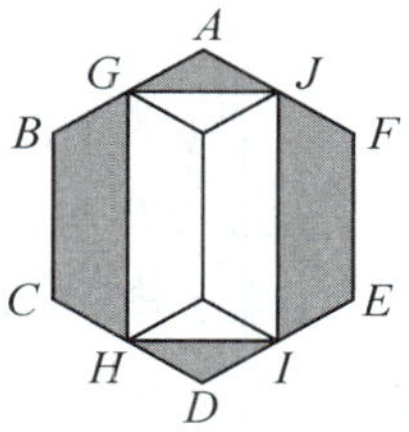

例 54 如图,边长为 25 厘米的大正方形中有 A、B 两个大小相同的小正方形。如果图中阴影部分的面积为 225 平方厘米,那么小正方形 A 的面积是________平方厘米。

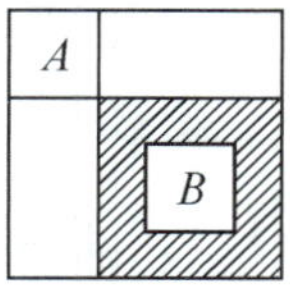

解析

此题可与上一章节 27.2 例 6 互相参照,拼接转化如下图,于是 $c=225\div25=9$(厘米),小正方形 A 的边长为$(25-9)\div2=8$(厘米),面积为 $8\times8=64$(平方厘米)。

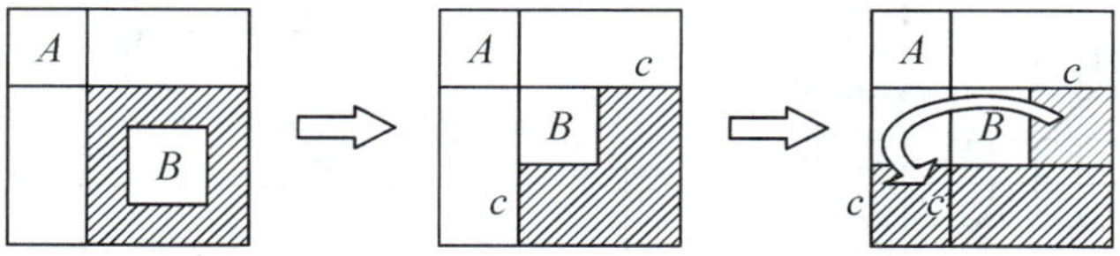

例 55 如图,对称图形由 2 个等腰梯形和 2 个长方形拼成。其中部分线段的长度如图所示(单位:厘米),那么整个图形的面积是________平方厘米。

(2018 年"数学花园探秘"4 年级初赛 A 卷)

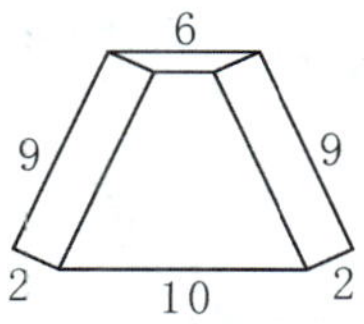

解析

将图形进行如下变换：

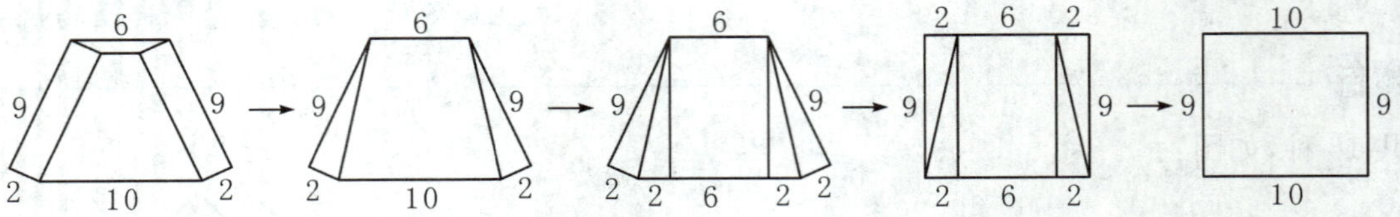

所以整个图形的面积为 10×9＝90（平方厘米）。

例 56 如图，E、F 分别是长方形 $ABCD$ 的边 AB、BC 上的点，FG 是等腰△DEF 底边 DE 上的高，$DE=FG$，△ADE 和△CDF 的面积均为 20，那么△BEF 的面积为________。

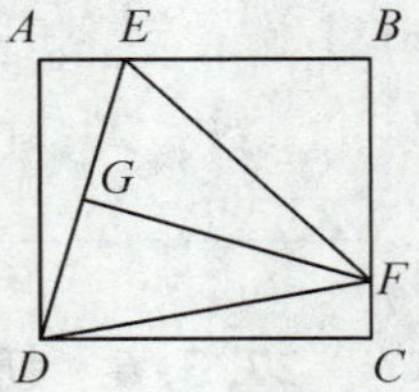

（2019 年"数学花园探秘"总决赛 4 年级二试）

解析

如图，将△EGF 旋转至△AGP，形成以 GH 为对称轴的对称图形。

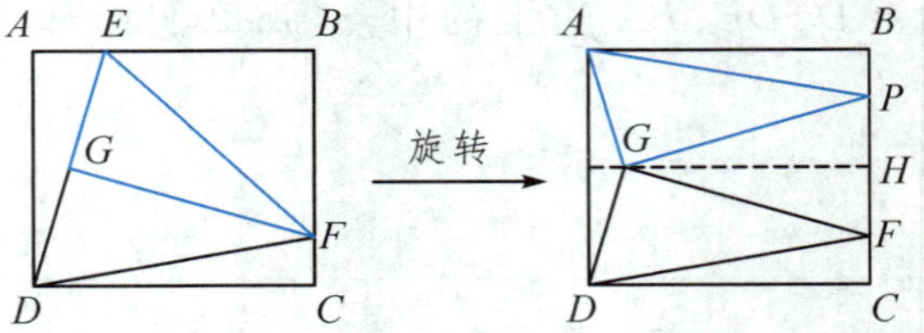

注意到 G 是 DE 的中点，所以 $S_{\triangle AGD}=\frac{1}{2}S_{\triangle ADE}$。

△ABP 与△DCF 对称，面积相等。

因为 $FG=DE$，且∠ADG 与∠HGF 相等，所以直角△PGH、△FGH 和△ADE 一样大。

所以 $S_{\triangle BEF}=20\times(0.5+4)-20-20=50$。

真题重现

1. 如图是一个正方形网格，网格中的每个小正方形面积为 1，图中台灯的面积是________。

（2017 年秋·明心数学资优生测试 4 年级）

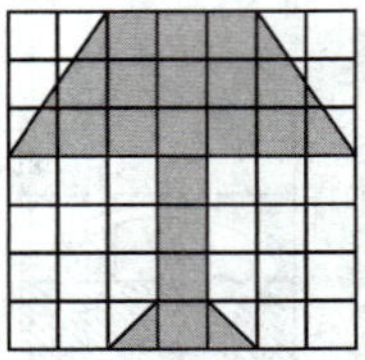

第 1 题图

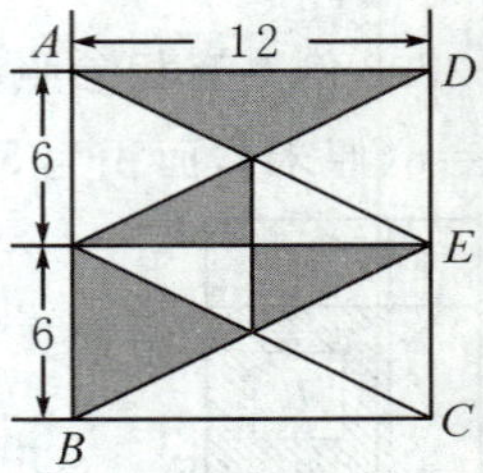

第 2 题图

2. 如图（单位：米），E 是正方形 $ABCD$ 的边 CD 上的中点，则阴影部分的面积是________平方米。

（2013 年春·明心数学资优生测试 4 年级）

3. 如图，一个等边三角形内有一个正六边形。若等边三角形的面积为 72，那阴影正六边形的面积是________。

（2014 年秋·明心数学资优生测试 4 年级）

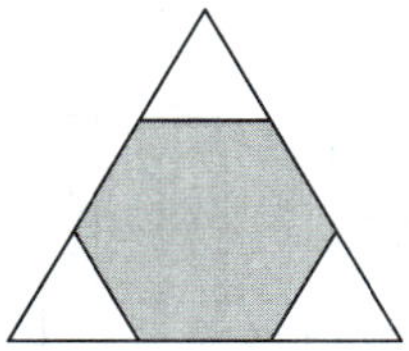

第 3 题图

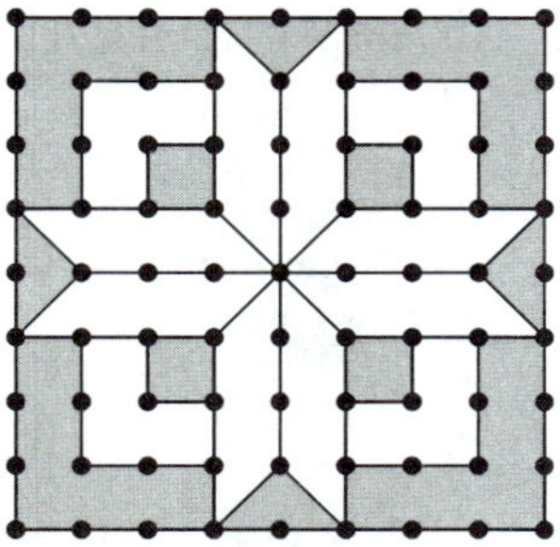

第 4 题图

4. 如图,正方形点阵中阴影部分的总面积为 63,则空白部分的总面积为________。

(2017 年春 · 明心数学资优生测试 4 年级)

5. 在如图的三角形点阵中,如果相邻三点形成的“∵”或“∴”的面积为 1,那么图中 4 个图形的面积分别是多少?

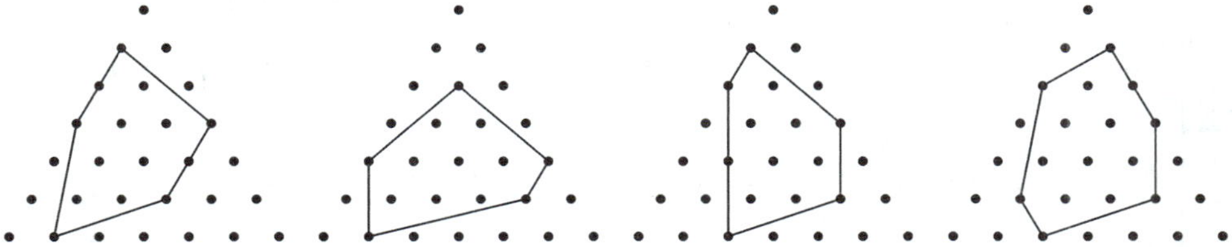

图 1　　图 2　　图 3　　图 4

第 5 题图

6. 如图,一个正六边形地下室被分成 3 个形状、大小完全相同的实验室。每个实验室都由连续的三角形组成,并且每个实验室都存放着一套战衣,每套战衣由头部部件(A)、躯干部件(B)与四肢部件(C)各一件组成。那么与头部 A_2 配套的躯干部件是________(填 B_1、B_2 或 B_3),四肢部件是________(填 C_1、C_2 或 C_3)。

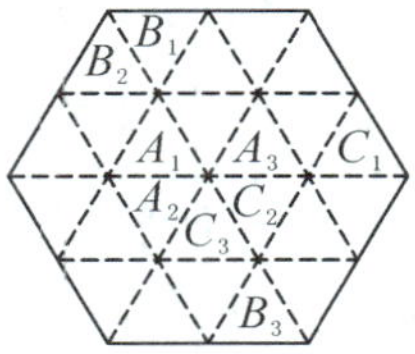

第 6 题图

7. 将一个边长为整数的正方形正好分成 10 个小正方形,使得每个小正方形边长均为整数,且至少有 18 个面积为 1。则原正方形边长的最小可能值为________。

(2014 年春 · 明心数学资优生测试 4 年级)

8. 如图,E、F、G、H 分别是正方形 $ABCD$ 各边的中点。如果正方形 $ABCD$ 的面积是 144 平方厘米,阴影部分的面积是________平方厘米。　(2016 年“数学花园探秘”4 年级网赛)

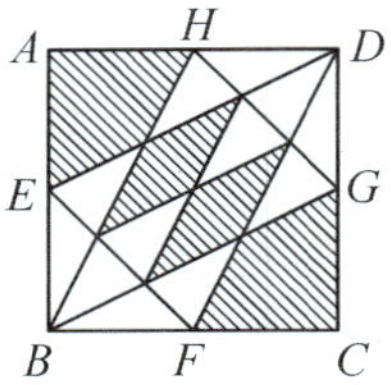

第 8 题图

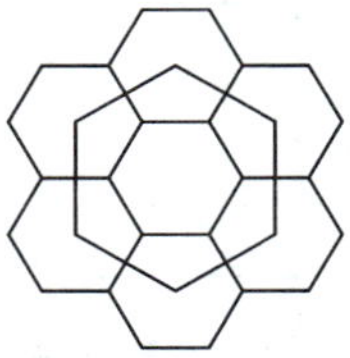

第 9 题图

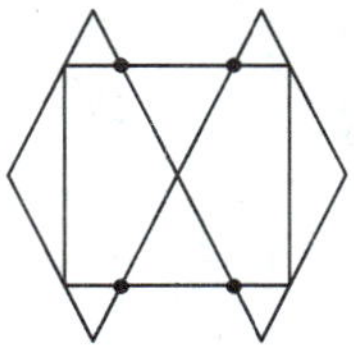

第 10 题图

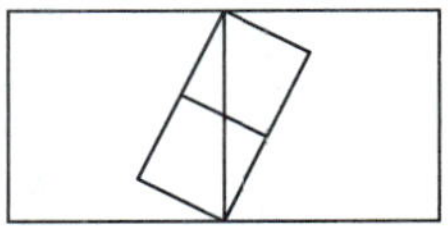

第 11 题图

9. 如图,6 个完全相同的小正六边形围成 1 圈,以这 6 个正六边形的中心为顶点,构成一个大正六边形。如果每个小正六边形的面积是 60,那么该大正六边形面积是________。

(2014 年“数学花园探秘”4 年级网赛)

10. 如图,正方形的面积是 400 平方厘米,从正方形中心向左、右各画出一个菱形。如果图中黑点均是正方形边长的四等分点,那么,两个菱形的面积之和是________平方厘米。

(2017 年“数学花园探秘”4 年级网赛)

11. 如图,图中共有 2 个小正方形和 2 个大正方形,如果整个图形的面积是 60,那么图中每个小正方形的面积是________。　(2016 年“数学花园探秘”4 年级总决赛一试)

12. 如图所示，正六边形 $ABCDEF$ 的面积是 180 平方厘米，G、H 分别是边 AB、DE 的中点，那么，阴影部分的面积是________平方厘米。（2017 年“数学花园探秘”4 年级初试 D 卷）

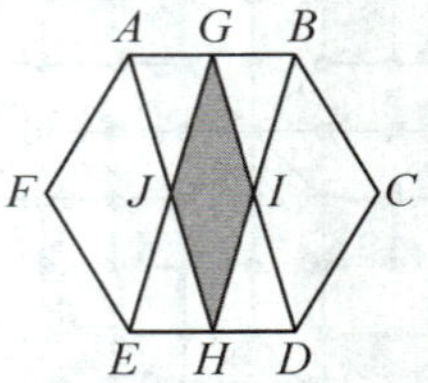

第 12 题图

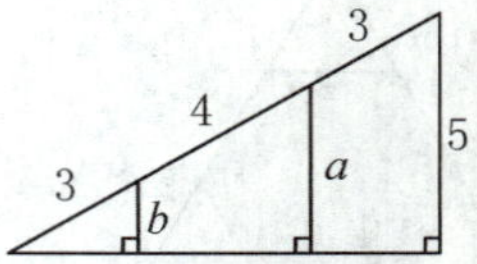

第 13 题图

13. 请根据图中给出的各种数据，计算 $a+b=$________。（2013 年秋 · 明心数学资优生测试 4 年级）

参考答案

1. 答案：20。

分析：经过切拼后，原图可变为

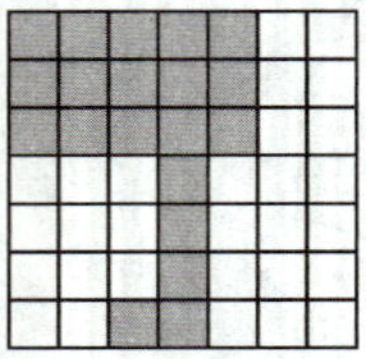

共 20 格，即面积为 20。

第 1 题图

2. 答案：54。

分析：图中显示所求面积是由 6 个形状、大小都相同的三角形构成的，因此面积为 $6\times\left(\frac{1}{2}\times6\times3\right)=6\times9=54$(平方米)。

3. 答案：48。

分析：正六边形可分为 6 个相等的小三角形，三角形可分为 9 个相等的小三角形。

所以阴影正六边形的面积为 $72\div9\times6=48$。

4. 答案：81。

分析：如图，2 个①号等腰直角三角形可与 1 个②号小正方形互换。

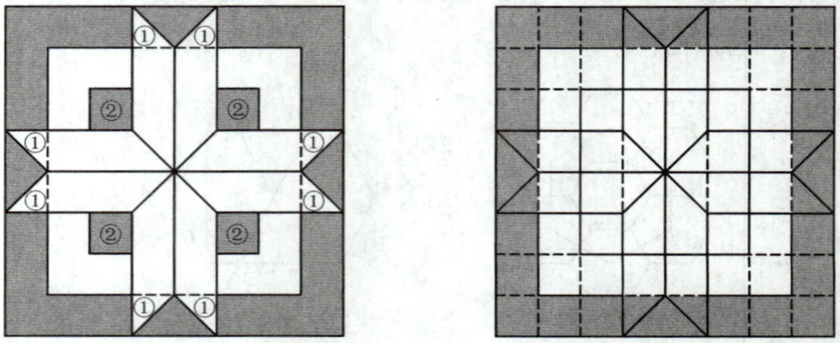

第 4 题图

则空白部分的总面积为 $63\div(64-36)\times36=81$。

5. 答案：19；19；18；21。

分析：利用毕克定理求解。

(1) ∵ 内部的格点数为 7，边界的格点数为 7，∴ $S=(7+7\div2-1)\times2=19$；

(2) ∵ 内部的格点数为 8，边界的格点数为 5，∴ $S=(8+5\div2-1)\times2=19$；

(3) ∵ 内部的格点数为 7，边界的格点数为 6，∴ $S=(7+6\div2-1)\times2=18$；

(4) ∵ 内部的格点数为 8，边界的格点数为 7，∴ $S=(8+7\div2-1)\times2=21$。

6. 答案：B_2，C_3。

分析：

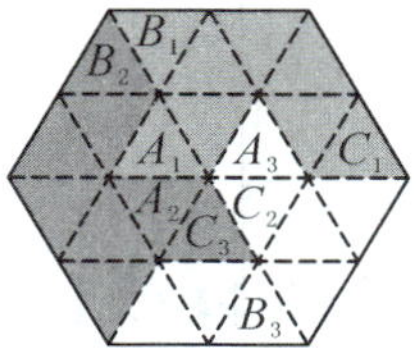

第 6 题图

7. 答案：4。

分析：从简单入手，若边长为 3，面积为 9，不可能分成 10 个边长为整数的小正方形；若边长为 4，则可以(如图)。

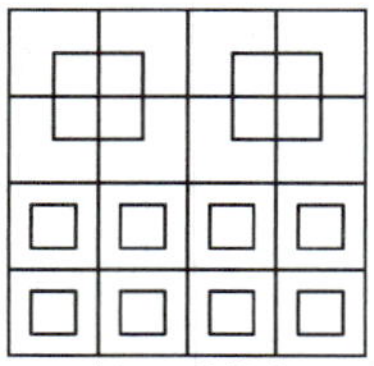
第 7 题图

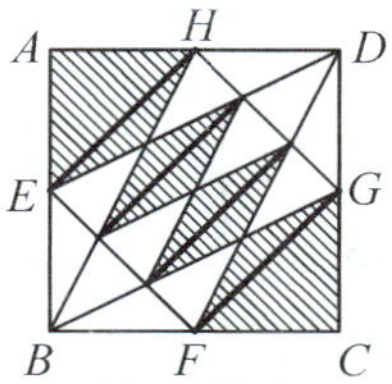

第 8 题图

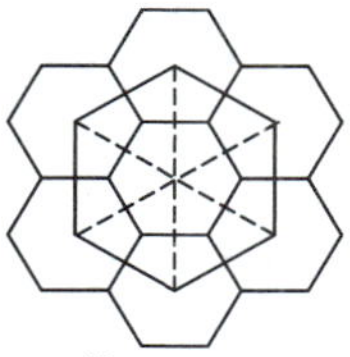
第 9 题图

8. 答案：72。

分析：如图分割，图中阴影部分的面积总和恰好等于空白部分的面积总和。所以阴影部分的面积恰好占总面积的一半，为 144÷2＝72(平方厘米)。

9. 答案：180。

分析：如图，小正六边形可分为 6 个相同的小四边形，而大正六边形恰巧可以分为 18 个相同的小四边形，所以大正六边形的面积是小正六边形的 18÷6＝3 倍，所以大正六边形的面积为 60×3＝180。

10. 答案：450。

答案：如图，格点三角形中，正方形占了 32 个小三角形，每个菱形占了 18 个小三角形。2 个菱形的面积之和是 400÷32×36＝450(平方厘米)。

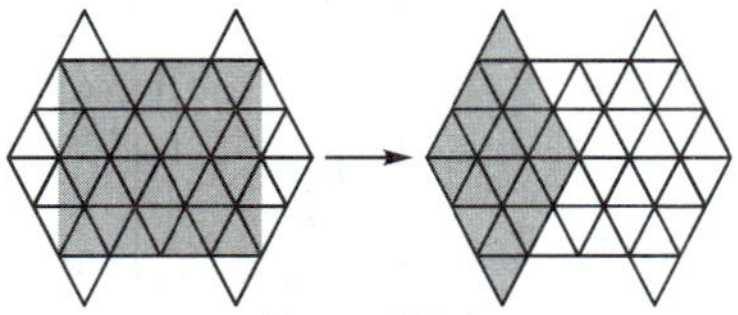
第 10 题图

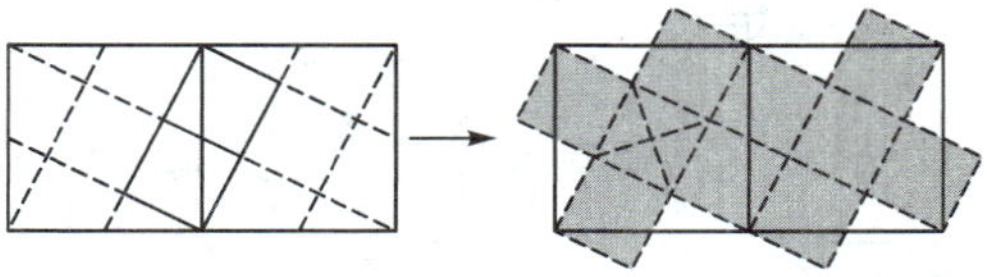
图1　　图2

第 11 题图

11. 答案：6。

分析：首先将原图网格化(图 1)，再将之转化为图 2，即 2 个大正方形的面积实际上等于 10 个小正方形的面积，于是每个小正方形的面积为 60÷10＝6。

12. 答案：30。

分析：如图 1 分割可知，若假设阴影四边形 $GIHJ$ 的面积为 4 份，则长方形 $ABDE$ 的面积为 16 份；如下图 2 分割可知，长方形 $ABDE$ 的面积若为 8 份，则正六边形的面积为 12 份，即若长方形 $ABDE$ 的面积为 16 份，则正六边形的面积为 24 份，所以正六边形面积是阴影四边形 $GHIJ$ 面积的 6 倍，所以四边形 $GIHJ$ 面积为 30 平方厘米。

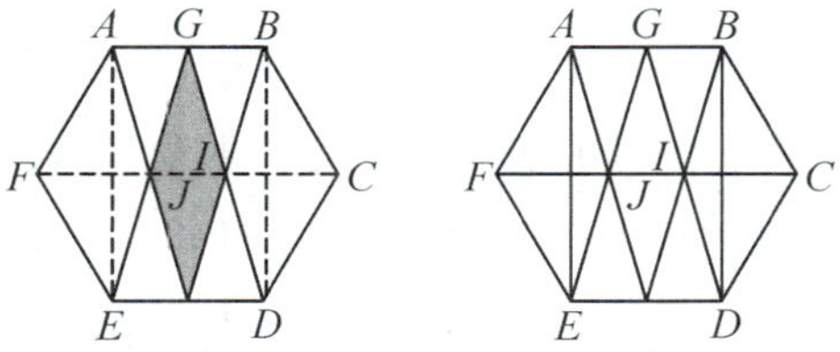

图1　　图2

第 12 题图

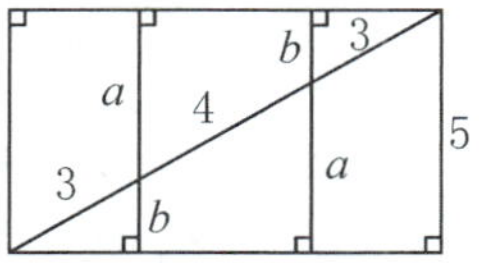

第 13 题图

13. 答案：5。

分析：如图，绕大三角形斜边的中点旋转 180°，可得一个复制的三角形。这两个三角形构成一个长方形，很明显 $a+b=5$。

第二十八章　平面直线图形(高年级卷)

28.1　勾股定理与弦图

勾股定理：直角三角形的两直角边的平方之和等于斜边的平方。

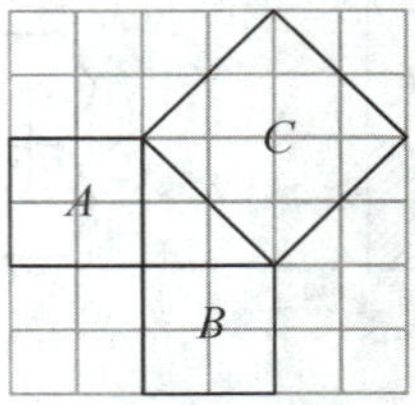

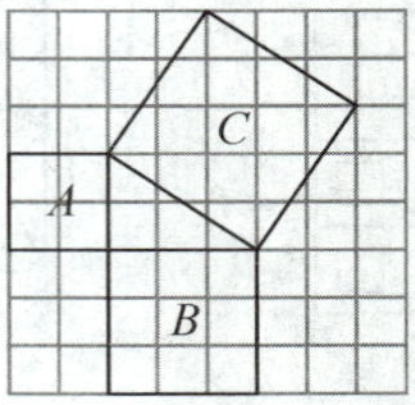

注解　古埃及、古巴比伦、古中国等很早就发现了这个定理，传说古希腊人毕达哥拉斯用演绎逻辑第一次证明了这个定理，所以在西方它常被称为“毕达哥拉斯定理”。

勾股定理最开始是由谁证明的不重要，但其用基本的公理通过演绎逻辑证明问题的方法是数学发展的起点，对后世的影响深远。仅从数学方面上讲，无理数的发现、解析几何的创建都与它息息相关，它与黄金分割并称为古希腊几何成就中的两大宝藏，深深地影响着后世……

28.1.1　勾股定理的无言证明

三国时期数学家赵君卿对勾股定理的无言证明：

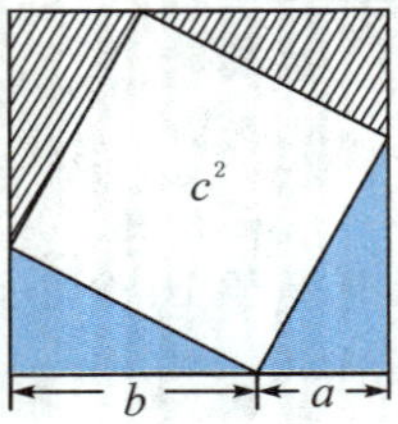

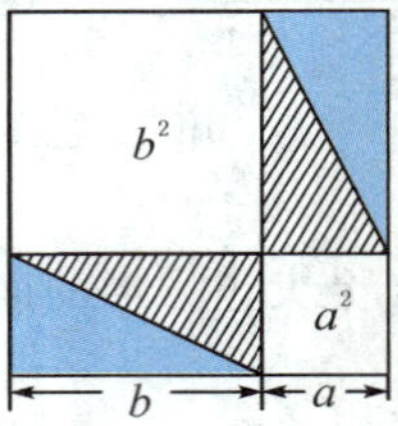

左边的两个图都是边长为$(a+b)$的大正方形，两个图按不同方式切掉四个直角边分别为 a、b 的直角三角形。因为“等量减等量，其差相等(公理 3)”，所以两边剩下的部分相等，即 $c^2=a^2+b^2$。

达·芬奇对勾股定理的无言证明：

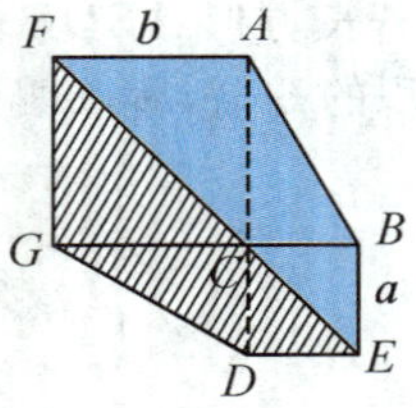

图1

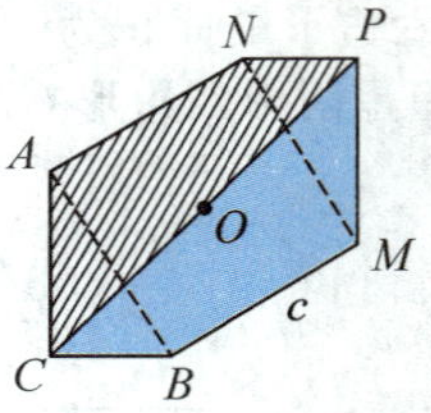

图2

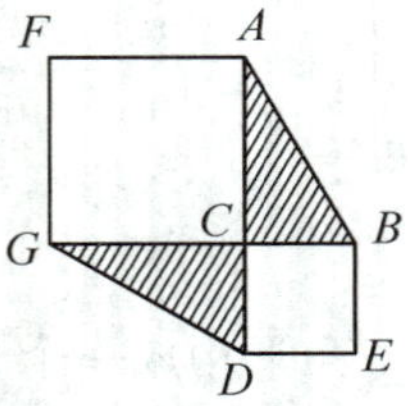

图3

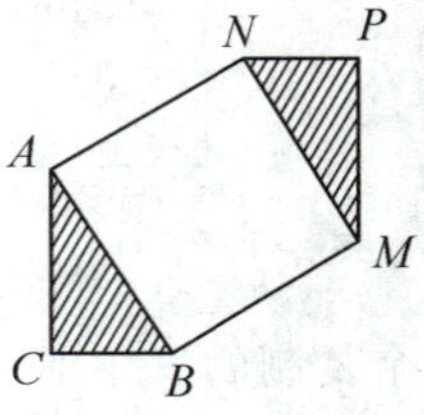

图4

左图中的 4 个六边形均由两个形状、大小相同的四边形构成，所以这两个六边形的面积相等。图 1 是利用轴对称构造出六边形，图 2 是利用中心对称构造出六边形。

在图 3 与图 4 中，两个图同时切掉了 2 个形状、大小相同的直角三角形(阴影部分)，所以剩下的面积也相等，即 $a^2+b^2=c^2$。

28.1.2　弦图

内弦图:在正方形内部分割出 4 个形状、大小相同的直角三角形与 1 个小正方形。

外弦图:在正方形外部添加 4 个形状、大小相同的直角三角形,形成 1 个更大的正方形。而对于外部的大正方形而言,此图是它的内弦图。

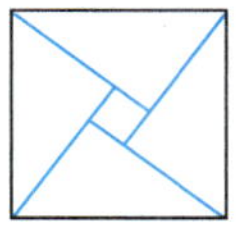

内弦图

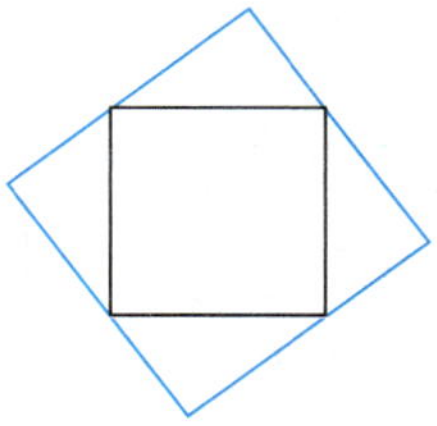

外弦图

28.1.3　勾股数组

勾股数就是可以构成一个直角三角形三边的一组正整数。最常见的莫过于“勾三、股四、弦五”了,这应该是我们找到的第一组勾股数,$3^2+4^2=5^2$。

还有其他的勾股数在哪儿呢?有没有什么办法让我们找到它们?

有!利用我们在计算谷篇介绍过的重要公式——平方差公式。

平方差公式:$a^2-b^2=(a+b)\times(a-b)$。

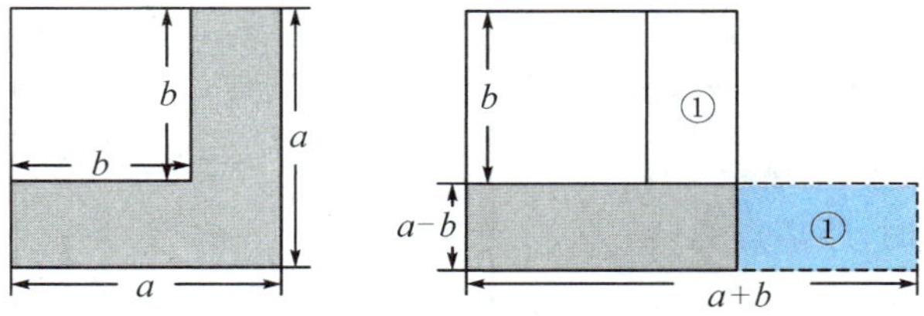

其实,我们将勾股定理 $a^2+b^2=c^2$ 调整一下位置,就能够看到勾股数与平方差公式的关系:$a^2=c^2-b^2$。于是,我们可以知道:

$$3^2=5^2-4^2, 5^2=13^2-12^2, 7^2=25^2-24^2, \cdots$$

大家发现什么规律没有?等式的左边是连续的奇数,右边是两个相邻的数。其实这只是勾股数的一部分,但也是最容易得到的一部分。由平方差公式 $a^2-b^2=(a+b)\times(a-b)$ 我们很容易引申出一个结论,当 a、b 为相邻的自然数时,它们的差为 1,所以它们的平方差等于它们的和(必为奇数),而奇数的平方都是奇数,所以我们可以令 a 等于 3,5,7,9…得到:

$$3^2=9=(5+4)\times(5-4)=5^2-4^2;$$

$$5^2=25=(13+12)\times(13-12)=13^2-12^2;$$

$$7^2=49=(25+24)\times(25-24)=25^2-24^2;$$

……

当然,将一组勾股数同比例放大也可以得到新的勾股数。

偶数能不能衍生出勾股数呢?行的,当然这需要更多的数论知识。例如,$6^2=36=18\times2=(10+8)\times(10-8)=10^2-8^2$,这里面有两个知识点,因为两数之和与两数之差的奇偶性相同,所以分解时一定要分成奇偶性相同的两个数,之后就利用“和差问题”将和与差拆分出来。但其实 6、10、8 这组勾股数是由 3、5、4 整体扩大 2 倍得到的,而下面这组勾股数则是新的一组:

$$8^2=64=32\times2=(17+15)\times(17-15)=17^2-15^2。$$

以上几组比较小的勾股数组大家最好牢牢记住,这样在做题中可以节约很多时间,有时候还能因为对勾股数敏感而获得解题思路。

28.1.4　经典例题

例 1　两张相同的长方形纸片，每张纸片的面积为 48 平方厘米。如图叠放在一起后，整个图形的面积为 72 平方厘米。已知四边形 $ABCD$ 的一条对角线 BD 的长为 6 厘米，则每张长方形纸片的长是多少厘米？　（2014 年“华杯赛”高年级组）

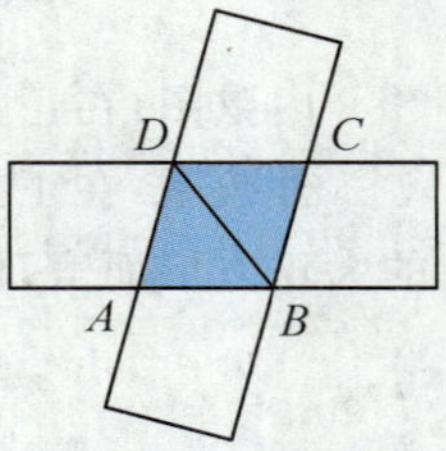

解析

如图，连接 AC，过点 C 作$\triangle ABC$ 的高 h。因为四边形 $ABCD$ 是平行四边形，$S_{\triangle ABD}=S_{\triangle BCD}$，且高相等，则 $AD=CD$，故四边形 $ABCD$ 是菱形，其面积为 $48+48-72=24$（平方厘米）。

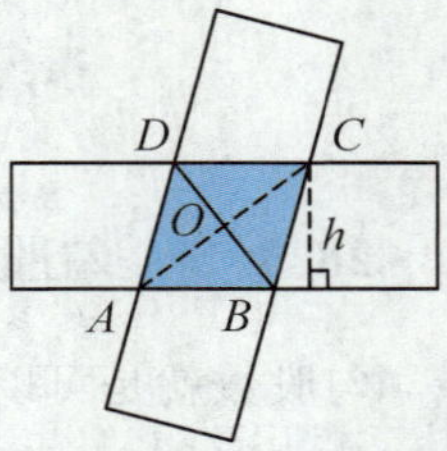

菱形的对角线 AC 与 BD 互相垂直于点 O，所以$\frac{1}{2}\times AC\times 6=24$，因此$AC=8$（厘米）。

在直角$\triangle COD$ 中，$OD=\frac{1}{2}BD=3$ 厘米，$OC=\frac{1}{2}AC=4$ 厘米，所以 $DC=5$ 厘米。因此$5\times h=24$，所以 $h=4.8$（厘米）。

由于长方形纸片的面积为 48 平方厘米，所以长方形纸片的长为 $48\div 4.8=10$（厘米）。

例 2　某小区可供运动的路线图如图所示，其中$\triangle ABC$ 为等腰三角形，$AB=AC=300$ 米；四边形 $ABCD$ 为梯形，下底 BC 长 360 米，上底 AD 长 140 米。一天早上八点，老付从点 B 出发，沿 $B\to O\to D\to A\to B\to C$ 散步；同时，老成从点 C 出发，沿 $C\to O\to A\to B\to C$ 散步。他们第一次恰好在点 O 相遇，如果两人的速度始终保持不变，那么老付和老成再次到达同一地点时，距离点 B ______ 米。

（2017 年“数学花园探秘”小高决赛 C 卷）

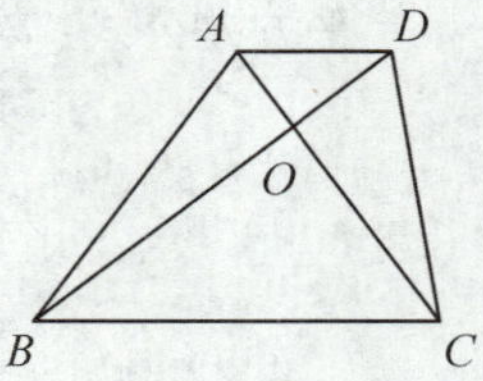

解析

如图，分别过 A、D 作 BC 的垂线，垂足分别为 E、F。因为$\triangle ABC$ 是等腰三角形，四边形 $ABCD$ 为梯形，所以 $BE=\frac{1}{2}BC=\frac{1}{2}\times 360=180$（米），$BF=BE+EF=BE+AD=180+140=320$（米）。由勾股定理可得，$AE=\sqrt{300^2-180^2}=240$（米），$BD=\sqrt{240^2+320^2}=400$（米）。注意到老付和老成两人的速度比为 $BO:CO=BD:AC=4:3$，即两人会分别同时到达 A、D 两点。所以两人再次到达同一地点时，距离点 B $140\times\frac{3}{4-3}-300=120$（米）。

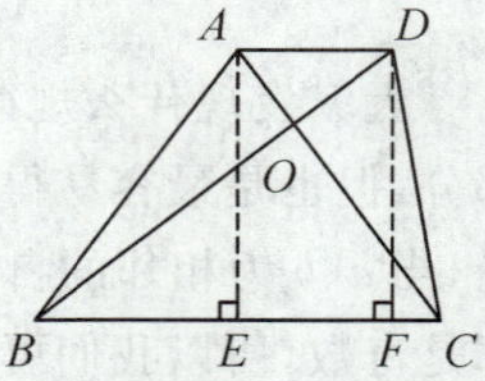

例 3　如图，将军在 A 处，军营在 B 处，A、B 距河岸的距离 AC、BD 的长分别为 500 米和 700 米，且 C、D 两地相距 500 米，那么将军将马牵到河边饮水再回军营至少应走（　　）。

A. 1000 米

B. 1200 米

C. 1300 米

D. 1700 米

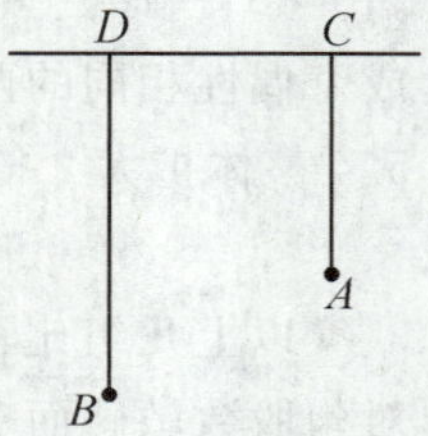

解析

如图,以 CD 为对称轴作点 A 的对称点 A',连接 $A'B$,交 CD 于点 P;过点 A' 作 $A'H\perp BD$ 交 BD 的延长线于点 H,则 $A'H=500$ 米,$BH=700+500=1200$(米)。根据勾股定理得 $BA'=1300$ 米,因为 $AP+PB=A'P+PB$,且 $A'B$ 为 A'、B 两点之间的线段,为最短距离,故选 C。

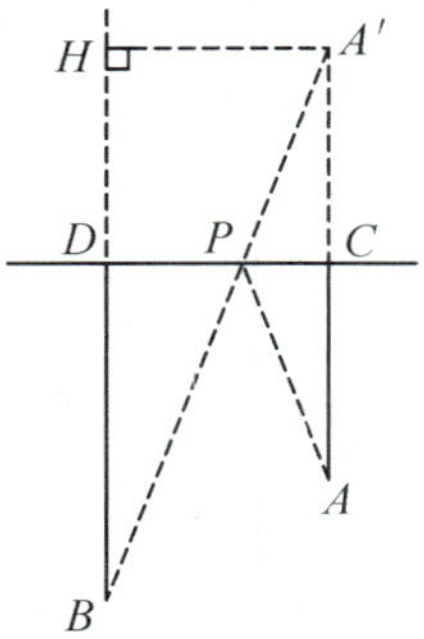

这类问题在数学中俗称"将军饮(yìn)马"问题,而实际上这也是古希腊数学家海伦在其著作《反射光学》中推出的一个重要光学原理:如果P和Q是镜面ST同一侧的任意两点,则从点P到镜面所在的直线再到点Q的一切路径中,以通过直线上点R使线段PR和QR与直线的夹角相等的那条路径最短,而这恰好就是光线所经过的路径。

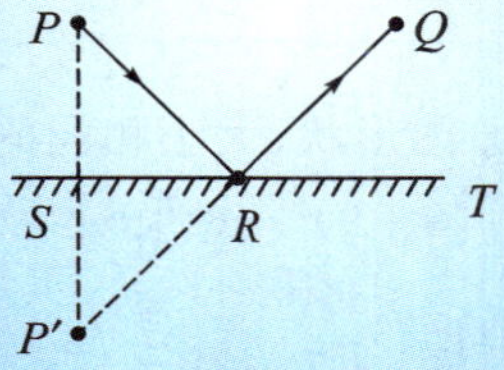

例 4 在一条水平直线上放了 1 个正方形和 2 个等腰直角三角形。如果斜着放置的正方形的面积为 6 平方厘米,那么阴影部分的面积之和是多少平方厘米?

(2018 年"数学花园探秘"5 年级初赛 A 卷)

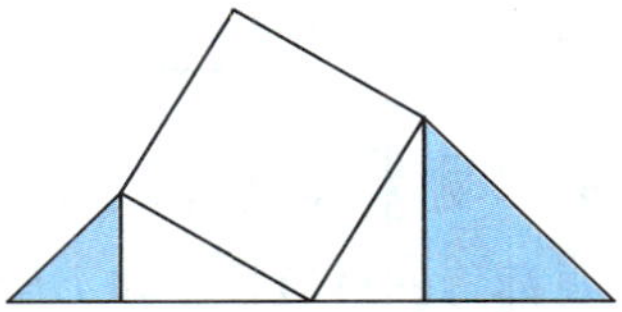

解析

如图,在正方形内部构造弦图可知,

$$S_{阴}=\frac{1}{2}AB^2+\frac{1}{2}CD^2=\frac{1}{2}FD^2+\frac{1}{2}CD^2$$

$$=\frac{1}{2}S_{正方形}=\frac{1}{2}\times6=3(\text{平方厘米})。$$

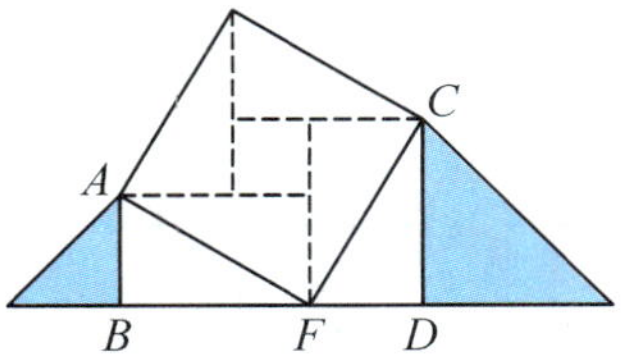

对于明显没有能从共边定理角度思考的图形中,正方形,特别是倾斜的正方形、等腰直角三角形,这类"高危嫌疑人员",我们应该"小心取证""绝不姑息"地将其"弦图化"。当然,是在外作弦图,抑或是在内作弦图,还是将等腰直角三角形补成正方形再作弦图,就要看"嫌疑人员"的"长相"了。

例 5 如图,从正方形 $ABCD$ 的四条边向外各作一个等边三角形($\triangle ABF$、$\triangle BCG$、$\triangle CDH$、$\triangle DAE$)。已知正方形 $ABCD$ 的边长是 10,则图中阴影部分的面积是________。

(2015 年"数学花园探秘"网赛)

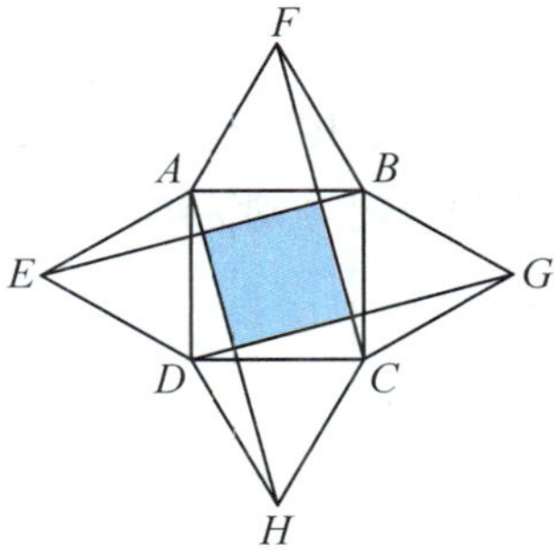

解析

设 BE 与 CF 相交于点 I。

$\because FB=CB$,$\therefore\triangle FBC$ 为等腰三角形。

$\because\triangle EAB$ 与 $\triangle FBC$ 的形状、大小相同,$\therefore\angle ABE=\triangle BCF$,$\therefore\angle BCF=\angle CBI=\angle ABE+\angle CBI=90^\circ$,$\therefore BI\perp FC$,$\therefore I$ 为 FC 的中点。

$\therefore S_{\triangle BCI}=\frac{1}{2}S_{\triangle BCF}=\frac{1}{2}\times\frac{1}{4}S_{正方形ABCD}=\frac{1}{8}S_{正方形ABCD}$。

于是 $S_{阴}=\left(1-\frac{1}{8}\times4\right)S_{正方形ABCD}=\frac{1}{2}S_{正方形ABCD}=5$。

例 6 在四边形 $ABCD$ 中，$AB=BC=9$ 厘米，$AD-DC=8$ 厘米，AB 垂直于 BC，AD 垂直于 DC。那么，四边形 $ABCD$ 的面积是________平方厘米。

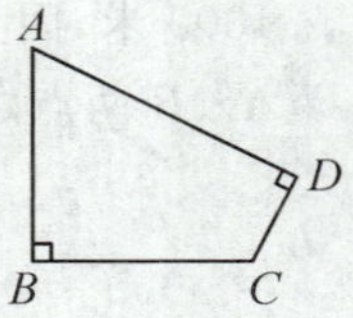

（2015 年“数学花园探秘”6 年级网赛）

解析

将 4 块与原图形状、大小相同的四边形如图拼接，

则 $S_{四边形ABCD}=[(9+9)^2-8^2]\div4=65$（平方厘米）。

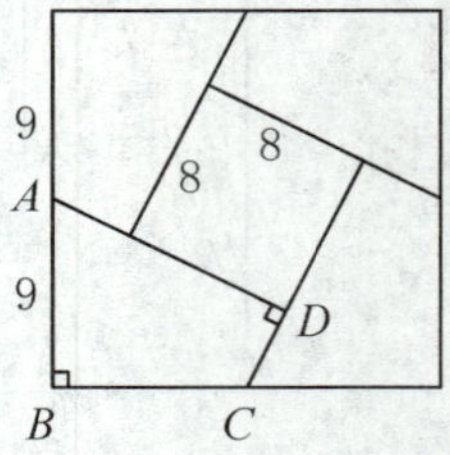

例 7 如图，四边形 $ABCD$ 是直角梯形，E 是边 AB 上一点，使得 $\triangle CDE$ 为等腰直角三角形。已知 $BE=10$，$CE=26$，求 $\triangle ADE$ 的面积。

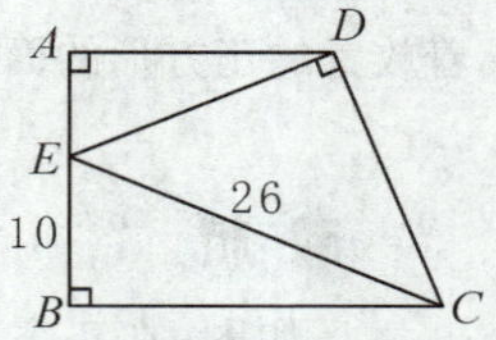

（2017 年秋 · 武汉明心数学资优生测试 5 年级）

解析

如图，将等腰直角 $\triangle CDE$ 以 EC 为对称轴补成正方形 $PCDE$，并将其内部弦图化，正方形 $FGHI$ 的边长等于 BE，则其面积为 100。大正方形 $PCDE$ 的面积为 $26^2\div2=338$，所以 $\triangle DEI$ 的面积为 $(338-100)\div4=59.5$，即 $\triangle ADE$ 的面积也为 59.5。

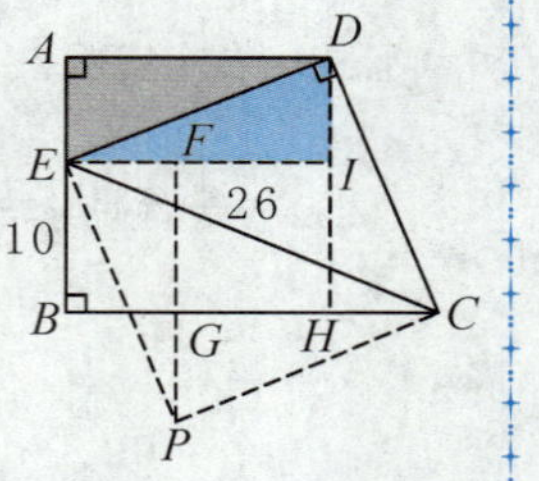

真题重现

1. 如图，六边形被切割成了两个大小不同的等腰梯形和两个大小相同的正方形。如果等腰梯形的各底的长度分别为 2，1，5。请问：这个六边形的面积是多少？

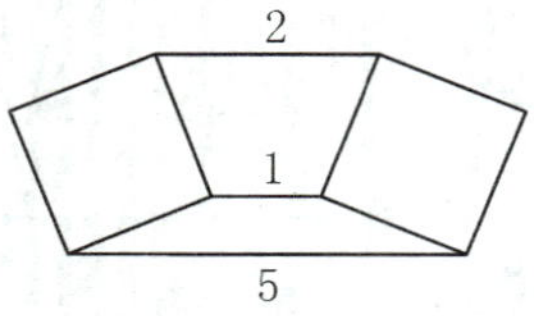

第 1 题图

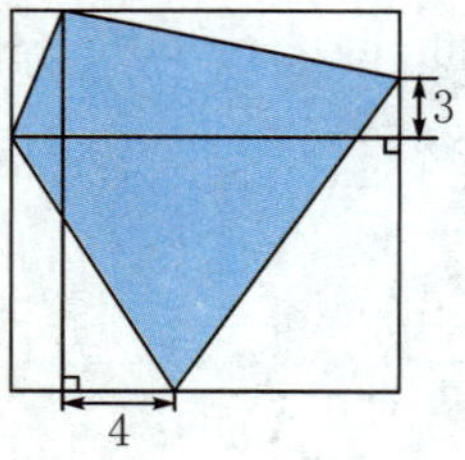

第 2 题图

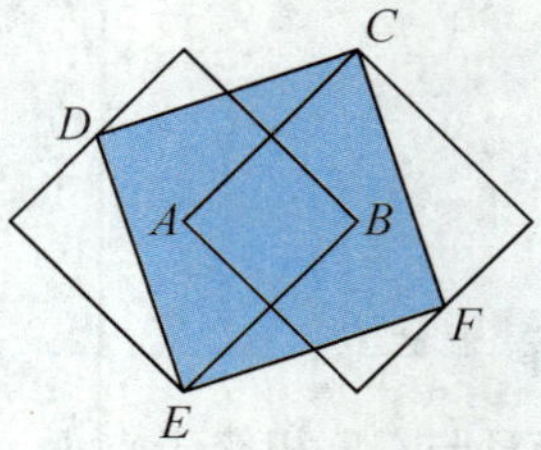

第 3 题图

（2014 年“数学花园探秘”4 年级组个人赛）

2. 图中正方形的边长为 10，则阴影部分的面积为________。（2014 年“华杯赛”中年级组初赛）

3. 图中两个边长为 8 的正方形如图摆放，A、B 分别为两个正方形的中心。那么，正方形 $CDEF$ 的面

积是________。　(2016 年“数学花园探秘”5 年级网赛)

4. 一块边长为 10 厘米的正方形铁片在四个角上各裁掉了一个边长为 2 厘米的正方形，剩余部分要裁出一个完整的正方形(如图)，裁出正方形的最大面积为多少?

(2019 年“数学花园探秘”5 年级初赛 D 卷)

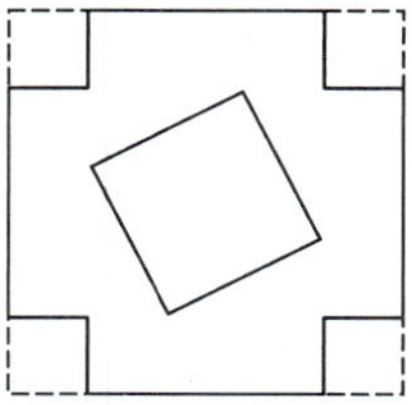

第 4 题图

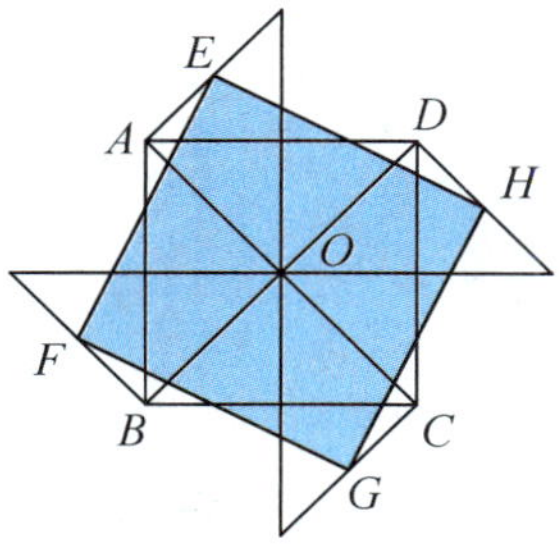

第 5 题图

5. 如图，正方形 $ABCD$ 的边长为 8，AC、BD 相交于点 O，分别以 OA、OB、OC、OD 为直角边向外作 4 个等腰直角三角形。E、F、G、H 分别为 4 个等腰直角三角形斜边的中点。那么正方形 $EFGH$ 的面积是________。

(2018 年“数学花园探秘”5 年级初赛 B 卷)

参考答案

1. 答案：13。

分析：如图，将图形进行分割拼补，$S_{阴}=\frac{1}{2}\times2\times0.5\times4=2$，$S_{长方形ABCD}=DC\times AD=(5+0.5\times2)\times(2+0.5)=6\times2.5=15$，$S_{六边形}=15-2=13$。

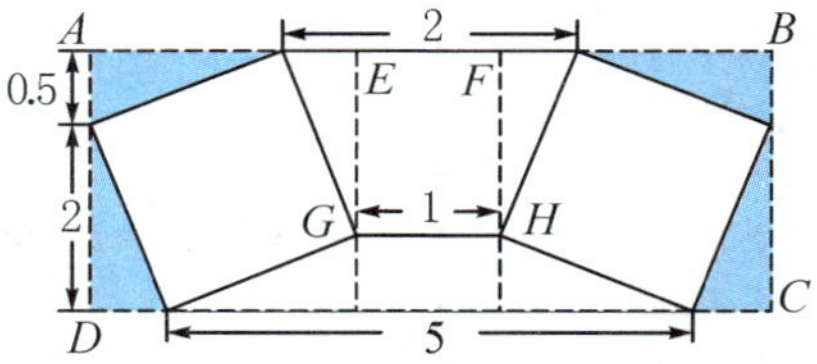

第 1 题图

2. 答案：56。

分析：题目虽然抽象，但我们可以将它与生活联系起来。比如这道为吃货准备的“火锅题”。将原图按如下方式切割，中间阴影部分的面积为 $4\times3=12$，可以看作摆着火锅的桌子，其余部分可以看作四个家庭，每个家庭各来了两个人，可是现在每个家庭只有一个人能够吃上火锅。不如我们再送一份火锅，让另外四个人也围坐一圈，这样正好凑成题中所求面积的 2 倍。于是我们得到阴影部分的面积为$(10\times10+4\times3)\div2=56$。

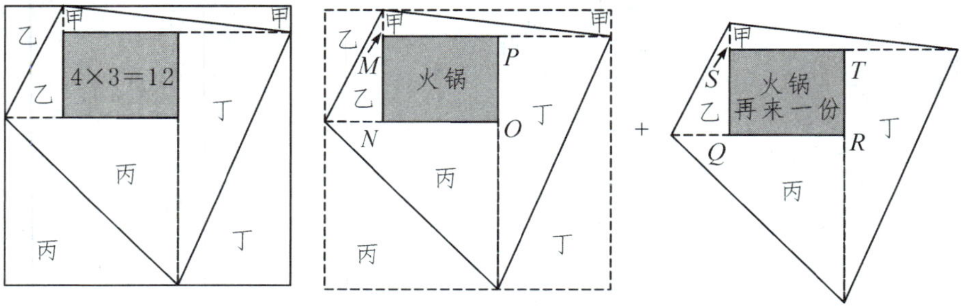

注意，原图中阴影部分与空白部分其实形成了一个“和差问题”：$S_{阴}+S_{空}=S_{正}$，$S_{阴}-S_{空}=S_{火锅}$。

第 2 题图

3. 答案：80。

分析：如图，连接 DA，由勾股定理可知，$S_{正方形CDEF}=CD^2=CA^2+DA^2=8^2+4^2=80$。

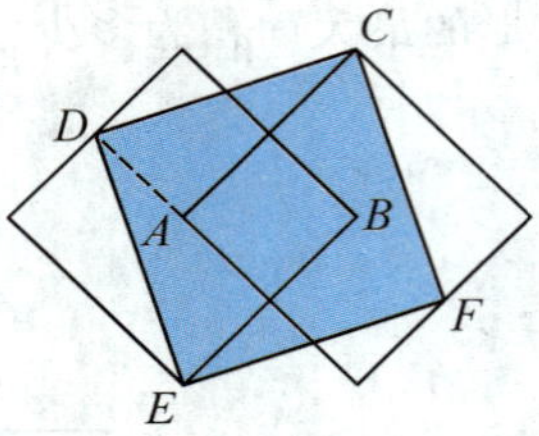

第 3 题图

4. 答案：60。

分析：当斜着裁正方形，且所裁正方形的顶点都在原正方形的边上，并且每条边恰好落在 2×2 的正方形的顶点上时（如图），此时所裁正方形的面积最大。以左上角为例，因为 $AC+AB=10$，$EF=DC=2$，所以 $S_{\triangle ABC}=S_{\triangle ABE}+S_{\triangle AEC}=\frac{1}{2}\cdot AC\cdot FE+\frac{1}{2}\cdot AB\cdot DE=\frac{1}{2}AC\cdot 2+\frac{1}{2}AB\cdot 2=AC+AB=10$（平方厘米），故裁出正方形面积的最大值为 $100-4\times10=60$（平方厘米）。

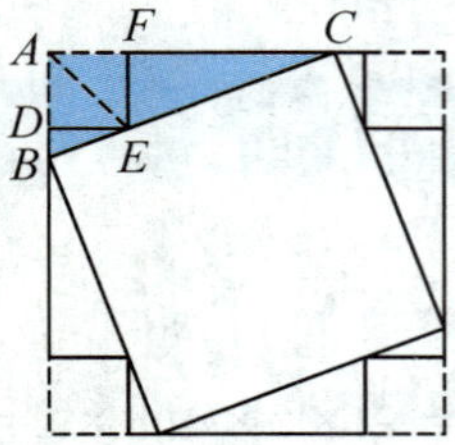

第 4 题图

5. 答案：80。

分析：如图，将大正方形补全成正方形 $IKMN$，则 $S_{正方形IKMN}=8\times8\times2=128$。

其中，$IF=\frac{1}{4}IK$，$IE=\frac{3}{4}IN$，故 $S_{\triangle EIF}=\frac{1}{2}\times\frac{1}{4}\times\frac{3}{4}\times128=12$，题目所求面积为 $128-12\times4=80$。

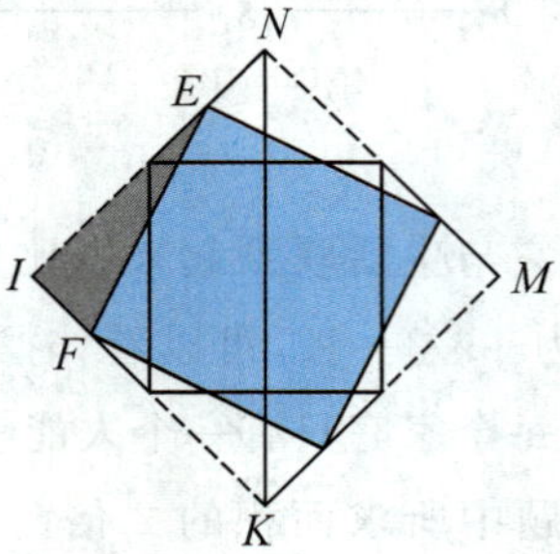

第 5 题图

28.2　平行线及共边定理

28.2.1　平行线的定义

在同一平面内,永不相交(也永不重合)的两条直线叫作平行线。

平行线的定义包括三个基本特征:①在同一平面内;②两条直线;③不相交。

在同一平面内,两条不重合的直线的位置关系只有两种:平行或相交。

今天常用来代替平行公理是由苏格兰数学家约翰·普莱费尔提出的普莱费尔公理:过平面上已知直线外一点,有且仅有一条直线与已知直线平行。

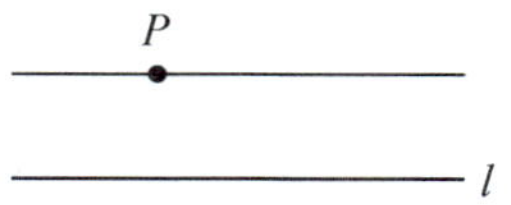

延伸

本章开篇我们就提到欧几里得的《几何原本》,我们在小学、初中、高中课本里所学的图形、几何知识其实都包含在《几何原本》里,所以这一套几何理论也被称为"欧氏几何"。

欧氏几何的重要特征就是它的第五公设(公理与公设现在一般统称为公理),第五公设用现代的语言来讲就是平行公理。

不要小看这条公理,它困扰了数学家们2000多年,这个困扰经历了两个阶段:

1. 这条定理原文过于冗长,像一条定理,大家试图用其他公理证明,最终无果,不得不承认其公理地位;

2. 其否定形式"过平面上已知直线外一点没有和已知直线平行的直线"(黎曼几何)或"过平面上已知直线外一点至少有两条直线和已知直线平行"(罗巴契夫斯基几何),可以作为欧氏几何平行公理的替代,而演绎出独立于欧氏几何的非欧几何。其中,黎曼几何是爱因斯坦相对论的几何基础。

对于《几何原本》,不得不说它是一本奇书,它的伟大之处不仅体现在其完整的公理体系中,就连讨论它的"错误"(时代的局限性)也给人类带来了巨大的进步:

高斯、鲍耶、罗巴契夫斯基、黎曼等突破第五公设(平行公理)的限制创立了非欧几何学;

康托尔突破第五公设(整体大于局部)的限制创立了现代数学的基础——集合论。

真心希望,同学们在小学高年级到初中阶段能将《几何原本》读一读。因为这本书,哥白尼、笛卡儿、牛顿、爱因斯坦都曾捧在手中,霍布斯的《利维坦》、斯宾诺莎的《几何伦理学》、牛顿的《自然哲学的数学原理》、达尔文的《物种起源》……皆是《几何原本》所种的公理大树上时隔千年所结的果实。

28.2.2　平行线的性质

距离:从直线外一点到这条直线所画垂直线段的长度,叫作这点到直线的距离。

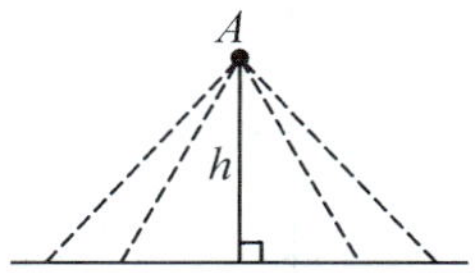

性质:从直线外一点到这条直线的所有连线中,垂直线段一定最短。

平行线间的距离:平行线间垂线段的长度。

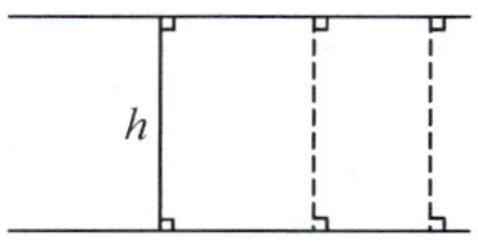

平行线的性质:平行线间的距离处处相等。

28.2.3 从平行线的性质得到的蝶形模型

蝶形模型实际上是同底等高图形的延伸，而同底等高的依据是“平行线间的距离处处相等”的性质。依据这个性质，我们可以得到：

如图，直线 m 上的 A、B 固定不变，上方的点 P 就像溜冰一样在直线 l 上滑动，产生了 $p_1, p_2, \cdots, p_n$，且有

$$S_{\triangle P_1AB}=S_{\triangle P_2AB}=S_{\triangle P_3AB}=S_{\triangle P_4AB}=\cdots=S_{\triangle P_nAB}。$$

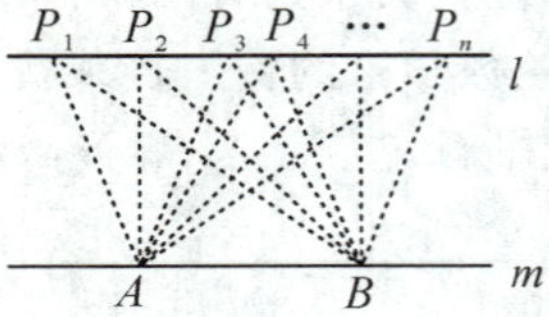

【蝶形模型的证明】如图，$CD\parallel AB$。

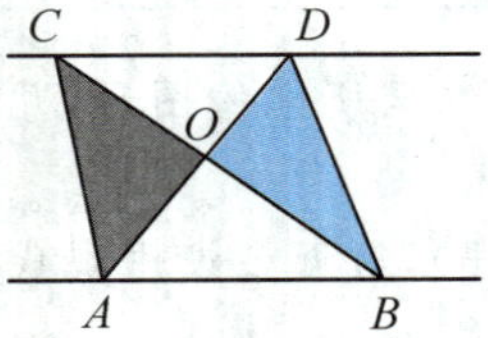

$\triangle CAB$ 与 $\triangle DAB$ 同底（AB）等高（平行线间的距离处处相等），所以其面积相等，即 $S_{\triangle CAB}=S_{\triangle DAB}$。

而 $\triangle CAB$ 与 $\triangle DAB$ 都包含有 $\triangle OAB$，同时去掉 $\triangle OAB$，其面积依然相等，于是我们得到

$$S_{\triangle CAB}-S_{\triangle OAB}=S_{\triangle DAB}-S_{\triangle OAB}，即 S_{\triangle COA}=S_{\triangle DOB}。$$

类似地，下面两幅图为常见的“蝶形模型”，两图中各自的两块阴影部分的面积相等。

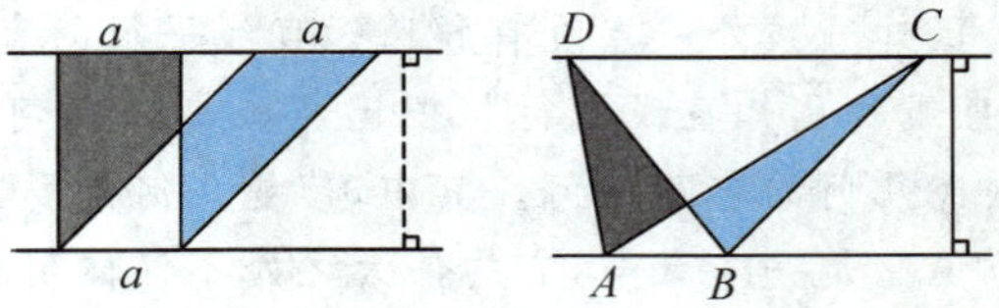

例 8 如图，在直角 $\triangle ABC$ 中，$DE\parallel AC$，$BD=20$，$CF=13$，那么 $\triangle BEF$ 的面积是________。

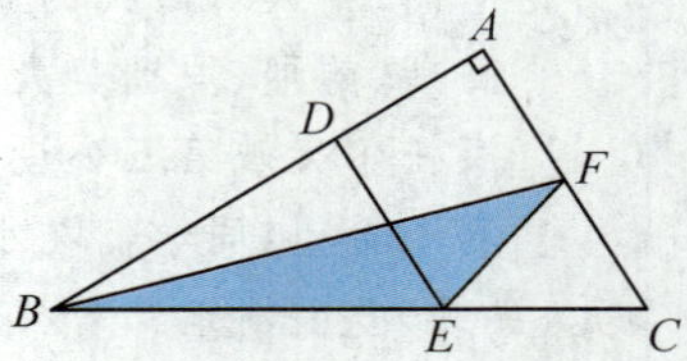

解析

如图，过点 F 作 $FG\parallel BC$，交 DE 于点 G，连接 BG。

由题意知，四边形 $ECFG$ 为平行四边形，$EG=CF=13$，且 $S_{\triangle BEG}=S_{\triangle BEF}$（同底等高）。又因为 BD 与 DE 垂直，故 $S_{\triangle BEG}=EG\times BD\div2=13\times20\div2=130=S_{\triangle BEF}$。

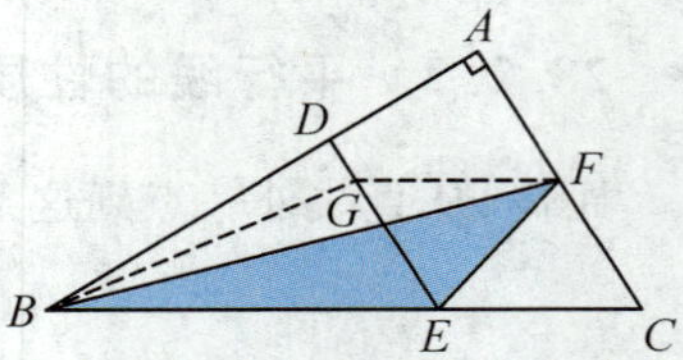

例 9 如图，正方形 $ABCD$ 的对角线 BD 与梯形 $BCED$ 的对角线 BE 成 $30°$。如果 $BE=60$ 厘米，那么正方形 $ABCD$ 的面积是________平方厘米。

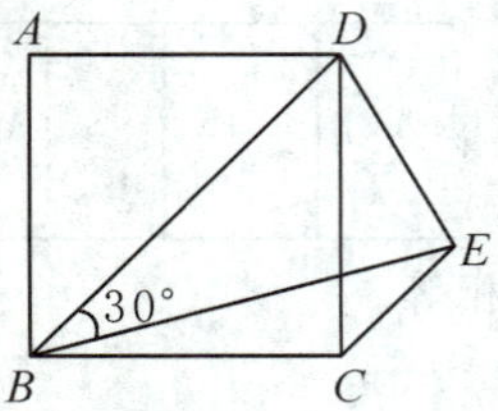

解析

如图,分别从 C、E 两点作 BD 上的垂线 CO、EF。

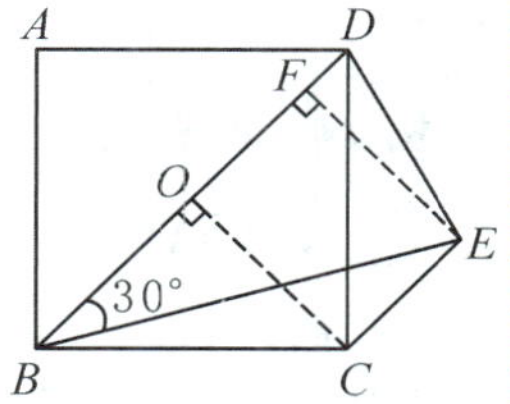

由于四边形 $BCED$ 为梯形,所以 $CO=EF$。由 BD、BE 的夹角为 30°可知,$EF=\frac{1}{2}BE=30$ 厘米,所以 CO 的长度为 30 厘米,即正方形对角线长度的一半,所以正方形 $ABCD$ 的面积为 $(30\times2)^2\div2=1800$(平方厘米)。

例 10 如图,菱形 $ABCD$ 的边长是 18。如果△CDE 是等腰直角三角形,求四边形 $ABEF$ 的面积。　(2019 年"数学花园探秘"5 年级网赛)

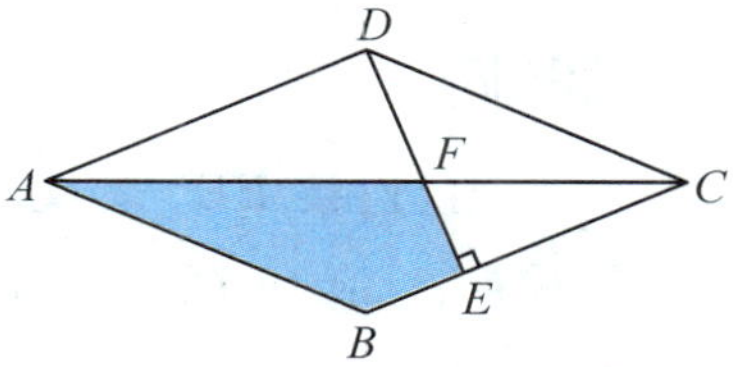

解析

如图,连接 BF 并延长,交 DC 于点 G。

由题意知 BG 和 DE 关于 AC 对称,△DGF 和△BEF 也关于 AC 对称。

因为△CDE 是等腰直角三角形,显然△BEF 也是等腰直角三角形,从而 $BE=EF$。

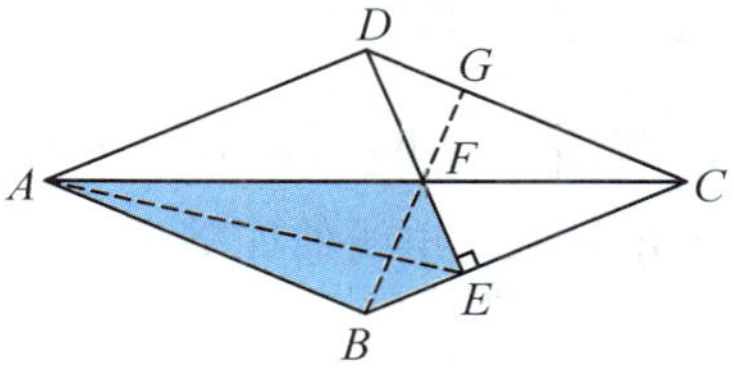

(1)因为 AD 和 BC 平行,所以 $S_{\triangle AEF}=S_{\triangle DFC}$。

(2)比较△ABE 与△EFC,分别以 BE 和 EF 为底,那么它们的底相等,高也相等,所以 $S_{\triangle ABE}=S_{\triangle EFC}$。

由(1)(2),$S_{四边形ABEF}=S_{\triangle AEC}=S_{\triangle DEC}=DC^2\div4=18\times18\div4=81$。

28.2.4　共边定理 I

共边定理貌似与平行线无关,但实际上,过顶点的那条平行线被隐藏了,其成立的基础依然是"平行线间的距离处处相等"。这一次,滑动的不是顶点,而是底边,可以将底边想象成可以移动的滑板车。于是我们可以得到:等高的三角形的面积比与底边的线段比可以互化。

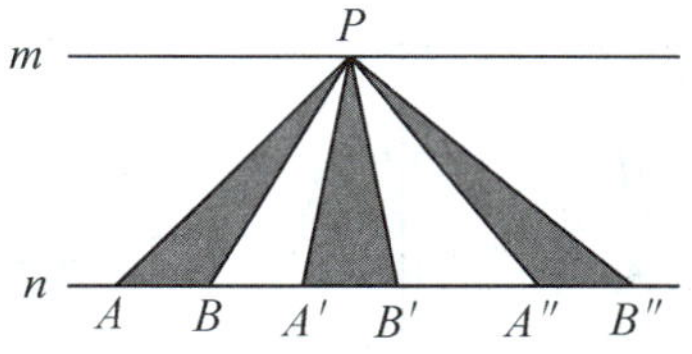

如图,过点 P 作 AC 的平行线 l,可以更容易理解△PAB 与△PBC 的高相同,都是 PH。

因为 $S_{\triangle PAB}=\frac{1}{2}\times AB\times PH$,$S_{\triangle PBC}=\frac{1}{2}\times BC\times PH$,所以 △$PAB$ 与△PBC 的面积与其底边成正比,即$\frac{S_{\triangle PAB}}{S_{\triangle PBC}}=\frac{AB}{BC}$。

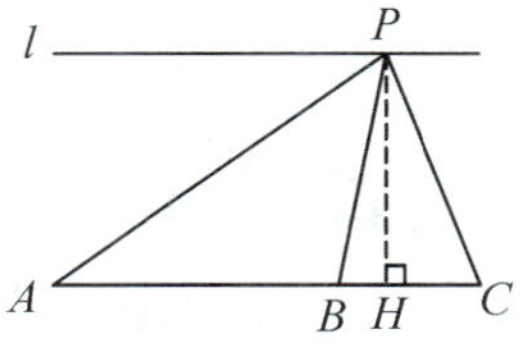

共边定理的意义在于,它建立了一维长度与二维面积之间的关系!

把 AD 想象成一辆滑板车,若 $AB=6AD$,相当于 AD 滑动了 5 格;若 $BC=5AD$,相当于 AD 又滑动了 4 格,所以

$$\frac{S_{\triangle PAB}}{S_{\triangle PBC}}=\frac{AB}{BC}=\frac{6}{5}。$$

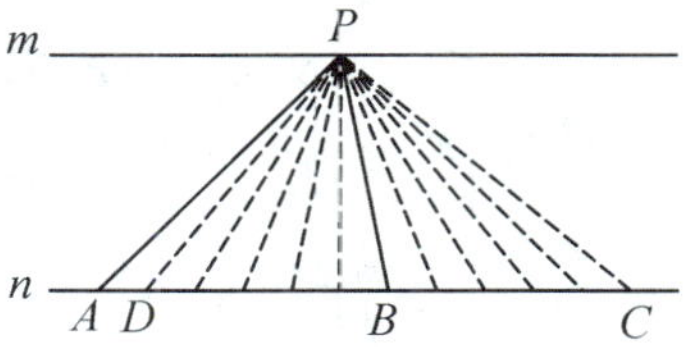

28.2.5 基础例题

例 11 如图，把$\triangle ABC$的一条边AB延长1倍，得到AD，把它的另一条边AC延长2倍，得到AE，连接DE，得到$\triangle ADE$。问：$\triangle ADE$的面积是$\triangle ABC$面积的______倍。

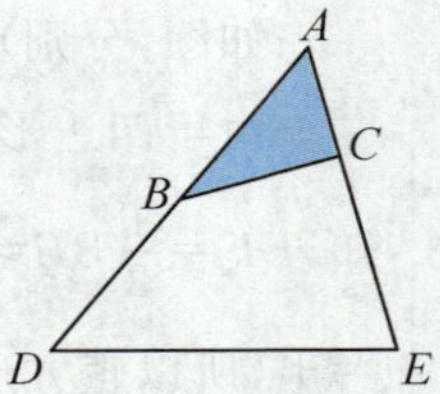

A. 3　　B. 4　　C. 5　　D. 6

解析

如图，连接BE。因为$\triangle BCE$与$\triangle ABC$有相同的高，底边$CE=2AC$，所以$\triangle BCE$的面积是$\triangle ABC$的2倍，$\triangle ABE$的面积是$\triangle ABC$的3倍。

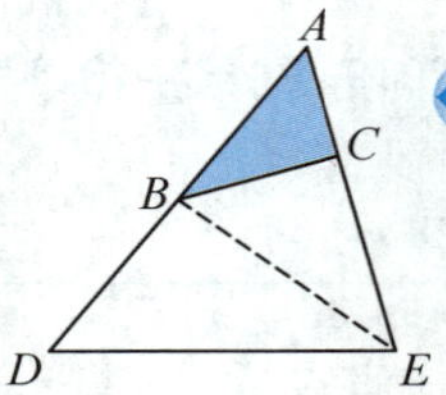

> 共角定理：$\triangle ABC$与$\triangle ADE$有一个公共的$\angle A$，连接BE或CD都能够证明$\dfrac{S_{\triangle ABC}}{S_{\triangle ADE}}=\dfrac{AB}{AD}\times\dfrac{AC}{AE}$。

又因为$\triangle ABE$与$\triangle BDE$的面积相等，所以$\triangle ADE$的面积是$\triangle ABC$的6倍。

例 12 如图，正方形的面积是2016，A、B、C、D分别为各边的三等分点，P、Q、R、S分别为对角线的四等分点。那么，阴影部分的面积是______。

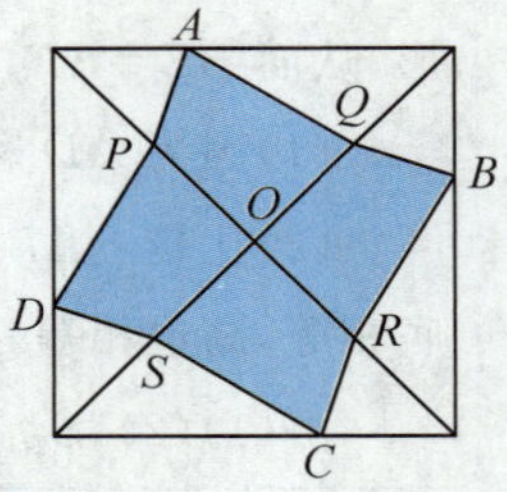

解析

如图，连接OA、OB、OC、OD，正方形被分成了8个区域。每个区域中，阴影部分的面积等于空白部分的面积，所以阴影部分的面积占整体的一半，即$2016\div2=1008$。

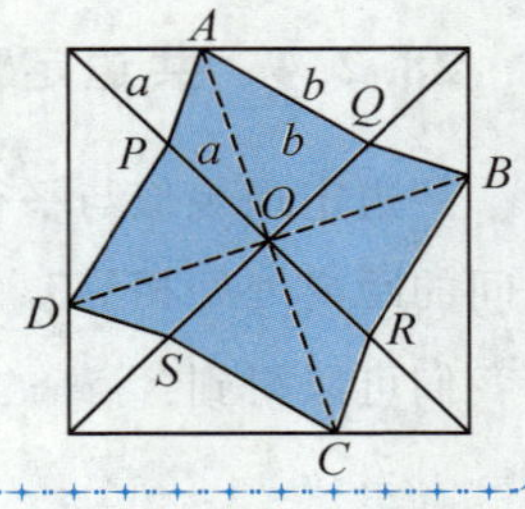

例 13 如图，有一个五边形$ABCDE$，其中M、N、P分别为边AE、BC、DE的中点。每块图形中的数字表示该块图形的面积(单位：平方厘米)，则图中阴影部分的面积是______平方厘米。

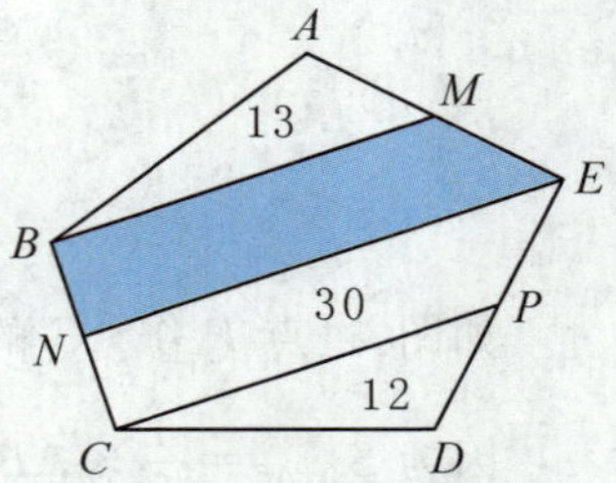

解析

如图，连接BE、CE。由于M、N、P分别为AE、BC、DE的中点，等底同高的三角形的面积相等，可知$S_{\triangle BEM}=S_{\triangle BAM}=13$平方厘米，$S_{\triangle CPE}=S_{\triangle CPD}=12$平方厘米，所以$S_{\triangle BEN}=S_{\triangle CEN}=30-12=18$(平方厘米)。所以阴影部分的面积等于$S_{\triangle BEM}+S_{\triangle BEN}=13+18=31$(平方厘米)。

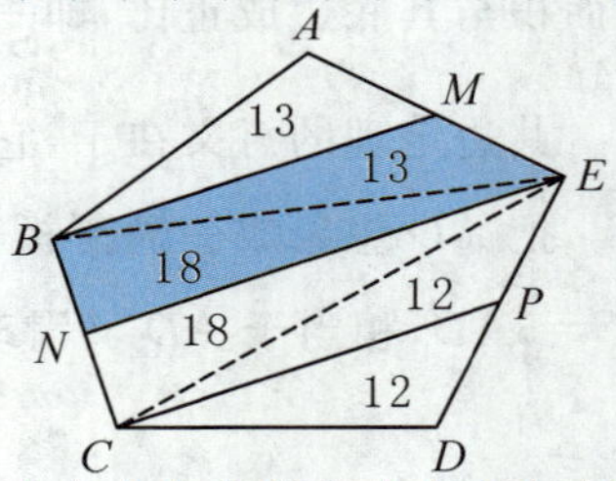

例 14 如图,四边形 $ABCD$ 和四边形 $CEFG$ 是两个正方形,图中 $\triangle ADE$ 的面积为 6,$\triangle CDG$ 的面积为 15,则正方形 $CEFG$ 的面积是________。

(2014 年"数学花园探秘"5 年级网赛)

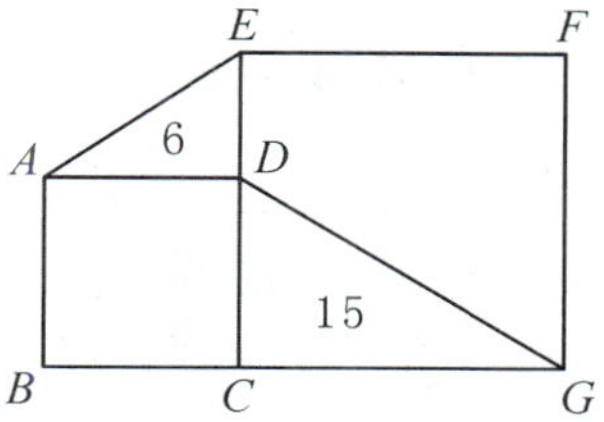

解析

如图,连接 AC、EG。

$\because \triangle CAE$ 与 $\triangle CDG$ 等底等高,

$\therefore S_{\triangle CAD}=15-6=9$。$\therefore CD:CE=9:15=3:5$。

$\therefore S_{\triangle ECG}=15\times\frac{5}{3}=25$,$S_{\text{正方形}CEFG}=25\times2=50$。

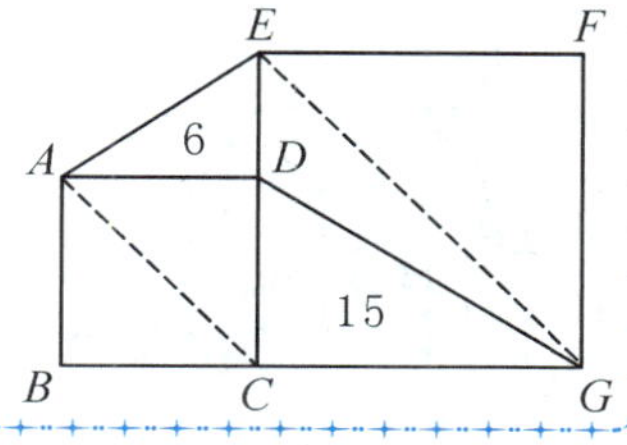

例 15 如图,在 $\triangle ABC$ 中,$\triangle ABE$、$\triangle BEF$、$\triangle BCF$ 和四边形 $AEFC$ 的面积都相等。若 $DF:FC=3:2$,$\triangle ABC$ 的面积为 728。

(1)求 $AD:DB$ 的值。

(2)求 $\triangle GEF$ 的面积。

(2019 年"数学花园探秘"5 年级总决赛第一试)

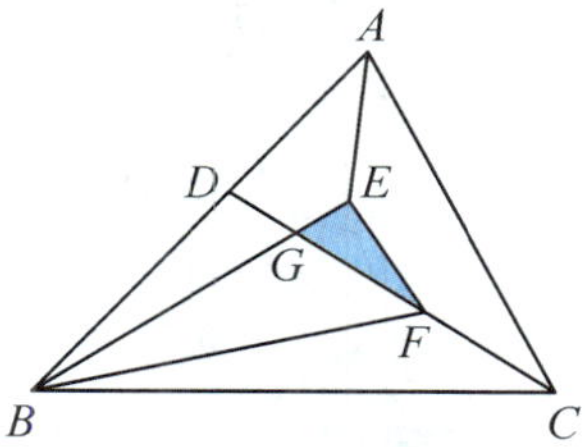

解析

如图,连接 DE。

设 $\triangle ABE$、$\triangle BEF$、$\triangle BCF$ 和四边形 $AEFC$ 的面积都为 1 份,且 $DF=1.5FC$,所以 $\triangle BDF$ 的面积为 1.5 份,所以 $AD:DB=S_{\triangle ADC}:S_{\triangle BDC}=(4-1-1.5):(1+1.5)=1.5:2.5=3:5$。

从而可以推出 $\triangle BDE$ 的面积为 $\frac{5}{8}$ 份,$\triangle DEF$ 的面积为 $1+\frac{5}{8}-1.5=\frac{1}{8}$ 份。故 $GE:EB=S_{\triangle DEF}:S_{\triangle BDF}=\frac{1}{8}:1.5=1:12$,故 $S_{\triangle GEF}=728\times\frac{1}{4}\times\frac{1}{1+12}=14$。

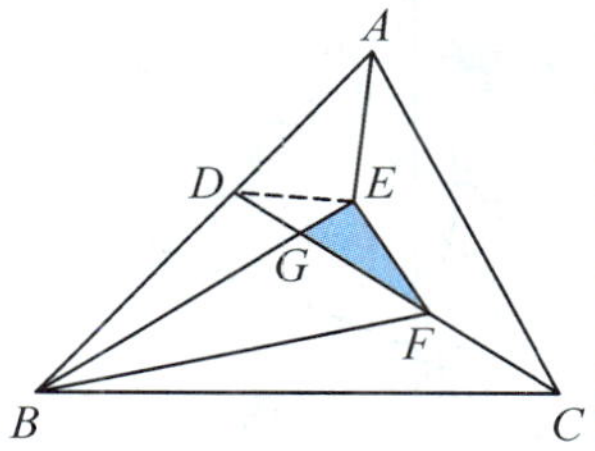

28.2.6　一半模型

利用平行线的基本性质与共边定理(主要与中点平分线段有关),我们可以得到一系列"一半模型"。与这些模型"交"朋友,在解题过程中可以快速地帮你得到很多结论,从而提高解题速度。

1. 平行四边形中的一半模型

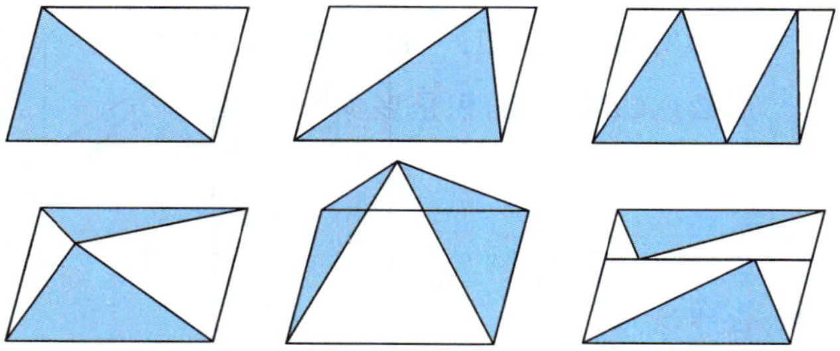

左边 6 幅图是平行四边形中常见的"一半模型",各图中阴影部分的面积(之和)均是平行四边形面积的一半。

2. 梯形中的一半模型

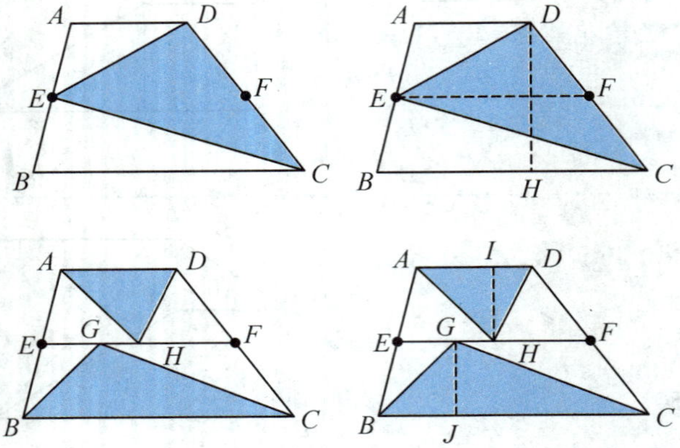

左边 4 幅图中，E、F 分别为 AB 与 DC 的中点。

阴影部分的面积＝中位线×高÷2＝梯形面积的一半。

因为 EF 是梯形的中位线，所以 $HI=GJ=$ 梯形高的一半，所以

阴影部分的面积＝上底×高的一半÷2＋上底×高的一半÷2＝梯形面积的一半。

以上是梯形中常见的一半模型，阴影部分的面积是梯形面积的一半。

3. 任意四边形中的一半模型

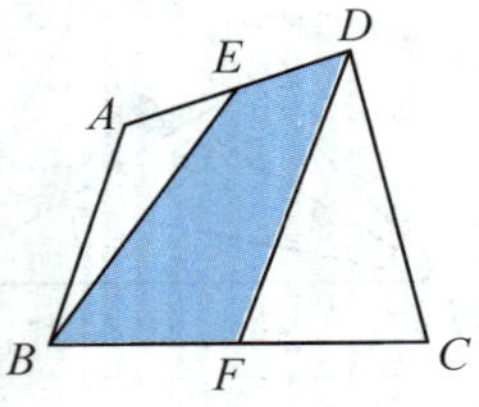

图1

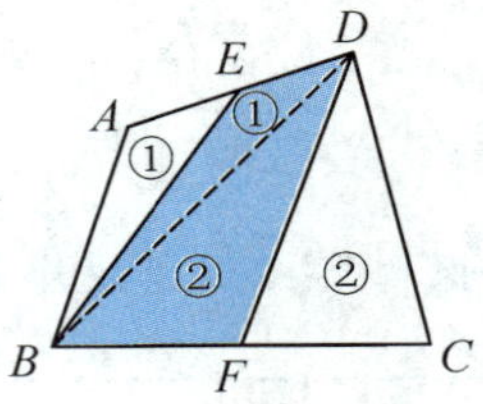

图2

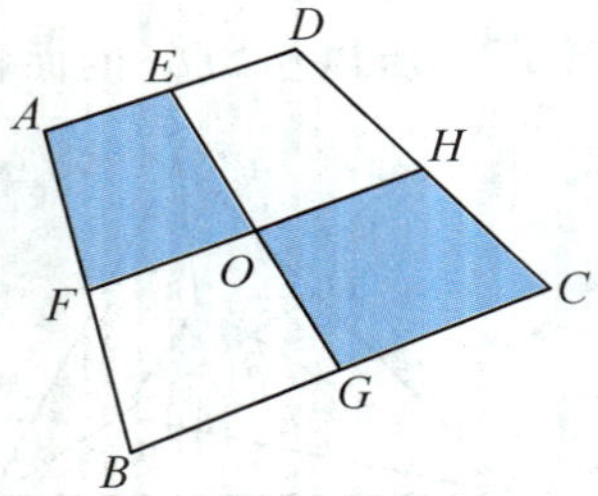

图3

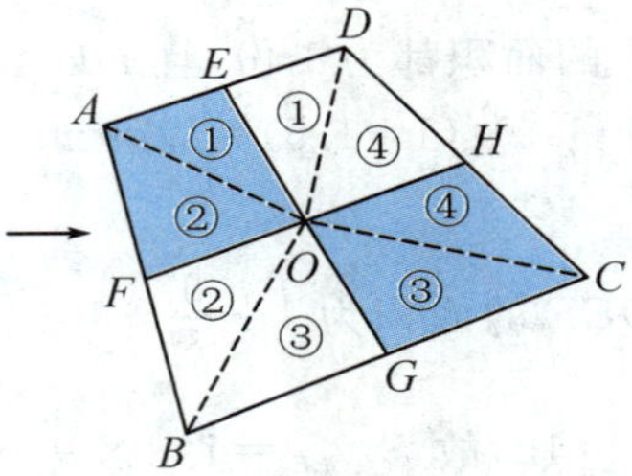

图4

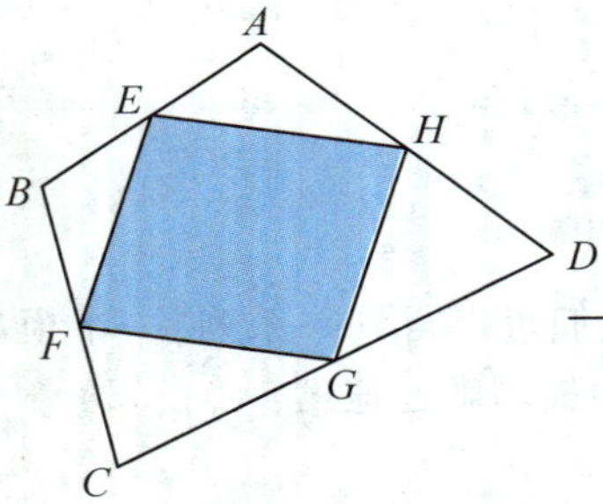

图5

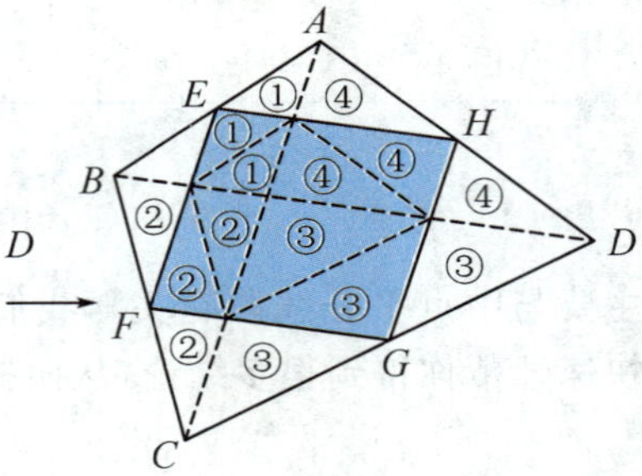

图6

左边 6 幅图中，E、F 分别为 AD 与 BC 的中点。

如图 2，连接 BD。根据共边定理可知，阴影部分的面积为四边形 $ABCD$ 面积的一半。

如图 3，E、F、G、H 分别为 DA、AB、BC、CD 的中点。

如图 4，连接 OA、OB、OC、OD。根据共边定理，我们可以知道，阴影部分的面积之和等于四边形 $ABCD$ 面积的一半。

如图 5，E、F、G、H 分别为 AB、BC、CD、DA 的中点。

如图 6，连接 AC、BD。因为 E、F、G、H 分别为 AB、BC、CD、DA 的中点，所以 $EF\parallel AC\parallel HG$，$EH\parallel BD\parallel FG$。于是我们可以将原四边形进行如图 6 的切割，由图可知阴影部分的面积是四边形 $ABCD$ 面积的一半。

例 16 如图，BH 是直角梯形 $ABCD$ 的高，E 为梯形对角线 AC 上一点。如果 $\triangle DEH$、$\triangle BEH$、$\triangle BCH$ 的面积依次为 56、50、40。那么 $\triangle CEH$ 的面积是多少？

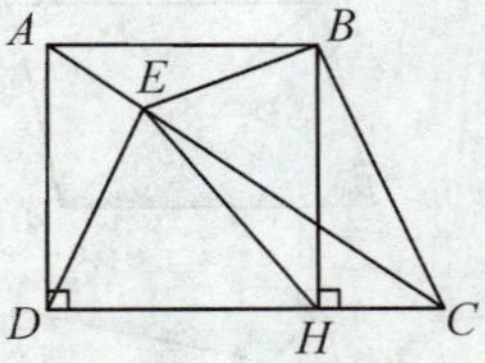

解析

$\because S_{\triangle DEH}+S_{\triangle AEB}=S_{长方形ABHD}\div 2=S_{\triangle ABC}=S_{\triangle BCE}+S_{\triangle AEB}$，

$\therefore S_{\triangle BCE}=S_{\triangle DEH}=56$，$S_{\triangle CEH}=S_{\triangle BEH}+S_{\triangle BCH}-S_{\triangle BCE}=50+40-56=34$。

例 17 如图,长方形 $ABCD$ 的面积是 56 平方厘米,$BE=3$ 厘米,$DF=2$ 厘米。请你回答:$\triangle AEF$ 的面积是多少?

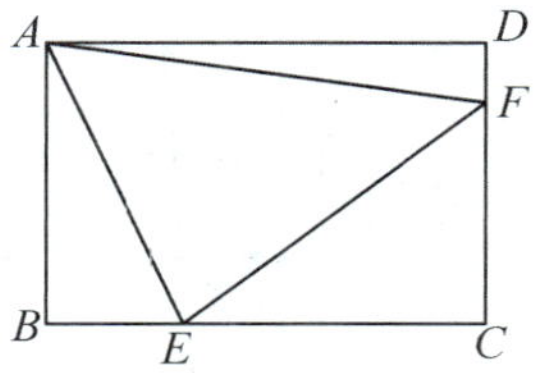

解析

如图,边点 E、F 作 AB、AD 的平行线 EN 与 FM,EN 与 FM 相交于点 P,且将长方形 $ABCD$ 分成 4 个小长方形,连接 AP、ME、AF,于是

$$S_{\triangle AEF}=S_{\triangle APE}+S_{\triangle PEF}+S_{\triangle APF}$$
$$=S_{\triangle MPE}+S_{\triangle PEF}+S_{\triangle NPF}$$
$$=\frac{1}{2}(S_{四边形ABCD}-S_{四边形AMPN})$$
$$=\frac{1}{2}\times(56-2\times3)=25(平方厘米)。$$

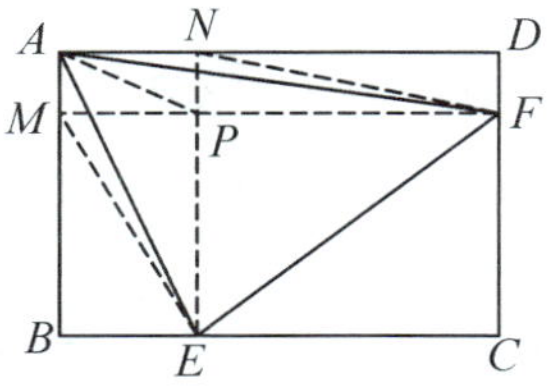

后面很多题都会用到这个模型。

例 18 3 个直角三角形如图所示摆放在一起。若 $AB=8$ 厘米,$CD=4$ 厘米,求$\triangle BCE$ 的面积。

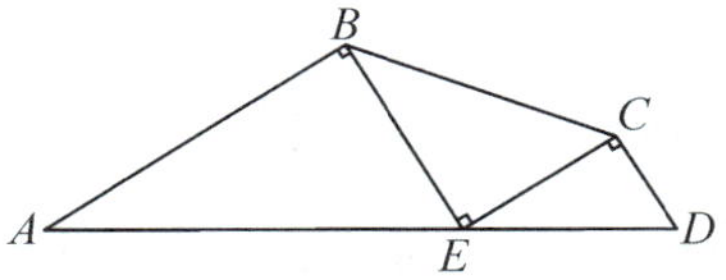

解析

如图,以 BE、EC 为边作长方形 $BFCE$,以 AF、FD 为边作长方形 $AGDF$;延长 CE 交 AG 于点 H,延长 BE 交 GD 于点 I;并将 4 个区域分别标记为①、②、③、④。

在长方形 $AGDF$ 中,因为 AD 是对角线,所以 $S_{\triangle AFD}=S_{\triangle AGD}$。

同理,$S_①=S_②$,$S_③=S_④$,则 $S_{\triangle AFD}-S_①-S_③=S_{\triangle AGD}-S_②-S_④$,所以 $S_{长方形BFCE}=S_{长方形GHEI}$。

而 $HG=CD=4$,$GI=AB=8$,故 $S_{长方形BFCE}=S_{长方形GHEI}=8\times4=32$(平方厘米),则 $S_{\triangle BEC}=32\div2=16$(平方厘米)。

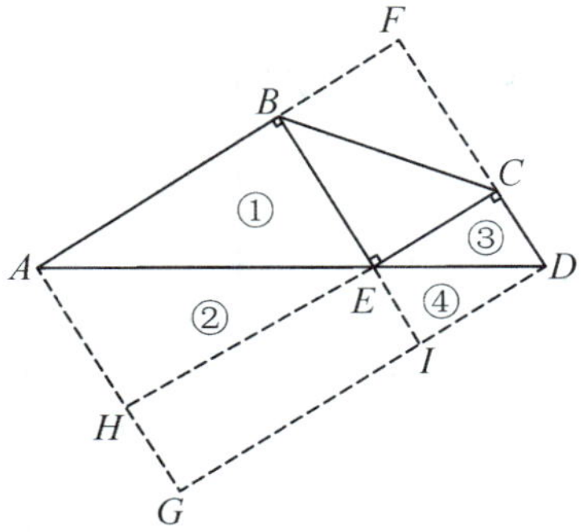

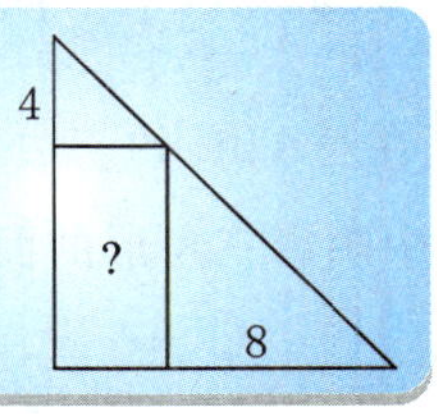

28.3　共边定理Ⅱ及平行线截线段成比例

28.3.1　共边定理提高篇——共边定理Ⅱ

如图所示的 4 个基本模型图,设直线 AB 与 PQ 交于 M,则$\frac{S_{\triangle PAB}}{S_{\triangle QAB}}=\frac{PM}{QM}$。

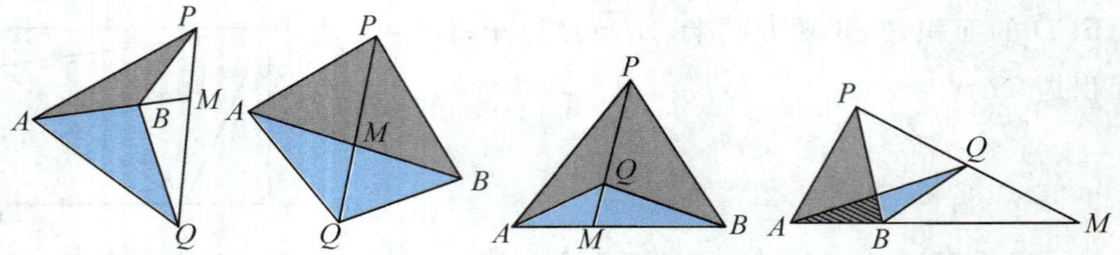

共边定理最重要的意义是在二维面积与一维长度之间建立了正比例联系。

还记得吗？平行线就是用来“溜冰”和“滑滑板车”的。接下来我们就利用“滑板车”来证明共边定理Ⅱ的4个基本模型。

[飞镖型的证明]如图1，将 AB 平移至 MN，于是 $\frac{S_{\triangle PAB}}{S_{\triangle QAB}}=\frac{S_{\triangle PMN}}{S_{\triangle QMN}}=\frac{PM}{QM}$。

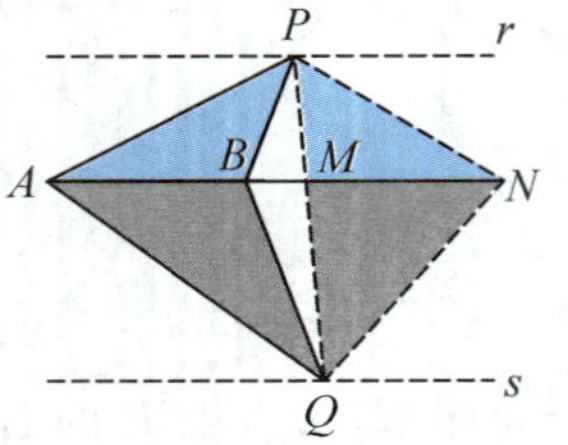

图1

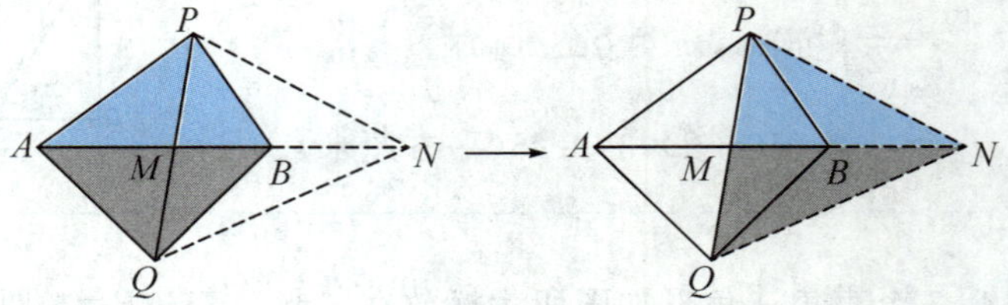

图2

[风筝型的证明]如图2，将 AM 平移至 BN，于是 $\frac{S_{\triangle PAB}}{S_{\triangle QAB}}=\frac{S_{\triangle PMN}}{S_{\triangle QMN}}=\frac{PM}{QM}$。

[帐篷型的证明]如图3，将 QM 平移至 MN，图形转化成“风筝型”，于是 $\frac{S_{\triangle PAB}}{S_{\triangle QAB}}=\frac{S_{\triangle PAB}}{S_{\triangle NAB}}=\frac{PM}{NM}=\frac{PM}{QM}$。

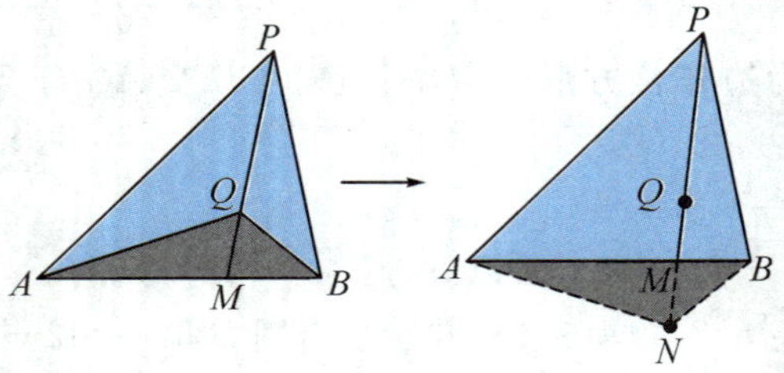

图3

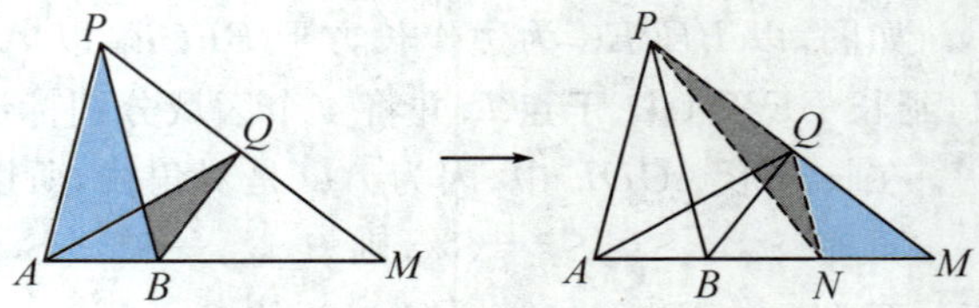

图4

[山峰型的证明]如图4，将 AB 平移至 NM，于是 $\frac{S_{\triangle PAB}}{S_{\triangle QAB}}=\frac{S_{\triangle PMN}}{S_{\triangle QMN}}=\frac{PM}{QM}$。

例19 在△ABC 的三边分别取点 E、F 和 G，使 $AE:EB=BF:FC=CG:GA=1:2$，那么图中阴影三角形的面积是△ABC 面积的几分之几？

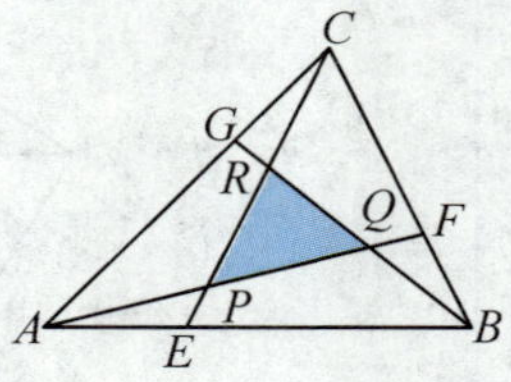

解析

根据条件“$AE:EB=1:2$”，可得 $S_{\triangle ACE}=\frac{1}{3}S_{\triangle ABC}$。

同理，$S_{\triangle ABF}=\frac{1}{3}S_{\triangle ABC}$，$S_{\triangle BCG}=\frac{1}{3}S_{\triangle ABC}$。所以 $S_{\triangle ACE}+S_{\triangle ABF}+S_{\triangle BCG}=S_{\triangle ABC}$。

根据“多退少补”原理，$S_{\triangle PQR}=S_{\triangle APE}+S_{\triangle BQF}+S_{\triangle CRG}$。

由于△APE、△BQF、△CRG 处在△ABC 中的“对称”位置，所以它们的面积是相等的。由于 $\frac{CG}{GA}=\frac{AE}{EA}=\frac{BF}{FC}=\frac{1}{2}$，所以△$APE$、△$BQE$、△$CRG$ 的面积相等。

通过上面的分析，为了求出$\triangle PQR$的面积，只需求出$\triangle APE$的面积即可，从而问题转化为下题：

如图1，在$\triangle ABC$中，$AE:EB=BF:FC=1:2$，若$\triangle ABC$的面积为定值k，求$\triangle APE$的面积。

为了能够进行“面积比”与“线段比”的转化如图2，连接PB。

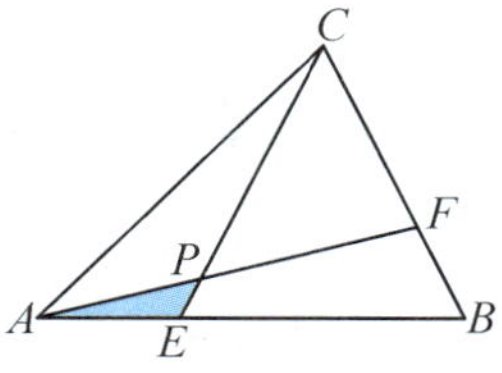

图1

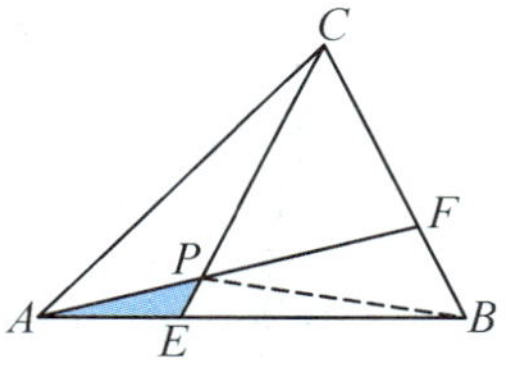

图2

设$\triangle APE$的面积为1份。

由$AE:EB=1:2$，根据共边定理Ⅰ，可得$S_{\triangle BPE}=2$份，所以$S_{\triangle APB}=1+2=3$(份)。

由$BF:FC=1:2$，根据共边定理Ⅱ，可得$S_{\triangle APC}=2S_{\triangle PAB}=3\times2=6$(份)。

由$AE:EB=1:2$，根据共边定理Ⅱ，可得$S_{\triangle BPC}=2S_{\triangle APC}=6\times2=12$(份)。

故$S_{\triangle ABC}=S_{\triangle APB}+S_{\triangle BPC}+S_{\triangle APC}=3+12+6=21$(份)，所以$S_{\triangle APE}=\frac{1}{21}S_{\triangle ABC}=\frac{1}{21}k$。

回到原题，同理可得$S_{\triangle BQF}=S_{\triangle CRG}=\frac{1}{21}S_{\triangle ABC}$，所以$S_{\triangle PQR}=\frac{1}{21}S_{\triangle ABC}\times3=\frac{1}{7}S_{\triangle ABC}$。

例20 图中D、E是AB边上的三等分点，F、G是BC边上的三等分点。若$\triangle ABC$的面积为1，那么图中9块区域的面积各是多少？

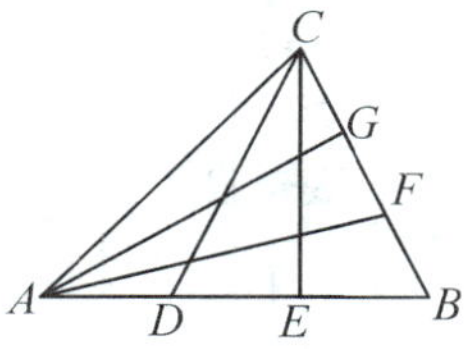

解析

复杂的问题要讲究策略，不要“蛮干”。如图1，对$\triangle ABC$进行标号。

本题看似有9块区域需要求，但实际上因为$\triangle ACD$、$\triangle DCE$、$\triangle ECB$、$\triangle CAG$、$\triangle GAF$、$\triangle FAB$的面积都为$\triangle ABC$的$\frac{1}{3}$，并有3对区域因为算法相同而相等，所以实际上我们只要利用共边定理求出①、③、⑥的面积即可。

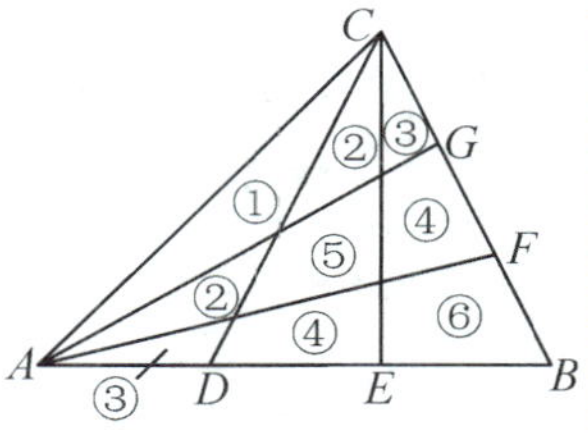

图1

求①号的面积：如图2，设AG与CD相交于点H，连接HB，设$S_{\triangle AHD}$为1份。

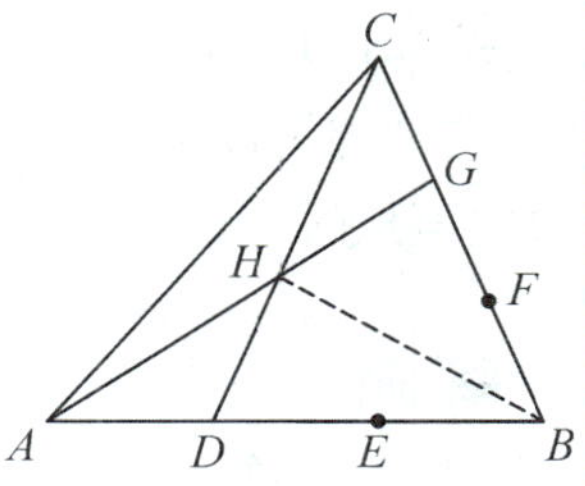

图2

$\because \frac{S_{\triangle BHD}}{S_{\triangle AHD}}=\frac{BD}{AD}=\frac{2}{1}$，$\therefore S_{\triangle BHD}=2$份，$S_{\triangle ABH}=3$份。

$\because \frac{S_{\triangle ABH}}{S_{\triangle ACH}}=\frac{BG}{CG}=\frac{2}{1}$，$\therefore S_{\triangle ACH}=3\times\frac{1}{2}=\frac{3}{2}$(份)。

$\because \frac{AB}{DB}=\frac{1}{2}$，$\therefore S_{\triangle CBH}=2S_{\triangle ACH}=3$份。

$\therefore S_{\triangle ACH}=\frac{1.5}{3+3+1.5}S_{\triangle ABC}=\frac{1}{5}S_{\triangle ABC}$，即$S_{①}=\frac{1}{5}$。

求③号的面积：如图 3，设 AF 与 CD 相交于点 I，连接 IB，设 $S_{\triangle AID}$ 为 1 份。

$\because \dfrac{S_{\triangle BID}}{S_{\triangle AID}}=\dfrac{BD}{AD}=\dfrac{2}{1}$，$\therefore S_{\triangle BID}=2$ 份，$S_{\triangle ABI}=3$ 份。

$\because \dfrac{S_{\triangle ABI}}{S_{\triangle ACI}}=\dfrac{BF}{CF}=\dfrac{1}{2}$，$\therefore S_{\triangle ACI}=3\times2=6$(份)。

$\because \dfrac{S_{\triangle BCI}}{S_{\triangle ACI}}=\dfrac{BD}{AD}=\dfrac{2}{1}$，$\therefore S_{\triangle BCI}=6\times2=12$(份)。

$\therefore S_{\triangle AID}=\dfrac{1}{3+6+12}S_{\triangle ABC}=\dfrac{1}{21}S_{\triangle ABC}$，即 $S_{③}=\dfrac{1}{21}$。

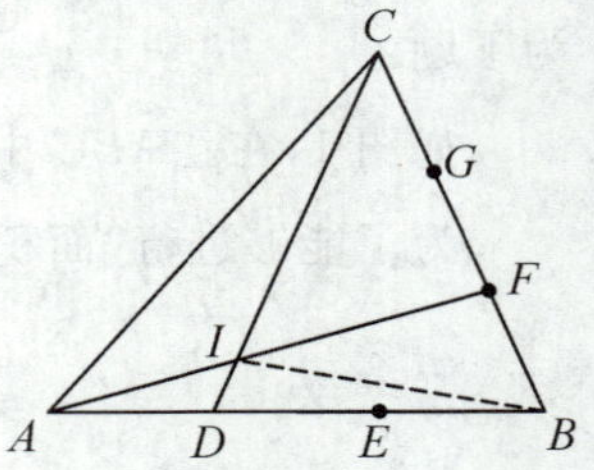

图 3

同样的方式大家可以求出⑥号的面积为$\dfrac{1}{6}$，具体的过程请读者自己尝试。

于是②号的面积为：$\dfrac{1}{3}-\dfrac{1}{5}-\dfrac{1}{21}=\dfrac{3}{35}$；

④号的面积为：$\dfrac{1}{3}-\dfrac{1}{6}-\dfrac{1}{21}=\dfrac{5}{42}$；

⑤号的面积为：$\dfrac{1}{3}-\dfrac{3}{35}-\dfrac{5}{42}=\dfrac{9}{70}$。

例 21 两个边长为 8 的大正方形如图摆放，A、B 为大正方形的中心，那么$\triangle CDG$ 的面积是________。

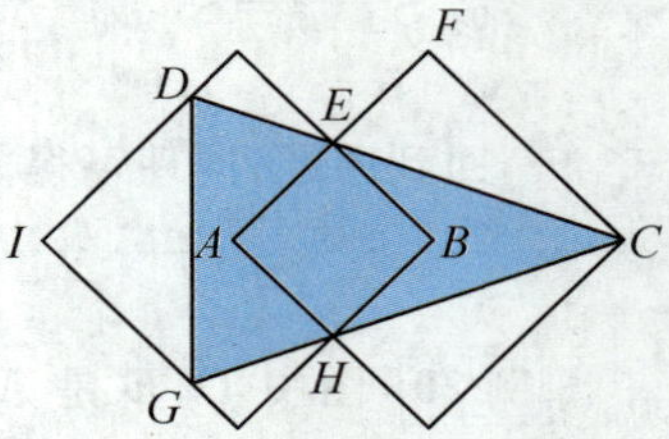

解析

如图，延长 ID、CF 交于点 J，延长 IG、CL 交于点 K，则四边形 $IKCJ$ 是一个边长为 $8+8\times\dfrac{1}{2}=12$ 的正方形。

注意到点 D、点 G 分别为 IJ、IK 的中点，所以

$$S_{\triangle CDG}=S_{正方形IKCJ}-S_{\triangle CDJ}-S_{\triangle CGK}-S_{\triangle DIG}$$

$$=\left(1-\frac{1}{2}\times1\times\frac{1}{2}\times2-\frac{1}{2}\times\frac{1}{2}\times\frac{1}{2}\right)S_{正方形IKCJ}$$

$$=12^2\times\frac{3}{8}=54。$$

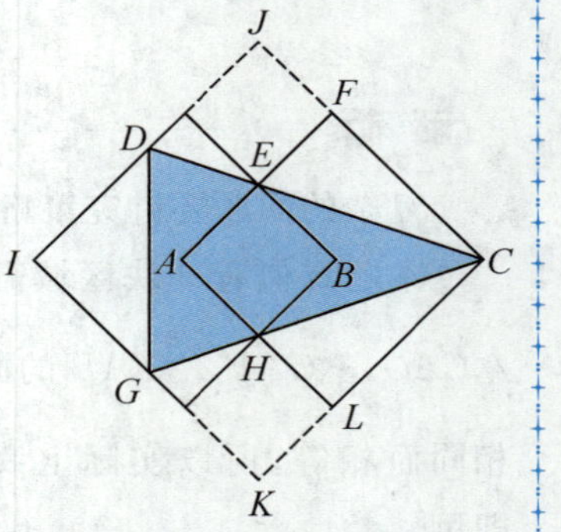

例 22 如图，等腰梯形 $ABCD$ 的面积为 2014，$BA=AD=DC$，$BC=2AD$。DE 和 CF 都可以平分梯形 $ABCD$ 的面积，那么四块面积中最大块的面积与最小块的面积的差是多少？

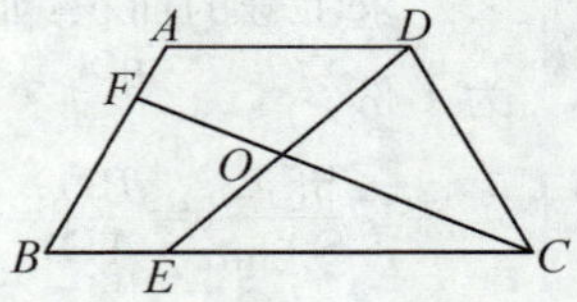

解析

如图 1，取 BC 的中点 M，连接 AM、DM、AC、BD。

$\triangle ABM$、$\triangle AMD$、$\triangle MDC$ 均为边长相同的等边三角形。将它们的面积看作 $4S$，则 $S_{梯形ABCD}=12S$。

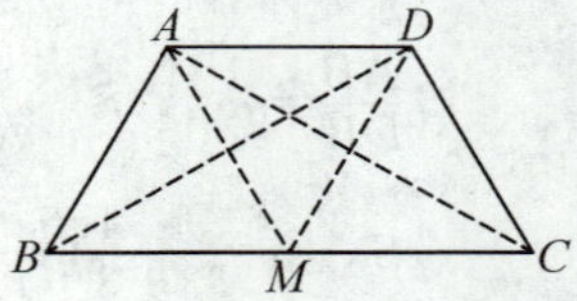

图 1

如图 2,设四边形 $ADOF$、四边形 $FOEB$、$\triangle EOC$、$\triangle COD$ 的面积分别为 S_1、S_2、S_3、S_4。

$\because S_1+S_2=\frac{1}{2}S_{梯形ABCD}$,$S_2+S_3=\frac{1}{2}S_{梯形ABCD}$,

$\therefore S_1=S_3$。同理,$S_2=S_4$。

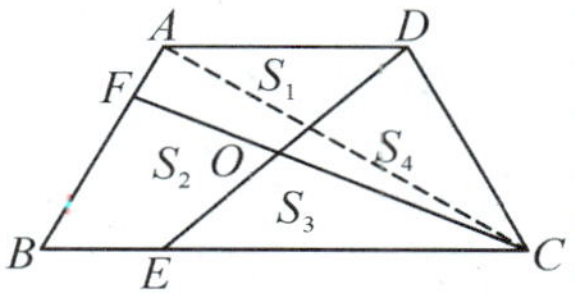

图 2

结合图 1、图 2,$\because S_1+S_4=\frac{1}{2}S_{梯形ABCD}=6S$,$S_{\triangle ACD}=S_{\triangle AMD}=4S$,

$\therefore S_{\triangle ACF}=6S-4S=2S$,$S_{\triangle ABC}=6S+2S=8S$。

$\therefore \frac{AF}{AB}=\frac{2S}{8S}=\frac{1}{4}$。同理,$\frac{BE}{BC}=\frac{1}{4}$。

如图 3,连接 FD、FE、BD。

$\because \frac{AF}{AB}=\frac{1}{4}$,$\frac{BE}{BC}=\frac{1}{4}$,$\therefore S_{\triangle AFD}=\frac{1}{4}S_{\triangle ABD}=S$,$S_{\triangle BFE}=\frac{1}{4}S_{\triangle BFC}=1.5S$。

$\therefore S_{\triangle FDC}=6S-S=5S$,$S_{\triangle EFC}=6S-1.5S=4.5S$。

于是 $\frac{DO}{EO}=\frac{S_{\triangle FDC}}{S_{\triangle EFC}}=\frac{5S}{4.5S}=\frac{10}{9}$,即 $\frac{S_4}{S_3}=\frac{10}{9}$。

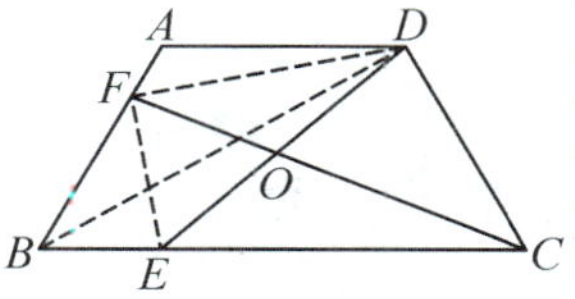

图 3

所以四块区域中最大块与最小块的面积之差为 $2014\times\frac{1}{2}\times\frac{10-9}{10+9}=53$。

例 23 如图,在 $\triangle ABC$ 中,$GD=\frac{1}{6}BC$,$\triangle DEF$ 的面积是 $\triangle OGD$ 的 3 倍。若 $\triangle BED$ 和 $\triangle DFC$ 的面积都为 60,那么 $\triangle ABC$ 的面积为多少?

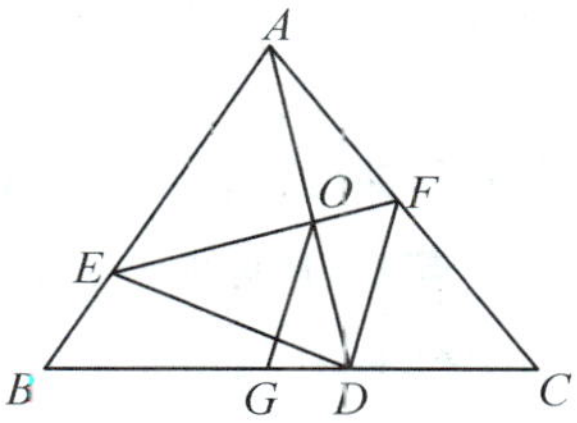

解析

如图,连接 AG,注意到 $\frac{S_{四边形AEDF}}{S_{\triangle DEF}}=\frac{AD}{OD}=\frac{S_{\triangle ADG}}{S_{\triangle ODG}}$。

因为 $\triangle DEF$ 的面积是 $\triangle OGD$ 的 3 倍,所以四边形 $AEDF$ 的面积是 $\triangle AGD$ 面积的 3 倍,即 $\triangle ABC$ 面积的 $\frac{1}{6}\times3=\frac{1}{2}$,所以 $\triangle ABC$ 的面积为 $(60+60)\div\left(1-\frac{1}{2}\right)=240$。

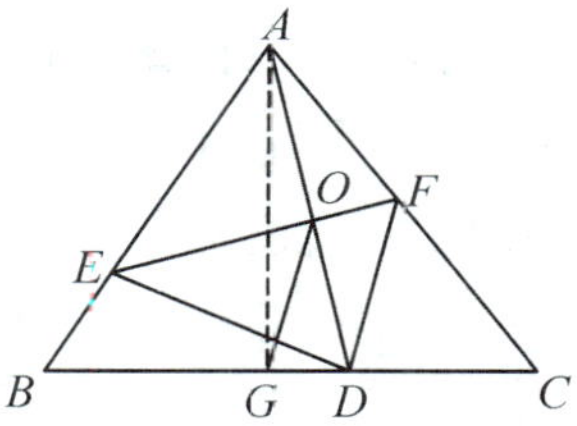

例 24 在 $\triangle ABC$ 中,阴影部分由各边的四等分点连接形成,阴影部分的面积为 2015,那么 $\triangle ABC$ 的面积为________。

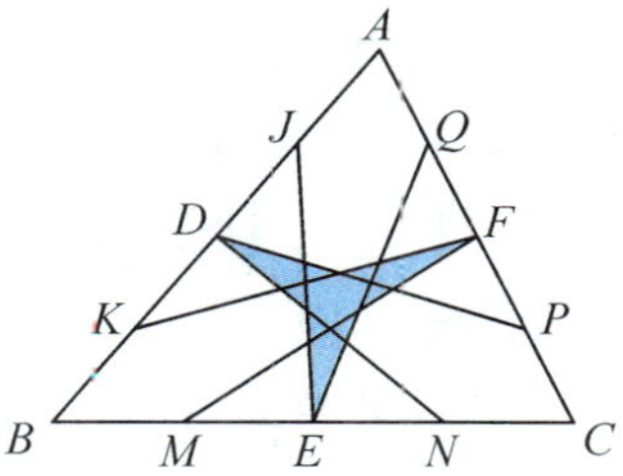

解析

如图 1,设 KF、DP 相交于点 X,JE、DN 相交于点 Y,MF、QE 相交于点 Z。连接 AX、BY、ZC。

因为算法相同,所以 $\triangle AXF$、$\triangle AXD$、$\triangle BYD$、$\triangle BYE$、$\triangle CZE$、$\triangle CZF$ 的面积均相等,从 $\triangle ABC$ 中去掉它们就可以得到阴影部分的面积,于是我们的目标就是求其中一个三角形的面积。如图 2,利用风筝型可得:

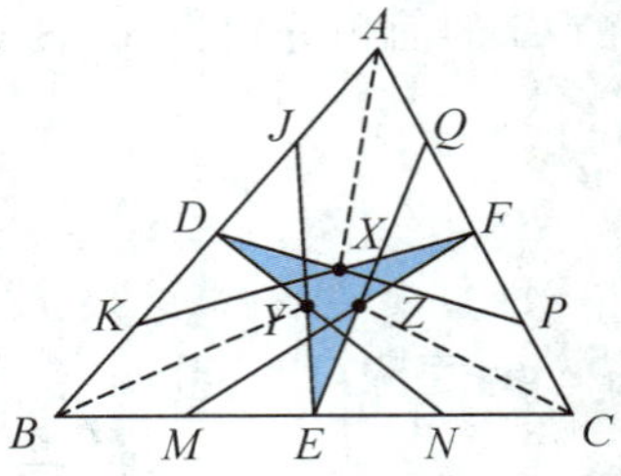

图 1

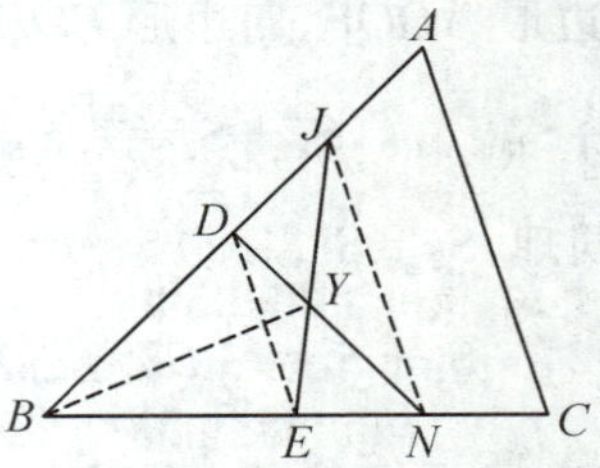

图 2

$\frac{JY}{YE}=\frac{S_{\triangle JDN}}{S_{\triangle EDN}}=\frac{\frac{1}{4}\times\frac{3}{4}}{\frac{1}{4}\times\frac{1}{2}}=\frac{3}{2}$，$S_{\triangle BYE}=\frac{2}{5}\times\frac{1}{2}\times\frac{3}{4}S_{\triangle ABC}=\frac{3}{20}S_{\triangle ABC}$，

所以 $S_{阴}=\left(1-\frac{3}{20}\times6\right)S_{\triangle ABC}=\frac{1}{10}S_{\triangle ABC}$。故 $S_{\triangle ABC}=20150$。

例 25 如图，A、B、C 分别是某学校的北门、西门和东门，从测量地图上看，线段 AD、AE、DE 均为公路，B、C 分别在 AD、AE 上，DC、BE 相交于点 P，$\triangle PBC$、$\triangle PBD$、$\triangle PCE$ 的面积分别为 78000 平方米、232000 平方米和 929500 平方米。小叶和小峰的步行速度相同，某一天，他们放学后同时从北门出发，小叶先跑后走，小峰一直步行。当小叶跑 3 分钟到西门时，小峰恰好步行到东门。小叶继续跑 8 分钟到点 D，然后沿 DE 步行与从东门到点 E 再往点 D 走的小峰会合。第二天若按相同的出行方式，如果小峰想在 DE 的中点处与小叶会合，需要比小叶提前多少分钟出发？

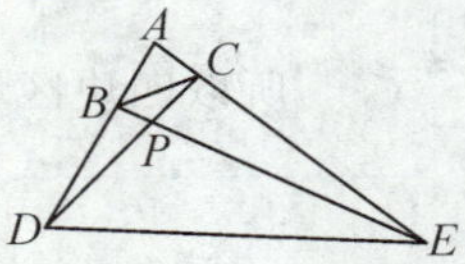

解 析

【方法 1】首先我们要明白什么情况下小峰与小叶在 DE 的中点处会合？因为他们的步行速度相同，所以他们两个应分别同时到达点 E 与点 D。$\frac{AB}{BD}=\frac{3}{8}$，$\frac{CE}{CA}=\frac{S_{\triangle BCE}}{S_{\triangle BAC}}=\frac{S_{\triangle BCE}}{S_{\triangle BCD}}\cdot\frac{BD}{AB}=\frac{78000+929500}{78000+232000}\times\frac{8}{3}=\frac{26}{3}$。

本题是共边定理的动态应用，动态的且与行程问题相关的图形题在小学阶段非常少见，本题可谓其中翘楚，值得各位读者细心品味。

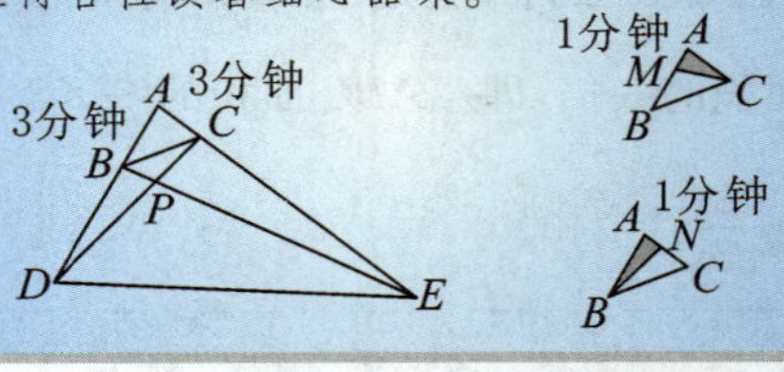

所以小峰走 CE 需 26 分钟，如果小峰想在 DE 路段的中点处与小叶会合，需比小叶提前 $26-8=18$(分钟)出发。

【方法 2】我们将小叶的移动轨迹与点 C 相连，将小峰的移动轨迹与点 B 相连。因为小叶 3 分钟到达点 B，小峰也应 3 分钟到达点 C，则他们两个每分钟移动扫过的三角形面积都是$\triangle ABC$ 的三分之一，即相等！于是我们可以知道他们两人每分钟移动扫过的面积均为$(78000+232000)\div8=38750$(平方米)。

有时候除了书本上的定理或公式以外，我们其实还可以像放动画一样试着将题目中的图形场景动态化。

那么小峰从点 C 移动到点 E 扫过的面积为 $78000+929500=1007500$(平方米)，所以需要的时间为 $1007500\div38750=26$(分钟)，提前 $26-8=18$(分钟)。

28.3.2　平行线截线段成比例

1. 平行线截线段成比例定理Ⅰ

l_1、l_2、l_3是三条平行直线，另外两条直线被这三条平行线所截得的四条线段的长分别为 a，b，x，y，则①$\frac{a}{b}=\frac{x}{y}$；②$\frac{a}{a+b}=\frac{x}{x+y}$；③$\frac{b}{a+b}=\frac{y}{x+y}$。

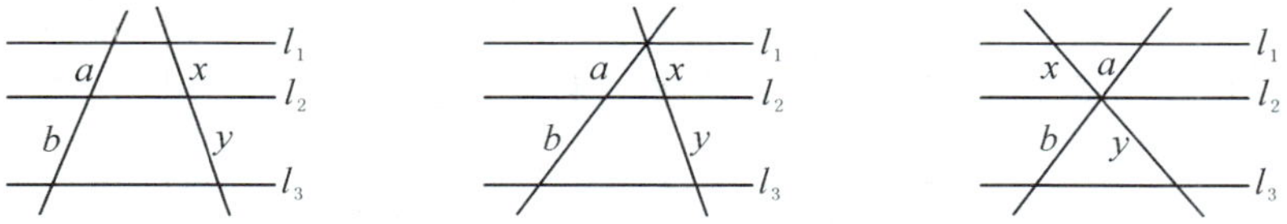

对于如何理解上述三组结论，我们先用直观具体的例子让大家理解。

如下页图所示，大家在商场都乘过电梯，AB 与 CD 是手扶电梯，MN 是直达(箱式)电梯，q、r、s、t 分别代表楼层底板。那么，我们可以很直观地理解，当直达箱式电梯上 1 层、3 层、2 层时，手扶电梯也上了 1 层、3 层、2 层，即

$$BF:FE:EA=DH:HG:GC=NP:PO:OM=1:3:2。$$

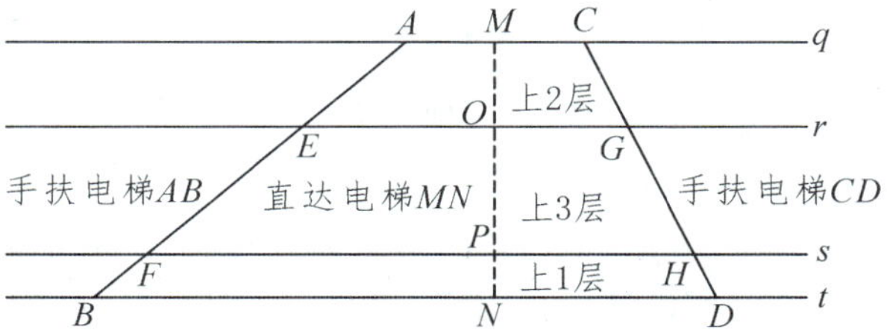

下面，我们就来严格证明这三个结论。

结论①的证明

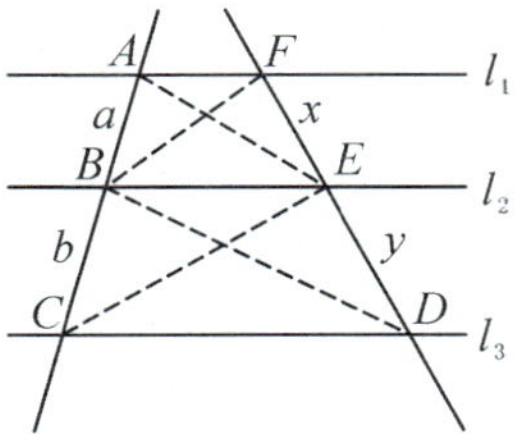

图 1

证明：如图 1，根据共边定理我们知道，$a:b=S_{\triangle AEB}:S_{\triangle CEB}$，$x:y=S_{\triangle FBE}:S_{\triangle DBE}$。

根据同底等高我们知道，$S_{\triangle AEB}=S_{\triangle FBE}$，$S_{\triangle CEB}=S_{\triangle DBE}$。

于是，$a:b=S_{\triangle AEB}:S_{\triangle CEB}=S_{\triangle FBE}:S_{\triangle DBE}=x:y$。

结论②的证明

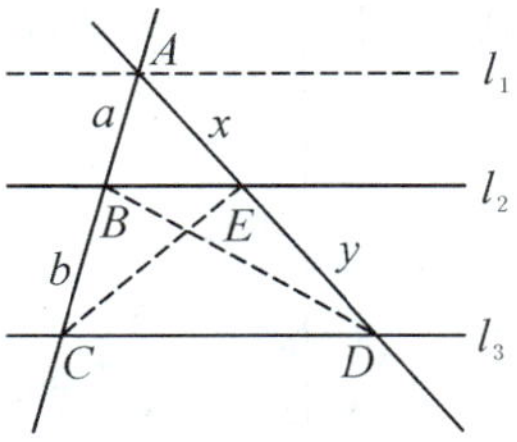

图 2

如图 2，$l_2 /\!/ l_3$，我们可以观察到，图 2 与图 1 的差别仅仅是点 E 与点 A 重合。

证明：根据共边定理我们知道，$a:b=S_{\triangle AEB}:S_{\triangle CEB}$，$x:y=S_{\triangle ABE}:S_{\triangle DBE}$。

根据同底等高我们知道，$S_{\triangle CEB}=S_{\triangle DBE}$。

于是，$a:b=S_{\triangle AEB}:S_{\triangle CEB}=S_{\triangle ABE}:S_{\triangle DBE}=x:y$。

结论③的证明

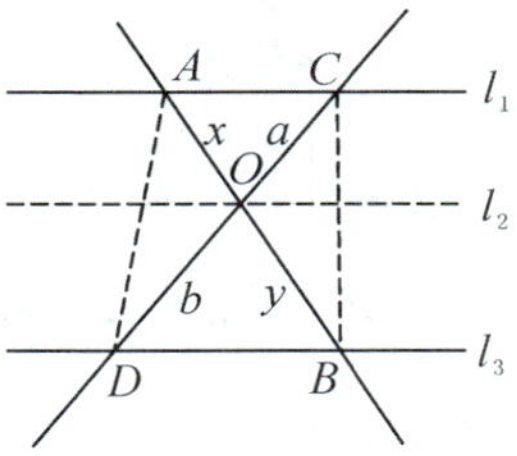

图 3

证明：根据共边定理我们知道，$a:b=S_{\triangle AOC}:S_{\triangle AOD}$，$x:y=S_{\triangle COA}:S_{\triangle COB}$。

根据蝶形定理我们知道，$S_{\triangle AOD}=S_{\triangle COB}$。

于是，如图 3，$l_2 /\!/ l_3$，故 $a:b=S_{\triangle AOC}:S_{\triangle AOD}=S_{\triangle COA}:S_{\triangle COB}=x:y$。

2. 平行线截线段成比例定理Ⅱ、Ⅲ

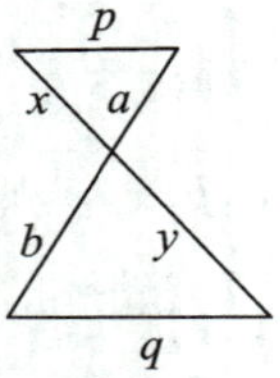

图 4

如图 4，若 $p /\!/ q$，则$\frac{a}{b}=\frac{x}{y}=\frac{p}{q}$。

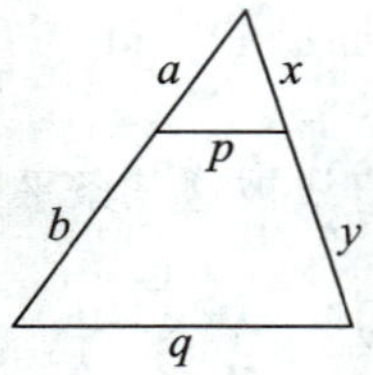

图 5

如图 5，若 $p /\!/ q$，则$\frac{a}{a+b}=\frac{p}{q}=\frac{x}{x+y}$。

我们依然先用直观的例子图 6、图 7 让大家理解上述两个定理。

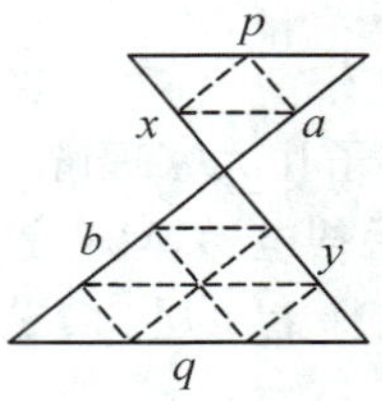

图6

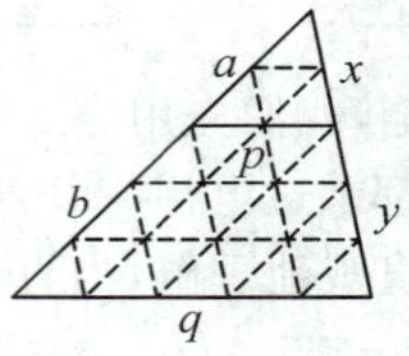

图7

平行线截线段成比例定理Ⅱ的证明

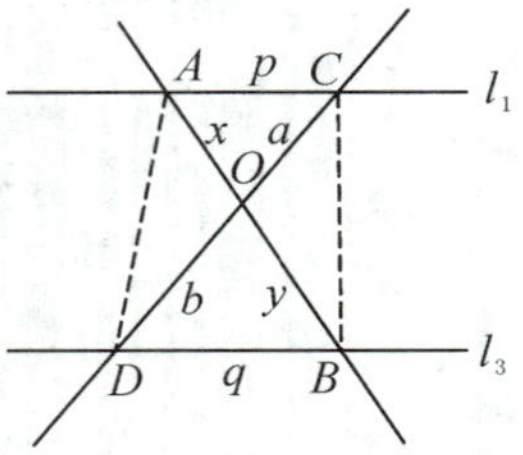

图 8

证明：如图 8，根据共边定理"风筝型"我们知道，$S_{\triangle ABC}:S_{\triangle ABD}=a:b$。

根据"平行线间的距离处处相等"我们知道，$\triangle ABC$ 与 $\triangle ABD$ 等高，所以其面积比等于底边比，即 $S_{\triangle ABC}:S_{\triangle ABD}=p:q$。

于是，$p:q=a:b=x:y$。

平行线截线段成比例定理Ⅲ的证明

证明：如图 9，过点 C 作 BD 的平行线交 DE 于点 F。因为 $BC /\!/ DE$，$BD /\!/ CF$，所以四边形 $BCFD$ 为平行四边形，于是 $DF=BC=p$，$DF:FE=AC:CE$。

那么 $DF:DE=AC:AE$，即 $p:(p+q)=x:(x+y)$。同理，$p:q=a:(a+b)$。

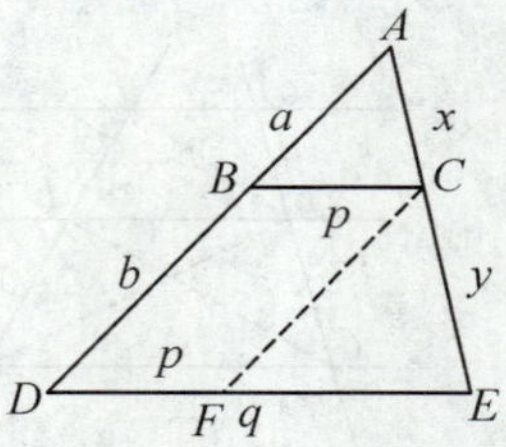

图 9

例 26 画一个与给定的五边形面积相等的三角形。

解析

这是一个历史悠久的几何题，早在公元前 500 年左右，毕达哥拉斯学派就利用平行线的等高性解决了这个问题。如图 1，已知五边形 $ABCDE$。

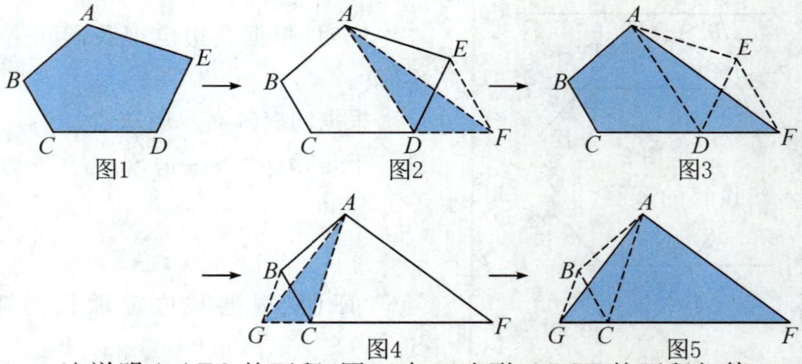

图1 图2 图3 图4 图5

如图 2，连接 AD，作 $EF /\!/ AD$ 交 CD 的延长线与点 F，连接 AF。由平行线的等高性得：$S_{\triangle AED}=S_{\triangle AFD}$。这说明四边形 $ABCF$ 的面积（图 3）与五边形 $ABCDE$ 的面积相等。

如图 4，作 $BG /\!/ AC$ 交 FC 的延长线于点 G，连接 AG、AC。由平行线的等高性得：$S_{\triangle ABC}=S_{\triangle AGC}$。这说明$\triangle AFG$ 的面积（图 5）与四边形 $ABCF$ 的面积相等。

于是我们就把五边形 $ABCDE$ 变成了一个与它面积相等的$\triangle AGF$。

从分析的过程可以看出,反复运用上面的画图程序,我们可以把一个任意多边形变成一个与它面积相等的三角形。

在进一步学习相似的知识后,还可以画出一个与这个三角形面积相等的正方形!回顾圆的知识,我们知道"化圆为方"是不可能用直尺与圆规来完成的,但是把任意一个多边形化成一个与它面积相等的正方形是可以的!

后面我们还会讲讲在"化圆为方"这件事上,数学家所做的努力与尝试。

例 27 图中所示的图形是迎春小学数学兴趣小组的标志,其中,六边形 $ABCDEF$ 是正六边形,面积为 360,那么四边形 $AGDH$ 的面积是________。

(2015 年"数学花园探秘"5 年级网赛)

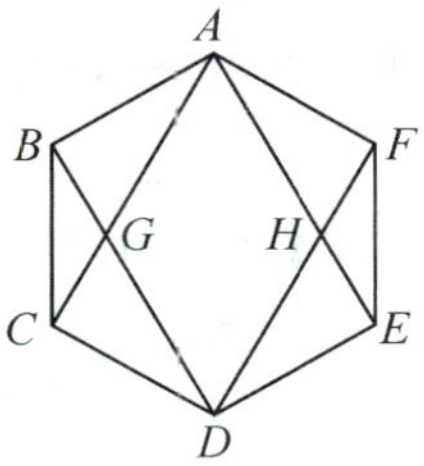

解析

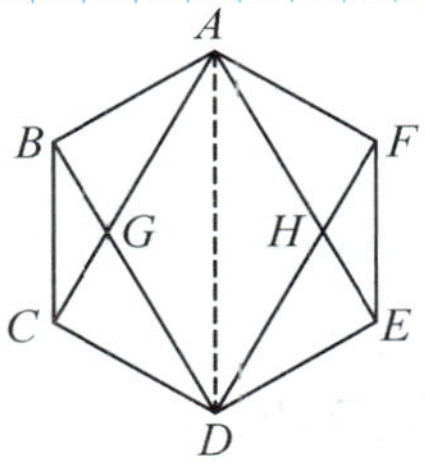

如图,连接 AD,$AD/\!/BC$,$AD=2BC$。

于是,$S_{\triangle BGC}:S_{\triangle CGD}:S_{\triangle AGB}:S_{\triangle DGA}=1:2:2:4$。$S_{\text{四边形}AGDH}=2S_{\triangle DGA}=360\times\dfrac{4}{1+2+2+4}=160$。

例 28 如图,已知正方形 $ABCD$ 的面积为 2520,E、F、G、H 分别为各边上的四等分点,连接 AG、EC、HB、DF。那么图中"X"的面积是________。

(2015 年"数学花园探秘"6 年级网赛)

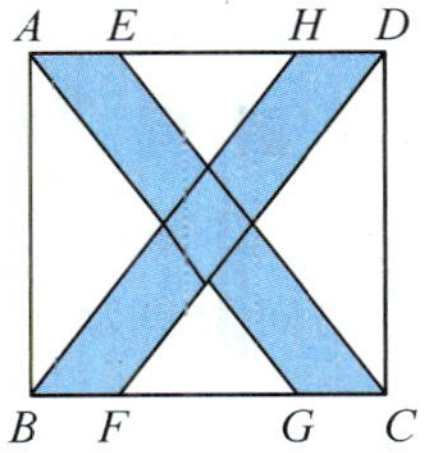

解析

如图,设 AG 与 BH、FD 分别交于点 J、L,分别过 J、F 作 AB、BC 的垂线,垂足分别为 I、K。

$\because IJ/\!/BG$,$\therefore \dfrac{IJ}{BG}=\dfrac{AI}{AB}=\dfrac{1}{2}$,$IJ=\dfrac{1}{2}\times\dfrac{3}{4}BC=\dfrac{3}{8}BC$。

$\therefore S_{\triangle AJB}=\dfrac{1}{2}\times AB\times IJ=\dfrac{1}{2}AB\cdot\dfrac{3}{8}BC=\dfrac{3}{16}S_{\text{正方形}ABCD}$。

$\because LK/\!/AB$,$\therefore \dfrac{LK}{AB}=\dfrac{GK}{GB}=\dfrac{1}{3}$,$LK=\dfrac{1}{3}AB$。

$\therefore S_{\triangle FLG}=\dfrac{1}{2}\times FG\times LK=\dfrac{1}{2}\times\dfrac{1}{2}BC\times\dfrac{1}{3}AB=\dfrac{1}{12}S_{\text{正方形}ABCD}$。

$\therefore S_{\text{阴}}=\left[1-\left(\dfrac{3}{16}+\dfrac{1}{12}\right)\times 2\right]\times S_{\text{正方形}ABCD}=\dfrac{11}{24}\times 2520=1155$。

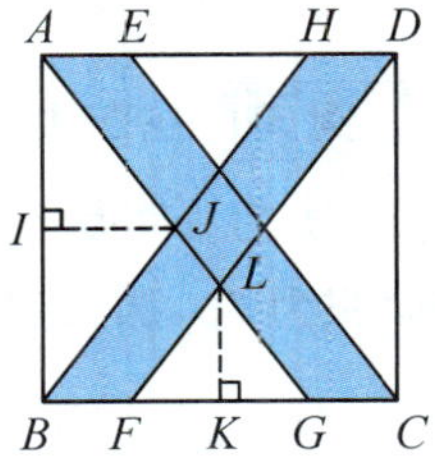

例 29 如图,正方形 $ABCD$ 的面积为 64 平方厘米,$AE=AF=BG=BH$。如果 $\triangle AEF$ 和 $\triangle BGH$ 的面积都是 27.5 平方厘米,那么,梯形 $GFAB$ 的面积是________平方厘米。

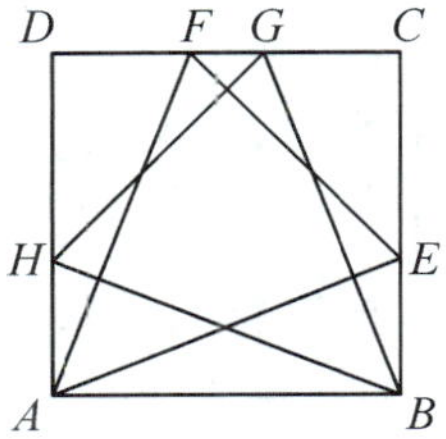

解 析

【方法 1】如图 1，不难得出，虚线分成的 4 个长方形中，除去左下角的正方形之外，其余三个面积之和为$\triangle AEF$ 的 2 倍，是 $27.5\times2=55$（平方厘米）。所以左下角正方形的面积为 $64-55=9$（平方厘米），边长为 3 厘米，即 DF 长 3 厘米。

同理，CG 的长也是 3 厘米，所以梯形 $GFAB$ 的面积为 $(2+8)\times8\div2=40$（平方厘米）。

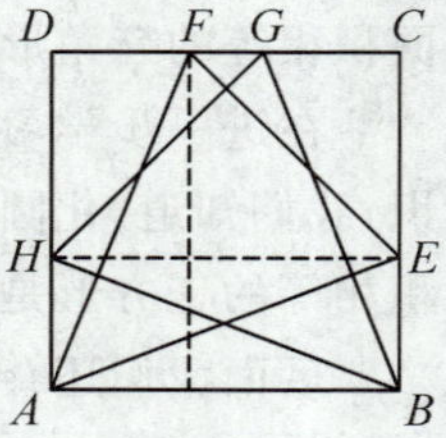

图 1

【方法 2】如图 2，将正方形 $ABCD$ 中$\triangle BGH$ 之外的部分的两倍拼起来，正好比正方形 $ABCD$ 多了一个小正方形 $OIBE$，于是

$S_{正方形OIBE}=(64-27.5)\times2-64=9$（平方厘米），$OE=3$（厘米），那么 $CG=3$（厘米），$FG=8-3\times2=2$（厘米）。

$S_{梯形GFAB}=(2+8)\times8\div2=40$（平方厘米）。

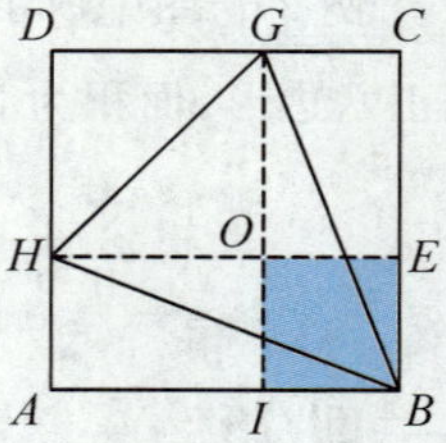

图 2

例 30 如图，8 个腰长相同的等腰三角形恰好围成一个八边形。已知八边形的 8 条边长分别为 18、12、12、18、18、12、12 和 18，则图中阴影部分与空白部分的面积差是________。

（2017 年“数学花园探秘”小高决赛 D 卷）

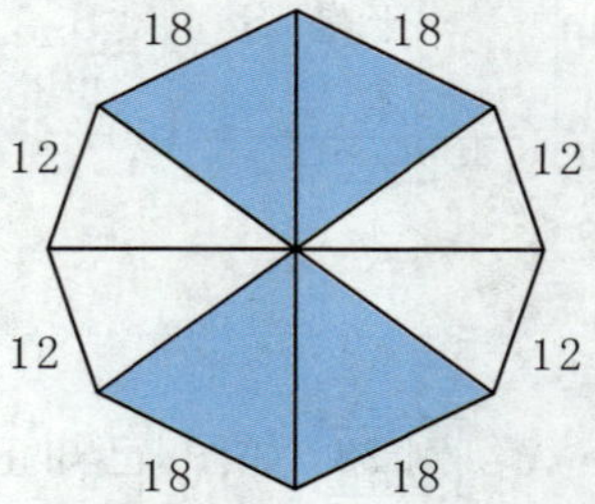

解 析

如图，将 8 个三角形重新围成一个八边形。则阴影部分与空白部分的面积差为 $4\times(2S_{\triangle OAB}-S_{\triangle OBC})=4\times[2S_{\triangle OBD}-(2S_{\triangle OBE}+S_{\triangle BEC})]=4\times(2S_{\triangle ODE}-S_{\triangle BEC})=4\times\left(9^2-\frac{12^2}{4}\right)=180$。

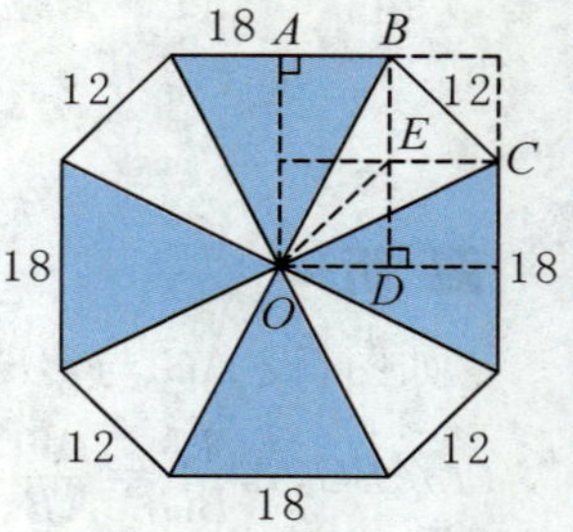

例 31 在四边形 $ABCD$ 中，E、F 分别为 AB、CD 的中点，G 为 BF 与 CE 的交点，H 为 AD 靠近 A 的三等分点。如果 $AD/\!/EC$，五边形 $AGCFH$（阴影部分）的面积为 60，那么四边形 $ABCD$ 的面积为多少？

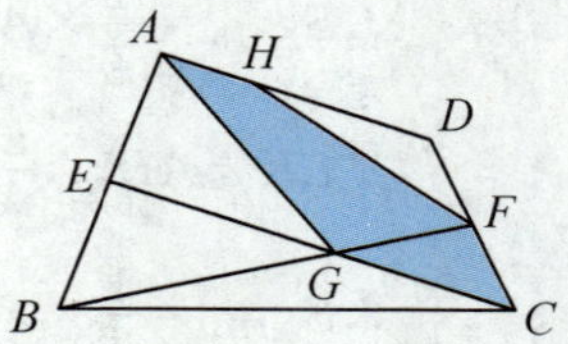

解 析

如图 1，连接 AF。因为 H 为 AD 的三等分点，所以$\frac{S_{\triangle DFH}}{S_{\triangle AFH}}=\frac{2}{1}$。又因为$\frac{S_{\triangle ABG}}{S_{\triangle AFG}}=\frac{S_{\triangle CBG}}{S_{\triangle CFG}}=\frac{BG}{FG}$，如果$\frac{BG}{FG}=\frac{2}{1}$，则立马可以求出四边形 $ABCD$ 的面积，所以我们尝试求$\frac{BG}{FG}$的值。

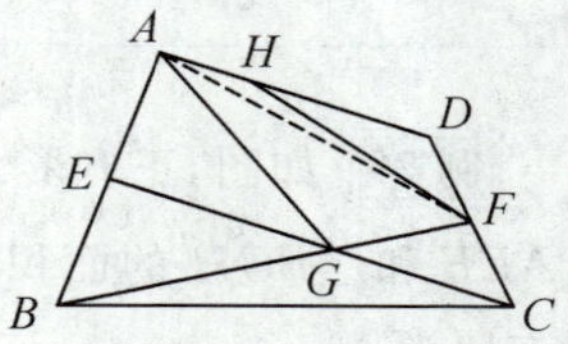

图 1

如图 2,连接 EF。根据风筝模型,$\frac{BG}{FG}=\frac{S_{\triangle EBC}}{S_{\triangle EFC}}$,于是我们取 AE 的中点 I,连接 IF、IG,则 $IF/\!/EC$,那么$\frac{S_{\triangle EBC}}{S_{\triangle EFC}}=\frac{S_{\triangle EBC}}{S_{\triangle EIC}}=\frac{BE}{IE}=\frac{2}{1}$,即$\frac{BG}{FG}=\frac{2}{1}$。

所以四边形 $ABCD$ 中空白部分的面积是五边形 $AGCFH$ 的 2 倍,所以四边形 $ABCD$ 的面积为 $60\times(1+2)=180$。

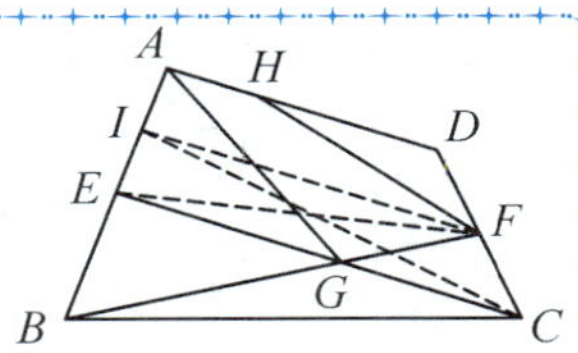

图 2

真题重现

1. 如图,在正方形 $ABCD$ 中,E 为 AB 的中点,F 为 AD 边上靠近点 D 的三等分点,点 G 在边 CD 上,且$\triangle EOB$ 和$\triangle FOG$ 的面积都是 6。那么正方形 $ABCD$ 的面积是________。

(2015 年"数学花园探秘"6 年级网赛)

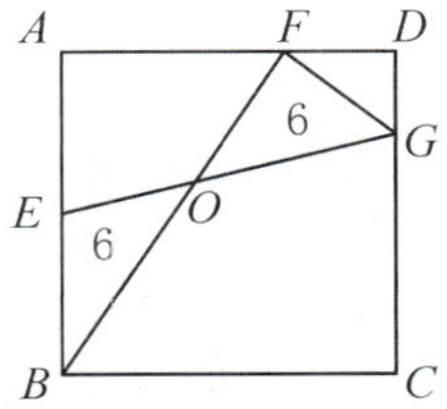

第 1 题图

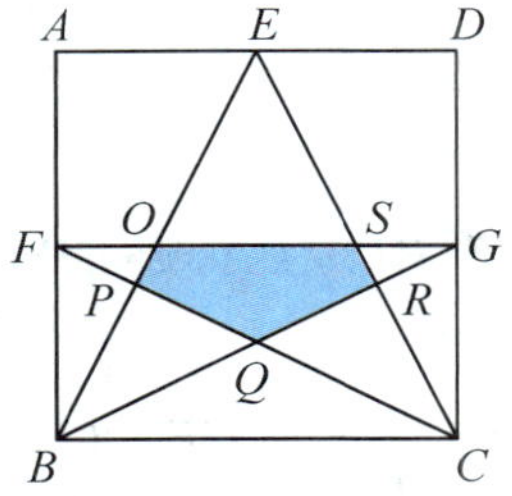

第 2 题图

2. 如图是一个内接于正方形的五角星,其中 E、F、G 分别是 AD、AB、CD 的中点。若正方形的面积是 1000,那么阴影部分(五边形 $OPQRS$)的面积是________。

(2014 年"数学花园探秘"5 年级总决赛第一试)

3. 如图,在直角$\triangle ABC$ 中,AB 的长度是 12 厘米,AC 的长度是 24 厘米,D、E 分别在 AC、BC 上,那么等腰直角$\triangle BDE$ 的面积是________平方厘米。

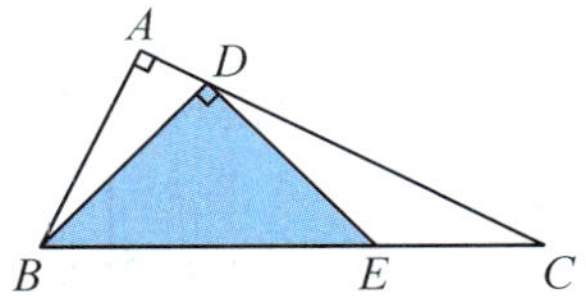

第 3 题图

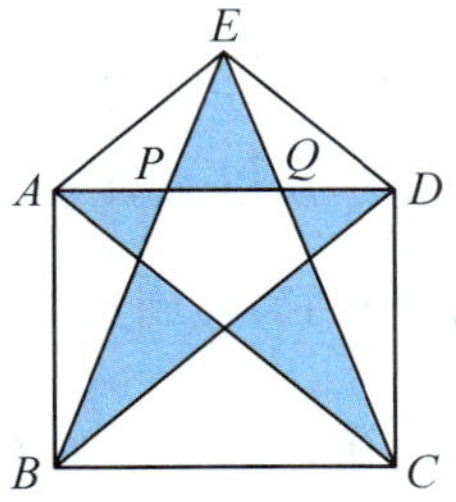

第 4 题图

4. 如图,五边形 $ABCDE$ 的面积为 12,P、Q 为长方形 $ABCD$ 边上的三等分点。那么,阴影部分的面积是________。

(2015 年"数学花园探秘"5 年级初赛 B 卷)

参考答案

1. 答案:60。

分析:注意到$\triangle EOB$ 和$\triangle FOG$ 的面积相同,所以 $EF/\!/BG$。如图,连接 BG 并延长,交 AD 的延长线于点 H,连接 EF,则$BH=2EF$,$BG=3GH$,所以 $EF:BG=2:3$。

$\triangle BEG$ 的面积为 $6\times\left(1+\frac{3}{2}\right)=15$，正方形 $ABCD$ 的面积为 $15\times4=60$。

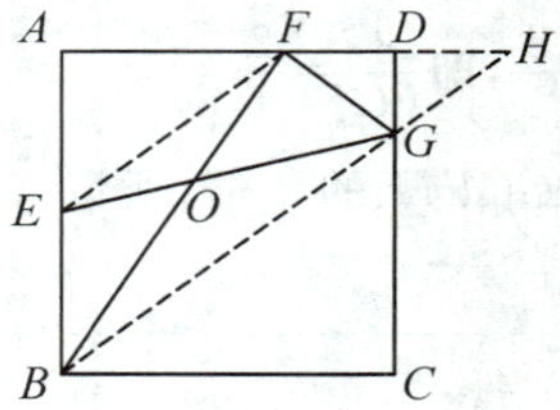

第 1 题图

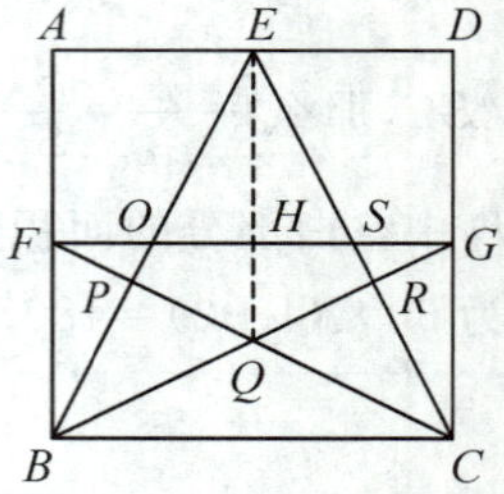

第 2 题图

2. 答案：10。

分析：如图，连接 EQ，交 FG 于点 H。

$\because AD/\!/FG/\!/BC$，$\therefore FO=\frac{1}{2}AE=\frac{1}{2}FH=\frac{1}{4}FG$。$\therefore FP=\frac{1}{4}CP=\frac{1}{5}FC=\frac{2}{5}FQ$。

于是 $S_{\triangle PFO}=\frac{2}{5}\times\frac{1}{2}\times S_{\triangle QFH}=\frac{1}{5}S_{\triangle QFH}$。$\therefore S_{\text{五边形}OPQRS}=\frac{1}{8}\times\left(1-\frac{1}{5}\right)\times S_{\text{正方形}ABCD}=\frac{1}{10}S_{\text{正方形}ABCD}=10$。

3. 答案：80。

分析：如图，过 E 作 $EF/\!/BA$，则 $EF\perp AC$，$\triangle BAD$ 与 $\triangle DFE$ 的形状、大小均相同。

$EF=AD$，$DF=AB=12$。

$\because EF/\!/BA$，$\therefore\frac{CF}{CA}=\frac{EF}{BA}$，$\therefore\frac{CF}{EF}=\frac{CA}{BA}=\frac{24}{12}=\frac{2}{1}$。

$\therefore AD=EF=(24-12)\div(2+1)=4$，

$S_{\triangle BDE}=\frac{1}{2}BD^2=\frac{1}{2}\times(AB^2+AD^2)=\frac{1}{2}\times(12^2+4^2)=80$。

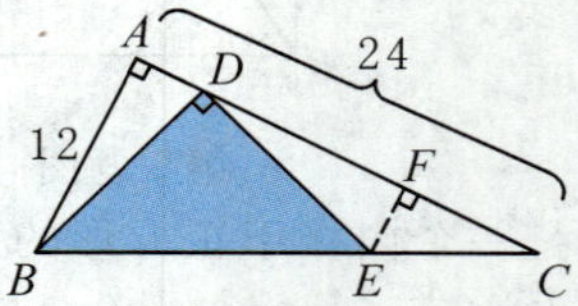

第 3 题图

4. 答案：4。

分析：把图形用 AD 分成上下两部分。

在图 1 中，阴影部分的面积占总面积的 $\frac{1}{3}$，下面分析图 2。

根据沙漏模型，$AM:MC=AP:BC=1:3$，所以 M 是 AC 的四等分点。

又因为 O 是 AC 的中点，所以 $AM=MO$，于是 $S_{\triangle ABM}=S_{\triangle BMO}$。同理，$S_{\triangle CON}=S_{\triangle CDN}$。

于是可以把中间的两块阴影移到边上，变为图 3。$\triangle ABP$ 的面积是长方形面积的 $\frac{1}{6}$，右边 $\triangle CDQ$ 的面积也是长方形面积的 $\frac{1}{6}$，所以图 3 中阴影部分的面积占长方形面积的 $\frac{1}{3}$，这说明在原图中，阴影部分的面积占整体的 $\frac{1}{3}$，是 $12\times\frac{1}{3}=4$。

图1

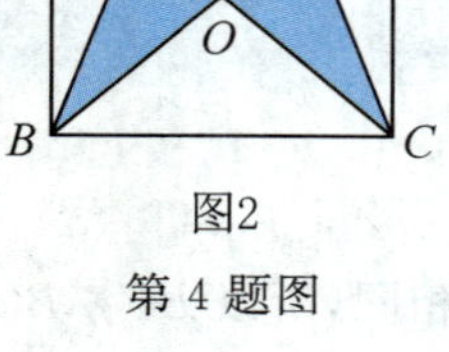

图2

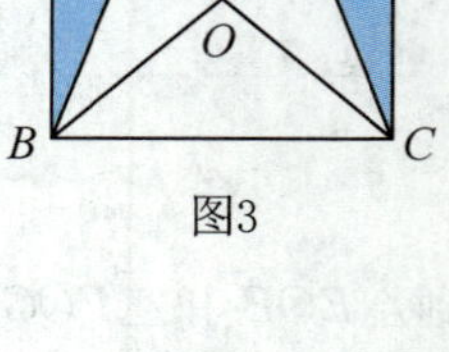

图3

第 4 题图

28.4　图形切拼提高

图形切拼是一类非常灵活的几何技巧，需要经过一定量的训练积累图感。长度相等的线段、特殊的角度往往都是这类问题的突破口。

28.4.1　典型例题

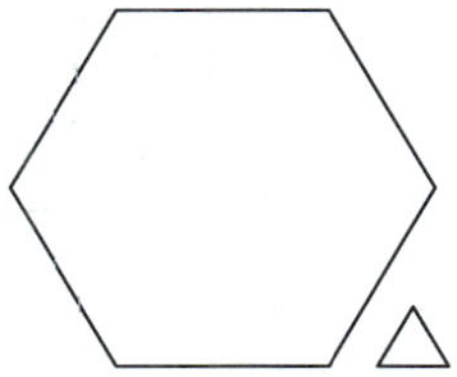

例 32　如图，如果一个大正六边形的边长等于一个小等边三角形的周长，那么这个大正六边形的面积是小等边三角形面积的________倍。

(2015 年"数学花园探秘"小高决赛 B 卷)

解析

54 倍。瞧！

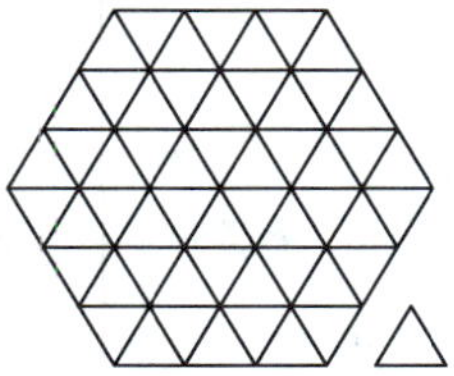

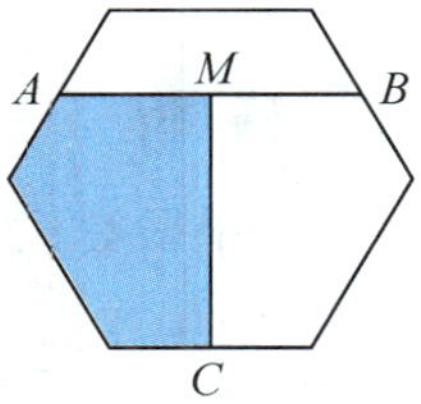

例 33　如图，正六边形的面积为 240 平方厘米，A、B、C 分别为三条边的中点，M 是 AB 的中点。那么，阴影部分的面积是________平方厘米。

(2017 年"数学花园探秘"5 年级决赛 C 卷)

解析

网格化后可知，梯形的面积占正六边形的$\frac{5}{24}$，故阴影部分的面积为 $240\times\left(1-\frac{5}{24}\right)\div2=95$。

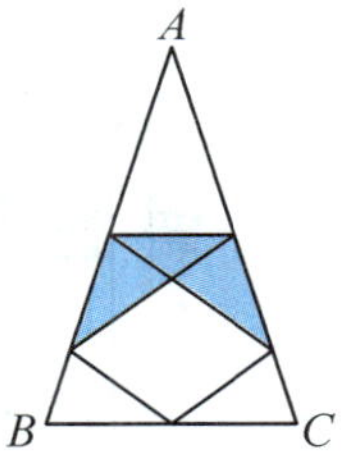

例 34　中国铁塔集团正在建设大量新的 5G 通信基站，如图所示的是一个基站铁塔的侧视图。在这个侧视图中，铁塔被看作等腰$\triangle ABC$，两条腰上各有两个焊接点，底上有一个焊接点，把这些焊接点用钢架连在一起在侧视图中正好是一个正五边形，如果阴影部分的面积为 60，那么$\triangle ABC$ 的面积是________。

(2019 年"数学花园探秘"5 年级网赛)

解析

如图，$S_{阴}=2a+b$。$S_{\triangle ABC}=8a+4b=4S_{阴}=240$。

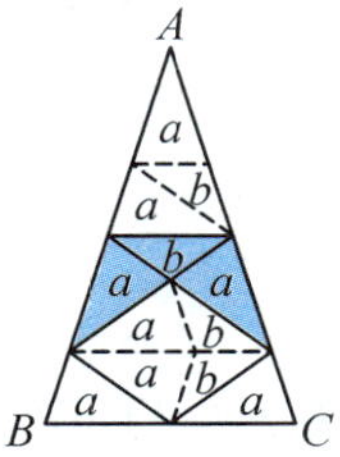

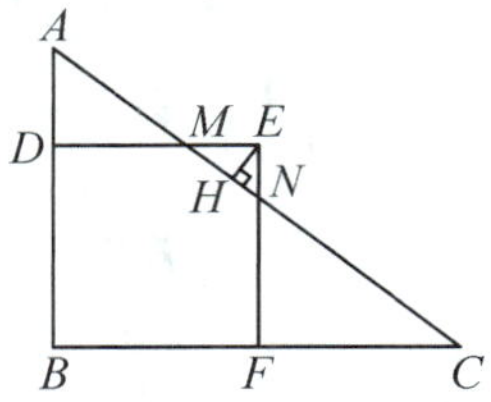

例 35　如图，在直角$\triangle ABC$ 中，AB、BC 的长度分别是 15、20，四边形 $BDEF$ 是正方形。如果$\triangle EMN$ 的高 EH 的长度是 2，那么正方形 $BDEF$ 的面积是________。

(2016 年"数学花园探秘"5 年级初赛 B 卷)

解 析

如图，连接 AE、CE、BE。

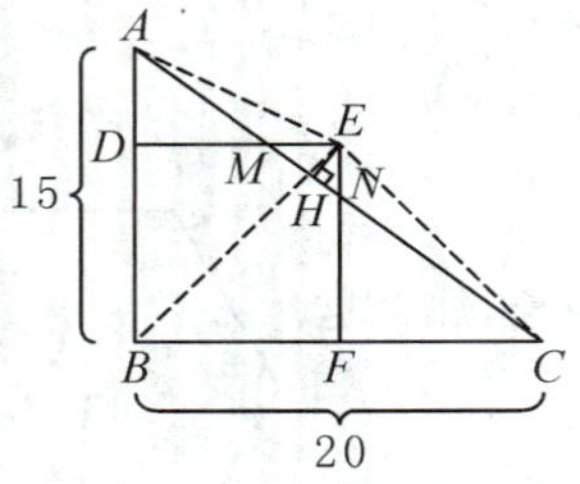

由勾股定理可知，$AC^2=AB^2+BC^2$，$\therefore AC=25$。$\therefore S_{四边形ABCE}=S_{\triangle ABC}+S_{\triangle AEC}=\frac{20\times15}{2}+\frac{25\times2}{2}=175$。

$\because S_{四边形ABCE}=S_{\triangle ABE}+S_{\triangle CBE}$，

$\therefore$ 正方形 $BDEF$ 的边长 $=\frac{175\times2}{15+20}=10$。

$\therefore S_{正方形DBFE}=10^2=100$。

28.4.2 差不变与切拼

例 36 $\triangle ABC$ 是直角边长为 4 厘米的等腰直角三角形，将 $\triangle ABC$ 向左平移 1 厘米得到 $\triangle DEF$。那么，图中两块阴影部分的面积差是________平方厘米。

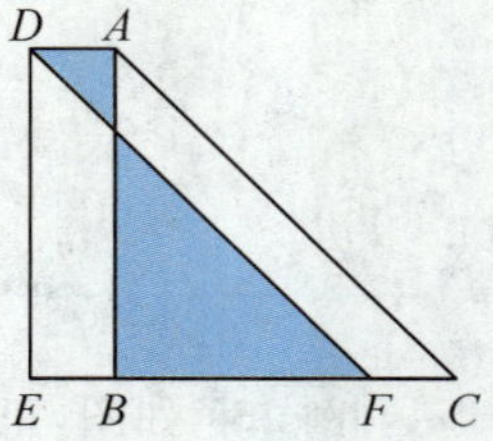

解 析

根据差不变，图中两块阴影部分的面积差等于长方形 $ADEB$ 和 $\triangle DEF$ 的面积之差。$S_{长方形ABCD}=1\times4=4$（平方厘米），$S_{\triangle DEF}=4\times4\div2=8$（平方厘米）。因此阴影部分的面积差为 $8-4=4$（平方厘米）。

例 37 如图，正八边形 $ABCDEFGH$ 的边长为 30 厘米，那么图中两个阴影三角形的面积差是多少平方厘米？

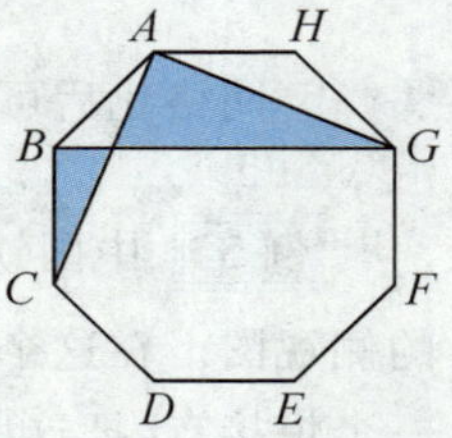

解 析

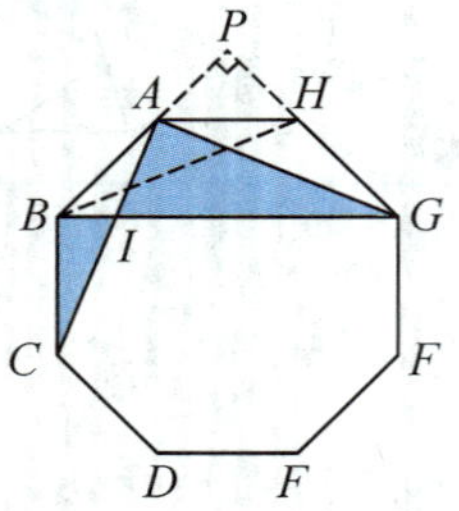

图 1

【方法 1】如图 1，设 AC 与 BG 相交于点 I，连接 BH，延长 BA，GH 交于点 P，则 $\angle P=90°$。

$$S_{\triangle AGI}-S_{\triangle BCI}=S_{\triangle ABG}-S_{\triangle ABC}=S_{\triangle ABG}-S_{\triangle ABH}$$

$$=\frac{1}{2}BA\times(GP-HP)=\frac{1}{2}BA\times GH$$

$$=\frac{1}{2}\times30\times30=450\text{（平方厘米）}。$$

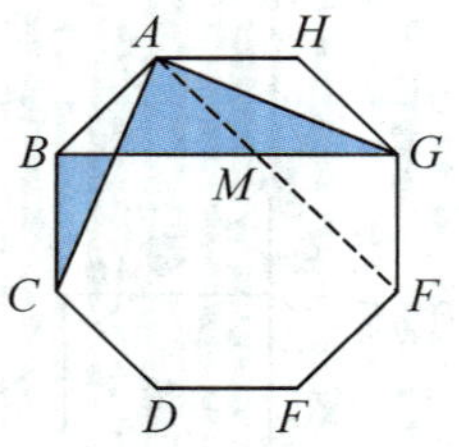

图 2

【方法 2】如图 2，连接 AF 交 BG 于点 M。

由对称性知，$AH/\!/BG$，$HG/\!/AF$，从而四边形 $AHGM$ 是菱形。

由题意得，$S_{\triangle ABC}=S_{\triangle AHG}=S_{\triangle AMG}$。

两块阴影的面积差 $=S_{\triangle ABG}-S_{\triangle ABC}=S_{\triangle ABG}-S_{\triangle AMG}=S_{\triangle ABM}$。

$\triangle ABM$ 是等腰直角三角形，其面积为 $30^2\div2=450$（平方厘米）。

例 38 如图，正六边形的面积是 2016。A、B、C 是三边的中点。那么阴影部分的面积是________。

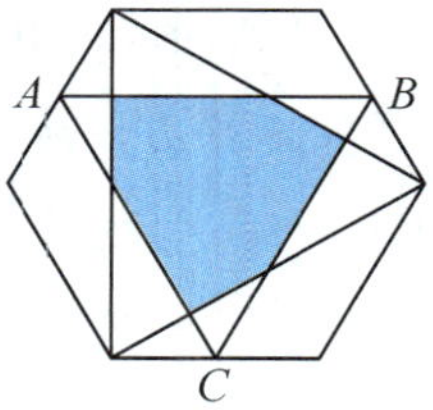

解析

如图作辅助线，$S_{\triangle DEF}=2016\times\frac{1}{2}=1008$，$S_{阴}=\frac{5}{8}S_{\triangle DEF}=630$。

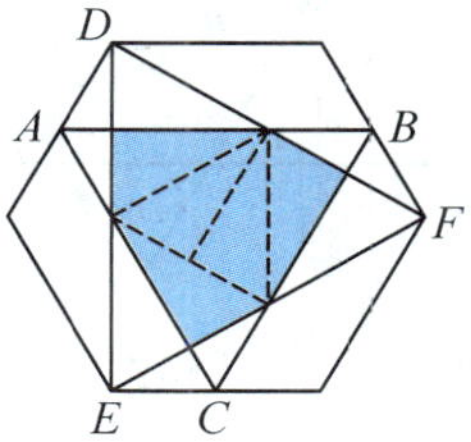

例 39 如图，在四边形 $ABCD$ 中，$\angle ABC=90°$，$\angle BAC=30°$，$\angle CDA=120°$，且 $AD=BC+CD$，$\triangle ABC$ 的面积为 30，则$\triangle CDA$ 的面积为________。

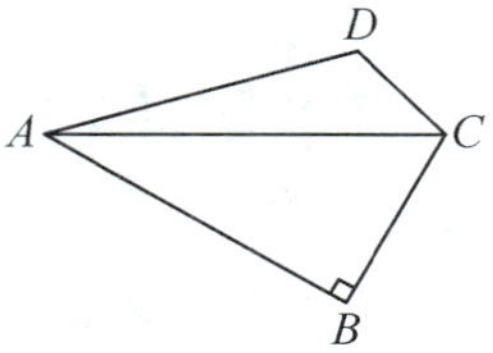

解析

如图，构造两个等边$\triangle ACG$ 和$\triangle DEF$，其中，等边$\triangle DEF$ 的边长是$\triangle ACG$ 边长的一半，所以$\triangle DEF$ 的面积是$\triangle ACG$ 面积的$\frac{1}{4}$。所以 $S_{\triangle CDA}=\frac{1}{3}(S_{\triangle ACG}-S_{\triangle DEF})=\frac{1}{4}S_{\triangle ACG}=\frac{1}{2}S_{\triangle ABC}=15$。

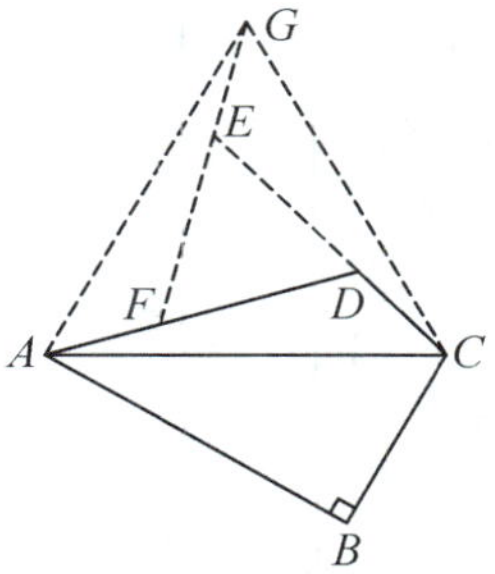

真题重现

1. 如图，六角星的 6 个顶点恰好是一个正六边形的 6 个顶点。那么阴影部分的面积是空白部分面积的________倍。
(2015 年“数学花园探秘”5 年级初试 A 卷)

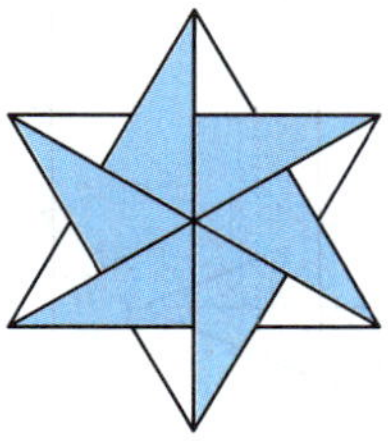

第 1 题图

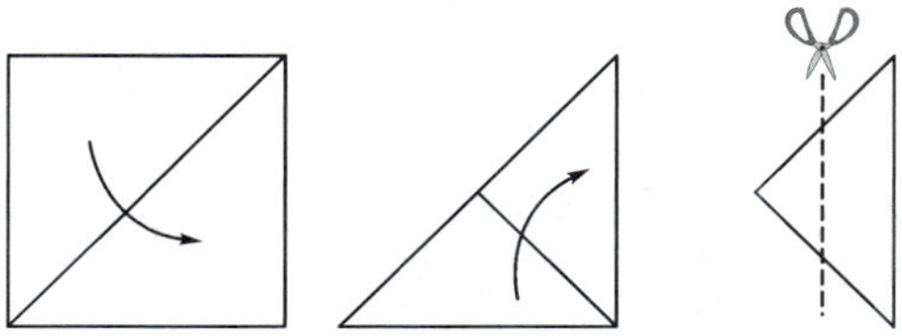

第 2 题图

2. 一张边长为 10 厘米的正方形纸片，如图对折两次，再沿两边的中点连线剪掉一个角之后，那么把余下部分展开为单层纸片，其单层纸片的面积是________平方厘米。

(2015 年“数学花园探秘”小高决赛)

3. 如图，图中所有的三角形都是等边三角形，其中三个等边三角形的面积分别是 1 平方厘米、4 平方厘米、9 平方厘米，那么阴影部分的面积为________平方厘米。

(2017 年“数学花园探秘”5 年级初赛 A 卷)

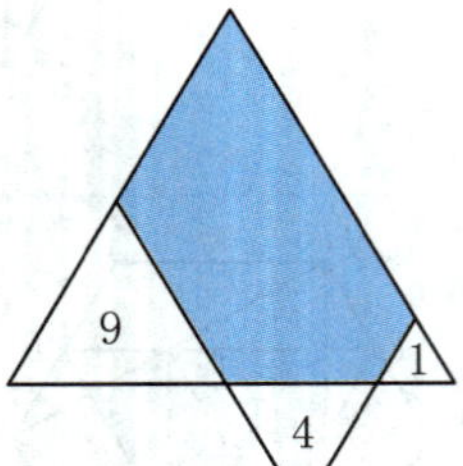

第 3 题图

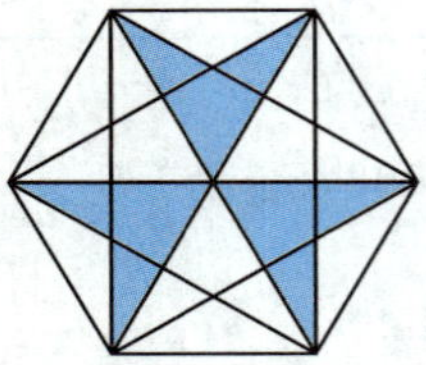

第 4 题图

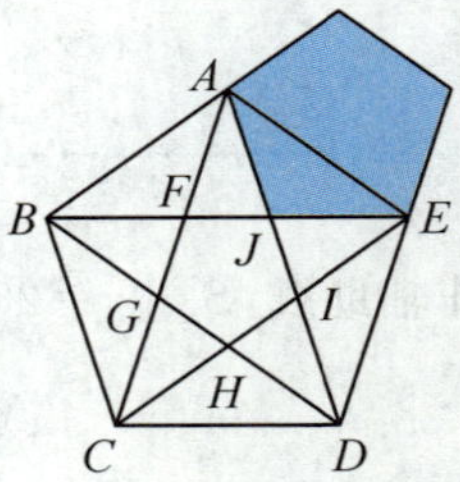

第 5 题图

4. 图中大正六边形的面积是 54 平方厘米，那么阴影部分的面积和是________平方厘米。

(2018 年“数学花园探秘”5 年级初赛 C 卷)

5. 如图，正五边形 $ABCDE$ 与正五边形 $FGHIJ$ 的面积和为 2520，那么图中阴影正五边形的面积是________。

6. 如图，线段 DE、MN、PQ 将等腰直角△ABC 分成了 1 个等腰直角三角形和 3 个直角梯形，阴影部分的面积和与空白部分的面积和相等。线段 DM、MP、PB 的长度均为 2 厘米，则等腰直角△ADE 的面积为________平方厘米。

(2020 年“数学花园探秘”5 年级初赛 B 卷)

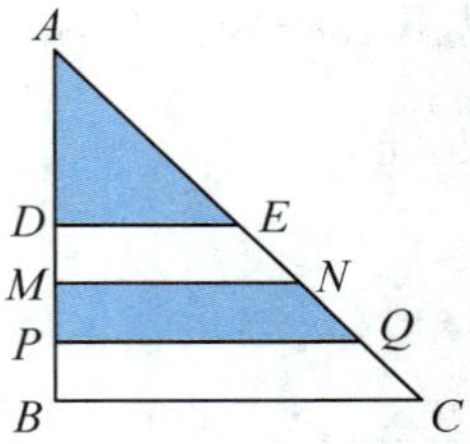

第 6 题图

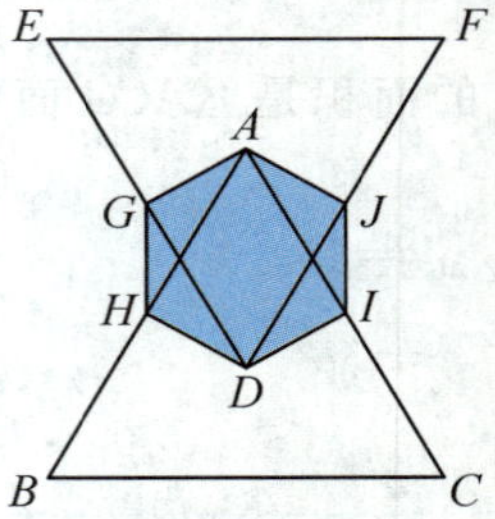

第 7 题图

7. 如图，两个等边△ABC 和△DEF，A 为△DEF 的中心，D 为△ABC 的中心。已知 H、I、G、J 分别为边 AB、AC、DE、DF 的中点。如果阴影部分的面积为 90，那么整个图形的面积为________。

(2018 年“数学花园探秘”5 年级网赛)

8. 如图，最大的一个正三角形的面积是 144，阴影部分的面积是________。

(2016 年“数学花园探秘”6 年级初赛 D 卷)

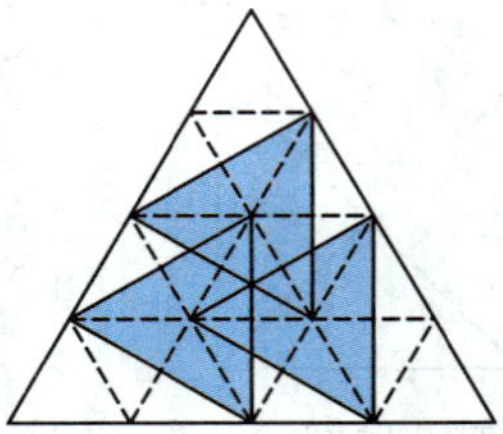

第 8 题图

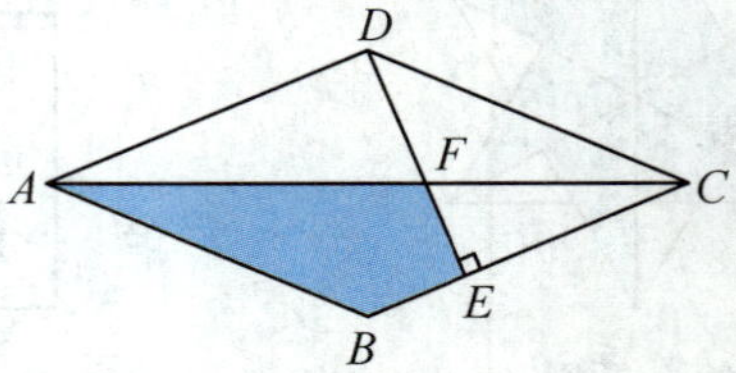

第 9 题图

9. 如图，菱形 $ABCD$ 的边长是 18。如果△CDE 是等腰直角三角形，求四边形 $ABEF$ 的面积。

参考答案

1. 答案:3。

分析:Look(看)!

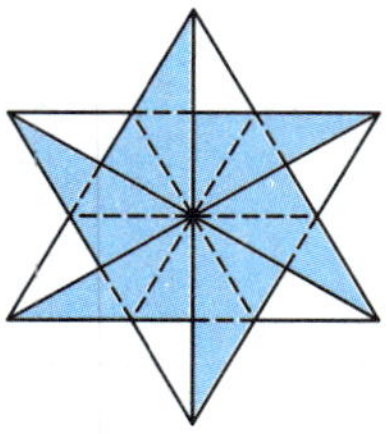

第 1 题图

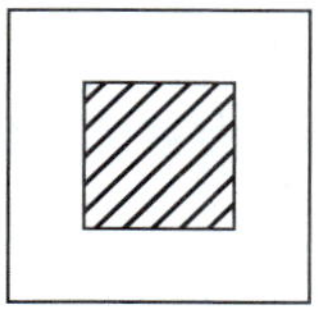

第 2 题图

2. 答案:75。

分析:展开后如图所示,$S=10^2-5^2=75$(平方厘米)。

3. 答案:26。

分析:因为三个小等边三角形面积分别是 1、4、9,所以其底边比为 1∶2∶3,所以大等边三角形的面积是 36,阴影部分的面积是 $36-1-9=26$。

4. 答案:18。

分析:正六边形可以分成 6 个面积相等的正三角形,每个正三角形又可以分成面积相等的 3 个钝角三角形,所以阴影部分的面积和为 $54\div(6\times3)\times6=18$(平方厘米)。

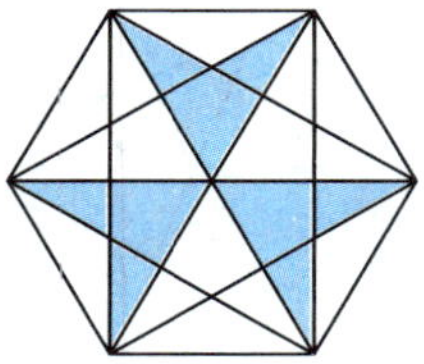

第 4 题图

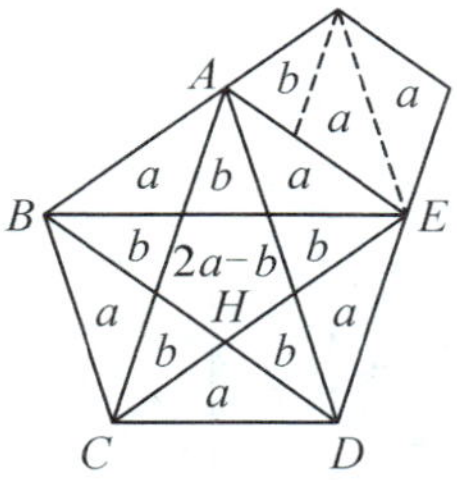

第 5 题图

5. 答案:840。

分析:设$\triangle AFB$ 的面积为 a,$\triangle AFJ$ 的面积为 b。

如图,因为$\triangle ABE$ 的面积和$\triangle BHE$ 的面积相等,所以五边形 $FGHIJ$ 的面积是 $2a+b-2b=2a-b$,五边形 $ABCDE$ 的面积是 $5a+5b+2a-b=7a+4b$,所以 $9a+3b=2520$。

故阴影正五边形的面积是 $3a+b=2520\div3=840$。

6. 答案:18。

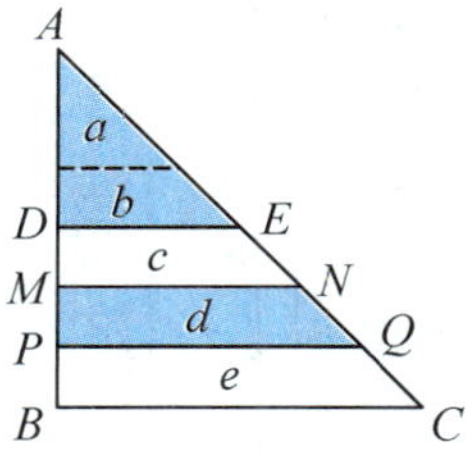

第 6 题图

分析:如图所示,易知 e 区域的面积比 d 区域多 $2\times2=4$(平方厘米)。同样,c 区域的面积比 b 区域多 4 平方厘米。又知阴影部分的面积与空白部分的面积相等,所以 a 区域的面积为 8 平方厘米,故$\triangle ADE$ 为一个等腰直角三角形,其直角边长为 4 厘米。由此可知,等腰直角$\triangle ADE$ 的面积为$(4+2)^2\div2=18$(平方厘米)。

7. 答案：330。

分析：如图 1，可知$\triangle ADH$ 的面积为正$\triangle ABC$ 面积的$\frac{1}{6}$。

如图 2，可知$\triangle DGH$ 的面积为正六边形面积的$\frac{1}{6}$，即$\triangle AGD$ 的面积为正六边形面积的$\frac{1}{2}-\frac{1}{6}=\frac{1}{3}$，即为 $90\times\frac{1}{3}=30$。

如图 3，五边形 $HBCID$ 的面积为 $30\times4=120$。

进而可知，整个图形的面积为 $90+120\times2=330$。

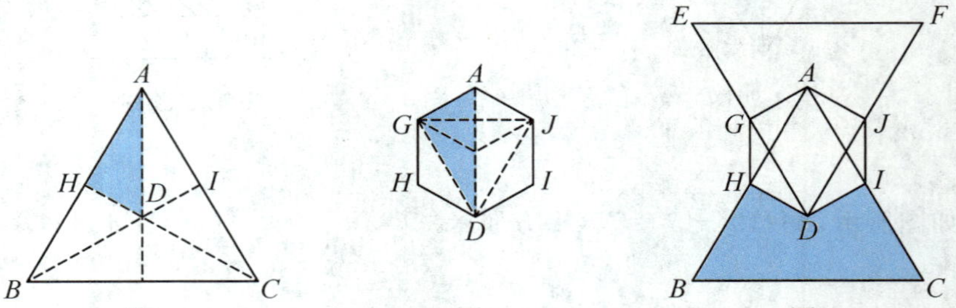

图1 图2 图3

第 7 题图

8. 答案：72。

分析：注意到，三个三角形重复部分也是正三角形，且边长为正$\triangle ABC$ 的$\frac{1}{3}$，则面积为$\triangle ABC$ 的$\frac{1}{9}$，而 $S_{\triangle ABC}=144\div(1+3+5+7)\times3=27$，故所求面积为 $27\times3\times\left(1-\frac{1}{9}\right)=72$。

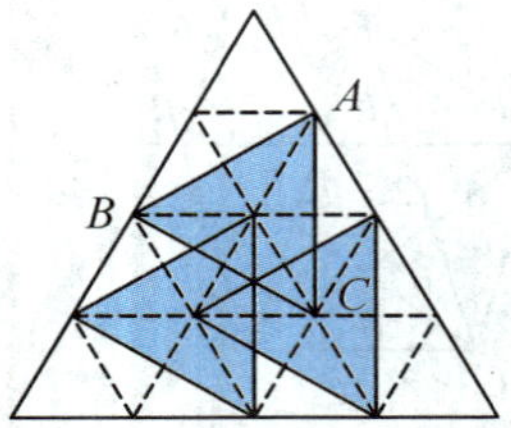

第 8 题图

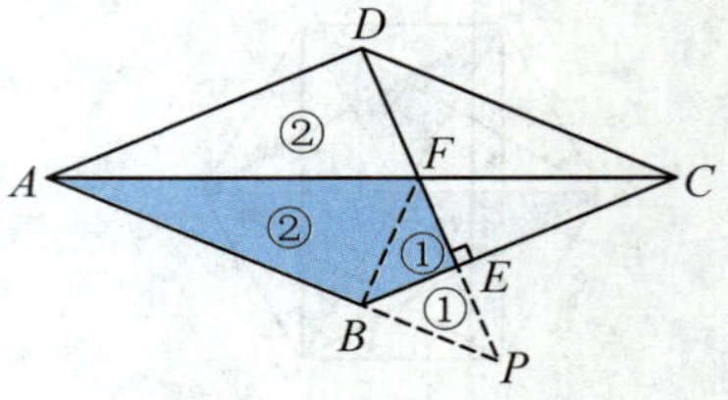

第 9 题图

9. 答案：81。

分析：如图，延长 AB、DE 交于点 P，连接 BF。

$\because\angle DAP=\angle DCE=45^\circ$，$\therefore\angle P=180^\circ-90^\circ-45^\circ=45^\circ=\angle DAP$。

由对称性可知，$S_{阴}=\frac{1}{2}S_{\triangle PAD}=\frac{1}{2}\times\left(\frac{1}{2}\times18\times18\right)=81$。

28.5　图形综合

28.5.1　对称

例 40　题图是由 54 个大小相同的单位正三角形拼合而成,其中一些正三角形已经被涂上阴影。如果希望将图形变成轴对称图形,那么,最少需要再给________个单位正三角形涂上阴影。

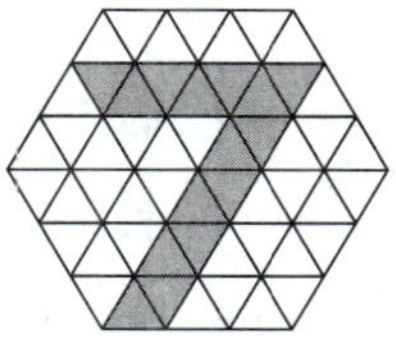

(2018 年"数学花园探秘"5 年级初赛 A 卷)

解析

正六边形六条对称轴如图所示,可知最少涂 6 个正三角形。

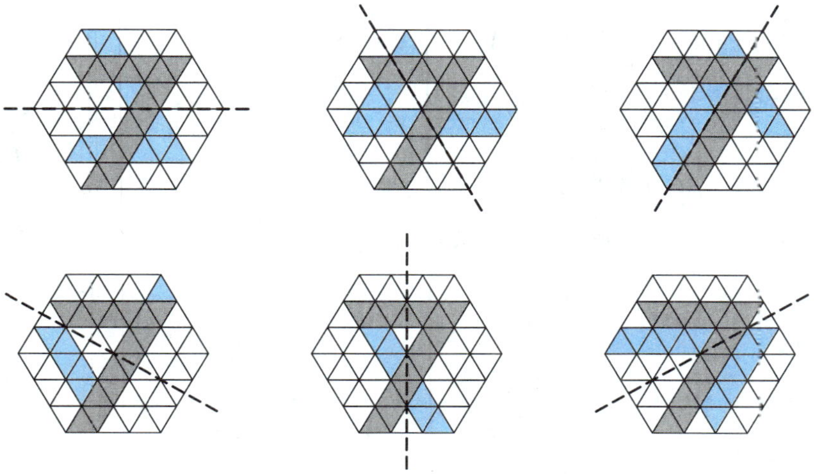

例 41　如图,在公园内铺设道路,如果按照左边的方案铺设,需要 360 万元;如果按照中间的方案铺设,需要 300 万元;如果按照右边的方案铺设,那么需要________万元。(图中虚线表示水泥路,实线表示沥青路)

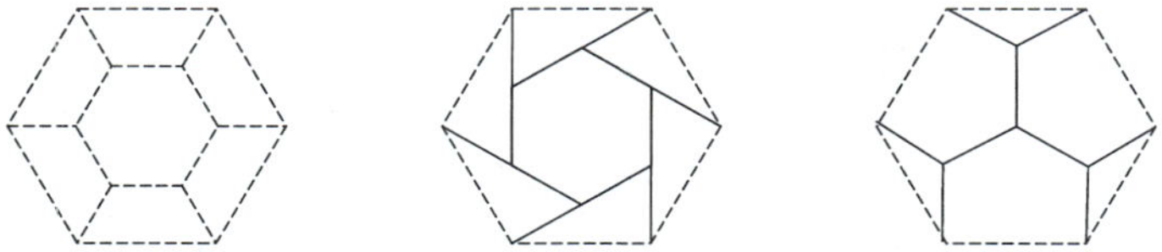

(2014 年"数学花园探秘"小高决赛)

解析

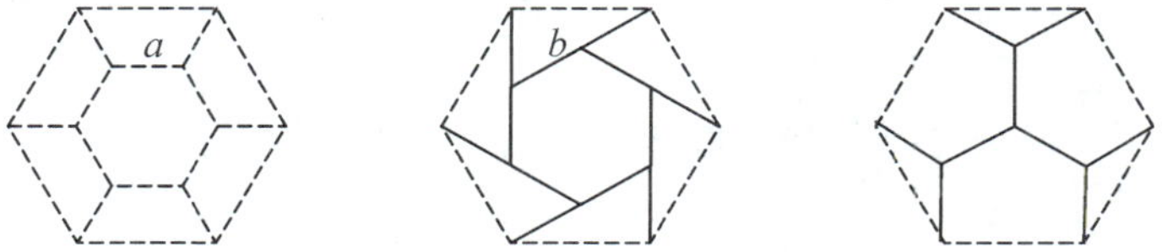

左图中有 24 段 a,则每段 a 需要 $360\div24=15$(万元);

中间的图中有 12 段 a、12 段 b,所以每段 b 需要 $300\div12-15=10$(万元);

右图中有 12 段 a、9 段 b,所以共需要 $15\times12+10\times9=270$(万元)。

例 42 题图是由一个正方形和两个长方形拼成的对称图形。已知阴影部分的周长为 36,线段 AB 的长度为 2,那么正方形的面积是________。

（2018 年"数学花园探秘"高年级决赛 C 卷）

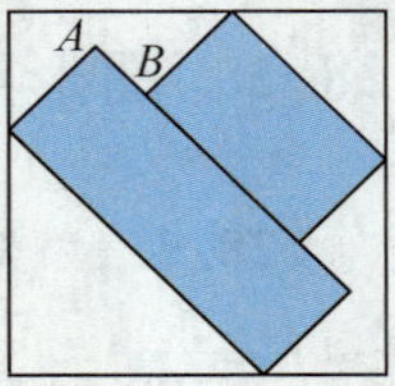

解析

如图,线段 MN 是正方形的对角线,也是整个图形的对称轴。

$\triangle MCD$ 和 $\triangle NEF$ 都是等腰直角三角形。

在等腰 $Rt\triangle MCD$ 中,$MP=CP$。

在等腰 $Rt\triangle NEF$ 中,$NQ=EQ$。

图中,$PC+CB+BA+AE+EQ=36\div2=18$,

所以 $MN=MP+PQ+QN=PC+(CB+AE)+EQ=18-AB=16$。

故所求正方形的面积为 $16^2\div2=128$。

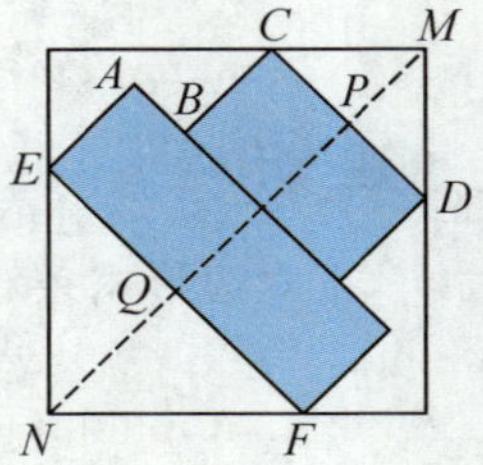

例 43 如图,四边形 $ABCD$ 和四边形 $AEFG$ 分别是边长为 10 和 6 的正方形,O_2、O_1 分别为大、小正方形的中心,那么阴影部分的面积为________。

（2015 年"数学花园探秘"6 年级）

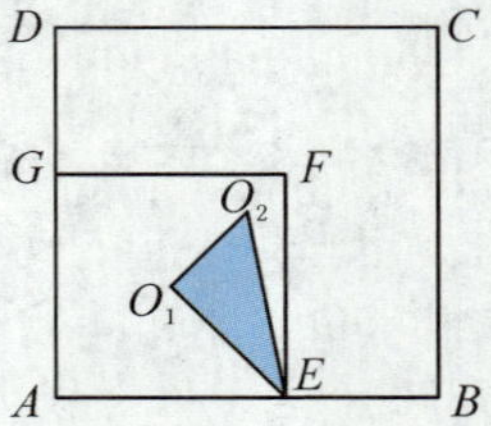

解析

$$S_{阴}=S_{\triangle AEF}\times\frac{O_1O_2}{AF}=\frac{6^2}{2}\times\frac{5-3}{6}=6。$$

例 44 如图,大正六边形中有 1 个小正六边形、6 个大小相同的正方形。已知每个正方形的面积都是 2018 平方厘米,那么,大正六边形与小正六边形的面积相差________平方厘米。

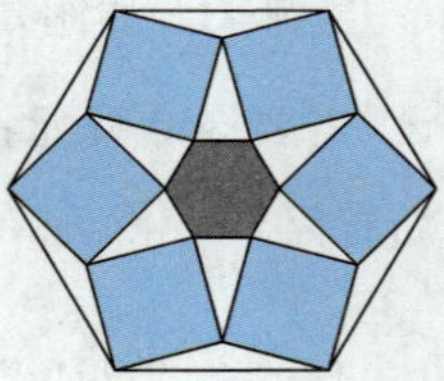

解析

如图,将 $\triangle CDE$ 绕点 C 顺时针旋转 90°,得到 $\triangle ACE'$,在 CE' 上作 $\triangle ACE'$ 的高 h。

$\because\angle ACE'+\angle ACB=30^\circ+150^\circ=180^\circ$,$\therefore S_{\triangle ACE'}=S_{\triangle ACB}$。

又 $\because\angle ACE'=30^\circ$,$\therefore h=\frac{1}{2}AC$,$S_{\triangle ACE'}=\frac{1}{2}E'C\times h=\frac{1}{4}S_{小正方形}$。

于是图中所有三角形的面积均为小正方形面积的 $\frac{1}{4}$。

所以大正六边形与小正六边形的面积相差 $6+12\times\frac{1}{4}=9$(个)正方形的面积,即 $2018\times9=18162$(平方厘米)。

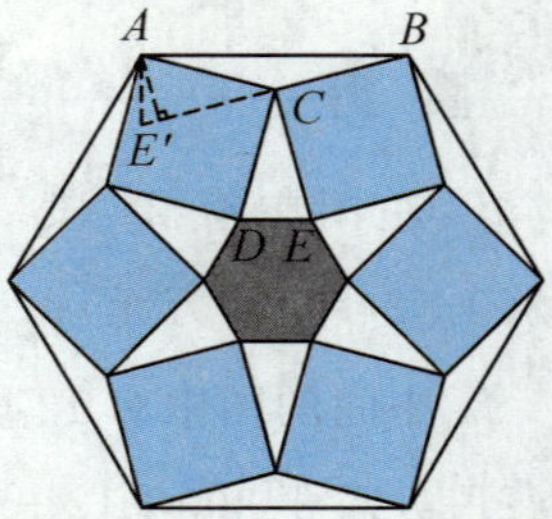

28.5.2　特殊角度与正多边形

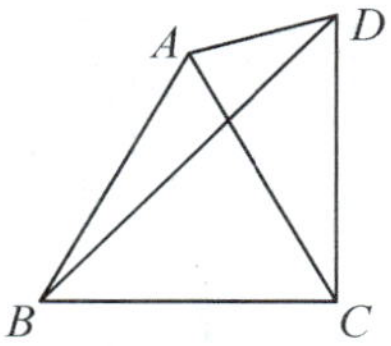

例 45　如图，$\triangle ABC$ 是等边三角形，$\triangle BCD$ 是等腰直角三角形。如果 $BC=18$，那么$\triangle ACD$ 的面积是________。

(2020 年"数学花园探秘"5 年级初赛 A 卷)

解析

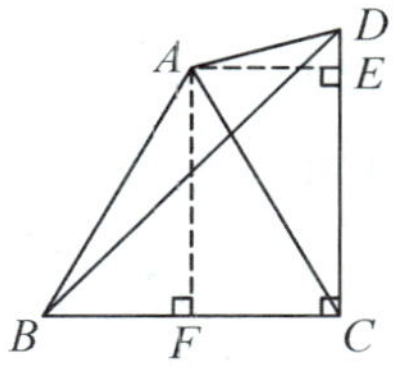

如图，过点 A 分别作$\triangle ACD$、$\triangle ABC$ 的高 AE、AF，则四边形 $AECF$ 是一个长方形。由于 CF 的长是 BC 的一半，所以 $AE=CF=18\times\frac{1}{2}=9$，$S_{\triangle ACD}=18\times9\div2=81$。

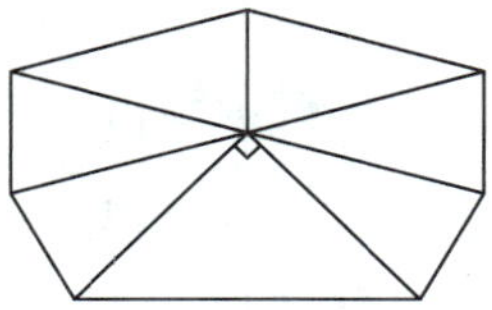

例 46　题图由 6 个相同的等腰三角形和 1 个等腰直角三角形组成，如果所有等腰三角形的腰长都是 22 厘米。那么，题图的总面积为________平方厘米。

(2019 年"数学花园探秘"小高决赛 D 卷)

解析

如图，6 个等腰三角形的顶角都是 30°。

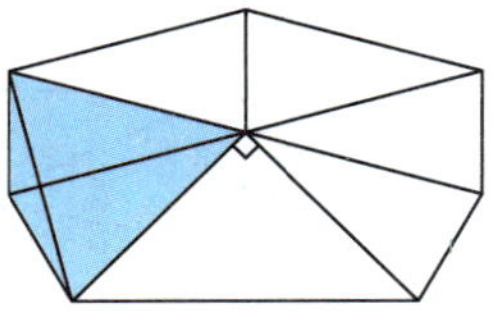

每两个等腰三角形的面积之和＝阴影四边形的对角线乘积÷2＝$22^2\times\frac{1}{2}$。

故整个图形的面积为 $22^2\times2=968$。

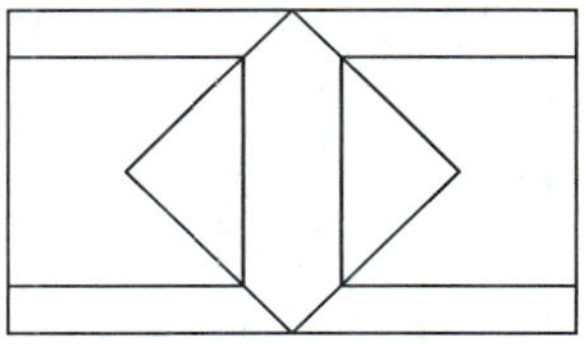

例 47　如图，将 3 个正方形和 1 个长方形组合成 1 个左右对称的图形。如果长方形的面积是 180，中间斜置的正方形的面积是 54，那么左右两个正方形的面积之和是________。

(2020 年"数学花园探秘"小高决赛 C 卷)

解析

【方法 1】如图 1，长方形的面积＝$DC\times DA=180$；

斜置正方形的面积＝对角线的平方÷2＝$DA^2\div2=54$；

所以 $DC:DA=180:108=5:3$，从而 $DE:DA=5:6$。

又因为$\triangle DEG$ 为等腰直角三角形，所以 $DE=DG$，于是 $DG:GA=5:1$。从而 $DF:FG:GA=1:4:1$。

中间斜置正方形的面积＝$DA^2=54$。

所以左右两个正方形的面积之和＝$FG^2\times2=96$。

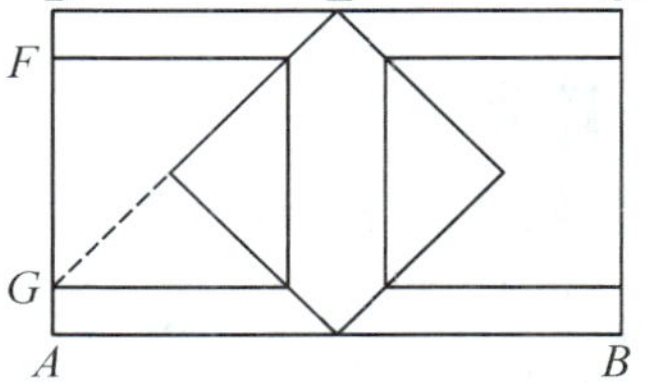

图 1

【方法 2】如图 2，$2S_1-4S_2=180-54\times3=18$。

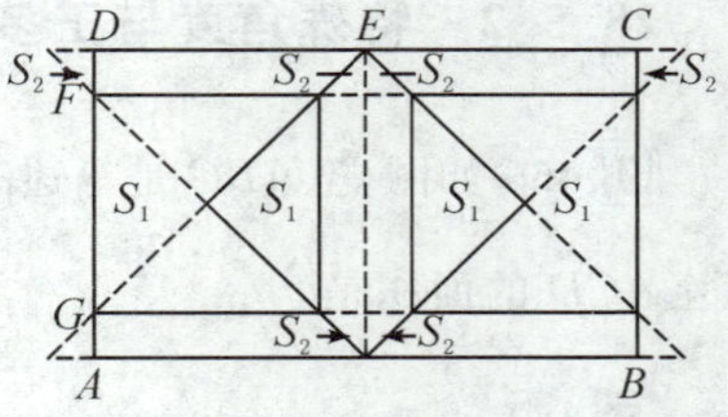

图 2

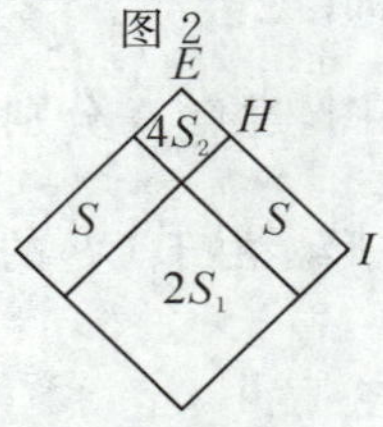

图 3

如图 3，$4S_2+S+S+2S_1=54$。

$\therefore 4S_2+S+S+(4S_2+18)=54$，

$8S_2+2S=36$，

$4S_2+S=18$。

$\therefore \dfrac{EH}{EI}=\dfrac{18}{54}=\dfrac{1}{3}$，$\dfrac{EH}{HI}=\dfrac{1}{2}$。

$S=8S_2$，$2S_1=2S$，$S_1=8S_2$。

$S_2=54\div(4+8+8+16)=1.5$，$S_1=1.5\times8=12$。

故所求面积为 $12\times4\times2=96$。

例 48 如图，在正六边形 $ABCDEF$ 中，点 G 是线段 EF 上一点，线段 BD 与线段 CG 相交于点 O。已知 $\triangle BCO$ 的面积是 1818，$\triangle CDO$ 的面积是 1212，那么 $\triangle AFG$ 的面积是________。 （2020 年“数学花园探秘”6 年级初赛 B 卷）

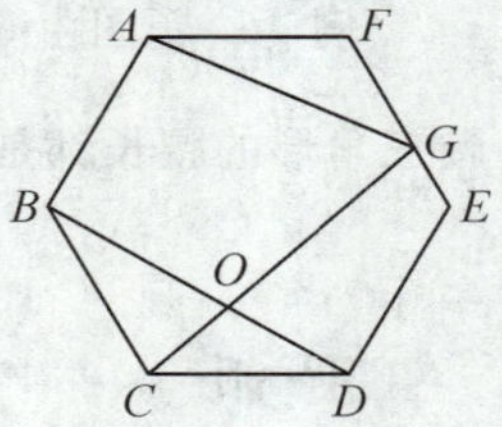

解析

如图，连接 BG，DG。

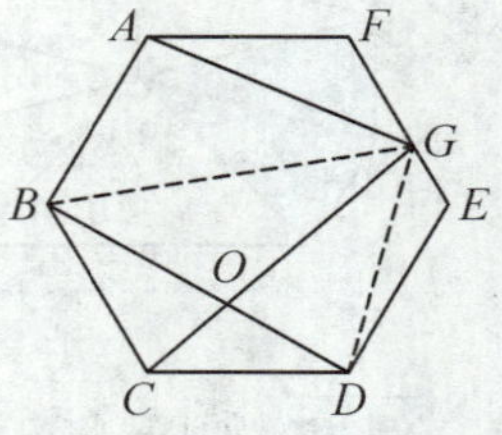

$\because \dfrac{BO}{DO}=\dfrac{1818}{1212}=\dfrac{3}{2}$，$S_{\triangle BCD}=1818+1212=3030=\dfrac{1}{6}S_{\text{正六边形}ABCDEF}$，

$\therefore S_{\triangle BCG}=\dfrac{1}{3}S_{\text{正六边形}ABCDEF}=6060$，$S_{\triangle BOG}=6060-1818=4242$，$S_{\triangle DOG}=4242\times\dfrac{2}{3}=2828$。

$\because S_{\triangle AGF}+S_{\triangle CGD}=\dfrac{1}{3}S_{\text{正六边形}ABCDEF}=6060$，$\therefore S_{\triangle AGF}=6060-1212-2828=2020$。

例 49 正八边形边长是 16，那么阴影部分的面积之和是________。

（2016 年“数学花园探秘”5 年级初赛 A 卷）

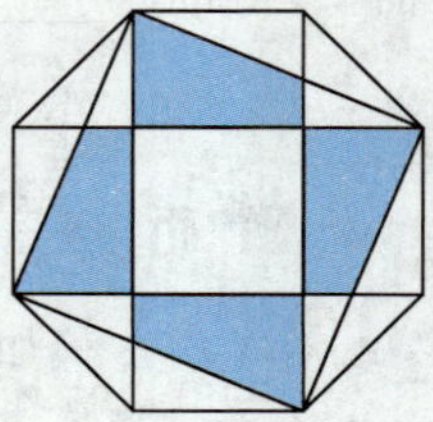

解析

如图，连接 AC，则中间正方形的面积被分为 S_2、S_3，且可知 $\angle1=(135°-90°)\times\dfrac{1}{2}=22.5°$，$\angle2=45°-22.5°=22.5°$，$\angle3=135°\div2-45°=22.5°$，故 $\angle2=\angle3$，于是 AF 为等腰 $\triangle BAI$ 的对称轴，所以 $S_1=S_2$。同理，$S_3=S_4$。

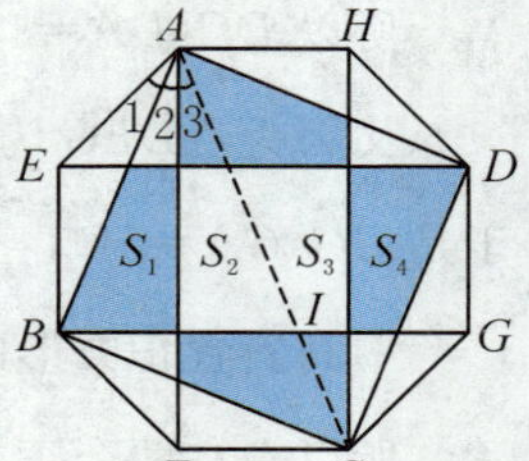

于是矩形 $EDGB$ 中的阴影部分的面积之和等于中间正方形的面积，也就是 $16\times16=256$。同理，矩形 $SAHCF$ 中的阴影部分的面积之和也等于 256。所以阴影部分的总面积是 $256\times2=512$。

例 50 如图,正八边形 $EFGHIJKL$ 的顶点均在正方形 $ABCD$ 的边上。如果正八边形的面积为 120,那么阴影部分的面积为________。

(2020 年"数学花园探秘"5 年级网赛)

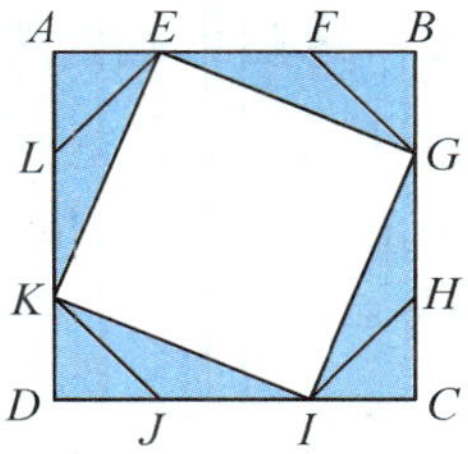

解析

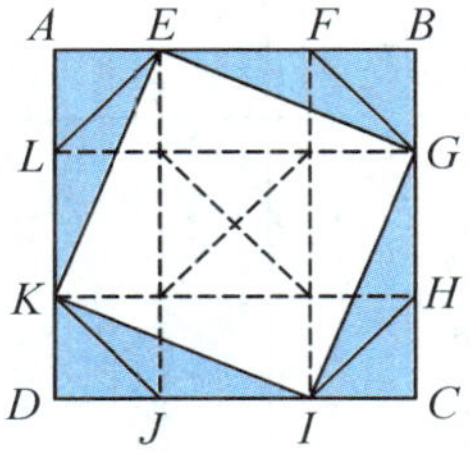

如图,对正八边形进行分割,可知其面积恰好等于 8 个等腰直角三角形与 4 个长方形的面积之和。而$\triangle AEL$ 恰为一个等腰直角三角形,$\triangle KEL$ 的面积恰为正八边形中侧面长方形面积的一半,故整个阴影部分的面积等于 4 个等腰直角三角形与 2 个长方形面积之和,为正八边形面积的一半,也就是 $120\div2=60$。

例 51 如图,一个面积为 2016 的长方形中放了 8 个同样大小的正十二边形,那么阴影部分的面积之和是________平方厘米。

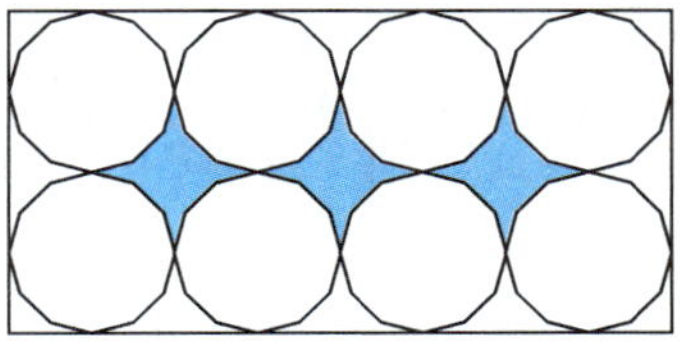

解析

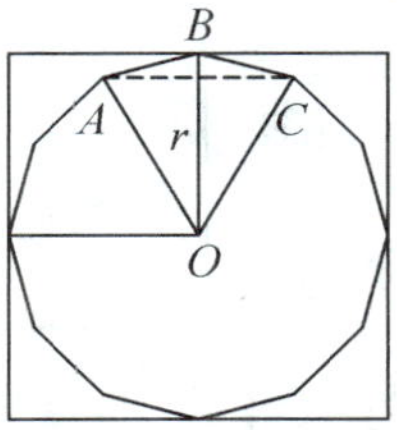

阴影部分的面积即为右图中正方形面积与正十二边形面积差的 3 倍,易求得正方形的面积为$2016\div8=252$。

设正十二边形外接圆半径的长度为 r,即 $OA=OB=OC=r$,则 $4r^2=252$,$r^2=63$。

根据正十二边形的角度性质可知,$\triangle OAC$ 是正三角形,$AC=r$,且 AC 与 OB 垂直,故 $S_{正十二边形}=6S_{四边形OABC}=6\times(r\times r\div2)=3r^2=189$。所以,所求面积为$(252-189)\times3=189$。

例 52 如图,正十二边形的面积是 2016 平方厘米,那么图中阴影部分的面积是________平方厘米。

(2016 年"数学花园探秘"小高决赛 A 卷)

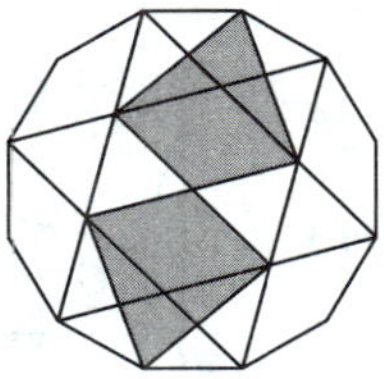

解析

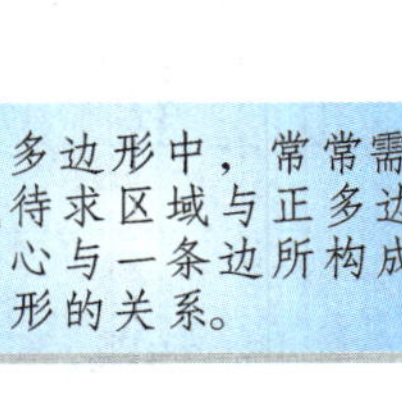

如图,连接 AO、BO。

$\because CB/\!/OA$,

$\therefore S_{\triangle OCA}=S_{\triangle OBA}=\dfrac{1}{12}S_{正十二边形}$。

$\therefore S_{阴}=4\times\dfrac{1}{12}S_{正十二边形}=\dfrac{1}{3}S_{正十二边形}=672$。

> 正多边形中,常常需要寻找待求区域与正多边形的中心与一条边所构成的三角形的关系。

例 53 如图所示，十二边形 $EFGHIJKLMNPQ$ 是正方形 $ABCD$ 内部最大的正十二边形。正方形 $ABCD$ 与正十二边形 $EFGHIJKLMNPQ$ 的边长差为 6，那么正十二边形 $EFGHIJKLMNPQ$ 的面积是________。

（2017 年"数学花园探秘"5 年级初赛 A 卷）

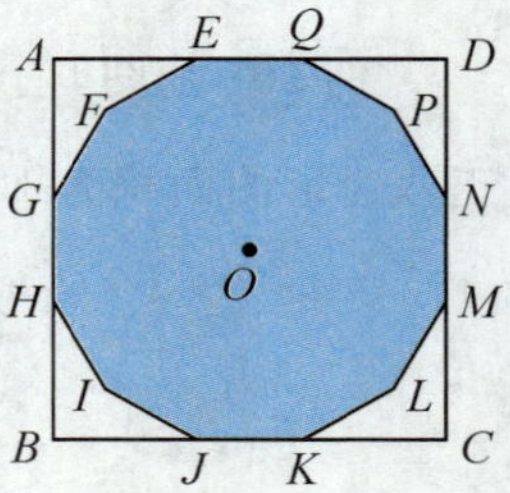

解析

如图，分别连接 QN、PO、QO、NO。

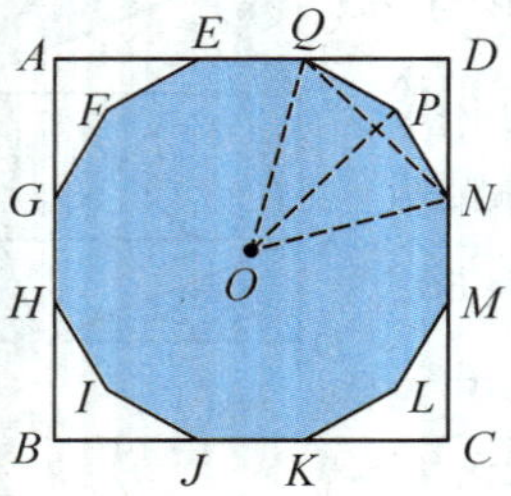

易知在正十二边形 $EFGHIJKLMNPQ$ 中，$\triangle QON$ 是等边三角形，所以 $S_{四边形QONP}=\frac{1}{2}\times QN\times OP=\frac{1}{2}ON^2$。

在等腰直角$\triangle QND$ 中，$S_{\triangle QDN}=\frac{1}{4}QN^2=\frac{1}{2}QD^2=\frac{1}{2}\times(6\div 2)^2=\frac{9}{2}$，所以 $QN^2=18$，所以 $S_{正十二边形EFGHIJKLMNPQ}=6\times\frac{1}{2}\times QN^2=3QN^2=3\times 18=54$。

28.5.3 竞赛题赏析

例 54 在矩形 $ABCD$ 中，已知 $AD=24$，$AB=7$，P 是 AD 边上任一点，$PE\perp BD$，$PF\perp AC$，E、F 分别是垂足，求 $PE+PF$ 的值。

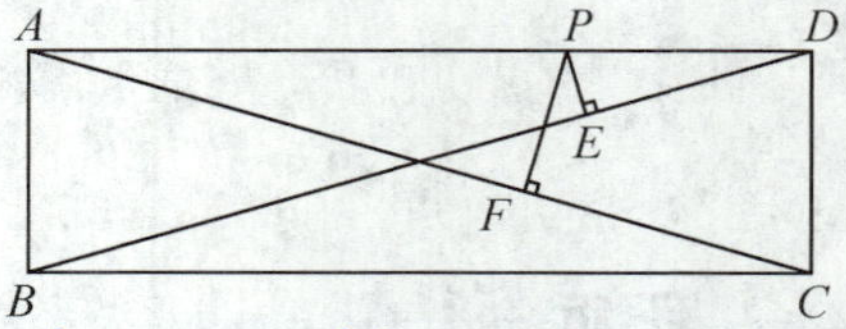

（2014 年春·武汉明心数学资优生测试 5 年级）

解析

【方法 1】如图 1，连接 BP、PC。$AC^2=BD^2=7^2+24^2=625=25^2$。

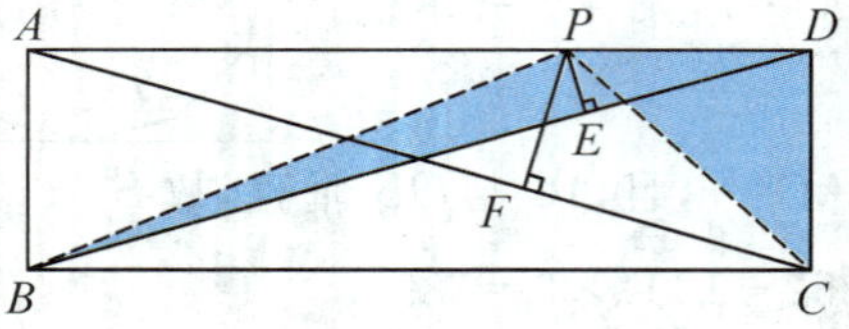

图1

因为 $S_{\triangle BPD}=S_{\triangle CPD}$，$S_{\triangle APC}+S_{\triangle CPD}=S_{\triangle ACD}$，则 $\frac{1}{2}(PF\cdot AC+PE\cdot BD)=\frac{1}{2}AD\cdot DC$，即 $\frac{1}{2}(PF+25PE)\times=\frac{1}{2}\times 7\times 24$，所以 $PF+PE=6.72$。

【方法 2】如图 2，作 $AG\perp BD$ 于点 G，$PM\perp AG$ 于点 M，则 $PE=MG$。

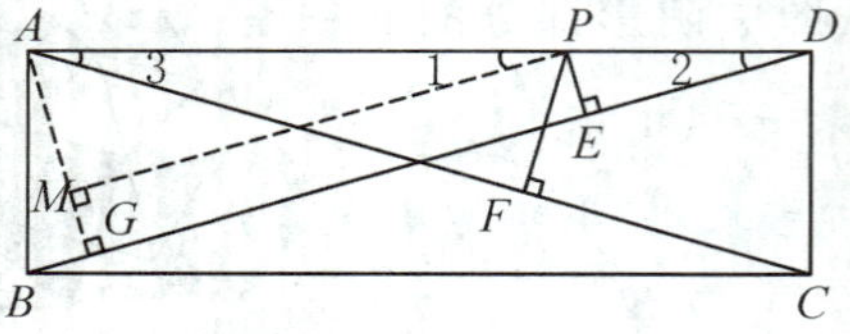

图2

又因为$\angle 1=\angle 2=\angle 3$，所以$\triangle PAM$ 与$\triangle APF$ 的形状、大小相等，则 $AM=PF$。所以 $PE+PF=MG+AM=AG$。

又因为 $AD=24$，$AB=7$，$\angle BAD=90°$，则 $BD=25$。

在$\triangle ABD$ 中，由面积公式有 $\frac{1}{2}AB\cdot AD=\frac{1}{2}BD\cdot AG$，$AG=\frac{AB\cdot AD}{BD}=\frac{168}{25}=6.72=PF+PE$。

例 55 如图，不规则六边形 $ABCDEF$ 是一个房间的平面图，每个角都为直角，$DE=20$ 米，$AB=10$ 米，$AF=EF$，房间的总面积是 280 平方米。求 CD 的长。

（2014 年秋·武汉明心数学资优生测试 5 年级）

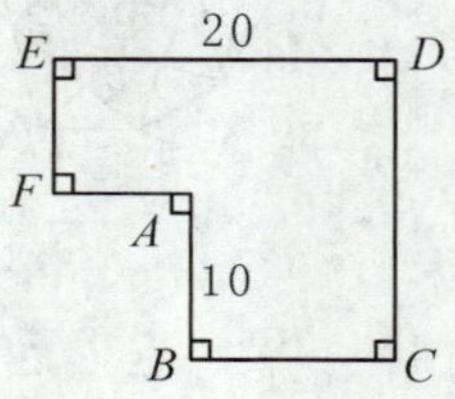

解析

【方法 1】如图 1，延长 EF、CB 交于点 G，延长 FA 交 CD 于点 H。

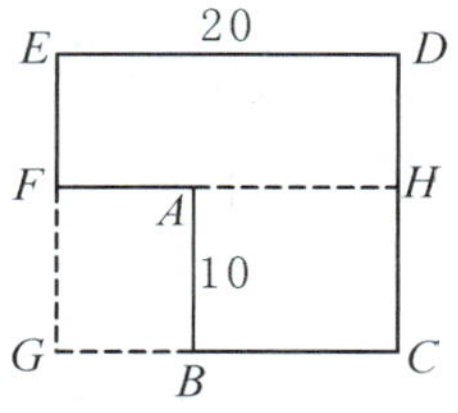

图1

长方形 $FGCH$ 的面积为 $10\times20=200$(平方米)，六边形 $ABCDEF$ 的面积与长方形 $FGCH$ 的面积差为 $280-200=80$(平方米)，即长方形 $EFHD$ 与长方形 $FGBA$ 的面积差为 80 平方米。

如图 2，由 $EF=AF$，将长方形 $ABGF$ 移至 $EFB'G'$。

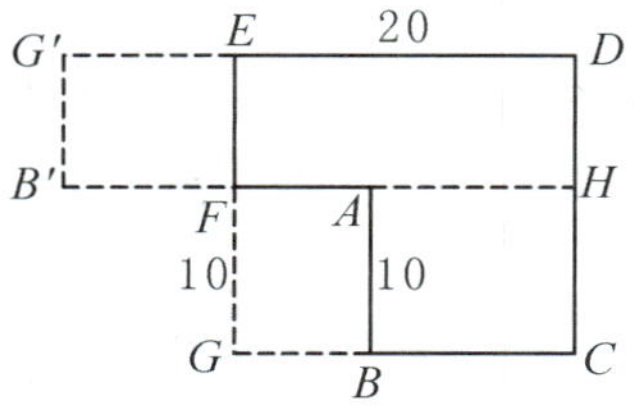

图2

由 $EF=20$，$G'E=10$，故长方形 $EFHD$ 的面积为长方形 $EFB'G'$ 的 2 倍，则 $S_{EDHF}=80\div(2-1)\times2=160$(平方米)，$DH=160\div20=8$(米)，$CD=10+8=18$(米)。

【方法 2】如图 3，将 FA 延长交 CD 于点 G，再将长方形 $DEFG$ 沿 ED、FG 的中点 IJ 分割成 S_1 与 S_2 两部分，$EI=ID=10$。

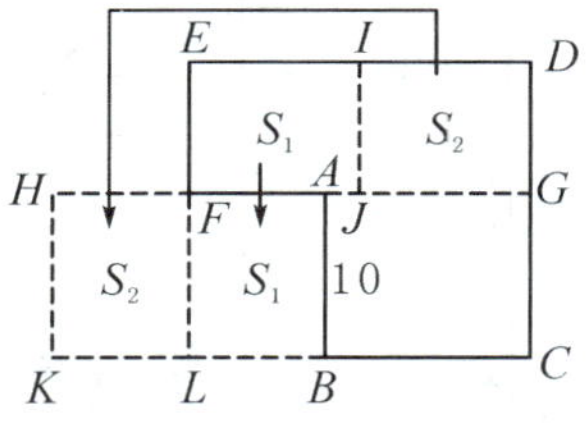

图 3

将这两块拼补到如图 3 所示左下方的位置，则长方形 $HKCG$ 的面积也为 280 平方米，宽 CG 为 10 米，所以长 $HG=280\div10=28$(米)。则 $HF=HG-FG=28-20=8$(米)。

又因为 $HF=EF$，所以 $EF=8$ 米。

所以 CD 长 $10+8=18$(米)。

【方法 3】设 $AF=EF=a$，则有 $20\times(10+a)-10a=280$，$a=8$，则 $CD=8+10=18$(米)。

例 56 如图，点 M 是平行四边形 $ABCD$ 的边 CD 上的一点，且 $DM:MC=1:2$，四边形 $EBFC$ 为平行四边形，FM 与 BC 交于点 G。若$\triangle FCG$ 的面积与$\triangle MED$ 的面积之差为 13 平方厘米，求平行四边形 $ABCD$ 的面积。

(2015 年“华杯赛”)

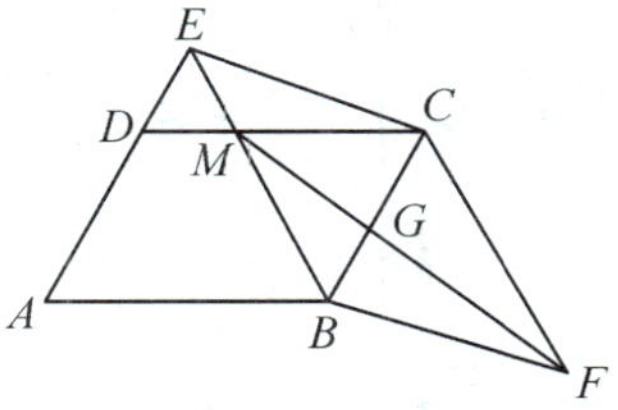

解析

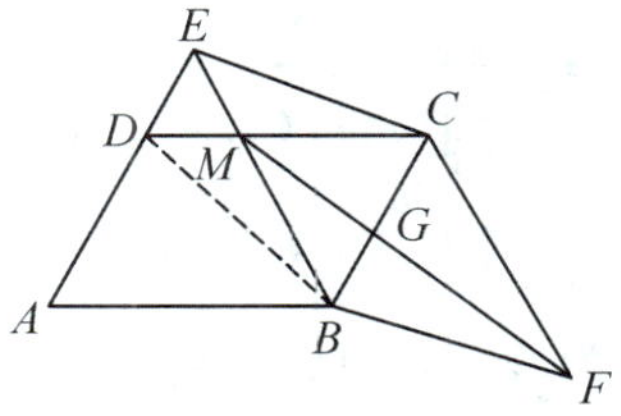

令 $S_{\triangle EDM}=x$。因为 $DM:MC=1:2$，所以 $S_{\triangle EMC}=2x$。

连接 BD。因为 $AD\mathbin{/\!/}BC$，所以 $S_{\triangle DBM}=S_{\triangle EMC}=2x$，所以 $S_{\triangle BCM}=4x$，$S_{\triangle CBF}=S_{\triangle BCM}+S_{\triangle CEM}=6x$。

由 $BM\mathbin{/\!/}FC$，得 $S_{\triangle MGC}=S_{\triangle FGB}$，即

$$\frac{CG}{GB}=\frac{S_{\triangle FCM}}{S_{\triangle MBF}}=\frac{S_{\triangle MGC}+S_{\triangle FCG}}{S_{\triangle MBG}+S_{\triangle FGB}}=\frac{S_{\triangle FGB}+S_{\triangle FCG}}{S_{\triangle MBG}+S_{\triangle MGC}}=\frac{S_{\triangle CBF}}{S_{\triangle BCM}}=\frac{3}{2}。$$

因为$\frac{S_{\triangle FCG}}{S_{\triangle FGB}}=\frac{CG}{GB}=\frac{3}{2}$，所以 $S_{\triangle FCG}=\frac{3}{5}S_{\triangle CBF}=\frac{18}{5}x$。

因为$\triangle FCG$ 的面积与$\triangle MED$ 的面积之差为 13 平方厘米，所以$\frac{18}{5}x-x=13$。解得 $x=5$，$S_{\triangle EBC}=6x=30$(平方厘米)，$S_{\square ABCD}=2S_{\triangle EBC}=60$(平方厘米)。

例 57 如图所示，在正六边形 $ABCDEF$ 中，GH、MN、PQ 分别平行于六边形的边。图中 4 个正三角形边长分别为 4，9，10，17。求正六边形的边长。

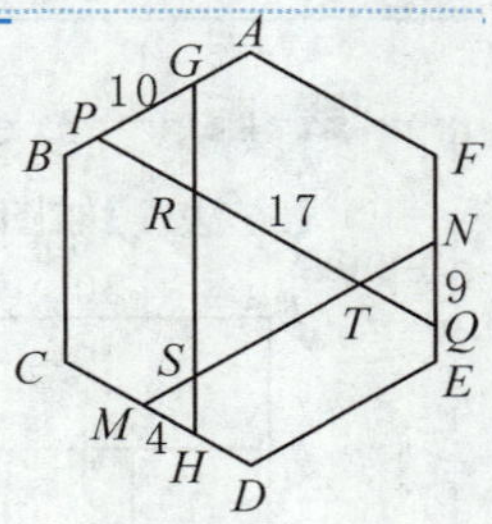

（第 21 届“华杯赛”决赛高年级组武汉卷）

解析

如图所示，连接 AD，分别交 PQ、MN 于点 K、L。

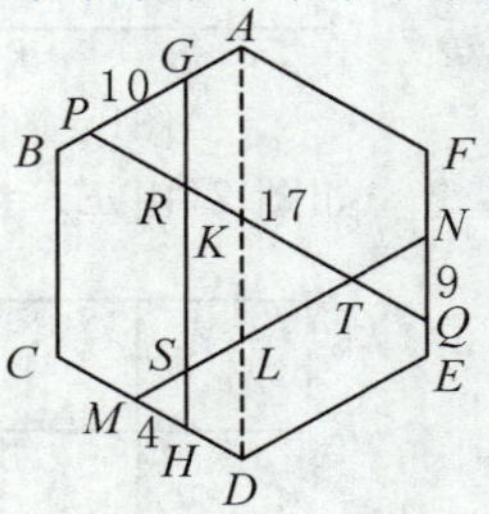

因为六边形 $ABCDEF$ 为正六边形，所以 AD 为其边长的 2 倍。

注意到图中的正三角形与平行四边形，可知：

$AD+DE=AL+LD+DE=GS+ML+LN=GR+RS+MS+ST+TN$

$=10+17+4+17+9=57$。

所以正六边形的边长为 $57\div3=19$。

例 58 如图所示，在正方形 $ABCD$ 中，$\triangle DEF$ 和 $\triangle CHG$ 为边长相等的正三角形。若 $\triangle AGH$ 的面积为 2016，则 $\triangle MCE$ 的面积为多少？

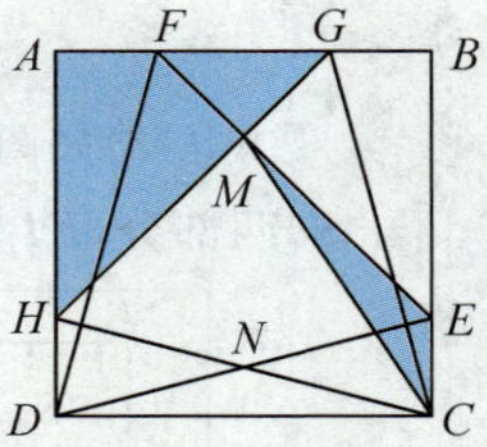

（2016 年秋·武汉明心数学资优生测试 6 年级题 2）

解析

【方法 1】如图 1 所示，将 $\triangle HDC$ 沿 CD 边翻折成 $\triangle KDC$。

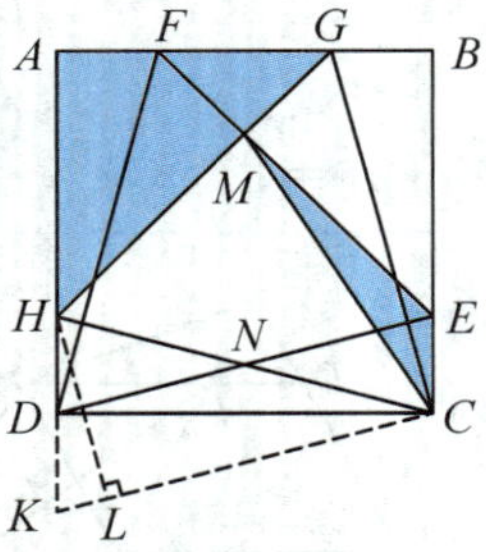

图 1

因为 $\triangle CGH$ 为正三角形，且由图形的对称性知，$\angle HCD=15°$，所以 $\angle HCK=30°$。

过点 H 作 HL 垂直于 CK 交 CK 于点 L，所以 $2HL=CK$。

由等积变形和正三角形知，

$$S_{\triangle MCE}=S_{\triangle NCE}=S_{\triangle HND}=\frac{1}{4}S_{\triangle HKC}=\frac{1}{16}CK^2=\frac{1}{16}GH^2=\frac{1}{4}S_{\triangle AGH}$$

$$=\frac{1}{4}\times2016=504。$$

【方法 2】设 $AB=1$，$AG=x$。因为 $GH=GC$，由勾股定理得 $2x^2=(1-x)^2+1^2$，所以 $x^2=2-2x$，所以 $\dfrac{S_{\triangle AGH}}{S_{\triangle MCE}}=\dfrac{\frac{1}{2}AG\times AH}{\frac{1}{2}CE\times\frac{1}{2}AB}=\dfrac{x^2}{\frac{1}{2}(1-x)}=\dfrac{2-2x}{\frac{1}{2}(1-x)}=4$，所以 $S_{\triangle MCE}=\dfrac{1}{4}S_{\triangle AGH}=2016\times\dfrac{1}{4}=504$。

【方法 3】∵ $\triangle DEF$ 与 $\triangle CHG$ 为边长相等的正三角形，∴ MN 为正方形 $ABCD$ 的对称轴，即 N 为 DE 的中点。且 $AD\,/\!/\,MN\,/\!/\,BC$，则 $S_{\triangle MCE}=S_{\triangle NCE}=\dfrac{1}{2}S_{\triangle DCE}=\dfrac{1}{2}S_{\triangle HDC}$。

如图 2，令 $AH=a$，$HD=b$，则 $DC=a+b$。

∵ $HG=HC$，∴在 $\mathrm{Rt}\triangle HAG$ 与 $\mathrm{Rt}\triangle HDC$ 中，由勾股定理可知，$a^2+a^2=b^2+(a+b)^2$，化简得 $a^2=2b^2+2ab$，即 $a^2=2b(a+b)$，$\dfrac{1}{2}a^2=b(a+b)$。即 $S_{\triangle AHG}=2S_{\triangle HDC}=4S_{\triangle MCE}$，则 $S_{\triangle MCE}=2016\div4=504$。

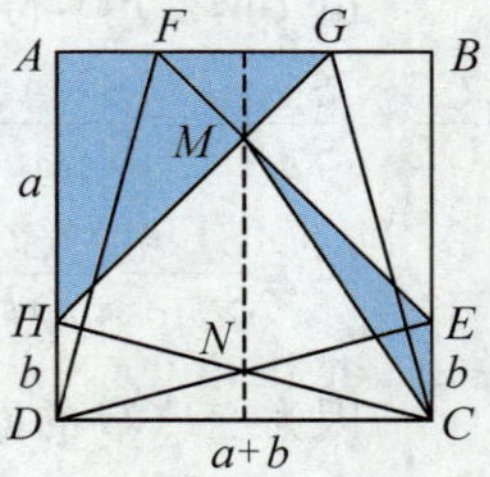

图 2

例 59 如图,E、F 分别为线段 BC 和 CD 的中点,$\triangle ECG$ 和$\triangle FCH$ 的面积都是 12,矩形 $ABCD$ 的面积是________。

(2014 年"数学花园探秘"小高决赛)

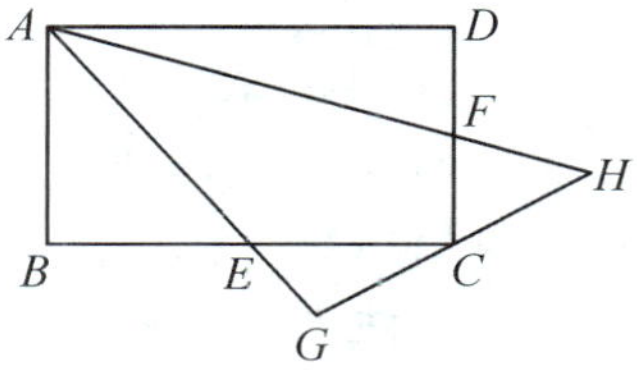

解 析

如图,连接 AC、EF,AC、EF 相交于点 M。连接 BG、DH。

$\because S_{\triangle ACE}=S_{\triangle ACF}=\frac{1}{4}S_{长方形ABCD}$,$\therefore \frac{AF}{HF}=\frac{S_{\triangle ACF}}{S_{\triangle FCH}}=\frac{S_{\triangle ACE}}{S_{\triangle ECG}}=\frac{AE}{GE}$,于是 $EF/\!/GH$。

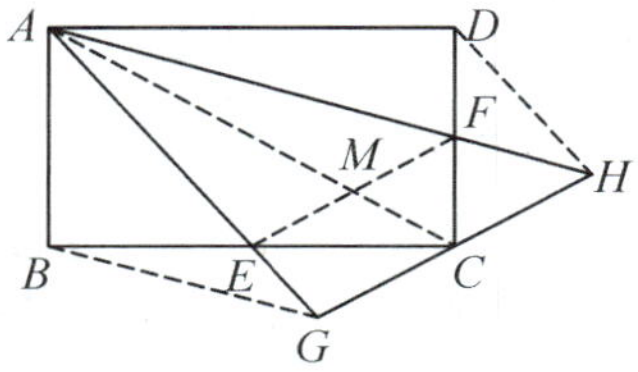

$\because \frac{AM}{CM}=\frac{\frac{3}{8}S_{长方形ABCD}}{\frac{1}{8}S_{长方形ABCD}}=\frac{3}{1}$,$\therefore \frac{AF}{HF}=\frac{AE}{GE}=\frac{AM}{CM}=\frac{3}{1}$,那么

$S_{长方形ABCD}=12\times3\times4=144$。

例 60 如图,分别以一个面积为 169 平方厘米的正方形的四条边为底,作 4 个面积为 101.4 平方厘米的等腰三角形。图中阴影部分的面积是________平方厘米。

(2015 年"数学花园探秘"5 年级初赛 A 卷)

解 析

$\because BC^2=169$,$\therefore BC=13$,$\therefore$在$\triangle BFC$ 中,点 F 到 BC 的距离为 $101.4\times2\div13=15.6$(厘米)。

如图,过点 F 作 FJ 垂直于 CD 的延长线于点 J,则 $CJ=15.6$,$DJ=15.6-13=2.6$,$FJ=13\div2=6.5$。

根据勾股定理得,$FC^2=FJ^2+CJ^2$,$FC=16.9$。

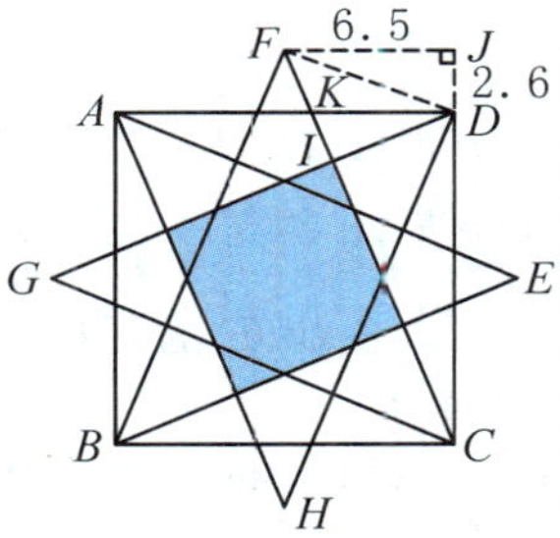

$\because KD/\!/FJ$,$\therefore \frac{CK}{CF}=\frac{CD}{CJ}=\frac{5}{6}$,$CK=16.9\times\frac{5}{6}=\frac{169}{12}$。

连接 FD,$S_{\triangle FDC}=\frac{1}{4}S_{正方形ABCD}=42\frac{1}{4}$(平方厘米),$S_{\triangle KDC}=\frac{5}{6}\times42\frac{1}{4}=35\frac{5}{24}$(平方厘米)。

$\because ID\perp CK$,$\therefore ID=35\frac{5}{24}\times2\div\frac{169}{12}=5$,则 $IC^2=CD^2-ID^2$,$IC=12$。

故 $S_{\triangle CID}=\frac{1}{2}\times12\times5=30$(平方厘米),$S_{阴}=169-30\times4=49$(平方厘米)。

例 61 如图,四边形 $EFCD$ 是平行四边形。如果梯形 $ABCD$ 的面积是 320,四边形 $ABGH$ 的面积是 80,那么$\triangle OCD$ 的面积是________。

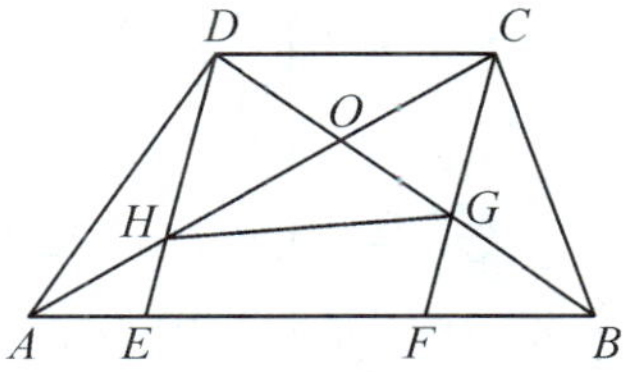

解 析

题目的问题很显然是常见"漏斗"形的一部分,且梯形总面积已知,则题目的问题转化为上、下底的比。由此解题可分为两大步骤。

(1)平行双轨滑：如图 1，连接 EG，将四边形 $ABGH$ 分成两个部分。

连接 EC，$\because CF/\!/DE$，$\therefore S_{\triangle GHE}=S_{\triangle CHE}$，$\therefore S_{\text{四边形}AEGH}=S_{\triangle CAE}$。

$\because DC/\!/AB$，$\therefore S_{\triangle CAE}=S_{\triangle DAE}$，$\therefore S_{\text{四边形}AEGH}=S_{\triangle DAE}$。

同理，$S_{\triangle BEG}=S_{\triangle BFC}$。所以 $S_{\triangle DAE}+S_{\triangle CBF}=S_{\text{四边形}ABGH}=80$。

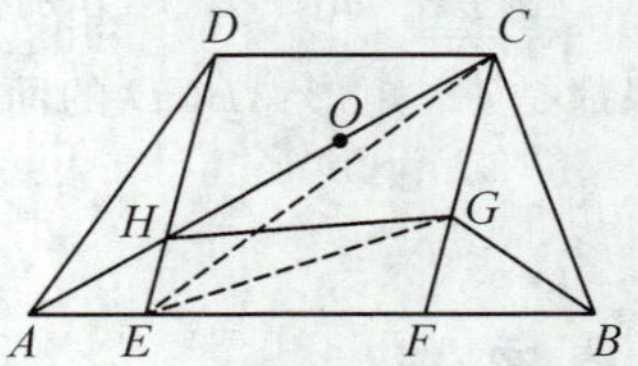

图 1

(2)方揭漏斗纱：如图 2，由题意知，$S_{\square CDEF}=320-80=240$，$S_{\triangle BCD}=240\div 2=120$，$S_{\triangle ABD}=320-120=200$。于是 $DC:AB=120:200=3:5$。

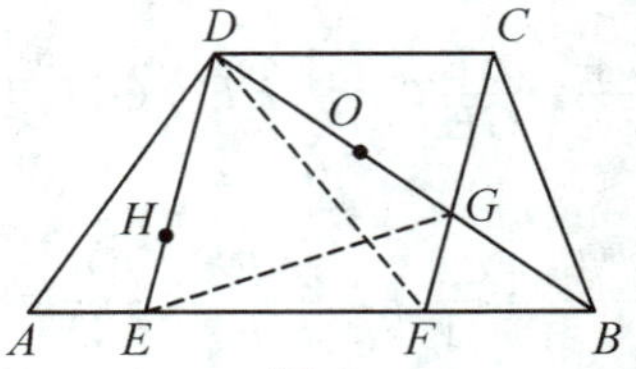

图 2

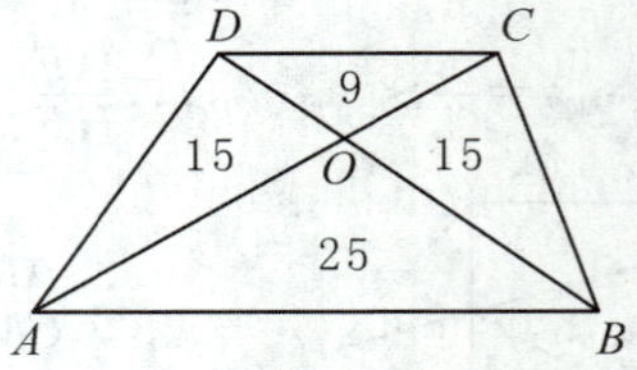

图 3

如图 3，再来看梯形中的"漏斗"，$\triangle DOC$、$\triangle ADO$、$\triangle BOC$、$\triangle AOB$ 的面积的比为$(3\times3):(3\times5):(3\times5):(5\times5)=9:15:15:25$，所以 $S_{\triangle COD}=320\times\dfrac{9}{9+15+15+25}=45$。

例 62 题图由一个正三角形和一个正六边形组成。如果正三角形的面积为 960，正六边形的面积是 840，那么阴影部分的面积是________。

(2018 年"数学花园探秘"5 年级初赛 A 卷)

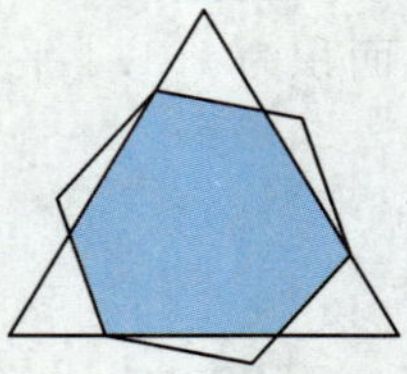

解析

$\triangle AEF$ 的面积为 $840\div2=420$，则$\triangle AEC$ 的面积为$(960-420)\div3=180$，为$\triangle CDG$ 面积的$\dfrac{3}{16}$。

如图 1，$\because$ 图形关于中心点 O 对称，而$\dfrac{3}{16}=\dfrac{1}{4}\times\dfrac{3}{4}$，满足共角定理，

$\therefore A$、E、F 三点分别为 GC、CD、DG 的四等分点。

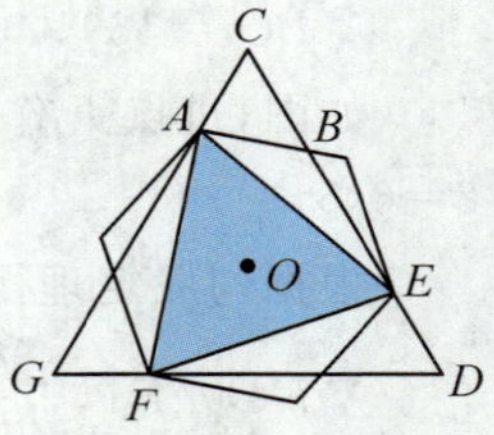

图 1

如图 2，$\because AB/\!/OE$，

$\therefore\triangle BOE$ 的面积为正六边形面积的$\dfrac{1}{6}$，为 $840\times\dfrac{1}{6}=140$；

$\triangle BOC$ 的面积为 $960\times\dfrac{1}{3}\times\dfrac{3}{4}-140=100$；

$\triangle DOE$ 的面积为 $960\times\dfrac{1}{3}-140-100=80$。

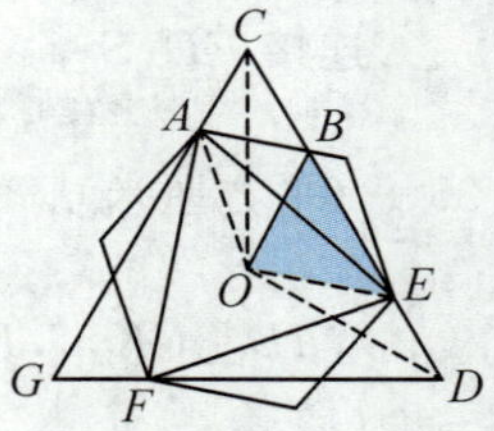

图 2

于是 $CB:BE:ED=100:140:80=5:7:4$，$\triangle ABC$ 的面积为 $960\times\dfrac{5}{5+7+4}\times\dfrac{1}{4}=75$，则所求的面积为 $960-75\times3=735$。

例 63 如图，AC 和 DB 垂直，$DM:MC=2:3$，$AN:NB=3:4$，$\triangle AQD$ 和$\triangle AQP$ 的面积分别为 1734 和 726。求：

(1)分别以线段 QA 和线段 DP 为长和宽的长方形的面积是多少？

(2)四边形 $BCPQ$ 的面积是多少？

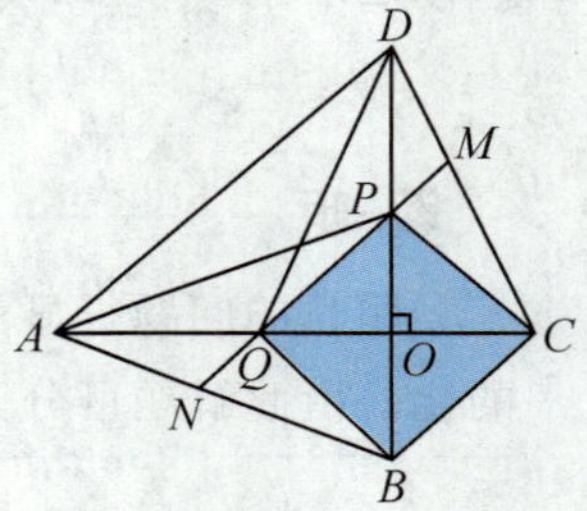

解析

(1)$AQ\times DP=AQ\times(DO-PO)=AQ\times DO-AQ\times PO$

$=2\times1734-2\times726=2016$。

(2)∵设 $AN=3a$,$DM=2b$。$\frac{BN}{AN}=\frac{4}{3}$,∴$\frac{S_{\triangle PQB}}{S_{\triangle PQA}}=\frac{4}{3}=\frac{4a}{3a}$。∵$\frac{CM}{DM}=\frac{3}{2}$,∴$\frac{S_{\triangle QPC}}{S_{\triangle QPD}}=\frac{3}{2}=\frac{3b}{2b}$。

$$\therefore\frac{S_{\triangle PQB}\times S_{\triangle PQC}}{S_{\triangle PQA}\times S_{\triangle QPD}}=\frac{\frac{1}{2}PB\times QO\times\frac{1}{2}QC\times PO}{\frac{1}{2}AQ\times PO\times\frac{1}{2}QO\times DP}=\frac{PB\times QC}{DP\times QA}=\frac{4a}{3a}\cdot\frac{3b}{2b}=\frac{2}{1}。$$

$\therefore S_{四边形BCPQ}=\frac{1}{2}\times PB\times QC=PD\times QA=2016$。

例 64 如图,梯形 $ABCD$ 的面积是 30,$\triangle EFG$ 的面积是 54,$AF=2AE$,$BC=2AD$,$DE=CG=2$。如果 AB 与 CD 垂直,求 AB 的长度。

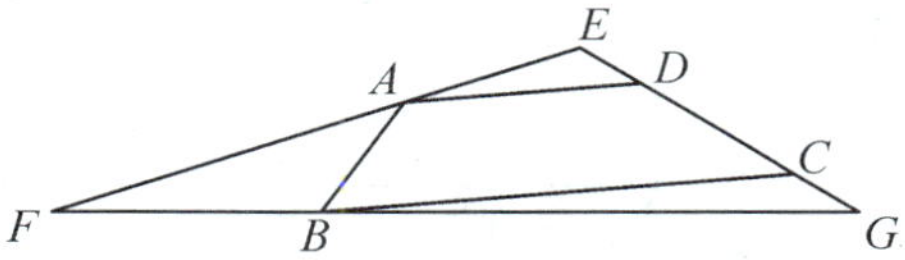

(2018 年"数学花园探秘"5 年级总决赛第二试)

解析

【方法 1】如图 1,延长 BA,CE 交于点 P,连接 AC、AG,则$\angle P=90°$。

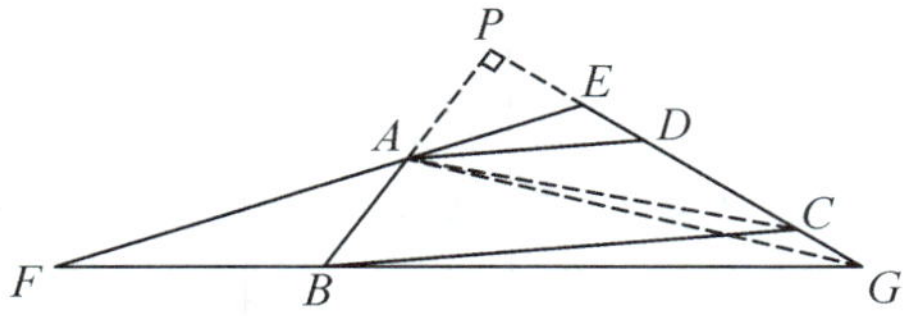

图 1

∵$AD/\!/BC$,$2AD=BC$,

∴$AB=AP$,$S_{\triangle CAD}=30\div3=10$。

又∵$\triangle DAE$ 与$\triangle GAC$ 等底同高,面积相等,

∴$S_{\triangle DAE}=(S_{\triangle AGE}-S_{\triangle ACD})\div2$

$=\left(54\times\frac{1}{3}-10\right)\div2$

$=4$。

于是 $AP=4\times2\div2=4$,$AB=4$。

【方法 2】如图 2,延长 BA,CD 交于点 H,作 $BP/\!/CD$ 交 FE 于点 P,连接 AC、AG。

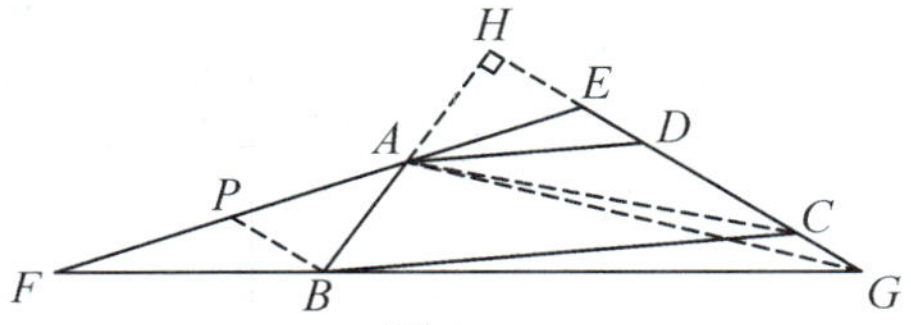

图 2

因为梯形 $ABCD$ 的下底是上底的 2 倍,所以有 $AB=AH$,$AP=AE$。又 $FA=2AE$,那么 $FP=PA=AE$,所以 $BG=2FB$,则四边形 $ABGE$ 的面积 $=S_{\triangle EFG}\times\left(1-\frac{2}{3}\times\frac{1}{3}\right)=54\times\frac{7}{9}=42$,$S_{\triangle AED}+S_{\triangle BCG}=42-30=12$,$\frac{S_{\triangle AED}}{S_{\triangle BCG}}=\frac{AH\times DE}{BH\times CG}=\frac{1}{2}$。

所以 $S_{\triangle AED}=4$,那么$\frac{1}{2}\times DE\times AH=4$,所以 $AB=AH=4$。

例 65 如图,O 是正$\triangle ABC$ 的中心,$MP=PQ=QN$,$\triangle OPQ$ 的面积是 1。

(1)如图 1,如果 MN 与 BC 平行,那么$\triangle ABC$ 的面积是多少?

(2)如图 2,如果 $AM=2BM$,那么$\triangle ABC$ 的面积是多少?

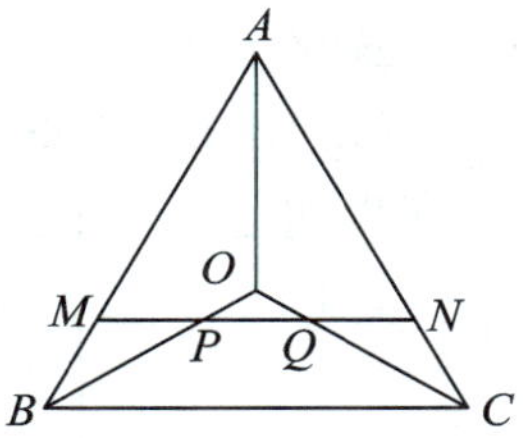

图 1

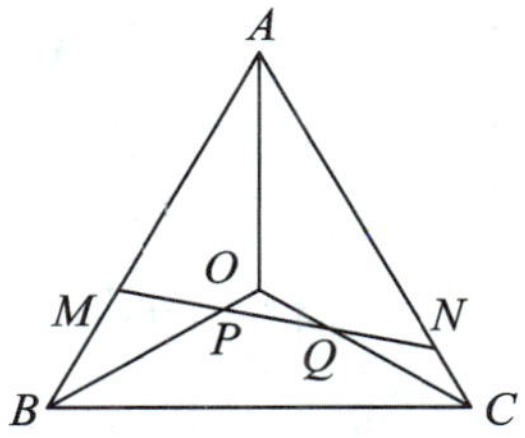

图 2

(2017 年"数学花园探秘"6 年级总决赛第一试)

解析

(1)如图1,延长 CO 交 AB 于点 E。

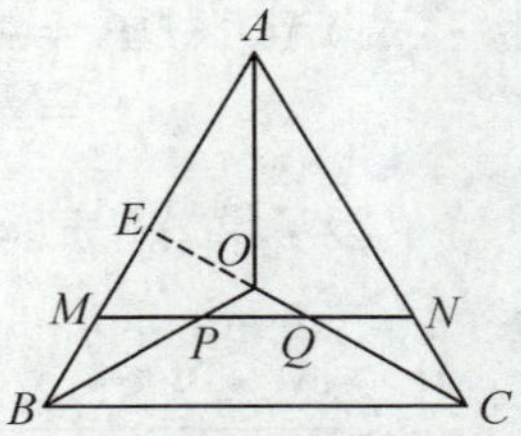

图1

$\because \angle MBP=\angle MPB=30°$,

$\therefore MB=MP=\frac{1}{3}MN=\frac{1}{3}MA=\frac{1}{4}BA$,$\therefore PQ=\frac{1}{4}BC$。

于是 $\triangle OBC$ 的面积是 $\triangle OPQ$ 面积的 $4\times4=16$ 倍,那么 $\triangle ABC$ 的面积为 $1\times16\times3=48$。

(2)如图2作辅助线。

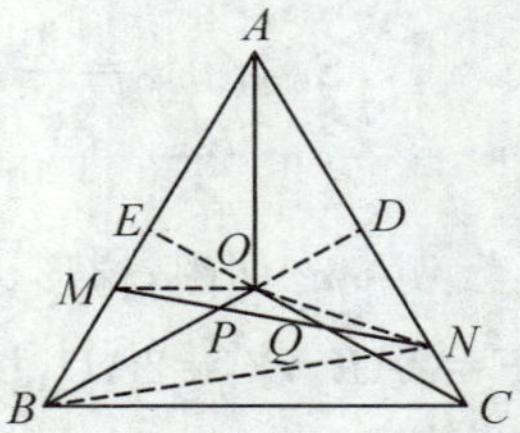

图2

$\because AM=2BM$,$\therefore S_{\triangle BOM}=\frac{1}{3}\times\frac{1}{3}\times S_{\triangle ABC}=\frac{1}{9}S_{\triangle ABC}$。

$\because MP=PQ=QN$,$\therefore PN=2PM$,$\therefore S_{\triangle BNO}=2S_{\triangle BOM}=\frac{2}{9}S_{\triangle ABC}$。

于是 $\frac{AD}{ND}=\frac{S_{\triangle AOB}}{S_{\triangle BNO}}=\frac{\frac{1}{3}S_{\triangle ABC}}{\frac{2}{9}S_{\triangle ABC}}=\frac{3}{2}$,$ND=AD\times\frac{2}{3}=\frac{1}{3}AC$,之后可以采取下面两种方案求 $S_{\triangle ABC}$。

(Ⅰ)由上面的分析可知,$AN=\frac{5}{6}AC$,$\therefore \frac{S_{\triangle AMN}}{S_{\triangle ABC}}=\frac{2}{3}\times\frac{5}{6}=\frac{5}{9}$,$S_{\triangle AMO}=\frac{2}{3}\times\frac{1}{3}\times S_{\triangle ABC}=\frac{2}{9}S_{\triangle ABC}$,$S_{\triangle ANO}=\frac{5}{6}\times\frac{1}{3}\times S_{\triangle ABC}=\frac{5}{18}S_{\triangle ABC}$。

$\therefore S_{\triangle MNO}=S_{\triangle AMN}-S_{\triangle AMO}-S_{\triangle ANO}=\frac{1}{18}S_{\triangle ABC}$,那么 $S_{OPQ}=\frac{1}{3}S_{\triangle MNO}=\frac{1}{54}S_{\triangle ABC}$,所以 $\triangle ABC$ 的面积是 $1\div\frac{1}{54}=54$。

(Ⅱ)如图3,$\frac{DP}{BP}=\frac{S_{\triangle MDN}}{S_{\triangle MBN}}=\frac{\frac{1}{3}\times\frac{2}{3}}{\frac{1}{3}\times\frac{5}{6}}=\frac{\frac{2}{9}}{\frac{5}{18}}=\frac{4}{5}$。

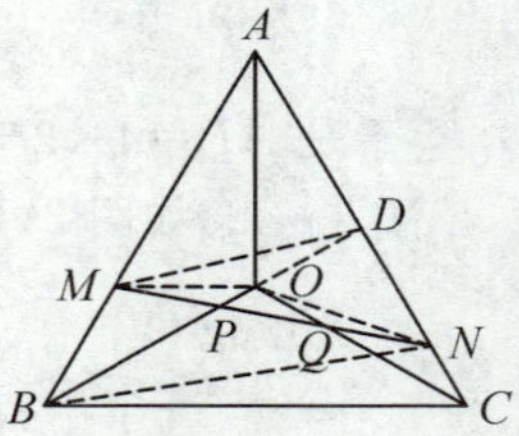

图3

又 $\because \frac{DO}{BO}=\frac{1}{2}$,$\therefore BP:PO:OD=5:1:3$,$S_{\triangle MBN}=1\times3\times5=15$,$S_{\triangle ABC}=15\div\frac{5}{18}=54$。

例66 如图,P 为四边形 $ABCD$ 内部的点,$AB:BC:DA=3:1:2$。$\angle DAB=\angle CBA=60°$,图中所有三角形的面积都是整数。如果 $\triangle PAD$ 和 $\triangle PBC$ 的面积分别为20和17,那么四边形 $ABCD$ 的面积最大是________。

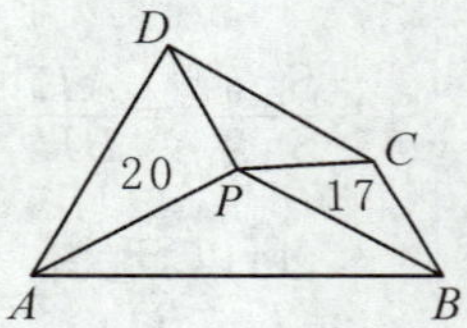

解析

如图,延长 AD、BC 交于点 Q,连接 PQ。

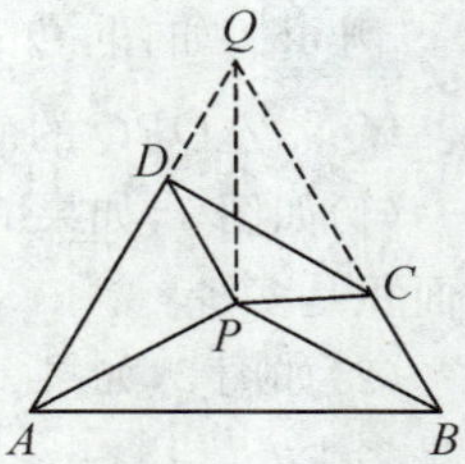

因为 $\angle DAB=\angle CBA=60°$,所以 $\triangle ABQ$ 为正三角形。

由于 $AB:BC:DA=3:1:2$,所以四边形 $PCQD$ 的面积为 $20\div2+17\times2=44$。而 $\triangle QCD$ 的面积占 $\triangle QAB$ 的 $\frac{1}{3}\times\frac{2}{3}=\frac{2}{9}$,则四边形 $ABCD$ 的面积是 $\triangle QCD$ 面积的 $\left(1-\frac{2}{9}\right)\div\frac{2}{9}=\frac{7}{2}$ 倍。

注意到四边形 $ABCD$ 中各三角形面积均为整数,所以△QAB 的面积是 9 的倍数,△QCD 的面积是 2 的倍数。所以△QCD 的面积最大为 $44-2=42$,四边形 $ABCD$ 的面积最大为 $42\times\frac{7}{2}=147$。

例 67 如图,E、F、G、H 分别是平行四边形 $ABCD$ 四边上的点,EG、FH 交于点 P,四边形 $APHM$、$BFPE$、$CNGP$ 均为平行四边形,MN 交 AD 于点 Q。已知 $QD=30$,$BN=90$,△MBN 的面积为 2019,求图中阴影五边形 $AEFCP$ 的面积。 (2019 年春·明心数学资优生测试 6 年级)

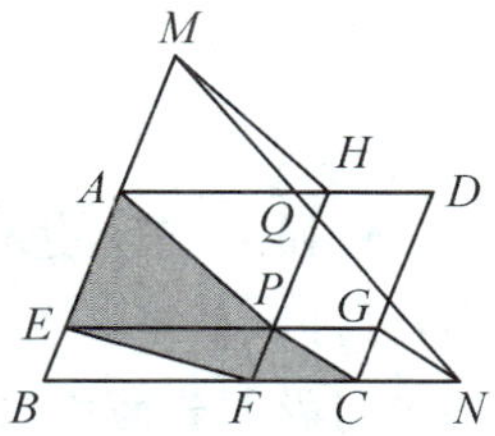

解析

如图,因为四边形 $BFPE$ 是平行四边形,所以四边形 $AEPH$、$CGPF$、$HPGD$ 都是平行四边形。因此 B、A、M 共线,且 $AM=AE$,B、C、N 共线且 $CN=CF$。

作平行四边形 $MBNS$,并延长 CD、AD 与 SN、MS 交于点 R、S,连接 MD、DN。

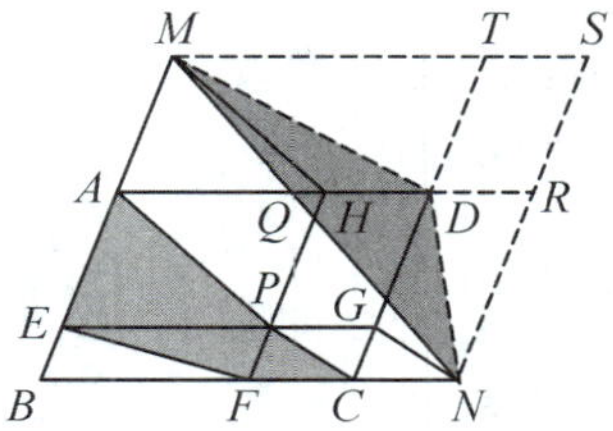

$$S_{五边形AEFCP}=\frac{1}{2}(S_{\square ABCD}-S_{\square HPGD})=\frac{1}{2}(S_{\square MBNS}-S_{\square MARS}-S_{\square CNST})=S_{\triangle MNS}-S_{\triangle DNS}=S_{\triangle MDN}$$

或 $S_{五边形AEFCP}=\frac{1}{2}(S_{\square ABCD}-S_{\square HPGD})=\frac{1}{2}(S_{四边形MBND}-S_{四边形MSND})=S_{\triangle MDN}$。

因为 $BN=3QD$,所以 $S_{\triangle MDN}=2019\div3=673$,因此 $S_{五边形AEFCP}=673$。

真题重现

1. 如图,正方形的边长为 6 厘米,点 A 在正方形的边上,BC 与正方形的另一条边在同一条直线上。那么等腰直角△ABC 的面积为________平方厘米。 (2017 年"数学花园探秘"5 年级初赛 D 卷)

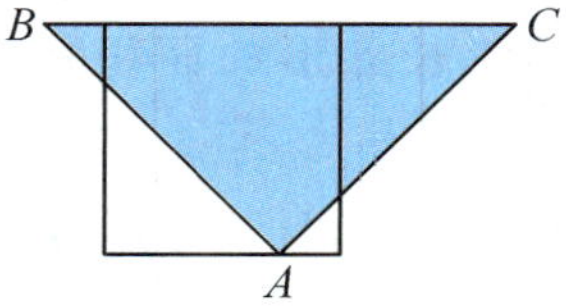

第 1 题图

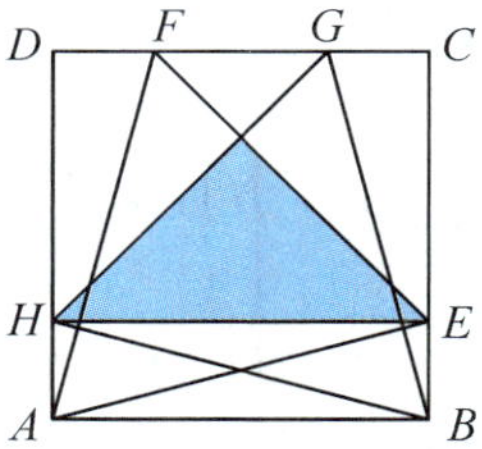

第 2 题图

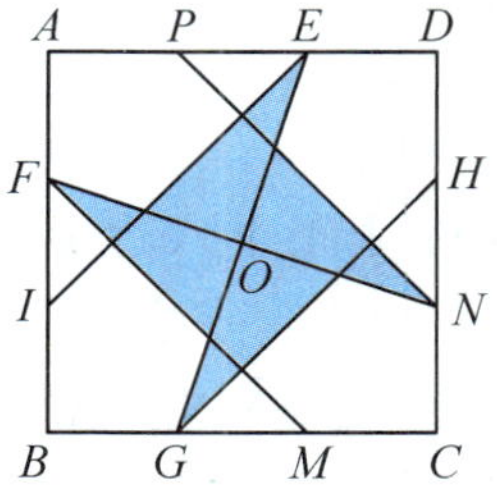

第 3 题图

2. 如图,正方形 $ABCD$ 的边长为 30,△AEF 和△BGH 都是正三角形。那么图中阴影部分的面积是________。 (2017 年"数学花园探秘"5 年级初赛 D 卷)

3. 如图,将一个边长为 6 厘米的正方形各边的三等分点按图中的方式连接,则图中阴影部分的面积为________平方厘米。 (2020 年"数学花园探秘"6 年级初赛 A 卷)

4. 在正六边形 $ABCDEF$ 中,从三条边的中点 X、Y、Z 分别引出三条线段,构造如图所示的 4 个大小相等的正三角形。如果每个小正三角形的面积为 3 平方厘米,那么正六边形 $ABCDEF$ 的面积是________平方厘米。 (2019 年"数学花园探秘"5 年级总决赛第二试)

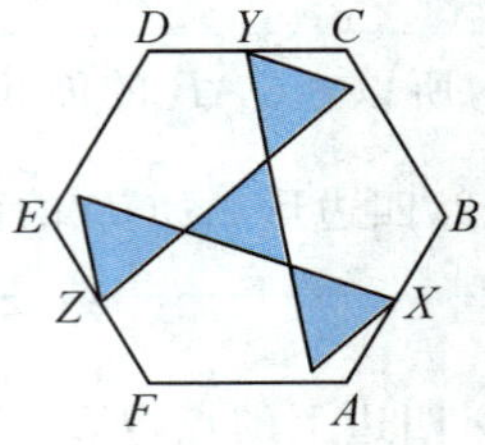

第 4 题图

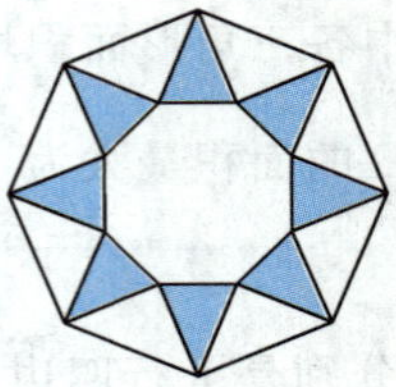
第 5 题图

5. 如图,正八边形的每条边长为 16 厘米。以正八边形的 8 条边为斜边,向内作 8 个等腰直角三角形,再将 8 个等腰直角三角形的顶点首尾相连,在内部构成一个新的正八边形。那么图中空白部分的面积与阴影部分面积的差是________平方厘米。

(2015 年"数学花园探秘"5 年级初赛 B 卷)

6. 著名学府北京师范大学的校徽图的标志物为"木铎"。如图,在正八边形中适当连接 7 条线段,可以得到一个漂亮的"木铎"图(图中阴影部分)。如果正八边形的边长为 18 厘米,那么该"木铎"图形的面积是________平方厘米。

(2017 年"数学花园探秘"5 年级网赛)

第 6 题图

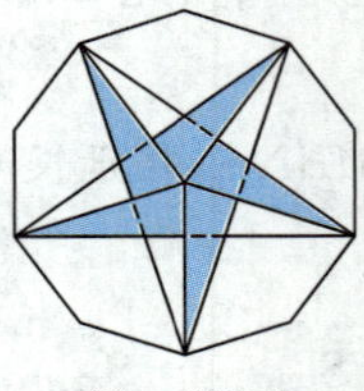
第 7 题图

7. 如图,已知正十边形的面积是 2020。那么图中阴影部分的面积是________。

(2020 年"数学花园探秘"5 年级初赛 A 卷)

8. 随着互联网和电子商务的快速发展,网上购物的包装也变得越来越多样。如图所示的一种包装的设计图为正十二边形,其面积为 2019,其中阴影部分由 4 个正三角形和 1 个正方形组成,则阴影部分的面积为________。

(2019 年"数学花园探秘"6 年级网赛)

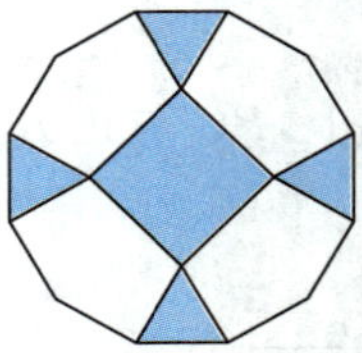
第 8 题图

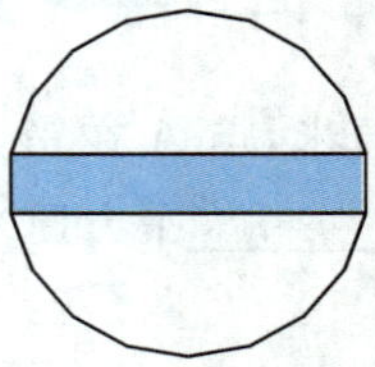
第 9 题图

9. 如图,一个正十八边形的面积是 2016 平方厘米。那么图中阴影长方形的面积是________平方厘米。

10. 如图,在等腰直角$\triangle ABC$中,有一个正方形 $DEFG$ 和一个长方形 $WXYZ$,且长方形 $WXYZ$ 的面积是$\triangle ABC$的一半。若正方形 $DEFG$ 的周长是 48 厘米,那么长方形 $WXYZ$ 的周长是________厘米。

(2016 年秋 · 武汉明心数学资优生测试 5 年级)

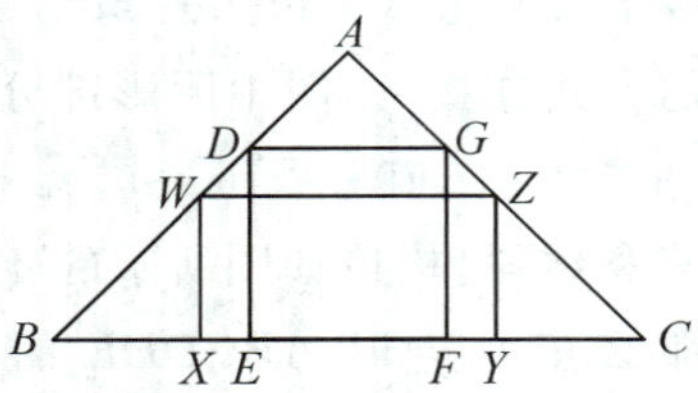

第 10 题图

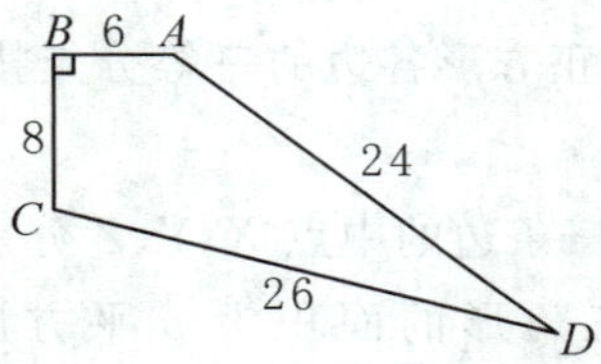

第 11 题图

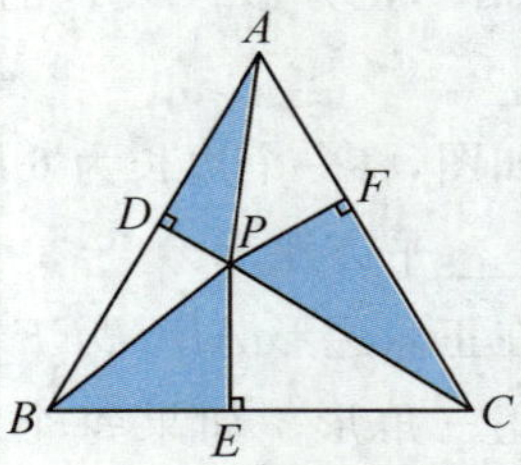

第 12 题图

11. 如图,在四边形 $ABCD$ 中,$AB=6$,$BC=8$,$CD=26$,$AD=24$,$\angle ABC=90^\circ$,则四边形 $ABCD$ 的

面积等于________。 (2014 年秋·武汉明心数学资优生测试 5 年级)

12. 过正△ABC 内一点 P,向三边作垂线,垂足依次为 D,E,F。连接 AP,BP,CP。如果正△ABC 的面积是 2028 平方厘米,△PAD 和△PBE 的面积都是 192 平方厘米,则△PCF 的面积为________平方厘米。 (2015 年"华杯赛")

13. 熙熙军团的胸章是如图所示的正八边形图案。已知正八边形的边长为 18,那么阴影部分的面积是多少? (2017 年"华杯赛"决赛高年级组武汉卷)

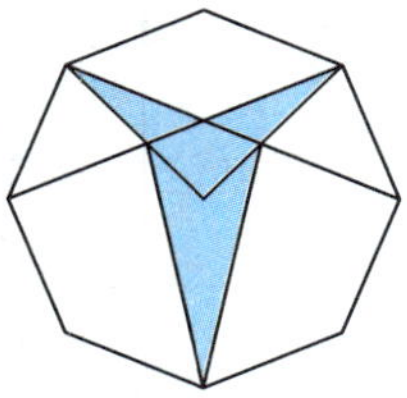

第 13 题图

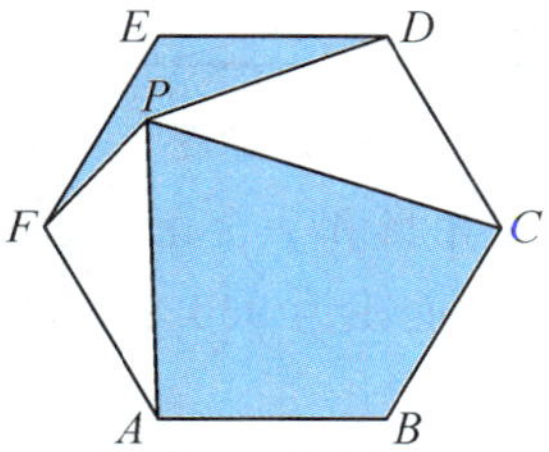

第 14 题图

14. 图中,P 为正六边形 $ABCDEF$ 内一点,四边形 $PDEF$ 的面积与四边形 $PABC$ 的面积之和为 100 平方厘米。正六边形 $ABCDEF$ 的面积是多少平方厘米? (2017 年"华杯赛"总决赛团体口试)

15. 如图,M 是正六边形 $ABCDEF$ 边 BC 的中点,图中阴影部分的面积为 1,求正六边形的面积。

(2017 年秋·武汉明心数学资优生测试)

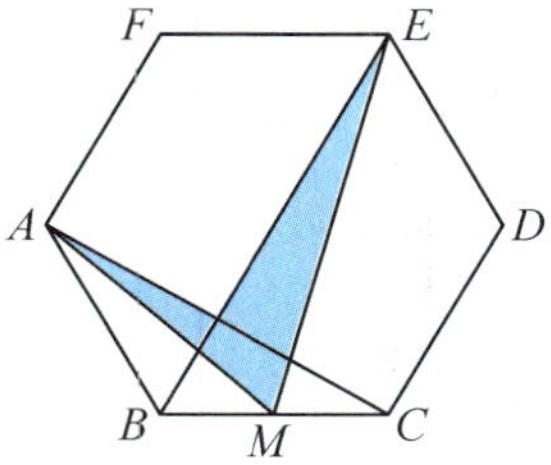

第 15 题图

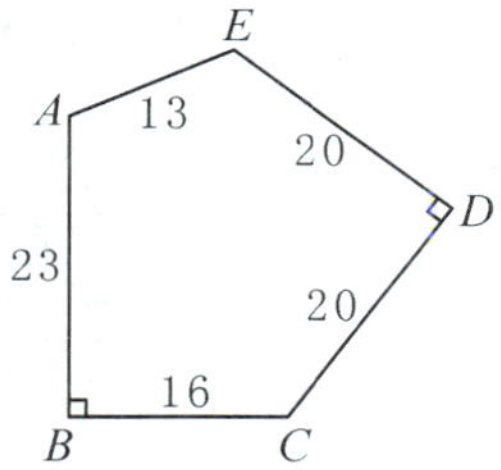

第 16 题图

16. 五边形各边长度已标出(单位:厘米)。已知两个内角为直角,那么五边形 $ABCDE$ 的面积是多少?

("数学花园探秘"总决赛团体对抗赛)

17. 如图,四边形 $ABCD$ 和 $EFGH$ 都是正方形,△AEH、△BEF、△CFG 和△DHG 都是等边三角形,其中正方形 $ABCD$ 的面积是 360,那么梯形 $BEHD$ 的面积是________。

(2016 年"数学花园探秘"5 年级初赛 C 卷)

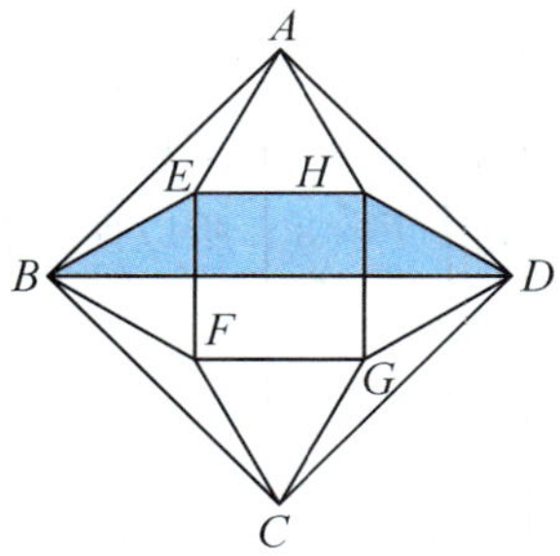

第 17 题图

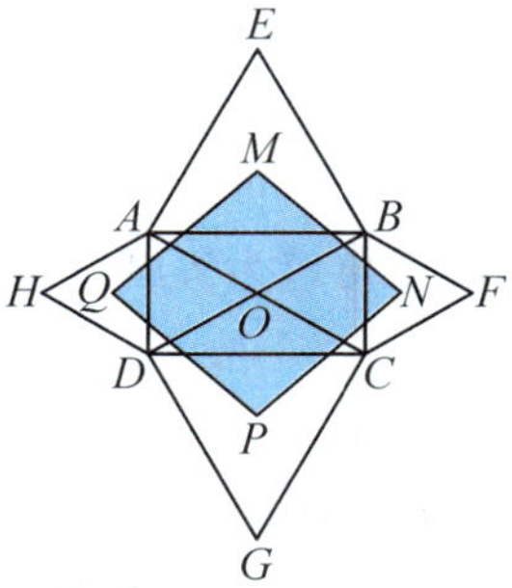

第 18 题图

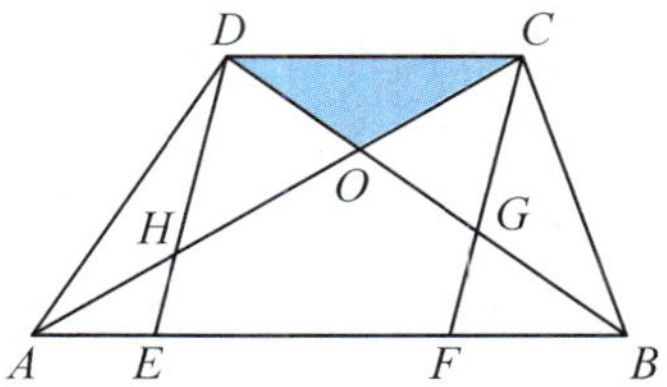

第 19 题图

18. 如图,长方形 $ABCD$ 的面积是 2013 平方厘米。△AOD、△BOC、△ABE、△BCF、△CDG、△ADH 都是等边三角形,M、N、P、Q 分别是△ABE、△BCF、△CDG、△ADH 的中心。那么阴影部分的面积是________平方厘米。 (2013 年"数学花园探秘"小高决赛)

19. 如图,梯形 $ABCD$ 的面积是 320,平行四边形 $CDEF$ 的面积为 240,△OCD 的面积是________。

(2016 年"数学花园探秘"6 年级初赛 D 卷)

20. 如图，四边形 $CDEF$ 是平行四边形。如果梯形 $ABCD$ 的面积是 320，$\triangle AFH$ 和 $\triangle GEB$ 的面积分别为 32 和 48，那么 $\triangle OCD$ 的面积是________。

（2016 年“数学花园探秘”6 年级初赛 C 卷）

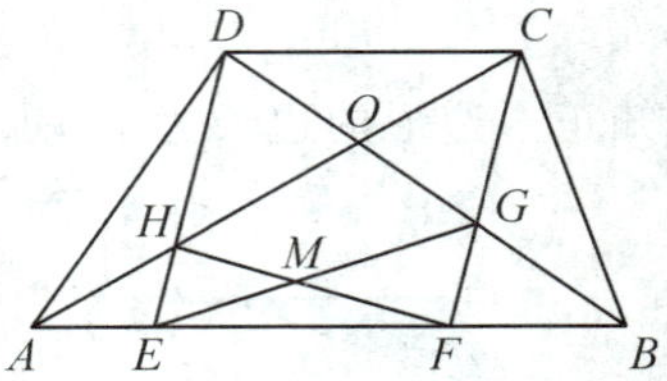

第 20 题图

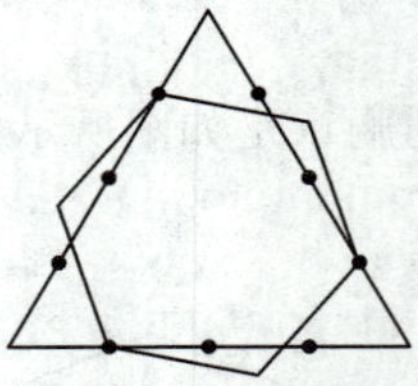
第 21 题图

21. 如图由一个正三角形和一个正六边形组成。正六边形有三个顶点恰好落在正三角形各边的 4 等分点上。已知正三角形的面积为 960 平方厘米，那么正六边形的面积为________平方厘米。

（2018 年“数学花园探秘”6 年级初赛 A 卷）

22. 正方形内部有一个点，如果能从这个点发出 10 条射线，将正方形分成面积相等的 10 个三角形，那么称这个点是“健健点”。一个正方形内部有________个“健健点”。

（2017 年“数学花园探秘”5 年级总决赛第一试）

23. 如图，平面上有一个无限大的黑白相间的方格网络，其中每个方格都是边长为 10 厘米的正方形。现在用一块长 314 厘米、宽 286 厘米的长方形覆盖这个方格网络（长、宽必须与网格线平行），那么覆盖的黑色部分的面积至多是________平方厘米。

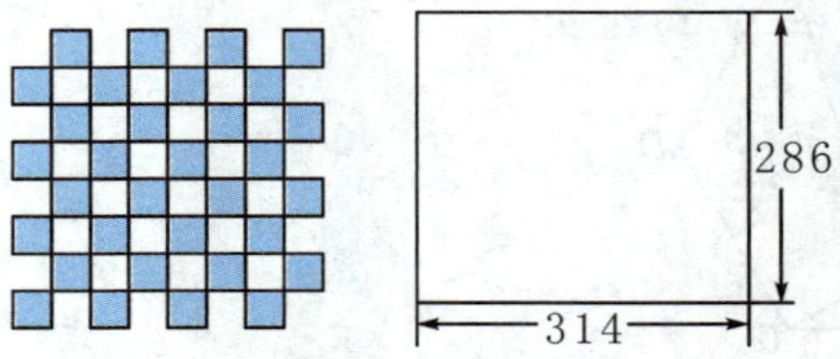

第 23 题图

（2017 年“数学花园探秘”6 年级网赛）

参考答案

1. 答案：36。

分析：等腰直角三角形斜边上的高是 6，那么，阴影部分的面积是 $6\times6=36$。

2. 答案：225。

分析：只看正方形 $ABCD$ 和 $\triangle AEF$，由对称性可知 $CF=CE$，所以 $\angle CFE=\angle CEF=45°$，所以 $\angle FEH=45°$。同理，$\angle GHE=45°$。所以阴影三角形为等腰直角三角形，斜边 $HE=30$，所以所求面积为 $30\times30\div4=225$。

3. 答案 10。

分析：方法 1　如图 1，连接 EF、EN、NG、FG、PF、DB、NM。

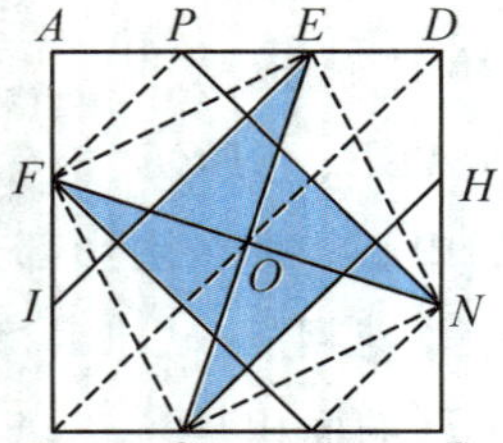

图 1

由题意可知，四边形 $EFGH$ 明显是正方形，其面积为 $6\times6-\frac{1}{2}\times\left(6\times\frac{1}{3}\right)\times\left(6\times\frac{2}{3}\right)\times4=20$（平方厘米）。

根据平行网格线，不难得出 FN 被 4 等分，所以，所求阴影部分的面积占正方形 $EFGN$ 的一半，为 $20\times\frac{1}{2}=10$（平方厘米）。

方法 2　如图 2,连接 EF、OI。

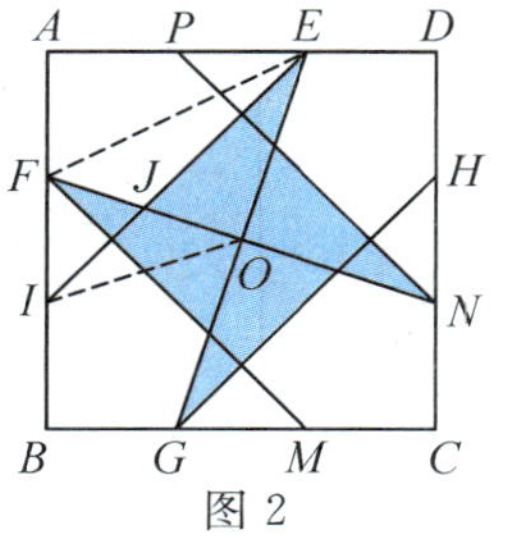

图 2

$\because F$、I 分别为 AB 的三等分点,$\therefore AF=FI$,

$\therefore S_{\triangle AEF}=S_{\triangle IFE}=\frac{1}{2}\times\frac{1}{3}\times\frac{2}{3}\times S_{正方形ABCD}=\frac{1}{9}S_{正方形ABCD}$,

$S_{\triangle IOE}=S_{四边形AEOF}+S_{\triangle FOI}-S_{\triangle AIE}$

$=\left(\frac{1}{4}+\frac{1}{2}\times\frac{1}{3}\times\frac{1}{2}-\frac{1}{9}\times2\right)S_{正方形ABCD}$

$=\frac{1}{9}S_{正方形ABCD}$。

$\because \frac{OJ}{FJ}=\frac{S_{\triangle IOE}}{S_{\triangle IFE}}=\frac{\frac{1}{9}S_{正方形ABCD}}{\frac{1}{9}S_{正方形ABCD}}=1$,$\therefore S_{\triangle EOJ}=\left(\frac{1}{4}-\frac{1}{9}\right)\times\frac{1}{2}S_{正方形ABCD}=$

$\frac{5}{72}S_{正方形ABCD}$,

$\therefore S_{阴}=\frac{5}{72}\times4\times S_{正方形ABCD}=\frac{5}{18}\times6^2=10$(平方厘米)。

4. 答案:56。

分析:如图,连接 XY、XZ、YZ 以及其他辅助线,易知图中中心阴影三角形的面积等于$\triangle XYZ$ 面积的$\frac{1}{7}$,而$\triangle XYZ$ 的面积的等于正六边形 $ABCDEF$ 面积的$\frac{3}{8}$,所以每个小正三角形的面积占正六边形 $ABCDEF$ 面积的$\frac{1}{7}\times\frac{3}{8}=\frac{3}{56}$,故正六边形的面积为 $3\div\frac{3}{56}=56$(平方厘米)。

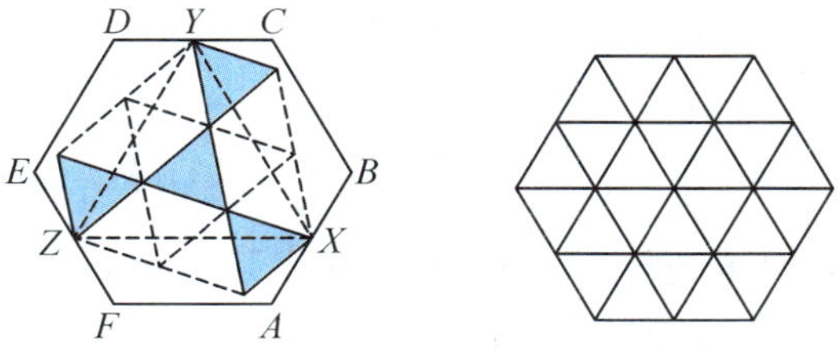

第 4 题图

5. 答案:512。

分析:如图,$\because \angle1=180°\times\frac{8-2}{8}-45°\times2=45°$,$45°\times8=360°$。

$\therefore S_1=S_2$。

$\therefore S_{空}-S_{阴}=8S=16^2\times2=512$(平方厘米)。

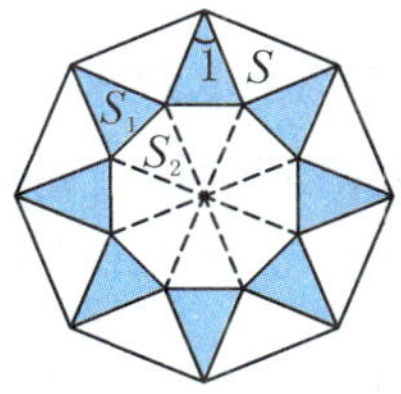

第 5 题图

6. 答案:324。

分析:如图 1,将所求图形的面积通过对称和等积变形,进行转换。

由于图 2 的阴影图形为菱形,所以图 1 转换后的阴影图形是正方形,面积是 $18\times18=324$(平方厘米)。

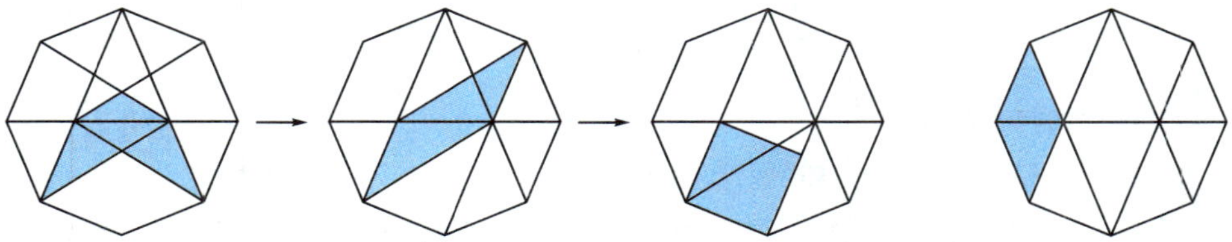
图 1　　图 2

7. 答案:505。

分析:如图,通过连接正十边形的对角线可将阴影部分分成 5 个形状、大小完全相同的直角三角形(形如$\triangle ABC$)。而再通过图中的长方形过渡,可知其中$\triangle ABC$ 的面积为$\triangle ACD$ 面积的一半,$\triangle ACD$ 面

积恰为正十边形面积的$\frac{1}{10}$，于是

$$S_{阴}=5\times S_{\triangle ABC}=5\times\frac{1}{2}\times S_{\triangle ACD}=5\times\frac{1}{2}\times\frac{1}{10}\times S_{正十边形}=\frac{1}{4}\times 2020=505。$$

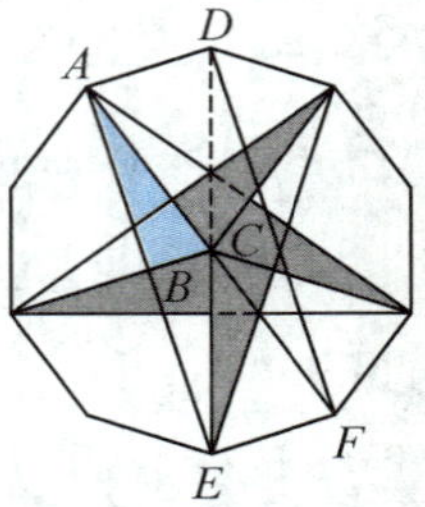

第 7 题图

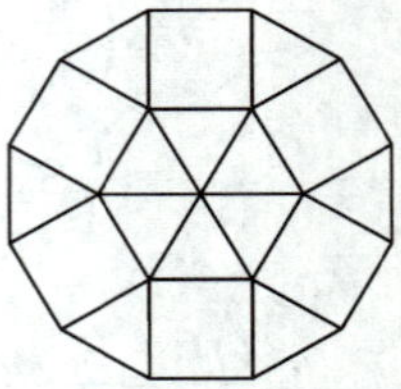
第 8 题图

8. 答案：673。

分析：如图，正十二边形可以分割成 12 个正三角形和 6 个小正方形。阴影部分由 4 个正三角形和 1 个大正方形组成，注意到大正方形的对角线长恰好等于小正方形边长的 2 倍。所以阴影部分的面积恰好是整个图形面积的$\frac{1}{3}$，即 $2019\times\frac{1}{3}=673$。

9. 答案：448。

分析：如图，连接 AC、BD，交于正十八边形的中心点 O。

$\because S_{\triangle AOB}=\frac{1}{4}S_{长方形ABCD}$，$S_{\triangle AOB}=\frac{1}{18}S_{正十八边形}$，

$\therefore S_{长方形ABCD}=\frac{4}{18}S_{正十八边形}=\frac{4}{18}\times 2016=448$（平方厘米）。

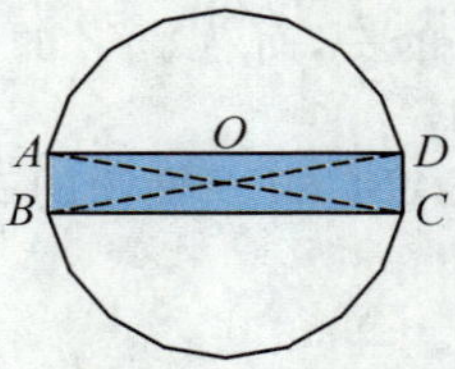

第 9 题图

10. 答案：54。

分析：方法 1　$DE=48\div 4=12$（厘米），$S_{正方形DEFG}=12^2=144$（平方厘米）。

由图 1 可知，$\triangle ABC$ 被平均分成 9 份，正方形 $DEFG$ 占其中的 4 份。所以 $S_{\triangle ABC}=144\div 4\times 9=324$（平方厘米），则 $S_{长方形XXYZ}=324\div 2=162$（平方厘米）。

由图 2 可知，长方形 $WXYZ$ 可分为 2 个正方形，$XY=2WX$。因为 $S_{正方形WXNM}=162\div 2=81$（平方厘米）$=9\times 9$，所以 $WX=9$ 厘米，则 $XY=9\times 2=18$（厘米）。

故长方形 $WXYZ$ 的周长是$(9+18)\times 2=54$（厘米）。

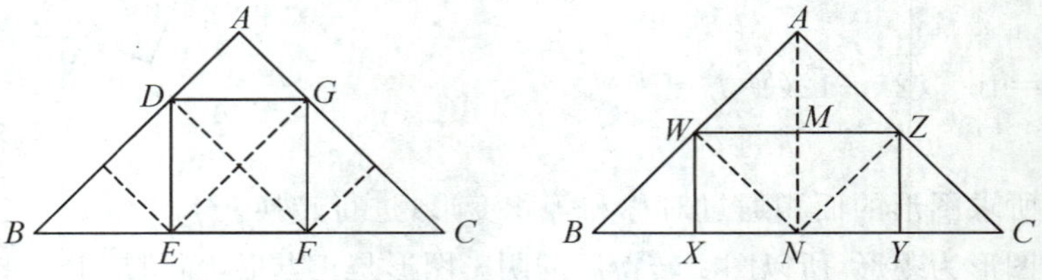

图1　图2

第 10 题图

方法 2　$EF=48\div 4=12$（厘米）。

由图 1 可知，$BC=3EF=12\times 3=36$（厘米）。

由图 2 可知，$XY=2WX$，$2XY=BC$，$XY=36\div 2=18$（厘米），$WX=18\div 2=9$（厘米）。

故长方形 $WXYZ$ 的周长为$(9+18)\times 2=54$（厘米）。

11. 答案：144。

分析：如图所示，连接 AC。

在 Rt$\triangle ABC$ 中,$\angle ABC=90°$,$AB=6$,$BC=8$。故 $AC^2=AB^2+AC^2=100$。

在$\triangle ACD$ 中,$CD=26$,$AD=24$,且 $AC^2+AD^2=CD^2$,于是,$AC\perp AD$。

故四边形 $ABCD$ 的面积为 $S_{\triangle ABC}+S_{\triangle ACD}=(6\times8)\div2+(10\times24)\div2=144$。

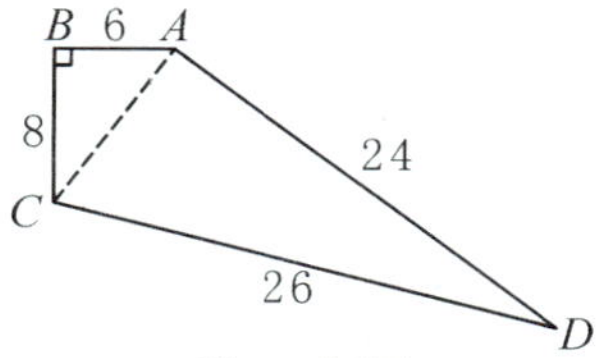

第 11 题图

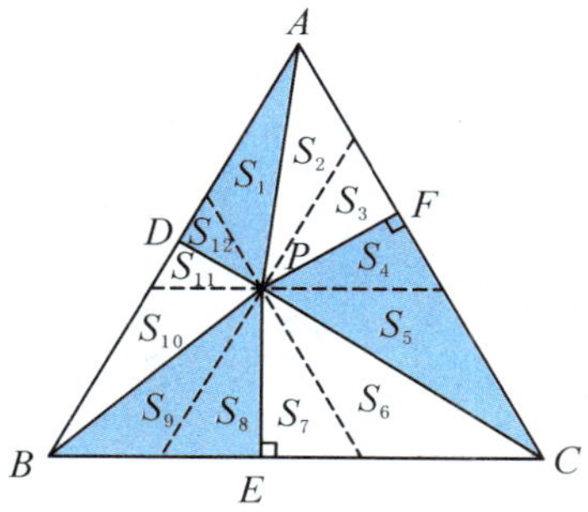

第 12 题图

12. 答案:630。

分析:过点 P 分别作 AB,AC,BC 的平行线,则 $S_1=S_2$,$S_3=S_4$,$S_5=S_6$,$S_7=S_8$,$S_9=S_{10}$,$S_{11}=S_{12}$,所以 $S_{阴}=\frac{1}{2}S_{\triangle ABC}$,则 $S_{\triangle PCF}=\frac{1}{2}\times2028-192-192=630$(平方厘米)。

13. 答案:324。

分析:如图,$S_{阴}=2S_{\triangle ABO}+2S_{\triangle COE}$,注意到 $S_{\triangle COE}=S_{\triangle COD}=S_{\triangle BOA}$。

所以 $S_{阴}=4S_{\triangle ABO}=2S_{\triangle ABF}=2S_{\triangle ABD}=AD^2=324$。

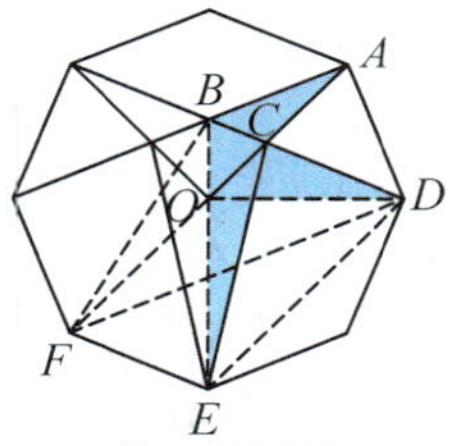

第 13 题图

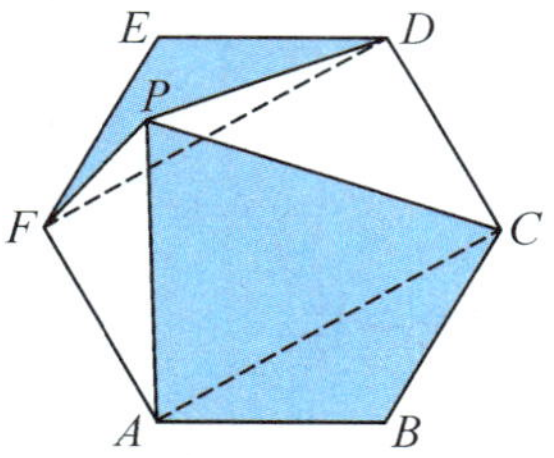

第 14 题图

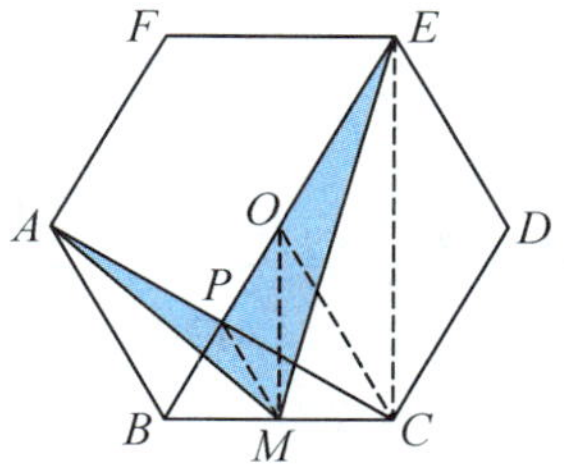

第 15 题图

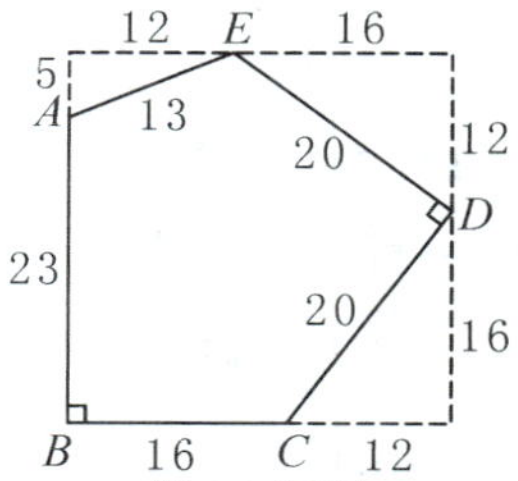

第 16 题图

14. 答案:150。

分析:如图,连接 AC 和 FD。长方形 $ACDF$ 的面积是正六边形 $ABCDEF$ 面积的$\frac{2}{3}$,且 $S_{\triangle PCD}+S_{\triangle PAF}=\frac{1}{2}S_{长方形ACDF}$,即正六边形 $ABCDEF$ 面积的$\frac{1}{3}$。于是 $S_{四边形PDEF}+S_{四边形PABC}=\frac{2}{3}S_{正六边形ABCDEF}$,所以 $S_{正六边形ABCDEF}=100\div\frac{2}{3}=100\times\frac{3}{2}=150$(平方厘米)。

15. 答案:6。

分析:如图,连接 PM,O 为 BE 的中点,连接 OC,OM,EC。

∵六边形 $ABCDEF$ 是正六边形∴$AC\perp BE$,P 为 AC 的中点。又∴点 M 为 BC 的中点,$PM/\!/AB$,∴$S_{\triangle APM}=S_{\triangle BPM}$。同理,$OM/\!/EC$,$S_{\triangle EOM}=S_{\triangle COM}$。∴$S_{阴}=S_{\triangle OBC}$,所以正六边形 $ABCDEF$ 的面积为$1\times6=6$。

16. 答案:562。

分析:如图,将原图补成一个正方形。于是,原五边形的面积为 $28^2-5\times12\div2-16\times12=562$(平方厘米)。

17. 答案:90。

分析:方法 1　如图 1,连接 FD、FN,则$\triangle FGD$ 的三个内角分别是 $150°$、$15°$、$15°$。同时,$\triangle GCD$ 的三

个内角亦分别是 150°、15°、15°，且两三角形共边 GD，故这两个三角形的形状、大小完全相同，所以 $S_{\triangle GCD}=S_{\triangle GFD}=S_{\triangle GFN}=\frac{1}{4}S_{四边形EFGH}$，故 $S_{四边形ABCD}=4S_{\triangle AEH}+2S_{四边形EFGH}$，而 $S_{四边形EBDH}=S_{\triangle AEH}+\frac{1}{2}S_{四边形EFGH}$，故 $S_{四边形EBDH}=\frac{1}{4}S_{四边形ABCD}=90$。

方法 2　如图 2，本题图形基于一个正十二边形，将图形补全，可见正十二边形面积为 $12S_{\triangle AEH}+6S_{四边形EFGH}$，是 $S_{四边形EBDH}$ 的 12 倍，而 $S_{\triangle BCD}=(S_{正十二边形}-4S_{四边形EBHD})\div 4=180$，故 $12S_{四边形EBHD}-4S_{四边形EBHD}=720$，$S_{四边形EBHD}=90$。

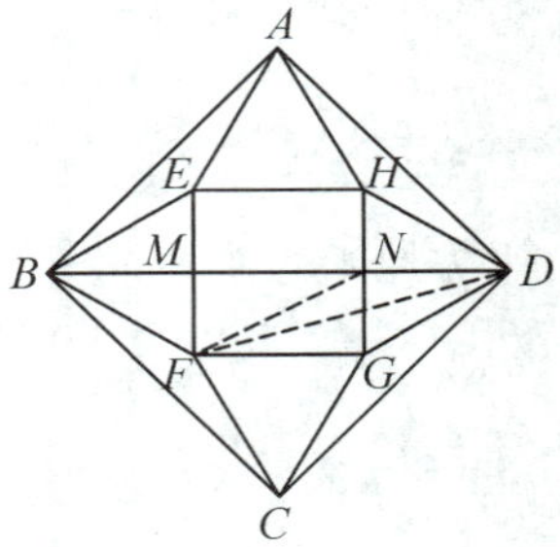

图 1

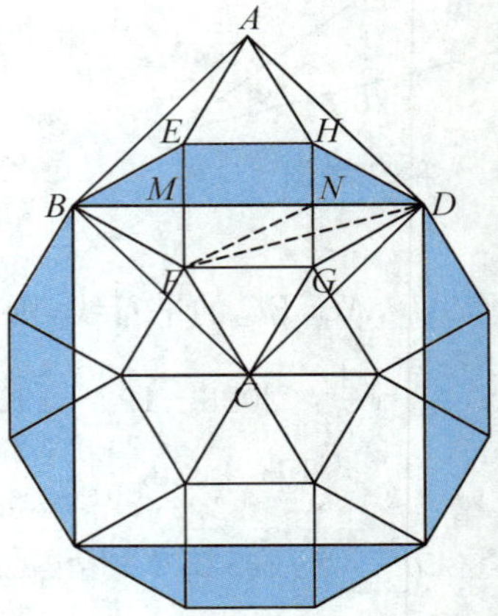

图 2

第 17 题图

18. 答案：2684。

分析：如图，连接 AM、OM、OQ，OQ 交 AD 于点 K。

∵ Q 为等边三角形 ADH 的中心，$\triangle AOD$ 与 $\triangle ADH$ 完全一样，

∴ $QK=\frac{1}{3}OK$，∴ $OQ=\frac{4}{3}OK$。

$\triangle OQM$ 的高为 OQ，底为 OM；$\triangle AOD$ 的高为 OK，底为 AD。

因为点 M 为等边三角形的中心，所以 $\triangle MAB$ 是顶角为 120°的等腰三角形。

∵ $\triangle AOB$ 也是顶角为 120°的等腰三角形，

∴ 四边形 $MAOB$ 为菱形，∴ $MO=AO=AD$，∴ $S_{\triangle OQM}=\frac{4}{3}S_{\triangle AOD}$。

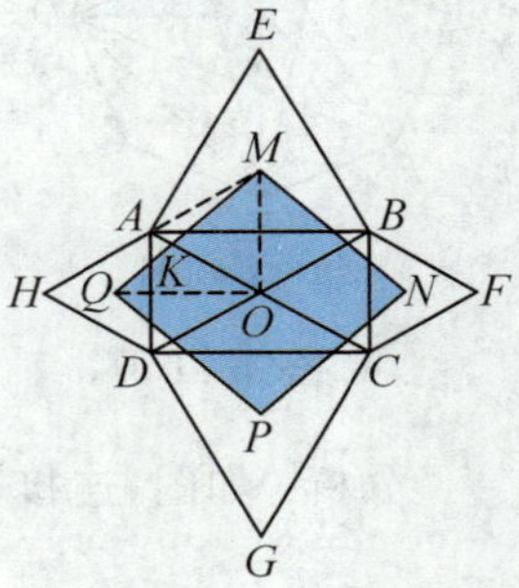

第 18 题图

又∵ $S_{\triangle OQM}=\frac{1}{4}S_{阴}$，$S_{\triangle AOD}=\frac{1}{4}S_{四边形ABCD}$，

∴ $S_{阴}=\frac{4}{3}S_{四边形ABCD}=\frac{4}{3}\times 2013=2684$(平方厘米)。

19. 答案：45。

分析：由题可知 $\frac{S_{\square CDEF}}{S_{梯形ABCD}}=\frac{CD}{(CD+AB)\times\frac{1}{2}}=\frac{240}{320}=\frac{3}{4}\Rightarrow\frac{CD}{AB}=\frac{3}{5}$。

从而由蝴蝶模型得，$\frac{S_{\triangle OCD}}{S_{梯形ABCD}}=\frac{CD^2}{(AB+CD)^2}=\frac{9}{64}$，故 $S_{\triangle OCD}=\frac{9}{64}\times 320=45$。

20. 答案：45。

分析：连接 CE。$S_{\triangle AFH}=S_{\triangle AEH}+S_{\triangle FEH}=S_{\triangle AEH}+S_{\triangle CEH}=S_{\triangle AEC}=S_{\triangle AED}$。同理，$S_{\triangle GEB}=S_{\triangle CFB}$。

因为 $S_{\square CDEF}=S_{梯形ABCD}-S_{\triangle AED}-S_{\triangle CFB}=320-32-48=240$，

所以$\frac{S_{\square CDEF}}{S_{梯形ABCD}}=\frac{CD}{(CD+AB)\times\frac{1}{2}}=\frac{240}{320}=\frac{3}{4}\Rightarrow\frac{CD}{AB}=\frac{3}{5}$。从而由蝴蝶模型得$\frac{S_{\triangle OCD}}{S_{梯形ABCD}}=\frac{CD^2}{(AB+CD)^2}=\frac{9}{64}$，

故 $S_{\triangle OCD}=\frac{9}{64}\times320=45$。

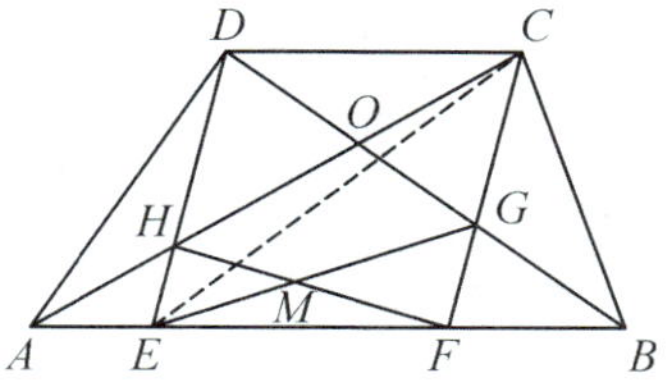

第 20 题图

21. 答案：840。

分析：连接正六边形落在正三角形三条边上的点，得到一个新的正三角形，显然正六边形的面积为该正三角形面积的两倍。而新的正三角形的面积等于大正三角形的面积减去三个角上三角形的面积。角上每个三角形的面积为 $960\times\frac{1}{4}\times\frac{3}{4}=180$（平方厘米）。

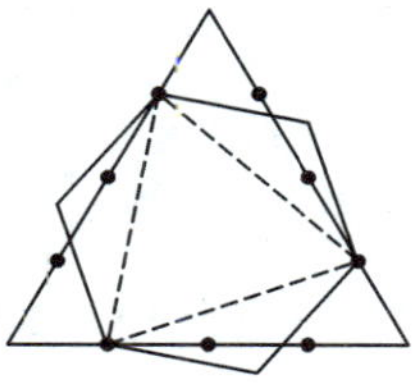
第 21 题图

所以该正六边形的面积为 $2\times(960-180\times3)=840$（平方厘米）。

22. 答案：16。

分析：因为只能分成三角形，所以“健健点”和正方形四个顶点均有连线。

这四条连线把正方形分成“上”“下”“左”“右”四部分。

设每个三角形的面积为 1，则 $S_上+S_下=5$。

那么，“健健点”的水平位置一定在图 1 中的四条五等分线上。

纵向和横向同理，则“健健点”应该位于图 2 正方形内部的格点上，共 16 个。

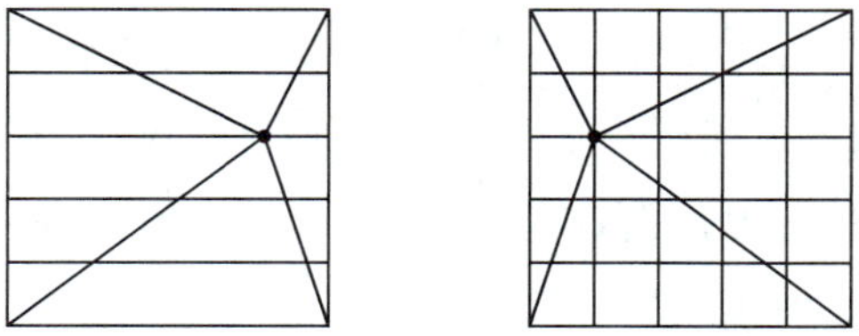
图 1　　　　图 2

第 22 题图

23. 答案：44920。

分析：∵$286\div20=14\cdots\cdots6$，$20\times14=280$，

∴在 314×280 的范围内黑白对应，面积相等，其中黑色部分的面积为 $314\times140=43960$（平方厘米）。

在剩下的 6×314 的区域内，黑色部分的总长度最多为 $300\div2+10=160$（厘米），面积最多为 $6\times160=960$（平方厘米）。故覆盖的黑色部分的面积至多是 $43960+960=44920$（平方厘米）。

第二十九章　平面曲线图形

29.1　概念与公式

29.1.1　圆与圆形

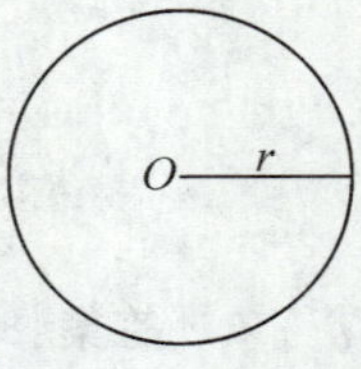

《墨子・经上》中圆的定义：圜(圆)，一中同长也。

注解　一中，即指一个圆心；同长，即指圆周上所有的点到圆心的距离相等，即半径 r。

这是中国历史上出现的最早几何定义，由伟大的墨家创始人墨翟(音 dí)给出。

《几何原本》中关于圆的定义：

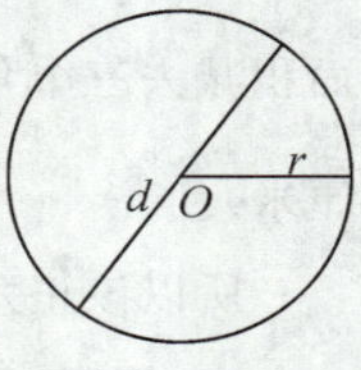

圆、圆心、半径：由一条线包围着的平面图形，叫圆。圆内有一点与这条线上任何一个点所连成的线段都相等，这个点叫作圆心，这些相等的线段叫作半径。

直径与半圆：圆的直径(通常用小写字母 d 表示)是任意一条经过圆心的直线在两个方向被圆截得的线段，且把圆二等分。半圆是直径与被它切割的圆弧所围成的图形，半圆的圆心与原圆心相同。

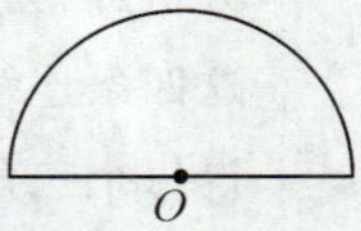

注解　《几何原本》——欧几里得，第一本运用公理体系的著作，给西方文明带来了巨大的影响。

从上述两个定义中我们不难发现一个重要的事实：圆是一条曲线。

既然是一条曲线，所以圆是没有面积的。那我们通常求得“圆的面积”又是什么呢？

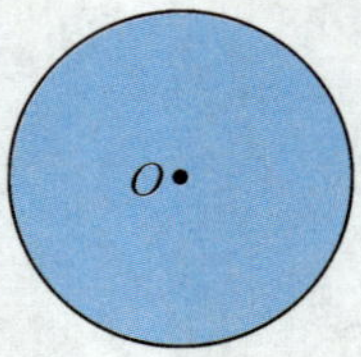

英文对此有明确的区分，circle 代表圆周上的点所组成的曲线，没有面积；而 disk 代表含有圆内部的平面图形，有面积。类似的，中文也应该对此有所区分，“圆”等同于 circle，没有面积；“圆形”等同于 disk，有面积。

29.1.2　圆周率 π 及圆的周长、圆形的面积公式

我们通常将圆的周长与直径的比值称为圆周率，记为希腊字母 π。

有了圆周率，就引出了圆的周长公式 $C=\pi d$。又因为直径 d 的长度是半径 r 的 2 倍，所以圆的周长公式也可以写为 $C=2\pi r$。我们可以将其变形为：$\pi=\dfrac{C}{d}$ 或 $2\pi=\dfrac{C}{r}$。

变形后可以得到下面结论：因为 π、2π 均为常数，所以周长与直径、周长与半径均成正比。

注解　遇到新的公式的时候，可以看看公式中哪些量是常数(不变量)，哪些是变量，确定了这些之后，可以找到公式中成正反比例关系的变量，这样对公式的运用就不会停留在生搬硬套的层面上。

圆形的面积公式：$S=\pi r^2$。

延伸

圆形面积公式的推导隐含在下面关于“双胞胎 π”的故事中。

数学家们在没有利用周长公式推导出面积公式之前，定义了两种比值：

(1)“圆周-π_1”，定义为圆的周长与其直径的比，即 $\pi_1=\dfrac{C}{d}$；

(2)“面积-π_2”，定义为圆的面积与其半径平方之比，即 $\pi_2=\dfrac{S}{r^2}$。

最初数学家们没办法确认这两个 π 是否相等。

认为这两个问题之间有联系的第一个完全清晰的陈述出自古希腊的数学家。

公元前 3 世纪，阿基米德在他题为《圆的测量》的手稿中写道：

任何圆的面积等于一个直角三角形的面积，该直角三角形的一条直角边等于圆的半径，另一条直角边等于圆的周长。

如图所示，让我们在想象中将这个圆切成许多个圆心角相等的楔形。

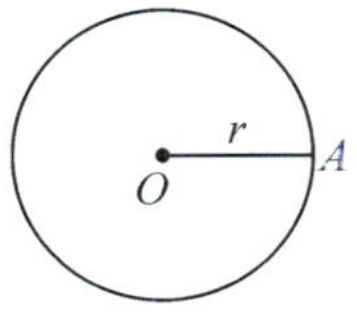

图1

图2

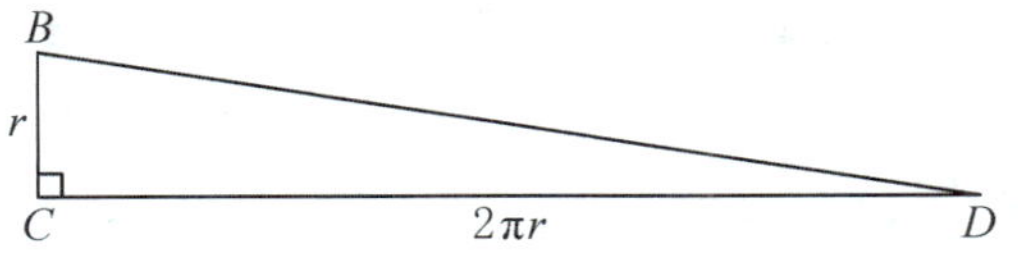

图3

当“许多”变成“无穷多个”的时候，我们可以将这些“楔形”看作高为圆的半径 r 的“三角形”(图 2 中仅仅切了 24 份，“三角形”的底边肉眼看上去就与圆周快要重合了)，而所有这些“三角形”的底边之和就等于圆的周长。所以这些“三角形”的面积之和就等于半径与周长乘积的一半，即半径 r 的圆的面积。至此，我们可以得到 $S_{圆}=\dfrac{1}{2}\cdot 2\pi_1 r\cdot r=\pi_1 r^2$。

根据“面积-π_2”的定义，我们知道，圆形的面积也为 $S_{圆}=\pi_2 r^2$。又因为 $\pi_1 r^2=S_{圆}=\pi_2 r^2$，所以 $\pi_1=\pi_2$。至此，“圆周-π_1”中的“π_1”与“面积-π_2”中的“π_2”终于可以合体成 π 了。明白了圆形面积公式的推导过程后，我们来看看它的变形：$\pi=\dfrac{S}{r^2}$。同样的，因为 π 是常数，所以面积 S 与 r^2 成正比(注意！不是 S 与 r 成正比)。

29.1.3　扇形与弓形

扇形与弓形都可以看作所在圆形的一部分，如下图所示。

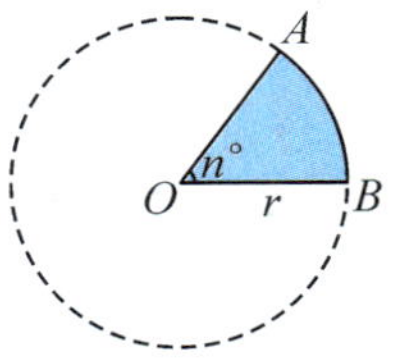

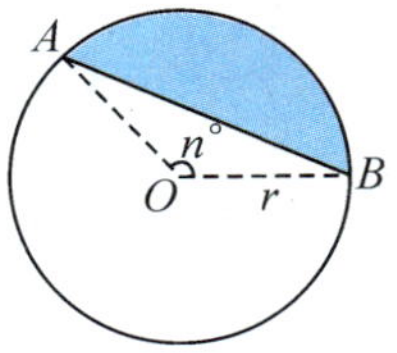

确定一个扇形需要两个元素：半径 r 与圆心角 $n°$。

可以将扇形所在的圆想象成一个半径为 r 的大比萨，将这个大比萨的圆心角 360°平均分成 360 份，圆心角为 $n°$的扇形相当于取了其中的连续 n 份，所以扇形的弧长相当于圆周长的 $\dfrac{n}{360}$，扇形的面积也相当于圆形面积的 $\dfrac{n}{360}$。于是有扇形的弧长 $L=\dfrac{n°}{360°}\cdot 2\pi r=\dfrac{n}{180}\pi r$，扇形的面积 $S=\dfrac{n°}{360°}\pi r^2=\dfrac{n}{360}\pi r^2$。

了解了扇形的面积公式，我们就可以利用图形拼补的技巧求弓形面积的方法。

当圆心角 $n°=180°$时，弓形的面积即为半圆的面积；

当圆心角 $n°<180°$时，弓形的面积$=S_{扇形AOB}-S_{\triangle AOB}$；

当圆心角 $n°>180°$时，弓形的面积$=S_{扇形AOB}+S_{\triangle AOB}$。

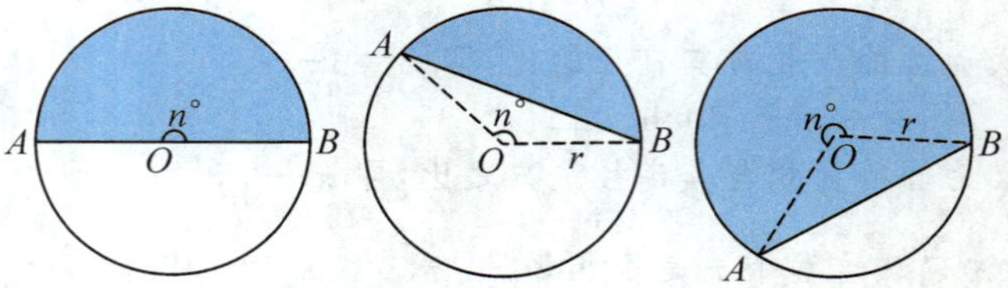

29.2 曲线图形中的长度

29.2.1 弧长

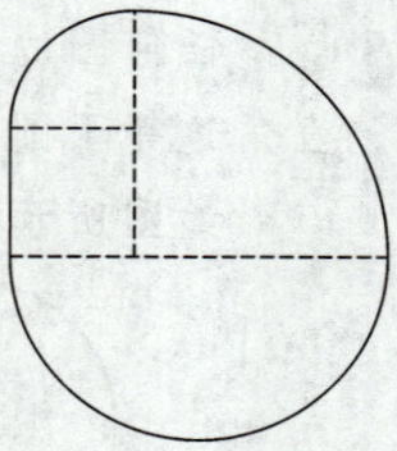

例 1 一个正方形、一个半圆和两个扇形拼成了如图所示的图形。如果正方形的边长是 100 厘米，那么这个图形的周长是________厘米。（π 取 3.14）

（2017 年“数学花园探秘”小高决赛 B 卷）

解 析

图形的周长由正方形的一条边，一段半径为 100 厘米、圆心角为 90°的圆弧，一段半径为 200 厘米、圆心角为 90°的圆弧，以及一段直径为 300 厘米、圆心角为 180°的圆弧组成，所以周长为 $100+\frac{90°}{360°}\times2\times\pi\times100+\frac{90°}{360°}\times2\times\pi\times200+\frac{180°}{360°}\times\pi\times300=1042$（厘米）。

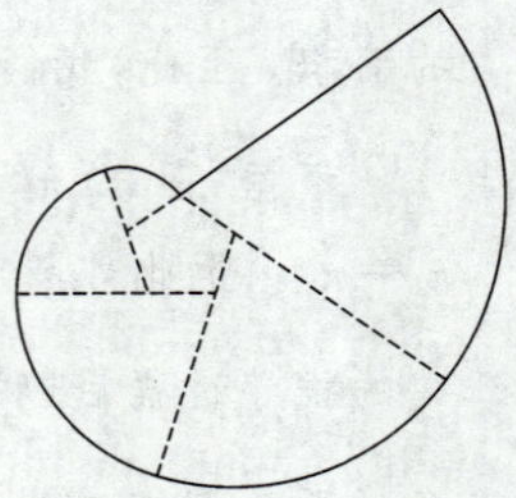

例 2 一个边长为 100 厘米的正五边形和五个扇形拼成如图所示的“海螺”，那么这个图形的周长是________厘米。（π 取 3.14）

（2017 年“数学花园探秘”小高决赛 A 卷）

解 析

图形的周长由一条长为 500 厘米的线段，和五段圆心角均为 72°，半径（单位：厘米）分别为 100、200、300、400、500 的圆弧组成，所以周长为 $500+\frac{72°}{360°}\times2\times\pi\times(100+200+300+400+500)=2384$（厘米）。

例 3 图中有一个大的半圆，其直径上又并列着五个小半圆。请问：大半圆的周长与五个小半圆的周长之和的比等于多少？

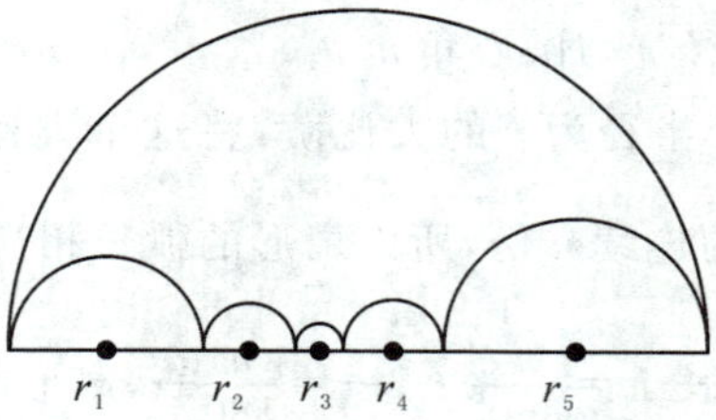

解 析

半圆的周长＝直径＋弧长。

所有小半圆的直径之和等于大半圆的直径，所有小半圆的弧长之和等于直径之和乘以$\frac{\pi}{2}$，所以也等于大半圆的弧长。

直径与弧长相加后，总周长依然相等。

所以大半圆的周长与五个小半圆的周长之和的比为1∶1。

本题源于这样一个结论：

∵小圆的直径之和等于大圆的直径，即$d_1+d_2+d_3+d_4+\cdots+d_n=D$，

∴$\pi(d_1+d_2+d_3+d_4+\cdots+d_n)=\pi D$，

即$c_1+c_2+c_3+c_4+\cdots+c_n=C$，故所有小圆的周长之和等于大圆的周长。

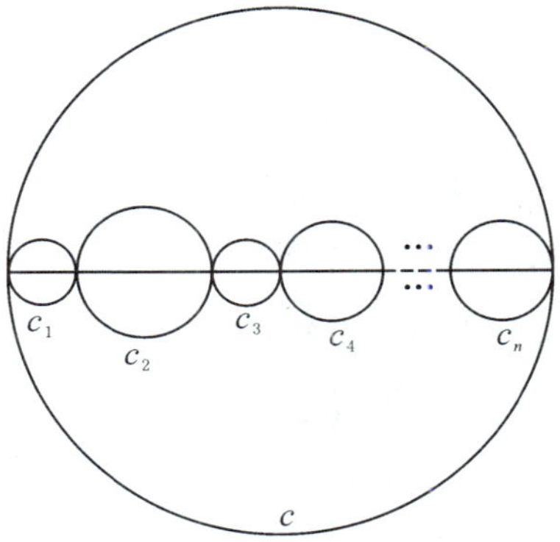

结论图

例 4 如图，分别以正八边形的四个顶点A、B、C、D为圆心，以正八边形的边长为半径画圆。圆弧的交点分别为E、F、G、H。如果正八边形的边长为100厘米，那么，阴影部分的周长是________厘米。（π取3.14）

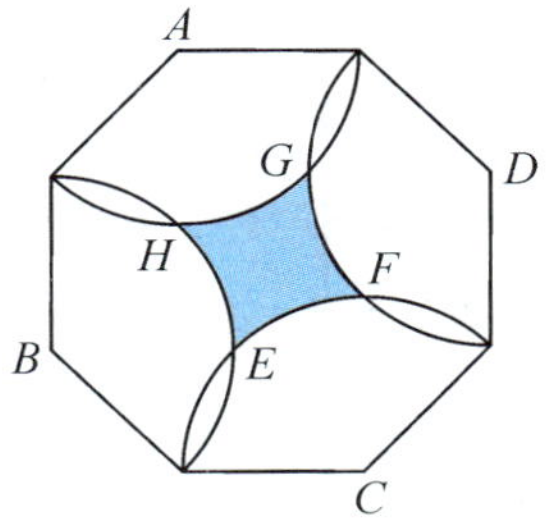

（2013年"数学花园探秘"六年级初赛）

解 析

连接AG、DG、DF、CF，则四边形$AGDI$为菱形。$\angle AID$为正八边形的内角，为$180°\times\frac{8-2}{8}=135°$，所以$\angle 1=180°-135°=45°$。同理，$\angle 2=45°$，所以$\angle 3=45°$。于是构成阴影部分的每条短弧都是所在圆弧的$\frac{1}{8}$，长弧对应的圆心角为正八边形的一个内角，为135°，所以短弧对应的圆心角为45°。四条短弧拼起来恰好为半个圆的周长，即$\pi r=3.14\times100=314$（厘米）。

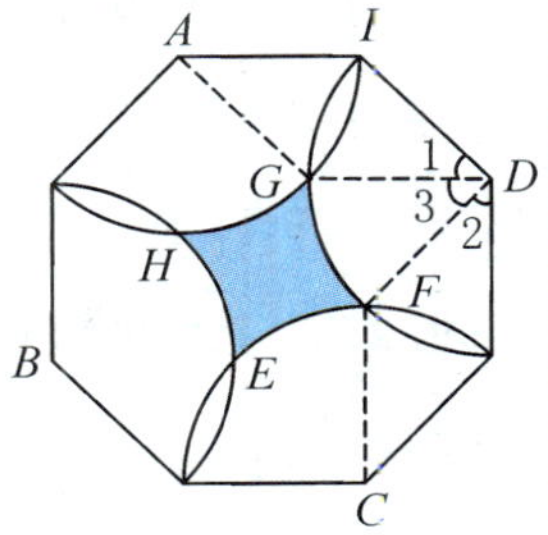

例 5 如图，虚线都是以正五边形蛋糕的顶点为圆心，12厘米的半径为圆的一部分。请问把中央阴影的部分包围起来的5条虚线的周长是多少？（π取3.14）

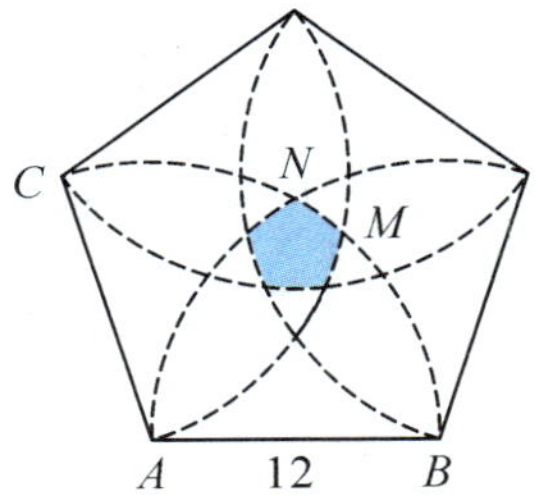

解析

本题其实隐藏了一个基本作图常识：平面内给定一条线段 AB，可作以 AB 为边长的等边三角形，如下图。

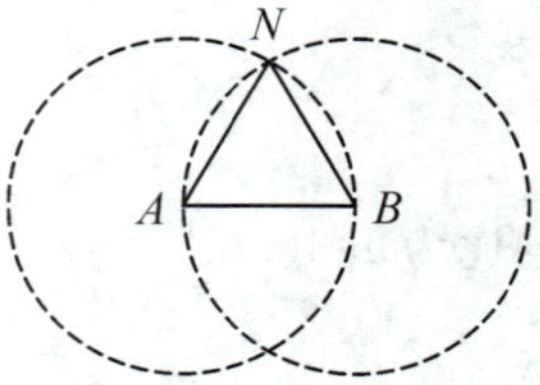

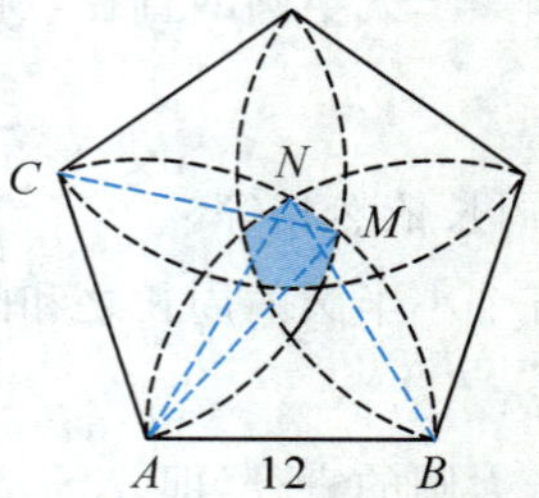

$\because AN=AB, BN=AB, \therefore \triangle ABN$ 为等边三角形。同理，$\triangle ACM$ 也为等边三角形。

$\therefore \angle MAN=60^\circ\times2-108^\circ=12^\circ$。$\therefore$ 阴影的周长 $=2\times12\pi\times\dfrac{12^\circ\times5}{360^\circ}=4\pi=12.56$（厘米）。

例 6 圆花饰是由许多通过同一点的圆所组成的文饰。题图是一些半径为 25 厘米的圆组成的圆花饰，它的周长是________厘米。（π 取 3.14）

（2013 年"数学花园探秘"6 年级网赛）

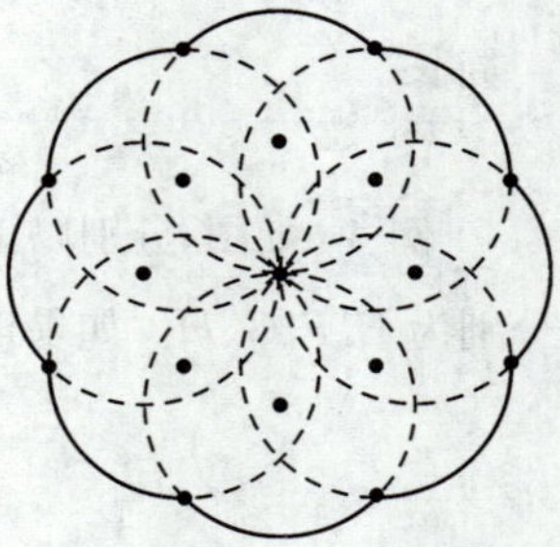

解析

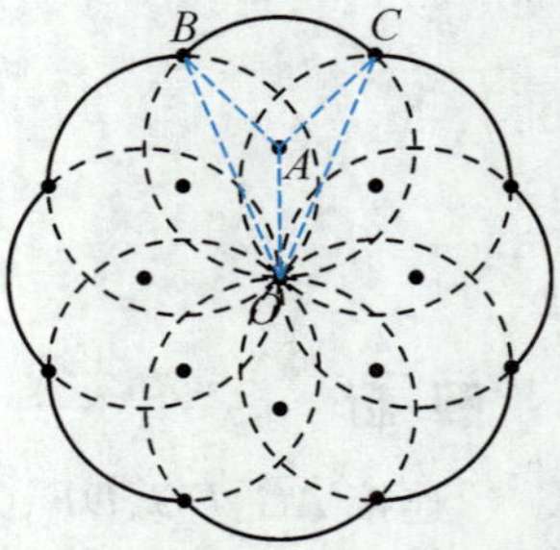

如图，连接 AB、AC、AO，则 $\angle BOC=360^\circ\div8=45^\circ$。

$\because AB=AO=AC$，

$\therefore \angle ABO+\angle ACO=\angle BOC=45^\circ$，

$\angle OAB+\angle OAC=180^\circ\times2-45^\circ\times2=270^\circ$。

$\therefore \angle BAC=360^\circ-270^\circ=90^\circ$。

所以 8 个花圆弧所对的圆心角都是 90°，周长为

$\dfrac{90^\circ\times8}{360^\circ}\times2\pi\times25=100\pi=314$（厘米）。

29.2.2 运动轨迹

例 7 如图，一条直线上放着一个长和宽分别为 4 厘米和 3 厘米的长方形Ⅰ。它的对角线长恰好是 5 厘米。让这个长方形绕顶点 B 顺时针旋转 90°后到达长方形Ⅱ的位置，这样连续旋转三次，点 A 到达点 E 的位置。求点 A 走过的路程的长。（π 取 3.14）

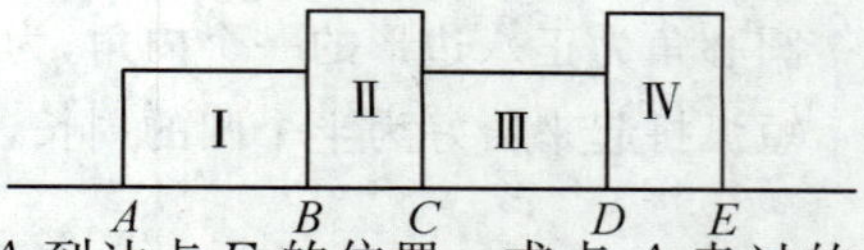

解析

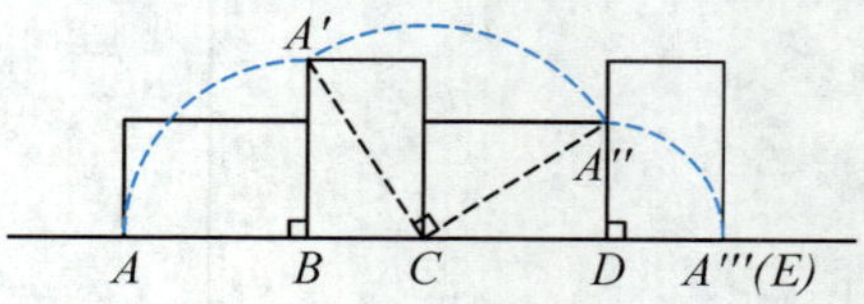

如图，点 A 的轨迹由三段圆心角为 90°的弧组成，半径分别为 4、5、3，所以轨迹的总长度为 $\dfrac{90^\circ}{360^\circ}\times2\times(4+5+3)\pi=6\pi=18.84$（厘米）。

例 8 如图，一根木棒 AB，刚开始紧靠在一个垂直的墙角，然后滑至右图的位置。在此过程中，A、B 均未离开墙面（地面）。若 $AB=80$ 厘米，那么 AB 的中点 C 在整个过程中运动了多少厘米？（木棒特别细，可视为一条线段，π 取 3.14）

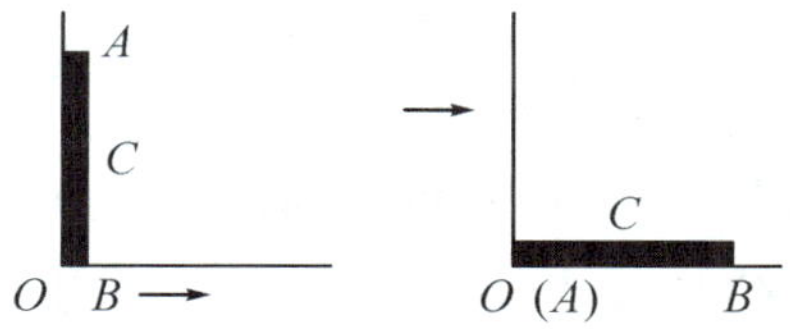

解析

将以上运动过程简化成如图所示的示意图。$\because \triangle AOB$ 始终是直角三角形，$\therefore OC$ 始终等于 AB 的一半，即 $OC=\frac{1}{2}\times 80=40$（厘米）。则点 C 的运动轨迹的长为 $\frac{1}{4}$ 圆的周长，$\therefore$ 点 C 运动了 $\frac{1}{4}\times 2\times 40\pi=20\pi=62.8$（厘米）。

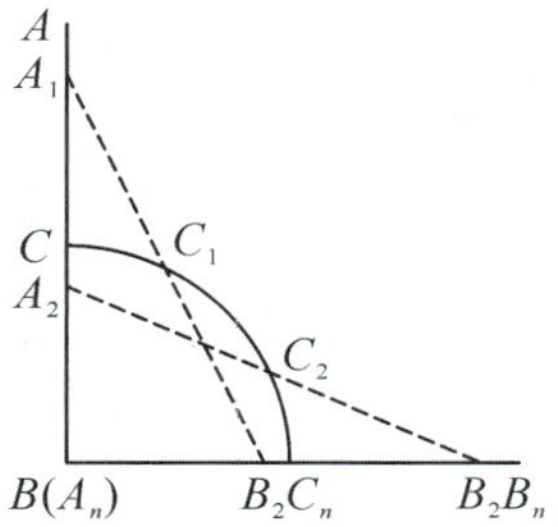

本题关键在于一个一看就懂的“常识”，两个一模一样的直角三角形可以拼成一个长方形，而长方形的对角线（即原直角三角形的斜边）是互相平分的，所以直角三角形斜边的中线等于斜边的一半。

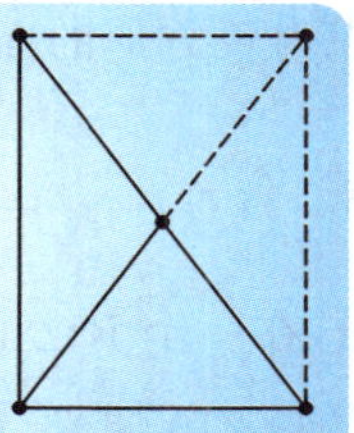

29.3　曲线图形中的面积

29.3.1　图形切拼

小学阶段的曲线图形往往是与切拼技巧相伴的，其思考方向主要是将不规则图形转化为可以用公式求解的规则图形。

例 9 如图，有四种大小不同的圆，直径从小到大依次为 5、10、15、20 厘米。那么图中阴影部分的面积之和是________平方厘米。（π 取 3.14）

（2016 年“数学花园探秘”6 年级初赛 D 卷）

解析

阴影部分互相填补即为最大的圆，其半径为 10 厘米，面积为 $\pi\times 10^2=314$（平方厘米）。

例 10 图中，两个圆心角是 90°的扇形盖在大圆上，小圆盖在两个扇形上，它们的圆心都在同一点。如果小圆、大圆、扇形的半径比是 1∶3∶4，那么阴影部分的面积占整个图形面积的________%。

（2013 年“数学花园探秘”高年级决赛）

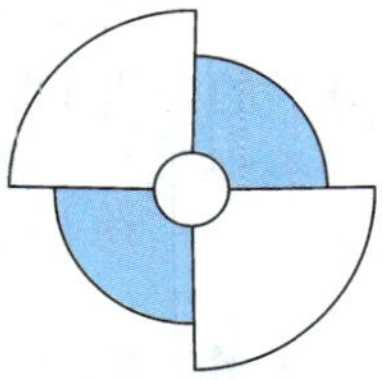

解析

设小圆、大圆、扇形的半径分别是 r、$3r$、$4r$。

整个图案的面积是 $\frac{1}{2}\pi(4r)^2+\frac{1}{2}\pi(3r)^2=12.5\pi r^2$。

阴影部分的面积是$\frac{1}{2}\pi(3r)^2-\frac{1}{2}\pi r^2=4\pi r^2$。

所以阴影部分的面积占整个图形面积的$\frac{4\pi r^2}{12.5\pi r^2}=32\%$。

例 11 IE 浏览器的图标是字母“e”。图中“e”的宽度是 1 厘米，半圆及扇形的圆心均在长方形的边上。如果长方形的长为 9 厘米，那么“e”(阴影部分)的面积是________平方厘米。(π 取 3)

(2017 年“数学花园探秘”6 年级总决赛第二试)

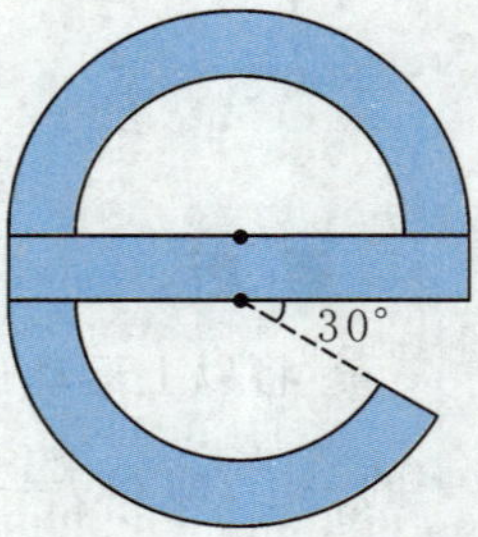

解析

“e”的面积为长方形的面积加圆环面积的$\frac{11}{12}$，则“e”的面积是 $1\times9+\frac{11}{12}(\pi\times4.5^2-\pi\times3.5^2)=$ 31(平方厘米)。

例 12 如图，在一个 Rt△ABC 中剪掉一个最大的半圆，使得半圆的直径在斜边 AB 上。已知 AC 长 210 厘米，BC 长 280 厘米，那么图中阴影部分的面积是________平方厘米。(π 取 3.14)

(2017 年“数学花园探秘”6 年级初赛 A 卷)

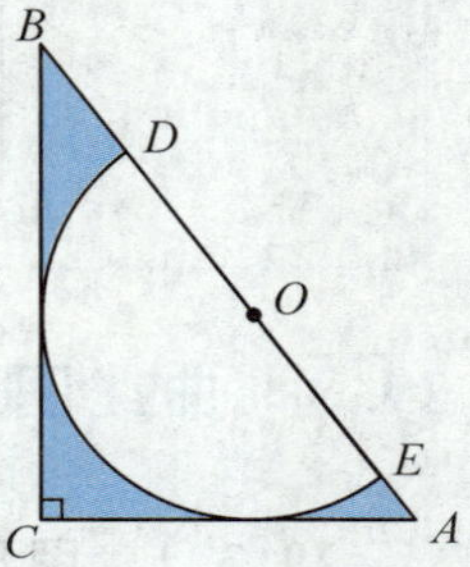

解析

如图，设半圆与 BC、CA 的交点分别为 M、N，连接 OM、ON、OC，则 $OM=ON=210\times280\div(210+280)=120$(厘米)，

所以阴影部分的面积为 $210\times280\div2-\frac{1}{2}\times120^2\times3.14=6792$(平方厘米)。

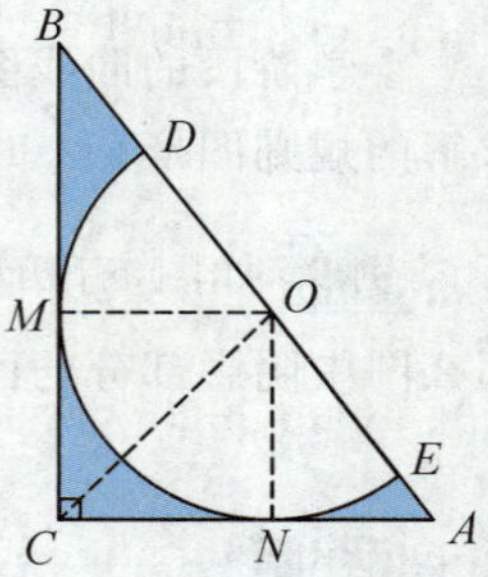

例 13 如图，正方形的边长为 80 厘米，O 为正方形的中心，A 为 OB 的中点。在正方形内，以点 A 为圆心、OA 为半径的圆，以点 B 为圆心、OB 为半径的圆与正方形的一边围成了一个特殊的图形。将这个图形绕点 O 顺时针旋转三次能够得到一个“风车”。那么阴影部分的面积是________平方厘米。(π 取 3.14)

(2016 年“数学花园探秘”6 年级初赛 A 卷)

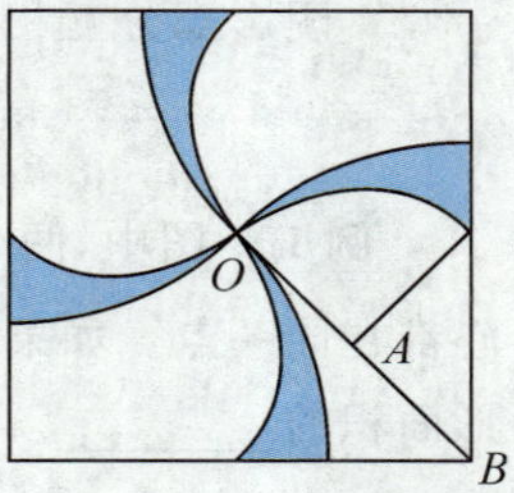

解析

每块阴影的面积等于一个大扇形的面积减一个小扇形的面积再减去一个三角形，故所求为

$$\left[\frac{1}{8}\pi\times(40^2+40^2)-\frac{1}{4}\pi\times(20^2+20^2)-\frac{1}{2}\times40\times20\right]\times4=800\pi-1600=912(\text{平方厘米})。$$

例 14 四段相同的圆弧围成了图 1 所示的地板砖，且每段圆弧都是同一个圆的四分之一（这样的地板砖可以如图 2 那样密铺平面）。如果地板砖的两段外凸圆弧的中点相距 30 厘米，那么一块地板砖的面积是________平方厘米。

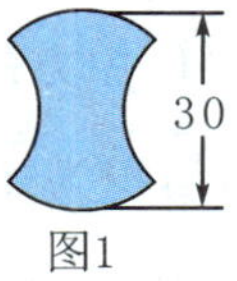

图1

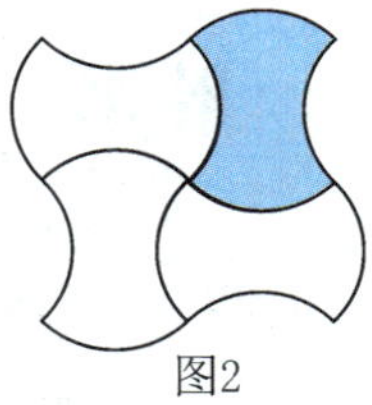
图2

（2016 年“数学花园探秘”小高决赛 C 卷）

解析

如图，连接 $ABCD$。因为图形可以互补，所以一块地板的四段弧可以重合，均为$\frac{1}{4}$圆周。将左右两个弓形对称外展可补齐圆 O，则四边形 $ABCD$ 为正方形，且对角线的长度＝直径＝30 厘米，所以 $S_{地板}=S_{正方形ABCD}=30^2\times\frac{1}{2}=450$（平方厘米）。

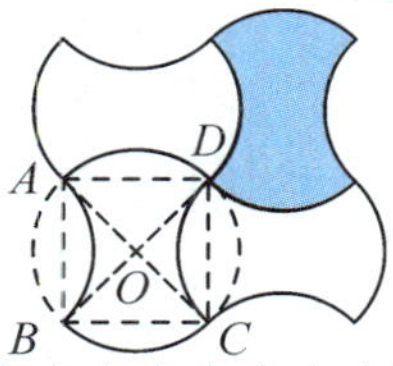

例 15 如图，6 个同心半圆的半径依次为 10、20、30、40、50、60，每个半圆弧均被 15 等分。那么图中阴影“2014”的面积为________。（π 取 3）

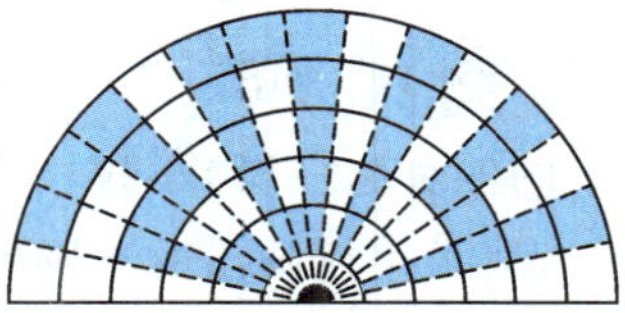

（2016 年“数学花园探秘”总决赛 6 年级第一试）

解析

$$\frac{1}{2}\pi\times\left[\frac{8}{15}\times(20^2-10^2)+\frac{5}{15}\times(30^2-20^2)+\frac{9}{15}\times(40^2-30^2)+\frac{6}{15}\times(50^2-40^2)+\frac{9}{15}(60^2-50^2)\right]$$

$$=\frac{3}{2}\times\frac{2400+2500+6300+5400+9900}{15}=\frac{26500}{10}=2650。$$

例 16 图中 6 个小正方形边的长均为 1，以 AB 为半径和以 CD 为直径分别画两段圆弧，则阴影部分的面积为________。（π 取 3）

（2019 年“数学花园探秘”6 年级网赛）

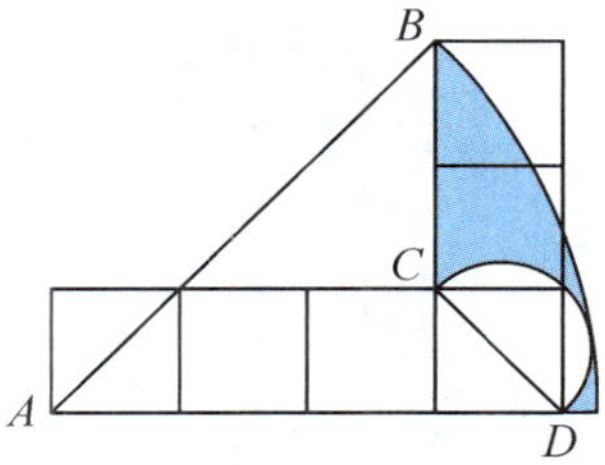

解析

连接 BD，注意到$\angle BAD=45°$，阴影部分为大扇形减去两个等腰直角三角形与一个半圆构成的图案，所以阴影部分的面积为$\frac{1}{8}\times\pi\times(3^2+3^2)-\frac{1}{2}\times3\times3-\frac{1}{2}\times1\times1-\frac{1}{2}\times\pi\times\frac{1^2}{2}=1$。

29.3.2　圆中方与方中圆

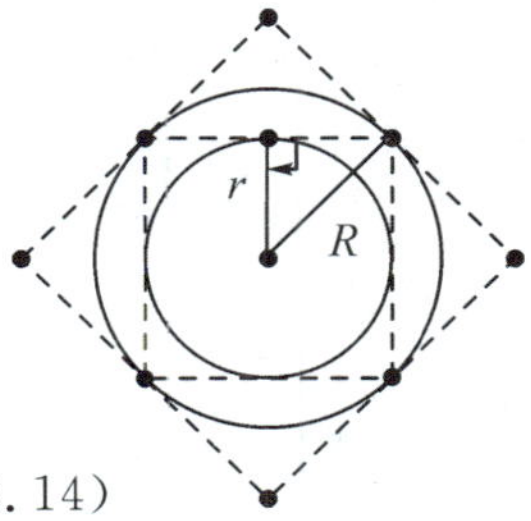

由勾股定理可知，$R^2=2r^2$，所以图中两方两圆的面积比为：

$$S_{大正方形}:S_{大圆}:S_{小正方形}:S_{小圆}=8:2\pi:4:\pi,$$

其中，圆中方的面积比为 π:2，方中圆的面积比为 4:π。

例 17 图中阴影部分的面积是 2.28 平方厘米，求扇形所在圆的半径。（π 取 3.14）

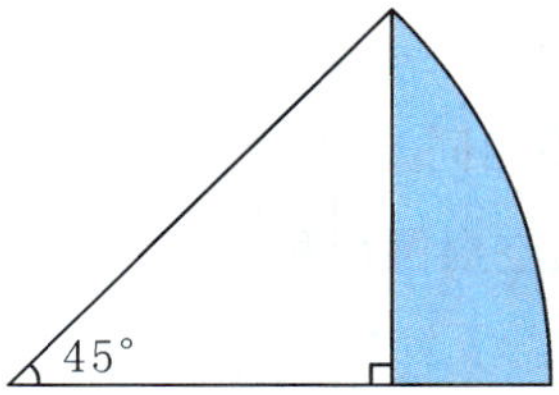

解析

原图正好是圆中方的八分之一，所以阴影部分的面积与扇形的面积比为$(\pi-2):\pi=1.14:3.14$，所以45°扇形的面积为$2.28\times\dfrac{3.14}{1.14}=6.28=2\pi$（平方厘米），则此扇形所在圆的面积为$2\pi\div\dfrac{1}{8}=16\pi$（平方厘米），所以圆的半径为4厘米。

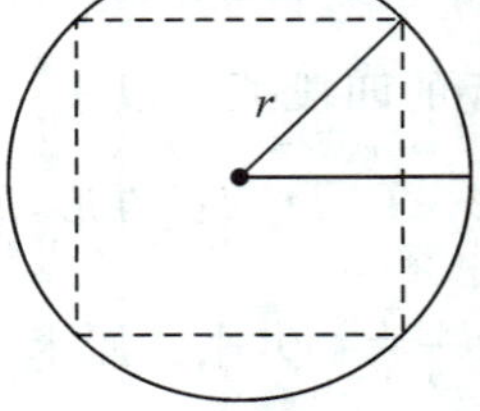

请注意下面两个图之间的联系。

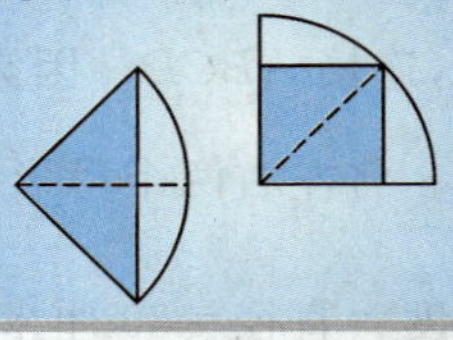

例 18 如图，老师在黑板上画了两个大小相同的等腰直角三角形，小红在一个三角形内画了一个最大的四分之一圆，小权在另一个三角形内画了一个最大的半圆。已知小红画出的四分之一圆的面积为60，那么小权画出的半圆的面积为________。（π取3.14）

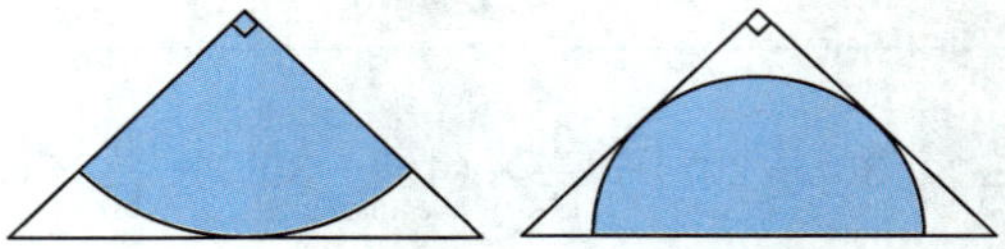

（2018年"数学花园探秘"小高决赛A卷）

解析

根据方中圆的面积关系可知，两个图中阴影部分的面积与所在的等腰直角三角形的面积比都是$\pi:4$。所以两个阴影部分的面积相等，都为60。

例 19 图中大圆的半径是20，圆周上的8个点均为八等分点，则图中阴影部分的面积和是________。（π取3.14）

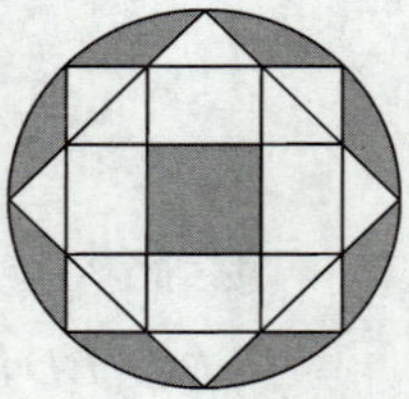

（2019年"数学花园探秘"6年级初赛C卷）

解析

将中间小正方形分割、平移成如图所示，则阴影部分的面积为$20^2\times(\pi-2)=456$。

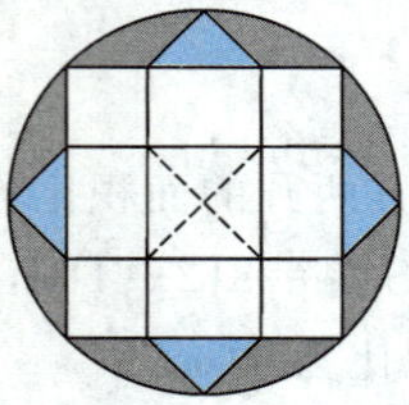

29.3.3 面积与运动

例 20 如图，阴影圆和空白圆的大小相同。已知空白圆是固定的，如果将阴影圆绕空白圆滚动一周，那么阴影圆扫过的面积是空白圆面积的________倍。

（2020年"数学花园探秘"小高决赛C卷）

解析

如图，阴影圆扫过的部分是一个环形。

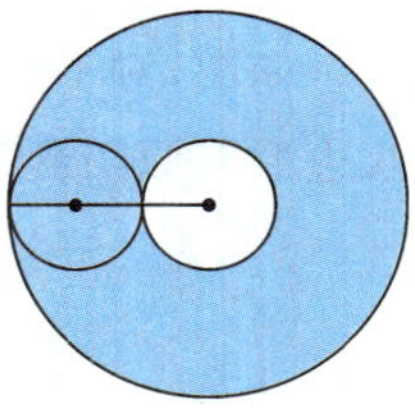

假设空白圆的半径是 1，那么阴影扫过的环形的外径是 3，则外径圆的面积是内径圆（也就是空白圆）的面积的 9 倍。故环形的面积是空白圆面积的 8 倍。

例 21 如图，一个半径为 150 厘米、圆心角为 60°的扇形在一个半径为 150 厘米的圆内滚动（不得滑动）。那么扇形扫过部分形成的图形的周长是________厘米。（π 取 3.14）

（2020 年"数学花园探秘"6 年级网赛）

解析

扇形扫过部分形成的图形如图所示。

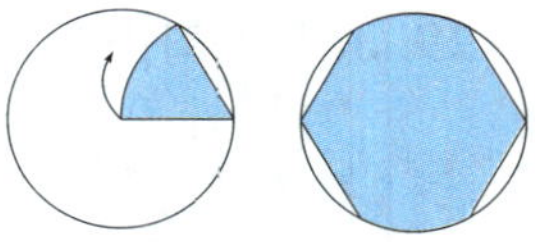

周长为$\frac{60°}{360°}\times 2\times \pi\times 150\times 2+150\times 4=914$（厘米）。

29.3.4 差不变

例 22 如图，四边形 $ABCD$ 是直角梯形，上底 AD 长 20 厘米，下底 BC 长 80 厘米，高 AB 长 60 厘米。分别以 D 和 C 为圆心，上底和下底为半径作扇形，那么图中两个阴影部分的面积之差是________平方厘米。（π 取 3.14）

（2018 年"数学花园探秘"6 年级初赛 D 卷）

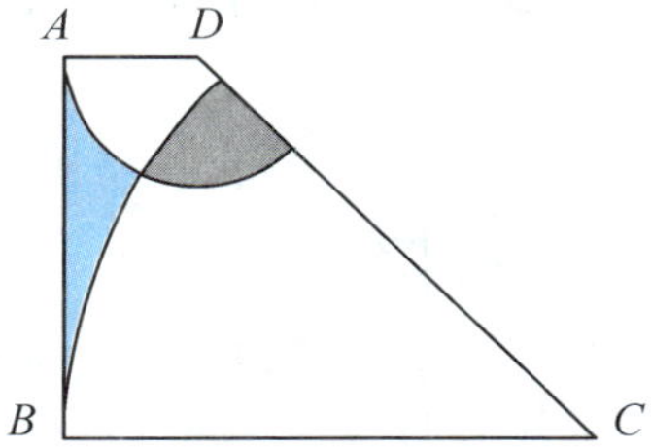

解析

先观察直角梯形 $ABCD$，其下底与上底的差刚好等于高的长度，所以过点 D 作 BC 边的垂线，垂足为 E，可以得到一个以 E 为直角顶点、CD 为斜边的等腰直角三角形，即$\angle C=45°$。

两个阴影部分本身都是不规则图形，如果分别加上上方的空白区域，则面积之差不变。其中，右侧阴影部分加上上方空白区域，所得图形即为以点 D 为圆心的小扇形，面积为 $3.14\times 20^2\times\frac{135°}{360°}=471$（平方厘米）；左侧阴影部分加上上面空白区域，所得图形的面积即为整个梯形与以点 C 为顶点的大扇形面积之差，为$(20+80)\times 60\times\frac{1}{2}-3.14\times 80^2\times\frac{45°}{360°}=488$（平方厘米）。

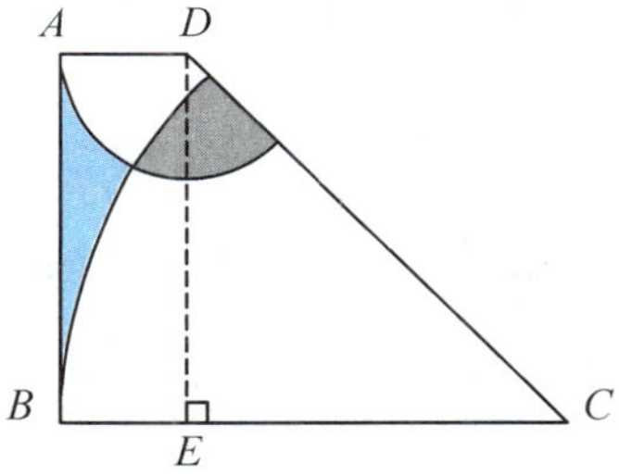

所以两个阴影部分的面积之差是 $488-471=17$（平方厘米）。

例 23 如图，一个半径为 10 的圆内接两个正方形，这两个正方形重叠的部分刚好构成一个正八边形。那么这个正八边形的面积与图中阴影部分的面积之差为________。（π 取 3.14）

（2016 年"数学花园探秘"6 年级初赛 B 卷）

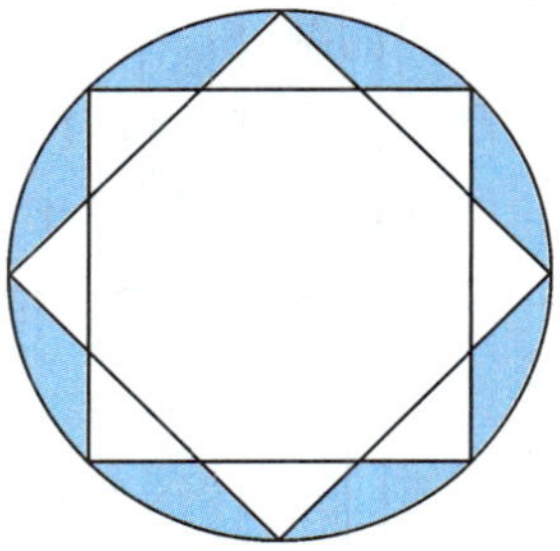

解析

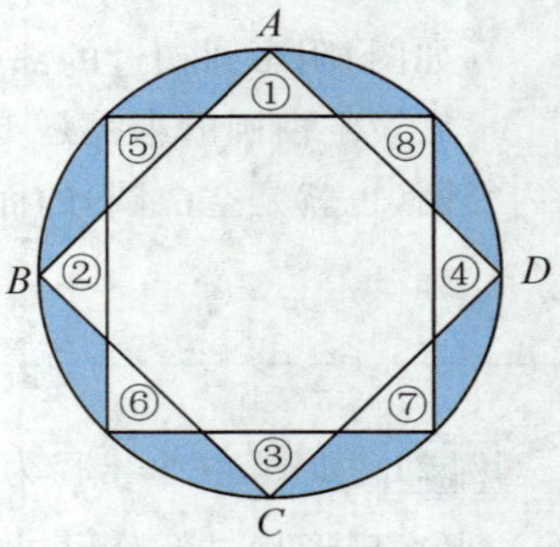

如图，对不同区域做标记，分别记为①、②、③、④、⑤、⑥、⑦、⑧。正八边形与原阴影部分均为不规则图形，需要转化为规则图形。

$S_{正八边形}-S_{阴}=(S_{正八边形}+S_{①}+S_{②}+S_{③}+S_{④})-(S_{阴}+S_{⑤}+S_{⑥}+S_{⑦}+S_{⑧})$

$=S_{正方形ABCD}-(S_{圆}-S_{正方形ABCD})$

$=2S_{正方形ABCD}-S_{圆}$

$=(10+10)^2-10^2\pi$

$=86$。

29.3.5 勾股定理

例 24 如图，有一个边长为 20 厘米的正六边形，在正六边形内部画了一个最大的圆，然后以正六边形的每个顶点为圆心，画了 6 个半径为 10 厘米的小圆。那么大圆内部与外部的阴影面积之差是________平方厘米。（π 取 3.14）

（2017 年“数学花园探秘”6 年级初赛 B 卷）

解析

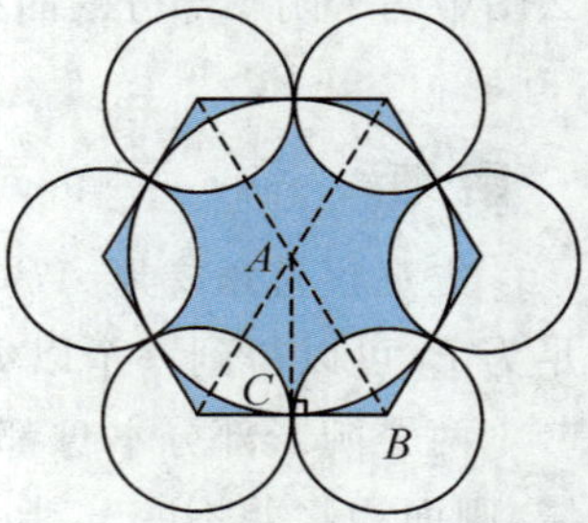

根据差不变原理（补上大圆内部空白），两部分阴影面积之差为大圆与 6 个圆心角为 120°扇形面积（即两个小圆面积）差。

大圆半径为 AC，根据勾股定理，$AC^2=AB^2-BC^2$，$BC=10$ 厘米，$AB=20$ 厘米，所以 $AC^2=300$。所以所求面积为 $3.14\times300-3.14\times10^2\times2=314$（平方厘米）。

例 25 6 个半径相等的小圆和 1 个大圆如图摆放。图中大圆的面积是 120，那么阴影部分的面积是________。

（2015 年“数学花园探秘”6 年级初赛 A 卷）

解析

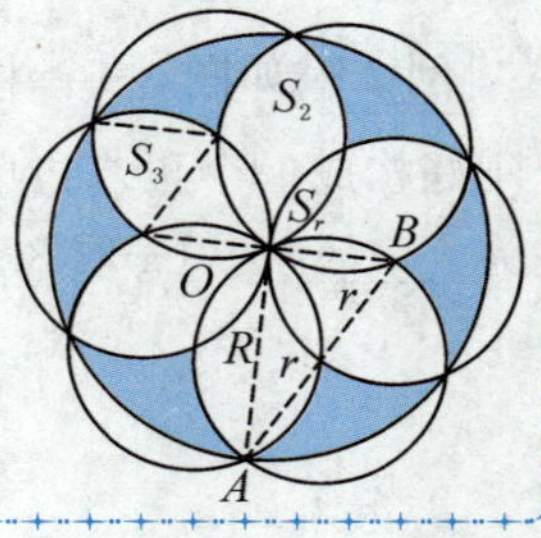

如图，$S_{阴}=S_{大圆}-6(S_1+S_2)$，而 S_1+S_2 可利用切拼转化成 2 个 S_3，S_3 是小圆中圆心角为 60°的扇形。

在 Rt△AOB 中，根据勾股定理，可知 $R^2=(2r)^2-r^2=3r^2$，所以 $S_{小圆}=120\div3=40$，$6(S_1+S_2)=12S_3=2S_{小圆}=80$，$S_{阴}=120-80=40$。

例 26 图中的图案由 1 个圆和 2 个大小相同的正方形组成(2 个正方形的公共部分为正八边形)。如果圆的半径为 60 厘米,那么阴影部分的面积是________平方厘米。(π 取 3.14)

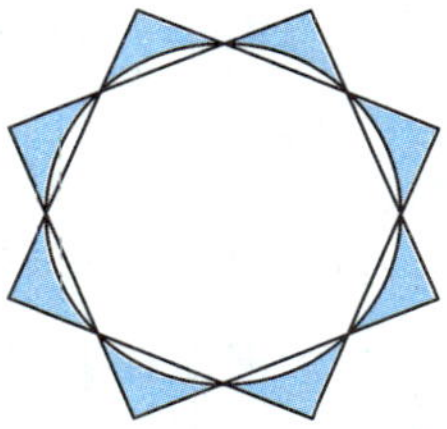

解析

如图构造辅助线。$\because S_{阴}=S_{总}-S_{圆}$,

$\therefore S_{总}=S_{正方形ABCD}+2a^2=(60+60)^2-b^2+2a^2=120^2-b^2+2a^2$。

在 Rt$\triangle EFG$ 中,根据勾股定理可知,$a^2+a^2=b^2$,所以 $S_{总}=120^2-b^2+2a^2=120^2=14400$,$S_{阴}=14400-60^2\pi=14400-11304=3096$(平方厘米)。

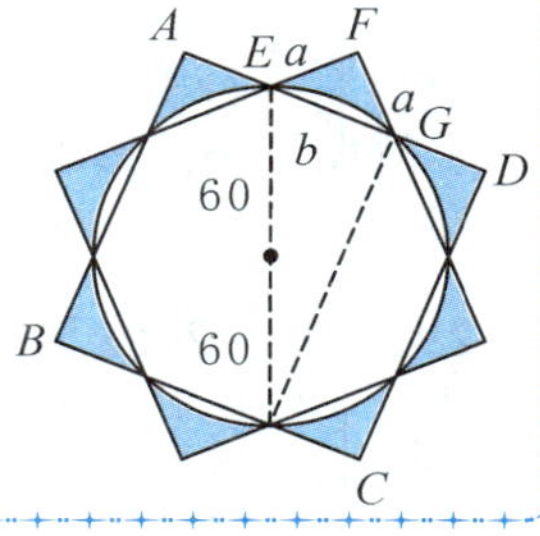

例 27 图中有 7 个正六边形,有两个圆分别穿过某些正六边的某些边的中点。如果每个正六边形的边长都是 10 厘米,阴影部分的面积是________平方厘米。(π 取 3.14)

(2015 年"数学花园探秘"6 年级总决赛第二试)

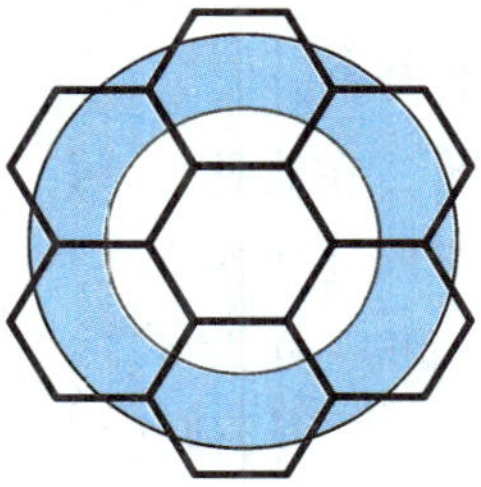

解析

如图作辅助线。$\because R^2-r^2=OA^2-OB^2=AB^2$,

$\therefore AB^2=4BC^2=4\times(CD^2-DB^2)=4\times(10^2-5^2)=300$。

$\therefore S_{阴}=\pi(R^2-r^2)=300\pi=942$(平方厘米)。

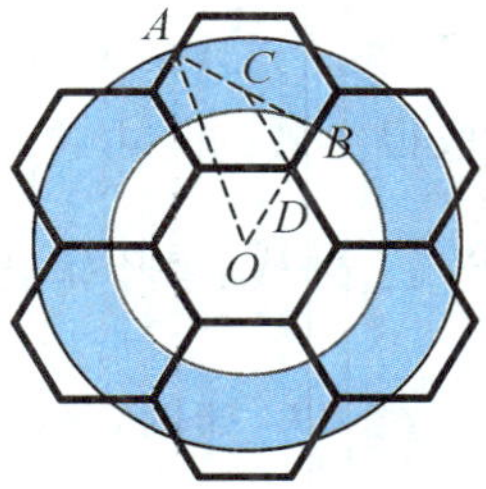

例 28 一个半径为 5 厘米的轮子放置在如图的弓形中,它能沿着弓形的弦 AB 滚动。如果弓形的半径 OA、OB 为 25 厘米,AB 长为 48 厘米,那么轮子在 AB 上滚动时扫过的面积为________平方厘米。(π 取 3)

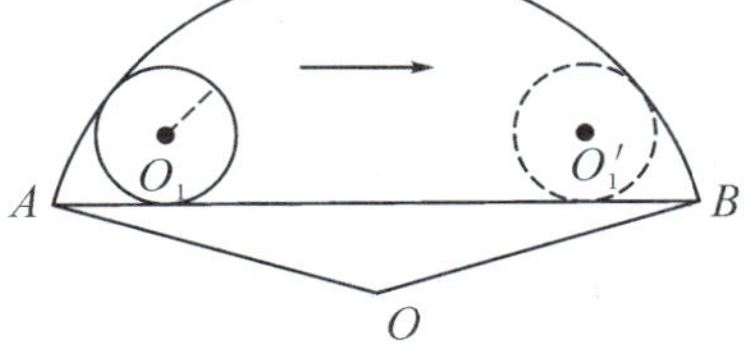

(2018 年"数学花园探秘"6 年级总决赛第一试)

解析

如图 1,轮子在 AB 上滚动时扫过的部分就是图中的阴影部分,它由中间的长方形 S 和两侧的两个半圆组成,其中两个半圆的面积之和为 $5^2\times\pi=75$(平方厘米)。

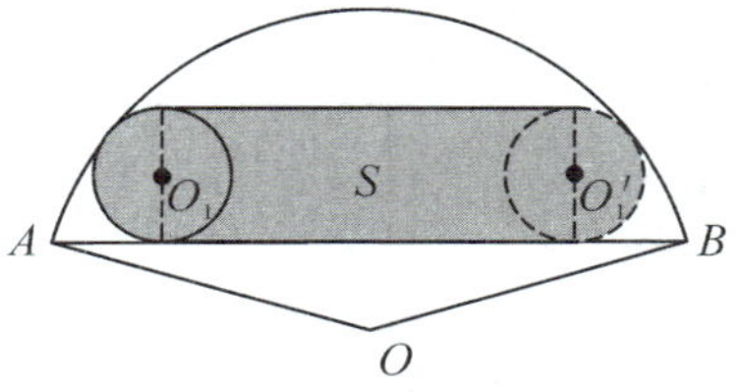

图1

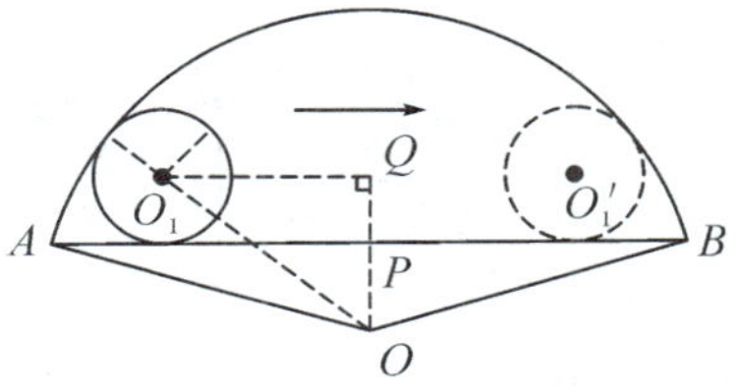

图2

而对于长方形 S，其宽等于小圆的直径，即 $5\times2=10$(厘米)，而其长等于 O_1O_1'。

如图 2，因为 OA 长 25 厘米，AP 长 $48\div2=24$(厘米)，故在直角 Rt△OAP 中使用勾股定理，可知 $OP^2=25^2-24^2=49$，即 OP 的长为 7 厘米。

进而在 Rt△OO_1Q 中，OO_1 长 $25-5=20$(厘米)，OQ 长 $7+5=12$(厘米)，可知 $O_1Q^2=OO_1^2-OQ^2=20^2-12^2=256$，从而可知 O_1Q 长 16 厘米。这样就知道 S 的面积为 $2\times16\times10=320$(平方厘米)。

故图 1 中阴影部分的总面积为 $75+320=395$(平方厘米)。

29.3.6 勾股与化圆为方的尝试

公元前 5 世纪，古希腊数学家、哲学家安纳萨格拉斯(约前 500—前 428)在研究天体的过程中发现，太阳是个大火球，而不是所谓的阿波罗神……结果这家伙悲剧了，他因“亵渎神灵罪”被投入监狱，并被判处死刑。

在监狱里，每当夜深人静的时候，安纳萨格拉斯都会孤独地透过正方形的铁窗凝视着月亮。随着他不断地变换观察月亮的方位，月亮一会儿比方窗大，一会儿比方窗小，最后他说：“算了，就当两个图形的面积一样大好了。”

于是，他把“求作一个正方形，其面积等于已知圆的面积”作为一个问题进行研究，这就是“化圆为方”。

“化圆为方”是古代数学引人注目的一个问题，各国文明都对它有过研究。虽然经过 2000 多年的努力，证明了这个问题在尺规作图的条件下是不可能实现的，但对它的研究给数学带来了很大的发展。最早取得突破的是古希腊的希波克拉底，他找到了第一个能转化为直线图形的曲线图形。

1. 曲线图形转化为与之面积相等的直线图形的第一案例

例 29 如图，该图形由一个以 O 为圆心、半径为 10 厘米的圆，求阴影部分的面积。

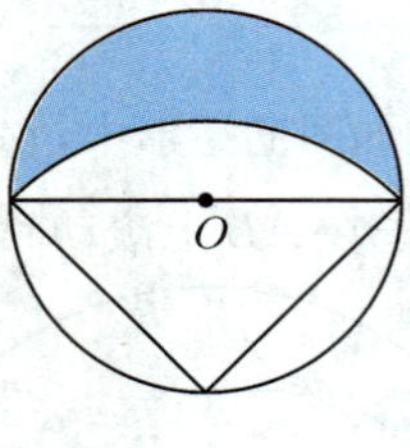

解析

我们观察图 1 中的半圆与四分之一大圆，由勾股定理可知，$R^2=2r^2$，所以 $\frac{1}{4}R^2=\frac{1}{4}\times2r^2=\frac{1}{2}r^2$，即半圆的面积与四分之一大圆的面积相等(图 2)。

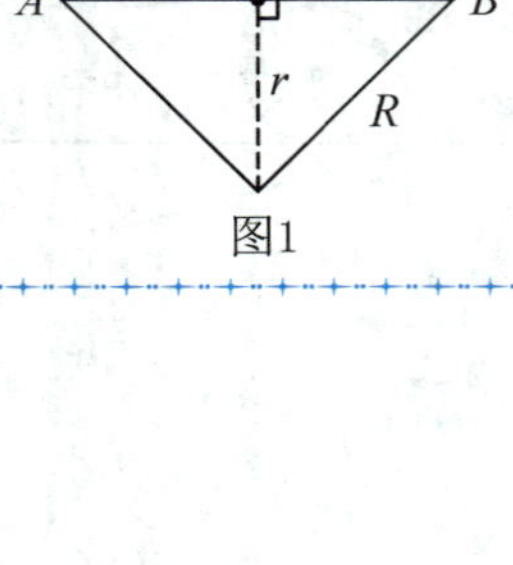

图1

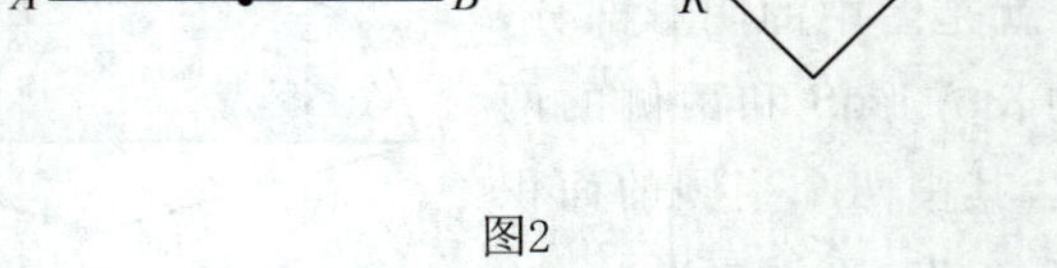

图2

如图 3，得出上述结论后，两个图形同时将弓形 AB 挖去，剩下的面积依然相等，即 $S_{①}=S_{②}$。故所求面积为 $10\times10\div2\times2=100$（平方厘米）。

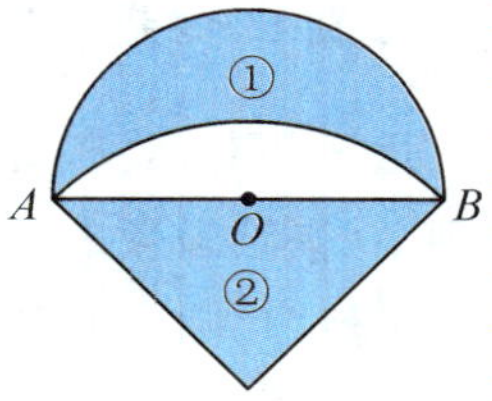

图3

2. 希波克拉底月牙定理

在找到了第一个能转化为直线图形的曲线图形后，希波克拉底利用勾股定理进行了进一步的尝试。

例 30 如图（单位：厘米），两个阴影部分面积的和是多少平方厘米？

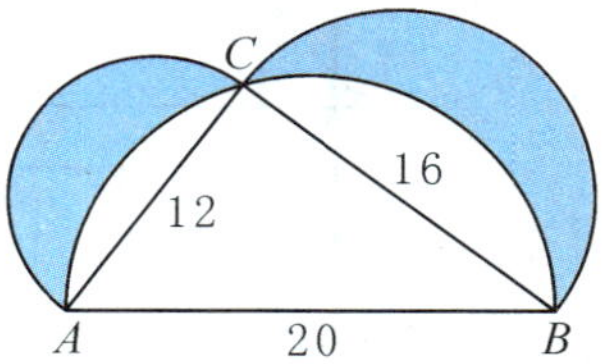

解析

因为 $12^2+16^2=20^2$，所以 $\triangle ABC$ 是直角三角形。

又 $\frac{1}{2}\times\left(\frac{12}{2}\right)^2\times\pi+\frac{1}{2}\times\left(\frac{16}{2}\right)^2\times\pi=\frac{1}{2}\times\left(\frac{20}{2}\right)^2\times\pi$，即两个小半圆的面积之和等于大半圆的面积（图 1）。

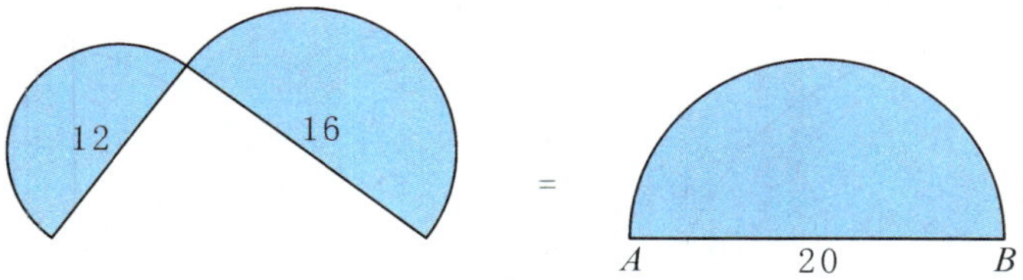

图 1

两边同时去掉公共部分，剩下部分的面积相等（图 2）。

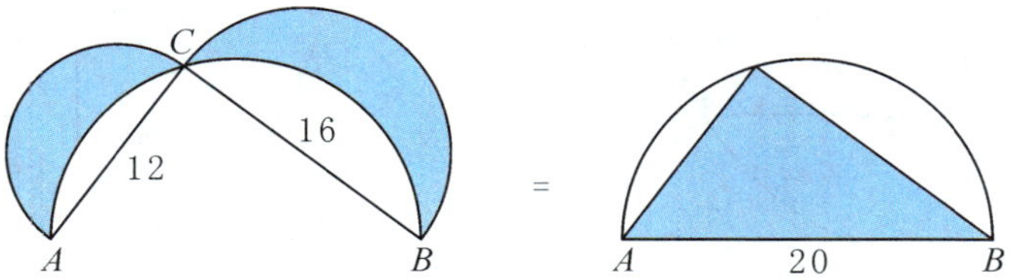

图 2

故所求阴影部分面积之和为 $16\times12\div2=96$（平方厘米）。

总结　只要是直角三角形，就有两直角边的平方之和等于斜边的平方，所以上述结论对所有直角三角形都成立。这就是“希波克拉底月牙定理”。

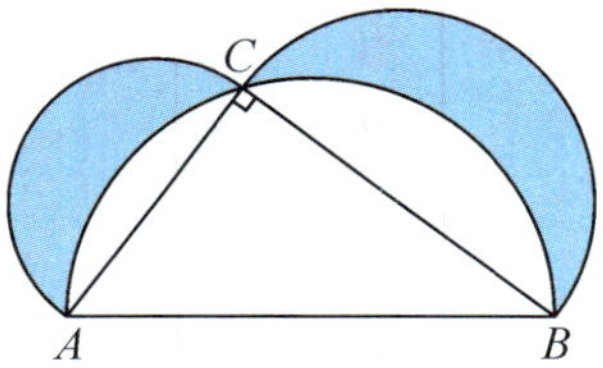

希波克拉底（Hippocrates of Chios，古希腊，前470—前410），生于奇俄斯岛（Chios），原以经商为业，不幸被海盗劫掠一空。为了找回被劫去的财物，他长期住在雅典查访，并在雅典从事几何学的研究工作。

古希腊另有一位非常出名的医生，也叫希波克拉底（Hippocrates of Cos，约前460—前377），世人尊称为医学之父，请不要将两者互相混淆。

3. 别出心裁的“降维打击”——先知达·芬奇的“化圆为方”

达·芬奇，欧洲文艺复兴最杰出的代表。他“文艺复兴三杰”的名声是由他仅仅利用业余时间完成的不到 20 幅绘画赢来的，他对自己的定位是一位科学家、数学家。

虽然“化圆为方”这个问题在尺规作图的规则下是不可能实现的，但放宽条件，它依然是一道经典且困难的问题。

达·芬奇别出心裁地利用圆柱交出了一份完美的答卷：

如图 1，他将一个底面半径为 r 的圆柱的高设定为$\frac{r}{2}$，于是，这个圆柱的侧面展开图(一个长方形)的面积与底面圆的面积相等，都为 πr^2！

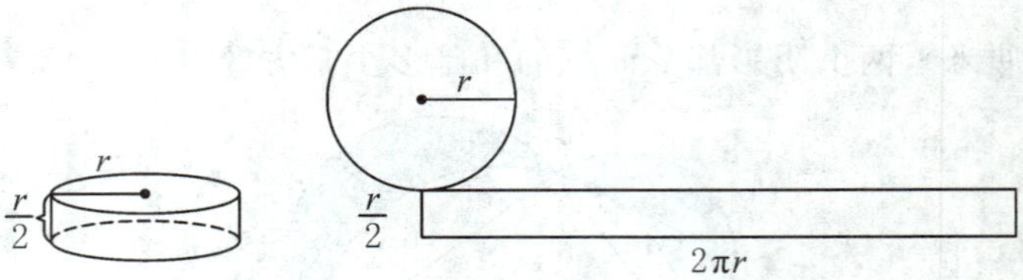

图 1

接下来，我们利用圆将长方形转化为面积相等的正方形。

作法：如图 2 所示，四边形 $ABCD$ 为长是 $2\pi r$，宽是$\frac{r}{2}$，面积等于半径为 r 的已知⊙P 的长方形。

1. 延长 AD 至 C'，使 $C'D=\frac{r}{2}$，取 AC'的中点 O，以 O 为圆心，OA 为半径作⊙O；

2. 过点 D 作直径 AC'的垂线，分别交⊙O 于点 E、M，以 DE 为边长的正方形 $DEFG$ 即为面积等于长方形 $ABCD$ 的正方形，于是正方形 $DEFG$ 与已知⊙P 的面积相等，即为所求。

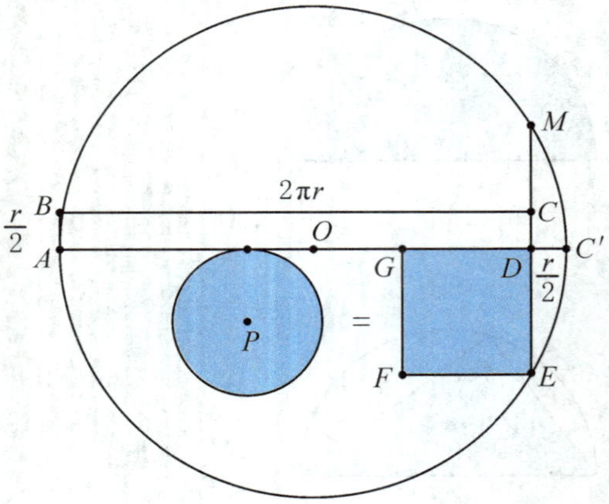

图 2

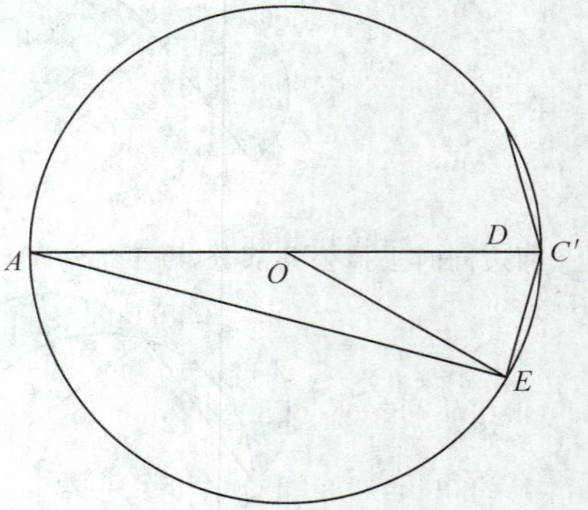

图 3

下面证明作图结论：

①证明$\triangle AEC'$是直角三角形。

证明：如图 3，$\because OA=OC'=OE=R$，

$\therefore \angle OEA=\angle OAE=\frac{1}{2}(180^\circ-\angle AOE)$，

$\angle OEC'=\angle OC'E=\frac{1}{2}(180^\circ-\angle EOC')$。

于是$\angle OEA+\angle OEC'=\frac{1}{2}(360^\circ-\angle AOE-\angle EOC')=90^\circ$。

②证明 $AD\times DC'=DE^2$，即 $ab=c^2$。

证明：如图 3。

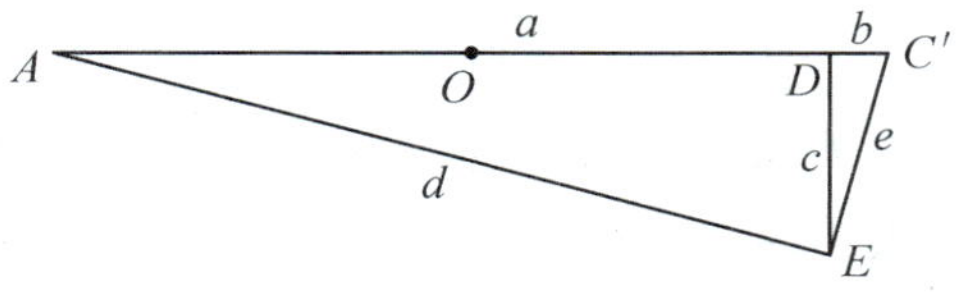

图 3

$\because ED \perp AC'$，$\therefore c^2=d^2-a^2=e^2-b^2$。

$\because e^2=(a+b)^2-d^2$，$\therefore d^2-a^2=(a+b)^2-d^2-b^2$。

于是 $d^2-a^2=a^2+2ab+b^2-d^2-b^2$，$2d^2=2a^2+2ab$，$d^2=a^2+ab$。

所以 $ab=d^2-a^2=c^2$，即边长为 DE 的正方形的面积等于边长分别为 AD（长 $2\pi r$）、$DC'$$\left(长\frac{r}{2}\right)$的长方形的面积，为 πr^2，即给定圆的面积。

真题重现

1. 图中正八边形的边长为 200，以正八边形八个顶点为圆心裁掉 8 个半径为 100 的扇形。那么剩余部分（图中阴影所示）的周长是________。（π 取 3.14）（2019 年“数学花园探秘”小高决赛 A 卷）

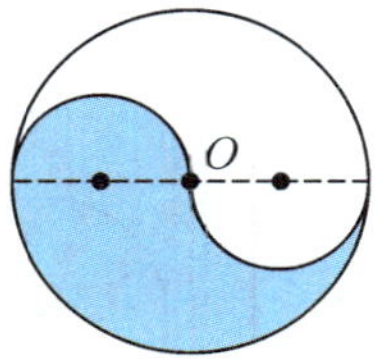

第 1 题图

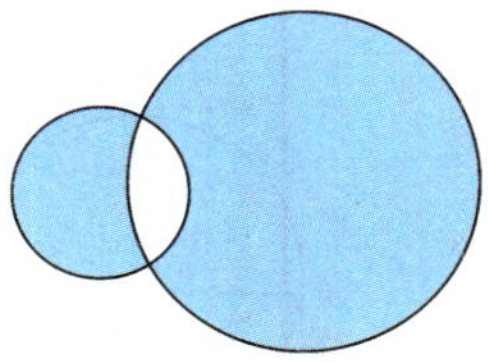

第 2 题图

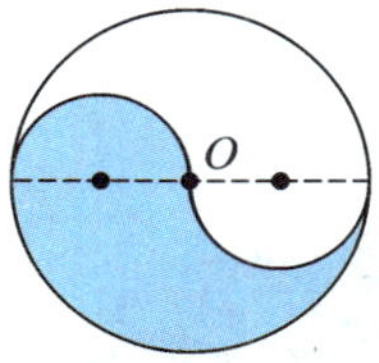

第 3 题图

2. 如图，两个圆的半径分别是 10 厘米和 20 厘米。两块阴影部分的周长相差 68.4 厘米，那么较小的一块阴影的周长是________厘米。（π 取 3.14）（2019 年“数学花园探秘”小高决赛 D 卷）

3. 太极图意义深远，其内涵包含了古代哲学，体现出阴阳概念，具有对称之美。已知图中太极大圆的半径是 10 厘米，那么阴影部分的面积是________平方厘米。（π 取 3.14）

（2017 年“数学花园探秘”6 年级初赛 C 卷）

4. 如图，四个半圆和一个四分之一圆组成“高音谱号”，其中 $AB=BC=CE=EG$，点 D、F 分别是 CE、EG 的中点。已知以 AB 为直径的半圆的面积为 8，那么图中阴影部分的面积为________。

（2017 年“数学花园探秘”小高决赛 C 卷）

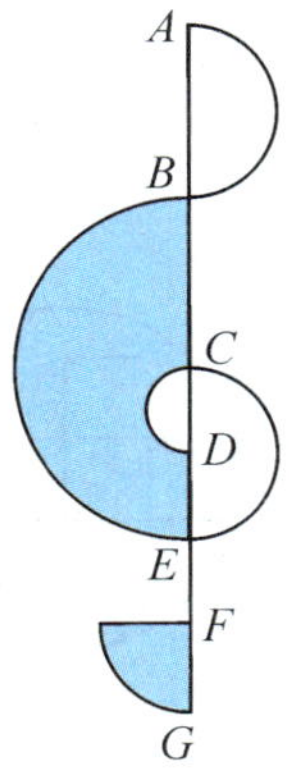

第 4 题图

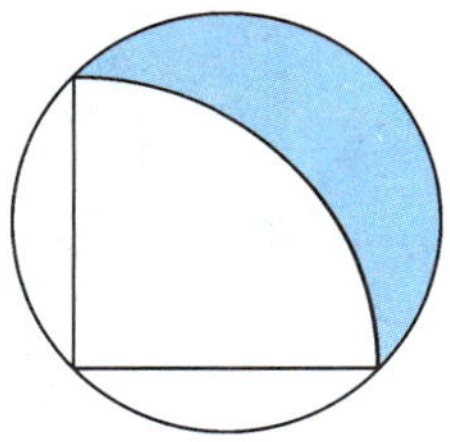

第 5 题图

5. 如图，直径为 12 的圆中有一个直角扇形，图中阴影部分的面积是________。

（2014 年“数学花园探秘”6 年级网赛）

6. 如图，半径为 4 厘米的两个圆如图放置，长方形中两块阴影部分面积相等，A、B 两点为两圆的圆心，那么 AB 的长度为________厘米。（π 取 3） （2016 年“数学花园探秘”6 年级初赛 C 卷）

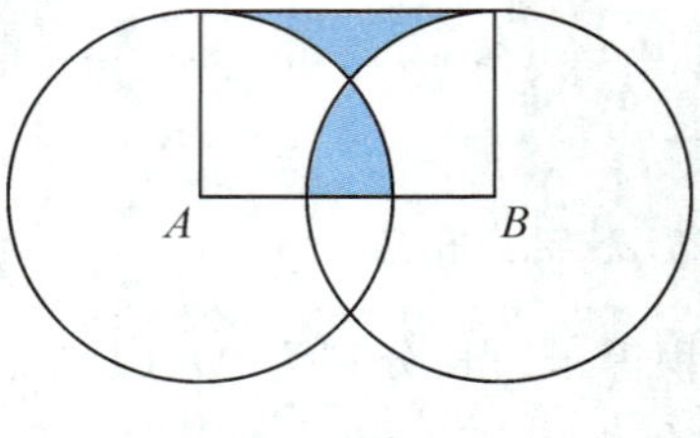

第 6 题图

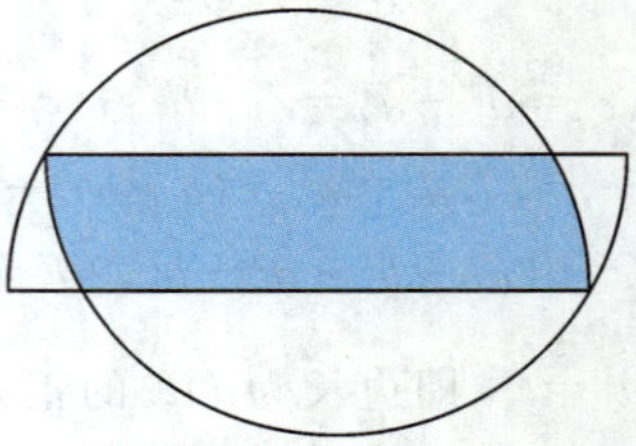

第 7 题图

7. 如图，两个半圆的半径均为 6 厘米，图中空白部分的面积总和为 56 平方厘米，则阴影部分的面积为________平方厘米。（π 取近似值 3） （2019 年“数学花园探秘”6 年级初赛 D 卷）

8. 如图是某知名画家的作品，扇子打开后可以看作一个圆心角为 150°的扇形。长度尺寸如图所示（单位：厘米）。那么纸面的面积（纸面之外部分忽略不计）是________平方厘米。（π 取 3）

（2018 年“数学花园探秘”6 年级初赛 A 卷）

第 8 题图

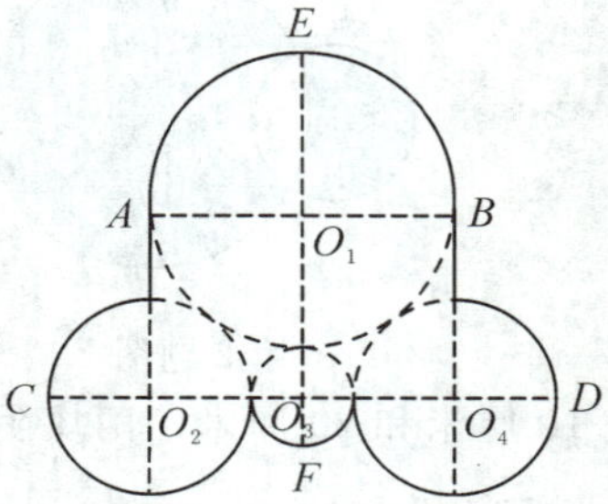

第 9 题图

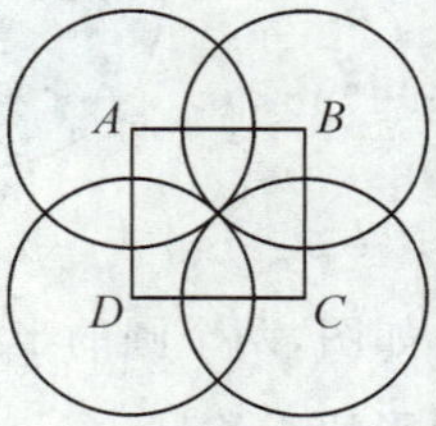

第 10 题图

9. 图为林林设计的太空舱轮廓图。已知图形中 4 个圆两两相切（紧挨在一起），O_1、O_2、O_3、O_4 分别为 4 个圆的圆心，AO_2O_4B 为长方形，且 O_3 为 O_2O_4 的中点，EF 的长度为 80，CD 的长度为 100。那么太空舱的面积为________。（π 取 3.14）

10. 如图，沙漠中的一块正方形区域 $ABCD$，四个角上各装有一个雷达，雷达的扫描半径为 50 千米，且 $ABCD$ 的中心 O 恰好在四个雷达的扫描边缘上。那么这四个雷达所能扫描到的区域面积一共是________平方千米。（π 取 3.14） （2020 年“数学花园探秘”6 年级初赛 A 卷）

11. 一个内外半径分别为 10 厘米和 20 厘米的圆环沿地面做无滑动的滚动半周，形成了图中的图形，则图中阴影部分的面积之和为________平方厘米。（π 取 3.14） （2020 年“数学花园探秘”小高决赛）

第 11 题图

第 12 题图

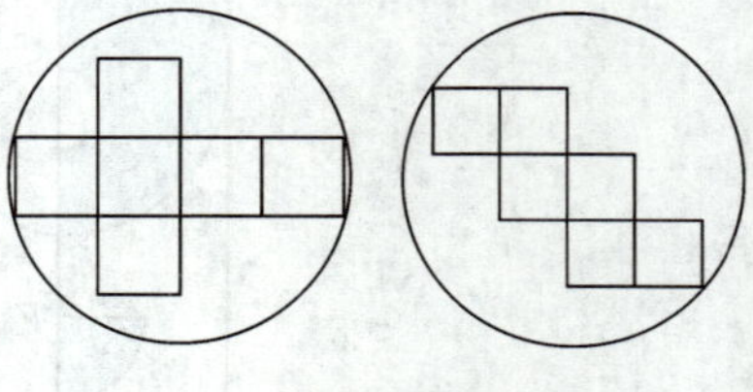

第 13 题图

12. 题图是果果观测到的日偏食照片，已知两圆的半径分别是 50 厘米和 40 厘米，那么图中两个阴影部分的面积差为________平方厘米。（π 取 3.14）　　（2018 年"数学花园探秘"小高决赛 D 卷）

13. 在两张相同的圆形纸片上，如图中的方式分别剪出一个最大正方体的平面展开图。如果左边小正方形的边长是 10，那么右边小正方形的面积是________。

（2015 年"数学花园探秘"高年级决赛 B 卷）

14. 题图是奇异博士创造的魔法阵，其中，最小的圆形半径是 10 厘米，那么阴影部分的面积是________平方厘米。（π 取 3.14）　　（2016 年"数学花园探秘"网赛 6 年级）

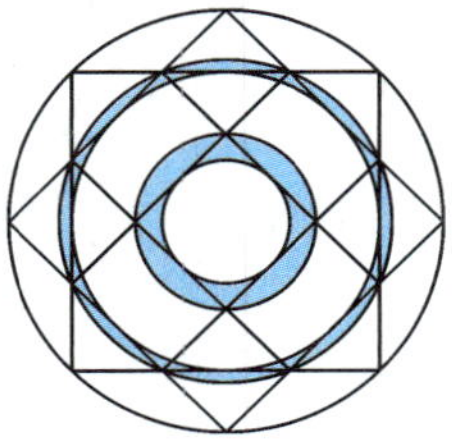

第 14 题图

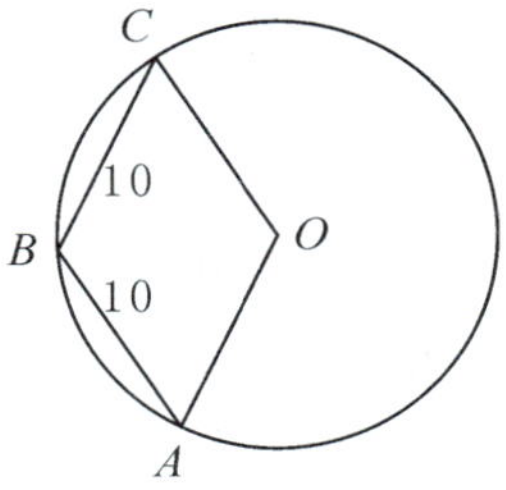

第 15 题图

第 16 题图

15. 如图，O 是圆心，AB 和 BC 的长度都是 10 厘米，四边形 $OABC$ 的面积是 120 平方厘米。那么圆的半径是________厘米。　　（2014 年春・武汉明心数学资优生测试 6 年级）

16. 如图，在一个正方形点阵中画了一条正在喷水的鲸鱼。若图中鲸鱼喷出的水花面积为 57 平方厘米，那么图中鲸鱼的面积是________平方厘米。　　（2017 年春・武汉明心数学资优生测试 6 年级）

参考答案

1. 答案：1884。

分析：八边形的内角和为 $180°\times(8-2)=1080°$，所以阴影部分的周长即 3 个圆的周长，为 $2\times\pi\times100\times3=1884$。

2. 答案：60。

分析：两块阴影的周长之和＝两个圆的周长之和$=2\pi\times(10+20)=60\pi=188.4$（厘米）。

较小的一块阴影的周长$=(188.4-68.4)\div2=60$（厘米）。

3. 答案：157。

分析：已知大圆的半径是 10 厘米，可知其面积为 $3.14\times10^2=314$（平方厘米）。而在太极图中，阴影部分的面积刚好等于圆面积的一半，为 $314\div2=157$（平方厘米）。

4. 答案：34。

分析：$8\times4-8\div4+8\div2=34$。

5. 答案：36。

分析：连接 MN，于是阴影部分的面积等于$\triangle MPN$ 的面积，为 $12^2\div4=36$。

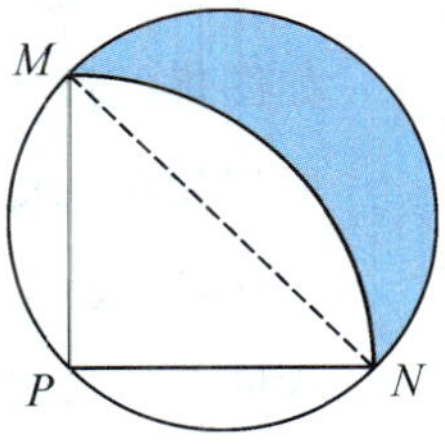

第 5 题图

6. 答案：6。

分析：因为两个阴影部分的面积相等，所以长方形的面积恰好等于两扇形的面积和，即半圆的面积，所以 $AB=\dfrac{\frac{1}{2}\pi r^2}{r}=\dfrac{1}{2}\pi r=6$（厘米）。

7. 答案：26。

分析：两个半圆的面积之和为 $2\times\frac{1}{2}\times\pi\times6^2=108$（平方厘米）。除了包括空白部分的面积（56 平方厘米）以外，由于阴影部分同时属于两个半圆，所以它的面积被计算了 2 次。由此可知，阴影部分的面积为 $(108-56)\div2=26$（平方厘米）。

8. 答案：945。

分析：由扇形面积的计算公式可得，纸面的面积是 $\frac{150^\circ}{360^\circ}\times(30^2\times\pi-12^2\times\pi)=945$（平方厘米）。

9. 答案：5854。

分析：$O_1O_3=80\div2=40$，$O_3D=100\div2=50$，其中 $R_{大}=R_{小}+R_{中}$，所以 $R_{中}-R_{小}=50-40=10$，于是 $R_{小}=(50-10-10)\div3=10$，$R_{中}=20$，$R_{大}=30$。

故所求图形的面积为 $20^2\times3.14\times\frac{3}{4}\times2+10^2\times3.14\times\frac{1}{2}+30^2\times3.14\times\frac{1}{2}+60\times40=5854$。

10. 答案：25700。

分析：总面积为两个圆加虚线正方形的面积，为 $\pi\times50^2\times2+100^2=25700$（平方千米）。

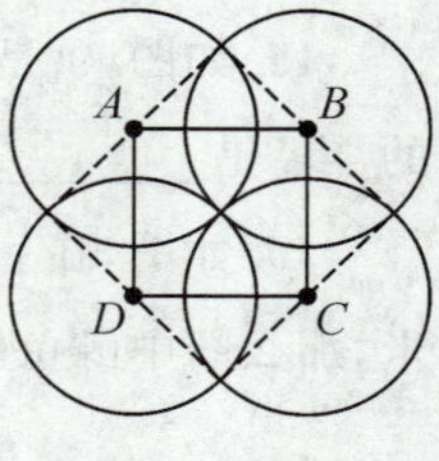

第 10 题图

11. 答案：2826。

分析：阴影部分分为两部分。左边是一个半径为 10 厘米的圆，右边相当于一个长为大圆的半周长，宽为大圆直径的长方形。

所以面积之和为 $\pi\times10^2+\pi\times20\times(20\times2)=2826$（平方厘米）。

12. 答案：2826。

分析：将两个月牙阴影同时加上两圆重合的部分，根据“差不变原理”知，两个月牙的面积差就是两个圆的面积差，为 $\pi\times50^2-\pi\times40^2=900\pi=2826$。

13. 答案：68。

分析：如图，D 为圆的直径。

$\because D^2=a^2+(4a)^2=17a^2=1700$，

$\therefore D^2=(3b)^2+(4b)^2=25b^2$，$b^2=1700\div25=68$。

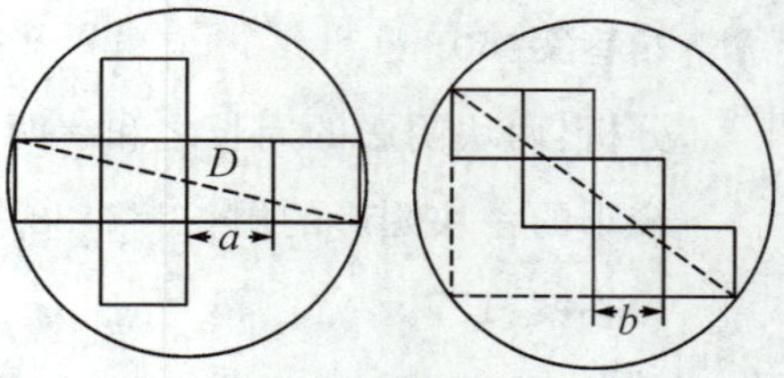

第 13 题图

14. 答案：628。

分析：方法 1　设五个圆半径依次为 R_1、R_2、R_3、R_4、R_5。

小圆与外面的正方形，以及正方形外面的圆，其面积比为 $\pi:4:2\pi$。

所以里面的圆环面积为 $3.14\times10^2=314$（平方厘米）。

如图虚线所示，外面圆环的面积为 $\pi R_4^2-\pi R_3^2=100\pi=314$。

所以阴影的面积是 628。

方法 2　设五个圆半径依次为 R_1、R_2、R_3、R_4、R_5。

内圈阴影圆环的面积为 $3.14\times(R_2^2-R_1^2)=3.14\times10^2=314$（平方厘米）；

外圈阴影圆环面的积为 $3.14\times(R_4^2-R_3^2)=3.14\times10^2=314$（平方厘米）。

总面积为 $314+314=628$（平方厘米）。

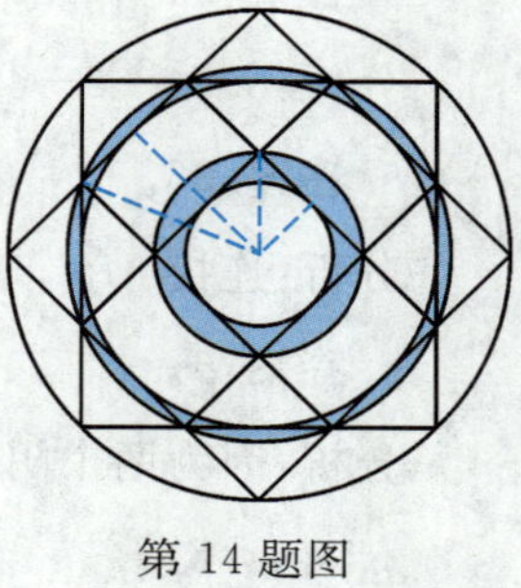
第 14 题图

15. 答案：13。

分析：在△OCB 和△OAB 中，$CB=AB$（已知），$OC=OA$（圆半径），OB 为两个三角形共有，因此△OCB 和△OAB 的形状、大小完全相同，则△OBC 的面积是 60 平方厘米。设 D 为 BC 的中点，因为△OBC 是等腰三角形，所以 OD 垂直于 BC。

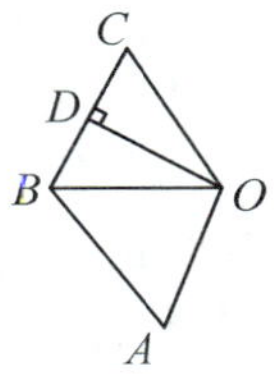

第 15 题图

△OBC 的面积$=\frac{1}{2}BC\times OD=60$（平方厘米），并且 $OD=\frac{60}{5}=12$（厘米）。

在△OBD 中应用勾股定理，$OB^2=BD^2+OD^2=5^2+12^2=169=13^2$。因此圆的半径是 13 厘米。

16. 答案：513。

分析：如图，连接 AB、CF。

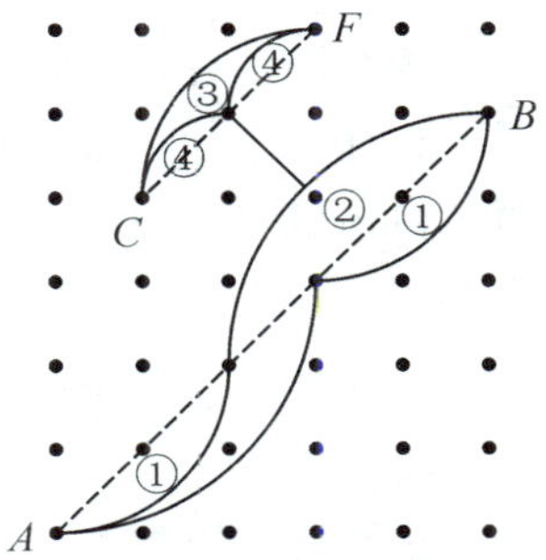

第 16 题图

可将①号弓形拼补到鲸鱼尾部上方的①号弓形处，则鲸鱼本身的面积为两个②号弓形的大小。③号水花图形的大小则为①号弓形减去 2 个④号弓形。

将④号弓形的面积看作 1 份，由于①号弓形的所在圆的半径是④号弓形所在圆半径的 2 倍，所以面积为④号弓形的 4 倍。

同理，②号弓形的面积是④号弓形面积的 9 倍。③号水花的面积为 $4-1-1=2$（份），鲸鱼的总面积为 $9+9=18$（份），则鲸鱼面积是水花面积的 $18\div2=9$ 倍，所以鲸鱼的面积为 $57\times9=513$（平方厘米）。

第三十章　立体图形

毕达哥拉斯学派每次举行仪式的时候总会让成员站成如下图形：

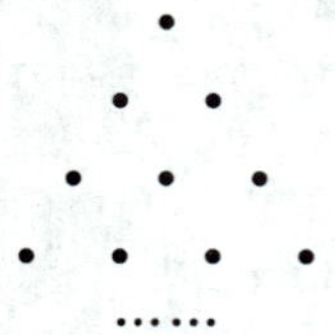

这个图形有什么含义呢？

任何一个站在顶点的人面向中心看去，就会数出“1、2、3、4”。1代表“点”，2个点可以连成“线”，3个点可以组成“面”，4个点可以构成“体”。而世间的物体无不是由点、线、面、体组成。

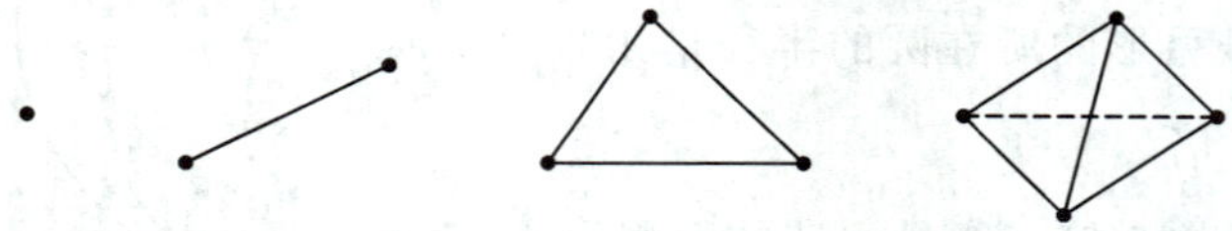

> 在立体图形示意图中，实线表示看得见的线，虚线表示看不见的线而不是辅助线。

毕达哥拉斯学派认为一个事物的形式（该事物的形状、大小等特性）比质料（构成该事物的材料）重要，而数学是研究形式的基础，所以提出了“万物皆数”的哲学思想。

从这一节开始，我们就来学习关于“体”的知识。

30.1　长方体与正方体

基于平面图形常以正方形为面积单位的习惯，研究立体图形时，正方体也常被作为体积单位，我们的立体几何也从这里开始吧。

30.1.1　基本特征与公式

名称	图形	特征	度量	
长方体	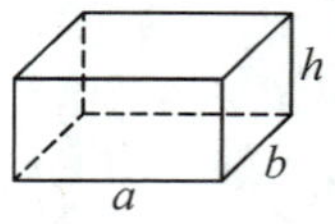	8个顶点，6个面，相对的面相同，12条棱，同一方向的棱长度相等	表面积	$S=2(ab+ah+bh)$
			体积	$V=abh$ $V=Sh$（S为底面积）
正方体	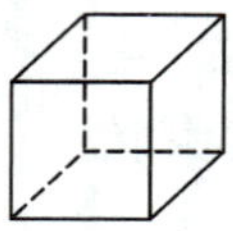	8个顶点，6个面都是相同的正方形，12条棱长度都相等	表面积	$S=6a^2$
			体积	$V=a^3$

【总结】(1)长方体有(　　)个面，(　　)的面形状大小相同。

(2)正方体有(　　)个面，所有面的面积(　　)。

不难发现，长方体拥有的特征正方体都拥有，而正方体拥有的特征长方体不一定拥有，所以正方体属于特殊的长方体。

另外值得推敲的是长方体的两个体积公式。

$V=abh$，从公式上看，我们必须找到长、宽、高三个量才能求出体积，并且这个公式可能会局限我们的观察角度，如果用中文来理解，甚至会有不恰当的暗示作用，让我们认为竖直方向的才是高，所以个人认为这个公式只能打 60 分。

$V=Sh$（S 为底面积），我们可以从三个方向理解这个公式，不会限制我们观察的角度，如图：

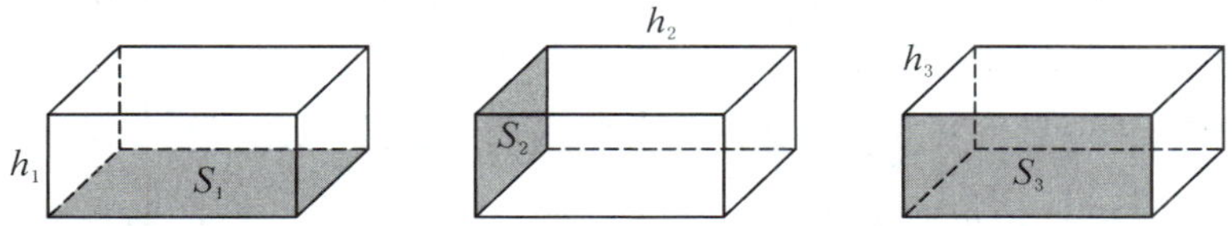

另外，更重要的是，$V=Sh$ 这个公式由三个量组成，可以用正、反比例关系讨论，在解题过程中会大大增加灵活性。

30.1.2　一维长度→二维面积→三维体积

例 1　如果两个正方形的边长分别为 3 厘米与 6 厘米，较大正方形的面积是较小正方形面积的几倍？

解析

如图。

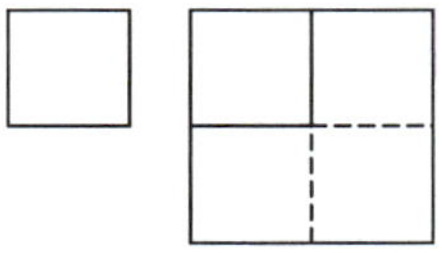

由于大正方形的边长是小正方形边长的 $6\div3=2$ 倍，所以大正方形的边长在水平与竖直两个方向上都是小正方形的 2 倍，所以面积为小正方形的 $2\times2=2^2=4$ 倍。

例 2　一个正方体的棱长扩大到原来的 3 倍，那么它 1 个面的面积扩大到原来的______倍，表面积扩大到原来的______倍，体积扩大到原来的______倍。

解析

【方法 1】赋值法，假设原正方体的棱长为 1，那么扩大后棱长变为 3，于是，变化前一个面的面积为 $1\times1=1$，变化后一个面的面积为 $3\times3=9$ 倍；变化前的表面积为 $1\times6=6$，变化后的表面积为 $9\times6=54$，依然是 9 倍；变化前的体积为 $1\times1\times1=1$，变化后的体积为 $3\times3\times3=27$ 倍。

【方法 2】将原正方体的棱长看作为 1 倍，那么扩大后则变为 3 倍。

如图，因为面积是由两个方向上的量决定的，所以 1 个面的面积扩大到原来的 $3^2=9$ 倍，表面积也是扩大到原来的 $3^2=9$ 倍。又因为体积是由三个方向上的量决定的，所以体积扩大到原来的 $3\times3\times3=3^3=27$ 倍。

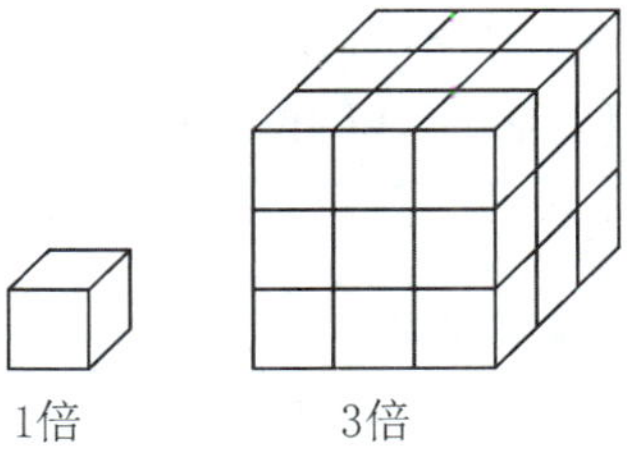

由此，我们可以总结：当两个物体形状相同时，如果对应的一维长度扩大到原来的 a 倍时，那么其对应的二维面积则扩大到原来的 a^2 倍，对应的三维体积扩大到原来的 a^3 倍。

例 3　图中有两个形状相同的西瓜，其中较小的一个高 20 厘米，较大的一个高 25 厘米。如果较小的西瓜卖 20 元，那么较大的西瓜大约卖______元。

A. 25 元　　B. 30 元　　C. 35 元　　D. 40 元

解析

这题隐藏着一个物理常识：相同的物质——西瓜的密度（单位体积这类物质的质量）相同，日常生活中，常以重量替换质量的概念。

在单价相同的情况下，总价＝单价×重量，而西瓜的重量取决于其体积，且与体积成正比。于是，一个维度上，较大西瓜是较小西瓜的 $25\div20=\frac{5}{4}$ 倍，而体积是三维的，所以较大西瓜的体积是较小西瓜体积的 $\left(\frac{5}{4}\right)^3=\frac{125}{64}\approx2$ 倍，所以大约会卖 $20\times2=40$（元）。

注解 维度之间的联系与区别：图形形状相同的情况下，虽然数值上面积比是长度比的平方，体积比是长度比的立方，但长度、面积、体积并不属于同类，相互仍无法比较大小。

30.1.3 关于棱长

例 4 （1）在一个长方体上量得其中两条棱的长度分别为 5 厘米和 6 厘米，则长度为 5 厘米的棱最少有（ ）条，最多有（ ）条。

（2）如果这个长方体上恰好有两个面是正方形，且正方形边长为 6 厘米，那么长度为 5 厘米的棱有（ ）条。

（3）用木棍搭成一个长方体（不计损耗），用掉的木棍总长为 180 厘米。如果有两条相交的棱长度分别为 10 厘米与 15 厘米，那么与这两条棱都相交的第 3 条棱长多少厘米？

解析

（1）长方体共有 12 条棱，分为上下、左右、前后三个方向，同一方向上的 4 条棱长度相等，所以 5 厘米与 6 厘米的棱一定不在同一方向上，同一方向上的都为 5 厘米，有 4 根。而剩下的一个方向上的棱长度可能不是 5 厘米，也可能是 5 厘米，所以长度为 5 厘米的棱最少有 4 条，最多有 $4+4=8$（条）。

（2）将两个正方形看作上下底面，共包含 8 条棱，长度都为 6，所以高的长度有可能是 5 厘米，即 4 条；但也有可能不是 5 厘米，即 0 条。所以本题的答案为“4 条或 0 条”。

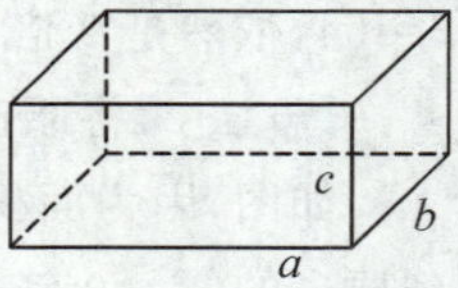

（3）在长方体中，同方向上的 4 条棱长度相等，且同一点引出的 3 条棱分别在 3 个不同方向上，所以这 3 条棱的长度之和为 $180\div4=45$（厘米），所以第 3 条棱的长度为 $45-10-15=20$（厘米）。

【总结】同一个点引出的三条棱长之和是所有棱长之和的 $\frac{1}{4}$。

例 5 一种商品包装盒的长、宽、高分别为 15 厘米、10 厘米和 4 厘米，把两件这样的商品照下图摆放用彩纸包装后系上彩带，那么彩带的长度大约为多少厘米？（不考虑接口，不考虑打结）

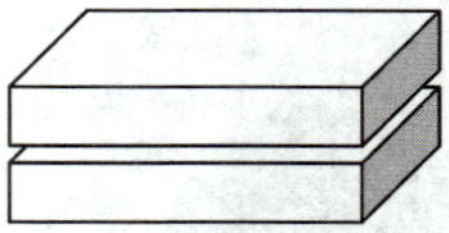

解析

由两个长方体包装盒拼接后的长方体长为 15 厘米，宽为 10 厘米，高为 $4\times2=8$（厘米），由图可知，彩带包含了 2 个长，2 个宽，4 个高，所以总长度大约为 $15\times2+10\times2+8\times4=82$（厘米）。

30.1.4　展开图

将立体图形展开成平面图形，或将展开的平面图形还原成立体图形是增强空间想象能力的重要训练。

例 6　哪些图形折叠后能围成正方体，在括号中打"√"。

①
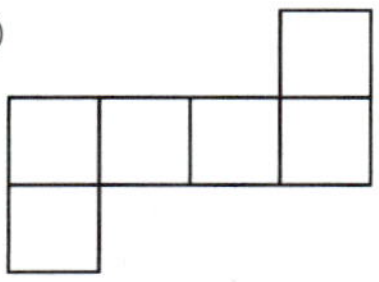
（　　）

②
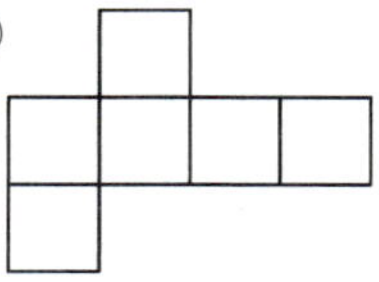
（　　）

③
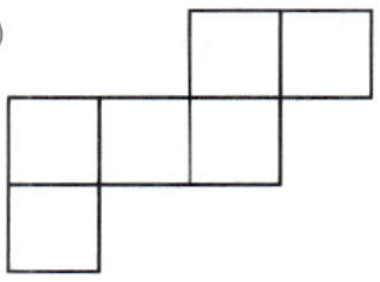
（　　）

④
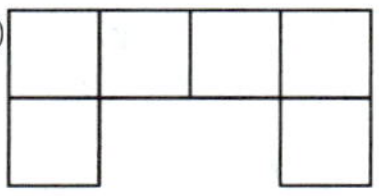
（　　）

⑤
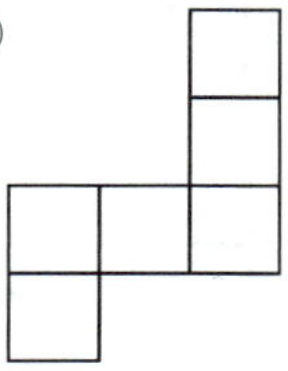
（　　）

⑥
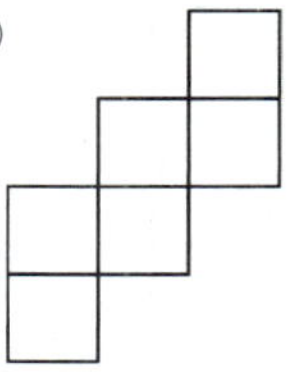
（　　）

解析

正方体展开图有很多可以总结的内容，例如：

出现下述情况，不可能折成正方体。

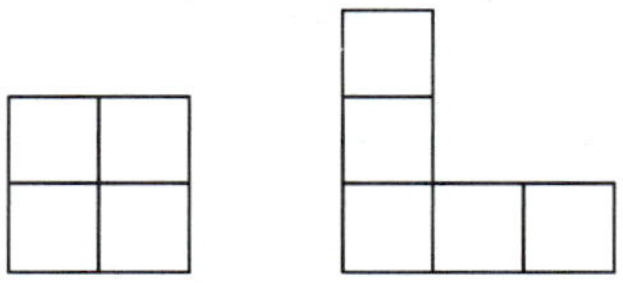

"三连格"两端两格一定相对。

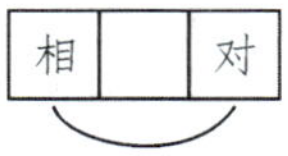

虽然有这些"小秘诀"，但常规辅助方法还是需要掌握。将平面图中的其中一个方块定为"前"，然后通过空间想象推出其他小方格所对应的位置，如下图所示：

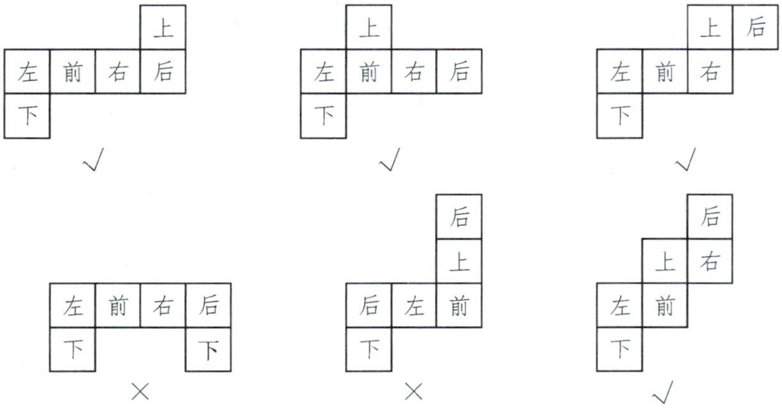

所以，①、②、③、⑥号可以折叠成正方体。

另外，正方体的展开图只有 11 种（翻转旋转后相同视为同一种），大家可以尝试将它们都画出来，答案附在本小节末。

例 7 哪些图形折叠后能围成长方体，在括号中打“√”。

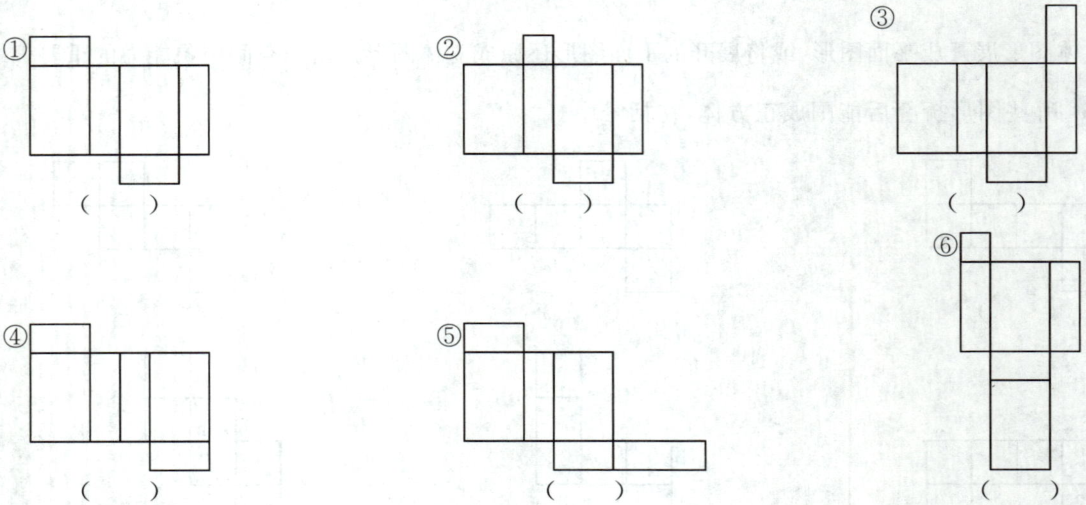

解 析

长方体的展开图相对于正方体展开图更复杂了一些，因为想象中的拼接还需考虑到拼接的边是否对应相等。当然，长方体本身的一些特征依然有助于解题。

由于长方体三组对面各自形状大小相同，所以②、⑥可以排除掉；又因为展开图中相对的面一定不相邻，所以④可以排除掉。下面来讨论①、③、⑤。

①号比较好理解，对应拼接的边相等，所以可以拼接成长方体，而③号、⑤号实际上是①号图形的变形，如图：

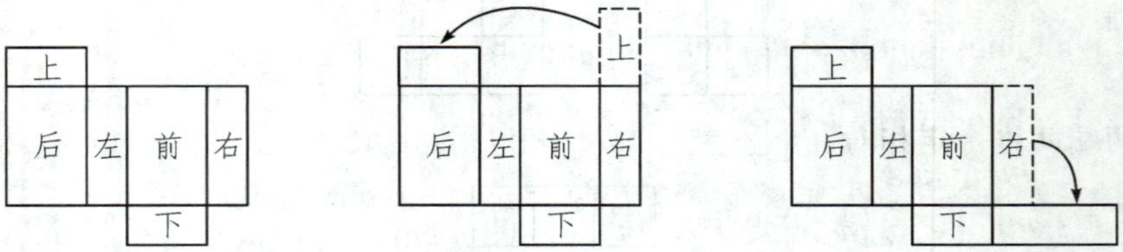

所以，③号、⑤号也能拼成长方形。

于是，打“√”的有①、③、⑤号图形。

例 8 这是一个长方体的展开图(单位:厘米)。请问此长方体的体积是多少立方厘米？

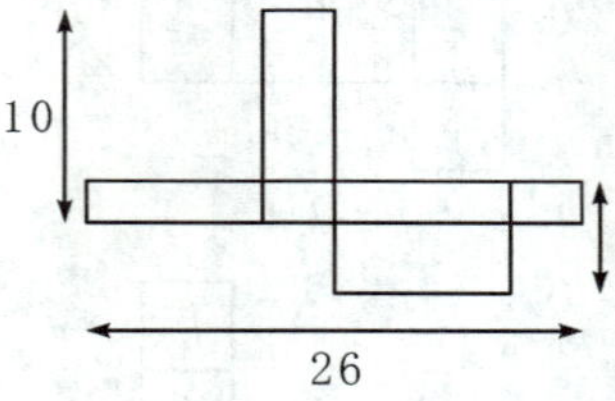

(2007 年春・明心数学资优生测试 4 年级)

解 析

由图可知，长与高和的 2 倍为 26 厘米，于是长＋高＝13(厘米)，宽＋高＝7(厘米)，长＋宽＝10(厘米)。所以长＋宽＋高＝15 厘米。

故长为 15－7＝8(厘米)，宽为 15－13＝2(厘米)，高为 15－10＝5(厘米)，长方体的体积为 8×2×5＝80(立方厘米)。

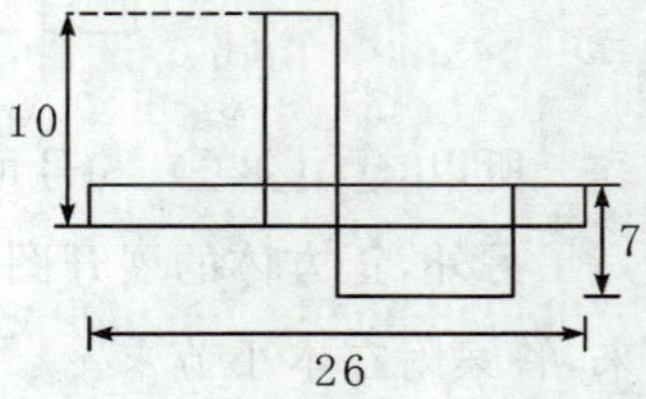

【附】正方体的 11 种展开图。

30.1.5 观察物体

《交叠的野牛》——法国拉斯科洞窟

伯吉父鼎铭文：唯十有二月初士(吉)，
伯士(吉)父作毅尊鼎，其万年子子孙永宝用。

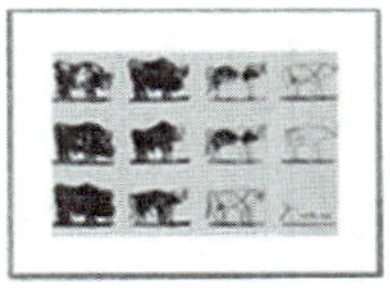

《公牛图》——毕加索

由于我们传递信息的媒介常常是平面的，如古代的石壁、青铜器表面、纸、现代的电脑屏幕等，于是在绘画中的透视法出现以前，将立体图形在某一方向上的投影画在平面上是我们描绘立体图形的常用手法。不论绘图还是当下更便捷地拍照，都相当于对一个立体图形进行了加密，而观察者看到画或照片后需要对这些平面图形进行解码，还原出它们在空间中的本真面目。这，不是每天都在发生吗？

例 9 一些棱长是 1 的小正方体码放成一个立体，从上向下看这个立体，如图 1，从正面看这个立体，如图 2。在这个立体的体积最大时，将这些小正方体码放成一个底面积为 4 的长方体，则这个长方体的高是________。

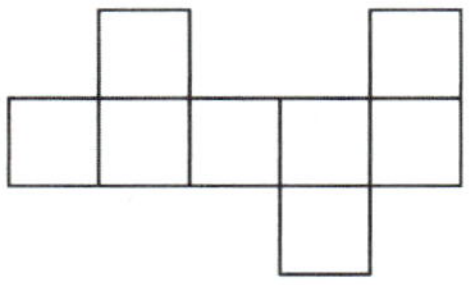

从上向下看

图 1

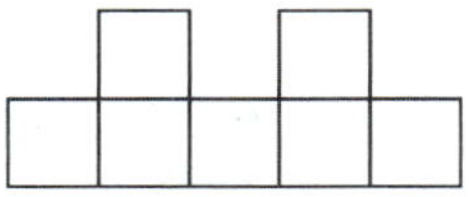

从正面看

图 2

(2012 年“华杯赛”)

解析

以从上到下的俯视图为标准。

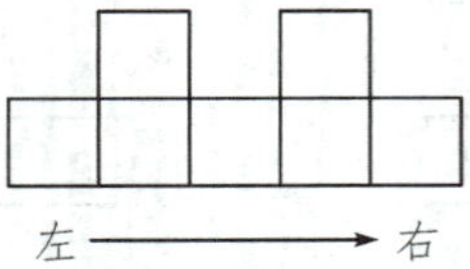

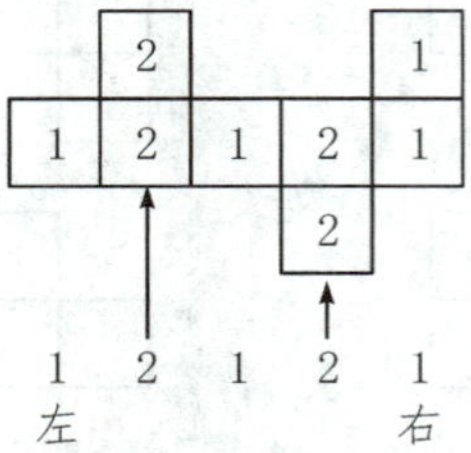

俯视图与正视图在左右方向上是一致的，而正视图决定了高度，想要最多，所以第 2 列与第 4 列尽量都放 2 层高，于是体积最大时有 1＋2＋2＋1＋2＋2＋1＋1＝12(个)正方体。堆成长方体后高为 $1^3 \times 12 \div 4 = 3$。

例 10 一些棱长是 1 的小正方体码放成一个立体图形，如图是这个立体图形分别从上向下看、从前往后看、从左向右看得到的平面图。那么，码放这个立体图形至少需要________个小立方体，至多需要________个小立方体。

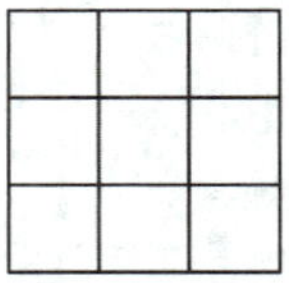
从上向下

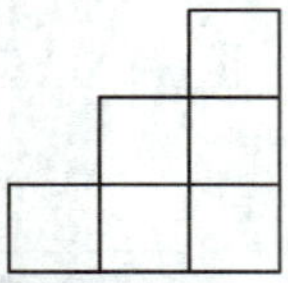
从前往后

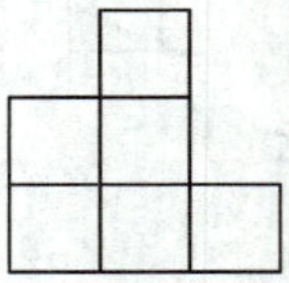
从左向右

解析

首先明确三个方向的视图在方向上的关系，得到下面中间这幅图。

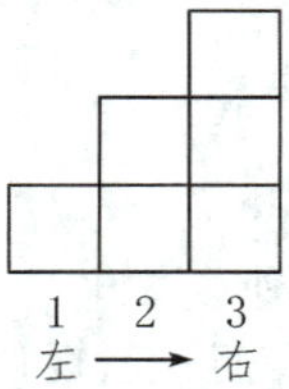

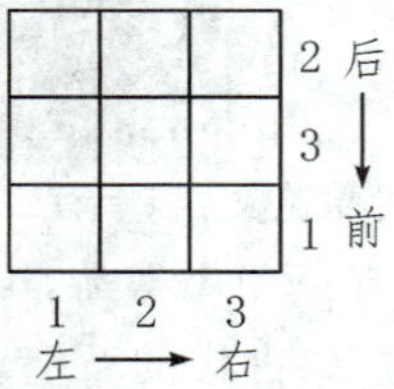

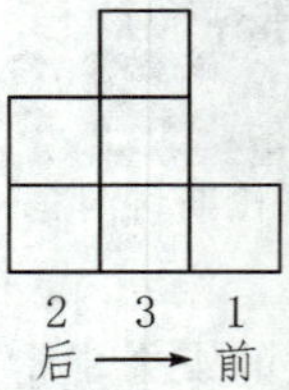

然后我们尝试在这幅图上码放积木。首先要明白的是，每个小方格所能达到的“最大高度”由其对应的行与列限定高度的“较小值”决定，例如左上角对应的两个数分别是 2 与 1，所以这一格至多只能有 1 层高，若高于 1 层，则与正视图矛盾。

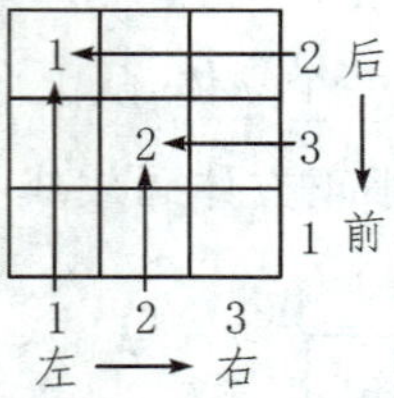

同理，我们可以将每一个的最高高度标出来，很明显，这就是所有积木数量最多的时候，即最多需要 1×5＋2×3＋3＝14(个)小立方体。

1	2	2	2
1	2	3	3
1	1	1	1
1	2	3	

而最少呢，就是让行与列所标的相同数字尽量是由一个格子上的积木显示出来的，如下图：

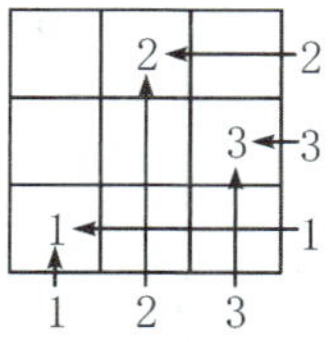

剩下的格子在保证框架的存在下尽量少放，特别请注意的是——中间那一格可以不放，从上向下看到的框架不会缺失，如下图：

1	2	1	2
1	0	3	3
1	1	1	1
1	2	3	

即最少需要 $1\times6+2+3=11$(个)小立方体。

例 11 优优有两种大小相同的立方体木块，一种木块的各表面都是白色的，另一种木块的各表面都是灰色的。他先将一些木块整齐地堆积码放在桌面上，再依次从三个不同的方向观察这些木块，如果所看到的情况如下边的 3 个图所示。那么灰色木块最多有________块。

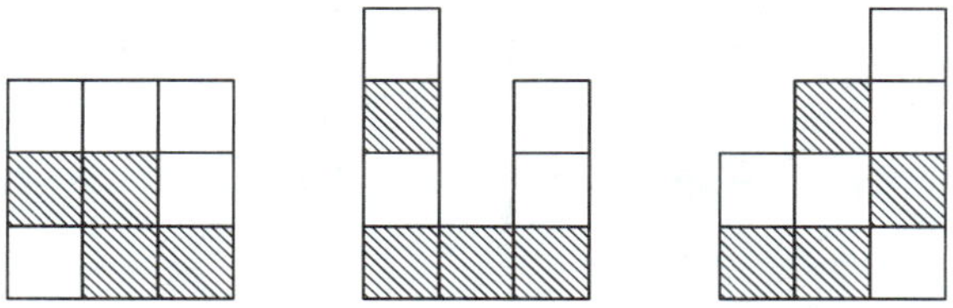

从上向下看　　从前向后看　　从右向左看

(2016 年第三届“优才杯”)

解析

以俯视图为标准，由其余两幅图可知标数如左下图，由这些标数所能确定的高度如右下图：

			4
			3
			2
4	1	3	

	①	②	③	
①	4	1		4
②		1		3
③		1		2
	4	1	3	

在灰色积木越多越好的前提下：

左上角最高有 4 层，于是下方最多可以有 3 个灰色积木，又因为从右侧看到从上到下依次是白、白、灰、白，所以右上角至多可以放 3 个，从上至下依次是白、黑、白；又因为从正面看最右边一列是 3 层，从上到下依次是白、白、灰，所以第③列第②行至多只能在最下层放一个灰色积木，最上方是白色积木，又因为右视图的中间一列第三层是灰色，所以它只能是 2 层，上白下灰；因为从正面看最右一列从上至下为白、白、灰，所以第③列第③行也只能在最下层放一个灰色积木。

由已确定高度的标数与俯视图可知，第②列②、③行都只能是 1 块灰色。

再看第①列，第②行至多可以放 3 层，且都可以是灰色。因为从正面看最左侧一列，从上到下第 3、4 块是白色、灰色，所以第①列第③行必须有 2 层，上白下灰。

示意图如下，最多有 12 块灰色木块。

4	1	3
3	1	2
2	1	1

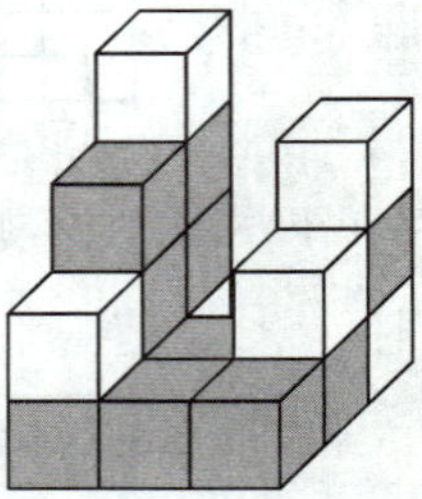

30.1.6 表面积

例 12 将 15 个棱长为 1 厘米的正方体堆放在桌面上（如图所示），喷上红色油漆后再将它们分开。涂上红色的部分，面积是________平方厘米。

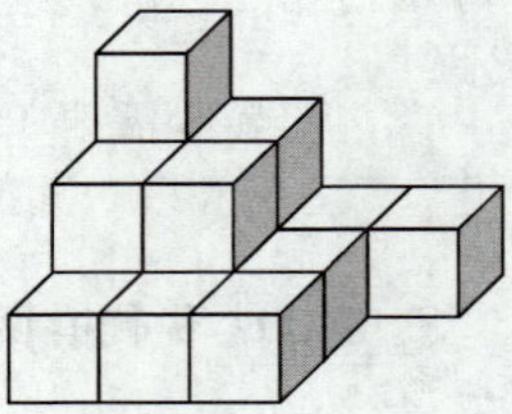

解析

注意到上、下两个方向看到的图形表面是相同的，都是 3＋3＋4＝10；左、右两个方向看到的图形表面是相同的，都是 3＋2＋1＝6；前、后两个方向看到的图形表面是相同的，都是 1＋2＋4＝7，所以整个立体图形的表面积为(10＋6＋7)×2＝46(平方厘米)。

但是，该图形底面放在桌子上，不能被染到，所以被染色的面有 46－10＝36(平方厘米)。

例 13 两个大小不同的正方体积木粘在一起，构成如图所示的立体图形，其中，小积木的粘贴面的四个顶点分别是大积木的粘贴面各边不是中点的一个四等分点。如果大积木的棱长为 4，则这个立体图形的表面积为________。

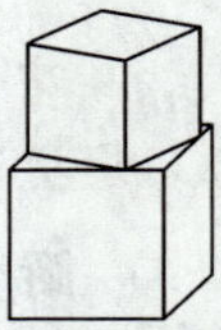

（2013 第十届“华罗庚金杯”少年数学邀请赛决赛高年级 B 卷）

解析

粘贴面如图。

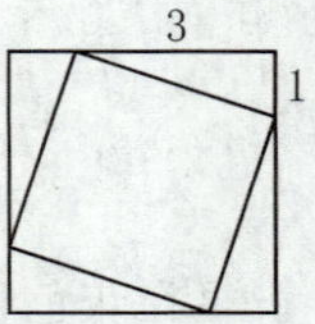

根据勾股定理可知，小正方形每个面面积：$1^2+3^2=10$。

上下方向上看到的都是大正方形的面积，合计(4×4)×2＝32；

小正方体的侧面即四个小正方形，合计 10×4＝40；

大正方体的侧面即四个大正方形，合计 $4^2\times4=64$；

所以整个图形的表面积为 32＋40＋64＝136。

例 14 把一个长、宽、高分别为 8 厘米、6 厘米、5 厘米的长方体木块沿着一定方向锯开，将得到两个小一些的长方体木块。怎样锯可使得到的两个小长方体木块的表面积之和最小，请在图中画一画，并求出此时两个小长方体木块表面积的和。

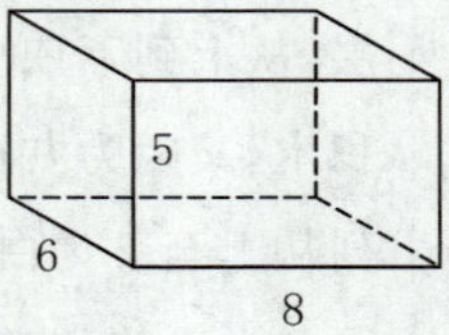

解析

在平面图形中，我们学过了切一刀增加两条边，拼接一次减少两条边；类似的，在立体图形中，切一刀增加两个面，拼接一次减少两个面。

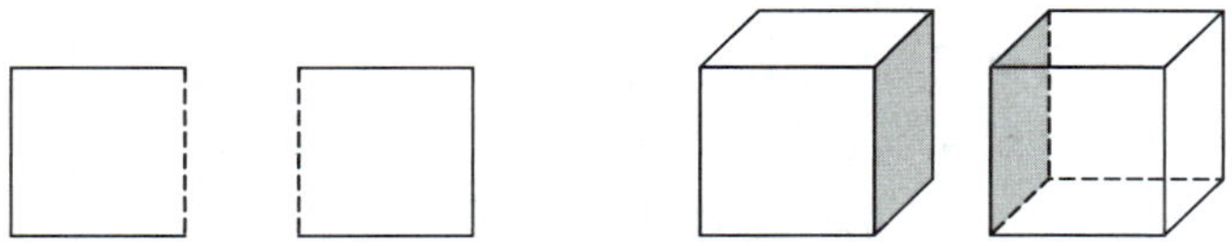

回到本题，切一刀增加两个切面，当然是切面越小越好。

由于此长方体3个方向的棱长分别为8厘米、6厘米、5厘米，故切面最小为6×5=30(平方厘米)，于是沿着虚线方向锯开得到的两个小长方体的表面积之和最小。

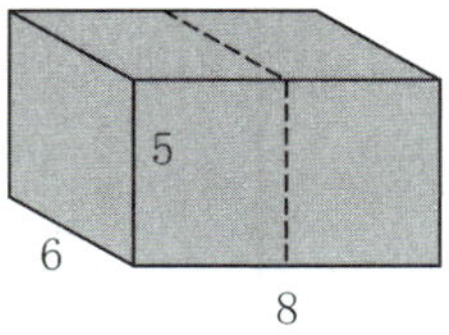

表面积在原表面积的基础上增加了两个30，为(8×6+8×5+6×5)×2+30×2=296(平方厘米)。

例15 一个表面积为56平方厘米的长方体如图切成27个小长方体，这27个小长方体表面积的和是________平方厘米。 (2008第六届"走进美妙的数学花园")

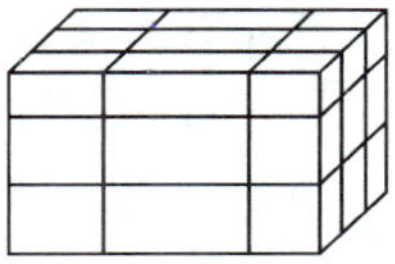

解析

因为3个方向上都切了两刀，所以3个方向上都从原来的两个面增加到现在的2+2×2=6(个)面，所以切开后27个小长方体表面积之和为原来表面积的6÷2=3倍，于是27个小长方体表面积之和为56×3=168(平方厘米)。

例16 长方体的长、宽、高分别是4分米、3分米、2分米，沿长垂直切5刀，沿宽垂直切4刀，沿高水平切n刀，所得若干个长方体表面积的和是224平方分米，n是多少？

解析

沿长垂直切，切面为3×2=6(平方分米)，切5刀增加10个面，同一方向上的面积共有6×(2+10)=72(平方分米)；沿宽垂直切，切面为4×2=8(平方分米)，切4刀增加8个面，同一方向上的面积共有8×(2+8)=80(平方分米)；于是与高垂直的表面的面积和为224−72−80=72(平方分米)，这个方向上的面积增加了72−4×3×2=48(平方分米)，切一刀增加(4×3)×2=24(平方分米)，所以切了48÷24=2(刀)。

例17 有一个边长为20厘米的大立方体，分别在它的角上、棱上、面上各挖掉1个大小相同的小立方体后，表面积变为2454平方厘米。那么挖掉的小立方体的边长是________厘米。

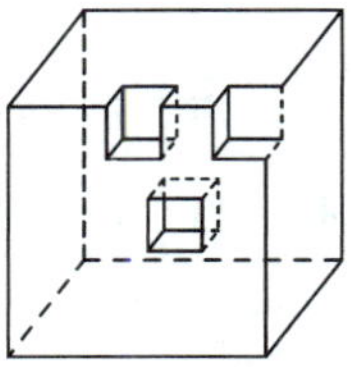

解 析

大立方体的表面积是 $20\times20\times6=2400$（平方厘米）。

(1)在角上挖掉 1 个小正方体后，消失了 3 个面，又露出 3 个面，不变。

(2)在棱上挖掉 1 个小正方体后，消失了 2 个面，又露出 4 个面，增加 2 个面。

(3)在面上挖掉 1 个小正方体后，消失了 1 个面，又露出 5 个面，增加 4 个面。

所以，挖掉了 3 个小正方体后反倒多出了 $2+4=6$（个）面，每个面的面积是 $(2454-2400)\div6=9$（平方厘米），$9=3^2$，所以挖出的小正方体棱长为 3 厘米。

例 18 将一块长方体木头切三刀，切成 8 个小的长方体。如图所示，其中 7 小块的表面积已经给出了，请求出看不见的那一小块的表面积。

（2016 年郑州平行线）

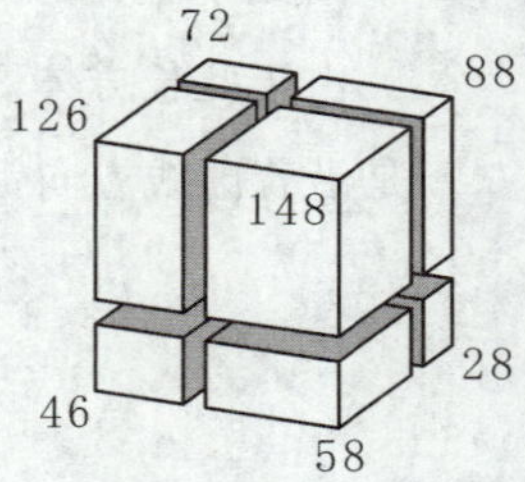

解 析

如图，将切开后的 8 个长方体编号，后方左下角看不见的长方体为⑧号。

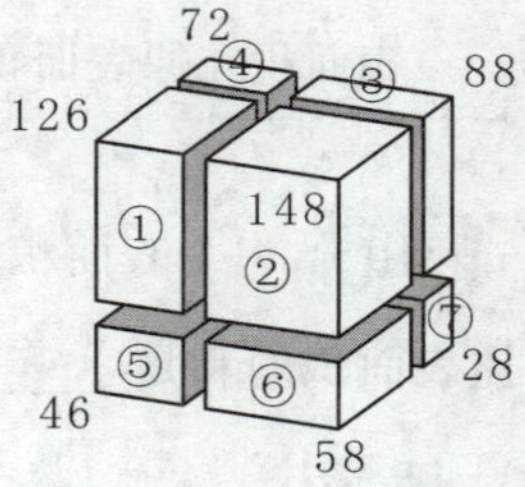

通过平移变换可知：①、③、⑥、⑧号的表面积和恰好等于没有切开前原长方体的表面积，②、④、⑤、⑦号的表面积和也等于没有切开前原长方体的表面积，所以⑧号的表面积为：

$$S_{②}+S_{④}+S_{⑤}+S_{⑦}-S_{①}-S_{③}-S_{⑥}$$
$$=148+72+46+28-126-88-58$$
$$=22。$$

30.1.7 体积

例 19 将 3 个表面积分别为 54 平方厘米、96 平方厘米和 150 平方厘米的铁质正方体熔铸成一个大正方体（不计损耗）。那么，这个大正方体的棱长是多少？

解 析

熔铸的过程不计损耗，所以总体积不变，于是熔铸后大正方体的棱长应由体积推知；而题目条件告诉我们的是原来 3 个正方体的表面积，于是我们需要通过表面积求出棱长，再求出它们的体积。

因为 $54\div6=9=3^2$，所以第一个正方体的棱长为 3，体积为 $3^3=27$；

因为 $96\div6=16=4^2$，所以第二个正方体的棱长为 4，体积为 $4^3=64$；

因为 $150\div6=25=5^2$，所以第三个正方体的棱长为 5，体积为 $5^3=125$；

总体积也就是熔铸后大正方体的体积为 $27+64+125=216$（立方厘米），又因为 $216=6^3$，所以熔铸后的大正方体的棱长为 6 厘米。

$3^3+4^3+5^3=6^3$，数，妙不可言。

例 20 有 2 厘米×1 厘米×1 厘米的砖块若干块，小明打算用它们来构造一个大的积木。当小明拼到如图的形体时，已用尽了所有的砖块。那么，小明原来共有________块砖块。

（2011 年春·明心数学资优生测试 5 年级）

解析

这个形体长为 6 厘米，宽为 4 厘米，高为 6 厘米，若拼成一个完整长方体体积为 $6\times4\times6=144$（立方厘米）。

每一块砖块的体积为 $2\times1\times1=2$（立方厘米），共需 $144\div2=72$（块）砖。

由图可知，空缺部分还需要补上 12 块砖。

所以原来共有 $72-12=60$（块）砖。

例 21 图中立体图形表面的六个面中，上、下、左、右四个面均为长方形，前面与后面都是直角梯形。那么，这个图形的体积是多少？

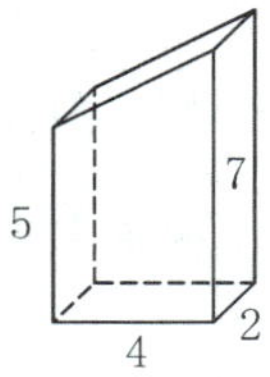

解析

【方法 1】如图，两个形状大小相同的该图形拼成了长方体，三个方向的棱长分别为 4、2、$5+7=12$，体积为 $4\times2\times12=96$，所以原图形的体积为 $96\div2=48$。

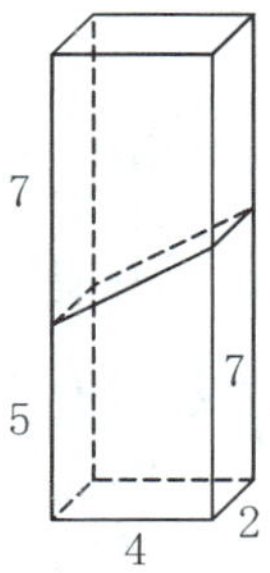

【方法 2】长方体本身是四棱柱，而其体积公式 $V=S\times h$ 完全可以适用于任何棱柱（上下底面形状大小相同、平行，且侧面的每个面都是长方形的立体图形），于是，我们紧扣公式，将它看作底面为梯形，高为 2 的棱柱。

梯形的面积为 $(5+7)\times4\div2=24$，体积为 $24\times2=48$。

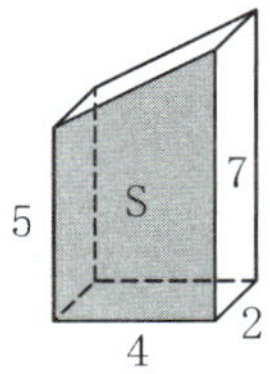

例 22 一个边长为 12 米的正立方体水箱内部已注入一些水，若将水箱沿着某条边旋转，使得正立方体的两个面与地面的夹角都是 45°，此时水面标记在点 A，如图所示为此水箱由正前方往后看的视图。若再需要添加 384 立方米的水才能将此水箱注满，则 AB 之长为多少？

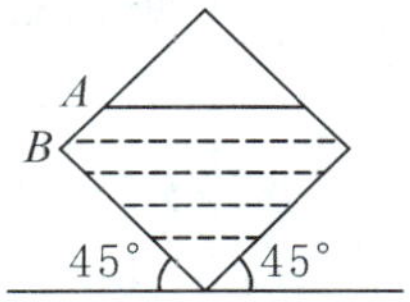

解析

题图没有画成立体图形本身就是一种提示，将所画的这一面当作地面，水箱装水与空出的部分都是高为 12 米的棱柱，于是空出部分的底面等腰直角三角形 ACD 的面积为 $384\div12=32$（平方米），而 $32\times2=8^2$，所以等腰 Rt$\triangle ACD$ 的直角边 AC 为 8 米，于是 AB 的长为 $12-8=4$（米）。

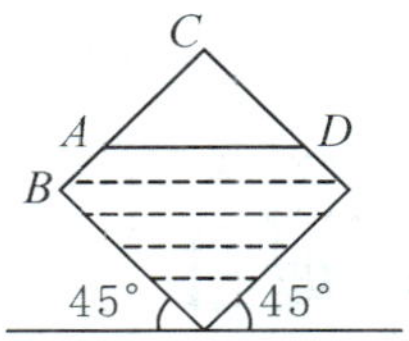

例 23 如图，把正方体用两个与它的底面平行的平面切开，分成三个长方体。这三个长方体的表面积比是 3∶4∶5时，用最简单的整数比表示这三个长方体的体积比：________∶________∶________。

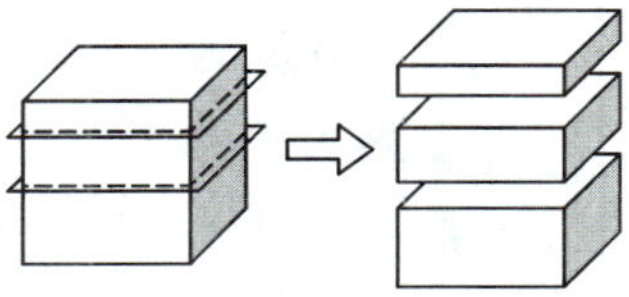

解析

通过本题，大家可以充分体会比例关系在图形问题中的作用。

切割后的三个长方体都可以看作以正方形为底面的长方体。

(1)因为切割后的三个长方体底面积相同，所以其体积与高成正比例关系，问题转化为求高的比。

(2)因为三个正方体侧面展开后，其面积都等于底面周长乘以高，而底面周长都相同，所以高与侧面积成正比，问题又转化为求每个长方体的侧面积。

将原正方体一个面的面积看作 1 份，因为切了两刀，所以表面积增加了 $2\times2=4$(份)，于是三个长方体的表面积之和为 $6+4=10$(份)。按照 3∶4∶5的比例分配，则从上到下三个长方体的表面积分别为：$10\times\frac{3}{3+4+5}=\frac{5}{2}$、$10\times\frac{4}{3+4+5}=\frac{10}{3}$、$10\times\frac{5}{3+4+5}=\frac{25}{6}$，分别减去上下两个底面的 2 份之后，侧面积分别为：$\frac{1}{2}$、$\frac{4}{3}$、$\frac{13}{6}$。

由于$\frac{1}{2}:\frac{4}{3}:\frac{13}{6}=3:8:13$，根据①、②可知三个长方体的体积比也为 3∶8∶13。

30.1.8 容积

容积是指容器内部能够包容其他物体的空间大小，与体积概念上虽有区别，但共同点更多。

例 24 向如图所示的容器中倒入 195 升水，这时水的深度是多少厘米？

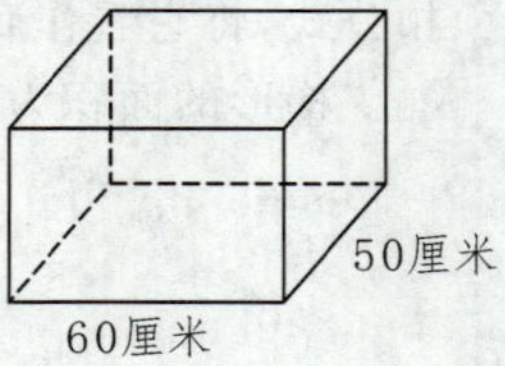

解析

195 升＝195 立方分米＝195000 立方厘米。

根据公式 $V=Sh$ 可知，水深 $195000\div(60\times50)=65$(厘米)。

例 25 一个长方体密闭容器内有一些水，如左下图放置时，水深 5.4 厘米，翻转容器如右下图放置时，水深是多少厘米？

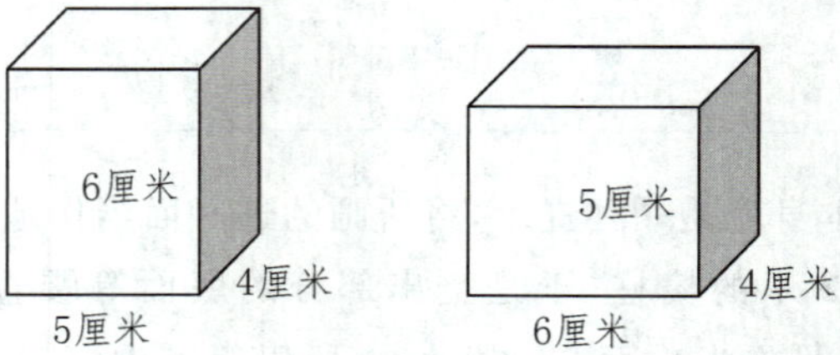

解析

【方法 1】抓住不变量。从数据角度考虑问题：

水的体积为 $5\times4\times5.4=108$(立方厘米)；

翻转后水的体积是不变的，只是底面发生了变化，所以水深：$108\div(6\times4)=4.5$(厘米)。

【方法 2】从关系的角度考虑问题 1：

水的体积占容器容积的$\frac{5\times4\times5.4}{5\times4\times6}=\frac{9}{10}$，翻转后水的体积不变，高度依然占容器高度的$\frac{9}{10}$，所以水高：$5\times\frac{9}{10}=4.5$(厘米)。

【方法 3】从关系的角度考虑问题 2：

因为翻转前后，水本身的截面与容器底面相同，所以体积与高度成正比，于是 $\frac{5.4}{6}=\frac{翻转后水面的高度}{5}$，高度为 $5.4\times5\div6=4.5$（厘米）。

例 26 如图（单位：厘米）是一个长方体水槽，内部有一个 30 厘米高的隔板。同时打开 A、B 两个水龙头，4 分钟时左侧水面与隔板一样高，右侧水面高度为 5 厘米；9 分钟时右侧水面与隔板一样高；18 分钟时将整个水槽注满水。如果隔板的体积忽略不计，A、B 每分钟的注水量各是多少升？

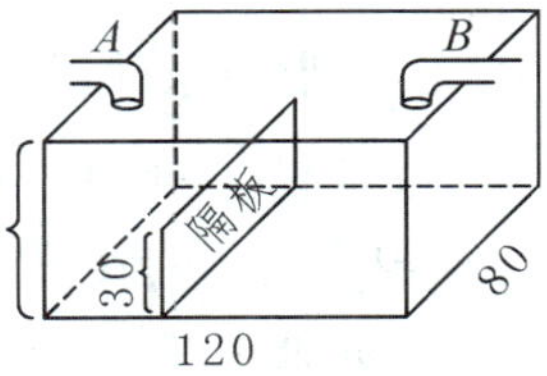

解析

水槽的长宽高分别为 12 分米、8 分米、6 分米，总容积为 $12\times8\times6=576$（立方分米）$=576$（升）。

整体上看，A，B 两个水龙头 18 分钟将水槽注满了，所以每分钟共注水 $576\div18=32$（升）。

在 4 分钟至 9 分钟这 5 分钟，两龙头共注水 $32\times5=160$（升），使右侧水面高度提升 $(3-0.5)$ 分米，所以右侧底面积是 $160\div(3-0.5)=64$（平方分米），那么，左侧底面积是 $12\times8-64=32$（平方分米）。

因为前 4 分钟左侧都是 A 龙头注水，所以 A 龙头每分钟注水 $32\times3\div4=24$（升），剩下 B 龙头每分钟注水 $32-24=8$（升）。

例 27 如图，一个长方形的水池子深 1.25 米，一个水龙头要注满水池需要 3.5 小时，现在要在池内设置两块与池壁平行的挡板（体积忽略不计），一块高 0.8 米（B 点处），它拦成的区域恰好容纳 1 小时注水量，另一块高 1 米（C 点处），它拦成的区域恰好容纳 2 小时注水量。那么，AB、BC、CD 这三段距离的比是________。

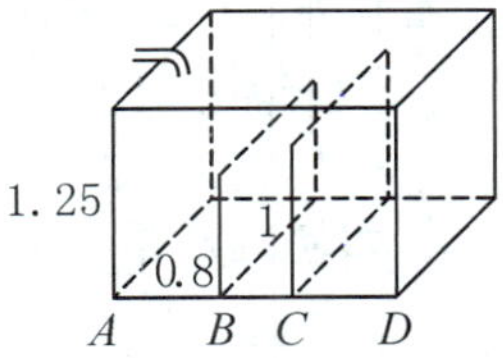

解析

如图，因为水池的前后方向的宽度统一，所以水的体积与正面上的底面积成正比；又因为水龙头注水的速度不变，所以注水的体积又与时间成正比，所以底面积与时间成正比！

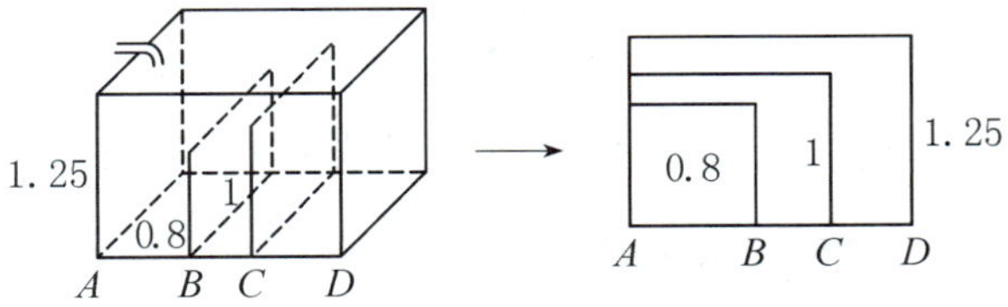

于是，图中三个长方形的面积之比就是 $1:2:3.5=2:4:7$，又因为三个长方形竖直方向边的比为 $0.8:1:1.25=16:20:25$，所以水平方向的长度 $AB:AC:AD=\frac{2}{16}:\frac{4}{20}:\frac{7}{25}=\frac{1}{8}:\frac{1}{5}:\frac{7}{25}=25:40:56$，$AB:BC:CD=25:(40-25):(56-40)=25:15:16$。

30.1.9 物体浸没

物体浸没问题分为两种：一种是完全浸没，一种是不完全浸没。

例 28 一个长方体水箱，从里面量长 40 厘米，宽 30 厘米，深 35 厘米，箱中水面高 10 厘米。放进一块棱长 20 厘米的正方体铁块后，铁块顶面仍高于水面。这时水面高多少厘米？

解析

由题目条件可知，本题属于不完全浸没。

已知长方体水箱的长、宽及水面的高，可以求出水箱中水的体积为 40×30×10=12000(立方厘米)。

> 当浸入水中的物体横截面上下一致，且不完全浸没时：水面高度=水的体积÷（容器底面积－物体底面积）。

放进正方体铁块后，水的体积是不变的，变化的仅仅是水所覆盖的底面积，与原底面积比较，减少了物体本身的底面积，为 40×30－20×20=800(平方厘米)。

于是放入铁块后水的高度为 12000÷800=15(厘米)。

例 29 一个长方体水箱，从里面量长 40 厘米、宽 30 厘米、深 35 厘米，箱中水面高 10 厘米。如果放进一块棱长 6 厘米的正方体铁块，那么水面高变为多少厘米？

解析

因为铁块的棱长小于水面原来的高度，所以本题明显属于完全浸没。

如果水很浑浊，是不是有可能看不见放入水中的物体了？如果看不清，那放进去的是铁块，还是其他物品，或者说放进去的就是水又有什么区别呢？因为水面的高度变化只与体积变化有关，所以完全可以将铁块看作水，于是，水面的高度即为水与物体的总体积除以底面积。

> 完全浸没时：水面高度=（水的体积＋物体体积）÷容器底面积。

水面的高度：(40×30×10＋6×6×6)÷(40×30)=10.18(厘米)。

如何判断是否为完全浸没？

例 30 一个长方体水箱，从里面量长 40 厘米、宽 30 厘米、深 35 厘米，箱中水面高 10 厘米。放进一块棱长为 12 厘米的正方体铁块后，铁块顶面仍高于水面。这时水面高多少厘米？

解析

本题一眼判断不出来铁块是否被完全浸没，所以我们要有一个比较过程，比较什么呢？比较刚好浸没时需要的总体积与实际(物体＋水)体积的大小，若前者小于等于后者，则为“完全浸没”，若前者大于后者，则为“不完全浸没”。

本题中：40×30×12>40×30×10＋12×12×12，所以铁块并没有完全浸入水中，属于不完全浸没，采用不完全浸没的处理方式可知此时的水面高度为 40×30×10÷(40×30－12×12)=$11\frac{4}{11}$(厘米)。

例 31 在底面是边长为 60 厘米的正方形的一个长方体容器里，直立着一个长 100 厘米，底面为边长 15 厘米的正方形的四棱柱铁棍。这时容器里的水 50 厘米深。现在把铁棍轻轻地向正上方提起 24 厘米，露出水面的四棱柱铁棍浸湿部分长多少厘米？

解析

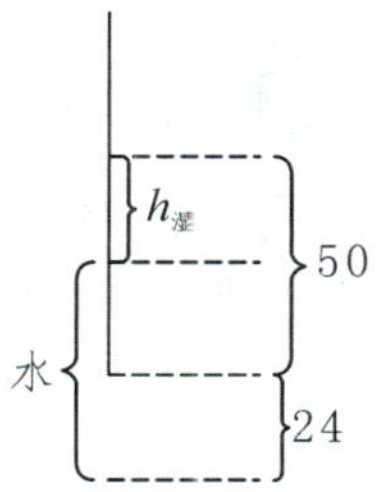

铁棍向上提起 24 厘米后，原来高度为 $h_{湿}$ 的水下落到了下面 24 厘米的区域，体积未变，变化的是底面积，原来的底面积为 (60^2-15^2) 平方厘米，现在的底面积为 60^2 平方厘米，所以 $h_{湿}=24\times\frac{60^2}{60^2-15^2}=24\times\frac{16}{15}=25.6$（厘米）。

例 32 一个容器内注满了水。有大、中、小三个球，第一次把小球沉入水中，第二次把小球取出把中球沉入水中，第三次把中球取出把大球沉入水中。已知第一次溢出的水量是第二次的 3 倍，第三次溢出的水量是第一次的 2 倍。小、中、大球的体积比是________。

解析

本题的关键在于过程：放球的过程水会溢出，溢出水的体积等同于放入球的体积，球取出时容器会空出球的体积，下次放的球会先填满这部分空的体积，还有多的体积没入水中才会让水在此溢出，此后循环这个过程。

明白了整个过程我们再来看题目中的数据条件。

三次操作中，第二次溢出的水量最小，看作 1 份，则第一次溢出 3 份，第三次溢出 $3\times2=6$（份）。

第一次：溢出的水的体积就是小球的体积，于是 $V_{小}=3$（份）；

第二次：取出小球后，空处体积 $=V_{小}=3$（份），溢出 1 份水，说明中球的体积为 $V_{中}=3+1=4$（份）；

第三次：取出小球后，空处体积 $=V_{中}=4$（份），溢出 6 份水，说明大球的体积为 $V_{大}=4+6=10$（份）。

所以小、中、大球的体积比是 3∶4∶10。

例 33 如图，有一个棱长为 10 厘米的正方体铁块，现已在每组相对的面的中央钻一个边长为 4 厘米的正方形孔（边平行于正方体的棱），且穿透。另有一长方体容器，从内部量，长、宽、高分别为 15 厘米、12 厘米、9 厘米，内部有水，水深 3 厘米。若将正方体铁块平放入长方体容器，铁块在水下部分的体积为________立方厘米。

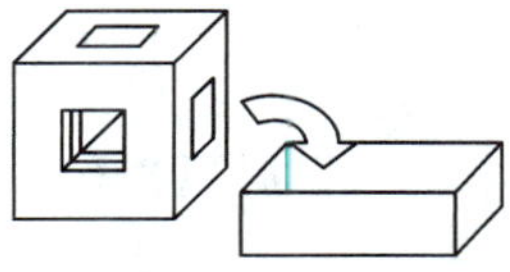

（2009 年"数学花园探秘"6 年级）

解析

把铁块的"高度"分为下面 3 厘米、中间 4 厘米、上面 3 厘米三部分。

下面 3 厘米（等于原来水的高度）放入水中后，排开的水的体积等于该部分铁块的体积 $(10^2-4^2)\times3=252$（立方厘米），于是有 252 立方厘米的水上移；中间 4 厘米部分盛水的横截面积为 $15\times12-4\times3^2=144$（平方厘米），由于 $144\times4=576>252$，所以水不会高过这一部分，于是水面会上升 $252\div144=1.75$（厘米）。

所以铁块在水下的体积即为高出原水面部分的体积，为 $15\times12\times1.75=315$（立方厘米）。

30.1.10 堆垒与切割

例 34 索玛立方体是丹麦物理学家皮特·海音发明的 7 种小立方体组块（如图所示）。如果假设这些小立方体的棱长为 1，则利用这 7 个组块不仅可以组成一个 3×3 的立方体，还可以组成很多美妙的几何体。那么，要组成最左侧的几何体，需要用到的 3 个索玛立方体的编号是________。

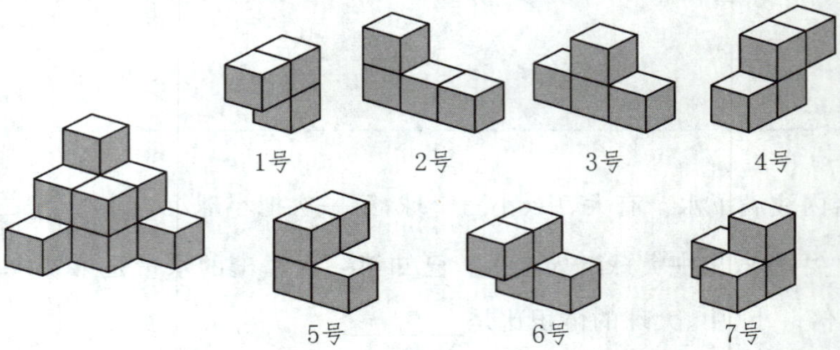

（第十三届"走进美妙的数学花园"）

解析

拼接时总体积不会发生变化，所以首先进行定量分析。待拼图形的体积为 $1+4+6=11$，而 $11=3+4+4$，所以必有 1 号积木。按奇偶性间隔染色可知，仅有 3 号积木。经检验，1、3、5 号或 1、3、6 号均可拼成。

例 35 一个大长方体的尺寸为 $n\times11\times10$，它由一些单位立方体（注：$1\times1\times1$）和一个 $2\times1\times1$ 的长方体构成。$2\times1\times1$ 的长方体在大长方体中有 2362 个位置可以放置。那么 $n=$________。

解析

首先我们要理解，将 $2\times1\times1$ 的长方体放进这个大长方体是有 3 个方向的。

不妨将长方体的长定为 11，宽定为 10，高定为 n，于是：

(1) $2\times1\times1$ 的长方体在长的方向上放置有 $(11-1)\times10\times n=100n$（个）位置。

(2) $2\times1\times1$ 的长方体在宽的方向上放置有 $11\times(10-1)\times n=99n$（个）位置。

(3) $2\times1\times1$ 的长方体在高的方向上放置有 $11\times10\times(n-1)=110n-110$（个）位置。

根据题意有：$100n+99n+110n-110=2362$，解之得 $n=8$。

例 36 一个棱长为 11 厘米的正方体，在它的 3 个面的中心处各凿一个长、宽各是 3 厘米的孔，穿透这个正方体（如图）。

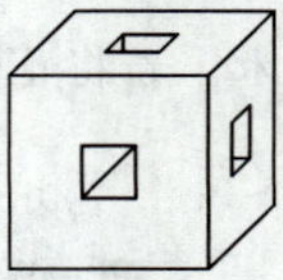

(1)现在这个正方体的表面积比原来增加了多少平方厘米？

(2)所得立体图形的体积是多少？

解析

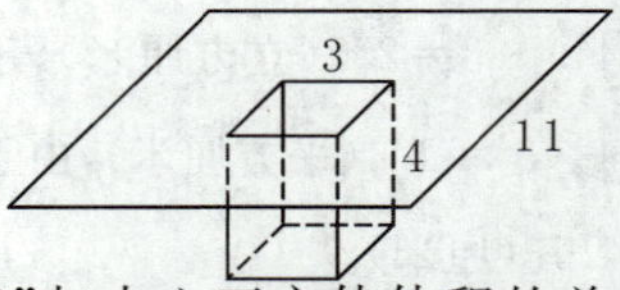

(1)因为 6 个方向都是一致的，所以我们只用搞清楚其中一个方向，如图：中间的孔长为 $(11-3)\div2=4$（厘米），所以每个方向上表面积增加了 $3\times4\times4-3^2=39$（平方厘米），6 个方向增加 $39\times6=234$（平方厘米）。

(2)体积方面，还是从 6 个方向去考虑。总体积减去 6 个方向的"隧道"与中心正方体体积的总和：$11^3-(3\times3\times4\times6+3^3)=1088$（立方厘米）。

例 37 图中，原来的大正方体是由 125 个小正方体所构成的。其中有些小正方体已经被挖除，图中涂黑色的部分就是贯穿整个大正方体的挖除部分。请问剩下的部分共有多少个小正方体？

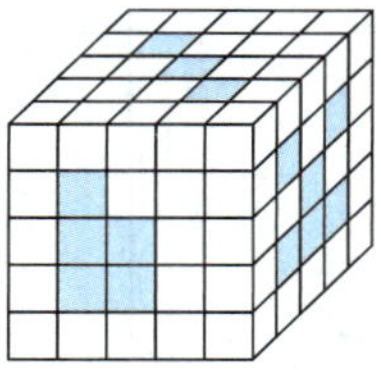

解析

这类每个方向上不同的最好分方向一步一步解析。

因为 $125=5^3$，那么可把小正方体的边长看作 1，大正方体的边长就是 5。

分类看挖去的小正方体个数。

(1)形如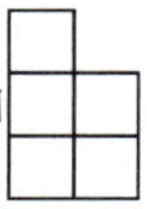，挖去了小正方体：5×5=25(个)。

(2)形如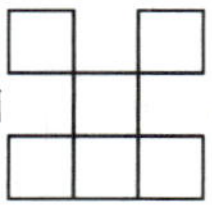，这时要考虑与①重复的小正方体。

又挖去了小正方体，6×5−2×1−1×2−3×2=20(个)。

(3)形如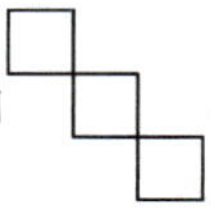，这时同样要考虑与①、②重复的小正方体。

又挖去了小正方体：3×5−1×3−1×2−1×2=8(个)。

所以剩下部分共有小正方体：125−25−20−8=72(个)。

例 38 如图所示，有一个棱长为 5 厘米的正方形木块，从它的每个面看都有一个穿透的完全相同的孔，则这个立体图形的体积为________立方厘米。

(2009 年“陈省身杯”)

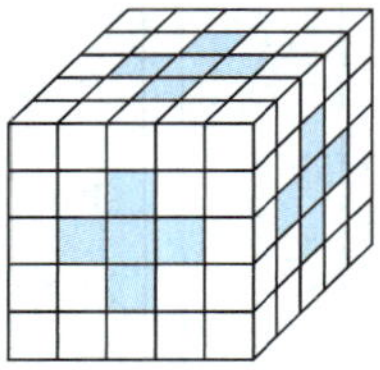

解析

与上题比较，我们换一种思考方式——一层一层考虑。

没打孔之前的体积为 5×5×5=125(立方厘米)。

由于上下对称，第 1 层和第 5 层分别少 5 块，第 2 层和第 4 层分别少 9 块，第 3 层少 21 块，所以共有 125−5×2−9×2−21=76(块)，每块的体积是 $1^3=1$(立方厘米)，则这个立体图形的体积为 76 立方厘米。

例 39 如图是一个长 27 厘米、宽 8 厘米、高 8 厘米的长方体。现将它分为 4 个部分重新组拼，能重组为一个棱长为 12 厘米的正方体。请问应怎么分？

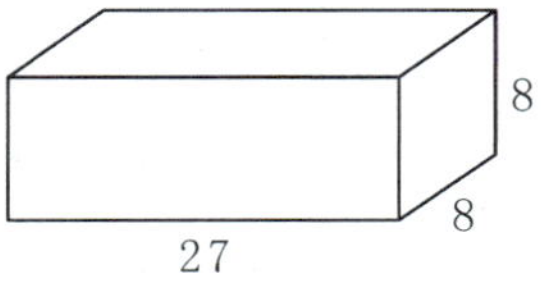

解析

本题是一个经典平面几何的立体升级版。

将 16×9 的长方形分成形状大小相同的两个部分，再将其拼成正方形。

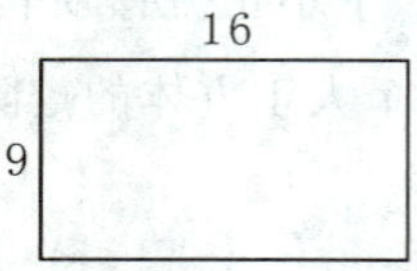

因为面积是不会变的，所以我们可以首先确定正方形的边长，即定量：$9\times16=144=12^2$。

正方形的边长为12，于是16需要减4，9需要加3。又由于形状大小要相同，所以两个图形应该是对称的。如图所示。

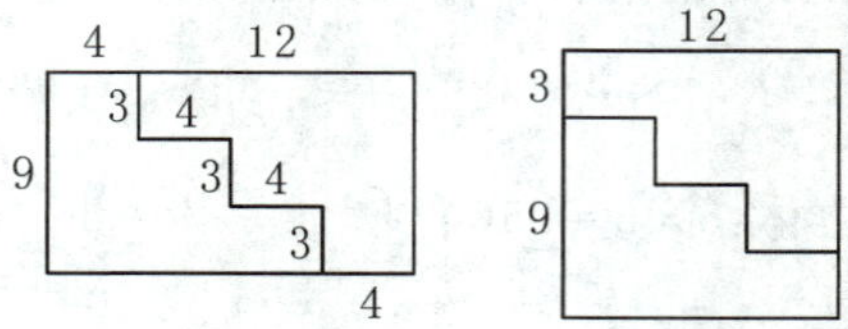

请记住这种阶梯状结构。

回到本题，因为体积不变，所以先确定正方体的棱长，即定量 $27\times8\times8=12^3$。接着按下图所示分割，将一条棱调整为12。

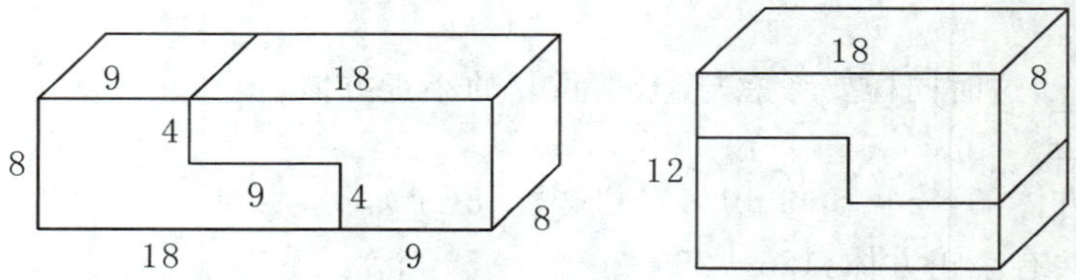

再从俯视面，做如下分割，两次分割将原长方体分成了4个部分，最后拼成 $12\times12\times12$ 的正方体。

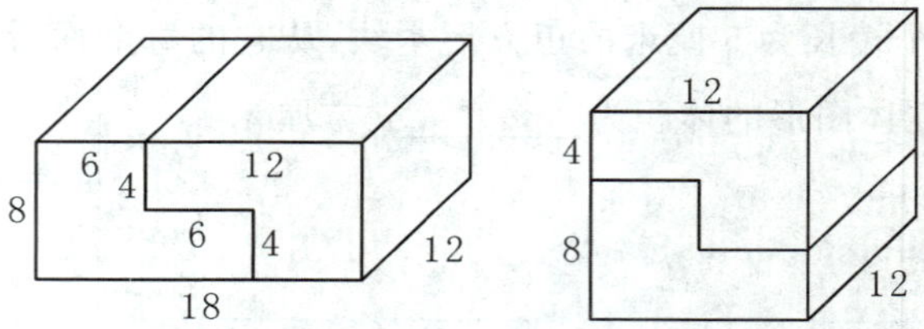

30.1.11 最值问题

例 40 从一个8厘米×7厘米×6厘米的长方体中截下一个最大的正方体，剩下的几何体的表面积是________平方厘米。

解析

最大正方体的棱长不会超过长方体的最短棱长6，所以截下的最大正方体为6，剩下部分可能有如下三种情况：

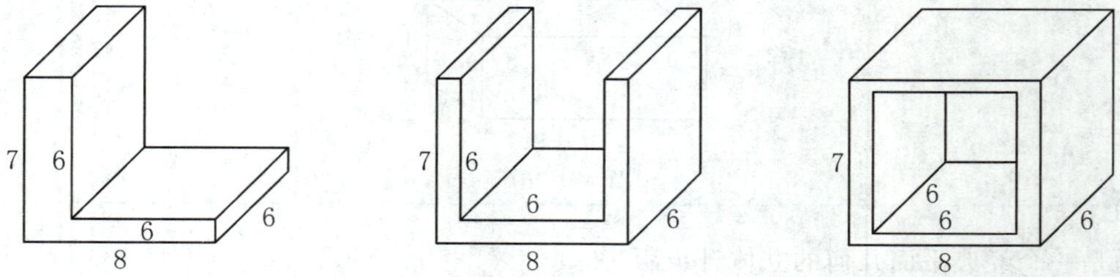

原长方体的表面积为 $(8\times7+7\times6+6\times8)\times2=292$（平方厘米）。

第一种情况与原来比较，消失了上、右、前、后 4 个面，新露出左、下 2 个面，合计减少了 2 个面，表面积变为 $292-6^2\times2=220$（平方厘米）。

第二种情况与原来比较，消失了上、前、后 3 个面，新露出左、下、右 3 个面，合计减少了 0 个面，表面积仍为 292 平方厘米。

第三种情况与原来比较，消失了前、后 2 个面，新露出上、下、左、右 4 个面，合计增加了 2 个面，表面积变为 $292+6^2\times2=364$（平方厘米）。

例 41 如果从一个长、宽、高分别为 35 厘米、30 厘米和 20 厘米的长方体木块上，先切割出一个尽可能大的正方体，再从剩余部分中切割出一个尽可能大正方体，那么剩余部分的体积是多少？

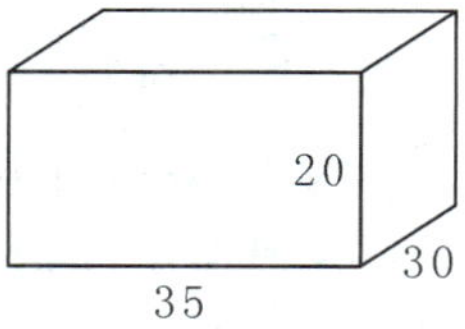

解析

因为长方体最短的棱长为 20，所以第一次可切割出的正方体棱长最大为 20 厘米，下图是切割后的一种可能情况：

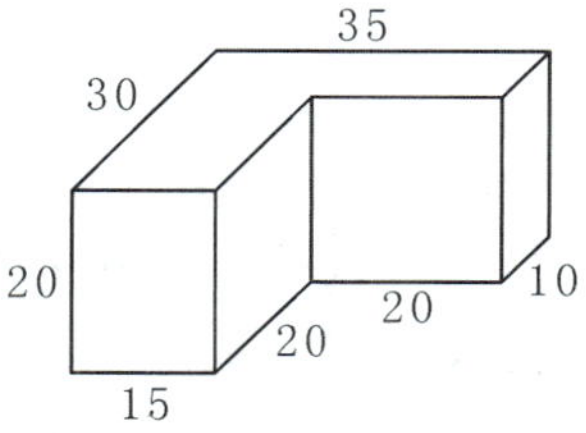

由图可知，第二次可切割出的正方体棱长最大为 15 厘米。

所以剩余部分的体积为 $35\times30\times20-20^3-15^3=9625$（平方厘米）。下图是切割后的一种可能情况。

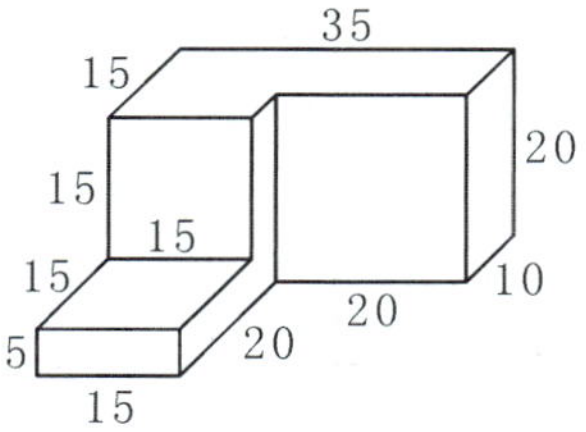

例 42 一个正方体木块，棱长是 15。从它的 8 个顶点处截去棱长分别是 1、2、3、4、5、6、7、8 的小正方体。这个木块剩下部分的表面积最少是多少？

解析

由例 17 和例 38 我们已经知道，在顶点处挖掉一个小正方体，消失了 3 个面、又露出了 3 个面，表面积并没有改变，可是这一题的问题为什么有“最少”的字眼呢？

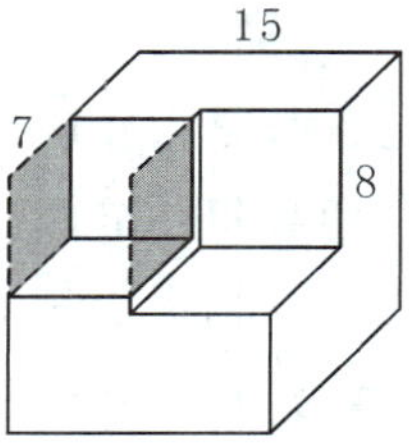

如图，因为 8+7=15，所以当截去的棱长为 8 与棱长为 7 的正方体相邻时，会出现特殊情况：本来会在中间露出的面被打穿了，少掉两个 7×7 的面积，于是表面积最少为 $15^2\times6-7^2\times2=1252$（平方厘米）。

例 43 用 4 块同样的长方形纸板和两块同样的正方形纸板做一个长方体的纸箱，已知纸箱的表面积为 902 平方分米，而且长、宽、高均为整数分米。求它的体积最大是多少？

解析

因为 4 块同样的长方形纸板和两块同样的正方形纸板能做成一个长方体形的纸箱，所以长方形纸板必有两边的长与正方形纸板的边长相等。

不妨设长方形的相邻两边长为 a、b，则正方形边长为 a。于是表面积 $902=4ab+2a^2$，而我们想要的是体积 $V=a^2b$ 最大。

由 $902=4ab+2a^2$ 可知 $451=2ab+a^2=a(a+2b)$，而 451 分解质因数为 $451=11\times41$，又因为 $a<(a+2b)$，所以 $a=1$ 或 11。

当 $a=1$ 时，$b=225$，体积 $V=a^2b=1^2\times225=225$（立方分米）；

当 $a=11$ 时，$b=15$，体积 $V=a^2b=11^2\times15=1815$（立方分米）。

所以体积最大为 1815 立方分米。

例 44 现有一张长 40 厘米、宽 20 厘米的长方形铁皮，请你用它做一只深是 5 厘米的长方体无盖铁皮盒（焊接处及铁皮厚度不计）。那么，铁皮盒的容积最大是多少？

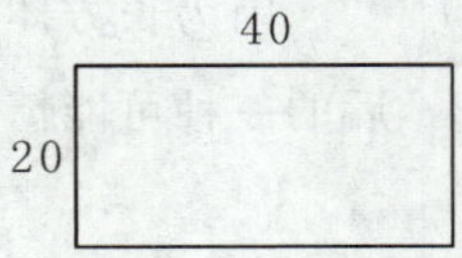

解析

一方面，想要容积最大，那么材料也尽量用完，最理想的情况莫过于所有 $40\times20=800$（平方厘米）的材料都用完，假设此时底面的长、宽分别为 a 与 b，那么：

$$ab+(5a+5b)\times2=800$$

$$ab+10a+10b=800$$

将上面的等式转化为下图：

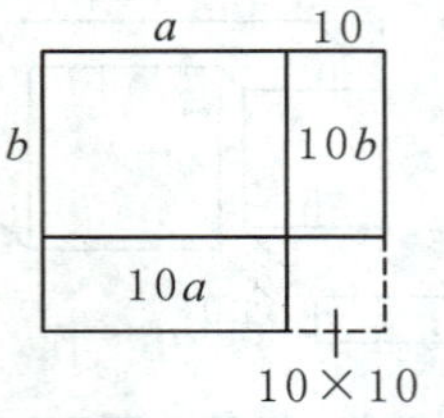

由图可知，当补上右下角 $10\times10=100$（平方厘米）的面积后，整个长方形的面积为 $800+100=900$，于是

$a\times b+10\times a+10\times b+100=900$ (1)

又因为长与宽分别为 $(a+10)$ 与 $(b+10)$，所以可知

$(a+10)\times(b+10)=900$ (2)

另一方面，要求体积 $V=5\times a\times b$ 最大，即要求 $a\times b$ 最大，即在(1)式中，要求 $10\times a+10\times b=10(a+b)$ 最小，即要求 $(a+b)$ 最小。根据"两数积一定，差越小时，和也越小"可知(2)式中，当且仅当 $a+10=b+10=30$ 时，$(a+10)+(b+10)=30+30=60$ 最小，即此时 $(a+b)$ 的最小值为 $60-10-10=40$，$a\times b$ 的最大值为 $900-100-10\times40=400$。

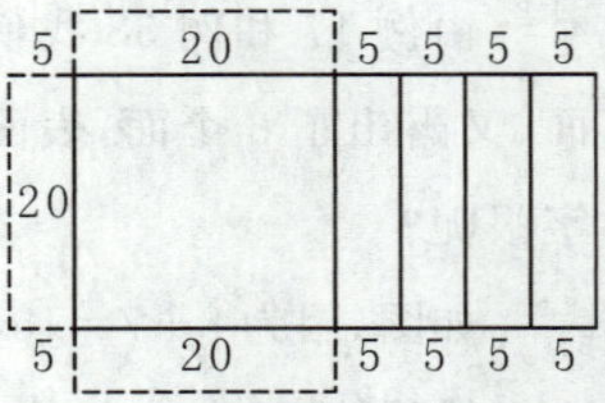

所以理论上铁皮盒的最大容积为 $V=5\times(a\times b)=5\times400=2000$，实际裁剪如右上图。

30.1.12　染色与推理

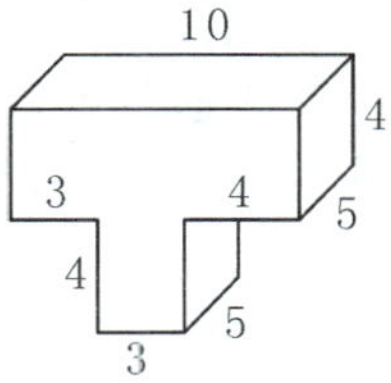

例 45 有一个T型木块，如图所示(单位:厘米)，把它所有的表面全部都涂成红色，然后全部锯成棱长为1厘米的小立方体。请问六个面都没涂红的小正方体共有几个?

(2009年国际小学数学竞赛)

解析

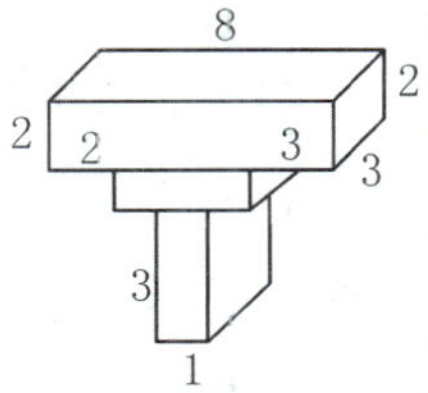

锯下最外面一层涂有红色的小立方体，剩下如下图部分切割成的木块没涂红色。体积是 $8\times2\times3+3\times3\times1+3\times3\times1=66\text{cm}^3$。

所以，六个面都没涂红色的小正方体有66个。

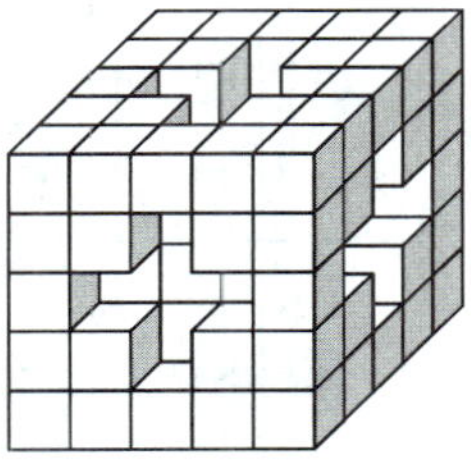

例 46 从如图的正方体的每个面中心拿出一个"十"字(由5个1×1×1的小正方体组成)，之后将它表面全部涂上红色，然后再切割成1×1×1的小正方体，那么在切开后的小正方体中，两面是红色的有________个。

(2016年第十届"巨人杯")

解析

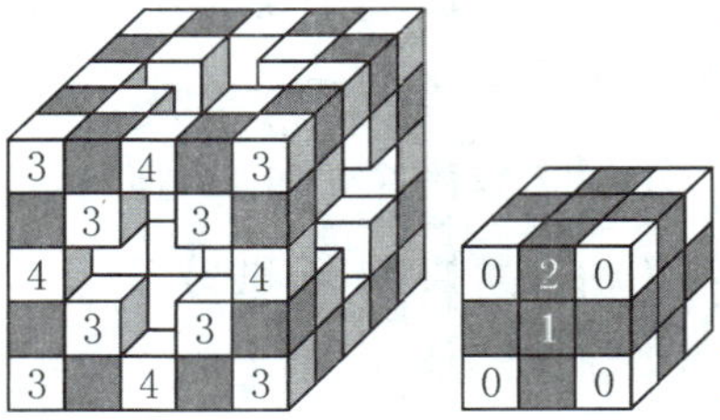

在原来的立方体中，每条棱上都有3个小正方体是两面红色的，但是挖去十字架后，每条棱正中间小正方体就变为4面红色了，所以原来的两面红色的小正方体还剩下12×2=24(块)，表面层其他块的染色情况如右图所示。

去掉表面层后，里面是一个3×3×3的立方体，这个立方体的每个面都有一个十字被染成红色，其中每条棱的中间1块是两面染色的，每个面中心的小正方体只有1面染色，所以共有12块，那么一共有12+24=36(个)两面染色的色块。如右上图所示。

例 47 下图是三面涂黑、棱长为1厘米的两个正方体的展开图。展开图可分别组成A、B两个正方体。

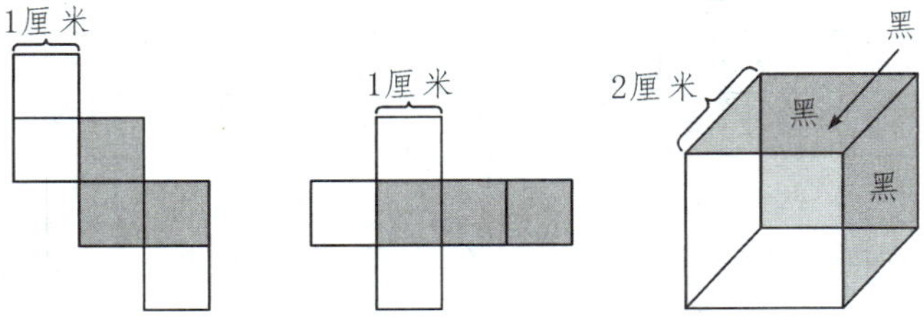

现在，将这些正方体相同颜色的面粘连在一起，做成一个棱长为2厘米的正方体，如右上图所示。要求在1个顶点的周围有三面是黑色的，除此以外的面不涂颜色。

请问:正方体A、正方体B各用多少个?

解析

将展开图还原，正方体 A 与正方体 B 的特征如下：

3组对面异色
正方体A

2组对面同色1组对面异色
正方体B

由棱长为 2 厘米可知，大正方体由 $(2\div1)^3=8$(个)小正方体拼成，将其编号。

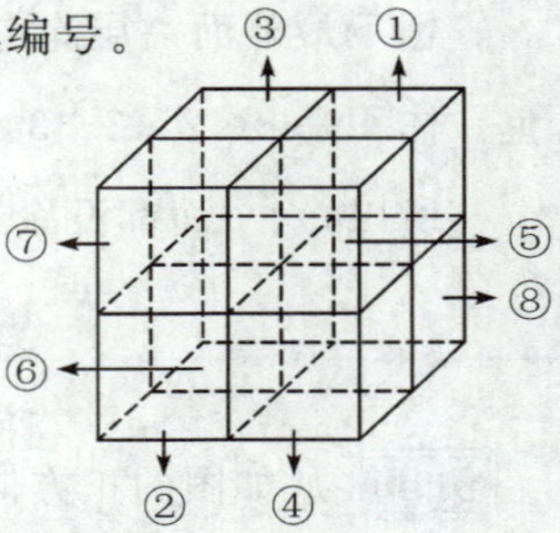

首先①号与②号一定是正方体 A，①号靠外的三个面全黑，②号靠外的全白，则①号靠里全白，②号靠里全黑。

③号与④号，左右对面同色，一定是正方体 B；

⑤号与⑥号前后，前后对面同色，也是正方体 B；

⑦号、⑧号上下对面同色，还是正方体 B。

所以共用了 2 个正方体 A、6 个正方体 B。

例 48 27 个同样大小的小正方体的各面上分别写着 1～27，用这 27 个小正方体拼成如图所示的大正方体。请根据如图所显示的数据以及下面所给出的条件：

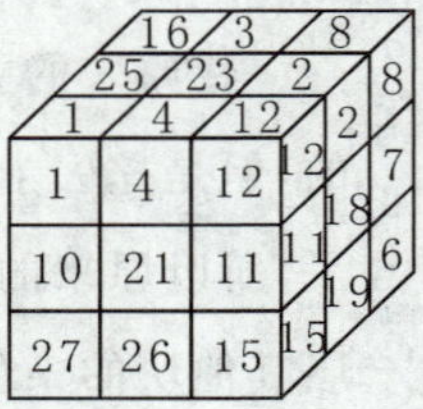

(1)数 9、13 和 16 在同一条直线上。

(2)数 22 在 9 和 6 之间。

(3)17 紧挨着 5 和 13，但与 9 不相邻(不相邻是指没有重合的面)。

(4)14 紧挨着 24 和 27。

(5)数 20 在 14 的上面。

推断，从各个方向都看不见的小正方体各面上所写的数是几？

(2007 年北京“数学解题能力展示”读者评选活动(数学花园探秘))

解析

这是一道逻辑推理问题。我们可以从上至下逐层展开去分析。

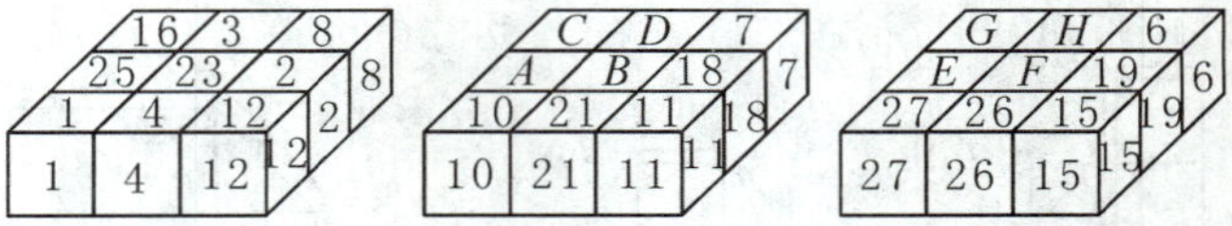

上层　　中层　　下层

首先数 9、13 和 16 在同一条直线上，可知 C、G 代表 13 和 9；再由数 22 在 9 和 6 之间，可知 G、H 代表 22 和 9；所以 G 代表 9，C 代表 13，H 代表 22。

由 14 紧挨着 24 和 27，可知 E 代表 14。再由数 20 在 14 的上面，可知 A 代表 20，F 代表 24。

现在不知道的只剩下 B、D。

最后由 17 紧挨着 5 和 13，可知 17 在 D 的位置，中心 6 个方向都看不见的 B 代表 5。

例 49 把一个大长方体木块表面涂满红色后，分割成若干个棱长为 1 的小正方体，其中恰有两个面涂上红色的小正方体有 4 块。求大长方体体积的最小值与最大值？

解析

设大长方体的长、宽、高分别为 x、y、z（$x \geqslant y \geqslant z \geqslant 1$）。

当 $z=1$、$y=1$ 或 2 时，恰有两个面涂上红色的小正方体 0 个。

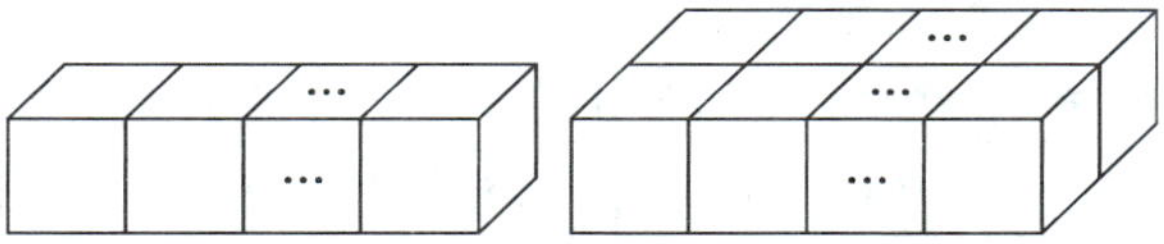

当 $z=1$、$y>2$ 时，两个面涂上红色的小正方体有 $(x-2)(y-2)$ 个，得到 $(x-2)(y-2)=4=4\times1=2\times2$。

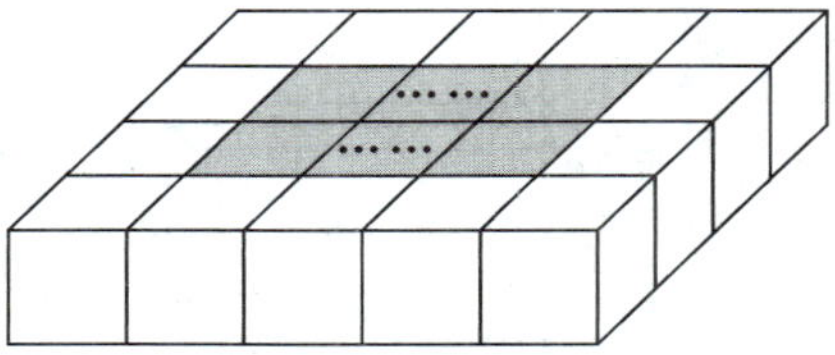

大长方体的体积 $xyz=xy$，为 $(4+2)\times(1+2)=18$ 或 $(2+2)\times(2+2)=16$。

当 $z \geqslant 2$ 时，两个面涂上红色的小正方体在棱上（除去顶角），有 $[(x-2)+(y-2)+(z-2)]\times4=4\times(x+y+z)-24$（个）。

于是，$4\times(x+y+z)-24=4$，则 $x+y+z=7$。

大长方体的长、宽、高只能依次为 3、2、2，体积为 $3\times2\times2=12$。

所以大长方体体积的最小值为 12，最大值为 18。

真题重现

1. 一个实心模型的正视图、侧视图和俯视图如下：

这个模型由多少个立方体组成？（2016 第六届"华罗庚金杯"国际少年数学邀请赛）

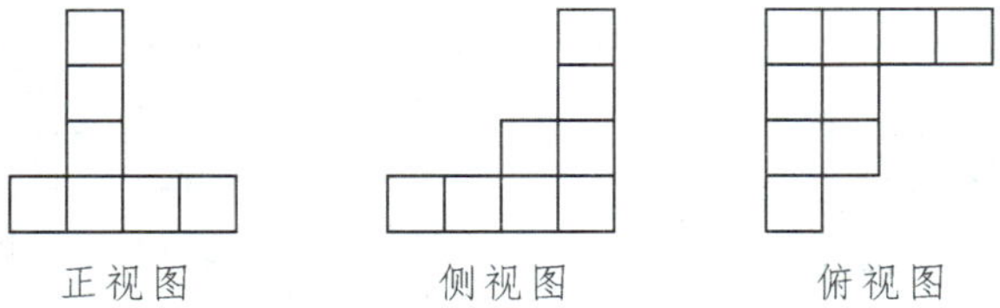

第 1 题图

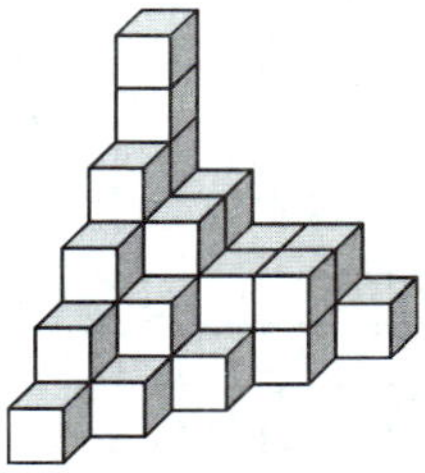

第 2 题图

2. 如图，用若干个棱长为 1 的小正方体堆成一个大的几何体，这个几何体的表面积（含底面积）是________。（2014 年第十二届"希望杯"全国数学邀请赛五年级一试）

3. 一个棱长 8 厘米的正方体被切割成若干个棱长 4 厘米的小正方体且无剩余，切割后所有小正方体的表面积之和比原来的大正方体表面积增加了多少平方厘米？

4. 将一个棱长为 6 的正方体切割成若干个相同的棱长为整数的小正方体，若这些小正方体的表面积之和是切割前的大正方体的表面积的 2 倍，则切割后小正方体的棱长是________。（2015 年"希望杯"）

5. 如图，从边长为 8 厘米的正方体上切下一个三棱柱，这个三棱柱底面为直角三角形，三角形的三边长为 3 厘米、4 厘米、5 厘米。求剩下立体图形的表面积和体积。

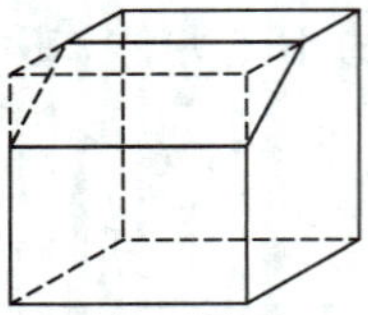

第 5 题图

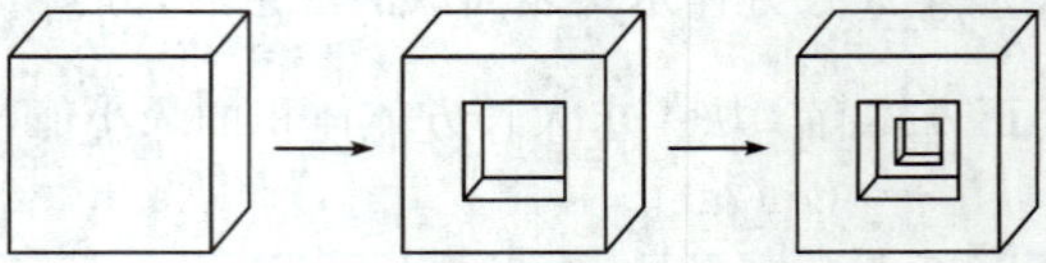

第 6 题图

6. 在棱长 10 厘米的正方体的一个面上向内挖一个棱长 5 厘米的正方体形状凹槽，再从这个凹槽底部向内挖一个棱长 3 厘米的正方体形状小凹槽。剩下部分的体积是多少？表面积是多少？

7. 一个长方体，如果长增加 2 厘米，则体积增加 12 立方厘米；如果宽增加 3 厘米，则体积增加 45 立方厘米；如果高增加 4 厘米，则体积增加 40 立方厘米。原长方体的表面积与体积各是多少？

8. 下图是由 9 块相同的长方体拼成的大长方体，已知大长方体的表面积是 360 平方厘米，那么一个小长方体的表面积是________平方厘米。（2016 年"数学花园探秘"初赛六年级）

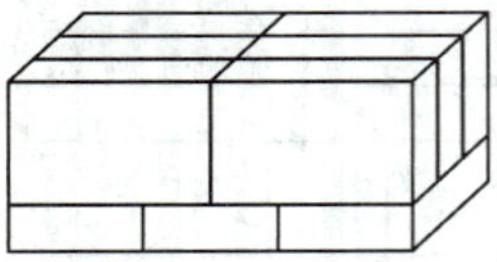

第 8 题图

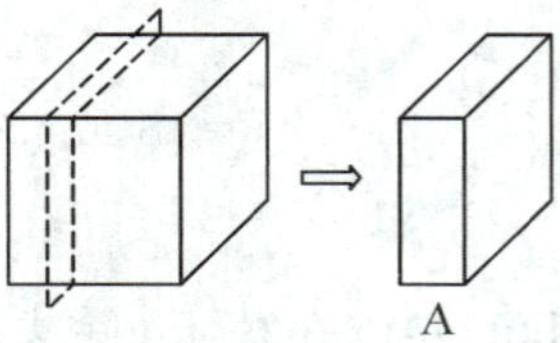

第 9 题图

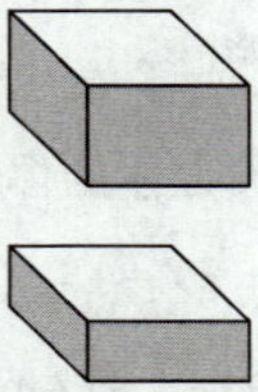

第 10 题图

9. 把正方体用一个与它的一面平行的平面切开，分成 A、B 两个长方体。当 A、B 的表面积之比为 3∶5时，如果 A 长方体的体积为 312 立方厘米，那么 B 长方体的体积为________立方厘米。

（2018 陈省身杯 6 年级）

10. 如图，将一个正方体分成了大、小两个长方体。大长方体的表面积是小长方体的 2.5 倍，则大长方体的体积是小长方体的________倍。

11. 将一个 10 厘米×10 厘米×10 厘米的正方体切成 1 厘米×1 厘米×1 厘米的小正方体。用这些小正方体重新粘合成为一个内部允许有空洞但表面无空洞的大正方体，这个空心的正方体要尽可能的大。那么剩下来没有用到的小正方体个数是下列选项中的________。

A. 81　　B. 32　　C. 66　　D. 125　　E. 134

12. 如图，在长、宽、高分别为 10 厘米、10 厘米、6 厘米的长方体容器中盛有深 4 厘米的水。若向容器中放入一个棱长为 5 厘米的正方体铁块，则水深变为________厘米。

（2012 年第十届小学"希望杯"全国数学邀请赛）

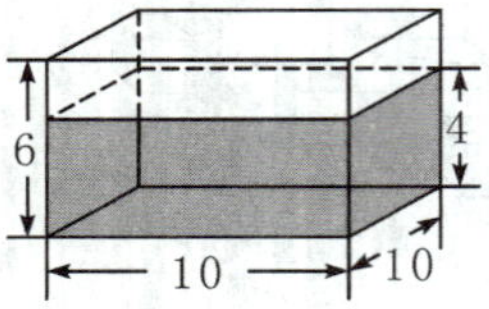

第 12 题图

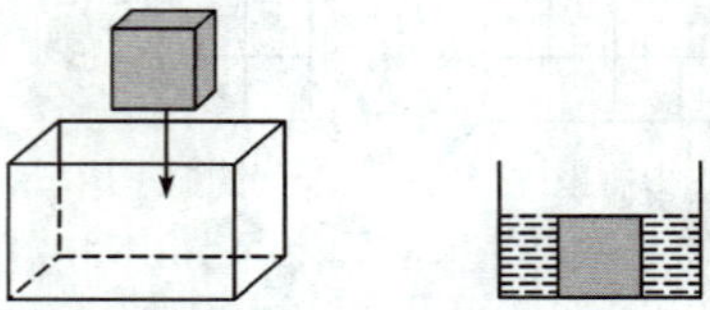

第 13 题图

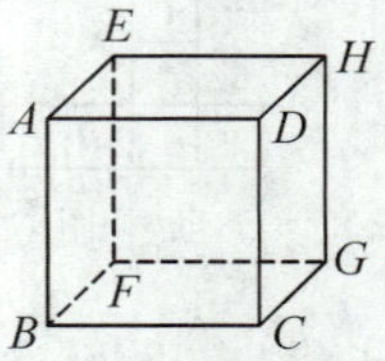

第 14 题图

13. 一个玻璃容器，底面是边长为 10 的正方形。已知这个容器里面有一些水，把一个棱长为 4 的正方体实心铁块缓缓放到容器中，最后容器中的水恰好淹没这个铁块，如图所示从正面看是个"巨"字，那么原来容器内水面的高度是________。（2014 年第八届"巨人杯"综合素质评估·思维能力·5 年级）

14. 巧摆容器：如图，有一个正方体的封闭容器，从里面量，棱长 6 厘米。如果在棱 AB、AE、CD、DH 的中点各钻一个小洞，这个容器最多可盛水________毫升。（2015 南京市数学文化节六年级）

15. 一个容器内已注满水，有大、中、小三个球。第一次把小球沉入水中；第二次把小球取出，把中球沉入水中；第三次取出中球，把小球和大球一起沉入水中。现在知道每次从容器中溢出水量的情况：第一次是第二次的$\frac{1}{2}$，第三次是第二次的 1.5 倍。求三个球的体积之比。

16. 索玛立方体是丹麦物理学家皮特·海音(Piet Hein)发明的 7 种小立方体组块(如图所示)。如果假设这些小立方体的边长为 1，则利用这 7 个组块不仅可以组成一个 3×3 的立方体，还可以组成很多美妙的几何体。那么，要组成下面的几何体，需要用到的 2 个索玛立方体的编号是________。

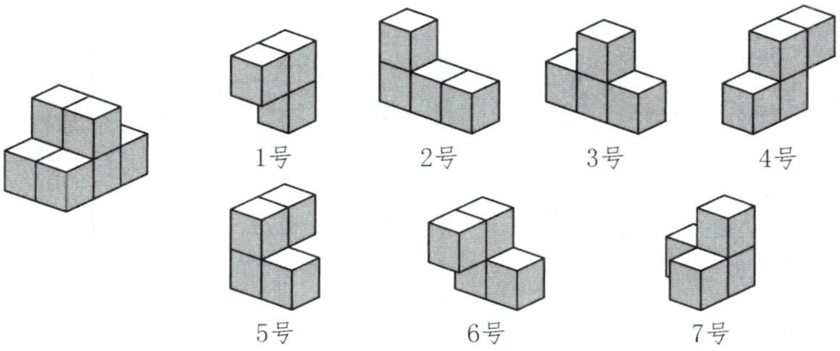

第 16 题图

(第十三届“走进美妙的数学花园”)

17. 索玛立方体是丹麦物理学家皮特·海音发明的 7 种小立方体组块(如图所示)。如果假设这些小立方体的边长为 1，则利用这 7 个组块不仅可以组成一个 3×3×3 的立方体，还可以组成很多美妙的几何体。那么，要组成下面的几何体，需要用到的 4 个索玛立方体的编号是________。

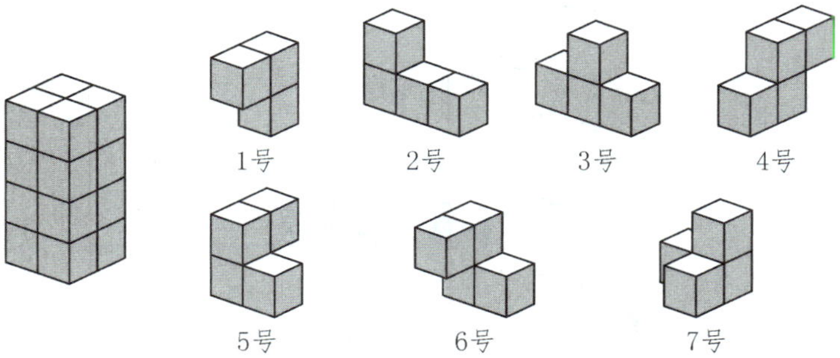

第 17 题图

(第十三届“走进美妙的数学花园”)

18. 有一个 5×5×5 的立方体，如果在其上下方向上开一个 1×1×5 的孔，左右方向上开一个 2×1×5 的孔，在前后方向上开一个 3×1×5 的孔，那么剩余部分的体积是________。

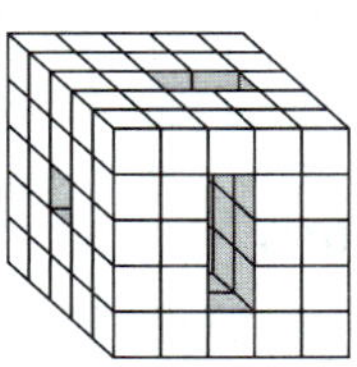
第 18 题图

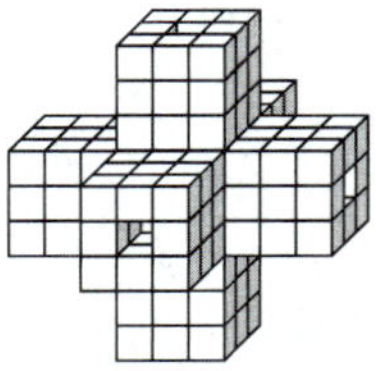
第 19 题图

19. 用若干个小正方体拼成如右上图所示的造型。其中有一个小孔分别由左至右、由上至下以及由前至后穿透整个造型。拼成此造型共需使用________个小正方体。

(2009 年春·明心数学资优生测试 5 年级)

20. 长方体木块的棱长分别为 1、2、3 厘米。用 6 块这样的长方体木块拼成一个大长方体，(1)试画出 3 种不同的拼法，并注明相关数据。

(2)共有多少种外形尺寸不同的拼法？

(3)在拼成的大长方体中表面积最小的是多少平方厘米？

21. 要把一个长 36 厘米、宽 20 厘米的铁皮做成一个无盖铁盒。

小李：像图 1 那样，把铁皮的 4 个角各切掉一个边长 5 厘米的正方形后就可以开始做铁盒了。

小张：像图 2 这样切割材料，一点铁皮都不会浪费！而且一样可以做成铁盒。

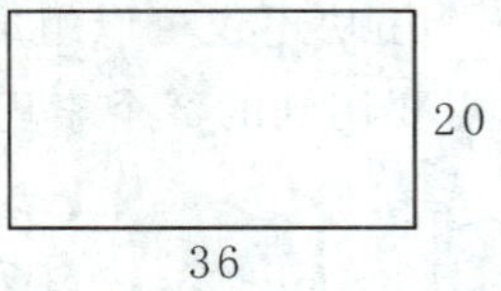

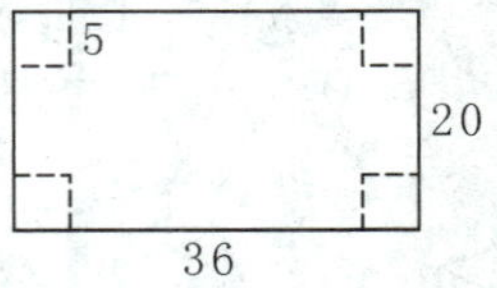

图 1

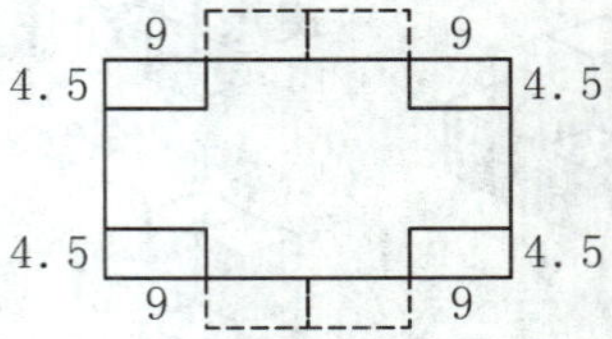

图 2

请用计算说明哪一种方法制作铁盒可以装的水更多。

22. 如下图，有若干块长 20 厘米、宽 20 厘米、高 10 厘米的长方体实心铁块，工人叔叔想把这些铁块装在一个从里面量边长是 30 的正方体盒子里并盖上，则它最多能装________块，但不露出来。

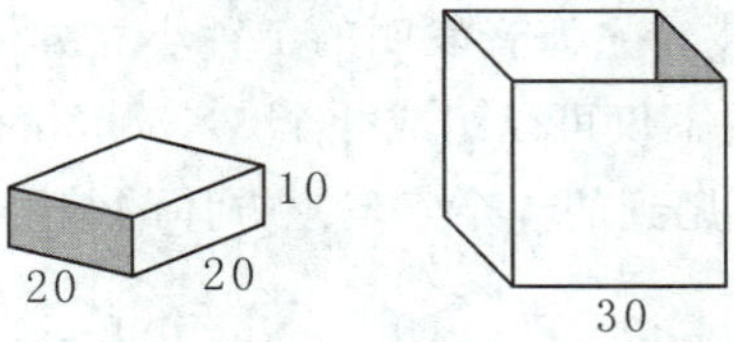

第 22 题图

（2018 年南京市第 11 届时代杯初赛 6 年级）

参考答案

1. 答案：13。

分析：以俯视图为标准（如图 1）。

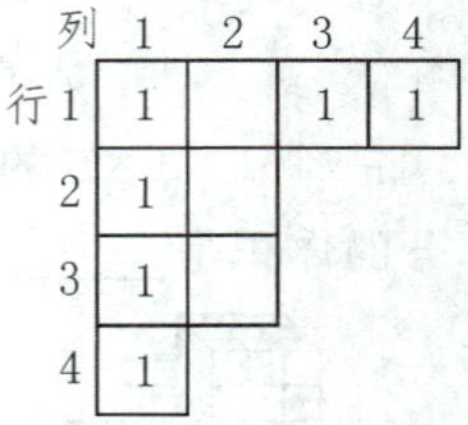

图 1

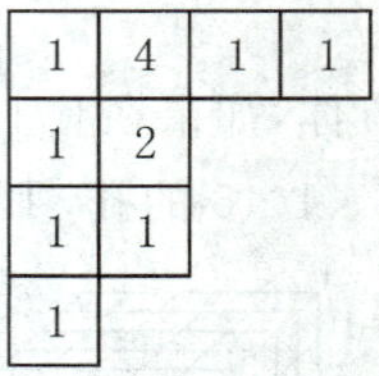

图 2

①因为正视图从左到右第 1、3、4 列均只有 1 层，所以俯视图中第 1、3、4 列都只有 1 层。②因为侧视图最右侧有 4 层，而俯视图中第 2 列第 4 行没有，所以有 4 层的只能是第 2 列第 1 行，紧接着第 2 行为 2 层，第 3 行为 1 层，且侧视图为右视图，如图 2。

故共有立方体 1×7＋2＋4＝13（个）。

2. 答案：90。

分析：正面看

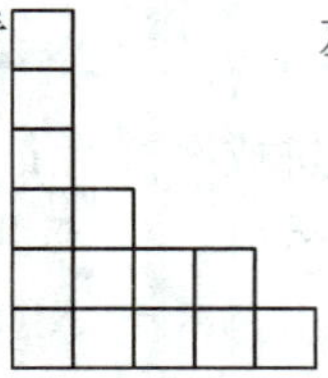

左面看

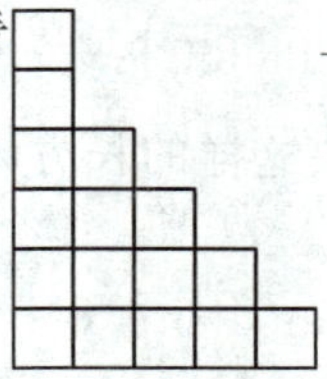

上面看

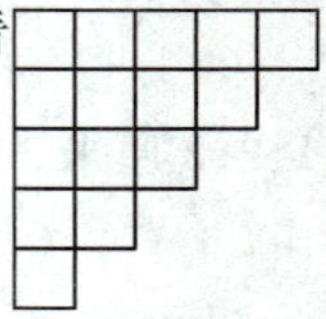

（6＋3＋2＋2＋1）＋（6＋4＋3＋2＋1）＋（5＋4＋3＋2＋1）＝45，45×2×（1×1）＝90。

3. 答案：384。

分析：方法一　原正方体表面积为 $8\times8\times6=384$（平方厘米）。切开后每个小正方体表面积为 $4\times4\times6=96$（平方厘米），表面积之和为 $96\times8=768$（平方厘米）。表面积增加 $768-384=384$（平方厘米）。

方法二　切割方法如右图，需要切割三次。每次切割，增加的是两个 8×8 的正方形面。所以表面积一共增加了 $8\times8\times6=384$（平方厘米）。

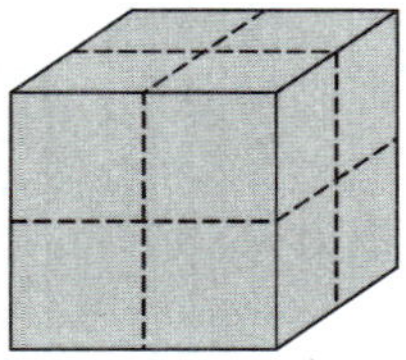

第 3 题图

4. 答案：3。

分析：切成小正方体，每个方向至少切 1 刀，切 1 刀这个方向上的面积就变成原来的 2 倍，所以表面积变为原来的 2 倍即每个方向切了 1 刀。因为“1 刀 2 段”，所以小正方体的棱长为 $6\div2=3$。

5. 答案：356 平方厘米；464 立方厘米。

分析：原表面积为 $8^2\times6=384$（平方厘米），消失的面积为 $8\times3+8\times4+(3\times4\div2)\times2=68$（平方厘米），新露出来的面积为 $8\times5=40$（平方厘米），所以现在的表面积为 $384-68+40=356$（平方厘米）。

由 $V=S\times h$ 可知，去掉的三棱柱的体积为 $(3\times4\div2)\times8=48$（立方厘米），所以剩下的立体图形的体积为 $8^3-48=464$（立方厘米）。

6. 答案：848 立方厘米；736 平方厘米；

分析：体积 $=10\times10\times10-5\times5\times5-3\times3\times3=848$（立方厘米）；

表面积 $=10\times10\times6+5\times5\times4+3\times3\times4=736$（平方厘米）。

7. 答案：表面积 62 平方厘米；体积 30 立方厘米。

分析：宽×高 $=12\div2=6$（平方厘米），长×高 $=45\div3=15$（平方厘米），长×宽 $=40\div4=10$（平方厘米），表面积 $=(6+15+10)\times2=62$（平方厘米）。

下面我们来求体积：

方法一　数感好的同学看到 6、15、10 这三个数据可能会想到 $6=2\times3$，$15=5\times3$，$10=5\times2$，于是长、宽、高恰好分别为 5、2、3，所以体积 $=5\times2\times3=30$（立方厘米）。

但是，这种方法只适用于填空题，因为题干中并没有明确地指出棱长都是整数厘米，所以这种方法并不严谨，接下来再看方法二。

方法二　看下面两组式子。

甲＋乙＝6	长×宽＝10
乙＋丙＝8	宽×高＝6
甲＋丙＝10	长×高＝15

左边一组是大家常见的加法算式，将等号左右两边分别加起来可以得到甲、乙、丙三数之和的 2 倍。类似地，将右边这组算式等号两边分别乘起来，可以得到（长×宽×高）×（长×宽×高）＝900，所以体积＝长×宽×高＝30。

8. 答案：88。

分析：a、b、c 三国交战比拼实力的地点当然在交界处，也就是本题正、右面中横向的两条线段，实力对比一目了然：$2a=3b$，$a=3c$。以最小的 c 为标准可知，大长方体的长为 $6c$、宽为 $3c$、高为 $3c$。由长方体的表面积公式可知 $360=2\cdot(6c\cdot3c+6c\cdot3c+3c\cdot3c)=90c^2$，所以 $c=2$ 厘米，所以小长方体的长、宽、高分别为 6 厘米、4 厘米、2 厘米，表面积为 $(6\times4+6\times2+4\times2)\times2=88$（平方厘米）。

9. 答案：936。

分析：不妨假设原正方体每个面的面积为 S，则原正方体的表面积为 $6S$。将其分成 A、B 两个长方体时，A、B 的表面积之和为 $6S+2S=8S$。而 A、B 的表面积之比为 3∶5，故 A 的表面积为 $3S$，B 的表面积为 $5S$。这样就可知 A 的上下前后四个面的面积之和为 $3S-2S=S$，B 的这四个面的面积之和为 $5S-2S=3S$。

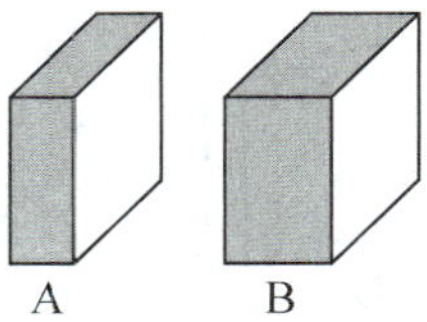

第 9 题图

A、B 都将左右两个面看作底面，阴影部分看作侧面，由于底面周长相等，所以 A、B 这两个长方体的高之比与侧面面积成正比，同样为 $S:3S=1:3$。又因为底面积相等，所以体积与高成正比，故其体积之比也是 1∶3。于是，B 的体积为 $312\times3=936$（立方厘米）。

10. 答案：13。

分析：因为切了一次，所以总的表面积之和增加了 2 个面，设原正方体的棱长为 1，则先在的总表面积为 $1\times1\times(6+2)=8$，按照 2∶5 的比例分配，则两个长方体的表面积分别为 $\frac{16}{7}$、$\frac{40}{7}$，分别减去上下两个正方形底面之后，侧面积分别为 $\frac{2}{7}$、$\frac{26}{7}$。

由于侧面都可以展开成长方形，且展开图的长都为 4，所以侧面积与高是成正比的。又因为两个长方体的底面积相同，那么体积与高成正比，于是体积与侧面积也成正比，比为 $\frac{2}{7}:\frac{26}{7}=1:13$。

11. 答案：E。

分析：较小立方体的个数是 $10\times10\times10=1000$。

对空心的立方体，每个面应该是一正方形，面积接近 $\frac{1000}{6}\approx166$。

围绕 166 的可能值是 $13^2=169$ 和 $14^2=196$。

$14\times14\times14$ 的空心立方体应包含 $14^3-12^3=2744-1728=1016$（个）小立方体，不符合题意。$13\times13\times13$ 的空心立方体包含 $13^3-11^3=2197-1331=866$（个）小立方体，所以它是可能拼出的最大立方体。

于是剩下小立方体的个数是 $1000-866=134$（个）。

12. 答案：5.25。

分析：空余部分的体积为 200 立方厘米，大于铁块的体积 125 立方厘米，所以水没有溢出。

因为 $10^2\times4+5^3>10^2\times5$，所以水没过了铁块，水升高了 $125\div100=1.25$（厘米），即水深变为 5.25 厘米。

13. 答案：3.36。

分析：题图所示，水和铁块的总体积为 $10\times10\times4=400$，铁块的体积为 $4\times4\times4=64$，算得水的体积为 $400-64=336$，于是原来容器内水面的高度是 $336\div10\div10=3.36$。

14. 答案：189。

分析：图中三棱柱的体积为 $(6-3)\times(6-3)\times6\div2=27$（立方厘米），因此盛水最多时，就是空出这一部分，所以此时这个容器最多可盛水 $6^3-27=189$（毫升）。

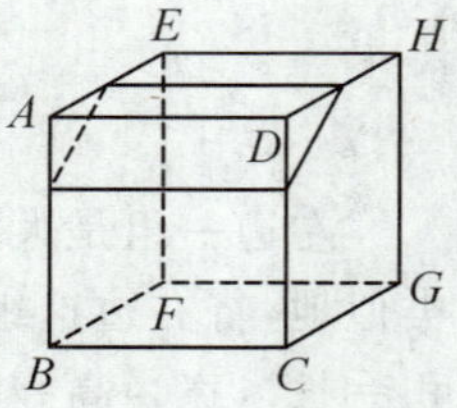

第 14 题图

15. 答案：1∶3∶5。

分析：设小球的体积是 1。第一次溢出的水量是 1，第二次是 $1\div\frac{1}{2}=2$，因为第二次是在第一次已经溢出水的基础上再次溢出，所以中球的体积是 $1+2=3$。第三次溢出的水量是 $2\times1.5=3$，同理知小球与大球的体积和是 $3+3=6$，推知大球的体积是 $6-1=5$。小、中、大三个球的体积比是 1∶3∶5。

16. 答案：2、5 或者 2、6。

分析：用 2 号和 5 号（如图 1）或 2 号和 6 号（如图 2）组合而成。

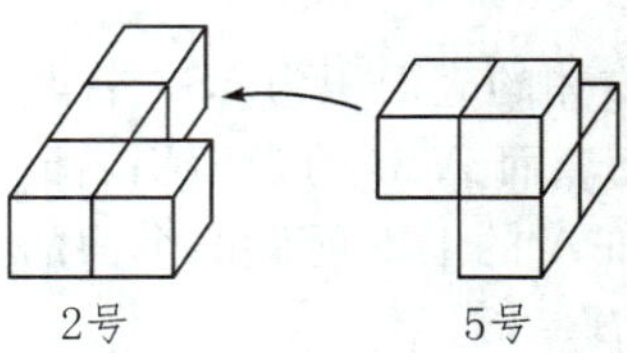

图 1

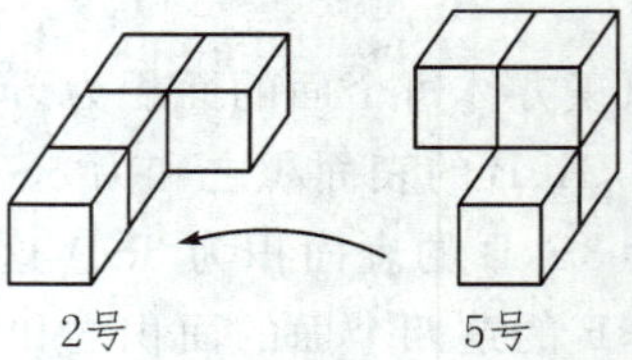

图 2

17. 答案：②号，③号，⑥号，⑦号。（答案不唯一）。

18. 答案:100。

分析:开了 $3\times1\times5$ 的孔,挖去 $3\times5\times1=15$,开 $1\times1\times5$ 的孔,挖去 $1\times1\times5-1=4$;开 $2\times1\times5$ 孔,挖去 $4+2=6$,剩余 $5\times5\times5-(15+4+6)=100$。

19. 答案:164。

分析:整个造型可分为前、后、左、右、上、下、中 7 个 $3\times3\times3$ 的区域,其中前、后、左、右、上、下共用小正方体 $(3\times3\times3-3)\times6=144$(个),中间部分用小正方体 $3\times3\times3-(3+2+2)=20$(个)。

整个造型共用小正方体 $144+20=164$(个)。

20. 答案:66。

分析:(1)

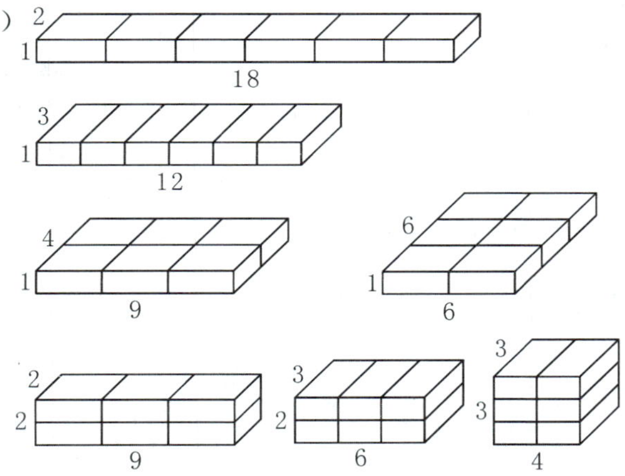

第 20 题图

(2)6 块长方体拼成的大长方体的体积是 36 立方厘米。

$36=1\times2\times18=1\times3\times12=1\times4\times9=1\times6\times6=2\times2\times9=2\times3\times6=3\times3\times4$

所以外形尺寸不同的拼法有 7 种(见图,其中 $2\times3\times6$、$3\times3\times4$ 还有另外的拼法,但尺寸相同,所以算 1 种)

(3)表面积最少的是 $3\times3\times4$ 的长方体,表面积为 $(3\times3)\times2+(3\times4)\times4=66$(平方厘米)。

21. 答案:小张。

分析:由图 1 可知小李的铁盒容积为 $(36-5\times2)\times(20-5\times2)\times5=1300$(立方厘米);由图 2 可知小张的铁盒容积为 $(36-9\times2)\times(20-4.5\times2)\times9=18\times11\times9=1782$(立方厘米),所以,小张的铁盒可以装的水更多。

22. 答案:6。

分析:先计算一下,盒子容积为 $30\times30\times30=27000$(立方厘米),每一块长方体铁块的体积为 $20\times20\times10=4000$(立方厘米),$27000\div4000=6.75$(块),也就是说盒子里最多装 6 块铁块。如图 1,先装 3 块,按图 2 所示,再装 3 块。所以,最多能装 6 块。

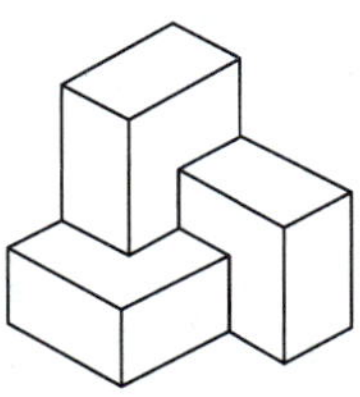

图 1

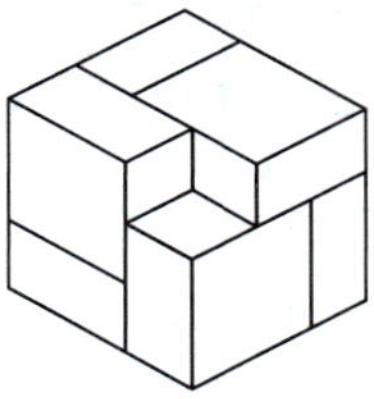

图 2

30.2 棱柱与棱锥

棱柱	特征	两个面互相平行且完全一样，其余各面都是平行四边形，由这些面所围成的多封闭几何叫作棱柱。 棱柱中上、下两个互相平行且完全一样的面，叫作棱柱的底面	
	体积	$V_{棱柱}=Sh$(S 表示底面积，h 表示高) 如此“优秀”的体积公式不仅可以用在正方体与长方体上，还可以推广到其他棱柱，甚至是圆柱体	
棱锥	特征	有一个面是多边形，其余各面都是有一个公共顶点的三角形，由这些面所围成的几何体叫棱锥	
	体积	$V_{棱锥}=\frac{1}{3}Sh$(S 表示底面积，h 表示高) 棱锥体积是同底等高棱柱体积的$\frac{1}{3}$	
图示	三棱锥(四面体)	三棱锥与三棱柱的关系	
	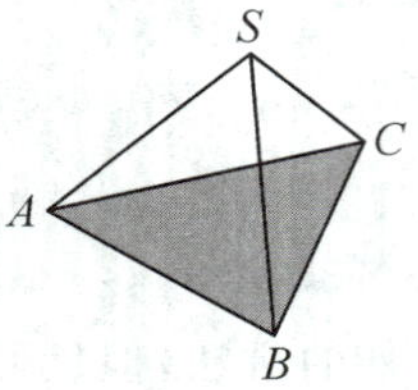	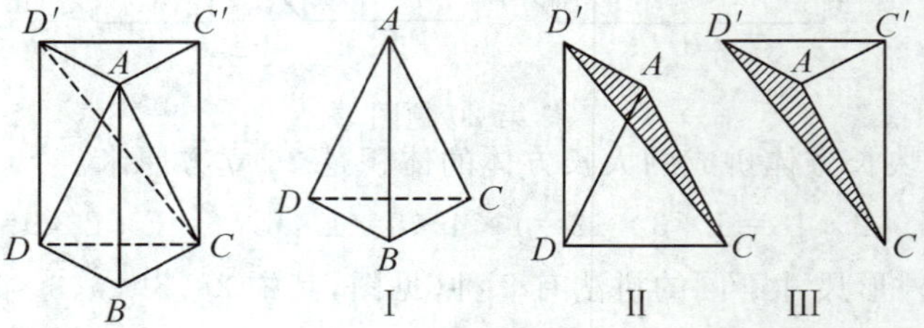	
六棱锥	立体图	展开图	圆锥
	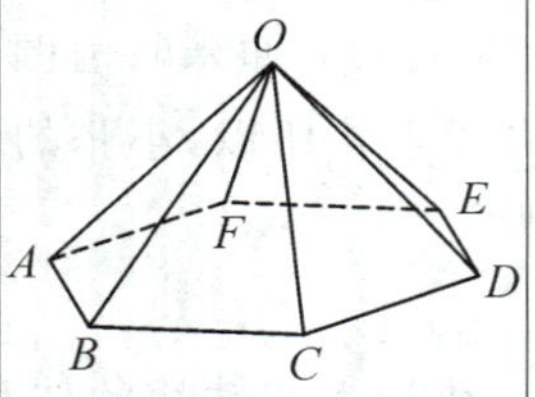	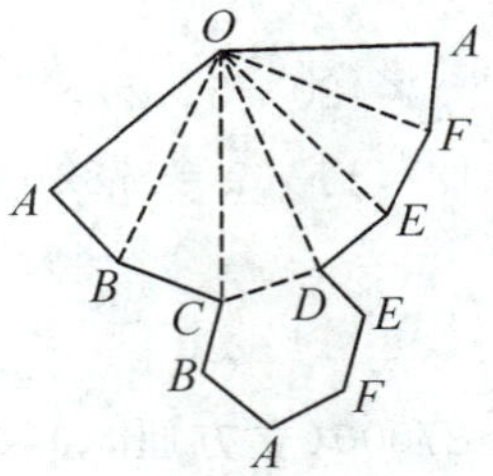	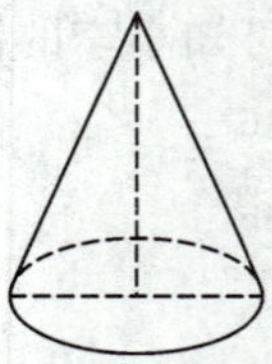

注解 因为 N 棱柱可以沿着棱分割成($N-2$)个三棱柱，所以只用搞清楚三棱柱与三棱锥之间的体积关系，我们就能知道所以棱柱与同底棱锥之间的体积关系。

利用三棱锥与三棱柱的关系(三个体积相等的三棱锥拼出一个三棱柱)，推出三棱锥的体积公式，如图。

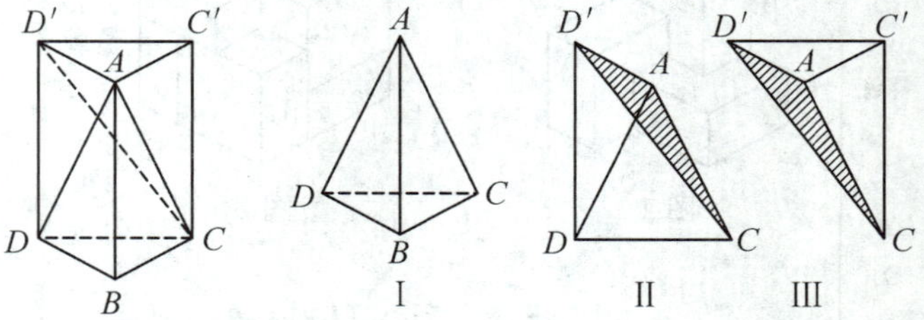

把 C 看作三棱锥Ⅰ、Ⅱ的公共顶点，因为它有以$\triangle DBA$、$\triangle AD'D$ 为底面的底面积相等和高相等，得

$V_{Ⅰ}=V_{Ⅱ}$。再把 A 看作三棱锥Ⅲ、Ⅱ的公共顶点，它们有以△DCD'、△$C'D'C$ 为底面的底面积相等和高相等，所以 $V_{Ⅱ}=V_{Ⅲ}$。因此 $V_{Ⅰ}=V_{Ⅱ}=V_{Ⅲ}=\frac{1}{3}V_{三棱柱}$，又因为 $V_{三棱柱}=Sh$，所以 $V_{三棱锥}=\frac{1}{3}Sh$。

30.2.1　立体图形计算

例 50　下图所示的是将棱长为 a 的正方体用一个平面切割后剩下的几何体，则它的体积不等于原正方体体积一半的有（　　）个。

A. 3　　　　B. 4　　　　C. 5　　　　D. 6

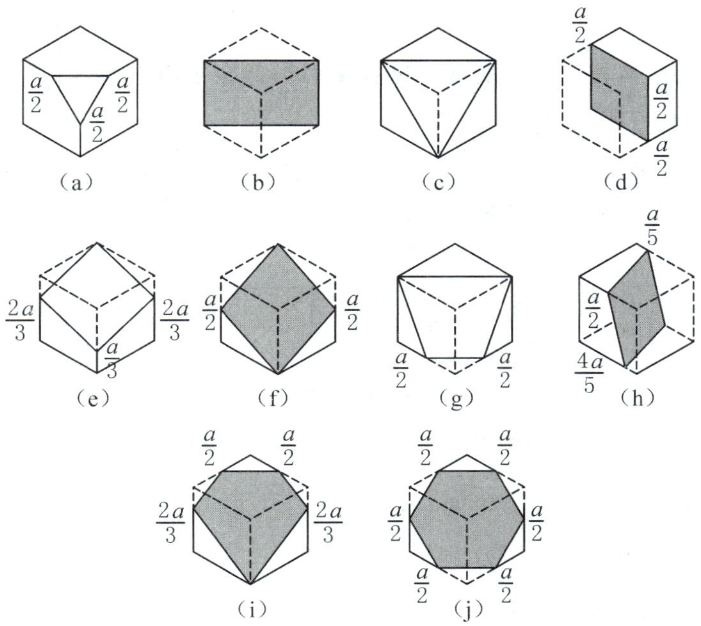

解析

正方体是中心对称的几何体，只有经过正方体对称中心的平面才能将其平分为等体积的两部分，了解这一定则，通过逐一查验即可求解。

观察得，(a)、(c)、(e)、(g)、(i)切割后的体积不等于原来正方体体积的一半，故选 C。

例 51　在水平地板上有一个三棱锥（参考下面的说明），其内部有一个点 P，关于点 P 和三棱锥的关系有以下已知条件：

若把面 ABC 放在地板上，顶点 D 离地板 10 厘米，点 P 离地板 3 厘米。

若把面 ACD 放在地板上，顶点 B 离地板 8 厘米，点 P 离地板 1 厘米。

若把面 ABD 放在地板上，顶点 C 离地板 12 厘米，点 P 离地板 5 厘米。

请问：如图所示，若把面 BCD 放在地板上时，从点 P 到地板的距离是从点 A 到地板的距离的几分之几？（注：从点到地板的距离是指从点到地板垂直线段的长度）

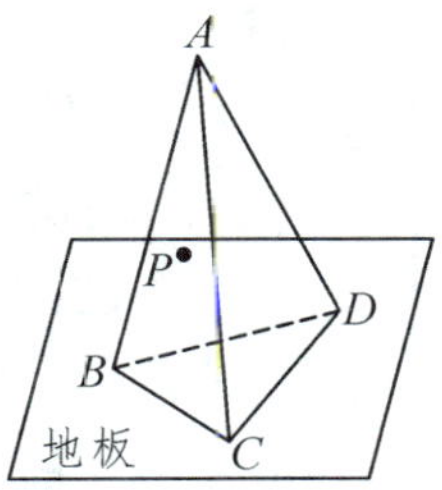

解析

将三棱锥内部的点 P 与三棱锥的各顶点 A、B、C、D 连线，可把三棱锥 A-BCD 分割成 4 个三棱锥：P-ABC、P-BCD、P-ACD 和 P-ABD。

因把面 ABC 放在地板上时，点 D 离地板 10 厘米，点 P 离地板 3 厘米，所以三棱锥 $P\text{-}ABC$ 的体积是棱锥 $A\text{-}BCD$ 的体积的 $3\div10=\frac{3}{10}$；同理，三棱锥 $P\text{-}ACD$ 的体积是三棱锥 $A\text{-}BCD$ 的体积的 $\frac{1}{8}$；三棱锥 $P\text{-}ABD$ 的体积是三棱锥 $A\text{-}BCD$ 的体积的 $\frac{5}{12}$。

因此，三棱锥 $P\text{-}ABC$ 的体积是三棱锥 $A\text{-}BCD$ 的体积的 $1-\frac{3}{10}-\frac{1}{8}-\frac{5}{12}=\frac{19}{120}$，由此可知，从点 P 到地板的距离是从点 A 到地板的距离的 $\frac{19}{120}$。

例 52 2045 年，某探险队在火星上发现两座神秘的类似金字塔的建筑，均呈标准的正四棱锥形态（底面为正方形），图中是其立体示意图及俯视图。

已知棱 $AC=50$ 米，棱 $BC=40$ 米，金字塔 A 的占地面积为 2262 平方米，金字塔 B 的占地面积为 2688 平方米，那么两座塔的塔顶 A、B 之间的距离是多少？

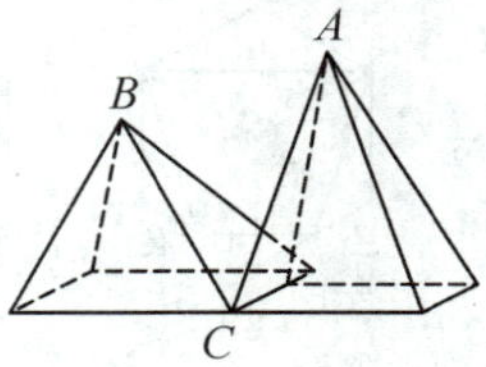

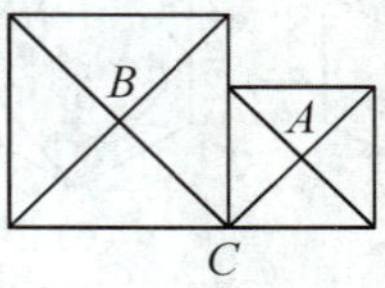

（2017 年春·明心数学资优生测试 6 年级）

解析

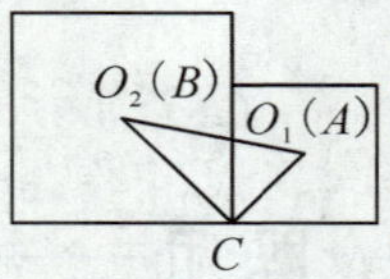

两金字塔底面中心分别记为 O_1、O_2。

$O_1O_2^2=CO_1^2+CO_2^2=\frac{2262}{2}+\frac{2688}{2}=2475$。

金字塔 A 的高为 AO_1，则有：

$AO_1^2=50^2-CO_1^2=50^2-\frac{1}{2}\times2262=1369=37^2$，所以 $AO_1=37$(米)。

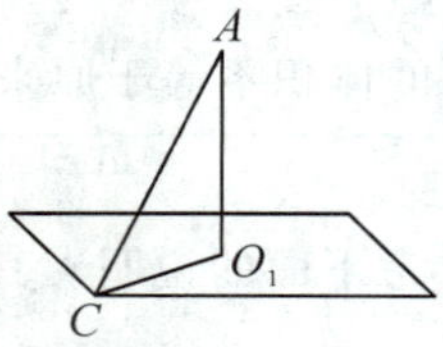

金字塔 B 的高为 BO_2，同理有：

$BO_2^2=40^2-CO_2^2=40^2-\frac{1}{2}\times2688=256=16^2$，所以 $BO_2=16$(米)。

于是，两塔尖的高度差为 $AG=37-16=21$(米)。

所以 $AB^2=O_2O_1^2+AG^2=2475+21^2=2916=54^2$，所以 $AB=54$(米)。

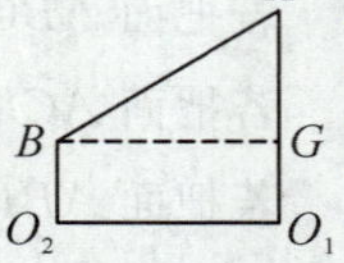

30.2.2 展开图

我们学习几何常常是由低维向高维一步步认识的，所以想弄清楚立体图形上的某些信息时，我们常常会将问题转化到平面上，利用已学过的平面几何知识解决，立体图形的展开图就是我们常常利用的一种思考工具。另外，因为实际生产的需要，展开图也是一种不可或缺的立体图形处理方式。

例 53 如图所示，4 个相同的等腰三角形与一个边长为 6 厘米的正方形相连。将 4 个三角形向上折可形成一个锥体。若锥体的高是 4 厘米。那么，4 个等腰三角形和正方形的总面积是________平方厘米。

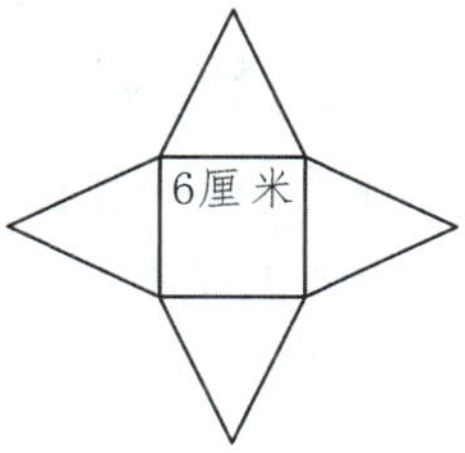

（2012 第十七届“华罗庚金杯”少年数学邀请赛）

解析

底面积为 $6^2=36$（平方厘米），4 个侧面都是底边为 6 厘米的等腰三角形，求其一可知四。求面积，已知底边长，接下来当然要去找高。

如图，取 BC 的中点 E，底面中心点 O，连接 OE，由于等腰三角形中线与高是同一条线段，所以 PE 也是 $\triangle PBC$ 的高。因为 PO 垂直 OE，且 $PO=4$ 厘米，$OE=3$ 厘米，所以 $PE^2=4^2+3^2=25=5^2$，则 $PE=5$ 厘米，于是 $S_{\triangle PBC}=6\times5\div2=15$（平方厘米），总面积为 $36+15\times4=96$（平方厘米）

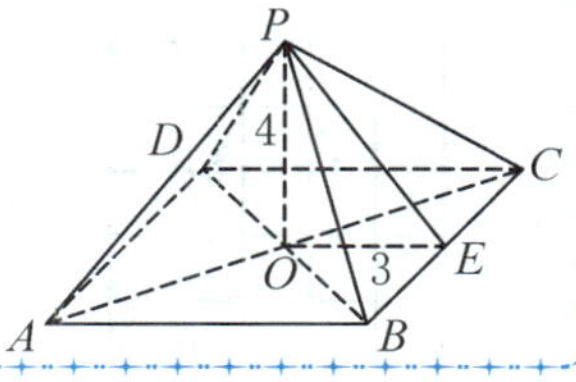

例 54 已知一个长方体的长、宽、高的比为 4∶3∶2，用平面切割，切割面为六边形（如图所示）。已知所有这样的六边形中，周长最小为 36，求这个长方体的表面积。

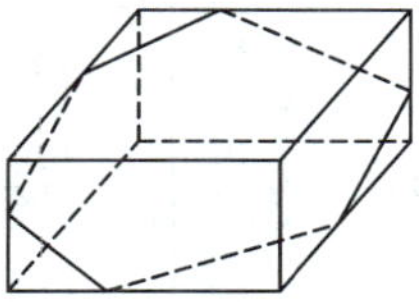

（2017 年第 22 届华杯赛高年级决赛·武汉卷）

解析

长方体的展开图如下图（AB 与 $A'B'$ 是同一条棱，P 与 P' 是同一点）。

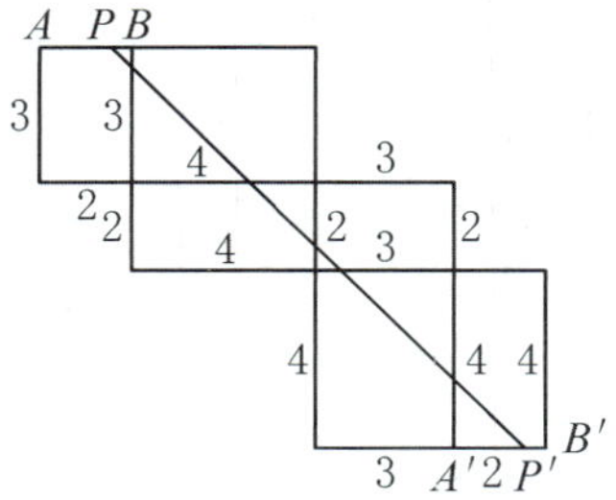

所以周长最小时，六边形的六条边在展开图上恰好构成一条线段。

所以长方体的表面积为 $(2\times3+3\times4+4\times2)\times2\times\left[\left(\frac{36}{2+3+4}\right)^2\div2\right]=416$。

> 立体图形中的最短距离问题常常会转化成平面问题处理。

30.2.3　观察物体

例 55 如图是一个几何体的三视图。则该几何体的体积为________。

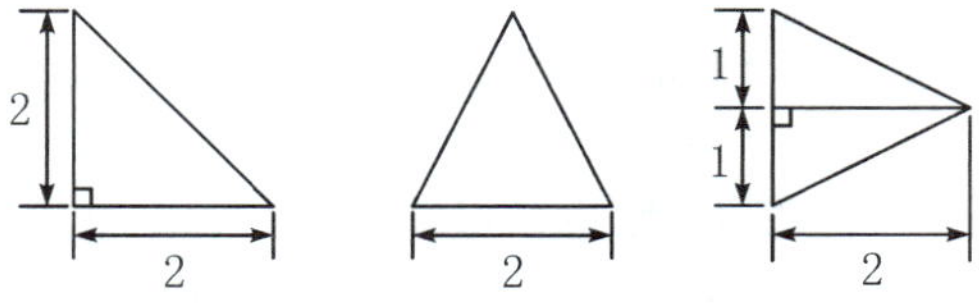

正(主)视图　侧(左)视图　俯视图

（2015 年春·明心数学资优生测试 6 年级）

解析

由三视图判断该几何体为三棱锥，如图。

由正视图知三棱锥的高为 2，由俯视图知三棱锥的底面积为 $(1+1)\times2\div2=2$。

所以该几何体的体积为 $\frac{1}{3}\times2\times2=\frac{4}{3}$。

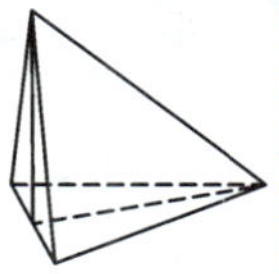

例 56 如图，是由 125 个棱长为 1 的小正方体拼成的大正方体，现挖掉一个正四棱锥 $P\text{-}ABCD$（P 为上底面的中心），那么剩下的部分含有________个完整的棱长为 1 的小正方体。

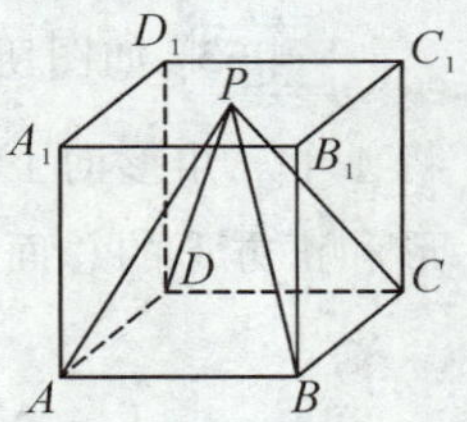

《2016 年第九届"顺天府学杯"综合素质测评（原"奥校杯"）》

解 析

下图为过点 P 的纵截面，观察可知：

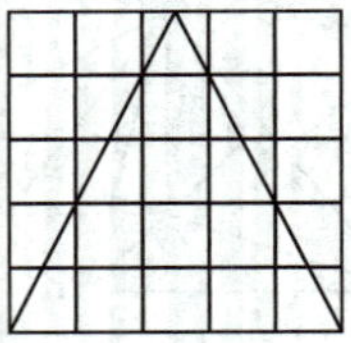

第一层剩下 $5\times5-1\times1=24$（个）；

第二层剩下 $5\times5-3\times3=16$（个）；

第三层剩下 $5\times5-3\times3=16$（个）；

第四层剩下 0 个；

第五层剩下 0 个。

共剩下 56 个完整的正方体。

30.2.4 假如庖丁遇见正方体

下面这一部分内容大多建立在对正方体的一些常见切割方式上，多看多想象，慢慢就会对这类问题产生感觉。

例 57 一个棱长为 10 厘米的实心正方体铁块，每个顶点都有三条棱，以其为端点，沿这三条棱的三个中点，从这个正方体切下一个角，这样一共切下八个角，再把余下部分（如图所示）放进一只底面半径是 10 厘米，高是 20 厘米，且原来水深 17 厘米的圆柱形容器。那么现在水深多少厘米？（π 取 3）

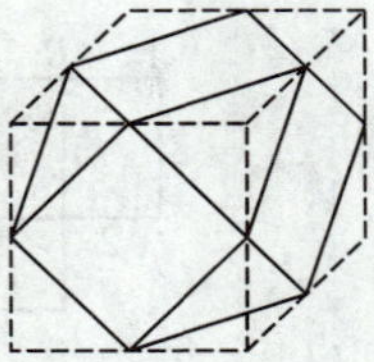

解 析

切下的八个角是相同的，所以余下部分的体积为 $V=10^3-8\times\frac{1}{3}\times(10\div2)^2\div2\times(10\div2)=\frac{2500}{3}$（立方厘米）。

由于原来水深 17cm 远大于正方体的棱长，所以铁块放进水里后会完全浸没在水中，于是水面会上升：$V\div(\pi\times10^2)=\frac{2500}{3}\div300=\frac{25}{9}$（厘米）。

因为 $\frac{25}{9}+17=19\frac{7}{9}$（厘米）$<20$ 厘米，所以现在水深为 $19\frac{7}{9}$ 厘米。

例 58 下图是个有底无盖的容器的平面展开图，其中①是边长为 18 厘米的正方形，②③④⑤是同样大的等腰直角三角形，⑥⑦⑧⑨是同样大的等边三角形。那么，这个容器的容积是________毫升。

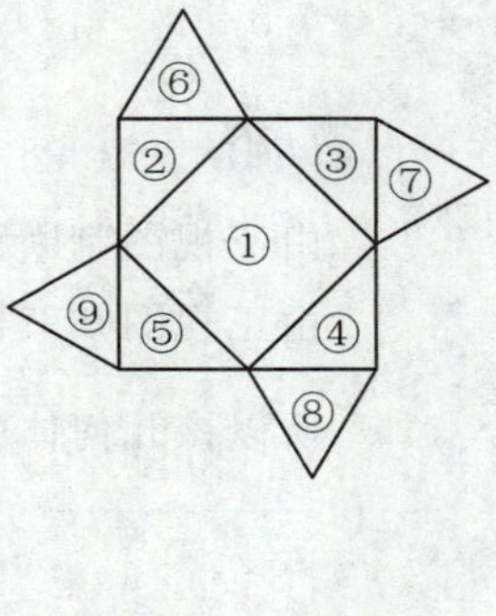

解析

直角三角形折成垂直时，顶角之间的距离恰为等边三角形的边长，即右图中$A'B'=AB$，故直角三角形与底面垂直。

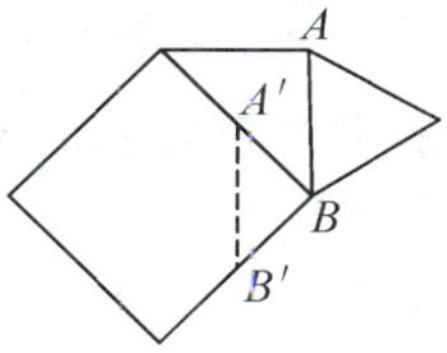

图形相当于长18厘米、宽18厘米、高9厘米的长方体切去4个角，每个角都是相同的正三棱锥。

因此，$V=18^2\times9-4\times\frac{1}{3}\times(9\times9\div2)\times9=2430$（立方厘米）。

例59 3个12厘米×12厘米的正方形都被连接两条邻边的中点的直线分成A、B两片，如图所示。把这6片粘在一个正六边形的外面，然后折成多面体，求这个多面体的体积（单位：立方厘米）。

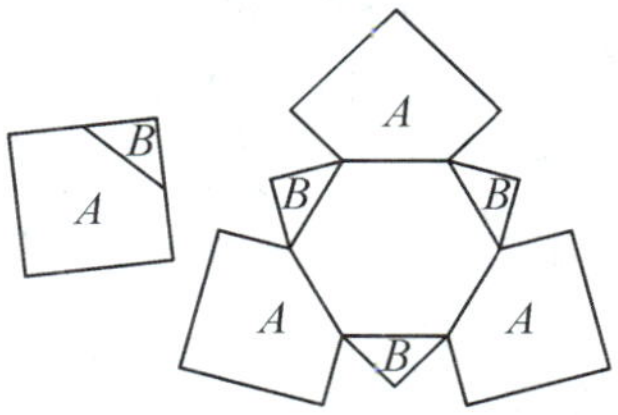

解析

【方法1】折成多面体如图1所示，图中标有P、Q、R、S的顶点处，共顶点3个面的角都是90°。由此可以猜想，此多面体是否会是正方体的一部分。可以想象得到一个边长为12厘米的正方体，如图2作截面（过有关的6个棱的中点），恰将正方体分割成两个如图1所示的多面体。正方体的体积为$12^3=1728$（立方厘米），故所求多面体的体积为$\frac{1728}{2}=864$（立方厘米）。

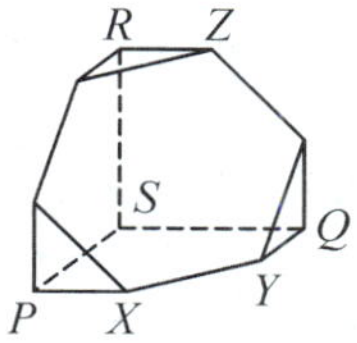

图1

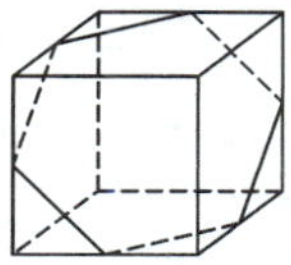
图2

【方法2】还原了立体图形图3后，我们还可以将它想象成一个大三棱锥截掉3个小三棱锥而成的立体图形，如图4。大三棱锥有3个面均为直角边长$12\times\frac{3}{2}=18$（厘米）的等腰直角三角形，所以体积为$\frac{1}{3}\times(18\times18\div2)\times18=972$（立方厘米），而3个小三棱锥与大三棱锥的形状相同，只是3个等腰直角三角形的直角边长变为$12\times\frac{1}{2}=6$（厘米），每一个的体积为$\frac{1}{3}\times(6\times6\div2)\times6=36$（立方厘米），于是所求图形的体积为$972-36\times3=864$（立方厘米）。

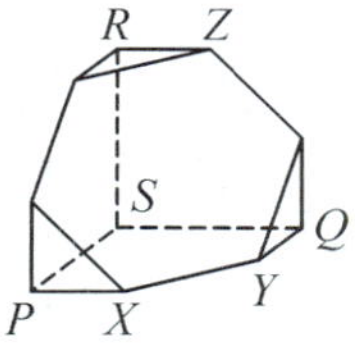

图3

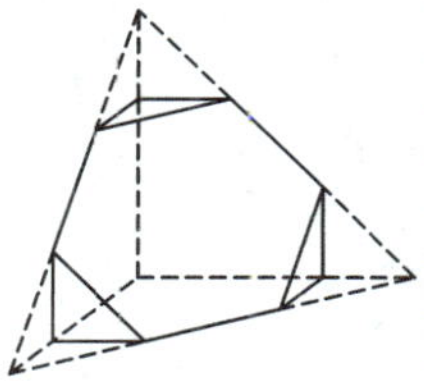
图4

例60 如图中的(1)(2)(3)(4)是同样的小等边三角形，(5)(6)也是等边三角形且边长为(1)的2倍，(7)(8)(9)(10)是同样的等腰直角三角形，(11)是正方形。那么，以(5)(6)(7)(8)(9)(10)(11)为平面展开图的立体图形的体积是以(1)(2)(3)(4)为平面展开图的立体图形的体积的________倍。

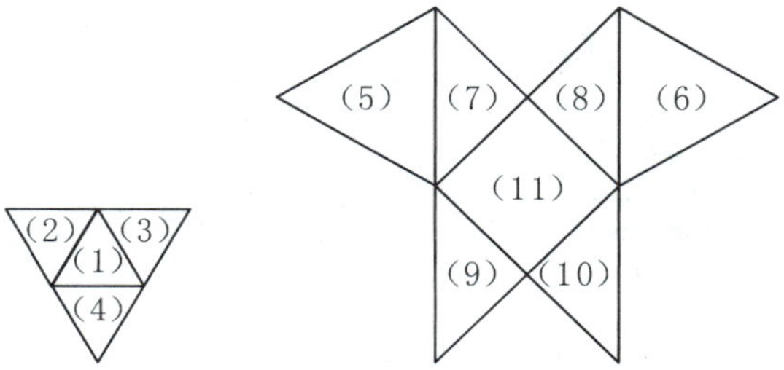

解析

设(11)的边长为 1,则(5)(6)(7)(8)(9)(10)(11)组成的立体图形为下图(棱长为 1 的正方体去掉两个角),它的体积为 $1-\left(1\times1\div2\times1\times\frac{1}{3}\right)\times2=\frac{2}{3}$。

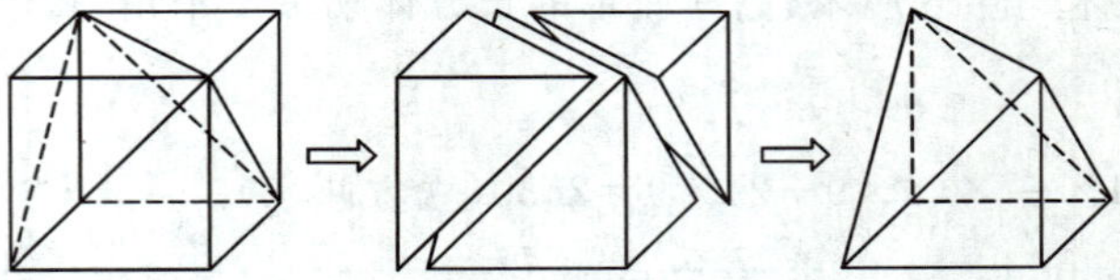

而边长为 1 的正方体如果如图去掉 4 个角就得到一个正四面体,这个正四面体体积为 $1-1\times1\div2\times1\times\frac{1}{3}\times4=\frac{1}{3}$。

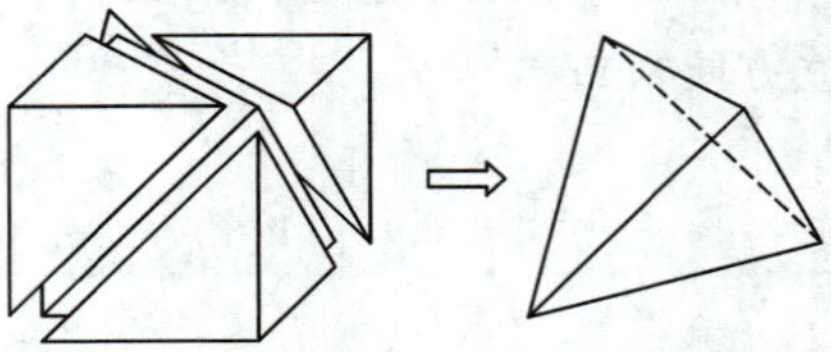

(1)(2)(3)(4)组成的立体图形是一个小正四面体,这个小正四面体的棱长是上面的正四面体棱长的$\frac{1}{2}$,从而其体积为$\frac{1}{3}\times\left(\frac{1}{2}\right)^3=\frac{1}{24}$。所以本题答案为$\frac{2}{3}\div\frac{1}{24}=16$ 倍。

例 61 图中有正方体和底面是正六边形的六棱锥各一个。六棱锥底面的一边 PQ 与正方体中 X 和 Y 所连的线段等长,六棱锥的高 RS 与正方体中 X 和 Z 所连的线段等长。请问:这个六棱锥的体积是正方体体积的几倍?(锥体体积的求法:锥体的体积=底面积×高度×$\frac{1}{3}$)

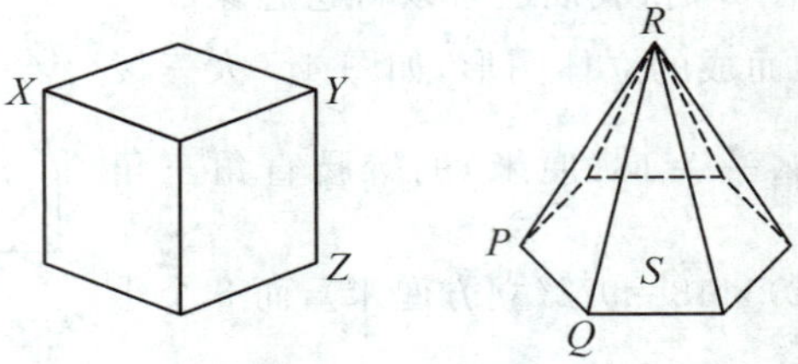

解析

如图所示,"★"部分是切出的原正方体体积的$\frac{1}{6}$(即 $1\times1\div2\times1\times\frac{1}{3}=\frac{1}{6}$)。$\triangle XWY$ 的面积是正六棱锥底面积的$\frac{1}{6}$:$\triangle XWY$ 和$\triangle PQS$ 的面积相同,正六棱锥的底面可以放进 6 个$\triangle PQS$(如图 1、图 2)。接下来,我们再把★部分以$\triangle XWY$ 为底面的高度和 XZ 的长度进行比较,A 是 XY 的中点。把立方体按如图 3 那样切割的话,☆和★是相同的形状,XB 与"★"部分以$\triangle XWY$ 为底面的高度一样。因此,把图 3 沿平面 $CXYZ$ 切开的话,纵切面如图 4。

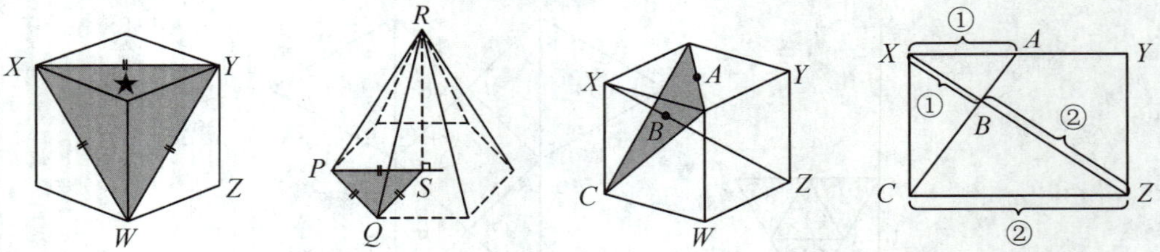

图 1　图 2　图 3　图 4

因为 $XA /\!/ CZ$，且 $XA:ZC=1:2$，所以 $XB:ZB=1:2$，$XB:XZ=1:(1+2)=1:3$。

因为底面积的比是 1∶6，高度比是 1∶3，所以★部分和正六棱锥的体积之比为 $1\times1:3\times6=1:18$。

而★部分与正方体的体积比为 1∶6。所以正六棱锥体积∶正方体的体积 $=18:6=3:1$，即正六棱锥的体积是正方体体积的 3 倍。

真题重现

1. 将正方体 $XYZT\text{-}ABCD$ 沿两个平面 $BCTX$ 和 $BDTY$ 进行切割，将此正方体切成 4 块。请问含有顶点 A 的那一块占正方体体积的几分之几？

（2013 年第十届“华罗庚金杯”少年邀请赛高年级 · 武汉卷）

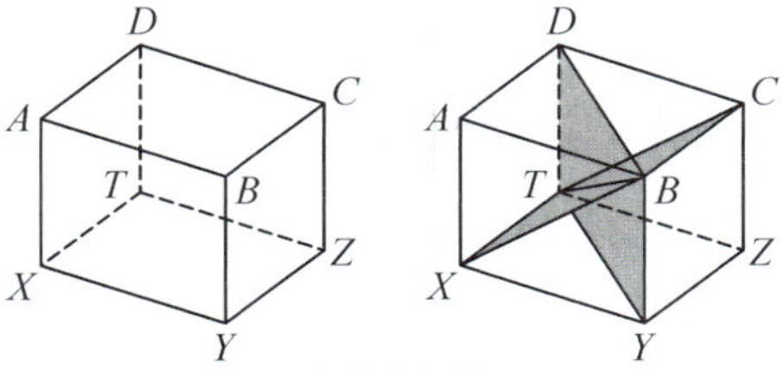

第 1 题图

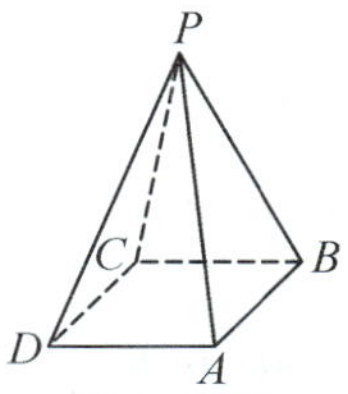

第 2 题图

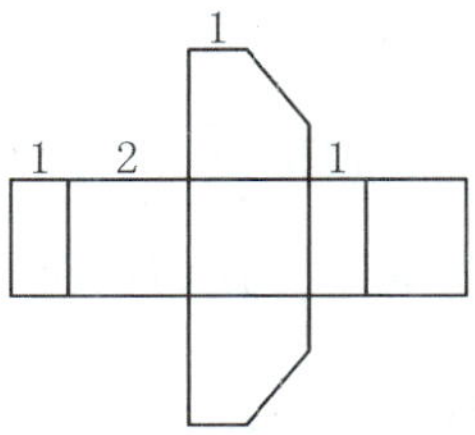

第 3 题图

2. 一个金字塔模型的正方形底面的面积为 1440 平方厘米，金字塔的每个三角形面都相同，面积均为 840 平方厘米。求金字塔的高？

（2017 第 22 届华杯赛高年级海外卷）

3. 题图是一个五棱柱的平面展开图，图中的正方形边长都为 2。按图所示数据，这个五棱柱的体积等于________。

（2012 年第十七届“华罗庚金杯”少年数学邀请赛）

4. 所谓正八面体就是 8 个面都是正三角形的多面体。从任意点用与 ABC 平行的平面将边长为 10 厘米的正八面体切开，其切口就是六边形。试求此六边形的周长。

（2011 年秋 · 明心数学资优生测试 6 年级）

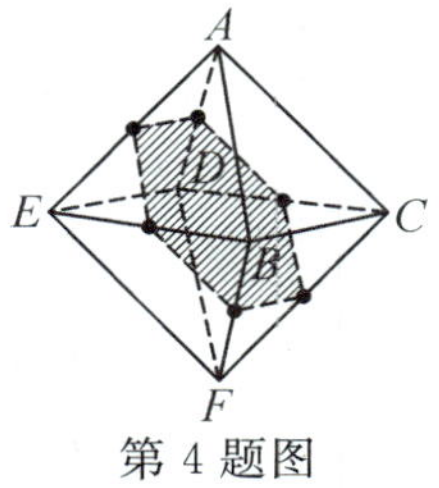

第 4 题图

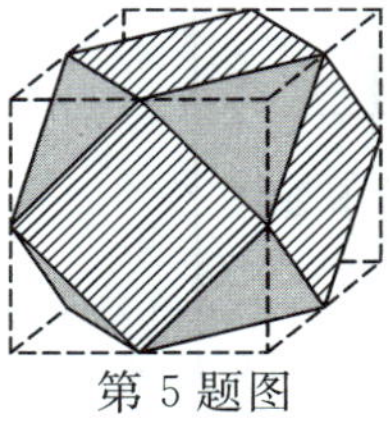
第 5 题图

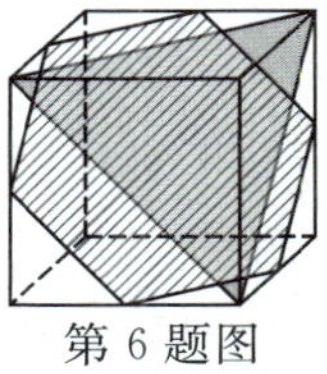
第 6 题图

5. 一个正方体的每个顶点都有三条棱以其为端点，沿这三条棱的中点连线，从这个正方体切下一个角，这样一共切下八个角，则余下部分的体积（如图中的阴影部分所示）和正方体体积的比是多少？

6. 如图，正方体的棱长为 6 厘米，连接正方体其中六条棱的中点形成一个正六边形，而连接其中三个顶点形成一个三角形。夹在六边形与三角形之间的立体图形有________个面，它的体积是________立方厘米。

（2008 第六届“走进美妙数学花园”）

7. 如图是一个无盖容器的展开图，它由 1 个正六边形、3 个等腰直角三角形、3 个底角为 45°的等腰梯形组成。若等腰直角三角形和等腰梯形的腰长都是 6，那么该无盖容器的容积是________。

（MO2016 小高模拟卷四）

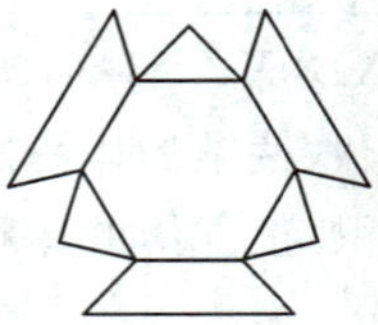

第 7 题图

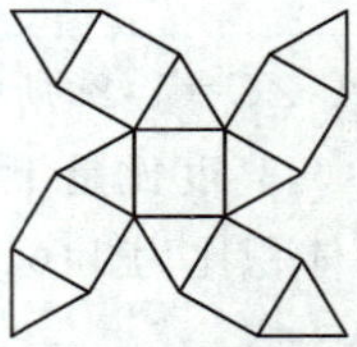

第 8 题图

8. 如图是一个无盖容器的展开图，该图形由 5 个正方形和 8 个等边三角形组成。如果每个正方形的面积都是 72 平方厘米，那么该无盖容器的容积是________立方厘米。

（MO2016 模拟卷六）

参考答案

1. 答案：$\frac{1}{3}$。

分析：如图，含有顶点 A 的那一块是一个四棱锥，它的底面是正方形 $ADTX$，顶点是 B。将正方体的棱长看作单位 1，那么四棱锥的体积 $=\frac{1}{3}\times$ 底面积 $\times$ 高 $=\frac{1}{3}\times 1^2\times 1=\frac{1}{3}$。所以含有顶点 A 的那一块的体积是整个正方体体积的 $\frac{1}{3}$。

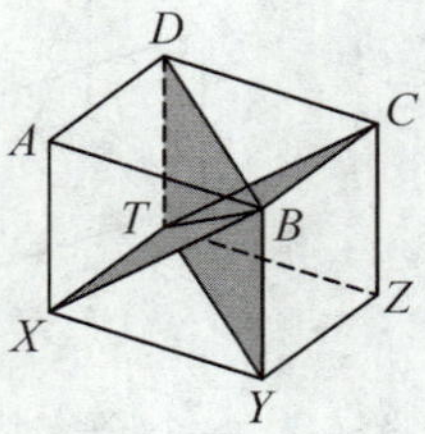

第 1 题图

2. 答案：40 厘米。

分析：$\frac{PH}{OH}=\frac{S_{\triangle PAB}}{S_{\triangle OAB}}=\frac{840}{1440\div 4}=\frac{7}{3}$，$\frac{PH^2}{OH^2}=\frac{7^2}{3^2}=\frac{49}{9}$，$PH^2=OH^2\times\frac{49}{9}=(1440\div 4)\times\frac{49}{9}=1960$。

$PO^2=PH^2-OH^2=1960-360=1600$，$PO=40$。

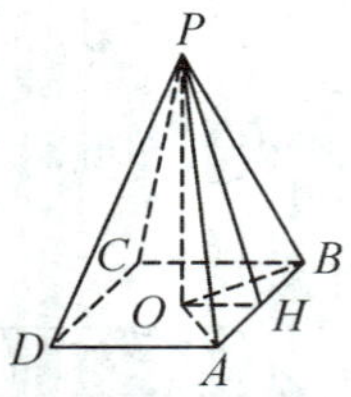

第 2 题图

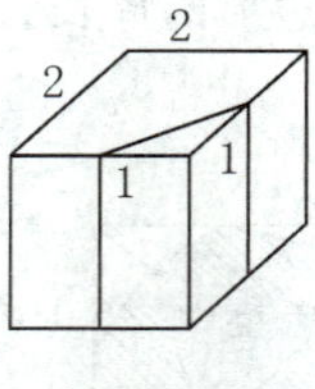

第 3 题图

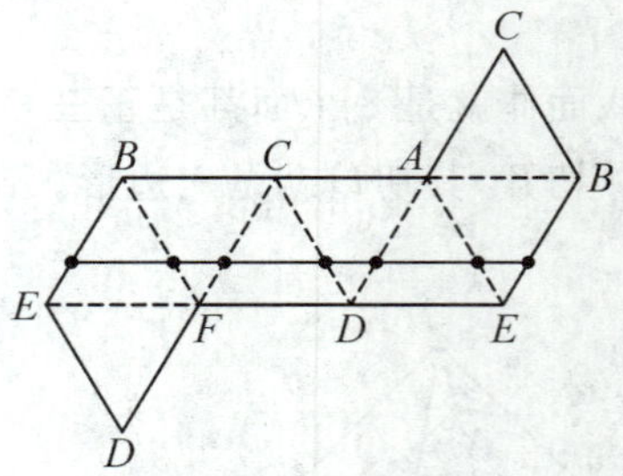

第 4 题图

3. 答案：7。

分析：如图，还原后的立体图形实际上是一个正方体切去一个三棱柱，所以它的体积为 $2^3-\frac{1}{2}\times 1\times 2=7$。

4. 答案：30。

分析：将正八面体展开。如图所示，切口实际是与 AB 平行的线段，而展开图的中部实际是平行四边形，所以其长度是固定的，与其距三角形 ABC 的距离无关，为 $10+10+10=30$(cm)。

5. 答案：$\frac{5}{6}$。

分析：方法 1　如图 2，设正方体的体积是 1，切下的 8 个角是相同的三棱锥，每个三棱锥的底面是直角三角形，两条直角边长均等于 $\frac{1}{2}$，高也是 $\frac{1}{2}$，体积是 $\frac{1}{3}\times\left(\frac{1}{2}\right)^3\div 2$，所以 $\frac{V_{余下部分}}{V_{正立方体}}=\frac{1-8\times\frac{1}{3}\times\left(\frac{1}{2}\right)^3\div 2}{1}=\frac{5}{6}$。

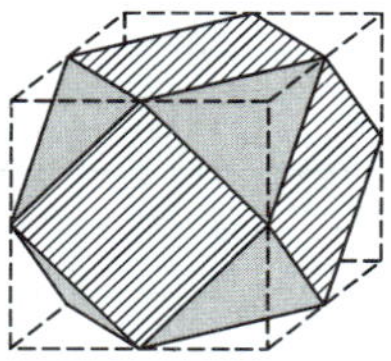
图 1

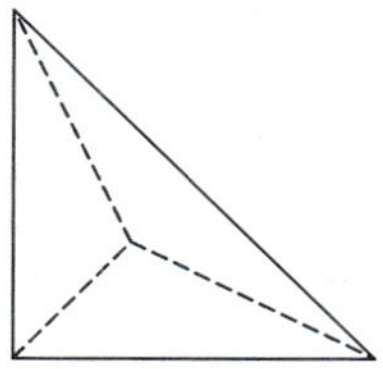
图 2

方法 2 如图，我们将大正方体先沿各棱中点切成 8 个小正方体，每个小正方体被切去的部分、剩余的部分所占比例都相同，所以只用求出其中一个剩余部分所占比例即可。

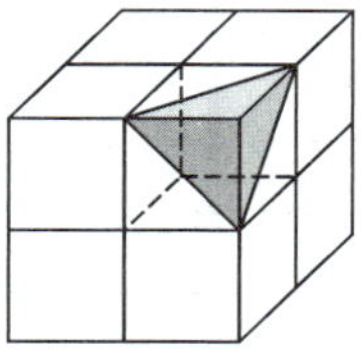

切掉的部分占小正方体体积的 $\frac{1}{3}\times1^3\div2=\frac{1}{6}$，即剩余部分占 $\frac{5}{6}$，所以大正方体切掉 8 个角后也剩余 $\frac{5}{6}$。

6. 答案：8；72。

分析：第一问，8 个面，数出来即可。

第二问，注意到切面正六边形过正方体的中心，所以将正方体分成了体积相等的两部分，所以正六边形前面的部分为总体积的一半，体积为 $6^3\times\frac{1}{2}=108$（立方厘米）；而正三角形切掉的部分是一个三棱锥，其体积为 $\frac{1}{3}\times\frac{1}{2}\times6\times6\times6=36$（立方厘米）。于是，夹在正六边形与正三角形之间的立体图形的体积为 $108-36=72$（立方厘米）。

7. 答案：576。

分析：本题实际上就是上一题立体图形的展开图。该无盖容器可由棱长为 12 的正方体，取各棱中点连接而成的正六边形 $ABCDEF$，与三个顶点连接而成的正三角形 GHI 这两个面截取而成，体积为 $V=\frac{1}{2}V_{正方体}-V_{三棱锥}=\frac{1}{2}\times12^3-\frac{1}{3}\times\frac{1}{2}\times12^2\times12=576$。

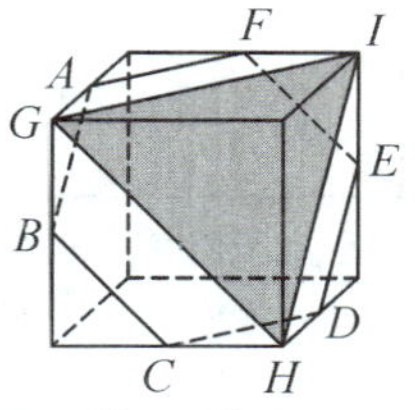

第 7 题图

8. 答案：1440。

分析：补上一个正方形“盖”，则共有 6 个面、8 个等边三角形，联想到正方体有 6 个面、8 个顶点。于是可知该图形如右下图。

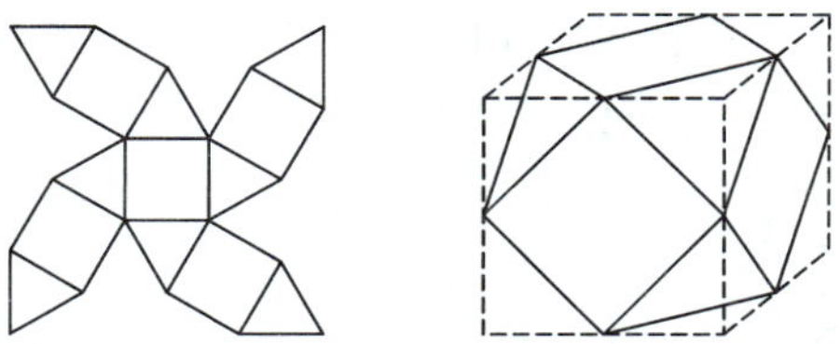
第 8 题图

因为 $72\times2=12^2$，于是我们将棱长为 12 的正方体，每个面上取各棱中点连成正方形，连接共端点的 3 条棱的中点形成正三角形，该容器的容积即为正方体减 8 个三棱锥：$V=12^3\times\left(1-\frac{1}{3}\times\frac{1}{2}\times\frac{1}{2}\times\frac{1}{2}\times8\right)=12^3\times\frac{5}{6}=1440$（立方厘米）。

30.3 圆柱、圆锥与球

名称	图形	特征	度量	
圆柱	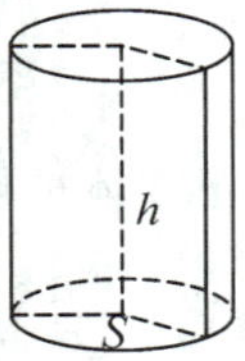	两个底面(完成相同的圆); 一个侧面(曲面)。 高有无数条	表面积	$S=S_{侧}+2S_{底}$ $S_{侧}=Ch$
			体积	$V=Sh$
辨析	【题 1】圆柱的高不变,底面直径扩大到原来的 4 倍,体积也扩大到原来的 4 倍(　　) 【题 2】如果一个物体的上、下底面是两个完全相同的圆,那么这个物体一定是圆柱(　　)			
圆锥	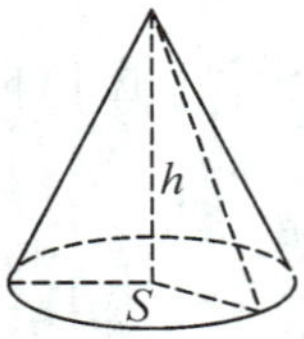	底面:是一个圆; 侧面:是一个曲面; 高:只有一条	表面积	侧面扇形面积+底面圆面积
			体积	$V=\frac{1}{3}Sh$
辨析	【题 3】下面(　　)是正确测量圆锥的高的方法 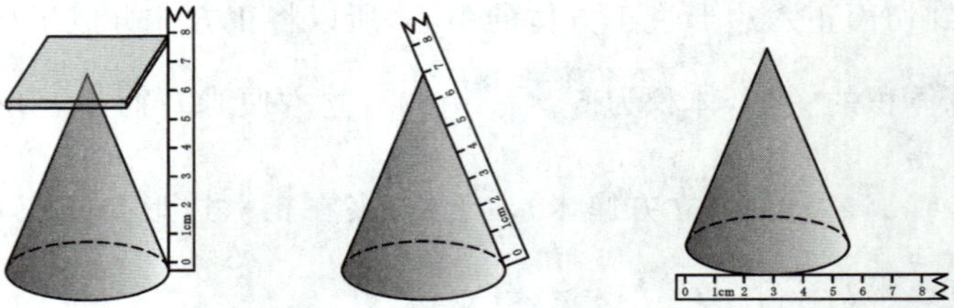 A　　B　　C 【题 4】如果圆锥的体积等于圆柱体积的$\frac{1}{3}$,圆柱与圆锥一定等底面积等高(　　)			

注解　圆锥的表面积=底面积+侧面积,那么侧面积如何求呢?

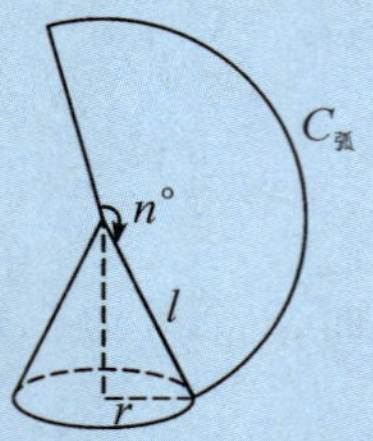

如图,圆锥的侧面展开图是一个扇形,而此扇形的半径即为母线 l,于是我们只要知道圆心角的度数 $n°$即可知道扇形的面积。注意,展开图是扇形,它的弧长 $C_{弧}$ 即为底面周长,于是我们可以得到一个等量关系 $2\pi r=\frac{n°}{360°}\times 2\pi l$,于是有 $n°=360°\times\frac{r}{l}$,$r=l\times\frac{n°}{360°}$。

那么侧面积为 $S_{侧}=\frac{n°}{360°}\times\pi l^2=\left(\frac{n°}{360°}\times l\right)\times\pi l=\pi rl$。

圆锥的表面积为 $S_{表}=S_{底}+S_{侧}=\pi r^2+\pi rl=\pi r(r+l)$。

【辨析题答案】

题 1:因为高不变,所以体积与底面面积成正比,底面半径扩大到原来的 4 倍后,底面积扩大到原来的 16 倍。所以填“×”。

题 2：上底面与下底面是两个相同的圆，并不能确定两个平行底面之间的部分是什么样子。所以填“×”。

题 3：A。

题 4：显然不一定。举个反例：底面积之比是 2∶1，高之比是 1∶2。所以填“×”。

30.3.1　表面积与体积计算

例 62　一个圆柱的底面周长和高相等。如果高缩短 4 厘米，表面积就减少 50.24 平方厘米。求这个圆柱的表面积是多少？（π 取 3.14）

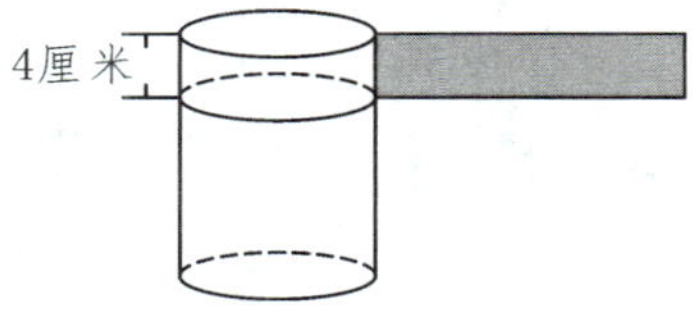

解析

底面周长与高相等，求出其一，可知其二。

高缩短后，弄清楚表面积减少的部分是本题的关键。缩短后上下底面依然存在，并没有减少，减少的只是侧面，而侧面可展开为宽为 4 厘米的长方形，于是我们可求出底面周长为 $50.24\div4=12.56=4\pi$（厘米），则高是 12.56 厘米，底面半径为 $4\div2=2$（厘米）。

圆柱的表面积为 $2\times2^2x\pi+12.56\times12.56=25.12+157.7536=182.8736$（平方厘米）。

例 63　一个圆锥，它的底面直径是 6 厘米，高是 4 厘米。那么它的体积是________立方厘米，表面积是________平方厘米。（π 取 3.14）

（2012 年第十届“走进美妙的数学花园”）

解析

一方面，直径 6 厘米，则半径为 3 厘米，体积 $V=\pi\times3^2\times4\times\frac{1}{3}=37.68$（立方厘米）。

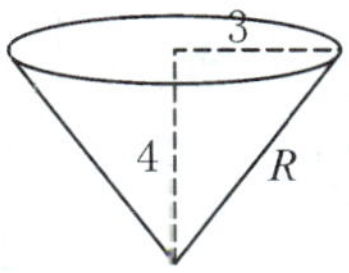

另一方面，想求得表面积还需要知道母线的长度，由图可知：$3^2+4^2=R^2$，$R=5$。于是，此圆锥的侧面积为 $S_{侧}=\pi rl=15\pi$，$S_{表}=S_{侧}+S_{底}=15\pi+\pi\times3^2=24\pi=75.36$（平方厘米）。

例 64　如图，左侧是一个沙漏，沙漏的上下两端各有一个底面完全相同且高为 5 厘米的圆柱，而中间部分恰好是两个高为 5 厘米的圆锥。那么与沙漏底面积和高都相同的圆柱（如图右）的体积与沙漏体积的比为________（答案填写最简整数比）。

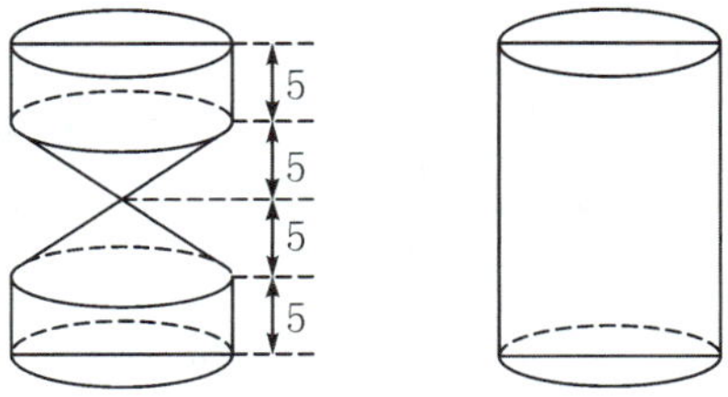

（2019 年春·明心数学资优生测试 6 年级）

解析

由于同底面等高的圆柱体积是圆锥体体积的 3 倍，所以将右侧圆柱分成高相等的四段，每段的体积看作 3 份，于是，它与左侧沙漏的体积比为 $(3\times4):(3+1+1+3)=12:8=3:2$。

例 65　在阿基米德的墓碑上镌刻着一个等边圆柱（高与底面直径相等的圆柱）。如图，从一个等边圆柱中截出一个圆锥，如果剩下部分的表面积与圆锥表面积的差为 1256 平方厘米，则圆柱的表面积为

________平方厘米。（π 取 3.14）

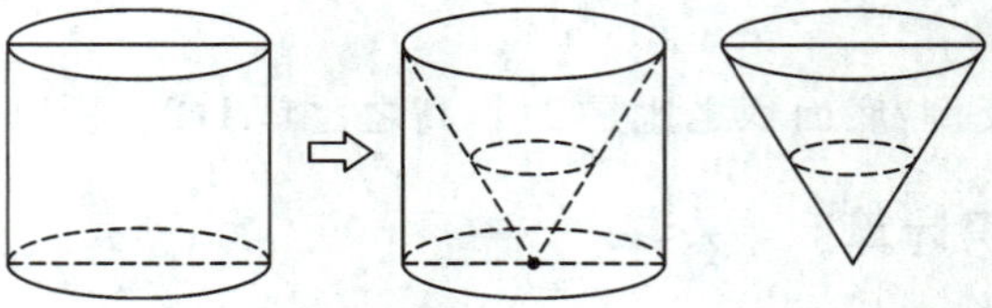

（2020 年“数学花园探秘”六年级）

解析

如图，从图中可以看出，截出的两个几何体表面积之差恰为原圆柱的侧面积。设原圆柱的底面半径为 r，则此圆柱的高 $h=2r$，于是 $S_{侧}=2\pi rh=2\pi r\cdot 2r=4\pi r^2$，而圆柱体的表面积 $S=S_{侧}+S_{底}=4\pi r^2+2\pi r^2=6\pi r^2$，由此可知 $S:S_{侧面积}=6\pi r^2:4\pi r^2=3:2$，所以圆柱的表面积 $S=S_{侧}\times\frac{3}{2}=1256\times\frac{3}{2}=1884$（平方厘米）。

例 66 设有一立体图形的三视图如图。则该立体图形的体积为________。（π 取 3）

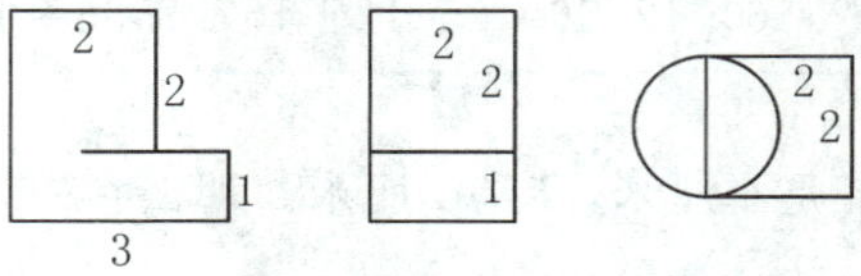

正视图　　俯视图　　俯视图（圆和正方形）

（2014 年春·武汉明心数学资优生水平测试 6 年级）

解析

该几何体由一个圆柱与一个长方体组成，其中重叠了一个直径为 2，高为 1 的半圆柱。体积是 $\frac{\pi}{2}$。所以该几何体的体积为 $2\times2\times1+3\pi-\frac{\pi}{2}=4+\frac{5\pi}{2}=11.5$。

例 67 左下图是一个密封的水瓶，上半部为圆锥状，下半部为圆柱状，底面直径都是 10 厘米，水瓶高度是 26 厘米，瓶中液面的高度为 12 厘米。将水瓶倒置后，瓶中液面的高度是 16 厘米，如右下图。那么，水瓶的容积等于________立方厘米。（π 取 3.14，水瓶壁厚不计）

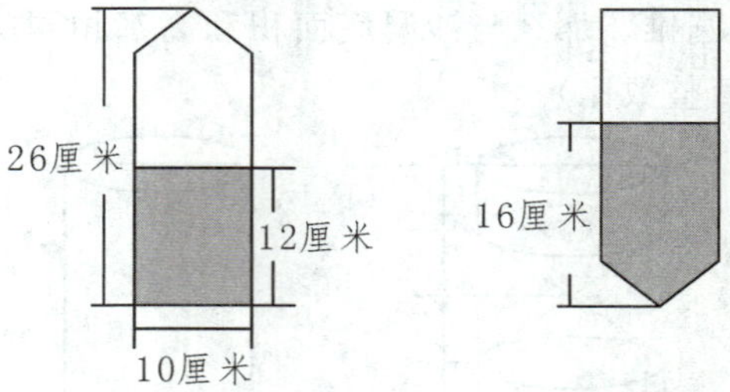

（2007 年十二届“华罗庚金杯”少年数学邀请赛）

解析

本题的难点在于圆锥部分的横截面会发生变化，那么我们就得想办法将其转化为不变，即是否能将这个圆柱与圆锥的组合图形转化为圆柱来计算。

注意到，水瓶的容积 $V=V_{液体}+V_{空气}$。倒置后，液体与空气的体积并不会发生改变，而左图中液体是圆柱体，右图中空气是圆柱体，那我们不妨将这两个部分拼接起来，还是原来容器的体积。右图中空气圆柱的高为 26－16＝10（厘米）。

又因为底面半径为 10÷2＝5（厘米），所以容器的体积 $V=5^2\pi\times(10+12)=1727$（立方厘米）。

例 68 如图，有一卷紧密缠绕在一起的塑料薄膜，薄膜的直径为 20 厘米，中间有一直径为 8 厘米的卷轴，已知薄膜的厚度为 0.04 厘米，则薄膜展开后的面积是________平方米。（π 取 3.14）

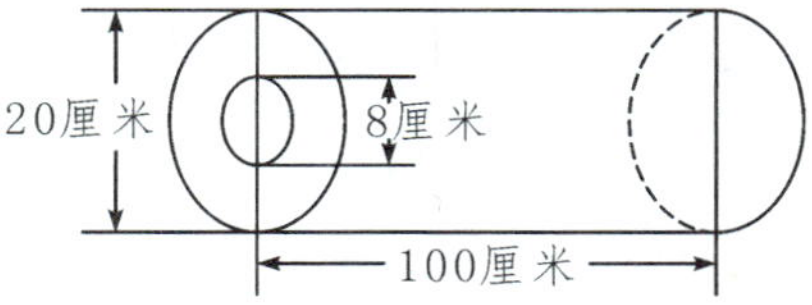

解析

因为薄膜的体积不变，且展开后可将其看作一个高为 0.04 厘米的长方体。

薄膜的体积为大圆柱减去中间小圆柱，即 $\pi\times\left(\frac{20}{2}\right)^2\times100-\pi\times\left(\frac{8}{2}\right)^2\times100=8400\pi$（立方厘米），所以展开后的面积为 $\frac{8400\pi}{0.04}=210000\pi=659400$（平方厘米）$=65.94$（平方米）。

例 69 如图，在一个正方体的左右、前后对面的中心各打通一个长方体的洞，在上下对面的中心打通一个圆柱形的洞。已知正方体边长为 10 厘米，左右、前后面上的洞口是边长为 4 厘米的正方形，上下对面的洞口是直径为 4 厘米的圆，求右图所示立体图形的表面积和体积。（π 取 3.14）

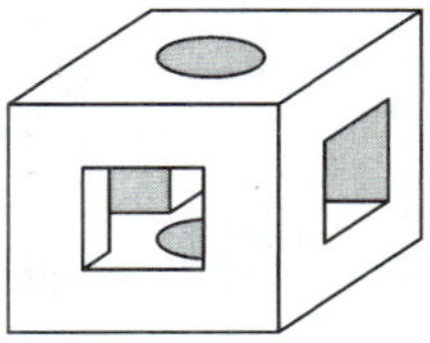

解析

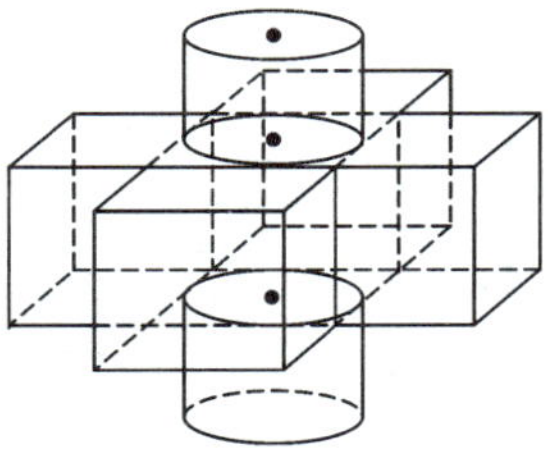

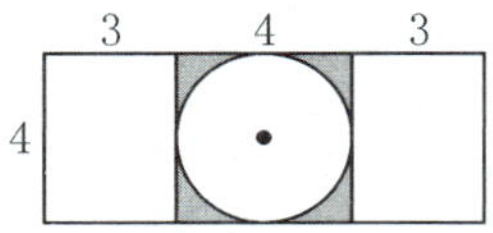

表面积：如图所示，内侧表面积由 16 个 4×3 的长方形、2 个边长为 4 厘米的正方形去掉最大圆剩下的部分和两个底面半径为 2 厘米、高为 $(10-4)\div2=3$（厘米）的圆柱体侧面组成，即 $4\times3\times16+(4\times4-2^2\times\pi)\times2+4\pi\times3\times2=224+16\pi$（平方厘米）。

外侧表面积是在原来正方体的表面积基础上去掉了 2 个直径为 4 厘米的圆、4 个边长为 4 厘米的正方形，所以外侧表面积为 $10^2\times6-4^2\times4-2^2\times\pi\times2=536-8\pi$（平方厘米）。

于是，总表面积为 $224+16\pi+536-8\pi=760+8\pi=785.12$（平方厘米）。

体积：体积计算的关键是计算左上图，也就是被挖掉部分的体积，它可以拆解成 4 个 $4\times4\times3$ 的长方体、中心一个棱长为 4 厘米的正方体和上下两个底面半径为 2 厘米、高为 3 厘米的圆柱体，所以挖掉部分的总体积为 $(4\times4\times3)\times4+4^3+2^2\times\pi\times3\times2=256+24\pi$（立方厘米）。

于是，剩余部分的体积为 $10^3-(256+24\pi)=668.64$（立方厘米）。

30.3.2　比例的运用

比例是快速解决图形问题的大杀器。

形状相同的图形：面积比＝长度的平方比；体积比＝长度的立方比。

两圆柱的体积相同时，底面积与高成反比例；两圆柱的底面积相同时，体积与高成正比例；两圆柱的高相同时，体积与底面积成正比例。

两圆锥的体积相同时，底面积与高成反比例；两圆锥的底面积相同时，体积与高成正比例；两圆锥的高相同时，体积与底面积成正比例。

例 70 如图，圆柱与圆锥的高之比是 4:5，底面周长之比为 3:5，已知圆锥的体积是 250 立方厘米，圆柱的体积是________立方厘米。

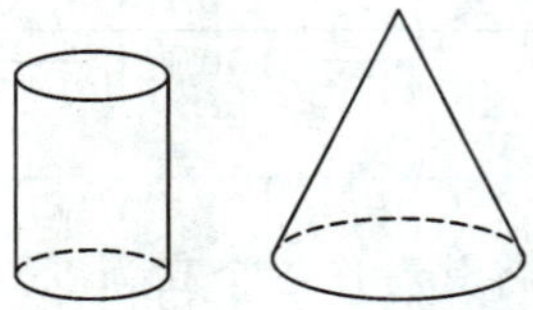

（2016 年第十四届“希望杯”全国数学邀请赛）

解析

底面周长比等于底面半径比，即为 3:5；高之比为 4:5。

$\frac{V_{柱}}{V_{锥}}=\frac{4\times3^2}{\frac{1}{3}\times5\times5^2}=\frac{108}{125}$，所以 $V_{柱}=250\times\frac{108}{125}=216$（立方厘米）。

例 71 如图，圆锥形容器中装有 5 升水，水面高度正好是圆锥高度的一半，这个容器还能装多少升水？

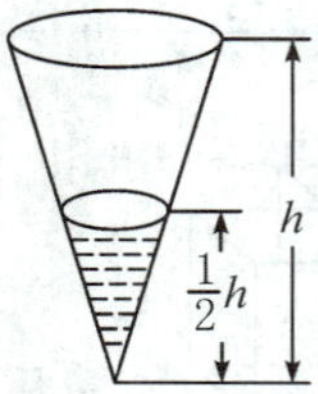

解析

大圆锥与下方小圆锥的形状相同，体积比等于其长度的立方比。两个圆锥的高之比为 2:1，所以体积之比为 $2^3:1^3=8:1$，这表明容器可以装 8 份 5 升水，已经装了 1 份，还能装水 $5\times(8-1)=35$（升）。

例 72 有一个圆柱，高是底面半径的 3 倍，将它如图分成大、小两个圆柱。如果大圆柱的表面积是小圆柱的表面积的 3 倍，那么大圆柱的体积是小圆柱的体积的________倍。（2011 年“数学花园探秘”）

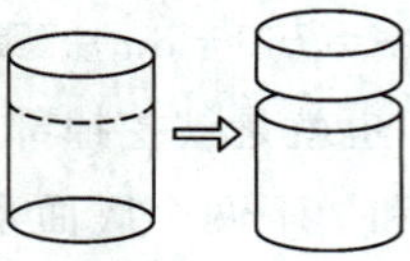

解析

不妨设圆柱的高为 3，底面半径为 1，切割后表面积之和为 $4\times(\pi\times1\times1)+2\times\pi\times1\times3=10\pi$，按1:3分，小圆柱的表面积为 2.5π，大圆柱的表面积为 7.5π，小圆柱的高为 $[2.5\pi-2\times(\pi\times1\times1)]\div(2\times\pi\times1)=0.25$，所以大圆柱的高为 2.75，大圆柱是小圆柱体积的 11 倍。

例 73 在一个底面积是 120 平方厘米、高为 a 厘米的水槽内，原来盛有 b 厘米深的水，按如图所示的方式放入一些底面积为 10 平方厘米、高为 c 厘米的圆柱，放入的块数 n 与放入后水面的高度 h 呈如下表所示的关系。那么，a、b、c 的和是多少？（2014 年“数学花园探秘”六年级总决赛一试）

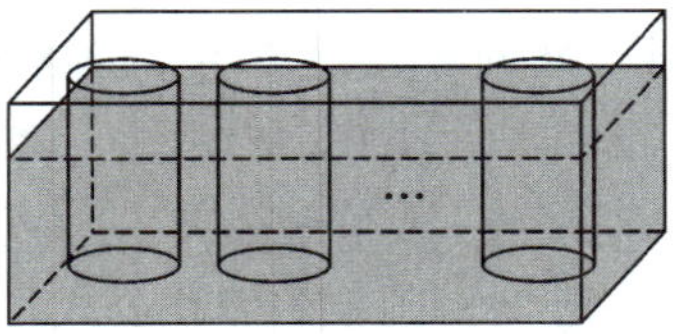

放入圆柱的块数	放入后水面的高度
2	15 厘米
5	21 厘米
…	…
8	25 厘米

解析

由题意可知 $a\geqslant 30$。

若 $c\leqslant 15$，则每个圆柱的体积为 $120\times(21-15)\div 3=240$（立方厘米），其高为 $240\div 10=24>15$，矛盾！所以 $c>15$。于是，$c>15$ 时，放入 2 个圆柱前、后水的体积不变，底面积与高成反比例，底面积由 120 平方厘米变为 $120-10\times 2=100$（平方厘米），所以原来水面的高 b 为 $15\times\frac{100}{120}=12.5$（厘米）。

若 $c\geqslant 21$，则放了 5 个之后水面的高应为 $12.5\times\frac{120}{120-10\times 5}=\frac{150}{7}>21$，矛盾！所以 $15<c<21$。每个圆柱的体积为 $120\times(21-12.5)\div 5=204$（立方厘米），圆柱的高 $c=204\div 10=20.4$（厘米），满足要求。

放了 8 个以后，$120\times 12.5+204\times 8=3132>120\times 25=3000$，所以此时水已溢出，则水槽的高度 a 即为 25 厘米。

综上 $a+b+c=25+12.5+20.4=57.9$（厘米）。

30.3.3　旋转

例 74　如图 1，从正方形 $ABCD$ 上截去长方形 $DEFG$，其中 $AB=1$ 厘米，$DE=\frac{1}{2}$ 厘米，$DG=\frac{1}{3}$ 厘米。将 $ABCGFE$ 以 GC 边为轴旋转一周，如图 2，所得几何体的表面积是________平方厘米，体积是________立方厘米。（结果用 π 表示）

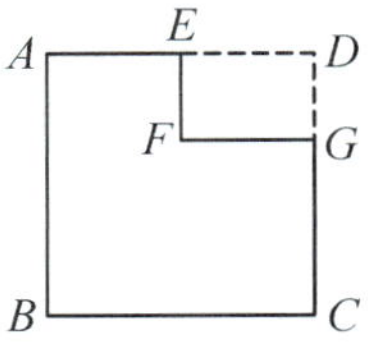

图 1

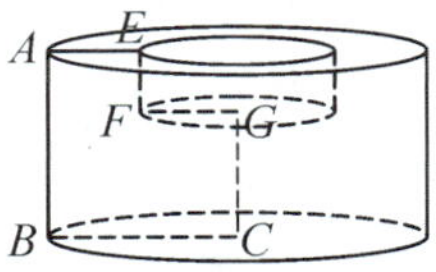

图 2

解析

将 $ABCGFE$ 以 GC 为轴旋转一周，所得几何体如图 2 所示，该几何体的表面积是 $(2\pi\times BC)\times AB+\pi\times BC^2\times 2+(2\pi\times FG)\times EF=(2\pi\times 1)\times 1+\pi\times 1^2\times 2+\left(2\pi\times\frac{1}{2}\right)\times\frac{1}{3}=\frac{13}{3}\pi$（平方厘米）。

该几何体的体积是

$(\pi\times BC^2)\times AB-(\pi\times FG^2)\times EF=(\pi\times 1^2)\times 1-\left[\pi\times\left(\frac{1}{2}\right)^2\right]\times\frac{1}{3}=\frac{11}{12}\pi$（立方厘米）。

例 75　一个直角三角形三条边的长度分别是 3、4、5。如果分别以三条边为轴旋转一周，得到三个立体图形。求三个立体图形中最大的体积和最小的体积的比。

解析

以长为 3 的直角边为轴旋转，得到的立体图形是一个圆锥，底面半径是 4，由圆锥的体积公式得 $V_3=\frac{1}{3}\times\pi\times4^2\times3=16\pi$。

以长为 4 的直角边为轴旋转得到的立体也是圆锥，底面半径是 3，由圆锥的体积公式得 $V_4=\frac{1}{3}\pi\times3^2\times4=12\pi$。

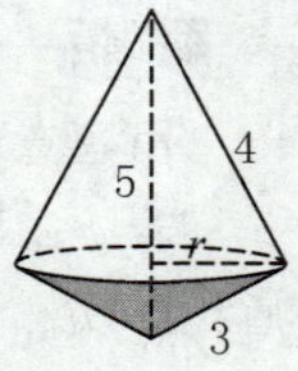

如图，以长为 5 的斜边为轴旋转，得到的立体图形是由两个圆锥底面上下叠合在一起形成的纺锥体。设两个圆锥的高为 h_1 和 h_2，则有 $h_1+h_2=5$，设底面的半径是 r，则由直角三角形的面积公式得 $5\times r\div2=3\times4\div2$，所以 $r=\frac{12}{5}$。

再由圆锥的体积公式计算纺锥体的体积，应当是

$$V_5=\frac{1}{3}\pi r^2\times h_1+\frac{1}{3}\pi r^2\times h_2=\frac{1}{3}\pi r^2\times(h_1+h_2)=\frac{1}{3}\times\pi\times\left(\frac{12}{5}\right)^2\times5=\frac{48}{5}\pi。$$

显然，$16\pi>12\pi>\frac{48}{5}\pi$，所以 $16\pi:\frac{48}{5}\pi=5:3$。

即最大的体积和最小的体积的比是 5:3。

30.3.4 最大与最小

例 76 用一块长 60 厘米、宽 40 厘米的铁皮做圆柱形水桶的侧面，另找一块铁皮做底。这样做成的铁桶容积最大是多少？

解析

铁桶有以 60 厘米的边为高和以 40 厘米的边为高两种做法。

以 60 厘米的边为高时，桶底周长为 40 厘米。由 $2\pi r=40$ 知，$r=\frac{20}{\pi}$。此时桶的容积是 $\pi r^2h=\pi\left(\frac{20}{\pi}\right)^2\times60=\frac{24000}{\pi}$（立方厘米）。

以 40 厘米的边为高时，桶底周长为 60 厘米。由 $2\pi r=60$ 知，$r=\frac{30}{\pi}$。此时桶的容积是 $\pi r^2h=\pi\left(\frac{30}{\pi}\right)^2\times40=\frac{36000}{\pi}$（立方厘米）。

比较知，容积最大是 $\frac{36000}{\pi}$（立方厘米）。

上面是通过计算出具体数值来比较大小，有没有更简单的方式能够判断出哪个方案更好呢？有！利用比来计算会更简洁，如下表：

项目	高为 60	高为 40
高之比	60:40=3:2	
底面周长比	40:60=2:3	
底面半径比	2:3	
底面积比	$2^2:3^2=4:9$	
体积比	(4×3):(9×2)=2:3	

显然，高为 40 厘米时容器的容积更大。

注解 由于底面积会有平方的增幅，所以让较长的边作底面周长时，容积更大。

例 77 将一个 $10\times8\times6$ 的木块加工成一个最大的圆柱，那么这个圆柱的体积是多少？（单位：厘米）

解析

此题应该从 3 个方向去考虑。

底面放在 8×6 上：$3^2\times\pi\times10=90\pi\approx282.6$（立方厘米）；

底面放在 10×6 上：$3^2\times\pi\times8=72\pi\approx226.08$（立方厘米）；

底面放在 10×8 上：$4^2\times\pi\times6=96\pi\approx301.44$（立方厘米）。

本题同样可以用比的方式解决，因为要使圆柱的体积最大，所以高一定取最大值，最大值与长方体的高相同。所以我们只用看底面积，而底面圆的面积与所在正方形的比是固定值 $\pi:4$，所以我们只用看圆所在的正方形与所在长方体底面的长方形的关系。又因为想要最大，所以正方形的边长就是长方形的宽，于是我们只用看长方形的两条边长的关系即可。

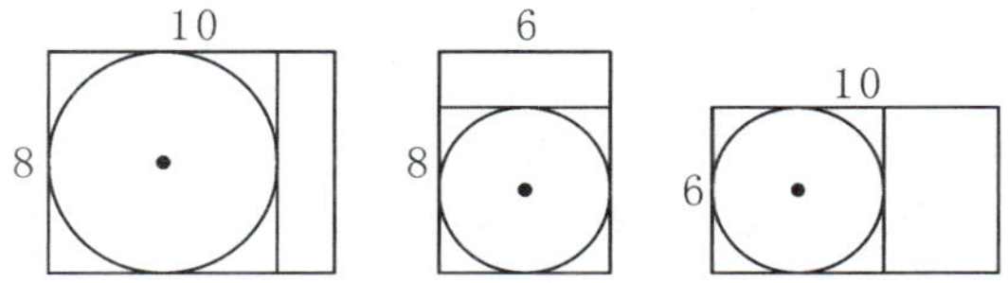

因为 $\frac{8}{10}>\frac{6}{8}>\frac{6}{10}$，所以底面放在 10×8 这一平面上时，圆柱的体积最大。

总结：底面放在宽长比最大的地面上时能截取的最大圆柱的体积最大。

例 78 在一只底面直径是 30 厘米的圆柱形木桶里，有一个直径为 10 厘米的圆柱形钢材竖直放在水里，当钢材从桶里取出来时，桶里的水下降了 3 厘米。那么，钢材取出之前，水面的高度至少为多少厘米？

解析

因为钢材的底面积占容器底面积的 $\frac{10^2}{30^2}=\frac{1}{9}$，所以钢材在水中的部分至多占水面下体积的 $\frac{1}{9}$，所以水面的高度至少是 $3\div\frac{1}{9}=27$（厘米）。

30.3.5　球

<table>
<tr><td rowspan="2">球</td><td rowspan="2">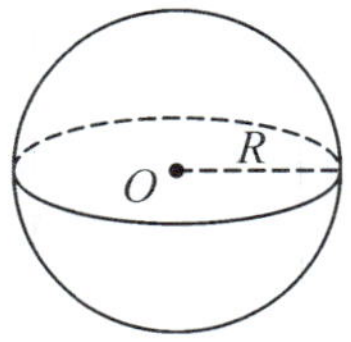</td><td>表面积</td><td>球面面积等于它的大圆面积的 4 倍，即 $S_{球面}=4\pi R^2$</td><td rowspan="2">圆锥体积 $=\frac{1}{3}\times$ 底面积 $\times$ 高</td></tr>
<tr><td>体积</td><td>$V_{球}=\frac{4}{3}\pi R^3$</td></tr>
<tr><td>阿基米德的墓碑</td><td colspan="3">阿基米德在他的《论球和圆柱》这部著作中确立了他认为是他最得意的两个定理：
1. 球的体积是该球外切圆柱体积的 2/3。
2. 球面面积是该外切圆柱总面积的 2/3。
阿基米德去世后，按他生前的要求，墓碑上刻着一个球及其外切圆柱的图形</td><td>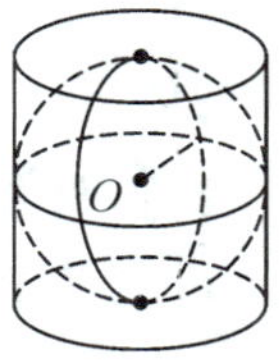</td></tr>
</table>

以下讲的内容非常重要，理解后能够为你打开理解“微积分思想”的大门。

祖暅原理与球的体积公式

祖暅原理，又名等幂等积定理，内容：夹在两个平行平面间的两个几何体，被平行于这两个平行平面的任何平面所截，如果截得的两个截面的面积总相等，那么这两个几何体的体积相等。祖暅之《缀术》有云：“缘幂势既同，则积不容异。”

打个比方，将数量、形状、大小都相同的两摞硬币如图摆放，虽然左边是一个标准的圆柱体，而右边不是，但是在每一“层”的横截面上，左右两个图形都是相等的，并且高也相等，所以这两个图形的体积相等。

这一原理主要应用于计算一些复杂几何体的体积上面。在西方国家，直到 17 世纪才由意大利数学家卡瓦列里(Cavalieri. B，1589－1647)发现。于 1635 年出版的《连续不可分几何》中，提出了等积原理，所以西方人把它称之为“卡瓦列里原理”。其实，他的发现比我国祖暅晚了 1100 多年。

明白了祖暅原理，那我们如何利用祖暅原理来求球的体积与表面积呢？

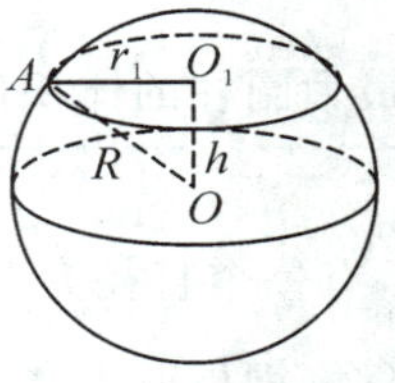

图 1

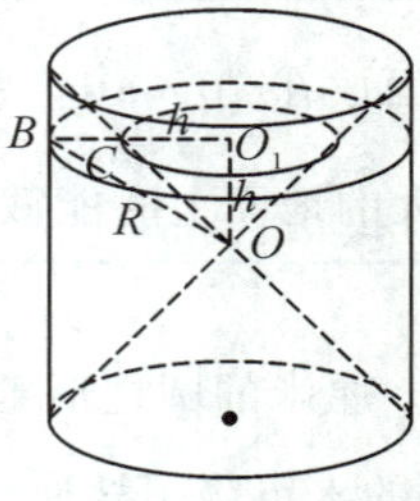

图 2

我们构造出一个底面半径为 R、高为 $2R$ 的圆柱体，并在它的上下各挖掉一个底面半径为 R、高为 R 的圆锥，我们将它的一半与半球作比较。

当我们在同一高度 h 上截取两个图形的横截面时，如图 1。我们可以看出，球体上截得一个半径为 r_1 的圆，而根据勾股定理可知 $r_1^2=R^2-h^2$，所以截面圆 O_1 的面积为 $\pi(R^2-h^2)$。

再看图 2，截面是一个圆环，圆环的外半径为 R，因为三角形 OO_1C 是一个等腰直角三角形，所以圆环的内半径就等于高 h，圆环的面积为 $\pi(R^2-h^2)$，与左边球横截面的面积相等。根据祖暅原理可知，球的体积与右边立体图形的体积相等，即 $V_{球}=\pi R^2\times 2R-2\times\frac{1}{3}\times\pi R^2\times R=\frac{4}{3}\pi R^3$。

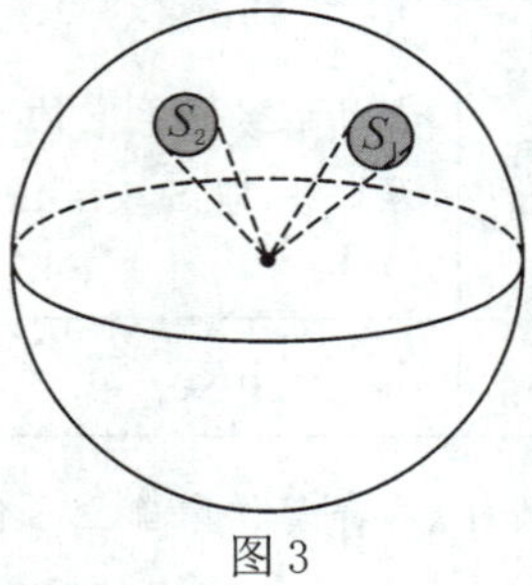

图 3

有了球的体积公式，我们就可以继续推出球的表面积公式。

如图 3，试想着将球全部切成无数个底面在球表面上，顶点为球心的小圆锥。当数量无限大时，底面看作圆形，高即为球的半径 R。

于是所有小圆锥的底面积之和即为球的表面积，所有小圆锥的体积之和即为球的体积。用公式表达为

$$V_1+V_2+V_3+\cdots=V_{球},$$

$$\frac{1}{3}\times(S_1+S_2+S_3+\cdots)\times R=\frac{4}{3}\pi R^3,$$

于是，

$$\frac{1}{3}\times S_{表}\times R=\frac{4}{3}\pi R^3,$$

$$S_{表}=4\pi R^2,$$

则球的表面积为球中最大圆面积的 4 倍。

例 79 如图，在装有$\frac{1}{3}$水的圆柱形容器中放入三个半径都是 1 分米的小球，此时水面没过小球，且水面上升到容器高度的$\frac{2}{5}$处，则圆柱形容器最多可以装水________立方分米。（π 取 3.14）

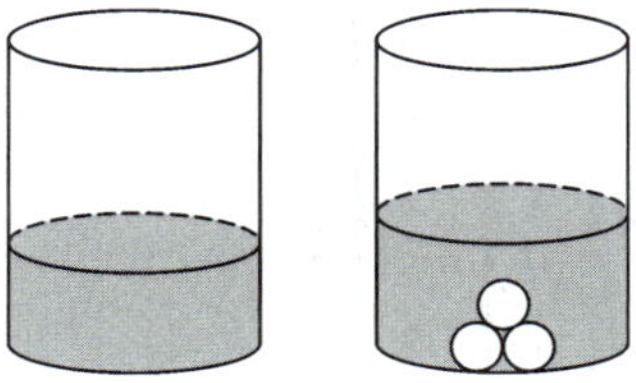

（2015 年第十三届小学"希望杯"全国数学邀请赛）

解析

三个小球的体积为 $3\times\frac{4}{3}\times\pi\times1^3$，对应容器容积的$\frac{2}{5}-\frac{1}{3}=\frac{1}{15}$，所以容器的容积为 $4\pi\div\frac{1}{15}=60\pi=188.4$（立方分米），即最多可装 188.4 立方分米的水。

例 80 两个同样材料做成的球 A 和 B，一个实心，一个空心。A 的直径为 7，质量为 22；B 的直径为 10.6，质量为 33.3。问：哪个球是实心球？

解析

A、B 球的体积分别为 $V_A=\frac{4}{3}\times3.5^3\times\pi$，$V_B=\frac{4}{3}\times5.3^3\times\pi$。

如果两个球都是实心的，那么$\frac{A球的质量}{A球的体积}=\frac{B球的质量}{B球的体积}$。而实际上空心球重量与体积的比值会比实心球的小，所以我们比较这两个比值即可，A 球单位体积的质量与 B 球单位体积的质量之比为

$$\frac{22}{V_A}:\frac{33.3}{V_B}=\frac{22V_B}{33.3V_A}=\frac{22\times\frac{4}{3}\times5.3^3\pi}{33.3\times\frac{4}{3}\times5.3^3\pi}=\frac{22\times53^3}{33.3\times35^3}>1。$$

即比较单位体积的质量，A 球比 B 球重，所以 A 球是实心的。

例 81 如图，一个圆柱的直径是 27，高是 30。圆柱中放有两个铅球，半径分别为 6 和 9，大铅球放在圆柱的底面上。将水倒入圆柱中，并且淹没两个球。所需水的体积至少是多少？（球的体积公式 $V=\frac{4}{3}\pi R^3$，圆周率 π 取 3）

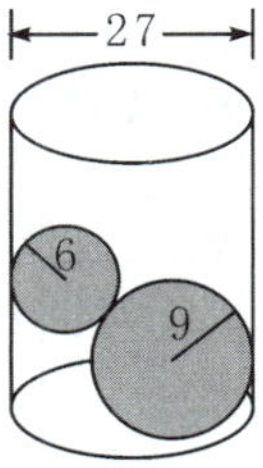

（2012 年第十七届"华罗庚金杯"少年数学邀请赛）

解析

竖直方向的截面如图所示，连接球心 O_1O_2，过 O_1、O_2 作底面的垂线交底面于 A_1、A_2 两点，则 $O_1O_2=6+9=15$，$A_3A_2=27-6-9=12$，于是根据勾股定理可知 $O_1A_3^2=15^2-12^2=9^2$，所以水高 $A_1B_2=A_2O_2+A_3O_1+O_1B=9+9+6=24$。

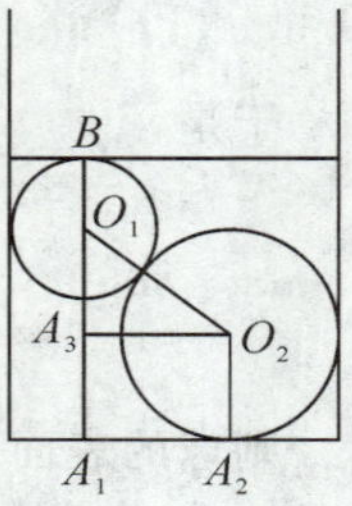

所需水的体积是 $\pi\times\left(\frac{27}{2}\right)^2\times24-\frac{4}{3}\pi\times6^3-\frac{4}{3}\pi\times9^3=9342$。

例 82 一个 $34\times34\times h$ 的长方体容器能按如图所示方式装下 1 个半径为 17 的大球和 8 个半径为 5 的小球。求 h 的最小值。（注：所画图为示意图，为确保视觉上所有 8 个小球都与大球相切，小球有所放大）

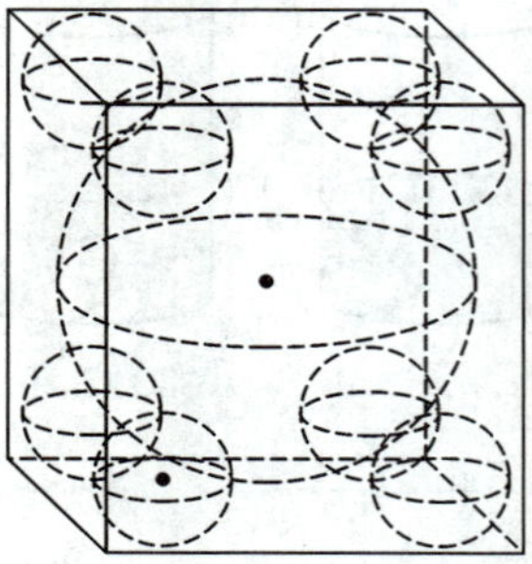

（2018 年春·明心数学资优生测试 6 年级）

解析

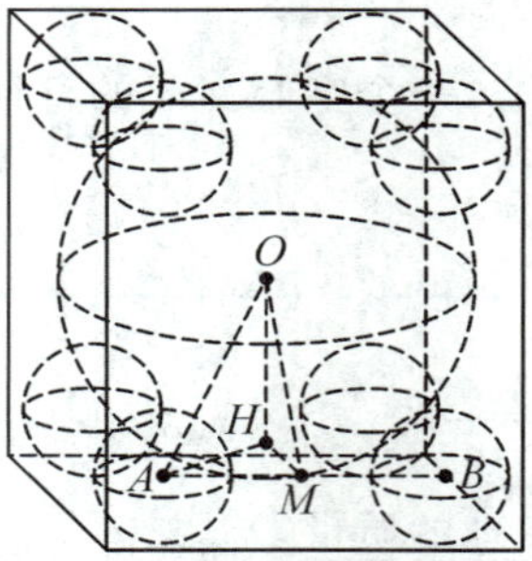

图 1

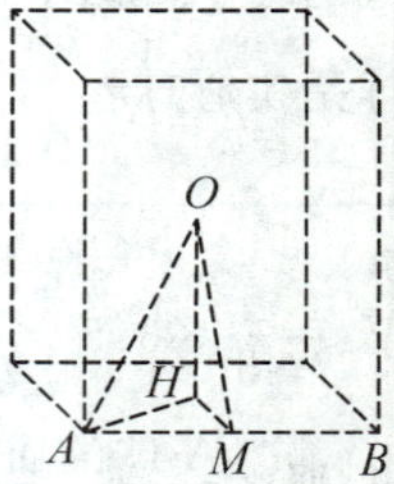

图 2

如图 1，当 h 为最小值时，整个图形是上下对称的，于是我们只用求出大球球心到小球球心竖直方向上的距离即可求出整个容器的高 h。

如图 2，OH 为大球球心到小球球心竖直方向上的距离，则 H、A、B 在同一水平面上，另取两小球球心连线 AB 的中点 M。$OH\perp HM$，$OH\perp HA$，则三角形 OHM、三角形 OHA 均为直角三角形。由于整个图形也是左右对称、前后对称的，则三角形 AMH 为等腰直角三角形，$AM=HM=17-5=12$。

由勾股定理可知：$OH^2=OA^2-HA^2=OA^2-(HM^2+AM^2)$，又因为大小球相切，所以连心线 OA 的长度为 $17+5=22$，于是 $OH^2=22^2-(12^2+12^2)=196$，则 $OH=14$。

又因为小球球心到底面的距离即为其半径 5，所以 h 的最小值为 $(14+5)\times2=38$。

真题重现

1. 用底面圆的半径为 12 厘米和高为 20 厘米的空心圆锥、空心圆柱各一个，组合成如图所示的竖放容器。在这个容器内注入一些细沙，能填满圆锥，还能填部分圆柱。经测量，圆柱部分的沙子高 5 厘米。若将这个容器倒立，则沙子的高度是________厘米。

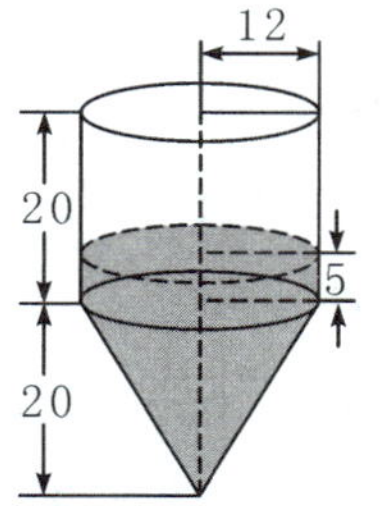

第 1 题图

（2013 年第十一届“希望杯”全国数学邀请赛·第一试·6 年级）

2. 一个酒瓶上半部为圆锥状，下半部为圆柱状，两者底面半径相同，高度分别为 5 厘米和 10 厘米，瓶中装酒的液面高度为 5 厘米，现将酒瓶倒置后，瓶中酒的液面高度是多少厘米？

3. 如图，甲、乙两个圆柱形容器的底面半径分别是 2 厘米和 3 厘米，已知甲容器装满水，乙容器是空的。现将甲容器中的水全部倒入乙容器中，水面的高比甲容器的$\frac{2}{3}$少 6 厘米，则甲容器的高是________厘米。

（2015 小学数学 MO 竞赛通鉴）

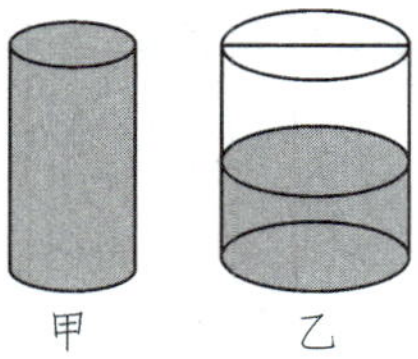

第 3 题图

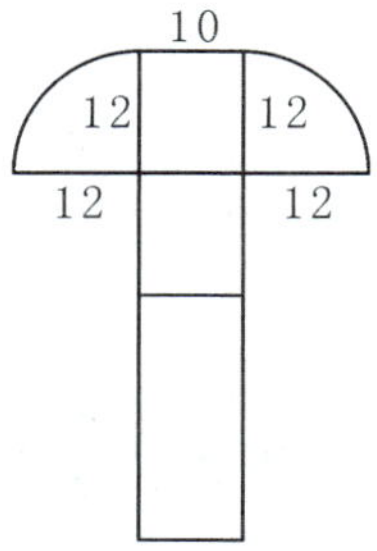

第 4 题图

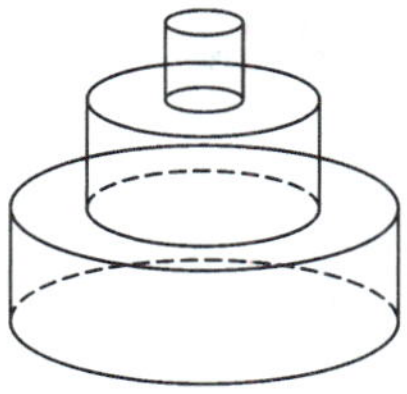

第 5 题图

4. 如图是一个立体图形的侧面展开图（单位：厘米），那么这个立体图形的体积是________立方厘米。（π 取 3.14）

（2012 年第三届“高思杯”综合素质测评）

5. 如图，固定于地面的一容器由三段组成，每一段都是圆柱且高度相同，三个圆柱的半径之比1∶3∶5。如果将水注入容器内，水位分别在$\frac{1}{3}$高度、$\frac{2}{3}$高度和装满时的储水量的最简整数比为 $a:b:c$，那么$a+b+c=$________。

（2018 年“数学花园探秘”六年级初赛 C 卷）

6. 一个圆柱的容器内，放有一个长方体铁块。现在打开一个水龙头往容器中注水，3 分钟时，水恰好没过长方体的顶面，又过了 18 分钟，水灌满容器。已知容器的高度是 50 厘米，长方体的高度是 20 厘米，则$\frac{\text{长方体底面积}}{\text{容器底面积}}=$________。

7. 有一种饮料瓶的瓶身如图所示，容积是 30 立方厘米。现在它里面装有一些饮料，正放时饮料高度为 20 厘米，倒放时空余部分的高度为 5 厘米。问：瓶内现有饮料多少立方厘米？

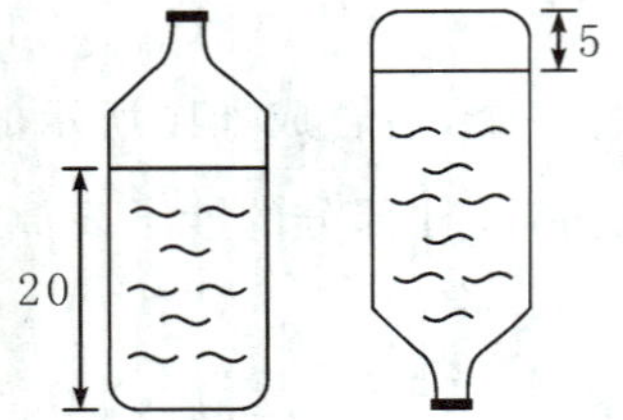

第 7 题图

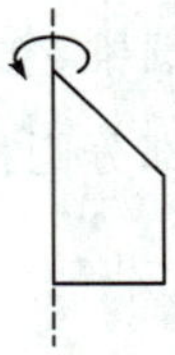

第 8 题图

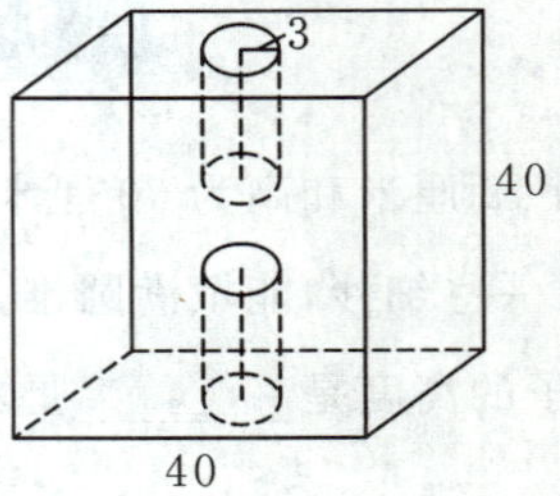

第 9 题图

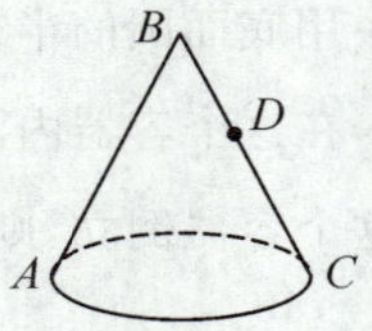

第 10 题图

8. 如图，面积为 90 平方厘米的直角梯形，上底为 10 厘米，高为 6 厘米，以下底为轴旋转一周，求所形成立体图形的体积是________立方厘米。（π 取 3.14）　（2016 年第七届“高思杯”）

9. 如图，在一个棱长 40 厘米的正方体的上、下两个底面的正中间，各有一个直径为 6 厘米的圆孔，孔深 15 厘米，则这个几何体的表面积是________平方厘米，体积是________立方厘米。（π 取 3.14）

（2015 小学数学 MO 竞赛通鉴）

10. 如图，在一个圆锥中，AB 和 BC 长均为 12 厘米，底面圆的周长为 12π 厘米。有一只小甲虫准备从 A 点出发，沿着锥面爬行到线段 BC 上 D 点处，已知 $BD=5$ 厘米，那么小甲虫爬行的最短距离是________厘米。　（2015 年南京秋季树人教育数学竞赛六年级期末大比拼试题）

11. 如图，在半径是 25 厘米的球内有一个截面，它的面积是 49π 平方厘米，求球心到这个截面的距离。

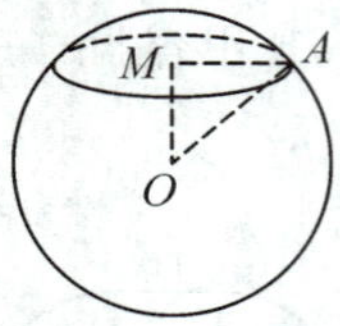

第 11 题图

12. 设半径为 10 厘米的球中有一个棱长为整数（厘米）的正方体，则该正方体的棱长最大等于多少？

（2011 年华杯赛高年级组决赛）

参考答案

1. 答案：$11\frac{2}{3}$。

分析：倒置后，原来在圆柱部分的沙子高依然是 5 厘米，发生变化的只是圆锥部分的沙子，由于这部分沙子的体积不变，所以高度变为原来的 $\frac{1}{3}$，即 $20\times\frac{1}{3}=6\frac{2}{3}$（厘米），沙子的总高度为 $5+6\frac{2}{3}=11\frac{2}{3}$（厘米）。

2. 答案：$8\frac{1}{3}$ 厘米。

分析：因为同底面等高的圆柱体积是圆锥体积的 3 倍。于是高度为 $\frac{5}{3}$ 厘米的圆柱的体积等于圆锥部分的体积。倒置后，圆锥部分成为下部，全部充满酒后，还余下 $\left(5-\frac{5}{3}\right)$ 厘米高的圆柱的酒液。

所以倒置后液面的高度为 $(5-\frac{5}{3})+5=8\frac{1}{3}$（厘米）。

3. 答案：27。

分析：甲、乙两个容器底的面积之比为 4∶9。水体积相同时，高与底面成反比例，所以在两个容器里水面高之比为 9∶4，即在乙容器中水面高应为甲容器的$\frac{4}{9}$，所以甲容器的高为 $6\div\left(\frac{2}{3}-\frac{4}{9}\right)=27$(厘米)。

4. 答案：1130.4。

分析：这个立体图形的底面是圆心角为 90°、半径为 12 的扇形，高为 10，所以体积为 $V=\frac{1}{4}\times\pi\times12^2\times10=360\pi=360\times3.14=1130.4$(立方厘米)。

5. 答案：94。

分析：因为三段的高相同，所以三个圆柱的体积与底面积成正比，于是三个圆柱的体积比是 $1^2:3^2:5^2=1:9:25$，所以 $a:b:c=25:(25+9):(25+9+1)=25:34:35$，那么 $25+34+35=94$。

6. 答案：$\frac{3}{4}$。

分析：已知灌满 30 厘米高的圆柱容器需要 18 分钟，于是灌满 20 厘米高的圆柱容器需要 $18\times\frac{20}{30}=12$(分钟)，实际只用了 3 分钟，这显然是受到 20 厘米高的长方体铁块的影响，说明长方体铁块的体积占去 $12-3=9$(分钟)的注水，故有$\frac{长方体底面积}{容器底面积}=\frac{长方体体积}{12\ 分钟注水的体积}=\frac{9}{12}=\frac{3}{4}$。

7. 答案：24 立方厘米。

分析：本题的疑惑是瓶子的上半部分并不是一个规则的图形，体积的算法不明确。

解决方案：请注意，在我们将饮料瓶倒置的过程中，或者同学们拿它玩“旋涡”游戏，瓶子当中有“不变量”吗？

当然有！饮料的体积、空气的体积、瓶子的容积都是不变的。由题左图可以看出，饮料所占体积是高为 20 厘米的圆柱体，由题右图可以看出空气所占体积是高为 5 厘米的圆柱体，所以饮料的体积为 $30\times\frac{20}{20+5}=24$(立方厘米)。

8. 答案：1507.2。

分析：旋转之后形成的立体图形上半部分是一个圆锥，下半部分是一个圆柱，梯形的下底长度为 $90\times2\div6-10=20$(厘米)，所以圆锥的高度是 $20-10=10$(厘米)，整个立体图形的体积是 $\pi\times6^2\times10+\frac{1}{3}\pi\times6^2\times10=480\pi=1507.2$(立方厘米)。

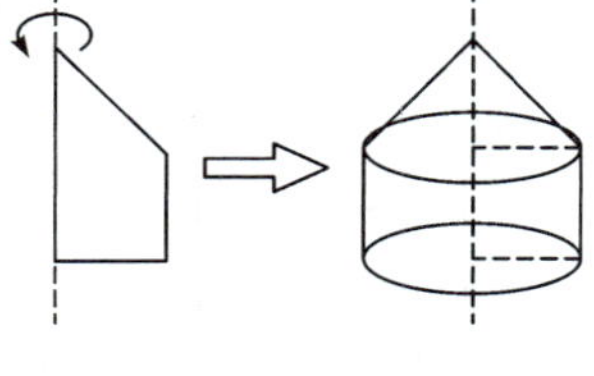

第 8 题图

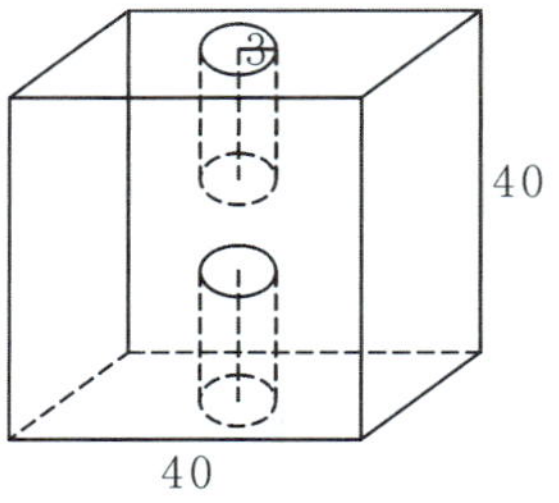

第 9 题图

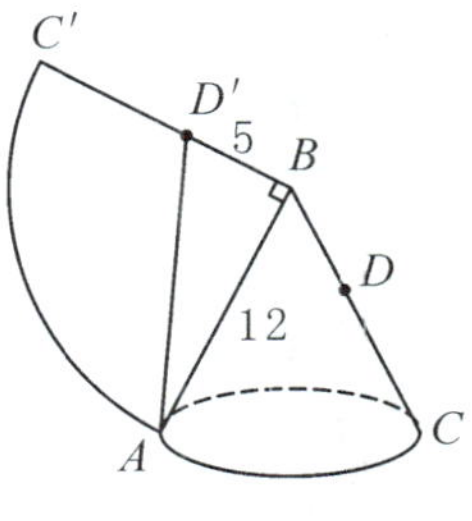

第 10 题图

9. 答案：10165.2；63152.2。

分析：如图，$S_{表}=40^2\times6+6\pi\times15\times2=9600+180\pi\approx9600+565.2=10165.2$（平方厘米），

$S_{体}=40^3-3^2\times\pi\times15\times2=64000-270\pi\approx64000-847.8=63152.2$（立方厘米）。

10. 答案：13。

分析：将圆锥面沿 AB 和 BC 剪开展平，由于圆弧 AC' 的长度为 6π 厘米，而以 AB 为半径的圆的周长为 24π，所以 $\angle ABC'=360°\times\frac{6\pi}{24\pi}=90°$，由勾股定理知 $AD'=13$（厘米）。

11. 答案：24 厘米。

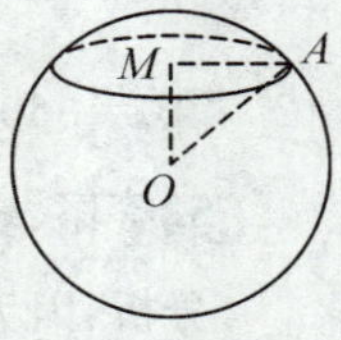

第 11 题图

分析：过球心 O 作截面的垂线，则垂足 M 即是截面圆的圆心。点 A 是 OM 上任意一点，连结 OA、MA，则$\triangle OAM$ 是直角三角形。

既然圆 M 的面积等于 49π 平方厘米，即 $\pi\times AM^2=49\pi$，所以 $AM=7$（厘米）。

而已知 $OA=25$ 厘米，则球心到截面的距离 $OM=\sqrt{OA^2-AM^2}=\sqrt{25^2-7^2}=24$（厘米）。

12. 答案：11 厘米。

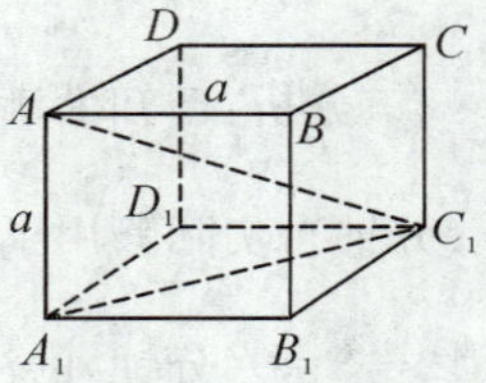

第 12 题图

分析：如图，球的内接最大正方体 $ABCD\text{-}A_1B_1C_1D_1$ 的顶点在球面上，它的（体）对角线 AC_1 就是球的直径，即 $AC_1=2\times10=20$（厘米）。

在正方体中，AA_1C_1C 是长方形，$A_1B_1C_1D_1$ 是正方形，于是 $\angle AA_1C_1=90°$，$\angle A_1B_1C_1=90°$。设正方体的棱长为 a，即 $AA_1=A_1B_1=B_1C_1=a$，连续利用两次勾股定理可知：$A_1C_1^2=2a^2$，$AC_1^2=AA_1^2+A_1C_1^2=3a^2$，则 $3a^2=20^2=400$，$a^2=\frac{400}{3}=133\frac{1}{3}$。

另外因为棱长为整数，所以 $a^2\leqslant133$，且 $11^2=121<133<144=12^2$，故所求棱长的最大值为 11 厘米。

第五篇　数　论　宗

“数学是科学的皇后，而数论则是数学的皇后。”

——卡尔·弗里德里希·高斯

数论——纯粹数学的分支之一，主要研究整数的性质，被誉为“最纯”的数学领域，产生了很多普罗大众能够理解、知名度高却又艰深无比的问题：如哥德巴赫猜想（陈景润先生做出了最领先的成果）、孪生素数（即质数）猜想（张益唐先生迈出了从无限到有限的关键一步）、被誉为 20 世纪数学界最大成就之一的“费马大定理”（由英国安德鲁·怀尔斯爵士证明）、几乎让所有数学家梦寐以求渴望证明的“黎曼猜想”（德国数学家黎曼先生于 1859 年提出的揭示质数分布规律的著名猜想）……

小学阶段，我们主要了解正整数（即非零自然数）范围内的整数性质，我们将从整除定义出发，学习整除特征、整除性质，然后认识数字中的宝石——质数，从质数的角度观察我们习以为常的整数，了解合数、因数、倍数、最大公因数、最小公倍数等概念，最后我们将初步了解余数的基本运算方式，以及同余、剩余问题中的基本类型。

在以上学习过程中，我们会了解到数论初期的三大铺垫工作：

1. 欧几里得证明质数（亦称“素数”）有无穷多个。

2. 寻找质数的埃拉托色尼筛法，欧几里得求最大公因数的辗转相除法。

3. 中国南北朝时期的孙子定理。

另外，在数论的学习过程中，我们会严谨地对一些不易察觉的问题进行讨论，例如：1 为什么不是质数？希望同学们能在这些“多此一问”的问题中，体会到数学的严谨之美。

数论 1 号线（整除）：

整除概念—整除性质—位值原理—整除特征

数论 2 号线（质数）：

质数与合数—分解质因数—因数个数与因数和—最大公因数与最小公倍数

数论 3 号线（余数）：

带余除法—余数基本运算法则—余数判别法—同余—剩余

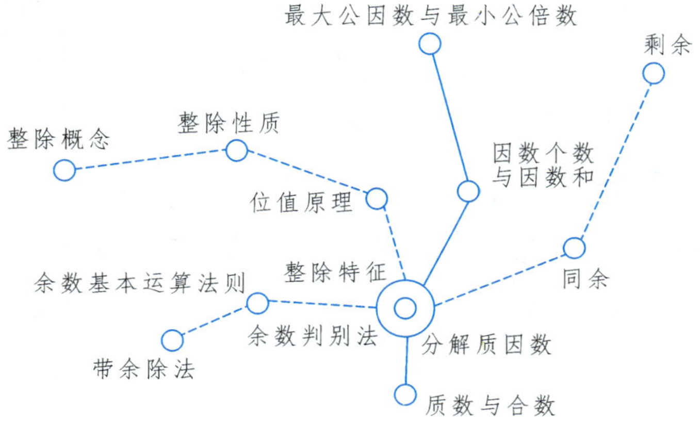

第三十一章 整 除

31.1 整除的概念

【思考 1】为什么我们不讨论整加、整减、整乘，只讨论整除？

如果没有头绪，那我们先来看整除的定义，也许会带来一些提示。

31.1.1 整除的定义

定义：对任意给的两个整数 a、$d(d\neq 0$，除数$)$，如果存在整数 q，使得 $a=qd$，那么称 a 能被 d 整除（或称 d 能整除 a），记作 $d|a$；否则称 a 不能被 d 整除（或称 d 不能整除 a），记作 $d\nmid a$。

如果 $d|a$，我们也称 d 是 a 的因数（也称约数），a 是 d 的倍数。

注意，$a=qd(d\neq 0)$可以转化成 $a\div d=q(d\neq 0)$，a 与 d 做除法运算，只有当商 q(quotient)为整数的时候，我们才能说 $d|a$。为什么会对商 q 的值提出一个要求呢？

如果用整数进行加、减、乘三种运算需要这个要求吗？当然不需要，用整数做加、减、乘三种运算时，其计算结果还是整数，也就是说用整数做加、减、乘三种运算不可能超出整数这个范围，而用整数做除法就不一定了，例如 $1\div 2=0.5$，结果不是整数。

于是我们发现，除法的运算对整数的封闭产生了破坏性，创造出整数以外的新数，例如 $2\div 3=\frac{2}{3}$。而这就是它与另外三种基本运算的区别。正因为有这个区别，“整除”才会成为数学家的研究对象。

31.1.2 因数与倍数的特征

【思考 2】0 有多少个因数？

讨论这个问题只需要弄清楚因数本身的特点。

因数：一个数的因数是有限的；最小的是 1，最大的是它本身。

前半句中“有限的”这三个字非常重要，即表明因数的个数不能是无限的。而 0 除以任意非零整数都等于 0，如果这些数都算作 0 的因数，则 0 有无限个因数，这与“一个数的因数是有限的”相矛盾，所以我们不讨论 0 的因数。

后半句表明，一个数的因数不会超过它本身，即如果$a|b$，那么 $a\leqslant b$。

> 注意，因数、倍数这两个概念与整数、小数、分数有本质上的区别。
> 整数、小数、分数是对某一对象的称呼，而因数、倍数则是对某两个对象之间关系的称呼，重点在“关系”二字上。即对于算式72÷8=9，我们并不能说8是因数，72是倍数，应该说8是72的因数，72是8的倍数。

倍数：一个数有无限多个倍数；最小的是它本身，没有最大的倍数。

后半句表明，一个数的倍数不小于它本身，即如果 $a|b$，那么 $b\geqslant a$。

31.1.3 整除的几何意义

如图，如果用线段 d 能够量尽线段 a，则我们称 $d|a$，d 是 a 的因数，a 是 d 的倍数。

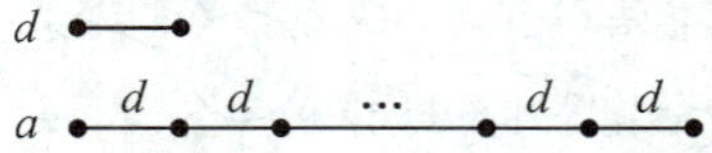

31.2　整除的性质

性质 1：如果 $a|b$，$b|a$，那么 $a=b$。

【证明】∵$a|b$，∴$a\leqslant b$。∵$b|a$，∴$b\leqslant a$，于是 $a=b$。

性质 2：如果 $a|b$，$b|c$，那么 $a|c$。

【证明】∵$a|b$，∴存在一个整数 m 使得 $b=ma$。同理，存在一个整数 n 使得 $c=nb$。于是 $c=nb=nma$，则 $a|c$。此性质我们一般称为“整除的传递性”。

性质 3：如果 $a|M$，$a|N$，那么 $a|M\pm N$。

【证明】∵$a|M$，∴存在一个整数 m 使得 $M=ma$。同理，存在一个整数 n 使得 $N=na$。于是 $M+N=ma+na=(m+n)a$，即 $a|M+N$；$M-N=ma-na=(m-n)a$，即 $a|M-N$。此性质我们一般称为“整除的和差性”。

性质 4：如果 $a|M$ 且 n 为整数，那么 $a|nM$。

【证明】∵$a|M$，∴存在一个整数 m 使得 $M=ma$。于是 $nM=nma$，即 $a|nM$。此性质我们一般称为“整除的倍积性”。

31.3　位值原理

定义：同一个数字，由于它在所写数里的位置不同，所表示的数值也不同。也就是说，每一个数字除了有自身的一个值外，还有一个“位置值”。例如“2”，写在个位上，就表示 2 个 1；写在百位上，就表示 2 个 100，这种数字和数位结合起来表示数的方法，称为写数的位值原理。

于是，对于整数 102345，我们可以这样去理解它：

$$102345=1\times100000+0\times10000+2\times1000+3\times100+4\times10+5\times1$$
$$=1\times10^5+0\times10^4+2\times10^3+3\times10^2+4\times10^1+5\times10^0,$$

其中 $10^0=1$，实际上当 $a\neq0$ 时，$a^0=1$。

延伸

位值原理的优势：在十进制中，我们只用“0、1、2、3、4、5、6、7、8、9”这十个符号便可以表示出无穷无尽的数。如果不利用位值原理，每逢满十，我们就要创造一个新的单位，例如古埃及人的象形数字（下图）：

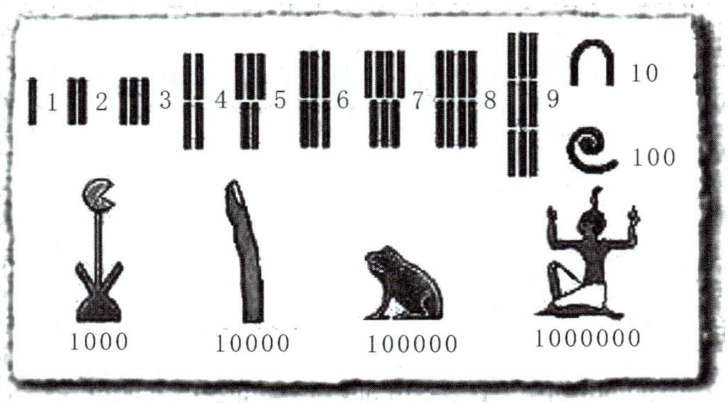

每多一个数位就得“设计”一个新的图案，而且大家可以试想一下，古埃及人写下 999999 与计算时的书写困境。这样的困境制约了古埃及和很多古老文明的数学发展。也许在那个年代，不会画画的设计师不是一位好数学家，哈哈。

中国是最早利用位值原理计数的文明古国之一，正因如此，我们可以记录非常庞大的数，据《五经算术》所载：

按黄帝为法，数有十等。及其用也，乃有三焉。

十等者，谓"亿、兆、京、垓、秭、穰、沟、涧、正、载"也。

三等者，谓"上、中、下"也。

下数者，十十变之。若言十万曰亿，十亿曰兆，十兆曰京也。

中数者，万万变之。若言万万曰亿，万亿曰兆，万兆曰京也。

上数者，数穷则变。若言万万曰亿，亿亿曰兆，兆兆曰京也。

上面这段话的意思如下：

万以上的计数单位有十种，分别是"亿、兆、京、垓、秭、穰、沟、涧、正、载"。

比较有趣的是，除了单位的设置，古人还对这些单位设计了三种进制：

第一种：乘以 10 就增加新的单位，即 10 万称为 1 亿，10 亿称为 1 兆，10 兆称为 1 京……

第二种：乘以 10000 再增加新的单位，即 10000 万称为 1 亿，10000 亿称为 1 兆，10000 兆称为 1 京……

第三种：前面的单位用到不能再用了再增加新的单位，即 1 万个 1 万称为 1 亿，1 亿个 1 亿称为 1 兆，1 兆个 1 兆称为 1 京……

现在，我们常用的是第二种计数方式。

受佛教影响，南北朝时期翻译的《华严经》等佛经中都已涉及印度大数的名称和各种进位法。元朝的朱世杰在《算学启蒙》中又在"亿、兆、京、垓、秭、穰、沟、涧、正、载"之上，又添加了"极、恒河沙、阿僧底、那由他、不可思议、无量数"等六个大数名称。

例 1 已知三位数$\overline{abc}$与$\overline{cba}$，且$\overline{abc}-\overline{cba}=198$，则$\overline{abc}$最大是________。

（2014 年"希望杯"5 年级第一试）

解析

$\because \overline{abc}-\overline{cba}=100a+10b+c-(100c+10b+a)=99a-99c=99(a-c)=198$，

$\therefore a-c=2$。

要想$\overline{abc}$最大，即 a 取最大值 9，此时 $c=7$，b 最大为 9，故$\overline{abc}$最大为 997。

例 2 一个两位数，其十位与个位交换位置，得到的新数与原数的和为 12 的倍数，则满足条件的最小的两位数是________。

（2014 年"高思杯"5 年级第一试）

解析

设这个两位数为$\overline{ab}$，交换后为$\overline{ba}$。由题目条件知，$\overline{ab}+\overline{ba}$是 12 的倍数，按照位值原理展开得，$\overline{ab}+\overline{ba}=10a+b+10b+a=11a+11b=11(a+b)$是 12 的倍数，则 $a+b$ 是 12 的倍数，因此满足条件的最小值为 39。

例 3 用数字 0～9 各一次，组成 5 个两位数。如果这 5 个两位数恰好分别是 2、3、4、5、6 的倍数，那么它们的和最小是________。（2018 年“数学花园探秘”5 年级初赛 C 卷）

解析

要想和最小，尽可能让 1、2、3、4、5 在十位，6、7、8、9、0 在个位。显然个位为 7 与 9 时，不可能是 2、4、6、5 的倍数，只能是 3 的倍数，但是 3 的倍数只能有 1 个，所以 7 与 9 必有一个不能放在个位，只能放在十位。

为了总和小，我们将 7 换到十位，5 换到个位。于是，3 的倍数必须是 39，6 的倍数必须是 48，4 的倍数、2 的倍数分别是 20 或 16，5 的倍数是 75。和为 $(1+2+3+4+7)\times10+(0+5+6+8+9)=198$。

31.4 整除特征

有了整除的性质以及位值原理的铺垫，我们就可以得到一些常见数的整除特征。

注解 “特征”是指个别对象拥有的规律，而“性质”是指普遍对象共有的规律。

31.4.1 弃九法：9 与 3 的整除特征

9 的整除特征：判定一个数是否为 9 的倍数，只用考察其数字和是否为 9 的倍数。即如果一个数的数字和为 9 的倍数，则这个数也是 9 的倍数；反之，如果一个数是 9 的倍数，则其数字和也是 9 的倍数。

【原理】设一个多位数为$\overline{a_na_{n-1}a_{n-2}\cdots a_2a_1a_0}$，则

$$\begin{aligned}\overline{a_na_{n-1}a_{n-2}\cdots a_2a_1a_0}&=a_n\times10^n+a_{n-1}\times10^{n-1}+a_{n-2}\times10^{n-2}+\cdots+a_2\times10^2+a_1\times10^1+a_0\times10^0\\&=\underbrace{99\cdots9}_{n个9}a_n+\underbrace{99\cdots9}_{n-1个9}a_{n-1}+\underbrace{99\cdots9}_{n-2个9}a_{n-2}+\cdots+99a_2+9a_1+\\&\quad(a_n+a_{n-1}+a_{n-2}+\cdots+a_2+a_1+a_0)。\end{aligned}$$

而 $9\mid(\underbrace{99\cdots9}_{n个9}a_n+\underbrace{99\cdots9}_{n-1个9}a_{n-1}+\underbrace{99\cdots9}_{n-2个9}a_{n-2}+\cdots+99a_2+9a_1)$，所以

当 $9\mid(a_n+a_{n-1}+a_{n-2}+\cdots+a_2+a_1+a_0)$时，$9\mid\overline{a_na_{n-1}a_{n-2}\cdots a_2a_1a_0}$；

当 $9\mid\overline{a_na_{n-1}a_{n-2}\cdots a_2a_1a_0}$时，$9\mid(a_n+a_{n-1}+a_{n-2}+\cdots+a_2+a_1+a_0)$。

例如，$7218=7000+200+10+8=7\times999+2\times99+1\times9+(7+2+1+8)$。

$\because 9\mid(7+2+1+8)$，$\therefore 9\mid7218$；反之，$\because 9\mid7218$，$\therefore 9\mid(7+2+1+8)$。

实际操作中，我们可以快速地去掉和为 9 的倍数的数字，以便更快地判定。例如 67453，划掉 6 与 3、4 与 5，得到 6̸74̸5̸3̸，剩下 7，于是可以判定 $9\nmid67453$。

3 的整除特征：判定一个数是否为 3 的倍数，只用考察其数字和是否为 3 的倍数。即如果一个数的数字和为 3 的倍数，则这个数也是 3 的倍数；反之，如果一个数是 3 的倍数，则其数字和也是 3 的倍数。

读者可以参照“9 的整除特征”尝试证明。

例 4 有一类三位数，它们各个数位上数字和的平方的 3 倍恰好等于自己。那么，在这类三位数中，各个数位上数字的积的最大值减去最小值的差是________。

解析

设这个三位数为$\overline{abc}$。由于$\overline{abc}=3\times(a+b+c)^2$，所以 $3\mid\overline{abc}$，也就是 $3\mid(a+b+c)$，所以 $3^2\mid(a+b+c)^2$，于是 $3\times3^2\mid3\times(a+b+c)^2$，$3\times3^2\mid\overline{abc}$，$9\mid a+b+c$。可以得出$\overline{abc}=3\times9^2=243$，或$\overline{abc}=3\times18^2=972$，这两个数均满足要求。那么所求的差为 $9\times7\times2-2\times4\times3=102$。

例 5 算式：$\overline{天行健}\times\overline{天行健}=\overline{君子自强不息}$是由 1～9 中的 9 个数字组成的，不同的汉字表示不同的数字，相同的汉字表示相同的数字，其中“天”“行”“健”是递增的等差数列。那么“$\overline{天行健}$”表示的三位数是________。

（2019 年“数学花园探秘”6 年级初赛 C 卷）

解析

因为“天”“行”“健”是递增的等差数列，所以$\overline{天行健}$的数字和一定是 3 的倍数。那么等式左边一定是 9 的倍数，所以$\overline{君子自强不息}$是 9 的倍数。由于 9 个数字之和为 45，所以$\overline{天行健}$也是 9 的倍数。

若$\overline{天行健}$数字和为 9，那么“行”＝3，此数只能为 135 或者 234，平方后经验算都不符合条件；

若$\overline{天行健}$数字和为 18，那么“行”＝6，此数只能为 369，468 或者 567，平方后经验算只有 567 符合条件。

例 6 将 1～2016 这 2016 个自然数依次排列组成一个多位数 1234567891011…2016，那么这个数能被 9 整除吗？

解析

本题需要对 9 的整除特征有更进一步的理解。

例如 7263 是 9 的倍数，那么它的数字和 $7+2+6+3=18$，也是 9 的倍数。值得注意的是，$72+6+3$、$7+26+3$、$7+2+63$、$72+63$、$7+263$、$726+3$ 也都是 9 的倍数。

为什么会出现这样的情况呢？其原因还在于十进制本身。

例如，将 7263 拆成 $7000+260+3=7\times999+26\times9+(7+26+3)$，$7\times999+26\times9$ 这一部分肯定是 9 的倍数，所以我们只用考察括号中的部分$(7+26+3)$能否被 9 整除。也就是说，要考察一个数是否能被 9 整除，并非一定要把它全部拆成一位数，拆成任意位数求和都能判定。

> 利用“拆成任意位数求和可以判定是否能被9整除”的方法，我们还可以得到这样的结论：任意连续9个自然数排列成一个多位数都是9的倍数。也就是说，我们可以将1234567891011…2016这个数从左至右每9个连续自然数分为一组，正好有2016÷9=224（组），所以也能判定9 | 1234567891011…2015 2016。
> 另外，从右至左分组行不行呢？当然也可以。

于是，对于 1234567891011…2016 这个数，我们并不需要知道当中共有多少个 1，多少个 2，多少个 3，……，多少个 9，我们只用将它拆成 1，2，3，4，5，6，7，8，9，10，11，12，…，2015，2016 即可。

$1+2+3+\cdots+2016=(1+2016)\times2016\div2=2017\times1008$，其中 1008 就是 9 的倍数，所以 $9\mid(1+2+3+\cdots+2016)$，即 $9\mid1234567891011\cdots2015 2016$。

【思考 3】连续 9 个自然数必须要从小到大排列吗？任意顺序排列是否还是 9 的倍数呢？

例 7 依次写下自然数 1，2，3，…，形成多位数 123456789101112…。当写到某个自然数 n 时，形成的多位数恰好能被 9 整除，如当 $n=8$ 时，$12345678\div9=1371742$。这样的 n 在 100 以内（含 100）有________个。

（武汉明心数学资优生测试）

解析

9 的倍数的各数位数字之和同样是 9 的倍数。而在 n 取 1～9 时，只有 12345678（$n=8$）和 123456789（$n=9$）满足此条件。

当 n 取 10～18 时，10 除以 9 余 1，11 除以 9 余 2，……，17 除以 9 余 8，18 除以 9 余 0。

由于一个数被 9 除的余数，等于这个数的各数位之和被 9 除的余数，所以此时多位数数位和被 9 除的情况，与 n 取 1～9 时一一对应。即只有 $n=17$ 和 $n=18$ 时符合条件。

由此可得规律，令多位数成为 9 的倍数的 n，要么自身也是 9 的倍数，要么是 9 的倍数减 1。即 1～100中共有 11 个 9 的倍数，则满足要求的 n 有 $11\times2=22$(个)。

例 8 七位自然数 A 与 B 彼此不等，它们每一个都包含 1,2,3,4,5,6,7 这 7 个数字。A 能被 B 整除吗？请说明理由。

解析

因为七位自然数 A 与 B 彼此不等，要么 $A<B$，要么 $A>B$。

若 $A<B$ 显然 A 不能被 B 整除；

若 $A>B$，则 $\frac{A}{B}<\frac{7654321}{1234567}<7$。

若 A 被 B 整除，则 $A=Bq(1<q<7)$，则 $A-B=(q-1)B$。其中 $q-1=1,2,3,4,5$。

由于 A 和 B 的数字和相等，所以 $A-B=(q-1)B$ 是 9 的倍数。

若 $q-1=3$，则 B 是 3 的倍数，但 B 的数字和 $=28$，矛盾。

若 $q-1\neq3$，为 1,2,4,5 时，则 B 是 9 的倍数，与 B 的数字和 $=28$，矛盾。

综上，A 不能被 B 整除。

31.4.2　观尾法：2 与 5，4 与 25，8 与 125…的整除特征

2 与 5：如果一个数的个位数是 2(或 5)的倍数，则这个数是 2(或 5)的倍数。

【原理】$\because 10=2\times5$，即 $2|10,5|10$，$\therefore$ 根据“倍积性”可知，只要是 10 的倍数，就是 2 与 5 的倍数。那么对于一个多位数，我们只用观察其个位是否是 2 或 5 的倍数，就能判定它是否为 2 或 5 的倍数。

例如：$\because 576=570+6,2|6,\therefore 2|576$。$\because 365=360+5,5|5,\therefore 5|365$。

$\because 573=570+3,2\nmid3,\therefore 2\nmid573$。$\because 366=360+6,5\nmid6,\therefore 5\nmid366$。

4 与 25：如果一个数的末两位是 4(或 25)的倍数，则这个数是 4(或 25)的倍数。

【原理】$\because 100=4\times25$，即 $4|100,25|100$，$\therefore$ 根据“倍积性”可知，只要是 100 的倍数，就是 4 与 25 的倍数。那么对于一个多位数，我们只用观察其末两位是否是 4 或 25 的倍数，就能判定它是否为 4 或 25 的倍数。

例如：$\because 576=500+76,4|76,\therefore 4|576$；$\because 375=300+75,25|75,\therefore 25|375$。

$\because 574=500+74,4\nmid74,\therefore 4\nmid574$。$\because 365=300+65,25\nmid65,\therefore 25\nmid365$。

8 与 125：如果一个数的末三位是 8(或 125)的倍数，则这个数是 8(或 125)的倍数。

【原理】$\because 1000=8\times125$，即 $8|1000,125|1000$，$\therefore$ 根据“倍积性”可知，只要是 1000 的倍数，就是 8 与 125 的倍数。那么对于一个多位数，我们只用观察其末三位是否是 8 或 125 的倍数，就能判定它是否为 8 或 125 的倍数。

例如：$\because 1576=1000+576,8|576,\therefore 8|1576$。

$\because 3375=3000+375,125|375,\therefore 125|3375$。

$\because 2572=2000+572,8\nmid572,\therefore 8\nmid2572$。

$\because 6475=6000+475,125\nmid475,\therefore 125\nmid6475$。

【思考 4】我们得到了 2 与 5、4 与 25、8 与 125 的整除特征，那么你还能推出类似的整除特征吗？

16 与________：∵ 10000＝16×________，即 16|10000，________，∴根据“倍积性”可知，只要是________的倍数，就是________与________的倍数。那么对于一个多位数，我们只用观察其末________位是否是________或________的倍数，就能判定它是否为________或________的倍数。

例 9 只修改 812405 的某一个数字，就可使修改后的六位数能被 225 整除，修改后的六位数是多少？

解析

只能修改一个数字，225＝25×9，末两位必为 25 的倍数，显然十位 0 必须修改，可以修改为 2 或 7。而修改后的数又是 9 的倍数，所以数字和为 9 的倍数，只能为 7，修改后的数为 812475。

例 10 下面的乘法竖式谜中，相同的汉字代表相同的数字，不同的汉字代表不同的数字，那么四位数“云雾花开”的值是________。

$$
\begin{array}{r}
\text{花 非 花} \\
\times\quad \text{雾 非 雾} \\
\hline
\text{若 镜 花 开} \\
\text{镜 开 花 开}\phantom{\text{ 花}} \\
\text{若 镜 花 开}\phantom{\text{ 花 花}} \\
\hline
\text{若 非 云 雾 花 开}
\end{array}
$$

解析

由“花”＋“开”＝“花”得，“开”＝0。

因为“雾”×“花”“非”×“花”得到的尾数均为 0，所以“花”＝5，“非”“雾”均为偶数。

“$\overline{\text{花开}}$”＝50，是 25 的倍数，那么，“$\overline{\text{花非花}}$”＝525 或 575。

经验算得两个乘数为 525×626。$\overline{\text{云雾花开}}$＝8650。

31.4.3 奇偶位和差法：11 的整除特征

11 的整除特征：若一个整数从右至左的奇位数字之和与偶位数字之和的差能被 11 整除，则这个数能被 11 整除。

【原理】以六位数为例，假设六位数为 $\overline{abcdef}$。

$\overline{abcdef}=100000a+10000b+1000c+100d+10e+f$

$=100001a+9999b+1001c+99d+11e+f-e+d-c+b-a$

$=(100001a+9999b+1001c+99d+11e)+[(f+d+b)-(e+c+a)]$。

∵ $11|(100001a+9999b+1001c+99d+11e)$，

∴当 $11|[(f+d+b)-(e+c+a)]$ 时，$11|\overline{abcdef}$；

当 $11|\overline{abcdef}$ 时，$11|[(f+d+b)-(e+c+a)]$。

例如：判定 11 是否能够整除 6241235。

∵ $11|(5+2+4+6)-(3+1+2)$，∴ $11|6241235$。

31.4.4 截位判别法：7、11、13 的整除特征

7、11、13 的整除特征：如果一个数的末三位数字所表示的数与末三位以前的数所表示的数之差（大数减小数）能被 7 或 11 或 13 整除，那么，这个数就能被 7 或 11 或 13 整除，否则这个数不能被 7 或 11 或

13 整除。

【原理】∵$7\times 11\times 13=1001$，∴1001 能被 7、11、13 整除。于是形如$\overline{cbacba}$这样的六位数一定能被 7、11、13 整除。

设多位数$\overline{\cdots fedcba}$，于是有

$$\overline{\cdots fedcba}=\overline{\cdots fedcba}-\overline{cbacba}+\overline{cbacba}$$
$$=\overline{\cdots fed000}-\overline{cba000}+\overline{cbacba}$$
$$=1000(\overline{\cdots fed}-\overline{cba})+\overline{cbacba}。$$

∵$7\mid\overline{cbacba}$，$11\mid\overline{cbacba}$，$13\mid\overline{cbacba}$，且 $7\nmid 1000$，$11\nmid 1000$，$13\nmid 1000$，

∴当 $7\mid(\overline{\cdots fed}-\overline{cba})$时，$7\mid\overline{\cdots fedcba}$；

当 $11\mid(\overline{\cdots fed}-\overline{cba})$时，$11\mid\overline{\cdots fedcba}$；

当 $13\mid(\overline{\cdots fed}-\overline{cba})$时，$13\mid\overline{\cdots fedcba}$。

例如：判定 7、11、13 是否能够整除 624338。

∵$624-338=286$，且 $7\nmid 286$，$11\mid 286$，$13\mid 286$，

∴$7\nmid 624338$，$11\mid 624338$，$13\mid 624338$。

例 11 万位和个位数字相等、千位和十位数字相等的五位数称为五位回文数，那么其中能被 13 整除五位回文数的共有________个。（2017 年“数学花园探秘”小高决赛 B 卷）

解析

设这个五位数是$\overline{abcba}$，则 $13\mid\overline{cba}-\overline{ab}\Rightarrow 13\mid 100c+9b-9a\Rightarrow 13\mid 9c+9b-9a\Rightarrow 13\mid c+b-a$。对 a 进行讨论：

当 $a=1$ 时，$c+b=1$ 或 14，有 7 种可能；

当 $a=2$ 时，$c+b=2$ 或 15，有 7 种可能；

当 $a=3$ 时，$c+b=3$ 或 16，有 7 种可能；

当 $a=4$ 时，$c+b=4$ 或 17，有 7 种可能；

当 $a=5$ 时，$c+b=5$ 或 18，有 7 种可能；

当 $a=6$ 时，$c+b=6$，有 7 种可能；

当 $a=7$ 时，$c+b=7$，有 8 种可能；

当 $a=8$ 时，$c+b=8$，有 9 种可能；

当 $a=9$ 时，$c+b=9$，有 10 种可能；

共计：$7\times 6+8+9+10=69$(个)。

例 12 求能被 7 整除且各位数字均为奇数，各位数字和为 2017 的最大正整数。

（《小学数学竞赛年鉴：MO2017》P12）

解析

已知 $7\mid\underbrace{111111}_{6个1}$，各位数字之和为 2017，各位数字均为奇数的最大数为$\underbrace{111\cdots111}_{2017个1}$。但 $6\nmid 2017$，故 $7\nmid\underbrace{111\cdots111}_{2017个1}$，次大数为 2015 位数，由 2014 个 1 和 1 个 3 组成。$2015\div 6=335\cdots\cdots 5$，$11111\div 7=1587\cdots\cdots 2$，有一位数字为 3，意味着这个数位在 1 的基础上加 2，而在 20000、2000、200、20、2 中，2000 满足除以 7 余 5，即 $7\mid 13111$，故满足条件的最大正整数为 $13\underbrace{111\cdots111}_{2013个1}$。

31.4.5 整除综合

例 13 在下列算式适当的地方填上两个“+”号，使得结果 A 是 77 的倍数。那么 A 的最小值是多少？

$$1\ 2\ 3\ 4\ 5\ 6\ 7\ 8\ 9 = A$$

解析

∵1、2、3、4、5、6、7、8、9 的数字和为 45，是 9 的倍数，所以结果 A 也必为 9 的倍数，所以 A 必为 $77\times9=693$ 的倍数。而结果最小值为 $123+456+789=1368$，第二小的值为 $1234+567+89=1890$，均不是 693 的倍数。而 $693\times3=2079=1234+56+789$，符合题意，所以 A 的最小值是 2079。

例 14 一个 2016 位整数的第一位数字是 4。已知这个数中任意相邻的两个数字按顺序组成的两位数都可以被 19 或 23 整除，这个数的个位数字是几？（第 21 届“华杯赛”高年级组武汉卷）

解析

19 的倍数有 19，38，57，76，95。

23 的倍数有 23，46，69，92。

那么这个 2016 位数只能是 $46\underbrace{95769576\cdots957692}_{503组}$ 或 $46\underbrace{95769576\cdots957695}_{503组}$。

所以这个数的个位数字只能是 2 或 5。

例 15 求一个小于 2000 的数，它的 30 倍减 1 能被 2017 整除。

（第 21 届“华杯赛”中年级组第二试）

解析

假设这个数是 a，那么 $30\times a-1$ 就是 2017 的倍数，即 $30\times a-1=2017\times b$。

因为 a 小于 2000，且 $2017\times b+1$ 能被 30 整除，于是 $2017\times b+1$ 既可以被 10 整除，也可以被 3 整除。因为 $2017\times b+1$ 可以被 10 整除，所以 b 的尾数为 7；因为 $2017\times b+1$ 可以被 3 整除，所以 b 除以 3 的余数为 2，所以 b 最小为 17。又因为 $30\times a-1=2017\times b$ 中，a 小于 2000，所以 b 小于 30。于是 $b=17$ 为唯一解，所以满足条件的 a 只有 $(2017\times17+1)\div30=1143$。

例 16 已知六位数 $\overline{11A00B}$ 是 2018 的倍数，则两位数 $\overline{AB}$ 的值是________。

（2018 年“数学花园探秘”5 年级初赛 D 卷）

解析

【方法 1】∵$\overline{11A00B}$ 的未知数在末四位，2018 也是四位数，∴将 $\overline{11A00B}$ 看作 110000，$110000\div2018=54\cdots\cdots1028$，所以 $2018\mid1028+\overline{A00B}$，$\overline{A00B}=3008$，$\overline{AB}=38$。

【方法 2】估算该六位数的范围，应该是 2018 的 50 倍至 60 倍之间。$2018\times50=100900$，则 $\overline{11A00B}-100900=\overline{1\square10B}$ 也是 2018 的倍数，范围估计为 2018 的 5 倍至 9 倍之间。枚举满足条件的是 $2018\times6=12108$。因此 $A=3$，$B=8$，即 $\overline{AB}=38$。

例 16 展现了未知数在末尾的常见处理方式。特别的，当除数的最高位比未知数出现的最高位高或者相同时，这种方式尤其有效。与之相对应的，当未知数出现在高位时，处理方式又该如何呢？请看例 17，反除法出场。

例 17　17 与某个自然数的积的末尾 5 位数字全是 8，这个自然数最小是__________。

解析

注意到 7 乘以 0～9 的积个位数字均不相同，所以从尾数开始逐步解析可知，这个自然数最小是 93464，被除数为 1588888，如竖式所示。

```
            9 3 4 6 4
17 ) a b 8 8 8 8 8
                  6 8
   ----------------
              8 8 2
              1 0 2
   ----------------
              7 8
              6 8
   ----------------
            8 1
            5 1
   ----------------
            3
        1 5 3
   ----------------
            0
```

反除法与常用的除法竖式恰好相反，是从低位开始除，与加法、减法、乘法竖式的运算规则相同，那为什么我们常用的不是这种看起来更统一一些的反除法呢？

原因有以下两点：

1.反除法只有在确定整除的情况下才能运用，有余数的情况下大多不能确定余数，所以不适用于带余除法。

2.即使在确定整除的情况下，当除数的尾数为0、2、4、5、6、8时，被除数的尾数并不能与商一一对应，所以不能确定商。即仅在除数尾数为1、3、7、9时，才能运用。

从反除法这个例子当中，我们要明白一件事：使用某种方法、定理、公式之前，除了要明白它的原理，还要明确知道它的适用范围。

例 18　19 的所有倍数中，尾数为 2021 的最小数是多少？

解析

如下列竖式可知，最小数为 $19\times1159=171+950+1900+19000=22021$。

```
          1 1 5 9
19 ) a 2 0 2 1
          1 7 1
   ------------
        1 8 5
          9 5
   ------------
        0 9
        1 9
   ------------
        9
      1 9
   ------------
        0
```

例 19　一个五位数$\overline{ABCDE}$由五个互不相同的非零数字组成。$\overline{AB}$、$\overline{BC}$、$\overline{CD}$、$\overline{DE}$依次是 6、7、8、9 的倍数，且$\overline{ABCDE}$能被 6、7、8、9 中的两个整除，那么$\overline{ABCDE}$的值是__________。

（2018 年“数学花园探秘”小高决赛 A 卷）

解析

因为$\overline{CD}$是 8 的倍数，所以 D 是偶数。

因为 $D+E<18$，$\overline{DE}$是 9 的倍数，所以 $D+E=9$，E 是奇数。

因为 E 是奇数，所以$\overline{ABCDE}$不可能是 6 或 8 的倍数，只能是 7 和 9 的倍数。

因为$\overline{ABCDE}$是 9 的倍数且$\overline{AB}$是 6 的倍数，$\overline{DE}$是 9 的倍数，所以 C 是 3 的倍数，只能取 3、6、9。

下面按$\overline{CD}$、$\overline{DE}$、$\overline{BC}$、$\overline{AB}$依次是 8、9、7、6 的倍数逻辑顺序推导：

如果 $C=6$，那么 $A=5$，与 $6\mid\overline{AB}$矛盾；

如果 $C=9$，那么 $D=6$，$E=3$，$B=4$，$A=5$，然而 54963 不是 7 的倍数，矛盾。

如果 $C=3$，可得$\overline{ABCDE}=96327$，符合题意。

例 20 四位数$\overline{abcd}$四个数字互不相同，且满足下面的条件：

$$a\mid\overline{bcc},b\mid\overline{cdd},c\mid\overline{abb},d\mid\overline{daa},$$

求满足条件的四位数$\overline{abcd}$。

(2015 年“数学花园探秘”5 年级总决赛第一试)

解析

a,b,c,d 均在首位出现过，则都不为 0。因为 $d\mid\overline{daa}$，所以 $d\mid a$。

若 a 为偶数，则 b,c,d 也为偶数，即它们为 2,4,6,8。8 无法满足条件，所以 a,b,c,d 不为偶数。

当 a,b,c,d 均为奇数，则不含 5。因为 9 只能整除 711,7 能整除 133 或 399,3 能整除 177 或 711。因为 $d\mid a$，所以 a 等于 3 或 9。当 $a=3$ 时，则 $d=1$，无法满足 $a\mid\overline{bcc}$；当 $a=9$ 时，$b=7,c=1,d=3$，经检验，符合题意，所以$\overline{abcd}=9713$。

例 21 老师让菲菲从 1～9 这 9 个数字中选取 4 个不同的数字，组成一个四位数，使得这个四位数能被所有她没有选中的数整除，但不能被选中的任意一个数字整除。那么，菲菲所选的数字组成的四位数是________。

(2017 年“数学花园探秘”5 年级初赛 A 卷)

解析

【方法 1】每个四位数都是 1 的倍数，所以必不能选 1。

如果 2 被选，则该四位数不是 2 的倍数，所以也不是 4、6、8 的倍数，必须选 2、4、6、8，矛盾，所以 2 不能选，且四位数是 2 的倍数；

如果 5 没被选，则四位数是 5 的倍数，末位只能为 5，矛盾，所以 5 一定被选；

如果 3 没被选，则四位数是 3 的倍数，且前面已经说它是 2 的倍数，于是它也是 6 的倍数。3、6 均不被选上，剩下 4、7、8、9 中选 3 个，注意到数字和要是 3 的倍数，所以只能不选 9，于是四位数是 9 的倍数，而 $9\nmid(4+5+7+8)$，矛盾。所以 3 一定被选中，四位数不是 3 的倍数，也不是 6、9 的倍数。

所以，四张卡片是 3、5、6、9。组成的四位数一定是 1、2、4、7、8 的倍数，经验证，只有 5936 满足要求。

【方法 2】每个四位数都是 1 的倍数，所以必不能选 1。于是确定未选的为 1。

如果 5 没被选，则四位数是 5 的倍数，末位只能为 5，矛盾，所以 5 一定被选。

于是确定未选的为 1，确定选择的为 5。

如果 2 被选，则该四位数不是 2 的倍数，所以也不是 4、6、8 的倍数，必须选 2、4、6、8，矛盾，所以 2 不能选，且四位数是 2 的倍数。

于是确定未选的为 1、2，确定选择的为 5。

如果 9 未被选，则 3 也不能选，此时剩下 4、6、7、8，无法选出 3 个数与 5 的和为 9 的倍数，矛盾，所以 9 必然被选。

于是确定未选的为 1、2，确定选择的为 5、9。

如果 4 被选，则四位数不是 4 的倍数，那么也不是 8 的倍数，则 8 也被选，则 3 不能再被选择，而 $3\nmid(5+9+4+8)$，矛盾，所以 4 不能被选。

于是确定未选的为 1、2、4，确定选择的为 5、9。

如果 8 被选，则要使四位数为 4 的倍数，则 6 也必须选择，否则无法保证末两位能被 4 整除，而未选的 $3\nmid(5+9+6+8)$，矛盾，所以不能选 8。因为四位数一定是 8 的倍数，那么必选剩下的唯一偶数 6，那么这个四位偶数不是 6 的倍数，必然也不会是 3 的倍数，3 必被选，所以选出的 4 个数是 5、9、6、3，未选的为 1、2、4、8、7。

经验证，仅有 5936 满足条件。

例 22 有________个大于零的整数 n 可使$\frac{n+3}{n-1}$的值为整数。

（2014 年春·武汉明心数学资优生测试 6 年级）

解析

要使$\frac{n+3}{n-1}$为整数，即 $n-1|n+3$，则 $n-1|(n+3)-(n-1)$，$n-1|4$，4 有 3 个因数：1、2、4，则 n 有 3 个不同取值：2、3、5。

例 23 自然数 A 除本身以外最大的因数是 d，自然数 $A+2$ 除本身以外最大的因数是 $d+2$，那么 A 的值是________。

（2014 年"华杯赛"高年级组第一试）

解析

A 至少有 2 个因数，则 $A\neq1$。

若 A 是偶数，$d=\frac{A}{2}$，$d+2=\frac{A+2}{2}=d+1$，这是不可能的，所以 A 是奇数。故 A 和 $A+2$ 互质，d 和 $d+2$ 互质。

若 A 不是质数，设 $A=md$，m 是 A 最小的奇质因数，d 也是奇数，且 $m\leqslant d$，则有 $d+2|md+2$，$d+2|md+2m+2-2m$，于是 $d+2|2m-2$。因为 $d+2$ 是奇数，所以 $d+2|m-1$，那么 $d+2\leqslant m-1<m\leqslant d$，这是不可能的，所以 A 是质数，$d=1$，$d+2=3$。

于是 3 是 $A+2$ 除本身以外的最大因数，所以 $A+2$ 只能为 $3\times3=9$，于是 $A=7$。

真题重现

1. 从写有 1、2、3、4、5 的 5 张卡片中任取 3 张组成一个三位数，其中不能被 3 整除的有________个。（2015 年"希望杯"）

2. 将 1234567891011 的某两位数字交换能否得到一个完全平方数？请说明理由。（2015 年"华杯赛"高年级组 A 卷）

3. 形如$\overline{A4014B}$，且能被 36 整除的六位数共有________个。（第 10 届"巨人杯"5 年级）

4. 若四位数$\overline{2AB7}$能被 13 整除，则两位数$\overline{AB}$的最大值是________。（2015 年"希望杯"）

5. 五位数$\overline{ababa}$除以 13 的余数是 11，则 $b=$________。（2016 年湖北省数学思维能力等级测试 6 年级）

6. 在所有的四位回文数（类似于$\overline{abba}$的形式，其中 a，b 可以相同，也可以不同。如：1331，6666，4004）。那么，四位回文数中有________个能被 7 整除。（2017 年"数学花园探秘"6 年级初赛 D 卷）

7. 试找出这样的最大的五位正整数，它不是 11 的倍数，通过划去它的若干数字也不能得到可被 11 整除的数。（第 21 届"华杯赛"高年级组决赛 B 卷）

8. 在一个七位整数中，任何三个连续排列的数字都构成一个能被 11 或 13 整除的三位数，那么这个七位数最大是（　　）

A. 9981733　　B. 9884737　　C. 9978137　　D. 9871773

9. 如果一个不小于 10 的自然数 A 的各位数字互不相同，且任意去掉 A 的一个数字后得到的数都是 A 的因数，则称 A 是"黄梅数"。例如，因为 24，20，40 都是 240 的因数，所以 240 是"黄梅数"。那么"黄梅数"一共有________个。（2019 年"数学花园探秘"高年级决赛 A 卷）

10. 联欢会中，某班学生要发一批气球。若每人发 k 个气球，则剩下 29 个；若每人发 8 个，则还剩 18 个。那么学生共有________个。 (《小学数学竞赛年鉴：MO2017》P258)

11. 求使$\frac{3n+2}{5n+1}$不为最简分数的所有三位数 n 之和。 (《小学数学竞赛年鉴：MO2017》P10)

参考答案

1. 答案：36。

分析：数字和最小为 6，最大为 12，所以不能被 3 整除时，数字和为 7、8、10、11。

当数字和为 7 时：$7=1+2+4$，有 6 个；

当数字和为 8 时：$8=1+2+5=1+3+4$，有 12 个；

当数字和为 10 时：$10=1+4+5=2+3+5$，有 12 个；

当数字和为 11 时：$11=2+4+5$，有 6 个。

共计：$6+12+12+6=36$(个)。

2. 分析：不能。对于 1234567891011 以及交换其某两位得到的数，它们的数字和都为 48。因为它们是 3 的倍数而不是 9 的倍数，都不可能是完全平方数。

3. 答案：3。

分析：$36=4\times9$，我们是先看 4 还是先看 9 呢？遇到这种情况，判断标准为未知数的个数，判断 4 看末两位，有 1 个未知数；判断 9 看数字和，有 2 个未知数。所以我们先看 4。

这个六位数能被 4 整除，那么$\overline{AB}$要能被 4 整除，B 可以取 0，4，8。又因为这个四位数要能被 9 整除，所以数字和要能被 9 整除。

当 $B=0$ 时，$A=9$；当 $B=4$ 时，$A=5$；当 $B=8$ 时，$A=1$。

所以一共有 3 个符合题意的六位数：940140，540144，140148。

4. 答案：97。

分析：$3003=3\times7\times11\times13$。倒推，末位为 7 时，最少减去 $13\times2=26$，所以这个四位数最大为 $3003-26=2977$，$\overline{AB}$的最大值是 97。

5. 答案：7。

分析：由 $13\mid\overline{ababa}-11\Rightarrow13\mid\overline{aba}-11-\overline{ab}\Rightarrow13\mid91a+9b-11\Rightarrow13\mid9b-11\Rightarrow b=7$。

6. 答案：18。

分析：假设四位数是$\overline{abba}$。根据的 7 整除特征，只要$\overline{bba}-a=\overline{bb0}$是 7 的倍数即可，所以 b 为 0 或 7。同时 a 可以取 1～9 中任意一个数，所以一共有 $2\times9=18$(个)。

7. 答案：98765。

分析：根据题意，要使划去数字后余下的两位数不能被 11 整除，那么两位数的数字不能相同，所以五位数的各位数字都不能相同。要使五位数最大，那么可能是 98765，这个数不能被 11 整除，符合题意。接下来只需证明 98765 划去任意若干个数字后都不能被 11 整除即可。

由于 98765 的各位数字不相同，且从左至右为由大到小排列，所以当剩下两位数时，一定不是 11 的倍数；

当剩下三位数时，奇数位与偶数位的数字和之差一定大于 0，且差$\leqslant9-b+c<9$，所以一定不是 11 的倍数；

当剩下四位数时，奇数位与偶数位的数字和之差一定大于 0，且差$\leqslant2+1=3$，所以也一定不是 11 的倍数。

综上所述，98765 是满足要求的最大五位数。

8. 答案：B。

分析：由于能被 11 整除的最大三位数为 990，但 0 不能在首位，故舍去。能被 13 整除的最大三位数为 988，设满足条件的七位数为$\overline{988abcd}$，则有：

$11|\overline{88a}\Rightarrow a=0$（舍去），$13|\overline{88a}\Rightarrow a=4$；

$11|\overline{84b}\Rightarrow b=7$，$13|\overline{84b}\Rightarrow b=5$（舍去）；

$11|\overline{47c}\Rightarrow c=3$，$13|\overline{47c}\Rightarrow$没有满足条件的 c；

$11|\overline{73d}\Rightarrow d=7$；$13|\overline{73d}\Rightarrow$没有满足条件的 d。

故所求七位数最大为 9884737。

9. 答案：10。

分析："黄梅数"至少是两位数，对于两位数$\overline{ab}$，需要满足 $a|\overline{ab}$和 $b|\overline{ab}$。由 $a|\overline{ab}$可得 $a|b$。设 $b=ka$，由 $b|\overline{ab}$可得 $b|\overline{a0}$，即 $ka|10a$，$k|10$，所以 $k=2$ 或 5。满足条件的两位数有 12，24，36，48，15。

对于三位数$\overline{abc}$，由$\overline{ab}|\overline{abc}$可得$\overline{ab}|c$，只能 $c=0$，再由$\overline{a0}|\overline{ab0}$，$\overline{b0}|\overline{ab0}$可得 $a|\overline{ab}$，$b|\overline{ab}$，同理满足条件的三位数有 120，240，360，480，150。

对于四位数$\overline{abcd}$，由$\overline{abc}|\overline{abcd}$可得$\overline{abc}|d$，只能 $d=0$。再由$\overline{ab0}|\overline{abc0}$可得$\overline{ab}|c$，只能 $c=0$。与"A 的各位数字互不相同"不符，所以四位数及以上不可能有"黄梅数"。

故"黄梅数"一共有 10 个。

10. 答案：11。

分析：设共有 N 个气球，a 个学生，则 $N=8a+18=ka+29$，于是$(8-k)a|29-18$，$(8-k)a|11$，则 $a=11$。

11. 答案：70950。

分析：$5\times(3n+2)-3\times(5n+1)=7$，故$(3n+2,5n+1)|7$。

又$\because(3n+2,5n+1)\neq1$，$\therefore(3n+2,5n+1)=7$，于是 $7|(6n+4)-(5n+1)$，$7|n+3$，则 n 被 7 除余 4。

满足条件的三位数最小为 102，最大为 998，共有 129 个，和为$(102+998)\times129\div2=70950$。

第三十二章　从质数的角度看整数

32.1　质数与合数

质数(亦称“素数”)

“为 SETI(搜寻地外文明)计划工作的爱莉·埃洛维捕捉到一段信号,她猜测这些脉冲代表的是二进制的数字。通过将其转化为十进制后,她突然发现其中存在着一种模式:59,61,67,…,全是质数。当质数列表一路攀升直到 907 时,她得出结论,有‘人’在给我们打招呼。”

——场景取自卡尔·萨根的小说《接触》

许多数学家认为,即使宇宙的另一边存在着不同的生物学、不同的化学,甚至不同的物理学,但数学,一定是相同的。即使是《三体》中描写的半人马星座上的智慧生物,当他们拿起一本讲述质数的数学书时,他们仍会将 2,3,5,7……视为质数。正如大数学家哈代所说,这些数字之所以是质数,“并不是因为我们认为它们是质数,也不是因为人类特定的思维方式使然,而是因为它们本身就是质数”。

找到质数的规律是所有数学家的梦想,甚至有人认为“质数的规律”就是宇宙的终极秘密,感谢黎曼先生给人类指引了方向,提出了“黎曼猜想”。有兴趣的同学可以搜一篇小说——《黎曼的猫》,读罢,大概能体会“黎曼猜想”在数学家心中的地位。

质数在数学家心中的地位那么高,那它到底是什么呢?简单地说,就是恰有 2 个因数的数。于是,以因数的个数为分类标准,我们可以将自然数分为以下四类:

0,不讨论其因数个数。

1,仅有 1 个因数。

质数,恰有 2 个因数的数。

合数,至少有 3 个因数的数。

质数究竟具有怎样的特点才引起了人们的关注呢?

古人在研究月亮的公转周期时发现,两个满月之间的时间间隔大约是 29 天。而 29 天这个数除了能分成 1 份或者 29 份以外,就再也不能平均分了。于是古人将有类似性质的数称为“不可分割的数”。

在几何上我们也能发现质数与合数的区别,质数颗小石子只能摆出一种形状的长方形点阵,而合数颗小石子能摆出多于一种形状的长方形点阵:

质数 7:

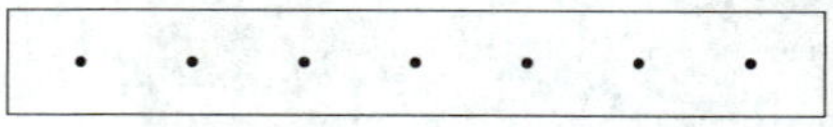

合数 6:

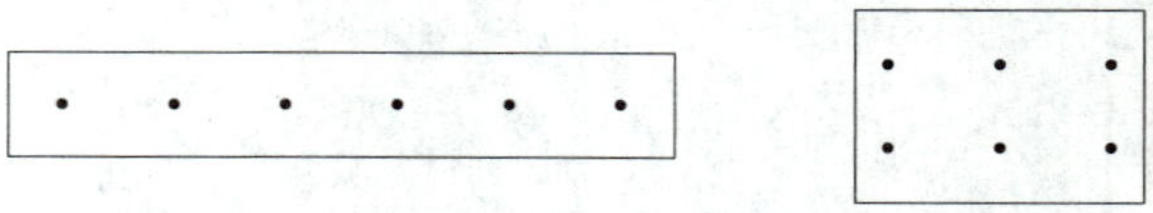

可是这样的特点起初是“不受待见”的。古人更喜欢的是类似 12、24、60、360 这样容易平均分的数,从后面的知识点“因数个数”的角度来讲,就是 12、24、60、360 这样的数因数个数特别多。我们日常生活中就有很多这类数的例子,一年有 12 个月,一天有 24 小时,一小时有 60 分钟……

可随着人类文明的进步,质数的魅力就越来越凸显。不说当今的密码学就建立在质数的基础上,就连艺术家们也在借助质数的特性激发灵感。

二战期间，被囚禁在德军 8A 战俘营的法国作曲家奥利维埃·梅西安创作了 20 世纪最伟大的乐曲之一《时间终结四重奏》。第一乐章《纯洁的礼拜仪式》中，小提琴与黑管交相奏出象征鸟的歌声的旋律，大提琴与钢琴负责提供韵律节奏，而梅西安为了营造出一种时间的无休止感，在钢琴声部的韵律中，一个 17 音符的节奏序列循环往复，配合该节奏的和弦序列则包含 29 个和弦。选择质数 17 与 29，便使得整个音乐结构要到 17×29 个和弦后才会重复，于是在你听到音乐重复前，乐章就已经结束了。

不仅人类需要质数，动物也需要。在利用质数这项天赋上，动物界中也有能匹敌人类伟大音乐家的存在。

北美洲的森林里，栖息着一种生命周期十分古怪的蝉类。其幼虫会藏于地下长达 17 年之久，只是吸吮树木的根茎以获得养分。而在第 17 个年头的 5 月，这些蝉会集体钻出地面侵入森林，导致每英亩森林的蝉只数量高达百万（1 英亩≈4046.86 平方米）。繁衍的欲望会让数量庞大的蝉只一同鸣叫，以至于当"蝉之交响曲"进入高潮阶段时，当地居民往往会暂时背井离乡以求耳根清净。因缘际会之下，1970 年在普林斯顿大学攻读学位的鲍勃·迪伦便是因为听到了这 17 年一度的刺耳蝉鸣，才写下了那首名为《蝗虫岁月》的歌曲。

"质数蝉"还不止一类，另外还有生命周期为 13 年、7 年的种群。为什么它们会不约而同地选择质数周期呢？一种解释是：森林中可能存在这一种蝉类的天敌，它们也是周期性地出现，如果蝉类与这种天敌在同一年份达到数量高峰期，那么蝉类就变成舌尖上的美食了！为了使遭遇天敌的机会小，物种的自然选择便开始发挥作用，保持质数年生命周期便是最优选择。

假设天敌的生命周期是 12 年，而蝉的生命周期是 7 年，这样蝉宝宝们每 84 年才会"惨烈"一次，而如果蝉的生命周期只是一味变长，例如变成 8 年，那么每 24 年会"惨烈"一次；如果变成 9 年，那么每 36 年会"惨烈"一次；如果变成 10 年，那么每 60 年会"惨烈"一次。这些比 7 年长的周期却没有比 7 年周期更幸运，而只有当生命周期来到下一个质数 11 时，"惨烈"周期才会再次拉长至 132 年。"质数蝉"用生命诠释了质数的神奇。

合数

了解了质数，我们接下来就能谈谈合数。因为质数的"不可分割"性，我们可以将质数看作数中"单个的积木"，2，3，5，7，11，13，…这无穷多个（质数有无穷多个吗？见【思考】）质数其实就是无穷多种不同的积木，而合数便是由这些积木用"乘法"拼接出的玩具模型，记住，使用"乘法"拼接。例如，合数 6 是用质数 2 与质数 3 相乘得到，记作 $6=2\times3$，90 是由一个 2、两个 3、一个 5 相乘得到，记作 $90=2\times3^2\times5$，其中 3^2 代表两个 3 相乘。

所以在数学家眼中，合数只是由质数"拼"出来的结果，也难怪数学家心心念念的只有质数。

【思考 5】质数有无穷多个吗？

早在 2300 年前，古希腊数学家欧几里得就在他的著作《几何原本》第九卷命题 20 中圆满地回答了这个问题，即数论中的欧几里得定理：质数的个数无穷多。

欧几里得的证明用到了最小公倍数的概念，本章还未涉及，所以略做修改予以证明。

命题：预先给定任意多个质数，则必有比它们更多的质数存在。

【证明】假设给定的质数为 p_1，p_2，p_3，$p_4\cdots p_k$，令 $P=p_1p_2p_3p_4\cdots p_k+1$。

若 P 为质数，则找到了 p_1，p_2，p_3，$p_4\cdots p_k$ 以外的质数；

若 P 为合数，由 $p_1\mid P-1$，$p_2\mid P-1$，$p_3\mid P-1$，$p_4\mid P-1$，…，$p_k\mid P-1$ 可知，$p_1\nmid P$，$p_2\nmid P$，$p_3\nmid P$，$p_4\nmid P$，…，$p_k\nmid P$，所以必然存在一个不为 p_1，p_2，p_3，p_4，…，p_k 的质数 p_{k+1} 能够整除合数 P，

> 欧几里得的证明中，将 $P=p_1p_2p_3p_4\cdots p_k+1$ 中 $p_1p_2p_3p_4\cdots p_k$ 的乘积部分表述为 p_1，p_2，p_3，p_4，…，p_k 的最小公倍数。

综上所述，在给定任意多个质数的情况下，我们都可以找到新的质数，所以质数有无穷多个。

32.2 质数的判定

判断一个数 N 是否为质数，其实就是要寻找这个数有没有大于 1，小于它本身的因数，如果有，则一定存在一个最小的质因数，即 N 是合数；如果没有，即 N 是质数。

假如我们要判定 337 是否为质数，难道我们要把 337 以内的质数都尝试一遍吗？

当然不需要，我们可以先思考一个这样的问题：如果一个数 N 有 1 与本身以外的因数，那么这个因数最大是多少？显然最大可能是$\frac{N}{2}$，也就是说超过$\frac{N}{2}$的质数我们是不用尝试的。但这个范围还是很大，那么接下来我们还可以借助“一个数的因数成对出现”这个性质来缩小尝试范围。例如，我们枚举 72 的因数，当我们尝试出 72 有因数 2 时，就知道的 72 有因数 $72\div2=36$；当我们尝试出 72 有因数 3 时，就知道的 72 有因数 $72\div3=24$……这就是因数的对称性。如图所示：

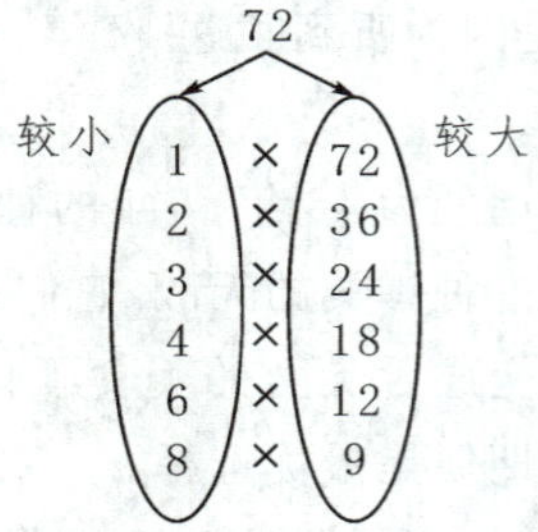

我们可以找到 72 所有的因数：1、2、3、4、6、8、9、12、18、24、36、72。从图中我们会发现只有“较小”的区域出现一个 72 的因数，“较大”的区域才会对应出现一个 72 的因数，即我们只需先确定这个“较小”的范围，在较小的区域里尝试是否有考察对象的质因数，就能确定这个数有没有除 1 与本身以外的因数了。

现在我们的问题转化为如何确定这个“较小”的范围。观察上图，左边“较小”区域的数是不会超过右边“较大”区域中的数的，仅在考察对象 N 为完全平方数时，有可能出现相等的情况，例如考察 36 的因数，如图所示：

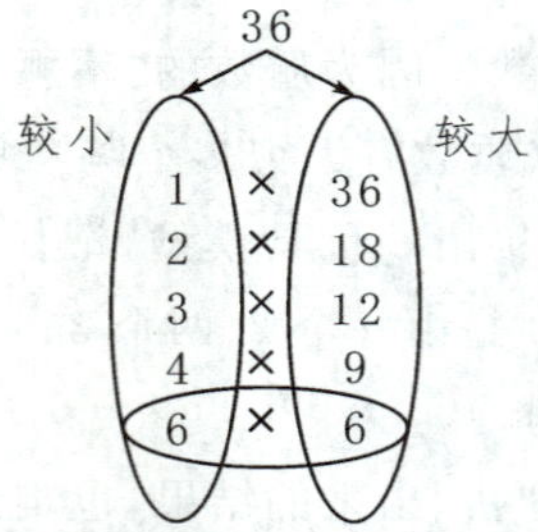

图中“较小”区域与“较大”区域公共的数 6 恰好是 36 的平方根。平方根与平方是一组相对的概念，例如 $6^2=6\times6=36$，我们称 36 是 6 的平方，6 是 36 的平方根。一般地，我们将非零自然数 N 大于 0 的平方根记为$\sqrt{N}$，而$\sqrt{N}\times\sqrt{N}=N$。

于是，我们可以看出左边“较小”区域的最大值不会超过考察对象 N 的平方根$\sqrt{N}$。

我们还可以利用反证法证明：

假设 N 除 1 与本身以外的最小的质因数 p 大于$\sqrt{N}$，则 $p\mid N$，且一定存在另一个大于$\sqrt{N}$的数 q 使得 $N=pq$。而 $N=\sqrt{N}\times\sqrt{N}<pq=N$，即 $N<N$，这是不可能的。所以 N 除 1 与本身以外的最小的质因数 p 一定不大于$\sqrt{N}$。

现在我们回头来看具体的数 337。$\because 18^2<337<19^2$，$\therefore$ 我们只用看 18 以内有没有质数能够整除 337。经检验，2、3、5、7、11、13、17 均不能整除 337，所以我们可以肯定 337 就是质数。

32.3　如何寻找质数

我们了解了质数的基本概念，也知道了如何判定一个数是否为质数，那如何找到更多的质数呢？

2000 多年前的古希腊数学家埃拉托色尼（同时也是“地理学之父”）给了我们一个在有限范围内寻找质数的高效方法——埃拉托色尼筛法。

我们以 1～100 为例，由章节 32.2 的内容可知，判定不超过 100 的非零自然数是否为质数，只用尝试 $\sqrt{100}=10$ 以内的质数即可，所以只用验证它们是否含有质因数 2、3、5、7。

（1）先把 1 删除，刚才我们已经说了，1 不是质数。

（2）然后提取数列中当前最小的数 2，然后把 2 的倍数删除，如下图所示。

	2	3		5		7		9	
11		13		15		17		19	
21		23		25		27		29	
31		33		35		37		39	
41		43		45		47		49	
51		53		55		57		59	
61		63		65		67		69	
71		73		75		77		79	
81		83		85		87		89	
91		93		95		97		99	

注意，比2大的所有偶数都是2的倍数，即能被平均分成2份的数，所以2是唯一的偶质数！

（3）提取数列中当前最小的数 3，然后把 3 的倍数删除，如下图所示。

	2	3		5		7			
11		13				17		19	
		23		25				29	
31				35		37			
41		43				47		49	
		53		55				59	
61				65		67			
71		73				77		79	
		83		85				89	
91				95		97			

（4）提取数列中当前最小的数 5，然后把 5 的倍数删除，如下图所示。

	2	3		5		7			
11		13				17		19	
		23						29	
31						37			
41		43				47		49	
		53						59	
61						67			
71		73				77		79	
		83						89	
91						97			

(5)提取数列中当前最小的数 7,然后把 7 的倍数删除,如下图所示。

	2	3		5		7			
11		13				17		19	
		23						29	
31						37			
41		43				47			
		53						59	
61						67			
71		73						79	
		83						89	
						97			

因为剩下空白格中的数都小于 100,且不含质因数 2、3、5、7,所以剩下的就是 1～100 中所有的质数。

	2	3		5		7			
11		13				17		19	
		23						29	
31						37			
41		43				47			
		53						59	
61						67			
71		73						79	
		83						89	
						97			

例 1 有一个各位数字互不相同的四位数 $\overline{ABCD}$,$\overline{AB}$、$\overline{BC}$、$\overline{CD}$ 都是质数,这个四位数最大是________。

(2018 年"数学花园探秘"5 年级初赛 C 卷)

解析

要使四位数最大,则千位为 9。要保证连续两个数字组成的两位数是质数,则百位为 7,十位为 3,个位为 1,这个四位数最大为 9731。

例 2 有一种数,是以法国数学家梅森的名字命名的,它们就是形如 2^n-1(n 为质数)的梅森数。当梅森数是质数时就叫梅森质数,是合数时就叫梅森合数,例如 $2^2-1=3$ 就是第一个梅森质数。第一个梅森合数是(　　)

A. 4　　B. 15　　C. 127　　D. 2047

(第 21 届"华杯赛"高年级组初赛 B 卷第 2 题)

解析

由于 2^{n-1} 中 n 为质数,则

当 $n=3$ 时,$2^3-1=7$ 为质数;

当 $n=5$ 时,$2^5-1=31$ 为质数;

当 $n=7$ 时,$2^7-1=127$ 为质数;

当 $n=11$ 时,$2^{11}-1=2047=23\times89$,不为质数。

故第一个梅森合数为 2047。

例 3 如果两个质数的差恰好是 2，称这两个质数为一对孪生质数。例如，3 和 5 是一对孪生质数，29 和 31 也是一对孪生质数。在数论研究中，孪生质数是最热门的研究课题之一。现在有一对孪生质数，它们数字和的最大公因数大于 2。那么，这对孪生质数的和最小是________。

解析

两数差 2，若加 2 不进位，则两数数字和也差 2，依题意这是不可能的，故必然进位，这两数分别是 $10a+9$ 和 $10(a+1)+1$。若只进一位（为了找最小值，也应该优先考虑进 1 位），则数字和相差 7（加 2 再减 9），故数字和的最大公因数为 7。个位是 1 且数字和是 7 的倍数的数，最小是 61，考察 59 和 61，满足要求。$59+61=120$。

例 4 如图，正方体每个面上各写了一个整数，并且相对的两个面上的数之和都相等。现在只看到三个面上写的数 8，10 与 25，如果看不见的三个面上写的都是质数，那么三个质数之和是（　　）。

A. 36　　B. 38　　C. 52　　D. 58

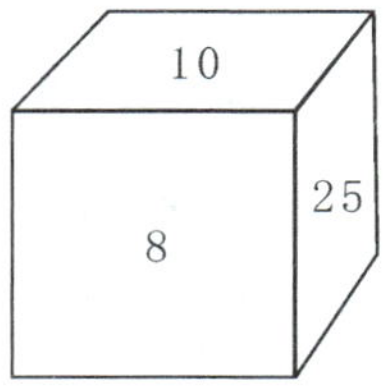

（2016 年湖北省数学思维能力等级测试 5 年级）

解析

质数中除 2 以外都是奇数。

8，10 都是偶数且与对面的数之和都相等，因此 8，10 的对面都是奇质数，则 25 的对面必为偶质数 2。

则这三个质数之和为 $(25+2)\times3-25-8-10=38$。

例 5 用 1～9 这 9 个数字最多可以组成________个质数。（每个数字只能使用一次，且必须使用）

解析

2、3、5、7 本身就是质数，剩下 1、4、6、8、9 不可能单独为质数，其中只有 1 与 9 可以放在末位，则最多构成 2 个质数，即 461 与 89。所以最多有 2、3、5、7、89、461，共 6 个质数。

例 6 三个小于 100 且互不相同的质数能构成一个等差数列，并且它们的数字和都相同，那么这三个质数的和是________。

（2018 年"数学花园探秘"6 年级初赛 B 卷）

解析

因为 3 个质数中较大的两个数必为奇数，且 3 个数构成等差数列，所以最小的质数为奇质数。另外根据数字和相同，那么它们除以 9 的余数相同，公差是 9 的倍数。综上所述，公差肯定是 18 的倍数，至少差 18。枚举，可找到 5，23，41 三个数。$5+23+41=69$。

例 7 设 q 是一个平方数。如果 $q-2$ 和 $q+2$ 都是质数，就称 q 是 P 型平方数。例如 9 就是一个 P 型平方数。那么小于 1000 的最大 P 型平方数是________。 （第 21 届“华杯赛”高年级组初赛 A 卷）

解析

小于 1000 的最大平方数是 $31^2=961$，而偶数的平方 ±2 后均为偶数，其中必有一个大于 2 的偶数为合数，不符合要求。所以我们只用考虑奇数的平方，假设 $q=n^2$，将奇数 n 分为除以 3 余 0、余 1、余 2 三类。

则奇数 n 的平方除以 3 的余数只有余 0、余 1 两种。余 1 这一类中 (n^2+2) 一定是 3 的倍数，除 $1^2+2=3$ 以外全为合数，这样我们只用考虑 n 为 3 的倍数的情况。

$27^2=729$，$729+2=731=17\times43$，729 不是 P 型平方数。

$21^2=441$，439 与 443 均为质数，所以小于 1000 的最大 P 型平方数是 441。

例 8 题图的字母分别表示 1～9 中不同的数字。相邻两格中的数字共能组成 24 个两位数（如 $\overline{AB}$，$\overline{BA}$，$\overline{GD}$），同行或同列三个数字共能依次组成 12 个三位数（如 $\overline{ABC}$，$\overline{BEH}$，$\overline{HEB}$）。在这 36 个数中，合数最多有________个。

A	B	C
D	E	F
G	H	I

（2016 年“数学花园探秘”小高决赛 C 卷第 14 题）

解析

若 36 个数均为合数，由于 13，23，43，53，73，83 均为质数，所以 3 只能与 6，9 相邻，则 3 只能放在角上。如图所示，不妨设 $A=3$，$B=6$，$D=9$，则有：

	3	6	
	A	B	C
9	D	E	F
	G	H	I

又∵19，29，59，79，89 为质数，∴$\overline{E9}$，$\overline{G9}$ 中必有一个为质数，矛盾。∴合数最多有 35 个。

构造如下图：

1	2	3
8	4	9
7	5	6

例 9 格林-陶定理是本·格林和陶哲轩于 2004 年合作证明的一个有关质数组成等差数列的定理。定理指出：存在着由质数组成的项数为 k 的等差数列，其中 k 可以为任意自然数。那么由 200 以内的质数组成的各种等差数列中，项数最多的等差数列有________项。 （2017 年“数学花园探秘”6 年级网赛）

解析

当公差不是 2 的倍数时，项数大于 2 的等差数列必然含有大于 2 的 2 的倍数；

当公差不是 3 的倍数时，项数大于 3 的等差数列必然含有大于 3 的 3 的倍数；

当公差不是 5 的倍数时，项数大于 5 的等差数列必然含有大于 5 的 5 的倍数；

当公差不是 7 的倍数时，项数大于 7 的等差数列必然含有大于 7 的 7 的倍数。

所以 $k\geqslant 6$ 时，公差必为[2,3,5]=30 的倍数；

所以 $k\geqslant 8$ 时，公差必为[2,3,5,7]=210 的倍数。

所以，由 200 以内的质数组成的等差数列的项数不会超过 7。想要项数达到 7，则首项末项的差为 180，最小的数不超过 19，可能的有：

数列 7、37、67、97、127、157、187(合数)，符合要求的有 6 项；

数列 11、41、71、101、131、161(合数)；

数列 13、43、73、103、133(合数)；

数列 17、47、77(合数)；

数列 19、49(合数)。

所以项数最多的等差数列有 6 项。

真题重现

1. 用 1、5、7 组成各位数字不同的三位数，其中最小的质数是________。

(2014 年“希望杯”5 年级第一试)

2. 如图，三张卡片的正面各写有一个数，它们的反面分别写有质数 m、n、p。若三张卡片正反两面的两个数的和都相等，则 $m+n+p$ 的最小值是________。

47	53	71

第 2 题图

(第 14 届“希望杯”6 年级第一试第 11 题)

3. 一个质数的 2 倍和另一个质数的 5 倍的和是 36，则这两个质数的乘积是________。

(2015 年“希望杯”)

4. 已知质数 a、b、c 满足：$a+b+c=38$。那么 $a\times b\times c$ 的最大值为________。

(2017 年“数学花园探秘”6 年级初赛 C 卷)

5. 某个长方体的棱长都为质数，且其 12 条棱长总和为 56。那么这个长方体的体积为________。

(2017 年“数学花园探秘”6 年级初赛 D 卷)

6. 如果两个质数的差恰好是 2，称这两个质数为一对孪生质数。例如，3 和 5 是一对孪生质数，29 和 31 也是一对孪生质数。在数论研究中，孪生质数是最热门的研究课题之一。

那么，在不超过 100 的整数中，一共可以找到________对孪生质数。

(2015 年“数学花园探秘”5 年级网赛)

7. 若一个正整数，将其各位数字用任意方式排列后均为质数，则称这个数为“绝对质数”。那么，小于

1000 的自然数中，没有重复数字的“绝对质数”有________个。 (2013 年“数学花园探秘”6 年级网赛)

8. 用 1、2、3、4、5、6、7、9 各一次组成 4 个两位质数，这 4 个质数的总和是________。

(2016 顺天府学杯 5 年级)

9. 有 A、B、C 三个两位数。A 是一个完全平方数，而且它的每一位数字都是完全平方数；B 是一个质数，而且它的每一位数字都是质数，数字和也是质数；C 是一个合数，而且它的每一位数字都是合数，两个数字之差也是合数，并且 C 介于 A、B 之间。那么 A、B、C 这三个数的和是________。

(2016 年“数学花园探秘”小高决赛 D 卷)

10. 下方算式中，不同的汉字代表不同的数字。如果$\overline{\text{二零一五}}=2015$，且数学是质数，那么$\overline{\text{数学花园}}=$________。

$$\overline{\text{二零一五}}=\overline{\text{数学}}+\overline{\text{花园}}\times\text{探}\times\text{秘}$$

第 10 题图

(2015 年“数学花园探秘”小高决赛 A 卷)

参考答案

1. 答案：157。

分析：组成最小的三位数为 157，且 $12^2<157<13^2$，所以验证 12 以内的质数即可。

$2\nmid157$，$3\nmid157$，$5\nmid157$，$7\nmid157$，$11\nmid157$，所以 157 为质数。

2. 答案：57。

分析：由题可知 $m>n>p$，

若 $p=2$，则 m、n 必为偶数，不成立；

若 $p=3$，则 $n=71+3-52=21$ 为合数，不成立；

若 $p=5$，则 $n=71+5-53=23$，$m=71+5-47=29$，成立。

$\therefore m+n+p$ 的最小值为 $5+23+29=57$。

3. 答案：26。

分析：设 $36=2p+5q$，因为 36 与 $2p$ 均为偶数，所以 $5q$ 也一定是偶数，于是 $q=2$，则 $p=(36-2\times5)\div2=13$，于是两个数的乘积为 26。

4. 答案：646。

分析：已知 a、b、c 均为质数，如果它们都是奇数的话，和一定是奇数；而实际 $a+b+c=38$，所以其中必有一个是偶数。不妨设 $a=2$，那么 $b+c=36$。为使乘积尽可能大，在和一定的情况下，b 与 c 的取值应尽可能接近。易知 b 与 c 应分别是 17 和 19，所以 $a\times b\times c=2\times17\times19=646$。

5. 答案：70。

分析：一组长、宽、高的和为 $56\div4=14$，又因为长、宽、高都是质数，所以 $14=2+5+7$，体积为 $2\times5\times7=70$。

6. 答案：8。

分析：(3,5)、(5,7)、(11,13)、(17,19)、(29,31)、(41,43)、(59,61)、(71,73)，共 8 对。

7. 答案：12。

分析：一位数：2、3、5、7；

两位数：13、31、17、71、37、73、79、97；

三位数：可用的数字只有 1、3、7、9，而 371、931、917、973 均为 7 的倍数，所以三位数中没有“绝对质数”。

所以，共有 12 个。

8. 答案：190。

分析：质数的个位只能是 1、3、7、9，那么 2、4、5、6 就都在十位上。所以 4 个质数的总和必然是$(2+4+5+6)\times10+(1+3+7+9)=190$。41、53、67、29 满足条件。

9. 答案：120。

分析：A 只能为 49；B 的数字和为质数，所以必然含有 2，只能是 23。

一位合数有 4、6、8、9，差为合数的只有 4 与 8，且 C 在 A、B 之间，所以 C 为 48。

三个数的和为 $49+23+48=120$。

10. 答案：8369。

分析：剩下六个汉字代表的数为 3、4、6、7、8、9。因为$\overline{数学}$为质数，所以其尾数只能为 3、7、9，则后面三个数的乘积对应的尾数为 2、8、6。

当$\overline{数学}=43$ 时，后三个数的乘积>1972，不符合条件；

当$\overline{数学}=73$ 时，后三个数的乘积>1942，不符合条件；

当$\overline{数学}=83$ 时，有 $83+69\times4\times7=2015$，符合条件；

当$\overline{数学}=37$ 时，后三个数的尾数只能为 $4\times8\times9$，经验算，没有符合条件的解；

当$\overline{数学}=47$ 时，后三个数的尾数无法满足，不符合条件；

当$\overline{数学}=67$ 时，后三个数的尾数可以为 $4\times8\times9$ 或 $3\times4\times9$，经验算，没有符合条件的解；

当$\overline{数学}=97$ 时，后三个数的尾数无法满足，不符合条件；

当$\overline{数学}=79$ 时，后三个数的尾数只能为 $3\times4\times8$，经验算，没有符合条件的解；

当$\overline{数学}=89$ 时，后三个数的尾数只能为 $3\times6\times7$，经验算，没有符合条件的解。

综上所述，$\overline{数学花园}$代表的四位数为 8369。

32.4　分解质因数

32.4.1　算术基本定理：每个大于 1 的自然数都可以唯一地写成质数的乘积

在本章开篇时我们讲到，在整数的世界中，我们可以将质数看作数中“单个的积木”，而合数便是由这些积木用“乘法”拼接出的玩具模型。而相同的积木拼接出的数，即这些质数的乘积一定是相同的，所以不同的合数所含的“质数积木”一定是不同的。于是，我们可以将拼出合数的“质数积木”的构成看作该合数的“身份证”，质数的“身份证”当然就是它本身。例如，$7=7$，$24=2^3\times3$。

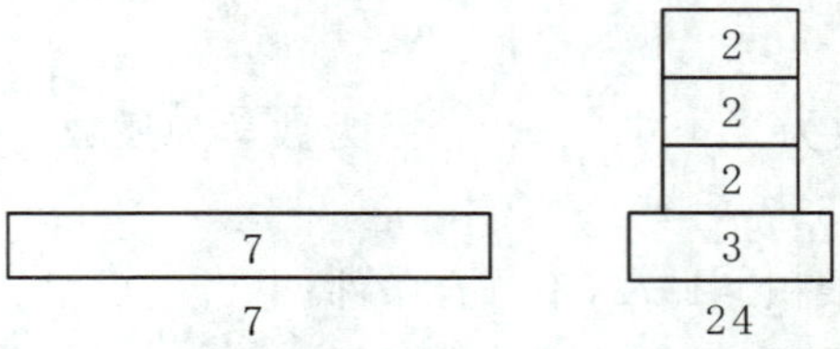

与人的身份证号码一样，数的“身份证”号码也需要一一对应。而为了确保身份证号码的唯一性，德国数学家戴德金（Dede kind，1831—1916）给分解质因数的最后形式制定了下面的两个要求：

1. 质因数从小到大排列。
2. 以幂的形式书写。

所以 24 的分解质因数不能书写为 $24=3\times2\times2\times2$，$24=2\times3\times2\times2$，$24=2\times2\times3\times2$，$24=2\times2\times2\times3$，只能书写为标准形式 $24=2^3\times3$。

明白了分解质因数标准形式的要求，我们就可以讨论另一个问题。

【思考 6】1 也不可分割，为什么 1 不是质数呢？

想必很多同学都能记起，刚才我们是怎么给自然数分类的。按因数个数分类，1 只有 1 个因数，而质数有 2 个因数，所以 1 就不是质数了。其实，除了这个因素以外，还有两个原因：

1. 质数是可以拼出合数的“积木”，那么意味着，当想要产生新的“合数模型”时，我们会用乘法再拼接上一块或几块“质数积木”。此时我们可以设想拼接“1”的场景，拼接后原来的模型会发生变化吗？当然是不会的，“1”是一个无效积木，所以 1 被排除在质数之外。

2. 如果 1 是质数，那么 24 的分解质因数标准形式就有 $24=1\times2^3\times3$，$24=1^2\times2^3\times3$，$24=1^3\times2^3\times3$，…无限多种情况。为了保证分解质因数标准形式的唯一性，还是得将 1 排除在质数之外。

32.4.2　分解质因数的算法

分解质因数常见的有树形图分解法、短除法，但这两种与其说是“方法”，不如说是“表现形式”。例如，分解一个较大的数 1111111，树形图与短除法就显得苍白无力了，真正起到作用的实际上是前面讲到的“质数的判定”与“整除特征”，这些才是分解质因数的方法。

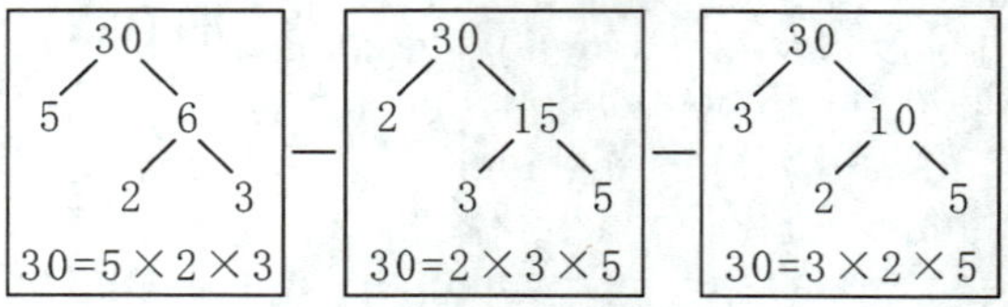

树状图

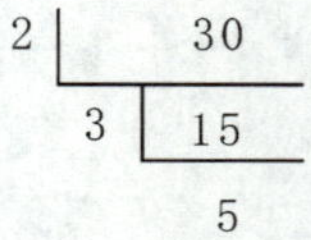

短除法

一个七位数的分解（$1111111=239\times4649$）已经困难重重，那么更大的数的分解对于人脑来说将是一项艰巨的工作。

1903 年，在纽约的一次数学报告会上，数学家科勒上了讲台，他一言不发，只是用粉笔在黑板上写了两数的演算结果，一个是 $2^{67}-1$，另一个是 $193707721\times761838257287$，两个算式的结果完全相同，这时，全场爆发出经久不息的掌声。科勒解决了 200 年来一直没弄清的问题，即梅森数 $2^{67}-1$ 是不是质数？

在没有计算机的时代，科勒用 3 年里全部的星期天告诉大家，$2^{67}-1$ 是合数。在这简单算式中所蕴含的勇气与毅力，比洋洋洒洒的万言报告更具魅力。

祸兮，福之所倚；福兮，祸之所伏。也正因为大数分解的困难，促进了密码学的诞生，保证了人类的信息与财产安全。

延伸

梅森数(Mersenne number)又称麦森数，是指形如 2^p-1 的正整数，其中指数 p 是质数，常记为 M_p。

2300 年前，古希腊数学家欧几里得证明了质数有无穷多个，并提出少量质数可写成"2^p-1"的形式。这种质数具有许多独特的性质和无穷的魅力，千百年来一直吸引着众多的数学家和无数的业余数学爱好者对它进行探究。

17 世纪法国著名数学家梅森曾对"2^p-1"型质数做过较为系统而深入的探究，并做出著名的断言(现称"梅森猜想")，且他是当时欧洲科学界的中心人物，数学界就将"2^p-1"型的素数称为"梅森素数"。

常用分解

$111=3\times37$	$1001=7\times11\times13$
$11111=41\times271$	$10001=73\times137$
$1111111=239\times4649$	$10101=91\times111=3\times7\times13\times37$

例 10 在除法算式中，被除数为 2016，余数为 7，则满足算式的除数共有(　　)个。

A. 3　　B. 4　　C. 5　　D. 6

(第 21 届"华杯赛"中年级组初赛 A 卷第 6 题)

解析

$2016-7=2009$，$2009=7^2\times41$。因为除数大于余数，所以我们需要找到 2009 的大于 7 的因数，有 2009、287、49、41，共 4 个，故选 B。

例 11 一个大于零的整数，既不是质数，也不是完全平方数，且没有小于 50 的质因数。则这样的整数最小为________。

(2014 年春·武汉明心数学资优生测试 5 年级)

解析

将大于 50 的质数从小到大排列，依次为 53、59、61、…。

所以满足要求的最小整数为 $53\times59=3127$。

例 12 一个自然数 A 连着写 2 遍(例如把 123 写成 123123)得到一个新的数 B。如果 B 是 2016 的倍数，那么 A 的最小值是________。

(2016 年"数学花园探秘"5 年级初赛 B 卷)

解析

因为 2016 在四位数范围内的倍数有 2016、4032、6048、8064，所以 A 不是两位数，A 至少是三位数。

当 A 为三位数时，因为 $B=1001\times A=7\times11\times13\times A$，$2016=2^5\times3^2\times7$，所以 A 需要 $2^5\times3^2=288$ 作为因数，即 A 的最小值是 288。

例 13 一个自然数最大的三个因数的和为 140，这个自然数是________。

（2018 年“数学花园探秘”高年级决赛 D 卷）

解析

如果这个自然数是奇数，那么它的三个因数均为奇数，不满足要求，所以这个自然数是偶数；如果这个自然数不是 4 的倍数，那么它最大的三个因数的奇偶性分别为偶、奇、偶，不满足要求。所以这个自然数一定是 4 的倍数。

如果这个自然数最小的 3 个因数分别为 1、2、3，那么它是 $140\div\left(1+\frac{1}{2}+\frac{1}{3}\right)=\frac{840}{11}$，不是整数；

由上可知，这个自然数最小的 3 个因数分别为 1、2、4，这个自然数是 $140\div\left(1+\frac{1}{2}+\frac{1}{4}\right)=80$。

例 14 如果一个两位数的所有偶因数之和恰好是它所有奇因数之和的 6 倍，那么这个两位数最大是________。

（2020 年“数学花园探秘”5 年级初赛 B 卷）

解析

如果一个数的所有偶因数之和恰好是所有奇因数之和的 6 倍，因为 $6=2+2^2$，所以将这个数分解质因数，其中奇质因子无论为多少，质因数 2 的指数都应该是 2，所以 $92=2^2\times23$ 是满足条件的最大两位数。

例 15 定义 a^* 表示 $1^a\times2^a\times3^a\times4^a\times5^a$ 计算结果末尾连续 0 的个数。那么，2018^* 为________。

（2018 年“数学花园探秘”6 年级初赛 B 卷）

解析

只需要看 $1^{2018}\times2^{2018}\times3^{2018}\times4^{2018}\times5^{2018}$ 的质因数中 2 和 5 的个数，一共 6054 个 2 和 2018 个 5，所以末尾有 2018 个 0。

例 16 算式：$1\times(1+2)\times(1+2+3)\times(1+2+3+4)\times\cdots\times(1+2+3+\cdots+2016)$ 计算结果的末尾一共会出现________个连续的数字 0。

（第 3 届“优才杯”5 年级）

解析

原式 $=\left(\frac{1\times2}{2}\right)\times\left(\frac{2\times3}{2}\right)\times\left(\frac{3\times4}{2}\right)\times\left(\frac{4\times5}{2}\right)\times\cdots\times\left(\frac{2016\times2017}{2}\right)$，

考察末尾 0 的个数实际上就是考察质因数 2 与 5 的个数。

分子相当于从 1 乘到 2016，然后再从 2 乘到 2017。

1～2016 中，先看 5：

一共含有 $\left(\left[\frac{2015}{5}\right]+\left[\frac{2015}{25}\right]+\left[\frac{2015}{125}\right]+\left[\frac{2015}{625}\right]\right)\times2=(403+80+16+3)\times2=1004$（个）质因数 5；

再看 2：

一共含有 $\left(\left[\frac{2016}{2}\right]+\left[\frac{2016}{4}\right]+\left[\frac{2016}{8}\right]+\left[\frac{2016}{16}\right]+\left[\frac{2016}{32}\right]+\left[\frac{2016}{64}\right]+\left[\frac{2016}{128}\right]+\left[\frac{2016}{256}\right]+\left[\frac{2016}{512}\right]+\left[\frac{2016}{1024}\right]\right)\times2-2016=(1008+509+254+127+63+31+15+7+3+1)\times2-2016=2020$（个）质因数 2。

可以凑出 1004 对 2 与 5，那么末尾会有 1004 个连续的 0。

例 17 两个自然数 p 与 q，其个位数均不为零。如果 p 与 q 的乘积是若干个 10 连乘的积(即 10，100，1000，10000，…)，且 $p>q$，那么 p 与 q 差的个位数不可能是(　　)。

A. 1　　B. 3　　C. 5　　D. 7　　E. 9

(2014 年秋·武汉明心数学资优生测试 5 年级)

解析

这道题属于"纸老虎"类型，考生容易被表述形式吓倒，而一旦冷静下来找到"尾数"这个突破口，则问题迎刃而解。

因为 p 和 q，其个位数均不为零，所以 p、q 一定分别是 2 的乘方、5 的乘方。其中 5 的乘方"尾数"一定是 5，而 2 的乘方"尾数"一定不为 0，其差不可能出现 5，所以选 C。

例 18 2016 名同学排成一排，从左至右依次按照 1，2，…，n 报数($n\geqslant 2$)。若第 2016 名同学所报的数恰是 n，则给这轮中所有报 n 的同学发放一件新年礼物。那么无论 n 取何值，有________名同学将不可能得到新年礼物。(2016 年"数学花园探秘"高年级决赛 A 卷)

解析

∵第 2016 名同学报 n，∴$n\mid 2016$。而 $2016=2^5\times 3^2\times 7$，则编号不是 2、3、7 的倍数的同学不可能得到新年礼物。$[2,3,7]=42$，每连续 42 个数中有 12 个数不是 2、3、7 的倍数，所以共有 $2016\times\frac{12}{42}=576$(名)同学不可能拿到新年礼物。

例 19 聪聪表演数学魔术，在黑板上写下 1、2、3、4、5、6、7，让别人从中选定 5 个数，然后把这 5 个数的乘积算出来告诉他，聪聪猜这个人选的数。如果轮到笨笨选时，聪聪竟然连这 5 个数之和是奇数还是偶数都无法确定。那么笨笨选的 5 个数乘积是________。(2015 年"数学花园探秘"小高决赛 B 卷)

解析

7 个数的乘积为 5040，7 个数的和为 28。聪聪猜不到这 5 个数，没选的两个数的乘积可能等于另外两个数的乘积，可能为 $6=1\times 6=2\times 3$ 或者 $12=2\times 6=3\times 4$。

当为 $6=1\times 6=2\times 3$ 时，因为 $1+6=7$ 与 $2+3=5$ 均为奇数，所选 5 个数的和一定为奇数，不符合题意；而当为 $12=2\times 6=3\times 4$ 时，$2+6=8$ 为偶数，$3+4=7$ 为奇数，满足题意，所以选出的 5 个数的积为 $5040\div 12=420$。

例 20 在算式 $(\overline{ABC}-\overline{DEF})\times\overline{GH}\div X=2013$ 中，不同字母代表 1～9 中的不同数字。已知 $X=7$，五位数 $\overline{ABCDE}=$________。(2013 年"数学花园探秘"5 年级网赛)

解析

∵$X=7$，∴$(\overline{ABC}-\overline{DEF})\times\overline{GH}=3\times 7\times 11\times 61$。由题意知 $\overline{GH}$ 可能的值是 21 或 61。

若 $\overline{GH}=21$，则 $\overline{ABC}-\overline{DEF}=671$，没有满足条件的 $\overline{ABC}$ 和 $\overline{DEF}$。而若 $\overline{GH}=61$，则 $\overline{ABC}-\overline{DEF}=231$，则 $\overline{ABC}=824$，$\overline{DEF}=593$，所以 $\overline{ABCDE}=82459$。

例 21 从自然数 1 至 100 中任意选出 m 个数，使得这 m 个数中必有 1 个数可以整除剩下 $m-1$ 个数的乘积，m 的最小值为多少？（《小学数学竞赛年鉴：MO2017》P91）

解析

首先，取 25 个质数时，其中任意一个数都不整除剩下 24 个数的乘积，$m=25$ 时无法满足条件，因此 m 大于 25。

下面证明，从 1 至 100 中任取 26 个数，其中必有一个数可以整除剩下的 25 个数。

设这 26 个数为 $a,b,c,\cdots,z$，因为 1 至 100 中只有 25 个质数，设这 26 个数分解质因数的形式为：

$$a=2^{a_1}\times3^{a_2}\times5^{a_3}\times\cdots\times97^{a_{25}};$$

$$b=2^{b_1}\times3^{b_2}\times5^{b_3}\times\cdots\times97^{b_{25}};$$

$$\cdots$$

$$z=2^{z_1}\times3^{z_2}\times5^{z_3}\times\cdots\times97^{z_{25}}。$$

从这 26 个数中先找到 2 的指数中最多的那个数去掉（$a_1,b_1,c_1,\cdots,z_1$ 中最大的一个，如有并列随意去掉一个即可）。再从剩下的 25 个数中将 3 的指数中最多的那个数去掉，然后将 5 的指数中最多的那个数去掉，……，依次进行。

去掉 25 个数以后，剩下的这个数的每一种质因数的指数都不超过已选 25 个数中每个质因数指数的最大值，因此这个数一定整除剩下 25 个数的乘积。

真题重现

1. 我们知道 0，1，2，3，…叫作自然数，只能被 1 和自身整除且大于 1 的自然数叫作质数，比如 2，3，5，7，11 等。能够整除 2015 的所有质数之和为________。（2015 年“走进美妙的数学花园”）

2. 三个两位数的乘积等于 2016，那么这三个两位数的和是________。

（第 10 届“巨人杯”综合素质评估·思维能力·5 年级）

3. 一个自然数的末两位是 37，它的各位数字之和也是 37，并且这个自然数是 37 的倍数，则这样的自然数中最小的是________。（2017 年“数学花园探秘”小高决赛 C 卷）

4. 某数 N 分解质因数为：$N=a\times b\times\overline{ab}\times\overline{ba}$，那么 N 的值为________。

（2019 年“数学花园探秘”6 年级总决赛第一试）

5. 若 $21\times20\times19\times\cdots\times3\times2\times1$ 能被 2^n 整除，则 n 的最大值是________。

（2014 年春·武汉明心数学资优生测试 5 年级）

6. $1\times2\times3\times\cdots\times2016$ 的结果末尾有________个 0。（第七届“高思杯”6 年级第 22 题）

7. 对于自然数 N，在 1～9 这九个自然数中，如果至少有五个数是 N 的因数，则称 N 是一个“五顺数”；若至少有六个数是 N 的因数，则称 N 是一个“六合数”；若至少有七个数是 N 的因数，则称 N 是一个“七星数”；若至少有八个数是 N 的因数，则称 N 是一个“八仙数”。那么，在大于 2000 的自然数中，最小的“五顺数”“六合数”“七星数”“八仙数”各是多少？（2016 年“数学花园探秘”6 年级初赛）

8. 用 0～9 十个数字组成一个算式，要求每个数字只能使用一次，使得算式成立，其中部分数字已给出，则所填的四个自然数之和是________。

$(\overline{\square\square}-\square-\square)\times\overline{\square\square}=\boxed{2}\boxed{0}\boxed{1}\boxed{4}$

第 8 题图

（2014 年"陈省身杯"5 年级）

9. 在算式"$(\overline{AB}-C)\times(\overline{DE}-F)\times(G+H+I)\times X=2014$"中，不同的字母代表 0～9 中不同的数字。那么，$\overline{ABC}+\overline{DEF}=$________。（2014 年"数学花园探秘"5 年级总决赛第二试）

10. 有一个令人惊奇的结果：$1\times2\times3\times4\times5\times6=8\times9\times10$，更令人惊奇的是 $8\times9\times10\times11\times12\times13\times14$ 也可以等于另外几个连续自然数的乘积。那么这些连续自然数中最小的数是________。

（2014 年秋·武汉明心数学资优生测试 5 年级）

参考答案

1. 答案：49。

分析：$2015=5\times13\times31$，$5+13+31=49$。

2. 答案：38。

分析：2016 分解质因数为 $2016=2^5\times3^2\times7$，经过尝试可得 $2016=12\times12\times14$，这三个数的和为 $12+12+14=38$。

3. 答案：99937。

分析：这个自然数除末两位之外的数字和为 27，所以至少是五位数，而五位数仅一个，想要数小，则数位尽量少，于是数字尽量大。而 $37|999$，所以 99937 恰好满足"是 37 的倍数"的条件，所以这样的自然数中最小的是 99937。

4. 答案：56721。

分析：$N=3\times7\times37\times73=56721$。

5. 答案：18。

分析：1～21 中，2 的倍数有 10 个，4 的倍数有 5 个，8 的倍数有 2 个，16 的倍数有 1 个。共有 $10+5+2+1=18$（个）2，所以 n 的最大值为 18。

6. 答案：502。

分析：利用层除法。

$$
\begin{array}{l}
5\,\underline{|\;2016\;}\\
\quad 5\,\underline{|\;403\;}\;\cdots\cdots1\\
\qquad 5\,\underline{|\;80\;}\;\cdots\cdots3\\
\qquad\quad 5\,\underline{|\;16\;}\;\cdots\cdots0\\
\qquad\qquad 3\;\cdots\cdots1
\end{array}
$$

所以 $1\times2\times3\times\cdots\times2016$ 分解质因数以后有 $3+16+80+403=502$（个）质因数 5，另外质因数 2 的个数一定比 5 的个数多，所以末尾有 502 个连续的 0。

7. 答案：2004；2016；2016；2016。

分析：1～9 中有五奇四偶，则大于等于 6 个因数时，必有偶数，故"六合数""七星数""八仙数"均为偶数，枚举知：

$2002=2\times7\times11\times13$ 只能被 1、2、7 整除，不符合要求；

$2004=2^2\times3\times167$ 只能被 1、2、3、4、6 整除，不符合要求；

$2006=2\times17\times59$ 只能被 1、2 整除，不符合要求；

$2008=2^3\times251$ 只能被 1、2、4、8 整除，不符合要求；

$2010=2\times3\times5\times67$ 只能被 1、2、3、5、6 整除，不符合要求；

$2012=2^2\times503$ 只能被 1、2、4 整除，不符合要求；

$2014=2\times19\times53$ 只能被 1、2 整除，不符合要求；

$2016=2^5\times3^2\times7$ 能被 1、2、3、4、6、7、8、9 整除，符合要求。

所以最小的“六合数”“七星数”“八仙数”都是 2016。

若“五顺数”不为偶数，则一定为$[1,3,5,7,9]=315$ 的倍数，而 $315\times6<2004<315\times7$，所以最小的“五顺数”为 2004。

8. 答案：119。

分析：$2014=38\times53$，$53=67-5-9$，$67+5+9+38=119$。

9. 答案：672。

分析：$\because 2014=2\times1007=2\times19\times53$，$\therefore X=1$ 或 2。

当 $X=1$ 时，$(\overline{AB}-C)$或$(\overline{DE}-F)$的值为 2，则 A 或 D 必有一个为 1，与 X 重复，矛盾；

当 $X=2$ 时，$(\overline{AB}-C)$或$(\overline{DE}-F)$中有一个值为 1，不妨设$(\overline{AB}-C)=1$，则仅有 $10-9=1$ 满足条件。剩下$\overline{DE}-F=53$，$G+H+I=19$。剩下 3、4、5、6、7、8，D 显然不能为 6，只能为 5。此时仅有 $8+7+4=19$，所以$\overline{DE}-F=56-3=53$。

于是$\overline{ABC}+\overline{DEF}=109+563=672$。

10. 答案：63。

分析：$8\times9\times10\times11\times12\times13\times14=2^7\times3^3\times5\times7\times11\times13=63\times64\times65\times66$。

32.5　因数个数与因数和

32.5.1　求一个数的因数个数

1 仅有 1 个因数，质数仅有 2 个因数，接下来我们主要考虑如何求合数的因数个数。

以 12 为例，$12=2^2\times3$，12 这个“合数模型”由两个质数 2“积木”与一个质数 3“积木”用乘法拼成，如图。

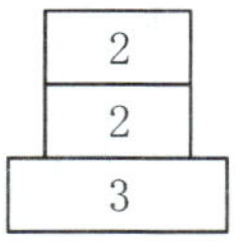

12

显然，一个数含有质因数 5，那么它一定不是 12 的因数；如果一个数含有 2 个质因数 3，那么它也不会是 12 的因数。从直观的角度讲，也就是说 12 的因数只能是从 12 这个“合数模型”中取出来的“积木”或“积木”的乘积，能从中取出两个质数 2，所以 $2^2=4$ 是 12 的因数；能从中取出一个质数 2，一个质数 3，所以 $2\times3=6$ 是 12 的因数。所以，求 12 的因数个数可以转化为“从 12 这个‘合数模型’中选取质数积木的方法有多少种”。

取质数 2 可以取 0 个，取 1 个，取 2 个，3 种取法；

取质数 3 可以取 0 个，取 1 个，2 种取法；

根据乘法原理可知，共有 $2\times3=6$(种)取法。

注意，不选，也是 1 种选择；既不选 2 也不选 3 时，即因数为 $2^0\times3^0=1$。

再以 360 为例，$360=2^3\times3^2\times5$，即 360 由 3 个质因数 2，2 个质因数 3，1 个质因数 5 组成，所以取质数 2 有(3+1)种取法，取质数 3 有(2+1)种取法，取质数 5 有(1+1)种取法，所以 360 的因数个数有$(3+1)\times(2+1)\times(1+1)=24$(个)。

那么，对于任意自然数 $N=p_1^{e_1}\cdot p_2^{e_2}\cdot p_3^{e_3}\cdot\cdots\cdot p_k^{e_k}$，其因数个数为$(e_1+1)(e_2+1)(e_3+1)\cdots(e_k+1)$。

特别的，当且仅当 N 为完全平方数时，其因数个数为奇数个。

首先我们可以从因数成对出现的角度考虑这个事实。从下图中我们可以看出：

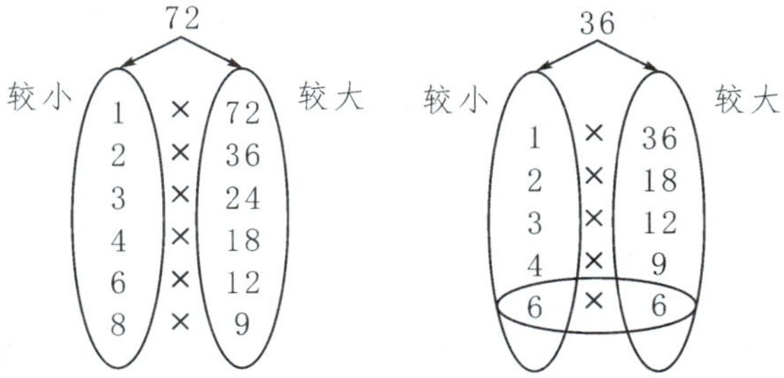

当 N 不是完全平方数时，因数成对出现，因数个数一定是偶数；

当 N 为完全平方数时，“较小”区域与“较大”区域的因数才会出现唯一的重复，于是其因数个数等于“偶数−1”，为奇数个。

其次，我们从分解质因数的角度来看看完全平方数有什么特点。

假设完全平方数 $N=a^2$，a 分解质因数为 $a=p_1^{e_1}\cdot p_2^{e_2}\cdot p_3^{e_3}\cdot\cdots\cdot p_k^{e_k}$，于是 $N=a^2=p_1^{2e_1}\cdot p_2^{2e_2}\cdot p_3^{2e_3}\cdot\cdots\cdot p_k^{2e_k}$，从中我们可以看出，完全平方数 N 所有质因数的指数均为偶数。

利用公式求 N 的因数个数会得到，其因数个数为$(2e_1+1)(2e_2+1)(2e_3+1)\cdots(2e_k+1)$，每个括号内的结果均为奇数，所以乘积也为奇数，再次得出了“完全平方数的因数个数为奇数”这样一个结论。

另外，完全平方数的尾数只能为 0、1、4、9、6、5，这也是解题时常见的突破口。

32.5.2 求一个数的因数和

还是以 12 为例，$12=2^2\times3$，它的因数都是由取出的质因数 2 与质因数 3 相乘得到的，所以我们可以将可能取出的 2^0、2^1、2^2 当作横向的长度，3^0、3^1 当作纵向的长度，如图 1 搭配起来，则形成的小长方形的面积即为 12 的因数。

由图 1 也可看出质因数 2 的 3 种选择与质因数 3 的 2 种选择搭配出了 12 的所有 6 个因数，而这 6 个因数之和对于图 1 而言即为最大长方形的面积，于是我们利用长方形的面积公式可得：

	2^0	2^1	2^2
3^0	1	2	4
3^1	3	6	12

图 1

$$\begin{aligned}因数和&=长\times宽\\&=(2^0+2^1+2^2)\times(3^0+3^1)\\&=7\times4\\&=28。\end{aligned}$$

对于分解后多于两种质因数的数，例如 60。$60=2^2\times3\times5=12\times5$，我们可以将前面 12 的因数部分拉平成一条线段，于是 60 所有的因数如图 2 所示：

	1	2	4	3	6	12
5^0	1	2	4	3	6	12
5^1	5	10	20	15	30	60

图 2

由图 2 可知，60 的因数和为：

$$\begin{aligned}&(2^0+2^1+2^2)\times(3^0+3^1)\times(5^0+5^1)\\=&28\times(5^0+5^1)\\=&28\times6\\=&168。\end{aligned}$$

对于有更多不同质因数的合数 N，我们可以重复以上的操作，于是

当 $N=p_1^{e_1}\cdot p_2^{e_2}\cdot p_3^{e_3}\cdot\cdots\cdot p_k^{e_k}$ 时，N 的因数和为

$(p_1^{e_1}+p_1^{e_1-1}+p_1^{e_1-2}+\cdots+p_1^0)\cdot(p_2^{e_2}+p_2^{e_2-1}+p_2^{e_2-2}+\cdots+p_2^0)\cdot(p_3^{e_3}+p_3^{e_3-1}+p_3^{e_3-2}+\cdots+p_3^0)\cdot\cdots\cdot(p_k^{e_k}+p_k^{e_k-1}+p_k^{e_k-2}+\cdots+p_k^0)$。

延伸

完　全　数

在西方，自然数 6 是一个备受宠爱的数字。有人认为，6 是属于美神维纳斯的，它象征着美满的婚姻；中国人对 6 的宠爱，也是很有说法的。例如“六六大顺”“六合同风”“眼观六路”……不一而足。

在数学领域，6 是第一个完全数，也是最小的完全数。所谓完全数（又称完美数或完备数），是一种特殊的自然数。它除了自身以外的所有因数之和，恰好等于它本身。例如，6 有约数 1、2、3、6，除去它本身 6 外，其余 3 个数相加，$1+2+3=6$；第二个完全数是 28，它有约数 1、2、4、7、14、28，除去它本身 28 外，其余 5 个数相加，$1+2+4+7+14=28$。公元前 6 世纪的古希腊数学家、哲学家毕达哥拉斯是最早探究完全数的人，他已经知道 6 和 28 这两个自然数是完全数了。

到了公元前 3 世纪，古希腊数学家欧几里得在其名著《几何原本》中首次给出了寻找完全数的方法，被数学界誉为欧几里得定理：如果 2^p-1 是素数（即梅森素数），则 $2^{p-1}(2^p-1)$ 是完全数。

因为 $2^{p-1}(2^p-1)$ 除它本身以外的因数有：

$$2^0,2^1,2^2,\cdots2^{p-1}与(2^p-1),2^1(2^p-1),2^2(2^p-1),\cdots,2^{p-2}(2^p-1)。$$

所以其和 $=(2^0+2^1+2^2+\cdots+2^{p-1})+(2^p-1)(2^0+2^1+2^2+\cdots+2^{p-2})$

$=(2^p-1)+(2^p-1)(2^{p-1}-1)$

$=(2^p-1)2^{p-1}$。

1730 年，被称为“世界四大数学家雄狮”之一的瑞士数学家欧拉，当时 23 岁，正值风华。他出手不凡，给出了一个出色的定理：每一个偶完全数都是形如 $2^{p-1}(2^p-1)$ 的自然数，其中 p 是素数，2^p-1 也是素数。这是欧几里得定理的逆定理。有了欧几里得和欧拉两个互逆定理，公式 $2^{p-1}(2^p-1)$ 就成为判断一个偶数是不是完全数的充要条件。

由欧几里得-欧拉定理可知，人们只要找到一个梅森素数，就可以找到一个与其对应的偶完全数。但梅森素数的寻找异常艰辛，它是数论研究的一项重要内容，也是当今科学探究的热点和难点之一。目前，世界上有 190 多个国家和地区近 70 万人参加一个名为“互联网梅森素数大搜索”(GIMPS)项目，并动用了超过 183 万核中央处理器联网来寻找梅森素数。

法国哲学家、数学家、物理学家笛卡儿曾公开预言：“能找出完全数是不会多的，好比人类一样，要找一个完人亦非易事。”历史证实了他的预言。2600 多年来，人们历尽艰辛，一共才找到 51 个完全数。有趣的是，这些完全数都是偶数；其个位数要么是 6，要么就是 8。

由于完全数具有独特美妙的数学性质，千百年来，许多著名的数学家以及无数数学爱好者对它情有独钟。

亲　和　数

与因数和相关的除了完全数还有亲和数。

据说，毕达哥拉斯的一个门徒向他提出这样一个问题：“我结交朋友时，存在着数的作用吗？”毕达哥拉斯毫不犹豫地回答：“朋友是你灵魂的倩影，要像 220 和 284 一样亲密。”

毕达哥拉斯为何会如此说呢？因为 220 除去本身的所有因数之和恰好等于 284。而相应的，284 除去本身之外的所有因数之和恰好等于 220。

后来，毕氏学派宣传说：人之间讲友谊，数之间也“相亲相爱”。从此，人们把 220 与 284 叫作“亲和数”。220 和 284 是人类最早发现的，也是最小的一对亲和数。

这样一个神奇而美妙的发现让数学家定义了“亲和数”的概念：如果两个数 a 和 b，a 除本身以外的所有因数之和等于 b，b 除本身以外的所有因数之和等于 a，则称 a、b 是一对亲和数。

亲和数虽好，可寻找它们确太过艰难。

距离第一对亲和数诞生 2500 多年以后的 1636 年，法国“业余数学家”费马找到第二对亲和数 17296 和 18416，才重新点燃了寻找亲和数的火炬。

2 年之后，笛卡儿于 1638 年 3 月也宣布找到了第三对亲和数 9437056 和 9363584。

费马和笛卡儿在两年的时间里，打破了 2000 多年的沉寂，激起了数学界重新寻找亲和数的波涛。

在 17 世纪以后的岁月，许多数学家投身到寻找新的亲和数的行列，他们企图用灵感与枯燥的计算发现新大陆。可是，无情的事实给了他们狠狠一击。

正当数学家真的绝望的时候，1747 年，年仅 39 岁的欧拉竟向全世界宣布：他找到了 30 对亲和数，后来又扩展到 60 对，不仅列出了亲和数的数表，而且还公布了全部运算过程。

时间又过了 120 年。1867 年，意大利有一个爱动脑筋、勤于计算的中学生帕格尼尼，竟然发现欧拉的疏漏——亲和数 1184 和 1210。这戏剧性的发现使数学家如痴如醉。

在以后的半个世纪的时间里，人们在前人的基础上，不断更新方法，陆陆续续又找到了许多对亲和数。1923 年，数学家麦达其和叶维勒汇总前人的研究成果与自己的研究所得，发表了 1095 对亲和数，其中最大的数有 25 位。同年，另一个荷兰数学家里勒找到了一对有 152 位数的亲和数。

朋友不在多，“亲和”才好，哈哈。

例 22 恰有 12 个不同因数的最小自然数为________。（第 14 届"走进美好的数学花园"4 年级）

解析

因为 $12=2\times6=3\times4=3\times2\times2$，所以有 12 个因数的自然数有 4 种可能的分解质因数形式：

(1)形如 p^{11}，最小为 $2^{11}=2048$。

(2)形如 $p_1\times p_2^5$ 或 $p_1^5\times p_2$，最小为 $2^5\times3=96$。

(3)形如 $p_1^2\times p_2^3$ 或 $p_1^3\times p_2^2$，最小为 $2^3\times3^2=72$。

(4)形如 $p_1^2\times p_2\times p_3$ 或 $p_1\times p_2^2\times p_3$ 或 $p_1\times p_2\times p_3^2$，最小为 $2^2\times3\times5=60$。

所以所求数最小为 60。

例 23 从 1,2,2,3,9,5,5,25 这 8 个数中，选出 2 个或 2 个以上的数相乘，可以得到________个不同的乘积。（2018 年"数学花园探秘"6 年级初赛 D 卷）

解析

把所有的数都选上，乘积为 $2^2\times3^3\times5^4$。而不管选择这 8 个数中的哪几个相乘，所得到的一定是 $2^2\times3^3\times5^4$ 的因数。这个数有 $(2+1)\times(3+1)\times(4+1)=60$(个)因数，但其中最小的因数 1 是不能由 2 个或 2 个以上的数相乘来得到的，所以不同的乘积共有 $60-1=59$(个)。

例 24 整数 n 一共有 10 个约数，将这些约数从小到大排列，第 8 个是 $\frac{n}{3}$，那么整数 n 的最大值是________。（2015 年"华杯赛"高年级组初赛 C 卷）

解析

第 10 个为 n，第 9 个为 $\frac{n}{2}$，所以 n 必含质因数 2，3。

约数个数为 10 个，n 可能是 $2^4\times3$ 或 $3^4\times2$。所以最大是 $3^4\times2=162$。

例 25 一个正整数的 4 倍、5 倍、6 倍、7 倍的因数个数都相同，那么这个正整数最小是________。（2018 年"数学花园探秘"小高决赛 C 卷）

解析

设这个自然数为 M，$M=2^a\times3^b\times5^c\times7^d\times N$，其中 $(N,2\times3\times5\times7)=1$。

因为 $4M$，$5M$，$7M$ 的因数个数相同，所以 $\frac{a+3}{a+1}=\frac{c+2}{c+1}=\frac{d+2}{d+1}$，即 $c=d$。

$\frac{a+3}{a+1}=\frac{c+2}{c+1}$ 中，等式左边分子与分母的差为 2，等式右边分子与分母的差为 1，所以 $a+1=2(c+1)$，即 $a=2c+1$。

因为 $4M$ 和 $6M$ 的因数个数相同，所以 $\frac{a+3}{a+1}=\frac{(a+2)(b+2)}{(a+1)(b+1)}$，即 $\frac{a+3}{a+2}=\frac{b+2}{b+1}$，$b=a+1=2c+2$。

所以，$M=2^{2c+1}\times3^{2c+2}\times5^c\times7^c\times N$，其中 $(N,2\times3\times5\times7)=1$。

当 $c=0$，$N=1$ 时，M 有最小值 $2\times3^2=18$。

例 26 一个正整数 A 除以 $3!$ 后，所得结果的因数个数变为原来因数个数的 $\frac{1}{3}$，那么符合条件的 A 最小是________。

（2015 年“数学花园探秘”6 年级初赛 A 卷）

解析

$3!=3\times2\times1=6$。

由题意可知，A 的约数个数是 3 的倍数。如果 A 的约数个数是 3，则它是一个质数的平方，显然不可能包含因数 6，所以 A 的约数个数至少为 6，有 6 个约数的最小正整数为 12，而 $12\div6=2$，2 正好有 2 个约数，是 6 的 $\frac{1}{3}$，所以 A 的最小值就是 12。

例 27 有三个各不相同的正整数构成等差数列，它们的约数个数也构成等差数列。那么这三个数的和的最小值是________。

（2017 年“数学花园探秘”高年级组决赛 B 卷）

解析

若约数个数分别为 1、2、3，因为没有规定顺序，最小可以是 1、4、7，和为 12；

若约数个数分别为 1、3、5，则约数个数为 5 的数至少为 16，大于 15；

若约数个数分别为 2、2、2，三个数最小为 3、5、7，和为 15；

若约数个数分别为 2、3、4，三个数最小为 2、4、6，和为 12，小于 15。

其余类型三数之和均大于 12，所以最小为 12。

例 28 有一类自然数，每个数所有约数（包括 1 和它自己）的乘积末尾刚好有 8 个连续的 0，满足这种条件的最小自然数是________。

（2014 年秋·武汉明心数学资优生测试 5 年级）

解析

本题需要对分解质因数、约数的组成这两个知识点有相当深入的把握。

质因数中必有 2 和 5，否则不可能有“0”产生。$10=2\times5$ 不够，而 $100=2^2\times5^2$，其约数乘积会产生 9 个 0，所以必然不能同时含有 2 个 2、2 个 5。想让这个自然数小，所以让它质因数 5 的个数为 1，则此自然数除以 5 后应该有 8 个约数，这样这 8 个约数与 5 相乘产生 8 个含有一个质因数 5 的因数。有 8 个约数的最小自然数为 24，所以原数为 $24\times5=120$。

验证：120 所有能被 5 整除的约数有

$$5,5\times2,5\times2^2,5\times2^3,5\times3,5\times2\times3,5\times2^2\times3,5\times2^3\times3。$$

因此，120 所有约数的乘积有 8 个质因数 5 相乘，再配上 8 个质因数 2，积的末尾刚好有 8 个连续的 0，且 120 是满足条件的最小自然数。

例 29 A 有 24 个因数，A、$2A$、$3A$、$5A$、$7A$ 的因数个数依次增加。那么整数 A 是________。

（2017 年“数学花园探秘”6 年级初赛 B 卷）

解析

设 $A=2^a\times3^b\times5^c\times7^d\times k$，$k$ 的约数个数有 x 个（其中 d 可能是 0，x 可能是 1），那么：

A 的约数个数为：$(a+1)(b+1)(c+1)(d+1)x=24$ 个；

$2A$ 的约数个数为：$(a+2)(b+1)(c+1)(d+1)x$ 个；

3A 的约数个数为：$(a+1)(b+2)(c+1)(d+1)x$ 个；

5A 的约数个数为：$(a+1)(b+1)(c+2)(d+1)x$ 个；

7A 的约数个数为：$(a+1)(b+1)(c+1)(d+2)x$ 个；

所以，有 $a>b>c>d$。

根据 A 的约数个数有 24 个，$(a+1)(b+1)(c+1)(d+1)x=24$，不难得出 $a>b>c>d\geqslant 0$。

所以，只能是 $a=3,b=2,c=1,d=0,A=2^3\times 3^2\times 5^1=360$。

例 30 设 2016^2 的所有约数为 $d_1,d_2,\cdots,d_k$。

(1)求 2016^2 的约数个数(即 k 的值)。

(2)计算：$\frac{1}{d_1+2016}+\frac{1}{d_2+2016}+\cdots+\frac{1}{d_k+2016}$。 (2016 年秋·武汉明心数学资优生测试 6 年级)

解析

(1)注意到，$2016^2=2^{10}\times 3^4\times 7^2$。

于是，2016^2 的约数有 $(10+1)(4+1)(2+1)=165$(个)，即 $k=165$。

(2)不妨设 $1=d_1<d_2<\cdots<d_{165}=2016^2$。

由因数成对出现可知，$d_id_{166-i}=2016^2(i=1,2,\cdots,165)$。

则 $\frac{1}{d_i+2016}+\frac{1}{d_{166-i}+2016}=\frac{d_i+d_{166-i}+2\times 2016}{d_id_{166-i}+2016(d_i+d_{166-i})+2016^2}=\frac{1}{2016}$。

$$\text{故}\frac{1}{d_1+2016}+\frac{1}{d_2+2016}+\cdots+\frac{1}{d_k+2016}$$

$$=\frac{1}{2}\left[\left(\frac{1}{d_1+2016}+\frac{1}{d_{165}+2016}\right)+\left(\frac{1}{d_2+2016}+\frac{1}{d_{164}+2016}\right)+\cdots+\left(\frac{1}{d_{165}+2016}+\frac{1}{d_1+2016}\right)\right]$$

$$=\frac{1}{2}\times 165\times\frac{1}{2016}=\frac{55}{1344}。$$

例 31 大于 0 的自然数，如果满足所有因数之和等于自身的 2 倍，则这样的数称为完美数。比如，6 的所有因数为 1,2,3,6，1+2+3+6=12，6 就是最小的完美数。是否有无限多个完美数的问题至今仍然是困扰人类的难题之一。研究完美数可以从计算自然数的所有因数之和开始，8128 的所有因数之和为________。

(第 14 届"走进美好的数学花园"5 年级第 3 题)

解析

由分解质因数得 $8128=2^6\times 127$，所有因数之和为

$(2^0+2^1+2^2+2^3+2^4+2^5+2^6)\times(127^0+127^1)=16256$。

例 32 在所有的正整数中，因数的和不超过 30 的共有________个。

(2015 年"数学花园探秘"5 年级网赛)

解析

1：1 个；

质数：2、3、5、7、11、13、17、19、23、29，10 个；

合数：4、6、8、9、10、12、14、15，8 个。

共计 19 个。

例 33 对于自然数 n，规定 $n!=1\times2\times\cdots\times n$。则乘积 $1!\times2!\times\cdots\times6!$ 的所有约数中，是完全平方数的共有________个。（2014 年秋·武汉明心数学资优生测试 6 年级）

解析

由 $1!\times2!\times\cdots6!=2^{12}\times3^{5}\times5^{2}$，则它的完全平方数的约数必是形如 $2^{2a}\times3^{2b}\times5^{2c}$ 的数，其中 a、b、c 都是自然数，且 $0\leqslant a\leqslant6$，$0\leqslant b\leqslant2$，$0\leqslant c\leqslant1$。

故这种约数共有 $(6+1)\times(2+1)\times(1+1)=42$（个）。

例 34 一个四位数，它本身是一个完全平方数，由它前两位数字及后两位数字组成的两个两位数也都是完全平方数。那么这个四位数是多少？（《小学数学竞赛年鉴：MO2019》P13）

解析

设这个四位数是 $\overline{abcd}=n^2$。

因为 $\overline{ab00}$ 是完全平方数，所以 $n\geqslant41$。

又因为 $\overline{ab00}$，$\overline{abcd}$ 均为完全平方数，所以 $\overline{cd}\geqslant2n-1\geqslant81$。

所以 $\overline{cd}=81$，$\overline{ab}=16$，这个四位数为 1681。

例 35 有一个四位数，它与 6 的积是一个完全立方数，它与 6 的商是一个完全平方数。那么这个四位数是________。（2017 年“数学花园探秘”小高决赛 A 卷）

解析

因为这个数与 6 的积也是一个完全平方数，同时是一个完全立方数，所以这个数与 6 的积一定是一个六次方数，且一定是 6^6 的倍数。注意到 $6^5=7776$，所以这个四位数是 7776。

例 36 已知三个两位数从小到大依次增加 6，且三个数因数的个数也依次增加 1，那么三个数中最小的数是________。（2019 年“数学花园探秘”6 年级初赛 C 卷）

解析

由约数的个数可得，这三个数中至少有一个是完全平方数，两位的完全平方数有 16，25，36，49，64，81。

若有两个完全平方数，则这两个数是最小的与最大的，且相差 12，经观察，无解。

于是，完全平方数一定是中项，依次尝试可得，满足条件的只有 43，49，55，所以最小的两位数是 43。

例 37 已知五个数字 a、b、c、d、e 满足 $a<b<c<d<e$，且五位数 $\overline{adbec}$、$\overline{becad}$ 均为完全平方数，则 $\overline{abcde}=$________。（2020 年“数学花园探秘”小高组决赛 C 卷）

解析

(1) c 和 d 只能在 0、1、4、5、6、9 中取值。由 $1\leqslant a<b<c$，知 $c\geqslant3$。

如果 c 是 5，那么 $e=2$，矛盾。

如果 c 是 6，那么 d 只能是 9，e 无法取值。所以 $c=4$。

(2)如果 $d=5$,那么 $a=2$,从而 $b=3$。$\overline{adbec}=\overline{253e4}$,由 $160^2=25600$,$159^2<25600-300=25300$ 知,没有形如$\overline{253e4}$的平方数。

(3)如果 $d=6$,那么$\overline{ad}$是平方数的末两位,可知 a 为奇数,结合 $a<b<c=4$ 知 a 只能是 1。此时$\overline{adbec}=\overline{16be4}$。结合 $130^2=16900$,$120^2=14400$,容易找到,形如$\overline{16be4}$的平方数只有 $128^2=16384$。所以$\overline{abcde}=13468$。

例 38 A,B,C,D 是一个等差数列,并且 A 有 2 个约数、B 有 3 个约数、C 有 4 个约数、D 有 5 个约数。那么,这四个数和的最小值是________。（2014 年“数学花园探秘”6 年级总决赛第二试）

解析

【方法 1】A 为质数,B 为质数的平方,D 为质数的四次方。

若 B 为 2 的平方,仅有(2,4,6,8),(3,4,5,6)两种情况,均不满足题意。所以 B 为奇质数的平方,B 与 D 相差 2 个公差,于是 D 也一定为奇数,且为奇数的四次方。

A 与 D 相差 3 个公差,所以关于 3 同余,而 D 关于 3 的余数只能是 0 与 1,不可能为 2,所以 $A\neq 2$。于是 A 为奇数,则 C 也为奇数,则 A,B,C,D 均为奇数。

第一种情况:$A<B<C<D$。

当 $D=3^4=81$ 时,公差$\leqslant(81-3)\div 3=26$,所以 $B\geqslant 3+26=29$,B 只能为 49,此时四个数分别为 33,49,65,81,33 不为质数,不符合题意。

当 $D=5^4=625$ 时,公差$\leqslant(625-7)\div 3=206$,所以 $B\geqslant 7+206=213$,B 可能为 289、361、529。此时四个数可能为:

①121,289,457,625,121 不为质数,不满足题意;

②229,361,493,625,满足题意,和为 1708。

第二种情况:$A>B>C>D$。

当 $D=3^4=81$ 时,$3|(A-D)$,则 $A\equiv 81\equiv 0 \pmod 3$,$A$ 不为质数,不符合条件;

当 $D\geqslant 5^4=625$ 时,四个数之和$\geqslant 2500>1708$。

综上所述,这四个数和的最小值是 1708。

【方法 2】第一种情况:$A<B<C<D$。

A 为质数,B 为质数的平方且为奇数,D 为质数的 4 次方;A 与 D 关于 3 同余,即 $3|(D-A)$。

D 最小为 16,且 $3|(D-A)$,则 $A\equiv 16\equiv 1 \pmod 3$,$A=7$,四个数分别为 7,10,13,16,不符合条件;

当 $D=81$ 时,$A\equiv 81\equiv 0 \pmod 3$,所以 $A=3$,四个数分别为 3,29,55,81,不符合条件;

当 $D=625$ 时,$A\equiv 625\equiv 1 \pmod 3$;

当 $A=7$ 时,四个数分别为 7,213,419,625,不符合条件;B 至少为 $17^2=289$;

当 $B=17^2=289$ 时,$A=121$,不符合条件;

当 $B=19^2=361$ 时,四个数分别为 229、361、493、625,满足条件,和为 1708。

第二种情况:$A>B>C>D$。

因为 D 至少为 16,所以 B 为奇质数的平方,为奇数,而 $2|(B-D)$,所以 D 也为奇数。

当 $D=3^4=81$ 时,$3|(A-D)$,则 $A\equiv 81\equiv 0 \pmod 3$,$A$ 不为质数,不符合条件;

当 $D\geqslant 5^4=625$ 时,四个数之和$\geqslant 2500>1708$。

综上所述,这四个数和的最小值是 1708。

真题重现

1. 一个正整数 A 乘以 6 后所得结果的因数个数变为原来的 3 倍，那么符合条件的 A 最小是________。（2015 年"数学花园探秘"6 年级初赛 B 卷）

2. 一个数恰好有 8 个因数，已知 35 和 77 为其中两个，则这个数是________。（2014 年"陈省身杯"6 年级）

3. 一个自然数有 10 个不同的约数，但质因数只有 2 与 3。那么，这个自然数是________。（2015 年"走进美妙的数学花园"5 年级）

4. 下列算式中，每个字母分别代表 0～9 中的某个数字，不同的字母代表不同的数字。E 有 1 个约数，$\overline{AB}$、N 各有 2 个约数，C、D 各有 3 个约数，I、M 各有 4 个约数，$\overline{GH}$ 有 6 个约数。则四位数 $\overline{ABGH}$ 是________。（2015 年"走进美妙的数学花园"5 年级）

$$\overline{AB}\div C=D\cdots\cdots E \qquad \overline{GH}\div I=M\cdots\cdots N$$

5. 整除 2015 的数称为 2015 的因数，1 和 2015 显然整除 2015，称为 2015 的平凡因数。除了平凡因数，2015 还有一些非平凡因数。那么，2015 的所有非平凡因数之和为________。（2015 年"走进美妙的数学花园"4 年级）

6. 8 的所有约数的乘积是 A，A 的所有约数的乘积是 B，B 的所有约数的乘积是 C。那么，C 有________个约数。（2014 年"数学花园探秘"小高决赛）

7. 四位数$\overline{\text{双成成双}}$的所有因数中，有 3 个是质数，其他 39 个不是质数。那么，四位数$\overline{\text{成双双成}}$有________个因数。（2016 年"数学花园探秘"5 年级初赛 A 卷）

8. A 和 B 是两个非零自然数，A 是 B 的 24 倍，A 的因数个数是 B 的因数个数的 4 倍，那么 A 与 B 的和最小是________。（2015 年"数学花园探秘"5 年级初赛 A 卷）

9. 整数 A 有 15 个约数，A、$2A$、$3A$、$4A$、$5A$ 的约数个数依次增加。那么 A 是________。（2017 年"数学花园探秘"5 年级初试 B 卷）

10. 去掉三位数中间的一个数字得到一个新的两位数，如去掉 235 中间的 3 后得到 25。如果原来的三位数是新两位数的平方，那么这样的三位数共有________个。（2014 年"高思杯"6 年级第一试）

11. 将 2016 的四个数字重新编排，组成一个四位完全平方数。那么这个四位完全平方数是________。（2016 年"数学花园探秘"小高决赛 C 卷）

12. 2014 不是完全平方数，但可以将它的各位数字改变顺序，使得到的新四位数是完全平方数。例如，$1024=32^2$。已知用数字 2、0、1、4 各一个还能组成另一个四位完全平方数，那么这个新的四位完全平方数是________。（2014 年"华杯赛"高年级组第一试）

13. 一个四位完全平方数，数字和是 30 以上的质数，这个四位数是________。（2017 年"数学花园探秘"6 年级网赛）

14. 一个两位数，它的每位数字都是 3 的倍数，并且不是 0；它的平方是四位数，每位数字恰好也是 3 的倍数。那么这个四位完全平方数是________。（2014 年"数学花园探秘"6 年级网赛）

15. 21 可以表示成 4 个互不相等的自然数的平方和：$21=0^2+1^2+2^2+4^2$。那么 2016 最多能表示成多少个互不相等的自然数的平方和？请构造出一种方法。（2016 年"数学花园探秘"总决赛第一试）

16. 非零自然数 n 不同的因数个数为 a_n。例如 24 的因数有 1,2,3,4,6,8,12,24,所以 $a_{24}=8$。若设数列 a_n 的前 n 项和为 S_n,即

$$S_1=a_1,$$
$$S_2=a_1+a_2,$$
$$S_3=a_1+a_2+a_3,$$
$$\cdots$$
$$S_{2016}=a_1+a_2+a_3+\cdots+a_{2016};$$

则在这 2016 个和中,共有________个奇数。 (2016 年"数学花园探秘"6 年级总决赛第一试)

参考答案

1. 答案:2。

分析:当 $A=1$ 时,$6A=6$,不符合题意;当 $A=2$ 时,$6A=12$,符合题意,即 A 的最小值为 2。

2. 答案:385。

分析:有 8 个因数的数有以下三种形式:a^7,$a^3\times b$,$a\times b\times c$。由于这个数的其中两个因数为 35 和 77,即它必须包含 5、7、11 这三种质因数,显然它符合上述的第三种形式。这个数为 $5\times7\times11=385$。

3. 答案:48 或 162。

分析:$10=2\times5=(1+1)\times(4+1)$,故该数为 $2^4\times3=48$ 或 $2\times3^4=162$。

4. 答案:3750。

分析:E 是 1,$\overline{AB}$和 N 是质数,C 和 D 是质数的平方,所以 C 和 D 分别是 4 和 9,$\overline{AB}$是 $4\times9+1=37$。I 和 M 各有 4 个约数,所以是 6 和 8,于是$\overline{GH}$是 50,N 是 2,$\overline{ABGH}$是 3750。

5. 答案:672。

分析:$2015=5\times13\times31$,它的所有非平凡因数之和为$(1+5)\times(1+13)\times(1+31)-1-2015=672$。

6. 答案:232。

分析:$8=2^3$,$A=2^{1+2+3}=2^6$,$B=2^{1+2+3+4+5+6}=2^{21}$,$C=2^{1+2+3+\cdots+21}=2^{231}$,所以 C 有 232 个约数。

7. 答案:12。

分析:由题意,$\overline{\text{双成成双}}$恰有 3 种质因数,其中必有 11。设$\overline{\text{双成成双}}=11^x\times p^y\times q^z$,$(x+1)(y+1)(z+1)=42$,得$\overline{\text{双成成双}}$最小是 $11^1\times3^2\times2^6=6336$,其他可能值都至少是五位数,故有唯一解$\overline{\text{双成成双}}=6336$,进而$\overline{\text{成双双成}}=3663=3^2\times11^1\times37^1$,有$(2+1)\times(1+1)\times(1+1)=12$(个)因数。

8. 答案:100。

分析:$A=2^3\times3\times B$。

若 B 不含有质因数 2 和 3,则 A 的因数个数是 B 的$(3+1)\times(1+1)=8$ 倍,不符合题意;

若 B 仅含有质因数 2,则 B 最小为 2^2,$A=2^{2+3}\times3=2^5\times3=96$,和为 100;

若 B 仅含有质因数 3,则 A 的因数个数大于 B 因数个数的 $3+1=4$ 倍,不符合题意;

若 B 既含有质因数 2 又含有质因数 3,则 $A>2^4\times3^2>100$。

所以最小值为 100。

9. 答案:144。

分析:由于 A 有 15 个约数,所以 A 的质因数分解式为 p^{14} 或 $p^4\times q^2$。

对第一种情况,$A=p^{14}$,由于 p 至少和 2、3、5 中的两个数不相同,于是 $2A=p^{14}\times2$、$3A=p^{14}\times3$ 和 $5A=p^{14}\times5$ 中至少有两个数有 30 个因数,与题意矛盾。

于是 $A=p^4\times q^2$,当 A 和一个质数相乘时,因数个数有以下可能:

①A 乘质数 p 得到 $p^5\times q^2$，有 18 个因数；

②A 乘质数 q 得到 $p^4\times q^3$，有 20 个因数；

③A 乘与 p、q 均不同的质数 r 得到 $p^4\times q^2\times r$，有 30 个因数。

根据 $2A$、$3A$ 和 $5A$ 的因数个数依次增加可知，p 是 2，q 是 3，r 是 5，所以 $A=2^4\times3^2=144$。

10. 答案：2。

分析：某个两位数的平方是三位数且个位、百位与原两位数的个位、十位相同，这样的两位数可能有 10、11，验证可得 100、121 符合题意，共有 2 个。这道题目是一道典型的吓唬人的题目，若同学使用位值原理然后解不定方程那就有些复杂了。

11. 答案：2601。

分析：个位只能是 0 或 1。若为 0，则十位也为 0，所以个位只能是 1。

于是有四种可能：2061、2601、6021、6201，其中仅有 2601 是完全平方数，即 2601 为所求。

12. 答案：2401。

分析：完全平方数的尾数只能是 0、1、4。

若尾数为 0，则末两位都为 0，不符合题目条件；

若尾数为 4，则该完全平方数一定是 4 的倍数，那么十位数字只能是 0 或 2，其中 1024 题目已给出，1204 与 2104 皆不是完全平方数；

若尾数为 1，则有 2041，2401，4021，4201。

$49^2=2401$。

13. 答案：6889。

分析：四位数中最大完全平方数为 $9801=99^2$，30 以上的质数只有 31 满足条件，出现的数字至少为 $31-9\times3=4$，且平方数末位只能是 0、1、4、5、6、9，所以尾数只能为 4、5、6、9。

末尾是 4 时只有 9994，不成立；末位是 5 时十位只能是 2，也不成立；末位是 6 时十位只能是奇数，只有 8896、7996、9796 和 9976，均不是完全平方数；所以个位只能是 9，只需验证末位是 3 和 7 的两位数的平方，经验证，$83^2=6889$ 成立。

14. 答案：3969。

分析：四位数的千位至少是 3，所以两位数的十位至少是 6。四位完全平方数的尾数是 3 的倍数，所以只能是 6 或 9，则两位数的个位只能是 6 或 3。满足条件的两位数仅有：63、66、93、96。估算 66 的平方大于 4000，93 的平方小于 9000，所以验算 $63^2=3969$，$96^2=9216$，仅有 3969 满足条件。

15. 答案：18。

分析：$\because 0^2+1^2+2^2+\cdots+17^2=\frac{1}{6}\times17\times18\times35=1785<2016<0^2+1^2+2^2+\cdots+18^2=\frac{1}{6}\times18\times19\times37=2109$，$\therefore$ 最多为 18 个。而 $2016-1785=231=3\times7\times11=21\times11=16^2-5^2=33\times7=20^2-13^2$，将 5^2 换成 16^2，则出现两个 16^2，不符合题意；将 13^2 换成 20^2，则可以构造出：

$2016=(0^2+1^2+2^2+\cdots+12^2)+(14^2+15^2+16^2+17^2)+20^2$，即 2016 能够表示成 18 个互不相等的自然数的平方和。

16. 答案：990。

分析：只有当 n 为完全平方数时，a_n 才为奇数，所以 $a_1,a_4,a_9,a_{16},\cdots,a_{1936}$ 这 44 个数为奇数。

于是，S_1 至 S_3 为奇数，S_4 至 S_8 为偶数，S_9 至 S_{15} 为奇数，S_{16} 至 S_{24} 为偶数，…，S_{1849} 至 S_{1935} 为奇数，S_{1936} 至 S_{2016} 为偶数。所以在这 2016 个和中，有 $3+7+11+15+\cdots+87=990$（个）奇数。

第三十三章　最大公因数与最小公倍数

33.1　最大公因数

108 与 120 正在一起唱歌，不一会儿，12 走了过来。108 与 120 眼睛一亮，开心地唱起了《好汉歌》：“你有，我有，全都有啊……”

33.1.1　定义

几个数公有的因数叫作这几个数的公因数，其中最大的一个，叫作这几个数的最大公因数。$a,b,c,d,\cdots,z$ 的最大公因数记作 $(a,b,c,d,\cdots,z)$。

几何意义 1：如图 1，如果线段 a 是能够同时量尽线段 $b,c,d,\cdots,z$ 的最长线段，则线段 a 是线段 $b,c,d,\cdots,z$ 的最大公因数，记作 $(b,c,d,\cdots,z)=a$。

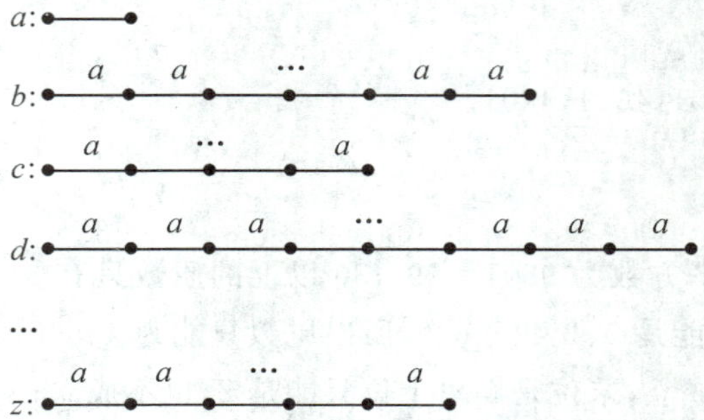

图 1

另外几个数扩倍后相加减，实际上就是它们最大公因数的倍数相加减。因此，这几个数扩倍后相加减能够得到的最小非零自然数就是这几个数的最大公因数。从上面的图中我们可以看出，最大公因数 a 相当于线段 $b,c,d,\cdots,z$ 上的最小刻度单位。

几何意义 2：如图 2，将长为 b、宽为 c 的长方形切割成形状、大小相同的正方形，当正方形的边长最大时，其边长 a 即为 b 与 c 的最大公因数。

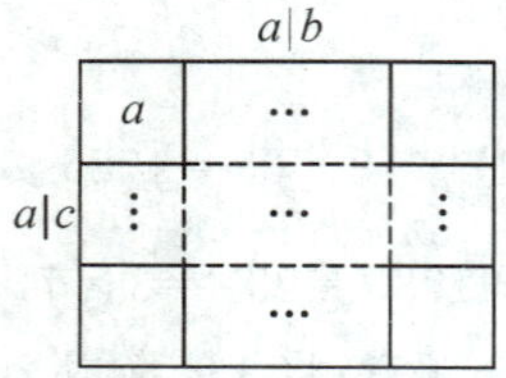

图 2

互质：当 $a,b,c,d,\cdots,z$ 没有公共的质因数，即最大公因数等于 1 时，我们称它们互质，记作 $(a,b,c,d,\cdots,z)=1$。

33.1.2　算法

1. 分解质因数法

求两个或多个数的最大公因数的“算法”中，分解质因数法是比较常用的方法。以求解 108 与 120 的最大公因数为例，如图 3。

$$108=2^2\times3^3$$

$$120=2^3\times3\times5$$

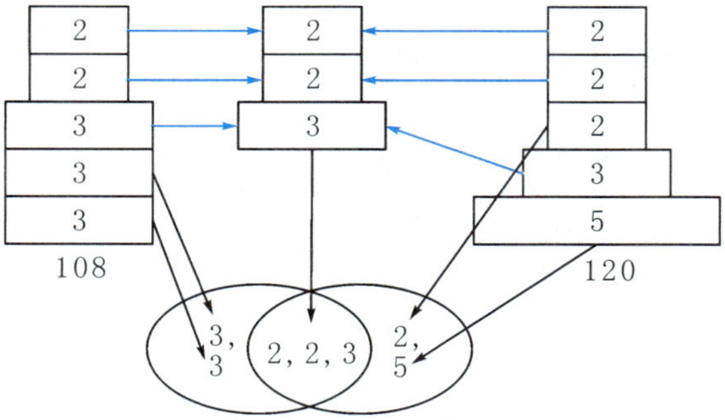

图 3

利用模型与韦恩图我们可以很清晰地看到求解 108 与 120 的最大公因数的过程。找到两个数都含有的所有质数积木就找到了它们的最大公因数：

因为公因数的所有质因数在 108 与 120 中必然都能找到，所以当 120 含有 3 个质因数 2，108 仅含有 2 个质因数 2 时，最大公因数只能有 2 个质因数 2；当 108 含有 3 个质因数 3，120 仅含有 1 个质因数 3 时，最大公因数只能是 1 个质因数 3；108 不含有质因数 5，所以两个数的最大公因数也不含 5。因此，$(108,120)=2^2\times3=12$。

$$108=\boxed{2^2}\times3^3$$

$$120=2^3\times\boxed{3}\times5$$

$$(108,120)=2^2\times3=12$$

分解质因数法求最大公因数总结：

(1)将每一个数都分解质因数，相同的质因数对齐。

(2)找出所有数都含有的相同质因数。

(3)同一种质因数，取其出现过的最小指数作为该质因数的指数。

(4)将它们全部相乘，其乘积即为这几个数的最大公因数。

多个数的最大公因数也可以参照上述过程求解，例如：

$$108=2^2\times3^3$$

$$120=2^3\times\boxed{3}\times5$$

$$162=\boxed{2}\times3^4$$

$$(108,120,162)=2\times3=6$$

接下来，我们再花些时间用韦恩图去理解两个数各自含有的质因数与它们的最大公因数之间的关系。

如图 4，两个椭圆的重叠部分是两数公有的相同质因数，将公有的质因数全部相乘，即为两个数的最大公因数。难怪 108 与 120 要对最大公因数 12 唱“你有，我有，全都有啊……”

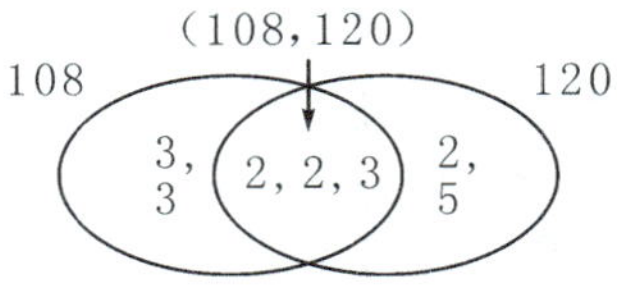

图 4

再观察图 4 左右两边的月牙形，左边的月牙形所包含是 108 独有的质因数，而右边的月牙形包含的是 120 独有的质因数，独有的质因数显然不可能再出现相同的质因数，否则相同的质因数就应该放进中间的重叠部分。于是我们可以得出这样一个结论：108 与 120 各自独有的因数互质，即$\left(\frac{108}{(108,120)},\frac{120}{(108,120)}\right)=1$。

从韦恩图的角度，我们不难发现另外几个结论：

(1)如图 5，几个数的公因数都是最大公因数的因数。

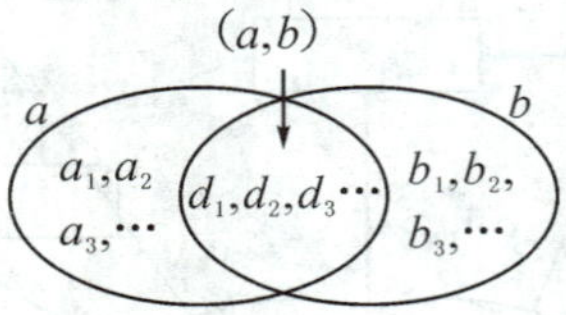

图 5

(2)如图 6，当 $a|b$ 时，$(a,b)=a$。

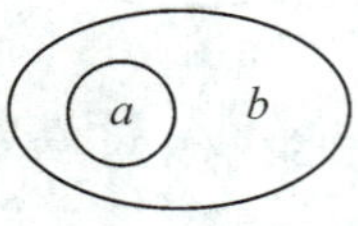

图 6

(3)如图 7，若 $a|c,b|c$，且$(a,b)=1$，则$(a\cdot b)|c$。

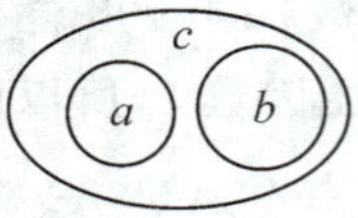

图 7

(4)如图 8，若 $a|(b\cdot c)$，且$(a,b)=1$，则 $a|c$。

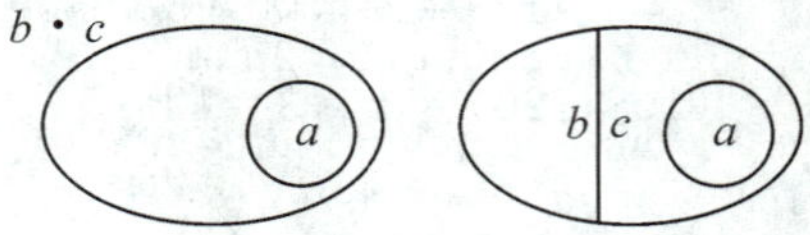

图 8

(5)如图 9，若$(a,b)=d$，则$\left(\frac{a}{d},\frac{b}{d}\right)=1$，即 a、b 各自独有的因数互质。

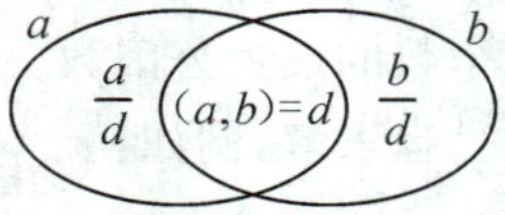

图 9

2. 辗转相除法

无论是分解质因数法还是课本中介绍的短除法，都是建立在数能够分解的基础上，但如果遇到很难分解的大数时就只能望数兴叹了。庆幸的是，求最大公因数的处境并不像求数的算术分解那样让人绝望，古代的先贤们早就给出了完美方案。即使数很大时，该方法也无往而不利。

中国古代数学理论奠基之作《九章算术》开篇第一卷“方田卷”在解决第 5、6 问时，就给出了如何通过找到最大公因数进行约分的方法：

“约分术曰：可半者半之；不可半之，副置分母、子之数，以少减多，更相减损，求其等也。以等数约之。”

【译文】约分的法则是：若分子、分母均为偶数，则同时除以 2；若不同时为偶数，则将分母与分子分列一处，从大数中减去小数，辗转相减，则可得到它们的最大公因数。最后分子、分母同时除以最大公因数，即得到最简分数。

原文中，蓝色字部分即为“辗转相减法”。

举例而言：$(91,49)=(42,49)=(42,7)=(35,7)=(28,7)=(21,7)=(14,7)=(7,7)=7$。

辗转相减法为什么能够成立呢？它基于前面讲到的一个整除性质：若 $d|M,d|N$，则 $d|(M-N)$。

用数学语言描述就是：若 $M>N$ 且 $(M,N)=d$，则 $d|M,d|N$，于是 $d|(M-N)$。

更进一步，$d|(M-\underbrace{N-N-\cdots-N}_{k个N})$，即 $d|(M-kN)$。当 $0\leqslant M-kN<N$ 时，$M-kN$ 即为 N 除 M 的余数 r。于是，如果将辗转相减法中的大数减小数求差调整为大数除以小数求余数，那么辗转相减法便简化成了欧几里得在《几何原本》中给出的辗转相除法。还是以求解 91 与 49 最大公因数为例：

$$(91,49)=(42,49)=(42,7)=(0,7)=7。$$

求多个数的最大公因数也可以用辗转相除法求解，例如：

$$(252,70,154)=(42,70,14)=(0,0,14)=14。$$

辗转相减法与辗转相除法所需要的前置能力仅仅是减法、除法，于是大数并不会影响其可行性。所以，相较于短除法、分解质因数法，辗转相减法与辗转相除法才是求最大公因数的方法。

了解了如何求解最大公因数之后，我们再反向看看最大公因数对于原数意味着什么？

若 $(M,N)=d$，则 $M=md,N=nd$。于是当用 M 与 N 的倍数做加减法时，其结果一定还是 d 的倍数，不可能出现大于 0 小于 d 的结果，最小为 d。从几何的角度来看，d 是线段 M、N 的单位刻度。

33.2　最小公倍数

18 与 60 正在一起唱歌，不一会儿，180 走了过来，对着 18 与 60 开心地唱道："他有，你有，我都有啊……"

33.2.1　定义

几个数公有的倍数，叫作这几个数的公倍数，其中最小的一个，叫这几个数的最小公倍数。$a,b,c,d,\cdots,z$ 的最小公倍数记作 $[a,b,c,d,\cdots,z]$

几何意义 1：如图 1，如果线段 a 是能够同时被线段 $b,c,d,\cdots,z$ 量尽的最短线段，则线段 a 是线段 $b,c,d,\cdots,z$ 的最小公倍数，记作 $[b,c,d,\cdots,z]=a$。

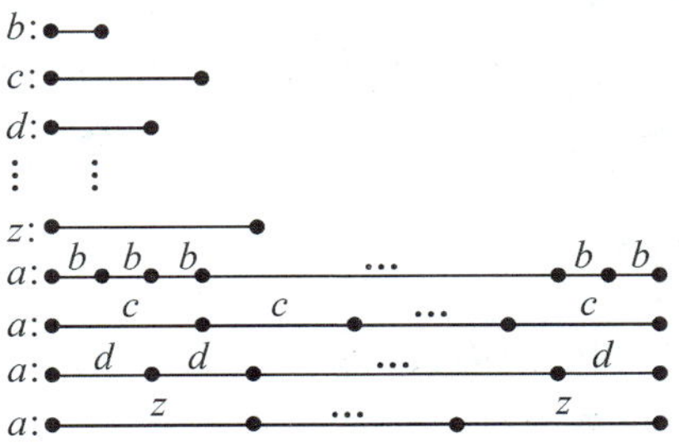

图 1

几何意义 2：如图 2，用若干个长为 b，宽为 c 的长方形无缝且不重叠地拼成正方形，当正方形的边长最小时，其边长长度 a 即为 b 与 c 的最小公倍数。

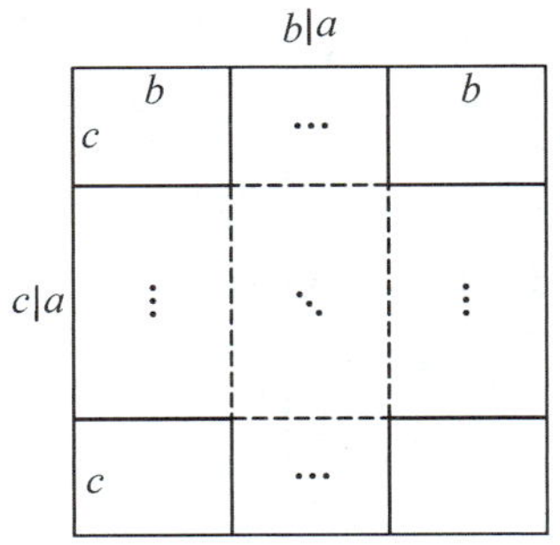

图 2

33.2.2 算法

分解质因数法

以求解 18 与 60 的最小公倍数为例，如图 3。

$$18=2\times3^2$$

$$60=2^2\times3\times5$$

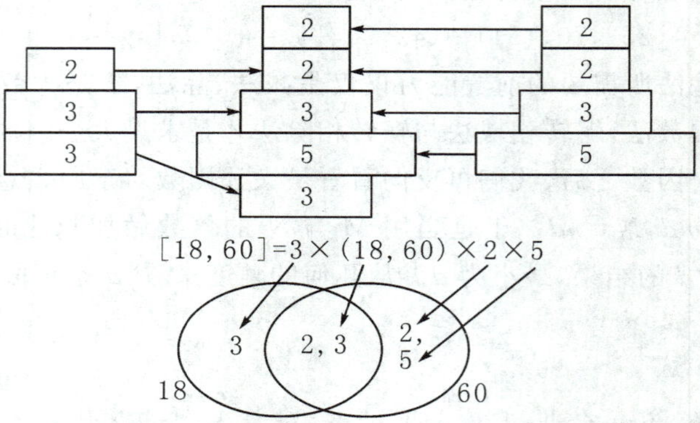

图 3

利用模型与韦恩图我们可以很清晰看到求解 18 与 60 最大公因数的过程。将两数公有的质因数与各自独有的质因数全部相乘就得到了它们的最小公倍数：

$$18=2\times\boxed{3^2}$$

$$60=\boxed{2^2}\times3\times\boxed{5}$$

$$[18,60]=2^2\times3^2\times5=180$$

因为在 18 与 60 的公倍数中，必然能找到 18 与 60 含有的所有质因数，所以当 60 含有 2 个质因数 2，18 含有 1 个质因数 2 时，最小公倍数必须含有 2 个质因数 2；当 18 含有 2 个质因数 3，60 含有 1 个质因数 3 时，最小公倍数必须含有 2 个质因数 3；60 含有质因数 1 个质因数 5，最小公倍数也必须含有 1 个质因数 5，于是$[18,60]=2^2\times3^2\times5=180$。

分解质因数法求最小公倍数总结：

(1)将每一个数都分解质因数，相同的质因数对齐。

(2)找出分解质因数形式中所有出现的质因数。

(3)同一种质因数有多个的，取最多个数。

(4)将它们全部相乘，其乘积即为这几个数的最小公倍数。

$$18=2\times\boxed{3^2}$$

$$60=\boxed{2^2}\times3\times\boxed{5}$$

$$[18,60]=2^2\times3^2\times5=180$$

多个数的最小公倍数也可以参照上述过程求解，例如：

$$18=2\times\boxed{3^2}$$

$$60=\boxed{2^2}\times3\times\boxed{5}$$

$$42=2\times3\times\boxed{7}$$

$$[18,60,42]=2^2\times3^2\times5\times7=1260$$

接下来，我们还是花些时间用韦恩图去理解两个数各自含有的质因数与它们的最小公倍数之间的关系，如图 4。

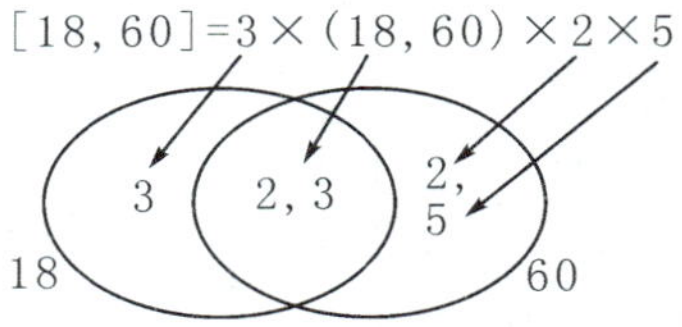

图 4

最小公倍数不仅包含两数所有共有的因数（所有共有的因数的乘积即为最大公因数），也包含两数各自独有的质因数。于是，我们就可以明白为什么最小公倍数 180 会对 18 与 60 唱“他有，你有，我都有啊……”了。

理解了最小公倍数，我们就能体会到章节 17.1 所讲过的美洲蝉的智慧。很明显，选择质数作为自己的生命周期是为了让自己与天敌的生命周期的最小公倍数更大！“质数蝉”真是一个值得尊敬的名字。

从韦恩图的角度，我们不难发现另外几个结论：

(1)如图 5，当 $a|b$ 时，$[a,b]=b$。

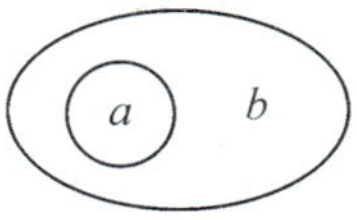

图 5

(2)如图 6，当 $(a,b)=1$ 时，$[a,b]=a\cdot b$。

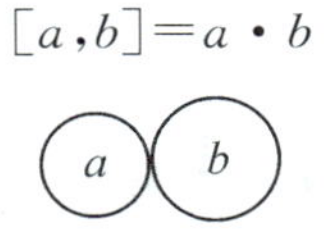

图 6

(3)如图 7，若 $a|c$，$b|c$，则 $[a,b]|c$，即公倍数都是最小公倍数的倍数。

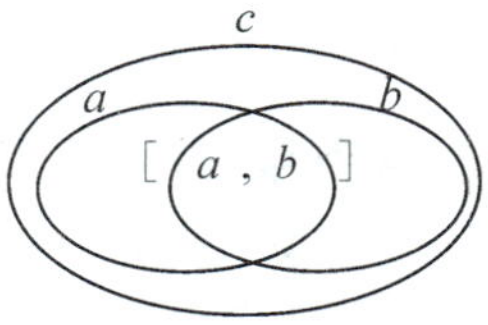

图 7

(4)如图 8，若 $[a,b]=D$，则 $\left(\dfrac{D}{a},\dfrac{D}{b}\right)=1$；

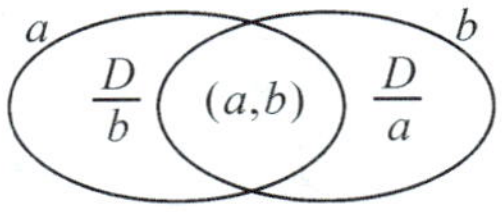

图 8

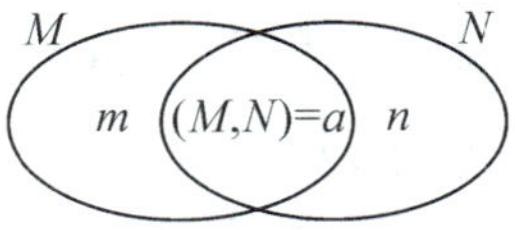

图 9

(5)如图 9，公式：$(M,N)\cdot[M,N]=M\cdot N$。

【证明】若 $(M,N)=a$，则 $M=m\cdot a$，$N=n\cdot a$，$[M,N]=m\cdot n\cdot a$。于是 $(M,N)\cdot[M,N]=M\cdot N$。

例 1 帅帅七天背了一百多个单词。前三天所背单词量比后四天所背单词量少 20%，前四天所背单词量比后三天所背单词量多 20%。那么帅帅七天一共背了________个单词。

（2016 年“数学花园探秘”小高决赛 D 卷）

解析

前三天∶后四天＝(1－20%)∶1＝4∶5，前四天∶后三天＝(1＋20%)∶1＝6∶5，

[9,11]＝99，所以帅帅背的单词数是 99 的倍数，只能是 99×2＝198(个)。

例 2 两个自然数之和为 667，它们的最小公倍数除以最大公约数所得的商等于 120。求这两个数。

（2015 年“华杯赛”决赛高年级组 A 卷）

解析

设这两个数分别为 M、N，且 $(M,N)=a$。令 $M=ma$，$N=na$，$(m,n)=1$，则 $[M,N]=mna$。

$\frac{[M,N]}{(M,N)}=120$，$\frac{mna}{a}=120$，$mn=120$。

又 $\because M+N=667$，$\therefore (m+n)a=667$，$(m+n)\mid 667$，$a\mid 667$，$667=23\times 29$。

①当 $a=1$ 时，$m+n=667$，$mn\geqslant 1\times 666>120$，无解。

②当 $a=23$ 时，$m+n=29$，有 $24\times 5=120$ 满足要求。$M_1=23\times 24=552$，$N_1=23\times 5=115$。

③当 $a=29$ 时，$m+n=23$，有 $15\times 8=120$ 满足要求。$M_2=29\times 15=435$，$N_2=29\times 8=232$。

④当 $a=667$ 时，$m+n=1$，无解。

综上所述，这两个数分别为 552、115 或 435、232。

例 3 甲、乙、丙三个非零自然数满足：甲和乙的最大公约数有 1 个约数，乙和丙的最大公约数有 2 个约数，丙和甲的最大公约数有 3 个约数。那么，甲、乙、丙三数之和最小是________。

（2014 年“数学花园探秘”5 年级网赛）

解析

由条件可知：甲、乙互质；乙、丙的最大公约数为质数；丙、甲的最大公约数为一个质数的平方。由于最大公约数都不同，所以甲、乙、丙也互不相同，乙、丙含有甲没有的质因数。

甲、丙的最大公约数最小为 4，此时甲、丙最小为 4 与 12，12 含有质因数 3，所以乙最小为 3。三个数的和最小为 19。

例 4 已知 a 与 b 的最大公约数是 4，a 与 c、b 与 c 的最小公倍数均是 100，且 $a\leqslant b$。则满足条件的有序自然数对 (a,b,c) 共有________组。

（2015 年“希望杯”）

解析

$(a,b)=4$，$[a,c]=100=2^2\times 5^2$，$[b,c]=100=2^2\times 5^2$，$a\leqslant b$。

a 可以是 4 或 20 或 100，b 可以是 4 或 20 或 100，c 可以是 25 或 50 或 100。枚举如下：

当 $a=4$，$b=4$，$c=25$ 或 50 或 100 都成立，有 3 组；

当 $a=4$，$b=20$，$c=25$ 或 50 或 100 都成立，有 3 组；

当 $a=4$，$b=100$，$c=25$ 或 50 或 100 都成立，有 3 组。

故共有 9 组。

例 5　三个互不相等的非零自然数之和为 1116，它们的最大公约数的最大值是________。

（2015 年“创新杯”6 年级）

解析

$1116=2^2\times3^2\times31$，三个数互不相等，至少分成 $1+2+3=6$(份)，所以最大公约数的最大值为 $1116\div6=186$。

例 6　四个自然数的不同和为 2013，那么这四个自然数的最小公倍数最小是________。

（2013 年“数学花园探秘”6 年级初赛）

解析

假设这个最小公倍数是 x，且 x 分别是这四个自然数的 a、b、c、d 倍，则 $\frac{x}{a}+\frac{x}{b}+\frac{x}{c}+\frac{x}{d}=2013$，即 $x\left(\frac{1}{a}+\frac{1}{b}+\frac{1}{c}+\frac{1}{d}\right)=2013$。要想 x 最小，则 $\frac{1}{a}+\frac{1}{b}+\frac{1}{c}+\frac{1}{d}$ 越大越好。

最大值为 $1+\frac{1}{2}+\frac{1}{3}+\frac{1}{4}=\frac{25}{12}$，但 2013 不是 25 的倍数，无法拆成 4 个自然数。

请注意例5与本题的异同。

$1+\frac{1}{2}+\frac{1}{3}+\frac{1}{5}=\frac{61}{30}$，2013 是 61 的倍数，于是 2013 可拆成 $33\times6=198$、$33\times10=330$、$33\times15=495$ 和 $33\times30=990$。此时，$x=990$ 是四个数最小公倍数的最小值。

例 7　在小于 2020 的四位数中至少取出________个两两互质的数，才能保证其中至少有 20 个是质数。

（2020 年“数学花园探秘”5 年级网赛）

解析

所取的四位数中除了 20 个质数，其余都是合数。

因为 $44^2<2020<45^2$，而在不超过 44 的正整数中仅有 2、3、5、7、11、13、17、19、23、29、31、37、41 和 43 这 14 个质数，说明质因数中不含有这 14 个质数的合数一定大于 2020。于是在小于 2020 的四位数中最多能找到 14 个合数两两互质。否则，若存在 15 个合数两两互质，考虑到它们的质因数必须互不相同，从而这 15 个数中必存在至少一个数，它的最小质因数大于 43。那么，这个合数一定会大于 2020，矛盾。

由此可知，为了保证从中取出两两互质的数中至少有 20 个质数，那么至少应该取出 $14+20=34$(个)数。

例 8　有从小到大的 5 个连续非零自然数，其中后面 4 个自然数的乘积是第一个自然数的倍数，那么第一个自然数最大是________。

（2017 年“数学花园探秘”5 年级网赛）

解析

∵ $a+1$ 与 a 的最大公因数的值为 1；$a+2$ 与 a 的最大公因数的值为 2；

$a+3$ 与 a 的最大公因数的值为 3；$a+4$ 与 a 的最大公因数的值为 4；

∴后 4 个数的乘积与 a 最多含有相同的因数 1、2、3、4，那么乘积与 a 的最大公因数的最大值为 $1\times2\times3\times4=24$。

又∵乘积是 a 的倍数，∴乘积与 a 的最大公因数就是 a 本身，于是 a 的最大值也为 24。

例 9 如果$[1,2,3,\cdots,n]$表示$1,2,3,\cdots,n$的最小公倍数,那么算式$\frac{[1,2]}{2!}$,$\frac{[1,2,3]}{3!}$,$\frac{[1,2,3,4]}{4!}$,…,$\frac{[1,2,\cdots,100]}{100!}$的计算结果中共有________个不同的值。 (2020年"数学花园探秘"小高决赛A卷)

解析

注意到$\frac{[1,2,\cdots,n-1]}{(n-1)!}\geqslant\frac{[1,2,\cdots,n]}{n!}$,当且仅当$n$为质数时等号成立。2~100中有25个质数,所以不同的值有$99-25+1=75$(个)。

例 10 有一列正整数,其中第1个数是1,第2个数是1、2的最小公倍数,第3个数是1、2、3的最小公倍数……第n个数是1、2、…、n的最小公倍数。那么这列数的前100个数中共有________个不同的值。 (2017年"数学花园探秘"高年级决赛A卷)

解析

注意到只有n的质因数仅有1种时,第n个数才会大于第$n-1$个数,其他情况下第n个数和第$n-1$个数相同。1到100中,质数有25个,质数的二次方有4个,质数的三次方有2个,质数的四次方有2个,质数的五次方、六次方各有1个。所以这列正整数中共有$1+25+4+2+2+1+1=36$(个)不同的值。

真题重现

1. 非零自然数a能同时被2、15、25整除,那么a最小是________。(第7届"高思杯"6年级第8题)

2. 小明发现2016是一个非常好的数,它既是6的倍数,又是8的倍数,还是9的倍数。那么下一个既是6的倍数,又是8的倍数,还是9的倍数的数是________。

(2016年"数学花园探秘"高年级决赛A卷)

3. 小于2017而且能同时被2和7整除的数最大是________。

(2017年"数学花园探秘"5年级初赛D卷)

4. 战国时期,孙膑利用减灶之计率领齐国"十万大军"大破魏军。减灶之计的策略如下:第一天每11名士兵搭一个灶做饭,剩下1名士兵和将军一起吃;第二天每19名士兵搭一个灶做饭,剩下9名士兵和将军一起吃;第三天每28名士兵搭一个灶做饭,剩下18名士兵和将军一起吃;第四天每36名士兵搭一个灶做饭,剩下26名士兵和将军一起吃。追在后面的魏军将领发现齐国兵做饭的灶越来越少,以为齐国兵不敢应战,都被他吓得逃跑了,于是丢下大部队只率轻骑兵出击,结果中了孙膑的埋伏。古代打仗经常号称"十万大军",实际并没有那么多人,那么孙膑率领的"十万大军"实际上有________名士兵。

(2018年"数学花园探秘"5年级初赛B卷)

5. 小于200且与200互质的所有自然数的和是________。 (2013年"数学花园探秘"6年级初赛)

6. 从2016的因数中选出若干个不同的因数写成一圈,要求相邻位置的两个因数互质。那么,最多可以挑选出几个数?

7. 将1~25分成5组,每组5个数,那么每组的最大公因数的和最大为________。

(2020年"数学花园探秘"6年级网赛)

8. 小张、小李同时开始制作同一种零件,每人每分钟能制作1个零件,但小李每制作3个零件要休息

1 分钟，小张每制作 4 个零件要休息 1.5 分钟，现在要他们共同制作 325 个零件，最少要________分钟。

（2016 年湖北省数学思维能力等级测试 5 年级）

9. 有 194 盏亮着的灯，各由一个拉线开关控制着：拉一下拉线开关，灯由亮变灭；再拉一下，又由灭变亮，现按顺序将这 194 盏灯依次编号为 1，2，3，4，…，194，然后将编号为 2 的倍数的拉线开关都拉一下；再将编号为 3 的倍数的拉线都拉一下；最后将编号为 5 的倍数的拉线都拉一下。三次拉完后，亮着的灯有________盏。

A. 97　　B. 96　　C. 95　　D. 94

（2016 年湖北省数学思维能力等级测试·5 年级）

10. 两个数的最大公约数和最小公倍数分别是 3 和 135，则这两个数的差最小是________。

（第 14 届“希望杯”5 年级第一试）

11. 不成倍数关系的两个自然数 a 和 b。已知 $(a,b)=6$，$[a,b]=72$，那么 $a+b=$________。

（第 7 届“高思杯”6 年级第 23 题）

12. 1，2，3，4，5，6，7，…，2013 的最小公倍数的末尾恰有________个连续的 0。

（2013 年“数学花园探秘”5 年级网赛）

13. 小明在计算 1 到 100 的最小公倍数的时候，不小心漏掉了其中一个数，结果发现最小公倍数不变。那么被漏掉的那个数有________种不同的可能。（2019 年“数学花园探秘”6 年级初赛 D 卷）

参考答案

1. 答案：150。

分析：$a=[2,15,25]=150$。

2. 答案：2088。

分析：$2016+[6,8,9]=2016+72=2088$。

3. 答案：2016。

分析：一个数能被 2、7 整除，则必然能被其最小公倍数整除，$[2,7]=14$，

$2017\div14=144\cdots\cdots1$，所以 $2017-1=2016$。

4. 答案：52658。

分析：士兵人数加上 10 后，同时是 11、19、28、36 的倍数，而 11、19、28、36 的最小公倍数是 52668，所以实际上有 $52668-10=52658$（名）士兵。

5. 答案：8000。

分析：小于 200 的所有奇数中，除去所有 5 的倍数，剩下的都与 200 互质，这些数的和为 $(1+3+5+\cdots+199)-(5+15+\cdots+195)=100^2-5\times20^2=8000$。

6. 答案：12。

分析：因为 $2016=2^5\times3^2\times7$，

奇因数共有 $(2+1)\times(1+1)=6$（个），

偶因数共有 $5\times(2+1)\times(1+1)=30$（个）。

为使相邻位置尽可能多的互质，就要避免偶数与偶数相邻。

按“奇偶奇偶……”分配，则最多有 12 个。

例如：选出 1、14、3、2、9、4、7、8、21、16、63、32 依次排成一圈。

7. 答案：14。

分析：每组中最大的数一定不小于最大公因数的 5 倍，所以每组的最大公因数一定不大于 5。

1～25 中 5 的倍数有 5 个，所以最大公因数至多有 1 个 5；

4 的倍数有 6 个，所以最大公因数至多有 1 个 4；

3 的倍数有 8 个，所以最大公因数至多有 1 个 3；

大于 5 的质数有 6 个：7、11、13、17、19、23，加上 1，共 7 个数，至少放进 2 组，所以最大公因数至少有 2 个 1。

当分组为(5,10,15,20,25)，(4,8,12,16,24)，(3,6,9,18,21)，(1,2,7,11,13)，(14,17,19,22,23)时，5 组的最大公因数的和可取到最大值 5＋4＋3＋1＋1＝14。

8. 答案：219。

分析：小李每 3＋1＝4(分钟)一个周期，小张每 4＋1.5＝5.5(分钟)一个周期，则[4,5.5]＝44(分钟)。两人共加工零件 44÷4×3＋44÷5.5×4＝65(个)。又 325÷65＝5，即需要 5 个 44 分钟。而第 5 个 44 分钟的最后一分钟两人都在休息，因此加工 325 个零件共需 44×5－1＝219(分钟)。

9. 答案：A。

分析：开始灯是亮着的，三次拉完后仍然亮着的灯一定被拉了两次或没有被拉过，即灯的编号不为 2、3、5 中任何一个数整除，或只为 2、3 的倍数，2、5 的倍数，3、5 的倍数。

其中 2 的倍数有 194÷2＝97(个)；

3 的倍数有[194÷3]＝64(个)；

5 的倍数有[194÷5]＝38(个)；

2、3 的公倍数有[194÷6]＝32(个)；

2、5 的公倍数有[194÷10]＝19(个)；

3、5 的公倍数有[194÷15]＝12(个)；

2、3、5 的公倍数有[194÷30]＝6(个)。

不能被 2、3、5 中任何一个数整除的编号有 194－(97＋64＋38－32－19－12＋6)＝52(个)，这 52 盏灯一直亮着，开关没有被拉过。

开关被拉 2 次的灯有 32＋19＋12－6×3＝45(盏)。

所以最后亮着的灯一共有 52＋45＝97(盏)。

10. 答案：12。

分析：设两个数分别为 A，B，则 $A=3a$，$B=3b$，$(a,b)=1$。

显然 $a\cdot b=135\div3=45$，当 $a=5$，$b=9$ 时，两数相差最小，即 $A=15$，$B=27$，$B-A=12$。

11. 答案：42。

分析：设 $a=6x$，$b=6y$，其中 x 和 y 互质，那么 $[a,b]=6xy=72$，所以 $xy=12$。由于 a 和 b 不成倍数关系，所以 x 和 y 也不成倍数关系，再根据互质的要求，x 和 y 应该分别是 3 和 4，那么 a 和 b 分别是 18 和 24，$a+b=18+24=42$。

12. 答案：4。

分析：1 至 2013 的最小公倍数最多含有 10 个 2、4 个 5，所以末尾恰有 4 个 0。

13. 答案：88。

分析：为保证最小公倍数不变，下面两类数不能被漏掉。

第一类：由于在 1 到 100 范围内，找不到具备相同质因数的其他自然数，所以超过 50 的质数不能被漏掉，包括 53、59、61、67、71、73、79、83、89、97，共 10 个；

第二类：如果某个质数在 100 以内的最高次方数超过 50，同样不能被漏掉，包括 $2^6=64$ 和 $3^4=81$，共 2 个。

综上，有 10＋2＝12(个)数不能被漏掉，所以被漏掉的数有 100－12＝88(种)不同的可能。

第三十四章　余　　数

34.1　带余除法

34.1.1　定义

若 a、d 是任意两个整数，则存在着唯一的整数 q 和整数 r，使得：

$$a=d\times q+r,0\leqslant r<d。$$

其中 d 称作模（即除数），q 称作 d 除 a 所得的不完全商，r 称作 d 除 a 所得的余数。

当且仅当 $r=0$ 时，$d|a$。

几何意义：

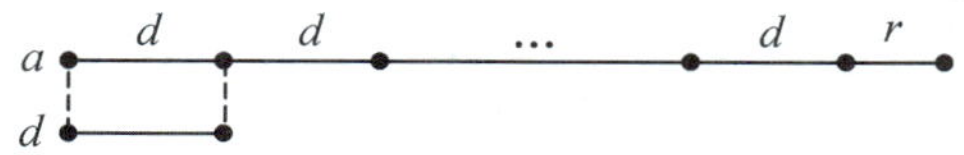

当用较短的线段 d 去度量较长的线段 a 时，经过有限次度量后，会出现两种情况：

(1)较短线段 d 刚好量尽较长的线段 a，即出现 $d|a$。

(2)若出现最后一根小线段 r 且 r 小于 d，即出现带余除法。

【思考 1】带余除法与除法是一回事吗？

需要严正声明的是：除了余数为 0 的情况外，带余除法与除法是两回事。虽然都有"除法"二字，但二者的关系就像"蜗牛不是牛"一样。

一个很明显的区别是：

对于除法，由 24÷8=3，18÷6=3，我们可以得出 24÷8=18÷6 这样的结论。

而对于带余除法，由 23÷5=4……3，35÷8=4……3，我们可以得出 23÷5=35÷8 的结论吗？答案显然是否定的。

另外，"4……3"这样的记录方式本身值得商榷，23÷5 与 35÷8 都是可以在数轴上明确表示出来的数，而结果"4……3"无法在数轴上表示出来。

34.1.2　算法

在模（除数）相同的情况下，余数的计算有三个基础法则。

可加性：若 $a>b$，且 $a=q_1d+r_1$，$b=q_2d+r_2$，则 $(a+b)$ 除以 d 所得的余数与 (r_1+r_2) 除以 d 所得的余数相同。

【证明】如图 1。

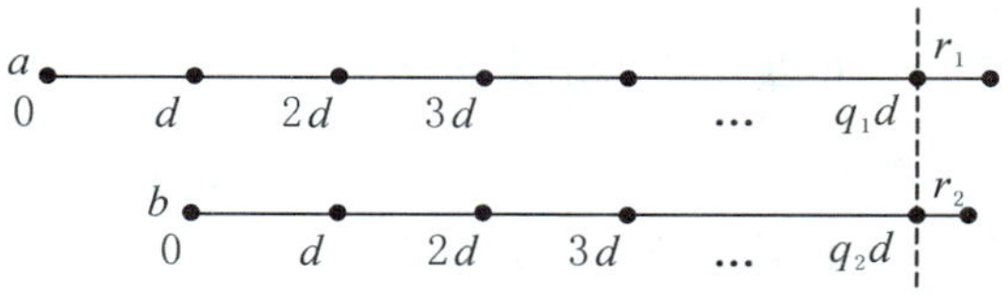

图 1

$\because a+b=(q_1d+r_1)+(q_2d+r_2)=(q_1+q_2)d+(r_1+r_2)$，$d|(q_1+q_2)d$，

$\therefore(a+b)$除以 d 所得的余数与(r_1+r_2)除以 d 所得的余数相同。

可减性：若 $a>b$，且 $a=q_1d+r_1$，$b=q_2d+r_2$，则

当 $r_1>r_2$ 时，$(a-b)$除以 d 所得的余数与(r_1-r_2)除以 d 所得的余数相同；

当 $r_1<r_2$ 时，$(a-b)$除以 d 所得的余数与(r_1+d-r_2)除以 d 所得的余数相同。

【证明】

当 $r_1>r_2$ 时，如图 2。

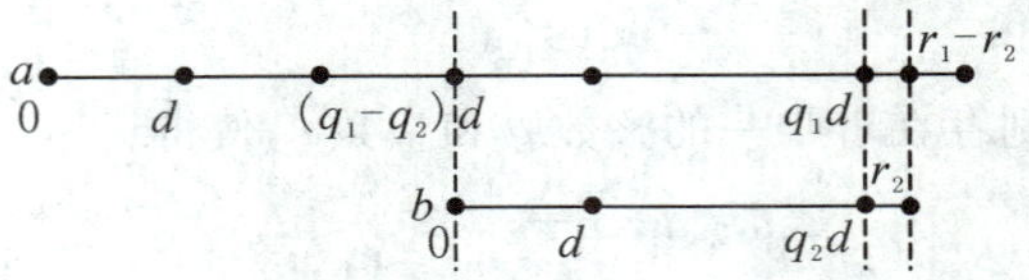

图 2

$\because a-b=(q_1d+r_1)-(q_2d+r_2)=(q_1-q_2)d+(r_1-r_2)$，而 $d|(q_1-q_2)d$，

$\therefore(a-b)$除以 d 所得的余数与(r_1-r_2)除以 d 所得的余数相同。

当 $r_1<r_2$ 时，如图 3。

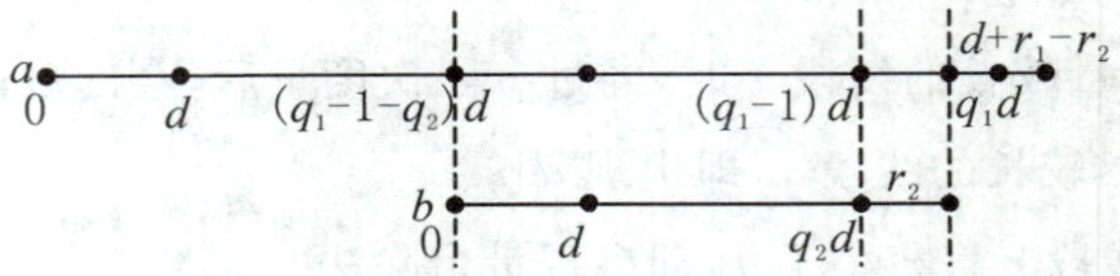

图 3

$\because a-b=(q_1d+r_1)-(q_2d+r_2)=(q_1-q_2)d+(r_1-r_2)=(q_1-1-q_2)d+(d+r_1-r_2)$，而$d|(q_1-1-q_2)d$，

$\therefore(a-b)$除以 d 所得的余数与$(d+r_1-r_2)$除以 d 所得的余数相同。

可乘性：若 $a=q_1d+r_1$，$b=q_2d+r_2$，则 ab 除以 d 所得的余数与 r_1r_2 除以 d 所得的余数相同。

【证明】如图 4。

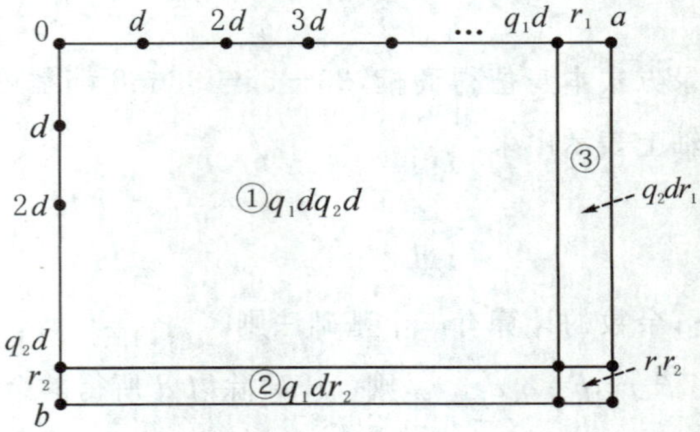

图 4

$\because ab=(q_1d+r_1)(q_2d+r_2)=q_1dq_2d+q_1dr_2+q_2dr_1+r_1r_2$，而 $d|q_1dq_2d$，$d|q_1dr_2$，$d|q_2dr_1$，

$\therefore ab$ 除以 d 所得的余数与 r_1r_2 除以 d 所得的余数相同。

综上所述，余数可加、可减、可乘，但，不可除！

【思考 2】余数为什么不可除呢？你可以举一个反例吗？

同学们先自行思考，然后再看后文的回答。

余数的可加性、可减性、可乘性对于同学们其实并不陌生，甚至可以说是“天天见”。日常基于十进制的整数，其尾数都可以看作这个数除以 10 的余数，简单地说“尾数即余数”，所以当两个整数做加法、减法、乘法时，计算尾数的方式就是利用余数的可加性、可减性、可乘性。例如：

123 的尾数是 3，即 123 除以 10 的余数是 3；24 的尾数是 4，即 24 除以 10 的余数是 4。所以，

(123＋24)的尾数为 3＋4＝7，即(123－24)除以 10 的余数是 7；

(123－24)的尾数是(3＋10－4)＝9，即(123－24)除以 10 的余数是 9；

(123×24)的尾数是 3×4＝12 的尾数 2，所以(123×24)除以 10 的余数等于 12 除以 10 的余数 2。

有了“尾数即余数”的认识，再来解释为什么余数不可除就水到渠成了。两数相除的结果是否是整数都未知，更何况余数呢？

34.1.3　余数判别法

判别法 1：

整数 N 被 9 或 3 除的余数等于其各位数字之和被 9 或 3 除的余数。特别的，当余数为 0 时即为整除特征。

判别法 2：

整数 N 被 2 或 5 除的余数等于 N 的个位数被 2 或 5 除的余数。特别的，当余数为 0 时即为整除特征；

整数 N 被 4 或 25 除的余数等于 N 的末两位数被 4 或 25 除的余数。特别的，当余数为 0 时即为整除特征；

整数 N 被 8 或 125 除的余数等于 N 的末三位数被 8 或 125 除的余数。特别的，当余数为 0 时即为整除特征。

判别法 3：

整数 N 被 11 除的余数等于 N 的奇数位数字之和与偶数位数字之和的差被 11 除的余数；特别的，当余数为 0 时即为整除特征。

判别法 4：

整数 N 被 7、11 或 13 除的余数等于先将整数 N 从个位起从右往左每三位分一节，奇数节的数之和与偶数节的数之和的差被 7、11 或 13 除的余数就是原数被 7、11 或 13 除的余数。特别的，当余数为 0 时即为整除特征。

【思考 3】以上“余数判别法”与这些数的“整除特征”，同学们可以自行尝试证明。

例 1　2014 除以一个三位数，所得的余数最大是________。　（2014 年“顺天府学杯”6 年级）

解析

想要余数大，则除数尽可能大，商尽可能小。

设 $2014 \div n = q \cdots\cdots r$。

当 $q=1$ 时，$n > 2014 \div (1+1) = 1007$，不符合题意。

当 $q=2$ 时，$n > 2014 \div (2+1) = 671\frac{1}{3}$，即 $n \geqslant 672$。当 $n=672$ 时，r 有最大值 $2014-672\times 2=670$。

本题容易产生“余数与除数越接近（相差1），余数越大”的错误思路。

例 2 求$(456^{654}-123^{321})$除以 5 时的余数。 （第 6 届“华杯赛”高年级组第一试）

解析

$\because 456\div5=91\cdots\cdots1$，

$\therefore 456^{654}$与1^{654}除以 5 的余数相同，即余 1。

又$\because 123\div5=24\cdots\cdots3$，$3^n$除以 5 的余数按 3，4，2，1…循环，$231\div4=57\cdots\cdots3$，即$3^{231}$与$3^3$除以 5 的余数相同，都是 2。

$\therefore(456^{654}-123^{231})$除以 5 的余数为$(1+5)-2=4$。

例 3 依次写下自然数 1，2，3，…，形成多位数 123456789101112…。当写到某个自然数 n 时，形成的多位数恰好能被 9 整除，如当 $n=8$ 时，$12345678\div9=1371742$。这样的 n 在 100 以内有________个。

（2015 年春・武汉明心数学资优生测试 6 年级）

解析

9 的倍数的各位数字之和同样是 9 的倍数。而在 n 为 1 到 9 时，只有 12345678($n=8$)和 123456789($n=9$)满足此条件。

当 n 为 10 到 18 时，10 除以 9 余 1，11 除以 9 余 2……17 除以 9 余 8，18 除以 9 余 0。

由于一个数被 9 除的余数，等于这个数的各位数字之和被 9 除的余数，所以此时多位数的数字和被 9 除的情况，与 n 为 1 到 9 时一一对应。即只有 $n=17$ 和 $n=18$ 时，符合条件。

由此可得规律：令多位数成为 9 的倍数的 n，要么自身也是 9 的倍数，要么是 9 的倍数减 1。1 到 100 中共有 11 个 9 的倍数，故答案为 $11\times2=22$(个)。

例 4 算式 $1\times3\times5\times7\times\cdots\times2013\times2015$ 的计算结果的末三位数是________。

（2014 年“高思杯”6 年级第一试）

解析

注意到这个算式的结果一定是 125 的倍数，而且最后的结果是一个奇数，可知它的后三位数一定是 125、375、625、875 中的一个。

接下来考虑这个算式的结果除以 8 的余数。1、3、5、7、9……除以 8 的余数按 1，3，5，7…周期循环。1～2015 一共是 1008 个奇数，共 252 个周期。

根据替换求余法，可知它除以 8 的余数就是$(1\times3\times5\times7)^{252}$除以 8 的余数。而 $1\times3\times5\times7=105$，除以 8 余 1。可知最后这个算式的结果除以 8 的余数就是 1。只有当后三位数是 625 时，它除以 8 的余数才是 1。所以这个算式结果的末三位数是 625。

例 5 箱子里面有两种珠子，一种每个 19 克，另一种每个 17 克，所有珠子的重量为 2017 克，求两种珠子的数量和所有可能的值。 （《小学数学竞赛年鉴：MO2017》P10）

解析

$2017\div17=118\cdots\cdots11$。

19 克的珠子至少有$(17+11)\div2=14$(个)，此时 17 克的珠子有 $118-1-14=103$(个)，共 117 个珠子。

可将 19 个 17 克的珠子换成 17 个 19 克的珠子，而 $103\div19=5\cdots\cdots8$，所以最多可换 5 次，每次总数减少 2。

两种珠子的数量和的所有可能值有 107、109、111、113、115、117。

例 6 如果一个自然数的最小质因数是一位数，则称这个数是“好数”。如果连续 9 个三位数都是“好数”，那么这 9 个数的平均数最大为________。 （2019 年“数学花园探秘”高年级组决赛 D 卷）

解析

这 9 个数的平均数就是这 9 个数的中间数。一位质数有 2、3、5、7。

9 个连续自然数若为四奇五偶，则 4 个偶数的最小质因数为 2，5 个奇数中至多含有 2 个 3 的倍数，1 个 5 的倍数，1 个 7 的倍数，所以必然还有一个奇数的最小质因数超过一位数，不符合要求。

9 个连续自然数若为四奇五偶，则 5 个偶数的最小质因数为 2，其余 4 个连续奇数中至多有 2 个 3 的倍数，1 个 5 的倍数，1 个 7 的倍数，并无重复的情况下满足要求。

用②、③、⑤、⑦分别表示这个数是 2、3、5、7 的倍数，这 9 个数只能有如下两种形式：

(1)②③②⑤②⑦②③②，这种情况下，中间数除以 2、3、5、7 的余数依次是 0、0、1、6，从而中间数除以 210 的余数是 6；中间数最大为 846。

(2)②③②⑦②⑤②③②，这种情况下，中间数除以 2、3、5、7 的余数依次是 0、0、4、1，从而中间数除以这 9 个数的平均数最大为 846，除以 210 的余数是 210－6；中间数最大为 834。

例 7 将 1 至 8 填入方格中，使得数列□□，9，□□，□□，□□从第三项开始，每一项都等于前面两项的和，那么这个数列的所有项之和是________。 （2015 年“数学花园探秘”5 年级初赛 A 卷）

解析

五个数的数字和为 1＋2＋3＋…＋8＝36，所以这五个数的和为 9 的倍数。

由于没有数字 0，所以一个两位数加 9 之后数字和不变，所以第 1、3、4 项的数字和均相等，于是第 5 项的数字和一定是 3 的倍数，即第 5 项是 3 的倍数。

又因为第 1、3、4 项关于 9 同余，即关于 3 也同余，第 5 项是第 3、4 两项之和，所以第 3、4 项只能都为 3 的倍数，于是第 1 项也是 3 的倍数。

若第 1、3、4 项除以 9 余 3，则第 5 项除以 9 余 6，总和不为 9 的倍数；

若第 1、3、4 项除以 9 余 6，则第 5 项除以 9 余 3，总和不为 9 的倍数；

所以第 1、3、4 项除以 9 余 0，则所有五项均为 9 的倍数。

18、9、27、36、63 不满足要求；27、9、36、45、81 满足要求，总和为 198。

例 8 黑板上有 1111 个 1，2222 个 2，3333 个 3 和 4444 个 4。小明每次都做这样的操作：擦掉 3 个不同的数，并且把没擦掉的那种数再写 2 个。已知最后剩下了 4 个数，那么这 4 个数的乘积是________。

（2014 年“数学花园探秘”5 年级网赛）

解析

每一次操作中，没擦掉的数多写 2 个，相对于另外三个不同的数多了 3 个，其他三个数之间的个数差保持不变，则 4 个数的个数之间的差除以 3 的余数始终不变。

1111÷3……1，即个数除以 3 的余数依次多 1；最后剩下 4 个数，总和除以 3 的余数为 1。

若最后 1 的个数为 0 个，则 4 个数的个数总和除以 3 的余数为(0＋1＋2＋3)÷3……0，不符合要求。

若最后 1 的个数为 1 个，则 4 个数的个数总和除以 3 的余数为(1＋2＋3＋4)÷3……1，符合要求，即 1 个 1，2 个 2，3－3＝0(个)3，4－3＝1(个)4，共计 4 个数，乘积为 16。

若最后 1 的个数为 2 个，则 4 个数的个数总和除以 3 的余数为(2＋3＋4＋5)÷3……2，不符合要求。

若最后 1 的个数为 3 个，则 4 个数的个数总和除以 3 的余数为(3+4+5+6)÷3=6……0，不符合要求。

综上所述，所以剩下 4 个数的乘积只能为 16。

例 9 从 1 到 200 这 200 个自然数中任意选数，至少要选取多少个才能确保其中必有 2 个数的和是 5 的倍数？

（第 21 届“华杯赛”中年级组决赛 B 卷第 12 题）

解析

200÷5=40，这 200 个数中：

除以 5 余 0 的有 40 个，余 1 的有 40 个，余 2 的有 40 个，余 3 的有 40 个，而能被 5 整除的应为：余 1+余 4，余 2+余 3，余 0+余 0，根据极端思想可知，至少要选取 40+40+1+1=82(个)。

例 10 如果两个自然数的积被 9 除余 1，那么我们称这两个自然数互为“模 9 的倒数”。比如，2×5=10，被 9 除余 1，则 2 和 5 互为“模 9 的倒数”；1×1=1，则 1 的“模 9 的倒数”是它自身。显然，一个自然数若存在“模 9 的倒数”，则它的倒数并不是唯一的。比如，10 就是 1 的另一个“模 9 的倒数”。判断 1，2，3，4，5，6，7，8 是否有“模 9 的倒数”，并将存在“模 9 的倒数”的数，以及它们相对应的最小的“模 9 的倒数”分别写出来：________。

（2015 年“走进美妙的数学花园”5 年级）

解析

一个自然数除以 9 余 0、3、6 时为 3 的倍数，它的倍数也一定是 3 的倍数，除以 9 不可能余 1，所以只有 1、2、4、5、7、8 可能存在“模 9 的倒数”。

分析：1×1 除以 9 余 1，2×5 除以 9 与 1，4×7 除以 9 余 1，5×2 除以 9 余 1，8×8 除以 9 余 1。

故有(1，1)、(2，5)、(4，7)、(5，2)、(7，4)、(8，8)。

例 11 三位数$\overline{abc}$除以它的各位数字和的余数是 1，三位数$\overline{cba}$除以它的各位数字和的余数也是 1。如果不同的字母代表不同的数字，且 $a>c$，那么$\overline{abc}=$________。

（2015 年“数学花园探秘”小高决赛 A 卷）

解析

$\overline{abc}$与$\overline{cba}$的数字和相同，假设 $a+b+c=s$。

因为 a、b、c 各不相同，所以 $0+1+2\leqslant s\leqslant 7+8+9$，即 $3\leqslant s\leqslant 21$。

因为$\overline{abc}$与$\overline{cba}$关于 s 的余数都为 1，所以 $s|99(a-c)$。

若 s 是 3 的倍数，则$\overline{abc}$与$\overline{cba}$也是 3 的倍数，$\overline{abc}$与$\overline{cba}$关于 s 的余数不可能为 1，所以 s 不是 3 的倍数，即 $s|11(a-c)$，且 $s=a+b+c>a-c$，所以 $(a-c)$ 不能被 s 整除。

$a-c\leqslant 9-1=8$，若 $(a-c)|s$，则 $\frac{s}{(a-c)}|11$。因为 $s>a-c$，所以 $\frac{s}{(a-c)}=11$，仅有 $s=11$，$a-c=1$ 时成立。于是 $a+b+c=11$，$(a+c)-b$ 关于 11 的余数为 1，即只能等于 1，则 $b=5$，$a+c=6$，这与 $a-c=1$ 矛盾，所以 s 不能被 $(a-c)$ 整除，而 $11(a-c)$ 是 s 的倍数，则 s 必然含有质因数 11，即 $11|s$。又因为 $3\leqslant s\leqslant 21$，所以 $s=11$。

因为 $s=a+b+c=11$，所以 $(a+c)-b$ 关于 11 的余数为 1，即只能等于 1，于是 $b=5$，$a+c=6$，$\overline{abc}$可能为 551、452。又因为各位数字均不相同，所以仅有 452 符合题意。

例 12 设 n 是非零自然数，若从任意 n 个自然数中一定能找到 4 个不同的数 a,b,c,d 使得 $a+b-c-d$ 能被 20 整除，则 n 的最小值是多少？　（第 21 届“华杯赛”高年级组决赛 A 卷第 14 题）

解析

存在 8 个数：0、1、2、4、7、12、20、40，它们中任何四个数都不满足条件。所以 n 的最小值大于或等于 9。

对于任意 9 个非负整数，从中任取 7 个，它们的两两之和共有 21 个，这 21 个和数除以 20 的余数有 21 个。因为余数最多有 20 个不同的值，所以有下述两种情况必然发生：

(1)有 4 个不同的数 a,b,c,d 使得 $a+b$ 与 $c+d$ 除以 20 有相同的余数。此时，这 4 个数满足题目要求。

(2)有 3 个不同的数 a,c,x 使得 $a+x$ 与 $c+x$ 除以 20 有相同的余数，则

$$a+x-(c+x)=a-c$$

是 20 的倍数。将 a,c 从 9 个数中取出。对于剩下的 7 个数，同理可得，要么有 4 个不同的数满足题目；要么有 2 个数 b,d 使得 $b-d$ 是 20 的倍数，如此一来，a,b,c,d 使得 $a+b-c-d$ 是 20 的倍数。

例 13 证明：任意 4 个自然数中一定可以通过算术运算得到 24 的倍数。

算术运算：将给定的数适当排序后，添加“+”“−”“×”“÷”或者括号后形成一个算式。

解析

要求 1：任意 4 个数必有 2 个数可以通过算术运算得到 8 的倍数。

将所有自然数按照除以 8 的余数分成 4 类：{1,7}、{2,6}、{3,5}、{0,4}。

(1)同一类中任取两数，一定可以通过算术运算得到 8 的倍数。这是因为：

{1,7}、{2,6}、{3,5}，每一个类别中任取两数，这两个数的差或和一定是 8 的倍数；

{0,4}中任取两数，这两个数的乘积一定是 8 的倍数。

(2)如果这 4 个数所在类别两两不同，根据“抽屉”原理，必是每个类别中恰好一个数。而{2,6}和{0,4}中各自任取一数，其乘积必是 8 的倍数。

要求 2：任意两个数，一定可以通过算术运算得到 3 的倍数。

(1)如果这两个数中有 3 的倍数，那么这两个数的乘积是 3 的倍数；

(2)如果这两个数中无 3 的倍数，那么这两个数的差或者和是 3 的倍数。

于是，将满足要求 1 的两个数运算得到 8 的倍数，剩下的两个数按要求 2 运算得到 3 的倍数。再将两个运算结果相乘得到 24 的倍数，即 4 个自然数通过算术运算一定可以得到 24 的倍数。

34.2　同余与其基本性质

同余是由大数学家高斯引入的概念，直白的理解即“余数相同”。在同学们的印象中，引入同余概念之前，自然数的分类一般有两种：

(1)自然数分为 0、1、质数、合数。

(2)自然数可分为奇数与偶数。

【思考 4】大家可以暂停 10 秒钟，思考一下这两种分类方式的分类标准。

读过第十七章的同学都知道，第一种的分类标准数的因数个数。而第二种呢？很显然是看能否被 2 整除。但我们现在从余数的角度去考虑一下，不难得出这样的结论：

所有的奇数除以 2 的余数都是 1，所有的偶数除以 2 的余数都是 0。即按“除以 2 的余数”分类，将自然数分成了 2 类(因为除以 2 的余数仅有 2 种)。

推而广之，以“除以 3 的余数”分类，可以将自然数分成 3 类：除以 3 余 0（即能被 3 整除）的数是第一类；除以 3 余 1 的数是第二类；除以 3 余 2 的数是第三类。

我们当然也可以将除数变为 4、5、6、7…于是我们得到了无数种对自然数进行分类的方式。

同余的定义

如果 a、b 除以 $m(m\geqslant1)$ 所得的余数相同，那么称 a、b 模 m 同余，记作 $a\equiv b(\bmod m)$。

性质 1：由余数的可减性可知，$a\equiv b(\bmod m)$ 与 $m|(a-b)$ 可以说是同余的一体两面。

性质 2：若 $a\equiv b(\bmod m)$，$c\equiv d(\bmod m)$，则

由余数的可加性可知，$a+c\equiv b+d(\bmod m)$；

由余数的可减性可知，$a-c\equiv b-d(\bmod m)$；

由余数的可乘性可知，$ac\equiv bd(\bmod m)$。

为了让大家更深切地体会性质 1，我们将用它对第三个结论给出另外一种证明。

【证明】为了证明 $ac\equiv bd(\bmod m)$，我们只需要证明 $m|(ac-bd)$ 即可。

$\because ac-bc+bc-bd=c(a-b)+b(c-d)$，

而由“性质 1”我们知道 $m|a-b$，$m|c-d$，

$\therefore m|c(a-b)$，$m|b(c-d)$，于是 $m|(ac-bd)$。再由“性质 1”可知 $ac\equiv bd(\bmod m)$。

性质 3：若 $a\equiv b(\bmod m)$，n 为正整数，由余数的可乘性可知 $a^n\equiv b^n(\bmod m)$

例 14 芳芳在计算 37 个连续两位数的和的时候，不小心将其中一个两位数 $\overline{ab}$ 的十位与个位数字弄反了，导致 $\overline{ba}$ 算了两次，$\overline{ab}$ 没有计算，最后得到的总和为 2017。那么 $\overline{ab}$ 是________。

（2017 年“数学花园探秘”高年级决赛 B 卷）

解析

注意到 $\overline{ab}$ 和 $\overline{ba}$ 的差是 9 的倍数，而 37 个连续两位数的和一定是 37 的倍数。2017 除以 9 的余数为 1，所以这 37 个数的和除以 9 也余 1，而 37 除以 9 余 1，则这 37 个数的中项除以 9 也余 1。经估算，中项只能为 55，和为 $37\times55=2035$，这 37 个数为 37 至 73。而 $\overline{ab}$ 和 $\overline{ba}$ 的差为 $2035-2017=18$，即 $a-b=18\div9=2$，在 37 至 73 这个范围内既包含 $\overline{ab}$ 又包含 $\overline{ba}$，则 $\overline{ab}$ 只能是 64。

例 15 老师让同学们将八位数 76854239 的数字顺序打乱，调整为另一个八位数，然后求出两个八位数的差。小马在书写结果时漏掉了百万位上的数，写成了3□594363。小虎看了一眼，马上说出了小马漏写的数字。同学们，你们知道漏写的是几吗？

解析

数字只是被打乱，数字和不变，于是原八位数与新八位数对于 9 同余，所以它们的差一定是 9 的倍数，即 $9|(3+\square+5+9+4+3+6+3)$，所以 $\square=3$。

例 16 一个大于 1 的正整数加 1 能被 2 整除，加 2 能被 3 整除，加 3 能被 4 整除，加 4 能被 5 整除，这个正整数最小是________。

（2015 年“数学花园探秘”5 年级初赛 B 卷）

解析

由题意可知，这个数关于 2、3、4、5 的余数都为 1，且这个数大于 1，所以最小为 $[2,3,4,5]+1=[3,4,5]+1=61$。

例 17 若 2017、1029 与 725 除以 d 的余数均为 r，那么 $d-r$ 的最大值是________。

解析

因为 2017、1029、725 三个数除以 d 的余数相同，均为 r。

所以 $d|(2017-1029)$，$d|(1029-725)$，即 d 为 988 与 304 的公约数。

又因为 $(988,304)=76$，所以 d 为 76 的约数。

76 的约数有：76、38、19、4、2、1。

当 d 为 76 时，$725\div76=9\cdots\cdots41$，$d-r=76-41=35$。

当 d 为 38 时，$725\div38=19\cdots\cdots3$，$d-r=38-3=35$。

而 $35>19$，所以 35 为最大值。

例 18 在一个圆周上有 70 个点，任选其中一个点标上 1，按顺时针方向隔一个点的点上标 2，隔两个点的点上标 3，再隔三个点的点上标 4，继续这个操作，直到 1，2，3，…，2014 都被标记在点上。每个点可能不止标有一个数，那么标记了 2014 的点上标记的最小整数是________。

（2014 年"华杯赛"高年级初赛）

解析

将 70 个点编号为 1 至 70 号。1 号上标上 1，$1+2=3$ 号上标上 2，$1+2+3=6$ 号上标上 3……依次类推，因为 $1+2+\cdots+2014=2029105$ 除以 70 的余数为 15，则 2014 标在 15 号上。

因为 $1+2+3+4+5=15$，所以 15 号上标记的最小整数是 5。

例 19 五个互不相同的非零自然数，其中任意三个的和都能被 3 整除，这五个数之和的最小值是________。

（2015 年秋 · 武汉明心数学资优生测试 5 年级）

解析

正整数被 3 除，余数只有 0、1、2 三种。所以这五个正整数中，至少有两个被 3 除的余数相同。

(1)如果余数不全都相同，则取余数相同的两个正整数，再另取一余数不同的正整数，此三者的和肯定不能被 3 整除。

(2)如果余数都相同，则显然任意三数的和都能被 3 整除。为得到最小值，只需取被 3 除余 1 的数即可，故得到 1、4、7、10、13，和为 35。

例 20 有 101 个不同的正整数。在这 101 个数中任意 2 个数的和是 2 的倍数，任意 3 个数的和是 3 的倍数，任意 4 个数的和是 4 的倍数，任意 6 个数的和是 6 的倍数，则这 101 个数的平均数最小值可能是(　　)。

A. 505　　　B. 600　　　C. 601　　　D. 606

（2016 年湖北省数学思维能力等级测试 6 年级第 5 题）

解析

∵任意换掉选出的数，余数不变，

∴这 101 个数一定模 2 同余，模 3 同余，模 4 同余，模 6 同余。

∵差一定是 $[2,3,4,6]=12$ 的倍数，

∴让这 101 个数被 12 除都余 1，且从小到大排列，相邻两数的差都为 12 的最小倍数或 12 本身，即 1、13、25、…、1201。

故这 101 个数的平均数最小为 $(1+1201)\times101\div2\div101=601$。

34.3 剩余问题

孙子定理简介

孙子定理是数论中一个重要的定理，该类问题最早可见于中国南北朝时期的数学著作《孙子算经》下卷第二十五题物不知数。原文如下：

今有物，不知其数。三三数之，剩二；五五数之，剩三；七七数之，剩二。问：物几何？

答曰：二十三。（注：23 是最小值）

术曰：三三数之，剩二，置一百四十；五五数之，剩三，置六十三；七七数之，剩二，置三十。并之，得二百三十三，以二百一十减之，即得。

凡三三数之，剩一，则置七十；五五数之，剩一，则置二十一；七七数之，剩一，则置十五。一百（零）（见【注】）六以上，以一百（零）五（见【注】）减之，即得。

【注】原文为“一百六”，与现代常用语言习惯有差异，其意为一百零六，即 106；后“一百五”同样为一百零五的意思。

为什么 3 个一数，余 2，就要放 140 个呢？5 个一数，余 3，就要放 63 个呢？7 个一数，余 2，就要放 30 个呢？140、63、30 是怎么来的呢？

为了解决这个疑惑，原文做了补充：3 个一数，余 1，就要放 70 个；5 个一数，余 1，就要放 21 个；7 个一数，余 1，就要放 15 个。最后，达到 106 或以上的，减去 105。这些“操作”又是为什么呢？

明朝数学家程大位为了便于大家记忆，于是将本题的解法编成朗朗上口的《孙子歌诀》：

三人同行七十稀，五树梅花廿一支，七子团圆正半月，除百零五使得知。

不难看出，本口诀其实就是原文的内容。但如何理解呢？不妨看下表：

项目	3 的余数	5 的余数	7 的余数
$+70$	$+1$	$+0$	$+0$
$+140(70\times2)$	$+2$	$+0$	$+0$
$+21$	$+0$	$+1$	$+0$
$+63(21\times3)$	$+0$	$+3$	$+0$
$+15$	$+0$	$+0$	$+1$
$+30(15\times2)$	$+0$	$+0$	$+2$
233	2	3	2
$-105k$	-0	-0	-0
23	2	3	2

现在我们来解释上表：70 特殊在什么地方？70 是最小的满足“既是 5 与 7 的倍数，又除以 3 余 1”的数，这样的数有什么用途？找到它，无论题目说总数除以 3 余几（假设是 n），我们都可以将 70 乘以 n，得到的数即满足除以 3 余 n，且保证这个数同时是 5 与 7 的倍数，即除以 5、7 余 0，不会影响关于 5、7 的余数。所以当题目要求 3 个一数，余 2 时，第一次加上的数定格为 $70\times2=140$；

同理，5 个一数时，先找到“既是 3 与 7 的倍数，又除以 5 余 1”的数，最小的是 21，当题目要求除以 5 余 3 时，便将 21×3，得到第二次要加的个数 63；

同理，7 个一数时，先找到“既是______与______的倍数，又除以______余 1”的数，最小的是______，当题目要求除以 7 余 2 时，便将______，得到第三次要加的个数______；

140 不影响 5、7 的余数；63 不影响 3、7 的余数；30 不影响 3、5 的余数，所以当相加 $140+63+30$ 的时候便得到了一个满足题目要求“除以 3 余 2、除以 5 余 3、除以 7 余 2”的数 233，但它不一定是最小数，于是又在 233 中减去 3、5、7 的最小公倍数 105 的倍数，与辗转相减法递进到辗转相除法类似，要求满足要求的最小数，我们可以直接用 233 除以 105 求余数得到，即 23。

现在，我们得到了答案，也明白了上述古老问题的解题方法，但其中仍有两个隐藏问题值得我们去思考：

【问题 1】如果题中存在的三个模(除数)d_1、d_2、d_3 并不两两互质的话，则有可能找不到余数为 1 的数。例如：某数除以 4 余 1、除以 5 余 3、除以 6 余 5，求该数。因为(6，4)＝2，所以 5 与 6 的最小公倍数与 4 一定不互质，实际上[5，6]＝30，(30，4)＝2，所以 30 的倍数除以 4 只可能余 0 或余 2，不可能出现余 1 的情况。

那这种情况如何处理呢？当然又得用到前文多次出现的“转化思想”。

∵$4=2^2$、$6=2\times3$，∴在计算 4 与 6 的最小公倍数时，6 所含的“6 与 4 的公因数 2”是无效的。于是，我们可以将“除以 6”转化成“除以 3”，“余 5”相应改变为“余 2”，这样原题转化为“除以 4 余 1、除以 5 余 3、除以 3 余 2”，则满足了模(除数)两两互质的要求。

【问题 2】当三个除数 d_1、d_2、d_3 两两互质的情况下，既是除以 d_1 余 1，又同时是 d_2、d_3 倍数的数必定存在吗？

我们还是以 3、5、7 为例，说明除以 7 余 1，同时又是 3、5 倍数的数一定存在。

∵3、5、7 这三个除数两两互质，∴3 与 5 的最小公倍数[3，5]＝3×5＝15，三个数的最小公倍数[3，5，7]＝3×5×7＝105，105 是 15 的 7 倍。

除数为 7 的余数有 0、1、2、3、4、5、6 共 7 种情况，因为 105 是 3、5、7 的最小公倍数，所以 15 的前 6 个倍数一定不是 7 的倍数，除以 7 的余数只可能出现 1、2、3、4、5、6 这 6 种情况。

如果 15 的 1 至 6 倍中没有除以 7 同余的情况发生，那么这 6 个数除以 7 的余数刚好为 1、2、3、4、5、6 各出现一次，结论成立；

如果 15 的 1 至 6 倍中出现两个数除以 7 同余，则这两个数的差一定是 7 的倍数，也同时是 3、5 的倍数，于是差是 3、5、7 的公倍数。而这个差是 15 的 1 至 6 倍中的两个数之差，一定小于 15 的 7 倍 105，即出现了一个比最小公倍数小的公倍数，这是不可能的，假设不成立；

综上所述，我们知道，在小于 3、5、7 最小公倍数的数中，一定会出现一个满足条件的数。

同理，“除以 5 余 1，同时又是 3、7 倍数的数”与“除以 3 余 1，同时又是 5、7 倍数的数”也一定存在。

至此，我们可以庆祝一下了，《孙子算经》中的算法在我们的“深思熟虑”下被证明是一定可行的，于是我们可以放心地运用中国古代先贤的伟大成就——孙子定理了。

另外，解决上述问题，有同学会采取下面“更简单”的方法：

∵这个数除以 3、除以 7 的余数都为 2，我们可以很快地知道这样的数等于“2 加上 3 与 7 最小公倍数的倍数”，即形如 $2+[3,7]k$ 的数 2、23、44、65、…，其中 23 满足除以 5 余 3，所以最小为 23。

确实，针对该题，这种方式要简单一些，甚至可以说巧妙一些，但是，孙子定理给出的解决方案不限除数的数量(有限个)、不限余数是否相同，是解决这类普遍问题的“大”方法，所以它才能被称为“定理”。

巧方法、大方法，各有各的数学美。你更喜欢哪种美呢？

延伸

秦九韶与中国剩余定理

秦九韶(1208—1268)，字道古，祖籍鲁郡(今河南省范县)，出生于普州(今四川省资阳市安岳县)。南宋著名数学家，与李冶、杨辉、朱世杰并称宋元数学四大家。

在孙子定理的基础之上，秦九韶于 1247 年《数书九章》卷一、二《大衍类》对“物不知数”问题做出了完整系统的解答，并称之为“大衍求一术”，即现代数论中一次同余式组解法，是中世纪世界数学的最高成就之一，比西方 1801 年著名数学家高斯(Gauss，1777—1855)建立的同余理论早 554 年，被西方称为“中国剩余定理”。

美国著名科学史家萨顿称秦九韶：“那个民族，那个时代，他确实也是所有时代最伟大的数学家之一。”

例 21 《孙子算经》中的"物不知其数"问题：今有物不知其数，三三数之剩二，五五数之剩三，七七数之剩二，问物几何？现在请你求除以 5 余 1，除以 7 余 3，除以 8 余 5 的最小自然数是________。

（2015 年"南京数学文化节"5 年级）

解析

【方法 1】利用孙子定理有：

7 与 8 的公倍数中，$56\equiv1 \pmod 5$；5 与 8 的公倍数中，$120\equiv1 \pmod 7$；5 与 7 的公倍数中，$105\equiv1 \pmod 8$，所以 $56+120\times3+105\times5=941$ 满足要求。而 $[5,7,8]=280$，$941\div280=3\cdots\cdots101$，所以最小自然数为 101。

【方法 2】注意到所求数加 4 时，既是 5 的倍数，又是 7 的倍数。满足要求的最小数为 $[5,7]=35$，即满足要求的数形如 $35k-4$。此时我们由余数的可加性与可乘性可知，$(35k-4)\equiv(3k-4)\equiv5 \pmod 8$，$k$ 最小为 3，所以满足要求的最小数为 $35\times3-4=101$。

> 注意本题中"补"的思想。

例 22 某幼儿园的学生不足 100 人。每 5 人分一组，多 4 人；每 6 人分一组，多 3 人；每 7 人分一组，多 1 人。那么，共有________人。

（2016 年秋 · 武汉明心数学资优生测试 6 年级）

解析

【方法 1】利用孙子定理有：

6 与 7 的公倍数中，$126\equiv1 \pmod 5$；5 与 7 的公倍数中，$175\equiv1 \pmod 6$；5 与 6 的公倍数中，$120\equiv1 \pmod 7$，所以 $126\times4+175\times3+120=1149$ 满足要求。而 $[5,6,7]=210$，$1149\div210=5\cdots\cdots99$，所以共有 99 人。

【方法 2】注意到 $5+4=6+3=9$，于是，$[5,6]\mid(\text{人数}-9)$，所以人数形如 $30k+9$。而 $(30k+9)\equiv(2k+2)\equiv1 \pmod 7$，$k$ 最小为 3，所以共有 $30\times3+9=99$（人）。

> 注意5+4=6+3=9这种超过了除数本身但相同的多余部分。

例 23 有一个不到 2000 的自然数，被 1、2、3、4、5、6、7 和 11 除时所得到的余数各不相同。那么这个自然数是________。

（2014 年"陈省身杯"6 年级）

解析

显然任意自然数被 1 除余数为 0，若这个数被 1～7 除余数各不相同，则余数分别为 0～6，此时原数加 1 为 1～7 的公倍数。而 $[1,2,3,4,5,6,7]=420$，即满足要求的数为 $419+420k$，当 $k=0$、1、2、3 时关于 11 的余数分别为 1、3、5、7，余 7 时满足要求，则这个自然数为 $419+420\times3=1679$。

例 24 把一个自然数分别除以 2、3、4、5、6、7、8、9、10、11、12、13、14、15、16 的余数依次写下来，可以得到一个共有 15 项的数列，如果这个数列的任意两项都不相同，我们就称这个数列为"神马数列"，不同的"神马数列"共有________个。

（2014 年"数学花园探秘"高年级决赛）

解析

【方法 1】假设这个数为 N。

N 除以 2 的余数只能为 0 或 1；除以 3 的余数只能为 0、1 或 2；除以 4 的余数只能为 0、1、2 或 3；……；除以 16 的余数只能为 0、1、2、…、15。

以 N 除以 2 的余数分类讨论。

若 N 除以 2 的余数为 0，则 N 除以 4、6、8、10、12、14、16 的余数依次只能为 2、4、6、8、10、12、14；因为 N 除以 16 余 14，所以 N 除以 2 至 16 的余数只能分别为 0、1、2、3、4、5、6、7、8、9、10、11、12、13、14；

若 N 除以 2 的余数为 1，则 N 除以 4、6、8、10、12、14、16 的余数依次只能为 3、5、7、9、11、13、15；因为 N 除以 6 余 5，所以 N 除以 3 余 2，除以 9、15 的余数分别为 8、14；因为 N 除以 15 余 14，所以 N 除以 5 余 4；因为 N 除以 14 余 13，所以 N 除以 7 余 6。

此时余数只剩下 0、10、12 可以选择。N 除以 11 只能余 0 或 10，N 除以 13 各有两种情况对应，所以有 $2\times2=4$(种)。

共计：$1+4=5$(种)。

【方法 2】假设这个数为 N。

N 除以 2 的余数只能为 0 或 1；除以 3 的余数只能为 0、1 或 2；除以 4 的余数只能为 0、1、2 或 3；……；除以 16 的余数只能为 0、1、2、…、15。

以 N 除以 16 的余数分类讨论：

若 N 除以 16 的余数为偶数，则 N 除以 2 的余数为 0，N 除以 4、6、8、10、12、14、16 的余数依次只能为 2、4、6、8、10、12、14；因为 N 除以 16 余 14，所以 N 除以 2 至 16 的余数只能分别为 0、1、2、3、4、5、6、7、8、9、10、11、12、13、14；

若 N 除以 16 的余数为奇数，则 N 除以 2 的余数为 1，N 除以 4、6、8、10、12、14、16 的余数依次只能为 3、5、7、9、11、13、15；因为 N 除以 6 余 5，所以 N 除以 3 余 2，除以 9、15 的余数分别为 8、14；因为 N 除以 15 余 14，所以 N 除以 5 余 4；因为 N 除以 14 余 13，所以 N 除以 7 余 6。

此时余数只剩下 0、10、12 可以选择。N 除以 11 只能余 0 或 10，N 除以 13 各有两种情况对应，所以有 $2\times2=4$(种)。

共计：$1+4=5$(种)。

【方法 3】假设这个数为 N。

可以按余数是否有 0 及除以几余 0 来讨论。

若没有 0，则除以 2，3，4，…，16 的余数依次只能为 1，2，3，…，15；

若有 0，则 0 只可能为 N 除以质数的余数。

当 N 除以 2 余 0 时，N 除以 4、6、8、10、12、14、16 的余数依次只能为 2、4、6、8、10、12、14；因为 N 除以 16 余 14，所以 N 除以 2 至 16 的余数只能分别为 0、1、2、3、4、5、6、7、8、9、10、11、12、13、14；

当 N 除以 3 余 0 时，N 除以 6、9、12、15 的余数依次只能为 3、6、9、12，于是 N 除以 2 余 1，除以 4 余 3，与 N 除以 6 余 3 矛盾；

当 N 除以 5 余 0 时，N 除以 10、15 的余数依次只能为 5、10，于是 N 除以 2 余 1，N 除以 4 余 3，与 N 除以 6 余 5，与 N 除以 10 余 5 矛盾；

当 N 除以 7 余 0 时，N 除以 14 的余数只能为 7，于是 N 除以 2 余 1，N 除以 4、6、8 的余数依次分别为 3、5、7，与 N 除以 14 余 7 矛盾；

当 N 除以 11 余 0 时，N 除以 2 只能余 1、N 除以 4、6、8、10、12、14、16 的余数依次分别为 3、5、7、9、11、13、15。因为 N 除以 6 余 5，所以 N 除以 3 余 2，N 除以 9 余 8，N 除以 15 余 14；因为 N 除以 10 余 9，于是 N 除以 5 余 4，N 除以 15 余 14；因为 N 除以 14 余 13，所以 N 除以 7 余 6，此时 13 的余数可能为 10 或 12，有两种情况；

当 N 除以 13 余 0 时，N 除以 2 只能余 1、N 除以 4、6、8、10、12、14、16 的余数依次分别为 3、5、7、9、11、13、15。因为 N 除以 6 余 5，所以 N 除以 3 余 2，N 除以 9 余 8，N 除以 15 余 14；因为 N 除以 10 余 9，于是 N 除以 5 余 4，N 除以 15 余 14；因为 N 除以 14 余 13，所以 N 除以 7 余 6，此时 11 的余数只能为 10。

共计 $1+(1+2+1)=5$(种)情况。

真题重现

1. 若 n 为质数，则形式为 2^n-1 的质数称为梅森数，例如：$2^2-1=3$，$2^3-1=7$ 是梅森数。最近，美国学者刷新了最大梅森数，$n=74207281$，这个梅森数也是目前已知的最大的质数，它的个位数字是________。
（第 21 届"华杯赛"高年级组决赛 C 卷）

2. 求（$456^{654}-123^{321}$）除以 5 时的余数。
（第 6 届"华杯赛"高年级组第一试）

3. 算式$\underbrace{11\cdots11}_{2014个1}\div7$ 的余数是________。
（2014 年春·武汉明心数学资优生测试 5 年级）

4. 如果自然数 a,b,c 除以 14 都余 5，则 $a+b+c$ 除以 14 得到的余数为________。
（2015 年"希望杯"）

5. 用 1,2,3,4,5,6,7,8,9 九个数字组成 3 个三位数（每个数字只能用 1 次），使最大的数能被 3 整除；次大的数被 3 除余 2，且尽可能大；最小的数被 3 除余 1，且尽可能小。求这 3 个三位数。
（《小学数学竞赛年鉴：MO2017》P108）

6. 将 1～2017 这 2017 个自然数依次写出，得到一个多位数 123456789…20162017，这个多位数除以 9 的余数是________。
（《小学数学竞赛年鉴：MO2017》）

7. 定义：$a☆b$ 表示 a 除以 b 的余数。那么算式｛(2016☆1203)☆[(2017☆101)☆121]｝☆128 的计算结果是________。
（2017 年"数学花园探秘"5 年级初赛 A 卷）

8. 黑板上有 1～2013 共 2013 个数，每次可以擦掉其中 2 个数，并且写上这 2 个数之和的数字和。已知最后黑板上剩下 4 个数，其乘积为 27，那么这 4 个数的和是________。
（2013 年"数学花园探秘"小高决赛）

9. 已知整数 $m(m>2)$，用 3、4、5、6 分别除 m，余数均为 2。则 m 最小为________。
（2015 年春·武汉明心数学资优生测试）

10. 某个三位数是 2 的倍数，加 1 是 3 的倍数，加 2 是 4 的倍数，加 3 是 5 的倍数，加 4 是 6 的倍数，那么这个数最小为________。
（2015 年"华杯赛"高年级组决赛 A 卷）

11. 1、7、13、19 这 4 个数有一个非常特别的性质：从中任意选择 2 个数、3 个数或者全选，所选的数的平均数仍然是整数。如果 5 个不同的正整数也具有类似的性质（即任意从中选择 2 个数、3 个数、4 个数或者全选，其平均数都是整数），那么这 5 个正整数之和至少等于________。
（2017 年"数学花园探秘"小高决赛 D 卷）

12. 若将数学班的学生分为 4 组，则余下 2 人；若将他们分成 5 组，则余下 1 人。若这个班上的女生有 15 人而男生人数比女生人数稍少，那么这个班上的男生有________人。
（2014 年秋·武汉明心数学资优生测试 5 年级）

13. 满足被 7 除余 3，被 9 除余 4，并且小于 100 的自然数有________。
（2015 年"走进美妙的数学花园"）

14. 被 11 除余 7，被 7 除余 5，并且不大于 200 的所有自然数的和是________。
（2014 年"希望杯"六年级第一试）

15. 有一个整数，除以 3 的余数是 2，除以 5 的余数是 3，除以 7 的余数 4，这个数可能是（　　）。

A. 67　　B. 73　　C. 158　　D. 22

（2016 年湖北省数学思维能力等级测试 5 年级）

16. 在 1～100 这 100 个数中，被 2、3、5 除都有非零的余数，且余数彼此不等的数有________个。
（第 14 届"希望杯"4 年级第一试）

17. 在等差数列 1,4,7,10,13,16,…的前 500 项中,有多少个是完全平方数?

(《小学数学竞赛年鉴:MO2017》P18)

18. 一个七位完全平方数仅含 2、0、1、7 四种数字,且每个数字最多出现 2 次。若删去百位数字,可以得到一个前三位与后三位相同的六位数。这个七位完全平方数的后四位数字依次组成的四位数是________。

(2017 年"数学花园探秘"小高决赛 C 卷)

19. 是否存在一个自然数,等于它最小的三个因数的平方和。若存在,请举出例子;若不存在,请简述理由。

(《小学数学竞赛年鉴:MO2017》)

20. 老师拿出 3 张卡片,每张卡片上写有一个数字,甲用这 3 个数字组成了一个完全平方数,乙用这 3 个数字组成了一个完全平方数的 3 倍,丙用这 3 个数字组成了一个平方数和立方数的乘积,已知甲、乙、丙三人组成的三位数各不相同。那么,甲、乙、丙写的三位数之和是________。

(2016 年"数学花园探秘"总决赛 6 年级第二试)

参考答案

1. 答案:1。

分析:

2^n:	2^1	2^2	2^3	2^4	2^5	2^6	2^7	2^8	…
个位数字:	2	4	8	6	2	4	8	6	…

由此我们知道每 4 个数一个周期。

74207281÷4 余 1,说明 $2^{74207281}$ 的个位数字是 2。那么 $2^{74207281}-1$ 的个位数字为 $2-1=1$。

2. 答案:3。

分析:∵456÷5 余 1,

∴$456^{654}\div5$ 与 $1^{654}\div5$ 的余数相同,即余 1。

又∵123÷5 余 3,3^n 除以 5 的余数依次为 3、4、2、1、3、4、2、1…4 个一循环,321÷4 余 1,即 3^{231} 除以 5 余 3。

所以($456^{654}-123^{321}$)除以 5 的余数为 $(1+5)-2=3$。

3. 答案:5。

分析:∵$7\mid\underbrace{111111}_{6个1}$,2014÷6 余 4,∴1111÷7=158……5,余数为 5。

4. 答案:1。

分析:(5+5+5)÷14=1……1。

5. 答案:963(或 936),875,124。

分析:最大的数最高位为 9,次大的数最高位为 8,最小的数最高位为 1,因为次大的数被 3 除余 2,且要尽可能大,所以为 875;最小的数被 3 除余 1,且要尽可能小,所以为 124。因此,最大的数为 963 或 936。

6. 答案:1。

分析:方法 1　∵在计算该数除以 9 的余数时数字和可以任意拆分,所以我们将这个多位数的各位数字之和拆成 $1+2+3+4+\cdots+2017=(1+2017)\times2017\div2=1009\times2017$,而 1009 除以 9 余 1,2017 除以 9 余 1,所以 $(1+2+3+4+\cdots+2021)\equiv(1\times1)\equiv1 \pmod 9$,于是原数除以 9 的余数也是 1。

方法 2　∵任意连续 9 个数的排列都是 9 的倍数,所以我们从 2017 开始,从右向左(这样余下来的数比从左至右截取的数小)每 9 个数截取一段,最后剩下 2017÷9 余 1 个数,即"1",所以原数除以 9 也余 1。

7. 答案:29。

分析:2016☆1203:2016÷1203=1……813;

2017☆101:2017÷101=19……98;

98☆121:98÷121=0……98;

813☆98:813÷98=8……29;

29☆128:29÷128=0……29。

8. 答案:30。

分析:一个数除以 9 的余数等于这个数各位数字之和除以 9 的余数。每次操作将 2 个数的和变为数字和,不改变除以 9 的余数。

$1+2+3+\cdots+2013=2014\times2013\div2=1007\times2013\equiv8\times6\equiv3 \pmod 9$,则剩下这 4 个数的和除以 9 也余 3。

将 27 拆成 4 个数的乘积:$27=3\times3\times3\times1=3\times9\times1\times1=27\times1\times1\times1$,和分别为 10、14、30,只有 $30\equiv3 \pmod 9$,所以这个数的和为 30。

9. 答案:62。

分析:$[3,4,5,6]+2=62$。

10. 答案:122。

分析:$[2,3,4,5,6]=60$,由题意知这个三位数除以 3 余 2,除以 4 余 2,除以 5 余 2,除以 6 余 2,所以最小为 $60\times2+2=122$。

11. 答案:125。

分析:任选 2 个数,其平均数都是整数,所以所有数除以 2 的余数都相同;同理,所有数除以 2、3、4 的余数都相同,所以所有数除以 12 的余数都相同。5 个正整数之和至少等于 $1+13+25+37+49=125$。

12. 答案:11。

分析:学生总人数既要为 4 的倍数多 2,又要为 5 的倍数多 1,同时满足这两个条件的最小数为 6。而 $[4,5]=20$,所以满足要求的数为 $6+20k$。由于男生人数比女生人数稍少,女生有 15 人,尝试可得:全班有 26 人可满足,即这个班有男生 $26-15=11$(人)。

13. 答案:31 与 94。

分析:满足条件的最小数为 31,$[7,9]=63$,则有 31、94 两个数满足要求。

14. 答案:351。

分析:逐级满足法。最小的被 11 除余 7 的自然数是 7,再研究形如 $11n+7$(n 为自然数)的数中最小的被 7 除余 5 的数。经枚举,为 $n=3$ 时,$11n+7=40$,故所有满足要求的自然数都是形如 $77m+40$(m 为自然数)的数,不大于 200 的有 40、117、194 这三个数,和为 $40+117+194=351$。

15. 答案:C。

分析:除以 5 余数是 3,所以尾数只能为 3 或 8,验证 73 和 158,仅有 158 满足,所以选 C。

16. 答案:6。

分析:∵被 2 除有非零余数,个位为 1,3,5,7,9,被 5 除有非零余数,个位为 1,2,3,4,6,7,8,9,

∴被 2,5 除都有非零余数,个位为 1,3,7,9,且余数彼此不相等,个位为 3,7,9。

同理,被 3 除余数不能为 1,那么只能余 2,所以被 5 除的余数不能为 2,即排除个位是 7 的情况,则个位只能为 3,9。

综上,个位是 3,9,且除以 3 余 2 的数有 23,29,53,59,83,89,即符合条件的数有 6 个。

17. 答案:26。

分析：该等差数列的第 500 项为 $500\times3-2=1498$，$38^2=1444<1498<1521=39^2$。

注意到被 3 除余 1 或 2 的数的平方均除以 3 余 1，在该数列中而被 3 整除的数的平方不存在。

$38\div3=12\cdots\cdots2$，共 12 个能被 3 整除。

故该数列的前 500 项中，共 $38-12=26$(个)完全平方数。

18. 答案：7201。

分析：注意到这个七位数一定是$\overline{abcadbc}$的形式。平方数的末位数字不能是 2 或 7。如果末位数字是 0，则十位数字也是 0，所以末位数字一定是 1，注意到奇数的平方除以 4 余 1，所以十位数字为 0 或者 2。注意到奇数的平方除以 8 余 1，如果十位数字是 2，则百位为 7，剩余数字 0，与首位数字不为 0 矛盾。所以十位数字为 0，百位数字为 2。所以这个七位数为 7017201，所求四位数为 7201。

19. 答案：不存在。

分析：每个自然数最小的因数是 1。若这个自然数是 3 的倍数，它最小的三个因数中必含有 3，最小的三个因数的平方和除以 3 余 1 或 2，矛盾。若这个自然数不是 3 的倍数，那么它最小的三个因数的平方和必是 3 的倍数，矛盾。所以不存在这样的自然数。

20. 答案：999。

分析：假设甲组成的数为 A^2，乙组成的数为 $3B^2$，丙组成的数为 $C^2\times D^3$。

∵乙组成的数 $3B^2$ 是 3 的倍数，即数字和是 3 的倍数，

∴A^2 也是 3 的倍数，所以 A^2 必为 9 的倍数，

∴三张卡片上的数字和一定也是 9 的倍数。

又∵$9\mid3B^2$，∴$3\mid B^2$，$9\mid B^2$。

$3B^2$ 可能为：$3\times6^2=108$，$3\times9^2=243$，$3\times12^2=432$，$3\times15^2=675$，$3\times18^2=972$。

A^2 可能为：144、225、324、441、576、729、900。

与 $3B^2$ 对照，剩下 324、576、729。

而丙所组成的 $C^2\times D^3$，当 C、D 均不为 1 的时候可能为：$2^2\times3^3=108$，$3^2\times3^3=243$，$4^2\times3^3=432$，$5^2\times3^3=675$，$6^2\times3^3=972$，$3^2\times4^3=576$。

当 C 为 1 时，可能为：$1^2\times6^3=216$，$1^2\times9^3=729$；

当 D 为 1 时，可能为：144、225、324、441、576、729、900。

对照 A^2、$3B^2$，仅有(243，324，432)或者(432，324，243)满足条件，两组数的和相同，均为 999。

第三十五章　数论竞赛题赏析

35.1　综合类

例 1　如果一个自然数的各位数字能够分成两组，且每组中的数字之和相等，则称这个数为“均衡数”。例如 25254 是“均衡数”，因为 5＋2＋2＝4＋5。如果相邻的两个自然数都是“均衡数”，则称这对“均衡数”为“孪生均衡数”。那么最小的一对“孪生均衡数”的和是________。

（2015 年“数学花园探秘”小高决赛 A 卷）

解析

“均衡数”的数字和一定为偶数，加 1 后如果不进位，则数字和变为奇数，不可能是一个“均衡数”，所以一定进位，则这两个相邻的数个位一定是 9 和 0。

若较小的数为两位数，则十位一定是 9，即 99，而 100 不是“均衡数”；

若较小的数为三位数，则较大的数的百位数字与十位数字应该相等，所以较小的数百位数字比十位数字大 1，且两个数字和为 9，所以较小的数为 549，较大的为 550，满足条件，和为 1099。

例 2　将 100 以内最大的 10 个质数按从小到大的顺序排列，组成一个多位数。从这个多位数中去掉 10 个数字，在不改变排列顺序的前提下，使剩下的数字组成的新数尽可能小。这个新数中从左到右第 4 个数字是________。

（2016 年秋 · 武汉明心数学资优生测试 5 年级）

解析

100 以内最大的 10 个质数按从小到大的顺序排列构成的多位数是 5359616771737983897，去掉其中 10 个数字，按顺序排列构成的最小多位数是 1137838997，其中第 4 个数字是 7。

例 3　如果一个数的数字和与它 3 倍的数字和相同，却与它 2 倍的数字和不同，我们称这种数为“奇妙数”。那么，最小的“奇妙数”是________。

（2015 年“数学花园探秘”5 年级初赛 A 卷）

解析

进位一次数字和减少 9。一个数 3 倍的数字和与原数数字和相同，则进位减少的数字和是它本身数字的 2 倍，所以进位一定是偶数次，于是这个数的数字和必须是 9 的倍数。

若这个数是一位数，则它为 9，它的 2 倍为 18，矛盾；

若这个数是两位数，当数字和为 9 时，若其 2 倍的数字和与它不同，则至少为 18，而 2 倍又不超过 200，所以只能为 198，其本身为 99，矛盾；

若这个两位数的数字和为 18，即 99，其 2 倍为 198，数字和相同，矛盾；

若这个数是三位数，可能为：108、117、126、135、144、153、…

经验证最小值为 144。

例 4 将分数$\frac{1}{2016}$化成循环小数后，循环节恰有________位。

（2016 年"数学花园探秘"小高决赛 C 卷）

解 析

因为 $2016=2^5\times3^2\times7$，除 2、5 以外的因数为 $3^2\times7$，且 $3^2\times7|999999$，所以循环节为 6 位。

例 5 将 1～6 分别填入题图中的 6 个圆圈中，使得每条直线上的圆圈中填的所有数的和都相等(图中有 3 条直线上各有 3 个圆圈，有 2 条线上各有 2 个圆圈)，那么两位数$\overline{AB}$=________。

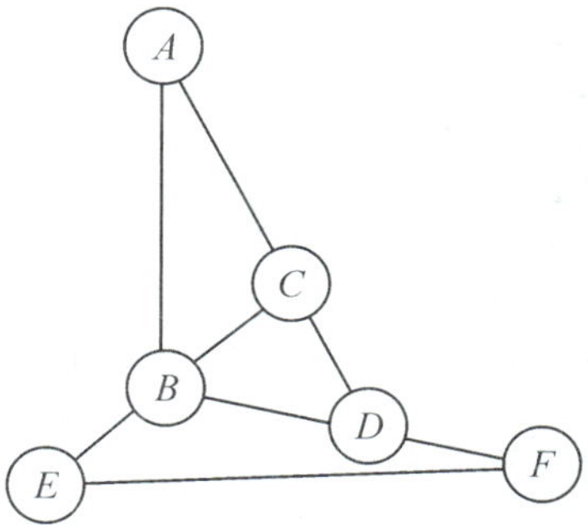

（2016 年"数学花园探秘"中年级组决赛 A 卷）

解 析

【方法 1】因为 $A+B$，$A+C+D$，$E+F$ 均相等，所以 $2A+B+C+D+E+F$ 是 3 的倍数。又因为 6 个数的总和是 21，所以 A 是 3 的倍数。

当 $A=3$ 时，每条直线上所有数的和为 $(21+3)\div3=8$，则 6 不能出现在有 3 个圆圈的直线上，矛盾。

所以，$A=6$。此时，每条直线上所有数的和为 $(21+6)\div3=9$。则 $B=9-6=3$。

两位数$\overline{AB}=63$。

【方法 2】图中共有 5 条直线，除了 B 被算过 3 次外，其余字母都被算了 2 次，即总和为 $2(A+B+C+D+E+F)+B=2\times21+B=42+B$，因为 5 条直线的总和为 5 的倍数，所以 B 只能为 3，此时每条线上的和为 $(42+3)\div5=9$，所以 $A=9-3=6$，两位数$\overline{AB}=63$。

例 6 两个正整数 A 和 B 满足：①$A(A+1)$是 $B(B+1)$的倍数；②A 和$(A+1)$都不是 B 或者$(B+1)$的倍数。那么 $A+B$ 的最小值是________。（2017 年"数学花园探秘"5 年级总决赛第二试）

解 析

∵条件②，∴$A\neq B$。

∵$(B,B+1)=1$，$(A,A+1)=1$，

∴B 与 $B+1$ 所含的质因数不同，A 与 $A+1$ 所含的质因数也不同。

若 B 或者 $B+1$ 只含有 1 种质因数，则必然会与条件②矛盾，所以 B 与 $B+1$ 都至少含有两种不同的质因数，所以 B 与 $B+1$ 最小为 14、15，乘积为 210。于是 $A(A+1)$至少为 420，而 $420=20\times21$，所以 A 最小为 20，$A+B$ 最小为 34。

例 7 在下面的方框中填入 57 个 1，可以形成一个计算结果是整数 11 的算式。

$$\frac{\boxed{1111}}{\boxed{111}}+\frac{\boxed{11}}{\boxed{111}}+\frac{\boxed{11}}{\boxed{111}}+\frac{\boxed{11}}{\boxed{111}}+\frac{\boxed{11}}{\boxed{111}}+\frac{\boxed{11}}{\boxed{111}}+\frac{\boxed{11}}{\boxed{111}}+\frac{\boxed{11}}{\boxed{111}}+\frac{\boxed{11}}{\boxed{111}}+\frac{\boxed{11}}{\boxed{111}}+\frac{\boxed{11}}{\boxed{111}}$$

在下面的方框中填入 1001 个 1，形成一个算式。如果该算式的计算结果是整数，那么所得整数最小是________。

$$\frac{\square}{\square}+\frac{\square}{\square}+\frac{\square}{\square}+\frac{\square}{\square}+\frac{\square}{\square}+\frac{\square}{\square}+\frac{\square}{\square}+\frac{\square}{\square}$$

（2018 年“数学花园探秘”5 年级网赛）

解析

这样的分数如果分母的“1”多，注意到$\underbrace{11\cdots11}_{n+1个1}=\underbrace{11\cdots10}_{n个1}+1=\underbrace{11\cdots1}_{n个1}\times10+1$，则这个分数一定小于$\frac{1}{10}$。如果分子的“1”多，则可以化为整数或带分数，带分数中的真分数部分也会小于$\frac{1}{10}$。所以，如果有一个分数的化简结果不是整数，至少需要 11 个分数，其和才能得到整数，所以题中的 8 个分数的化简结果都是整数。由于 1 的总个数是奇数，不能做到 8 个 1，至少为 $11+1\times7=18$。和为 18 的一种构造如下：

$$\frac{\boxed{11}}{\boxed{1}}+\frac{\boxed{1}}{\boxed{1}}+\frac{\boxed{1}}{\boxed{1}}+\frac{\boxed{1}}{\boxed{1}}+\frac{\boxed{1}}{\boxed{1}}+\frac{\boxed{1}}{\boxed{1}}+\frac{\boxed{1}}{\boxed{1}}+\frac{\overbrace{\boxed{11\cdots1}}^{493个1}}{\underbrace{\boxed{11\cdots1}}_{493个1}}$$

例 8 $[x]$表示不超过 x 的最大整数，例如$[4]=4$，$[3.4]=3$。已知对于数 a，有$[5a]+5a=2018.16$，那么$[[25a]+25a]=$________。

（2018 年“数学花园探秘”高年级决赛 C 卷）

解析

由$[5a]+5a=2018.16$ 知，$5a=1009.16$。

所以$[[25a]+25a]=5\times[[5a]+5a]=5\times2018=10090$。

例 9 已知 n 为正整数，在大于 n^2 且小于 $n^2+\frac{2019}{n^2}$的正整数中存在 4 的倍数，则 n 的最大值是________。

（2020 年“数学花园探秘”5 年级初赛 B 卷）

解析

正整数 n 的值越大，则 n^2 与 $n^2+\frac{2019}{n^2}$越接近。

如果 n 为偶数，则 n^2 一定是 4 的倍数，此时$\frac{2019}{n^2}$必须大于 4，$n^2<2019\div4=504\frac{3}{4}$，$n$ 最大不超过 22；

如果 n 为奇数，则 n^2 除以 4 的余数一定是 1，此时 $\frac{2019}{n^2}$ 必须大于 3，$n^2<2019\div3=673$，n 最大不超过 25。

综上，n 的最大值为 25。

例 10 最简分数 $\frac{n}{m}=2015+\frac{207!}{7^{100}}$，那么 n 的末两位数字是________。

（2015 年"数学花园探秘"5 年级总决赛第一试）

解析

207! 含有 $\left[\frac{207}{7}\right]+\left[\frac{207}{49}\right]=33$ 个 7，所以 $\frac{207!}{7^{100}}$ 约分后分母为 7^{67}，分子的末两位数字一定为 00。于是 n 的末两位数字与 $7^{67}\times2015$ 的末两位数字相同。

7^n 的末两位数字依次为 07，49，43，01，07，49，43，01，…，所以 7^{67} 的末两位数字为 43，与 2015 的积的末两位数字为 45。

例 11 有 100 名学生，编号分别为 1～100，每名学生往黑板上写上自己编号的全部因数以及 100 除以自己编号的余数。例如，编号为 3 的学生写上：1，3，1，编号为 10 的学生写上：1，2，5，10，0。那么：

(1)编号为 12 的学生写的数依次分别是多少？

(2)数字 4 一共出现多少次？

(3)黑板上所有的数之和是多少？

（2019 年"数学花园探秘"5 年级总决赛第二试）

解析

(1)1、2、3、4、6、12、4；

(2)4 作为因数出现了 25 次；

4 作为余数出现的次数，$100\div a=b\cdots\cdots4$。

那么 a 是 96 的大于 4 的因数，有 8 个。

所以，4 一共出现了 33 次。

(3)对于某个数 k，从 1 到 100 一共有 $\left[\frac{100}{k}\right]$ 个数是 k 的倍数，因此 k 作为因数共出现 $\left[\frac{100}{k}\right]$ 次，故黑板上所有因数的和是 $1\times\left[\frac{100}{1}\right]+2\times\left[\frac{100}{2}\right]+3\times\left[\frac{100}{3}\right]+\cdots+100\times\left[\frac{100}{100}\right]$。

设 100 除以 k 的余数为 R_k，黑板上所有余数的和为 $R_1+R_2+R_3+\cdots+R_{100}$。

因为 $100\div k=\left[\frac{100}{k}\right]\cdots\cdots R_k$，所以 $100=k\cdot\left[\frac{100}{k}\right]+R_k$。

那么黑板上所有数的和为：

$$1\times\left[\frac{100}{1}\right]+R_1+2\times\left[\frac{100}{2}\right]+R_2+3\times\left[\frac{100}{3}\right]+R_3+\cdots+100\times\left[\frac{100}{100}\right]+R_{100}=\underbrace{100+100+\cdots+100}_{100\text{个}100}=10000。$$

例 12 如图，一个圆上有 48 个点。开始时选择其中一个点标上整数 1，然后以顺时针方向跳过 1 个点标上整数 2，再跳过 2 个点标记整数 3，再跳过 3 个点标记整数 4……按这样的方式将整数 1～48 全部标记到点上。如果在标记的过程中发现，即将要标记的点上已经标记有整数，那么就将该点上原有的整数擦去标记上新的整数。

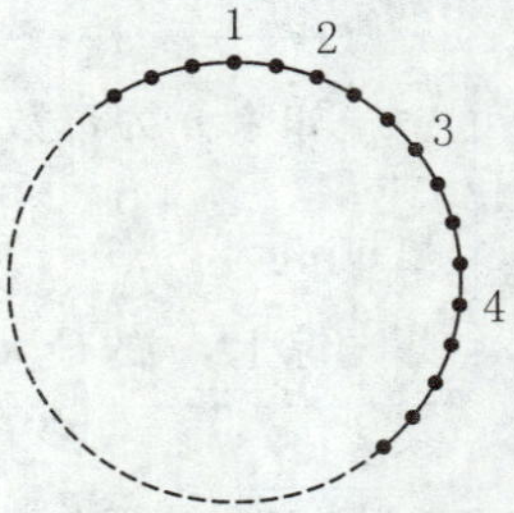

(1)整数 14 有没有被擦掉？请说明理由。

(2)整数 4 有没有被擦掉？请说明理由。

(3)没有被标记的点有多少个？

（2017 年“数学花园探秘”5 年级总决赛第一试）

解析

(1)会被擦掉。写 14 后，依次写 15，16，17，15＋16＋17＝48，刚好一圈。则写 17 的时候，擦掉了 14。

(2)整数 4 没有被擦掉。

假设整数 4 被整数 n 擦掉，那么 $5+6+7+8+9+\cdots+n=\frac{(5+n)(n-4)}{2}$ 是 48 的倍数，$(n+5)(n-4)$ 是 $48\times2=32\times3$ 的倍数。

①$n+5$ 和 $n-4$ 的差是 3 的倍数，所以它们都是 3 的倍数；

②$n+5$ 和 $n-4$ 的奇偶性相反，所以其中必然有一个是 32 的倍数。

由①②知，$n+5$ 和 $n-4$ 中必然有一个数是 3×32 的倍数。这与“n 最大为 48”矛盾。

(3)显然，标记整数 48 时会擦掉整数 47。

假设标记整数 $m(m\leqslant47)$ 时要擦去整数 n，那么：

$(n+1)+(n+2)+(n+3)+\cdots+m=\frac{(n+1+m)\times(m-n)}{2}$ 是 $48=16\times3$ 的倍数，

所以 $(m+n+1)\times(m-n)$ 是 96 的倍数。

考虑到 $m+n+1$ 和 $m-n$ 的奇偶性相反，则其中的偶数一定是 32 的倍数。

再考虑到 $m-n<m+n+1\leqslant47+46+1<32\times3$，知 $m+n+1$ 和 $m-n$ 都不是 32×3 的倍数。

所以，只需要考虑以下两种可能：

①$m+n+1=32$，$m-n$ 是 3 的奇数倍：3、9、15、21、27，

对应的被擦去的数 n 为 14、11、8、5、2 等 5 个；

$m+n+1=64$，$m-n$ 是 3 的奇数倍：3、9、15、21、27，

对应的被擦去的数 n 为 30、27、24、21、18 等 5 个；

②$m-n=32$，$m+n+1$ 是 3 的奇数倍：39、45、51、57、63，

对应的被擦去的数为 3、6、9、12、15 等 5 个。

综合以上分析，被擦去的整数有 1＋5＋5＋5＝16(个)，即重复 16 个，则对应有 16 个点没被标记。

例 13 甲、乙两港相距整数千米，有一木筏从甲港出发向乙港顺水漂流。木筏出发 a 小时后，一艘客船从甲港出发，用 b 小时追上了木筏；客船出发的同时，一艘货船从乙港出发，只用 c 小时就与木筏迎

面相遇。已知 $a>b>c$，且是两两互质的完全平方数；客、货两船在静水中的速度相同，且木筏被客船追上的地点和木筏与货船相遇的地点相距 24 千米。求甲、乙两港距离的最小值。

（2018 年"数学花园探秘"6 年级总决赛第二试）

解析

设船的静水速度为 v，水速为 v'，那么有：$\begin{cases} v\times b=v'\times a, \\ v'\times(b-c)=24。\end{cases}$

所以，AB 距离 $s=v'\times a+v\times c=v\times(b+c)=\dfrac{24}{b-c}\times\dfrac{a}{b}\times(b+c)$，即利用代换用 a、b、c 表示出距离 s。

又因为 $a>b>c$ 且为两两互质的完全平方数，路程 s 为整数。b 与 a、$b+c$ 均互质，所以 b 是 24 的约数，b 为 4。c 只能是 1，a 最小为 9。s 最小为 90 千米。

35.2　抽屉原理与构造

例 14　从 1～20 这 20 个自然数中，最多能选出________个数，使得任意一个被选出的数都不是另一个被选出的数的 2 倍或 3 倍。

（2020 年"数学花园探秘"5 年级初赛 A 卷）

解析

对任何一个正整数，都可以经过分解质因数写成如下形式：$A\times2^a\times3^b$，其中 A 与 2 和 3 都互质，a 和 b 都是自然数。如果两个自然数写成以上形式后，A 不相同，那么它们就不可能存在 2 倍或 3 倍关系。因此我们把自然数写成 $A\times2a\times3b$ 后，按 A 的取值进行分组，再来分析每组至多取多少个。

（1）对于 $A=1$，可以把 20 以内的形如 $1\times2^a\times3^b=2^a\times3^b$ 按照 a、b 的取值排成下表：

√$16=2^4\times3^0$		
$8=2^3\times3^0$		
$4=2^2\times3^0$	√$12=2^2\times3^1$	
√$2=2^1\times3^0$	$6=2^1\times3^1$	√$18=2^1\times3^2$
1	√$3=2^0\times3^1$	$9=2^0\times3^2$

存在 2 倍、3 倍关系的两数必是同一行或同一列中相邻的两个数，所以不相邻的数最多取 5 个，例如 1，4，16，6，9。

（2）对 $A=5$ 时，在 5、10、15、20 中最多取 2 个数。

（3）对 $A=7$ 时，7、14 中最多取 1 个数。

（4）剩下的 11、13、17 和 19 四个数都可以取。

综上，最多取 $5+2+1+4=12$（个）数，比如 1，4，5，6，7，9，11，13，16，17，19，20 就符合要求。

比较容易想到的答案：2，3，11，12，13，14，15，16，17，18，19，20。但是需要前面的逻辑论证。

例 15 从 1～100 中最多能取出多少个数，才能够确保其中任意两个数的最小公倍数与最大公因数的商不是一个完全平方数？

（2014 年“数学花园探秘”6 年级总决赛第二试）

解析

设$(M,N)=a$，$(m,n)=1$，$M=ma$，$N=na$，则$[M,N]=mna$，$\frac{[M,N]}{(M,N)}=mn$。

如果 M 与 N 的最小公倍数与最大公因数的商是一个完全平方数，则 mn 是完全平方数。又因为$(m,n)=1$，所以 m、n 均为完全平方数。将 1～100 中含有完全平方数的数分组如下：

$\{1^2,2^2,\cdots,10^2\}$；

$\{2\times1^2,2\times2^2,\cdots,2\times7^2\}$；

$\{3\times1^2,\cdots,3\times5^2\}$，$a$ 为 4 的情况前面已包含；

$\{5\times1^2,\cdots,5\times4^2\}$，$\{6\times1^2,\cdots,6\times4^2\}$；

$\{7\times1^2,7\times2^2,7\times3^2\}$，$\{10\times1^2,10\times2^2,10\times3^2\}$，$\{11\times1^2,11\times2^2,11\times3^2\}$，$a$ 为 8、9 的情况前面已包含；

$\{13\times1^2,13\times2^2\}$，$\{14\times1^2,14\times2^2\}$，$\{15\times1^2,15\times2^2\}$，$\{17\times1^2,17\times2^2\}$，$\{19\times1^2,19\times2^2\}$，$\{21\times1^2,21\times2^2\}$，$\{22\times1^2,22\times2^2\}$，$\{23\times1^2,23\times2^2\}$，$a$ 为 12、16、18、20、24、25 的情况前面已包含；

同组的数至多取一个，于是最多可取 $100-9-6-4-3\times2-2\times3-1\times8=61$(个)数。

35.3 逻辑推理

35.3.1 常规题型

例 16 成老师在黑板上写出一个六位数$\overline{abcade}$，相同的字母代表相同的数字，不同的字母代表不同的数字。三位同学开始讨论：

甲：“这个数恰好是各位数字和的 4 次方。”

乙：“如果把这个数分成 3 个两位数$\overline{ab}$、$\overline{ca}$、$\overline{de}$，那么这 3 个两位数的和是一个完全平方数。”

丙：“如果把这个六位数的反序数也分成 3 个两位数$\overline{ed}$、$\overline{ac}$、$\overline{ba}$，那么这 3 个两位数的和还是同一个完全平方数。”

如果这三位同学说的都是对的，那么五位数$\overline{abcde}$是________。

（2018 年“数学花园探秘”高年级决赛 C 卷）

解析

由$\overline{ab}+\overline{ca}+\overline{de}=\overline{ba}+\overline{ac}+\overline{ed}$可知，$a+c+d=b+a+e$，所以这三个两位数的和是 11 的倍数。由于和是某个完全平方数，所以只能是 11 的平方，即六位数的数字和是 22。注意到 $22^4=234256$，所以所求五位数是 23456。

例 17 有一个三位数，老师把这个数除以 7、8、9 所得的余数分别写在 3 张纸上，聪明而诚实的甲、乙、丙三人每人从中抽取了一张，三人都只能看到自己纸上的数而不能看到其他人的数。接着三人依次说了如下的话。

甲：“这个三位数一定不是 3 的倍数。”

乙：“这个三位数一定是个奇数。”

丙：“我知道这个三位数是多少了，而且它是个合数。”

那么，这个三位数是________。　（2018 年"数学花园探秘"6 年级初赛 A 卷）

解析

（1）甲能确定这个三位数不是 3 的倍数，那么甲的纸条上一定是 8，这个数除以 9 余 8。

（2）乙非常聪明，也知道了这个数一定除以 9 余 8；而敢肯定是奇数，那么乙的纸条上一定是 7，这个三位数除以 8 余 7。

（3）那么，根据甲、乙所说，我们能确定这个数是 $71+72\times$________，符合条件的三位数以及它们除以 7 的余数如下表所示：

三位数	143	215	287	359	431	503	575	647	719	791	863	935
除以 7 的余数	3	5	0	2	4	6	1	3	5	0	2	4

丙说知道这个数了，那么丙纸条上写的是 6 或者 1，而丙说这个数是合数，排除掉 503，这个三位数是 575。

例 18　有一个三位合数 A，A 有质数个因数。老师把组成 A 的 3 个数字以及 A 的因数个数分别写在 4 张卡片上，随机发给 4 个聪明且诚实的同学甲、乙、丙、丁，四人只能看到自己拿到的数。

老师问："有人知道 A 是多少吗？"甲、乙同时说："我知道。"那么三位数 A 是________。

（2019 年"数学花园探秘"5 年级初赛 C 卷）

解析

这个三位数是个合数，所以因数个数大于 2。因数个数又是质数，所以一定是形如 p^2，p^4，p^6 的数（p 为质数），可能的三位数如下表所示：

三位数	121	169	289	361	529	841	961	625	729
因数个数	3	3	3	3	3	3	3	5	7

如果有人拿到 4，就能直接确定三位数是 841；如果拿到 7，就能直接确定三位数是 729。因为 4 只出现一次，7 出现了两次，若两人同时回答，说明这个三位数不是 841，只能是 729。

例 19　有 9 名同学站成一行，他们的编号顺次为 1～9。其中 A、B、C、D、E 五名同学的对话如下：

A 说："我左右两边相邻的同学的编号都是质数。"

B 说："我左右两边相邻的同学的编号都是合数。"

C 说："我们 5 人中，恰有某两个人相邻。"

D 说："我和 E 的编号之和是质数。"

E 说："我和 C 相邻。"

如果每个人说的都是正确的，那么 C 的编号是________。

（2019 年"数学花园探秘"高年级组决赛 D 卷）

解析

（1）A 的编号只可能是 4 或 6；B 的编号只可能是 5 或 7。A、B 不相邻，只可能 A 是 4 号，B 是 7 号。

（2）如图，"×"号表示 5 人中任何一人不在此位置。因为 C、E 相邻，所以 D 是 9 号。

1	2	3	4	5	6	7	8	9
		×	A	×	×	B	×	

（3）因为 D ＋ E 是质数，所以 E 是 2 号。

所以 C 是 1 号。

例 20 陈老师在黑板上写了 4 个不同的非零数字，有 3 位聪明诚实的同学分别看到了其中的 3 个数字。接着他们依次说了如下的话。

甲说："我看到的都是质数。"

乙说："我看到的都是奇数。"

丙说："我看到的是连续的 3 个数字。"

最后陈老师告诉大家这 4 个数字能组成一个完全平方数。

此时 3 位同学不约而同说："我们已经知道这个完全平方数是多少了。"

那么，这个完全平方数是________。　（2020 年"数学花园探秘"6 年级初赛 B 卷）

解析

甲看到的一定是 2、3、5、7 中的 3 个。

再考虑乙、丙的话，4 个数字是能是(1,2,3,5)，(1,2,3,7)，(3,4,5,7)，(3,5,6,7)中的一组。

注意到由 1、2、3、5 组成的四位数除以 3 余 2，一定不是完全平方数；

由 3、5、6、7 组成的四位数是 3 的倍数但不是 9 的倍数，一定不是完全平方数；

由 3、4、5、7 组成的四位数如果是完全平方数，个位数字为 4 或 5 的完全平方数十位数字为偶数，矛盾。

所以这 4 个数字只能是 1、2、3、7。组成的四位完全平方数的个位数字只能为 1，十位数字只能为偶数 2。经检验，只有 $61^2=3721$ 满足条件。

例 21 甲、乙、丙、丁四名同学各从乔老师那里拿到一个三位数，他们开始只知道自己拿到的三位数是多少，然后老师告诉了他们 4 人的三位数互不相同且这 4 个数的和是 2018，于是他们四人依次展开了下面的对话。

甲说："我拿到的数的百位数字是 8，且因数个数一定是最多的。"

乙说："虽然我不知道具体的数是多少，但丙和丁拿的数里一定有一个是质数。"

丙说："那我知道我们 4 人拿到的数各是多少了。"

丁说："那我也知道了。"

如果所有人聪明且诚实，那么 4 名同学拿到的数中最大的是________。

（2018 年"数学花园探秘"高年级决赛 A 卷）

解析

首先，甲拿到的数是 840(1000 以内约数个数最多的数，有 16 个约数)；

由乙说的话可知，丙、丁手上的数之和必为奇数，否则可能是 2 个偶数，乙自己也是奇数；且丙、丁手上的数之和必小于 205，否则可能是 105 及一个偶数(101、103 是质数)；

丙、丁手上的数之和不等于 201，否则乙已经知道 2 个数只能是 101 与 100，所以丙、丁手上两数之和为 203。于是乙手上的数为 $2018-840-203=975$。

因此乙手上的数是 975，也是 4 人拿到的数中最大的。

例 22 用 0～9 这 10 个不同的数字组成 5 个两位数，每个数字使用一次，满足以下条件：

①有 2 个数的差为 1；

②有一个数恰好等于组成其余 4 个数的 8 个数字之和。

③最大的一个数等于最小的 3 个数之和；

那么，这 5 个数从小到大依次是________。 （2017 年“数学花园探秘”5 年级第一试）

解析

由条件①得，5 个两位数中有 -9，-0；

由条件②得，0～9 的数字和为 45，8 个数的和范围在 28 到 44 之间，8 个数的数字和与另外 2 个数字的数字和关于 9 同余，和也是 9 的倍数，所以 8 个数字之和只能是 36，所以有一个数是 36；

由条件③得，最大数至少为 10+24+36=70，0、1、2、3 确定已用，所以至少为 74。

剩下的数字有 1、2、4、5、7、8。

若相邻两数为 19 与 20，则最大数为 75，剩下一个数为 48，满足要求；

若相邻两数为 49 与 50，则最大数只能为 78 或 87，最小数只能为 12 或 21，经验算不满足条件③；

若相邻两数为 79 与 80，则最大数是 80，除 36 外，另外两个数的和为 44，1、2、4、5 无法凑出和为 44 的两个数；

综上所述，仅有 19、20、36、48、75 满足要求。

例 23 九张卡片上分别写有数 2、3、4、5、6、7、8、9、10（不能倒过来看）。甲、乙、丙、丁四人分别抽取了其中两张，发生如下对话。

甲说：“我拿到的两个数互质，因为它们相邻。”

乙说：“我拿到的两个数不互质，但也不是倍数关系。”

丙说：“我拿到的两个数都是合数，但它们却互质。”

丁说：“我拿到的两个数是倍数关系，它们也不互质。”

如果这四人说的都是真话，那么剩下的一张卡片上写的数是________。

（2016 年“数学花园探秘”高年级决赛 C 卷）

解析

这就张卡片中质数有 2、3、5、7，合数有 4、6、8、9、10。

乙的两张可能为（4，6），（4，10），（6，10），（6，9），（8，10）；

丙的两张可能为（4，9），（8，9），（9，10）；

丁的两张可能为（2，4），（2，6），（2，8），（2，10），（3，6），（3，9），（4，8），（5，10）。

若丙为（4，9），乙为（6，10），则丁为（2，8），则甲无数可选。

若丙为（4，9），乙为（8，10），则丁为（2，6）或（3，6），两种情况甲均无数可选。

若丙为（8，9），乙为（4，6），则丁为（2，10）或（5，10）。①当丁为（2，10）时，甲无数可选；②当丁为（5，10）时，甲可为（2，3），此时剩下 7。

若丙为（8，9），乙为（4，10），则丁为（2，6）或（3，6），两种情况甲均无数可选。

若丙为（8，9），乙为（6，10），则丁为（2，4），则甲无数可选。

若丙为（9，10），乙为（4，6），则丁为（2，8），则甲无数可选。

综上所述，剩下 7。

35.3.2 有真有假

例 24 甲、乙、丙三位同学在一起讨论班主任的年龄，他们只知道老师的年龄在 30～50 岁之间，下面是甲、乙、丙三位同学的猜测：

甲：“老师的年龄是个偶数，且除以 3 余 1。”

乙：“老师的年龄是个质数，且小于 40。”

丙：“老师的年龄有奇数个约数，且数字和为 10。”

已知甲、乙、丙三位同学都只说对了一半，则班主任的年龄为________岁。

（第 10 届“巨人杯”6 年级）

解析

甲、丙的前半句与乙的前半句矛盾，甲的后半句与丙的后半句同真同假，所以从这两个方向突破，产生的信息量最大。

若甲、丙后半句同真，则年龄为奇数，只能为 37，此时乙全对，矛盾。所以甲、丙后半句同假，前半句同真，即老师的年龄是一个偶完全平方数，只能为 36。经验证符合题意，所以老师的年龄为 36 岁。

例 25 有一名老师同时告诉 A、B、C、D、E 五名学生一个三位数 n，之后 5 名学生有以下对话：

学生 A：“这个数可以被 27 整除。” 学生 B：“这个数可以被 11 整除。”

学生 C：“这个三位数的所有数字和为 15。” 学生 D：“这个数是一个完全平方数。”

学生 E：“这个数可以整除 648000。”

上述五句话中，只有三句是正确的，则 $n=$________。 （2014 年“陈省身杯”6 年级）

解析

能够被 27 整除的数，数字和必为 9 的倍数。所以 A、C 相冲突；648000 不是 11 的倍数，648000 的因数一定不能被 11 整除，所以 B、E 冲突；上述 4 人所说的必有 2 句正确，2 句错误，而又已知共有 3 句正确，由此可以看出，D 说的一定正确，这个三位数是一个完全平方数。

若数字和是 15，则次数是 3 的倍数而不是 9 的倍数，一定不是完全平方数，所以 C 必错，A 正确。

如果 A、B 正确，则这个数是 11 和 27 的公倍数，且为完全平方数，这样的数最小是 9801，不是三位数。

所以只能 A、E 正确，这个数是 27 的倍数，并且还是完全平方数，那么这个数一定是 81 的倍数。而 $648000=2^6\times3^4\times5^3$，只含有 4 个 3，所以不可能是 $81\times3^2=729$，只能是 $81\times2^2=324$。

例 26 老师将 4 张纸条发给 4 位学生，每位学生只能看到自己手上的纸条。这 4 张纸条里有 3 张写着一个相同的两位数 $\overline{AB}$，还有 1 张纸条什么都没写。4 个学生依次发言，并约定：拿到写有数的纸条的学生一定说真话，拿到空白纸条的学生可以选择说真话或者假话，但是不能说自己不知真假的话。

1 号：“这个两位数减 4 后与 24 的最大公因数是 2。”

2 号：“这个两位数加 4 后与 24 的最大公因数也是 2。”

3 号：“这个两位数与 24 的最大公因数是 6。”

4 号："这个两位数的两个数字之和与 24 的最大公因数是 6。"

如果拿到空白纸条的人的编号是 C，那么 $\overline{ABC}$ 代表的三位数是________。

（2020 年"数学花园探秘"6 年级网赛）

解析

拿到空白纸条的学生必须事先确定自己说的是真话还是假话，说明他所说的话可以由前面其他人所说的话证明正确或不正确。

4 人中只有 3 号的话可由前 2 人说的话确定为真话，因此拿到空白纸条的人编号为 3。

由前 3 人的话可判断出这个两位数是 6 的奇数倍；

由 4 号学生的话可知这个两位数的数字和为 6 或者 18（99 为奇数，舍去）。

经检验，这个两位数只能是 42，$\overline{ABC}$ 代表的三位数是 423。

例 27 有 A、B、C、D 四个人，每人戴有一顶帽子，帽子上分别写有一个互不相同且不为 0 的数字，每个人都可以看见其他人帽子上的数，但看不到自己帽子上的数。

A 说："我知道我帽子上数的约数个数一定不是最多的。"

B 说："我看到的三个数的乘积是完全平方数，且这三个数的和是偶数。"

C 说："我所看到的数都是只有两个约数的奇数。"

D 说："我看到 C 帽子上的数刚好是 A、B 帽子上数的和。"

已知四个人中只有一个人说了假话，其余三人说的都是真话。

那么 A、B、C、D 帽子上的数字依次排列构成的四位数是________。（2014 年"巨人杯"5 年级）

解析

若 A 说的为真，可以判断出 B、C、D 中一定有两个人帽子上的数是 6、8（1～9 中 6、8 的约数最多，有 4 个），这样 A 才能判断自己帽子上的数约数不是最多的。那么 C 看到 3 个奇数是不可能的，所以 C 说了假话。则 A 与 C 必然一真一假，则 B、D 均为真话。

因为 A＋C＋D 为偶数，且乘积为完全平方数，所以 A、C、D 中要么没有奇数，要么有两个奇数。第一种情况与 C 矛盾；第二种情况中，如果 C 正确，A、D 两个均为奇质数，则 C 帽子上的偶数是这两个质数与一个偶数的平方的乘积，这是不可能的。综上所述，C 一定说了假话。

于是，B、C、D 中含有 6 与 8，则 C、D 中至少含有一个 6 或一个 8。若 C、D 为 6 和 8，A、C、D 的乘积想要成为完全平方数，则 A 只能等于 3，与 A、C、D 的和为偶数矛盾，所以 C、D 不能同时含有 6 与 8；若 C、D 中含有 6，则 A、C、D 的乘积可能为 $2\times3\times6=36$ 或 $3\times8\times6=36\times2^2$，和均不为偶数，矛盾，所以 C、D 中不含有 6，含有 8，则 B 一定为 6。

因为 A、C、D 中含有 8，所以乘积可能为 $1\times2\times8=16$ 或 $2\times4\times8=64$，仅有 2、4、8 满足和为偶数。又因为 A＋B＝C，所以 A、B、C、D 分别为 2、6、8、4，依次排列构成的四位数为 2684。

例 28 老师说："请拿一根 1 米长的铁丝，首尾相接围成一个正 $N(N<10)$ 边形。"A、B、C、D 四个同学分别围成了正 a 边形、正 b 边形、正 c 边形和正 d 边形各一个。四人对话如下：

A 说："a、b、c、d 的最小公倍数是 36，D 的正多边形面积最小。"

B 说："A 的正多边形内角是 108°，c 是 a 的 2 倍。"

C 说："A 的多边形面积是 0.0625，D 的多边形内角比我的多边形内角大。"

D 说："c 是完全平方数，B 的面积是我的面积的 1.5 倍。"

老师发现每人都说对了一半，那么四位数$\overline{abcd}$=________。

（2014 年"数学花园探秘"5 年级总决赛第二试）

解析

N 可能为 3、4、5、6、7、8、9。

A 表达的意思为：①a、b、c、d 只能为 3、4、6、9；②$d=3$；

B 表达的意思为：③$a=5$；④$c=2a$；

C 表达的意思为：⑤$a=4$；⑥$d>c$；

D 表达的意思为：⑦$c=4$ 或 9；⑧$d=3$，$b=6$。

若③√，$a=5$，则④⑤×，⑥√，$d>c$，②×①√，a、b、c、d 只能为 3、4、6、9，与③矛盾；

所以③×，则④√，a 只能为 3 或 4。若 $a=3$，则 $c=6$，于是⑦⑧全错，不符合题意，于是 $a=4$，则 $c=8$，⑤√，⑥×，则 $d<c$，且①×②√，$d=3$，⑦×，⑧√，$b=6$。

四位数$\overline{abcd}=4683$。

35.3.3 知道，不知道

例 29 两个聪明而诚实的同学问老师生日是哪天，老师回答："我出生在 10 月的某一天，这一天的日期是个两位合数。现在我把十位数字告诉甲，个位数字告诉乙，你们不能看对方拿到的数字。"

甲："我还不知道老师出生在哪天。"

乙："不用你说我也知道你不知道，不过我也不知道。"

甲："不用你说我也知道你不知道，不过我还是不知道。"

乙："那我现在知道这个数了，这是个奇数。"

那么这个两位合数是________。（2018 年"数学花园探秘"5 年级初赛 C 卷）

解析

10 月的日期为两位合数有：

10		12		14	15	16		18	
20	21	22		24	25	26	27	28	
30									

甲："我还不知道老师出生在哪天。"所以甲拿到的不是 3。

乙："不用你说我也知道你不知道，不过我也不知道。"所以乙拿到的不是 0、1、7。

甲："不用你说我也知道你不知道，不过我还是不知道。"所以不能是 21、27，所以甲拿到的不是 2。因此还剩下 12、14、15、16 和 18，而奇数只有 15，所以这个两位合数是 15。

例 30 老师用 0～9 这十个数字组成了五个两位数，每个数字恰用一次。然后将这五个两位数分别给了 A、B、C、D、E 这五名聪明且诚实的同学，每名同学只能看见自己的两位数，并依次发生如下对话：

A 说："我的数最小，而且是个质数。"

B 说："我的数是一个完全平方数。"

C 说："我的数第二小，恰有 6 个因数。"

D 说："我的数不是最大的，我已经知道 A、B、C 三人手中的其中两个数是多少了。"

E 说："我的数是某人的数的 3 倍。"

那么这五个两位数之和是________。（2016 年"数学花园探秘"高年级决赛 A 卷）

解析

由 A 所说可知，A 的十位为 1，可能为 13、17 或 19；

由 B 所说可知，B 可能为 25、36、49、64；

由 C 所说可知，C 的十位为 2，可能为 20 或 28，B 只能为 36、49 或 64；

由 D 所说可知，D 不是最大的，那么拿到的数在 30 至 49 之间。

A 由 3、7、9 三个数来确定；B 由 3、4、6、9 四个数来确定；C 由 0、8 两个数来确定；D 手中的数一定不是由 3、4 或 4、6 组成的，否则 B 无数可选。

若 D 手中有 3，若能确定 C，无法确定 A 与 B。若为 7，能确定 A 不能确定 B；若为 9，想确定两个数，则 D 为 39，知道 A 为 17，B 为 64；此时 C 为 20 或 28，E 无解。

若 D 手中有 4，则无法确定 A，已确定 B 为 36，想确定 C，另一个数字为 0 或 8。

当 B 为 36，C 为 28，D 为 40 时，A 可能为 17 或 19，E 只能为 57，于是 A 为 19；

当 B 为 36，C 为 20，D 为 48 时，A 可能为 17 或 19，E 只能为 57，A 为 19。

即 E 拿到的一定是 57，知道此时 D 手中十位一定是 4，B 一定是 36，所以能确定 A 一定为 19。

五个数的和一定为 $19+36+57+(4+2)\times10+0+8=180$。

例 31 老师从写有 1～13 的 13 张卡片中抽出 9 张，分别贴在 9 位同学的额头上。大家能看到其他 8 人的数但看不到自己的数。9 位同学诚实而且聪明，且卡片 6、9 不能颠倒。

老师问："现在知道自己的数的约数个数的同学请举手。"有 2 人举手。手放下之后，有 3 人有如下的对话：

甲："我知道我是多少了。"

乙："虽然我不知道我的数是多少，但我已经知道自己的奇偶性了。"

丙："我的数比乙的小 2，比甲的大 1。"

那么，没有被抽出的四张牌上数的和是________。（2013 年"数学花园探秘"6 年级初赛）

解析

首先将 1～13 每个数的约数个数写出来：

原数	1	2	3	4	5	6	7	8	9	10	11	12	13
约数个数	1	2	2	3	2	4	2	4	3	4	2	6	2

合计：1 个约数的有 1 个，2 个约数的有 6 个，3 个约数的有 2 个，4 个约数的有 3 个，6 个约数的有 1 个。

如果同学知道自己的约数个数，那么他一定看到其他人包含了所有与自己约数个数不同的数，所以自己的约数个数只能是 2，他看到了所有约数个数不为 2 的 7 个数，即仅有举手的 2 个人头上为质数。

头上分别贴着这 7 个数的同学，在看到有 2 位同学举手后，一定能判断出来自己的数是什么，甲就是这 7 位同学当中的一位；丙的叙述表明他也知道自己的数是什么，所以丙也是这 7 位同学当中的一位；甲、丙头上均不为质数。

乙说不知道自己的数是多少，则乙的数一定是质数；乙知道自己的奇偶性，一定看到另一个质数为 2，自己头上是一个奇质数；

丙比乙小 2，即丙是一个比奇数小 2 的数，丙不可能为 1，否则甲无法满足，所以丙是一个奇合数，只能有 9，所以丙为 9，乙为 11。

综上，没有被抽出的 4 个数为除 2、11 以外的 4 个质数，即 3、5、7、13，和为 28。

例 32 有一个三位数，老师把这个数的约数个数和组成这个数的 3 个数字分别写在 4 张牌上并洗混，之后把 4 张牌分别给了甲、乙、丙、丁，即目前 4 人并不知道自己拿的是约数个数还是数字。

发完卡牌后老师说："这个三位数是个合数，而且有质数个约数。现在有人知道这个三位数是多少吗？"大家思考之后，没人回答。

老师又问："现在有人知道了吗？"

甲："我知道了。"

请问这个三位数是多少？ （2014 年"数学花园探秘"5 年级总决赛第一试）

解析

因为 4 人分不清约数个数与数字，所以约数个数也是一个一位数，且为不是 2 的质数，所以约数个数只能是 3、5、7，则这个三位数可能为 $N=p^2$、$N=p^4$、$N=p^6$ 三种形式。

当约数个数为 7，$N=p^6$ 时，N 只能为 $3^6=729$；

当约数个数为 5，$N=p^4$ 时，N 只能为 $5^4=625$；

当约数个数为 3，$N=p^2$ 时，N 可能为 121、169、289、529、841、961。

若有人拿到 7，则一定能确定 N 为 729，所以可以排除。

余下的情况中，老师第一次提问后均没有同学可以判断出三位数。

老师第二次提问，如果甲手上的卡牌上是 1、2、3、5、6、8、9 其中的一张，都会有多种可能，他无法确定这个三位数。当甲手上是 4 的时候，他能确定这个数是 841，所以这个三位数是 841。

第六篇　组　合　塔

组合数学既古老又年轻，几千年前的《河图》《洛书》中有它，当今的计算机科学、生物学、化学、经济学，甚至政治学也有它。可什么是组合数学？这是一个组合数学家都很难回答的问题，原因是它——组合数学依然在高速发展，没有定型，所以也没有必要强为之名，以致作茧自缚。

对于小学阶段的学生而言，与其正面下定义，不如反向理解：凡是不属于算数、应用题、几何、数论的问题，都是组合数学。

本篇主要包含计数、抽屉原理两大板块。

计数，从人类对着一只羊抬起一根手指的时候，我们与这个数学活动就再也没有分开过。它不仅可以让我们了解千姿百态的世界背后的数学原理，还可以让人修身养性。

很多时候，事物展现给我们的是其静止，或经过自然（人工）选择的一面。例如一片绿色心形的叶子，大街上各式各样的汽车，生物的基因链，一段动人的旋律……而我们用数学方法通过其表象探究它未展现的那些所有可能性，须有好奇心。

用已有的计数方式去解构实际问题，必须能从各个角度不断地观察问题，切入问题，可修玲珑心。

计数问题大多复杂，使我们需要对其进行分类讨论，找到不同类别各自的特征，从而利用不同方法有针对性地解决。在问题与方法之间取得联系的过程中，可磨得耐心。

分类是否无遗漏、无重复，可修得严谨心。

有一种训练方式在计数问题中显得尤为鲜明且有效，即在错解中勇猛精进：分析出“为什么错”往往比做对一道题带来的感悟更多、更深，如此，可收获自省心。

计数的多样性不仅表现在大千世界中，也同样表现在计数问题自身之中。

本篇将先通过一个章节概述计数的几种基本方法，然后分章节展示其对应的那些千奇百怪的“问题”，或者说是“提问”。

突然想起一句好老的台词：“提问……”“回答……”

也许，每个人都有回答不了的问题，但每个人都有提问的权利。

愿读者恒如少年，充满好奇。只因，好奇的心才能提出干净透明的好问题。

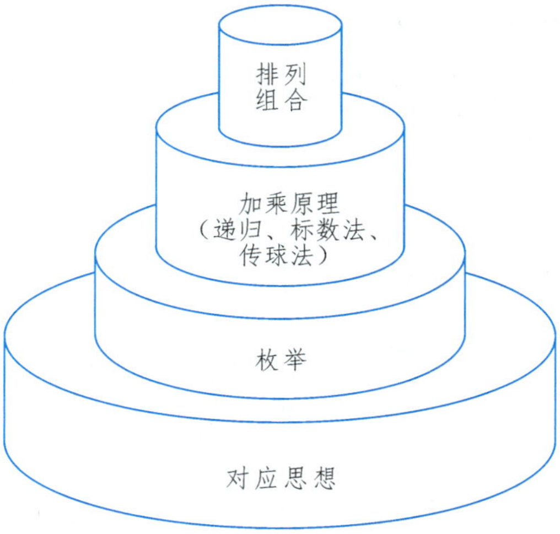

第三十六章　计数问题综述——管中窥计数

本章内容是对小学阶段计数问题的综述，所以枚举法、加法原理与乘法原理、排列组合这三大知识点的概念性讲解均集中在本章，而拓展讲解部分则分布在 36～38 章中。其中，枚举法、加乘原理适合从中年级开始学习，排列组合适合从高年级开始学习。

所以，对于中年级的同学而言，在学习完“枚举法”后，可紧接着学习第 36 章中相对应的内容；类似的，学习完“加乘原理”“归纳与递推”后，可紧接着学习后面章节相对应的内容。而对于高年级的同学而言，可以按上述步骤进行学习，也可以完全看完本章内容后再继续 36～38 章节的学习。

另外，建议大家先尝试独立完成例题，再看解析。若解答正确，则与解析相互印证；若解答错误，则找出错因；若无思路，则反复琢磨解析的思考角度，力求化为己用。

36.1　枚举法

将满足条件的所有情况一个一个列举出来，即为枚举。枚举的要点在于找出合理的逻辑使枚举变得更有条理，避免重复、遗漏。

例 1　A、B、C、D 四人住进编号为 1、2、3、4 的四个房间，每个房间恰住一人。若 B 不住 2 号房，并且 B、C 两人要求住在编号相邻房间的住法共有________种。　（2015 年“数学花园探秘”小高决赛 A 卷）

解析

本题中 B 最特殊，所以我们以 B 所住的房间分类。

当 B 在 1 号房时，C 只能在 2 号房，有 BCAD、BCDA，2 种；

当 B 在 3 号房时，C 可能在 2 号或 4 号房，有 ACBD、DCBA、ADBC、DABC，4 种；

当 B 在 4 号房时，C 只能在 3 号房，有 ADCB、DACB，2 种。

共计 2＋4＋2＝8(种)。

> 一般地，我们会以“最特殊的对象”进行分类。

枚举的时候，为了更加直观，也可以利用树状图帮助枚举。

例 2　甲、乙二人进行五局三胜制的围棋比赛，无平局。如果甲胜了第一局，那么最后甲获胜的赛况有多少种？

解析

如图，可以很直观地看出甲胜 3 局的情况有 6 种。

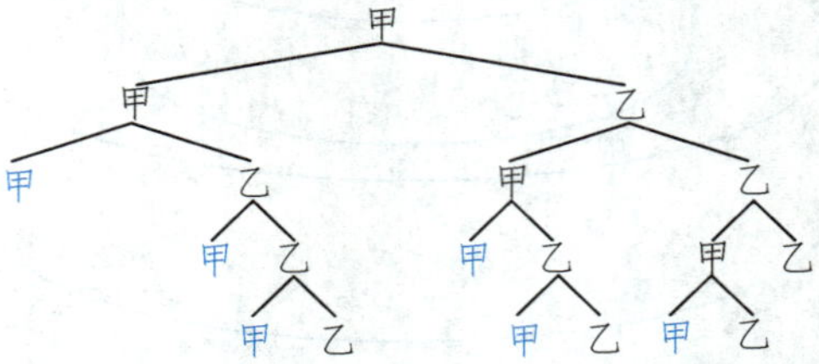

36.2 加乘原理

36.2.1 加法原理与乘法原理

加法原理与乘法原理主旨就是让我们明确计数时，什么时候应该做加法，什么时候应该做乘法。为了让学生了解，一般会用“分类”做加法、“分步”做乘法加以区分，可是“分类”与“分步”又如何界定与区分呢？不妨看一个例子。

某年的春节联欢晚会上，一个小品中提出了这样一个问题“把大象放进冰箱分为几步？”

小品给出的答案是：三步。①打开冰箱门；②把大象放进冰箱；③关上冰箱门。

如果我们将这个问题细化一下：可以用手、脚、遥控器打开冰箱门；用推车将大象推进冰箱，用吊车将大象吊进冰箱，用包括苹果、香蕉或者西瓜的3种水果将大象引进冰箱；最后我们同样可以用手、脚、遥控器关上冰箱门。那么，我们有多少种不同的方式完成“将大象放进冰箱”这件事？

因为打开冰箱门有3种方式，将大象放进冰箱有(1+1+3)种方式，关上冰箱门也有3种方式，所以共有3×(1+1+3)×3=45(种)方式。

深究一下，我们是如何判断第一个3与第三个3做乘法，而第二个3做的是加法的？两个1所代表的是用推车、用吊车将大象放进冰箱，而第二个3代表的是用苹果、香蕉、西瓜将大象放进冰箱；第一个3是指有3种方式打开冰箱，第三个3是指有3种方式关上冰箱。

请注意蓝色的文字，大家发现了吗？当达到的目的相同时，做加法，方法之间可以互相替代(可以用推车替代吊车将大象放进冰箱)，是分类；当达到的目的不同时，做乘法，方法之间不可替代(用手打开冰箱不能替代用手关上冰箱)，是分步。

所以现在我们可以总结一下了：

加法原理：指有 m 类方法都可以完成同一件事情，第1类有 n_1 种方法，第2类有 n_2 种方法，第3类有 n_3 种方法……第 m 类有 n_m 种方法，则完成这件事的不同方法总数为：

$$N=n_1+n_2+n_3+\cdots+n_m。$$

乘法原理：指完成同一件事情需要分成 m 个互相不可替代的步骤，第1步有 n_1 种方法，第2步有 n_2 种方法，第3步有 n_3 种方法……第 m 步有 n_m 种方法，则完成这件事的不同方法总数为：

$$N=n_1\times n_2\times n_3\times\cdots\times n_m。$$

例3 12个蓝精灵围着圆桌坐着，每个蓝精灵都讨厌与它为邻的2个蓝精灵，但不讨厌其余的9个蓝精灵。蓝爸爸要派出一个由5个蓝精灵所组成的小队来营救被格格巫抓走的蓝妹妹，小队中不能有互相讨厌对方的人。则有________种不同的组队方法。

解析

考察选中的5人中相邻两人之间的蓝精灵人数(共7人)，其圆排列分拆方法有：

7=1+1+1+1+3=1+1+1+2+2=1+1+2+1+2，3种类型。

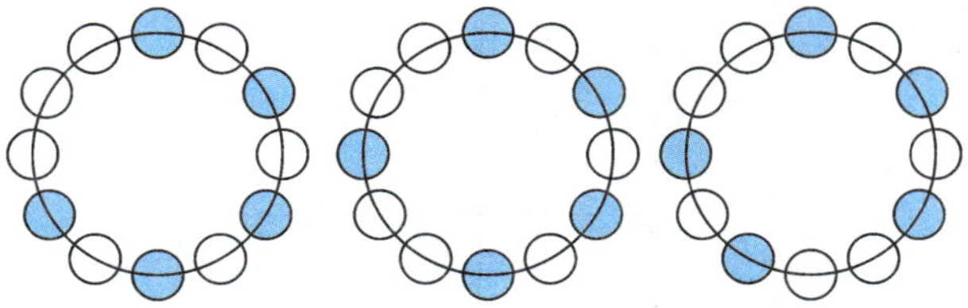

每种类型都可以旋转12个位置，所以共有12+12+12=36(种)。

例 4 将 A、B、C、D 四枚棋子放进 4×4 的棋盘中，如果要求任意两枚棋子不同行也不同列，则共有多少种不同的放置方法？

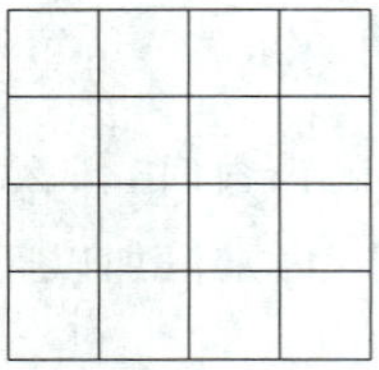

解析

按先后顺序分步放置 A、B、C、D 四枚棋子。

棋子 A 有 4×4＝16(个)格子可以选择。

棋子 B 与棋子 A 不同行、不同列，少了一行一列的选择，于是剩下 3×3＝9(个)格子可以选。

同理，棋子 C 少了两行两列的选择，剩下 2×2＝4(个)格子可以选。

同理，棋子 D 少了三行三列的选择，剩下 1×1＝1(个)格子可以选。

于是，共有 16×9×4×1＝576(种)不同的放置方法。

36.2.2 标数法

例 5 题图是兰兰家到学校的街道示意图。兰兰沿街道从家到学校共有______种不同的最短路线。

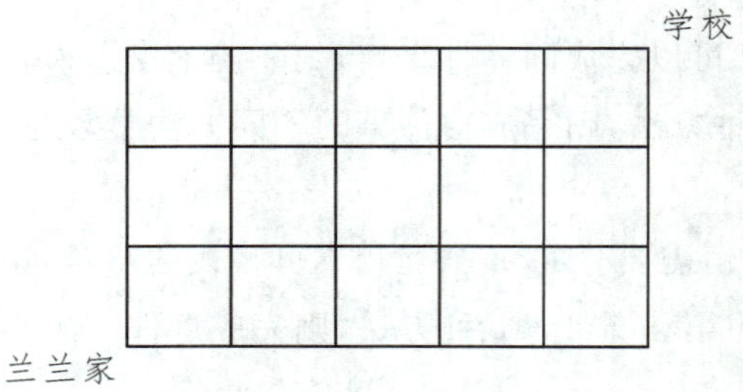

解析

(1)这类题首先要明确题目要求：何为最短？兰兰家在左下，而学校在右上，所以兰兰只能向右、向上走。

(2)兰兰从家出发，站在自己家门口即已表明“到家门口”这件事是存在的，所以起点 A 标“1”。

(3)继续观察其他点。因为点 C 只能从点 A 一个方向到达，所以点 A 有几种走法，点 C 也就只有几种走法，标“1”；同理点 D 也标“1”。

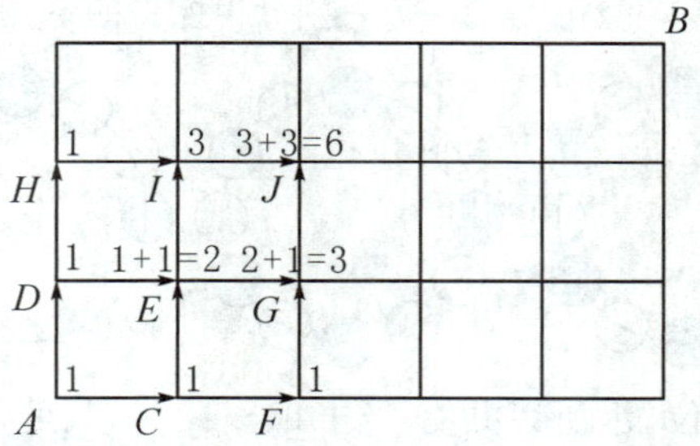

而点 E 可以从下方点 C，左侧点 D 两个方向到达，根据“加法原理”可知，到达点 E 的走法共有 $1+1=2$（种）；

很明显，对于每个交点，必须在它的“来路”方向上的所有点都已标好后，才能计算该点的“数”：只有一个方向能到达的，直接标上原数即可；有多个方向到达的，标上多个方向数之和。

(4)完成所有点的标数，可知兰兰从家到学校共有 56 种不同的最短路线。

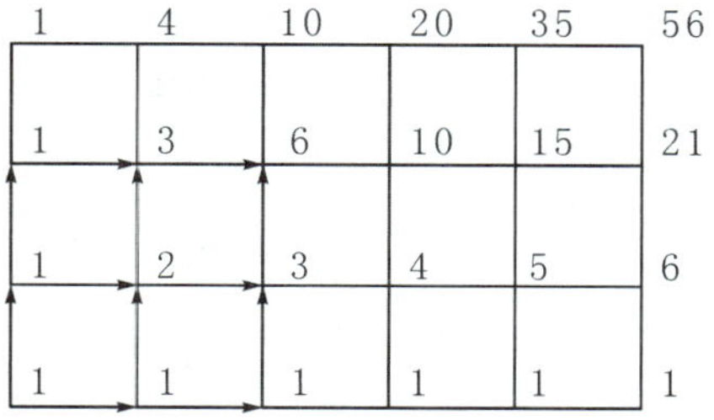

标数法依托于“加法原理”。

36.3　排列与组合

36.3.1　无重复的排列

例 6　从甲、乙、丙、丁、戊 5 位男士中选择 4 人从左至右排成一排，不同的排列方式有多少种？

解析

根据乘法原理我们知道：

①　②　③　④

①号位置有 5 种选择。

因为有 1 人已经站到①号位置，所以②号位置有 $5-1=4$（种）选择；

因为有 2 人已经站到①②号位置，所以③号位置有 $5-2=3$（种）选择；

因为有 3 人已经站到①②③号位置，所以④号位置有 $5-3=2$（种）选择；

于是不同的排列方式有 $5\times4\times3\times2=120$（种）。

通常，我们将这类从同一类 m 个元素中取出 n 个不同元素按顺序排列的问题称为“排列（Arrangement）”。显然 $n\leqslant m$，其不同的排列个数记为 A_m^n，如本题从 5 个人中选 4 个人出来排列，即为 $A_5^4=5\times4\times3\times2=120$（种）。

如果本题改为“从甲、乙、丙、丁、戊五人中选出 3 人排成一列”，则共有 $A_5^3=5\times4\times3=60$（种）不同的排列方式。

排列的算法源于乘法原理，区别在于排列每次所取的元素都属于同一个范围，而乘法原理适用范围更广，所取元素可以在不同范围。例如，食堂里有五种荤菜、四种素菜、三种主食，小明想选一荤一素一主食作为晚餐，那么他有多少种不同的选择方案？

根据乘法原理可知共有 $5\times4\times3=60$（种）不同的选择，但这里的 $5\times4\times3$ 与排列 A_5^3 的含义并不等同。

特别的，当 $n=m$ 时，即从同一类 m 个元素中取出 m 个不同元素的排列，称为 m 个不同元素的全排列，其个数为 $A_m^m=m\cdot(m-1)\cdot(m-2)\cdot\cdots\cdot2\cdot1=m!$，$m!$ 称为 m 的阶乘。例如：$A_5^5=5!=5\times4\times3\times2\times1=120$。

例 7 A、B、C、D、E 五名同学从左至右排成一排，且 A、B 两人必须相邻，那么不同的排列方式有多少种？

解析

既然 A、B 两人必须相邻，那么我们就将 A、B 两人“捆”在一起，视为“一体”（此法称为“捆绑法”）。于是 5 个人的有条件排列变成了 4 个“人”的全排列，于是有 $A_4^4=4\times3\times2\times1=24$(种)排列方式。但请注意，被“捆”在一起的两人还可以交换位置，即 2 个人的全排列，$A_2^2=2$ 种，于是共有 $24\times2=48$(种)不同的排列方式。

一定要注意“捆”住的多个元素内部还可以排列。

36.3.2 无重复的组合

排列与组合最大的区别是“无序”与“有序”，排列考虑顺序，而组合不考虑顺序。

例 8 从 A、B、C、D、E、F、G7 个同学中选出 3 个参加辩论会，有多少种(组)不同的入选方案？

解析

如果我们考虑顺序，从 7 个同学中顺次选取 3 个人出来，那么有 $A_7^3=7\times6\times5=210$(种)选法，而选择“3 人组”并不需要考虑顺序，且每组挑出来的 3 个人本身有 $A_3^3=3\times2\times1=6$(种)顺序，所以不同的“3 人组”有 $\frac{210}{6}=35$(组)，即有 35 种不同的入选方案。

延伸

通常，我们将这类从同一类 m 个元素中取出 n 个不同元素的问题称为“组合(Combination)”，显然 $n\leqslant m$，其不同的组合个数记为 C_m^n，如本题从 7 个人中选出 3 个人，$C_7^3=\frac{A_7^3}{A_3^3}=\frac{7\times6\times5}{3\times2\times1}$，于是我们可以按照同样的思路得到 $C_m^n=\frac{A_m^n}{A_n^n}$，也可以用阶乘的形式表达：

$$C_m^n=\frac{A_m^n}{A_n^n}=\frac{m\cdot(m-1)\cdot(m-2)\cdot\cdots\cdot(m-n+1)}{n!}$$

$$=\frac{m\cdot(m-1)\cdot(m-2)\cdot\cdots\cdot(m-n+1)\cdot(m-n)\cdot\cdots\cdot2\cdot1}{n!\ (m-n)\cdot\cdots\cdot2\cdot1}=\frac{m!}{(m-n)!\ n!}。$$

由于“从 7 个人中选 3 个人出来”与“从 7 个人中选 4 个人留下”一一对应，所以我们可以得到：$C_7^3=C_7^4$。

同样的，“从 m 个元素中取 n 个元素出来”与“从 m 个元素中选 $m-n$ 个元素留下”一一对应，所以我们还可以得到：$C_m^n=C_m^{m-n}$。

例 9 从 100 个蓝精灵当中选出 98 个到森林里采蘑菇，不同的选法有多少种？

解析

根据题意，本题为不讨论顺序的组合问题。从 100 个中选 98 个即为 $C_{100}^{98}=C_{100}^{100-98}=C_{100}^2=\frac{A_{100}^2}{A_2^2}=\frac{100\times99}{2\times1}=4950$(种)选法。

例 10　将 6 个相同的球放进 3 个不同的盒子里，不允许有空盒，有多少种不同的方法？

解析

因为球本身没有区别，区别的只是 3 个不同盒子中球的数量，所以我们可以将题目理解为：将 6 个球放成一排，用两块隔板将其分为 3 段，每一段对应放在 3 个不同的盒子里。例如下图所示即代表：第一个盒子放 1 个，第二个盒子放 3 个，第三个盒子放 2 个。

隔板法。

于是问题转化为，在 6－1＝5(个)空当中插入 2 个隔板，共有多少种方法。因为与放置隔板的顺序无关，所以这是一个组合问题，即共有 $C_5^2=\frac{5\times4}{2\times1}=10$(种)方法。

例 11　体育老师想从 A、B、C、D、E、F 这 6 名同学中选出若干名同学参加 100 米短跑比赛，不同的参赛情况有多少种？

解析

从体育老师的角度来看，选取的人数可以是 0、1、2、3、4、5、6 人，所以可能的情况有 $C_6^0+C_6^1+C_6^2+C_6^3+C_6^4+C_6^5+C_6^6=1+6+15+20+15+6+1=64$(种)不同的情况；

从学生的角度而言，每个人都有“参加”或“不参加”2 种选择，利用乘法原理我们可知 6 名同学参加 100 米短跑比赛的不同情况有 $2\times2\times2\times2\times2\times2=2^6=64$(种)。

从不同角度计算同一个问题的数学思想被称为“算两次”，这显然也是一种提高计数能力的重要训练方式。“算两次”思想在小学阶段常见于计数、列方程解应用题中。本题从“挑选者”与“被挑选者”两个角度出发计算，推导出了这样一个公式：

$$C_m^0+C_m^1+C_m^2+C_m^3+\cdots+C_m^m=2^m。$$

从组合的角度再看标数法，回到例 5。

例 12　题图是兰兰家到学校的街道示意图。兰兰沿街道从家到学校共有________种不同的最短路线。

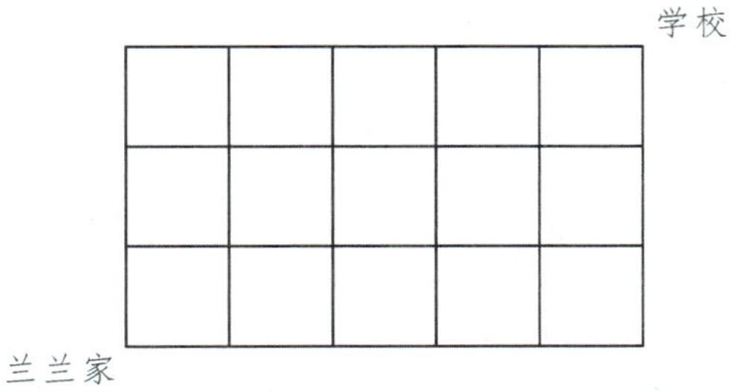

解析

由于从兰兰家到学校的最短路线必然是向右走 5 段，向上走 3 段，共走 8 段，所以“兰兰从家走到学校的最短路线”实际上与“总共 8 段中选 3 段向上”一一对应，所以不同的最短路线有 $C_8^3=\frac{8\times7\times6}{3\times2\times1}=56$(种)。

36.3.3 可重复的排列

例 13 用 1、2、3、4、5 可以组成多少个不同的五位数?

解析

每个数位上都有 5 种选择,根据乘法原理可知共可组成 $5\times5\times5\times5\times5=3125$(个)不同的五位数。

从 m 个不同元素中取 n 个元素(同一元素可以重复取出),按照一定的顺序排成一列,叫作从 m 个不同元素中取 n 个元素的可重复排列。根据乘法原理可知,这种排列的个数为 m^n。

36.3.4 可重复的组合

例 14 从足够多的壹元、伍元、拾元、贰拾元、伍拾元、壹佰元的纸币中取出 4 张,共有多少种不同的取法?

解析

因为 6 种纸币足够多且题目没有要求不能重复取,所以本题属于可重复的组合问题。我们可以借助标数法来解决此类问题,如图:

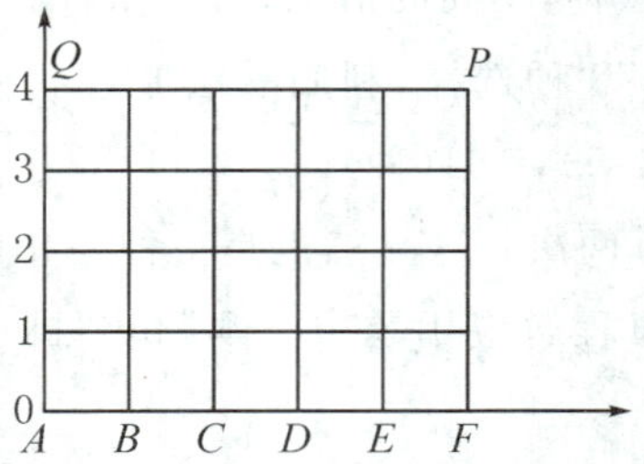

本题即为"从 m 种元素中取出 n 个元素的可重复组合问题(每种元素足够多,至少有 n 个)",通过标数法的转化,我们可以得到此类问题的通解为 C_{m+n-1}^{n}。

横向的 A、B、C、D、E、F 代表 6 种不同的纸币,纵向 1、2、3、4 代表取出的张数。

因为在 6 种纸币中挑选(可选 0 张)相当于横向走到线段 PF,取 4 张相当于纵向走到线段 QP,所以从"6 种纸币中选 4 张"与"从左下角点 A 走到右上角点 P 的最短路线"一一对应。因为横向要走(6−1)段,纵向要走 4 段,所以有 $C_{6-1+4}^{4}=C_9^4=\dfrac{9\times8\times7\times6}{4\times3\times2\times1}=126$(种)不同的最短路线,即有 126 种不同的取法。

36.4 归纳与递推

例 15 贪吃豆有 10 颗豆子,如果贪吃豆每餐都会吃掉 1~2 颗豆子,那么吃完这 10 颗豆子共有多少种不同的吃法?

解析

吃掉 1 颗豆子有 1 种方法;

吃掉 2 颗豆子有 1+1、2,共 2 种方法。

如果总共有 3 颗豆子,以第一次吃的豆子数量分为 2 类:第一次吃 1 颗,剩下 2 颗,这 2 颗有2 种吃法;第一次吃 2 颗,剩下 1 颗,这 1 颗有 1 种吃法。根据加法原理可知吃 3 颗豆子的方法有 $2+1=3$(种)吃法。

如果总共有 4 颗豆子，第一次吃豆子还是分为 2 类情况：第一次吃 1 颗，剩下 3 颗，这 3 颗有 3 种吃法；第一次吃 2 颗，剩下 2 颗，这 2 颗有 2 种吃法。根据加法原理可知吃 4 颗豆子的方法有 3+2=5(种)吃法；

以此类推，5 颗有 5+3=8(种)吃法，6 颗有 8+5=13(种)吃法……如下：

1 颗	2 颗	3 颗	4 颗	5 颗	6 颗	7 颗	8 颗	9 颗	10 颗
1	2	3	5	8	13	21	34	55	89

10 颗豆子共有 89 种吃法。

例 16 贪吃豆有 10 颗豆子，如果贪吃豆每餐都会吃掉 1～3 颗豆子，那么吃完这 10 颗豆子共有多少种不同的吃法？

解析

吃掉 1 颗豆子有 1 种方法；

吃掉 2 颗豆子有 1+1、2，共 2 种方法；

吃掉 3 颗豆子，有 1+1+1、1+2、2+1、3，共 4 种吃法。

如果总共有 4 颗豆子，以第一次吃的豆子数量分为 3 类：第一次吃 1 颗，剩下 3 颗，这 3 颗有 4 种吃法；第一次吃 2 颗，剩下 2 颗，这 2 颗有 2 种吃法；第一次吃 3 颗，剩下 1 颗，这 1 颗有 1 种吃法。根据加法原理可知吃 4 颗豆子的方法有 4+2+1=7(种)吃法。

以此类推，5 颗有 7+4+2=13(种)吃法，6 颗有 13+7+4=24(种)吃法……如下：

1 颗	2 颗	3 颗	4 颗	5 颗	6 颗	7 颗	8 颗	9 颗	10 颗
1	2	4	7	13	24	44	81	149	274

10 颗豆子共有 274 种吃法。

例 17 [伯努利—欧拉装错信封问题]这是一个由尼古拉・伯努利最先考虑，欧拉完美解决的初等数学名题：

把 n 封写给不同人的信放进已署名的 n 个信封，但没有一封信装对的方法有多少种？

解析

解决数量为“n”的问题我们一样可以从最简单的情况入手。

当仅有 1 封信与 1 个信封时：很显然，不可能装错；

当有 2 封信与 2 个信封时：装错的方法为 1，我们将其记为 $a_2=1$；

当有 3 封信与 3 个信封时：我们将信封看作 A、B、C，信看作 a、b、c，以 a 在 B 或 C 分类，有 2 种方法，如下：

A	B	C
c	a	b
b	c	a

当有 4 封信与 4 个信封时：将信封看作 A、B、C、D，信看作 a、b、c、d，分为以下两类情况讨论。

(1)若 A、a 与另一对互换，例如与 B、b 互换，则问题转化为了 c、d 两封信错装信封问题。

A	B	+	C	D
b	a			

因为与 A、a 交换的信封有 3 种选择，所以这一类共有 $3\times a_{4-2}=3\times a_2$(种)方法。

(2)若 A、a 没有与另一对互换，例如 a 放进了 B，此时 b 不能放进 A，则问题转化为 b 不能放进 A、c 不能放进 C、d 不能放进 D 的 3 封信错装信封问题。

B	+	A	C	D
a				

因为 a 装错的信封有 3 种选择，所以这一类共有 $3\times a_{4-1}=3\times a_3$(种)方法。

以上两类包含了 4 封信错装信封问题的所有情况，所以我们可以知道：

$$a_4=3\times a_2+3\times a_3=3\times(a_2+a_3)=3\times(1+2)=9。$$

当有 5 封信与 5 个信封时：将信封看作 A、B、C、D、E，信看作 a、b、c、d、e，分为以下两类情况讨论。

(1)若 A、a 与另一对互换，例如与 B、b 互换，则问题转化为了 c、d、e 三封信错装信封问题。

A	B	+	C	D	E
b	a				

因为与 A、a 交换的信封有 4 种选择，所以这一类共有 $4\times a_{5-2}=4\times a_3$(种)方法。

(2)若 A、a 没有与另一对互换，例如 a 放进了 B，此时 b 不能放进 A，则问题转化为 b 不能放进 A、c 不能放进 C、d 不能放进 D、e 不能放进 E 的 4 封信错装信封问题。

B	+	A	C	D	E
a					

因为 a 装错的信封有 4 种选择，所以这一类共有 $4\times a_{5-1}=4\times a_4$(种)方法。

于是我们知道：$a_5=4\times a_3+4\times a_4=4\times(a_3+a_4)=4\times(2+9)=44$。

……

综上，我们可以总结出递推公式：$a_n=(n-1)\times a_{n-2}+(n-1)\times a_{n-1}=(n-1)\times(a_{n-2}+a_{n-1})$。

例 18 甲、乙、丙、丁 4 个人进行篮球训练，互相传球，要求每个人接球后马上传给别人。开始时由甲发球，并作为第一次传球。如果第 6 次传球后，球又回到甲的手里，那么有多少种不同的传球方法？

解析

【方法 1】从整体角度思考，找递推算法。

因为有 4 个人，所以每次持球者传球时有 $4-1=3$(种)选择。于是，不约束球在某人手中的情况下，传 1 次球有 3 种传法，传 2 次球有 3^2 种传法，传 3 次球有 3^3 种传法，……，传 6 次球有 3^6 种传法，……，传 n 次球有 3^n 种传法。

刚开始球在甲手中，则下一次球一定不在甲的手中，逆推可知第 6 次球在甲手中的情况中，第 5 次必然不在甲手中。于是，n 次传球完毕后，所有的传球方法可分为两类：①球在甲手中，设为 a_n；②球不在甲手中，则有 3^n-a_n 种，而这正好是下一次传球后球到甲手中的方法数量 a_{n+1}。于是我们得到这样一个等式：$a_n+a_{n+1}=3^n$。

那么我们可以开始递推得到：$a_1=0$；$a_2=3^1-a_1=3-0=3$；$a_3=3^2-a_2=9-3=6$；$a_4=3^3-a_3=27-6=21$；$a_5=3^4-a_4=81-21=60$；$a_6=3^5-a_5=243-60=183$，即 6 次传球后回到甲手中的不同方法有 183 种。

【方法 2】从个体的角度思考，寻找递推算法。如下：

	球在甲手中	球在乙手中	球在丙手中	球在丁手中
第 1 次传球后	0	1	1	1
第 2 次传球后	1+1+1=3	0+1+1=2	0+1+1=2	0+1+1=2
第 3 次传球后	2+2+2=6	3+2+2=7	7	7
第 4 次传球后	21	20	20	20
第 5 次传球后	60	61	61	61
第 6 次传球后	183	182	182	182

第 1 次甲传出球，所以第 1 次传球后，球在甲手中的方法为 0 种，其余每人 1 种；

第 2 次传球，对于甲而言，他得到球的方法分为 3 类，分别是从乙、丙、丁手中接到球，所以，根据加法原理可知，球到甲手中的方法有 1+1+1=3(种)；

而对于乙而言，他得到球的方法也分为 3 类，分别是从甲、丙、丁手中接到球，所以，根据加法原理可知，球到乙手中的方法有 0+1+1=2(种)；同理丙、丁也是 0+1+1=2(种)；

第 3 次传球，对于甲而言，同样还是可以分为从乙、丙、丁手中接球这 3 类，所以他得到球的方法有 2+2+2=6(种)；而乙、丙、丁得到球的方法均有 3+2+2=7(种)。

> 上述方法俗称“传球法”。

以此类推，我们可以填完表格，得到 6 次传球后回到甲手中的不同方法有 183 种。

36.5 浅谈提高计数能力的常用训练思路

36.5.1 “一题多解”到“多题一解”

“一题多解”的好处不仅体现在增加解题的思考角度，而且常常在出现“错误”的时候，更有价值！

第一步，同学们要判断出哪种方法做对了；第二步，也是更重要的一步，找出错误的原因：多算了？漏算了？为什么会出现多算漏算的情况，是分类有问题，还是需要分类讨论的问题没有分类讨论？有序与无序没有判定清晰……这些，都是常见错误的原因。

“一题多解”帮助我们训练不同的方法，到了此时还应回头归纳总结，看看哪些情境不同的题却有着相同的数学结构，比如我们用组合技巧重新解决“例 5”标数法问题，又反过来利用标数法解决了可重复的组合问题“例 13”。

36.5.2 一题多变

为了让读者更清晰地区分前文中各种方法的适用范围，下面我们以“例 10”为对象进行一次“变奏”尝试。

原例 10：将 6 个相同的球放在 3 个不同的盒子里，不允许有空盒，有多少种不同的方法？

对于题目中对球的限定，盒子的限定，我们可以从“球的异同”，“盒子的异同”，“是否允许空盒”这三项进行分类“变奏”。根据大家熟知的乘法原理，可以将例 10 扩展为 2×2×2=8(道)题。为了三种分类的有序排列，我们将原例 10 定为 8 道题，如下：

【例 10-1】将 6 个相同的球放进 3 个相同的盒子里，不允许有空盒，有多少种不同的方法？

【例 10-2】将 6 个相同的球放进 3 个不同的盒子里，不允许有空盒，有多少种不同的方法？

【例 10-3】将 6 个不同的球放进 3 个相同的盒子里，不允许有空盒，有多少种不同的方法？

【例 10-4】将 6 个不同的球放进 3 个不同的盒子里，不允许有空盒，有多少种不同的方法？

【例 10-5】将 6 个相同的球放进 3 个相同的盒子里，允许有空盒，有多少种不同的方法？

【例 10-6】将 6 个相同的球放进 3 个不同的盒子里，允许有空盒，有多少种不同的方法？

【例 10-7】将 6 个不同的球放进 3 个相同的盒子里，允许有空盒，有多少种不同的方法？

【例 10-8】将 6 个不同的球放进 3 个不同的盒子里，允许有空盒，有多少种不同的方法？

读者可以先行尝试解答这些问题，寻找一下哪些题之间有很强的关联性，然后再来总结一下我们有哪些收获。

【例 10-1】将 6 个相同的球放进 3 个相同的盒子里，不允许有空盒，有多少种不同的方法？

解析

因为球、盒子均相同，所以不同的方法仅由数量区分，即我们要对 6 进行数的拆分。

设 $a+b+c=6$，且 $a\leqslant b\leqslant c$（此附加条件是为了避免重复）。

当 $a=1$ 时，$6=1+1+4=1+2+3$，2 种；

当 $a=2$ 时，$6=2+2+2$，1 种。

共计 3 种。

【例 10-2】将 6 个相同的球放进 3 个不同的盒子里，不允许有空盒，有多少种不同的方法？

解析

【方法 1】在上一题的基础上增加了“有序”的概念。盒子不同，导致数量是有序的。

设 $a+b+c=6$，且 $a\leqslant b\leqslant c$。

当 $a=1$，$6=1+1+4$ 时，3 种；

当 $a=1$，$6=1+2+3$ 时，$3\times2\times1=6$(种)；

当 $a=2$，$6=2+2+2$ 时，1 种。

共计 $3+6+1=10$(种)。

【方法 2】直接分。设 $a+b+c=6$，a、b、c 分别代表放在第 1、2、3 个盒子中的数量。

当 $a=1$ 时，$b+c=1+4=2+3=3+2=4+1$，4 种；

当 $a=2$ 时，$b+c=1+3=2+2=3+1$，3 种；

当 $a=3$ 时，$b+c=1+2=2+1$，2 种；

当 $a=4$ 时，$b+c=1+1$，1 种。

共计 $4+3+2+1=10$(种)。

【方法 3】前文所提到的隔板法。

将问题转化为，在 $6-1=5$(个)空当中插入 2 个隔板，共计 $C_5^2=\dfrac{5\times4}{2\times1}=10$(种)方法。

【例 10-3】将 6 个不同的球放进 3 个相同的盒子里，不允许有空盒，有多少种不同的方法？

解析

【方法 1】设 $a+b+c=6$，且 $a\leqslant b\leqslant c$。

盒子相同，数量、球与球的组合是考察对象。

当 $a=1$，$6=1+1+4$ 时，有 $C_6^1\times C_5^1\div A_2^2=15$(种)，其中除以 A_2^2 是因为有 2 个盒子数量相等，无区别。或者理解为选 2 个球出来分 2 个盒装，有 $C_6^2=15$(种)。

当 $6=1+2+3$ 时，先从 6 个中选 1 个出来，再从 5 个中选 2 个出来，剩下的 3 个自然归到最后一盒中，有 $C_6^1\times C_5^2=60$(种)。数量的不同实际上区分了盒子。

当 $a=2$ 时，$6=2+2+2$，有 $C_6^2\times C_4^2\times C_2^2\div A_3^3=15$(种)，其中除以 A_3^3 是因为 3 个盒子中球的数量相等，所以与放置顺序无关。

共计 $15+60+15=90$(种)。

【方法 2】利用“例 10-4”的结果求解。因为 3 个盒子的排列顺序不存在了，所以 $540\div A_3^3=90$(种)。

【例 10-4】将 6 个不同的球放进 3 个不同的盒子里，不允许有空盒，有多少种不同的方法？

解析

【方法 1】当 $a=1$，$6=1+1+4$ 时，有 $3\times(C_6^1\times C_5^1\times C_4^4)=90$(种)；$6=1+2+3$ 时，有 $6\times(C_6^1\times C_5^2\times C_3^3)=360$(种)。

当 $a=2$ 时，$6=2+2+2$ 时，有 $C_6^2\times C_4^2\times C_2^2=90$(种)。

共计 $90+360+90=540$(种)。

【方法 2】反过来也可以利用“例 10-3”的结论，3 个盒子从无序变为有序，所以在 90 种的基础上乘以 $A_3^3=6$，共计 $90\times6=540$(种)。

【例 10-5】将 6 个相同的球放进 3 个相同的盒子里，允许有空盒，有多少种不同的方法？

解析

在“例 10-1”的基础上增加了当 $a=0$ 时的 4 种情况，所以共计 $3+4=7$(种)。

【例 10-6】将 6 个相同的球放进 3 个不同的盒子里，允许有空盒，有多少种不同的方法？

解析

【方法 1】利用转化思想将本题与“例 10-2”联系起来：

本题与例 10 的区别在于“允许有空盒”。于是我们可以额外拿 3 个球出来分别放入 3 个盒子，这样就保障了盒子不空，于是问题转化为“9 个相同的球放在 3 个不同的盒子里，不允许有空盒，有多少种不同的方法？”解法可与“例 10-2”相同，利用隔板法得到 $C_{9-1}^2=C_8^2=28$(种)。

【方法 2】3 个盒子需要(3－1)个隔板分开，于是本题可以理解为 6 个相同的球与(3－1)个相同的隔板排成一排，选择 2 个位置给隔板即可，于是不同的方法有 $C_{6+3-1}^{3-1}=C_8^2=28$(种)。

【例 10-7】将 6 个不同的球放进 3 个相同的盒子里，允许有空盒，有多少种不同的方法？

解析

在“例 10-3”的基础上增加当 $a=0$ 的情况。

当 $6=0+0+6$ 时，1 种；

当 $6=0+1+5$ 时，选 1 个球与其他 5 个分开即可，有 $C_6^1=6$(种)；

当 $6=0+2+4$ 时，选 2 个球与其他 4 个分开即可，有 $C_6^2=15$(种)；

当 $6=0+3+3$ 时，因为其中两盒都是 3 个球，即一种分法实际对应了两种“6 选 3”，有 $C_6^3\div2=10$(种)。

共 $90+1+6+15+10=122$(种)。

【例 10-8】将 6 个不同的球放进 3 个不同的盒子里，允许有空盒，有多少种不同的方法？

解析

【方法 1】每个球都可以任意选择 3 个盒子中的 1 个，所以共有 $3^6=729$(种)。

【方法 2】在“例 10-4”的基础上，增添有“0”的情况。

当 $6=0+0+6$ 时，有 3 种；

当 $6=0+1+5$ 时，3 种数量选择放进 3 个不同的盒子有 $3\times2\times1=6$(种)，从 6 个球中选 1 个球出来有 6 种，合计 $6\times6=36$(种)；

当 $6=0+2+4$ 时，3 种数量选择放进 3 个不同的盒子有 6 种，从 6 个球中选 2 个球出来有 $C_6^2=15$ 种，合计 $6\times15=90$(种)；

当 $6=0+3+3$ 时，3 个不同的盒子中选一个空，有 3 种，从 6 个球中选 3 个球出来有 $C_6^3=\dfrac{6\times5\times4}{3\times2\times1}=20$(种)，合计 $3\times20=60$(种)。

共计 $540+3+36+90+60=729$(种)。

虽然本题有方法 1 这样简洁的解法，但方法 2 并不失其价值。首先，可以从中了解“10-4”到“10-8”的区别，即允许空盒造成的影响；其次，有一个问题值得思考：为什么“10-3”到“10-4”，从无序到有序，结果乘 A_3^3 即可，而“10-7”到“10-8”同样也是从无序到有序，但并不能乘 A_3^3 得到结果，$122\times6=732\neq729$，相差的 3 种是哪一类情况产生的？

回望上述 8 道题，我们可以找到关联性较强的“10-1”与“10-5”(分类枚举)、“10-2”与“10-6”(组合、隔板法)、“10-3”与“10-4”(加乘原理、排列组合)、“10-7”与“10-8”(分类枚举、加乘原理、排列组合)；还也可以找到条件截然相反的“10-1”(分类枚举)与“10-8”(乘法原理)。

虽然面对不同条件所采取的方法各异，但这其中有一个数学思想是贯穿始终的，那就是“对应”。例如，“10-2”中将“分球”转化成了与之一一对应的“安放隔板”，“10-3”中 1 种情况对应“10-4”中的 6 种情况。再例如，其实所有的计数问题都是将满足要求的每种情况与正整数 1，2，3，…一一对应起来寻找答案。

本章内容旨在搭建一段楼梯，以助读者在“计数塔”后面的章节中观光自如。

后面的章节中我们首先会将本章所涉及的计数方法、原理进行拓展，然后再将计数原理置于图形、数论、构造三种场景下，体会计数原理怎样结合不同知识点进行运用。

第三十七章　枚　　举

【注】本章节每个知识点分为基础部分与拓展部分，中年级的同学掌握基础部分即可。

37.1　数字问题

基础部分

例 1　将数字和为 5 且不含数字 0 的所有自然数从大到小排成一列，前五个数的和为________。

解析

因为不含数字“0”，所以数字和为 5，从大到小前五个数依次为 11111、2111、1211、1121、1112，和为 11111＋2111＋1211＋1121＋1112＝16666。

例 2　有一类五位数，他们的各位数字互不相同，其中的四个数字是 3、6、8、9，任何相邻数位的两个数字之差都小于 3。那么，满足条件的五位数有________个。

（2019 年秋・武汉明心数学资优生测试 3 年级）

解析

因为 3、6、9 必然互不相邻，所以它们只能放在个位、百位、万位。若 9 放在百位，则 9 和 3 之间无数可放，所以 9 不能在百位，同理 3 也不能在百位，于是 6 必须在百位。而数字 8 必然得放在 6 与 9 之间，3 与 6 之间只能放 4 或 5，所以满足条件的五位数有 34689、35689、98643、98653 这 4 个数。

例 3　把数 1、2、3、4 排成一排，要求第 1 个数不是 1，前 2 个数的和不是 3，前 3 个数的和不是 6。那么，共有________种满足条件的排列方法。

解析

按首位数字分类。

首位是 2：2341、2413、2431，3 种；

首位是 3：3142、3241、3412、3421，4 种；

首位是 4：4123、4132、4213、4231、4312、4321，6 种。

共计：3＋4＋6＝13（种）。

例 4　一个数字和为 20 的 20 位数，首位为 4，若任意相邻两个数的数字差都为 1（大减小），那么满足条件的 20 位数共有________个。

（2020 年“数学花园探秘”4 年级网赛）

解析

后 16 位数字的和至少为（0＋1）×8＝8，所以前四位数字和最大为 20－8＝12。若前四位为 4323，那么余下 16 位的数字和为 8，第 5 个数至少为 2，所以不满足题意。前四位只能为 4321，所以余下 16 位数字和为 10。若全为“01”组合，数字和还少 2，那么 8 个 0 均可替换为 2，共计 8 种情况。

例 5 从 1、2、3、4、5、6、7 中选择若干个不同的数(所选数不计顺序),使得其中偶数之和等于奇数之和,则符合条件的选法共有________种。 (2014 年“数学花园探秘”4 年级初赛)

解析

本题中,“和”必为偶数。按和的不同,分类枚举如下:

(1)4=1+3,1 组。

(2)6=2+4=1+5,2 组。

(3)8=2+6=1+7=3+5,2 组。

(4)10=4+6=3+7,1 组。

(5)12=2+4+6=5+7,1 组。

共有 1+2+2+1+1=7(种)选法。

拓展部分

例 6 一个十位数的每个数字均是 1 或 2,任取其中相邻三位可以得到 8 个不同的三位数。这样的十位数共有多少个?请将其一一列举出来。 (2018 年“数学花园探秘”6 年级总决赛第一试)

解析

因为若一个十位数满足要求,则将其中的数字 1 换为 2,而 2 换为 1 所得到的十位数也满足要求,所以不妨设这个十位数的前三位中 1 的个数较多,可以得到以下四类:

(1)前三位数字是 111,经过检验有两个解 1112221211、1112122211,对称的可得到两个解 2221112122、2221211122。

(2)前三位数字是 112,经过检验有两个解 1122212111、1121222111,对称的可得到两个解 2211121222、2212111222。

(3)前三位数字是 121,经过检验有两个解 1212221112、1211122212,对称的可得到两个解 2121112221、2122211121。

(4)前三位数字是 211,经过检验有两个解 2111222121、2111212221,对称的可得到两个解 1222111212、1222121112。

共计 16 个。

例 7 从 1、2、3、4、5、6 中选出 4 个互不相同的数,使其中任意 3 个数都不能构成等差数列,有________种不同的选法。 (2018 年“数学花园探秘”4 年级初赛 B 卷)

解析

先找出 1~6 中的 3 项等差数列:(1,2,3);(1,3,5);(2,3,4);(2,4,6);(3,4,5);(4,5,6)。

所选四个数从小到大枚举:

(1)先选 1、2 那么不能选 3,若选 4,不能选 6,那么只能选 5,经验证得到第一组答案为 1、2、4、5。

(2)先选 1、2 不能选 3,若不选 4,需要把 5、6 都选上,经验证得到第二组答案 1、2、5、6。

(3)先选 1、3 不能选 5,需要把 4、6 都选上,经验证得到第三组答案 1、3、4、6。

(4)先选 1、4 只能选 5、6,而 4、5、6 是等差数列,舍去。

(5)选 2、3 不能选 4，需要把 5、6 都选上，经验证得到第四组答案 2、3、5、6。

(6)选 2、4 不能选 6，剩下数字不够，舍去。

综上，共计 4 种选法。

37.2 运算

基础部分

例 8 将三个连续非零自然数从小到大、从左到右依次填入下面的三个方框中，再在每格圆圈中填上“＋”“－”“×”“÷”四个符号当中的一个，使等式成立。有多少种填法？

□○□○□＝24

(2020 年秋 · 武汉明心数学资优生测试 5 年级)

解析

除了 2 与 1 以外，相邻两个数都不存在倍数关系，而题目中又不能填“0”，所以填“÷”一定会出现结果不为整数的情况，所以圆圈中不能填“÷”。

于是两处符号都有“＋、－、×”三种填法，其中能使等式成立的有：

7＋8＋9＝24　　25＋26－27＝24　　23－24＋25＝24　　2×3×4＝24

共计 4 种。

例 9 在三个相同的自然数之间添上“＋、－、×、÷”，使结果为 72。那么，有________个不同的算式符合要求。(算式中数不变，只改变运算符号位置算作同一种)

(2017 年春 · 武汉明心数学资优生测试 4 年级)

解析

列举如下：

24＋24＋24＝72　　72×72÷72＝72　　72＋72－72＝72

8×8＋8＝72　　9×9－9＝72　　71÷71＋71＝72　　73－73÷73＝72

共计 7 个。

拓展部分

例 10 从 1～9 中选出 3 个数，并把剩下的 6 个数分成 3 组(1 个数也可以单独成为 1 组)。如果有至少 1 种分法可以使得这 3 组的和都相等，我们把选出的这 3 个数称为“明星数组”。那么，共有________种不包含 4 的“明星数组”。

(2019 年“数学花园探秘”3 年级总决赛第二试)

解析

1＋2＋3＋…＋9＝45，剩余 6 个数能够分为 3 个相等的组，那么这 6 个数的和是 3 的倍数，所以“明星数组”这 3 个数的和也是 3 的倍数，枚举不含 4 的 3 个数和是 3 的倍数，共 20 组并逐一验证：

和为 6：1、2、3，4＋9＝5＋8＝6＋7 正确；

和为 9：1、2、6，3＋9＝4＋8＝5＋7 正确；1、3、5 无法构造；

和为 12：2＋9＝3＋8＝4＋7＝5＋6，所以 1、2、9，1、3、8，1、5、6 均正确；2、3、7 无法构造；

和为 15:1+9=2+8=3+7=4+6,所以 1、5、9,2、5、8,3、5、7 均正确;1、6、8,2、6、7 无法构造;

和为 18:1+8=2+7=3+6=4+5,所以 1、8、9,2、7、9,3、6、9 均正确;3、7、8,9=6+2+1=5+4,正确;5、6、7,9=8+1=4+3+2,正确;

和为 21:5、7、9,8=6+2=4+3+1,正确;6、7、8 无法构造;

和为 24:7、8、9,6+1=5+2=4+3,正确。

综上所述,共 15 种。

37.3 树状图与列表

基础部分

例 11 A、B、C、D、E5 位小朋友各准备了 1 份礼物进行交换,交换规则是:每位小朋友得到 1 份礼物,每个人不能得到自己准备的礼物。交换后发现 A 拿到了 C 准备的礼物,B 没有拿到 A 准备的礼物,那么这次交换礼物的结果可能出现多少种不同的情况?(2016 年秋·武汉明心数学资优生测试 3 年级)

解析

大写字母表示人,小写字母表示礼物。

如图,当 A 拿到礼物 C,有 8 种。

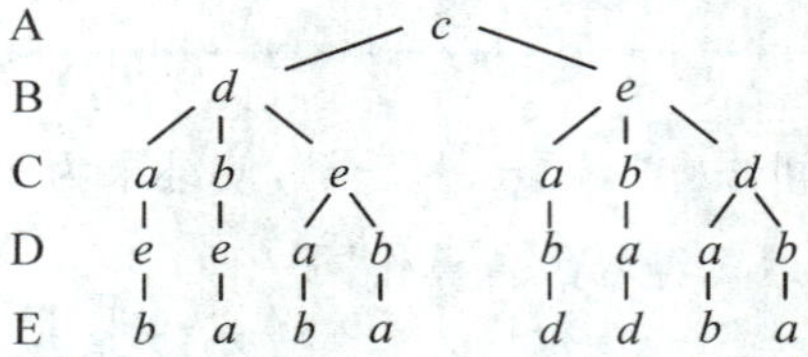

例 12 8 块积木如图摆放,如果一块积木的正上方没有完全露出来,则它不能被取出。那么,取出 8 块积木的不同顺序有________种。

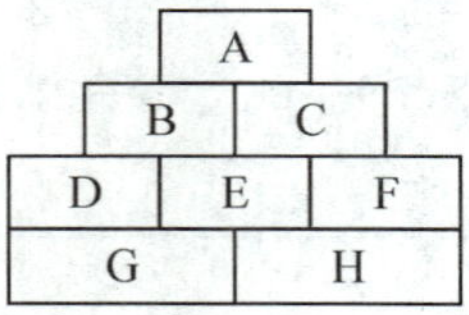

(2019 年·武汉明心数学资优生测试 4 年级)

解析

因为对称,所以先取 A、B 的方法与先取 A、C 的方法一样多。

如图,利用枚举树可知先取 A、B 共有 5+5+3+3+5=21(种)取法,则共有 21×2=42(种)取法。

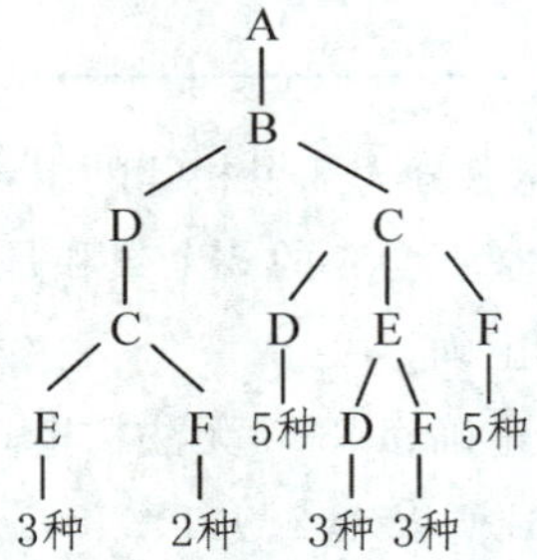

拓展部分

例 13 5 个小朋友 A、B、C、D、E 玩甲、乙两种编程小游戏。甲游戏结束后，A 得到 5 分，B 得到 4 分，C 得到 3 分，D 得到 2 分，E 得到 1 分。乙游戏结束后，他们 5 人又分别得到了 5 分、4 分、3 分、2 分、1 分。更巧的是，当每个人将自己的两次得分加起来后，总分恰好是 5 个连续自然数。那么，A、B、C、D、E 在乙游戏中的得分情况可能有________种。（2019 年“数学花园探秘”3 年级初赛 D 卷）

解析

两轮总分为(1＋2＋3＋4＋5)×2＝30(分)，所以最后 5 人的得分只能为 4、5、6、7、8 分，那么第 2 轮得 5 分只可能是 C、D 或 E。

当 C 得到 5 分，则有下表所示两种情况：

	A	B	C	D	E
总分	7	5	8	6	4
第一轮	5	4	3	2	1
第二轮	2	1	5	4	3

	A	B	C	D	E
总分	6	7	8	4	5
第一轮	5	4	3	2	1
第二轮	1	3	5	2	4

当 D 得到 5 分，则有下表所示两种情况：

	A	B	C	D	E
总分	8	6	4	7	5
第一轮	5	4	3	2	1
第二轮	3	2	1	5	4

	A	B	C	D	E
总分	6	8	5	7	4
第一轮	5	4	3	2	1
第二轮	1	4	2	5	3

当 E 得到 5 分，则有下表所示两种情况：

	A	B	C	D	E
总分	8	5	7	4	6
第一轮	5	4	3	2	1
第二轮	3	1	4	2	5

	A	B	C	D	E
总分	7	8	4	5	6
第一轮	5	4	3	2	1
第二轮	2	4	1	3	5

共 6 种情况。

例 14 将 3 个相同的黑球和 3 个相同的白球放入编号为 1、2、3 的 3 个盒子中。要求每个盒子至少放 1 个球，且 1 号不准放 1 个，2 号不准放 2 个，3 号不准放 3 个。那么符合要求的放法共有________种。

（2017 年秋·武汉明心数学资优生测试 4 年级）

解析

(1)当 6 分成 4＋1＋1 时，4 个球必须放入 1 号盒，有如下 4 种情况：

1 号	2 号	3 号
3 黑 1 白	1 白	1 白
3 白 1 黑	1 黑	1 黑
2 黑 2 白	1 黑	1 白
2 黑 2 白	1 白	1 黑

(2)当 6 分成 3＋2＋1 时，数量上有两种分配方案：

①1 号 3 个，2 号 1 个，3 号 2 个；②1 号 2 个，2 号 3 个，3 号 1 个。

当 1 号放 3 个，有以下 6 种情况：

1 号	2 号	3 号
3 黑	1 白	2 白
3 白	1 黑	2 黑
2 黑 1 白	1 黑	2 白
2 黑 1 白	1 白	1 黑 1 白
2 白 1 黑	1 黑	1 黑 1 白
2 白 1 黑	1 白	2 黑

当 2 号放 3 个，同样也有 6 种情况。

所以一共有 4＋6×2＝16(种)。

37.4 棋子摆放

基础部分

例 15 在下面三角形网格中放 4 枚相同的棋子，要求每枚棋子所在格 3 个方向上均不能再放任何棋子。如图。那么共有________种不同的摆放方法。(翻转、旋转后重叠视为同一种摆放方法)

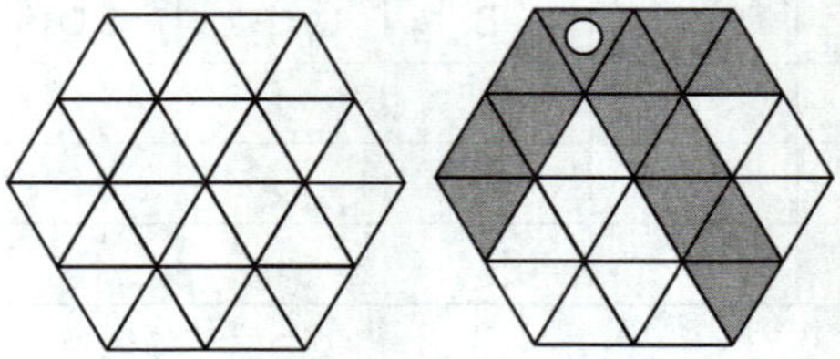

（2020 年春·武汉明心数学资优生测试 3 年级）

解析

中间六格至多只能放 2 枚棋子，所以边上的一圈至少有 2 枚棋子；如果顶角上的格子不放，剩下的六芒星图形也只能放 2 枚棋子。

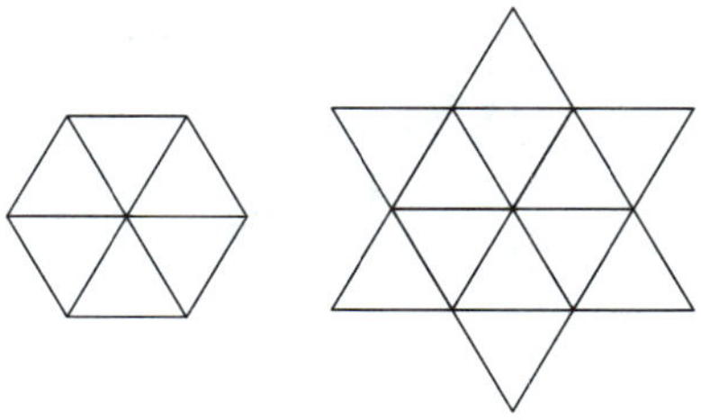

所以，顶角上的格子一定得放棋子。因为旋转翻转重合只算一种，不妨将其定位在题图所示的位置。

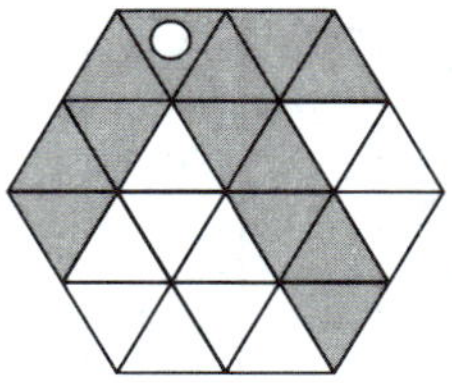

剩余进行枚举，共有 3 种不同的摆放方法，如下图。

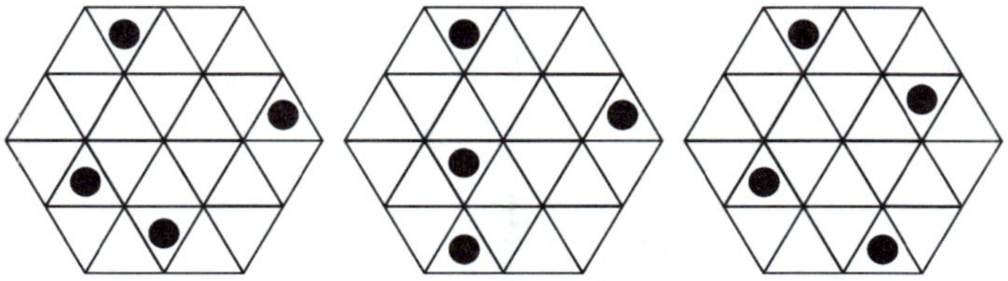

拓展部分

例 16 如图在 5×5 的方格中放置了编号为 1～5 的 5 个小球，没有任何两个小球在同一行或同一列；如果同时移动其中 3 个小球到相邻格子里，移动完后依然没有任何两个小球在同一行或同一列，那么共有________种移动的方法。

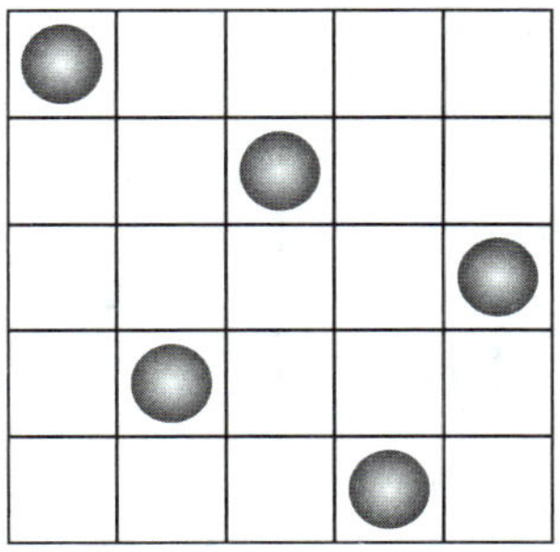

（2020 年"数学花园探秘"小中决赛 C 卷）

解析

无论怎样移动，5 个球的行数之和与列数之和都不变，总是 15。所以 3 个球同时移动时，必有一个斜向移动，另外两个球一个纵向移动，一个水平移动。

又因为 2、3、4、5 号小球关于点 O 中心对称，所以我们按是否移动 1 号小球分类。

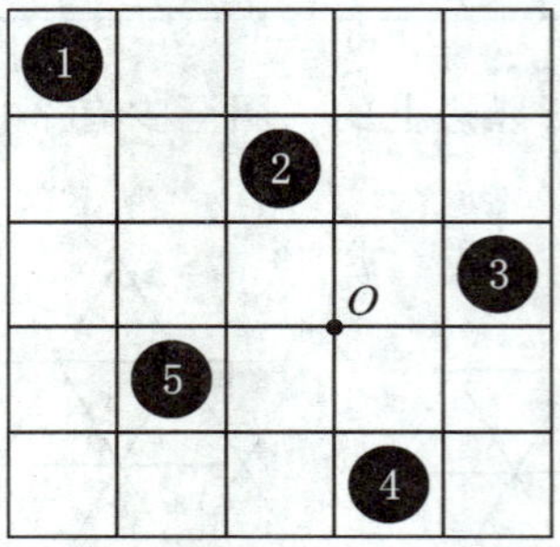

当移动包括 1 号的 3 个小球时，有如下情况：

当 1 号球向右移动一格，则第 1 列空出，5 号球必然斜向移动至第 1 列，如此才能影响到另一个球移动，于是有如下 2 种情况：

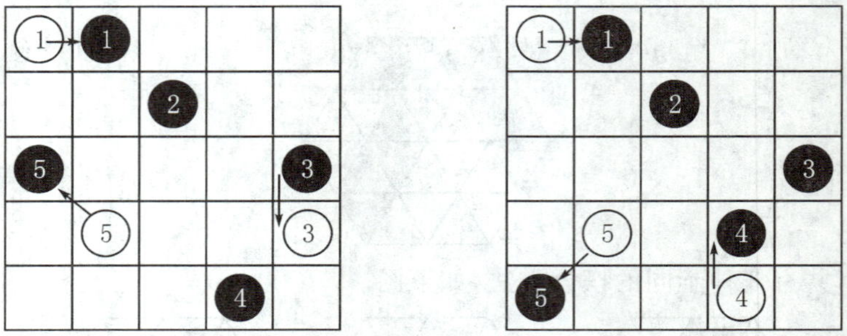

当 1 号球向右下移动一格，则第 1 列第 1 行都空出，5 号球必然移动至第 1 列，2 号球移动至第 1 行，于是有如下 1 种情况：

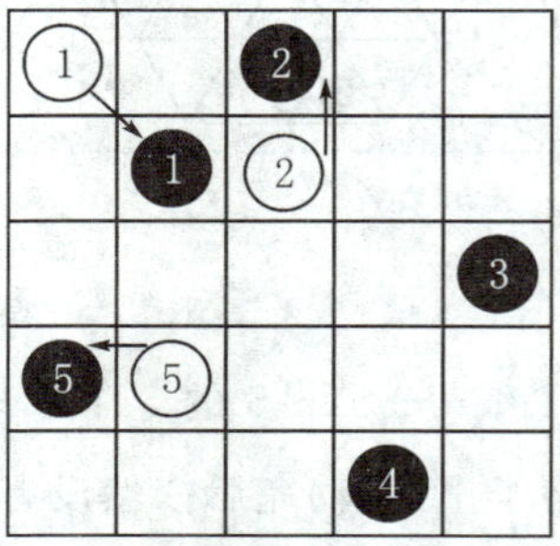

当 1 号球向下移动一格，则第 1 行空出，2 号球必然斜向移动至第 1 行，如此才能影响到另一个球移动，于是有如下 2 种情况：

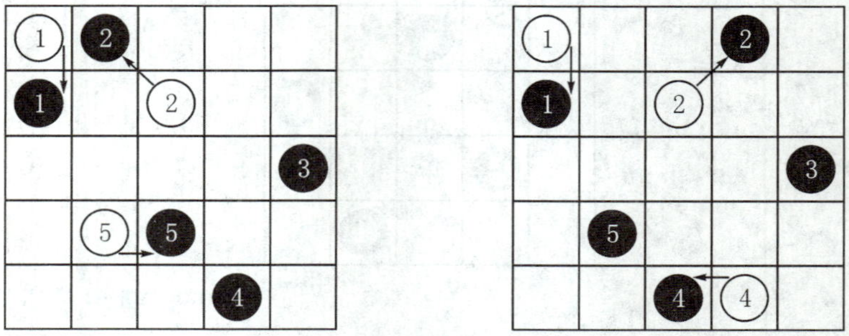

当移动的球不包含 1 号球时，2、3、4、5 号球都不能移动到第 1 行或第 1 列，所以我们只用看余下的 4 行 4 列。

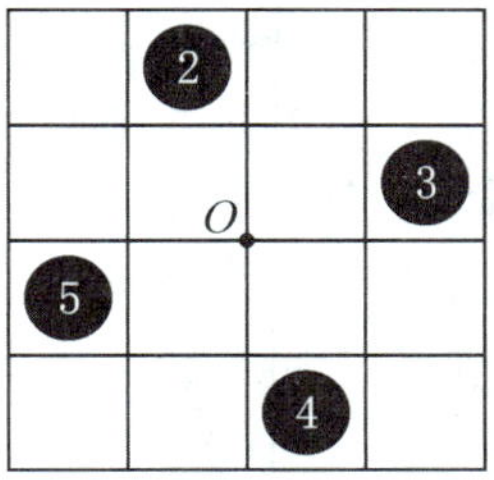

移动 3 个球相当于 1 个球不动，且 2、3、4、5 号球关于点 O 中心对称，所以我们只用讨论其中一种情况即可，以移动 2、3、4 号球为例，有以下 2 种情况：

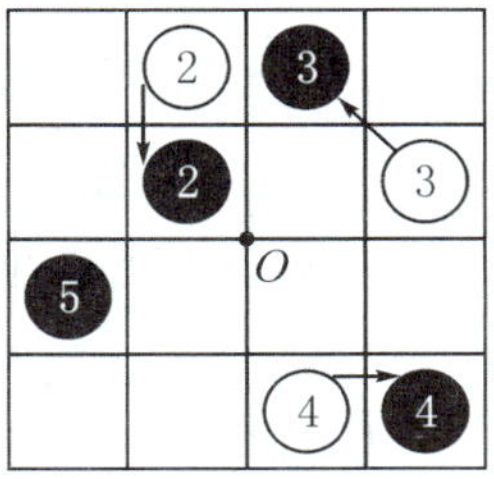

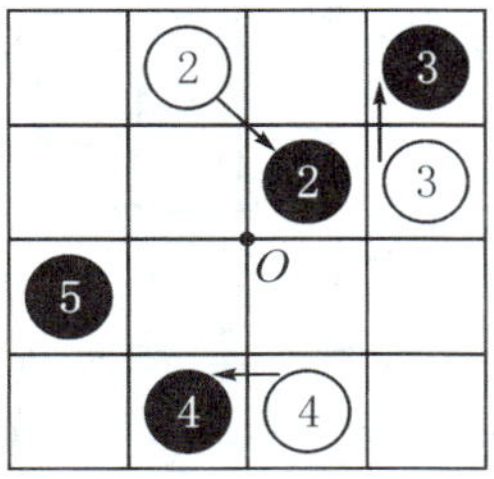

4 种情况有 2×4=8(种)。

共计：5+8=13(种)。

例 17 马在棋盘中的走法是走“日”，如图所示，马一步可以从 A 格跳到如下 G、I、F 这 3 个方格中任意一个。那么，在这个有 12 格的棋盘中，马从 A 出发，按“日”字的方法跳，要求恰好不重复的经过其余 11 个方格(中途也不能回到起点)，共有________种不同的方法。

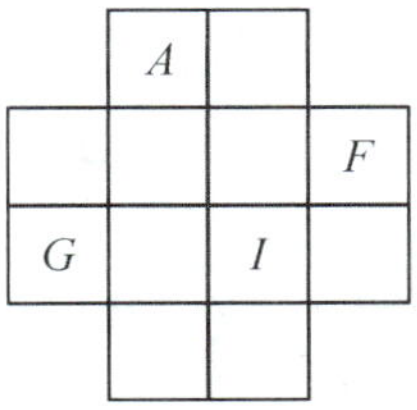

(2018 年“数学花园探秘”3 年级初赛 A 卷)

解析

【方法 1】如图，D、E、H、I 这 4 个中心格只与 2 个点相连，如果不作为终点，只能是一个点入，一个点出；从 A 出发后，到达 G 和到达 F 关于对角线对称，只需算 1 种情况。不妨分析 A 到 G，此时 I 格只与 C 格相连，所以 I 一定是终点，C 是倒数第 2 格；同理，如果从 A 到 G 后，G 不到 E，那么 E 和 K 也会有类似情况，所以 G 只能到 E，E 到 K；C 是倒数第 2 个，所以 K 无法到 C，只能到 J；同理，J 一定到 $D-L-F-H-B-C$，只有 1 种确定路线；同理，从 A 出发到 F 也只有 1 种路线。

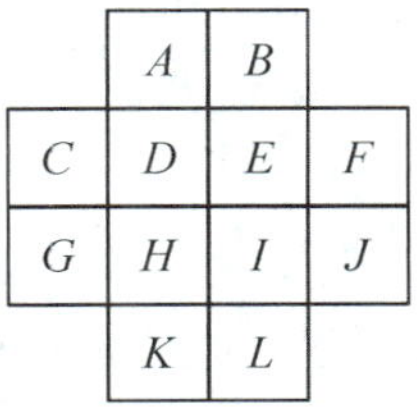

如果从 A 出发到 I，I 只能到 C，C 可以有 B 和 K 两种选择：①如果 C 到达 B，B 如果选择到 J，那么根据中心点特征，H 只能作为终点，F 为倒数第二步；后续 J 只能进入中心到 $D-L-G-E-K$，K 无法到达 F，所以无法形成正确路线；B 只能到 $H-F-L$，此时 $L-G-E-K-J-D$ 和 $L-D-J-K-E-G$ 均是 2 种正确路线。②如果 C 到达 K，分析与上述类似，K 选择到 J 无正确路线，K 选择到 $E-G-L$，此时 $L-D-J-B-H-F$ 和 $L-F-H-B-J-D$ 均是 2 种正确路线。

综上，总计 1×2+2+2=6(种)不同的方法。

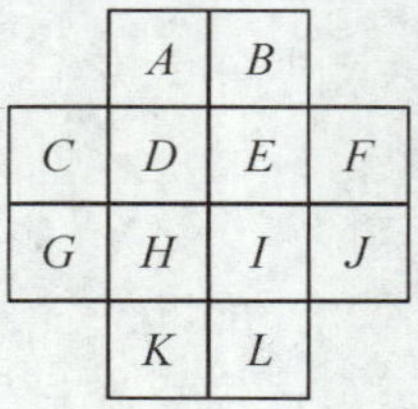

【方法 2】第一步将棋盘黑白间隔染色，那么马每走一步必然变色；然后，我们发现中心“田”字的 4 个格子每格仅对应 2 个固定的外围格，且进出的路线是固定的，而外围的 8 个格子的下一步可以选择继续在外面，也可以选择进入中心“田”字格。于是，我们将外围的黑格编 1 号、白格编 2 号；中心的黑格编 3 号、白格编 4 号。那么 3、4 会形成固定的数字串 232、141。因为中心有 4 个格子，所以外围的格子最多有连续两个连接在一起。

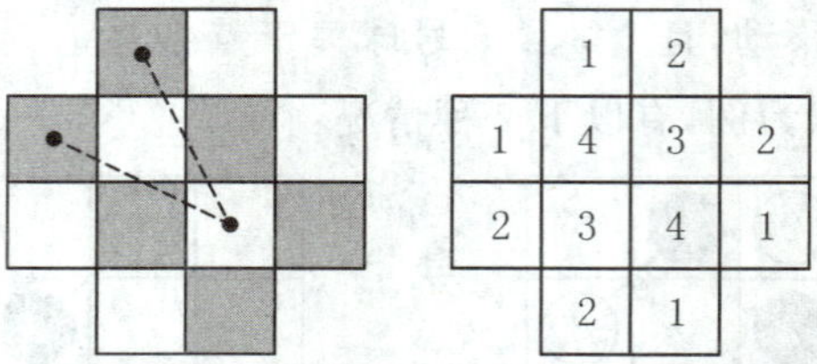

AG 与 AF 是对称的，考察 AG 即可，AG 开头即 12 开头，后面可能是 123214123214，仅有 $AGEKJDLFHBCI$ 这一种，于是 AF 开头也有 1 种。

AI 开头即 1412 开头。若为 $AICK$，后续可找到 $EGLDJBHF$ 与 $EGLFHBJD$ 这 2 种路线。

若为 $AICB$，后续可找到 $HFLDJKEG$ 与 $HFLGEKJD$ 这 2 种路线。

共 6 种不同的方法。

真题重现

基础部分

1. 用 2、0、2、0 这四个数码可以组成________个四位数的偶数。

（2020 年春 · 明心数学资优生测试 4 年级）

2. 小卢同学在手机上设置了一个四位数密码。已知第一个数字是 5，后三位中恰好有两个数字 3，那么，小卢同学设置的密码有________种不同可能。（2018 年春 · 明心数学资优生测试 3 年级）

3. 从 2、0、1、7 中选出两个不同数字组成一个两位数的质数，有________种组成方法。

（2017 年“数学花园探秘”小高决赛 D 卷）

4. 高同学有足够多的 1 元、2 元、5 元纸币。现从中任意取出 6 张纸币，那么这 6 张纸币的面值之和有________种可能。（2017 年“数学花园探秘”5 年级初赛 D 卷）

5. 数字之积不大于数字之和的两位数共有多少个？（2017 年春 · 武汉明心数学资优生测试 3 年级）

6. 如图为“杨辉三角形”（也称为“贾宪三角形”“帕斯卡三角形”）的前五层，图中连线构成的三角形中，三个顶点数字之和为偶数（双数）的三角形有多少个？（例如：图中粗线构成的三角形是一个满足条件的三角形，三个顶点数字之和 1＋1＋6＝8 为偶数）

（2018 年秋 · 明心数学资优生测试 3 年级）

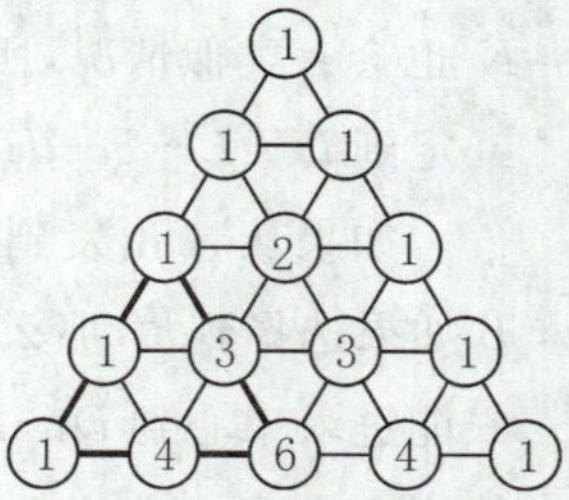

第 6 题图

7. 数列 1，1，2，3，5，8，⋯从第三项起每一项都等于它前面两项之和，这个数列称为斐波那契数列，其中每一项都叫作斐波那契数。可以证明“任意正整数 n 都可以表示成若干个不同的斐波那契数之和”，那么把 100 表示成若干个不同的斐波那契数之和有________种表示方法。（只是交换加数的顺序算作同一种）

（2016 年“数学花园探秘”4 年级初赛 B 卷）

8. 从 4、5、6、7、8、9 这 6 个数字中选出互不相同的 5 个填入方格内，使得等式成立。有________种不同的填法。

$$\overline{\square\square}-\square=\overline{\square\square}$$

第 8 题图

（2014 年"数学花园探秘"4 年级初赛）

9. 小巍、小政、小昊、小鑫、小宝排成一行照相。如果小政在小巍的左边，小昊在小政的右边，小鑫在小昊的左边，小宝在小鑫的右边（都未必相邻），有________种不同的排法。

（2017 年"数学花园探秘"4 年级网赛）

10. 将 2 个相同的黑球和 2 个相同的白球放入编号为 1、2、3 的 3 个盒子中，每个盒子至少放 1 个球，共有________种不同的放法。（2017 年秋·武汉明心数学资优生测试 3 年级）

11. 加菲猫有 5 颗相同的巧克力，它每天至少吃 1 颗，至多吃 3 颗。那么，它吃完这些巧克力有________种不同的情况。（2019 年春·明心数学资优生测试 3 年级）

12. 小明用 31 元钱购买单价分别是 2 元、3 元、5 元、7 元的商品，每种商品至少购买一件。如果小明恰好将钱花完，那么他购买的商品及数量有________种不同的组合方式。

（2019 年秋·明心数学资优生测试 3 年级）

拓展部分

13. 在 2017 这个数中的某个位置加上小数点，使它变成一个大于 1 的小数，然后在小数部分的某些数字上添上一个或两个表示循环的圆点，这样就能得到一个循环小数。例如，我们按这个方法可以得到 $20.1\dot{7}$ 和 $2.0\dot{1}\dot{7}$。那么，我们按这个方法一共可以得到________个不同的循环小数。

（2017 年"数学花园探秘"小高决赛 D 卷）

14. 现有大小不一的 8 个桃，孙悟空按从小到大的顺序依次吃，每天吃 2 个或 3 个，若某天发现只剩 1 个，则只吃 1 个。但其中有 1 个是坏桃，孙悟空吃到坏桃便停止吃桃。那么，孙悟空吃桃有________种不同的可能性。（例：若最小的是坏桃，第 1 天准备吃 2 个和准备吃 3 个算作同一种可能）

（2016 年秋·明心数学资优生测试 4 年级）

15. 上午 6 位老师围坐在圆桌边出题。午饭后，老师们回来继续出题，如果要求每个人都必须坐到原来的座位或者与原来座位相邻的座位上，那么一共有________种可能的就坐方式。（图中 6 个黑点表示 6 个座位）（2019 年"数学花园探秘"5 年级总决赛第一试）

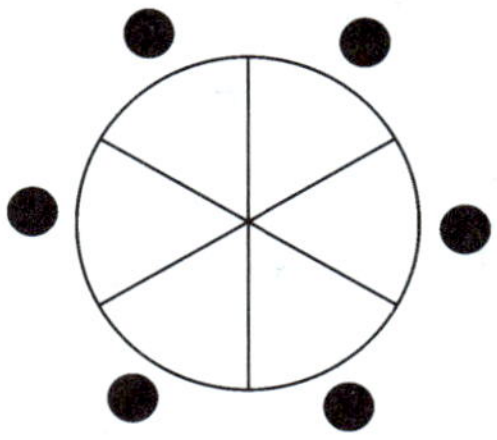

第 15 题图

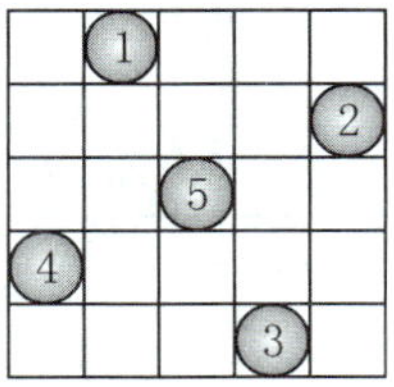

第 16 题图

16. 如图，在 5×5 的方格中放置了编号为 1～5 的 5 个小球，没有任何两个小球在同一行或同一列。如果同时移动其中 3 个小球到相邻格子（有公共点的格子）里，移动完后依然没有任何两个小球在同一行或同一列，那么共有________种移动的方法。（2020 年"数学花园探秘"小中决赛 A 卷）

参考答案

1. 答案:3。
分析:共有 2002,2020,2200 三种。
2. 答案:27。
分析:按 3 的位置分类。
第 2、3 位数字是 3:5330,5331,5332,5334,…,5339,有 9 个;
第 2、4 位数字是 3:5303,5313,5323,5343,…,5393,有 9 个;
第 3、4 位数字是 3:5033,5133,5233,5433,…,5933,有 9 个。
共 9+9+9=27(个)。
3. 答案:2。
分析:这样的质数只有 17 和 71 两个。
4. 答案:22。
分析:按 5 元纸币的张数分类。
(1)没有 5 元纸币:从 6~12 元均可。
(2)有 1 张 5 元纸币:从(5+5)~(5+10)均可,即 10~15 元。
(3)有 2 张 5 元纸币:从(10+4)~(10+8)均可,即 14~18 元。
(4)有 3 张 5 元纸币:从(15+3)~(15+6)均可,即 18~21 元。
(5)有 4 张 5 元纸币:从(20+2)~(20+4)均可,即 22~24 元。
(6)有 5 张 5 元纸币:从(25+1)~(25+2)均可,即 26~27 元。
(7)有 6 张 5 元纸币:30 元。
综上所述,6~24 元,26~27 元和 30 元是可以的,共 22 种。
5. 答案:27。
分析:最小数字为 0 的有 10,20,30,…,90,共 9 个;
最小数字为 1 的:11,12,13,…,19,21,31,…,91,共 17 个;
最小数字为 2 的:22。
两个数字均超过 2,则积一定比和大,所以共有 9+17+1=27(个)。
6. 答案:17。
分析:见下表。

	向上	向下	合计
边长为 1	5	6	11
边长为 2	3	1	4
边长为 3	2	0	2
边长为 4	0		0

共 11+4+2=17(个)。
7. 答案:9。
分析:以最大数为标准分类。
∵34+21+13+8+5+3+2+1=87<100,∴所选的最大数至少为 55。

89+8+3	89+8+2+1	89+5+3+2+1
55+34+8+3	55+34+8+2+1	55+34+5+3+2+1
55+21+13+8+3	55+21+13+8+2+1	55+21+13+5+3+2+1

共计 9 种。

8. 答案:12。

分析:将该减法算式改写为加法算式$\overline{AB}+C=\overline{DE}$。

(1)因为 A 和 D 不同,所以此加法算式必有进位。即 $A+1=D$,$B+C=10+E$。

(2)假设未被选入的数为 F,则 $A+B+C+D+E+F=4+5+6+7+8+9=39$。结合(1),有 $2\times(D+E)+F=30$,从而,F 必为偶数。

(3)分类枚举,有以下 3 类:

①若 $F=4$,则 $D+E=13$,有 $58+9=67$,$59+8=67$,$76+9=85$,$79+6=85$,合计 4 种;

②若 $F=6$,则 $D+E=12$,有 $48+9=57$,$49+8=57$,$75+9=84$,$79+5=84$,合计 4 种;

③若 $F=8$,则 $D+E=11$,有 $47+9=56$,$49+7=56$,$65+9=74$,$69+5=74$,合计 4 种。

共计 12 种。

9. 答案:16。

分析:为叙述方便,将 5 个人依次称作 1、2、3、4、5。先将 1、2、3、4 排好,有 4213、4231、2413、2431、2143 共 5 类。然后考虑将 5 插入,共有 $4+4+3+3+2=16$(种)。

10. 答案:12。

分析:共 $2+2=4$(个)球,分给 3 个盒子只能为 $4=2+1+1$。

当 1 号盒放入 2 个球时,有以下 4 种情况:

1 号	2 号	3 号
2 黑	1 白	1 白
2 白	1 黑	1 黑
1 黑 1 白	1 黑	1 白
1 黑 1 白	1 白	1 黑

同样的,当 2 号盒放入 2 个球时,也有 4 种情况。

当 3 号盒放入 2 个球时,也有 4 种情况。

所以共有 $4+4+4=12$(种)不同的放法。

11. 答案:11。

分析:按最多一天吃几颗分类。

一天最多吃 3 颗:$5=3+1+1=1+3+1=1+1+3$,5 种;

一天最多吃 2 颗:$5=2+2+1=2+1+2=1+2+2=3+2=2+3$。

$=2+1+1+1=1+2+1+1=1+1+2+1=1+1+1+2$,7 种;

一天最多吃 1 颗:$5=1+1+1+1+1$,1 种。

共计:$5+7+1=13$(种)。

12. 答案:9。

分析:每种商品至少一件,则花掉 $2+3+5+7=17$(元),还剩 $31-17=14$(元)。剩下的 14 元可自由选择商品,我们可以用"以大欺小"(优先排大的,然后排小的)的方式凑出 14 元:

$14=7\times2=7+5+2=7+3+2\times2$

$=5\times2+2\times2=5+3\times3=5+3+2\times3$

$=3\times4+2=3\times2+2\times4=2\times7$,

共 9 种方式。

13. 答案:6。

分析:可以得到 $201.\dot{7}$、$20.1\dot{7}$、$2.01\dot{7}$、$20.\dot{1}\dot{7}$、$2.0\dot{1}\dot{7}$、$2.\dot{0}1\dot{7}$ 共 6 个不同的循环小数。

14. 答案:25。

分析:将桃由小到大编为①～⑧号。

①号是坏桃:1 种;②号是坏桃:1 种;③号是坏桃:2 种;④号是坏桃:2 种;⑤号是坏桃:3 种;⑥号是坏桃:4 种;⑦号是坏桃:5 种;⑧号是坏桃:7 种。

共有 1+1+2+2+3+4+5+7=25(种)。

15. 答案:20。

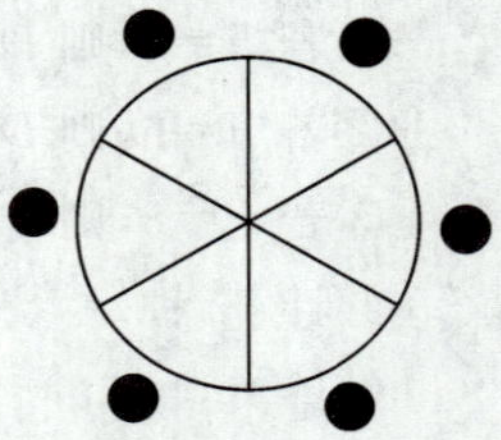

第 15 题图

分析:将 6 个位置黑白染色,一定是有偶数个人坐在原来的位置,并且黑白格各占一半。

(1)6 人坐在原来的座位:1 种。

(2)恰有 4 人坐在原来的座位,这 4 人一定是相邻的,共 6 种。

(3)恰有 2 人坐在原来的座位,这两人要么相邻,要么相对,一共有 6+3=9(种)。

(4)没有人坐在原来的座位,所有人旋转 2 种,相邻两人交换 2 种,一共 4 种。

所以,最后一共有 20 种不同的符合要求的方式。

16. 答案:12。

分析:图中 1、2、3、4 号小球完全对称,可以分为 3 类。

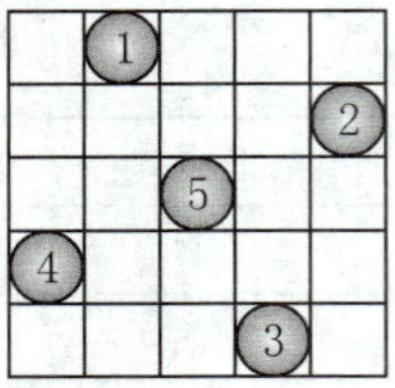

(1)5 号小球不动,不妨设同时移动 1、2、3 号。

如左下图,1 号不能向左或左下移动,否则要移动 4 号;同理 1 号不能向右或右下移动;1 号只能向下移动,这样 2 号必须从所在行移走,移动到 3 号所在列,又不能移到 5 号所在行,所以 2 号只能向左上移动,从而 3 号向右移动。所以,同时移动 1、2、3 号只有 1 种;那么 5 号不动,1×4=4(种)。

(2)移动 5 号和 1～4 号中相邻的 2 个,不妨设同时移动 1、2、5 号。

如下中间两图,2 号不能移到 3 号所在列,于是 2 号能上移或下移,所以 2×4=8(种)。

(3)移动 5 号和 1～4 号中相对的 2 个,不妨设同时移动 1、3、5 号。

1 号只能右移,3 号只能左移,第 3 列至少有 2 个小球,矛盾!

综上所述,4+8=12(种)。

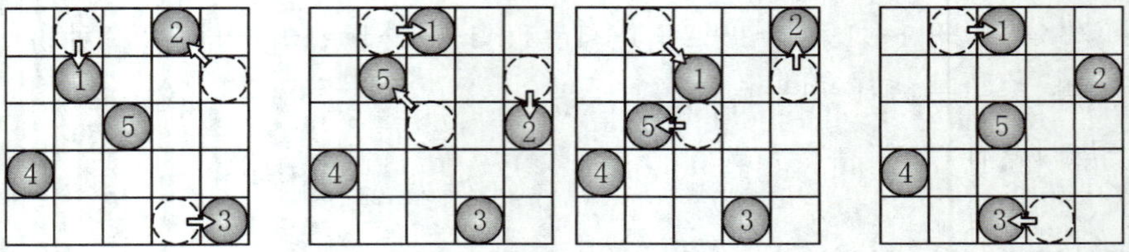

第 16 题图

第三十八章　计数原理

38.1　容斥原理

在日常计数中，我们经常会遇到统计的项目类型发生重合的现象，比如在一个班上统计“男生人数”与“周末打过篮球的人数”时，就会出现“周末打过篮球的男生”被统计过2次的情况。为了解决计数中出现的这类问题，数学家建立了容斥原理，并利用直观图形（韦恩图）作为辅助。

当统计类型为2个的时候，我们称之为二元容斥原理；当统计类型为3个的时候，我们称之为三元容斥原理……以此类推。下面我们就遵照由简单到复杂的规律去认识容斥原理。

38.1.1　二元容斥原理

基础部分

例1 操场上有一些运动员，他们每人至少会篮球与足球中的一项。其中25人会打篮球，有20人会踢足球，篮球与足球都会的有10人，那么，操场上共有多少位运动员？

解析

【方法1】为了更加直观地理解，我们先画韦恩图：

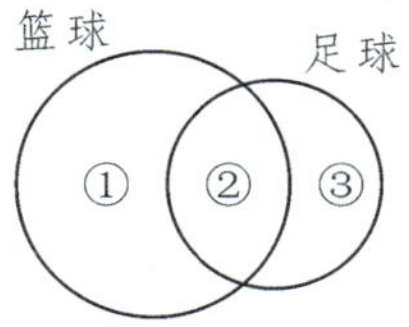

左边的圆表示会打篮球的有25人，右边的圆代表会踢足球的有20人，两个圆重叠的部分，即②号区域则代表篮球与足球都会的有10人。

最普通的想法莫过于总人数 $S_{总}$＝①＋②＋③，由题意可知①号代表的人数为25－10＝15(人)，③号代表的人数为20－10＝10(人)，所以总人数为15＋10＋10＝35(人)。

【方法2】还是来看韦恩图。

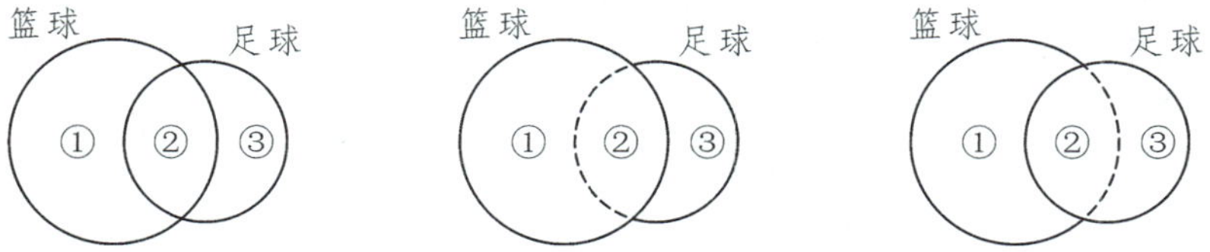

这次我们将这个韦恩图拆解成“太阳＋月亮”，即 $S_{总}$＝篮球＋③，而③＝20－10＝10(人)，所以总人数为25＋10＝35(人)。

类似地，也可以将总人数拆解为 $S_{总}$＝①＋足球，①＝25－10＝15(人)，总人数为 $S_{总}$＝15＋20＝35(人)。

公式法

刚才的两种方法都是从“求和”的角度出发解决问题，下面我们从计数的角度再来思考这类问题。

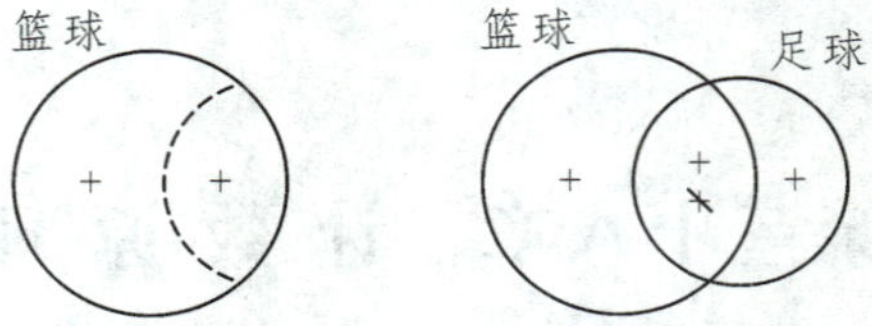

当我们记录会打篮球的 25 人时，我们记录了属于篮球的两个部分，如上面左图；当我们记录会踢足球的 20 人时，我们又加上了属于足球的两个部分，如上面右图。这时统计的总数为 25＋20＝45(人)，但我们发现中间部分被记录了 2 次，而求和时，每个区域只应该被记录 1 次，所以我们应该去掉 1 次中间部分，于是有 $S_{总}=45-10=35$(人)。

通常我们将属于一个类型的数据和称为Ⅰ级，同时属于两个类型的数据和称为Ⅱ级，于是有公式：$S_{总}=\text{Ⅰ}-\text{Ⅱ}$。

由例 1 我们了解了二元容斥原理问题中求总数的一些基本方式，其中韦恩图起了关键作用。但问题不一定总是“求和”，所以我们还需要了解其他问题与韦恩图的对应关系，请看例 2。

例 2 50 名学生中每个人都至少会英语和法语中的一门外语，其中 42 人会英语，24 人会法语。那么，至少会一门外语的有几人？只会一门外语的有几人？既会英语又会法语的有几人？

解 析

先上韦恩图：

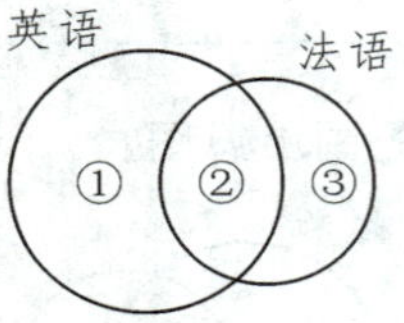

解决问题首先要明确问题：

(1)至少会一门外语的区域对应①、③、②，所以答案就是 50 人。

(2)只会一门外语的区域对应只会英语的①与只会法语的③，于是有①＝$S_{总}$－会法语的人数＝50－24＝26(人)，③＝$S_{总}$－会英语的人数＝50－42＝8(人)，只会一门外语的人数有 26＋8＝34(人)。

(3)既会英语又会法语的区域对应②，利用上一问的结论可知②＝50－34＝16(人)。

当然本问还可以利用公式解决，因为 $S_{总}=\text{Ⅰ}-\text{Ⅱ}$，所以 $\text{Ⅱ}=\text{Ⅰ}-S_{总}=42+24-50=16$(人)。

另外，韦恩图解释如下：

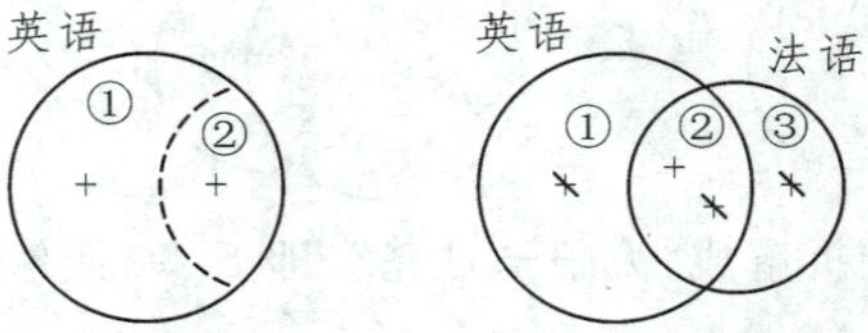

英语人数与法语人数都统计后，①号与③号区域都被算了 1 次，②号区域算了 2 次，为了求出②号，我们需要将①、②、③号区域各减 1 次，即减去总数，所以②＝42＋24－50＝16(人)。

为什么要在这么简单的问题上花费这么多笔墨呢？因为，我们只有在简单的问题里厘清不同的思路，才能在遇到困难的问题时，有不同的突破角度。

例 3　一个班 50 名学生中，有 36 人会英语，24 人学习了法语，两门语言都会的有 16 人。那么，两门外语都不会的有几人？

解析

本题依然属于二元容斥原理，但是多了一个类型，即两个类型都不属于。韦恩图更能清晰地显示出区别，如下：

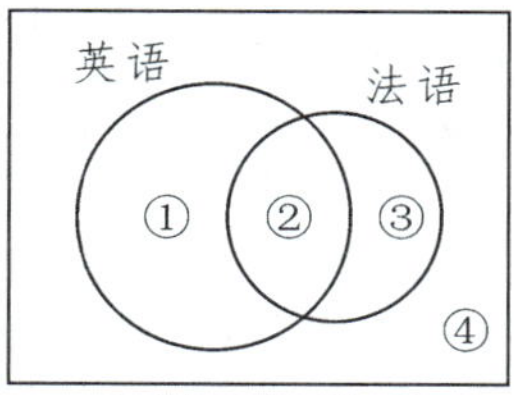

有“框”的类型

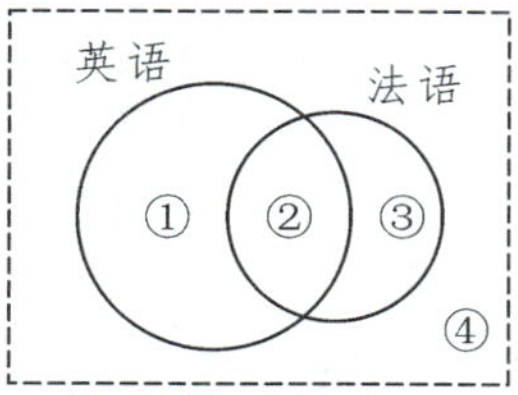

假设框并不存在

看到了吗？多了一个“外框”——两个类型都不属于的④号区域。对于“有框”的类型，一般情况下：①如果它是未知的，那么先当它不存在；②如果它是已知的，那么先“去框”。这样做的目的是将“有框”的类型转化为“无框”的基础类型。

对于本题，我们的问题就是求“框”，所以先当其不存在，可求得至少会一门外语的有 36＋24－16＝44(人)，所以④＝$S_{总}$－44＝50－44＝6(人)。

例 4　一个班 50 名学生中有人会英语，也有人会法语。其中会英语的有 38 人，两门语言都会的有 18 人，两门语言都不会的有 8 人。那么，会法语的有几人？

解析

本题的“框”是知道的，那么先“去框”。

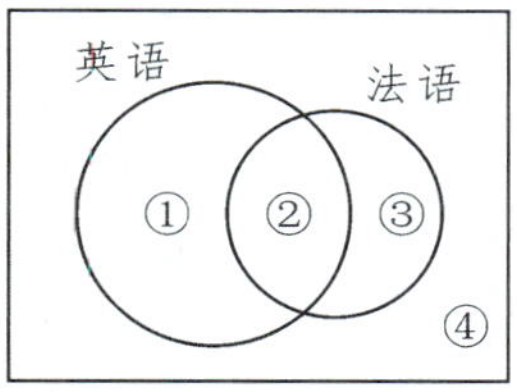

有框时，总数为 50 人

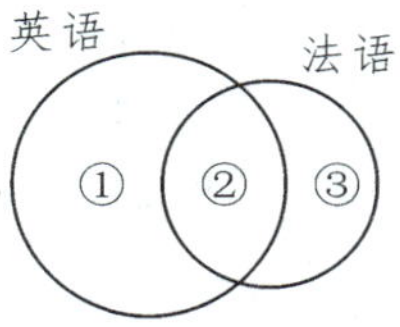

无框时，总数为 50－8＝42(人)

去框后转化为基础类型。

会法语的人数②＋③＝②＋(42－会英语的人数)＝18＋(42－38)＝18＋4＝22(人)。

拓展部分

例 5　在春光小学“创造杯”展览会上，展品中有 26 件不是六年级的，有 25 件不是五年级的。已知五、六年级展品共 35 件，那么五年级的展品有________件。　　(1991 年“数学花园探秘”)

解析

【方法 1】26 件不是六年级的，那就是一、二、三、四、五年级的作品。25 件不是五年级的，那就是一、二、三、四、六年级的作品。于是它们形成了一个韦恩图，如下：

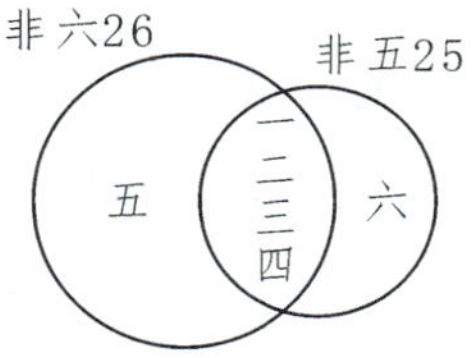

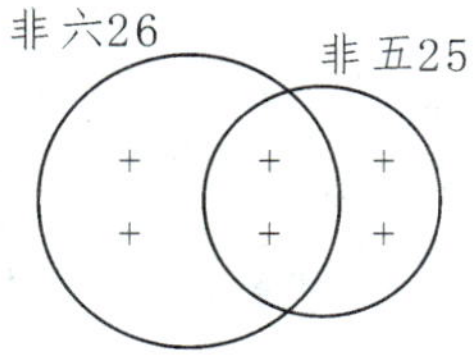

我们的目标是五年级，可以由总数减去“非五”得到，于是问题转化为求总数。

当我们将 26、25、35 所对应的区域标记后，发现每个区域都被统计了 2 次，于是可知总数为(26＋25＋35)÷2＝43(件)，所以五年级的作品有 43－25＝18(件)。

【方法 2】因为五年级的作品数量也可以由“非六”减去中间的“一二三四”，于是问题转化为求“一二三四”。

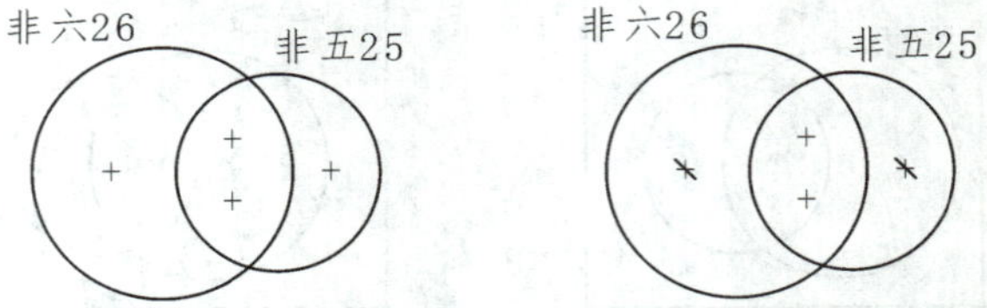

当我们将 26 与 25 所对应的区域标记后，我们发现左边与右边区域被算了 1 次，中间被算了 2 次，将左右减掉不就是中间区域的 2 倍吗，于是中间“一二三四”年级的作品共有(26＋25－35)÷2＝8(件)，五年级的作品有 26－8＝18(件)。

【方法 3】有没有直接针对五年级的解法呢？有！

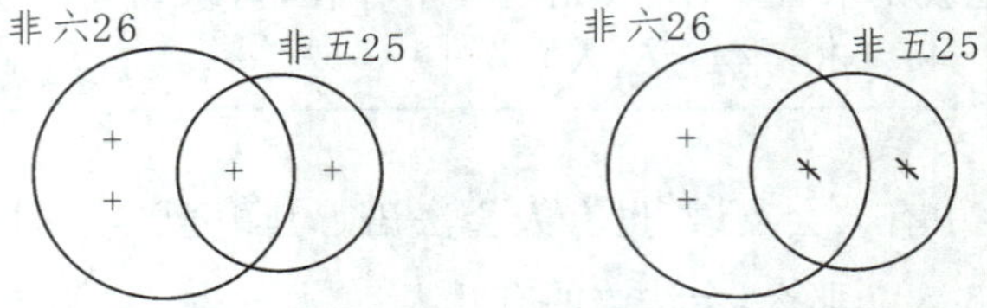

当我们将 26 与 35 所对应的区域标记后，我们会发现左边区域被算了 2 次，另外两处被算了 1 次，于是我们减掉非五年级的 25 之后恰好只剩下五年级的 2 倍，所以五年级的作品有(26＋35－25)÷2＝18(件)。

【方法 4】本题还可以转化为一个简单的“和差问题”。

题目已明确地给出五、六年级共有 35 件的条件，即五、六年级的和；而由“非六”有 26 件、“非五”有 25 件可知，五年级的作品比六年级的作品多 26－25＝1(件)，即五、六年级的差。所以，五年级有(35＋1)÷2＝18(件)作品参展。

例 6 六(2)班的一部分同学参加了校内的 A、B 两个兴趣小组。没有参加 A 的有 23 人，没有参加 B 的有 29 人，A、B 都参加的人数比 A、B 都没参加的少 3 人。那么，全班有________人。

(2020 年春·明心数学资优生测试 4 年级)

解析

如图，没有参加 A 的 23 人对应②＋④；没有参加 B 的 29 人对应①＋④，记录后发现①、③号区域被统计了 1 次，④号区域被统计了 2 次。由题意知③号区域比④号区域少 3 人，所以我们将④号减少 3 人后即能变成③号，这样，①、②、③、④号各被记录了一次，即总人数。所以，总人数为 23＋29－3＝49(人)。

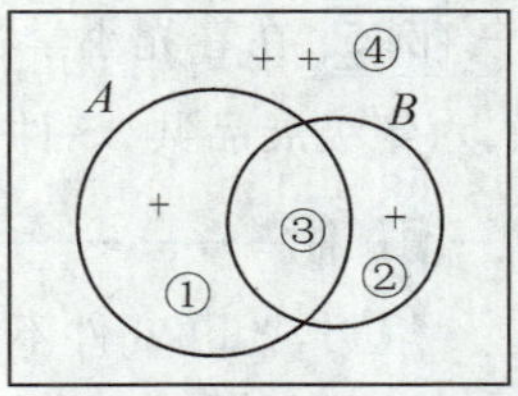

例 7 一次自助餐，喜欢基围虾的人各自拿了一盘基围虾，喜欢牛排的各自拿了一盘烤牛排，每人至少拿了两种食物中的一种。拿牛排的人数是拿基围虾人数的 2 倍，只拿基围虾的人数是两种食物都拿人数的 2 倍。经统计，基围虾和牛排共被拿了 72 盘。那么，一共有________人。

(2018 年春·明心数学资优生测试 4 年级)

解析

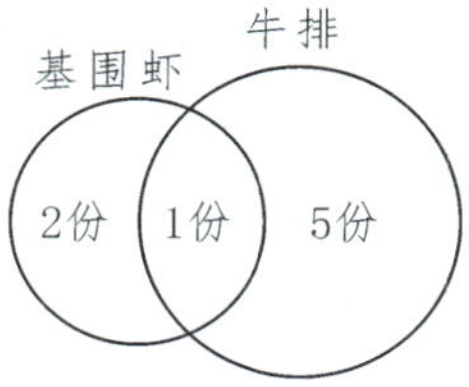

如图，将两种都拿的人数看作 1 份，则只拿基围虾的人数为 2 份，只拿牛排的人数为(2＋1)×2－1＝5(份)。餐盘共有 9 份，人数共有 8 份，所以有 72÷9×8＝64(人)。

例 8 1,2,3,…,1997,1998，这 1998 个数中既不能被 8 整除，也不能被 12 整除的数共有________个。

(1998 年第九届"《小学生数学报》杯"数学竞赛)

解析

能被 8 整除的数有 1998÷8＝249(个)……6，249 个对应①＋③。

能被 12 整除的数共有 1998÷12＝166(个)……6，166 个对应②＋③。

③号对应的当然是 8 与 12 的最小公倍数 24 的倍数，有 1998÷24＝83(个)…… 6。

于是能被 8 或 12 整除的有 249＋166－83＝332(个)，不能被 8 和 12 整除的有 1998－332＝1666(个)。

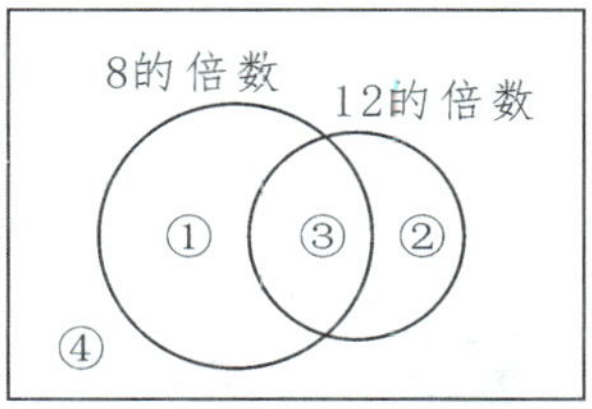

例 9 某校参加数学竞赛的有 120 名男生，80 名女生。参加语文竞赛的有 120 名女生，80 名男生。已知该校总共有 260 名学生参加了竞赛，其中有 75 名男生两科竞赛都参加了，那么只参加数学竞赛而没有参加语文竞赛的女生人数是________人。

(1992 年第二届"祖冲之杯"数学邀请赛)

解析

本题分为了男生、女生、数学、语文，乍一看分成了四类，但请注意，男生和女生是不可能出现重复现象的，所以真正发生"容斥关系"的只有数学与语文。两科都参加的人数是 200＋200－260＝140(人)，两科都参加的女生人数是 140－75＝65(人)，所以只参加数学竞赛而没有参加语文竞赛的女生是 80－65＝15(人)。

例 10 在蒙古草原上举办一个"风吹草低见牛羊"的聚会，参加聚会的人要么属牛，要么属羊，要么是金牛座的，要么是山羊座的。若属牛的有 76 个，金牛座的有 66 人，且属羊的山羊座的比属牛的金牛座的人少 15 人，那么这场聚会一共有________人。

(2017 年春·明心数学资优生测试 4 年级)

解析

属牛的与属羊的无重复，金牛座的人与山羊座的人也无重复。

所以可作示意图如下：

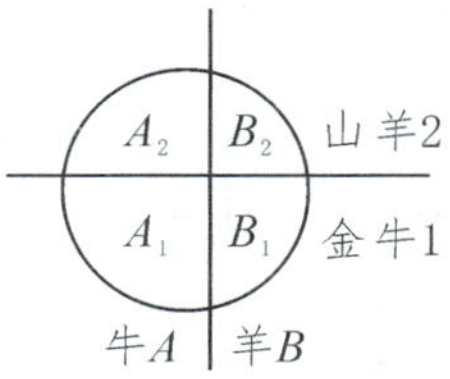

A=属牛，B=属羊，1=金牛座，2=山羊座。

属牛与金牛座的总人数为 $76+66-A_1$ 的人数，总人数为 $66+76-A_1+B_2$ 的人数。

而由题意知，B_2 的人数比 A_1 的人数少 15 人，所以总人数为 $66+76-15=127$(人)。

例 11 有 99 只可爱的狗宝宝，它们都是兄弟姐妹。其中一只狗狗高菲(公)说："我有 25 个姐姐，23 个弟弟。"另一只狗狗索亚(母)说："我有 23 个妹妹，25 个哥哥。"如果有 6 只狗狗既是索亚的弟弟，又是高菲的哥哥，那么有多少只狗狗既是索亚的妹妹又是高菲的姐姐？

(2017 年春·明心数学资优生测试 3 年级)

解析

如图，狗狗兄弟一共有 $25+6+23+1=55$(只)，那么狗狗姐妹一共有 $99-55=44$(只)，此时高菲的姐姐与索亚的妹妹构成了二元容斥，所求即为重叠部分，有 $25+23-44=4$(只)。

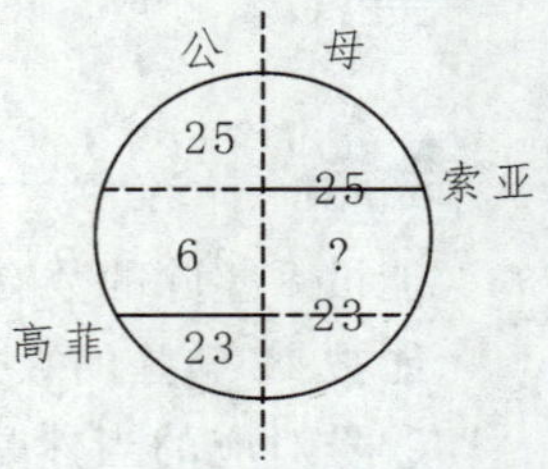

例 12 有一些数字卡片，上面写的数都是 3 的倍数或 4 的倍数。其中 3 的倍数卡片占 $\frac{2}{3}$，4 的倍数的卡片占 $\frac{3}{4}$，12 的倍数的卡片有 15 张。那么，这些卡片一共有______张。(1993 年"数学花园探秘")

解析

根据容斥原理可知，12 的倍数对应总数的 $\frac{2}{3}+\frac{3}{4}-1=\frac{5}{12}$，因而卡片共有 $15\div\frac{5}{12}=36$(张)。

例 13 下面三幅图由甲、乙两种周长相等的长方形拼接而成。如果左图中的阴影部分面积为 1 平方厘米，右图阴影部分面积为 49 平方厘米，那么中间图中的阴影面积为______平方厘米。

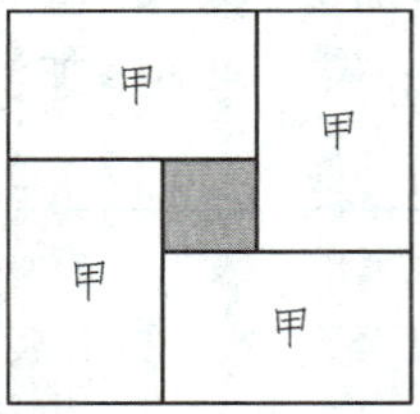

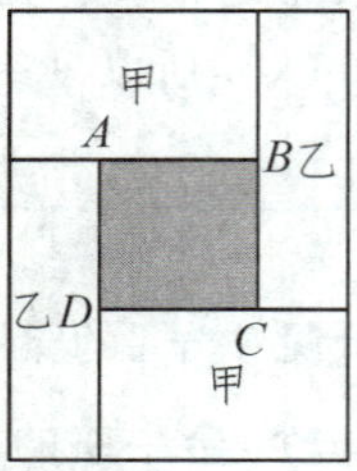

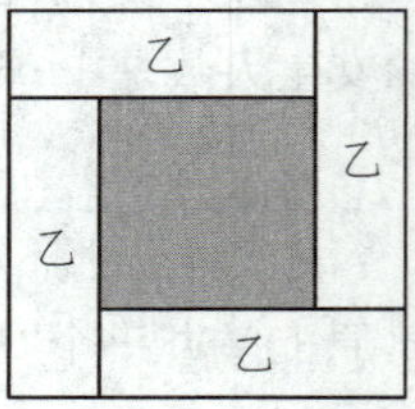

解析

∵$1=1^2$，∴甲的长宽差为 1；∵$49=7^2$，∴乙的长宽差为 7。

∵甲、乙的周长相等，∴甲、乙长方形的长宽之和也相等。所以(乙长－甲宽)=(甲长－乙宽)，即图中 $AB=BC$，于是甲长－乙宽$=BC=(7+1)\div2=4$(厘米)，所以中间图中的阴影面积为 $4^2=16$(平方厘米)。

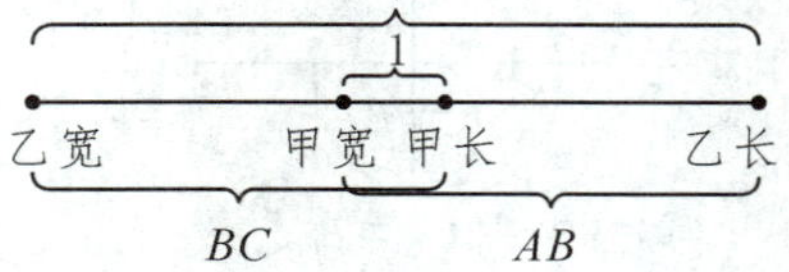

38.1.2 三元容斥原理

有了二元容斥原理的铺垫，到了三元，我们先从问题与韦恩图的对应关系讲起。

例 14-A 六(2)班的每名同学都至少参加了语、数、外三科竞赛中的一项。其中有 33 人参加数学竞赛，有 27 人参加英语竞赛，有 22 人参加语文竞赛，参加了数学和英语两项的有 15 人，参加了英语和语文两项的有 10 人，参加了数学和语文两项的有 12 人，三项全都参加的有 3 人。那么，请在下面的韦恩图中指出上述 7 个数据所对应的区域；另外，至少参加一项竞赛的人数对应了哪些区域？只参加一项竞赛的人数对应了哪些区域？至少参加两项竞赛的人数对应哪些区域？只参加两项竞赛的人数对应了哪些区域？④、⑤、⑥号区域分别对应如何选择竞赛的同学？

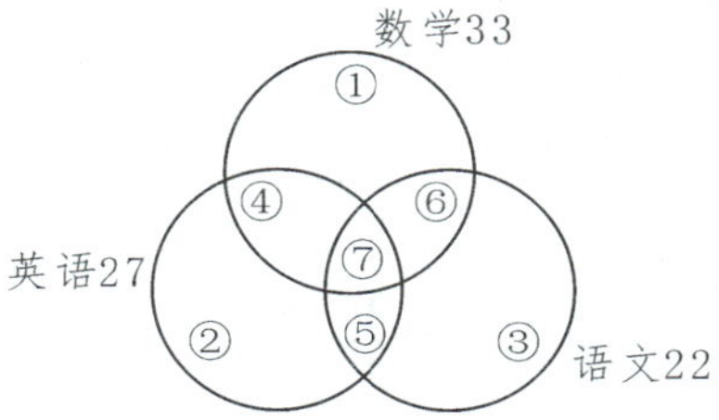

解析

容斥原理问题一定要弄清楚数据与韦恩图上区域的对应关系，这样才能在解决问题时选择出合适的信息。

参加数学竞赛的 33 人对应①、④、⑦、⑥这四个区域；

参加英语竞赛的 27 人对应②、⑤、⑦、④这四个区域；

参加语文竞赛的 22 人对应③、⑥、⑦、⑤这四个区域；

参加数学英语两项的 15 人对应④、⑦这两个区域；

参加英语语文两项的 10 人对应⑤、⑦这两个区域；

参加语文数学两项的 12 人对应⑥、⑦这两个区域；

三项都参加的 3 人对应⑦号区域；

至少参加一项的人数对应①、②、③、④、⑤、⑥、⑦这七个区域；

只参加一项的人数对应①、②、③这三个区域；

至少参加两项的人数对应④、⑤、⑥、⑦这四个区域；

只参加两项的人数对应④、⑤、⑥这三个区域。

④号区域对应的是参加数学、英语竞赛，而不参加语文竞赛的学生人数；

⑤号区域对应的是参加英语、语文竞赛，而不参加数学竞赛的学生人数；

⑥号区域对应的是参加语文、数学竞赛，而不参加英语竞赛的学生人数。

了解了对应关系，我们再利用上面的例题探究三元容斥原理的求和方法。

例 14-B 六(2)班的每名同学都至少参加了语、数、外三科竞赛中的一项。其中有 33 人参加数学竞赛，有 27 人参加英语竞赛，有 22 人参加语文竞赛，参加了数学和英语两项的有 15 人，参加了英语和语文两项的有 10 人，参加了数学和语文两项的有 12 人，三项全都参加的有 3 人。那么，六(2)班共有多少同学？

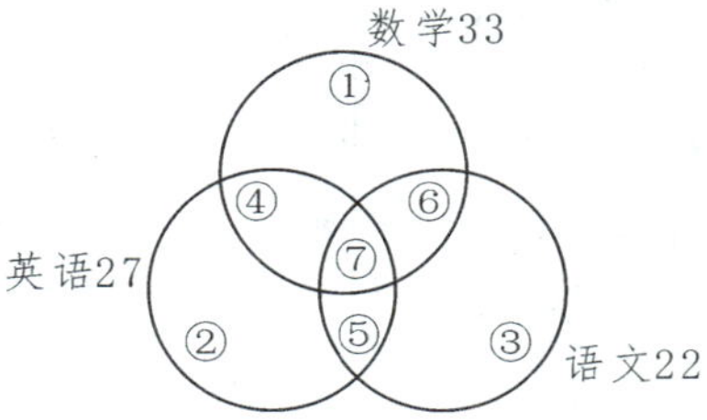

解析

【方法 1】"求和"最朴素的理解当然就是将所有 7 个区域加起来。那我们根据题目的条件能不能做到将 7 个区域都找出来呢？当然是可以的。

如果将三元韦恩图看作一朵花，那么我们就从中心开始绽放吧！

从上题的论述中我们知道，既参加数学又参加英语的 15 人对应④+⑦号两块区域，而中心的⑦号区域我们也知道为 3 人，于是④=15−3=12(人)，同理，⑤=10−3=7(人)，⑥=12−3=9(人)。

又因为我们现在已经知道了④、⑤、⑥、⑦，所以我们可以求出①=33−12−9−3=9(人)，同理②=27−12−7−3=5(人)，③=22−7−9−3=3(人)，至此花开，总人数 $S_{总}$=①+②+③+④+⑤+⑥+⑦=9+5+3+12+7+9+3=48(人)。

【方法 2】与二元容斥原理的推导类似，我们还是可以从计数的角度去考虑"求和"。

当我们将 33、27、22 相加得到Ⅰ级的和 33+27+22=82(人)时，韦恩图中每个区域所统计的次数如下图：

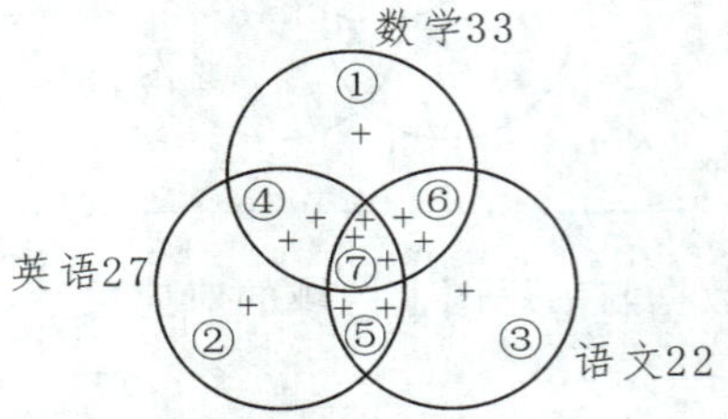

我们可以清楚地看见，①、②、③号区域被统计了 1 次，④、⑤、⑥号区域被统计了 2 次，⑦号区域被统计了 3 次，而我们要求和时，每个区域只用统计 1 次，所以我们需要"减掉"中间多算的部分，而我们已知的数据为④与⑦的和、⑤与⑦的和、⑥与⑦的和，将它们相加得到Ⅱ级的和为 15+10+12=37(人)，"减掉"后韦恩图如下：

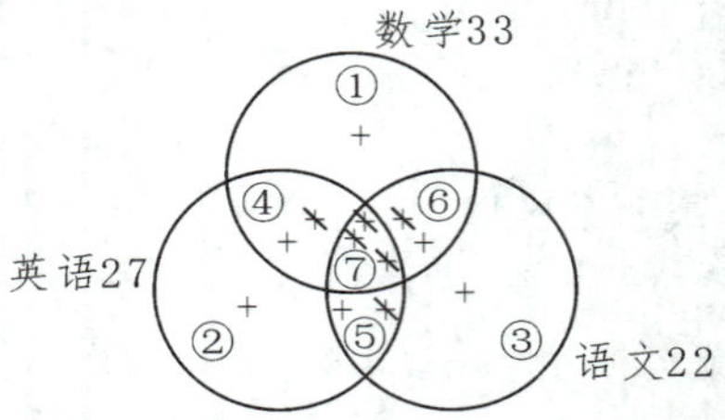

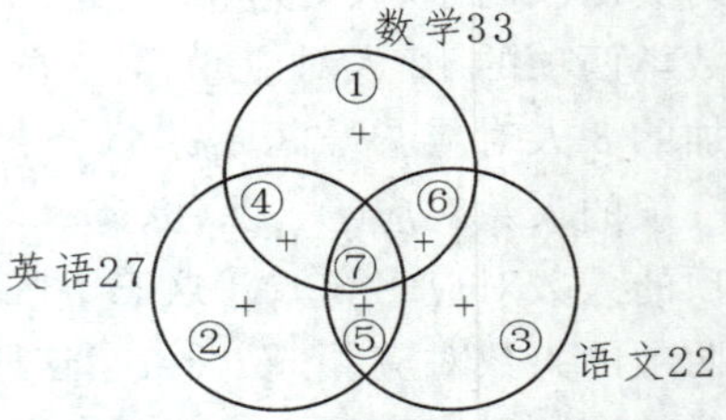

经历左图的过程，我们得到右图，此时我们发现，中间⑦号区域处于空缺状态，要求和还需要加上 1 次⑦号区域 3 人，即加上Ⅲ，得到下图：

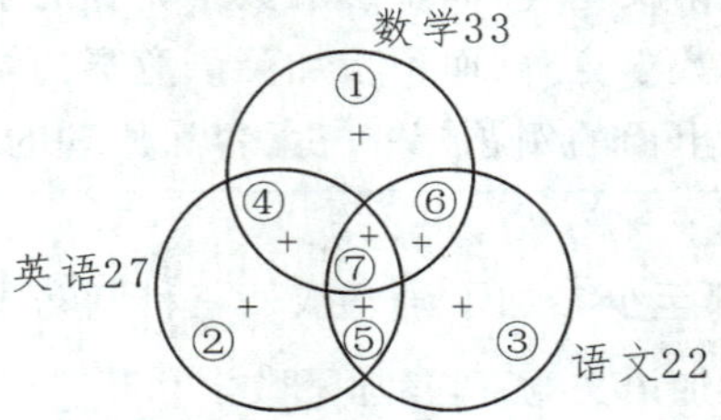

于是 $S_{总}$=Ⅰ−Ⅱ+Ⅲ=82−37+3=48(人)。

例 15 有 2000 盏亮着的电灯，各有一个拉线开关控制着。现按其顺序编号为 1，2，3，…，2000，然后将编号为 2 的倍数的灯线拉一下，再将编号为 3 的倍数的灯线拉一下，最后将编号为 5 的倍数的灯线拉一下，3 次拉完之后，亮着的灯有________盏。 (1998 年第九届"《小学生数学报》杯"数学竞赛)

解析

我们关注的是“开始时亮着，结束后还是亮着的灯”，显然这些灯被拉了偶数次，在本题的环境下即为 0 次或 2 次。

2 的倍数、3 的倍数、5 的倍数即三类，形成三元容斥，关系如图所示。

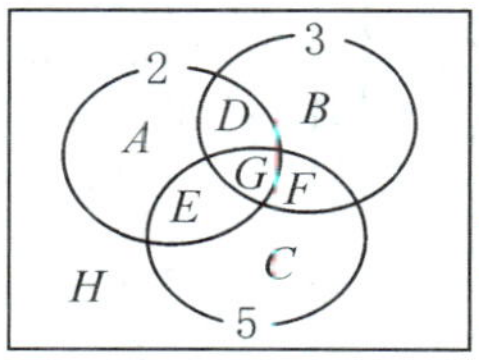

编号 1 至 2000 中：

2 的倍数有 $2000\div2=1000$；

3 的倍数有 $2000\div3=666$(个)……2，666 个；

5 的倍数有 $2000\div5=400$(个)；

既是 2 又是 3 的倍数有 $2000\div6=333$(个)……2，333 个；

既是 3 又是 5 的倍数有 $2000\div15=133$(个)……5，133 个；

既是 5 又是 2 的倍数有 $2000\div10=200$(个)，200 个；

同时是 2、3、5 倍数的有 $2000\div30=66$(个)……20，66 个。

于是拉了 2 次的 D、E、F 区域共有 $333+133+200-66\times3=468$(盏)灯；

又因为至少拉了一次的有 $(1000+666+400)-(333+133+200)+66=1466$(盏)灯，所以拉了 0 次的有 $2000-1466=534$(盏)灯。

3 次拉完后，依然亮着的灯共计 $468+534=1002$(盏)。

例 16 在从 1 到 1998 的自然数中，能被 2 整除，但不能被 3 或 7 整除的数的个数等于________。

（1998 年小学数学奥林匹克决赛）

解析

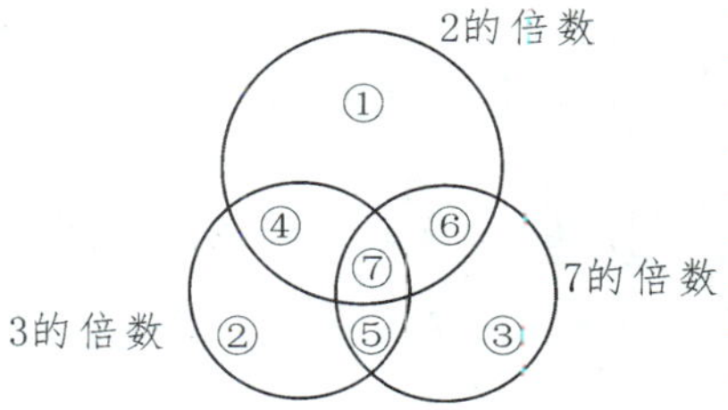

如图，首先我们要明确所求的区域为①号，所以我们尝试在 2 的倍数中将④、⑥、⑦号区域去掉。

能被 2 整除的有 $1998\div2=999$(个)；

能被 2 和 3 同时整除的有 $1998\div(2\times3)=333$(个)，即④＋⑦对应 333 个；

能被 2 和 7 同时整除的有 $1998\div14=142$……10，即⑥＋⑦对应 142 个；

能被 2、3、7 同时整除的有 $1998\div42=47$……24，即 47 个。

于是④＋⑥＋⑦＝$333+142-47=428$(个)，①号对应 $999-428=571$(个)。

例 17 某个班级有 40 名学生，这个班组织了 3 次数学竞赛。当老师将参加这 3 次竞赛的学生人数加起来时，他得到的总人数为 75 人。已知 3 次竞赛全部参加的学生有 7 人，且每位学生至少都参加了一次竞赛，求恰好只参加了 2 次竞赛的学生有多少人？（2013 年秋·明心数学资优生测试 3 年级）

解析

老师把 3 次竞赛的学生人数加起来，得到的总人数为 75 人。

想要求出恰好参加 2 次竞赛的同学人数，我们就必须将只参加 1 次的人数与参加了 3 次的人数想办法剔除掉。

如图,左图对应 75 人。

因为我们想去掉参加 1 次的数据,而除了 75 人这个数据外,只有 40 包含这个数据,所以我们需要从 75 中减掉这个数据,得到中图。

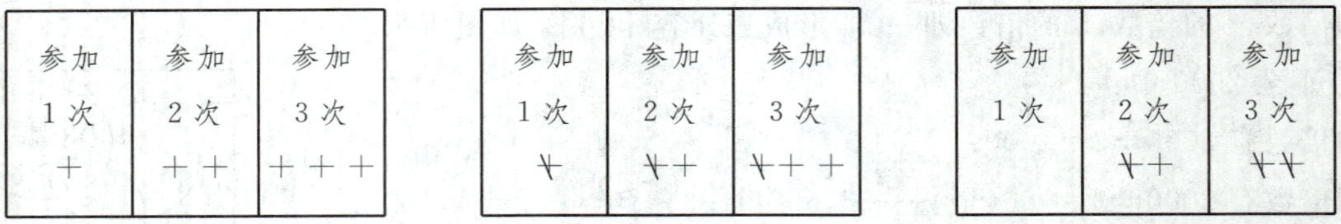

共 75 人　　　75－40＝35(人)　　　35－7×2＝21(人)

此时我们发现,中图中多了参加 3 次数学竞赛学生人数的 2 倍,去掉即可,所以参加了 2 次数学竞赛的同学为 21 人。

例 18 甲、乙、丙三个人共解出 20 道数学题,每人都解出了其中的 12 道题,每道题都有人解出。只有 1 人解出的题叫作难题,只有两人解出的题叫作中等题,三人解出的题叫作容易题。难题比容易题多________道。

(1999·江苏南京市第三届“兴趣杯”少年数学邀请赛决赛)

解析

每道难题只有 1 人解出,每道容易题有 3 人解出,所以一道难题与一道容易题可以当作 2 道中等题。将难题与容易题尽可能两两配对,当作中等题。这样处理后,如果 20 道题全成为中等题,那么 3 个人共解出 20×2＝40(道)题。但现在 3 个人共解出 12×3＝36(道)题,还差 4 道,所以有 4 道是难题。即原来难题比容易题多 4 道。

38.1.3　最多与最少

例 19 五年级一班的每名同学至少参加了语文、数学、英语三门中的一项竞赛。其中,有 32 人参加数学竞赛,有 27 人参加英语竞赛,有 22 人参加语文竞赛,参加了数学和英语两科的有 12 人,参加了英语和语文两科的有 14 人,参加了数学和语文两科的有 10 人。那么,同时参加三科竞赛的至多有________人,至少有________人;五年一班一共至多有________人,至少有________人。

解析

由公式可知 $S_{总}=Ⅰ-Ⅱ+Ⅲ=(32+27+22)-(12+14+10)+Ⅲ=45+Ⅲ$。

于是我们发现,所有的问题都取决于Ⅲ,即图中⑦号区域的值。

至多:

由于同时参加两科的数据中,14＞12＞10,所以同时参加三科竞赛的至多有 10 人,所以总人数至多为 45＋10＝55(人)。

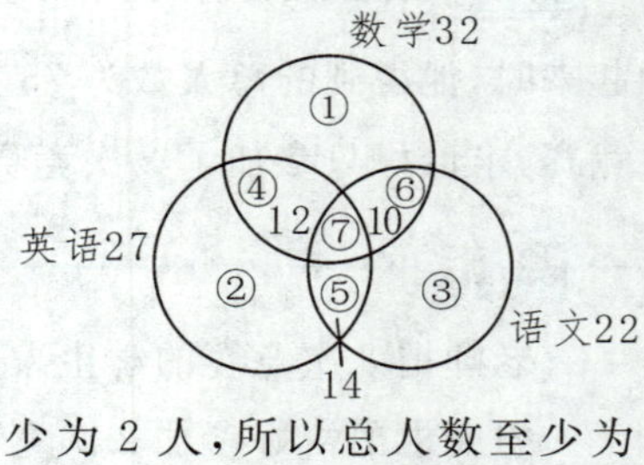

至少:

注意一个特殊情况“10＋14＞22,且 10、14 这两个数据都包含在 22 之内”,于是 10 与 14 至少重复了 10＋14－22＝2(人),即⑦号至少为 2 人,所以总人数至少为 45＋2＝47(人)。

例 20 老师要求 5 位学生背诵常见的 1000 个英文单词。已知 A 生背对 950 个,B 生背对 925 个,C 生背对 900 个,D 生背对 875 个,E 生背对 850 个。那么在这 1000 个英文单词中至少有________个单词 5 位学生全背对了。（2013 年秋 · 明心数学资优生测试 3 年级）

解析

解决这道问题需要用到逆向思维。

若 5 人背错的单词全不同时,5 人都背对的单词最少,于是背错的单词最多有

(1000－950)＋(1000－925)＋(1000－900)＋(1000－875)＋(1000－850)＝500(个)。

那么 5 人全背对的单词至少有 1000－500＝500(个)。

例 21 四(2)班同学特别喜欢吃冰淇淋。有 30 名同学相约去吃冰淇淋大餐,每人都吃完冰淇淋后,大家发现:有 11 人吃了原味冰淇淋,有 6 人吃了巧克力冰淇淋,有 12 人吃了抹茶冰淇淋,有 13 人了吃香草冰淇淋。那么,吃过 3 种冰淇淋的同学最多有________人。（2019 年"数学花园探秘"小中决赛 A 卷）

解析

一共有 11＋6＋12＋13＝42(人),重复了 42－30＝12(人),有一个人吃过 3 种冰淇淋就会被多算 2 人,所以最多有 12÷2＝6(人)吃过 3 种冰淇淋。

真题重现

1. 有 40 名运动员,其中 25 人会摔跤,有 20 人会击剑,有 10 人击剑、摔跤都不会,问既会摔跤又会击剑的运动员有多少人?（1996 · 天津市第一届"我爱数学"邀请赛）

2. 一个班有学生 42 人,参加体育代表队的有 30 人,参加文艺代表队的有 25 人,并且每人都至少参加了一个队,这个班两队都参加的有几个人?（1997 年"数学花园探秘"）

3. 30 名学生中,8 人学法语,12 人学西班牙语,3 人既学法语又学西班牙语。问有多少名学生两种语言都不学?（美国长岛小学数学竞赛）

4. 有 100 位旅客,其中有 10 人既不懂英语,又不懂俄语,有 75 人懂英语,有 83 人懂俄语。那么这 100 位旅客中既懂英语又懂俄语的有________人。（1996 年"数学花园探秘"）

5. 今年是奥运年,图 3 是一个奥运五环图案。若图 1 是五环中的一个圆,其直径为 9 厘米,图 2 中两条虚线之间的距离为 4 厘米,那么图 3 从左至右的总长度为________厘米。
（2016 年秋 · 明心数学资优生测试 3 年级）

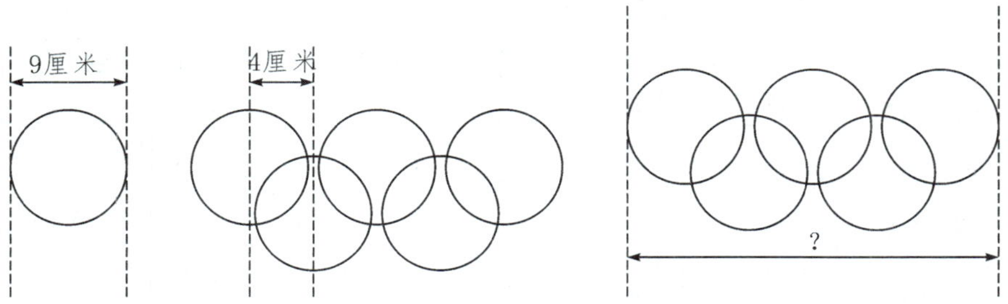

图 1　　　图 2　　　图 3

6. 在 1 至 100 这 100 个数中,有既不能被 5 整除也不能被 9 整除的数,它们的和是________。
（1999 · 江苏南京市第三届"兴趣杯"少年数学邀请赛预赛）

7. 50 名学生面向老师站成一行，按老师口令从左到右顺序报数：1，2，3，…，50，报完后，老师让所有报数是 4 的倍数的同学向后转，接着又让所有报数是 6 的倍数的学生向后转，问现在仍然面向老师的有多少名同学？

（1995・第五届“华罗庚金杯”少年数学邀请赛初赛）

8. 有黑白两种棋子共 300 枚，按每堆 3 枚分成 100 堆。其中只有 1 枚白子的共 27 堆；有 2 枚或 3 枚黑子的共 42 堆；有 3 枚白子的与有 3 枚黑子的堆数相等。那么在全部棋子中，白子共有________枚。

（1994・北京市小学生第十届“数学花园探秘”数学竞赛决赛）

9. 南方某城市的一家企业有 90%的员工是股民，80%的员工是“万元户”，60%的员工是打工仔。那么，这家企业的“万元户”中至少有$\frac{(\quad)}{(\quad)}$是股民；打工仔中至少有$\frac{(\quad)}{(\quad)}$是“万元户”。

（1995・第六届《小学生数学报》数学竞赛决赛）

10. 甲、乙、丙都在读同一本故事书，书中有 100 个故事。每人都从某一个故事开始按顺序往后读。已知甲读了 75 个故事，乙读了 60 个故事，丙读了 52 个故事。那么甲、乙、丙三人共同读过的故事至少有________个。

（1991・小学数学奥林匹克初赛）

11. 一次艺术品展，除绘画以外的艺术品有 50 件，除雕塑以外的艺术品有 60 件。而绘画与雕塑加起来比其他艺术品少 10 件，那么共展出了________件艺术品。

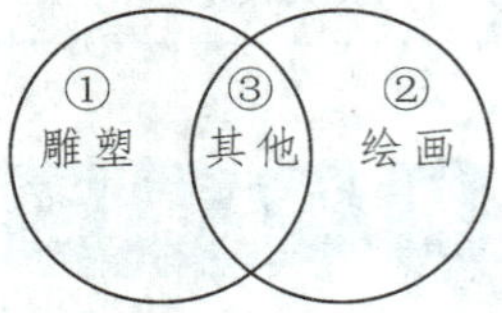

第 11 题图

（2017 年秋・明心数学资优生测试 4 年级）

12. 某个班的全体学生进行了短跑、游泳、篮球 3 个项目的测试，有 4 名学生在这 3 个项目上都没有达到优秀，其余每人至少有一个项目达到优秀，这部分学生达到优秀的项目、人数如下表：

短跑	游泳	篮球	短跑、游泳	游泳、篮球	篮球、短跑	短跑、游泳、篮球
17	18	15	6	6	5	2

求这个班的学生数。

（1991 年“华杯赛”）

13. 在从 1 到 1998 的自然数，能被 37 整除，但不能被 2 整除，也不能被 3 整除的数有________个。

（1998・全国小学数学奥林匹克决赛）

14. 在 1～100 的自然数中，既不能被 2 整除，又不能被 3 整除，也不能被 5 整除的数，占这 100 个自然数的百分之几？

（1991・北京市小学生第七届“数学花园探秘”数学竞赛）

15. 六年级有 A、B、C 三个兴趣小组，六(2)班的同学中：有 30 人参加 A，有 22 人参加 B，有 23 人参加 C；有 12 人既参加 A 又参加 B，有 10 人既参加 B 又参加 C，有 11 人既参加 C 又参加 A；三项都参加的有 3 人。那么，仅参加一项的有多少人？

（2020 年春・明心数学资优生测试 3 年级）

16. 70 周年国庆阅兵时，有 3 个飞机方阵里的飞机非常有趣，这 3 个方阵中只包含战斗机、直升机和运输机。如果里面有 15 架不是战斗机，有 16 架不是直升机，有 17 架不是运输机，那么，这三个阵中一共有________架飞机。

（2020 年“数学花园探秘”四年级初赛 A 卷）

参考答案

1. 答案:15。

分析:会摔跤或击剑的运动员有 40－10＝30(人),于是既会摔跤又会击剑的运动员有 25＋20－30＝15(人)。

2. 答案:13。

分析:30＋25－42＝13(人),即两队都参加的有 13 人。

3. 答案:13。

分析:30－8－12＋3＝13(名)。

4. 答案:68。

分析:在 100 人中懂英语或懂俄语的有 100－10＝90(人)。又因为有 75 人懂英语,所以只懂俄语的有 90－75＝15(人)。从 83 位懂俄语的旅客中除去只懂俄语的人,剩下的 83－15＝68(人)就是既懂英语又懂俄语的旅客。

5. 答案:29。

分析:共重复了 4 个 4 厘米,所以总长度为 9×5－4×4＝29(厘米)。

6. 答案:3541。

分析:先求出被 5 或 9 整除的数的和。

1 至 100 中被 5 整除的数有 5,10,15,…,100,和为 5＋10＋15＋…＋100＝(10＋5)×20÷2＝1050。

1 至 100 中被 9 整除的数是 9,18,…,99,和为 9＋18＋…＋99＝(9＋99)×11÷2＝594。

又 1 至 100 中,45、90 这两个数同时被 5 与 9 整除,于是所求的和是

(1＋2＋…＋100)－(5＋10＋…＋100)－(9＋18＋…＋99)＋(45＋90)＝3541。

7. 答案:38。

分析:50÷4＝12……2,即 1 至 50 这 50 个数中有 12 个数是 4 的倍数;同样,50÷6＝8……2,即这些数中有 8 个数是 6 的倍数;但 50÷12＝4……2,即这些数中有 4 个既是 4 的倍数又是 6 的倍数。

故恰好转 1 次的学生有 12＋8－4－4＝12(名)。

那么,最后面向老师的学生数为 50－12＝38(名)。

8. 答案:158。

分析:按每堆所含白子的枚数分四类讨论。已知"只有 1 枚白子的共 27 堆",又"有 2 枚或 3 枚黑子的共 42 堆",反推即有 1 枚或 0 枚白子的共 42 堆,于是有 0 枚白子的有 42－27＝15(堆)。再因为"有 3 枚白子的与有 3 枚黑子(即有 0 枚白子)的堆数相等",故有 3 枚白子的堆数也是 15 堆。

最后,因为总堆数是 100,所以有 2 枚白子的堆数是 100－(15＋27＋15)＝43(堆)。

所以,在全部棋子中,白子共有 0×15＋1×27＋2×43＋3×15＝158(枚)。

9. 答案:$\frac{7}{8}$;$\frac{2}{3}$。

分析:设这个企业共有员工 100 人。其中 90 人是股民,80 人是"万元户",60 人是打工仔,也就是说,这个企业中 100－90＝10(人)不是股民,10－80＝20(人)不是"万元户",因此,是"万元户"的 80 人中至少有 80－10＝70(人)是股民,他们占全体"万元户"的 $70\div 80=\frac{7}{8}$。同样道理,打工仔的 60 人中至少有 60－20＝40(人)是"万元户"。所以,打工仔中"万元户"所占的分数比值为$\frac{40}{60}=\frac{2}{3}$。

10. 答案:12。

分析:本题要注意“按顺序往后读”的条件。

因为每个人读的故事都是连续的,所以乙与丙至少都读过 60+2−100=12(个)故事,且最少时这 12 个故事为第 41 至第 52 个故事,或第 49 至第 60 个故事。而甲读的第一个故事可能是第 1 至第 26 个故事,最后一个故事可能是第 75 至第 100 个故事,那么必读的有第 26 至第 75 个故事,也必然包含了上面的 12 个故事,所以三人共同读过的故事至少有 12 个。

11. 答案:70。

分析:由图可知①为雕塑,②为绘画,③为其他。50+60=①+②+③×2。

因为①+②比③少 10 件,所以③为(50+60+10)÷3=40(件),雕塑有 50−40=10(件),绘画有 60−40=20(件)。共有 40+10+20=70(件)。

12. 答案:39。

分析:至少达标了一项的有(17+18+15)−(6+6+5)+2=35(人),在加上 3 项都没有达标的 4 人,即全班有 35+4=39(人)。

13. 答案:18。

分析:能被 37 整除的数有 1998÷37=54(个);

能被 2 和 37 同时整除的数共有 1998÷2÷37=27(个);

能被 3 和 37 同时整除的数有 1998÷37÷3=18(个);

能被 2,3,37 同时整除的数共有 1998÷2÷3÷37=9(个)。

因此,所求数值有 54−(24+18)+9=18(个)。

14. 答案:26%。

分析:1~100 的自然数中,能被 2 整除的有 100÷2=50(个);能被 3 整除的有 33 个(100÷3=33……1);

能被 5 整除的有 100÷5=20(个);能被 2、3 都整除的有 16 个(100÷6=16……4);

能被 2、5 都整除的有 100÷10=10(个);能被 3、5 都整除的有 6 个(100÷15=6……10);

能被 2、3、5 都整除的有 3 个(100÷30=3……10);故能被 2、3、5 中至少一个整除的数有(50+33+20)−(16+10+6)+3=74(个)。

所以,在 1~100 的自然数中,不能被 2 整除,又不能被 3 整除,也不能被 5 整除的自然数有 100−74=26(个),占这 100 个自然数的 26%。

15. 答案:18。

分析:如图,从“中心”开始可推出图中每一部分对应的人数,于是只参加一项的同学有 10+3+5=18(人)。

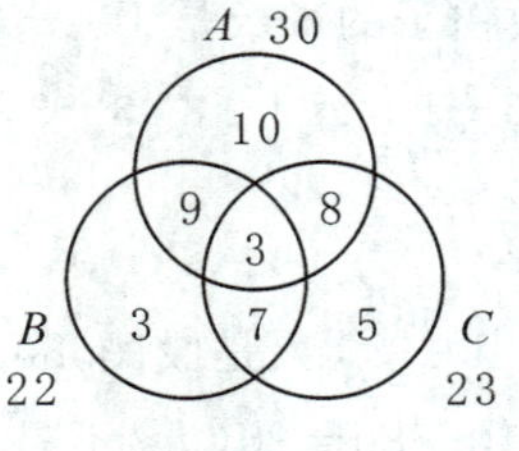

第 15 题图

16. 答案:24。

分析:其实,在计数过程中每种飞机都被算了 2 遍,故这 3 个方阵里所有的飞机数量为(15+16+17)÷2=24(架)。

38.2　加法原理

上一章的例题中，有很多例题按照一定逻辑分类，最后将每一类的数量加起来，就是在利用加法原理进行计数。本节中，我们着重介绍一下有加法原理衍生出来的标数法以及递推问题。

38.2.1　加法原理典型例题

基础部分

例 1 在下面的每个小方格内都填入 1 或 2，要求：任意相邻两格，右面的不比左面的小，下面的不比上面的小。那么，不同的填法共有________种。

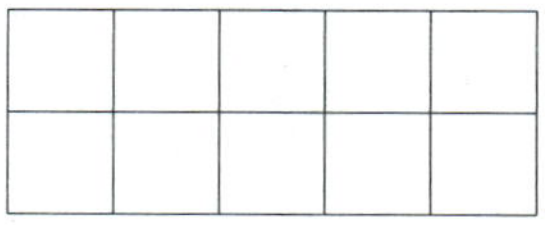

解析

按第一行的第一个 2 出现的位置，分为以下 6 类，

2	2	2	2	2

，

1	2	2	2	2

，

1	1	2	2	2

，…，

1	1	1	1	1

第二行分别有 1、2、3、4、5、6 种填法，共有 21 种填法。

例 2 一个骰子，各面点数已画好，分别为 1～6。从空间一点看，能看到不同点数的组合一共有________种。

解析

从空间一点看骰子，可能看到 1 个面、2 个面或 3 个面。

1 个面：正方体有 6 个面，所以有 6 种；

2 个面：2 个面共 1 条棱，正方体有 12 条棱，所以有 12 种；

3 个面：3 个面共 1 个顶点，正方体有 8 个顶点，所以有 8 种。

共计：$6+12+8=26$（种）。

38.2.2　标数法

基础部分

例 3 如图，从点 A 出发沿格线走到点 B 有________条不同的最短路线。

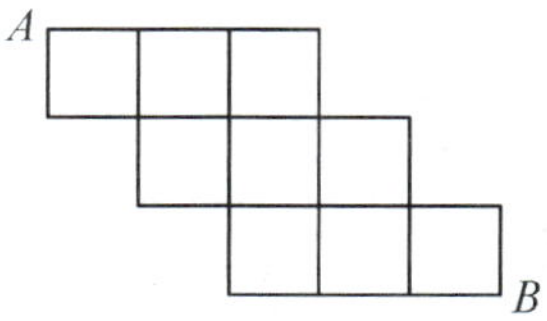

解析

（1）确定方向：从点 A 到点 B 的最短路线只允许向右、向下移动。

（2）如图 1，起点 A 标 1。

(3)确定每个点可由几个方向达到，除起点外，图 2 中的空心点可由 1 个方向到达，其余点可由 2 个方向到达。

(4)可由 1 个方向到达的点照抄前面的数字，可由多个方向到达的点，由加法原理可知将来路上的相邻点数字相加，得到图 3。

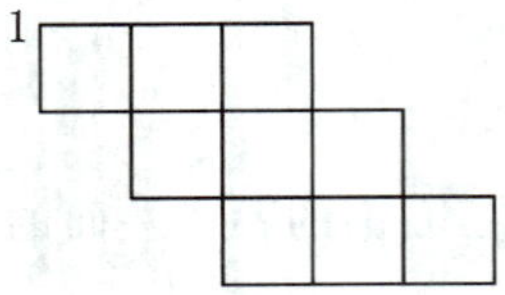

图 1

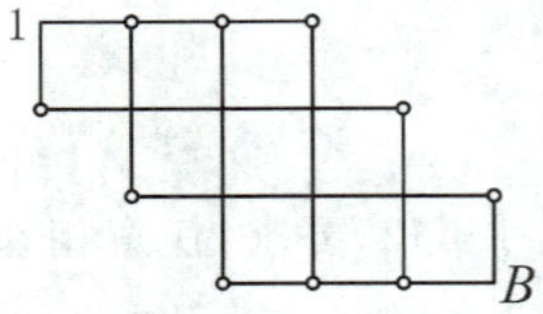

图 2

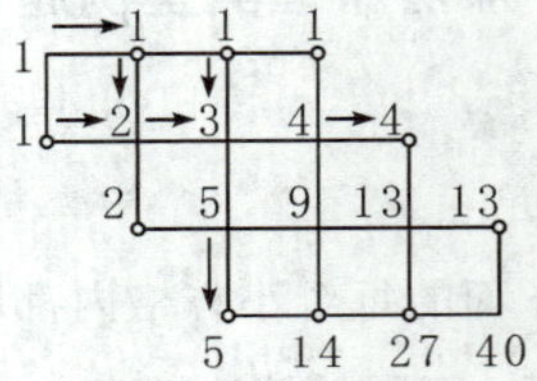

图 3

由图可知，由点 A 到点 B 共有 40 条最短路线。

例 4 如图是一个街区道路平面图，其中点 C 正在施工而不能通行，那么从点 A 出发沿格线走到点 B 有________不同的最短路线。

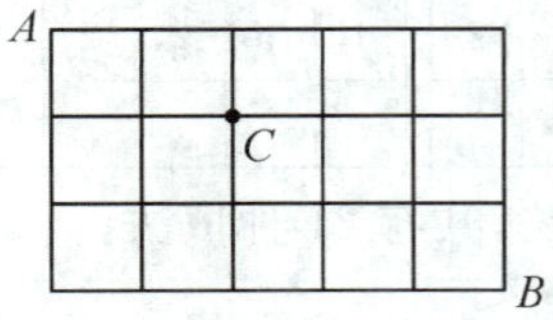

解析

因为点 C 不能到达，所以进出点 C 的线段都是不会经过的，所以图可以转化为图 1，其中空心点只可由 1 个方向到达。

再按照标数法的基本步骤标数得到图 2。

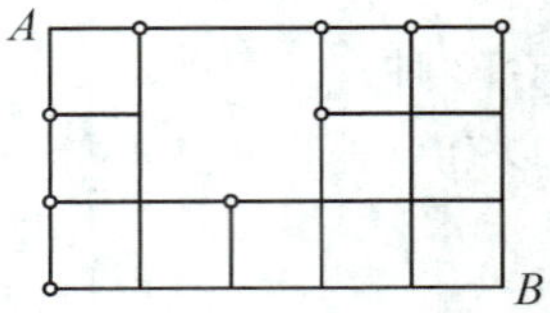

图 1

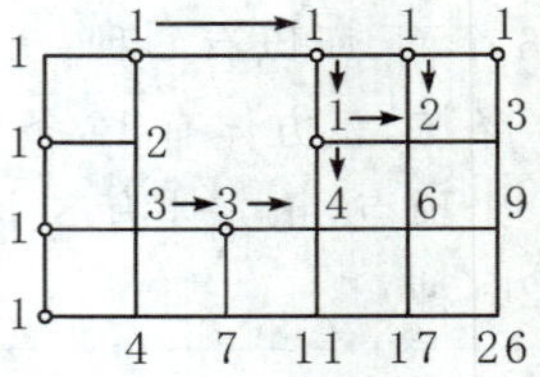

图 2

由图可知，由点 A 到点 B 共有 26 条不同的最短路线。

例 5 如图是一个街区道路平面图，葫芦娃准备沿街道(图中线段)先走到点 C 消灭一个妖怪再走到点 B。那么，葫芦娃从点 A 出发走到点 B 有________条不同的最短路线。

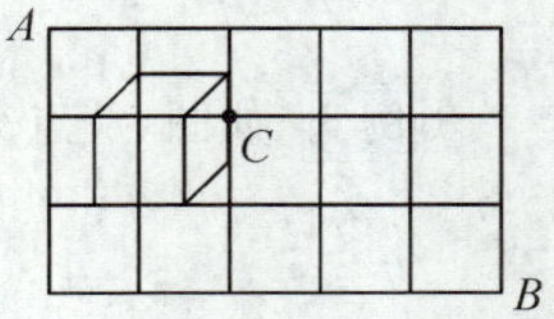

解析

方法一：因为路线最短，所以葫芦娃的移动方向只能是向右与向下。

如图 1，考察右上方虚线框中的点：如果先到达点 C，这个区域的点是不可能到达的。

再考察左下方虚线框中的点：如果先到达点 C，这个区域的点也是不可能到达的。

于是，图转化为图 2，再由标数法得到图 3。

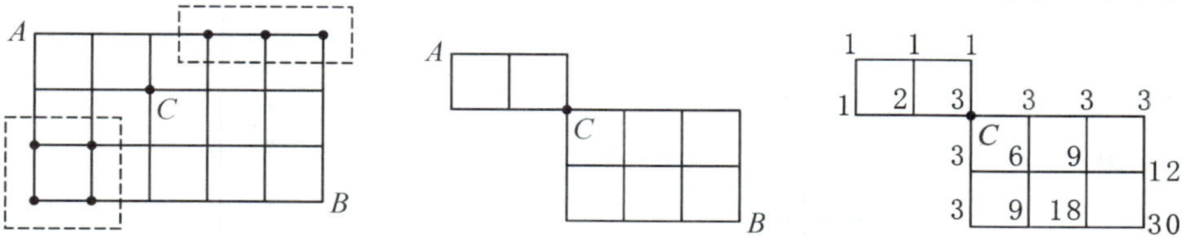

图 1　　图 2　　图 3

由图可知，葫芦娃从点 A 出发经过点 C 再到达点 B 共有 30 条不同的最短路线。

方法二：由于整个路程可以拆解为先由点 A 到点 C，再由点 C 到点 B 两个步骤，所以也可以先由标数法得到从点 A 到点 C 有 3 条不同的最短路线，从点 C 到点 B 有 10 条不同的最短路线，如图 4、图 5。

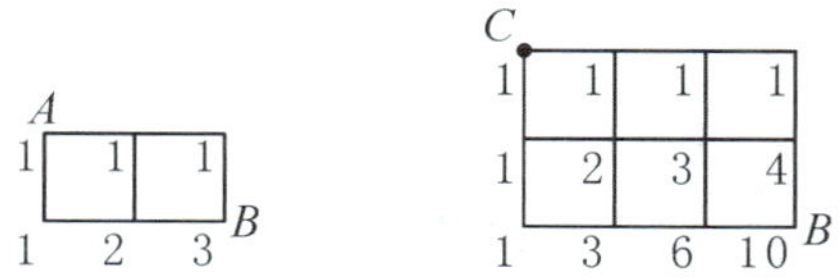

图 4　　图 5

因为从点 A 到点 C 与从点 C 到点 B 达到不同的目的，所以利用乘法原理，得到共有 $3\times10=30$(条)不同的最短路线。

例 6 如图，一只蜜蜂从 A 处出发，回到蜂巢 B 处，每次只能从一个蜂房爬向右侧邻近的蜂房而不准逆行，这只蜜蜂共有________种回家的方法。

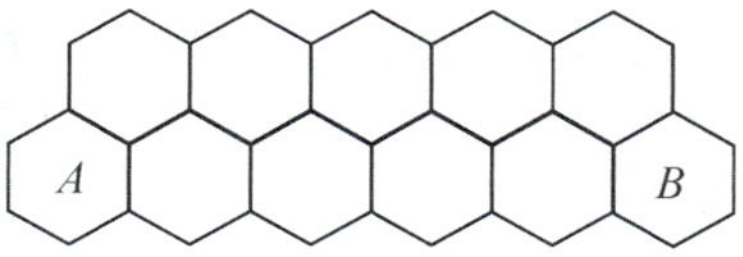

解析

如图，采用逐格标数的方法，每个蜂房的方法数，都等于左侧两个蜂房的方法数之和。

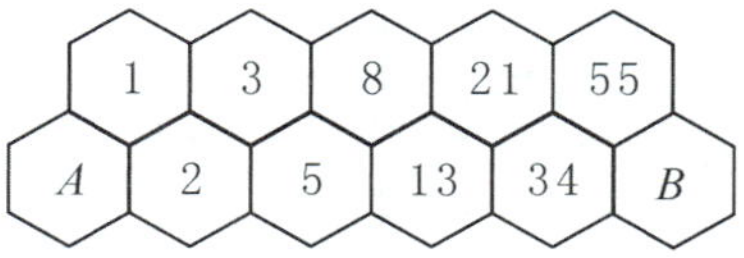

所以，这只蜜蜂共有 $55+34=89$(种)回家的方法。

例 7 如图是一个街区道路平面图，如果只能向右、向上或向右上行进，那么从点 A 到点 B 有多少条不同的行进路线？

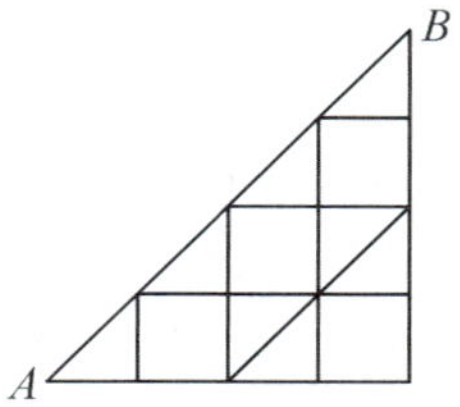

解析

因为前进的方向有 3 种，所以每个点可能会由 1 个、2 个或 3 个方向到达。

图 1 中的空心点为有 1 个方向到达的点，大的实心点有 3 个方向到达，剩下的小实心点有 2 个方向到达。起点标 1 后，按照加法原理得到图 2。

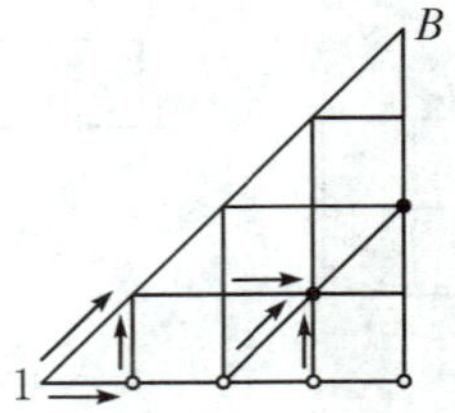

图 1

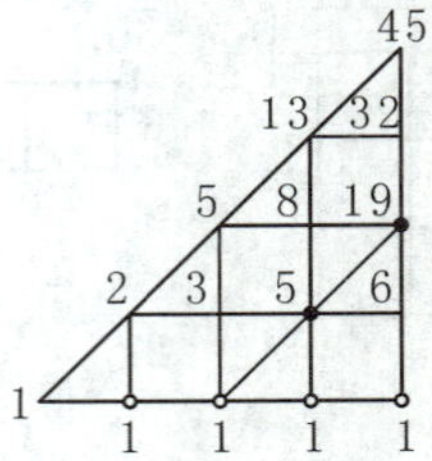

图 2

由图可知，从点 A 出发到点 B 共有 45 条不同的路线。

例 8 如图，用图中线段连接出单词“LUCK”共有多少种不同的方法？

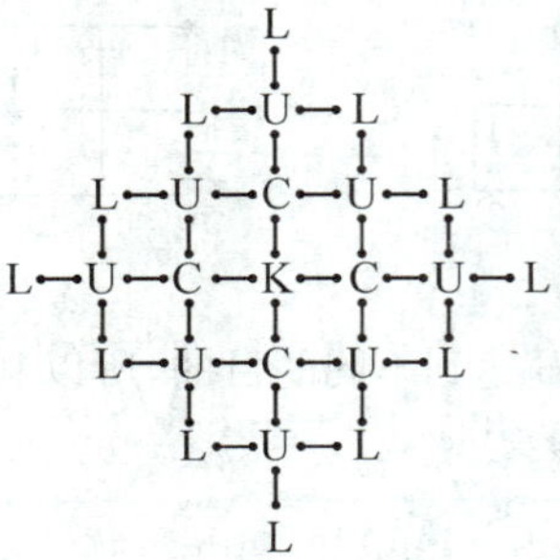

解析

还记得标数法确定了方向之后做的第一件事是什么吗？起点标“1”！

本题是一个典型的多起点标数问题，每个字母“L”都是起点，所以每个“L”的位置都应该标“1”，如图 1。接下来，因为每个字母“U”都可以由 3 个方向到达，所以由加法原理可得到图 2。

同理，每个字母“C”都有 3 个方向到达，而最后字母“K”有 4 个方向到达，于是标数得到图 3。

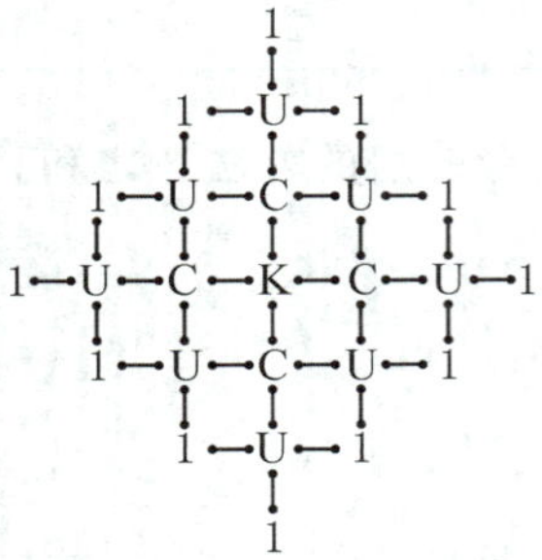

图 1

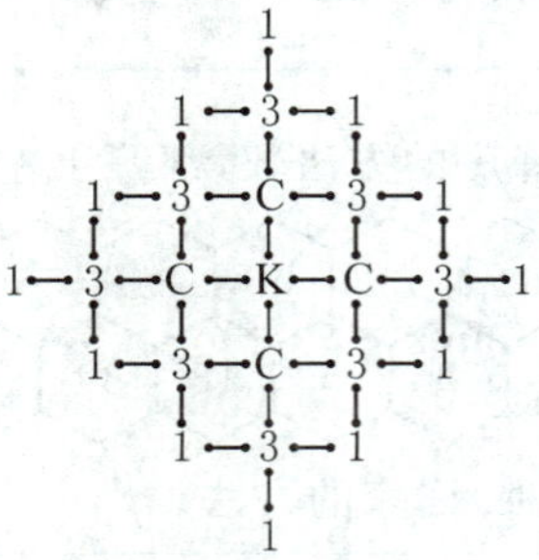

图 2

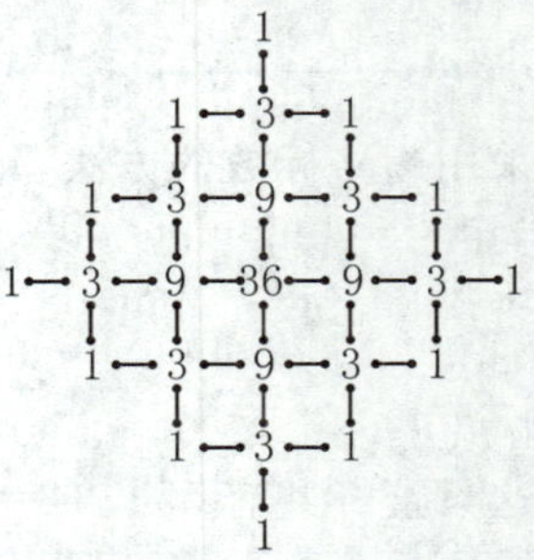

图 3

共 36 种。

拓展部分

例 9 如图，一只青蛙从中心点 O 出发，沿图中线段，跳到相邻的端点，跳了 5 步以后回到中心点 O（过程中可以经过中心点 O）。那么，共有________种不同的跳法。

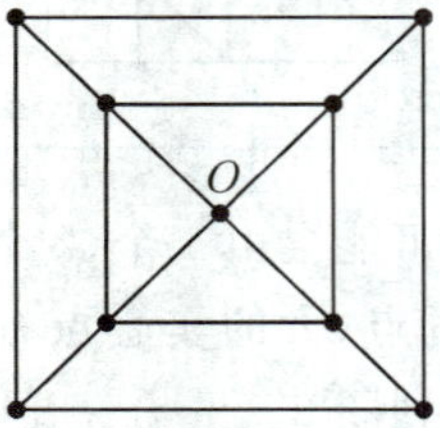

（2017 年“数学花园探秘”5 年级初赛 A 卷）

解析

下面四幅图从左至右分别是跳 1 步、2 步、3 步、4 步后的标数。因为第 4 步后再跳 1 步能够回到中心的四个位置所标的数为 30，所以最后能回到中心点的跳法有 30＋30＋30＋30＝120(种)。

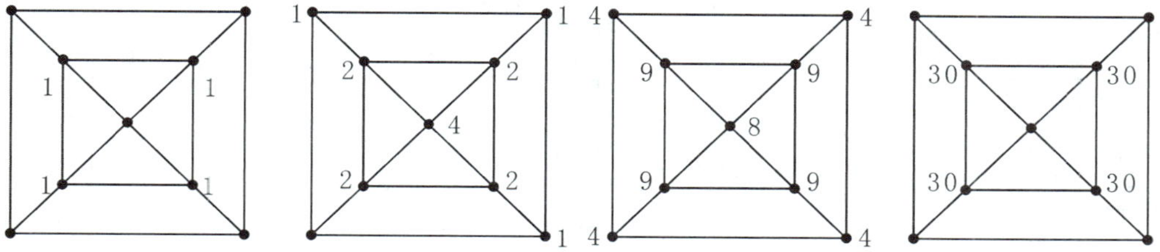

例 10 如图，甲、乙二人都从点 A 走向点 B，只能沿 6×6 方格的格线向上或者向右走。如果两人走的路线除了点 A 和点 B 外没有公共点，且两条路线围成的封闭图形面积是 11，那么两人的行走路线共有________种不同的可能。

(2020 年"数学花园探秘"5 年级网赛)

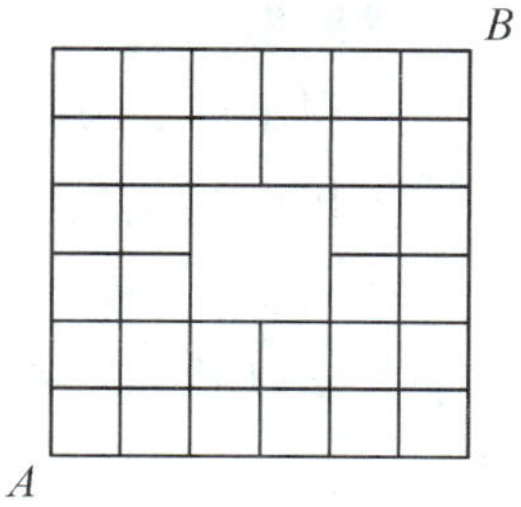

解析

因为路线组成的封闭图形面积是 11，所以其中有 11 个小格，恰为 A 到 B 的格内最短路线，11 个格子组成的路线如图用标数法得到 52，考虑到两人的行走路线可交换，所以两人的行走路线共有 52×2＝104(种)不同的可能。

1	6	11	16	26	52
1	5	5	5	10	26
1	4			5	16
1	3			5	11
1	2	3	4	5	6
1	1	1	1	1	1

例 11 小明在如图的棋盘上进行某种游戏：初始时棋子如图放置，每一步可将棋子沿网格线移动到相邻的格点处。已知经过 6 步后，棋子回到起点(中途可经过起点)。那么棋子移动的路线共有________种。

(2018 年秋·武汉明心数学资优生测试 6 年级)

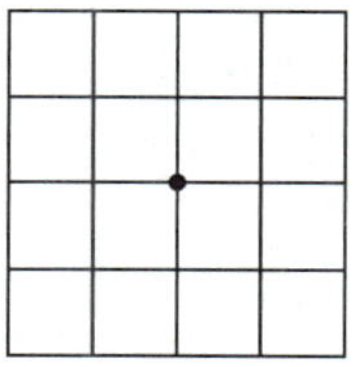

解析

【方法 1】使用标数法，每个点前 3 步的可能路径数如图所示。注意从某点到 3 步回到起点的路径数和从起点 3 步到达该点的路径数相同。所以，所求路径数为 $4\times9^2+8\times3^2=396$(种)。

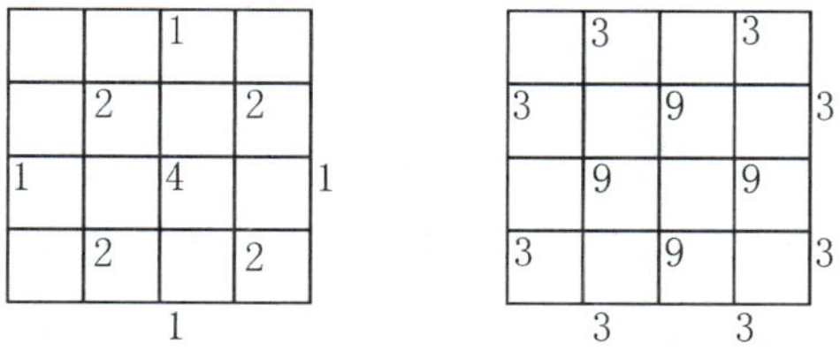

【方法 2】注意到棋子左移和右移次数一样多，上移和下移次数一样多。将向上和向左标数为 1，向下和向右标数为 0，则 6 步中有 3 步标为 1；将向上和向右标数为 1，将向下和向左标数为 0，则 6 步中有 3 步标为 1。此时，向上、下、左、右的两次标数不全相同。所以共有 $\left(\frac{6\times5\times4}{3\times2\times1}\right)^2=400$(种)。注意到有 4 种方法在棋盘上无法做到(前 3 次方向相同)。所以，事实上棋子移动的路线共有 400－4＝396(种)。

例 12 如图，小花从点 A 出发前往点 B，小园从点 C 出发前往点 D，两人均以相同速度沿网格线走最短路线。如果两人在途中未曾碰过面，那么，他们有________种不同的路线可以选择。

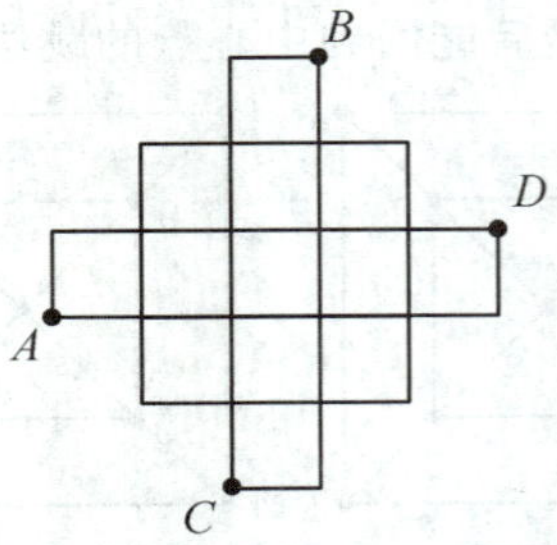

解析

利用标数法可知从点 A 走最短路径到点 B 有 14 种不同路线；

从点 C 走最短路径到点 D 有 14 种不同路线；如果两人相遇，即两条路线可交叉，则可看作从 $A\to D$、从 $C\to B$ 的路线，有 $6\times6=36$(种)。

所以满足要求的路线有 $14\times14-6\times6=160$(种)。

例 13 盒子里有 4 枚白色棋子和 2 枚黑色棋子，菲菲分若干次拿走所有棋子，每次至少拿走一枚，共有多少种不同拿法？

解析

如图，将白棋看作列，黑棋看作行，则每次拿走若干棋子后，转化为右、上某一格点的情况，所以构造如图：

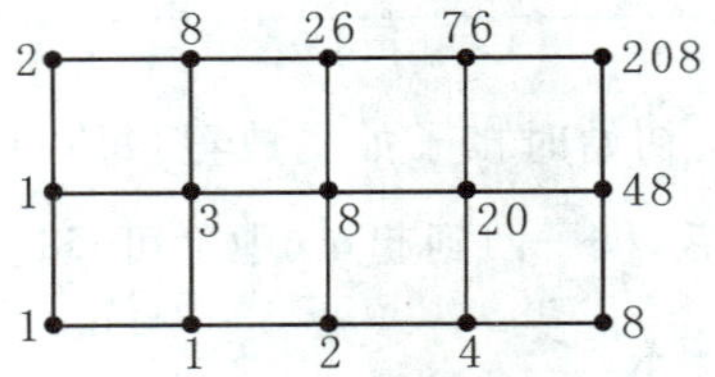

本题的难点是如何将原问题转化为一个标数问题。

每个格点上标的数等于该点左、下所有格点各数之和，所以 4 枚白棋和 2 枚黑棋共有 208 种不同拿法。

38.2.3 归纳与递推

基础部分

例 14 我们来研究光的反射现象。如果把两种不同的透镜正面相贴放在一起，那么可能反射光线的表面一共有 4 个，如图 1 所示。

如果光线没有经过反射，它会直接穿过去；

如果光线经过 1 次反射，可能有 2 种不同的情况；

如果光线经过 2 次反射，可能有 3 种不同的情况(如图 2)；

……

那么光线经过 5 次反射，可能有________种不同的情况。

图1

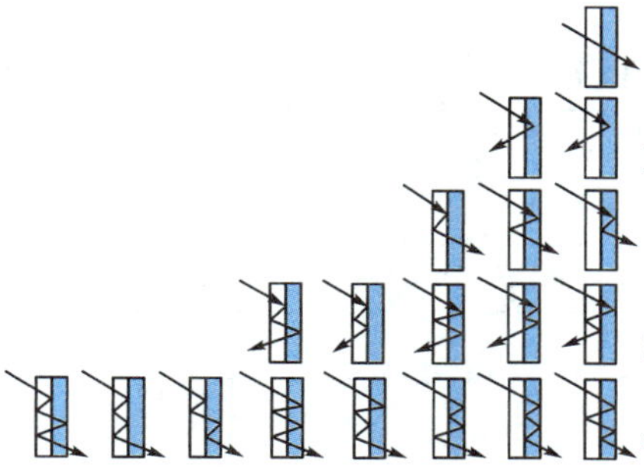

图2

（2013年春·武汉明心数学资优生测试5年级）

解析

根据不同的反射次数所出现的情况的种数分别为：1，2，3，5，8，13，…这是一个斐波纳契数列，即数列中后一个数字等于前两个数字之和。如图2，光线经过5次反射，可能有13种不同的情况。

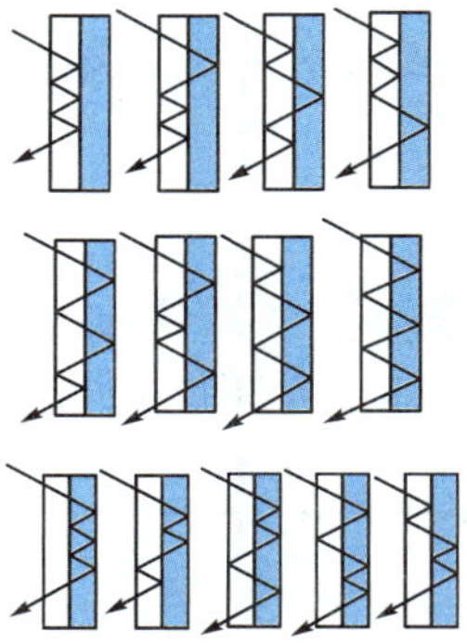

拓展部分

例15 一个自然数，如果其每位数字均为1、2、3、4、5中的一个数，且相邻位置上的数差不超过2，我们就称这个数为“亲近数”。那么在所有六位数中，“亲近数”共有________个。

解析

将“两个数字能够相邻”转化理解为“两个数之间能够传球”。

因为相邻位置上的数不超过2，所以：1只能传给1、2、3；2只能传给1、2、3、4；3可以传给1、2、3、4、5；4只能传给2、3、4、5；5只能传给3、4、5。

但由于我们用表格计算传球法时，是看1能被几个数“传球”，所以反过来看：只有1、2、3能传给1（1、2、3的后面可能接1；1的前面只能是1、2、3）；只有1、2、3、4能传给2；1、2、3、4、5都可以传给3；2、3、4、5能传给4；只有3、4、5能传给5。

我们先以个位是1为例：

	1	2	3	4	5	总计
个	1	0	0	0	0	
十	1+0+0=1	1+0+0+0=1	1+0+0+0+0=1	0+0+0+0=0	0+0+0=0	3
百	1+1+1=3	1+1+1+0=3	1+1+1+0+0=3	1+1+0+0=2	1+0+0=1	12
千	9	11	12	9	6	47
万	32	41	47	38	27	185
十万	120	158	185	153	112	728

看懂了上表，我们就可以将个位是 1、2、3、4、5 的五种情况合在一张表上，如下图

	1	2	3	4	5	总计
个	1	1	1	1	1	
十	1+1+1=3	1+1+1+1=4	1+1+1+1+1=5	1+1+1+1=4	1+1+1=3	19
百	3+4+5=12	3+4+5+4=16	3+4+5+4+3=19	4+5+4+3=16	5+4+3=12	75
千	47	63	75	63	47	295
万	185	248	295	248	185	1161
十万	728	976	1161	976	728	4569

所以，满足要求的"亲近数"共有 4569 个。

注：思考解题参考 36 章例 18。

例 16 8 个小朋友围成一圈，老师准备了红、黄、蓝 3 种颜色的帽子各 8 顶，顺次给每位小朋友戴上一顶帽子，结果每位小朋友都发现与自己相邻的小朋友所戴帽子颜色均不同，那么老师有________种不同的分发方法。

解析

将 8 个小朋友分别编号 1～8，将奇数位和偶数位的小朋友按原顺序分成两个小圈。由题意知小圈中的相邻位颜色不相同。由传球法(如下表)知，小圈的涂色方法有 $6\times3=18$(种)，所以老师共有 $18\times18=324$(种)不同的分发方法。

小圈编号	红	黄	蓝
1	1	0	0
2	0	1	1
3	2	1	1
4	2	3	3
1	6		

38.3 乘法原理

38.3.1 经典例题

基础部分

例 17 从剪刀上端点 A 开始到点 B 结束，一笔画完整个剪刀，共有________种不同的方法。

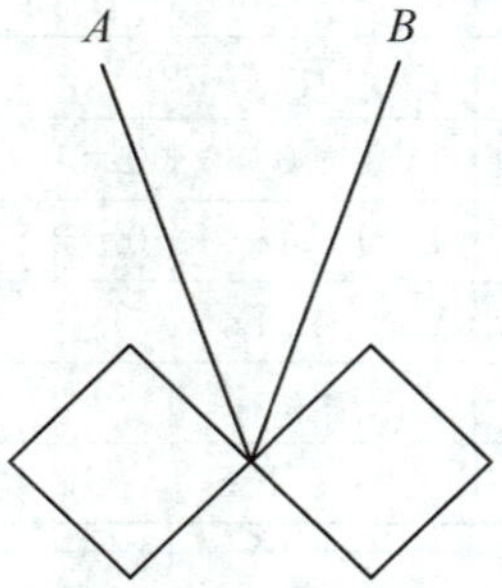

解析

第一次走到两正方形的交点选择左右，2 种；画第一个正方形选择顺时针或者逆时针，2 种；画第二个正方形选择顺时针或者逆时针，2 种。共 $2\times2\times2=8$(种)。

例 18 一个字母串共有 8 个字母，并且仅由字母 a 或 b 组成，如果要求字母 a 与字母 b 都必须连续偶数个相连。那么，符合要求的字母串共有________个。(例如：*aabbbbaa* 和 *aaaaaaaa* 都符合要求；但是，*aaaaabbb* 就不符合要求)

(2017 年"数学花园探秘"4 年级初赛 D 卷)

解析

将 8 个位置平均分成 4 段，每段的两个字母是相同的，每一段都可以选字母 a 或 b，根据乘法原理，符合规则的字母串有 $2\times2\times2\times2=16$(个)。

例 19 在算式 $\overline{\square\square\square\square\square}\times2-\overline{\square\square\square\square\square}=56789$ 的方框中填入数字，只能填入数字"5""6""7""8"，要使得算式成立，共有________种填法。

(2017 年"数学花园探秘"5 年级网赛)

解析

【方法 1】单独观察每一个数位：

个位上的 $9=8\times2-7=7\times2-5$；

十位上的 $8=8\times2-8=7\times2-6$；

百位上的 $7=7\times2-7=6\times2-5$；

千位上的 $6=7\times2-8=6\times2-6$；

万位上的 $5=6\times2-7=5\times2-5$。

每个数位上只有 2 种填法，共计 $2\times2\times2\times2\times2=32$(种)填法。

【方法 2】为了避免讨论进位，也可以做如下处理：

把算式中每个数字减去 5，依然成立(允许首位为零)，变成：

$$\overline{\square\square\square\square\square}\times2=\overline{\square\square\square\square\square}+01234$$

方框内只能填入 0、1、2、3。

那么算式左边的结果中每位数字都是 0、2、4、6，右边不会产生进位，只要保证对应位置数字和为偶数，由于可以选择的范围有 2 个奇数、2 个偶数，所以每个位置有 2 种选择(右边的和的数字也不可能出现 8)，所以有 $2^5=32$(种)填法。

例 20 如图的球盒中放有编号 1～9 的小球，每次操作可从球盒的最右侧取出一个球或者从球盒的最左侧放入一个球(必须是前几次操作中取出的小球)，在 10 次操作后，球盒内还剩 7 个球。此时，不在球盒内的两个小球编号组成的两位数有________种不同可能。

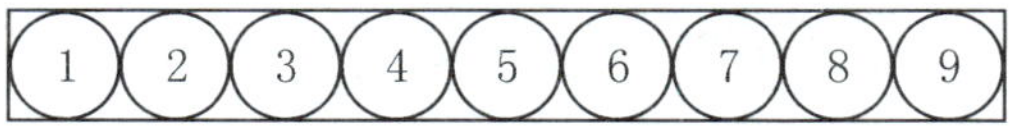

(2017 年秋・武汉明心数学资优生测试 5 年级)

解析

10 次操作后球盒内还剩 7 个球，所以共有 6 次取出操作，4 次放入操作。所以不在球盒内的两个小球可能是取出的 6 个小球中的任意两个，所以所求两位数有 $6\times5=30$(种)。

例 21 将题图中的 8 个圆圈涂成红、黄、蓝三色之一(每个圆圈只许涂一种颜色，不许不涂)，要求每个圆圈都至少与一个红色圆圈相邻。不同的涂法共有________种。(不许翻转或旋转)

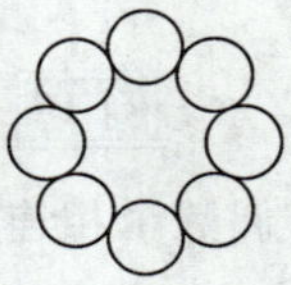

(2018 年“数学花园探秘”小高决赛 C 卷)

解析

(1)将图中的圆圈标上 A 和 B。我们发现，与标有 A 的圆圈相邻的圆圈中标的都是 B；与标有 B 的圆圈相邻的圆圈中标的都是 A。标有 A 的圆圈如何涂与标有 B 的圆圈如何涂是相互独立的。

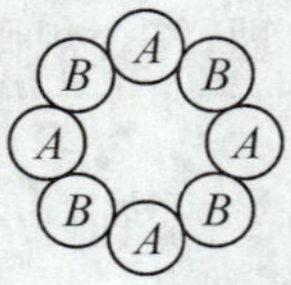

(2)标有 A 的圆圈有 3 类涂法：①全部涂成红色，1 种涂法；②3 个圆圈涂成红色，$4\times2=8$(种)涂法；③2 个圆圈涂成红色，$2\times2\times2=8$(种)涂法。小计 $1+8+8=17$(种)涂法。

由(1)(2)知，符合题意的涂法总共有 $17\times17=289$(种)。

例 22 如图，有一个固定好的正方体框架，A、B 两点各有一只电子跳蚤同时开始跳动。已知电子跳蚤速度相同，且每步只能沿棱跳到相邻的顶点，2 只电子跳蚤各跳了 3 步，途中从未相遇的跳法共有________种。

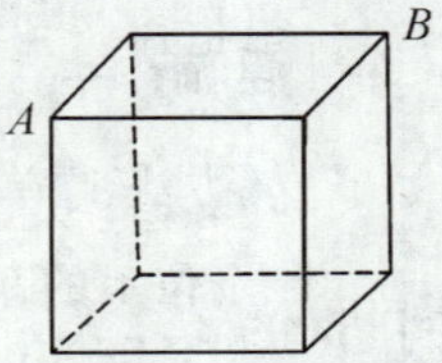

解析

注意到每次跳跃后，2 只电子跳蚤仍然处在正方体某一面上的对角线的两个端点处。而每次跳跃时，2 只跳蚤有 $3\times3-2=7$(种)跳法互不相遇。所以 3 次跳跃从未相遇的跳法有 $7\times7\times7=343$(种)。

例 23 有一类由数字 1～9 组成的不重复的九位数：对于每个数位上的数字，在它左边的数字中，比它大的数字和比它小的数字至多相差 1。那么这样的九位数有________个。

(2019 年春·武汉明心数学资优生测试 5 年级)

解析

从最右一位开始考虑，则最右只能是 5，接下来的每一位均是剩余数字按大小排列最中间的一个数或最中间的两个数之一。这样的九位数有 $1\times2\times1\times2\times1\times2\times1\times2\times1=16$(个)。

例 24 跑跑家族 7 人要分别通过图中的 7 个门完成挑战。第一个人可以任选一个门激活，完成挑战后将会激活左右相邻的门；下一个人可以在已激活的门中任选一个未被挑战的门挑战，完成挑战后将会激活左右相邻门中未被激活的门；以此类推，结果跑跑家族 7 人全都完成了挑战。按照他们完成挑战的次序将 7 个门的编号排序将会得到一个七位数。这个七位数一共有________种不同可能。

(2016 年“数学花园探秘”6 年级初赛 A 卷)

解析

因为激活的门与已选择的门一定相邻，所以最后一个人只可能选择“最左 6 号”或者“最右 7 号”，有 2 种选法；倒数第 2 个人也只能选择“最左”或者“最右”，有 2 种选法……以此类推，第 2 个人也只能选择“最左”或者“最右”，有 2 种选法；第 1 个人只能选择剩下的唯一的门，所以共有 $2^6\times1=64$(种)。

例 25 一根棍子的左端有 9 只间隔相等的蚂蚁，向右爬行；棍子右端则有 5 只间隔相等的蚂蚁，向左爬行。所有蚂蚁的速度都相同。两只蚂蚁若迎面相遇，将立即同时掉头往回爬；爬出棍子两头的蚂蚁会掉下去。当所有蚂蚁掉下棍子时，它们一共相遇了________次。

(2015 年秋 · 武汉明心数学资优生测试 5 年级)

解析

善用转化思想。注意，所有蚂蚁的速度都是一样的。

蚂蚁甲和蚂蚁乙迎面相遇后，立即同时掉头往回爬。因为它们的速度一样，可以视作蚂蚁甲变成蚂蚁乙，蚂蚁乙变成蚂蚁甲，看成一次交换，两只蚂蚁继续朝原定方向爬行。

一只蚂蚁掉下棍子的过程中，会与迎面而来的每只蚂蚁都相遇一次。显然总的相遇次数(即实际上的相遇次数)为 $9\times5=45$(次)。

38.3.2　数阵游戏

基础部分

例 26 将 0～9 中各个数字填入如图的十个六边形中。要求：任意相邻的两个六边形中所填的数字，下层的比上层的大，同层中右边的比左面的大。那么满足要求的不同填法共有________种。

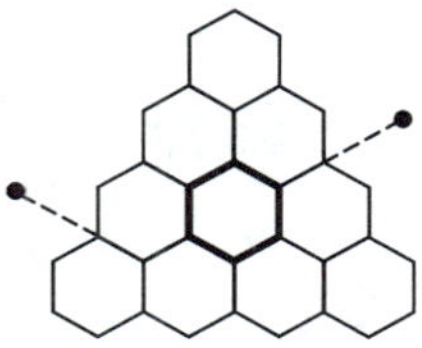

解析

如图，0、1、8、9 的位置是确定的，A 有 4 或 5 两种选择；B、C 可互换，有两种选择；D、E、F 有 3 种选择。共 $2\times2\times3=12$(种)填法。

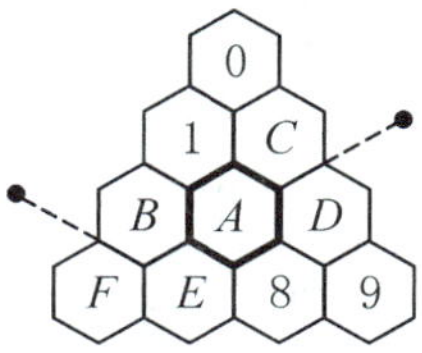

例 27 将数字 1，2，3，…，9 围成一圈，计算任意相邻两个数的差(大数减去小数)，得到的 9 个差的和为 16，则这 9 个数共有________种不同的排列方式。(旋转后相同的算同一种)

(2019 年“数学花园探秘”4 年级总决赛第二试)

解析

先把 9 和 1 写在圆周上，如图：

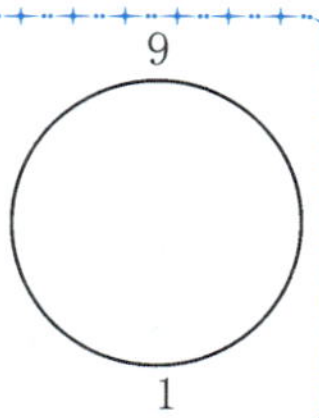

这时 2～8 这 7 个数要么在圆周的左半边，要么在圆周的右半边，且只能从小到大依次排列。所以共有 $2^7=128$(种)不同的排法。

拓展部分

例 28 将 1～16 填入 4×4 的表格中，要求同一行右面的比左面的大，同一列下面的比上面的大。其中 4 和 13 已经填好，其余 14 个整数有________种不同的填法。

	4		
		13	

(2013 年"数学花园探秘"小高决赛)

解析

左上角 4 个格和右下角 4 个格各有 2 种填法：

1	3
2	4

1	2
3	4

13	15
14	16

13	14
15	16

剩下左下角 4 个格和右上角 4 个格，还有 8 个数未填。此时可以从中任选 4 个数，填在其中 4 个格中，每 4 个数都有 2 种填法，所以共有 $2\times2\times C_8^4\times2\times2=1120$(种)填法。

最小	次小
次大	最大

最小	次大
次小	最大

例 29 把 1～10 这 10 个数填入图中的 10 个小圆圈中(其中 1 已经填好)。将相邻两数求差(大减小)，得到 10 个差，然后将这 10 个差求和。

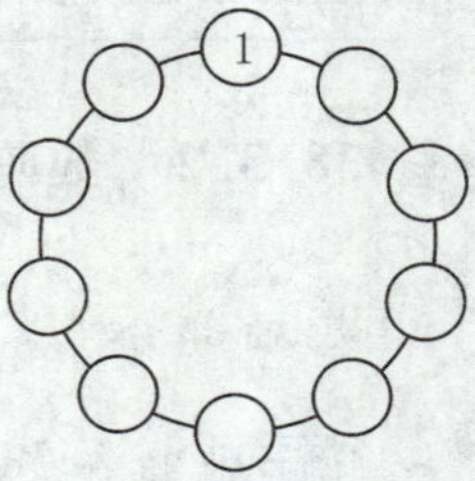

(1)若和为 18，这 10 个数一共有多少种不同的排列方式？

(2)若和为 20，这 10 个数一共有多少种不同的排列方式？

(2019 年"数学花园探秘"5 年级总决赛第二试)

解析

我们考虑 1 与 10 之间的数，$1,a_1,a_2,\cdots,a_n,10$。若 $1<a_1<a_2<\cdots<a_n<10$，则这些数相邻两数的差之和为 $(10-a_n)+(a_n-a_{n-1})+\cdots+(a_1-1)=10-1=9$(如图 1)；若存在两个相邻的数大小关系颠倒，则和会增加这两数之差的两倍(如图 2，和增加了 $2(a_3-a_4)$)。

(1)和为 18 时：由前面的结论可知 1 与 10 之间，无论是顺时针还是逆时针，一定是从小到大顺序排列；于是，其他 8 个数只用选择在 1 的逆时针方向还是顺时针方向，所以共有 $2^8=256$(种)放法；

(2)和为 20 时：，所以 1～10 顺时针方向、逆时针方向的排列中，只能出现一对两个相邻的数刚好相差 1 的情况(且这一对数不含 1 也不含 10。以 1、2 为例：12 换成 21，只不过是将 2 从顺时针位置放到了逆时针位置)，2～9 这八个数字找一对相邻数字交换位置由 7 种，将交换位置的两个数"捆绑"在一起视为 1 组，其他 6 个数视为另外 6 组，则问题转化为 7 组任意选择在 1 的逆时针方向还是顺时针方向，于是共有 $7\times2^7=896$(种)放法。

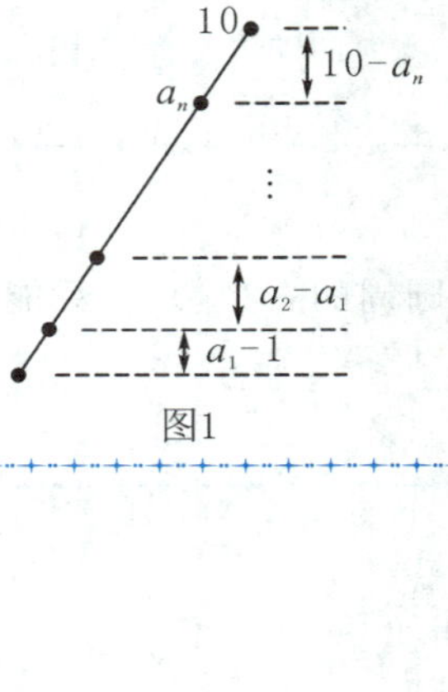

图1

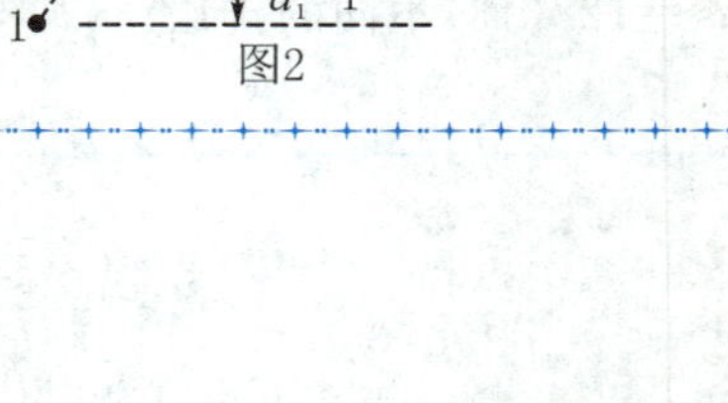

图2

38.4 加乘原理综合

例 30 四位数 2020 中只包含 0 和 2 两种不同数字，我们将这种恰含有 2 种不同数字的四位数称为“双喜数”。那么，将所有的“双喜数”从小到大排列，第 188 个是________。

（2020 年“数学花园探秘”中年级卷赛 C 卷）

解析

四位数首位不为 0。

当千位是 1 时，另一个数字可取 0、2、3、4、5、6、7、8、9，每一个数字与 1 搭配可以组成的数都有 3 种情况：1 个 1，1 个；2 个 1，3 个；3 个 1，3 个，合计 $1+3+3=7$（个），那么千位是 1 的“双喜数”共有 $7\times9=63$（个）。

同理，千位是 2 时，有 63 个，千位是 3 时也有 63 个，那么第 $63\times3=189$（个）数是 3999，于是第 188 个数是 3993。

例 31 老师每天给学生作业评星。小明周一至周五各交了一次作业，共得到了 15 颗星，他最多一次作业得过 5 颗星，最少一次作业得过 2 颗星。那么，他这 5 次作业得到的星数顺次排成的五位数有________种不同可能。

（2019 年“数学花园探秘”中年级决赛 A 卷）

解析

5 次作业可能的数量为 $5+4+2+2+2$ 或者 $5+3+3+2+2$。

$5+4+2+2+2$：5 有 5 种选择，4 有 4 种选择，余下 3 个位置对应 3 个 2，所以这一类有 $5\times4=20$（种）可能；

$5+3+3+2+2$：5 有 5 种选择，2 个 3 有 $3+2+1=6$（种）选择，所以这一类有 $5\times6=30$（种）可能。

两类共计 $20+30=50$（种）可能。

例 32 用 4 种不同的颜色给圆圈涂色（4 种颜色可以不全用），要求用线直接相连的两个圆圈的颜色不同，则共有________种不同的涂色方法。

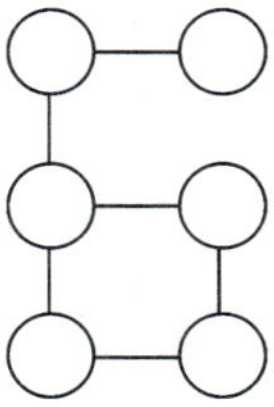

（2016 年“数学花园探秘”4 年级初赛 C 卷）

解析

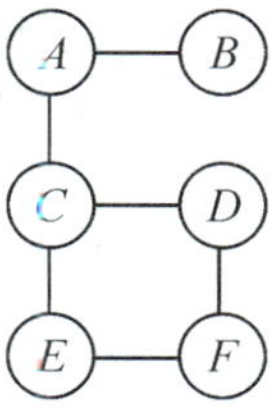

$CDFE$ 中：C 有 4 种选择，D 有 3 种选择，F 与 C 同色与否会影响 E 的选择数量，所以我们对 F 分类讨论：当 F 与 C 相同时，F 有 1 种选择、E 有 3 种选择；当 F 与 C 不同时，F 有 2 种选择、E 有 2 种选择。所以 $CDEF$ 共有 $4\times3\times(1\times3+2\times2)=84$（种）选择。

$C—A—B$ 是单线连接，C 确定后 A 有 3 种选择、B 有 3 种选择。所以共计 $84\times3\times3=756$（种）不同的涂色方法。

延伸

传 球 法

相邻异色的染色问题中经常出现的几种模式：

假设有 n 种颜色。

(1)非封闭：

$n \times (n-1) \times (n-1) \times (n-1)$

(2)封闭：

对于3个圈，由于两两相邻，利用乘法原理可得，不同的染色方式有 $n(n-1)(n-2)$ 种；

对于4个圈，如上题中，需要利用加法原理对对角两个圈是否同色进行讨论，可知不同的染色方式有 $n(n-1)[(n-1)+(n-2)^2]$ 种；

……

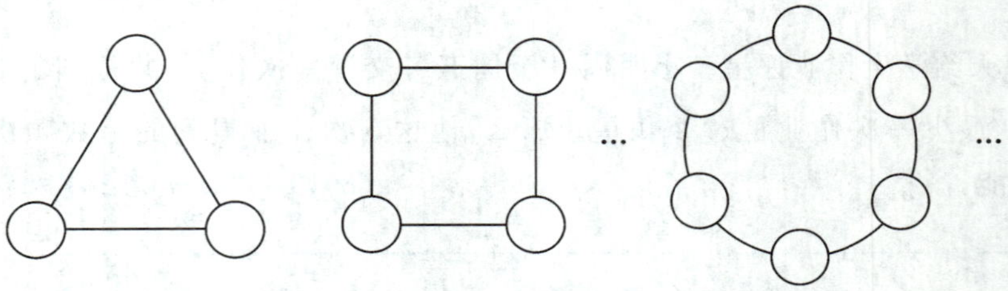

其实，对于封闭式(单一通路)的染色问题，都可以用第36章"例18"提到的传球法来看待。将 n 种颜色看作 m 个传球队员，将需要染色的圈的数量看作传球的次数。

以 $n=5$ 为例：假设第一个区域染红色。

	红	黄	蓝	绿	橙
0	1	0	0	0	0
1	0	1	1	1	1
2	4	3	3	3	3
3	12	13	13	13	13
4	52	51	51	51	51
5	204	205	205	205	205
6	820	819	819	819	819

3个圈，利用上表可知，传3次能够回到原色的有12种，而第一个圈本身有5种选择，所以共计 $5\times12=60$(种)，与单独计算3个圈 $5\times4\times3=60$ 相吻合；

4个圈，利用上表可知，传4次能够回到原色的有52种，而第一个圈本身有5种选择，所以共计 $5\times52=260$(种)，与单独计算4个圈 $5\times4\times(4+3\times3)=260$ 相吻合；

……

6个圈，利用上表可知，传6次能够回到原色的有820种，而第一个圈本身有5种选择，所以共计 $5\times820=4100$(种)。

"传球法"可以看作这类问题的通解。

例 33　某餐厅提供 5 种不同的套餐。员工在给如图所示的圆餐桌摆餐时发现，无论坐在餐桌的哪个座位上，左右两个就餐位上的套餐均不相同。那么，共有________种不同的摆餐方法。（每个就餐位上只能放一种套餐，旋转后相同的摆法算同一种）

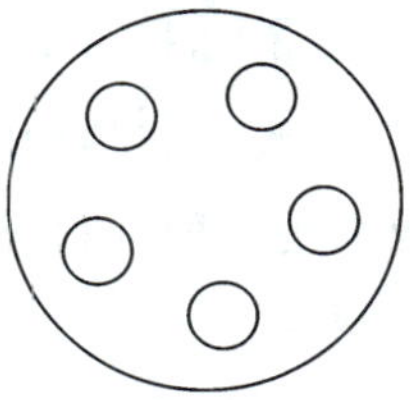

（2019 年秋・武汉明心数学资优生测试 6 年级）

解析

【方法 1】如图，A、B 餐位上套餐相同时，C 位有 4 种摆法，其余两位上有 $4\times3=12$(种)摆法，共 $5\times4\times12=240$(种)摆法；

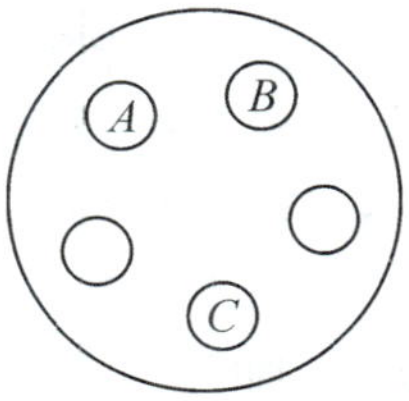

A、B 餐位上套餐不同时，C 位有 3 种摆法，其余两位上有 $3\times3+4=13$(种)摆法，共 $5\times4\times3\times13=780$(种)摆法。

注意到每 5 种摆餐方法可以由同一种旋转得到，所以不同的摆法有 $(240+780)\div5=204$(种)。

【方法 2】因为间隔的位置套餐不同，所以可将 5 个圈如下图重新编号，即 $A\to B\to C\to D\to E\to A$，从 A“传到”B、“传到”C、……、最后回到 A，是不是又见“传球”呢？

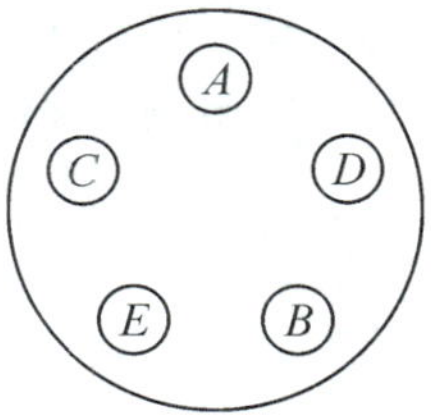

	套餐 1	套餐 2	套餐 3	套餐 4	套餐 5
0	1	0	0	0	0
1	0	1	1	1	1
2	4	3	3	3	3
3	12	13	13	13	13
4	52	51	51	51	51
5	204	205	205	205	205

表格中，“传”5 次回到原套餐的情况有 204 种，因为 A 有 5 种选择，所以有 $5\times204=1020$(种)。又因为旋转后相同视为同一种，所以共计 $1020\div5=204$(种)。

如果座位为奇数个，均可以如方法2中，用传球法进行分析。

如果座位为偶数个，则类似本章例15，将座位黑白间隔染色，则一整圈被分为相互独立的2个圈，且每个圈都可利用传球法计算，再根据乘法原理得出最后结果，如例26。

例 34　十个小朋友围成一圈，老师准备了红、黄、蓝三种颜色的帽子各十顶，顺次给每位小朋友戴上一顶帽子，每个人只能看见相邻小朋友头上帽子的颜色(即看不到自己头上帽子的颜色，也看不到不相邻小朋友头上帽子的颜色)。结果每位小朋友看到的两顶帽子颜色均不同，那么老师有________种不同的分发方法。

解析

将十个小朋友分别编号 1～10，将奇数位和偶数位的小朋友按原顺序分成两个小圈。由题意知小圈中的相邻位颜色不相同。由传球法(如下表)知，小圈的涂色方法有 $10\times3=30$(种)，所以老师共有 $30\times30=900$(种)不同的分发方法。

小圈编号	红	黄	蓝
1	1	0	0
2	0	1	1
3	2	1	1
4	2	3	3
5	6	5	5
1	10		

例 35 小媛有 5 个相同的红球和 4 个相同的白球。她将这 9 个球从左至右排成一行，如果排列后，有 4 组相邻的球同色，有 4 组相邻的球异色，我们称这种排列为“四合排列”。例如：“红白白红红红白白红”是一种“四合排列”。那么，共有________种不同的“四合排列”。

（2019 年“数学花园探秘”4 年级初赛 A 卷）

解析

有 4 组相邻的球异色，则 9 个球被分成了同色的 5 段。

第一种“红白红白红”：白色有 3/1、2/2、1/3 三种排法，红色有 3/1/1、1/3/1、1/1/3、2/2/1、2/1/2、1/2/2 六种排法，则此类情况有 $3\times6=18$(种)；

第二种“白红白红白”：白色有 2/1/1、1/2/1、1/1/2 三种排法，红色有 4/1、3/2、2/3、1/4 四种排法，则此类情况有 $3\times4=12$(种)。

共有 $18+12=30$(种)。

例 36 在如图方格表中顺次填入数字 1～6，要求从 2 开始每次填入数字的方格必须和已有数字的方格相邻(相邻是指两个方格有公共边)。不同的填法共有________种。

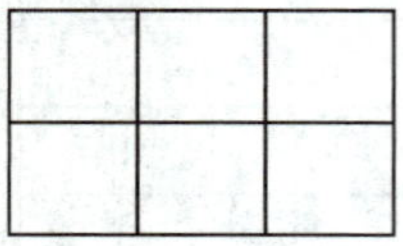

（2019 年“数学花园探秘”小高决赛 D 卷）

解析

1 和 2 所在的方格必须拼成一个 1×2 的矩形，以该 1×2 的位置来分类，可分为以下 3 类。

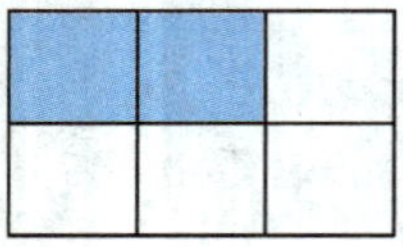

图 1

图 2

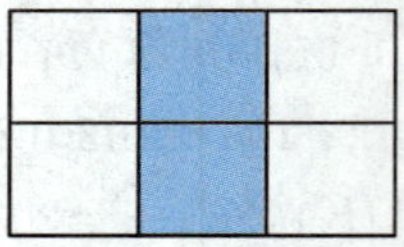

图 3

(1)如果 1 和 2 在图 1 阴影区域，按 3 可能的位置逐格枚举，知 3、4、5、6 有 $3!+4+3!=16$(种)填法；

(2)如果 1 和 2 在图 2 阴影区域，按 3 可能的位置逐格枚举，知 3、4、5、6 有 $4+4=8$(种)填法；

(3)如果 1 和 2 在图 3 阴影区域，知 3、4、5、6 有 $4!=24$(种)填法。

图 1 有 4 种位置，图 2 有 2 种位置，图 3 有 1 种位置，且 1、2 可以互相交换位置，所以共有 $4\times2\times16+2\times2\times8+2\times24=208$(种)。

例 37 在图中的空白六边形格(不包括 A、B、C、D、E 这五格)中放入一些棋子，每格最多放一枚，可以不放。接着在 A、B、C、D、E 这五格中分别写上与它相邻(有公共边)的六边形格中棋子的总数，那么使得 2、3、4、5、6 恰好在 A、B、C、D、E 中各出现一次的放法有________种。

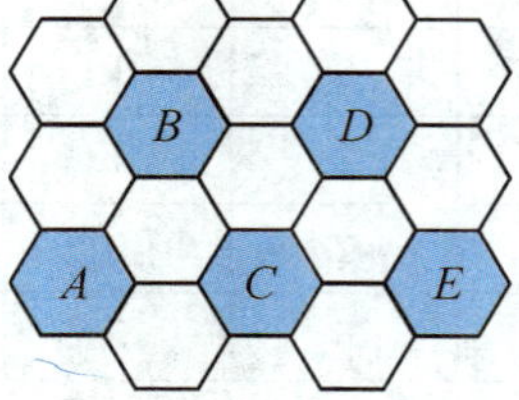

（2016 年“数学花园探秘”3 年级网赛）

解析

6 只能出现在 B 或 D 中，A 与 E 中只能填 2 或 3，由于对称性，先考虑 $B=6$ 的情形：

(1)$B=6$、$A=2$、$E=3$ 的情况，只能 $C=4$、$D=5$，共 2 种放法；

(2)$B=6$、$A=3$、$E=2$ 的情况，①$C=4$、$D=5$，共 3 种放法；②$C=5$，$D=4$，共 2 种放法；总计 5 种放法。

故 $B=6$，共有 $2+5=7$(种)放法，由于 B、D 对称，总计 $7\times2=14$(种)放法。

例 38　如图，圆圈表示房间，实线表示地上通道，虚线表示地下通道。开始时，一个警察和一个小偷在两个不同房间中。每一次警察从所在房间沿着地上通道转移到相邻的房间；同时小偷从所在房间沿着地下通道转移到相邻的房间。如果警察和小偷转移了 3 次都没有在任何房间相遇，那么，他们有________种不同的走法。（2017 年"数学花园探秘"小中决赛 A 卷）

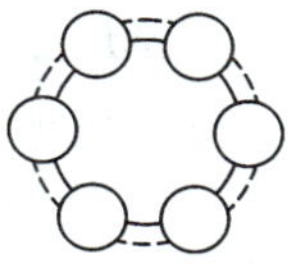

解析

(1)如果初始时警察和小偷所在暗室的编号的奇偶性不同，那么它们移动后所在暗室的编号的奇偶性也不相同，两者永远不会在同一暗室相遇。有 $6\times3\times4\times4\times4=1152$(种)可能。

(2)如果初始时警察和小偷所在暗室的编号的奇偶性相同，那么它们之间恰好相隔一个暗室，不妨设为 2 号和 4 号暗室，转移一步后，可变成"1＋3""1＋5""3＋5"，也都是中间恰好相隔一个暗室。3 步有 $6\times2\times3\times3\times3=324$(种)可能。

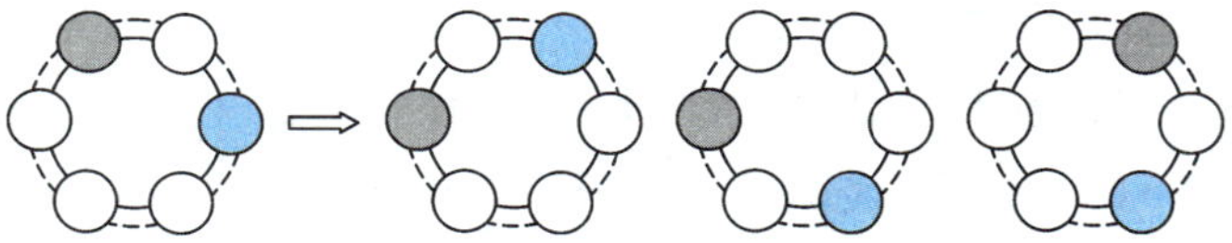

(1)(2)合计，共有 $1152+324=1476$(种)。

38.5　排列组合

例 39　在一个座谈会中共有 7 位著名数学家出席，其中 3 位有胡子。这 7 位数学家将沿着一个长桌子的一边坐成一排。请问 3 位留胡子的数学家正好坐在一起的排法有多少种？

解析

这 3 位有胡子的数学家坐在一起的情况一共有 5 种(如图所示，B 表示有胡子的数学家)。

B　B　B　×　×　×　×
×　B　B　B　×　×　×
×　×　B　B　B　×　×
×　×　×　B　B　B　×
×　×　×　×　B　B　B

对于这 5 种情况中的每一种，这 3 位数学家之间的排列方法为 $A_3^3=3\times2\times1=6$(种)。而没有胡子的数学家与有胡子小组之间的排列方法为 $A_5^5=5\times4\times3\times2\times1=120$(种)。因此，这 3 位数学家坐在一起一共有 $6\times120=720$(种)方法。

例 40　如图所示，大正六边形的边长为 2，一只青蛙从点 A 出发，每次只能沿格线跳到距离为 1 的点上。那么，第 5 次恰好跳到点 B 的方法有________种。

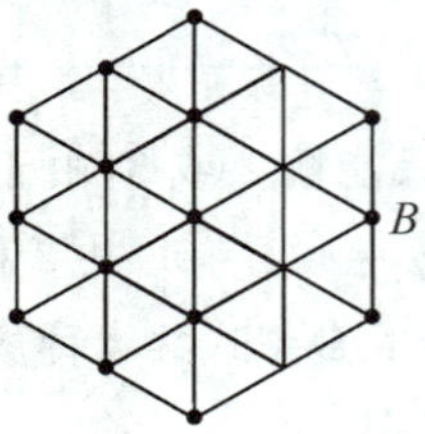

（2017 年"数学花园探秘"5 年级 C 卷）

解析

从点 A 到点 B 走 5 步分成两类。

(1)3 个↗，1 个↘，1 个↓。共有 $A_5^2=20$ 种。

(2)3 个↘，1 个↗，1 个↑。也有 20 种。

所以一共有 40 种。

例 41 甲、乙、丙 3 户人家打算订阅报纸，共有 7 种不同的报纸可供选择。已知每户人家都订 3 份不同的报纸，并且知道这 3 户人家每 2 户所订的报纸恰好有 1 份相同。那么，3 户人家共有________种不同的订阅方式。

（2015 年"数学花园探秘"6 年级初赛 A 卷）

解析

假设 7 种报纸为 A、B、C、D、E、F、G。

甲有 $C_7^3=35$(种)选择，假设选了 A、B、C；

乙在 A、B、C 中选择 1 种，在 D、E、F、G 中选择 2 种，有 $C_3^1\times C_4^2$ 种选择，假设选了 A、D、E；

丙若选择了 A，则剩下的 2 种只能选择 F、G，1 种；丙选择了 B、C 中的一种，则也要在 D、E 中再选择一种，于是还有一种必须在 F、G 中选择，有 $2\times2\times2=8$(种)，合计 $1+8=9$(种)。

共计 $35\times18\times9=5670$(种)。

例 42 圆周上有 7 个点，将这些点两两相连，最多可以把圆面分成________部分。

（2018 年"数学花园探秘"6 年级 C 卷）

解析

7 个点一共可以连出 $C_7^2=21$(条)线，如果 21 条线互不相交，可以将圆分成 $21+1=22$(个)部分，而圆周上的 7 个点连线在圆内最多可产生 $C_7^4=35$(个)交点，多一个交点就会多出一个部分，所以一共有 $22+35=57$(个)部分。

例 43 将数字 1～6 排成一行，使得其中恰好只有一个数字比它左边相邻的数字小(例如 132456 就是满足条件的一种排列)。那么满足题意的排列方式共有________种。

（2019 年"数学花园探秘"6 年级初赛 C 卷）

解析

在这一行中设置一个隔板，6 个数字可以任意出现在隔板的左侧或右侧。在隔板同一侧的数字必须遵循从小到大排列的原则。由于每个数字最终在左侧还是右侧，都有 2 种可能，所以上述的分配方案共有 $2^6=64$(种)。

去掉隔板，如果隔板左侧的相邻数字大于隔板右侧的相邻数字，即可满足题目要求；但如果隔板左侧的相邻数字小于隔板右侧的相邻数字，则这 6 个数字就完全是从小到大排列的(123456)，此时不能满足题意，考虑隔板的位置，这种排列共有 7 种可能。

所以，满足题意的排列方式共有 64－7＝57(种)可能。

例 44 题图由 5 个大小相同的正方形构成。以图中 12 个点为顶点的三角形共有________个。

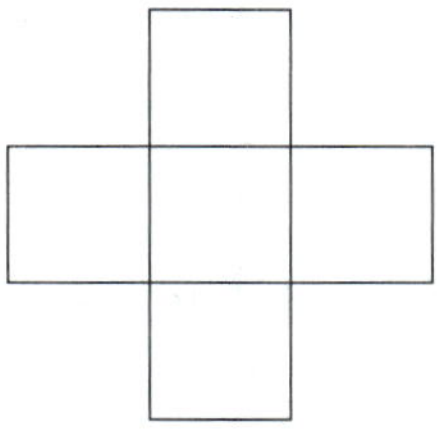

(2016 年“数学花园探秘”6 年级初赛 D 卷)

解析

排除三点共线的情况即可，如图，$C_{12}^3-C_3^3\times4-C_4^3\times4=200$(个)。

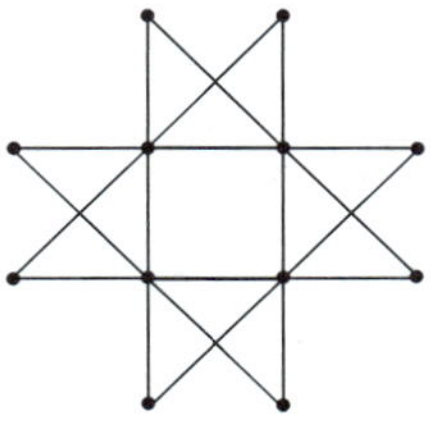

例 45 如图所示，在 3×3 的方格表中选择 5 格染成黑色，其余 4 格染成白色，使得任意 2×2 的方格中 4 个小方格不全同色。那么，总共有________种不同的染法。(方格表不可翻转或旋转)

(2020 年“数学花园探秘”6 年级初赛 A 卷)

解析

考虑不满足条件的情况。这时要么 4 个黑色，要么 4 个白色出现在一个 2×2 的方格中。

(1)4 个黑色，共有 4 个位置可选，不妨设为左上角，如图 1。

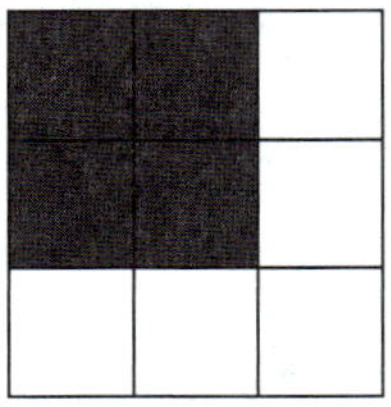

图 1

剩下 5 个方格中再染 1 个黑格即可，且不会出现第二个黑色田字格，也不可能出现白色田字格，所以此类情况有 4×5＝20(种)染法。

(2)4 个白色，也有 4 个位置可选，不妨设为左上角，如图 2。

图 2

那么剩下的 5 个格子必须都是黑色，但无黑色田字格出现，共 4 种染法。

两类情况没有重复。因此总共有 $C_9^4-24=102$(种)不同的染色方法。

38.6　计数中的对应

计数，实质上是将考察对象的种类与正整数一一对应，所以对应思想实际上遍布于所有计数问题。而其中还有一部分，本身就可以用对应思想解决。

例如，2020 位选手进行淘汰赛直到决出冠军，一共需要举行多少场比赛？

这种题第一反应思路可能是：第一轮举行 $\frac{2020}{2}$ 场，第二轮举行 $\frac{1010}{2}$ 场，第三轮有 1 人轮空，举行 $\frac{505-1}{2}$ 场比赛，留下 253 人……是不是感觉有点小麻烦？

仔细体会每一场比赛的结果会发现：1 场比赛对应淘汰 1 人。于是，要淘汰除冠军以外的 2020－1＝2019(人)，需要 2019÷1＝2019(场)。

对应——最古老的数学思想，时至今日依然是熠熠生辉，在整个数学大厦中起到基石作用。如果读者能从本节中略微体会到对应思想的妙处，笔者已欣慰不已。

基础部分

例 46　餐桌上有 2 碗面条、4 碗米饭和 6 碗饺子，阿宝从中任意吃掉 6 碗，餐桌上剩余的食物共有________种可能。

(2013 年"数学花园探秘"3 年级网赛)

解析

由于吃掉 6 碗而总共有 6 碗饺子，所以前面面条和米饭随便吃，后面都可以用饺子来凑齐。也就是说 2 碗面条有吃 0、1、2 碗，3 种吃法；4 碗米饭有吃 0、1、2、3、4 碗，5 种吃法。所以共有 3×5＝15(种)吃法。

例 47　1、2、3、4、5 排成一列，要求前 3 个数的和比后 3 个数的和大，有________种排法。

(2017 年"数学花园探秘"小高决赛 C 卷)

解析

中间的数字重复，所以只需要前两个数之和比后两个数之和大即可。考虑到 $1+4=2+3$，$1+5=2+4$，$2+5=3+4$，所以前两个数和后两个数之和相等的排法有 $2\times2\times2=8$(种)。

注意到前两个数比后两个数大与前两个数比后两个数小的排法一一对应，所以所求不同的排法有 $(5!-3\times2^3)\div2=48$(种)。

例 48 在如图所示的 6×6 方格表中，有两个小方格内标上记号“●”，而图中两个方格表内部都包含这两个有记号的小方格。问：在图中能找出多少个不同位置的方格表，它们内部至少包含一个有记号的小方格？

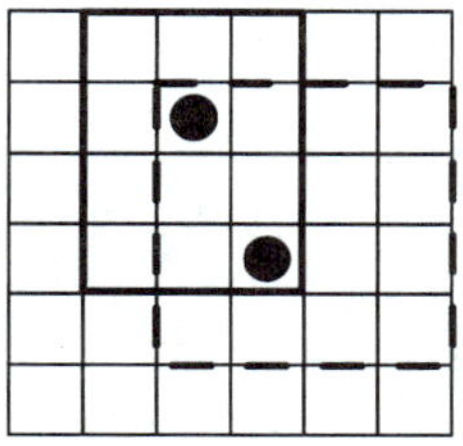

(2014 年春·武汉明心数学资优生测试 6 年级)

解析

【方法 1】对于包含左边●小方格的方格表，其左边所在直线有 3 种选择，右边所在直线有 4 种选择，上边所在直线有 2 种选择，下边所在直线有 5 种选择。故这样的方格表总共有 $3\times4\times2\times5=120$(种)。

同理，对于包含右边●小方格的方格表，总共有 $3\times4\times3\times4=144$(种)；对于同时包含两个记号小方格的方格表，总共有 $2\times3\times3\times3=54$(种)。

因此，包含至少一个记号小方格的方格表总数为 $120+144-54=210$(种)。

【方法 2】因为方格表的长、宽方向已定，所以只用确定一对对角顶点就能对应确定一个方格表。

对于包含左边●的小方格，其左上方的点有 $3\times2=6$(个)，想要包含该记号小方格，则右下的顶点只能取该方格右下方的点，有 $4\times5=20$(个)，所以满足要求的方格表有 $6\times20=120$(个)；

同理，包含右边●小方格的方格表有 $(4\times3)\times(3\times4)=144$(个)；同时包含两个●的方格表有 $(3\times2)\times(3\times3)=54$(个)。

根据容斥原理可知，包含至少一个记号小方格的方格表总数为 $120+144-54=210$(种)。

真题重现

基础部分

1. 如图是一个街道示意图，奥特曼在点 A，小怪兽在点 B。奥特曼从点 A 沿着街道到点 B 去消灭小怪兽。那么，从点 A 到点 B 有________条不同的最短路线。

(2017 年秋·武汉明心数学资优生测试 3 年级)

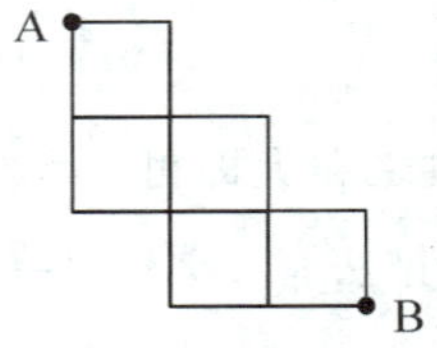

第 1 题图

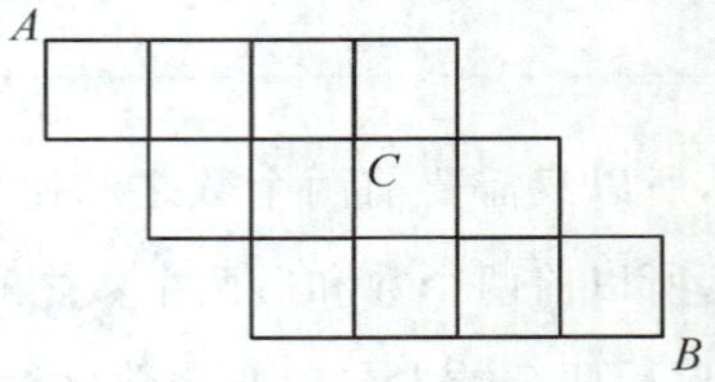

第 2 题图

2. 如图，小怪兽沿图中的路线走最短路线从点 A 到点 B，但是不想经过点 C 遇上开煎蛋铺子的奥特曼。那么，小怪兽有________种不同的行走路线。 (2020 年 · 武汉明心数学资优生测试 4 年级)

3. 在《最强大脑》第二季中，有一个超高难度的挑战项目，那就是蜂巢迷宫。

下面是一个简易的蜂巢迷宫，一共有 14 间房间，每相邻两间房间之间都有一个通道。挑战者要从最左边的房间出发，最终到达最右边的房间。如果挑战者只能向右走(包括右上、右下)，那么挑战者从起点到终点一共有________种不同的走法。

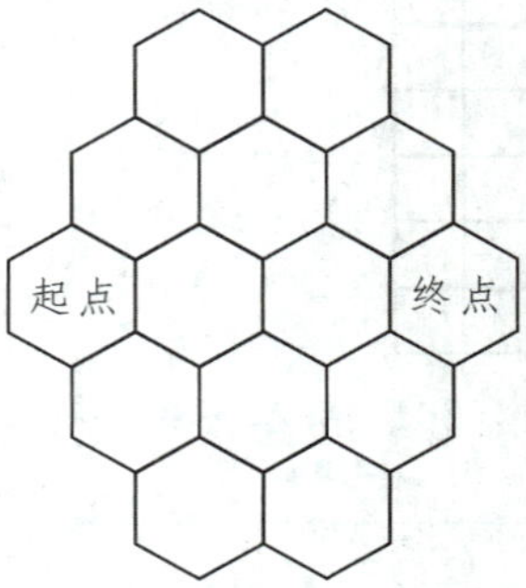

第 3 题图

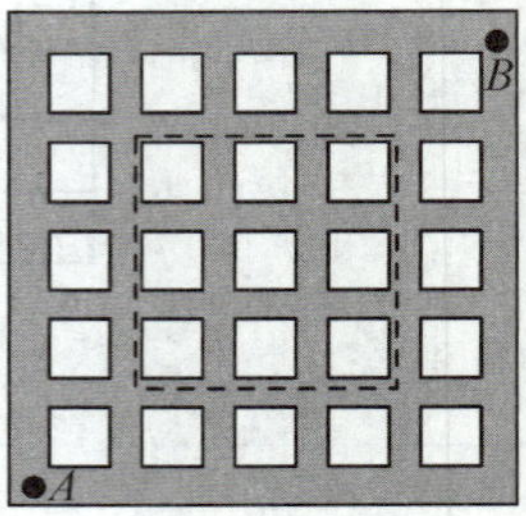

第 4 题图

4. 如图为某城市街区的道路图，虚线所标部分为一住宅小区，其内部道路不对外开放。打开小区内部道路后，一个人从 A 地到 B 地，可供选择的最短路线数量比原来增加了________条。

5. 小喜有刘备、关羽、张飞三张卡牌，小宇有孙权、周瑜、鲁肃、黄盖四张卡牌。刘备和孙权均值 2 元，其余卡牌值 1 元。如果两人都拿出总价值 2 元的卡牌进行一次交换，那么，一共有________种不同的交换方式。

第 5 题图

(2018 年"数学花园探秘"4 年级初赛 C 卷)

6. 由 2、0、1、3 四个数字组成(可重复使用)的比 2013 小的四位数有________个。

7. 已知一个五位数密码恰包含 1、5、7、9 这四个数字，那么这个密码有________种不同的可能。

(2020 年"数学花园探秘"5 年级初赛 B 卷)

8. 葛太太目击了一起银行抢劫案。她注意到，劫匪逃逸时使用车辆的车牌前三位包括有英文字母 M、X 和 P，后三位包括有数字 1、2 和 3，但已经不记得它们之间的排列顺序。根据这样的证词，警察最多需要查验________辆车。 (2013 年秋 · 武汉明心数学资优生测试 4 年级)

9. 2018 年 12 月 8 日，蕴含着两个有趣的数 2018 和 1208，这两个数都使用了 0、1、2、8 这四个数字。由这四个数字组成的数字不重复的四位数中，除了上述两个数外，还有________个。

(2019 年"数学花园探秘"5 年级 C 卷)

10. 用 1 个 1，2 个 2，3 个 3，4 个 4，可以组成多少个不同的四位数？

(2017 年春 · 明心数学资优生测试 4 年级)

11. 将 1～9 填入 3×3 的表格中，要求同一行右面的数比左面的数大，同一列下面的数比上面的数大。其中 1、4、9 已经填好，那么其余 6 个整数有________种不同的填法。

（2014 年“数学花园探秘”小中决赛）

1		
	4	
		9

第 11 题图

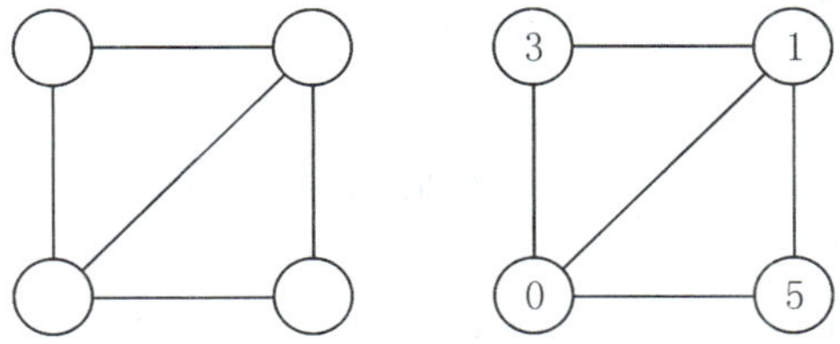

第 12 题图

12. 将 0～5 这 6 个数字中的 4 个数字填入题图的圆圈中，用每条线段两端的大数字减小数字可以得到 5 个差，且这 5 个差恰好为 1～5。右下图已给出一种填法，那么符合要求的填法共有________种。（注：图中 3 和 5 或 0 和 1 交换位置都算新的填法。）　（2013 年“数学花园探秘”3 年级初赛）

13. 在一个货物运输服务商的仓库中堆积了很多正方体盒子（图 a），组成了一个盒子堆，最底层有六个盒子、中间一层有三个盒子、顶部有一个盒子。一群分拣机器人搬走了所有盒子，其中有一个机器人搬走了其中三个，它们的初始位置相邻且相对位置如图 b 所示（可能旋转），那么这三个盒子的初始位置有________不同可能。

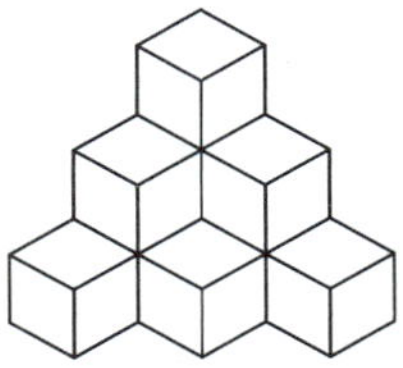

图 a

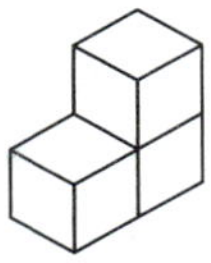

图 b　（2019 年“数学花园探秘”3 年级）

14. A、B、C 为 1～9 中的 3 个不同数字，且 $A<B<C$。将每条线段两端的数字作差（大减小），可以得到 3 个差，这 3 个差恰好构成一个等差数列。那么符合要求的填法共有________种。

（2020 年“数学花园探秘”3 年级初赛 B 卷）

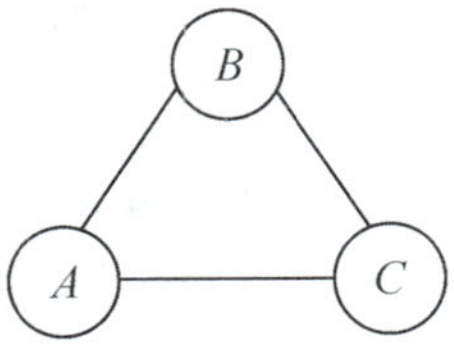

第 14 题图

4		F
	5	
A		6

第 15 题图

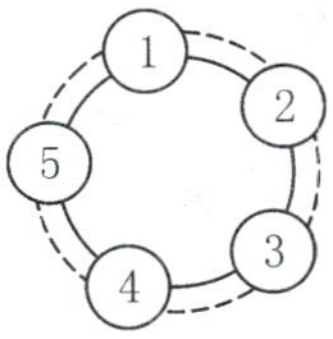

第 17 题图

15. 将 1～9 分别填入题图的 3×3 方格中，每个方格里只能填一个数且不能重复，其中 4、5、6 已经填出，如图所示。现将一枚棋子放在左下的方格内，按照游戏规则，棋子每步只能移动到相邻（有公共边）的格子中，且这个格子里的数要比原来格子里的数大。那么，一共有________种不同的填数方法，能使棋子可以按照规则从“A”所在的格移到“F”所在的格。　（2018 年“数学花园探秘”4 年级网赛）

16. 甲、乙、丙三人同时乘坐从 A 地到 B 地的地铁，沿途有 5 个站点可以下车。若每站最多有 2 人下车，同一站点下车人员不分先后，则不同的下车方法有________种。

17. 如图，圆圈表示房间，实线表示地上通道，虚线表示地下通道。开始时，一个警察在 1 号房间，一个小偷在 2 号房间。每一次警察从所在房间沿着地上通道转移到相邻的房间；同时小偷从所在房间沿着地下通道转移到相邻的房间。如果警察和小偷转移了 3 次都没有在任何房间相遇，那么他们有________种不同的走法。　（2017 年“数学花园探秘”小中决赛 B 卷）

拓展部分

18. 票的编号由 000 到 999。如果一张票的号码中有某两个相邻数字的差等于 5，就将这张票称为“好票”。那么，这些票中不是“好票”的数目有________张。

（2013 年秋 · 武汉明心数学资优生测试 6 年级）

19. 将所有恰好由两种不同数字组成的自然数(例如 10、223、5566 等)从小到大排成一列：

10,12,13,14,⋯

那么，2020 是数列中第________个数。（2020 年“数学花园探秘”6 年级网赛）

20. 小强忘记了自己保险柜的密码，只记得是由四个 0～9 数字(可重复)组成的一个四位数(首位不能是零)，且四个数字之和是 10 的倍数。为确保打开保险柜，至少要试________次。

（2013 年“数学花园探秘”6 年级网赛）

21. 已知正整数 a、b 满足 $a+b=2018$，如果加法过程中未产生进位或只产生 1 次进位，则称数对(a，b)是“简单数对”；如果产生了 2 次或 2 次以上进位，则称数对(a,b)是“复杂数对”。请问：在所有满足条件的不同数对(a,b)中，“简单数对”多还是“复杂数对”多？多多少？

（2017 年秋 · 武汉明心数学资优生测试 6 年级）

22. 将题图中的 8 个小圆点涂成红色或黄色，要求每个点都至少与一个红点相邻(有线段或弧线直接相连的两个点称为相邻)。不同的涂法共有________种。（2018 年“数学花园探秘”小高决赛 A 卷）

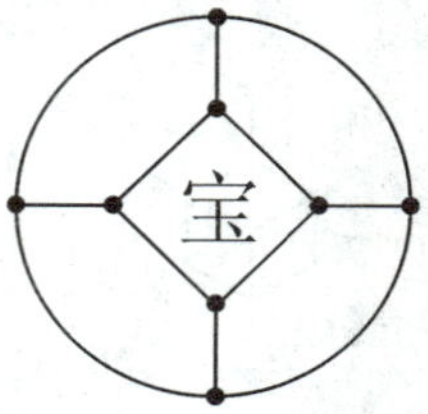

第 22 题图

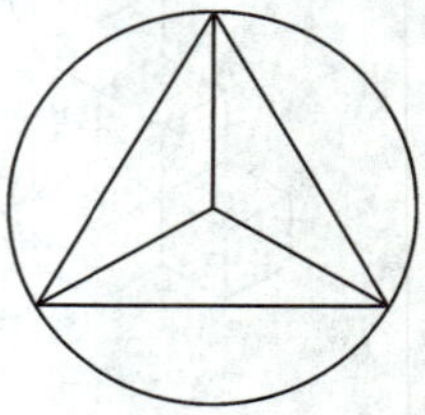

第 23 题图

23. 如图，某科技公司的 logo 是由 6 条线段和 3 条弧线组成，这 9 条线上均布满了发光二极管。为了庆祝新年的到来，程序员小泽编制了一个单片机程序控制这些发光二极管，此单片机程序可使得该 logo 每条线选择“红、橙、黄、绿、青、蓝、紫”这 7 种颜色中的一种进行闪烁，并且使得有公共点的线闪烁出不同的颜色。由于程序有缺陷，所以闪烁时必有一种颜色不被选择。那么该 logo 一共能呈现出________种不同的闪烁方案。(logo 不能旋转和翻转)（2019 年“数学花园探秘”小高决赛 A 卷）

24. 将数字 1～9 分别填入 3×3 的方格表中(每个数字使用一次)，使得每行每列的数字组成的三位数都是 9 的倍数，共有________种不同的填法。（2020 年春 · 武汉明心数学资优生测试 5 年级）

25. 近日有一则消息：四位华人入围“火星移民计划”，其中三位是女性，一位是男性。如果他们将被分成三批前往火星，那么，共有________种不同的前往方式。

（2015 年春 · 武汉明心数学资优生测试 4 年级）

26. 狼人杀是时下热门的一款桌游，其中有平民、守卫和狼人三种角色牌。现将两张平民牌、三张守卫牌、两张狼人牌排成一行，如果平民与狼人相邻，则平民受到伤害；如果平民与狼人都不相邻，则平民安全。在保证平民安全的前提下，一共有________种不同的排列方法。(同种角色牌之间没有区别)

（2019 年“数学花园探秘”6 年级初赛 C 卷）

27. 将 1～6 分别填入题图的 2×3 方格中，每个方格里只能填一个数且不能重复，1 和 6 已经填出，如图所示。现将一枚棋子放在左下的方格内，按照游戏规则，棋子每步只能移动到相邻的格子中，且这个格子里的数要比原来格子里的数大。那么，有________种不同的填数方法，能使棋子无法按照规则从“1”移动到“6”。

（2017 年“数学花园探秘”小高决赛 C 卷）

28. 一个九位数，首位为 1，末位为 9，相邻两个数位上的数字差（大减小）都是 2。这样的九位数有________个。（2017 年“数学花园探秘”小高决赛 C 卷）

29. 某班 40 名学生全都面向前方，从前向后站成一列，按照 1，2，3，4，1，2，3，4，…的顺序循环报数，每人报一次数，报到 3 的同学向后转。之后，如果相邻两个学生面对面，他们就会握一次手，然后同时向后转，一直到不再有学生面对面。那么，整个过程中，全班同学一共握手了________次。

（2018 年“数学花园探秘”5 年级初赛 A 卷）

30. 中国天眼接收到来自双子座、猎户座和仙女座的 5 组不同信号，科学家通过甄别发现来自每个星座的信号都至少有一组，并且已知第 3 组信号肯定不是双子座发出的。那么，这 5 组信号的来源共有________种可能。（2018 年“数学花园探秘”6 年级初赛 A 卷）

31. 你和贝贝、晶晶、欢欢、迎迎、妮妮从左往右排成一排拍照，贝贝和晶晶在你的左边，迎迎和妮妮在你的右边，那么符合条件的排队顺序一共有________种。（2017 年“数学花园探秘”6 年级网赛）

32. 甲、乙、丙三户人家打算订阅报纸，共有 5 种不同的报纸可供选择。已知每户人家都订两份不同的报纸，并且知道这三户人家每两户所订的报纸恰好有一份相同，那么三户人家共有________种不同的订阅方式。（2015 年“数学花园探秘”5 年级初赛 B 卷）

33. 某次考试每人要考数学、语文、英语、科学四科，每科的分数都是 0～7 的整数。在四科总分都是 10 分的考生中，至少选出________人，才能保证选出的人中有两人各科考试分数全都对应相同。

（2018 年“数学花园探秘”6 年级初赛 B 卷）

34. 将 1、2、3、4、5 排成一排，如果满足任意擦去两个数，使得剩下三个数不构成等差数列（顺序不变），那么称这个排法为“特别”的。那么共有________个“特别”的排法。

（2015 年“数学花园探秘”5 年级总决赛第一试）

35. 某市举办庆元旦足球表演赛，邀请 A、B、C、D 四支球队同时进行两场比赛（即 A 对 B，C 对 D）。已知两场比赛中共进了 5 球，那么各支球队进球数共有________种不同的情况。

（2017 年“数学花园探秘”小高决赛 D 卷）

36. 已知 2017 各位数字之和为 10，我们把这样的数称为“十全数”。那么，公元元年至今，这样四位“十全数”的年号共有________个。（2017 年秋・武汉明心数学资优生测试 6 年级）

37. 用 1～8 这 8 个数字组成各位数字互不相同的八位数，且任意相邻的两个数字组成的两位数都不能被 3 整除，那么共有多少种不同的组成方式？（2020 年“数学花园探秘”小高决赛 C 卷）

38. 题图是一个 3×4 的长方形点阵，相邻两行和相邻两列的距离都相等，以这些点中的 4 个点为顶点的梯形共有________个。（2020 年“数学花园探秘”6 年级初赛 B 卷）

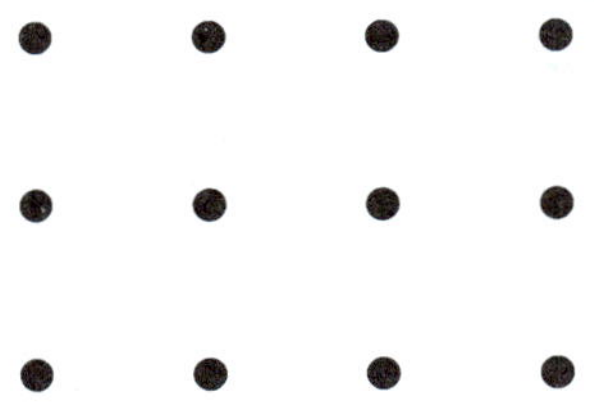

第 38 题图

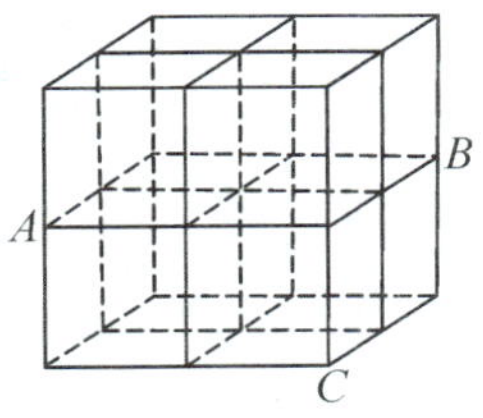

第 39 题图

39. 如图，有 54 根直线型管道搭成的大正方体框架。一只蚂蚁要从点 A 在管道内部爬过 6 根管道首次到达点 B。已知这只蚂蚁在爬行过程中没有走过回头路，且相连接的管道都是相通的。那么这只蚂蚁共有________种可能的爬行路线。（翻转或旋转后相同的路线视为不同的路线）

（2017 年“数学花园探秘”6 年级初赛 A 卷）

40. 某次赛马比赛中共有 2018 匹马参赛，每场比赛由 18 匹马同场竞技。已知每匹马的速度不变且互不相同。那么找出速度最快的马最少需要举行________场比赛。

（2018 年“数学花园探秘”小高决赛 D 卷）

41. 小明有 5 角和 1 元的硬币共 12 枚，用这些硬币中的一部分或者全部恰可以组合成 17 种不同的币值。则小明有 1 元硬币________枚。（2016 年秋 · 武汉明心数学资优生测试 6 年级）

42. 正六边形一共有 9 条对角线。在正六边形内添加 2 条对角线可以形成下列 6 种不同的图案。在正六边形内添加 7 条对角线可以形成________种不同的图案。（旋转、对称后相同的图案算作同一种图案）

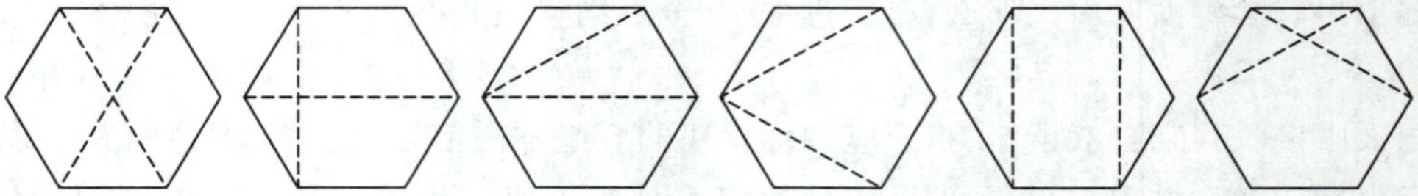

第 42 题图

（2014 年"数学花园探秘"6 年级网赛）

43. 将编号为 1、2、3、4、5 的小球依次放入下面 5 个小格中。每次操作，选取相邻 4 格，将选出的前两格和后两格中的小球对换，交换时不改变前后两格内小球的左右顺序，例如 12345 操作一次只能变为 34125 或 14523。如果一种放法经过若干次操作后与另一种完全相同，我们就认为这两种放法是同一类。那么，所有的放法共有________类。

第 43 题图

（2018 年"数学花园探秘"小高决赛 D 卷）

44. 若四位数的四个数位中至多含有两个不同的数字，则称为"简单四位数"（如 5555 和 3313）。那么，"简单四位数"共有多少个？

（2014 年秋 · 武汉明心数学资优生测试 6 年级）

45. 如图，一枚棋子开始时放在 3 号方格中，每次可将棋子移动到相邻的方格中，若移动 5 次后棋子在 2 号方格中，那么棋子有________种不同的移动方法。

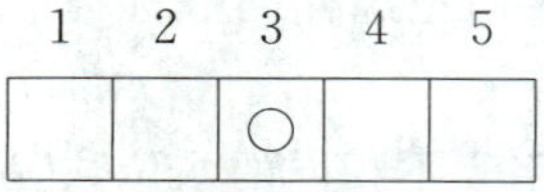

第 45 题图

（2018 年春 · 武汉明心数学资优生测试 4 年级）

参考答案

1. 答案：13。

分析：如图。

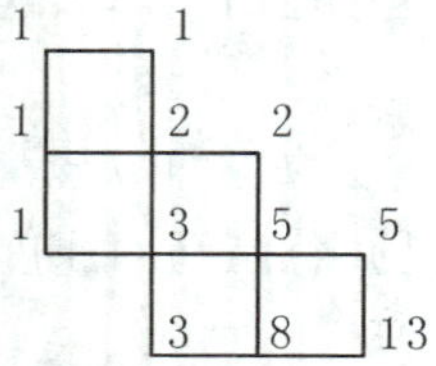

第 1 题图

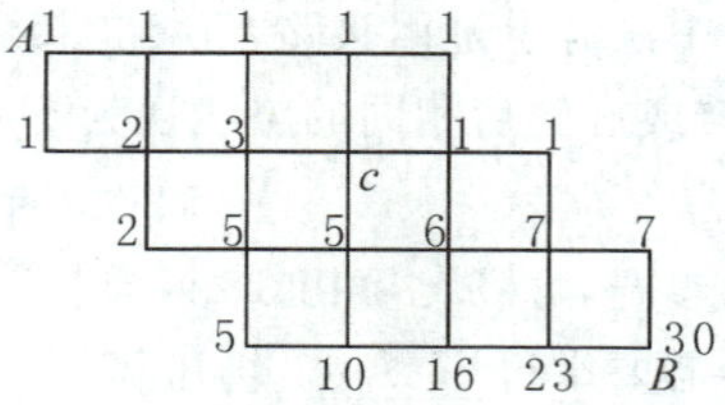

第 2 题图

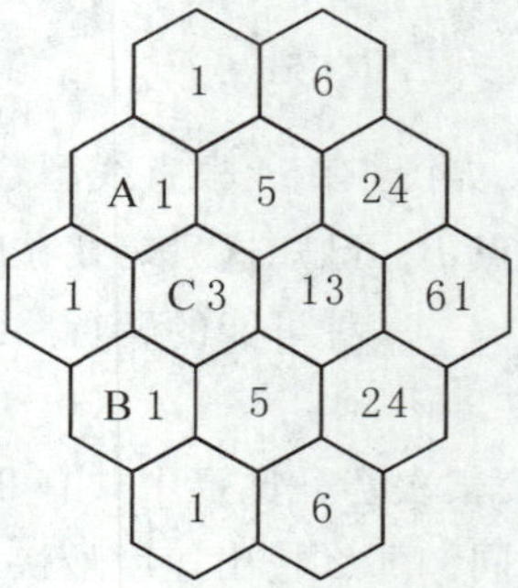

第 3 题图

2. 答案:30。

分析:如图。

3. 答案:61。

分析:挑战者从起点到 A 房间,只有 1 种方法;到 B 房间也只有 1 种方法。再来看到 C 房间的走法,可以直接到 C 房间,或者从 A 房间到 C 房间,再或者从 B 房间到 C 房间。也就是说,到 C 房间的走法是它左边相邻房间走法数的和。

根据这个方法,可以逐一标出每个房间的走法数,如图。

4. 答案:200。

分析:利用标数法可知,原来 52 条,现在 252 条,多 200 条。

5. 答案:8。

分析:小喜拿出 2 元的方法共有 2 种,小宇拿出 2 元的方法共有 4 种,共有 $2\times4=8$(种)。

6. 答案:71。

分析:千位为 1 时,个、十、百位各有 4 种选择,共 $4\times4\times4=64$(个);千位为 2 时,百位只能为 0,十位为 0 时,个位有 4 种;十位为 1 时,个位有 3 种。

综上,这样的四位数共有 $64+4+3=71$(个)。

7. 答案:240。

分析:五位密码由 4 个数字组成,则必有其中一个数字出现了 2 次,5 个位置中选 2 个位置放相同的数,然后 4 个数字放进 4 类位置,所以这样的五位密码共有 $C_5^2\times A_4^4=10\times24=240$(种)不同的可能。

8. 答案:35。

分析:根据葛太太提供的线索,逃逸车辆的车牌号不同可能性共有$(3\times2\times1)\times(3\times2\times1)=36$(种)。警察最多需查验 $36-1=35$(辆)车。

9. 答案:16。

分析:2、0、1、8 这四个数字可以组成的四位数有 $3\times3\times2\times1=18$(个),除了 2018 和 1208 外,还有 $18-2=16$(个)。

10. 答案:175。

分析:分类讨论。

(1)4 个数字均相同:仅有 4444,1 个。

(2)4 个数字中恰有 3 个数字相同:3 个 3:$3\times4=12$(个),3 个 4:$3\times4=12$(个)。

(3) 4 个数字两两相同:选数字 3 种,排位置 6 种,共 $3\times6=18$(个)。

(4)4 个数字中恰有两个相同,另两个数字不相同,选数字有 $3\times3=9$(种),排两个相同数字的位置有 6 种,再排两个不同数字有 2 种,所以共 $9\times6\times2=108$(个)。

(5)4 个数字互不相同:$4\times3\times2\times1=24$(个)。

所以不同的四位数共有 $1+12\times2+18+108+24=175$(个)。

11. 答案:12。

分析:1、4 所在田字格中的数一定都不超过 4,所以 2、3 一共有 2 种填法。5、6、7、8 都比 1、2、3、4 大,同时也都比 9 小。所以从 5、6、7、8 中任意选出两个数按照上小下大的顺序填在右上“1×2”方格与左下“2×1”方格中即可,有 6 种不同填法。根据乘法原理,有 $2\times6=12$(种)填法。

12. 答案:32。

分析:要使这 5 个差恰为 1～5,那么这 4 个数必须含有 0 和 5,其余的两个数有 4 种可能:1 和 2、1 和 3、2 和 4、3 和 4,共四组。当这 4 个数选定后,两两作差有 6 个数。

以 0、1、2、5 为例,它们的差有 2、3、4、5 各一个,1 两个,分别是 0 和 1 的差以及 2 和 1 的差。所以符合要求的填法必须使左上角和右下角的差为 1,先从这两个位置选一个填 1,另一个位置填 0 或 2,再将剩余的两数填入剩下的两个圈中，所以 0、1、2、5 共有 $2\times2\times2=8$(种)填法。

同理，可以说明其他三组数，每组都有 8 种填法，所以一共 $8\times4=32$(种)填法。

13. 答案：21。

分析：因为图 a 的立体图形从上下、左右、前后三个方向看相同的，我们只用看一个方向上图 b 有几种摆法就好了。以上下方向为例：最上层 0 种，第 2 层 1 种，第 3 层 6 种，合计 7 种，所以总有 $7\times3=21$(种)。

14. 答案：18。

分析：3 个差成等差数列，且最大的差等于另外两个差之和，所以三个差互不相等。

又因为最大的差与第二大差相差最小，即最小的差就是等差数列的公差。所以这三个差从小到大只能为(1、2、3)或(2、4、6)。最大的差一定是$(C-A)$，但其他两个差可以交换位置。

$(B-A)$、$(C-B)$、$(C-A)$的差分别为(1、2、3)时有 6 种，分别为(2、1、3)时有 6 种，分别为(2、4、6)时有 3 种，分别为(4、2、6)时有 3 种，共 18 种。

15. 答案：52。

4	D	F
C	5	E
A	B	6

第 15 题图

分析：如果能从 4 或 6 走通路线，那么必然也能从 5 走通路线，所以只要考虑从 5 经过即可。

A、B、C 中至少有 2 个小于 4 的数，D、E、F 中至少有 2 个大于 6 的数。

(1)A、B、C 中包含 1、2、3 中的 2 个数，则 D、E、F 中必然包含 7、8、9 中的 2 个数。

A、B、C 中的大数有 3 种可能，2 个小数有 3 种可能，这个大数的位置有 2 种可能；此时 D、E、F 与 A、B、C 一一对应，这个小数的位置有 2 种可能。共有 $3\times2\times3\times2=36$(种)填数方法。

(2)A、B、C 中包含 1、2、3 中的 3 个数，则 D、E、F 中必然包含 7、8、9 中的 3 个数。

只需 3 不在 A，7 不在 F 即可，有$(2\times2\times1)\times(2\times2\times1)=16$(种)填数方法。

所以共有 $36+16=52$(种)填数方法。

16. 答案：120。

分析：方法 1　如果没有限制条件，则甲、乙、丙每人都有 5 种下车方法。

由于同一站点下车人员不分先后，所有可能的下车方法共有 $5\times5\times5=125$(种)，其中三人同时下车的方法共有 5 种。

但是每个站点最多有 2 人下车，故符合题意的不同下车方法共有 $125-5=120$(种)。

方法 2　甲、乙、丙三人分别在三个站点下车的方法有 $5\times4\times3=60$(种)。

甲、乙、丙三人分为两组的方法有 3 种。

两组分别在两站下车的方法有 $5\times4=20$(种)，所以共有 $60+3\times20=120$(种)。

17. 答案：55。

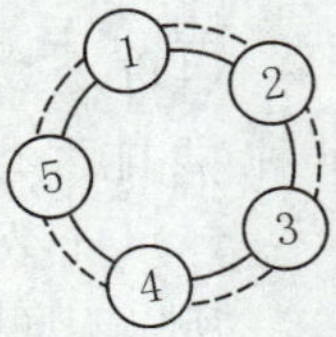

分析：两个房间的位置关系一共分为两类：一种是相邻，形如 1 号、2 号两个房间；一种是相间，两个房间中恰好相隔一个房间。例如 1 号和 3 号两个房间。

如图 1，如果从相邻的两个房间出发，下一步可能走出 3 个相邻和 1 个相间。

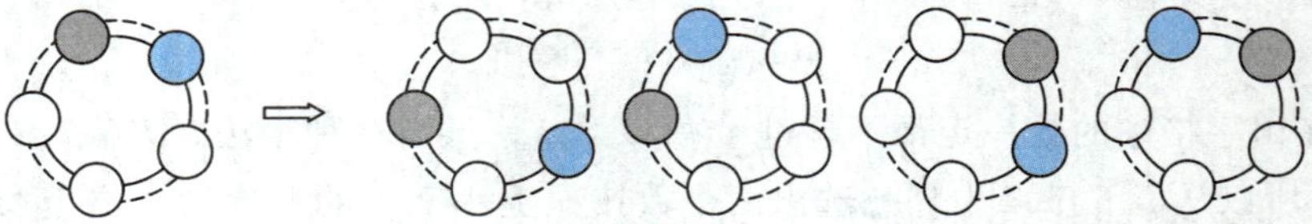

图 1

如图 2，如果从相间的两个房间出发，下一步可能走出 1 个相邻和 2 个相间。

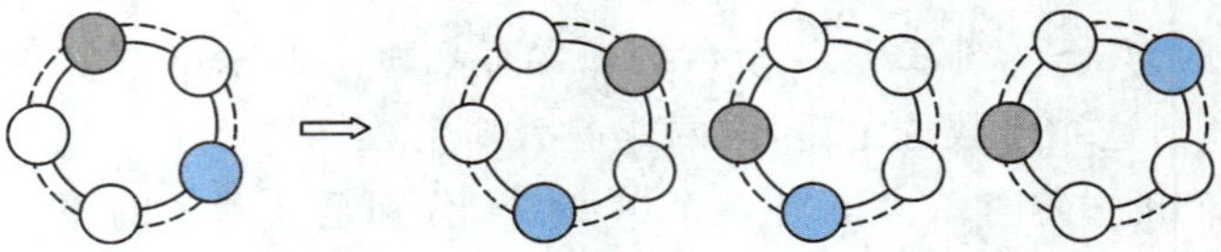

图 2

问题转化成："1个强细菌每秒钟分裂成3个强细菌和1个弱细菌；1个弱细菌每秒钟分裂成1个强细菌和2个弱细菌。如果瓶子里刚开始有1个强细菌，那么3秒末时瓶子中有多少个细菌？"

对此问题，可以使用标数法，逐点累计，如下：

	起	1	2	3
相邻	1	3	$3\times3+1\times1=10$	$10\times30+5\times1=35$
相间	0	1	$3\times1+1\times2=5$	$10\times1+5\times2=20$
小计				55

所以符合题意的不同走法共有55种。

18. 答案：810。

分析：我们来计算非好票的数目。

设$\overline{a_1a_2a_3}$是非"好票"号码。作为a_1，可以挑选10个数字中的任何一个。将10个数字分为5对：(0，5)、(1，6)、(2，7)、(3，8)、(4，9)，每一对中的两个数之差为5，对于非"好票"而言，当选好了a_1之后，a_2只有9种选法(即不能选那个与a_1构成"对子"的数码)。同理，在选好a_2之后，a_3也只有9种选法。

所以非好票的数目为$10\times9\times9=10\times9^2=810$(张)。

19. 答案：390。

分析：形如$\overline{AB}$的两位数有$9\times9=81$(个)；形如$\overline{AAB}$(或$\overline{ABBABA}$)的三位数有$9\times9\times3=243$(个)。

以1为首位的四位数，另一种数字的位置有7种，所以有$7\times9=63$(个)。

以1为首位的四位数有2000、2002、2020，所以2020是第$81+243+63+3=390$(个)数。

20. 答案：900。

分析：千位有9种选法，百位、十位各有10种选法，此时个位数字可与"千位、百位、十位的数字和对于10的余数"一一对应，所以密码共有$9\times10\times10=900$(种)不同的可能，即900次。

21. 答案："复杂数对"比"简单数对"多1259对。

分析：若加法未产生进位，则(a,b)千位数字的搭配有3种可能，百位数字的搭配有1种可能，十位数字的搭配有2种可能，个位数字的搭配有9种可能，去掉(a,b)其中一个为0的两种可能，未进位的"简单数对"有$3\times1\times2\times9-2=52$(对)。

同样方法可推知，仅有个位产生进位的"简单数对"有3对；仅有十位产生进位的"简单数对"有0对；仅有百位产生进位的"简单数对"有$2\times9\times2\times9=324$(对)。

综上，"简单数对"有$52+3+0+324=379$(对)，"复杂数对"有$2017-379=1638$(对)。

所以，"复杂数对"较多，比"简单数对"多$1638-379=1259$(对)。

22. 答案：121。

分析：(1)将图中的点标上A和B。我们发现，与标有A的点相邻的点上标的都是B；与标有B的点相邻的点上标的都是A。标有A的点如何涂与标有B的点如何涂是相互独立的。

(2)标有A的点有3类涂法：①全部涂成红色，1种涂法；②3个点涂成红色，4种涂法；③2个点涂成红色，6种涂法。共$1+4+6=11$(种)涂法。

由(1)(2)知，符合题意的涂法总共有$11\times11=121$(种)。

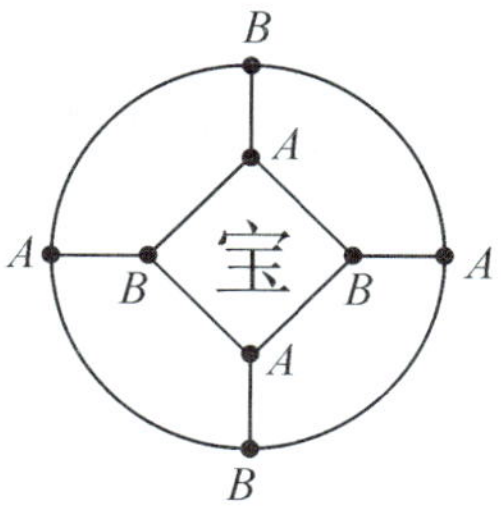

第22题图

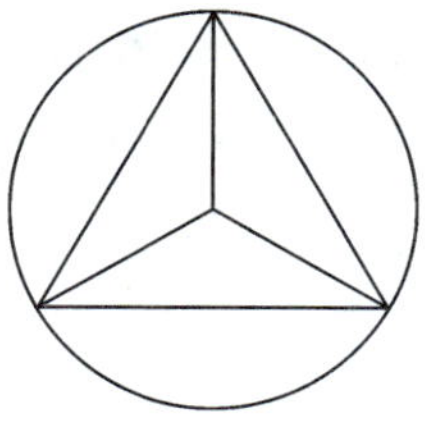

第23题图

23. 答案：40320。

分析：不考虑中心的三条线，其余 6 条线两两颜色不同，共有 $7\times6\times5\times4\times3\times2=5040$(种)。

中心的三条线，每条线只能选择与它无公共点的两条线的颜色，所以该 logo 最终共有 $5040\times2\times2\times2=40320$(种)不同的闪烁方案。

24. 答案：216。

分析：三行三列的数字和均为 9 的倍数，所以恰有两行(列)和为 18，另一行(列)和为 9。

当第一行、第一列和为 9 时，第一行第一列的方格中可以填的数为 1、2、3。

分别讨论得如下填法：

1	2	6
3	7	8
5	9	4

2	1	6
3	8	7
4	9	5

3	1	5
2	9	7
4	8	6

考虑到行与行可以交换，列与列可以交换，且方格表可以沿对角线对称。

所以共有 $3\times(3!)\times(3!)\times2=216$(种)不同的放法。

25. 答案：36。

分析：一定有一批为 2 人。可以是第一批，第二批或第三批，所以前往方式分 3 类。

从 4 个人中选 2 人有 6 种选法，余下 2 人可交换顺序。不同顺序有 $6\times2=12$(种)。

所以，共 $3\times12=36$(种)不同的前往方式。

26. 答案：42。

分析：将平民看为 1，守卫看为 2，狼人看为 3，相当于两个 1、三个 2、两个 3 能组成多少个 1、3 不相邻的 7 位数。

(1)若两个 1 相邻，先将两个 1、三个 2 排入，共 4 种排法；此时第一个 3 排入有 3 种，第二个 3 再排入有 4 种，共 $4\times3\times4\div2=24$(种)。

(2)若两个 1 不相邻，先将两个 1、三个 2 排入，共 6 种；此时第一个 3 排入有 2 种，第二个 3 排入共 3 种，共 $6\times2\times3\div2=18$(种)。

所以共 42 种排法。

27. 答案：5。

分析：1 相邻的两格中分别是 4 和 5 有 $2\times2=4$(种)。除此以外，第一行填 3、2，第二行填 5、4 也满足要求。所以共有 5 种填数方法。

		6
1		

第 27 题图

28. 答案：13。

分析：注意到第 2 位必定为 3，第 8 位必定为 7，而第 4、6 位必定为 3 或 7。分类计数可知，这样的九位数有 $2\times2\times1+2\times1\times2+1\times1\times1+1\times2\times2=13$(个)。

29. 答案：145。

分析：第 1 轮，所有 3、4 握手，共 10 次，然后握手的组合向后平移 1 个位置，变成 4 和 1 握手。以此类推。共需 $10+(9+8+7+6+\cdots+2+1)\times3=145$(次)握手。

30. 答案：100。

分析：乘法原理，容斥，排除。

第 3 组信号有两种选择，其余 4 组信号每个都有三种选择，然后减去所有信号都来自 2 个星座的和都来自 1 个星座的。共计 $2\times[3^4-2\times(2^4-1^4)-1^4]=100$(种)。

31. 答案：24。

分析：方法 1 你只能在第三或第四个位置，在第三个位置有 $A_2^2\times A_3^3=12$(种)排法，在第四个位置有 $A_3^3\times A_2^2=12$(种)排法，一共 $12+12=24$(种)。

方法 2 你，即为贝贝、晶晶、迎迎、妮妮的“隔板”，这五人有 $A_2^2\times A_2^2=4$(种)排法。

排好后将这 5 人都看作“隔板”，欢欢有 6 个位子可以选择，所以共有 $4\times 6=24$(种)排队顺序。

32. 答案：180。

分析：假设五种报纸为 A、B、C、D、E。

甲有 $C_5^2=10$(种)选择，假设选了 A、B；乙必须在 A、B 中选择一种，在剩下的 3 种中再选择一种，有 $2\times 3=6$(种)选择，假设选择了 A、C；

丙若选择了 A，则有 A、D 或 A、E 两种选择；若丙选择了 B，则另一种只能选择 C；所以丙有 $2+1=3$(种)选择。

三户人家共计 $10\times 6\times 3=180$(种)不同的订阅方式。

33. 答案：247。

分析：考虑所有情况减去有单科 10、9、8 的三种情况，$C_{10+4-1}^{4-1}-C_4^1-A_4^2-2A_4^2=246$，$246+1=247$。

34. 答案：20。

分析：所有排法中从左到右都不能出现 123、321、234、432、345、543、135、531，因为所有的等差数列都含有 3，所以我们以 3 所处的位置分类。

(1)3 在首位，1 不能在 2 右边，4 不能在 5 左边，有 $C_4^2=6$(种)；由对称性可知，3 放在末位也有 6 种。

(2)3 在从左至右第二位，则第一位无数可放；由对称性可知，3 放在倒数第二位时，最后一位无数可放。

(3)3 放在中间，若 1、2 在 3 的同侧，则必然出现 234 或 432、135 或 531 的情况，所以 1、2 分别在 3 的两侧，4、5 也分别在 3 的两侧，且 1、5 必须在同一侧，2、4 必须在同一侧，此时也不可能出现 123、321、345、543 的情况，于是有 $2\times 2\times 2=8$(种)排列方式。

共计 $6+6+8=20$(种)。

35. 答案：56。

分析：即将 5 个进球分给 4 个球队，可以为 0。共有 $C_{5+3}^3=56$(种)不同情况。

36. 答案：57。

分析：当年号千位为 1 时，百位、十位、个位瓜分 9，且允许出现 0，有 $C_{9+3-1}^{3-1}=C_{11}^2=55$(个)；当年号千位为 2 时，有 2008、2017，共 2 个。

共 $55+2=57$(个)。

37. 答案：1152。

分析：用[0]、[1]、[2]表示除以 3 余 0、1、2 的数。1～8 中有 3 个[1]、3 个[2]、2 个[0]。[1]和[2]不能相邻，[0]和[0]不能相邻。

先排 3 个[1]和 3 个[2]，再将[0]插入。

将若干个相邻的[1]或者相邻的[2]称为 1 段。因为[1]和[2]不能相邻，相邻的[1]和[2]之间必须插入[0]，所以 6 个[1]或[2]至多被分成 3 段。

假设这 6 个数排好后开头是[1]，分类枚举如下：

[1][1][1]+[2][2][2]型：两个[0]共有 6 种插入办法；

[1]+[2][2][2]+[1][1]型：两个[0]只有 1 种插入办法；

[1][1]+[2][2][2]+[1]型：两个[0]只有 1 种插入办法。

以上 3 类，3 个[1]、3 个[2]、2 个[0]共有 $6+1+1=8$(种)排法。

[2]开头的与[1]开头的是对称的。

3 个[1]、3 个[2]、2 个[0]共有 $8\times2=16$(种)排法。

3 个[1]赋值 1、4、7 有 3!种可能；3 个[2]赋值 2、5、8 有 3!种可能；2 个[0]可以赋值 3 和 6 有2!种可能。

本题答案为 $16\times3!\times3!\times2!=1152$(种)。

38. 答案：106。

分析：上、下底水平放置的梯形有 $C_3^2\times(C_4^2\times C_4^2-3\times3-2\times2-1\times1)=66$(个)；

上、下底竖直放置的梯形有 $C_4^2\times(C_3^2\times C_3^2-2\times2-1\times1)=24$(个)；

上、下底斜着放置的梯形有 16 个。

因此共有 $66+24+16=106$(个)梯形。

39. 答案：124。

分析：我们将行走路径分成“上、下”“左、右”“前、后”，从 A 到 B 的最短路径是两个右、两个后，所以要“浪费”2 根。

(1)如果浪费的这两根是上下方向，将“上”“下”插空到另外四步之间或者前后，那么爬行路线有：$C_4^2\times A_5^2=120$(种)。

(2)如果浪费的两步不是上、下；那么只能在一平面上从 A 走到 B，且要浪费两步，不难得出是 $2\times2=4$(种)。

所以，一共是 124 种不同路径。

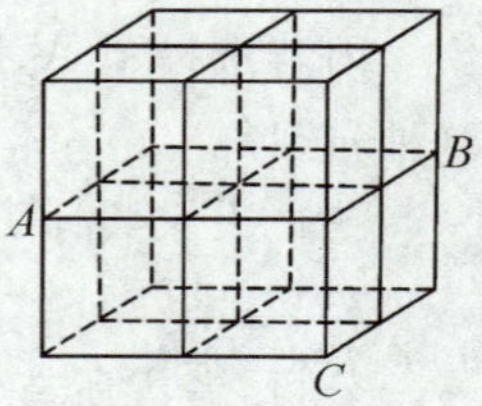

第 39 题图

40. 答案：119。

分析：每场比赛可以淘汰 17 匹马，留下跑得最快的马，另添 17 匹进行下一场比赛。

$2018\div17=118\cdots\cdots12$。

所以 119 场比赛即可找出速度最快的马。

41. 答案：5。

分析：若只有 1 元硬币，则只能表示出 12 种不同的币值。

假设 1 元硬币有 n 个，也有 5 角硬币，我们可以将可组成的币值分为两类：小于等于 1 元硬币币值总价的，有 $0.5,1,1.5,2,\cdots,(n-0.5),n$，共 $2n$ 种币值；大于 1 元硬币币值总价的，有几个 5 角硬币，就有几种，即$(12-n)$种。

共有 $2n+(12-n)=12+n=17$(种)，所以 $n=5$。

42. 答案：6。

分析：添加 7 条与剩下(添加)2 条一一对应，所以形成 6 种不同图案。

43. 答案：20。

分析：如图，相邻两种的放法可以经过一次操作变成相同的。先将 1、2、3、4、5 随便排成一行，共有$5\times4\times3\times2\times1=120$(种)放法，这些放法共分成 $120\div6=20$(类)。

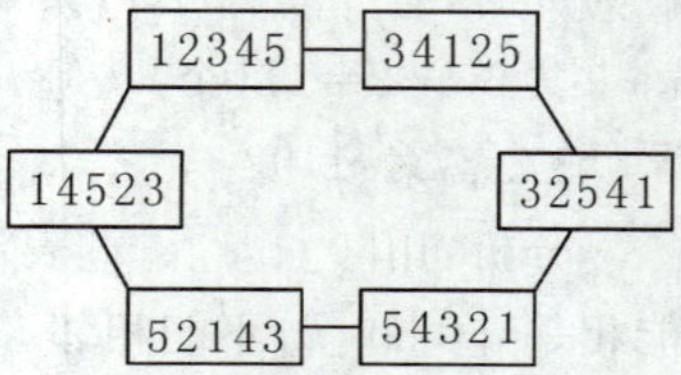

第 43 题图

44. 答案：576。

分析：若四位数的 4 个数字都相同，则这种四位数有 9 个。

若四位数的 4 个数字有 2 个值，首位数可在 $1,2,\cdots,9$ 中取值，有 9 种取法；

当首位数填好后，在 $0,1,2,\cdots,9$ 中取值，且不能与首位相同，其取法有 9 种；

后 3 个数位中，每一位置都可填以上取的 2 个值，但不能三位全和第一位相同，有 $2^3-1=7$(种)填法。

故 4 个数码恰有两个值的四位数有 $9\times9\times7=567$(个)。因此，简单四位数共有 $9+567=576$(个)。

45. 答案：9。

分析：5 次中有两次向右，有 $C_5^2=10$(种)，但两次向右不能为最后两次，所以共有 $10-1=9$(种)。

第三十九章　计数博览会

39.1　数论类计数问题

39.1.1　质数

例 1　有________个三位数，其各位数字的乘积是质数。

（2016 年春·武汉明心数学资优生测试 5 年级）

解析

$\overline{abc} \to a \times b \times c$ 为质数，只能是两个 1 与一个质数相乘，满足的有：112、121、211、113、131、311、115、151、511、117、171、711，共计 12 个。

例 2　用 1 个 1、2 个 2、3 个 3、…、9 个 9 最多能同时组成多少个不同的两位数质数？

（2019 年"数学花园探秘"4 年级总决赛第一试）

解析

两位数质数的个位数字只能是 1、3、7、9。

不考虑数字 1 和 3，两位数质数有 47、67、97、29、59、79、89，共 7 个。

数字 1 至多出现在 1 个质数中，数字 3 至多出现在 3 个质数中。

所以最多能同时组成 $1+3+7=11$（个）不同的两位数质数。

41、23、43、53、47、67、97、29、59、79、89 即一种组成方案。

39.1.2　整除

例 3　将一个两位数的十位数字和个位数字对调后，得到一个新数，将这个新数与原来的数相减，我们称其差为一个"好数"。例如 $73-37=36$ 是一个"好数"。既是"好数"又是完全平方数的数有________个。

（2018 年秋·武汉明心数学资优生测试 5 年级）

解析

新数与原数的差一定是 9 的倍数。最小为 0，最大为 81。所以既是"好数"又是完全平方数的数有 0、9、36、81，共 4 个。

例 4　万位和个位数字相等、千位和十位数字相等的五位数称为五位回文数。那么其中能被 13 整除的共有________个。

解析

设这个五位数是$\overline{abcba}$，则 $13\mid(10001a+1010b+100c)$，$13\mid(10001a+1010b+100c)-(10010a+1001b+91c)$，$13\mid 9(b+c-a)$，$13\mid(b+c-a)$。

对 a 进行讨论，知被 13 整除的共有 $7\times6+8+9+10=69$(个)。

例 5 由数字 1、2、3、4、5、6、7、8、9 各一个组成的 9 位数中，99 的倍数有多少个？

(2020 年春·武汉明心数学资优生测试 5 年级)

解析

由 1、2、3、4、5、6、7、8、9 各一个组成的 9 位数，其数字和为 $1+2+3+4+5+6+7+8+9=45$，必为 9 的倍数。再令其为 11 的倍数即可，则其奇偶位数字和之差应为 11 的倍数，只能分别为 17 和 38。

$17=7+4+3+2+1=6+5+3+2+1=9+5+2+1=9+4+3+1=8+6+2+1$

$=8+5+3+1=8+4+3+2=7+6+3+1=7+5+4+1=7+5+3+2=6+5+4+2$。

共 11 种可能分组，故共有 $11\times5!\times4!=31680$(个)。

例 6 某班共有 30 名学生去看电影，他们的学号依次为 1，2，…，30。他们手中的电影票恰好为某排的 1 号，2 号，…，30 号。现在按如下要求将电影票发给这些同学：对于任意两人甲、乙，若甲的学号能被乙的学号整除，则甲的电影票号码也能被乙的电影票号码整除。那么电影票共有________种不同的发放方式。

解析

学号与电影票号相同一定满足要求，如下：

1	2	3	4	5	6	7	8	9	10	11	12	13	14	15	16	17	18	19	20	21	22	23	24	25	26	27	28	29	30
1	2	3	4	5	6	7	8	9	10	11	12	13	14	15	16	17	18	19	20	21	22	23	24	25	26	27	28	29	30

学号为 17、19、23、29 的学生电影票可以互相交换，有 $4\times3\times2\times1=24$(种)。

另外，11、22 可与 13、26 交换，2 种。共计 $24\times2=48$(种)。

例 7 有________个大于零的整数 n 可使$\dfrac{n+3}{n-1}$的值为整数。

(2014 年秋·武汉明心数学资优生测试 6 年级)

解析

要使$\dfrac{n+3}{n-1}$为整数，即 $n-1\mid n+3$，则 $n-1\mid(n+3)-(n-1)$，$n-1\mid 4$。

4 有 3 个约数：1、2、4，则 n 有 3 个不同取值：2、3、5。

39.1.3 位值原理

例 8 将 7 枚硬币排成如图的一行(注意向上的面的顺序)。如果存在字面朝上的硬币,那么可以从字面朝上的硬币中选择一枚,将以这枚硬币为左起第一枚的连续若干枚硬币同时翻面(也可以只翻这一枚),这称为一次操作。当所有硬币字面朝下时,停止操作。那么最多可以进行多少次操作?

(2020 年"数学花园探秘"小高决赛 A 卷)

解析

将字面朝上的记作 1,字面朝下的记作 0,则 7 枚硬币对应着二进制数$(1010101)_2=85$。注意到每次操作将某一个"1"开始连续若干个数字进行变换(1 换成 0,0 换成 1),对应的数减小,所以最多可以进行 85 次操作。当每次操作时二进制数均减少 1,恰好进行了 85 次操作。

39.1.4 分解质因数

例 9 从 1、2、2、3、9、5、5、25 这 8 个数中,选出 2 个或 2 个以上的数相乘,可以得到________个不同的乘积。

(2018 年"数学花园探秘"6 年级初赛 D 卷)

解析

把所有的数都选上,乘积为 $2^2\times3^3\times5^4$。而不管选择这 8 个数中的哪几个相乘,所得到的一定是 $2^2\times3^3\times5^4$ 的因数。这个数有$(2+1)\times(3+1)\times(4+1)=60$(个)因数,但其中最小的因数 1 是不能由 2 个或 2 个以上的数相乘来得到的,所以不同的乘积共有 $60-1=59$(个)。

例 10 2018 除以一个自然数 n,所得到的商是余数的倍数,满足条件的 n 有________个。

(2018 年"数学花园探秘"5 年级初赛 D 卷)

解析

被除数=除数×商+余数,而商是余数的倍数,因此被除数必然也是余数的倍数。而 $2018=2\times1009$,即余数只能为 1 或 2。

若余数为 1,则除数×商=2017,只能是除数=2017,商=1;

若余数为 2,则除数×商=2016,则商为 2016 的偶因数。

$2016=2^5\times3^2\times7$,共有 $30-2=28$(个),其中舍去不满足条件的 1×2016 和 2×1008(除数>余数),则共有 $30-2=28$(个)。

综上所述,满足条件的 n(除数)总共有 $1+28=29$(个)。

39.1.5 填数游戏

例 11 如图,在七个空白的方格内各填入一个正整数(可以相同),使得上下相邻的两个数,下面是上面的倍数;左右相邻的两个数,右面是左面的倍数。那么共有________种填法。

(2016 年"数学花园探秘"小高决赛 C 卷)

1		
		9

解析

图中只能出现 1、3、9 三个数。

1	A	C
B	1	D
E	F	9

1	A	C
B	9	D
E	F	9

1	A	C
B	3	D
E	F	9

(1)若中心格子填 1,则 A、B 只能填 1,C、D 有 3+2+1=6(种)填法,E、F 也有 6 种填法,合计 6×6=36(种)。

(2)若中心格子填 9,则 D、F 只能填 9,与情况(1)对称,同样有 36 种填法。

(3)若中心格子填 3,则 A、C、D 三格与 B、E、F 三格填法一样多。

当 A 填 1 时,C、D 有 2+2+1=5(种)填法;当 A 填 3 时,C、D 有 2+1=3(种)填法。

A、C、D 共有 5+3=8(种)填法,那么 B、E、F 也有 8 种填法,合计 8×8=64(种)填法。

共计:36+36+64=136(种)填法。

例 12 将 1～9 填入下面的方框中,每个方框填入一个数字,使得 9 个分数中,至少有 8 个分数的值是整数。那么,共有________种符合条件的不同填法。

$$\frac{\square}{1},\frac{\square}{2},\frac{\square}{3},\frac{\square}{4},\frac{\square}{5},\frac{\square}{6},\frac{\square}{7},\frac{\square}{8},\frac{\square}{9}$$

(2017 年"数学花园探秘"6 年级总决赛一试)

解析

依次填入 1～9 符合条件,1 种;

此时有 9 个整数,然后交换某些分子,最多只能减少 1 个整数。

(1)9 可以和 1、3 交换,还可以和 3 交换,3 再和 1 交换,共 3 种。

(2)8 可以和 4、2、1 交换。还可以和 4 交换,4 再和 1 交换;还可以和 4 交换,4 再和 2 交换;还可以和 2 交换,2 再和 1 交换;还可以和 4 交换,4 再和 2 交换,2 再和 1 交换,共 7 种。

(3)6 可以和 3,2,1 交换,还可以和 2 交换,2 再和 1 交换,还可以和 3 交换,3 再和 1 交换,共 5 种。

(4)4 可以和 2、1 交换,还可以和 2 交换,2 再和 1 交换,共 3 种。

(5)7,5,3,2 只可以和 1 交换,共 4 种。

一共 1+3+7+5+3+4=23(种)。

例 13 如图,在长方体的 8 个顶点处各填入一个整数,A 处填的数是 1,B 处填的数是 6。小蚂蚁发现沿长方体的棱从点 A 爬到点 B 时,如果爬的路线是最短路线,则它路过的每个顶点上的数一定是下一个顶点上的数的约数。请问,其余 6 个顶点上的数共有多少种不同的填法?

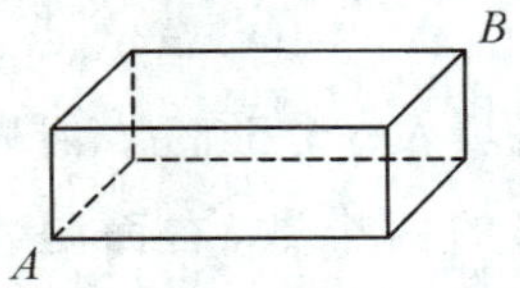

(2019 年秋 · 武汉明心数学资优生测试 5 年级)

解析

注意到，最短路线上每个数的质因数 2(或 3)的个数都是增加或者相等的。

如图，如果 B_1、B_2、B_3 上的数均不含质因数 2，则 A_1、A_2、A_3 上的数也不含质因数 2；

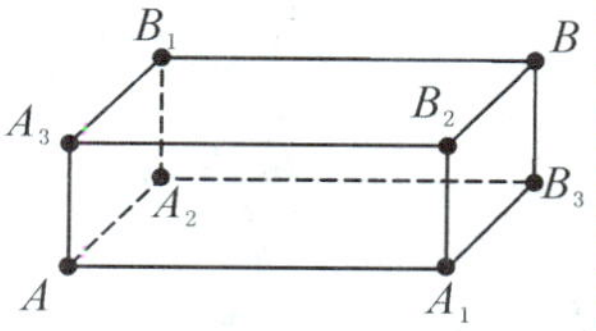

如果 B_1、B_2、B_3 上的数恰有 1 个含有质因数 2，则 A_1、A_2、A_3 上的数也不含质因数 2；

如果 B_1、B_2、B_3 上的数恰有 2 个含有质因数 2，则 A_1、A_2、A_3 上的数有两个数不含质因数 2；

如果 B_1、B_2、B_3 上的数都含有质因数 2，则 A_1、A_2、A_3 上的数都可含有质因数 2。

所以质因数 2 的情况有 $1+3+3\times2+2^3=18$(种)。同样的质因数 3 的情况有 18 种。

所以其余 6 个顶点上的数的情况共有 $18\times18=324$(种)。

39.2　图形类计数问题

39.2.1　放置于染色

例 14　大白快 6 岁了，小朋友们为他准备了一个正三角形的蛋糕，需要在正三角形 3 个顶点与 3 条边的中点处放置蜡烛(如图)。现有 3 种形状相同、颜色不同的蜡烛各 2 根，那么这 6 根蜡烛共有________种不同的放置方式。(旋转后相同视为一种方式，对称后相同的视为不同)

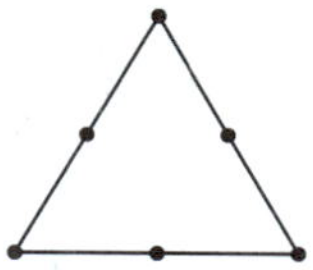

(2017 年“数学花园探秘”3 年级初赛 B 卷)

解析

假设 3 种颜色分别为 A、B、C，那么 2 支 A 蜡烛的放置位置有如下 5 种。

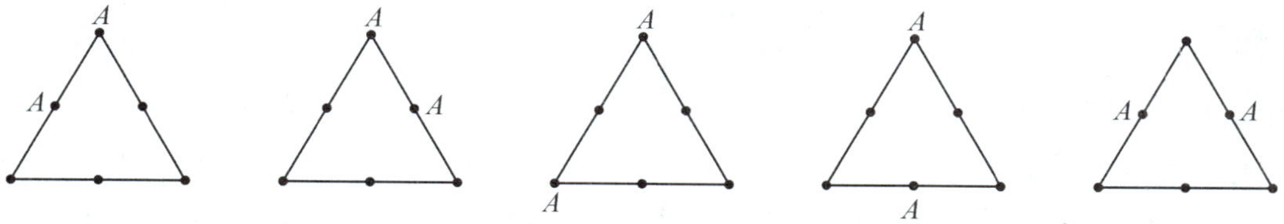

每一种剩下的 4 个位置 B 和 C 都有 6 种放置方式，所以一共有 $6\times5=30$(种)放置方式。

例 15　如图，将一个固定的 3×3 正方形九宫格中的每一个方格都染成红、蓝两色之一，如果要求所有同色格子都连在一起(两种颜色都不止一个方格，连在一起指每一个格至少与一个同色方格有公共边)。那么，共有________种染色方法。(旋转、翻转后相同的算不同染法)

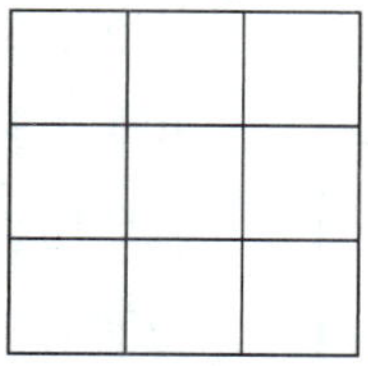

(2017 年“数学花园探秘”4 年级初赛 B 卷)

解析

中心格是红色或蓝色，两种颜色对应的方法相同，我们以中心红色为例。

当外圈还有 1 个红色，因为必须与中心相连，所以有 4 种染法；

当外圈还有 2 个红色，因为两个红色相连，其中必有 1 个在边的中间且与中心相连，所以外圈的 2 个红色可以“围绕一圈”，有 8 种染法；

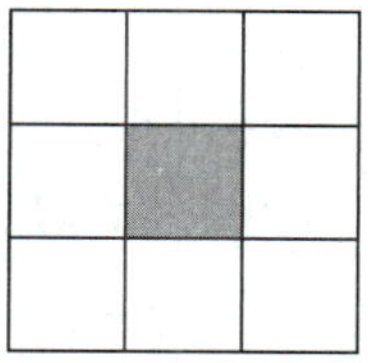

同理，外圈还有 3、4、5、6 个红色时，均有 8 种染法。

那么，红色在中心有 $4+8\times5=44$(种)，则蓝色在中心时也有 44 种染法。共计 $44+44=88$(种)。

例 16 图已固定(不允许旋转或翻转),在图中的 13 个交叉点的某 3 个交叉点上各放 1 枚相同的棋子,并使它们中任意两个都不在相邻的交叉点上,共有________种不同的放法。

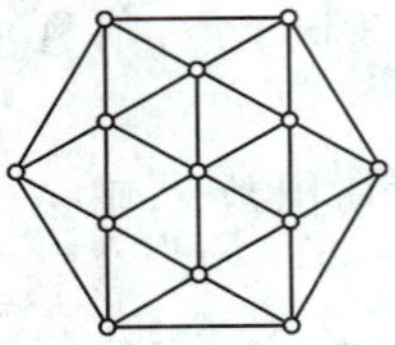

(2018 年"数学花园探秘"4 年级初赛 A 卷)

解析

先将点进行分类:

AAA:2 种;

BBB:2 种;

AAB:$6\times2+3\times2=18$(种);

AAC:$6+3=9$(种);

ABB:$6\times3=18$(种)。

所以共有 $2+2+18+9+18=49$(种)。

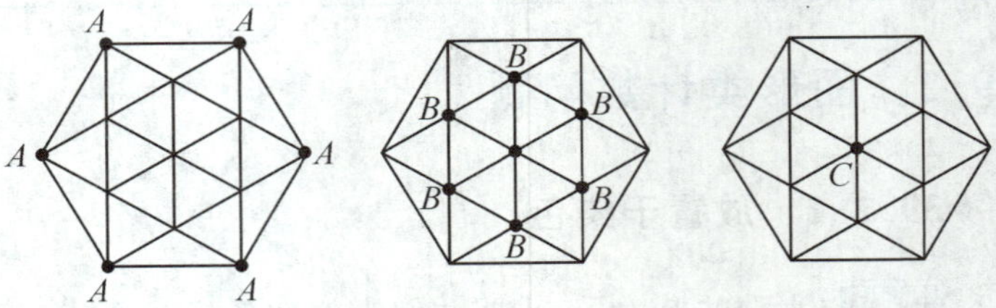

例 17 图中共有 20 个正三角形,它们的边长分别为 1、2、3。将图中的小圆点染成红色或蓝色,如果图中每个连出的正三角形的三个顶点既不全红也不全蓝,那么不同的染色方案有________种。(图形不可旋转或翻转)

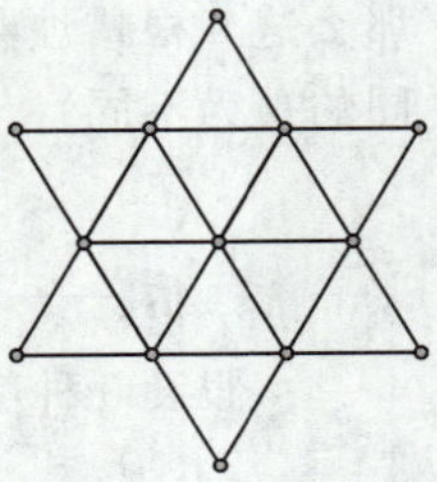

解析

由对称性,不妨设正中心的点为红色。考虑与中心点相邻的 6 个点,任意相邻两点均不为红色,否则出现红色正三角形,所以至多有 3 个红点。

(1)若 6 点中全为蓝点,则边缘处 6 个点均为红色,否则出现边长为 1 的蓝色正三角形,结果出现边长为 3 的红色正三角形,矛盾。

(2)若 6 点中恰有 1 个红点,不妨设点 1 为红点,则 2、3、4、5、6 为蓝点,顺次推得 B、C、D、E 为红点,注意到(A,3,6)、(A,C,E)均为正三角形三顶点,无论 A 填什么颜色,都会出现同色正三角形。

(3)若 6 点中恰有 2 个红点,则 2 个红点不可以相邻:

①若 1、3 为红点,则 2、4、5、6 为蓝点,顺次推知 C、D、E、F 为红点,A、B 为蓝点;②若 1、4 为红点,则 2、3、5、6 为蓝点,无论 B 填什么颜色,都会出现同色正三角形。

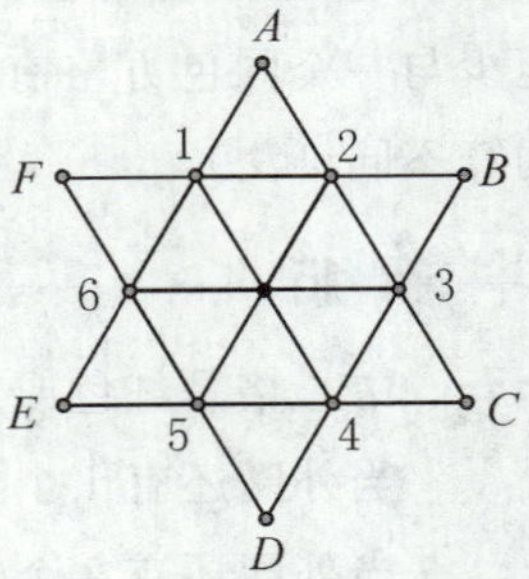

由对称性,2 个红点的有 $1\times6=6$(种)。

(4)若 6 点中恰有 3 个红点,则任两个红点不可相邻,不妨设 1、3、5 为红点,2、4、6 为蓝点,则边长为 1、2 的正三角形均不可能三顶点同色。只需满足 $\triangle ACE$ 和 $\triangle BDF$ 顶点不同色即可,有 $(2^3-2)\times(2^3-2)=36$(种)。由对称性,3 个红点的有 $36\times2=72$(种)。

综上,共有 $(6+72)\times2=156$(种)满足要求的染色方法。

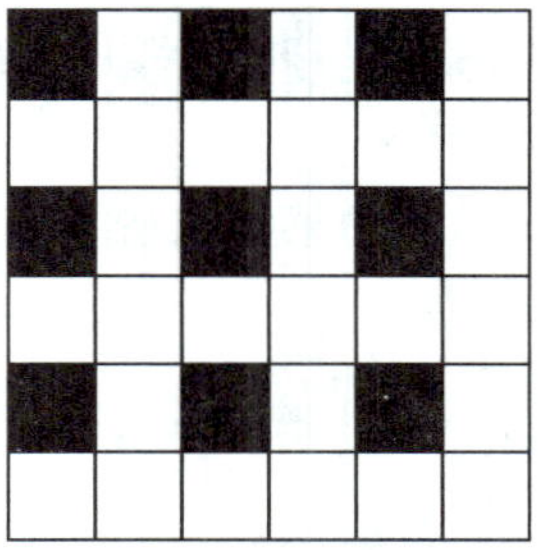

例 18 在方格表中选择若干个小方格染成黑色，使得任意一个 2×2 的方格中恰有一个黑色小方格。那么这种染法被称为“经典染法”。下图给出了一种 6×6 方格表中的“经典染法”。显然，2×2 的方格表中“经典染法”共有 4 种。

(1)4×4 的方格表中共有多少种“经典染法”？

(2)8×8 的方格表呢？

解析

①每个 2×2 的方格中有且仅有 1 个黑格，所以共有(6×6)÷(2×2)=9(个)黑格；

②如图，无论同行还是同列不能出现两个黑格之间有两个白格的现象

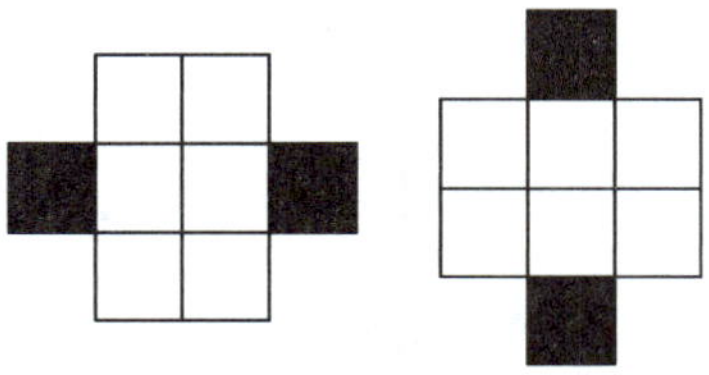

于是，列数差为 2，行数差不大于 1 的两个黑格之间的位置关系只有如下两种：

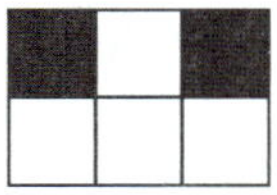

情况 1

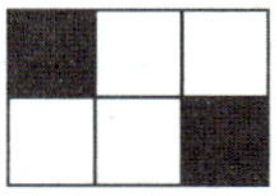

情况 2

同理，行数差为 2，列数差不大于 1 的两个黑格之间的位置关系也只有如下两种：

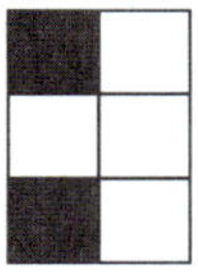

情况 3

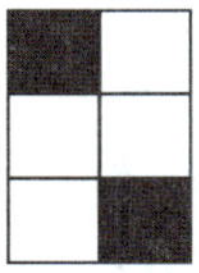

情况 4

③含有黑格的行或列进行黑白间隔染色显然满足要求；

④如果出现情况 2，则黑格所在列一定黑白间隔染色，如右图。则 9 个黑格一定分布在相邻两列列数差为 2 的 3 列中；同理，如果出现情况 4，则黑格所在的行也一定黑白间隔染色，9 个黑格一定分布在相邻两行行数差 2 的 3 行中。

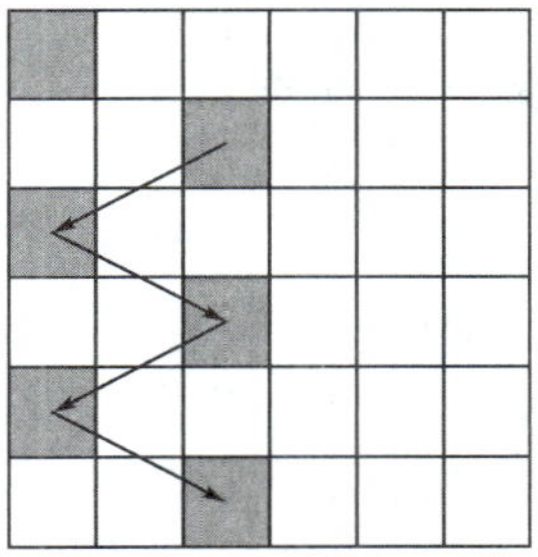

⑤对于边长为偶数的方格阵，同时满足行列都间隔染色的行列染法有 2×2=4(种)。

于是：

(1)4×4 的方格。

选择行黑白间隔染色：选择奇数行还是偶数行间隔染色，2 种；需要染 2 行；每一行的染法有 2 种，合计 2×2×2=8(种)。

同理，选择列黑白间隔染色也有 8 种；

去掉行列同时满足的重复 4 种，共计：8+8−4=12(种)

(2)8×8 的方格。

选择行黑白间隔染色：选择奇数行还是偶数行间隔染色，2 种；需要染 4 行；每一行的染法有 2 种，共计：2×(2×2×2×2)=32(种)。

同理，选择列黑白间隔染色也有 32 种；

去掉行列同时满足的重复 4 种，共计：32+32−4=60(种)。

例 19 用红色和黑色在题图的虚线网格中涂出一个 5×5 的正方形，包括18个红色小正方形和7个黑色小正方形，其中4个黑色的方格已经涂好(如图所示)。如果要求所有黑色方格全都连成一片，所有红色方格也都连成一片。那么，一共有________种不同的涂色方式。

(2018 年"数学花园探秘"6 年级总决赛第二试)

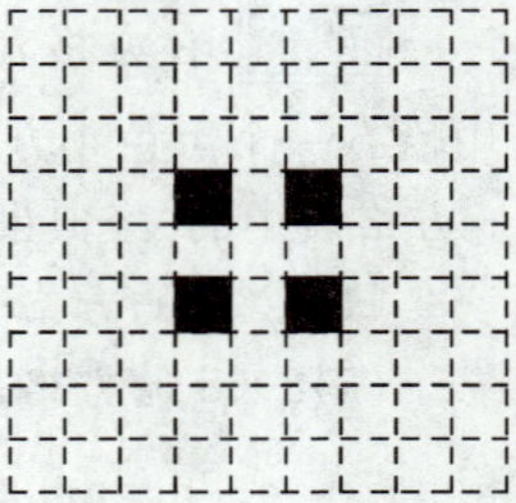

解析

7个黑格连在一起，一共有两种情况，一种是一个"U"形(可以朝四种不同方向)，一种是"H"形(可以朝两个不同方向)。

(1)7个黑格为"U"形，"U"形在一个 5×5 的正方形里面平移，不能在最上面，一共有 3×2=6(种)位置，4个不同方向，所以一共 6×4=24(种)。

(2)7个黑格为"H"形，"H"形在一个 5×5 的正方形里平移，不能在最上面，也不能在最下面，一共就3种，两个不同方向，3×2=6(种)。

所以，一共有30种不同的涂法。

例 20 我们把两个有公共边的正六边形所组成的图形称作"六边形对"，如果这两个正六边形的颜色不同，我们称它是"幸运六边形对"。如图所示，图中共有10个正六边形，我们需将其中的5个染成红色，另外5个染成黄色。

(1)图中共有________个不同的"六边形对"。

(2)"幸运六边形对"最多有多少个？

(3)"幸运六边形对"最少有多少个？

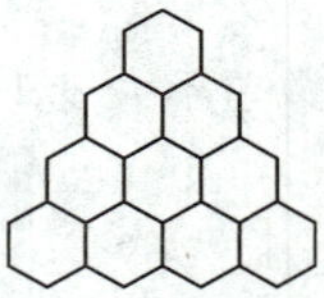

解析

(1)如图1，正六边形的相邻关系用其中心的连线表示。由图1可知，这些连线构成了6个三角形(有填色的三角形)，每个三角形代表有3对"六边形对"，共 6×3=18(对)。

(2)图1中的6个三角形，如果每个三角形代表的3个正六边形颜色都相同，则没有"幸运六边形对"；如果它有2个正六边形颜色相同，另一个正六边形颜色不同，则会有2个"幸运六边形对"，所以最多可以有 2×6=12(个)"幸运六边形对"，如图2。

(3)图1中的6个三角形，每个三角形代表的"幸运六边形对"数量只能是0或2。那么，"幸运六边形对"的数量只能是偶数。

如图3，红色线段表示"周边6个正六边形至少有2个与中心正六边形的颜色不同"，所以红色线段代表至少有2个"幸运六边形对"；蓝色线段表示"这6个正六边形一定均有红色、黄色正六边形"，由题意可知至少有2处交界，所以蓝色线段代表至少有2个"幸运六边形对"；黑色线段表示"这3个三角形不可能每个三角形都是3个六边形颜色完全一样(否则至少有一种颜色需要6个)"，所以至少有1个"幸运六边形对"。

总计至少 2+2+1=5(个)，又"幸运六边形对"的数量只能是偶数，所以最少有6个"幸运六边形对"，如图4。

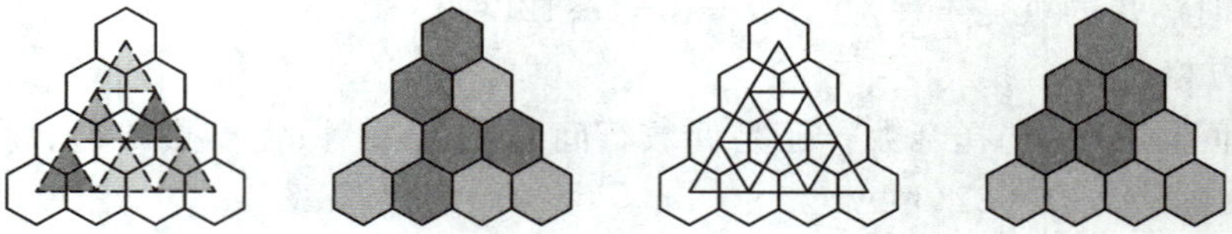

图 1　　图 2　　图 3　　图 4

39.2.2　路线

例 21　如图,有一个固定好的正六边形框架,A、B 两点各有一只电子跳蚤同时开始跳动且跳动速度一致。已知电子跳蚤每步跳到相邻的顶点,两只电子跳蚤各跳了 3 步,途中从未相遇的跳法共有________种。

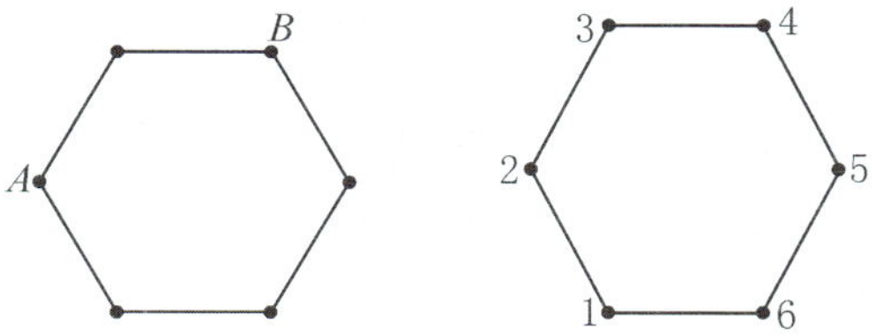

(2017 年"数学花园探秘"小中决赛 C 卷)

解析

如图,2 号和 4 号点之间相隔一个点,跳一步后,可变成"1+3""1+5""3+5",也都是中间恰好相隔一个点。以后每步不相遇的跳法都有 3 种,所以,3 步有 $3\times3\times3=27$(种)可能。

例 22　一枚棋子每步只能从九宫格里某一格走到与其相邻的格子(有公共边的格子)中。一开始棋子在 A 格中,走 5 步到 B 格的方法共有________种。(途中可以经过 B 格)

(2017 年"数学花园探秘"5 年级初赛 B 卷)

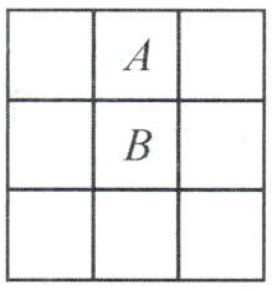

解析

把图形染色,得到右图,4 个黑格的位置关于中心对称,且 4 步后无论走到那个黑格都对应有唯一路线到达中心的 B 格。

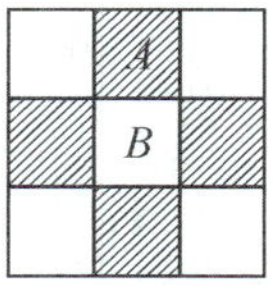

从黑格走 2 步必然会走到黑格,相应的走法一共有 8 种。所以从 A 走 4 步共有 $8\times8=64$(种)走法。最后 1 步一定是从黑格走到 B,所以共 $8\times8=64$(种)走法。

例 23　如图,甲、乙两只小蚂蚁从 A 沿最短路线走到 B,它们所走路线除 A、B 两点外没有其他公共点。那么它们一共有________种不同的走法。

(2016 年春·武汉明心数学资优生测试 4 年级)

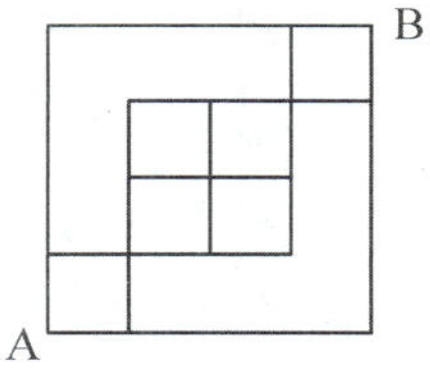

解析

甲、乙不可能都经过点 E。当甲不过点 E,甲走 $A\to C\to B$,乙此时有 7 种走法。

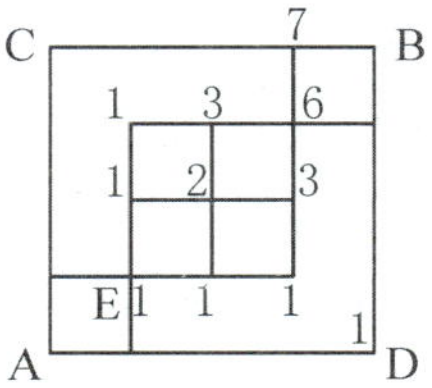

同理,甲走 $A\to D\to B$,乙有 7 种走法。所以甲不过点 E,有 14 种走法。

同理,乙不过点 E,甲有 14 种走法,但重复了甲、乙均不过点 E 的 2 种走法,共有 $14\times2-2=26$(种)。

例 24　如图,有一个固定好的黑白相间格点阵,A、B 两点各有一只电子跳蚤同时开始跳动,每步同时沿格线跳到同行或同列的异色格点上,已知两只电子跳蚤各跳了 2 步,从未同时落到同一格点的跳法共有________种。

(2020 年"数学花园探秘"6 年级初赛 B 卷)

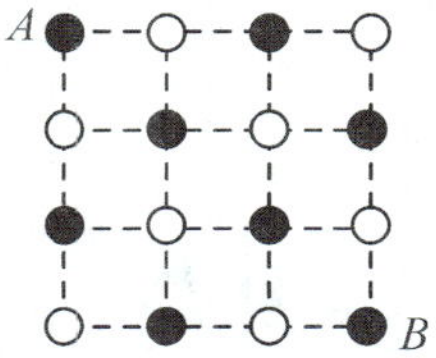

解析

A 和 B 两只跳蚤第一步分别有 4 种跳法,即第一步有 $4\times4=16$(种)情况。

其中第一步如果同时落在左下角或者右上角,不满足条件,即第一步有 14 种情况。

在这 14 种情况中：

若第一步恰在一个 2×2 的正方形的对角顶点处，共有 2 种情况，每种情况下第二步有 16 种；其余 12 种情况，每种情况下第二步有 14 种。

所以，共有 $12\times14+2\times16=200$(种)。

例 25 题图是由 8 个小等边三角形拼接成的路线图，每个小等边三角形的边长为 1 米。小明从 A 走到 B 一共走了 5 米，同一段路最多走一次，那么，一共有________种符合要求的路线。

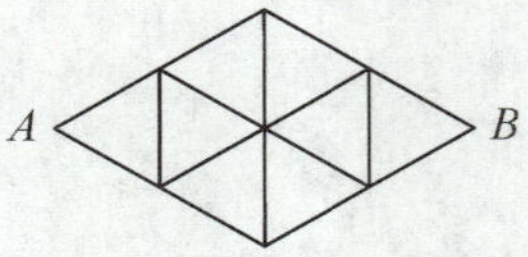

解析

从 A 到 B 的最短路线长度为 4，所以需要"绕远"一段，即需要一条纵向方向的路段完成。

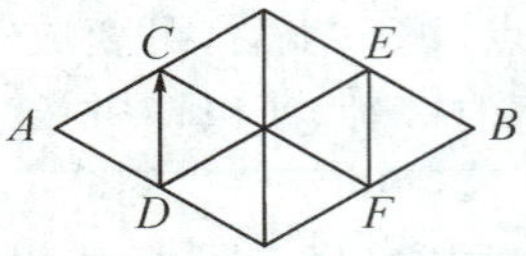

若纵向为 D 到 C 方向，即需要从 A 到 D 的最短路线与 C 到 B 的最短路线情况的积，为 $1\times3=3$ 种。同理有 D 到 C 的反向以及 EF 的纵向走法同理，共 $3\times4=12$(种)路线情况。

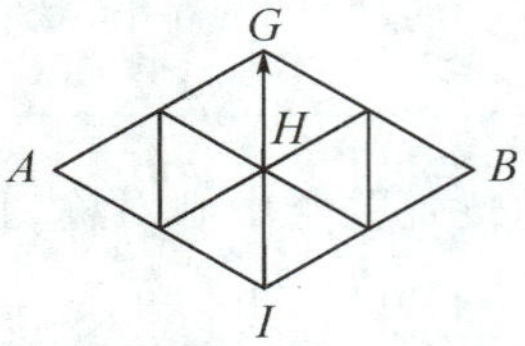

若纵向为 H 到 G 方向，即需要从 A 到 H 的最短路线与 G 到 B 的最短路线情况的积，为 $2\times1=2$(种)。同理，有 H 到 G 的反向以及 HI 的纵向走法同理，共 $2\times4=8$(种)路线情况。

综上所述，所有符合要求的路线共 $12+8=20$(种)。

例 26 某小区的道路如图所示，相邻两条道路之间的间隔都是 100 米(包括左右相邻和上下相邻，道路宽度忽略不计)。一天，小静从位于点 A 的大门，去点 B 那儿等待她的同学小明，共走了 600 米，且没有重复路线。那么她走的路线共有________种可能。

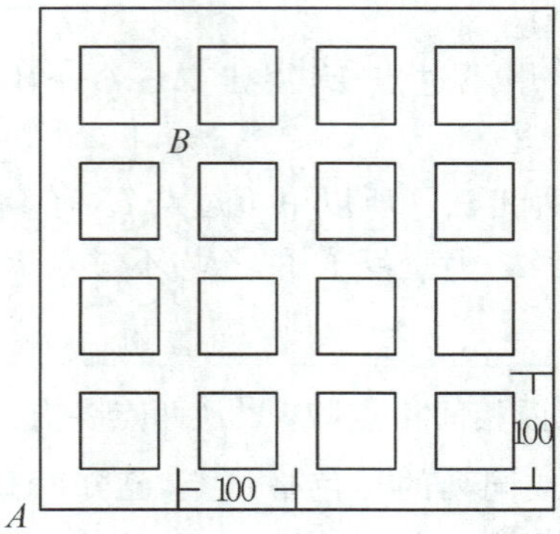

(2017 年"数学花园探秘"小中 C 卷)

解析

如果最后一步从 B 的右边走到 B，则倒数第二步必然是向上走，前 4 步枚举(或标数)共有 6 种可能。

如果最后一步从 B 的上边走到 B，显然只有 1 种可能。

如果最后一步从 B 的左边走到 B，则倒数第二步必然是向上走，前 4 步枚举共有 3 种可能。

如果最后一步从 B 的下边走到 B，倒数第二步有 3 种可能：向右、向上、向左。向右、向上的情况只有各 1 种可能，向左的情况枚举(或标数)有 3 种可能，共 $1+1+3=5$(种)可能。

综上，共有 $6+1+3+5=15$(种)可能。

例 27 小明家到学校的道路如图所示。一天，小明步行从家到学校共转了 4 次弯。他走的路线(不一定是最短路线)共有________种可能。(转弯只能向左或向右转)

学校

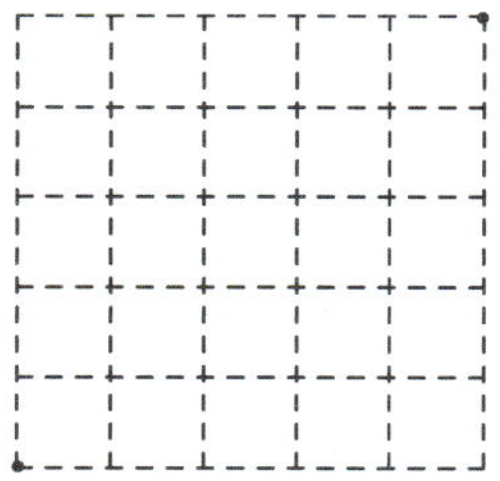

小明家

解析

分两类：走回头路、不走回头路。

(1)走回头路：

第一步的方向有两种，所以最终答案要乘 2。不妨假设出门向右走，以一种情况为例：拐 4 次弯一定分成横、竖、横、竖、横 5 段。

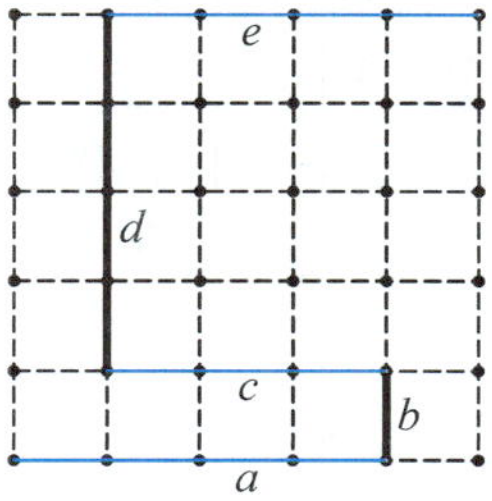

a、c 的长度决定了 e 的长度，c 的长度不会超过 a，所以 a、c 的长度选择共有：$5+4+3+2+1=15$(种)；c 这条路所在直线有 4 种选择，且 b、d 之和为 5，所以 b、d 的长度选择共有 4 种。

合计 $15\times4\times2=120$(种)选择方案，且每一种选择方案恰好对应一种走法。

(2)不走回头路：

第一步的方向有两种，所以最终答案要乘 2，不妨假设出门向右走，以一种情况为例：拐 4 次弯一定分成横、竖、横、竖、横 5 段。

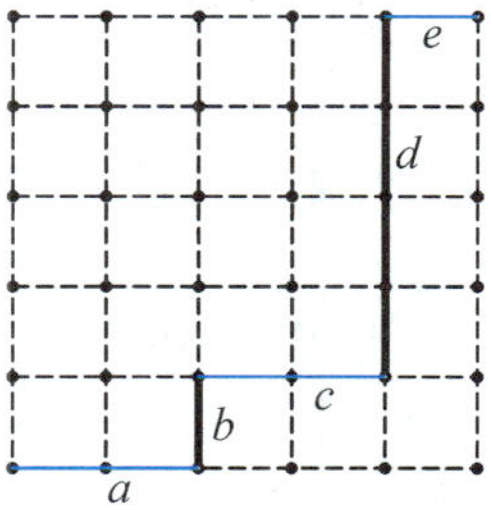

只需要保证 a、c 和 e 的长度之和为 5，b 和 d 的长度之和为 5。

a、c 和 e：有 6 种选择；b 和 d：有 4 种选择。

合计 $6\times4\times2=48$(种)选择方案，且每一种选择方案恰好对应一种走法。

所以共计 $120+48=168$(种)走法。

例 28 题图是一个小镇的道路，标有箭头的道路只能按箭头方向单向行驶。如果将所有的道路不重复地走过一遍，共有________种不同的路线。

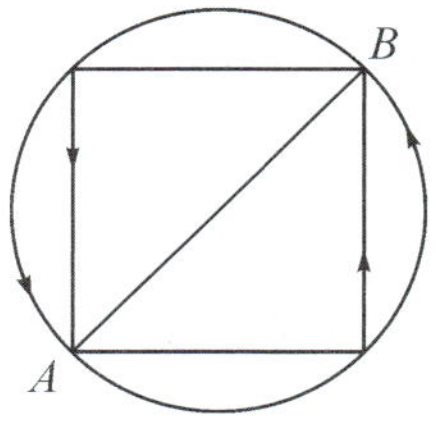

(2016 年“数学花园探秘”5 年级总决赛第一试)

解析

A、B 为奇数点，起点、终点只能是它们。

以 A 为起点为例：

因为箭头的原因，不可能出现从 B 走向 A 的情况，将所有的道路不重复地走一遍相当于逆时针绕两圈 AB；AB 可以在第一圈前、第一圈后、第二圈后走过，有 3 种选择。

第一圈时，每个交点有 2 种路线选择，有 $2\times2\times2\times2=16$(种)选择；第二圈时，每个交点只剩下 1 种路线选择，有 $1\times1\times1\times1=1$(种)选择，所以从点 A 出发共有 $3\times16\times1=48$(种)不同路线。

同理，B 点出发也有 48 种不同路线，共 96 种不同路线。

例 29 从点 A 出发，一笔画出图中的轿车，不允许走重复路线，共有________种不同的画法。

解析

如图，注意到，笔尖一旦到达点 D，就必须将小圆以及 DE 画完才能离开此区域，$3\times2\times1=6$(种)选择。于是对于大圆而言，笔尖一旦从 C 到 D，则必然从 E 到 F 才能出来，即 CF 对于大圆与 ED 对于小圆一样，于是对于“大圆$+CF$”也有 $3\times2\times1=6$(种)选择。

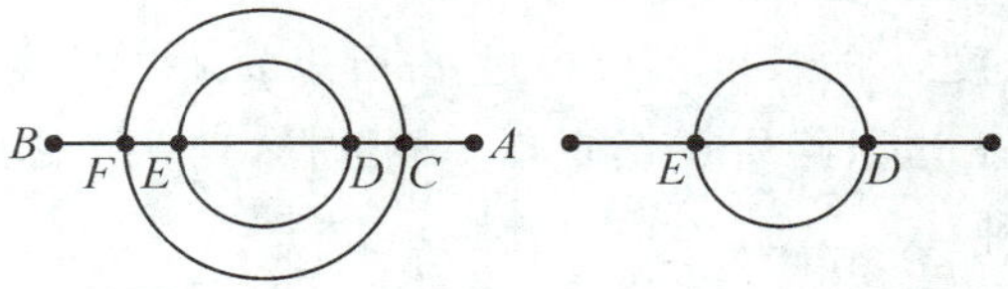

于是，每个轮胎从开始画到画完都有 $6\times6=36$(种)画法。而从点 A 出发时有顺时针、逆时针，2 种选择，所以共有 $2\times36\times36=2592$(种)不同的画法。

39.2.3 图形切拼

例 30 如果用 n 个同样大小的等腰直角三角形可以拼成等腰直角三角形，那么我们称 n 为“直角三角数”。如图所示，1、2、4 都是“直角三角数”，那么不超过 100 的“直角三角数”有________个。

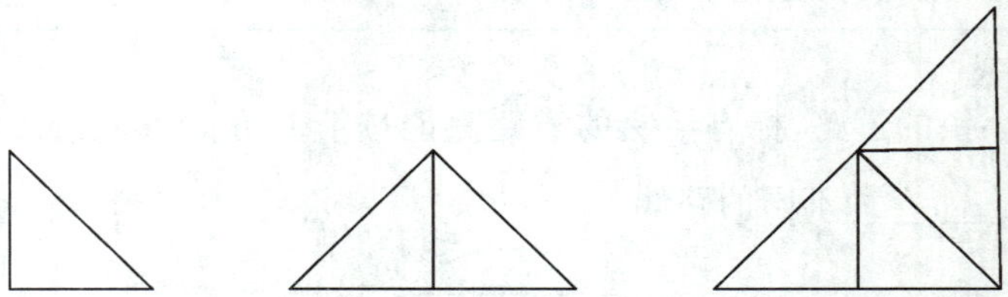

(2017 年“数学花园探秘”6 年级网赛)

解析

满足条件的“直角三角数”有 n^2 和 $2n^2$，分别有 1、4、9、16、25、36、49、64、81、100；2、8、18、32、50、72、98，共计 17 个。

例 31　将一张正方形纸片，对折之后，再对折，折成小正方形（四层）；沿相邻两边中点的连线剪一刀，扔掉三角形，剩下一个五边形；再沿五边形相邻两边中点的连线剪一刀，扔掉三角形，剩下一个六边形。将这个六边形展开，那么共有________种不同的展开图（旋转、翻转相同的算同一种）。

（2014 年"数学花园探秘"4 年级网）

解析

如图，如果我们在左图中图示位置画一个圆和一条对角线，使得墨水恰好渗透 4 层，展开后将是右图。因此，我们可以认为左图是关于图中对角线对称的。

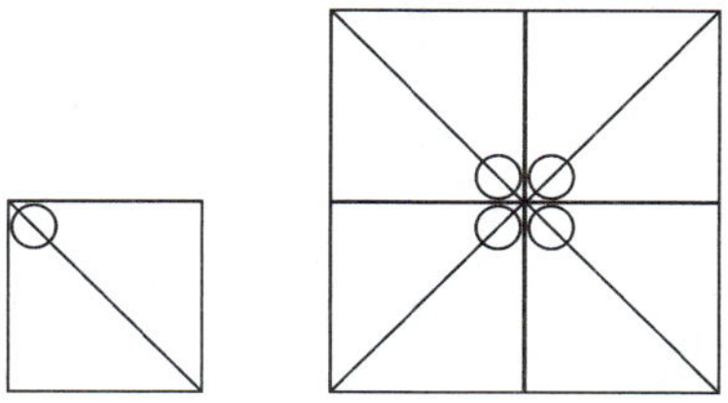

按照第一刀剪的地方不同，我们可以将各种剪法分为以下三类。

（以下各图中细虚线表示第一刀，粗虚线表示第二刀）

第一类：如图 1 所示，第一刀剪完后，轴对称性仍然得以保留。第二刀虽有 5 个地方可以剪，但利用轴对称性易知这一类剪法只有以下 3 种。

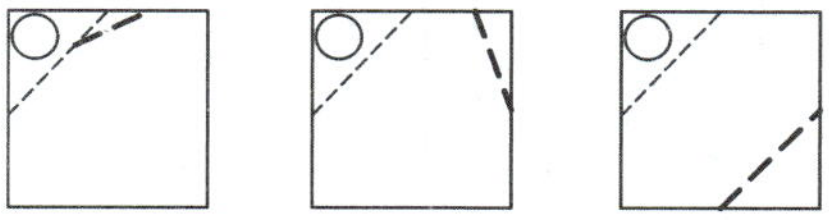

图 1

第二类：如图 2，第一刀剪完后，轴对称性已经被破坏，第二刀 5 种剪法都是不同的。

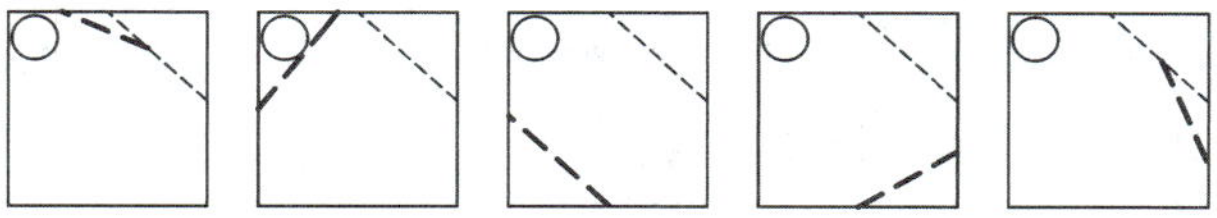

图 2

第三类：第一刀剪完后，轴对称性仍然得以保留。第二刀有 5 个地方可以剪，利用轴对称性知这一类剪法只有以下 3 种，如图 3。

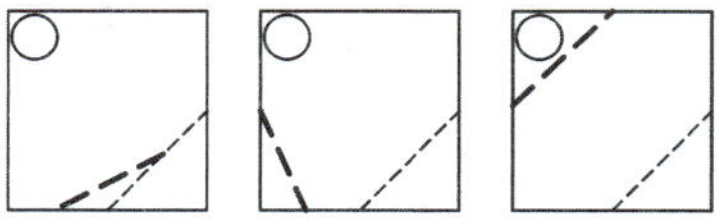

图 3

上述三类 11 种剪法中，第一类的第 3 种和第三类的第 3 种剪法其实是一样的，只是第一刀和第二刀的顺序交换了一下而已。因此，本质不同的剪法只有 10 种。

例 32　将一个固定好的正方形分割成 3 个等腰三角形，有如图的 4 种不同方式。如果将一个固定好的正方形分割成 4 个等腰三角形，那么共有________种不同方式。

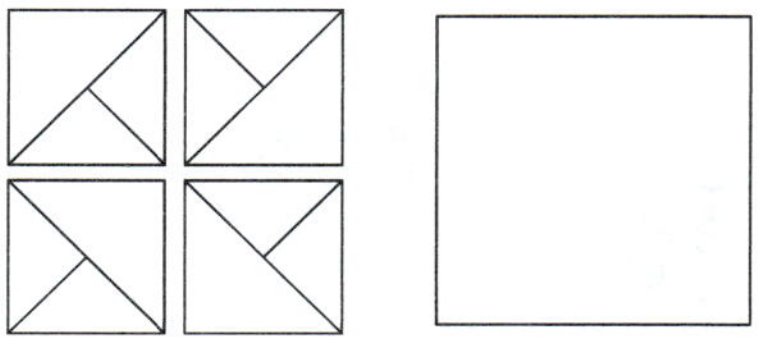

（2016 年"数学花园探秘"小高决赛 A 卷）

解析

如图，分割方式可分为如下 4 类：

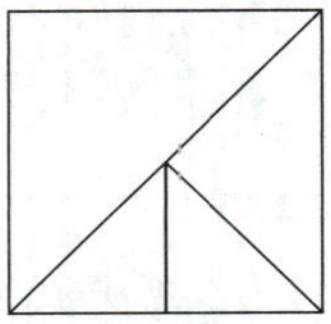

$2\times2\times2=8$（种）

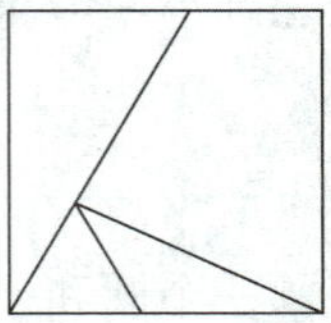

$2\times4=8$（种）

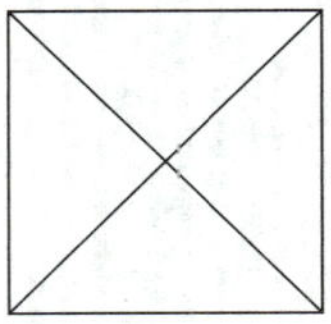

1 种

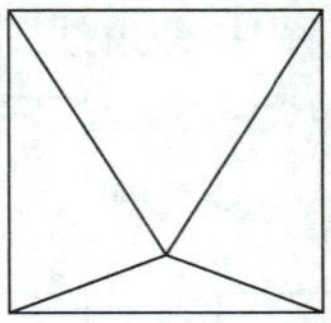

4 种

所以共有 $8+8+1+4=21$（种）。

例 33 如图，一个 $3\times3\times3$ 的正方体，它的 6 个面被染成了 6 种不同的颜色。现将其分成 9 个 $3\times1\times1$ 的小长方体，共有________种不同的分法。

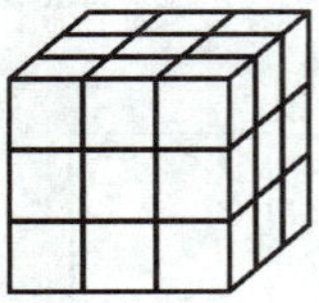

（2020 年“数学花园探秘”小高决赛 C 卷）

解析

（1）如果是 $3\times3\times1$ 的长方体，将其分成 3 个相同的 $3\times1\times1$ 的长方体，有 2 种不同的分法。

（2）如图 1，取走涂有阴影的立方块所在的 $3\times1\times1$ 的长方体有 3 种不同取法。这 3 种取法都是对称的。不妨认为取走该立方体后剩余的立方体如图 2。

图 3 中，取走涂有阴影的立方块所在的 $3\times1\times1$ 的长方体，有 2 种不同的取法。如图 4 和图 5。

图 6 中，取走涂有阴影的立方块所在的 $3\times1\times1$ 的长方体，有 2 种不同取法。如图 7 和图 8。

（3）图 7 有 1 种分法，图 8 有 2×2 种分法。所以图 5 有 $1+4=5$（种）分法。图 4 有 2 种分法，所以图 2 有 7 种分法。

共有 $7\times3=21$（种）。

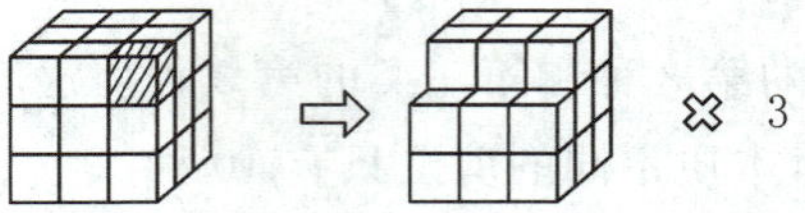

图1　图2

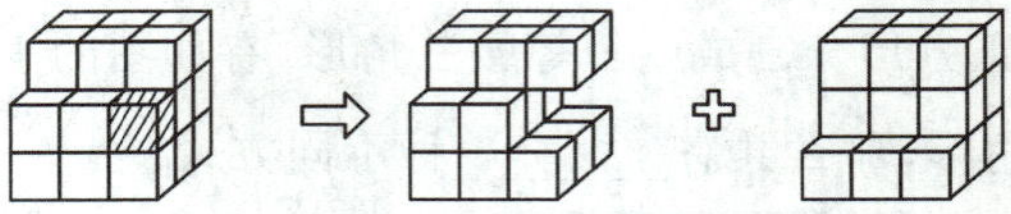

图3　图4　图5

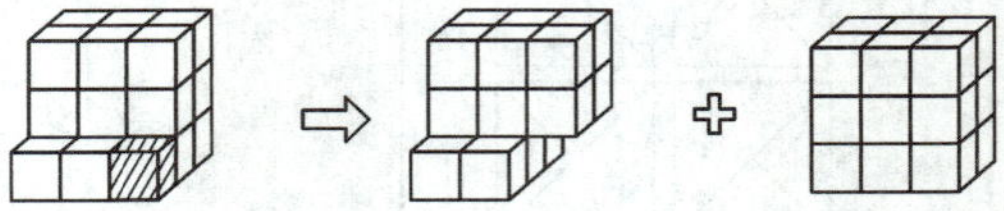

图6　图7　图8

例 34 图 3 是由 6 个图 1 这样的模块拼成的。如果最底层已经给定一块的位置(如图 2),那么剩下部分一共有________种不同的拼法。

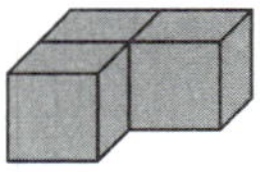
图1

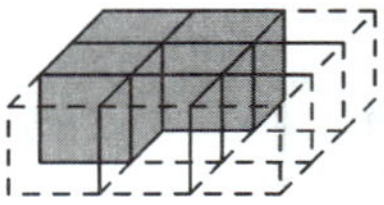
图2

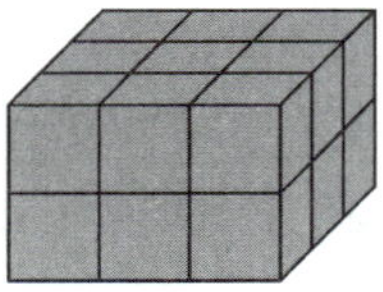
图3

(2016 年"数学花园探秘"小中决赛 A 卷)

解析

首先注意到用模块拼成 1×2×3 的小长方体有两种拼法。对下层中央的方块所在模块进行讨论(以下图中用表示,对称情况不另做说明):

情况 1: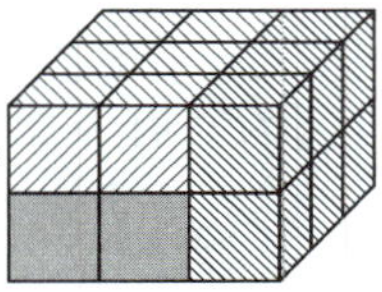,有 2×2×2=8(种);

情况 2: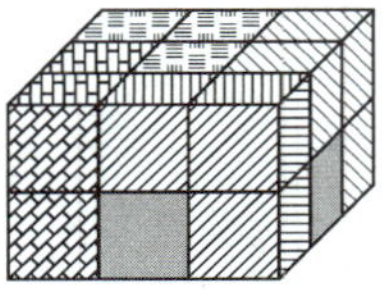,有 1×2=2(种);

情况 3: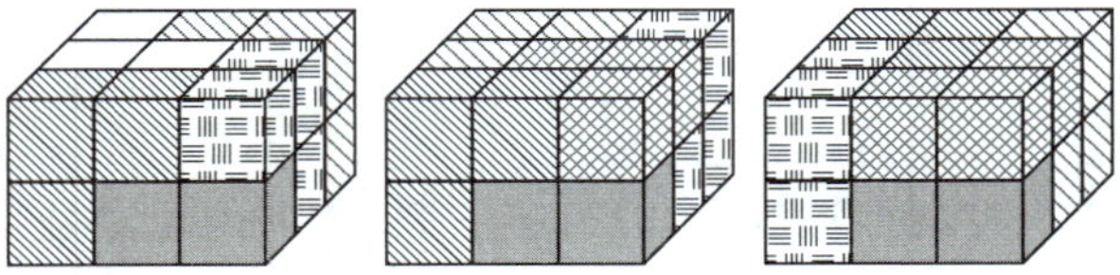,有 3×2=6(种);

情况 4: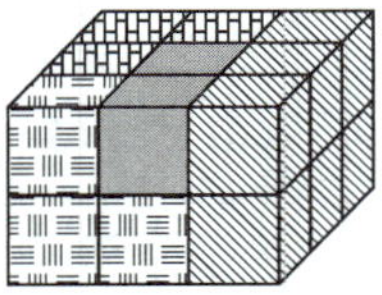,有 2×2=4(种);

情况 5: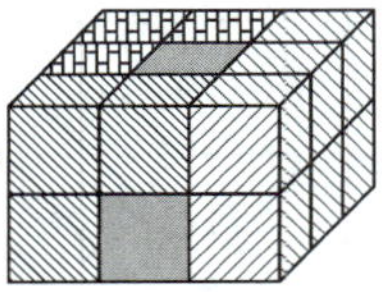,有 2×2=4(种);

情况 6: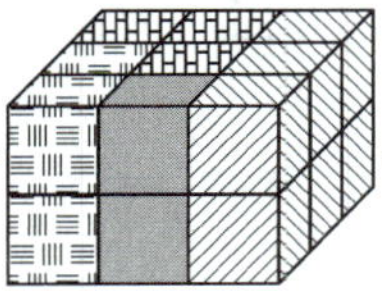,有 2×2=4(种)。

共有 8+2+6+4+4+4=28(种)。

例 35 某人用相同大小的黑白两种小正方体积木在桌子上堆成了一个 4×4×4 的大正方体,使得任何两列的各四块积木从上到下对应的颜色都不完全相同。更巧的是,任何相邻(有公共面)两列积木中,都恰有一组(共两块)水平相邻的积木颜色不同。那么,这种大正方体的搭建方法共有________种。(不允许将大正方体旋转)

(2016 年"数学花园探秘"5 年级总决赛第二试)

解 析

将黑色看作 0，白色看作 1，则每列的四块积木不同的颜色搭配恰有 2×2×2×2=16(种)，即大正方体的 16 列恰好就是这不同的 16 种搭配方式，每种恰好出现一次。

这 16 种搭配方式 0000，0001，0010，0011，0100，…，1111 互相之间没有谁更特殊，是平等关系，而它们所处的位置有区别：俯视图中，角上的 4 列只与 2 列相邻；边上的 8 列与 3 列相邻；中心的 4 列与 4 列相邻。如图：

角	边		
	中心		

而与同一种搭配方式恰有一组水平相邻的积木颜色不同的只有 4 种(因为只有 4 层可选择)，所以我们从中心入手，例如：

	0001		
0010	0000	1000	
	0100		

任取一种方式填完这 5 列之后，我们会发现根据题目要求，接下列 11 列的填法是唯一的，过程如下图：

0011	0001	1001	
0010	0000	1000	
0110	0100	1100	

0011	0001	1001	
0010	0000	1000	1010
0110	0100	1100	
	0101		

0011	0001	1001	1011
0010	0000	1000	1010
0110	0100	1100	1110
0111	0101	1101	

0011	0001	1001	1011
0010	0000	1000	1010
0110	0100	1100	1110
0111	0101	1101	111

由于左上中心列有 16 种选择，与它相邻的 4 列有 4×3×2×1=24(种)选择，所以不同的搭配方式共有 16×24×1=384(种)。

39.3 构造

例 36 从数列 1，2，3，4，…，200 中去掉一些数后形成一新数列，要求新数列中任何两个数的和都不是 8 的倍数。则新数列中最多有________个数。 (2015 年春·武汉明心数学资优生测试 6 年级)

解 析

将 1～200 分别除以 8 可知：除以 8 余 0、1、2、3、4、5、6、7 各有 25 个。

余 1、7，余 2、6，余 3、5 的组间互斥，余 4 的组内互斥，余 0 的组内互斥。

则取余 1、2、3 的 3 组共 25×3=75(个)，再取余 4、0 的组中最多各 1 个，所以，最多可取 75+2=77(个)，其中任 2 个数和都不是 8 的倍数。

例 37 从 1～100 中最多能取出多少个自然数，使得任意两个取出的数都不存在倍数关系？当取出数的个数最多时，取出的最小数最小可以是多少？ （2019 年秋·武汉明心数学资优生测试 6 年级）

解析

将 1～100 分成如下 50 组(每组的第一个数恰为 1,3,5,…,99)：

(1,2,4,8,16,32,64),(3,6,12,24,48,96),(5,10,20,40,80),(7,14,28,56),(9,18,36,72),(11,22,44,88),(13,26,52),(15,30,60),(17,34,68),…,(25,50,100),(27,54),(29,58),…,(49,98),(51),(53),(57),…,(99)。

每组中至多取一个数，否则会出现两个数存在倍数关系，所以最多能取出 50 个。例如取 51～100 共 50 个数，一定满足要求。

因为这 50 个数中，一定含有 1,3,5,…,99 的倍数，所以 1～33 的奇数一定不能被取出。即这些组中取出的数至少含有 1 个质因数 2。

同样可以推知，1、3、5、7、9、11 所在的组取出的数至少含有 2 个质因数 2。

1、3 所在的组取出的数至少含有 3 个质因数 2。

1 所在的组取出的数至少含有 4 个质因数 2。

因此取出的最小数为 16。

例 38 如果一个数的某个倍数在十进制中可仅由“2020”构成，则称它是个“好数”(例如 73 就是一个“好数”，因为 20202020 是 73 的倍数，且由 2 个 2020 组成)。那么两位数中有________个数不是“好数”。

（2020 年春·武汉明心数学资优生测试 6 年级）

解析

末四位为 2020，是 4 与 5 的倍数，不是 8 与 25 的倍数，所以 8 与 25 的倍数均不为“好数”。

计 $M_k=\underbrace{20202020\cdots2020}_{k\text{个}2020}$，考察 M_k 中是否存在质数 p(不为 2 或 5)的倍数：

假设在 M_1 至 M_p 中，若没有 p 的倍数，则它们关于质数 p 的余数只可能为 $0,1,\cdots,(p-1)$。根据抽屉原理可知，必有两个关于质数 p 同余，假设它们是 M_k 与 $M_j(k>j)$，于是 $p\mid(M_k-M_j)$，$p\mid\underbrace{20202020\cdots2020}_{(k-j)\text{个}2020}\underbrace{00000000\cdots0000}_{j\text{组}0000}$，由于 p 不为 2 也不为 5，所以 $p\mid\underbrace{20202020\cdots2020}_{(k-j)\text{个}2020}$，即 $p\mid M_{k-j}$，与假设矛盾。所以在 M_1 至 M_p 中，一定存在 p 的倍数。

由于 10～99 中除了 8 与 25 的倍数外的其他数，去掉质因数 2 余 5 后，均为质数或质数的乘积，于是他们均为“好数”，不是“好数”的个数为 $\left[\frac{99}{8}\right]-1+\left[\frac{99}{25}\right]=14$(个)。

所以共有 14 个不是“好数”。

例 39 据外媒报道，美国华盛顿大学研究团队近日发现了一种新的不规则五边形，相互组合后可完全铺满平面，不会出现重叠或有任何空隙，是目前发现的第 15 种能做到此效果的五边形。而在 100 年前，卡尔·莱茵哈德发现了5种不同五边形可以完全铺满平面而不会出现重叠或有任何空隙，题图是其中一种。

现在有题图中五边形形状的瓷砖，最长边长为10厘米，要想覆盖1米×1米的正方形区域，按题图方式最少需要________块瓷砖。（瓷砖不能切割）

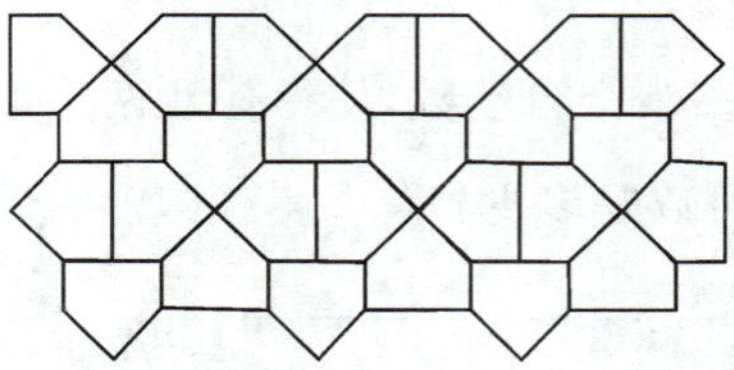

（2016年"数学花园探秘"6年级网赛）

解析

根据相互关系，实际上是在用四个五边形构成的基本单元密铺，横向至少要五或六个基本单元，纵向由于是交叉排布，实际上宽度为15厘米，故而至少要七层基本单元。

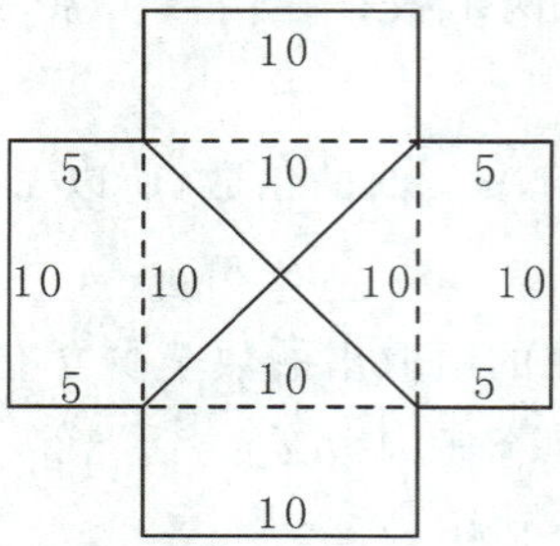

如图，20+22+20+22+20+22+20=146（块）。

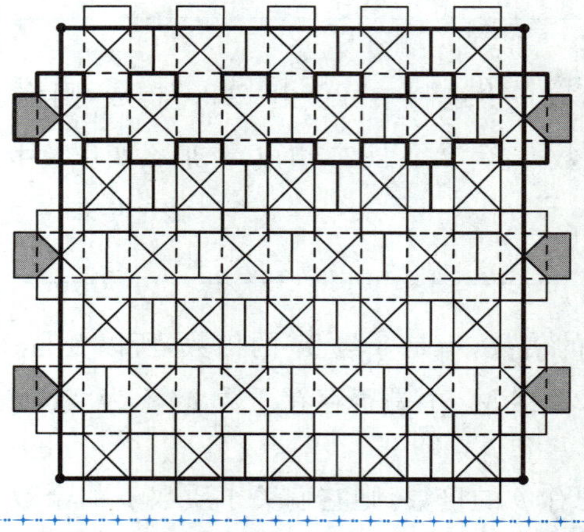

例40 商场正在做活动，地上摆放着15件小礼品，任意3件礼品中都有2件的距离小于50厘米，规定可以用1个直径为1米的圆圈去筐礼品，最多可以保证能圈到________件礼品。

（2016年春·武汉明心数学资优生测试6年级）

解析

将每件礼品均视为一个点。设最远的为A、B，则剩余的礼品到A的距离小于50厘米或到B的距离小于50厘米。

所以这15件礼品一定都在以A、B为圆心，半径为50厘米的两个圆内，15÷2=7……1。

由抽屉原理可知，至少有7+1=8（件），礼品在同一圆内。

当A、B两件礼品足够远时，无公共部分，所以最多可以保证能圈到8件。

例 41 将 6 行 n 列的方格表中的每个方格任意染成红色或者蓝色，n 最少是________时，一定能找到 3 行 3 列，它们相交的 9 个方格颜色相同。（2019 年春·武汉明心数学资优生测试 6 年级）

解析

首先，每列 3 红 3 蓝染色共有 20 种，每种 2 列时不满足题意。

其次，考虑每列方格中同色三格组的数量，每列至少存在 2 组同色三格组。对应位置不同的同色三格组一共有 $\frac{6\times5\times4}{1\times2\times3}\times2=40$(种)。所以 $n\geqslant41$ 时必有 3 列方格有对应位置及颜色完全相同的同色三格组。所以 n 至少为 41。

例 42 平面上有 10 个点，其中任 3 点不在同一直线上。以这 10 个点为三角形的顶点，而且使得任意 2 个三角形至多只有一个公共顶点。问：最多能连出多少个三角形？

（2016 年"数学花园探秘"6 年级总决赛第二试）

解析

包含同一个点的三角形的另外两点一定各不相同，而(10－1)÷2＝4……1，所以同一个点连出的三角形最多有 4 个。因为每个点最多参与 4 次，则 10 个点最多参与 4×10＝40(次)，每个三角形有 3 个点，所以 10 个点最多连出 4×10÷3＝13……1，即 13 个三角形。

用 0、1、2、3、4、5、6、7、8、9 代表这 10 个点，构造如下：012、034、067、089、519、527、538、546、136、148、249、268、379。

例 43 某岛国共有 2019 位岛民，共持有 100 元钞票若干张，50 元和 20 元钞票数量足够多。岛民之间只允许进行以下两种兑换：

(1)1 张 100 元与 2 张 50 元互换。

(2)1 张 100 元与 5 张 20 元互换。

某日，每位岛民都声称自己当天共兑换出 10 张钞票。如果每人说的都是真话，那么岛上 100 元的钞票最少有多少张？（2019 年"数学花园探秘"小高决赛 A 卷）

解析

实际每人每次兑换出 1 张 100 元钞票或者兑换出 2 或 5 张钞票换入一张 100 元钞票。所以如果某人当天持有的 100 元钞票总数未发生变化，则他兑换出的钞票数是由 1＋2＝3、1＋5＝6 相加组成，必定是 3 的倍数。而 10 不是 3 的倍数，所以，每位岛民持有的 100 元钞票数都会发生变化。

因为换出换进等数量的 100 元钞票兑换张数是 3 的倍数，而 10 除以 3 余 1，所以换出的 100 元张数也除以 3 余 1；而增加 1 张 100 元，必须兑换出去 2 或 5 张钞票，即 100 元增加的张数一定除以 3 余 2。

因为 100 元钞票减少的总数与增加的总数相等，100 元钞票减少的人数与增加的人数之和为总数 2019，且又要求 100 元钞票尽量少，所以，假设持有 100 元钞票减少的人每人最少减少 1 张，则减少的人数至少为 100 元钞票总数，而持有 100 元钞票增加的人每人最少增加 2 张，则人数至少为 100 元钞票总数的 $\frac{1}{2}$。

所以，100 元钞票总数不少于 $2019\div\left(1+\frac{1}{2}\right)=1346$(张)。

构造如下：

将 2019 人分为 673 组，每组 3 人。

一组中不妨设三人分别为 A、B、C，其中 A、B 原持有 1 张 100 元钞票，C 原持有 0 张 100 元钞票。A、B 之间用 1 张 100 元和 2 张 50 元互换 6 轮，此时每人兑换出了 9 张钞票，再各用 1 张 100 元钞票与 C 换 5 张 20 元即可满足要求。

所以 100 元钞票最少有 1346 张。

结语

枚　　举：对应离散枚举，不多不少不易，分类若无逻辑，哎呀晕题，重漏不知东西。

加乘原理：递归标数传球，加法原理源头，相加相乘何究，目的分流，同加异乘无忧。

排列组合：排列组合大千，有序无序之间，相邻捆册成典，何以相断?隔板两侧不连。

真题重现

1. 数 315 可以被表示成大于 1 的两个整数的乘积，则有________种不同的表示方法。(交换前后两个因数的写法算作同一种)　(2013 年秋·武汉明心数学资优生测试 5 年级)

2. 一个密码锁的密码是三位数，这个三位数密码的 3 个数字乘积为 48，那么这个三位数密码有________种可能。　(2017 年春·武汉明心数学资优生测试 6 年级)

3. 有若干个两位数，这些两位数都是其个位数字与十位数字之和的 7 倍。这样的两位数有________个。　(2013 年秋·武汉明心数学资优生测试 6 年级)

4. 有一类四位数，任意相邻的 2 个数字之和都是质数，所有数字的总和是某个质数的平方。例如，四位数 2020 就具有这样的特点。那么，所有具有此类特点的四位数一共有________个。　(2020 年"数学花园探秘"6 年级初赛 A 卷)

5. 非零自然数 A 与 10!的最小公倍数是完全平方数，那么 A 最少有________个约数。　(2018 年秋·武汉明心数学资优生测试 5 年级)

6. 将 0、1、2、3、4、5、6、7、8、9 这十个数字不重复的填入方格中，横向、竖向相邻的两个方格从左到右、从上到下依次可以组成一个两位数(0 不能作为首位)，那么，这些两位数中，最多有________个质数。　(2018 年"数学花园探秘"5 年级初赛 A 卷)

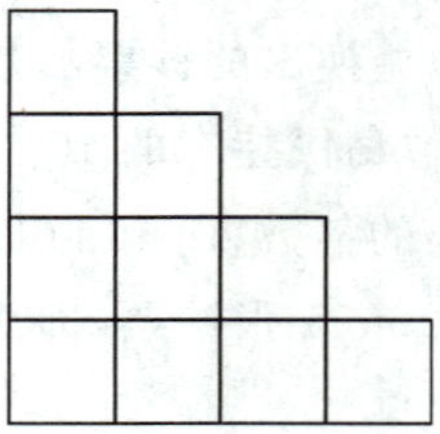

第 6 题图

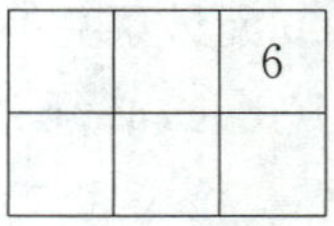

第 7 题图

7. 将 1～6 这六个数字分别填入下面的表格中，其中数字 6 已填出，要使每一行与每一列所填数之和均为合数，共有________种填法。　(2018 年"数学花园探秘"6 年级初赛 D 卷)

8. 两个聪明而诚实的同学问老师生日是哪天，老师回答："我出生在十月的某一天，这一天的日期是个两位合数，现在我把十位数字告诉甲，个位数字告诉乙，你们不能看对方拿到的数字。"

甲："我还不知道老师出生在哪天。"

乙："不用你说我也知道你不知道，不过我也不知道。"

甲："不用你说我也知道你不知道，不过我还是不知道。"

乙："那我现在知道了，不过你肯定还是不知道。"

那么老师的生日有________种可能，才能让两人发生以上对话。

（2018 年"数学花园探秘"5 年级初赛 D 卷）

9. 在桌子上，用 4 张大小相同的等边三角形纸片可以拼接（拼接的边必须完全重合，纸片不允许重叠）成________种不同的平面图形。（经过旋转、平移、翻转后可以重合的图形视为一种）

（2017 年"数学花园探秘"5 年级网赛）

10. 如图所示，一个圆形托盘上放着 3 个相同的盘子。笑笑要将 7 个相同的苹果放在这 3 个盘子中，每个盘子中至少要放一个。那么笑笑有________种放苹果的方法。（托盘旋转后相同的算同一种情况）

（2015 年"数学花园探秘"3 年级初赛 A 卷）

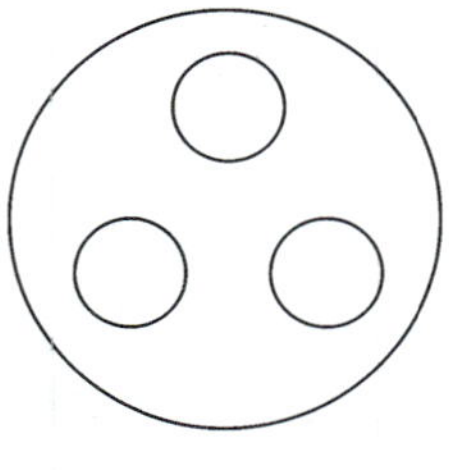

第 10 题图

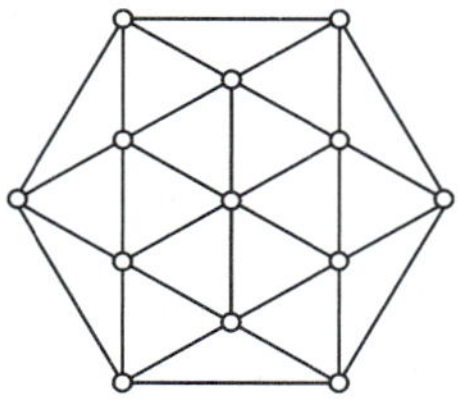

第 11 题图

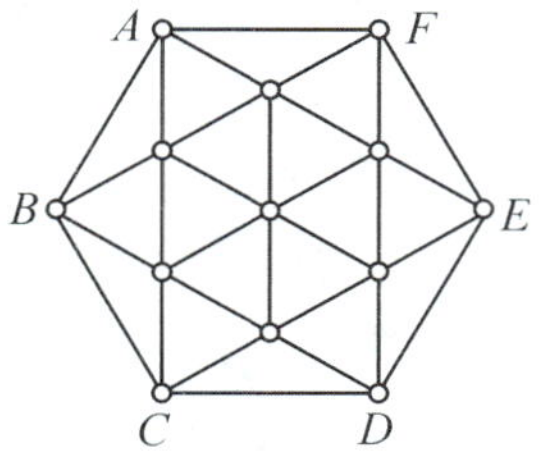

第 12 题图

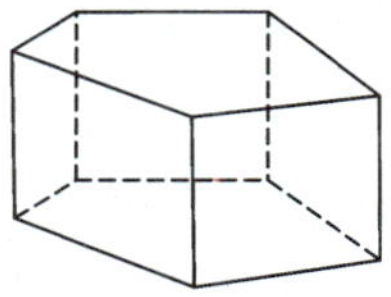

第 13 题图

11. 在题图的 13 个交叉点上放 3 枚棋子，并使它们中任意两个都不在相邻的交叉点上，共有________种不同的放法。（旋转或翻转后相同的算同一种放法）

（2018 年"数学花园探秘"3 年级初赛 B 卷）

12. 题图中，六边形 $ABCDEF$ 是正六边形。如果在图中的 13 个交叉点上放上两枚相同的棋子，共有________种不同的放法。（旋转后可重合视为相同的放法，不可翻转）

（2018 年"数学花园探秘"3 年级初赛 C 卷）

13. 如图，一个正五棱柱的表面由 2 个正五边形和 5 个正方形组成。将 5 个白球和 5 个黑球放置在该柱体的 10 个顶点，要求处于同一表面的若干点所放置的小球的颜色不完全相同。有________种不同的放置方法。（正五棱柱可以沿任意方向旋转，旋转后相同的算同一种放法）

（2016 年"数学花园探秘"4 年级总决赛第二试）

14. 将一块 4×4 的手帕分成如图的 16 个小正方形，现在将每个小正方形都染成红色或黄色，要求每个 2×2 的正方形内都是 2 块红色、2 块黄色，那么有________种不同的染法。（旋转、对称后相同的算同一种染法）

（2018 年"数学花园探秘"4 年级初赛 B1 卷）

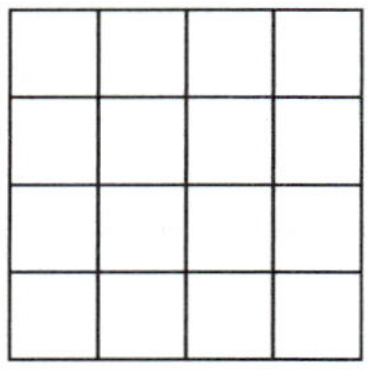

第 14 题图

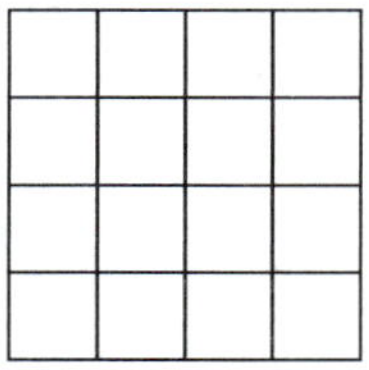

第 15 题图

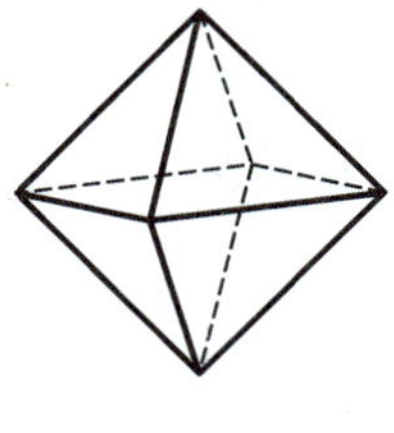

第 16 题图

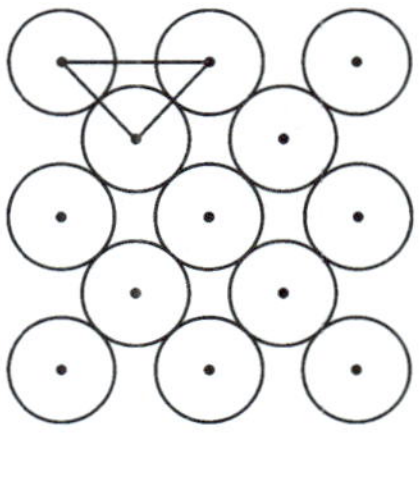

第 17 题图

15. 给定如图 4×4 的方格图，现将其中两个方格染成红色，另两个方格染成蓝色。如果要求颜色相同的方格相邻（即有边重合），颜色不同的方格不相邻，那么有________种染色方法。（方格图不可旋转或翻转）

（2018 年"数学花园探秘"5 年级总决赛第二试）

16. 将一个正八面体的 8 个等边三角形表面涂上红、黄两种颜色，每种颜色各涂 4 个面。那么，一共有________种不同的涂色方法（经过旋转可以重合的均算作同一种涂色方法）。

（2014 年"数学花园探秘"中年级组决赛）

17. 如图是由 13 个大小相同的圆排列而成。那么,图中共存在________个以圆心为顶点的等腰直角三角形。

（2015 年春 · 武汉明心数学资优生测试 6 年级）

18. 如图为一个 3×4 的正方形格点阵,小亚想用图中 2 个(1)号三角形和 8 个(2)号三角形无重叠的覆盖左图,一共有________种覆盖方法。

（2020 年“数学花园探秘”4 年级初赛 A 卷）

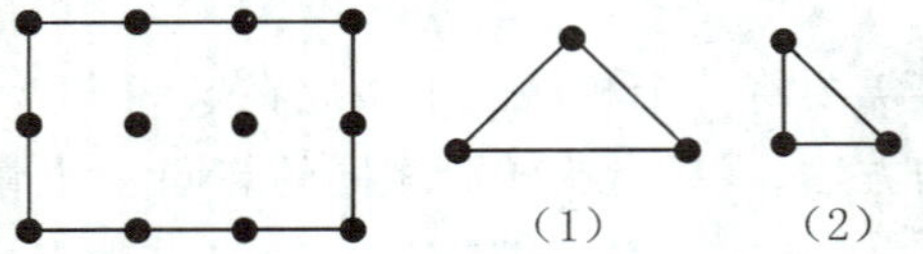

第 18 题图

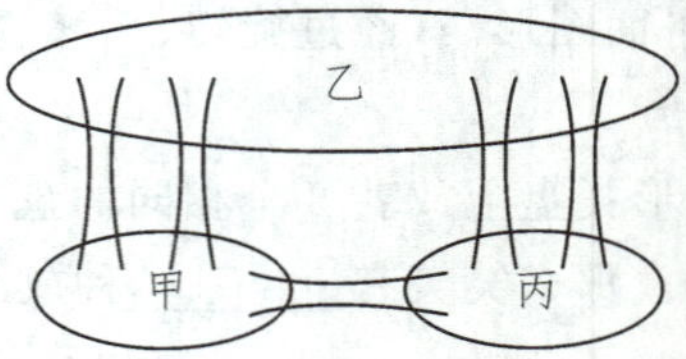

第 19 题图

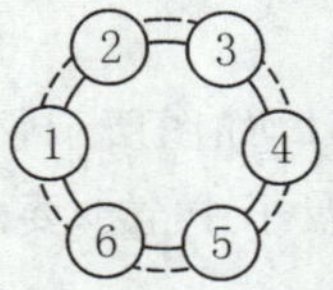

第 20 题图

19. 如图,某小国由甲、乙、丙三座小岛组成,三座岛之间共有五座桥相连,若要求从甲岛出发不重复的通过每座桥各一次,共有多少种不同的走法?

（2017 年春 · 武汉明心数学资优生测试 5 年级）

20. 如图,圆圈表示房间,实线表示地上通道,虚线表示地下通道。开始时,一个警察在 1 号房间,一个小偷在 4 号房间。每一步警察从所在房间沿着地上通道转移到相邻的房间;同时小偷从所在房间沿着地下通道转移到相邻的房间。如果警察和小偷转移了 3 次都没有在任何房间相遇,那么,他们有________种不同的走法。

（2017 年“数学花园探秘”小中决赛 D 卷）

21. 如图,在格子左端小格内有一颗棋子,右端有星星的小格是终点,现在按照如下规则走到终点:

(1)每次操作走 1～6 格。

(2)每次操作开始时,棋子都必须往右走,如果走到头,步数尚未用完,则调转方向,直到这次操作的步数走完(例:从 C 开始走 5 格会走到 D)。

(3)某一次操作完成后,恰好到达终点就算胜利。

那么,恰好 3 次操作后胜利的走法有________种。(从 C 开始走 1 格到 D 和从 C 开始走 5 格到 D 算不同走法)

●	A	B	C	D	E	☆

第 21 题图

（2017 年“数学花园探秘”3 年级初赛 A 卷）

22. 如图是一个 4×4 的棋盘,神奇机器人从 A 格出发,想要移动 10 步,最终停在 B 格(中途可以经过 A、B 格,格子可以重复走)。要求每步只能从本格移动到相邻的有公共边的格子中,并且每走一步后必须调转 90°走下一步。那么,神奇机器人一共有________种不同的走法。

（2018 年“数学花园探秘”5 年级网赛）

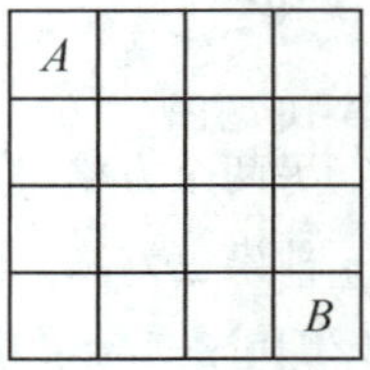

第 22 题图

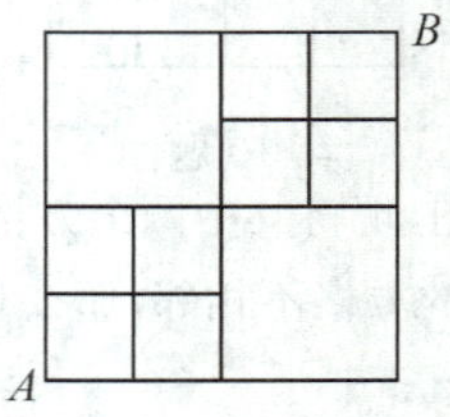

第 23 题图

23. 如图,甲、乙两人从 A 沿最短路线走到 B,两人所走路线不出现交叉(除 A、B 两点外没有其他公共点)的走法共有________种。

（2016 年“数学花园探秘”4 年级初赛 A 卷）

24. 甲、乙两只跳蚤分别从左上方和右下方的“2”同时出发起跳，且每次只能跳到上下左右相邻位置的数字上。如果两只跳蚤跳 3 步都依次经过“2、0、2、0”这 4 个数字，那么这两只跳蚤跳完 3 步时能相遇的跳法有________种。

2	0	2	0
0	2	0	2
2	0	2	0
0	2	0	2

第 24 题图

（2020 年“数学花园探秘”3 年级网赛）

25. 某小区的道路如图所示，相邻两条道路之间的间隔都是 100 米（包括左右相邻和上下相邻，道路宽度忽略不计）。一天，小静从位于点 A 的大门，去点 B 那儿等她的同学小明，共走了 600 米，且没有重复路线。那么她走的路线共有________种可能。（2017 年“数学花园探秘”小中 D 卷）

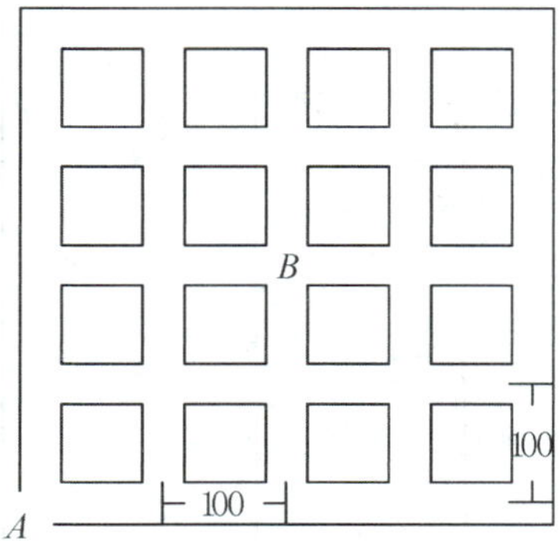

第 25 题图

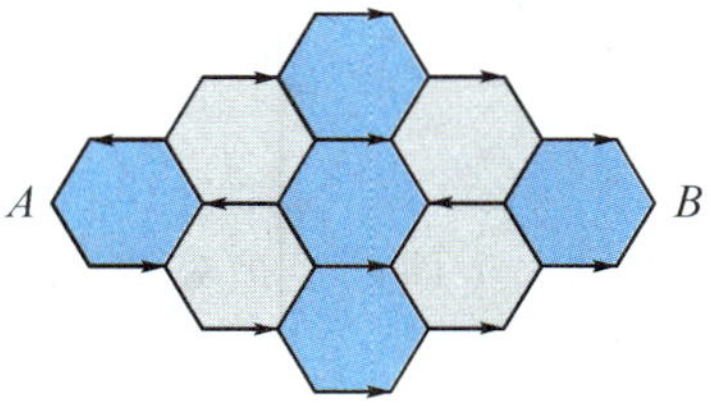

第 26 题图

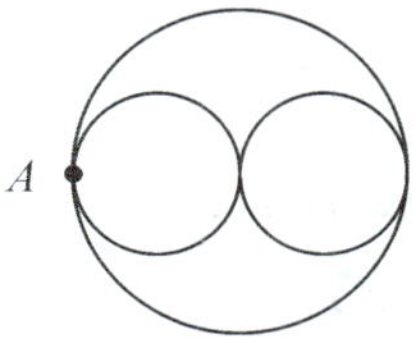

第 27 题图

26. 如图所示，一只小虫子沿着六边形的边从 A 爬到 B，图中标箭头的边沿箭头单向通过，未标箭头的边双向均可通过，不能走重复路线。那么，共有________条不同路径。

27. 如图所示，从点 A 出发，不重复地走完所有路线，共有________种不同的走法。

（2015 年“数学花园探秘”4 年级总决赛第一试）

28. 如图，2017 年是农历“鸡”年。那么，从点 A 出发，一笔画完这只雄鸡，共有________种不同的方法。（“一笔画完”是指笔不离开纸面，每条线经过一次，且只经过一次）

（2017 年“数学花园探秘”4 年级初赛 A 卷）

第 28 题图

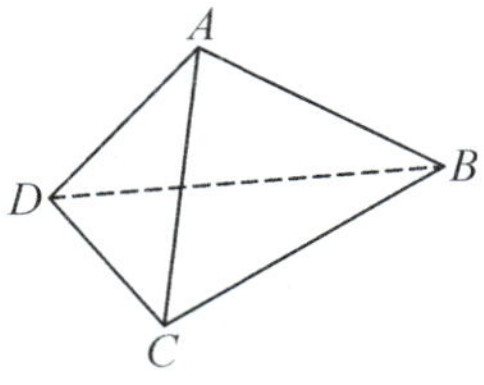

第 30 题图

29. 将一个正四面体的 6 条棱中的 3 条染成黑色，另外 3 条染成白色，有________种不同的染色方法。（旋转后相同的染色方法视为同一种染色方法）（2017 年“数学花园探秘”5 年级总决赛第二试）

30. 把一个四面体 $A-BCD$ 的每条棱都染成黑色或白色（四面体不可旋转），那么使得从 A 到 B 至少存在一条全白色路线的染法有________种。（2018 年“数学花园探秘”6 年级初赛 C 卷）

31. 将长为 20 的木棍分成长度为整数的 3 段拼成三角形，共能拼成________个不同的三角形。

（2020 年秋 · 武汉明心数学资优生测试 5 年级）

32. 一张正方形纸片，如图对折 2 次，折成一个小正方形，在这个小正方形的每条边上剪 1 个缺口，打开纸片，纸片中间有 4 个小洞(边上的缺口不算洞)。一张正方形纸片，如果对折 6 次成一个小正方形，在这个小正方形的每条边上剪 1 个缺口，再打开纸片，那么这张纸片中间共有________个小洞。

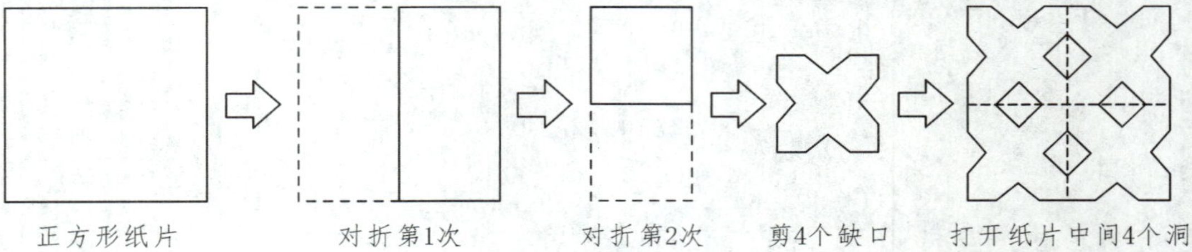

第 32 题图

(2015 年"数学花园探秘"4 年级网赛)

33. 如图，用五条线段将这圆周上的五等分点首尾相接顺次连起来，只有图中 4 种方法(旋转、翻转相同算同一种)；现在要用六条线段将圆周上的六等份点首尾顺次连起来，请你画出所有的连接方案。

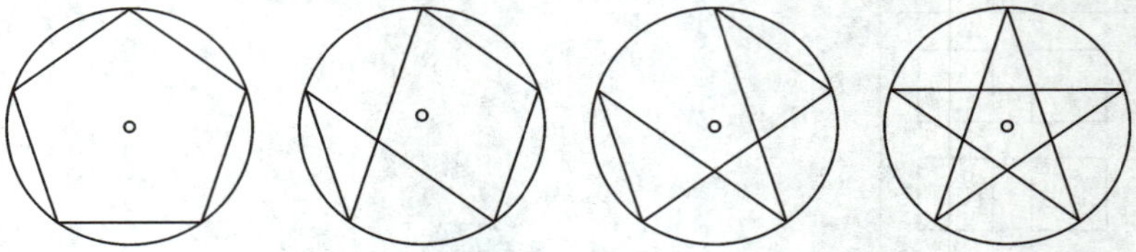

第 33 题图

(2019 年"数学花园探秘"3 年级总决赛第一试)

34. 如图，一个 $2\times2\times2$ 的正方体六个面已经被染成了不同的六种颜色。现将其分成 4 个 $2\times1\times1$ 的小长方体，共有________种不同分法。

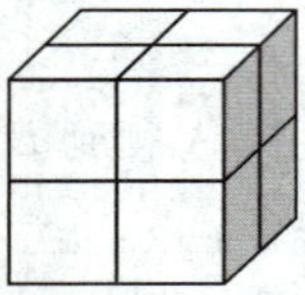

第 34 题图

(2020 年"数学花园探秘"小中决赛 C 卷)

35. 从 1，2，…，2018 中任取互不相同的数，至少需要取________个数，才能确保其中一定有两个数互质。(2018 年秋·武汉明心数学资优生测试)

36. 从 1 至 30 的所有数中，删去若干个数，使得在剩下的数中，没有任何一个数是另外一个数的两倍。最少要删掉________个数。(2013 年秋·武汉明心数学资优生测试 5 年级)

37. 如果一个自然数比另一个自然数的 2 倍大 1，我们就称这两个自然数构成"机灵数对"。那么 1 到 21 这 21 个自然数中，最多可以取出________个数，使得其中任两个数都不构成"机灵数对"。

(2020 年"数学花园探秘"5 年级初赛 B 卷)

38. 从 1 至 8 中取四个自然数，两两求差之后其中四个结果是 1、2、3、4，共有多少种不同的取法？

(2020 年春·武汉明心数学资优生测试 4 年级)

39. 将一个长方体表面涂上颜色，再平均分割成 2020 个小长方体，则恰有 3 个面涂上颜色的长方体最多有________个。(2020 年秋·武汉明心数学资优生测试 6 年级)

40. 有 16 名学生，他们坐成一个 4×4 的方阵，某次考试中他们的得分互不相同。得分公布后，每位同学都将自己的成绩与相邻的同学(相邻指前、后、左、右，如坐在角上的同学只有 2 人与他相邻)进行比较，如果最多只有 1 名同学的成绩高于他，那么他会认为自己是"幸福的"。则最多有________名同学会认为自己是"幸福的"。

41. 如图，在 5×5 的网格中，每一个网格中心有一枚棋子。现在从中取出一些棋子，使得余下的棋子中任意 4 个都不能成为长方形的 4 个顶点。最少要从网格上拿掉_________枚棋子。

(2013 年秋・武汉明心数学资优生测试 4 年级)

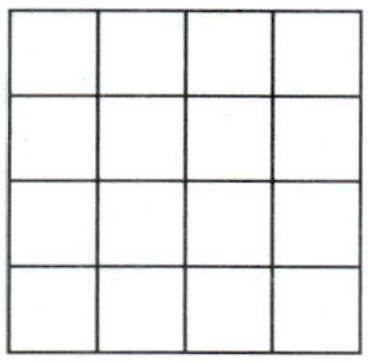

第 41 题图

42. 一块 9×9 的战场分成 81 个单位正方形，其中某个单位正方形内隐藏着一辆坦克。一架轰炸机对战场进行轰炸，每次轰炸一个单位正方形。若某次轰炸坦克所在正方形没有被炸到，则坦克保持在原地动；若被炸到，则坦克要转移到与其相邻的单位正方形内(称两个正方形有一条公共边为“相邻”)。摧毁坦克需要击中其两次，整个过程中轰炸机的飞行员完全不知道坦克的位置及是否被击中。求可确保摧毁这辆坦克所需要的轰炸次数的最小值。

(2018 年春・武汉明心数学资优生测试 5 年级)

43. 12 位击剑选手参加友谊比赛，每位选手赛了 3 场，每场比赛两位选手，击剑比赛无平局。如果一位选手在参加的 3 场比赛中至少胜了 2 场，将被颁发一枚“大师杯”奖牌，那么这次友谊比赛中获得“大师杯”奖牌的击剑选手最多有多少人？请给出你的证明和构造。

(2017 年“数学花园探秘”5 年级总决赛第一试)

44. 有若干支球队参加足球友谊赛，任意两支球队至多比赛 1 场。已知每支球队赛了 4 场，且比赛结果无平局。如果一支球队在参加的 4 场比赛中至少输了 2 场，将被称为“弱旅”。如果这次友谊赛中只有 3 支“弱旅”，那么，最多有多少支球队参加了比赛？请给出你的证明和构造。

(2017 年“数学花园探秘”6 年级总决赛第一试)

45. “迎春杯大师赛”期间，同学们自发举办第一届“弹笔大赛”，一共有 8 名选手参加，每场比赛有 3 名选手上场。如果“弹笔大赛”规定，任意两场比赛的参赛选手中，至多只有 1 名相同的同学。那么，本次“弹笔大赛”最多可以比赛多少场？　(2016 年“数学花园探秘”总决赛 4 年级第二试)

46. 8 位老师推荐一些学生参加某项活动。组委会收到推荐信息后发现：每两位老师推荐的学生中都恰好有一名相同。如果每名学生最多被 3 位老师推荐，那么这 8 位老师至少共推荐了多少名学生参加该项活动？　(2019 年“数学花园探秘”小高决赛 D 卷)

参考答案

1. 答案：5。

分析：315＝5×63＝7×45＝35×9＝3×105＝15×21。

2. 答案：21。

分析：48＝1×6×8＝2×3×8＝2×4×6＝3×4×4。

分别有 6 种、6 种、6 种、3 种，共计：6＋6＋6＋3＝21(种)。

3. 答案：4。

分析：设这个两位数为$\overline{ab}$，则 $10a+b=7(a+b)$。即 $3a=6b$，$a=2b$。那么有两位数 21、42、63、84 满足题意，共 4 个。

4. 答案：22。

分析：四位数的数字和范围是 1～36，因为所有数字的总和是某个质数的平方，所以满足条件的四位数数字和是 4、9、25。25 分成前两位与后两位数字之和，只能是 2＋23，不满足题意。

(1)数字之和为 4。

前两位与后两位数字之和均为 2，符合条件的有：1120、1111、2020，一共 3 个。

(2)数字之和为 9。9＝2＋7＝7＋2，①前两位数字之和为 2，后两位数字之和为 7；②前两位数字之和为 7,后两位数字之和为 2。

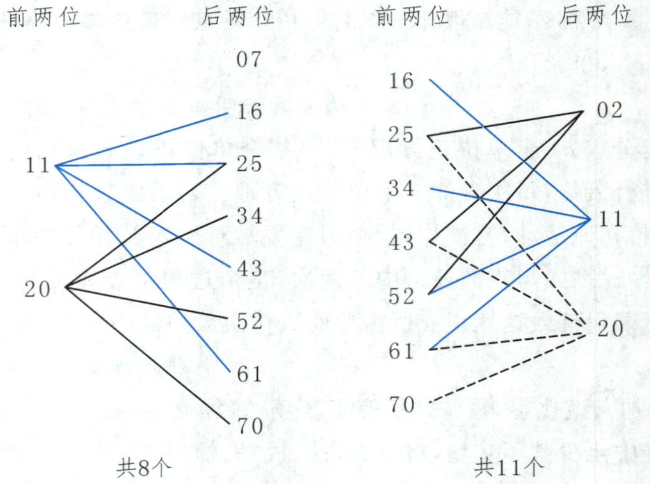

第 4 题图

所以,一共有 22 个符合条件的四位数。

5. 答案:3。

分析:$10!=2^8\times3^4\times5^2\times7$,所以 A 一定被 $7^2=49$ 整除,最少有 3 个约数。

6. 答案:7。

分析:两位质数末位只能为 1、3、7、9,其中,1、3、7、9 每个数字横向、纵向最多可以成为两个两位数的末位。而图表中,只有 3 个位置可以横纵都作为两位数的末位,所以最多可以组成 7 个质数。构造如图:

5			
2	4		
8	3	6	
9	7	1	0

第 6 题图

7. 答案:6。

分析:为使第三列中两数之和为合数,则 6 的下面可以填 2、3 或 4。

(1)如果 6 的下面填 2,那么接下来的数中,4 与 1、3 的和均为质数,则 4 一定与 5 在同一列,相应地,1 与 3 在同一列。再考虑行,如果 4 与 1 在同一行,则最后一个数无论是 6 还是 2,该行的和均为质数,所以 4 只能与 3 在同一行,且该行的第三个数字一定是 2。则填法可以确定下来唯一一类,如下:

5	1	6
4	3	2

考虑到第一列和第二列可以互换位置,所以这一类有 2 种填法。

(2)如果 6 的下面填 3,那么接下来的数中,2 与 1、5 的和均为质数,则 2 一定与 4 在同一列,相应地,1 和 5 在同一列。再考虑行,如果 2 和 1 在同一行,则无论该行的最后一个数字是 6 还是 3,均可以满足要求,例如:

2	1	6
4	5	3

考虑到 2、1 可以与 4、5 所在的行互换,第一列也可以与第二列互换,所以可得 $2\times2=4$(种)填法。

如果 2 和 5 在同一行,则该行的第三个数字必须是 3;此时 1 和 4 只能出现在 6 所在的一行,无法满足要求。

(3)如果 6 的下面填 4，那么接下来的数中，2 与任何数字的和均为质数，所以这类情况下没有满足要求的填法。

综上，满足要求的填法共有 6 种。

8. 答案：5。

分析：10 月份的日期为 2 位合数见表。

10		12		14	15	16		18	
20	21	22		24	25	26	27	28	
30									

甲："我还不知道老师出生在哪天。"　　——甲拿到的不是 3

乙："不用你说我也知道你不知道，不过我也不知道。"　　——乙拿到的不是 0、1、7

甲："不用你说我也知道你不知道，不过我还是不知道。"　　——甲拿到的不是 2

因此还剩下 12、14、15、16 和 18，共 5 种可能。

9. 答案：3。

分析：3 种，如图。

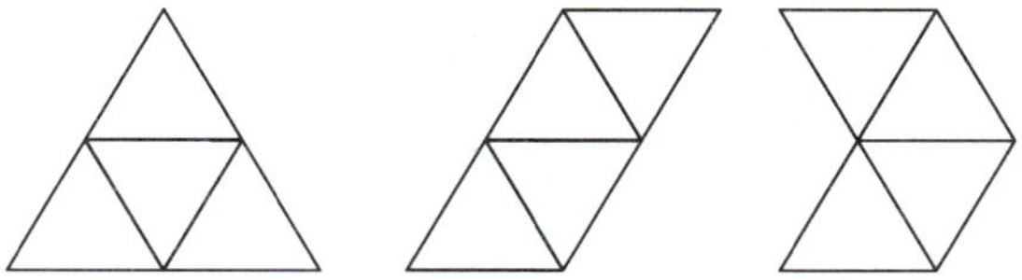

第 9 题图

10. 答案：5。

分析：因为盘子相同、苹果相同，且旋转后算同一种，所以是否有区别只与数量、顺逆时针有关。

分类枚举如下：

当 $7=1+1+5$ 时，1 种；

当 $7=1+2+4$ 时，分为 124 顺时针、124 逆时针，2 种；

当 $7=1+3+3$ 时，1 种；

当 $7=2+2+3$ 时，1 种。

共计 $1+2+1+1=5$(种)。

11. 答案：8。

分析：13 个点中，外部大正六边形共有 6 个的点，我们称作"外点"；内部小正六边形共有 6 个顶点，我们称作"内点"；以及一个中心点，我们称作"中点"。

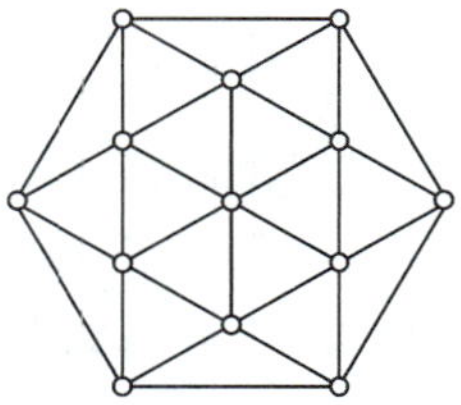

第 11 题图

(1)如果有"中点"，只能是"中外外"，两外共有 2 种，间隔一个点或两个点。

(2)如果是"内内内"或"外外外"，只能 3 个点相互之间间隔一个点，各 1 种。

(3)如果是"内内外"，固定外点在左上角，两个内点间隔一个点或两个点，总计 2 种。

(4)如果是"外外内"，与(3)完全一样，总计 2 种。

总计 $2+1\times2+2+2=8$(种)。

12. 答案：14。

分析：图中的点可分为 3 类。中心 1 个、内圈 6 个、外圈 6 个。

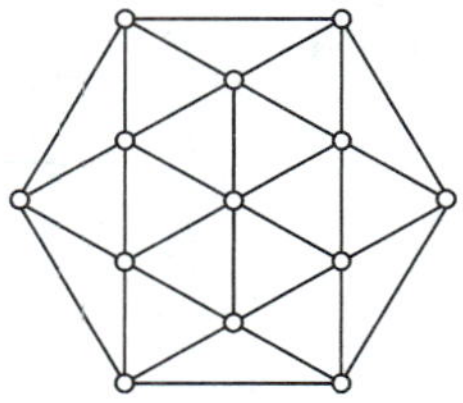

第 12 题图

两个点中含中心点：中心＋内、中心＋外，2 种。

两个点全在内圈：3 种。

两个点全在外圈：3 种。

一个在内圈一个在外圈：6 种。

共 14 种。

13. 答案:21。

分析:只要确定白球的位置,黑球的位置随之确定,所以我们只用考虑白球的放法。由于可旋转,不妨设上面的白球较多,分以下两种情况讨论。

(1)上面放 4 个白球时。此时已经保证了正五边形 $ABCDE$ 及周围 5 个正方形每个面上顶点不完全相同(如图 1),接下来只需要把第 5 个白球放在底面 5 个顶点的任何一点即可,有 5 种放法。

(2)上面放 3 个白球时。如图 2,如果 3 个白球放在 A、B、C3 点(连在一起),此时一定有一个白球要放在点 J 或点 I,当放在点 J 时,另一个白球可在 F、G、H、I 中任选一点放,当放在点 I 时,另一个白球可在 F、G、H 中任选一点放,一共有 4+3=7(种)放法;如图 3,如果 3 个白球放在 A、B、D3 点(不连在一起),此时已经保证了五边形 $ABCDE$ 及 5 个正方形每个面上的顶点不完全相同,接下来底面的 2 个白球如果有一个放在点 G 或点 F 时,另一个对应有 3 种放法,如果 2 个都不放在点 G、F,有 3 种放法。一共有3×3=9(种)方法。

综上所述,一共有 5+7+9=21(种)不同的放置方法。

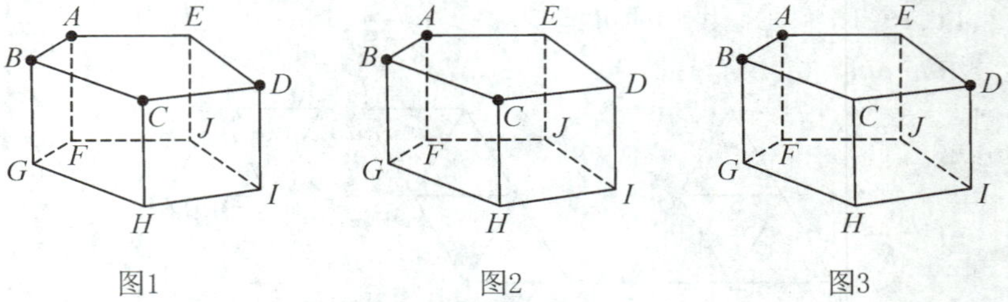

第 13 题图

14. 答案:6。

分析:如下图枚举 6 种方法。

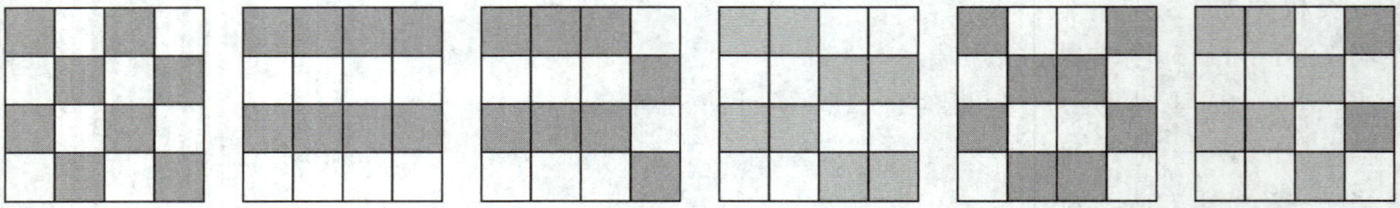

第 14 题图

15. 答案:252。

分析:按照红色方格的位置分类,2 个红色方格有 24 种染法(画"×"的不能染为蓝色)。

红色方格如图 1 这种染法有 8 种,其中两个蓝色方块有 14 种染法,共 8×14=112(种);

红色方格如图 2 这种染法有 8 种,其中两个蓝色方块有 9 种染法,共 8×9=72(种);

红色方格如图 3 这种染法有 4 种,其中两个蓝色方块有 12 种染法,共 4×12=48(种);

红色方格如图 4 这种染法有 4 种,其中两个蓝色方块有 5 种染法,共 4×5=20(种)。

所以共 112+72+48+20=252(种)。

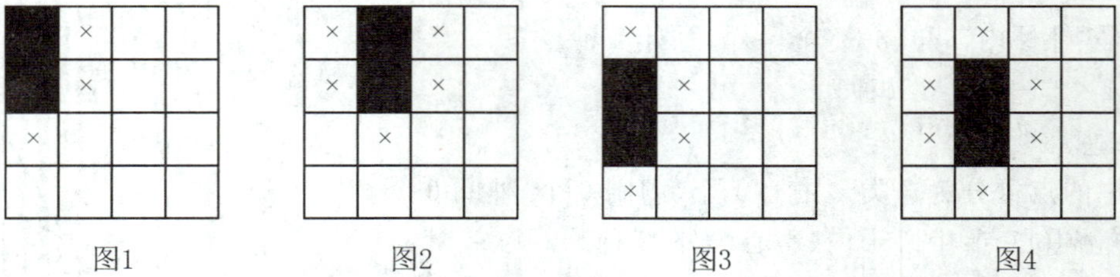

第 15 题图

16. 答案:7。

分析:看作正方体 8 个顶点选 4 个的问题。

(1)4 个顶点都不相邻,有 1 种。

(2)4 个顶点分为 2 组,同组相邻、不同组不相邻,有 1 种。
(3)4 个顶点组成一个正方形,有 1 种。
(4)4 个顶点中的 3 个顶点组成一个直角,另外 1 顶点和该 3 顶点都不相邻,有 1 种;
(5)4 个顶点中的 3 个顶点组成一个直角,另外 1 顶点和该直角顶点相邻,有 1 种;
(6)4 个顶点中的 3 个顶点组成一个直角,另外 1 顶点和该直角非直角顶点相邻,有 2 种。
共 7 种。

17. 答案:64。

分析:等腰直角三角形如图 1 所示,共有 5 种。

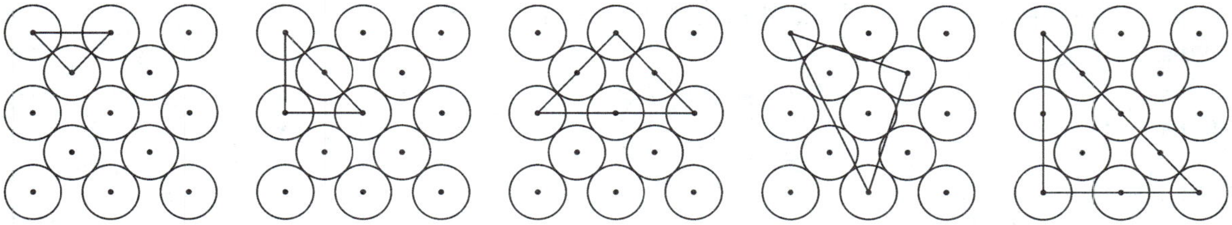

24　　20　　8　　8　　4

图 1

第一、二、三、五种情况显然为等腰直角三角形;第四种情况则如图 2 所示,由对称性可知两个阴影直角三角形全等,故大三角形为等腰直角三角形。

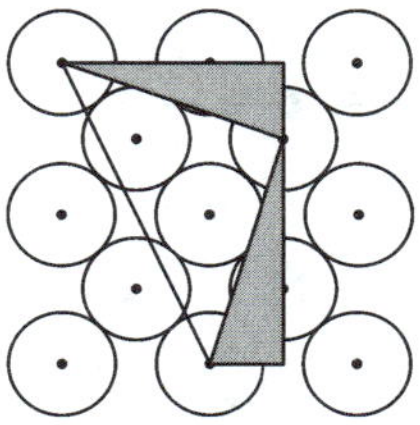

图 2

所以答案为 20+20+8+8+4=64(个)。

18. 答案:272。

分析:以两块大等腰直角三角形的位置关系进行分类。
(1)无穿插关系(即每个三角形所在的外镶嵌长方形不发生重合)。
两横类:

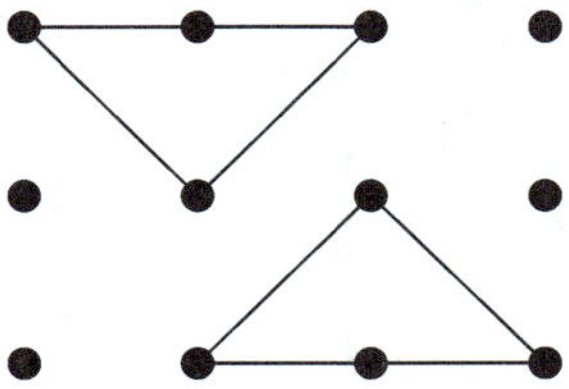

上下两个三角形共有 2×2×2×2=16(种)放置方式,剩余位置中出现的小正方形会有两种不同的放置方法,故共有 16×2×2=64(种)符合要求的放置方式。

两竖类:

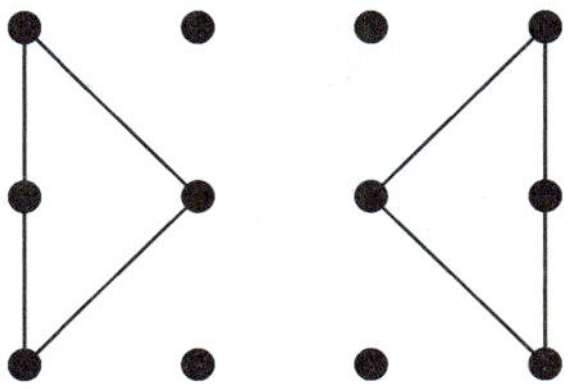

三列三角形共有 3×2×2=12(种)放置方式,剩余位置中出现的小正方形会有两种不同的放置方法,故共有 12×2×2=48(种)符合要求的放置方式。

一横一竖类：

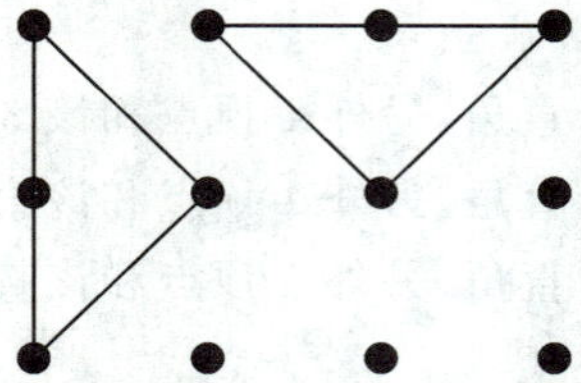

横竖两个三角形共有 2×2×2×2=16(种)放置方式，剩余位置中出现的小正方形会有 2 种不同的放置方法，故共有 16×2×2=64(种)符合要求的放置方式。

(2)有穿插关系(即每个三角形所在的外镶嵌长方形发生重合)。

一横一竖类：

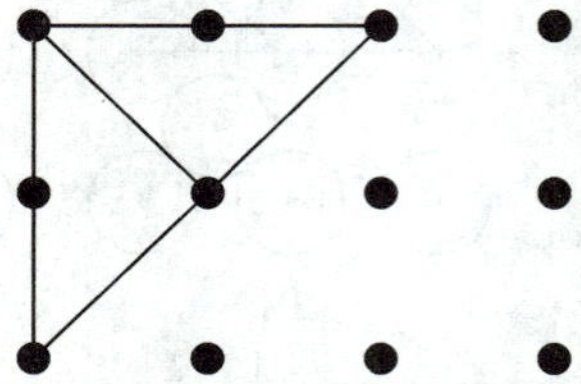

横竖 2 个三角形共有 2×4=8(种)放置方式，剩余位置中出现的小正方形会有 3 种不同的放置方法，故共有 8×2×2×2=64(种)符合要求的放置方式。

两横类：

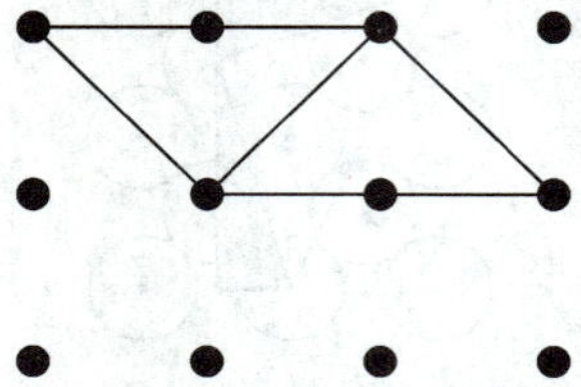

2 个三角形共有 2×2=4(种)放置方式，剩余位置中出现的小正方形会有 3 种不同的放置方法，故共有 4×2×2×2=32(种)符合要求的放置方式。

综上所述，所有情况共计：64+48+64+64+32=272(种)。

19. 答案：16。

分析：如图，将桥分为 A、B、C 三类。

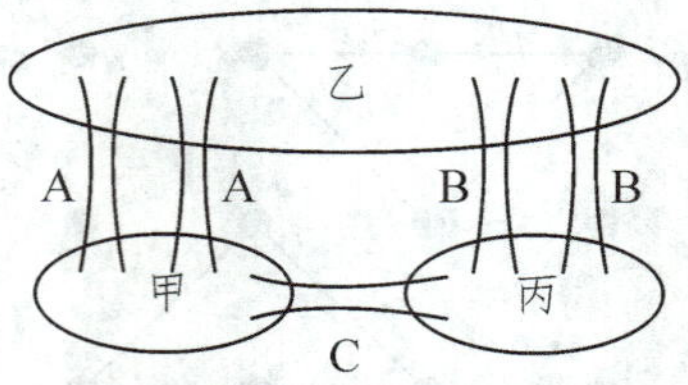

第 19 题图

从甲岛出发，有 ABBAC、ABCAB、AACBB、CBAAB 四类通行方式，注意到同类桥可交换通行顺序，所以有 4×2×2=16(种)走法。

20. 答案：64。

分析：警察走三步房间号码的奇偶性依次是“偶奇偶”；小偷走三步房间号码的奇偶性依次是“奇偶奇”，所以他们不会相遇。警察每一步都有“逆时针”或“顺时针”两种选择，所以警察有 2×2×2=8(种)走法，小偷同样有 8 种走法，所以共有 8×8=64(种)走法。

21. 答案：25。

分析：第一次不能直接走到星星，所以共有 5 种选择；不论第一次走到哪个位置，第二次一定会有 6 种选择，而这 6 种选择中一定有 1 种选择是到终点，则共有 5 种选择合理；而第三次为固定选择，只有到终点时合理的，所以，总计共有 $5\times5=25$(种)走法。

22. 答案：18。

分析：由于每走一步后必须调转 90°，因此该 10 步当中有 5 步是左右方向走，5 步是上下方向走。因此左右方向走的 5 步分别是往右 4 步，往左 1 步，而往右的 1 步不能在开头和结尾，因此共有 3 种方法(右左右右右、右右左右右或右右右左右)。同理，上下方向走的 5 步也有 3 种方法。从 A 开始的第一步可以选择先往右走或往下走，之后的方向唯一确定，因此共有 $2\times3\times3=18$(种)不同的走法。

23. 答案：38。

分析：开始的时候，两人出发必然是一个人向上走，另一个人向右走，有两种选择。

不妨让甲向上走，乙向右走，那么甲不管如何走，必然经过 C 或 D，乙必然经过 C 或 E。

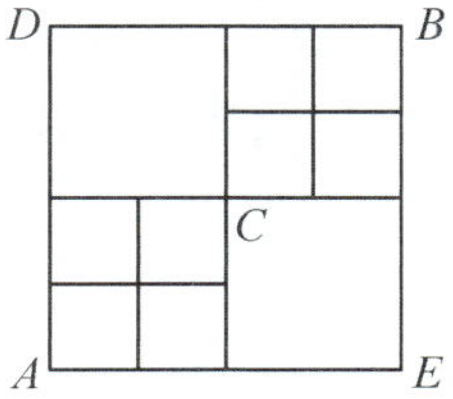

第 23 题图

如果甲经过 C，那么乙就必然不能也过 C，只能考虑走 E，此时乙的路径是唯一的(AEB)．甲经过 C 点有 3 种走法，从 C 到 B 也有 3 种走法(不能经过线段 BE)，即一共有 $3\times3=9$(种)走法。

如果甲经过 D，乙可以经过 C 或者 E：如果乙经过 C，一共有 9 种走法；如果乙走 E，只有 1 种走法；一共 10 种走法。

综上，如果甲开始向上走，有 $10+9=19$(种)走法；考虑图形的对称性，甲向右走，也有 19 种走法，即一共有 38 种不同的走法。

24. 答案：20。

分析：两只跳蚤只能在对角线上的 4 个 0 相遇。

一只跳蚤跳三步到两个角上的 0 各有 1 种方法，跳到中间两个 0 各有 3 种方法，所以两只跳蚤相遇共有 $(1+3\times3)\times2=20$(种)跳法。

25. 答案：14。

分析：如果最后一步从 B 的右边走到 B，则倒数第二步必然是向上走，前 4 步枚举共有 4 种可能。

如果最后一步从 B 的上边走到 B，由对称可知也有 4 种可能。

如果最后一步从 B 的下边走到 B，倒数第二步有三种可能：向右、向上、向左。但是枚举可知这 3 种情况下，每种情况的路线数都只有 1 种，故共有 3 种可能。如果最后一步从 B 的左边走到 B，对称知也有 3 种可能。

综上，共有 $4\times2+3\times2=14$(种)可能。

26. 答案：100。

分析：不走两个反箭头，有 $2\times2\times4\times2\times2=64$(种)。

若只走左边的反箭头，有 2 种走到反箭头的方法，之后又有 $2\times2\times2=8$(种)方法，共 $2\times2\times2\times2=16$(种)方法；若只走右边的反箭头，根据起止点的对称性，亦有 16 种方法，共 32 种方法。

若两个反箭头都走，走到左边的反箭头，有 2 种方法，然后过中间乘以 2，但是再走到右边的反箭头的方法唯一，之后走到 B 的方法也唯一，有 $2\times2\times1\times1=4$(种)方法。

综上，共 $64+32+4=100$(种)方法。

27. 答案：64。

分析：图 1 跟图 2 结构一样，可以看出第一次选择 B 跟选择 C 是等价的。

以 B 为例：

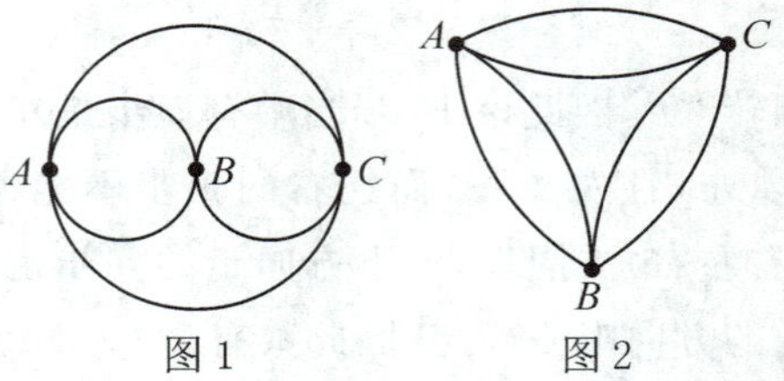

第 27 题图

若开始选择 BA，之后依次只能选择 $CBCA$。ABA 有 2 种选择，AC 有 2 种选择，CB 有 2 种选择，之后 BCA 只有 1 种选择，共 $2\times2\times2\times1=8$(种)选择。

若开始选择 BC，有 4 种选择，接下来可以选择 A 或者是 B。若选 A，则 CA 有 2 种选择，接下来仅有 $ABCA$ 或 $ACBA$ 这 2 种选择。若选 B，接下来只能选 ACA，ACA 有 2 种选择。

所以开始选择 BC 共有 $4\times(2\times2+2)=24$(种)。

开始选择 B 一共有 $8+24=32$(种)。

同理开始选择 C 也有 32 种，合计 64 种。

28. 答案：512。

分析：原图与左下图一样，点 A 出发顺时针逆时针有 2 种选择，不妨先到点 B。

第 28 题图

到点 B 后点 B 右侧的圈顺逆两种顺序，而在主线路中有 2 次到达 B 的机会可以转圈，所以完成点 B 右圈有 $2\times2=4$(种)画法，同理点 C 左圈也有 4 种画法。

图形此时变为从 B 点出发，经过“8”字和上半圆到达点 C，树形图得共有 16 种方法。

所以有 $2\times4\times4\times16=512$(种)画法。

29. 答案：4。

分析：

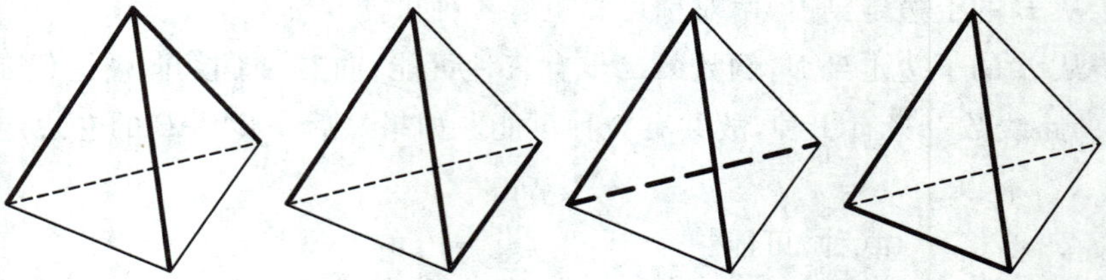

第 29 题图

30. 答案：48。

分析：按最短的白色路线分类：

(1)最短 $A-B$：$2^5=32$(种)。

(2)最短 $A-C-B$：AB 黑，$2^3=8$(种)；最短 $A-D-B$，AB 黑，$2^3=8$(种)，其中有 2 种重复。一共 $8+8-2=14$(种)。

(3)最短 $A-C-D-B$，AB、BC、AD 黑，只有一种；最短 $A-D-C-B$，一种。一共 $1+1=2$(种)。

一共：$32+14+2=48$(种)。

31. 答案：8。

分析：要拼成三角形，最长边要小于总长度的一半，故最多为 9，最少为 7。

20＝9＋9＋2＝9＋8＋3＝9＋7＋4＝9＋6＋5＝8＋8＋4＝8＋7＋5＝8＋6＋6＝7＋7＋6，共 8 种。

32. 答案：112。

分析：对折 6 次后的纸片共有 64 层，展开后得到 8×8 的方格表，每两个相邻方格的公共边上都有 1 个小洞，因此共有 7×8＋8×7＝112(个)小洞。

33. 答案：12。

分析：如图，共有 12 种情况。

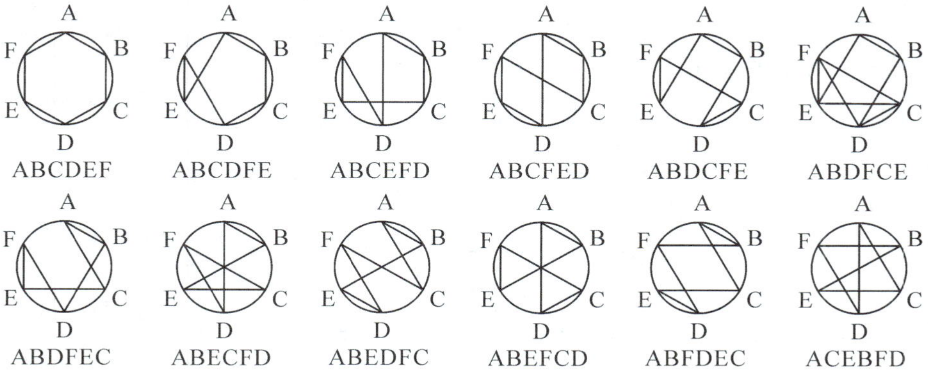

第 33 题图

34. 答案：9。

分析：考虑前排右上角小正方体，有如左下图 3 种分法，据对称性，3 种一样。

而对于左下图第 1 种分法，其余 3 个 2×1×1 的小长方体，有右下图 3 种分法。

所以，共有 3×3＝9(种)分法。

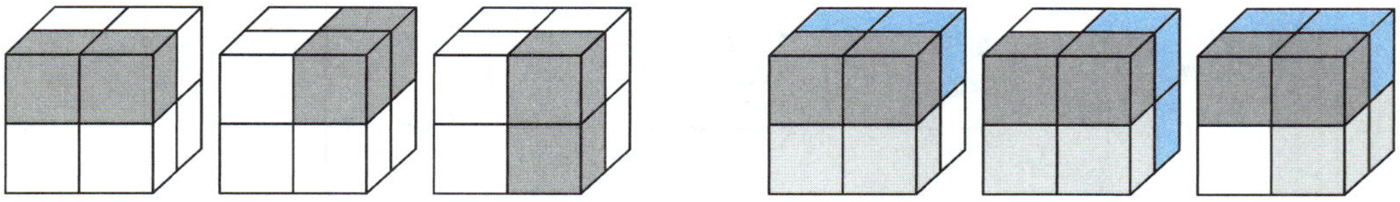

第 34 题图

35. 答案：1010。

分析：一方面，将这 2018 个数分为 1009 组，(1，2)，(3，4)，…，(2017，2018)。由抽屉原理知，任取 1010 个数必有两个数在同一组，这两个数互质。另一方面，2，4，6，…，2018 这 1009 个数中任两个都不互质。所以至少需要取 1010 个数，才能确保其中必有两个数互质。

36. 答案：10。

分析：将 30 个数分组：(1，2，4，8，16)，(3，6，12，24)，(5，10，20)，(7，14，28)，(9，18)，(11，22)，(13，26)，(15，30)，(17)，(19)，(21)，(23)，(25)，(27)，(29)。要使剩下的数没有两倍关系，前 8 个多于 1 个数的组至少要去掉 2＋2＋1＋1＋1＋1＋1＋1＝10(个)。

例如去掉 2、8、3、12、10、14、9、11、13、15 这 10 个数即可满足要求。

37. 答案：14。

分析：本题考查抽屉原理，可将 1 到 21 这 21 个自然数按“机灵数对”规则分为以下 11 组。

(1，3，7，15)，(2，5，11)，(4，9，19)，(6，13)，(8，17)，(10，21)，(12)，(14)，(16)，(18)，(20)。

要使取出的数中不含有“机灵数对”，则取出的所有数应不同组，或者同组但位置不相邻。从而第一、二、三组每组至多可以取出 2 个数，其他各组每组最多可以取出 1 个数，这样最多只能取出 2×3＋1×8＝14(个)数，例如可以这样取数：1、7、2、11、4、19、6、8、10、12、14、16、18、20。

38. 答案：36。

分析:4 个数之间共有 6 个差,出现了 4 个不为 0 且互不相同的差,说明四个数互不相同。假设四个数 $a<b<c<d$,当 $d-a=4$ 时,4 个数的关系有如下 3 种情况:

取值范围可以是 1～5、2～6、3～7、4～8,共有 $3\times4=12$(种)情况。

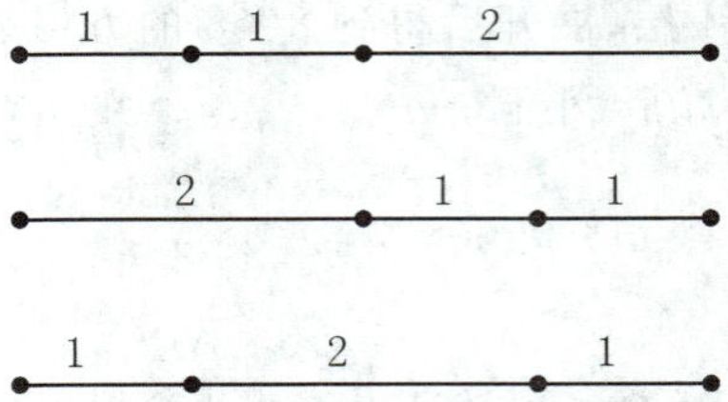

当 $d-a=5$ 时,4 个数的关系有如下 4 种情况:

取值范围可以是 1～6、2～7、3～8,共有 $4\times3=12$(种)情况。

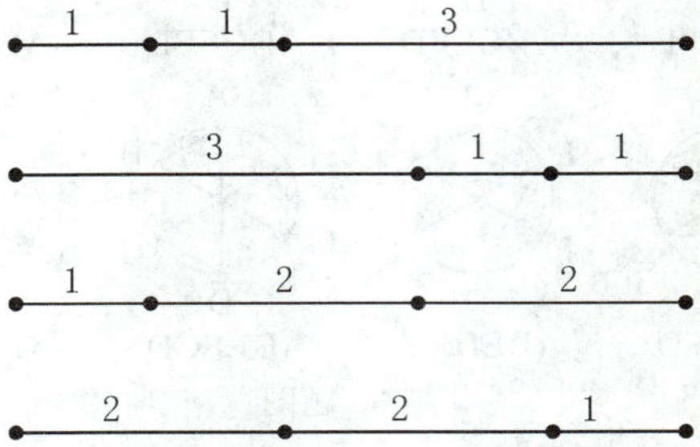

当 $d-a=6$ 时,4 个数的关系有如下 4 种情况:

取值范围可以是 1～7、2～8,共有 $4\times2=8$(种)情况。

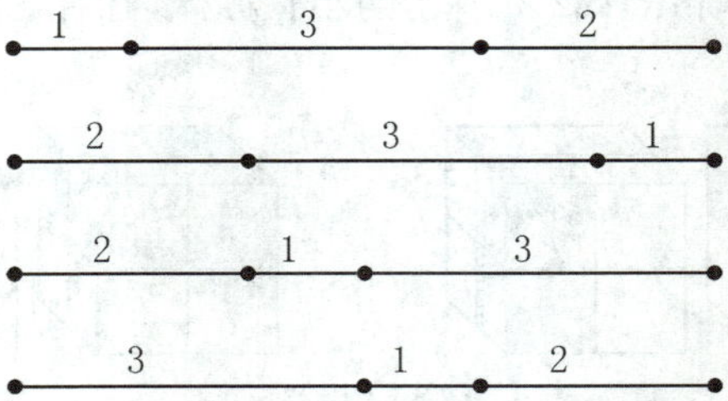

当 $d-a=7$ 时,4 个数的关系有如下 4 种情况:

取值范围可以是 1～8,共有 $4\times1=4$(种)情况。

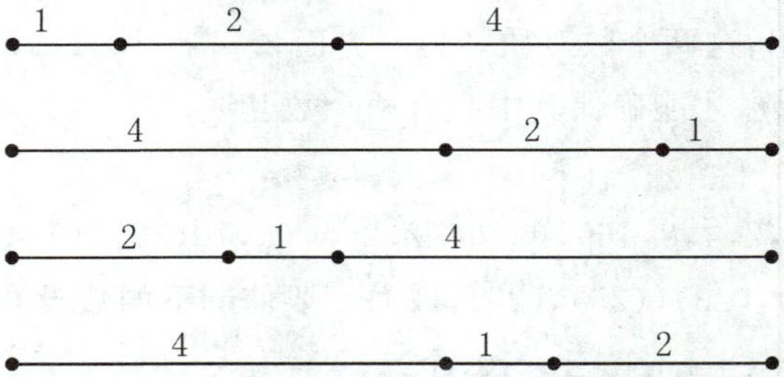

若长度为 3 的线段与长度为 4 的线段无公共点,则长度为 1 和 2 的线段一定在中间,中间只有 1 条线段不可能同时有 2 个长度,所以当 $d-a>7$ 时,均无可能。

共计 36 种。

39. 答案:2016。

分析:若长方体长、宽、高都大于 1 份,则有 3 个面涂上颜色的小长方体为 8 个。若宽、高均为 1 份,则没有恰有 3 个面涂上颜色的小长方体。只有高为一份时,恰有 3 个面涂上颜色的小长方体最多。

可知按 $1\times2\times1010$ 切最多为 $(1010-2)\times2=2016$(个)。

40. 答案:12。

分析：每个 2×2 的方格中最多有 3 个人“幸福”，所以 16 个人中，最多有 $16\times\frac{3}{4}=12$（个）人“幸福”。构造如图，其中 16 到 5 号共 12 个人是“幸福”的。

14	4	5	6
15	16	1	7
13	2	3	8
12	11	10	9

第 40 题图

41. 答案：13。

分析：如图 2，从图 1 中拿掉 13 个棋子，余下 12 个棋子中任意 4 个都不成为长方形的顶点。

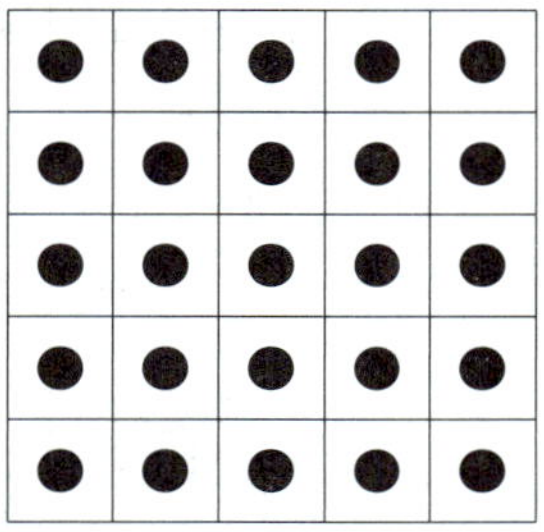

图 1

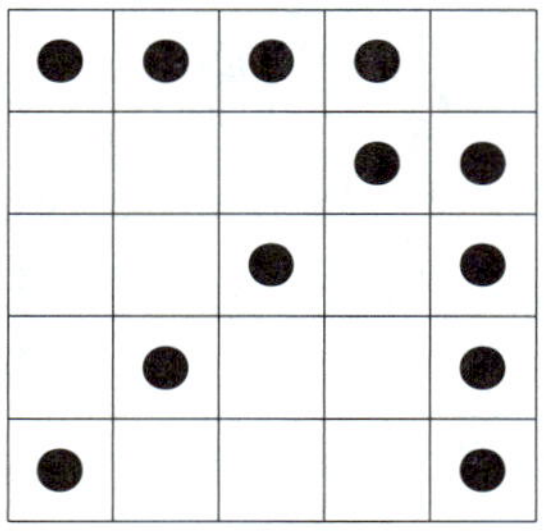

图 2

如果拿掉的棋子少于 13 个，则余下的棋子多于 12 个。

下面证明：若余下的棋子多于 12 个，一定存在 4 个点使它们是一条边与网格线平行的长方形的 4 个顶点。

由于经过行与行交换和列与列交换，是否是边与网格线平行的长方形的顶点这一性质不变。我们可以假定第 5 列至少有 3 个棋子，且是所有列中棋子最多的。

如果第 5 列有 5 个棋子，其他 4 列上至少有 8 个棋子，因此，有一列上有 2 个以上的棋子，这 2 个棋子与第 5 列同行的棋子就成为一个长方形的顶点。

如果第 5 列有 4 个棋子，其他 4 列上至少有 9 个棋子。因此，有一列上有 3 个以上的棋子，其中 2 个必与第 5 列的 2 个棋子在相同的行，这 4 个棋子构成一个长方形的 4 个顶点。

如果第 5 列有 3 个棋子，那么至少还有 2 列也有 3 个棋子。可以设第一列的 3 个棋子的位置是第 1 行、第 2 行和第 3 行。那么另外 2 列的棋子如果不与第 1 列的 3 个棋子中的 2 个形成一个长方形的 4 个顶点，那么这两列在第 4、5 行各自必有 2 个棋子，它们形成一个长方形的 4 个顶点。

42. 答案：121。

分析：轰炸次数的最小值$\frac{81-1}{2}+81=121$（次）。

将所有的单位正方形按国际象棋盘黑白染色，并且要求四个角上的正方形为黑色。

首先，将所有白色的炸一遍，然后将所有黑色的炸一遍，最后再将所有白色的炸一遍。这样轰炸的次数为$\frac{81-1}{2}+81=121$（次）。

若初始坦克在白格中，则它在第一和第二轮中被炸；若在黑格中，则它在第二和第三轮中被炸。总之必被摧毁。

接下来说明，更少的次数不能保证摧毁这辆坦克。

首先，每个格至少被轰炸一次。

否则，没有被炸到的格中的坦克不会被摧毁。

下面说明：任意两个相邻的格至少共被炸三次。

否则，设两个相邻格 A、B 各被炸一次。不妨先炸格 A 后炸格 B。则格 B 中的坦克只被炸一次。将去掉一个黑角的战场分成 40 个 1×2 或 2×1 个“日”字形。

从而，轰炸总次数不小于$\frac{81-1}{2}+81=121$(次)。

43. 答案：9。

分析：共 $3\times12\div2=18$(场)比赛，共 18 次胜利。一位选手要获“大师杯”奖牌至少需要 2 次胜利，所以至多 $18\div2=9$(位)选手获得。

构造(不唯一)：1、2、3 胜 10，4、5、6 胜 11，7、8、9 胜 12；1 胜 2，2 胜 3，……，8 胜 9，9 胜 1。

44. 答案：9。

分析：设有 n 支球队参加比赛，有 3 支弱旅，所以其他$(n-3)$支均是强队。

总共要比赛 $4n\div2=2n$(场)比赛，所以共 $2n$ 场败场，每支弱旅最多输 4 场，每支强队最多输 1 场，所以有 $2n\leqslant3\times4+n-3$，可得 $n\leqslant9$，所以至多 9 支球队。

构造如下：1、2、3、4 胜 7；3、4、5、6 胜 8；5、6、1、2 胜 9；1 胜 2，2 胜 3，3 胜 4，4 胜 5，5 胜 6，6 胜 1；1～6 均是 3 胜 1 负是强队，7、8、9 三队 4 负是“弱旅”。

45. 答案：8。

分析：含同一名学生的比赛另外两名选手必然各不相同，最多只能凑出$(8-1)\div2=3\cdots\cdots1$，即 3 对，所以，8 名同学最多比赛 $3\times8\div3=8$(场)。用 1、2、3、4、5、6、7、8 代表这 8 名同学，构造如下：123、145、167、824、836、857、256、347。

46. 答案：12。

分析：(1)为方便叙述，我们假定每个学生有一张推荐表，老师推荐的方式为在被推荐学生的推荐表上署名。

①每位老师都要与其他 7 位老师合署一张推荐表，每张推荐表最多和 2 人合署，所以每位老师至少要在 4 张推荐表上署名。每张推荐表上至多出现 3 位老师的署名。根据 $4\times8\div3=10\cdots\cdots2$ 知，这些老师至少要在 11 张推荐表上署名。②如果两位老师的署名出现在同一张推荐表上，称为两位老师产生一次合作。因为每两位老师推荐的学生中恰有一名相同，所以 8 人之间共产生 $8\times7\div2=28$(次)合作。

每张推荐表上有 3 位或 2 位老师的署名，可产生的合作次数为 3 次或 1 次。若恰好有 11 张推荐表，则推荐总次数为 11 个奇数之和，必为奇数，不可能等于 28，所以 11 张推荐表不可能满足要求。

综合①②，被推荐学生的推荐表至少有 12 张，即至少推荐了 12 位同学。

(2)下面是编号为 1～12 的 12 名同学被 A、B、C、D、E、F、G、H8 位老师的推荐情况。

	1	2	3	4	5	6	7	8	9	10	11	12
A	√	√	√						√			
B	√			√	√					√		
C	√					√	√				√	
D		√				√		√		√		
E		√		√			√					√
F			√	√				√			√	
G					√		√	√	√			
H			√		√	√						√

第四十章　常用原理

寻隐者不遇

——唐·贾岛

松下问童子，

言师采药去。

只在此山中，

云深不知处。

40.1　抽屉原理

40.1.1　什么是抽屉原理？

若将 4 个苹果放进 3 个抽屉中，则一定存在一个抽屉里有 2 个或 2 个以上的苹果。

【证明】反证法。假设每个抽屉的苹果都不足 2 个，则 3 个抽屉至多有 $1\times3=3$(个)苹果，与共有 4 个苹果相矛盾，所以假设不成立，原结论成立。

推而广之，得到

抽屉原理Ⅰ：若将 $n+1$ 个苹果放入 n 个抽屉中，则一定存在一个抽屉里有 2 个或 2 个以上的苹果。

抽屉原理最早为德国数学家狄利克雷提出，主要用来解决数学中一类“存在性问题”。

以“将 4 个苹果放进 3 个抽屉”为例：“一定存在”一个抽屉里有 2 个或 2 个以上的苹果的现象，体现了这类问题“只在此山中”的确定性一面，而这个现象会出现在哪个抽屉“并不确定”，又体现了这类问题“云深不知处”的不确定性一面。

更进一步，我们得到

抽屉原理Ⅱ：把 m 个苹果放进 n 个抽屉，那么一定存在一个抽屉含有 $\left[\frac{m-1}{n}\right]+1$ 或 $\left[\frac{m-1}{n}\right]+1$ 个以上的苹果。

其中，$[x]$ 的意思是不超过 x 的最大整数，即 $[x]\leqslant x<[x]+1$，如 $[0.999]=0$，$[3]=3$，$[\pi]=3$ 等。

【证明】反证法。假设每个抽屉至多含有 $\left[\frac{m-1}{n}\right]$ 个苹果，则总共苹果数至多为 $\left[\frac{m-1}{n}\right]\cdot n\leqslant\frac{m-1}{n}\cdot n=m-1$(个)，与有 m 个苹果相矛盾。

所以假设不成立，原结论成立。

相较于小学阶段遇到的其他问题，抽屉原理讨论的“存在性”问题显得比较特别，于是其解决思路也别具特色。

用抽屉原理解答数学问题的常用步骤是：①分析题意，找出什么是“苹果”，什么是“抽屉”；②应用抽屉原理。

而问题的难度常常取决于寻找“苹果”和“抽屉”的难度，大致分为以下 3 层：

难度 1：“苹果”“抽屉”都很清晰；

难度 2：“苹果”“抽屉”隐藏，需要寻找并明确；

难度 3：需要根据题意构造“苹果”“抽屉”。

常用的构造方式有：区间、剩余类(按除以某个整数的余数分类)、几何图形、染色等。

40.2 典型例题

40.2.1 基础题型

例 1 13 个小朋友中，至少有几个小朋友在同一个月过生日？

解析

确定“苹果”与“抽屉”。本题的“苹果”对应小朋友，而问题中“在同一个月”很明显就是“在同一个抽屉”，所以“抽屉”对应月份。本题即转化为“将 13 个苹果放进 12 个抽屉里”。

如果题目的问题是“至多有几个小朋友在同一个月过生日？”，那么答案当然是 13，即让 13 个小朋友在同一个月里过生日，“至多”让我们设想小朋友“尽量集中”。

相反，题目的关键词是“至少”，于是我们会尽量设想小朋友们的生日分散在一年 12 个月份里，即一种“极端平均”的状态。于是有 13÷12=1……1，这就告诉我们，设想 13 个小朋友的生日尽量分散到 12 个月当中，每个月有 1 人过生日，还剩下 1 人，而这个人无论在哪个月出生，都会有一个月至少有 1+1=2(个)小朋友过生日。

> 抽屉原理的设想情况大多数时候可以看作一种“极端平均”的状态。

例 2 15 个小朋友中，至少有几个小朋友在同一个月过生日？

解析

本题与上题仅仅是小朋友由 13 个变成了 15 个，结果会不会发生变化呢？

15÷12=1……3，余数是 3，会不会变为有 1+3=4(个)小朋友在同一天过生日呢？很显然，不是！多余的 3 个小朋友完全可以分别在 3 个不同的月份过生日，所以有余数只能在商的基础上加 1，即至少有 1+1=2(个)小朋友在同一个月过生日，与上题的结果不变。

例 3 某学校有 1234 个学生。那么，至少有几个学生会在同一天过生日？

解析

本题的“苹果”对应学生，而“过生日”对应的是日期，所以“抽屉”对应 366 天(注意，不是 365 天)。

因为 1097÷366=2……365，有余数，仅加 1，所以至少有 2+1=3(个)同学会在同一天过生日。

> 如果将抽屉错误地认为是365天，则会得到错误答案。

40.2.2 “苹果”是什么？“抽屉”是什么？

例 4 老王面馆出售早点，主食有 9 种：热干面、热干粉、汤面、汤粉、牛肉面、牛肉粉、生煎包、锅贴饺，鸡冠饺。饮料有 4 种：豆浆、绿豆汤、米酒、蛋酒。老王发现，每位顾客要么只买一种主食，要么会买一种主食搭配一种饮料。如果今天早上有 200 位顾客来老王面馆吃早点，那么至少有________位顾客所点的早餐种类相同。

解析

由问题中“所点的早餐种类相同”可知“抽屉”为不同的点餐方式。

单点主食有 9 种，点主食+饮料有 9×4=36(种)，“抽屉”共有 9+36=45(种)。200÷45=4……20，所以至少有 4+1=5(位)顾客所点的早餐种类相同。

例 5 黄老师带领班上的 34 名同学玩拼积木游戏。每位同学有 8 个大小相同的正方体木块，其中红色的 3 个，蓝色的 5 个，用它们拼成一个如图所示的大正方体。那么，至少有________名同学的拼法是相同的。（旋转、翻转后重合的算作一种拼法）

解析

本题中“苹果”明确，对应 34 名同学，但“抽屉”是什么呢？一般情况下，问题的表述会给出答案。“拼法相同”的意思其实就是“同一个抽屉”，于是“拼法”就是“抽屉”。

3 红 5 蓝 8 个小正方体有如下三种不同的拼法：

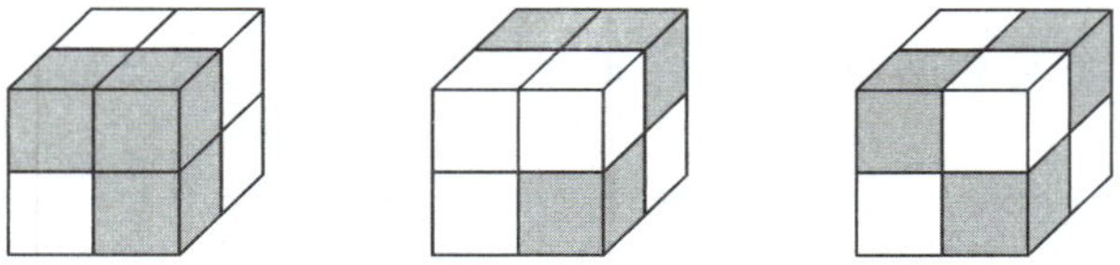

于是 $34\div3=11\cdots\cdots1$，所以至少有 $11+1=12$（名）同学的拼法是相同的。

例 6 在 8×8 的方格纸中，每个方格内可以填上 1～4 四个自然数中任意一个。填满后，对每个 2×2 的“田”字格内的 4 个自然数求和，在这些和中，相同的和至少有________个。

（“《小学生数学报》杯”江苏省第三届小学生探索与应用能力竞赛）

解析

由“填满后，对每个 2×2 的‘田’字形……这些和中”可知，本题的“苹果”是所有的“田”字形。8×8 的方格纸中，有 $7\times7=49$(个)“田”字形。

从问题中“相同的和”可以知道，本题的“抽屉”对应“和”，那有多少种不同的“和”呢？因为所填的数为 1～4 四个自然数中的任意一个，所以和最小为四个 1 的和 4，最大为四个 4 的和 16，共有 $16-4+1=13$(种)不同的和，即 13 个“抽屉”。

因为 $49\div13=3\cdots\cdots10$，所以至少有 $3+1=4$(个)“田”字格内数字的和是相同的。

例 7 一次聚会共来了 20 个人，任意 2 人要么互相认识，要么互相不认识。证明：其中必有 2 个人认识的人数相同。

解析

由问题中的“认识的人数相同”可知“抽屉”是“认识的人数”。

注意题目条件中“互相”两个字。如果有人认识 0 个人，则不会出现认识 19 个人的人，所以“抽屉”0 人、19 人不可能同时存在，抽屉至多有 $20-1=19$(个)。将 20 个人放进这 19 个“抽屉”中，则必然有 2 个人在同一“抽屉”，即这 2 个人认识的人数相同。

40.2.3　反向提问

例 8 饲养员将 100 根玉米棒子分给熊舍里的熊，他发现无论怎样分总有熊能拿到 12 根或 12 根以上的玉米棒子。那么，熊舍里至多有几头熊？

解析

【方法 1】若没有熊拿到 12 根或 12 根以上的玉米棒，则每头熊至多拿 11 根玉米棒子，总数量至少减 1 根，于是至多有 $(100-1)\div11=9$(头)熊。

【方法 2】假设有 n 头熊，由抽屉原理可知 $(12-1)\cdot n+1\leqslant100$，所以 $11\cdot n\leqslant99$，则 $n\leqslant9$，即至多有 9 头熊。

例 9 新年晚会上，老师让每位同学从一个装有许多玻璃球的口袋中摸 2 个球，这些球给人的手感相同，只有红、黄、白、蓝、绿五色之分(摸时看不到颜色)，结果发现总有 2 人取的球相同。由此可知，参加取球的至少有________人。

(第一届“希望杯”)

解析

“苹果”是每个人取球的结果，“抽屉”是取球可能出现的情况。

我们先看看“抽屉”有多少。摸出 2 个球，两球颜色不同的情况有 $5\times4\div2=10$(种)，2 个球的颜色相同的情况有 5 种，共有 15 种情况，即 15 个“抽屉”。

由于总有 2 个人所取的球相同，那么每个“抽屉”至少已有 1 个，还至少需要多出 1 人，于是至少有 $1\times15+1=16$(人)。

例 10 委员会 9 个委员对若干议案进行投票，每个议案投 1 次票。每个委员每次可投赞成、弃权、反对 3 种不同票种的 1 种。经过若干次投票，任何 2 个委员都至少有 1 个议案投的票不同。那么，他们最少对________个议案进行了投票。

(2015 年春·明心数学资优生测试 4 年级)

解析

如果只有 1 个议案，则结果就 3 种。将 9 个委员的投票结果看作 9 个“苹果”，放入这 3 个“抽屉”中，至少有 3 个委员投票结果相同。

如果有 2 个议案，则结果有 $3\times3=9$(种)。那么 9 个“苹果”放入 9 个“抽屉”中，有可能任意 2 个“苹果”都不在同一个“抽屉”里，即任意 2 个委员至少都有 1 个议案投的票不同。

所以最少对 2 个议案进行了投票。

40.3 构造抽屉

40.3.1 区间

例 11 从 1,2,3,4,…,49,50 这 50 个数中任意取出 26 个数。那么这 26 个数中至少有两个数互质。问:这是为什么?

解析

由于相邻两个自然数一定互质，所以将 1,2,…,50 分成 25 组:{1,2},{3,4},…,{49,50}。

由抽屉原理可知这 26 个数中一定有两个在同一组，则同组的两个数一定互质。

当取2, 4, 6, 8, 10, …, 50这25个数时，任意两个数都有公因数2，所以要满足题目的要求，取26个数也是最小值。

例 12 要在 20 米长的阳台上放 11 盆花，不管怎么放，至少有________盆之间的距离不超过 2 米。

(第九届“《小学生数学报》杯”数学竞赛)

解析

本题是知道了“苹果”数:共有 11 盆花。也提示了“抽屉”的制造方法:阳台总长 20 米，两盆花之间的距离不超过 2 米。

只要把阳台划分成每段 2 米的小间隔，这样共得 10 个小间隔，将 11 盆花放入这 10 个小间隔，至少有 2 盆放入同一个小间隔内，即这两盆花的距离就不超过 2 米。

例 13 从 1,2,3,4,…,1994 这些自然数中,最多可以取________个数,能使这些数中任意两个数的差都不等于 9。 (1994 年“数学花园探秘”)

解析

把这 1994 个数依次每 18 个数分成一组,最后 14 个数也成一组,共分成 111 组。即

{1,2,3,4,5,6,7,8,9,10,11,12,13,14,15,16,17,18};

{19,20,21,22,23,24,25,26,27,28,29,30,31,32,33,34,35,36};

……

{1963,1964,…,1979,1980};

{1981,1982,…,1994}。

每一组中取前 9 个数,共取出 9×111=999(个)数,这些数中任意两个的差都不等于 9。

如果取 1000 个数,那么在上述 111 组中必有一组,从这组中取出至少 10 个数,而这一组中的 18 个数可以分成差为 9 的 9 对数,例如 1～18 可被分为(1,10),(2,11),(3,12),…(9,18),当取出的数多于 9 个时,必有一对数被取出,它们的差等于 9,所以不能取出 1000 个数。

因此,最多可以取 999 个数。

例 14 从 1,2,3,4,…,100 这 100 个自然数中,至多能选出多少个数,使得其中没有一个数是另一个的 5 倍?

解析

反向思考,我们将可能出现 5 倍关系的数放在一起,看看会发现什么。

{1,5,25},{2,10,50},{3,15,75},{4,20,100}, 4 个“抽屉”;

{6,30},{7,35},{8,40},{9,45},{11,55},{12,60},{13,65},{14,70},{16,80},{17,85},{18,90},{19,95}, 12 个“抽屉”。

有 3 个数的“抽屉”每个“抽屉”能取出一头一尾 2 个数,其余每个“抽屉”能取出 1 个数,所以最多能取出 100−4−12=84(个)数。例如 1,2,3,4,21,22,23,…,100。

例 15 从 1,3,5,7,…,97,99 中最多可以选出________个数,使它们当中的每一个数都不是另一个数的倍数。 (1989 年小学数学奥林匹克初赛)

解析

因为没有偶数,所以数与数之间不会出现偶数倍关系。

于是,我们将 1,3,5,…,99 这 50 个数,每一个都写成 $3^a \cdot k$ 的形式,其中 a 是 0 或自然数,k 是不被 3 整除的自然数。

由于 1,3,…,99 中有 17 个数是 3 的倍数,剩下 50−17=33(个)不是 3 的倍数,所以 k 的值只有 33 种。于是从 1,3,5,…,99 中任取 34 个数,其中必有 2 个数的 k 相同,从而形成倍数关系,因此最多可选出 33 个数。

构造如下,将 50 个数分组:

$\{1,3,3^2,3^3,3^4\}$,1 个“抽屉”;

$\{5,5\times3,5\times3^2\}$,$\{7,7\times3,7\times3^2\}$,$\{11,11\times3,11\times3^2\}$,3 个“抽屉”;

$\{13,13\times3\}$,$\{17,17\times3\}$,$\{19,19\times3\}$,$\{23,23\times3\}$,$\{25,25\times3\}$,$\{29,29\times3\}$,$\{31,31\times3\}$,7 个“抽屉”;

$\{37\}$,$\{41\}$,$\{43\}$,…,$\{97\}$,共 $50-1\times5-3\times3-2\times7=22$(个)“抽屉”。

共有 $1+3+7+22=33$(个)“抽屉”,每个“抽屉”取其中最大数即可。

40.3.2 剩余类

例 16 证明:任取 8 个自然数,必有 2 个数的差是 7 的倍数。

解析

2 个数之差是 7 的倍数,这 2 个数有什么特殊的关系呢? 2 个数除以 7 同余。原来,内涵是“余数”。

我们可以把所有自然数按被 7 除所得的不同余数分类,显然有余 0、余 1、余 2、余 3、余 4、余 5、余 6 这 7 类,也就是 7 个“抽屉”。于是,任取 8 个自然数,根据抽屉原理,必有 2 个数会在同一个“抽屉”中,即它们除以 7 的余数相同,因此这两个数的差一定是 7 的倍数。

推而广之:任取 $n+1$ 个自然数,必有 2 个数的差是 n 的倍数。

例 17 对于任意的 8 个自然数,一定能从中找到 6 个数 a、b、c、d、e、f,使得 $(a-b)(c-d)(e-f)$ 是 105 的倍数。

解析

$105=3\times5\times7$。对于任意的 8 个自然数,必可选出 2 个数,使它们的差是 7 的倍数,不妨令 $7|(a-b)$;在剩下的 6 个数中,又可选出 2 个数,使它们的差是 5 的倍数,不妨令 $5|(c-d)$;在剩下的 4 个数中,又可选出 2 个数,使它们的差是 3 的倍数,不妨令 $3|(e-f)$,所以 $105|(a-b)(c-d)(e-f)$。

例 18 证明:任意 5 个自然数中,总能取出 3 个数的和是 3 的倍数。

解析

除以 3 的余数分为 0、1、2 共 3 类,可能会出现下面 2 种情况:

(1)如果其中有某一类有至少 3 个,那么 3 个同类的自然数的和是 3 的倍数。

(2)如果其中没有一类有 3 个,那么每一类至多 2 个,那么每类都至少有 1 个。取余 0、余 1、余 2 的数各一个,它们的和就是 3 的倍数。

例 19 证明:任意 6 个自然数中总能取出 2 个数,要么它们的和是 9 的倍数,要么它们的差是 9 的倍数。

解析

除以 9 的余数有余 0～余 8 共 9 种,将它们分成$\{0\}$,$\{1,8\}$,$\{2,7\}$,$\{3,6\}$,$\{4,5\}$共 5 组。将 6 个数放进这 5 个“抽屉”,必有 2 个数在同一“抽屉”:它们要么同余,差是 9 的倍数;要么余数相加,和是 9 的倍数。

例 20 证明：形如$\underbrace{111\cdots11}_{n个1}$的自然数中，一定存在 2023 的倍数。

解析

取 1,11,111,1111,…,$\underbrace{111\cdots11}_{2023个1}$这 2023 个数，记 $A_n=\underbrace{111\cdots11}_{n个1}$。

若这 2023 个数中没有一个数是 2023 的倍数，则它们除以 2023 的余数只能为 1,2,3,…,2022 中的一个。根据抽屉原理，必有两个数除以 2023 的余数相同，不妨设这两个数是 A_i 与 $A_j(i>j)$，则 $2023|(A_i-A_j)$，即 $2023\left|\left[\underbrace{111\cdots11}_{i个1}-\underbrace{111\cdots11}_{j个1}\right]\right.$，$2023|\underbrace{11\cdots1}_{i-j个1}\underbrace{00\cdots0}_{j个0}$，又因为(2023,10)=1，即 2023 不含有质因数 2 和 5，所以 $2023|\underbrace{11\cdots1}_{i-j个1}$，命题得证。

例 21 任意给定 2022 个自然数，证明：其中必有若干个自然数，和是 2022 的倍数（单独一个数也可以当作和）。

解析

把这 2022 个数先排成一行：$a_1,a_2,a_3,\cdots,a_{2022}$。

第 1 个数为 a_1；

前 2 个数的和为 a_1+a_2；

前 3 个数的和为 $a_1+a_2+a_3$；

……

前 2022 个数的和为 $a_1+a_2+\cdots+a_{2022}$。

如果这 2022 个和中有一个是 2022 的倍数，那么问题已经解决；

如果这 2022 个和中没有 2022 的倍数，那么它们除以 2022 的余数只能为 1,2,3,…,2021 中的一个。根据抽屉原理，必有两个和除以 2022 的余数相同，那么它们的差（依然是 $a_1,a_2,a_3,\cdots,a_{2022}$ 中的若干个数之和）一定是 2022 的倍数，命题得证。

40.3.3　几何图形

例 22 在边长为 4 的正方形内，任意放入 9 个点，则其中必有 3 个点，它们构成的三角形的面积不大于 2。请说明其中的道理。

4

解析

为了将其中 3 点放在同一“抽屉”，我们应该构造(9－1)÷(3－1)=4(个)“抽屉”。于是我们可以将正方形平均分割成 4 个区域，下面两种分割方式（图 1、图 2）均可。那么，图中每个矩形的面积为 $4^2\div4=4$。

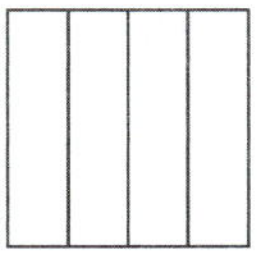
图 1

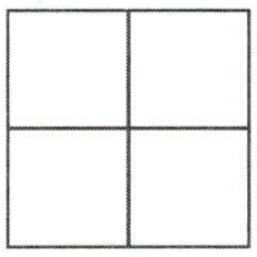
图 2

如此，当我们将 9 个点放入时，则必有 3 个点在同一区域中，它们构成的三角形的面积不大于矩形的一半，即不大于 2。

例如上面两种分法都可以。每个图形中 3 个点构成的三角形的面积都不大于长方形的一半，即不大于 2。

例 23 在圆圈内最多可以放多少个点，使得任何两个点间的距离都大于圆的半径，请把这些点画在右图中的圆圈内。 （1998 年新加坡——上海小学数学奥林匹克竞赛二试）

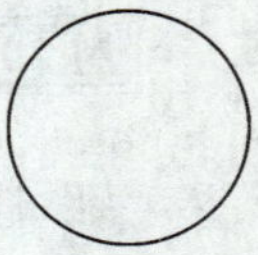

解析

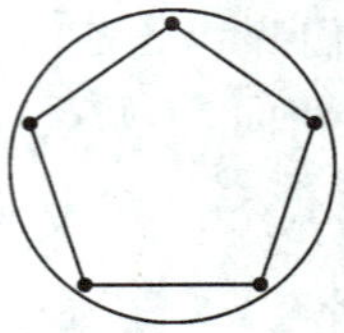

图 1

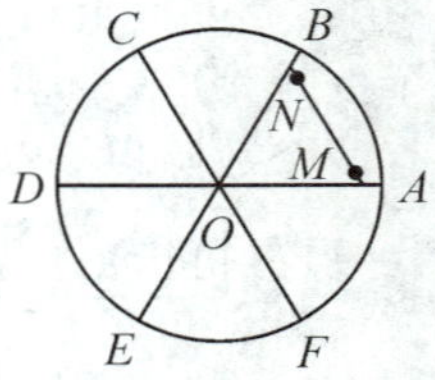

图 2

把圆用 6 条半径分成 6 个相等的扇形（如图 2），如果在圆内放了多于 6 个点，根据抽屉原理，必有两个点落在同一个扇形内。这两点的距离必定小于圆的半径，例如图 2 中的 MN 在扇形 OAB 的内部，则 $MN<OA$。

如果在圆内恰好放了 6 个点：

(1)如有一点是圆心，则其余 5 个点与它的距离都不超过圆的半径，显然不符合题目要求。

(2)如果这 6 个点都不在圆心，则作出过这 6 点的半径，如果有某两条相邻的半径所成的角小于 $60°$，则此两点落在上述的 6 个相等的扇形中的某一个内，这两点的距离就小于圆的半径。如果这 6 条半径中每相邻 2 条都成 $60°$，则此 6 个点分别在 6 个相等扇形的半径上，相邻半径上的两点距离小于圆的半径。

若放 5 个点，如图 1，可在圆内画一个尽可能大的正五边形，这个正五边形的 5 个顶点即为满足要求的点。

故圆内至多放 5 个符合条件的点。

40.3.4 染色

例 24 将 3×9 的方格纸的每一格染成黑色或白色。请说明：不管怎样染，总有两列染色方式是一样的。

解析

每一格都有黑、白两种染色方式，每一列有 $2\times2\times2=8$(种)染色方式，将其看作 8 个“抽屉”，根据抽屉原理可知，9 列中必有 2 列在同一抽屉中，即它们的染色方式相同。

例 25 一块 3×7 的方格纸，每一格可任意染成黑色或白色。证明：对任意染法，棋盘上至少有一个长方形，它的 4 个角染色相同。

解析

4 个角染色相同，即存在 2 列在相同的 2 行有着同色的色块组。

1 列有 3 格，则根据抽屉原理可知，每一列至少有一对同色色块组。而同色色块组的位置有 3 种，颜色有 2 种，共 $3\times2=6$(种)，所以 7 列中必有 2 列有着相同的同色色块组，于是以它们为顶角的长方形四个角同色。

例 26 将 6 行 n 列的方格表中每个方格任意染成红色或者蓝色，n 最少是________时，一定能找到三行三列，它们相交的 9 个方格颜色相同。（2019 年春·明心数学资优生测试 6 年级）

解析

首先，每列 3 红 3 蓝的染色方式共有 $C_6^3=20$ 种。当每种染色方式不超过两列，即 $n\leqslant40$ 时不满足题意。

其次，考虑每列方格中同色三格组的数量。当一列恰有 6 格同色时，同色三格组有 $C_6^3=20$(组)；当一列恰有 5 格同色时，同色三格组有 $C_5^3=10$(组)；当一列恰有 4 格同色时，同色三格组有 $C_4^3=4$(组)；当一列恰有 3 格同色时，有 2 组同色三格组。所以每列至少有 2 组同色三格组。而对应位置不同的同色三格组有红、蓝 2 类，共 $\frac{6\times5\times4}{1\times2\times3}\times2=40$(种)，将其看作 40 个“抽屉”，所以当 $n\geqslant41$ 时，必有 3 列方格有对应位置及颜色完全相同的同色三格组。故 n 至少为 41。

例 27 证明：世界上任选 6 个人，其中必能选出 3 个人互相都认识或互相都不认识。

解析

将 6 个人看作 6 个点，若两人认识则在两点间连实线，若两人不认识则在两点之间连虚线，题目转化为“一定存在一个三边全为实线或全为虚线的三角形”。

从这 6 个点中随意选取一点 A，从 A 点引出的 5 条线段，根据抽屉原理，至少有 3 条线段的类型相同，不妨设有 3 条线段为实线，它们另外一个端点分别为 B、C、D，此时：

(1)如果 BC、CD、BD 中至少有一条线段是实线，例如线段 BC 是实线，那么$\triangle ABC$ 即为一个实线三角形。

(2)如果 BC、CD、BD 三条线段都不是实线，那么全为虚线，$\triangle BCD$ 是一个虚线三角形。

综上所述，命题得证。

例 28 平面上有 17 个点，两两连线，每条线段染红、黄、蓝三种颜色中的一种，这些线段能构成若干个三角形。证明：一定有一个三角形三边的颜色相同。

解析

从这 17 个点中任取一个点 A，把 A 点与其他 16 个点相连可以得到 16 条线段，根据抽屉原理，其中同色的线段至少有 $\left[\frac{16}{3}\right]+1=6$(条)，不妨设为红色。考虑这 6 条线段除 A 点外的 6 个端点：

(1)如果 6 个点两两之间连线段，至少有 1 条红色线段，那么至少有 1 个红色三角形，符合要求。

(2)如果 6 个点之间没有红色线段，也就是任意两点间的线段为黄色或蓝色，则问题转化为上一题——这 6 个点中必有 3 个点，它们之间线段的颜色相同，符合要求。

综上所述，命题得证。

真题重现

1. 有若干个梨和苹果，随意将它们分成 5 堆，能否找到 2 堆，使得梨和苹果的总数都是偶数？

2. 夏令营组织 1987 名营员去游览故宫、景山公园、北海公园，规定每人最少去一处，最多去两处游览，至少有几个人游览的地方完全相同？试证明你的结论。（1996 年“数学花园探秘”）

3. 某人把一副（黑白两色）棋子混装在一个盒子里。然后每次从盒子中摸出 3 枚棋子，他至少摸________次，才能保证其中必有 2 次取出的棋子是相同的。（1996 年全国小学生数学竞赛）

4. 若干名小朋友购买单价为 3 元和 5 元的两种商品，每人至少买一件，但每人购买商品的总金额不得超过 15 元。小民说：小朋友中一定至少有三人购买的两种商品的数量完全相同。问：至少有多少名小朋友？（第十届“华杯赛”）

5. 一次测验共有 10 道问答题，每题的评分标准是：回答完全正确，得 5 分；回答不完全正确，得 3 分；回答完全错误或不回答，得 0 分。至少________人参加这次测验，才能保证至少有 3 人的得分相同。（第十届《小数报》数学竞赛决赛）

6. 从任意 n 个不同整数中，一定可以找到两个数，它们的差是 8 的倍数，那么 n 的最小值是________。（第三届“《小学生数学报》杯”）

7. 从 1,2,3,…,49,50 这 50 个数中，取出若干个数使其中任意两个数的和都不能被 7 整除，最多可取________个数。（2001 年小学数学奥林匹克）

8. 从 1,2,3,4,…,1988,1989 这些自然数中，最多可以取________个数，其中每两个数的差不等于 4。（1989 年小学数学奥林匹克决赛）

9. 在 1,4,7,…,97,100 中任选 20 个不同的数。证明其中存在 4 个数 a,b,c,d，使 $a+b=c+d=104$。（第三十九届普特南数学竞赛）

10. 在 1,3,5,7,…,199 这 100 个自然数中取出若干个数，使得在所取出的数中，任何一个数都不是另一个数的整数倍，这样的数最多能取出________个。要说出取法并说明为什么这样取出的数最多。（2005 年福州市小学生“数学花园探秘”数学竞赛）

11. 如图，能否在 8 行 8 列的方格表的每个空格中分别填上 1、2、3 这三个数中的任一个，使得每行、每列及对角线 AC、BD 上各个数的和互不相同？并对你的结论加以说明。（1987 年“数学花园探秘”）

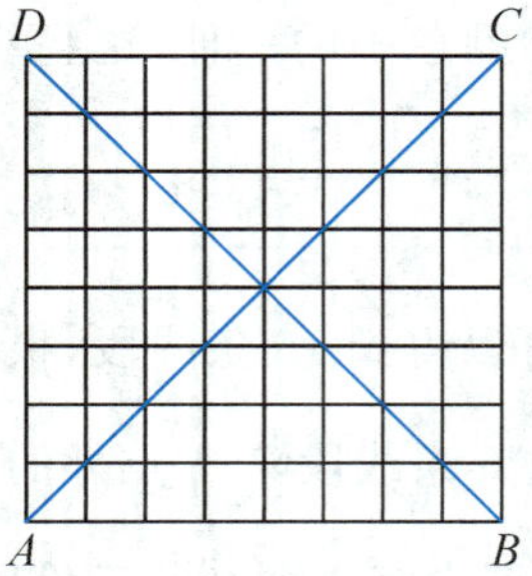

第 11 题图

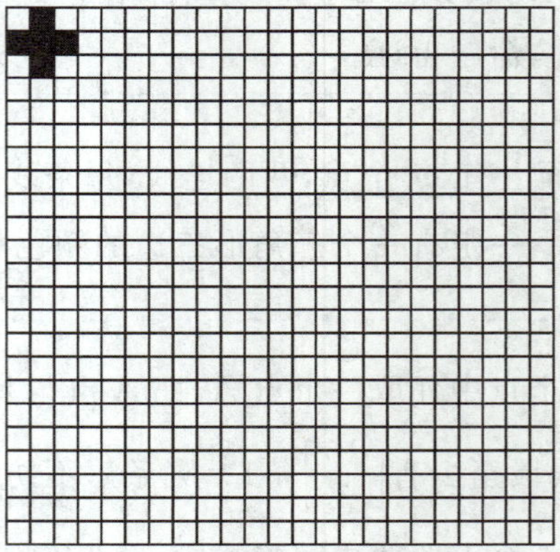
第 12 题图

12. 在 23×23 方格纸中将 1,2,…,9 这 9 个数字填入每个小方格中，并对所有形如图示阴影的“十”字图形中的 5 个数求和。对于小方格的数字的任意一种填法，其中和相等的“十”字图形至少有________个。（1990 年小学数学奥林匹克邀请赛决赛）

13. 将 2 行 5 列的方格纸的每一格染成黑色或白色，证明：不管怎样染，总有两列染色方式是一样的。

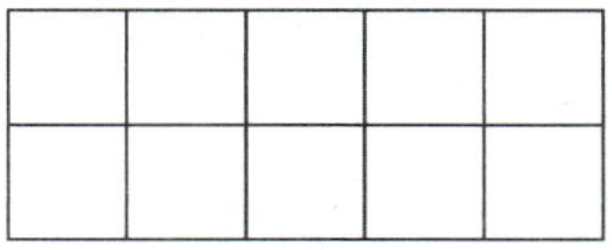

第 13 题图

14. 任意写一个由数字 1、2、3 组成的三十位数，在这个三十位数中任意截取相邻三位，可得一个三位数，证明：在从各个不同位置上截得的所有三位数中，一定有两个相同。

15. 把 1，2，3，…，15，16 这 16 个数按任意顺序排成一圈，证明：在这一圈数中一定有相邻的 3 个数之和不小于 26。

16. 如图，在时钟的表盘上任意作 9 个 120°的扇形，使得每一个扇形都恰好覆盖 4 个数，且每 2 个扇形覆盖的数不全相同，求证：一定可以找到 3 个扇形，恰好覆盖整个表盘上的数。并举一个反例说明，作 8 个扇形将不能保证上述结论成立。

（2009 年清华附中入学测试题）

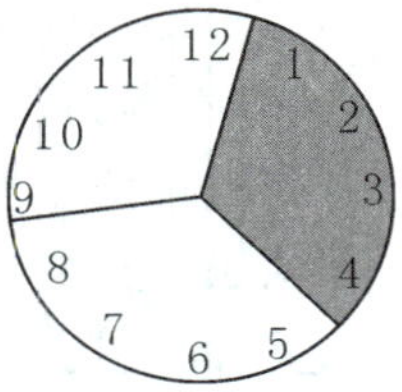

第 16 题图

17. 草坪上有 37 只家养宠物狗，证明：这 37 只小狗中，要么有 7 只来自同一家庭，要么有 7 只分别来自不同家庭。

18. 在 6×8 的长方形中任意选 5 个点，证明：其中至少有两点的距离不超过 5。

19. 平面上给定 17 个点，如果任意 3 个点中总有 2 个点之间的距离小于 1，证明：在这 17 个点中必有 9 个点可以落在同一半径为 1 的圆内。

20. 4 个人聚会，每人各带了 2 件礼品，分赠给其余 3 个人中的 2 人，试证明：至少有 2 对人，每对人是互赠过礼品的。

（第四届“华罗庚全杯邀请赛”复赛）

21. 在一个圆形苗圃的周边等间距地种 13 棵树将该圆周十三等分，或是松树或是柏树。证明：存在同种 3 棵树可以作为等腰三角形的 3 个顶点。

22. 一块 5×5 的方格纸，每一格可任意染成黑色或白色。证明：对任意染法，棋盘上至少有一个长方形，它的 4 个角染色相同。

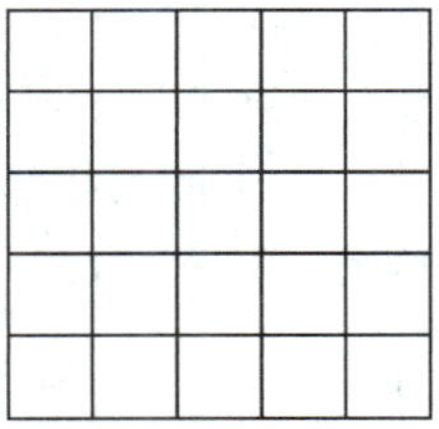

第 22 题图

参考答案

1. 答案：能。

分析：5 堆梨中，必存在 3 堆，其中梨数目的奇偶性一致。选择这 3 堆，那么其中必有 2 堆，苹果数目的奇偶性一致。那么这 2 堆水果，梨和苹果的总数都是偶数。

2. 答案：332。证明见分析。

分析：由问题可知，“抽屉”为游览的可能方案。

游览的可能方案有：去一处有三种方案：①故宫；②景山公园；③北海公园。去两处有三种方案：①故宫、景山公园；②故宫、北海公园；③景山公园、北海公园。共计 6 种可能方案，这 6 种方案就是 6 个“抽屉”。

1987÷6＝331…1，于是至少有 331＋1＝332(个)人游览的地方完全相同。

3. 答案：5。

分析：本题也需要弄清楚究竟有几个“抽屉”。3 枚棋子分成黑、白两色，共有“三枚全黑”“二黑一白”“一黑二白”和“三枚全白”四种情况。因此，“抽屉”应有 4 个。

由于抽屉有 4 个，故应摸 4+1=5(次)，才能保证其中必有 2 次摸出的棋子是相同的。

4. 答案：25。

分析：令一个 3 代表买一件 3 元的商品，一个 5 代表买一件 5 元的商品。按买的件数从小到大分类枚举，共有下列 12 种不同情况：(3)，(5)，(3，3)，(3，5)，(5，5)，(3，3，3)，(3，3，5)，(3，5，5)，(5，5，5)，(3，3，3，3)，(3，3，3，5)，(3，3，3，3，3)，即 12 个“抽屉”。

因为至少有三人购买的情况相同，根据抽屉原理可知，至少有 12×2+1=25(名)小朋友。

5. 答案：91。

分析：根据评分标准可知，最高得分为 50 分，最低得分为 0 分，在 0～50 分之间，1 分，2 分，4 分，7 分，47 分，49 分不可能出现。共有 51－6=45(种)不同得分，即 45 个“抽屉”。根据抽屉原理，至少有 45×2+1=91(人)参赛，才能保证至少有 3 人的得分相同。

6. 答案：9。

分析：按照整数除以 8 的余数可将整数分成 8 类，根据抽屉原理，任意取 8+1=9(个)整数，放入这 8 个“抽屉”，至少有一个“抽屉”中有两个或两个以上的数，由于同一“抽屉”中两个数除以 8 的余数相同，所以它们的差是 8 的倍数，故 n 的最小值是 9。

7. 答案：23。

分析：有多种取法，按除以 7 的余数将这 50 个数分成 7 类。余 1 的数和余 6 的数不可同取，余 2 的数和余 5 数不可同取，余 3 的数和余 4 数不可同取，余 0 的数至多取 1 个。又因为余 1 的数有 8 个，其他类都只有 7 个，所以最多可取 8+7+7+1=23(个)数。

8. 答案：996。

分析：将 1～1989 排成 4 个数列：

1，5，9，…，1985，1989

2，6，10，…，1986

3，7，11，…，1987

4，8，12，…，1988

每个数列相邻两项的差是 4。要使取出的数中每两个数的差不等于 4，每个数列中不能取相邻的项。因此，第一个数列只能取出一半，因为它有(1989－1)÷4+1=498(项)，所以最多取出 498÷2=249(项)，例如 1，9，13，…，1985。后 3 个数列每个最多也可取$\left[\frac{497}{2}\right]$+1=249(项)。故最多取出 249×4=996(个)数，使其中每两个数的差不等于 4。

9. 答案：证明见分析。

分析：本题的关键是如何设置“抽屉”。既然要求和为 104，则先将和为 104 的两个数归为一个“抽屉”，这样只要两个数在同一“抽屉”，和就为 104。

分组如下：{4，100}，{7，97}，{10，94}，…{49，55}，还剩下 1、5 单独成两组，共 18 组，即 18 个“抽屉”。现在 20 个数取自这 18 组，因为每组至多 2 个数，所以必有 2 个有 2 个数的数组被取出，故这 20 个数中一定存在 4 个数 a，b，c，d 使 $a+b=c+d=104$。

10. 答案：67。

分析：可取 67，69，71，…，199，共 67 个数，它们满足题目要求。

将 1，3，5，7，…，199 这 100 个数分为 67 组，其中上面取出的数在不同的组，一组中有两个数或两个数以上的有

(1，3，9，27，81)，(5，15，45，135)，(7，21，63，189)；

(11，33，99)，(13，39，117)，(17，51，153)，(19，57，171)；

(23，69)，(25，75)，(29，87)，(31，93)，(35，105)，(37，111)，(41，123)，(43，129)，(47，141)，(49，147)，(53，159)，(55，165)，(59，177)，(61，183)，(65，195)。

如果从 100 个数中取出 68 个,那么必有两个数在上述的同一组中,它们就有其中一数是另一数的整数倍。因此,最多只能取 67 个数。

【注】取法不唯一。例如,在上述取出的 67,69,71,…,199 中,用与 195 同组的 65 换 195 也符合题意。

11. 答案:能,见分析。

分析:不可能。因为每行、每列及每对角线上各数的和最小为 $1\times8=8$,和最大为 $3\times8=24$,8 到 24 只有 17 个互不相同的整数值,即 17 个"抽屉"。而 8 行、8 列及两条对角线上各个数的和共有 18 个,所以这 18 条线上各个数的和至少有两个是相等的。

12. 答案:11。

分析:由问题可知,"抽屉"为和的种类,那"苹果"呢?"苹果"对应"十"字图形。

将每个"十"字图形与其中心的一个方格对应,这些中心方格可以落入 23×23 方格纸里除四周一圈小方格外的任意方格中(如题图),所以共有 $21\times21=441$(个)中心格,即有 441 个"十"字图形。

而在"十"字图形的 5 个方格中所填数的和最小可为 $1\times5=5$,最大可为 $9\times5=45$。因此,这样的和共有 41 种。

现在,把这 41 种和看成"抽屉",而把 441 个"十"字图形看成"苹果",$441\div41=10\cdots\cdots31$,根据抽屉原理可知,至少有一个抽屉中放入了 $10+1=11$(个)苹果,即不论如何填数,总可以找到至少 11 个数字和相等的"十"字图形。

13. 答案:见分析。

分析:每一列的染色方式有 $2\times2=4$(种)选择,共有 5 列,由抽屉原理可知,必有两列染色方式相同。

14. 答案:见分析。

分析:1、2、3 所组成的三位数共有 $3\times3\times3=27$(个),三十位数可以截出 28 个相邻的三位数,由抽屉原理可知,必有两个相同。

15. 答案:见分析。

分析:证明 1 把这一圈从某一个数开始按顺时针方向分别记为 a_1、a_2、a_3、…、a_{16}。相邻的 3 个数为一组,有 $a_1a_2a_3$、$a_2a_3a_4$、$a_3a_4a_5$、…、$a_{15}a_{16}a_1$、$a_{16}a_1a_2$,共 16 组。

由于每个数都算了 3 次,所以这 16 组三个数之和的总和为:

$(1+2+3+\cdots+16)\times3=136\times3=408$,而 $408\div16=25\cdots\cdots8$,根据抽屉原理,这 16 组数中至少有一组数的和不小于 $25+1=26$。

证明 2 反证法,如果每相邻 3 个数的和都小于 26,则 16 个和至多为 $25\times16=400$,而每个数被算了 3 次,总和应为 $(1+2+3+\cdots+16)\times3=136\times3=408$,矛盾。故假设不成立,原命题得证。

16. 答案:见分析。

分析:以每个 120° 扇形顺时针方向的第一个数作为它的标号,那么表盘上共有标号为 1、2、3、…、12 的 12 个扇形。将这 12 个扇形分成以下四组:$\{1,5,9\}$,$\{2,6,10\}$,$\{3,7,11\}$,$\{4,8,12\}$。

根据抽屉原理可知,选取 9 个扇形,必有 $\left[\frac{9}{4}\right]+1=3$(个)扇形在同一组,即这 3 个扇形可以覆盖全部 12 个数。

另举反例:当我们取标号为 1、2、3、4、5、6、7、8 的 8 个扇形时,数 12 没有被覆盖,所以 8 个不行。

17. 答案:见分析。

分析:(1)如果这 37 只小狗来自 7 个或 7 个以上的家庭,那么必能找出 7 只分别来自不同家庭,则符合命题要求。

(2)如果少于 7 个家庭,则至多 6 个家庭,而 $37\div6=6\cdots\cdots1$,所以至少有 $6+1=7$(只)小狗来自同一家庭。

综上所述,命题得证。

18. 答案:见分析。

分析:6×8 的长方形中最远的距离是对角线的长度,由勾股定理得对角线的长度为 10。

可将长方形分成 4 个小长方形,由抽屉原理可知,5 个点中,至少有两点在同一个小长方形中,距离不超过 5。

19. 答案:见分析。

分析:取 17 个点中距离最远的两个点 O_1 与 O_2。

(1)如果 O_1 与 O_2 的距离小于 1,则其余 15 个点到 O_1 的距离都小于 1,于是所有点都在以 O_1 为圆心,半径为 1 的圆内。

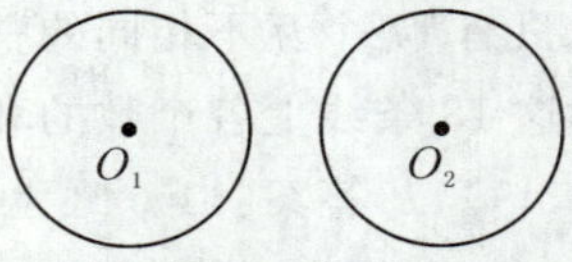

第 19 题图

(2)如果 O_1 与 O_2 的距离不小于 1,则其余 15 个点要么到 O_1 的距离小于 1,要么到 O_2 的距离小于 1,于是以 O_1、O_2 为圆心,作半径为 1 的 2 个圆,这两个圆就是"抽屉",如图。

将其余 15 个点放进这 2 个"抽屉",必有至少 8 个落在同一圆内,再加上圆心,即为 9 个点在同一圆内。

综上所述,命题得证。

20. 答案:见分析。

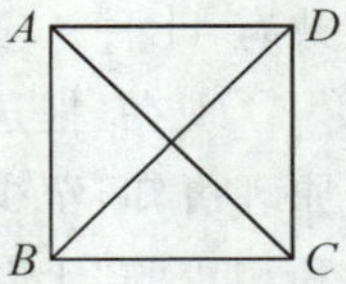

第 20 题图

分析:如图,将四个人看作 A、B、C、D 四个点,A 给 B 礼物看作 AB 之间连了一次线段,同样 B 给 A 礼物也看作 AB 之间连了一次线段。

4 个点之间可连出 6 条线段,即 6 个"抽屉"。而 4 个人共带来 2×4=8(个)礼物,相当于共可连 8 次线段。又因为每个人会将自己的礼物分别赠给 2 人,所以 2 点之间最多连接 2 次,于是将 8 条线段放进这 6 个"抽屉",必然会出现有 2 个"抽屉"里有 2 条线段,即至少有两对人,每对人是互赠过礼品的。

【注】本题等价于"有 6 种袜子,每种不超过 2 只,如果取出 8 只,那么必有 2 种袜子各 2 只。"

21. 答案:见分析。

分析:将树看作点,将每一个点染色,或是染成白色,或是染成黑色,由抽屉原理,必有至少 7 个点同色,设为黑点。

若 7 个黑点都不相邻,则每 2 个黑点之间必有一个白点,共有 14 个点,矛盾。所以必有 2 个黑点相邻,设相邻两点为点 1、点 2。

考虑点 3,8,13,若点 3,8,13 中至少有一个黑点,则该黑点必与点 1 和 2 形成等腰三角形;若点 3,8,13 全都是白点,则三角形(3,8,13)也是等腰三角形。

22. 答案:见分析。

分析:4 个角染色相同,即存在 2 列,在相同 2 行有着同色的色块对。

同色色块对,不同的位置有$\frac{5\times4}{2\times1}$=10(种),不同的颜色有 2 种,共 10×2=20(种),即 20 个"抽屉"。

1 列有 5 格。①如果有 5 格同色,则这一列含有$\frac{5\times4}{2\times1}$=10(对)同色色块对;②如果有 4 格同色,则这一列含有$\frac{4\times3}{2\times1}$=6(对)同色色块对;③如果有 3 格同色,则这一列含有$\frac{3\times2}{2\times1}$+1=4(对)同色色块。

(1)如果出现情况①与情况②,则 5 列的同色色块对超过 20 对,根据抽屉原理知,则必有 2 列会出现相同位置的同色色块对,构成一个长方形的四个角。

(2)如果 5 列都是情况③,则 5 列共有 4×5=20(对)同色色块对。20=20,看整体无法说明,需另辟蹊径——考察一种颜色的同色色块:因为 5 列中必然会出现 3 列 3 格是黑色,或 3 列 3 格是白色的情况,假设有 3 列出现 3 格黑色,则 5 列至少有 3×3+1+1=11(对)黑色色块对。而不同位置的黑色色块对共有 10 种,所以 11 对中必有 2 对位置相同,构成长方形的 4 个角。命题得证。

40.4　极端思想与最值问题

前文应用题篇、几何篇、数论篇中已有章节涉及极端思想与最值问题，本章节主要为大家梳理其他方面的极端思想与最值问题。

40.4.1　极端思想基础问题

例 1　在 3 棵树上栖息着 15 只画眉和 14 只金莺。每棵树上至少有 4 只画眉和 2 只金莺。如果每棵树上的金莺都不会比画眉多，那么一棵树上最多有________只鸟。

（2014 年春·明心数学资优生测试 3 年级）

解析

一棵树上画眉最多有 15－4－4＝7（只），而金莺不能比画眉多，所以最多也是 7 只。故一棵树上最多有鸟：7＋7＝14（只）。

例 2　一副扑克牌有 4 种花色，每种花色有 13 张，共 52 张牌，从中任意抽牌。问：最少要抽多少张牌，才能保证有 4 张牌是同一花色的？（第二届“华杯赛”）

解析

考虑最不利的情况，每种花色都抽到 3 张。那么下一张无论是什么花色，都会有一种花色有 4 张牌，所以抽 3×4＋1＝13（张）牌才能保证。

例 3　一副扑克共 54 张，其中 1～13 点各有 4 张，还有 2 张王牌，至少要取出________张牌，才能保证其中必有 4 张牌的点数相同。（1999·江苏南京市第三届“兴趣杯”少年数学邀请赛）

解析

注意本题与例 2 的区别，4 张牌的点数相同，这个时候种类变为了点数，有 13 种。反向思考，想要每种点数都凑不齐，每种点数至少去掉 1 张，即去掉 13 张。故去掉 12 张牌时，一定有一种点数凑齐了 4 张，即至少取出 54－12＝42（张）牌时才能保证。

例 4　自制的一副玩具牌共计 52 张（含 4 种花色：红桃（红色）、红方（红色）、黑桃（黑色）、黑梅（黑色），每种花色都有 1 点，2 点，……，13 点牌各一张），洗好后背面朝上放好，一次至少抽取________张牌，才能保证其中必定有 2 张牌的点数和颜色都相同。如果要求一次抽出的牌中必定有 3 张牌的点数是相邻的（不计颜色），那么至少要取________张牌。（第十一届“华杯赛”）

解析

对于第一问，最不利的情况是：红、黑两种颜色都抽取了 1～13 点各一张，此时再抽取一张，这张牌必与已抽取的 26 张牌中某张牌的颜色和点数都相同，所以答案是 13×2＋1＝27（张）。

对于第二问，最不利的情况是：先抽取了 1、2、4、5、7、8、10、11、13 点各 4 张，此时再抽取一张，这张牌的点数是 3、6、9、12 中的一个，在已抽取的牌中必有 3 张的点数相邻，所以答案是 4×9＋1＝37（张）。

40.4.2 极端思想拓展提高

例 5 一个盒子里装有 50 个大小相同、颜色不同的小球，小明闭着眼睛从里面摸球。已知：

(1)至少摸 8 个球，才能保证其中一定有 3 个颜色一样的球。

(2)至少摸 35 个球，才能保证其中一定有红色球。

(3)至少摸 40 个球，才能保证其中一定有 3 种颜色不同的球。

那么，不同颜色的球的数量最多相差________个。 (2019 年“数学花园探秘”4 年级初赛 D 卷)

解析

【方法 1】由条件(1)知，盒子中一定是以下 3 种情况之一：

①有 4 种颜色的球，且恰有 1 种颜色只有 1 个球；

②有 5 种颜色的球，且恰有 3 种颜色只有 1 个球；

③有 6 种颜色的球，且恰有 5 种颜色只有 1 个球。

由条件(2)知，红色球有 $50-35+1=16$(个)，所以不是情况③；

由条件(3)知，颜色最多的 2 种颜色的球共 $40-1=39$(个)，所以不是情况②。

因此盒子中必有 4 种颜色的球，其中恰有 1 种颜色只有 1 个球，且红球 16 个，另外 2 种颜色的球分别为 $50-1-39=10$(个)和 $50-1-16-10=23$(个)。

所以不同颜色的球数量最多相差 $23-1=22$(个)。

【方法 2】条件(1)可能引出多种情况，那么不妨从确定性较强的条件(2)、(3)入手。

由条件(2)可知，不是红色的球有 $35-1=34$(个)，红色球有 $50-34=16$(个)；由条件(3)可知，数量从大到小排列，前两种颜色的球共有 $40-1=39$(个)，由于 $39+16=56>50$，所以前两种颜色一定包含红色，而且排名第一颜色的球有 $39-16=23$(个)。

回头看条件(1)，8 个才能保证，说明 7 个不能保证，因为不能出现 3 个同色，所以 7 只能由 2 或 1 相加而成，而 1 代表这种颜色的球只能有 1 个；又因为已经有两种颜色的数量超过 2，所以先去掉 $2\times2=4$(个)球，剩下其他颜色的球有 3 个。

①若 $3=1+1+1$，则有 5 种颜色，其中 3 种颜色各只有 1 个，而 $39+1+1+1=42<50$，不符合题意。

②若 $3=2+1$，则有 4 种颜色，有 1 种颜色只有 1 个，排名第 3 的颜色有 $50-39-1=10$(个)，最多比最少多 $23-1=22$(个)。

综上所述，不同颜色的球的数量最多相差 22 个。

例 6 世界杯足球小组赛，每组四个队进行单循环比赛。每场比赛胜队记 3 分，败队记 0 分；平局时，两队各记 1 分。小组赛全赛完以后，总积分最高的两个队出线进入下轮比赛。如果总积分相同，那么还要按净胜球及胜负关系排序。

(1)一个队至少要积几分才能保证本队必然出线？简述理由。

(2)在上述世界杯足球小组赛中，若有一个队只积 3 分，问：这个队有可能出线吗？为什么？

(1997 · 第六届“华罗庚金杯”少年数学邀请赛口试)

解析

四个队比赛，每个队比赛 3 场，得分最高为 9 分，最低为 0 分，四个队共比赛 6 场，总分最多为 18 分，最少为 12 分。

（1）一个队要保证出线，最不利的情况是这个小组的第四名得了0分，18分由前3名均分，每个队得6分，这种情况是可以发生的，例如A胜B、D得6分；B胜C、D得6分；C胜D、A得6分。于是A、B、C三队总有一队不出线，这说明得6分还不能保证出线。

但如果某队得了7分，则战绩为两胜一平未败，此时前3名总分最多为18－1＝17（分）。如果此时4个队中有三队不少于7分，则总分至少为7×3＝21（分），21＞17，矛盾，所以得7分至少排名第二，能出线。

（2）当6场球都打成平局时，每队都得3分，于是总有两个队得了3分但还出线，所以一个队得3分还有出线的可能。

例7 某校学生中，没有一个学生读过学校图书馆的所有图书，又知道图书馆内任何两本书至少被一个同学都读过。问：能不能找到两个学生甲、乙和3本书A、B、C，甲读过A、B，没有读过C，乙读过B、C，没有读过A？说明判断过程。

（第四届"华杯赛"）

解析

考虑在所有学生中，读过学校图书馆的书最多的一位同学，记这位同学为甲。将图书馆的书分成两类：甲读过的书称为第①类，因为图书馆内任何两本书至少被一个同学读过，所以这一类至少有2本书甲未读过的书称为第②类，因为没有人读过所有图书，所以这一类至少有1本书。

在第①类中任取1本记为B，在第②类中任取一本书记为C，则必有一位同学同时读过B与C，记这个同学为乙。

此时，如果乙读了第①类中所有的书，则乙读的数比甲还多，矛盾。所以第①类中必有乙没有读过的书，记其中1本为A。

综上所述，我们找到了符合要求的两个学生甲、乙与3本书A、B、C。

40.4.3　最值部分

认识事物常常要找到其边界，大多数情况下，"边界"常常包括其最大值与最小值，例如全宇宙速度的上限是光速 c，可观测宇宙的最远范围是465亿光年，时间量子间的最小间隔是普朗克时间 5.391×10^{-344} 秒，不可再分割的最小长度是 1.616×10^{-35} 米……

在求解最大或最小这类数学问题中，我们通常需要做到以下两步：

（1）通过推理得到理论上的最大值或最小值。

（2）构造出最大值或最小值，以证明它们是可以取到的。

常用技巧1：当两数和一定（不变）时，差越小，积越大；差越大，积越小。

若 $x+y=a>0$ 且 $x\geqslant y$，其中 a 是已知数，x、y 是未知数。当 $x-y$ 越小时，$x\cdot y$ 越大；当 $x-y$ 越大时，$x\cdot y$ 越小。

【证明】如图1，大正方形的边长即为 $x+y=a$，小正方形的边长即为 $x-y$，而大正方形包含了4个面积为 $x\cdot y$ 的长方形和1个边长为 $x-y$ 的正方形，所以 $x\cdot y=\dfrac{a^2-(x-y)^2}{4}$。因为 a 是定值，所以当 $x-y$ 越小时，$(x-y)^2$ 也越小，$x\cdot y$ 越大；当 $x-y$ 越大时，$(x-y)^2$ 也越大，$x\cdot y$ 越小。显然，当 $x-y=0$，即 $x=y$ 时，$x\cdot y$ 有最大值 $\dfrac{a^2}{4}$，如图2。

反过来，当两数的和一定（不变）时，积越大，差越小。也可以由图1、图2证明。

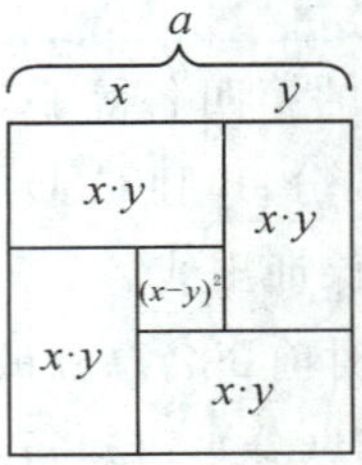

图 1

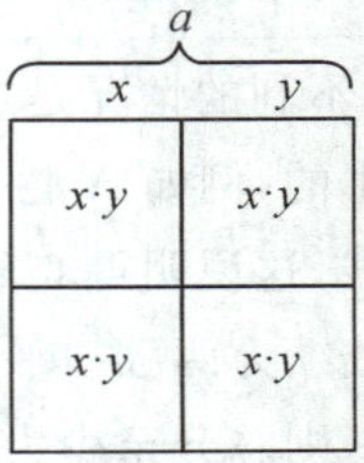

图 2

常用技巧 2：两数积一定，差越小，和越小；差越大，和越大。

若 $x \cdot y=k>0$ 且 $x \geqslant y>0$，其中 k 是已知数，x、y 是未知数。当 $x-y$ 越小时，$x+y$ 越小；则当 $x-y$ 越大时，$x+y$ 越大。

【证明】如图 3、图 4，当 $x-y$ 越小时，小正方形的面积 $S_{小}$ 越小，大正方形的面积 $S_{大}=S_{小}+4k$ 越小，所以 $x+y$ 也越小；反之，亦然。

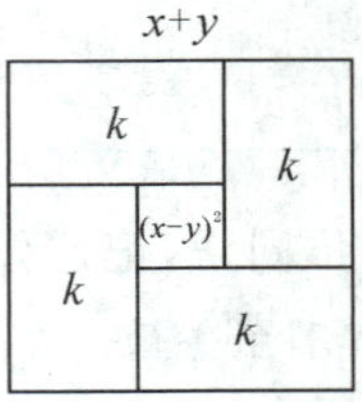

图 3

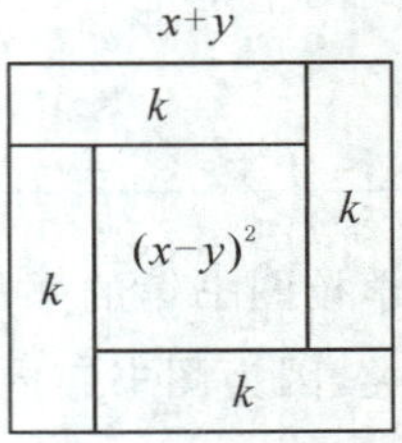

图 4

例 8 将数字 1～6 分别填入下面的 6 个方框中，能得到的最小结果是________。

□□×□□+□×□

（2016 年“数学花园探秘”小中决赛 C 卷）

解析

想要结果最小，后面两个一位数相乘一定是 5×6，前面两个两位数的十位一定是 1 和 2，于是只用比较 13×24 与 14×23 的大小。

因为两位数的十位都是 1、2，个位都是 3、4，所以两个两位数的和一定，即(10+20)+(3+4)=37。当两数的差越大时，积越小，所以取 13×24 时算式有最小值 13×24+5×6=342。

例 9 一个长方形的周长为 24 厘米，那么这个长方形的面积最大是多少？

解析

长方形的面积取决于长与宽的乘积，而长与宽的和正好是周长的一半，24÷2=12(厘米)。于是，长与宽的和一定，则差越小积越大，所以当长=宽=12÷2=6(厘米)时，长方形的面积有最大值 6×6=36(平方厘米)。

例 10 如图，阿土伯有总长为 36 米的篱笆，他准备用这些篱笆靠墙围出一个长方形的花圃，那么这个花圃的面积最大是多少？

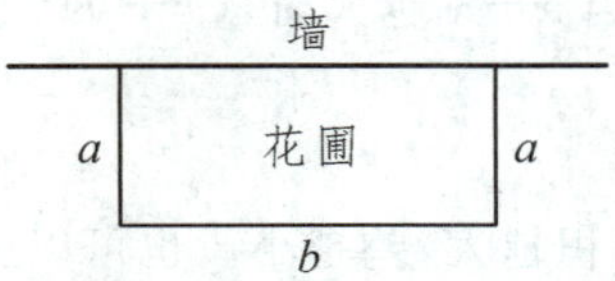

解析

【方法1】题目可以转化为，在 $2a+b=36$ 的情况下，要让 ab 最大。请注意，ab 最大时，$2ab$ 也最大。将 $2a$ 看作一个整体 c，我们就能发现 c 与 b 的和一定，那么当 $c=b=36\div2=18$ 时，cb 有最大值 $18\times18=324$，于是可得 $2ab$ 的最大值就是 324，ab 的最大值为 $324\div2=162$（平方厘米）。

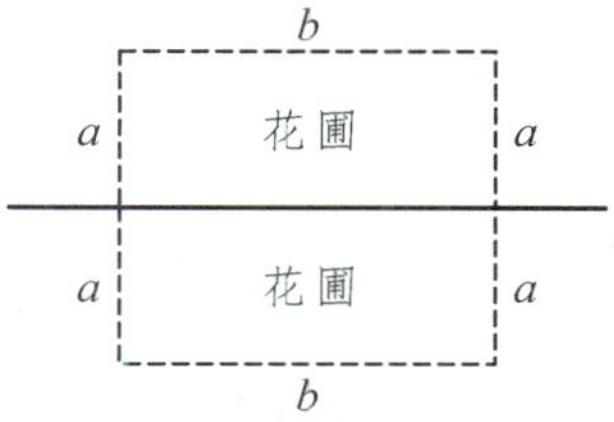

【方法2】本题与例 9 的区别在于，有一面"墙"可以借用，那如何转化为不借用呢？试试"照镜子"。

如图，由两个花圃组成的长方形半周长为 36 米，为定值。想要面积最大，当然是让长与宽相等，即当 $2a=b=36\div2=18$ 时，大长方形的面积最大。此时花圃的面积也最大，为 $18\times18\div2=162$（平方米）。

例 11 有三条线段 a、b、c，a 长 2.12 米，b 长 2.71 米，c 长 3.53 米，以它们为上底、下底和高可以作出如图所示的三个不同的梯形。问：第几个梯形的面积最大？

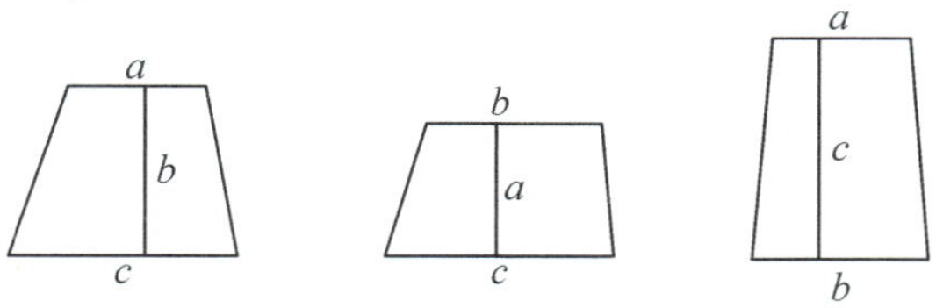

（第二届"华杯赛"）

解析

首先，应该知道梯形的面积计算公式为：梯形面积＝（上底＋下底）×高÷2。为了比较这三个梯形的面积的大小，不妨比较其面积大小的 2 倍，即只要比较"（上底＋下底）×高"就行了。注意在计算时，应着重比较面积的大小，而不是着重计算出它们的面积。所以应该避免不必要的运算。

第一个梯形的面积的 2 倍为 $(2.12+3.53)\times2.71$；

第二个梯形的面积的 2 倍为 $(2.71+3.53)\times2.12$；

第三个梯形的面积的 2 倍为 $(2.12+2.71)\times3.53$。

注意，（　　）中的结果与高，这两个量的和是不变的，所以一样适用于"两数和一定，差越小，积越大"。所以当 3.53 作高时，计算结果一定最大，即第三个梯形的面积最大。

例 12 科学家准备建一个面积为 60 平方米的长方形实验室，但其外围左右两侧有 5 米厚的防护墙，前后两侧有 3 米厚的防护墙。那么总占地面积最小是多少平方米？　（2015 年春 · 明心数学资优生测试 4 年级）

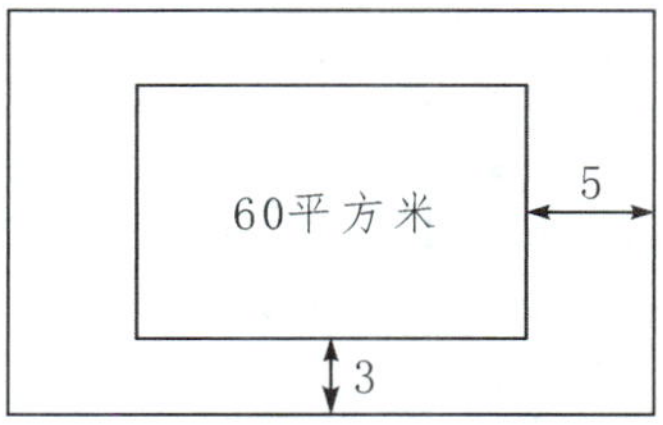

解析

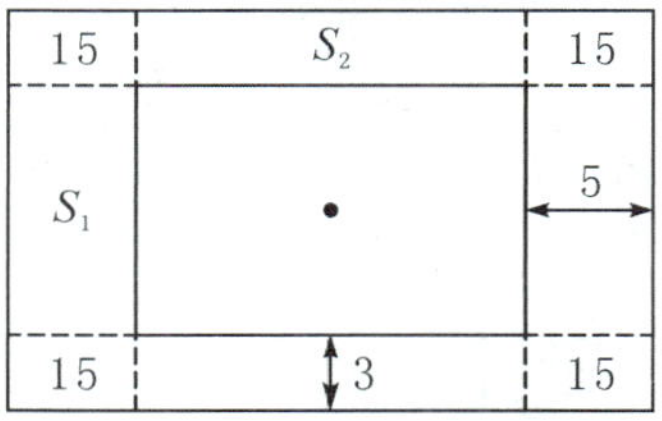

如图，要总面积小，即 S_1+S_2 最小。$S_1=$宽$\times5$，$S_2=$长$\times3$。

而 $S_1\times S_2=$长$\times$宽$\times5\times3=60\times15=900=30\times30$，积一定。

根据"两数积一定，差越小，和越小"可知当 $S_1=S_2$ 时，S_1+S_2 和最小，即 $S_1=S_2=30$。

于是，总面积为 $60+5\times3\times4+30\times4=240$（平方米）。

例 13 把 14 拆成几个自然数的和，再求这些数的乘积。要使得到的乘积尽可能大，问这个乘积是几？

（第一届“华杯赛”）

解析

从简单入手，讨论把 1，2，3，…拆成几个自然数的和，这些数如何实现乘积最大。

想要乘积最大：①不能拆出 0，否则乘积为 0；②不能拆出 1，否则$(a-1)\times 1<a$，乘积反而变小。

于是，(1)当拆的数为 1、2、3 时，均不拆时乘积最大；

(2)当拆的数为 4 时，$4=2+2$，而 $2\times 2=4$，拆与不拆的结果相同；

(3)当拆的数为 5 时，$5=2+3$，$2\times 3=6>5$，拆比不拆好；

(4)当拆的数为 6 时，$6=2+2+2=3+3$，而 $2\times 2\times 2<3\times 3$，所以拆出 3 比拆出 2 好；

(5)当拆的数为 7 时，拆出 3 后为 4，回到情况(2)；

(6)当拆的数为 8 时，拆出 3 后为 5，回到情况(3)；

(7)当拆的数为 9 时，拆出 3 后为 6，回到情况(4)；

(8)当拆的数为 10 时，拆出 3 后为 7，回到情况(5)，再回到情况(2)

……

> 总结：一个数如果能被3整除，则把它拆成若干个3的和；一个数如果被3除余1，则把它拆成4与若干个3的和；一个数如果被3除余2，则把它拆成1个2与若干个3的和。这样才能使拆成的各数的乘积最大。

于是，我们知道，尽量拆出 3 是最优选择。$14\div 3=4\cdots\cdots 2$，于是将 14 拆成“$3+3+3+3+2$”，乘积最大为 $3\times 3\times 3\times 3\times 2=162$。

例 14 n 个自然数排成一列，其中任意连续三个数之和都小于 30，任意连续四个数之和都大于 40，则 n 的最大值为________。（2017 年“数学花园探秘”小高决赛 A 卷）

解析

注意到连续三个数之和小于 30，任意连续四个数之和大于 40，若 $n\geqslant 6$，因为前三个数的和小于 30，当它们加上第四个数时需要大于 40，所以第四个数最小为 $41-29=12$；同理，第二至第四个数的和小于 30，第二至第五个数的和大于 40，第五个数最小也为 12；同理，第六个数最小为 12，于是后三数之和大于 30，推矛盾，所以 n 可能的最大值为 5。

构造：12，12，5，12，12 满足要求。

综上所述，n 的最大值为 5。

例 15 从 1，2，3，…，2009 这 2009 个数中最多可以选出多少个数，使得其中任意两个数的积都不是它们差的倍数？

解析

可将所有的奇数选出，共计 1005 个，任意两数之积为奇数，差为偶数，满足要求；

当再选择一数，则必然是偶数且与奇数相邻，这相邻的两数只差为 1，它们的积必然是差的倍数。综上所述，至多为选出 1005 个数。

例 16 如果一个自然数的各位数字能够分成两组，使得每组中的数字之和相等，则称这个数为“均衡数”。例如 52245 是“均衡数”，因为 $5+2+2=4+5$。如果相邻的两个自然数都是“均衡数”，则称这对

"均衡数"为"孪生均衡数"。那么最小的一对"孪生均衡数"的和是________。

（2015 年"数学花园探秘"小高决赛 A 卷）

解析

①"均衡数"的数字和一定是偶数；②"孪生均衡数"加 1 后数字和还是偶数，则一定发生进位，所以较小"孪生均衡数"的尾数一定是 9，那么数字和至少是 $9\times2=18$；③较大的"孪生均衡数"尾数一定是 0，所以较大"均衡数"的一定是三位数，且十位上的数字与百位上的数字相等；④因为进位一次数字和减 9，所以数字和至少是 $18+1-9=10$，较大"均衡数"十位上的数字与百位上的数字至少为 $10\div2=5$，即 550；⑤较小的"均衡数"为 $550-1=549$，$5+4=9$，满足条件。

最小的一对"孪生均衡数"的和为 $550+549=1099$。

例 17 将数字 1，2，3，…，6 围成一圈，计算任意相邻两个数的差（大数减去小数）。那么 6 个差的总和最小是________。

解析

先将 1 与 6 放在圆周上，则 6 到 1 顺时针方向所有的差最小为 5，6 到 1 逆时针方向所有的差最小也为 5，所以总和的最小是 10。例如：

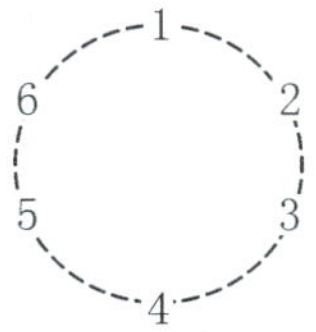

例 18 将 1，2，3，…，50 任意分成 10 组，每组 5 个数。每一组中，其值居中的那个数称为居中数，10 个居中数的和称为居中和。对每一种分法有相应的居中和，问：最大的居中和、最小的居中和各是多少？

（第六届"华杯赛"）

解析

把 10 个居中数按从小到大排列：$a_1<a_2<a_3<\cdots<a_{10}$，它们代表的那个数组分别叫作第一组，第二组，…，第十组。对于每个居中数，它要大于同组的 2 个数，所以 $a_1\geqslant3$。同理，a_2 要大于 a_1，又要大于同组的 2 个数，所以它至少大于 5 个数，故 $a_2\geqslant6$。a_k 至少要大于 $(3k-1)$ 个数，于是 $a_3\geqslant9$，…，$a_{10}\geqslant30$，于是居中和 $S\geqslant3+6+9+\cdots+30=165$。

165 是最小的居中和。这个居中和是可以实现的，例如取

(1,2,3,31,32)、(4,5,6,33,34)、(7,8,9,35,36)、(10,11,12,37,38)、(13,14,15,39,40)、(16,17,18,41,42)、(19,20,21,43,44)、(22,23,24,45,46)、(25,26,27,47,48)、(28,29,30,49,50)。

同理，居中和 $S\leqslant48+45+42+39+36+33+30+27+24+21=345$。

345 就是最大的居中和。这个居中和也是可以实现的，只要取数组：(1,2,21,22,23)、(3,4,24,25,26)、(5,6,27,28,29)、(7,8,30,31,32)、(9,10,33,34,35)、(11,12,36,37,38)、(13,14,39,40,41)、(15,16,42,43,44)、(17,18,45,46,47)、(19,20,48,49,50)，即可得到这个最大的居中和。

> 掌握居中数的特点是解本题的关键。这个居中数最少要大于多少个数？小于多少个数？如果搞清楚了，这题就能做好了。

例 19 若干箱货物总重 19.5 吨，每箱质量不超过 353 千克。今有载重量为 1.5 吨的汽车，至少需要几辆，才能保证把这些货物一次全部运走？

（1991 年北京市小学生第七届小学生“数学花园探秘”数学竞赛决赛）

解 析

如果每车都满载 1.5 吨，则只要 $19.5\div1.5=13$(辆)车，即可运走全部货物。但由于货物是用箱装的，故各车都未必能装满，所以如果只用 13 辆车，则可能运不完这些货物。

如果用 13 辆车，可能会剩多少货物？还要再增加几辆车呢？我们当然希望这 13 辆车尽可能多装，假设 12 辆车装的货物都稍微超过 1.5 吨(即每辆车的载重量超过了 1.5 吨，但如果卸掉一个箱子就不足 1.5 吨)。这时，第 13 辆车总能把余下的货物装完且不超载。此时，让前 12 辆车每车都卸下 1 箱货物，则这 13 辆车都未超载，而只余下 12 箱货物。

这 12 箱货物至少需要几辆车来运呢？由于 $1500\div353>4$，所以新增一辆车至多能保证运走 4 箱货物，所以 12 箱货物需要 3 辆车就能保证运完。这样一来，只需 $13+3=16$(辆)车就能保证一定运完这些货物。

少于 16 辆车行不行？如果每箱质量都使车子不能运 5 箱又尽可能轻，则每箱质量应大于 $1500\div5=300$(千克)，我们让每箱重 301 千克。$19500=301\times64+236$，即重 301 千克的箱子有 64 箱，还有 1 箱重 236 千克。这时就必须用 16 辆车才能运完全部货物(15 辆车都只能运 4 箱重 301 千克的箱子，另 1 辆车运 4 箱 301 千克、1 箱 236 千克的箱子)，即必须 16 辆车才能保证运完。

注解 本题的困难之处在于不知道每个箱子的具体质量。既要考虑箱子可能质量较小的情况，又要考虑箱子可能质量较大的情况，还要考虑各个箱子质量不等的情况。并且最后还要证明 15 辆车一定运不完的情况存在。

例 20 一条直线上排列着 2005 个点，以这些点为顶点的线段都有中点，则这些中点中至少有________个不重合。

（第十届“华杯赛”）

解 析

2005 个点是有限点，在这有限个点中，必然存在两个点 A、B，它们之间的距离最大。因此，除了 A、B 两点外，2003 个点都在线段 AB 内。

以 A 为端点的线段共有 2003 个(除 A、B 外)，它们的中点也有 2003 个，且这些中点互不重合，到 A 的距离都小于 $\frac{1}{2}AB$。

以 B 为端点的线段共有 2003 个(除 A、B 外)，这些线段的 2003 个中点也不重合，且与 B 的距离都小于 $\frac{1}{2}AB$。

因此这两组点中互不重合的共有 $2003\times2=4006$(个)。加上 AB 的中点，至少有 4007 个互不重合的中点。

构造：取数轴上的 0,2,4,6,8,…,4008 这 2005 个点，由它们连接出的线段的中点即为 1,2,3,4,5,…,4007，共 4007 个。

例 21 微信群共有 8 名成员。一天，群里玩抢红包的游戏，大家规定：先由一个人在聊天群里发一个 1 元的红包，让其他 7 个人来抢；抢到这个红包的人，紧跟着需要在群里发一个 2 元的红包，再由其他人来抢……如此下去，每次发出的红包恰好都比前一次多 1 元。并且规定：对于群中任意两人 A、B，如果 A 曾经抢到过 B 发出的红包或者 B 曾经抢到过 A 发出的红包，那么此后 A 不能再抢 B 发出的红包，B 也不能再抢 A 发出的红包。那么当游戏进行到某个红包发出后，所有人都不能再抢时，这个红包的价值最大是________。

解析

用 8 个点来表示 8 个人，用线段将发红包与抢到红包的人对应的点连起来。本题转化为一笔画问题。注意到如果每两个点都连一条线，则每个点都连出了 7 条线段。但连出奇数条线的点至多只有 2 个点（分别代表最开始发红包的人和最后结束时的人），所以至多只能连 $\frac{8\times7}{2}-6\div2=25$（条）线段。所以红包最多抢到了 25 次，最后不能再抢时红包价值是 26 元。

例 22　现在我们有若干个边长为 1 的小正方形框架（正方形框架不可拆开），要摆成一个 18×15 的网格，至少需要________个小正方形框架。

（2015 年“数学花园探秘”3 年级初赛 A 卷）

解析

最外围的边框一层是不能遗漏的。

将中间 $(18-2)\times(15-2)=16\times13$ 的正方形网格黑白间隔染色，相邻两个不可能同时空出，所以至多中间部分的一半。不妨将白格空出，共空出 $16\times13\div2=104$（格），所以至少需要 $18\times15-104=166$（个）小正方形框架。

例 23　如图，编号为①～⑨的部件中，每个小正方形的单价依次为 1～9 元（例如部件⑦的价钱为 28 元）。现在要将 5×4 的表格沿格线剪成①～⑨中各不相同的部件再出售。那么最多可得多少元？（部件允许旋转或翻转）

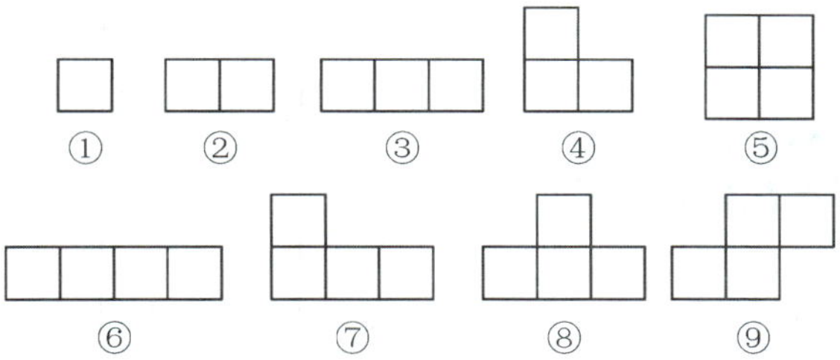

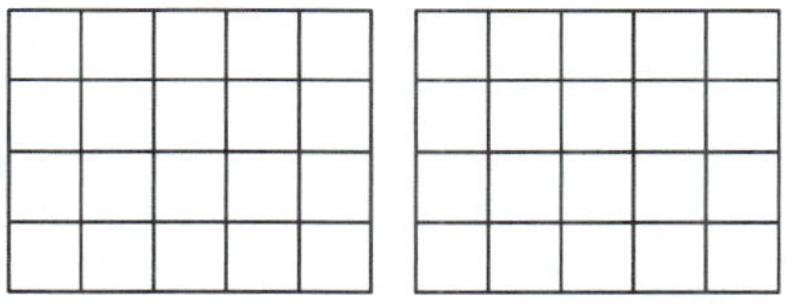
备用图

（2016 年“数学花园探秘”4 年级总决赛一试）

解析

编号越大，单价越高，所以尽量剪成编号大的。将 5×4 的网格黑白间隔染色，则得到 10 黑 10 白（图 1）。也将 9 种部件进行黑白间隔染色，得到所有可能的情况，如图 2。

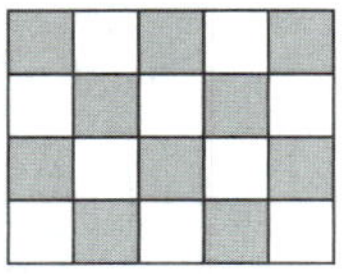
图 1

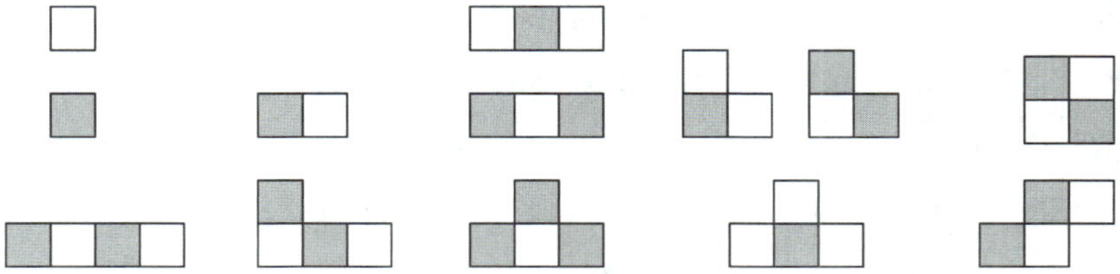
图 2

$20\div4=5$，但⑨、⑧、⑦、⑥、⑤不可能同时存在，因为此时黑白格的数量不相等。

如果剪出⑨、⑧、⑦、⑥，还剩 4 格，要么是 3+1，要么是 2+2，显然 3+1 比 2+2 售价高，又因为④比③售价高，所以剪成④号与①号更好，如图 3。

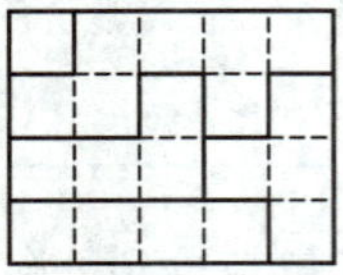

图 3

例 24 如图，A、B、C 三人分别住在三个不同的地方。现三人约定在某点 P 相聚开会，如果 A、B、C 的交通工具速度的比为 2∶3∶6。那么点 P 应选在什么位置，可使三人从住地到点 P 所用的时间之和最少？（假定平面上任何两点间都有路相通）

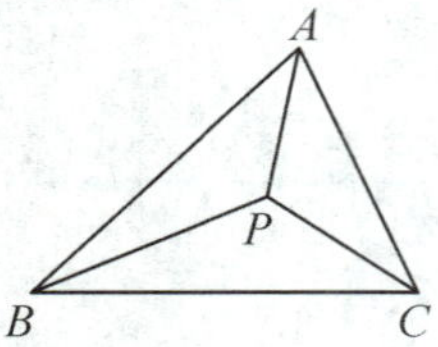

解析

路程一定时，所用时间与速度成反比。

于是选取适当的时间单位，三人分别从 A、B、C 到某点 P 所用的时间可用 $\frac{PA}{2}+\frac{PB}{3}+\frac{PC}{6}$ 表示。

注意到 $\frac{1}{2}=\frac{1}{3}+\frac{1}{6}$，于是 $\frac{PA}{2}+\frac{PB}{3}+\frac{PC}{6}=\frac{1}{3}(PA+PB)+\frac{1}{6}(PA+PC)\geqslant\frac{1}{3}AB+\frac{1}{6}AC$。

故聚会地点应选在点 A 处。

真题重现

1. 一个口袋中装了 500 粒珠子，共有 5 种颜色，每种颜色各 100 粒。如果你闭上眼睛，至少取出多少粒珠子才能保证其中有 5 粒颜色相同？

2. 口袋中放有红、黄、白、黑四种颜色的袜子各 10 只，只许用手摸，不许用眼看。至少要从口袋中取出________只袜子，才能保证能配成 5 双。（一双是指同颜色的袜子两只）

（2002 年福州市小学五年级“数学花园探秘”数学竞赛）

3. 闵老师的袜子筐里有 18 只脏袜子和 22 只干净的袜子。这天 7 点，他刚被闹钟闹醒，就迷迷糊糊地从筐中拿袜子，准备起床去学校上课。如果他每次拿两只，其中有脏袜子就把两只都扔到地上，然后从筐中重新拿。那么他至少拿________次，才能保证一定拿到一双干净的袜子。

4. 房管员不小心把 11 个房间的 11 把钥匙弄混了，若每把钥匙恰好能开启一个房间，则至少试________次才能一定把房间与钥匙配好对。（2002 年“我爱数学”夏令营）

5. 三个武术队进行擂台赛，每队派 6 名选手，先由两队各出 1 名选手上擂台比武，负者下台，不再上台，胜者继续同其他队的一位选手比武，负者下台，和胜者不同队的又一位选手上台……继续下去。当有两个队的选手全部被击败时，余下的队即获胜，这时最少要进行________场比武。　（第一届“希望杯”）

6. 在下面的 9 个“1”之间插入 2 个“÷”和 2 个“+”，使得计算结果为整数，该整数最小是________。

1	1	1	1	1	1	1	1	1	=	?

（2016 年“数学花园探秘”4 年级网赛）

7. 小明将一盒围棋子分成若干堆，每堆至少两枚且数量各不相同。已知棋子共有 218 枚，那么小明将棋子至多分了________堆。　（2018 年春·明心数学资优生测试 4 年级）

8. 15 个互不相等的自然数（不包括 0）相加，和是 2001。将这 15 个数从小到大排列，要求第 10 个数尽可能大，第 10 个数最大是________。（江苏省首届“《小学生数学报》杯”小学生探索与应用能力竞赛）

9. 用数字 0～9 各一次，组成 5 个两位数。如果这 5 个两位数恰好分别是 2、3、4、5、6 的倍数，那么它们的和最小是________。　（2018 年“数学花园探秘”5 年级初赛 C 卷）

10. 相邻两个自然数，如果它们的数字和都是 8 的倍数，我们就称它们为“8 和数组”。那么最小的一组“8 和数组”中两数之和是________。　（2017 年“数学花园探秘”6 年级初赛 A 卷）

11. 一组互不相同的自然数，其中最小的数是 1，最大的数是 25。除 1 之外，这组数中的一个数或者等于这组数中某一数的 2 倍，或者等于这组数中某两个数的和。问：这组数之和的最大值是多少？当这组数之和有最小值时，这组数都有哪些数？并说明和是最小值的理由。　（第四届“华杯赛”）

12. 有红、黄、蓝、绿四种颜色的卡片，每种颜色的卡片各有 3 张。相同颜色的卡片上写相同的自然数，不同颜色的卡片上写不同的自然数。老师把这 12 张卡片发给 6 名同学，每人得到两张颜色不同的卡片。然后老师让学生分别求出各自两张卡片上两个自然数的和。6 名同学交上来的答案分别为 92，125，133，147，158，191。老师看完 6 名同学的答案后说：“只有一名同学的答案错了。”问：四种颜色卡片上所写各数中最小的数是多少？　（北京市第二十一届小学生“数学花园探秘”数学科普活动日）

13. 在给定的 2×8 方格表中，第一行的 8 个方格内，依次写着 1，2，3，4，5，6，7，8。如果再把 1，2，3，4，5，6，7，8 按适当的顺序分别填入第二行的方格内，使得每列数的差（大数减小数）两两不同，那么第二行所显示的八位数最大可能是________。

1	2	3	4	5	6	7	8

（1998 年“我爱数学”夏令营）

14. 三个人去吃烤羊，每人带的钱数各不相同。甲带的钱最多，且最小面值是 1 元；乙带的钱最少，且最小面值是 10 元；丙带的钱都是 5 元一张的。问过价格后，甲说：“可惜啊，吃不上了！咱们每两人带的钱都够吃半只烤羊，但都算上，也买不了一只烤羊！”乙说：“如果一只烤羊可以打折出售的话就好了，先打九折，再打九折，我们的钱就够了！”丙说：“是啊，如果再多打一次九折的话，那么我们中有两个人的钱，恰好可以买一只烤羊了。”那么乙带的钱至少是________元。

15. 一次测验，共有 5 道试题，测试后统计如下：

有 81%的同学做对第 1 题，有 85%的同学做对第 2 题，有 91%的同学做对第 3 题，有 74%的同学做对第 4 题，有 79%的同学做对第 5 题。

如果做对 3 道或 3 道以上试题的同学为考试合格。请问：这次考试的合格率最高达百分之几？最低达百分之几？　（“我们爱数学”数学科普知识电视抢答赛）

16. 12 个小朋友各自用号牌取行李，行李按编号 1,2,3,…,12 的顺序排成一列，小朋友随意排成一列。但只有当小朋友未取走行李中编号最小的行李时行李才能被取走，否则取行李的小朋友要重新排到队尾(取到行李的小朋友不再排队)。而验一个号需要 1 分钟，四点开始验号。已知 3 号行李在 4:33 时被取走，8 号行李在 4:40 被取走。请问：拿 1,2,3 和 8 号牌的小朋友最初各排第几名？

(第八届“华杯赛”)

17. 有一种新型的解题机器人，它会做题，但是有智商余额的限制。每次做题它都会用它的智商余额减去这个题的分值，消耗掉与分值相同的智商余额。当它做对一道题的时候，它的智商余额就会增加 1；当它的智商余额小于正在做的题的分值时，将解题失败。那么如果小鹏用一台初始智商上限为 25 的解题机器人，做一套分值分别为 1～10 的题，最多能得到________分。

(2016 年“数学花园探秘”4 年级初赛 A 卷)

18. 消消乐是一种有趣的游戏，规则如下：

三个相同的色块连成下图中的“一”字形或“L”形，可以消除并产生 300 分；

四个相同的色块连成下图中的“田”字形或“一”字形，可以消除并产生 500 分；

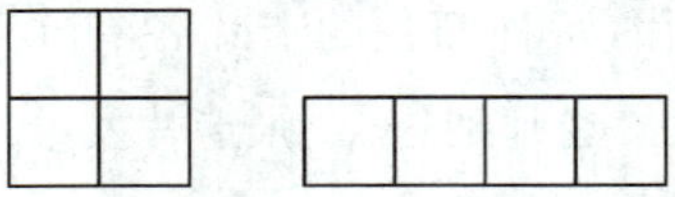

五个相同的色块连成下图中的“L”形、“T”形或“十”字形，可以消除并产生 1000 分。

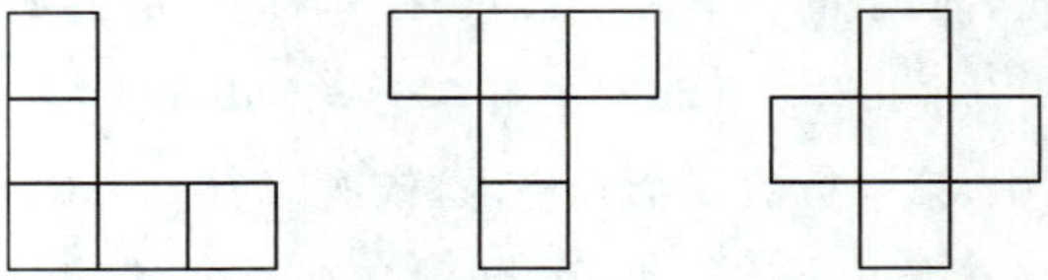

现在有一个 4×4 的方格阵可以完全分割成若干种上述图形并一一消除，消除后没有剩余，则可以产生的最高分数为________分。

(2018 年青少年 AI 智能科普网络活动 B1 组)

参考答案

1. 答案：21。

分析：5 种颜色就是 5 个抽屉，故要摸出 4×5+1=21(粒)珠子才能保证其中有 5 粒颜色相同。

2. 答案：13。

分析：最不利的情况是，摸出 12 只袜子时，每种颜色各有 3 只，可配成 4 双袜子，剩下的 4 种颜色各 1 只，这时再摸出 1 只袜子，必能配成第 5 双袜子。故至少要取出 13 只。

3. 答案：19。

分析：最不利的情况是，每次拿到的都是 1 只脏袜子和 1 只干净的袜子，这样拿了 18 次之后，还剩下 4 只干净的袜子。再拿 1 次，肯定拿到干净的袜子。所以至少拿 19 次，才能保证一定拿到干净的袜子。

4. 答案：55。

分析：考虑最不利的情况。第 1 个房间至多试 10 次就能搭配到钥匙，而不是 11 次，因为配好不等于打开，第 10 次就算依然没有打开锁，但已经知道剩下的最后一把钥匙就对应这间房。以此类推，第二个房间试 9 次，……，第 10 个房间试 1 次，第 11 个房间不用试。一共要试 10＋9＋8＋…＋3＋2＋1＝55(次)。

5. 答案：12。

分析：最有利的情况是，胜队的 1 名选手击败了另两队的全部 12 名选手，故最少要进行 12 场比武。

6. 答案：3。

分析：两个“＋”连接三个加数，各加数只可能是奇数，所以三个加数的总和至少为 3，111÷111＋1÷1＋1＝3。

7. 答案：19。

分析：2＋3＋4＋…＋20＝209＜218，2＋3＋4＋…＋21＝230＞218。所以至多分了 19 堆。

8. 答案：323。

分析：要使第 10 个队尽可能大，前 9 个数应尽量小(取 1～9)，而后 6 个数应尽量接近。

后 6 个数的平均数是[2001－(1＋2＋3＋…＋9)]÷6＝326。

最接近的是 323，324，325，327，328，329，所以第 10 个数最大是 323。

9. 答案：198。

分析：要想和最小，尽可能让 1，2，3，4，5 在十位，6，7，8，9，0 在个位。显然末尾的 7 和 9 必须是 3 的倍数，将 7 换到十位，5 换到个位。3 的倍数必须是 39，6 的倍数必须是 48，4 的倍数必须是 20，2 的倍数是 16，5 的倍数是 75。和为(1＋2＋3＋4＋7)×10＋(5＋6＋8＋9＋0)＝198。

10. 答案：159。

分析：较小数的个位一定是 9。数字和是 8 的倍数，则较小数是 79，较大数是 80，符合题意。所以两数之和是 159。

11. 答案：61。

分析：当把 1，2，3，…，24，25 这 25 个数全部取出时，其和最大，最大值是 1＋2＋3＋4＋…＋25＝325。

为了得到各数和最小时的数组，可以从小到大排出这个数组，下面是可能的情况：

$$1,2,\begin{cases}3,\begin{cases}4,\cdots,25\\5,\cdots,25\\6,\cdots,25\end{cases}\\4,\begin{cases}5,\cdots,25\\6,\cdots,25\\8,\cdots,25\end{cases}\end{cases}$$

“…”表示待填出的数。由于 25 是奇数必须表示成两个比它小的数的和，而所有 6 种情况都不可能只填 1 个数，例如 1、2、3、4、21、25，21 并不满足要求，所以在上面 6 种情况中，“…”处都至少要填入两个数，这两个数的和至少就是 25，即如果“…”部分所有数的和恰好为 25，那么这种填法就会产生这种情况的最小值。

在第一行 1，2，3，4，…，25 的“…”处不能只填 5 与 20、6 与 19、7 与 18、8 与 17、9 与 16、10 与 15、11 与 14、12 与 13，即不能只填入两个数，使其和为 25；

在第二行 1，2，3，5，…，25 的“…”处可以只填 10 与 15 这两个数，此时这个数组中各数的和＝1＋2＋3＋5＋10＋15＋25＝61。

后面四种类型如果能填出两个数满足要求，则后三个数之和都为 50，前四个数之和比第二种情况前四个数之和大，所以最小值就是 61。

12. 答案：35 或 42。

分析：设四种颜色的卡片上写的数分别是 a,b,c,d，且 $a<b<c<d$。

如果六个答案都正确，那么这六个答案可以两两分为三组，每组两数之和都等于 $a+b+c+d$。对比式子：$92+191=283$，$125+158=283$，$133+147=280$。

可知 $a+b+c+d=283$，错误的数是 133 或 147，并且有

$$\begin{cases}a+b=92,\\ c+d=191\\ a+c=125,\\ b+d=158,\end{cases}$$

由 $a+b=92$，$a+c=125$，得到 $c-b=33$。

如果 133 正确，那么 147 应为 $283-133=150$，即 $b+c=133$ 或 150。因为两个自然数的和与差、奇偶性相同，而 $c-b=33$，所以 $b+c=133$。由此解得 $b=50$，$c=83$，代入(∗)式，得到 $a=42$，$d=108$。

如果 147 正确，那么 133 应为 $283-147=136$，即 $b+c=147$ 或 136。由 $c-b=33$ 知，$b+c=147$，由此解得 $b=57$，$c=90$，代入(∗)式，得到 $a=35$，$d=101$。

故最小数是 35 或 42。

13. 答案：87541362。

分析：因为每列数的差两两不同，所以只能是 0、1、2、3、4、5、6、7，差为四奇四偶。

要让第二行所显示的八位数尽可能大，则 1 下方填 8，差为 7；2 下方填 7，差为 5。分情况讨论。

(1)如果此时 3 下方填 6，则差为 3(见表 1)。

表 1

第一行	1	2	3	4	5	6	7	8
第二行	8	7	6					
差	7	5	3					

此时前两行中的另外 5 列数必须有 4 列数差的奇偶性相同，有 1 列数的差为 1。

如果 $1=4-3$，则剩下 1、2、4、5 未填入方格内。又 0 只能由“5－5”得到，且剩下 3 列数的差因为奇偶性相同，所以有 $7-1=6$，此时 6、8 所在的列无法满足要求(见表 2)。

表 2

第一行	1	2	3	4	5	6	7	8
第二行	8	7	6	3	5		1	
差	7	5	3	1	0		6	

如果 $1=5-4$，则剩下 1、2、3、5 未填入方格内，差 0 无法得到(见表 3)。

表 3

第一行	1	2	3	4	5	6	7	8
第二行	8	7	6		4			
差	7	5	3		1			

如果 1=6－5,则剩下 1、2、3、4 未填入方格内。又 0 只能由“4－4”得到,剩下 8－2=6,此时 5、7 所在的列无法满足要求(见表 4)。

表 4

第一行	1	2	3	4	5	6	7	8
第二行	8	7	6	4		5		2
差	7	5	3	0		1		6

(2)如果 3 下方填 5,则 0 只能由“4－4”或“6－6”得到(见表 5)。

表 5

第一行	1	2	3	4	5	6	7	8
第二行	8	7	5					
差	7	5	2					

如果 0=4－4,则 1 只能由“6－5”或“7－6”得到,尝试 7 下方填 6 时有如下填法(见表 6)。

表 6

第一行	1	2	3	4	5	6	7	8
第二行	8	7	5	4	1	3	6	2
差	7	5	2	0	4	3	1	6

又因为当 0=6－6 时,4 的下方所填数一定小于 4,所以 87541362 即为最大值。

14. 答案:140。

分析:由题意知,甲、乙、丙所带的钱数都为整数元,乙的钱数是 10 的倍数,而丙的钱数是 5 的倍数。一只烤羊的售价打九折之后再打九折,再多打一次九折之后钱数仍然为整数,所以可知一只烤羊的售价是 1000 的倍数,至少是 1000 元。由“甲带的钱最多,乙带的钱最少”知,甲和丙的钱数加在一起恰好等于 729 元,那么丙至多带了 360 元,而任意两个人的钱都超过半只烤羊 500 元,所以乙至少有 500－360=140(元)。

15. 答案:100%;70%。

分析:将参与考试的人数看作 100 份,则共做了 500 份的题。做错 1～5 题的人数分别有 19 份、15 份、9 份、26 份、21 份,共错了 19+15+9+26+21=90(份)。

想要合格率最高,将这 90 份题尽量分给所有人,即有 90%的人各错 1 道题,此时所有人都合格,即合格率为 100%。

想要合格率最低,则让更多的人不及格,每个人至少要错 3 道题,所以最多有 90÷3=30 份的人不及格,所以合格率最低为 $\frac{100-30}{100}=70\%$。

16. 答案:第 12,11,10,7 名。

分析:拿 1 号牌的小朋友最多经 12 分钟可取走行李。然后,拿 2 号牌的小朋友最多再经 11 分钟可取走行李。然后,拿 3 号牌的小朋友最多再经 10 分钟可取走行李,即 3 号牌小朋友最迟至 4:33 取走行李。这只能在拿 1 号牌的小朋友排第 12 位,拿 2 号牌的小朋友排第 11 位,拿 3 号牌的小朋友排第 10 位才可能实现。故拿 1,2,3 号牌的小朋友原来排在第 12,11,10 名。

此后拿 8 号牌的小朋友最快要在 4:38 取走行李(即前面 4,5,6,7 号小朋友都是按顺序排的),从而他前面还应有 2 人是 9 号和 12 号的。如果 4,5,6,7 不依顺序,那么 8 号在 4:40 就拿不到行李。故原来拿 8 号牌的小朋友排第 7 名。

17. 答案：31。

分析：每做对 1 道题，智商余额都会增加 1，即做对的题越多，可用的智商余额越多，尽量做分值少的题目。

做对 1～10 分的题，实际消耗的智商余额分别是 0～9。0～6 的总和是 21，0～7 的总和是 28，所以最多只能做对 7 道题，而做对最后一道题的奖励是利用不到的，所以可用的智商余额最多是 25+7−1=31（分）。例如，分别做分值为 1、2、3、4、5、6、10 的题目。

18. 答案：2600。

分析：可以枚举三类色块的数量。可能情况有 4×4，4×2+5+3，4×1+3+3+3+3，5+5+3+3 这四种情况。分别计算出总分为 2000 分、2300 分、1700 分和 2600 分。故得分最高为 2600 分。举例如下：

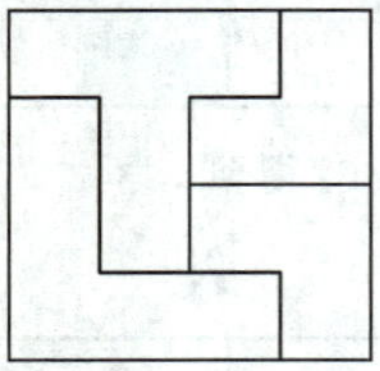

第 18 题图

跋·"无边落木萧萧下，不尽长江滚滚来"

——写在《明心数学·资优生大题典》出版之际

《明心数学·资优生大题典》正式出版了！

此书构思于2019年，书的几位作者均是明心书院的专职教师，其中胡志峰与卢韵秋还是我20世纪90年代奥数班的学生。当时我跟他们聊到数学教育时谈道："作为一名数学老师，年轻时不要只忙着上课挣钱，还要静心沉潜地把平时数学解题心得和讲台上的教学感悟总结提炼出来，这是积累教学经验，提升自己数学教育能力的重要方法。"他们由此产生了为在明心学习数学的小学中高年级学生编写一本对小学奥数知识体系进行归纳与总结、梳理与导读的教辅书籍。

作者们完成初稿后，我不甚满意，主要原因是在写作过程中只强调了数学问题的解法，没有体现出学生的学法与老师的教法，由此建议他们修改。

几易其稿，在2021年暑假最终成稿，这就是本书的前身《明心数学·问道小升初》。

《明心数学·问道小升初》一书出版后，不断有同行与家长反映，此书体系不够完整，缺少中年级段应用题版块和高年级段立体几何计算版块，导致在平时的教学与练习中学习不完整。针对这个问题，我们又组织原班作者，历时一年的时间编辑、补充了这一部分内容，并增加了最新的小学奥数真题，因此也导致这本书篇幅骤增。这本书也覆盖了小学中、高年级奥数知识的大部分版块，其内容已不仅仅面向小升初备考，更为教师、家长和学生在平时奥数学习中探寻数学解题的策略、体会数学思维的规律、领悟数学思想的真谛，提供了一套系统完善的数学资优教育资料，所以更名为《明心数学·资优生大题典》重新出版。

这本书既要向孩子传递数学知识，又要着眼于学科知识的教学，更要帮助孩子开拓数学世界观，激发孩子对数学学习的兴趣，引导孩子学会主动思考探索。也许目前呈现在读者面前的与我们的期望还有一定距离，我们会在以后的改版中逐步完善。

本书是明心数学资优教程的番外篇，也是一张为小升初的你量身定制的"数学地图"。

如果将小学数学看作"江湖"，那么，这张图将会为你揭开这片江湖五大门派——计算谷、应用门、几何派、数论宗、计数塔的所有秘密。

这个江湖，没有谎言、只有智慧；这个江湖，有你、有我……

此书出版之际，又值"双减"政策推行之时，行业巨变使大家都很关心明心、担心明心的发展！我借此机会说几句：

作为这个行业的见证者，三十多年前，因为对数学的兴趣和热爱，固执地选择了不受当时世人待见和认可的职业——奥数老师。三十多年来，从辍学后走入社会的第一天，我就用“穷不丧志，富不癫狂”来砥砺自己：我穷得靠借钱度日的时候也没有“为三斗米折腰”而放弃数学学习，离开三尺讲台。我靠自己的学识和辛苦挣到钱的时候也没有放弃对数学的热爱和对教育的执着。有一种说法“穷得只剩下钱”，从辍学至今，经济上我有穷富的变化，但思想上从我喜欢上数学那一刻、身处讲台之上面对天真无邪的孩子们的时候，我就没有觉得我的人生贫穷过！

我从教三十多年，从来没有把明心书院当成补习班来办，始终是把它打造成“静居陋室观天下，闭坐书斋阅古今”“隐逸林中无荣辱，道义路上无炎凉”的书院模式，以此为传承数学思想的平台，把我们对数学的思考和感悟在这个平台上传递给学生，让孩子好读书——格物致知，通过读书打开认知眼界，提升认知能力；让孩子读好书——求真致远，在读有价值之书、启智之书的过程中育心智，培养理性辨伪能力而不迷失方向。通过这个平台找到教育的支点，翻转人生。

身处行业变革的历史关口，我曾在明心工作大会上说过：

“双减”政策的推行，必将导致教培行业的“三减”：

减掉商人型校长对教育的残害；

减掉不合格老师对孩子的伤害；

减掉功利型家长对子女的损害。

大家不要有行业危机感，要有职业危机感！教培行业不会消失，从业人员能否胜任新时代、新时期的教育工作，才是每个教师要担心的。

做真教育是替天传道，天不会塌，教育不会绝；做真教育是为往圣续绝学，文化不会断，教师不能缺。胸怀这样的教育信念，你就会“不管风吹浪打，胜似闲庭信步”，携手教育漫步人生路，迎来“沉舟侧畔千帆过，病树前头万木春”的新生。

教育行业越是危机之刻越要秉持教育初心不动摇，更应有“疾风知劲草，板荡识诚臣”的风骨，笑看风云变幻，体验“无边落木萧萧下，不尽长江滚滚来”的壮阔人生。

“德不孤，必有邻。”

把学校当传道授业的庙宇办，虽艰辛，但如潺潺流水，虽遇顽石也断不会停息；如叠叠峰峦，虽遇骤雨更生云雾奇观。

在“明心”三十多年的发展历程中，有求知若饥的学生、求贤若渴的老师、虚心若愚的家长。“明心”不会因行业危机而改变对数学教育的初心，不会辜负家长与孩子对我们的期望，不会影响我们对数学教育这份职业的坚持与事业的追求。

正因为我们有这份执着，近二十年来我们每年坚持编撰《小学数学竞赛年鉴·MO》（2007～2023），为小学数学课外教育能够健康发展下去提供土壤和素材，而且这份工作将继续传承下去!

正因为我们有这种信念,所以我们以数学为目、以哲学为纲、以历史为背景编写出《明心数学资优教程》四、五、六年级与分数计算卷,给喜欢数学的学生营造一个数学精神花园,为孩子们展现出数学的价值,从小培养他们的理性精神、独立思考与判断能力!

正因为我们有这份追求,我们克服困境把在讲台上点点滴滴的感悟汇聚成《明心数学·资优生大题典》,为喜欢数学的孩子提供一份“数学地图”。

教配教的学生,交配交的家长!

明心将一如既往地和志同道合的家长共同担负起孩子人生摆渡人的角色,守望着孩子们人生放飞的那一刻!

刘　嘉

2023 年 11 月 11 日